Vorwort

W0468200

Dänemark
Niederlande
Belgien
Luxemburg
Deutschland
Schweiz
Österreich

Liebe Nutzer dieses Campingführers,

die europäischen Camper blicken auf ein großartiges Jahr 2022 zurück. Wir konnten ohne Einschränkungen quer durch Europa reisen, und diese Gelegenheit wurde begeistert wahrgenommen. Auch die kommende Campingsaison verspricht wieder viel Gutes. Immer mehr Urlauber entdecken daher die Vorteile des Campings.

Denn ein Campingurlaub vermittelt ein enormes Gefühl von Freiheit. Ob Sie nun einen Strandurlaub, einen Städtetrip oder einen Urlaub im Grünen bevorzugen, unsere Inspektoren haben überall die schönsten Campingplätze für Sie ausgewählt. Und für jeden Geldbeutel gibt es einen passenden Stellplatz oder eine geeignete Unterkunft. Insbesondere in Zeiten steigender Inflation und Unsicherheit ist dies eine erfreuliche Tatsache.

Camping ist zudem die nachhaltigste Form einer Urlaubsreise. Und praktisch jeder Campingplatz in Europa tut sein Bestes, um zum Schutz der Umwelt beizutragen. Denken Sie beispielsweise an Solarmodule, den sparsamen Umgang mit Wasser, Ladestationen für Elektroautos oder nachhaltiges Management. Auf diese Weise sorgen die Campingplatzbesitzer für den Erhalt der schönen Umwelt, die uns erholsame Urlaube erst ermöglicht.

Ein weiterer wichtiger Campingtrend, der sich nach wie vor großer Beliebtheit erfreut, ist das Ganzjahrescamping. Mit der CampingCard ACSI-Ermäßigungskarte, die Sie in diesem Campingführer finden, ist dies besonders preisgünstig. Sie können damit in der Nebensaison bis zu 60 Prozent pro Nacht sparen. Gut zu wissen: Die Ermäßigungskarte kann nur auf Campingplätzen verwendet werden, die an diesem Ermäßigungssystem teilnehmen. Sie erkennen sie in diesem Führer an den blauen CC-Symbolen. Alle teilnehmenden Campingplätze sind auch auf campingcard.com vertreten.

Zu guter Letzt finden Sie in diesem Campingführer auch die Gewinner der allerersten ACSI Awards. Dieser begehrte Publikumspreis rückt die besten Campingplätze ins Rampenlicht. Während ihrer Kontrollbesuche durften unsere Inspektoren mehrere Campingplätze mit einem Award überraschen. Dies führte oft zu emotionalen Szenen, wenn die Campingplatzbesitzer nach mehreren schwierigen Jahren für ihren Einsatz belohnt wurden. Auch in diesem Jahr können Sie wieder für Ihre Lieblingscampingplätze stimmen!

Ich wünsche Ihnen einen schönen Campingurlaub im Jahr 2023.

Ramon van Reine
Direktor ACSI

Inhalt

Über ACSI	**4**
Gebrauchsanweisung	**8**
ACSI Camping Europa-App	**20**
Vergleich ACSI-Apps	**22**
Campingplatz-Bewertungen	**23**
Online buchen	**24**
ACSI Awards	**28**
Das Inspektorenteam	**30**
ACSI Club ID	**34**
Wintersportcampingplätze	**36**
FKK-Campingplätze	**38**
Campingplätze mit einem FKK-Teil	**39**
Behindertengerechte Campingplätze	**40**
Höchstgeschwindigkeiten	**42**
Fotos Inspektorenteam	**417**
Ortsnamenregister	**426**
CampingCard ACSI Campingplätze	**442**

Dänemark	**46**
Süd-Jütland	51
Mittel-Jütland	58
Nord-Jütland	65
Fünen	69
Seeland	73
Bornholm	79
Niederlande	**80**
Nord-Holland	86
Süd-Holland	92
Zeeland	97
Utrecht	105
Flevoland	107
Overijssel	109
Friesland	118
Groningen	124
Drenthe	127
Gelderland	135
Nord-Brabant	150
Limburg	158
Belgien	**169**
Flandern	174
Wallonien	186
Luxemburg	**195**
Deutschland	**207**
Weser-Ems	213
Lüneburg	219
Hannover	226
Braunschweig	229
Schleswig-Holstein	232
Mecklenburg-Vorpommern	242
Sachsen-Anhalt	252
Brandenburg	255
Sachsen	260
Thüringen	263
Nordrhein-Westfalen	266
Hessen	275
Koblenz	282
Trier	290
Rheinhessen-Pfalz	295
Saarland	297
Karlsruhe	298
Freiburg	302
Stuttgart	310
Tübingen	313
Nord-Bayern	316
Mittel-Bayern	320
Südwest-Bayern	326
Südost-Bayern	330
Schweiz	**340**
Westschweiz	346
Wallis	349
Nordwestschweiz	353
Berner Oberland	354
Ostschweiz	357
Zentralschweiz	359
Tessin	361
Graubünden	364
Österreich	**367**
Vorarlberg	374
Tirol	375
Oberösterreich	387
Salzburg	389
Kärnten	396
Niederösterreich/Wien	410
Steiermark/Burgenland	413

Camping Le Prahay in Poupehan (B)

2023 • 16. deutsche Ausgabe

Ausgabe: ACSI Publishing BV, Geurdeland 9, Andelst, Niederlande
Postadresse:
Postbus 34,
6670 AA Zetten, Niederlande
Tel. +31 488 471434
Internetadresse: www.acsi.eu

Fragen oder Anmerkungen?
Für Camper:
www.acsi.eu/kundendienst
Für Campingplätze:
www.acsi.eu/sales

Redaktion:
Richelle Alewijn, Esther Baks, Alex Boerboom, Judith Brasser, Marloes Buijs, Sophie Conradi, Peter Dellepoort, Sharon Jansen, Irene van der Peijl, Marloes van der Plaats, Flora van Ralen, Mariëlle Rouwenhorst, Ingrid Sevenster, Mandy Wagener u.v.a.

Karten
MapCreator BV, 5628 WB Eindhoven
mapcreator.eu©Here/©Andes

Druck
Wilco Boeken en Tijdschriften, Amersfoort

Bindung
Wilco Boeken en Tijdschriften, Amersfoort

ISBN: 978-3-828310-40-7

Dieser Campingführer wurde mit größter Sorgfalt erstellt. Die in ihm verwerteten Daten wurden bis einschließlich September 2022 erhoben. ACSI ist nicht verantwortlich für eventuelle in der Zwischenzeit eingetretene Änderungen. Für die Richtigkeit der Angaben kann keine Haftung übernommen werden. Inhalt und Gestaltung von Anzeigen liegen außerhalb der Verantwortung der Redaktion.

MIX
Papier aus verantwortungsvollen Quellen
FSC® C004472

Über ACSI

Wie alles begann

Es ist der Sommer 1964. Der Lehrer Ed van Reine fährt mit seinem Auto samt Faltcaravan von den Niederlanden über belgische und französische Straßen in die spanische Sonne. Endlich Urlaub. Endlich wieder Camping mit der ganzen Familie. Die Vorstellung ist herrlich: eine unbeschwerte Zeit und ein paar Wochen an der frischen Luft. Doch dann, bei der Ankunft, kommt die Enttäuschung ... „Completo". Die meisten Campingplätze sind bereits ausgebucht.

Das muss doch anders gehen, denkt van Reine. Er philosophiert über ein europäisches Buchungssystem. Noch vor Ort entwickelt er eine Möglichkeit, geschlossene Schranken zu vermeiden. Zusammen mit Kollegen aus der Schule stellt er seinen ersten Campingführer mit den Telefonnummern und anderen wichtigen Daten der beliebtesten Campingplätze in Europa zusammen. Dieses auf einem Matrizendrucker hergestellte Heft war der Vorläufer des umfassenden Campingführers, den Sie jetzt vor sich haben. Und der Beginn von ACSI: Auto Camper Service International. Im Jahr 2023 hat sich ACSI zu einem international tätigen Verlag und Reiseveranstalter für Campingurlaube entwickelt.

Zuverlässige, objektive Informationen

Jeder kann Informationen sammeln und zusammenstellen. Deshalb haben wir es von Anfang an anders gemacht. Unsere 292 Inspektoren besuchen jedes Jahr sämtliche ACSI-Campingplätze. Das ist wichtig, denn die Dinge ändern sich jedes Jahr. Nach einer Schulung machen sich die Inspektoren auf den Weg. Sie prüfen die Campingplätze auf mehr als 220 Ausstattungsmerkmale, aber natürlich auch auf Qualität. Sie erleben die Atmosphäre und sprechen mit den anwesenden Campern und dem Campingplatzbesitzer.

Die Inspektoren wählen die besten Campingplätze aus, die ihrerseits das bekannte ACSI-Logo verwenden dürfen. Und genau das möchten die Campingplätze gern, denn ACSI steht für Qualität und zuverlässige Informationen. Bei ACSI betrachten wir es als unsere Mission Camper auf den Campingplatz zu bringen, der zu ihnen passt. Ob Luxus-Ferienpark oder kleiner Natur-Campingplatz.

CampingCard ACSI

Im Jahr 1993 übernahm Ramon van Reine die Leitung des Unternehmens von seinem Vater. Er widmete sich der Professionalisierung und Digitalisierung und fing an, Reiseführer in mehreren Sprachen anzubieten. Nach einer Weile ergaben sich neue Herausforderungen. Die Campingplätze suchten nach Gästen für die Vor- und Nachsaison und Camper nach günstigen Stellplätzen. So entstand die CampingCard ACSI. Innerhalb von zehn Jahren entwickelte sich dieses Ermäßigungssystem zum größten Erfolg im ACSI-Sortiment. Über 750 000 Camper reisen jährlich mit der Ermäßigungskarte durch Europa.

Online buchen

Die Idee von Ramons Vater – ein Buchungssystem – ist inzwischen ebenfalls Wirklichkeit geworden. Über die ACSI-Webseiten und -Apps lässt sich heute ganz einfach ein Stellplatz oder eine Unterkunft buchen. Und die Entwicklungen werden fortgesetzt. Wir möchten eine Online-Plattform schaffen, auf der Camper einerseits suchen und buchen und sich andererseits informieren und inspirieren lassen können. Eine zentrale Stelle, an der sie alles Wissenswerte über den Campingplatz, die Region und Ausflüge in der Umgebung erfahren können.

ACSI Awards

Welcher Campingplatz hat den besten Swimmingpool, die besten Wohnmobilstellplätze oder das beste Restaurant? Jedes Jahr können Camper für ihre Lieblingscampingplätze stimmen. Und es gibt nicht weniger als acht Kategorien pro Land. Alle preisgekrönten Campingplätze finden Sie unter eurocampings.de/winners.

Unser Angebot

Campingführer
Auf die gute alte Art und Weise in einem Campingführer blättern, zu Hause oder unterwegs: Viele Camper tun das immer noch gerne. In unserem Webshop finden Sie unter anderem den umfangreichen ACSI Campingführer Europa, den CampingCard ACSI-Campingführer und den ACSI CampingCard & Stellplatzführer.

Webseiten
Mit den praktischen Filtern auf unseren Webseiten finden Sie leicht Ihren idealen Campingplatz. Und bei vielen Campingplätzen können Sie Ihren Stellplatz oder Ihre Unterkunft sofort buchen. Mehr Inspiration und praktische Tipps finden Sie in unserem Blog eurocampings.de/blog.

Apps
Möchten Sie Campingplätze und Wohnmobilstellplätze ganz einfach mit Ihrem Smartphone oder Tablet suchen? Das geht zu Hause und unterwegs mit den praktischen Apps. So finden Sie schnell einen Platz zum Campen in Ihrer Nähe. Sie können die Apps auch ohne Internetverbindung nutzen.

Lassen Sie Ihren Personalausweis in der Tasche
Die ACSI Club ID ist ein Ausweis-Ersatz, der auf fast 8 200 Campingplätzen akzeptiert wird. Das bedeutet, dass Sie Ihren Reisepass oder Personalausweis nicht mehr auf dem Campingplatz abgeben müssen. Außerdem erhalten Sie als ACSI Club ID-Mitglied Rabatt auf die Produkte in unserem Webshop.

Einmalige Rundreisen
Schon seit über 30 Jahren organisiert ACSI-Campingreisen spezielle Gruppenreisen innerhalb und außerhalb Europas. Sie reisen mit Ihrem eigenen Wohnwagen oder Wohnmobil an wunderschöne Orte. Dank unserer langjährigen Erfahrung kennen sich unsere Reiseführer an diesen Orten bestens aus.

Suncamp
Bei Suncamp buchen Sie einen Campingurlaub auf einem der Top-Campingplätze Europas. Sie haben die Wahl zwischen Stellplätzen, Mobilheimen, Bungalowzelten und hochwertigen Glamping-Unterkünften, wie den komfortablen SunLodges.

Weitere Informationen finden Sie auf acsi.eu.

Gebrauchsanweisung

Wie finden Sie den Camping?

Die Suche nach einem Camping in den ACSI Campingführern ist sehr einfach. Jedes Land beginnt mit einer Landkarte. Diese Landkarte ist eingeteilt in Bundesländer bzw. Regionen. Diese Landesteile korrespondieren mit einer Teilkarte weitergehend im Führer. In jedem Bundesland/ Region ist angegeben, auf welcher Seite sich diese Teilkarte befindet.
Auf der Teilkarte können Sie sich ausreichend informieren, um einen Camping zu finden. Sie finden die wichtigen Straßen angezeigt, die Ortsnamen und die Zeltchen für die Campings. Es gibt sowohl offene als geschlossene Zeltchen. Ein offenes Zeltchen bedeutet, dass ein Camping unter dem Ortsnamen im Führer aufgenommen ist. Ein geschlossenes Zeltchen bedeutet, dass mehrere Campings unter dem Ortsnamen zu finden sind. Hinter der Teilkarte finden Sie die Campings in diesem Gebiet in alphabetischer Reihenfolge der Ortsnamen.

Kleine Länder bzw. Gebiete sind in den (größeren) Nachbarländern eingegliedert. Die Campings in Liechtenstein finden Sie in der Schweiz. Schließlich gibt es im Grenzgebiet Klein Walsertal im Vorarlberg in Österreich eine Anzahl Campings, die Sie im Deutschlandteil finden werden. Dieses Gebiet betrifft nämlich ein sogenanntes 'Deutsches Zollgebiet', das auch nur von Deutschland aus erreichbar ist. Länder mit relativ wenigen Campings haben keine Teilkarten.

Hiernach ist beschrieben, wie Sie schnell einen Camping nach Ihrem Geschmack finden können.

Wissen Sie den Ortsnamen?

Gehen Sie ins Ortsnamenregister auf Seite 426 und weiter. Hinter dem Ortsnamen finden Sie die Seitennummer des/der Camping(s), der/die in diesem Ort liegt/liegen.

A

Aabenraa ____ 51
Aabenraa/Løjt Norreskov ____ 51
Aakirkeby ____ 79

Camping 't Weergors in Hellevoetsluis (NL)

Campofelice Camping Village in Tenero (CH)

Suchen Sie ein bestimmtes Land?

Sie wissen in welches Land Sie (eventuell) in den Urlaub wollen? Vorne im Campingführer finden Sie eine Aufstellung aller Länder, so dass Sie sofort das Land Ihrer Wahl aufsuchen können. Jedes Land beginnt mit einer Landkarte. Diese Landkarte ist eingeteilt in Bundesländer bzw. Regionen, auch Teilgebiete genannt. Suchen Sie auf der Landkarte die Region/das Bundesland aus, wohin Sie wollen. In dieser Region/diesem Bundesland steht die Seitenzahl, wo Sie die Teilkarte finden können. Auf der Teilkarte können Sie sich ausreichend orientieren, um einen Camping zu finden. Sie finden die wichtigen Straßen angezeigt, die Ortsnamen und Zeltchen für die Campings. Hinter der Teilkarte finden Sie die Campings in diesem Gebiet in alphabetischer Reihenfolge der Ortsnamen. An den Rändern der Teilkarte sehen Sie Pfeile mit einer Seitenzahl darin, wo die angrenzende Teilkarte zu finden ist.

Alphabetische Ländertabelle

Belgien	Seite	**169**
Dänemark	Seite	**46**
Deutschland	Seite	**207**
Luxemburg	Seite	**195**
Niederlande	Seite	**80**
Österreich	Seite	**367**
Schweiz	Seite	**340**

Weitere Erläuterungen

Name des Campings, Sterne und andere Klassifizierungen

ACSI gibt den Campings keine Sterne oder andere Klassifizierungen. Die gemeldete Sternenangabe oder andere Arten von Klassifizierungen sind dem Camping durch örtliche Instanzen zuerkannt. Sterne sagen nicht immer etwas über die Qualität, aber oft etwas über den Komfort aus, den die Campings bieten. Je mehr Sterne, umso mehr Ausstattung, aber oft auch... ein höherer Preis.
Es ist nicht möglich, das tatsächliche Maß der Reinheit/Sauberkeit auf einem Campingplatz in diesem Campingführer anzugeben.
Jedes Jahr werden viele Anlagen von den Inhabern verändert. Es kann zu Unterschieden kommen zwischen dem Jahr, in dem unsere Inspektoren den Platz besucht haben und dem darauffolgenden Jahr, also dem Jahr, in dem Sie den Campingführer nutzen.

Landkarte

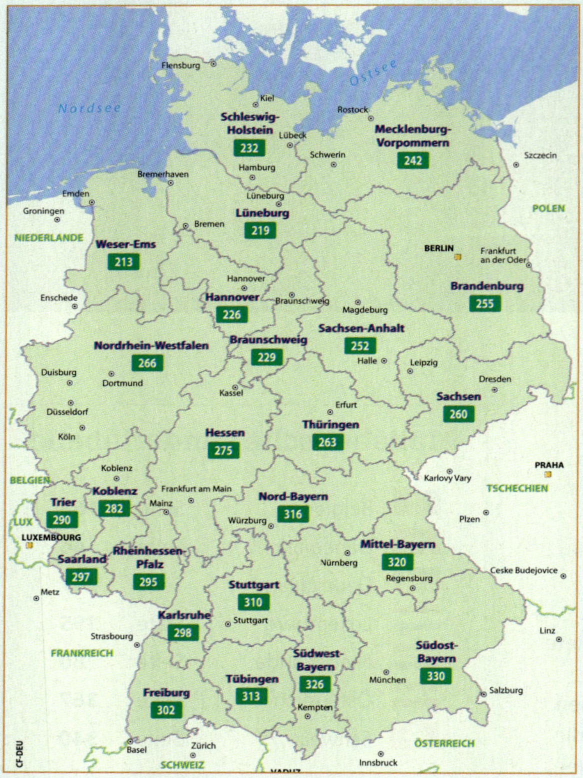

Teilkarte

Legende

Ein offenes Zelt, bedeutet daß sich hier ein Campingplatz befindet.

Ein geschlossenes Zelt, bedeutet daß hier mehrere Campingplätze zu finden sind.

Camping(s) die CC CampingCard ACSI akzeptieren.

152 Auf dieser Seite finden Sie das Teilgebiet.

Dies sind die Grenzen des Teilgebietes.

130 Pfeile mit Seitenangaben am Kartenrand verweisen auf angrenzende Gebiete.

Die Übersichtskarte des betreffenden Landes und im welchen Teilgebiet Sie sich befinden.

Wenn in einem bestimmten Land Sterne benutzt werden, um die Klasse des Campings anzugeben, steht das aber dennoch hinter dem Campingnamen. Seien Sie sich aber klar darüber, dass diese Sterne nie von ACSI vergeben wurden. Unsere Inspektoren sind nicht verantwortlich für die Qualität der Einrichtungen, nur für die Meldung des Vorhandenseins dieser Einrichtung. Das Urteil, ob nun ein Camping schön ist oder nicht und ob er gerade für Sie zwei oder vier Sterne wert ist, müssen Sie selbst fällen. Die Geschmäcker und Wünsche sind nun mal verschieden. Ein guter Rat: wenn Sie einen Platz nicht nach Ihren Vorstellungen antreffen, bleiben Sie keine zehn Tage auf dem selben Platz. Packen Sie Ihre Sachen und reisen weiter. Wer weiß, was da noch schönes hinter dem Horizont liegt!

Inspektion auf Recreatiepark TerSpegelt in Eersel (NL)

Straße

Öffnungszeitraum

Die von der Campingdirektion gemeldete Periode, in der der Camping 2023 geöffnet sein wird. Manche Campings kennen 2 Öffnungszeiträume. In diesem Fall sind beide Perioden gemeldet, zum Beispiel 01/04-30/09, 01/12-31/12. Leider wollen einige Campings (vorallem in der Vor- und Nachsaison) darüber hinaus ziemlich von der von Ihnen angegebenen Öffnungsperiode abweichen. Sie können eine Woche früher oder später offen/geschlossen sein als das 2022 vorgesehen war. Sorgen Sie also dafür, dass Sie in der Vor- und Nachsaison nicht zu früh oder zu spät beim Camping eintreffen. Eben mal beim betreffenden Camping anzurufen ist daher empfehlenswert. Rechnen Sie auch damit, dass in der Vor- und Nachsaison nicht alle Einrichtungen offen sind. Oft werden Schwimmbad, Laden, Freizeitprogramme usw. erst später in der Saison in Betrieb genommen. Lesen Sie hiernach um welche Einrichtungen es sich handeln könnte. Weiterhin wird auch die Personalbesetzung in der Vor- und Nachsaison etwas geringer sein.

Telefonnummer

Die Telefonnummer des Campings. Die internationale Zugangsnummer ist bei jedem Camping gemeldet. Rufen Sie beispielsweise von Deutschland oder Österreich aus an, dann wählen Sie die Nummer zwischen den Klammern (meistens ist das die Null der Ortskennzahl) nicht.

E-Mail

Die E-Mailadresse des Campings. Fast alle Campings haben eine E-Mailadresse. Sie können also direkt mit dem Camping zu Informations- oder Reservierungszwecken Kontakt aufnehmen.

Camping De l'Ourthe in La Roche-en-Ardenne (B)

GPS-Koordinaten

Benutzen Sie ein Navigationssystem, dann sind die GPS-Koordinaten des Campings fast unentbehrlich. ACSI hat in diesem Campingführer gerade für die Nutzer eines Navigationssystems die GPS-Koordinaten notiert. Unsere Inspektoren haben am Schlagbaum des Campings die Koordinaten gemessen, also kann fast nichts mehr schief gehen. Aber... Vorsicht. Denn nicht alle Navigationssysteme sind auf eine Kombination Auto-Caravan eingestellt.
Lesen Sie darum auch immer die Routenbeschreibung, die beim Camping steht und vergessen Sie nicht auf die Schilder zu achten. Denn der kürzeste Weg ist nicht immer der leichteste.
In manchen Fällen kommen Sie mit dem Navi nicht am Camping an, wenn Sie den Koordinaten zum Schlagbaum folgen. In diesen Fällen hat man sich dafür entschieden auf die Zufahrtstraße zum Campingplatz zu navigieren. Wenn Sie ab diesem Punkt den Hinweisschildern folgen, können Sie den Camping fast nicht mehr verfehlen!
Die GPS-Koordinaten werden wiedergegeben in Graden, Minuten und Sekunden.
Kontrollieren Sie darum bei der Eingabe in Ihr Navigationssystem, ob dieses auch in Graden, Minuten und Sekunden eingestellt ist. Vor der ersten Zahl steht ein N. Vor der zweiten Zahl ein E oder ein W (rechts oder links gelegen vom Greenwich-Meridian).

WLAN-Zone und/oder
WLAN 80-100% Abdeckung

Gibt es auf einem Camping eine WLAN-Zone, dann gibt es auf der Anlage eine Stelle, an der man drahtlos ins Internet kommt. Im Redaktionseintrag steht bei diesem Camping folgendes Symbol:

Gibt es 80-100% WLAN Abdeckung, können Sie auf dem größten Teil der Anlage drahtlos ins Internet. Im Redaktionseintrag steht bei diesem Camping folgendes Symbol:

CampingCard ACSI

Wenn dieses Zeichen mit dem Betrag 13 €, 15 €, 17 €, 19 €, 21 € oder 23 € beim Camping angegeben ist, dann nimmt dieser Platz an der CampingCard ACSI teil. Zu dem hier angegebenen Tarif können Sie in der Vor- und Nachsaison übernachten, wenn Sie eine gültige CampingCard ACSI haben. Mehr Informationen finden Sie auf Seite 442 und weiter.

ACSI Club ID

Wenn Sie dieses Zeichen sehen bei einem Campingplatz, dann wird die ACSI Club ID dort akzeptiert. Mehr Information finden Sie auf Seite 34.

Umweltfreundlicher Camping

Von einer Umweltorganisation aus dem betreffenden Land anerkannt.

Spezielle Campings oder Campings mit bestimmten Eigenschaften

Oben in dem hellgrünen Block finden Sie oft Angaben wie W **FKK** FKK B.
Hiermit wird angegeben, ob Campings bestimmte Eigenschaften haben.

W = Wintersportcampingplatz
– siehe auch Seite 36
FKK = FKK-Campingplatz
– siehe auch Seite 38
FKK = Camping mit einem FKK-Teil
– siehe auch Seite 39
B = Camping geeignet für Behinderte
– siehe auch Seite 40

Höhenlage eines Campings

Hier wird die Höhenlage eines Campings in Metern gemeldet. Übrigens wird diese Zahl erst bei einer Höhenlage des Campings von mindestens 50m/ü. NN angegeben. Am Abend und in der Nacht kann die Temperatur auf einem höhergelegenen Camping ordentlich fallen. Auch für Menschen mit Herzproblemen oder Atemwegserkrankungen zum Beispiel kann es wichtig sein, die Höhenlage des Campings zu beachten.

Oberfläche des Campings

Mit dieser Zahl wird die Oberfläche des Campings in Hektar angegeben (1 ha = 10.000 m^2). Je größer der Camping, umso größer ist auch oft die Zahl der Einrichtungen. Bei einem kleineren Camping können Sie nicht nur weniger Einrichtungen antreffen, sondern auch mehr Ruhe. Oftmals verfügt ein kleinerer Camping auch über einfachere Einrichtungen.

Tourplätze/Dauerplätze

Die Zahl, die vor dem T steht, gibt die Anzahl der Tourplätze auf dem Camping an. Die Zahl vor dem D weißt auf Plätze hin, die nicht für den Tourcamper bestimmt sind, sondern für Dauercamper. Darunter fallen nicht nur Plätze die für Saisoncamper bestimmt sind (Saisonplätze und Nebensaisonplätze), sondern auch alle Mietobjekte. Mit der Anzahl der Tourplätze können Sie ungefähr einschätzen, ob Sie es mit einem kleinen oder großen Camping zu tun haben und was sehr wichtig ist: Sie bekommen mit der Anzahl der Dauerplätze eine Einschätzung, worauf der Camping Wert legt. Besteht ein Camping vornehmlich aus Dauerplätzen, dann können Sie davon ausgehen, dass Sie als Tourcamper meist die minderen Plätze zugeteilt bekommen. Sie laufen auch bei einem Camping mit überwiegend Dauerplätzen die Gefahr, keinen freien Tourplatz zu finden. Bei Campings wo die Anzahl etwa gleich ist, wird oft eine Aufteilung zwischen Tourplätzen und Dauerplätzen gemacht.

Kleinster / größter Tourplatz

Hinter der Anzahl der Tourplätze finden Sie eine Angabe über die Abmessung der Tourplätze. Steht dort z.B. (80-120 m^2), dann können Sie davon ausgehen, dass der kleinste Tourplatz 80 m^2 misst und der größte Tourplatz 120 m^2. So haben Sie eine gute Einschätzung der Größe der Tourplätze.

Richtpreis 1 / Richtpreis 2

In den ACSI Campingführern handhaben wir 2 Richtpreise. Es wird unterschieden zwischen Kombinationen mit und ohne Kinder.

Richtpreis 1:

2 Erwachsene, 1 Auto, 1 Caravan, Vorzelt/Vordach, Touristenabgaben (2 Erwachsene), Umweltabgabe und Strom (niedrigste Ampère).

Richtpreis 2:

Wie Richtpreis 1, nur inklusive 2 Kinder von 6 und 9 Jahren.

Da beide Preisen im Campingführer gemeldet sind, bekommen Sie als Camper eine bessere Preiseinschätzung.

Sowohl bei Richtpreis 1 und 2 betrifft das die Preise für einen Stellplatz pro Nacht, als auch die, die in der **Hochsaison** berechnet werden. Dabei handelt es sich um die Art Stellplätze, die auf einem Campingplatz am häufigsten vorhanden sind, sogenannte Standardplätze. Für Komfortplätze muss extra bezahlt werden (das sind Plätze oft mit RTV-Anschluss und Wasseranschluss und -abfuhr). Die Preise basieren auf dem Preis in der Valuta des Landes Stand September 2022. Genannter Richtpreis ist in Euro. **Achtung!** Die Preise wurden notiert beim letzten Besuch des Inspektors auf dem Camping, d.h. dass Sie im Campingführer 2023 Tarife antreffen, die 2022 Anwendung fanden. Die Preise sind indikativ und geben keine Garantie.

Camping Buitenplaats Drenthe in Elim (NL)

Recreatiepark TerSpegelt, Eersel (NL)

Die Preise, die wir Ihnen angeben (die ACSI-Richtpreise) sind also keine Angaben, mit denen Sie genau auf den Cent ausrechnen können, was Ihr Urlaub an Campingkosten kosten wird.
Dennoch können die ACSI-Richtpreise wichtig für Sie sein. Mit deren Hilfe können Sie nämlich feststellen, ob Sie es mit einem teuren oder günstigen Camping zu tun haben. Es gibt Campings mit Richtpreisen, die weit über 30 € pro Tag liegen. Aber.... es gibt auch welche, wo Sie unter 15 € campen können. Und das sind ganz schöne Unterschiede, die auf Ihr Urlaubsbudget Einfluss haben können.

Ampère
Wir melden bei jedem Camping die Ampèrezahl, über die der Camping verfügt.

CEE
Diese Angabe bedeutet, dass ein dreipoliger Eurostecker notwendig ist.

Campingplatznummer
Bei jedem Campingplatz ist eine sechsstellige Zahl angegeben. Mit dieser Nummer finden Sie den betreffenden Platz ganz leicht auf eurocampings.de.
Im Campingeintrag sehen Sie dann Fotos und die Bewertungen anderer Camper.

Einrichtungen
Wie schon vorher beschrieben, beurteilt ACSI die Campings nicht hinsichtlich der Sterne oder anderen Bewertungssymbolen. ACSI informiert Sie lediglich über die Verfügbarkeit von 227 Einrichtungen auf dem Campingplatz.
Die Einrichtungen sind auf sehr übersichtliche

Weise in 10 verschiedene Rubriken unterteilt. Aus der Rubrik 1 (Reglement), können Sie bspw. entnehmen, ob Sie den ACSI Club ID nutzen können, oder ob Sie einen Hund mitbringen dürfen. Ihre Teenager schauen natürlich direkt, ob unter Rubrik 4 einer der Punkte M oder N (Discothek oder Disco-Abende) auch aufgenommen ist.
Das erste, was ein leidenschaftlicher Angler tun wird, ist natürlich nachschauen, ob in Rubrik 6 Punkt N (Angelmöglichkeit) auch gemeldet ist. So erhalten Sie eine vollkommen objektive Beurteilungsweise.

In der Umschlagseite dieses Campingführers finden Sie eine Aufstellung aller Einrichtungen. Diese Einrichtungsliste können Sie neben dem Camping Ihrer Wahl aufklappen. Bei jedem Camping in den ACSI Campingführern werden die Einrichtungen die auf dem Camping anwesend sind durch Buchstaben angegeben.

Wenn ein Schwimmbad oder eine andere Einrichtung direkt neben dem Camping liegt und die entsprechenden Einrichtungen vom Campinggast genutzt werden dürfen, dann sind diese Buchstaben der Einrichtung auch gemeldet.

Auch können Sie nachschauen, ob eine bestimmte Einrichtung extra bezahlt werden muss. Auf der Einrichtungsliste haben wir ein Sternchen bei den Einrichtungen platziert, von denen die Inspektoren 2022 kontrolliert haben, ob sie gratis sind oder bezahlt werden müssen. Wenn für bestimmte Einrichtungen extra bezahlt werden muss, dann ist die betreffende Einrichtung **fett** gedruckt. Zum Beispiel 3N will sagen, dass Sie gratis Tennis spielen können, 3**N** will sagen, dass Sie dafür extra zahlen müssen. Einrichtungen bei denen kein Sternchen steht, werden nie fett gedruckt, aber das heißt nicht, dass sie gratis sind.

Camping de Chênefleur in Tintigny (B)

Bitte beachten Sie, dass nicht alle erwähnten Einrichtungen während der gesamten Öffnungsperiode verfügbar sind. Sie haben hauptsächlich Bezug auf die Hochsaison. Im Prinzip sind das immer die Sommerferien. Meistens betrifft es die Einrichtungen 10A (Deutsch gesprochen an der Rezeption), 2P (öffentliches Verkehrsmittel in der Nähe), 3, 4 und 6 teilweise (Sport und Spiel, Erholung und Wellness, Erholung am Wasser) und teilweise 5 und 9 (Einkauf und Restaurant und Mietmöglichkeiten).
Die vollständige Einrichtungsliste finden Sie auf der ausklappbaren Vorderseite des Campingführers. Die vorhandenen Einrichtungen auf einem Camping stehen bei jedem Camping separat gemeldet. Sollte dennoch bestimmtes Wissenswertes nicht in unserem Campingführer gemeldet sein, nehmen Sie bitte Kontakt mit dem Camping auf.

Mit dem Hund in den Urlaub?

Auf vielen Campingplätzen sind Hunde gestattet, wie man an Hand der Rubrik 1 ersehen kann. Auf einzelnen Plätzen gibt es ein Limit von Hunden pro Gast und/oder es sind einige Rassen nicht erlaubt. Möglicherweise sind auch bestimmte Rassen und Anzahlen nur in der Nebensaison erlaubt. Im Zweifel nehmen Sie bitte mit dem Campingplatz Kontakt auf.

Möchten Sie mehr Informationen?

Schauen Sie auch auf unsere Webseite eurocampings.de. Hier finden Sie noch viel ausführlichere Informationen zu jedem Camping. Sie können sofort nach Thema einen Camping suchen und Fotos betrachten.

Fragen oder Anmerkungen?

Für Camper:
acsi.eu/kundendienst
Für Campingplätze:
acsi.eu/sales

ACSI inspiziert jedes Jahr knapp 10 000 europäische Campingplätze. Dabei stehen wir stets für Qualität, weshalb unser Logo gewissermaßen zu einem Gütesiegel geworden ist. Wir von ACSI freuen uns daher, von Ihnen zu hören, wenn Sie der Meinung sind, dass ein Campingplatz nicht mit der Beschreibung in unserem Campingführer übereinstimmt. Auch hören wir gerne von Ihnen, wenn der Campingplatz Ihre Erwartungen übertrifft.
ACSI ist jedoch in keiner Weise an der Umsetzung der Richtlinien auf den inspizierten Campingplätzen beteiligt. Unsere Stärke liegt in unserer Unabhängigkeit. Die Campingplatzbesitzer bestimmen selbst, wie ihr Campingplatz betrieben wird. Denken Sie zum Beispiel an den Inhalt der Verpflegung, die Qualität der Einrichtungen oder daran, wer Ihre Nachbarn auf dem Campingplatz sind. All dies liegt außerhalb der Verantwortung von ACSI.
Haben Sie Vorschläge, Verbesserungspunkte oder Beschwerden über einen Campingplatz? Dann sollten Sie sich zunächst an den Campingplatz selbst wenden. Die Betreiber tun häufig alles in ihrer Macht stehende, um ihre Gäste zufrieden zu stellen und sie verdienen die Chance die Situation zu klären. Bitte beachten Sie, dass Anregungen oder Beschwerden, die vorher nicht mit dem Campingplatz besprochen wurden, von uns nicht bearbeitet werden können.

ACSI Camping Europa-App

Mehr als 9 300 europäische Campingplätze in einer praktischen App

Mit der ACSI Camping Europa-App finden Sie dank der vielen praktischen Funktionen und Suchmöglichkeiten direkt eine Übernachtungsmöglichkeit. Die App, die auch ohne Internetverbindung genutzt werden kann, enthält nämlich alle europäischen Campingplätze, die in diesem Campingführer gelistet sind.
In der App sind auch alle Campingplätze von Klein & Fijn Kamperen aufgeführt. Sie können diese Campingplätze sehen, indem Sie den Filter "kleine Campingplätze" verwenden.

Außerdem gibt die App Informationen zu mehr als 9 000 überprüften Reisemobilstellplätzen in Europa! Die Informationen werden mehrmals im Jahr auf den neuesten Stand gebracht. Die App eignet sich für Smartphones und Tablets (Android 9 und höher, iOS 12 und höher)*.

Kostenlos testen

Testen Sie die App kostenlos mit einer Anzahl Campingplätze rund um den Gardasee. Gefällt es Ihnen? Dann können Sie die App ab 1,99 €** erwerben.

Rabattgutschein

In diesem Campingführer finden Sie einen Rabattgutschein, mit dem Sie die ACSI Camping Europa-App mit einem Rabatt von 50% erwerben können. Ab dem Zeitpunkt, an dem Sie den Gutschein einlösen, haben Sie ein Jahr lang Zugang zur App.
Möchten Sie mehr erfahren? Weitere Infos finden Sie auf eurocampings.de/app.

Suche nach Name 1

Sie können nach Land, Region, Ort, Campingnummer oder Campingnamen suchen. Geben Sie einen Suchbegriff ein und betrachten Sie die Übernachtungsmöglichkeiten auf der Karte. Der Datenbestand umfasst über 500 000 Suchbegriffe!

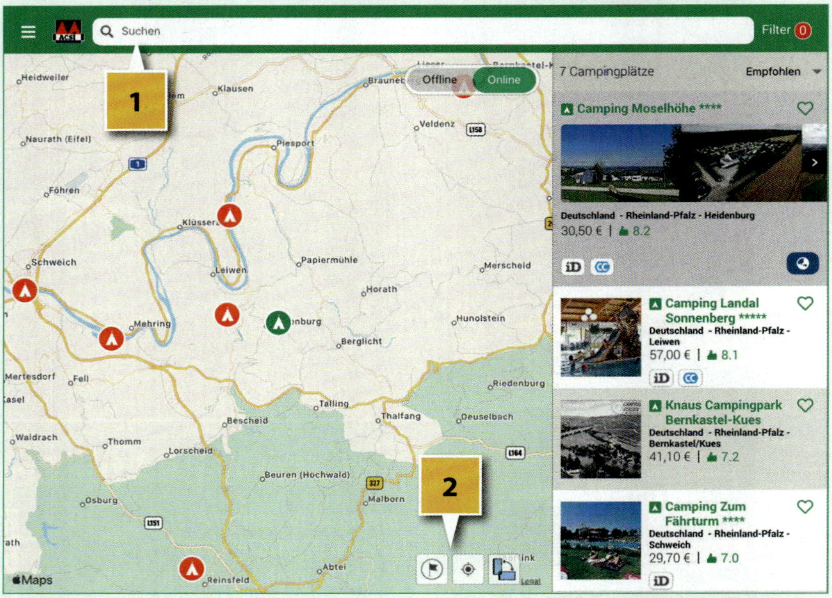

Suche in der Umgebung 2

Haben Sie die Standortbestimmung auf Ihrem Gerät eingeschaltet? Dann erkennt die App Ihre aktuelle Position und zeigt Ihnen direkt die Campingplätze und ggf. Reisemobilstellplätze in Ihrer Nähe an. Suchen Sie eine Übernachtungsmöglichkeit woanders? Dann markieren Sie selbst einen beliebigen Standort auf der Karte. Die ideale Lösung, wenn Sie noch auf der Suche nach einer Übernachtungsmöglichkeit sind.

Umfassende Informationen 3

Je Camping- und Reisemobilplatz finden Sie umfangreiche Informationen über das Gelände und die Ausstattung. Entdecken Sie anhand von Bildern, Kartenmaterial sowie Campingplatz-Bewertungen anderer Camper, ob es für Sie passt!

Favoriten 4

Haben Sie einen Camping- oder Reisemobilplatz gefunden, der voll und ganz Ihren Wünschen entspricht? Dann hängen Sie ihn Ihren Favoriten an. Dann können Sie den Camping- oder Reisemobilplatz einfacher finden und bequem auf der Karte erkennen. Favoriten bekommen nämlich eine auffälligere Darstellung.

Einen Campingplatz buchen

In der App ist bei einer zunehmenden Zahl von Campingplätzen direkt sichtbar, ob Plätze frei sind, und Sie können direkt buchen. Nähere Infos zu den Möglichkeiten finden Sie auf Seite 24.

Nutzung auf mehreren Geräten

Sie können die App auf drei Geräten gleichzeitig nutzen. Wenn Sie sich mit Ihrem Mein ACSI-Account einloggen, wird der Zugang freigeschaltet.

Auf eurocampings.de/app finden Sie mehr Informationen zur ACSI Camping Europa-App.

**Änderungen der Systemanforderungen vorbehalten*
***Preisänderungen vorbehalten*

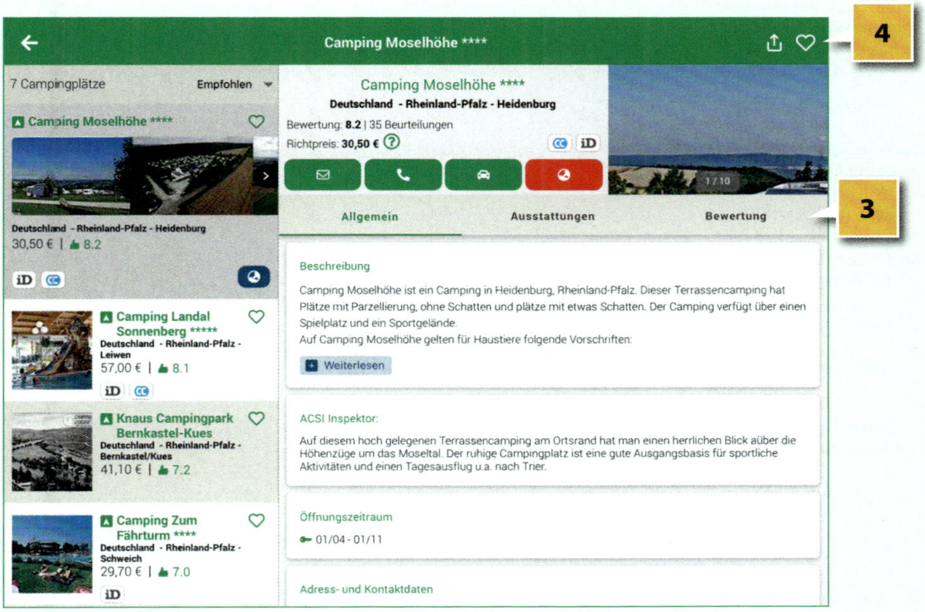

Vergleich ACSI-Apps

Ergänzend zu den ACSI Campingführern gibt es drei praktische Apps für Smartphone, Tablet und Laptop: die ACSI Camping Europa-App mit mehr als 9 300 Plätzen, die CampingCard ACSI-App mit 3 000 Teilnehmerplätzen, die diese Ermaßigungskarte akzeptieren und die ACSI Great Litte Campsites-App mit 1 900 kleinen und gemütlichen Campingplätzen.

In diesen Apps finden Sie auch Informationen zu mehr als 9 000 Reisemobilstellplätzen.
Die Apps sind ohne Internetverbindung nutzbar, sodass Ihnen alle Campingplatz- und ggf. Stellplatzinformationen überall und jederzeit zur Verfügung stehen.
Entdecken Sie hierunter alle Vorzüge der ACSI-Apps.

	ACSI Camping Europa-App	CampingCard ACSI-App	ACSI Great Little Campsite app
Preis	App mit Campinginformationen ab 1,99 €*	App mit Campinginformationen: 3,99 €*	App mit Campinginformationen: 3,49 €*
Anzahl der Plätze	über 9 300	3 000	1 900
Campingplatz Typ	Alle Plätze aus dem ACSI Campingführer Europa und ACSI Klein & Fijn Kamperen Führer	Alle Plätze die die CampingCard ACSI akzeptieren	Alle kleine Campingplätze mit max. 50 Tourplätzen
Informationen über mehr als 9 000 Reisemobilplätze	Erhältlich in Kombination mit Campinginformationen	Erhältlich in Kombination mit Campinginformationen	Erhältlich in Kombination mit Campinginformationen
Geeignet für	Smartphone und Tablet	Smartphone und Tablet	Smartphone und Tablet
Auf drei Geräten gleichzeitg anwendbar	✓	✓	✓
Gratis Updates	✓	✓	✓
Offline anwenden	✓	✓	✓
Suche nach Land, Regio, Ort oder Campingname	✓	✓	✓
Suche nach Karte/GPS	✓	✓	✓
Suche nach CC-Tarif und CC-Akzeptanzzeiten		✓	
Anzahl der Suchfilter	250	150	250
Direkt über die App buchen	✓	✓	✓
Beurteilungen teilen, lesen und schreiben	✓	✓	✓
Route planen	✓	✓	✓
Mehr Infos	**eurocampings.de/app**	**campingcard.com/app**	**kleinecampingplaetze.de/app**

** Preisänderungen vorbehalten*

Bewerten Sie einen Campingplatz und gewinnen Sie mit etwas Glück ein iPad!

Viele Camper gehen gerne gut vorbereitet auf die Reise. Sie können mit Ihrer Beurteilung dazu beitragen, dass auch andere Campinggäste sich ein gutes Bild ihres Urlaubsziels machen können.

Ihr Campingplatz
Wie beurteilen Sie einen Campingplatz? Besuchen Sie eurocampings.de/ipad und suchen Sie den Campingplatz, auf dem Sie waren, mithilfe der Suchbox.

Ihre Bewertung
Auf der Seite des Campingplatzes sehen Sie die Registerkarte 'Bewertungen'. Öffnen Sie diese und klicken Sie anschließend auf den grünen Button 'Eine Bewertung hinzufügen' und helfen Sie so anderen Campern eine gute Entscheidung zu treffen.

Ihr Code
Tragen Sie unten im Bewertungsformular in dem Feld 'Aktionscode' den folgenden Code ein: **IPAD-2023-CFD**
So sichern Sie sich automatisch die Chance auf ein iPad!

Kostenfreies ACSI Camping-Kochbuch
Wir freuen uns über Ihre Bewertung. Deshalb erhalten Sie nach dem Einstellen einer Bewertung kostenlos das ACSI Camping-Kochbuch (als PDF). Den Link zu unserem Kochbuch finden Sie in der Bestätigungsmail.

Online buchen

Nichts ist ärgerlicher, als einen Campingplatz zu suchen, um dann bei der Ankunft festzustellen, dass kein Platz mehr frei ist. Jeder der eine Mietunterkunft auf einem Campingplatz sucht, weiß dass reservieren schon ein Muss ist, und auch für Stellplätze ist eine Reservierung zu empfehlen. Unbedingt in den Schulferien und für Campingplätze in beliebten Gebieten. Corona, logistische Probleme auf Flughäfen sowie Spannungen in der Welt und gestiegene Kraftstoffpreise beeinflussen das Urlaubsverhalten der Europäer. Daher ist es schön, dass man bei einer steigenden Anzahl von Campingplätzen jetzt auch online einen Platz oder eine Mietunterkunft reservieren kann.

Über eurocampings.de oder die ACSI Camping Europa-App können Sie von zu Hause oder unterwegs einfach einen Stellplatz oder eine Mietunterkunft buchen. Die buchbaren Campingplätze erkennen Sie am roten Button „Jetzt buchen"- oder „Verfügbarkeit und Preise". Sie buchen direkt auf dem Campingplatz und leisten online sofort eine Anzahlung. Dadurch sichern Sie sich einen Stellplatz.

Einen Campingplatz buchen

Geben Sie zur Überprüfung der Verfügbarkeit in der Suchmaske auf der Homepage Ihre Aufenthaltsdauer ggf. mit etwas Spielraum an, sowie die Reiseteilnehmer und welche Übernachtungsmöglichkeiten Sie suchen.

Die Suchergebnisse werden nach Stellplatzart und Preis sortiert angezeigt. Sie können die gewählte Aufenthaltsdauer problemlos anpassen oder entfernen. (Klicken Sie dafür auf das Feld „Aufenthaltsdauer" und dann auf „Datum entfernen" unter dem Kalender.)

Wenn Sie anschließend auf den Button „Suchen" klicken, werden Ihnen alle Campingplätze angezeigt, die Ihren Kriterien entsprechen.

Wenn Sie keine Aufenthaltsdauer angeben, wird Ihnen jeder Campingplatz, der über eurocampings.de gebucht werden kann, mit einem roten „Jetzt buchen"-Button angezeigt.

Klicken Sie auf den Button „Jetzt buchen" oder auf „Verfügbarkeit und Preise", um sich das gesamte Angebot, Ihre Optionen und genaue Preisangaben anzeigen zu lassen. Sie erhalten so die vollständige Liste mit den unterschiedlichen Campingmöglichkeiten und Mietunterkünften, die Sie buchen können.

Indem Sie auf den „Jetzt buchen"-Button klicken, starten Sie den Buchungsprozess. Zuerst geben Sie an, mit wie vielen Personen welchen Alters

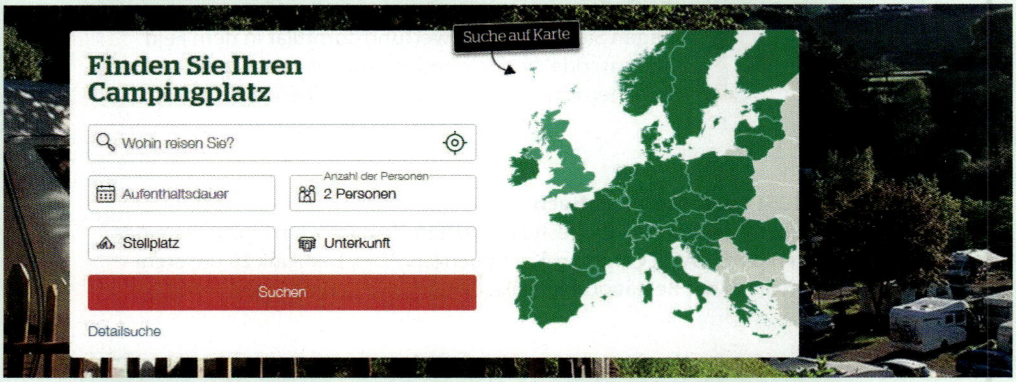

Beispiel

Sie campen gehen und ggf. welche Optionen Sie auswählen. So erfahren Sie den genauen Preis. Danach tragen Sie die Namen und Adressdaten ein. Anschließend wählen Sie eine Zahlungsart aus. Sobald Sie im letzten Schritt Ihre Zahlungsart bestätigt haben, liegt Ihre Buchung fest. Sie buchen direkt beim Campingplatz. Es gelten die Buchungs- und Stornierungsbedingungen des jeweiligen Campingplatzes. Diese Bedingungen werden Ihnen vor Abschluss des Buchungsvorgangs angezeigt.

Die Vorteile einer Online-Buchung

- Sie haben einen Stellplatz oder Mietunterkunft gesichert.
- auch für Last-minute-Buchungen. Unterwegs bequem von Ihrem Handy aus buchbar.
- Vorab alle Kosten um Überblick.
- Nur sichere Zahlungsarten.

Immer mehr Campingplätze über ACSI buchbar

Die Zahl der Campingplätze, die über ACSI buchbar sind, wächst kontinuierlich. Weitere Informationen und eine praktische Übersicht über alle buchbaren ACSI-Campingplätze finden Sie auf eurocampings.de/onlinebuchen und in der ACSI Camping Europa-App.

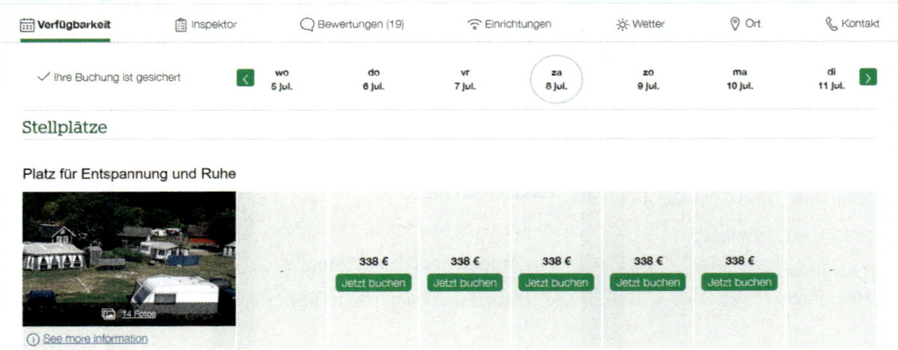

Beispiel

Eine Reise

Fahrradreise

26 Tage

Schweden

- ✔ Kattegattleden und Göta-Kanal
- ✔ Stockholm und Göteborg
- ✔ Bootsfahrt nach Drottningholm

ab **1.649 €** p.P.

Erlebnisreise

34 Tage

Große Spanien-Rundreise

- ✔ Kloster St María de Guadalupe
- ✔ Córdoba, Sevilla und Granada
- ✔ Málaga und Caminito del Rey

ab **1.799 €** p.P.

Abenteuerliche Reise

30 Tage

Albanien

- ✔ Theth, Koman-Stausee und Tirana
- ✔ Berat, Butrint und Gijrokastra
- ✔ Optional: 5 Tage Korfu extra

ab **1.599 €** p.P.

ACSI Awards

Die besten Campingplätze des Landes

Welcher Campingplatz ist der beste in Frankreich? Oder welcher Campingplatz in Deutschland hat das schönste Schwimmbad? Und welche Campingplätze sind ideal, wenn Sie mit Ihrem Hund in den Urlaub fahren? All diese herausragenden Plätze werden auch 2023 mit einem ACSI Award ausgezeichnet, einem begehrten Preis für die besten Campingplätze pro Campingland.

Ihre Stimme zählt

Welche Campingplätze einen ACSI Award gewinnen, wird von den europäischen Campern entschieden. Auch Sie können dieses Jahr wieder für Ihre Lieblingscampingplätze stimmen. Dadurch rücken Sie nicht nur diese Campingplätze ins Rampenlicht, sondern haben auch selbst die Chance, tolle Preise zu gewinnen. Unter allen abstimmenden Teilnehmern werden mehr als 100 Preise verlost. Auch in diesem Jahr können Sie wieder Ihre Stimme abgeben und haben die Chance, einen Preis zu gewinnen. Folgen Sie unseren Facebook- und Instagram-Accounts, Webseiten oder Newslettern, um zu erfahren, wann die Abstimmung beginnt.

Anerkennung von Campern

Ein ACSI Award ist eine Belohnung für die harte Arbeit des Campingplatzes. Es ist ein Publikumspreis, der auf den Meinungen echter Camper basiert. Das Betreiben eines erfolgreichen Campingplatzes erfordert großen Einsatz. Mit einem ACSI Award können Campingplätze zeigen, dass sie einen angenehmen Urlaub garantieren.

Feierlicher Moment

Einen ACSI Award zu erhalten, ist ein besonderes Ereignis für einen Campingplatz.

Die ACSI Awards in 2023

Schönster Campingplatz für Kinder
Wegen der tollen Spielmöglichkeiten und der fantastischen Animation erleben Kinder auf diesem Campingplatz einen wunderbaren Urlaub.

Hundefreundlichster Campingplatz
Auf diesem Campingplatz ist Ihr treuer Vierbeiner ganz herzlich willkommen. Hier hat auch der Hund Urlaub.

Schönstes Campingplatz-Schwimmbad
In diesem großartigen Schwimmbad verbringen Sie und Ihre Kinder am liebsten den ganzen Tag. Welcher Campingplatz bekommt Ihre Stimme?

Campingplatz mit der schönsten Lage
Dieser Campingplatz liegt an einem wunderschönen Ort am Wasser, in der Nähe einer Stadt, im Wald oder in den Bergen. Die Lage ist perfekt!

Sportlichster Campingplatz
Fußball, Tauchen, Tennis oder Fitness: Auf diesem Campingplatz können Sie sich sportlich so richtig austoben.

Bestes Campingplatz-Restaurant
In diesem Restaurant möchten Sie jeden Abend essen. Das Essen ist köstlich und der Service ist super.

Schönste Wohnmobilstellplätze
Dieser Campingplatz bietet alle Vorzüge für Sie und Ihr Wohnmobil. Die Stellplätze sind hervorragend und alle Annehmlichkeiten sind in Reichweite.

Campingplatz mit den besten Sanitäranlagen
Die Sanitäranlagen auf diesem Campingplatz sind wirklich ausgezeichnet, alles ist sauber und modern.

Während der jährlichen Inspektion überreichen die ACSI-Inspektoren auf den ausgezeichneten Campingplätzen persönlich die Awards aus Kristallglas und die dazugehörigen Urkunden. Ein festlicher und bedeutender Moment für viele Campingplatzbesitzer.

Sehen Sie sich die Gewinner an

Sind Sie neugierig, welche Campingplätze im Jahr 2022 einen ACSI Award gewonnen haben? In diesem Campingführer finden Sie pro Land eine Übersicht über die Gewinner. Diese Übersicht ist auch auf eurocampings.de/winners einsehbar. Campingplätze, die keinen Preis gewonnen, aber viele Stimmen erhalten haben, wurden von ACSI mit einer Ehrenurkunde (Honourable mention) ausgezeichnet. Sie erkennen diese Campingplätze im Campingführer, auf der Webseite und in der App An diesen Logos/ Iconen:

ACSI Award 2022

ACSI Award 2022

Ehrenurkunde

Das Inspektorenteam

Recreatiepark TerSpegelt in Eersel (NL)

Auch Kinder kommen zu Wort. Was halten sie vom Miniklub oder wie finden sie bspw. den Spielplatz?

Die ACSI Inspektoren möchten gerne wissen, was Sie über den Campingplatz denken.

Die exakte Lage des Campingplatzes wird mit Hilfe eines Navigationssystems erstellt.

Zuverlässig, objektiv und up-to-date

Warum ist der ACSI-Campingführer so populär? Weil die Informationen, die hier drin stehen, stimmen. Nichts besonderes, werden Sie denken, das ist doch klar?! Nein, das ist überhaupt nicht klar. Jährlich kommen neue Ausstattungen hinzu oder fallen weg. Regelmäßig wechseln die Campingplätze ihre Eigentümer. Mit der Folge, daß sich die Anlagen qualitativ verändern. Einer investiert in höherwertige Ausstattungen wie etwa sanitäre Anlagen, ein anderer läßt die Anlage möglicherweise verkommen. Verlässliche, aktuelle Informationen von neutralen Beobachtern sind für den Camper bei der Wahl seines Urlaubsziels von großer Wichtigkeit. ACSI ist sich dessen sehr bewusst. Darum machen sich jährlich um 290 Inspektoren auf den Weg, um so etwa 7 570 Campingplätze in Europa zu besuchen, anzuschauen und einzuordnen. Dies tun sie mit einer Checkliste, die 227 Punkte enthält und natürlich auch ihrer persönlichen Erfahrung. Auch sprechen sie mit den Campinggästen vor Ort. Auf diese Art und Weise fließen auch Kriterien in die Beurteilung ein wie etwa die nächtliche Ruhe auf dem Platz.

Jährliche Kontrolle

ACSI ist einer der wenigen Herausgeber von Campingführern in Europa, der jedes Jahr aufs Neue alle Campingplätze, die veröffentlicht werden, untersuchen lässt. Der Jahreskontroll-Aufkleber von ACSI wird jedes Jahr vom Inspektor persönlich unter dem Punkt 'letzte Kontrolle ACSI-Inspektor' bei der Rezeption geklebt. Dies bedeutet, daß der betreffende Campingplatz wirklich vom ACSI-Inspektor besucht und kontrolliert worden ist. Die meisten anderen dagegen schicken ihre Jahresmarken lediglich zu, mit dem Vermerk, daß der Campingplatz in ihrem Campingführer aufgenommen ist. Das ist schon ein gewaltiger Unterschied!

Teilweise kontrollieren unsere Inspektoren bis Anfang September Campingplätze. So kann es natürlich passieren, daß Sie auch einmal auf einem Campingplatz noch nicht den aktuellen Jahreskontroll-Aufkleber vorfinden.

Ausreichendes Sanitär, sauber und funktionell? Aus Erfahrung und durch Einweisung lernt der Inspektor das Sanitär eines Platzes zu beurteilen. Die Unterschiede können groß sein, aber sollte ein Platz nicht den ACSI-Kriterien genügen, wird er nicht aufgenommen.

Der ACSI-Inspektor kontrolliert Schwimmbäder u.a. auf Hygiene und Sicherheit.

Dieses Fotoshooting wurde ermöglicht durch Recreatiepark TerSpegelt in Eersel (NL).

ACSI Club ID

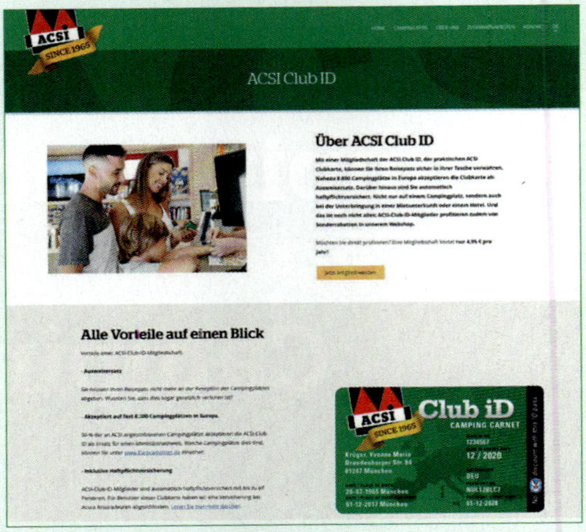

ACSI Club ID ist unverzichtbar für jeden Camper. Von der Clubkarte profitieren Sie nicht nur während Ihres Campingurlaubs, sondern auch Zuhause!

✔ *Ersatz für den Personalausweis*

Die ACSI Club ID wird auf fast 8 200 teilnehmenden Campingplätzen in Europa als Identitätsnachweis akzeptiert. So können Sie Ihren Personalausweis oder Reisepass während des Urlaubs sicher in der Tasche behalten.

✔ *Rabatte im ACSI Webshop*

Als Club ID-Mitglied können Sie verschiedene ACSI Produkte preisgünstig bestellen.

✔ *Haftpflichtversicherung*

Mit der ACSI Club ID können Sie unbesorgt in den Urlaub fahren. Dank dieser Karte sind Sie und Ihre Mitreisenden (max. 11 Personen) in einem Campingurlaub – aber auch in einem Ferienhaus oder Hotel – haftpflichtversichert!

Bestellen Sie gleich Ihre ACSI Club ID und zahlen Sie nur 4,95 € pro Jahr! Besuchen Sie zum Bestellen und für weitere Informationen: acsi.eu/acsiclubid.

Unterschied zur CampingCard ACSI

Die ACSI Club ID ist ebenso wie die CampingCard ACSI eine Karte von ACSI. Um Verwechslungen zu vermeiden, haben wir die Unterschiede für Sie in der folgenden Tabelle dargestellt.

Regenbogen Ferienanlage Prerow in Prerow (DE)

Nab Strand Camping in Faaborg (DK)

	ACSI Club ID	**CampingCard ACSI**
Beschreibung	Clubkarte, Personalausweis-Ersatz auf dem Campingplatz.	Ermäßigungskarte für den Aufenthalt auf Campingplätzen in der Nebensaison.
Akzeptanz	Wird als Ausweis-Ersatz auf fast 8 200 Campingplätzen in 29 Ländern akzeptiert.	Ermöglicht Übernachtungen auf 3 000 Campingplätzen in 21 Ländern zu einem von sechs preiswerten Pauschaltarifen.
Extra's	Haftpflichtversicherung, Mitgliederermäßigung im ACSI Webshop.	Dazugehöriger Campingführer, der alle Informationen über die CampingCard ACSI-Campingplätze enthält.
Anschaffung	Mitgliedschaft, wird über den ACSI Webshop abgeschlossen.	Einzelprodukt, erhältlich im Buchhandel, in Geschäften für Campingbedarf und im ACSI Webshop. Abonnement, kann im ACSI Webshop gebucht werden.
Gültigkeit	1 Jahr gültig bis zum Ablaufdatum (verlängert sich automatisch).	1 Kalenderjahr gültig.
Kosten	4,95 € pro Jahr.	Ab 16,95 € pro Jahr.
Mehr Info	www.acsi.eu/acsiclubid	www.campingcard.com

Wintersportcampingplätze

Einrichtungsliste

1 Allgemein
A Gut erreichbar
B Mäßig erreichbar
C Schlecht erreichbar
D Überdachte Stellplätze
E Gasanschlüsse am Stellplatz
F Elektrische Anschlüsse am Stellplatz
G Große Propangasflaschen
H Beheizte sanitäre Anlagen
I Trockenraum
J Ski-Abstellraum
K Lebensmittel erhältlich
L Skiverleih
M Skireparatur/-einstellung
N Sportshop
O Reservierung empfohlen

2 Gemeinschaftliche Aufenthaltsräume
A Mäßig
B Durchschnittlich
C Gut
D Après-Ski
E Folklore und Animation

3 Langlaufen
A Langlaufloipe in (....) km Entfernung
B Gesämtlänge der Langlaufloipen (....) km

4 Alpinski
A Übungslifte in (....) km Entfernung
B Großes Skigebiet in (....) km Entfernung
C Anschluß an andere Skigebiete

5 Umgebung
A Haltestelle Skibus am Camping
B Shuttle vom Camping zu den Skipisten
C Einkaufs-/Ausgangszentrum in (....) km Entfernung
D Skiverleih
E Skireparatur/-einstellung
F Wintersportartikel erhältlich
G Kino und/oder Theater
H Folklore und Veranstaltungen

In den letzten Jahren ist die Anzahl der Wintersportcampingplätze derartig gestiegen, dass wir beschlossen haben, diese nicht mehr im Campingführer zu veröffentlichen. Die Anzahl der Nutzer ist im Verhältnis zur Auflage zu gering.

Alle Campingplätze auf einen Blick

Siehe: eurocampings.de/wintersport
Dort finden Sie eine Liste aller Campingplätze, die geeignet sind, um Wintersport zu genießen. Und Sie können selbst eine Auswahl treffen, um einen passenden Campingplatz zu finden.

Nützliche Adresse

Deutscher Skiverband (DSV)
Hubertusstraße 1
D-82152 Planegg
Tel. +49 (0)89-85790-0
E-Mail: info@deutscherskiverband.de
Internet: deutscherskiverband.de

FKK-Campingplätze

Dänemark

Mittel-Jütland

Kysing Strand/Odder /
NFJ Naturist Familiecamping (FKK) ____ 61

Süd-Jütland

Henne / Camping Lyngboparken ____ 54

Niederlande

Flevoland

Zeewolde / Naturistenpark Flevo-Natuur ____ 108

Süd-Holland

Delft / Naturistencamping Abtswoudse Hoeve ____ 93

Luxemburg

Heiderscheid / Camping de Reenert ____ 202

Deutschland

Hessen

Kassel/Bettenhausen / Camping B.F.F.L. Lossaue ____ 279

Karlsruhe

Sinsheim/Hilsbach / FKK Camping Hilsbachtal ____ 301

Mecklenburg-Vorpommern

Drosedow/Wustrow / FKK Campingplatz am Rätzsee _ 244
Zwenzow / FKK-Camping Am Useriner See ____ 252

Österreich

Kärnten

Eberndorf / Naturisten Feriendorf Rutar Lido ____ 400
Keutschach am See /
Camping FKK - Kärntner Lichtbund - Turkwiese ____ 402
Keutschach am See / FKK Grosscamping Sabotnik ____ 403
Keutschach am See / FKK-Camping Müllerhof ____ 403

Steiermark/Burgenland

Eggersdorf / Freie Menschen FKK ____ 414

Beachten Sie

daß Sie auf den meisten der hier genannten Campings Mitglied eines Naturistenvereins sein müssen! Informieren Sie sich beim Camping ob Sie vorher Mitglied werden müssen, oder ob Sie das vor Ort auf dem Camping werden können.

Nützliche Adresse

Deutscher Verband für Freikörperkultur
Tel. +49 (0)511-260 352 01
E-Mail: dfk@dfk.org
dfk.org

Campingplätze mit einem FKK-Teil

Dänemark

Nord-Jütland

Ejstrup Strand/Brovst / Tranum Klit Camping ________ 65

Niederlande

Nord-Holland

Den Hoorn / Camping Loodsmansduin ________ 89

Luxemburg

Diekirch/Bleesbruck / Camping Bleesbrück ________ 200

Deutschland

Brandenburg

Bantikow / Knattercamping ________ 255

Hannover

Isernhagen / Camping Parksee Lohne ________ 227

Koblenz

Birkenfeld / Campingpark Waldwiesen ________ 283

Mecklenburg-Vorpommern

Niendorf/Wohlenberger Wiek /
Campingplatz Ostseequelle GmbH ________ 247

Prerow / Regenbogen Ferienanlage Prerow ________ 248

Sachsen

Halbendorf / Camping Halbendorfer See ________ 261

Sachsen-Anhalt

Halberstadt / Camping Am See ________ 253

Thüringen

Neuengönna/Porstendorf /
Camping & Ferienpark bei Jena ________ 265

Österreich

Kärnten

Pesenthein / Terrassencamping Pesenthein ________ 406

Behindertengerechte Campingplätze

Einrichtungsliste

1 Sanitärraum-Einteilung
A Getrennte Dusch- und Toilettenräume
B Beide Einrichtungen in einem Raum

2 Extra Ausstattungen im Sanitärbereich
A Leichtgängige automatische Türschliesser
B Sanitäre Ausstattungen für Behinderte im selben Block wie für die übrigen Campinggäste
C Sanitäre Ausstattungen für Behinderte nicht im selben Gebäude, aber mit Alarmanlage ausgestattet
D Behindertensanitär nur für Behinderte geöffnet
E Duschstuhl (ausklappbar oder entfernbar) ungefähr 48 cm hoch
F Wasserhahn ohne Drucktaste

3 Weitere Ausstattungen
A Spezielle Stellplätze für Behinderte
B Spezielle Parkplätze für Behinderte
C Imbiss/Restaurant zu ebener Erde oder über eine Rampe erreichbar
D Imbiss/Restaurant hat eine für Behinderte zugängliche und angepasste Toilette
E Supermarkt zu ebener Erde oder über eine Rampe erreichbar
F Rezeption für Behinderte gut zugänglich
G Schwimmbad mit einem Lift ausgestattet
H Schwimmbad nicht mit Lift ausgestattet, sondern mit einer Rampe einschließlich Kunststoff Rollstuhl
I Mietunterkünfte rollstuhlgerecht ausgestattet

ACSI trifft jährlich eine Auswahl an behindertengerecht ausgestatteten Campingplätzen. Die Voraussetzungen für einen behindertengerechten Platz wurden in Absprache mit dem Holländischen Behindertenrat festgelegt.
Die Campingplätze, die in dieser Auswahl aufgenommen werden, verfügen alle über für Behinderte geeignete Toiletten und Duschen oder über eine Kombination von beiden. Weiterhin geben wir bei jedem Campingplatz an, ob dieser über zusätzliche, für Behinderte nützliche Einrichtungen verfügt.

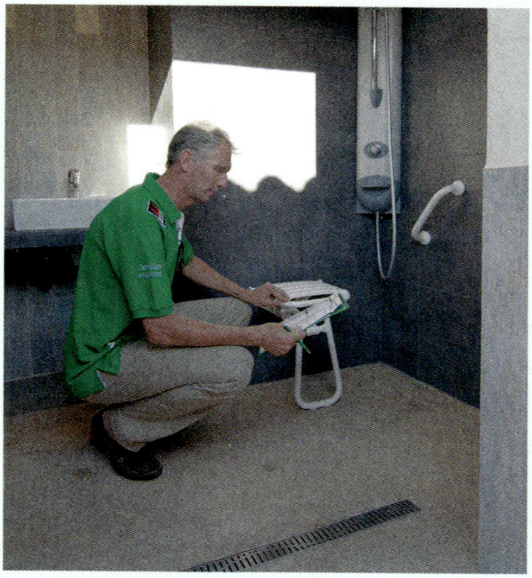

Nützliche Adresse

Allgemeiner Behindertenverband in Deutschland e.V. (ABiD)
Friedrichstraße 95
D-10117 Berlin
Tel. +49 (0)30-27593429
Fax +49 (0)30-27593430
E-Mail: kontakt@abid-ev.de
abid-ev.de

Alle Campingplätze auf einen Blick

Siehe: eurocampings.de/behinderte
Hier können Sie selbst eine Auswahl treffen, um einen passenden Campingplatz zu finden.

Höchstgeschwindigkeiten

Auto

Land	Außerhalb geschlossener Ortschaften	Schnellstraße	Autobahn	Erläuterungen
Belgien	70 / 90*	-	120	*In Flandern 70 km/h, in Wallonien und Brüssel 90 km/h.
Dänemark	80/90*	-	110/130	*Die Höchstgeschwindigkeit kann lokal auf 90 km/h erhöht werden.
Deutschland	100	130	130*	*130 km/h ist keine Höchstgeschwindigkeit, sondern eine Richtgeschwindigkeit.
Luxemburg	90	-	130*	*Bei Regen oder anderen Niederschlägen gilt eine Höchstgeschwindigkeit von 110 km/h.
Niederlande	80	100	130*(100)	*Zwischen 6.00 und 19.00 Uhr: 100 km/h.
Österreich	100	-	130	-
Schweiz	80	100	120	-

Auto mit Gespann

Land	Außerhalb geschlossener Ortschaften	Schnellstraße	Autobahn	Erläuterungen
Belgien	70 / 90*	-	90**	*In Flandern 70 km/h, in Wallonien und Brüssel 90 km/h. **Kombinationen < 3,5 Tonnen dürfen 120 km/h fahren.
Dänemark	70	-	80	-
Deutschland	80	80	80*	* Mit einer deutschen Tempo-100-Plakette dürfen Sie 100 km/h fahren (allerdings nach TÜV Prüfung). Sehen Sie: tuev-nord.de.
Luxemburg	75	-	90	-
Niederlande	80	90*	90*	*Anhänger > 3,5 Tonnen: Höchstgeschwindigkeit 80 km/h.
Österreich	70/80*(**)	-	80/100*(**)	*Mit einem Anhänger < 0,75 Tonnen können Sie 100 km/h außerhalb geschlossener Ortschaften und auf der Autobahn fahren. **Nur wenn der Anhänger nicht schwerer als das Auto und das Gespann aus Auto und Anhänger < 3,5 Tonnen ist, gelten die höheren Höchstgeschwindigkeiten.
Schweiz	80	80*	80*	*Anhänger/Wohnwagen < 3,5 Tonnen: 100 km/h, sofern zugelassen.

Wohnmobil < 3,5 Tonnen

Land	Außerhalb geschlossener Ortschaften	Schnellstraße	Autobahn	Erläuterungen
Belgien	70 / 90*	-	120	*In Flandern 70 km/h, in Wallonien und Brüssel 90 km/h.
Dänemark	80/90*	-	110/130	* Die Höchstgeschwindigkeit kann lokal auf 90 km/h erhöht werden.
Deutschland	100	130	130*	*130 km/h ist keine Höchstgeschwindigkeit, sondern eine Richtgeschwindigkeit.
Luxemburg	90	-	130*	*Bei Regen oder anderen Niederschlägen gilt eine Höchstgeschwindigkeit von 110 km/h.
Niederlande	80	100	130*(100)	* Zwischen 6.00 und 19.00 Uhr: 100 km/h.
Österreich	100	-	130	-
Schweiz	80	100	120	-

Wohnmobil > 3,5 Tonnen

Land	Außerhalb geschlossener Ortschaften	Schnellstraße	Autobahn	Erläuterungen
Belgien	70 / 90*	-	90	*In Flandern 70 km/h, in Wallonien und Brüssel 90 km/h.
Dänemark	80	-	100	-
Deutschland	80	100	100	-
Luxemburg	75	-	90	-
Niederlande	80	80	80	-
Österreich	70	-	80	-
Schweiz	80	100	100	-

Ihr Pass oder Ausweis

Dänemark

138 km südöstlich von København
Bornholm
79
Rønne
Neksø
Skagerrak
Frederikshavn
Kattegat
SCHWEDEN
Nord-Jütland
65
Aalborg
Skive
Viborg
Randers
Mittel-Jütland
58
Silkeborg
Aarhus
Herning
Helsingborg
Helsingør
Horsens
KØBENHAVN
Kalundborg
Roskilde
Vejle
Nordsee
Fredericia
Store Bælt
Seeland
73
Køge
Kolding
Slagelse
Øresund
Esbjerg
Odense
Fünen
69
Lille Bælt
Süd-Jütland
51
Svendborg
Aabenraa
Sylt
Lolland
Flensburg
Schleswig
Fehmarn
Ostsee
Kiel
DEUTSCHLAND
Rostock
Neumünster
Wismar
Itzehoe
Lübeck
Cuxhaven
CF-DEU

Dänemark: Reichhaltige Kultur und unberührte Natur

Imposante Natur, wilde Wikinger und die Märchenwelt von Hans Christian Andersen – Dänemark hat eine reichhaltige Geschichte. Spazieren Sie entlang der abwechslungsreichen Küstenregionen, die Sie zu Sandstränden, Watteninseln und Kreidefelsen führen. Erleben Sie die spannende dänische Kultur, die für ihre langjährige Monarchie, bunte Legosteine und das einzigartige dänische Design von Kopenhagen bekannt ist. Dänemarks Campingplätze sind beliebt für ihre hohe Qualität: Sie sind ordentlich, gut organisiert und mit allem Komfort ausgestattet.

Hauptstadt: Kopenhagen
Währung: Dänische Krone
Zeitzone: UTC +1, UTC +2 (März bis Oktober)
Sprache: Dänisch
Ländervorwahl: +45
Alkoholgrenze: 0,5 ‰
Notrufnummer: Polizei, Feuerwehr und Rettungswagen: 112
Leitungswasser: unbedenklich

Zwischen Nord- und Ostsee

Geografisch gesehen bilden drei Hauptregionen das Land: die beiden Inseln Seeland und Fünen sowie die Halbinsel Jütland. Die meisten Besucher reisen nach Seeland. Sie ist die größte der dänischen Inseln und umfasst die Hauptstadt Kopenhagen. Die vergleichsweise kleine Metropole bietet eine wunderschöne Altstadt, eine Vielzahl von Museen und ein aufregendes Nachtleben. Die Insel Fünen ist bekannt für ihre vielen historischen Kirchen, Herrenhäuser und die guterhaltene Wasserburg Egeskov Slot. Üppige grüne Landschaften, endlose Sandstrände und die malerische Stadt Odense, die einst Heimat des beliebten Autors Hans Christian Andersen war, prägen die Insel Fünen.

ACSI AWARDS

Gewinner 2022 in Dänemark

Bester Campingplatz
Gammelbro Camping

Der hundefreundlichste Campingplatz
Ballum Camping

Bester Rad- und Wandercampingplatz
Skiveren Camping

Beste Lage des Campingplatzes
Tranum Klit Camping

Beste Unterhaltung auf dem Campingplatz
Feddet Strand Camping Resort

Beste Wohnmobilplätze
Horsens City Camping

Gewinner: Skiveren Camping

Das Jütland hingegen bietet Wälder, Sanddünen und Angelgebiete sowie zwei der lebhaftesten dänischen Städte: Århus und Aalborg. Im Südjütland finden Sie das einzigartige Wattenmeer mit den Inseln Römö und Fanö, das mit Wassersportaktivitäten, dem Legoland und Tiersafaris lockt.

Dänemarks beste Attraktionen

Da Dänemark ein relativ kleines Land ist, sind viele Sehenswürdigkeiten und Tagesausflugsziele nicht weit vom Campingplatz entfernt. Besonders Familien schätzen die kurzen Distanzen und kinderfreundlichen Aktivitäten, wie den Tivoli-Vergnügungspark in Kopenhagen, die Wikingersiedlung in Frederikssund oder das Legoland in Billund. Zahlreiche antike Bauwerke, wie zum Beispiel das Schloss Frederiksborg, und historischen Städten wie Ribe und Aalborg gewähren einen Einblick in die reichhaltige Kultur des Landes. Mit flachen und breiten Radwegen, die nie weit von der Küste entfernt liegen, ist Dänemark ein Radlerparadies. So können Sie viele Attraktionen bequem mit dem Fahrrad besuchen. Doch nicht nur Radfahren ist ein beliebter Sport in Dänemark. Die raue Naturlandschaft des Nordens und die unendlichen Sandstrände laden zum Wassersport ein. Von Angeln über Wind- und Kitesurfen bis hin zum Kanufahren und natürlich Baden ist in Dänemark alles möglich!

Beste Reisezeit und Campingregionen

Das dänische Klima ist gemäßigt und maritim geprägt. Kühle Sommer ermöglichen es Ihnen, die Natur zu genießen. Und verglichen mit den anderen Ländern Skandinaviens sind auch die Wintermonate in Dänemark relativ mild.
Im verträumten Blåvand liegen die Zeltplätze inmitten unberührter Natur und laden im Herbst zum Pilze sammeln ein.
Hulsig bietet den perfekten Ausgangspunkt für einen Ausflug nach Skagen, wo Sie das Aufeinandertreffen von Nord- und Ostsee beobachten können. Die dänische Ostseeinsel Bornholm ist bekannt für die eindrucksvollen Felsformationen.

Das Beste von Dänemark hautnah

Die reichhaltige Kultur, historischen Innenstädte und unberührte Natur machen Dänemark zu einer beliebten Destination für Campingurlauber. Mit vielseitigen Attraktionen und interessanten Veranstaltungen begeistert unser Nachbarland ganzjährig Besucher aller Altersklassen. Erleben Sie die spannende Geschichte der Wikinger und die Entwicklung einer der weltweit ältesten Monarchien im Herzen Skandinaviens. Lassen Sie sich von alten Schlössern, Hochburgen und malerischen Wäldern verzaubern oder nutzen Sie eine der vielen Panorama-Radrouten, um das Land unabhängig zu erkunden. Egal, für welche Region Sie sich entscheiden, Dänemark lässt keine Wünsche offen!

Tanken

Bleifreies Benzin (Blyfri Oktan 95 und 98) und Diesel sind leicht erhältlich. Autogas ist hingegen kaum verfügbar. Viele Tankstellen in Dänemark sind 24 Stunden am Tag geöffnet. Daneben gibt es auch sehr viele unbemannte Tankstellen.

Aufladen
Das Netzwerk an Ladesäulen ist zwar groß, deckt aber noch nicht das gesamte Land ab. Beachten Sie dies bei der Planung Ihre Reise.

Fähren
Informationen über Fahrzeiten, Abfahrtszeiten und Tarife finden Sie bei Reedereien wie bornholmslinjen.com, polferries.com, scandlines.de. Die Preise hängen u. a. von der Saison und der Abfahrtszeit ab. Es ist ratsam, rechtzeitig eine Reservierung vorzunehmen. Erkundigen Sie sich vorab bei der Reederei, ob Gasflaschen mit auf das Boot genommen werden dürfen.

Verkehrsregeln
Abblendlicht (oder Tagfahrlicht) ist tagsüber vorgeschrieben. An einer Kreuzung mit Straßen gleichen Ranges hat der von rechts kommende Verkehrsteilnehmer Vorfahrt. Fahrzeuge im Kreisverkehr haben normalerweise Vorfahrt. Auf geneigten Straßen hat bergauffahrender Verkehr Vorfahrt vor bergabfahrendem Verkehr. Fahrer dürfen nur mit einer Freisprechanlage telefonieren. Kinder unter einer Größe von 1,35 Meter müssen in einem Kindersitz sitzen. Winterreifen sind nicht vorgeschrieben.

Besondere Bestimmungen
Auf Autobahnen sind Sie verpflichtet, bei einem Stau oder Unfall andere Verkehrsteilnehmer mit Ihrer Warnblinkanlage zu warnen. Das Parken ist u. a. innerhalb eines 10-Meter-Radius um eine Kreuzung verboten.

"Die Ruhe, Weite, Kultur, Natur, Einwohner und die abwechslungsreiche Landschaft sind immer wieder faszinierend"

Herr P. Geelen, Inspektor 1195.

Vorgeschriebene Ausrüstung
Ein Warndreieck ist im Fahrzeug vorgeschrieben. Sicherheitswesten, ein Verbandskasten, ein Feuerlöscher und Ersatzlampen werden ebenfalls zur Mitnahme empfohlen.

Caravan und Reisemobil

Ein Reisemobil oder ein Gespann aus Pkw und Wohnwagen darf bis zu 4 m hoch, 2,55 m breit und 18,75 m lang sein (der Wohnwagen selbst darf bis zu 12 m lang sein).

Fahrrad

Ein Fahrradhelm ist nicht vorgeschrieben. Telefonieren und Tippen auf einem Smartphone sind während des Radfahrens verboten. Sie dürfen niemanden auf dem Gepäckträger mitnehmen (außer einem Kind im Kindersitz).

"Die Weite und die schöne Natur sind jedes Mal überwältigend"

Herr W. Koster, Inspektor 1007.

Maut

Auf den dänischen Straßen wird keine Maut erhoben. Doch auf der Großen Beltbrücke und der Öresundbrücke müssen Sie eine Mautgebühr zahlen. Sie können auf verschiedene Weise bezahlen. Weitere Informationen: storebaelt.dk und oresundsbron.com.

Umweltzonen

In Aarhus, Aalborg, Odense, Kopenhagen und Frederiksberg wurden Umweltzonen eingerichtet. Schwere Dieselfahrzeuge benötigen für das Fahren in diesen Umweltzonen eine Umweltplakette. Es gibt noch keine Umweltzonen, die für normale Pkw gelten. Weitere Informationen: ecosticker.dk

Panne und Unfall

Platzieren Sie Ihr Warndreieck auf der Autobahn mindestens 100 m (auf sonstigen Straßen 50 m) hinter Ihrem Auto, sodass es keine Gefahr für den übrigen Verkehr darstellt. Allen Insassen wird empfohlen, eine Sicherheitsweste anzuziehen. Rufen Sie bei einer Panne die Notrufnummer Ihrer Pannenhilfe-Versicherung an. Sie können auch einen dänischen Pannendienst anrufen: +45 70 10 20 30 (Falck) oder +45 70 10 80 90 (SOS/Dansk Autohjaelp). Das Abschleppen ist auf Autobahnen verboten.

Campen

Wildcampen außerhalb der Campingplätze ist im Allgemeinen verboten. Es ist nur zulässig, wenn der Grundbesitzer die Erlaubnis erteilt hat. Für Camper, die spät kommen, wird der QuickStop-Service immer beliebter: Übernachtungen nach 20:00 Uhr und bis 10:00 Uhr, oft außerhalb des Campingplatzes.
Achtung! Die Möglichkeiten, Propangasflaschen zu befüllen, sind sehr begrenzt. Deshalb ist es am besten, genügend Gas mitzunehmen.
Seitdem die dänische Wettbewerbsbehörde 2017 darüber entschieden hat, besteht keine Verpflichtung mehr, eine Camping Key Europe (CKE)-Karte für dänische Campingplätze zu erwerben. Sie können nun auch Ihre ACSI Club-ID auf vielen dänischen Campingplätzen verwenden. Es ist jedoch immer noch möglich, dass einzelne dänische Campingplätze eine CKE-Karte verlangen. Sie können diese vor Ort kaufen.

Klima Kopenhagen	Jan.	Feb.	März	Apr.	Mai	Jun.	Jul.	Aug.	Sept.	Okt.	Nov.	Dez.
Durchschnittliche Höchsttemperatur	2	2	5	10	15	19	20	20	17	12	7	4
Durchschnittliche Anzahl der Sonnenstunden pro Tag	1	2	4	5	8	8	8	7	5	3	1	1
Durchschnittliche monatliche Niederschlagsmenge (mm)	36	24	34	35	40	45	57	55	53	47	52	47

Süd-Jütland

Aabenraa, DK-6200 / Sydjylland

Fjordlyst - Aabenraa City Camping***
Sønderskovvej 100
1 Apr - 1 Okt
+45 74 62 26 99
info@aabenraa-citycamping.dk
N 55°01'30'' E 09°24'52''

1 ADEG**KN**OPQSTU — K**N**PQSWX 6
2 ABGIPQSUVXYZ — ABDE**FG**HIJK 7
3 B**D**FG**JLR**V — ABCDEFGIJKNQRTW 8
4 FHJO — FGJ 9
5 ABDJMN — ABFGHJKOQUY 10

Anzeige auf dieser Seite B 10A CEE — ① €34,30
4,8ha 110**T**(80-120m²) 57**D** — ② €47,75

101115

Von der E45 Richtung Abenraa. 7 km lang der Beschilderung folgen.

Aabenraa, DK-6200 / Sydjylland

Skarrev Camping**
Skarrevvej 333
8 Apr - 23 Sep
+45 92 44 43 34
skarrev@lojtstrandcamping.dk
N 55°02'47'' E 09°30'01''

1 ADE**KN**OPQRSTU — KNSWXY 6
2 GIJLQXY — ABDE**FG**IJ 7
3 B**L**SU — ABCDE**F**GJNQRTW 8
4 FH — 9
5 ABDN — GJKOQ 10

B 10A CEE — ① €35,65
1,2ha 60**T**(60-100m²) 25**D** — ② €46,40

113169

Von Aabenraa Richtung Norden der 170 folgen. Nach 2 km CP-Schild, Richtung Osten. In Skovby den CP-Schildern folgen.

Aabenraa/Løjt Norreskov, DK-6200 / Sydjylland

Sandskaer Strandcamping***
Sandskaervej 592
31 Mrz - 24 Sep
+45 74 61 74 00
info@sandskaer.dk
N 55°07'01'' E 09°29'46''

1 ACDEG**KN**OPQRSTU — KNOPQSUW**X**Y**Z** 6
2 AGIJLQUWXY — AB**FG**HIJK 7
3 BDF**JKL**MSUVX — ABCDEFIJKNQRTW 8
4 BCDFHJKO**P** — BFGIKNORTVWY 9
5 ACDEGHMN — ABGHJKOPQUXY 10

B 10A — ① €39,65
5,8ha 290**T**(80-100m²) 160**D** — ② €54,45

101846

In Aabenraa Straße 170 Richtung Haderslev nehmen, nach 8 km rechts Richtung Løjt Kirkeby. Dann der Ausschilderung folgen.

Aarø, DK-6100 / Sydjylland

Aarø Camping***
Aarø 260
1 Jan - 31 Dez
+45 74 58 44 82
aaro@aaro-camping.dk
N 55°15'35'' E 09°45'09''

1 ADE**KN**OPQRSTU — K**N**QS**X** 6
2 BGJQRXYZ — ABDE**FG**HIJK 7
3 AB**L**UV — ABDE**FGI**JKNPQRT 8
4 FHJKO — FNV 9
5 ACEGHMN — ABHJK**O**QUV 10

10A CEE — ① €25,55
4,2ha 150**T** 86**D** — ② €34,95

111626

E45, Ausfahrt Haderslev. In Haderslev Ringstraße Richtung Aarøsund. Dort mit der Fähre nach Aarø. CP ist gut ausgeschildert.

Aarøsund/Haderslev, DK-6100 / Sydjylland

Gammelbro Camping
Gammelbrovej 70
1 Jan - 31 Dez
+45 74 58 41 70
info@gammelbro.dk

1 ADEJMOPQRSU	EGHKNOPQSWXY	6
2 HJQWXY	ABDEFGHIJK	7
3 ABDFGJMNSV	ABCDEFGIJKNQRTUVW	8
4 BFJOQT	BFIJNVY	9
5 ACFIMN	ABFGHIJKOQUXY	10
B 10A		❶ €32,95
32ha 495T(80-100m²) 499D		❷ €45,05

N 55°14'59'' E 09°42'44''
In Haderslev Richtung Aarøsund. Kurz vor Aarøsund rechts und CP-Schildern folgen.
101840

Anslet, DK-6100 / Sydjylland

Anslet Strand Camping***
Strandvejen 34
1 Apr - 15 Sep
+45 40 56 63 45
mail@ansletstrandcamping.dk

1 ADEKNOPQRSTU	KNPQSWXYZ	6
2 HIJMQVXYZ	ABDEFGHIJK	7
3 BFLV	ABCDEFGINQRT	8
4 HJOQ	F	9
5 ABDM	ABHIJKQ	10
Anzeige auf dieser Seite 10A CEE		❶ €24,20
3,5ha 50T(70-120m²) 102D		❷ €31,60

N 55°21'25'' E 09°37'01''
In Christiansfeld ab Straße 170 Richtung Hejlsminde, dann Store Anslet. CP ist ab hier ausgeschildert.
101837

Arrild/Toftlund, DK-6520 / Sydjylland

Arrild-Ferieby-Camping***
Arrild Ferieby 5
1 Jan - 31 Dez
+45 20 48 37 34
info@arrildcamping.dk

1 ADEKNOPQRSTU	HN	6
2 BEPQXYZ	ABDEFGHIJK	7
3 BFGHJLMNSV	ABCDEFGIJKNQRTUW	8
4 FJ	DF	9
5 CDEFILMN	ABGHJKNRSU	10
Anzeige auf dieser Seite B 16A CEE		❶ €28,90
8ha 250T(100-140m²) 132D		❷ €39,65

N 55°09'12'' E 08°57'24''
Von der A7/E45 Ausfahrt 73 die 175 Richtung Rømø. Bei Toftlünd der Straße folgen; an der Ausfahrt Arrild ist der CP angezeigt.
112759

Augustenborg, DK-6440 / Sydjylland

Hertugbyens Camping**
Ny Stavensbøl 1
1 Apr - 30 Sep
+45 74 47 16 39
hertugbyenscamping@mail.dk

1 ADEKNOPQRSTU	KNOPQSWXYZ	6
2 AGIJMQSUXY	ABDEFGI	7
3 ALV	ABCDEFGIJKNQRTW	8
4 FH	FV	9
5 DN	ADGHJKOQV	10
Anzeige auf dieser Seite B 16A CEE		❶ €27,55
2,6ha 200T(100-150m²) 39D		❷ €35,65

N 54°56'49'' E 09°51'15''
Hauptstraße 8, an Sønderborg vorbei, Ausfahrt Augustenborg rechts. Im Zentrum links. Den Schildern folgen. Vor dem Krankenhaus zuerst rechts, danach links der Straße zum Strand folgen.
112756

Ballum/Bredebro, DK-6261 / Sydjylland

Ballum Camping***
Kystvej 37
24 Mrz - 22 Okt
+45 74 71 62 63
info@ballumcamping.eu

1 ADEKNOPQSTU	R	6
2 PQXYZ	ABDEFGHIJK	7
3 BFJVWX	ABCDEFGHIJKNQRTW	8
4 FHJ	BFUVWY	9
5 ABDFN	ABDFGHIJKOQUY	10
Anzeige auf dieser Seite 10A CEE		❶ €31,85
6,7ha 160T(100-240m²) 39D		❷ €44,00

N 55°04'08'' E 08°39'38''
Küstenstraße Nr. 419 von Tønder nach Ballum. Kurz vor Ballum ist der CP ausgeschildert.
110352

Billund, DK-7190 / Sydjylland

LEGOLAND Holiday Village****
Ellehammers Alle 2
31 Mrz - 29 Okt
+45 75 33 27 77
reservation@legoland.dk

1 BDEJMOPQRSTU		6
2 PQTWXYZ	ABDEFGHIK	7
3 ABJLMRSV	ABCDEFGIJKNQRT	8
4 HJOPQ	AFGJY	9
5 ACDEFIJLMN	ABFHIKMOPQUY	10
B 10-16A CEE		❶ €43,05
14ha 250T(80-100m²) 213D		❷ €56,50

N 55°43'53'' E 09°08'09''
Von der Straße 28 Vejle-Grindsted bei Billund die Ausfahrt Legoland/Flughafen/CP nehmen. Ab hier gut ausgeschildert.
101809

Bjert, DK-6091 / Sydjylland

Stensager Strand Camping****
Oluf Ravnsvej 16
27 Mrz - 15 Sep
+45 75 57 22 31
info@stensagercamping.dk

1 BDEKNOPQRSTU	BGHKNQSWXY	6
2 BGIJQTWXY	ABDEFGHIJK	7
3 BFJNV	ABCDEFIJKNQRTV	8
4 BFJOQ	DFOY	9
5 ACDMN	ABFGHIJKOQUVY	10
B 13A CEE		❶ €41,55
5,8ha 195T(100-110m²) 142D		❷ €57,70

N 55°25'11'' E 09°35'16''
Auf der E45 die Ausfahrt 65 Richtung Kolding. An der 4. Ampel rechts Richtung Sdr. Stenderup. Dann Richtung Sjølund bis zu Binderup Strand und CP-Schild. Links und folgen.
101833

Bramming, DK-6740 / Sydjylland

Darum Camping***
Alsædvej 24
1 Apr - 24 Sep
+45 75 17 91 16
info@darumcamping.dk

1 ADEGKNOPQRSTU	N	6
2 ABCPQRXYZ	BFGHJK	7
3 ALSV	ABCDEFGJNQRT	8
4 JO	F	9
5 ABDEFHKMN	ADGHJKNQY	10
Anzeige auf dieser Seite 10-16A CEE		❶ €38,85
4,4ha 50T(100-140m²) 30D		❷ €44,25

N 55°26'03'' E 08°38'28''
Von Süden her der Nr 11-24 folgen, Ausfahrt St. Darum. Den CP-Schildern folgen. Von Norden die 24.
100078

Teilkarte Süd-Jütland auf Seite 51

Broager/Skelde, DK-6310 / Sydjylland

CC€19 iD

Broager Strand Camping***
Skeldebro 32
1 Jan - 31 Dez
+45 74 44 14 18
post@broagerstrandcamping.dk
N 54°52'04'' E 09°44'39''

1 ADEGKNOPQRSTU KNOPQSUWXYZ 6
2 AGIJLQRSWXYZ ABDEFGHIJK 7
3 ALSVX ABCDEFGHIJNPQRTUVW 8
4 FHJOQ FNR 9
5 ABDHMN ABCDFGHJKMOQUY 10
Anz. auf dieser S. B 13-16A CEE ❶ €43,05
5,8ha 140T(80-125m²) 45D ❷ €65,20

Von der E45 Ausfahrt 73 Richtung Sønderborg. Der 8 bis Nybol folgen, dann Richtung Broagar bis zur 1. Ampel links. Nach der Ampel 1. Straße rechts Richtung Skelde. Nach 3,5 km in Dynt geradeaus. Weiter ausgeschildert. 109398

Dänemark

Esbjerg V., DK-6710 / Sydjylland

iD

EsbjergCamping.dk***
Gudenåvej 20
1 Jan - 31 Dez
+45 75 15 88 22
info@esbjergcamping.dk
N 55°30'47'' E 08°23'22''

1 ADKNOPQSU BGHKQSX 6
2 CGJPQWXYZ ABCDEFGHIJ 7
3 BFGMUV ABCDEFIJKNQRT 8
4 BHJKOU FJ 9
5 ABDEMN ABFGHIJKOPQUY 10
B 13-16A CEE ❶ €39,55
7ha 240T(100m²) 66D ❷ €54,85

Die Küstenstraße 447 Esbjerg-Hjerting nehmen. Am Ortsausgang von Saedding ist der CP ausgeschildert. 101797

Fynshav/Augustenborg, DK-6440 / Sydjylland

iD

Lillebælt Camping***
Lillebæltvej 4
1 Apr - 24 Sep
+45 74 47 48 40
info@lillebaeltcamping.dk
N 54°59'09'' E 09°59'25''

1 ABDEKNOPQRSTU KNOPQSWXY 6
2 GIJMPQSUVWXY ABDEFGHIJ 7
3 BFLM ABCDEFNQRTW 8
4 FH 9
5 DMN ABGHJKOQU 10
10A CEE ❶ €37,65
3ha 145T(80-100m²) 50D ❷ €51,10

Von der E45 Ausfahrt 73, die 8 Richtung Sønderborg bis Fynshav nehmen. In Fynshav rechts Richtung Skovby. Nach 700m links, danach ausgeschildert. 101882

Fanø/Rindby, DK-6720 / Sydjylland

iD

Feldberg Familie Camping***
Kirkevejen 3-5
31 Mrz - 22 Okt
+45 75 16 36 80
familie@feldbergcamping.dk
N 55°25'45'' E 08°23'31''

1 AKNOPQRSTU NQSX 6
2 JPQWXYZ ABDEFGHIJK 7
3 BFJLMNSUV ABCDEFIJKNQRTUV 8
4 AHJOQT DFIJV 9
5 ADMN ABEGHJKOPQUV 10
10-16A CEE ❶ €32,00
7ha 356T(80-160m²) 217D ❷ €45,45

Von der Fähre 'Esbjerg-Fanø' 2 km Richtung Rindby Strand. Nach 200m liegt der CP rechts. 101785

Fanø/Rindby, DK-6720 / Sydjylland

iD

Feldberg Strand Camping***
Kirkevejen 39
1 Apr - 1 Nov
+45 75 16 24 90
dennis@fanonet.dk
N 55°25'23'' E 08°23'01''

1 AKNOPSU KNQSWX 6
2 GJPQRXYZ ABDEFGHIK 7
3 BHIJLN ABCDEFGIJKNQRT 8
4 EFHJO DFJV 9
5 CDEFGHKLN ABGHJKLOQU 10
8-16A ❶ €30,25
3ha 100T(100-120m²) 42D ❷ €42,50

Ab Fähre 'Esbjerg-Fanø', 2 km Richtung Rindby Strand, dann noch 1 km bis zum CP. 101787

Fynshav/Augustenborg, DK-6440 / Sydjylland

iD

Naldmose Strand Camping
Naldmose 12
1 Jan - 31 Dez
+45 74 47 42 49
info@naldmose.dk
N 54°59'42'' E 09°58'36''

1 ADEKNOPQRSTU KNOPQSWXY 6
2 BGIJLPQSUWXYZ ABFGHIJK 7
3 ABFLM ABCDEFGIJNQRTW 8
4 FHJO FIY 9
5 ABDN AFGHJKOQWXY 10
Anzeige auf dieser Seite B 13A CEE ❶ €34,95
4,5ha 180T(100-120m²) 86D ❷ €48,40

Von der E45 Ausfahrt 73 die 8 Richtung Sønderborg. Weiter bis Fynshav, dort links nach Guderup, nach 400m rechts. CP-Schildern folgen. 110359

Fanø/Rindby, DK-6720 / Sydjylland

iD

Rindby Camping***
Kirkevejen 18
30 Mrz - 8 Okt
+45 75 16 35 63
post@rindbycamping.dk
N 55°25'34'' E 08°23'29''

1 AKNOPQSU 6
2 PQRWXYZ ABDFGHIK 7
3 BFV ABCDEFGIJKNQRT 8
4 JO DFGHI 9
5 DMN ABHJKOQU 10
13A CEE ❶ €25,30
3,2ha 128T(100-250m²) 73D ❷ €35,75

Von der Fähre nach Fanø 2 km Richtung Rindby Strand. Nach 350m CP auf der linken Seite. 114867

Gårslev/Børkop, DK-7080 / Sydjylland

iD

Mørkholt Strand Camping***
Hagenvej 105b
1 Jan - 31 Dez
+45 75 95 91 22
info@morkholt.dk
N 55°39'23'' E 09°43'35''

1 ADEKNOPQRSTU BFKNQSWXY 6
2 GJLQWY BDEFGHJK 7
3 ABFGJLMUVX ABCDEFGIJKNPQRT 8
4 ABFHIJO FJNRUY 9
5 ACDEFIMN ABGHIJKOQUXY 10
B 10A CEE ❶ €36,05
7,7ha 380T(80-120m²) 144D ❷ €48,15

Straße 28 Vejle-Fredericia N. 14 km von Vejle und 10 km von Fredericia entfernt ist der CP an der Ausfahrt Gårslev ausgeschildert. 101828

Fanø/Rindby, DK-6720 / Sydjylland

iD

Rødgård Camping Fanø***
Kirkevejen 13
4 Mai - 17 Sep
+45 75 16 33 11
info@rodgaard-camping.dk
N 55°25'37'' E 08°23'28''

1 ADEKNOPQSTU NQS 6
2 PQRWXYZ ABEFGHIJK 7
3 BDIJLMSUVW ABFGIJNQRTUW 8
4 ABHJOQ FGIV 9
5 ADFGHIKMN ABEFGJKORSU 10
10-13A CEE ❶ €27,55
7ha 160T(100-180m²) 173D ❷ €41,00

Von der Fähre Esbjerg-Fanø Richtung Rindby Strand. Nach 400m liegt der CP rechts. 112763

Give, DK-7323 / Sydjylland

iD

Give Camping og Cafetaria***
Skovbakken 34
1 Jan - 31 Dez
+45 75 73 11 34
info@givecamping.dk
N 55°51'02'' E 09°13'50''

1 ADEJMOPQRSTU BG 6
2 ABPQWXYZ ABDEFGIJK 7
3 BFGJLNOSUVX ABDEFGIJKNPQRTW 8
4 BFHJT AFY 9
5 ABDFILN AFGHKOQUVY 10
B 10A CEE ❶ €22,85
H100 3,5ha 130T(80m²) 64D ❷ €34,95

Give liegt nordwestlich von Vejle an der Anschlussstelle der Straßen 30, 18 und 441. Ab hier ist der CP gut ausgeschildert. 101807

Fanø/Sønderho, DK-6720 / Sydjylland

Sønderho Nycamping
Gammeltoft Vej 3
3 Apr - 14 Okt
+45 75 16 41 44
nycamping@mail.dk
N 55°21'35'' E 08°27'51''

1 KNOPSU ENX 6
2 PQRWY ABDEFGHIJK 7
3 BFHILUV ABCDEFIJKNQRT 8
4 FHJOSTU DFGI 9
5 CDHJMN ABHIJKLNQ 10
B 10-12A CEE ❶ €26,90
3ha 90T(80-100m²) 97D ❷ €34,95

Ab Fähre 'Esbjerg-Fanø' 9 km Richting Sønderho fahren und 400m vor der Mühle links abbiegen. CP ist ausgeschildert. 101788

Gråsten/Rinkenæs, DK-6300 / Sydjylland

iD

Lærkelunden Camping****
Nederbyvej 25
31 Mrz - 22 Okt
+45 74 65 02 50
info@laerkelunden.dk
N 54°54'03'' E 09°34'17''

1 ABCDEKNOPQRSTU EGKNOQSUVWXY 6
2 GIJMPQSUVWXYZ ABDEFGHIJK 7
3 BFLMSV ABCDEFGIJKNQRTUVW 8
4 BFHJORTV BDFQRVY 9
5 ACDMN ABFGHJKMOPQUY 10
B 10A CEE ❶ €47,05
5ha 200T(80-225m²) 64D ❷ €63,20

Kommend von Kruså, im Zentrum von Rinkenæs rechts (der 2. CP). CP-Schildern folgen. 101849

Fredericia, DK-7000 / Sydjylland

CC€23 iD

Dancamps Trelde Næs***
Trelde Næsvej 297
1 Jan - 31 Dez
+45 75 95 71 83
info@dancamps.dk
N 55°37'30'' E 09°50'00''

1 ADEKNOPQRSTU AFHIKNQSX 6
2 BGJPQWY ABDEFGHIJK 7
3 BFJMUVX ABCDEFGINQRTUV 8
4 BCEFJOTUV ACFGJNY 9
5 ACDEFHIKMN ABDEGHIJKOQUVY 10
Anzeige auf Seite 61 B 10A CEE ❶ €47,05
10ha 475T 165D ❷ €65,90

Die 28 (Vejle-Fredericia). In Vejle Richtung Egeskov abbiegen, dann Trelde und Trelde-Næs. Von Fredericia nach Trelde, dann Trelde Næs. 101868

Grindsted, DK-7200 / Sydjylland

iD

Aktiv-Camping
Søndre Boulev. 15
1 Apr - 1 Okt
+45 75 32 17 51
info@grindstedcamping.dk
N 55°45'02'' E 08°54'59''

1 ADEKNOPQSTU N 6
2 QWXY ABEFGHIK 7
3 BFJLMNSUV ABCDEFIJKNQRT 8
4 O FGJK 9
5 ADMN AHIJKQV 10
B 10-16A CEE ❶ €32,15
H60 1,7ha 81T(80m²) 36D ❷ €43,15

Ab Vejle Straße 28, vor Grindsted Straße 30 Richtung Esbjerg fahren. Nach 2 km CP ausgeschildert. Ab Esbjerg an Straße 30 vor Grindsted ausgeschildert. 101808

Teilkarte Süd-Jütland auf Seite 51

Haderslev/Diernæs, DK-6100 / Sydjylland

Gåsevig Strand Camping***
Gåsevig 19
1 Apr - 10 Sep
+45 74 57 55 97
info@gaasevig.dk

1 ADEKNOPQRSTU	KNOPQSUVWXY	6
2 GIJLQRSUWXY	ABDEFGHIJK	7
3 BDFJLMRSVW	ABCDEFGIJKNQRTW	8
4 JO	AFR	9
5 ACDMN	ABFGHJKOQUVY	10

Anzeige auf dieser Seite B 10A CEE
6ha 250T(100-120m^2) 177D
① €34,30 ② €47,75
N 55°08'34'' E 09°30'05''
In Aabenraa der 170 Richtung Kolding bis nach Genner folgen, dort rechts Richtung Sønderballe. Weiter ausgeschildert. Nur 30 km von der deutschen Grenze.
101845

Haderslev/Diernæs, DK-6100 / Sydjylland

CC€23

Vikær Strand Camping***
Dundelum 29
31 Mrz - 24 Sep
+45 74 57 54 64
info@vikaercamp.dk

1 ADEGKNOPQRSTU	KNOPQSVWXYZ	6
2 GIJPQRSUVWXY	ABDEFGIJK	7
3 BFGJLMV	ABCDEFGHIJKNQRTUVW	8
4 BDFHJO	FY	9
5 ABDGHMN	ABEFGHJKOQUVWXY	10

Anzeige auf dieser Seite B 13A CEE
12ha 390T(100-140m^2) 179D
① €37,25 ② €52,05
N 55°09'00'' E 09°29'40''
In Aabenraa der Straße 170 Richtung Kolding bis nach Hoptrup folgen, dort rechts Richtung Diernaes fahren. Der Weg ist ausgeschildert.
101843

Haderslev/Halk, DK-6100 / Sydjylland

Halk Strand Camping***
Brunbjerg 105
1 Apr - 30 Sep
+45 74 57 11 87
info@halkcamping.dk

1 ADEKNOPQRSTU	KNQSWX	6
2 GIJLQRWXY	ABDEFGHIJK	7
3 BDFJMSUV	ABCDEFGIJKNQRTW	8
4 FHJQ	DEFIY	9
5 ACDMN	AGHJKORSUVY	10

B 10A CEE
4,5ha 140T(80-100m^2) 109D
① €30,55 ② €42,65
N 55°11'09'' E 09°39'17''
Straße 170 Aabenraa-Haderslev in Hoptrup Richtung Kelstrup/Aarøsund verlassen. Vor Hejsager rechts nach Halk abbiegen. Weiter ausgeschildert.
101842

Haderslev/Sønderballe, DK-6100 / Sydjylland

Sønderballe Strand Camping***
Djernæsvej 218
31 Mrz - 10 Sep
+45 74 69 89 33
info@soenderballe-camping.dk

1 ADEGKNOPQSTU	KNOPQSWXYZ	6
2 AGIJPQSUVWXYZ	ABDEFGHIJK	7
3 BFLMUV	ABCDEFGIJKNQRTW	8
4 FHJO	DFY	9
5 ABDEHMN	ABFGHJKOQUVWY	10

B 16A CEE
6ha 200T(80-100m^2) 134D
① €34,95 ② €48,95
N 55°07'57'' E 09°28'34''
In Aabenraa die Straße 170 Richtung Haderslev bis nach Genner nehmen, dort rechts nach Sønderballe fahren. Dann der Beschilderung folgen.
101844

Hejls, DK-6094 / Sydjylland

Hejlsminde Strand Camping***
Gendarmvej 3
2 Apr - 23 Okt
+45 75 57 43 74
info@hejlsmindecamping.dk

1 ADEKNOPQRSTU	BGKNQSXYZ	6
2 GIJPQVWXY	ABDEFGHIJK	7
3 BFJLSV	ABCDEFGIJKNQRT	8
4 FHIJO	DFNV	9
5 ACDGMN	ABCHJKLOQUVWXY	10

B 10A
4,5ha 75T(80-120m^2) 84D
① €37,00 ② €41,00
N 55°22'05'' E 09°36'03''
Von Christiansfeld aus Ri. Hejlsminde fahren. Zuerst über die Brücke und den Damm fahren, dann ist der CP links ausgeschildert. Von Kolding aus Straße 170 Ri. Haderslev und dann nach Vonsild links Ri. Hejlsminde fahren.
101836

Henne, DK-6854 / Sydjylland

Lyngboparken**
Strandfogedvej 15
1 Mai - 1 Sep
+45 75 25 50 92
lyngbocamping2@gmail.com

1 ADEHKNOPQRSTU		6
2 IPQRWXYZ	BDEFGHIK	7
3 ABDEGLSU	ABEFHJKNQRVW	8
4 FHJOT	F	9
5 ADMN	AHJKMOSTU	10

FKK 10A CEE
2ha 72T(70-120m^2) 34D
① €26,20 ② €30,55
N 55°44'08'' E 08°12'30''
Die 181 Varde Richtung Nørre Nebel. An der Kreuzung der 465 Richtung Henne-Strand. Vor Henne-Strand ist der CP ausgeschildert.
117372

Henne, DK-6854 / Sydjylland

Henne Strand Camping*****
Strandvejen 418
1 Jan - 31 Dez
+45 75 25 50 79
post@hennestrandcamping.dk

1 CDKNOPQSTU	EGHIKMNQX	6
2 GJPQRVWXYZ	ABCDEFGHIJK	7
3 BDFIJLMUV	ABCDEFGHIJKNQRTUV	8
4 BDEFHJLNOQRTU	DFGIJL	9
5 ABDFGMN	ABEFGHIJKOQU	10

B 16A CEE
4,2ha 262T(100-140m^2) 46D
① €59,45 ② €75,05
N 55°44'16'' E 08°11'02''
181 Varde-Nørre Nebel. Nach 12 km Straße 465 in Richtung Henne Strand nehmen.
101777

Henne, DK-6854 / Sydjylland

Henneby Camping***
Hennebysvej 20
1 Jan - 31 Dez
+45 75 25 51 63
info@hennebycamping.dk

1 DKNOPST	NX	6
2 JPQUXYZ	ABDEFGHIJK	7
3 BFHIJLMSUV	ABCDEFIJKNQRT	8
4 JOQ	DFKV	9
5 ACDM	AEGHIJKOQU	10

B 13A CEE
4ha 150T(100-120m^2) 36D
① €37,10 ② €51,80
N 55°44'02'' E 08°13'22''
Über Varde die Straße Nr. 181 Richtung Nørre Nebel. Nach 12 km links auf die Straße Nr. 465 in Richtung Henne. Rechts ab zum CP.
101778

Hovborg, DK-6682 / Sydjylland

Holme Å Camping***
Torpet 6
1 Jan - 31 Dez
+45 75 39 67 77
info@holmeaacamping.dk

1 ACDEKNOPQRSTU	BN	6
2 ACPQRSTWXYZ	BDEFGHJK	7
3 BFGLMSV	BDFGIJKNQRTW	8
4 FGHJO	FJVY	9
5 ABDEFGHMN	ABFHIJKMORSUVY	10

B 10-16A CEE
5,2ha 125T(100-150m^2) 65D
① €34,30 ② €47,20
N 55°36'35'' E 08°55'48''
CP liegt an der 425 Grindsted-Ribe. Hinter Hovborg gut durch CP-Schilder angezeigt.
112760

Jelling, DK-7300 / Sydjylland

Fårup Sø Camping***
Fårupvej 58
1 Apr - 11 Sep
+45 75 87 13 44
mail@fscamp.dk

1 ACDEKNOPQRSTUV	BGLNQSX	6
2 AFIJQSTUVXYZ	ABDEFGHIJK	7
3 ABDFGLTUV	ABDFGIJKNQRTUVW	8
4 BFHJQTU	EFQ	9
5 ABCDMN	ABFGHIJKORSUVY	10

B 16A CEE
H75 9ha 210T(90-100m^2) 109D
① €33,35 ② €36,45
N 55°44'10'' E 09°25'01''
E45 Ausfahrt 61. Beschilderung Billund folgen (28). Nach ca. 6 km bei Skibet Ausfahrt Jelling Fårup Sø. Der CP-Beschilderung folgen.
101826

Jelling, DK-7300 / Sydjylland

Jelling Family Camping****
Mølvangvej 55
1 Jan - 31 Dez
+45 81 82 63 00
info@jellingcamping.dk

1 ADEKNOPQRST	BG	6
2 APQTUXYZ	ABDEFGHIJK	7
3 ABDFJLMNQSUVWX	ABCDEFGHIJKNQRT	8
4 BJP	EFJY	9
5 ADEFHIKMN	ABFGHJKOPRSUY	10

B 6A CEE
6ha 250T(90-110m^2) 156D
① €33,60 ② €33,60
N 55°45'13'' E 09°24'12''
Die 442 ab Vejle. In Jelling CP-Schild und Nummernschild 1 folgen.
101077

Teilkarte Süd-Jütland auf Seite 51

Dänemark

Kolding, DK-6000 / Sydjylland

Dancamps Kolding
Vonsildvej 19
8 Apr - 31 Dez
+45 75 52 13 88
info@dancamps.dk
N 55°27'48'' E 09°28'24''

1 ADEJMOPQRSTU — 6
2 APQXY — ABCDEFGHIJK 7
3 ALUV — ABCDEFIJKNQRTW 8
4 FGHJO — FJ 9
5 DM — ABGHIKOQVWX 10
Anzeige auf Seite 61 B 10A CEE — ① €44,25
H60 11ha 125T(80-100m²) 28D — ② €50,85

Liegt an der 170, 3 km südlich von Kolding. Kommt man über die E45, dann die Ausfahrt 65 Kolding-Syd nehmen. — 101831

Kruså, DK-6340 / Sydjylland

Kruså Camping**
Aabenraavej 7
1 Feb - 21 Dez
+45 74 67 12 06
info@krusaacamping.dk
N 54°51'14'' E 09°24'06''

1 ABDEKNOPQRSTU — BG 6
2 ABPQRUXYZ — ABDEFGHIJK 7
3 BJLMSV — ABCDEFGIJKNQRTW 8
4 FHJO — FY 9
5 ACDEFN — AGHJKOPQUY 10
B 10-16A CEE — ① €42,75
9,6ha 420T(80-120m²) 69D — ② €58,90

Von der E45 Richtung Kruså/Sønderborg (Straße 8), Ausfahrt 75. An der Kreuzung mit Straße 170 links Richtung Aabenraa. Nach 300m links. — 101854

Kruså/Kollund, DK-6340 / Sydjylland

DCU-Camping Kollund***
Fjordvejen 29a
17 Mrz - 22 Okt
+45 74 67 85 15
kollund@dcu.dk
N 54°50'43'' E 09°28'01''

1 ABDEKNOPQRSTU — KNOPQS 6
2 ABGIJPQRSUVWXYZ — ABDEFGIJK 7
3 BFJLMSV — ABCDEFGIJKNQRTW 8
4 FHJO — FJ 9
5 ABDMN — ABGHJKOPSTWY 10
B 10A CEE — ① €43,70
3,7ha 180T(100-120m²) 25D — ② €54,60

In Kruså der Straße nach Kollund folgen. In Kollund Richtung Sønderhav. Liegt links an der Straße Kollund-Sønderhav. — 101852

Kruså/Kollund, DK-6340 / Sydjylland

CC€21

First Camp Frigård - Flensborg Fjord****
Kummelefort 14
1 Jan - 31 Dez
+45 74 67 88 30
frigaard@firstcamp.dk
N 54°50'33'' E 09°27'33''

1 ACDEKNOPQRSTU — BGKNQSUXY 6
2 AGJPQSUWXYZ — ABDEFGHIJK 7
3 BDFGJLMSV — ABCDEFGHIJKNQRTUVW 8
4 BCDFHJOQTUV — DFJVY 9
5 ABCDEFHJLMN — AFGHIJKMOQUVY 10
B 10A — ① €51,10
15ha 741T(80-120m²) 262D — ② €69,95

In Kruså der Straße nach Kollund folgen. Ab Kollund Richtung Sonderhav. CP liegt ca. 800m links von der Straße Kollund-Sonderhav. — 101853

Mommark/Sydals, DK-6470 / Sydjylland

Mommark Marina Camping***
Mommarkvej 380
1 Apr - 1 Okt
+45 74 40 77 00
info@mommarkmarina.dk
N 54°55'53'' E 10°02'38''

1 ADEKNOPQRSTU — KNOPQSWXYZ 6
2 GIJPQUVWXY — ABFGIJK 7
3 BL — ABCDEFGINQRW 8
4 FHJ — FGNORV 9
5 ABDEFHKLMN — ABGHJKOQUVXY 10
B 10A CEE — ① €30,95
2,1ha 99T(70-100m²) 53D — ② €44,40

Von der E45 Ausfahrt 73 Richtung Sønderberg, dann die 8. Einige Kilometer hinter Sønderberg der 427 bis Horup folgen, dann links nach Mommark. CP ist weiter angezeigt. — 120874

Nordborg/Augustenhof, DK-6430 / Sydjylland

CC€21

Augustenhof Strand Camping***
Augustenhofvej 30
1 Jan - 31 Dez
+45 74 45 03 04
mail@augustenhof-camping.dk
N 55°04'38'' E 09°42'53''

1 ADEKNOPQRSTU — KNOPQSWXY 6
2 GIJMQSWXY — ABDEFGHIJK 7
3 BFJLVX — ABCDEFGIJKNQRTW 8
4 FHJ — EF 9
5 ACDEFHJMN — ABGHJKOQUVXY 10
Anzeige auf dieser Seite B 16A CEE — ① €30,95
4ha 252T(100-120m²) 81D — ② €43,05

Auf der Straße Sønderborg-Fynshav nach links Richtung Nordborg. Dann Richtung Købingsmark und Augustenhof fahren. — 101847

Nordborg/Købingsmark, DK-6430 / Sydjylland

Købingsmark Strand Camping**
Købingsmarksvej 53
1 Apr - 31 Okt
+45 74 45 18 70
info@koebingsmarkcamping.dk
N 55°04'44'' E 09°43'45''

1 ADEKNOPQRSTU — KNOPQSWX 6
2 GIJQSWXY — ABDFGI 7
3 BLV — ABCDEFJNQRW 8
4 FH — FIV 9
5 ABDMN — ABFGHJKORSW 10
10A CEE — ① €29,20
2,4ha 100T(100-120m²) 21D — ② €40,20

Von der E45 Ausfahrt 73, dann die 8 Richtung Sønderborg bis 10 km hinter Sønderborg nehmen, links auf die 405 bis Nordborg. Danach ausgeschildert. — 101883

Nordborg/Lavensby, DK-6430 / Sydjylland

Lavensby Strand Camping***
Arnbjergvej 49
1 Apr - 10 Okt
+45 74 45 19 14
mail@lavensbystrandcamping.dk
N 55°04'16'' E 09°47'44''

1 ADEKNOPQRSTU — KMNOPQSWXYZ 6
2 GIJLQSUVWXY — ABDFGHIJ 7
3 BFLV — ABCDEFGIJKNQRTW 8
4 FHJ — F 9
5 ABD — AGHJKOQ 10
B 10A — ① €28,90
2,4ha 130T(80-100m²) 68D — ② €39,65

Von der E45 Ausfahrt 73, dann die 8 Richtung Sønderborg bis wenige km vor Nordborg nehmen, dann rechts. CP ist ausgeschildert. — 101884

Nørre Nebel, DK-6830 / Sydjylland

CC€23

Houstrup Camping***
Houstrupvej 90
31 Mrz - 22 Okt
+45 75 28 83 40
houstrup@houstrupcamping.dk
N 55°46'28'' E 08°14'18''

1 ACDEKNOPQRSTU — BGH 6
2 JQTWXYZ — ABDEFGHIJK 7
3 BFJLMNSUV — ABCDEFIJKNQRTUW 8
4 JOPQ — BF 9
5 ACDEMN — ABFGHIJKOQX 10
Anzeige auf dieser Seite B 13A CEE — ① €34,95
6ha 220T(120-170m²) 113D — ② €48,40

Straße 181 Nørre Nebel Richtung Nymindegab, Ausfahrt Lønne. Beschilderung folgen. — 101776

Nymindegab/Nørre Nebel, DK-6830 / Sydjylland

Nymindegab Familie Camp.***
Lyngtoften 12
31 Mrz - 22 Okt
+45 75 28 91 83
nymindegab@nymindegabcamping.dk
N 55°49'00'' E 08°12'02''

1 ACDGKNOPQRSTU — BGHINQRSXZ 6
2 BIJPQRUVWXYZ — ABDEFGHIJK 7
3 BFHJLMSVX — ABCDEFGIJKNQRTUV 8
4 BEFHJKNOPQTU — BDFVY 9
5 ACDEFIJMN — ABGHIJKNOPQUVXY 10
Anzeige auf dieser Seite B 16A CEE — ① €39,00
11,5ha 325T(100-150m²) 150D — ② €55,15

Von Süden Richtung Varde. Der 181 folgen bis Nørre Nebel, dann Richtung Nymindegab. Der CP ist angezeigt. — 101775

Oksbøl, DK-6840 / Sydjylland

Børsmose Strand Camping**
Børsmosevej 3
1 Apr - 22 Okt
+45 75 27 70 70
camping@borsmose.dk
N 55°40'15'' E 08°08'45''

1 ADGKNOPQSTU — KNQ 6
2 GJQRUX — ABDEFGHIJ 7
3 BSV — ABCDEFGIJKNQRT 8
4 BCDEJOQ — F 9
5 ACDEM — AFGHIJKNQUY 10
B 10A CEE — ① €35,10
23ha 450T 155D — ② €50,70

Via Oksbøl (431) Beschilderung nach Børsmose folgen. CP ausgeschildert. — 101779

Teilkarte Süd-Jütland auf Seite 51

Oksbøl, DK-6840 / Sydjylland

CampWest***	1 AHKNOPQSTU **N** 6
Baunhøjvej 34	2 BEIPQRSWXYZ ABDE**FG**HJK 7
1 Jan - 31 Dez	3 BEFHI**L**MUVX ABCDFGIJKNQRTW 8
+45 75 27 11 30	4 **A**BCD**E**FGHJKQ FUV 9
info@campwest.dk	5 ABDEM**N** ABGHJKOQUW 10
	B 16A CEE ① €39,00
N 55°38'26" E 08°16'52"	10ha 145**T**(110-140m²) 35**D** ② €61,85

Der 463 von Esbjerg bis Oksbøl folgen. In Oksbøl rechts ab Richtung Henne/Vrøgum 1,5 km fahren. 112766

Randbøl, DK-7183 / Sydjylland

Randbøldal Camping***	1 ADE**KN**OPQRSTU AHI**N** 6
Dalen 9	2 BCEJKPQRUVXYZ BE**FG**HIJ 7
1 Jan - 31 Dez	3 BFMU ABCDEFGIJKNQRT 8
+45 75 88 35 75	4 FHJOQ EFGIJKVW 9
info@randboldalcamping.dk	5 ACDEFHLM**N** AIJKMOPQUY 10
	Anzeige auf dieser Seite B 10A CEE ① €41,40
N 55°41'23" E 09°15'51"	6,5ha 170**T**(80-100m²) 88**D** ② €54,60

Die 28 Vejle-Gindsted bei Vandel ausgeschildert und 3 km westlich von Ny Nørup. Zunächst Randbøldal folgen, dann wieder der CP-Beschilderung. 100069

Ribe, DK-6760 / Sydjylland

Ribe Camping****	1 ADE**KN**OPQRSTU BG 6
Farupvej 2	2 BQRTWXYZ ABCDE**FG**HIJK 7
1 Jan - 31 Dez	3 BFG**L**MUVX ABCDE**FGI**JKNQRTUVW 8
+45 75 41 07 77	4 FGHJKO AFHJY 9
info@ribecamping.dk	5 ABDEKMN ABDEFGHIJKM**O**QUY 10
	Anzeige auf dieser Seite B 10-16A ① €39,95
N 55°20'27" E 08°46'00"	9ha 485**T**(100-200m²) 85**D** ② €56,10

Die 11 Tønder-Ribe. Richtung Varde/Esbjerg westlich von Ribe ist der CP ausgeschildert. Aus dem Norden der Stadt kommend rechts ab. Von Süden her die 11 Ribe Nord halten. An der 1. Ampel links. 101798

Riis/Give, DK-7323 / Sydjylland

Riis Feriepark****	1 ACDE**KN**OPQRSTU BGH 6
Østerhovedvej 43	2 ABQRY AB**C**DE**FG**HIJK 7
1 Apr - 17 Sep	3 AB**JL**UV ABCDEFGIJKNQRTUV 8
+45 75 73 14 33	4 BJKOR**U** FGJY 9
info@riisferiepark.dk	5 ABDEHMN ABFGHIJKN**O**QU 10
	Anzeige auf dieser Seite B 13A CEE ① €45,05
N 55°49'54" E 09°18'02"	**H**100 10ha 184**T**(90-140m²) 96**D** ② €60,50

An der Straße 442 im Ort Riis gut ausgeschildert. Dann noch ca. 2 km. An Straße 441 zwischen Give und Bredsten Riis, Givskud folgen. 101825

Rømø, DK-6792 / Sydjylland

Kommandørgårdens Camping & Feriepark	1 CDKNOPSU B**E**GQRSW 6
Havnebyvej 201	2 IKPQRWXYZ ABDE**FG**HIJ 7
1 Jan - 31 Dez	3 BF**HIJL**MUV ABCDEF**G**IJNQRTU 8
+45 74 75 51 22	4 **E**FHJOQ**RTUVXZ** FGJW 9
sale@kommandoergaarden.dk	5 ABEFGHJLM ABGHJKLOQUVY 10
	Anzeige auf dieser Seite B 10A ① €36,85
N 55°05'55" E 08°32'35"	8ha 500**T**(100m²) 202**D** ② €48,95

Über den Damm 175 erreicht man Rømø. Erste Kreuzung links ab. Bis zum Hotel Kommandørgården. Der CP liegt an der linken Seite der Strecke. 101414

Rømø, DK-6792 / Sydjylland

Rømø Familiecamping***	1 ACD**KN**OPRSTU **N** 6
Vestervej 13	2 QRWXY ABDE**FG**HIJ 7
1 Apr - 1 Okt	3 BFGJV ABCDEFIKNQRT 8
+45 74 75 51 54	4 FJOPQ FLY 9
romo@romocamping.dk	5 ABDMN AEGHJKNQ 10
	Anzeige auf dieser Seite 10A CEE ① €31,45
N 55°09'46" E 08°32'51"	10ha 345**T**(100-120m²) 87**D** ② €45,20

Bei Skaerbaek die 175 nach Rømø folgen. Auf Rømø an der ersten Ampel rechts ab. Nach 2,5 km ist der CP angezeigt. 101799

Teilkarte Süd-Jütland auf Seite 51

Rømø, DK-6792 / Sydjylland

First Camp Lakolk Strand-Rømø***
Lakolk Camping 2
13 Apr - 27 Okt
+45 74 75 52 28
lakolkstrand@firstcamp.dk
N 55°08'45'' E 08°29'36''

1 DE**K**NOPQRSTU KNQSX 6
2 GJPQRWX ABDE**FG**IJK 7
3 BFG**HIJL**MSV ABCDEF**GI**JKNQRT 8
4 ABEJLO**PQ** FVYZ 9
5 ACDEFGHIJKLMN ABFGHIJKLM**O**QUXY 10
B 10A CEE ❶ €33,35
16ha 800**T**(80-100m²) 291**D** ❷ €50,85

An der Strecke Tønder-Ribe (11) bei Skaerbaek die 175 nach Rømo nehmen. Am Ende des Damms an der Ampel dann geradeaus. Der CP ist angezeigt. 101113

Sandersvig/Haderslev, DK-6100 / Sydjylland

Sandersvig Camping og Tropeland
Espagervej 15-17
1 Jan - 31 Dez
+45 74 56 62 25
camping@sandersvig.dk
N 55°20'05'' E 09°37'55''

1 ADKNOPQRSTU **E**FQSWXYZ 6
2 GJQWXY ABDE**FG**HIJK 7
3 ABF**N**UV ABCDE**FG**HIJKNPQRTW 8
4 BCDHJKNO**PQT**U JO 9
5 ACDEGMN ABHJKM**O**QY 10
B 10A CEE ❶ €34,30
10,8ha 230**T**(100-140m²) 238**D** ❷ €49,10

Von der E45 die Ausfahrt 66 Christiansfeld. Dann im Kreisverkehr Richtung Haderslev bis zum Schild Richtung Fjelstrup. Dann über Fjelstrup nach Knud. CP-Schildern folgen. 101838

Sdr. Stenderup, DK-6092 / Sydjylland

Gl. Ålbo Camping***
Gl. Ålbovej 30
1 Jan - 31 Dez
+45 75 57 11 16
info@gl-aalbo.dk
N 55°28'04'' E 09°40'49''

1 ADEJMOPQRSTU KNOPQSWXYZ 6
2 FHIJMQUVXY ABDE**FG**HIJK 7
3 A ABCDE**FGI**JKLNQRT 8
4 **A**EFHIO**T** FGIJMNOS 9
5 ABDFMN ABFGHIJK**O**QVWXY 10
B 13-16A ❶ €33,70
2,2ha 60**T**(70-80m²) 58**D** ❷ €33,70

Von der Autobahn E45 die Ausfahrt 65 Kolding S. nehmen. Dann an der 4. Ampel rechts Richtung Sdr. Stenderup fahren, den CP-Schildern folgen. Am Dorfende Richtung Gl. Ålbo. 101830

Sjølund/Grønninghoved, DK-6093 / Sydjylland

Grønninghoved Strand Camping****
Mosvigvej 21
27 Mrz - 15 Sep
+45 75 57 40 45
info@gronninghoved.dk
N 55°24'40'' E 09°35'31''

1 ADEGJMOPQRSTU BGHIKNQSWXY 6
2 AGJQUY ABDE**FG**HIJK 7
3 BCF**JLM**N**V** ABCD**FG**IJKNQRTUVW 8
4 BFHI**JQ** FNR 9
5 ACDFJM ABFGHIK**O**QUY 10
Anzeige auf dieser Seite B 10A CEE ❶ €29,45
6ha 225**T**(80-120m²) 125**D** ❷ €40,90

Von der E45 die Ausfahrt 65 Kolding Süd und Richtung Kolding bis zur Straße 170 fahren. Dann Richtung Haderslev. Nach 5 km links Richtung Sjølund. Dann via Grønninghoved ausgeschildert. 100079

Skovby, DK-6470 / Sydjylland

Skovmose Camping***
Skovmosevej 8
1 Apr - 17 Sep
+45 74 40 41 33
info@skovmose-camping.dk
N 54°52'18'' E 10°00'51''

1 ACDEKNOPQRSTU KNOPQSWX 6
2 GIJQSWXY ABDE**FG**HIJ 7
3 BFGMV ABCDE**F**GIJKNQRTW 8
4 FHJO F 9
5 DN AHJKOQU 10
B 13A CEE ❶ €27,55
4ha 240**T**(80-100m²) 113**D** ❷ €38,35

In Kruså Straße Nr. 8 in Richtung Sønderborg nehmen. Einige km nach Sønderborg rechts der Straße Nr. 427 bis hinter Skovby folgen, dann links, ausgeschildert. 101889

Sønderborg, DK-6400 / Sydjylland

Madeskov Camping***
Madeskov 9
15 Mrz - 22 Okt
+45 74 42 13 93
info@madeskovcamping.dk
N 54°56'09'' E 09°50'44''

1 ADEKNOPQRSTU KNOPQSWXYZ 6
2 AGIJLPQSXY ABDE**FG**HIJK 7
3 **AL** ABCDEFGIJNQRTW 8
4 FHJO DF 9
5 ABDMN ABGHJKOQUXY 10
10A CEE ❶ €31,60
1,3ha 83**T**(80-100m²) 29**D** ❷ €31,60

Von der E45 Ausfahrt 73, Richtung Sønderborg bis 4 km hinter Sønderborg. Im Kreisel links ab. Nach ein paar 100m ist der CP ausgeschildert. 101886

Sønderborg, DK-6400 / Sydjylland

Sønderborg Camping***
Ringgade 7
7 Apr - 22 Okt
+45 74 42 41 89
info@sonderborgcamping.dk
N 54°54'05'' E 09°47'52''

1 ADE**K**NOPQRSTU KMNOPQSWX**Z** 6
2 ABGJPQRSUWXYZ ABDE**FG**IJK 7
3 B**LNO**SV ABCDE**F**GIJKNQRTW 8
4 FHJO FV 9
5 ABDN ABCFGHJKNQUY 10
B 13A CEE ❶ €37,00
3,2ha 160**T**(100-120m²) 29**D** ❷ €51,80

Von der E45 Ausfahrt 73 Richtung Sønderborg. Auf der 8 bleiben bis über die Brücke, dann Richtung Sønderborg-Zentrum. CP liegt im Süden der Stadt und ist ausgeschildert. 101887

Sønderby, DK-6470 / Sydjylland

Sønderby Strand Camping***
Sønderbygade 6
1 Apr - 1 Okt
+45 74 40 53 13
info@aukschun.dk
N 54°51'56'' E 09°53'31''

1 ABDE**K**NOPQRSTU KNOPQSW**X**Y 6
2 GIJMPQSUXY ABDE**FG**HIJ 7
3 BFMN ABCDE**F**GIJNQRTW 8
4 FHJO FIJOV 9
5 ABEFGN ABFGHJK**O**Q 10
B 10A CEE ❶ €28,10
2,6ha 125**T**(100-120m²) 71**D** ❷ €39,80

Von der E45 Ausfahrt 73 Richtung Sønderborg, wenige km hinter Sønderborg rechts die 427 über Skovby über den Sønderby Deich. Links nach Østerbyvej rein, dann 1. Straße rechts, CP ausgeschildert. 101888

Sydals, DK-6470 / Sydjylland

Sønderkobbel Camping**
Piledøppel 2
1 Jan - 31 Dez
+45 53 57 04 40
pilecamping@mail.dk
N 54°51'15'' E 09°57'31''

1 A**K**NOPQRSTU KNOPQSWXY 6
2 GIJMQSWXY ABDE**FG**IJK 7
3 BF ABCDEFGHIJKNQRTW 8
4 FHJ**U** F 9
5 ABDEFHN ABGHJKNQU 10
B 16A CEE ❶ €27,45
4,7ha 196**T**(120m²) 94**D** ❷ €38,20

In Kruså Straße 8 Richtung Sønderborg. Wenige km nach Sønderborg rechts Straße 427 Richtung Skovby. In Skovby rechts Richtung Kegnæs über Deich, nach 3 km links. Dann ausgeschildert. 101894

Tinglev, DK-6360 / Sydjylland

Uge Lystfiskeri og Camping***
Aabenraavej 95
1 Jan - 31 Dez
+45 74 64 44 98
uge@mail.dk
N 54°57'42'' E 09°17'36''

1 ABDEG**K**NOPQRSTU L**N** 6
2 AEJPQRSWXY ABDE**FG**HIJ 7
3 BFGI**JL**MUV ABCDE**F**GIJNQRTW 8
4 FHJO**T** FGY 9
5 ABDMN AGHJKNQUXY 10
Anzeige auf dieser Seite B 16A CEE ❶ €24,90
7,5ha 180**T**(100-120m²) 130**D** ❷ €34,30

Auf der E45, Ausfahrt 72, nach oben links zur 42 Richtung Tinglev. Hinter Uge auf der rechten Seite (500m). 109923

Tipperne/Nørre Nebel, DK-6830 / Sydjylland

Tipperne Camping***
Vesterlundvej 101
31 Mrz - 24 Sep
+45 71 78 88 51
tipperne@tippernecamping.dk
N 55°49'37'' E 08°12'54''

1 A**K**NOPSU 6
2 BCQRXYZ BDE**FGH**IK 7
3 ABSX ABD**FGI**JKNQRT 8
4 FHJ**U** BFK 9
5 ADJN AHJKRSY 10
Anzeige auf Seite 55 B 10A CEE ❶ €33,90
2ha 67**T**(100-140m²) 13**D** ❷ €49,75

Die 181 von Varde nach Nymindegab. Rechts ab bei Vesterlund. Nach circa 600m ist der CP an der linken Seite. 110895

Tønder, DK-6270 / Sydjylland

CC€23

Møgeltønder Camping
Sønderstrengvej 2
1 Jan - 31 Dez
+45 74 73 84 60
info@mogeltondercamping.dk
N 54°56'17'' E 08°47'57''

1 ACDE**K**NOPQRSTU BGH**N** 6
2 EPQRXYZ ABDE**FG**HIJK 7
3 BF**JL**MV ABCDE**FGI**JNQRTW 8
4 BCFHJO DEFY 9
5 ABDFMN ABCGHIJKOQUVY 10
Anzeige auf dieser Seite 10A CEE ❶ €31,45
5ha 204**T**(80-120m²) 83**D** ❷ €42,75

Von der 11 auf die 419 Richtung Højer. 2. Ausfahrt nach Møgeltønder. Camping ist recht gut angezeigt. 124310

Tønder, DK-6270 / Sydjylland

Tønder Camping***
Sønderport 4
1 Jan - 31 Dez
+45 74 92 80 00
booking@danhostel-tonder.dk
N 54°56'04" E 08°52'36"

1	ADKNOPQSU	EGHJN	6
2	CQWXYZ	ABDEFGHIK	7
3	BFGLMNPS	ABCDEFIJKNQRTU	8
4	HJOQRTV	AFKV	9
5	ADJN	ABDGHIJKOQV	10

Anzeige auf dieser Seite B 10-16A
2ha 84T(80-130m²) 6D
① €37,65
② €37,65
101114

Von Süden her die 11. Von Osten aus die 8 Richtung Tønder. Der CP liegt am östlichen Ortsrand.

Vejers Strand, DK-6853 / Sydjylland

Stjerne Camping ApS***
Vejers Havvej 7
1 Jan - 31 Dez
+45 75 27 70 54
info@stjernecamping.dk
N 55°37'09" E 08°08'30"

1	CDEKNOPQRSTU	N	6
2	EPQRWXY	ABDEFGHK	7
3	ABIMSV	ABCDEFGHIJKNPQRTW	8
4	EFGHJKOU	F	9
5	CDMN	ABGHJKMOQUVY	10

B 10A CEE
6ha 100T(100m²) 165D
① €31,60
② €46,40
112767

Über Oksbøl 431 Richtung Vejers. Der CP liegt direkt links im Ort.

Vejers Strand, DK-6853 / Sydjylland

Vejers Familie Camping***
Vejers Havvej 15
1 Jan - 31 Dez
+45 75 27 70 36
info@vejersfamiliecamping.dk
N 55°37'09" E 08°08'11"

1	ADKNOPQSU	BGN	6
2	JPQXYZ	ABDEFGHK	7
3	BJLMVX	ABCDEFGIJKNQRT	8
4	BJO	FI	9
5	ABDMN	ABDHIJKOQU	10

Anzeige auf dieser Seite 16A CEE
4,2ha 156T(80-100m²) 82D
① €35,90
② €50,95
101781

Über Oksbol die 431 Richtung Vejers. Der CP liegt am Ortseingang. Ist ausgeschildert.

Vorbasse, DK-6623 / Sydjylland

Vorbasse Camping***
Drivvejen 28
1 Jan - 31 Dez
+45 75 33 36 93
vorbasse@vorbassecamping.dk
N 55°37'34" E 09°04'58"

1	ACDEKNOPQRSTU	EGN	6
2	QRWY	ABDEFGHIJK	7
3	BFGJLMNQSUV	ABCDEFGIJKNQRT	8
4	BFJOR	AEFJY	9
5	ACDGJMN	ABHIJKOPQUXY	10

B 16A CEE
H50 3ha 250T(70-80m²) 114D
① €35,10
② €45,30
101810

Straße 469 Kolding-Grindsted kurz vor Vorbasse ist CP ausgeschildert. Von Grindsted aus an Vorbasse vorbei. Auch aus Richtung Billund leicht zu finden.

Mittel-Jütland

Dänemark

Allingåbro, DK-8961 / Midtjylland

CC€21 iD

Dalgård Camping***
Nordkystvejen 65
25 Mrz - 10 Sep
+45 86 31 70 13
info@dalgaardcamping.dk
N 56°30'33'' E 10°32'45''

1 ABDEJMOPRSTU	KN	6
2 GJPQRVWY	ABDEFGI	7
3 BFJLSUVX	ABCDEFGHIJKNQRTW	8
4 BFHJO	DFJ	9
5 ACDMN	ABGHJKOPQUXY	10
Anzeige auf dieser Seite 1-16A		❶ €35,65
5ha 125T(80-100m²) 41D		❷ €50,45

Befindet sich an Straße 547. Ca. 4 km westlich von Fjellerup. Der CP befindet sich rechts der Straße. 100059

Auning, DK-8963 / Midtjylland

Auning Camping***
Reimersvej 13
29 Apr - 11 Sep
+45 86 48 33 97
mail@auningcamping.dk
N 56°26'07'' E 10°23'03''

1 BDEKNOPRSTU		6
2 QWY	ABDEFGHIJK	7
3 ABLSV	ABEFNQRTW	8
4 JO	ADF	9
5 ADM	ABGHIJKOQU	10
16A		❶ €37,50
4ha 125T(80-150m²) 56D		❷ €51,25

Über Straße 16 Randers-Grenaa nach Auning. Mitten in dem Dorf ist der CP ausgeschildert. 101904

Dråby/Ebeltoft, DK-8400 / Midtjylland

iD

Dråby Strand Camping Ebeltoft***
Dråby Strandvej 13
9 Apr - 30 Sep
+45 86 34 16 19
info@draaby.dk
N 56°13'18'' E 10°44'17''

1 ADEKNOPQRSTU	XY	6
2 HILMQXYZ	ABDEFGHK	7
3 AJLV	ABCDEFGIJKNQRT	8
4 K	FQY	9
5 ABMN	ABGHIJKOQUVY	10
B 10A CEE		❶ €41,70
5ha 180T(80-120m²) 74D		❷ €56,50

Straße 21, etwas nördlich von Ebeltoft, Ausfahrt Dråby nehmen. Dann ausgeschildert. 101914

Bønnerup Strand/Glesborg, DK-8585 / Midtjylland

iD

Albertinelund Camping***
Albertinelund 3
1 Jan - 31 Dez
+45 86 38 62 33
camping@albertinelund.dk
N 56°31'45'' E 10°44'40''

1 ACDEKNOPQRSTU	BGKNQSWX	6
2 BGJQRY	ABDEFGHIK	7
3 BDFJLMSUV	ABCDEFIJKNRTW	8
4 HJOPQS	FJY	9
5 ACDFMN	ABGHIJKOQUY	10
10A		❶ €40,35
15ha 150T(100-120m²) 214D		❷ €56,50

Von der A16 Randers-Grenå oder von der Straße 547 aus erreichen Sie den CP über Glesborg und Hemmed. 101411

Ebeltoft, DK-8400 / Midtjylland

CC€23 iD

Blushøj Camping - Ebeltoft***
Elsegårdevej 55
31 Mrz - 24 Sep
+45 86 34 12 38
info@blushoj.com
N 56°10'04'' E 10°43'49''

1 ABDEKNOPQSTU	BGHKNQSX	6
2 HILMPQRUVXYZ	ABDEFGIJK	7
3 BJLMV	ABCDEFGIJKNQRTW	8
4 FHJO	FQRV	9
5 ABDMN	ABGHJKOPQ	10
Anzeige auf dieser Seite 10A CEE		❶ €37,65
6,5ha 270T 24D		❷ €53,00

Von Ebeltoft nach Elsegårde (4 km). An der Kreuzung am Weiher links zum CP. 101916

Bork Havn/Hemmet, DK-6893 / Midtjylland

CC€23 iD

Bork Havn Camping***
Kirkehøjvej 9A
29 Mrz - 22 Okt
+45 75 28 00 37
mail@borkhavncamping.dk
N 55°50'54'' E 08°17'00''

1 ADEKNOPQSTU	NQRSTWXY	6
2 EJQTWXYZ	ABDEFGHIJK	7
3 BFJSV	ABEFIJKNQRTW	8
4 FHJO	FMRVY	9
5 CDEFMN	ABGHIJKOQUWY	10
Anz. auf dieser Seite B 6-10A CEE		❶ €36,30
4,5ha 115T(100-120m²) 115D		❷ €52,45

Auf der 423 Nørre Nebel-Tarn; nördlich vom Ort Nørre Bork links ab den Schildern Bork Havn folgen. 112064

Brædstrup, DK-8740 / Midtjylland

iD

Gudenå Camping og Kanoudlejning
Bolundvej 4
31 Mrz - 24 Sep
+45 75 76 30 70
info@gudenaacamping.dk
N 55°56'07'' E 09°39'10''

1 ADEJMOPQSU	BGN	6
2 ADPQRWY	ABDEFGHIJ	7
3 BLMV	ABCDEFGHIJKNPQRTW	8
4 JO	AFGRY	9
5 ABDEFMN	ABFGHJKLOQY	10
B 10-16A CEE		❶ €29,60
H50 2,5ha 80T(80-100m²) 43D		❷ €42,50

Auf der E45 Ausfahrt 56 Richtung Silkeborg, die 52 nehmen. Nach 10 km CP links ausgeschildert. 100071

Ebeltoft, DK-8400 / Midtjylland

iD

DCU-Camping Ebeltoft - Mols***
Dråbyvej 13
1 Jan - 31 Dez
+45 86 34 16 25
mols@dcu.dk
N 56°12'49'' E 10°41'16''

1 ADEKNOPQRSU	BGH	6
2 JPQRVWXYZ	ABDEFGHIK	7
3 BFGJLMSV	ABCDEFIJKNRTW	8
4 FHIJLOQ	F	9
5 ACDMN	ABGHJKOQUY	10
B 10A		❶ €40,90
6,5ha 400T(70-150m²) 70D		❷ €55,95

Über die Straße 21 nach Ebeltoft einfahren, gleich links Richtung Dråby, dann 2. Straße links nach Dråby. CP nach ca. 300m linkerhand. 111916

Bryrup/Silkeborg, DK-8654 / Midtjylland

CC€23 iD

Bryrup Camping****
Hovedgaden 58
31 Mrz - 17 Sep
+45 75 75 67 80
info@bryrupcamping.dk
N 56°01'21'' E 09°30'32''

1 ACDEKNOPQSTU	BGHNQ	6
2 CEPQRVXY	ABDEFGHIJK	7
3 BFJMV	ABCDEFGIJKNQRTUV	8
4 BDFHJOPQS	ADFJKRUY	9
5 ADHMN	ABGHJKOQU	10
Anzeige auf dieser Seite B 13A CEE		❶ €51,25
H63 2,4ha 241T(80-100m²) 84D		❷ €71,20

Nach Vejle Straße 13 in nördlicher Richtung bis Silkeborg. Hier rechts Straße 453 nehmen. Nach ca. 10 km befindet sich der CP in Bryrup links. 101824

Teilkarte Mittel-Jütland auf Seite 58

Ebeltoft, DK-8400 / Midtjylland

CC€21 iD

Elsegårde Camping
Kristoffervejen 1
1 Jan - 31 Dez
+45 86 34 12 83
info@egcamp.dk
N 56°10'06" E 10°43'23"

1 ABDEJMOPQSTU	KNX 6
2 GKLMWXY	ABDEFGI 7
3 BJL	ABEFGNQRT 8
4 HJO	FJ 9
5 DM	ABHJKOQY 10
13A CEE	① €34,95
1,9ha 60T(70-120m²) 42D	② €50,55

Von Ebeltoft nach Elsegårde fahren (4 km). Der CP liegt an der Kreuzung am Weiher. 112192

Ebeltoft/Fuglsø, DK-8420 / Midtjylland

iD

Sølystgård Strand Camping***
Dragsmurvej 15
27 Mrz - 19 Sep
+45 86 35 12 39
mail@soelystgaard.dk
N 56°10'31" E 10°32'04"

1 ADEKNOPQRSTU	KNPQSWXYZ 6
2 HIJKLQRUVXYZ	ABDEFGHIK 7
3 ABFLMUVX	ABCDEFGIJKNQRTW 8
4 EFHJOPQTU	FJY 9
5 ABDMN	AGHJKNQU 10
Anzeige auf dieser Seite 6A	① €49,75
9ha 281T(100m²) 68D	② €53,50

Folgen Sie der 21, Ausfahrt Ronde/Mols. Richtung Femmøller Strand, dann im Kreisel Richtung Fuglso. Der Campingbeschilderungen folgen. 111710

Ebeltoft/Krakær, DK-8400 / Midtjylland

CC€23 iD

Krakær Camping***
Gl. Kærvej 18
1 Jan - 31 Dez
+45 86 36 21 18
info@krakaer.dk
N 56°15'08" E 10°36'09"

1 ADEKNOPQRSTU	BG 6
2 BQRVWXY	ABDEFGHIK 7
3 BFHIJLMSVX	ABCDEFGIJKNQRTW 8
4 FHIJO	EFLY 9
5 ACDEFHKMN	ABDGHJKOPQUXY 10
Anz. auf dieser Seite 10-16A CEE	① €43,05
8ha 227T(70-130m²) 62D	② €57,85

Über Straße 15 und 21 Richtung Ebeltoft. Etwas 8 km vor Ebeltoft rechts Richtung Krakær. CP ist ausgeschildert. Adresse für das Navi: Gammell Kærvej 18. 101913

Fårvang/Silkeborg, DK-8882 / Midtjylland

iD

Søhøjlandets Camping
Sørkelvej 12
31 Mrz - 24 Sep
+45 88 44 60 90
mail@sohojlandetscamping.dk
N 56°16'53" E 09°40'08"

1 ADEHKNOPQRSTU	J 6
2 CJQXYZ	AIK 7
3 BCFSUV	ABCDEFGKNQRTW 8
4 JK	AFJ 9
5 ABDN	BGHJKMOQY 10
10A CEE	① €37,00
3ha 150T(50-150m²) 78D	② €50,45

Über Hauptstraße 26 oder von Silkeborg über Straße 46 (Richtung Randers) nach Truust, wo der CP durch Schildern gekennzeichnet ist. 101818

Ferring/Lemvig, DK-7620 / Midtjylland

iD

Bovbjerg Camping***
Juelsgårdvej 13
24 Mrz - 22 Okt
+45 29 88 22 31
bc@bovbjergcamping.dk
N 56°31'41" E 08°07'31"

1 ACDEKNOPQRSTU	KNQ 6
2 GIJLQSWXY	ABDEFGHIK 7
3 BFJUV	ABCDEFIJKNQRTW 8
4 FHJ	DF 9
5 ACDMN	ABFGHJKOQUVY 10
B 10A CEE	① €33,50
4,6ha 180T(80-130m²) 17D	② €47,75

Von der Straße 181 nehmen Sie die Ausfahrt Ferring. Im Dorf folgen Sie der Beschilderung des Campingplatzes. 100052

Fjand, DK-6990 / Midtjylland

iD

Nissum Fjord Camping***
Klitvej 16
1 Jan - 31 Dez
+45 97 49 60 11
kontakt@nissumfjordcamping.dk
N 56°19'10" E 08°08'59"

1 ADEKNOPQRSTU	BHQSX 6
2 EPQRSTWXY	ABDEFGHIK 7
3 BFJSV	ABCDEFGIJNQRT 8
4 BCFHIJKOQ	DEFGIJUVY 9
5 ABDFHLMN	ABFGHIJKMOPQU 10
Anz. auf dieser S. B 13-16A CEE	① €32,15
4,5ha 200T(80-120m²) 90D	② €32,15

An der Küstenstraße 181 nördlich von Sondervig liegt der Campingplatz zwischen der Nordsee und dem Nissum Fjord. 110747

Gammel Laven/Silkeborg, DK-8600 / Midtjylland

iD

Askehøj Camping***
Askhøjvej 18
1 Apr - 17 Sep
+45 86 84 12 82
info@askehoj.dk
N 56°08'10" E 09°41'25"

1 ACDKNOPQRSTU	BGHN 6
2 AQVWXY	ABDEFGHIJK 7
3 BFJLMSV	ABCDFGIKNQRT 8
4 BCDFHIJO	DFJK 9
5 ABDMN	BGHJKOQUY 10
10-13A CEE	① €39,65
H88 5ha 245T(80-120m²) 136D	② €54,45

Bei Skanderborg die E45 verlassen, dann auf die 445 nach Ry. In Ry vor dem Bahnübergang rechts und nach 50m links Richtung Laven. CP liegt zwischen Laven und Svejbæk. 101822

Gjerrild/Grenå, DK-8500 / Midtjylland

iD

DCU-Camping Gjerrild Strand***
Langholmvej 26
19 Mrz - 24 Okt
+45 86 38 42 00
gjerrild@dcu.dk
N 56°31'41" E 10°48'37"

1 ADEKNOPQRSTU	BGKNQSWX 6
2 BCGJLQRWY	ABDEFGHIK 7
3 BFGJLMSUV	ABCDEFGHIJKNQRTUVW 8
4 AFHJOPQ	FJVY 9
5 ACDEMN	ABFGHIJKLMOQUXY 10
B 16A CEE	① €40,90
10ha 276T(90-180m²) 127D	② €54,85

Straße Nr. 16 Richtung Grenå-N. Dann Richtung Gjerrild, wo der CP ausgeschildert ist. 101911

Glesborg, DK-8585 / Midtjylland

iD

Fjellerup Strands Camping
Møllebækvej 6
24 Mrz - 17 Sep
+45 86 31 71 16
camping@fjellerup-strand.dk
N 56°30'59" E 10°35'23"

1 ABCDEJMOPQRSU	N 6
2 LQRXYZ	BDEFGHIJK 7
3 BDFMUV	ABCDFGHIJKNPQRT 8
4 BCFHJO	ABN 9
5 ABDMN	ABHJKMOPQUY 10
Anzeige auf dieser Seite 10A CEE	① €44,40
5,2ha 274T 109D	② €51,10

Via der Küstenstraße 547 nach Fjellerup. Dort Richtung Strand fahren, nach etwa 500m liegt der Campingplatz direkt am Wasser. 101903

Glyngøre, DK-7870 / Midtjylland

CC€21 iD

Glyngøre Camping***
Sundhøj 20A
1 Jan - 31 Dez
+45 97 73 17 88
info@glyngore-camping.dk
N 56°44'32" E 08°52'06"

1 ADEKNOPQRSTU	DGKN 6
2 GJPQSWXY	ABFGHIK 7
3 BFLV	ABDEFIJKNQRT 8
4 BCFHJOU	FJY 9
5 ABDHMN	AGHJKOQY 10
Anzeige auf dieser Seite 10A CEE	① €33,60
9ha 290T(80-120m²) 109D	② €44,40

Auf der A26 von Skive nach Thisted die Ausfahrt Glyngøre nehmen. Der Campingplatz ist ausgeschildert. 100047

Teilkarte Mittel-Jütland auf Seite 58

Grenå, DK-8500 / Midtjylland
CC€23

Fornaes Camping***
Stensmarkvej 36
1 Apr - 22 Okt
+45 40 18 76 78
info@fornaescamping.dk
N 56°27'14'' E 10°56'28''

1 ADEKNOPSTU	BGKNQSWXYZ	6
2 HILMQRSUVXYZ	BEFGHIJK	7
3 ABFJLMSV	DFGIJKNQRTW	8
4 HJOPQ	FKLQVY	9
5 ACDMN	ABGHIJKLOQXY	10
B 10-16A	① €39,65	
9,2ha 293T(100-140m²) 76D	② €54,45	

Über die Straßen Nr. 15 oder 16 zum Fährhaven in Grenå. Dann links, den Schildern folgen, noch 5 km. 101912

Grenå, DK-8500 / Midtjylland
CC€23

Grenå Strand Camping****
Fuglsangvej 58
1 Apr - 11 Sep
+45 86 32 17 18
info@grenaastrandcamping.dk
N 56°23'22'' E 10°54'44''

1 ADEKNOPQRSTU	BGHKNQSXYZ	6
2 BHJPQRWY	ABDEFGHIK	7
3 BFGJLMSUV	ABCDEFIJKNQRTUVW	8
4 BFHJOPQ	DEFGJ	9
5 ADMN	ABGHIJKMOQUY	10
Anzeige auf dieser Seite B 10A	① €47,45	
22ha 579T(140-280m²) 115D	② €67,90	

In Grenå Richtung Hafen. Südlich des Hafens ist der CP ausgeschildert. 101107

Højbjerg, DK-8270 / Midtjylland

DCU-Camping Aarhus - Blommehaven***
Ørneredevej 35
19 Mrz - 24 Okt
+45 86 27 02 07
blommehaven@dcu.dk
N 56°06'37'' E 10°13'55''

1 ABDEKNOPRSTU	KMNQSWXYZ	6
2 ABHLPQRUVWY	ABDEFGHIJK	7
3 BFIJLMSV	ABCDEFHIJNQRTUVW	8
4 FIJOPQST	FLV	9
5 ABDMN	ABEGIJKOQUY	10
10A	① €41,40	
15ha 365T(70-140m²) 22D	② €56,20	

Ab Århushafen fahren Sie die Küstenstraße Richtung Süden, der CP-Beschilderung folgen. Auch von der 451 aus ist der CP ausgeschildert. 101109

Holstebro, DK-7500 / Midtjylland

DCU Camping Holstebro Sø***
Birkevej 25
18 Mrz - 23 Okt
+45 97 42 20 68
holstebro@dcu.dk
N 56°20'58'' E 08°38'40''

1 ADEKNOPQRSTU	BGLNXZ	6
2 FPQRWXYZ	ABFGHI	7
3 ABLMSUV	CDEFIJKNQRTW	8
4 JOQ	FRY	9
5 BDHN	ABFGHJKOQUY	10
B 10A CEE	① €45,60	
2ha 105T(80-100m²) 54D	② €62,00	

Ringstraße um Holstebro befahren. Richtung Mejdal. Campingplatz ausgeschildert. 111918

Horsens, DK-8700 / Midtjylland

Horsens City Camping***
Husoddevej 85
1 Jan - 31 Dez
+45 75 65 70 60
camping@horsenscity.dk
N 55°51'31'' E 09°55'03''

1 ABDEHKNOPQRSTU	DGKNQRSW	6
2 ABGJPQWXYZ	ABDEFGHIJK	7
3 BDFJLMUV	ABCDEFGIJKNQRTUVW	8
4 BFHJO	AFJNRVY	9
5 ABDEMN	ABFGHIKMOQUY	10
Anz. auf dieser Seite B 10-13A CEE	① €46,40	
10ha 237T(100-150m²) 79D	② €67,90	

In Horsens Richtung Odder auf der 451. Dann am Hafen entlang den CP-Schildern folgen. 101865

Hou/Odder, DK-8300 / Midtjylland

Hou Strandcamping
Spøttrup Strandvej 35
2 Apr - 1 Okt
+45 86 55 61 62
info@houstrandcamping.dk
N 55°55'35'' E 10°15'14''

1 ADEKNOPQRSU	KNQSW	6
2 FGJQUWY	ABDEFGHIJK	7
3 BGLMV	ABCDEFGHIJNQRT	8
4 FJO		9
5 D	ABFGHIJKOQUY	10
B 10A CEE	① €39,00	
2ha 103T(120-150m²) 35D	② €57,85	

Straße 451 Horsens-Odder, in Ørting Richtung Gosmer und Hou (Hov). Ab Halling Schilder Hou folgen, dann Spottrup und CP ausgeschildert. 100073

Hvide Sande, DK-6960 / Midtjylland
CC€21

Dancamps Holmsland***
Tingodden 141
5 Apr - 24 Sep
+45 97 31 13 09
info@dancamps.dk
N 55°57'45'' E 08°08'31''

1 ADEKNOPQSTU	KNQS	6
2 GIJPQRWX	ABDEFGIK	7
3 ALV	ABCDEFIJNQRT	8
4 FHJO	FJ	9
5 ABDMN	ABGHJKOQ	10
Anzeige auf dieser Seite B 10A CEE	① €43,15	
2,5ha 92T(85-105m²) 20D	② €56,10	

Über die Küstenstraße 181, ca. 5 km südlich von Hvide Sande auf den „Søholmvej". Am Ende der Straße liegt der CP. 112771

Hvide Sande, DK-6960 / Midtjylland
CC€23

Dancamps Nordsø***
Tingodden 3, Årgab
31 Mrz - 29 Okt
+45 96 59 17 22
info@dancamps.dk
N 55°56'58'' E 08°09'01''

1 ADEKNOPQSTU	EGHKNQRSWX	6
2 GJPQRSWX	ABCDFGHIJK	7
3 BJLUV	ABCDEFIJKNQRTUVW	8
4 BFHJOTUV	EFHJVY	9
5 ABDEFHIJLMN	ABDEFGHJKOPQUVWY	10
Anzeige auf dieser Seite B 10A CEE	① €46,40	
12,5ha 299T(40-100m²) 86D	② €65,20	

Ab Esbjerg nach Varde und dann die Küstenstraße 181 nordwärts Richtung Hvide Sande. Kurz hinter Haurvig Kirke sehen Sie links den CP, mit Pool und grüner Rutsche. 100062

Juelsminde, DK-7130 / Midtjylland

Juelsminde Strand Camping****
Rousthojs Allé 1
1 Jan - 31 Dez
+45 75 69 32 10
info@juelsmindecamping.dk
N 55°42'45'' E 10°00'52''

1 ADEKNOPQRSTU	KMNQSXYZ	6
2 HJKPQSTWX	ABCDEFGHIJK	7
3 ABDJLMQ	ABCDFGIJKNQRST	8
4	FGIJY	9
5 DHMN	ABFGHJKOXY	10
B 10A CEE	① €37,00	
4,5ha 255T(70-120m²) 106D	② €43,70	

Von der E 45 aus, auf der 23 weiter nach Juelsminde zum Hafen. Der Campingplatz befindet sich auf der rechten Seite der Straße. 101866

Kysing Strand/Odder, DK-8300 / Midtjylland

NFJ Naturist Familiecamping (FKK)**
Kystvejen 258
1 Apr - 30 Sep
+45 86 55 83 65
info@nfj.dk
N 56°00'49'' E 10°16'04''

1 ADEKNOPQRSTU	KMN	6
2 HIJLPQWXYZ	ABDEFGIK	7
3 ABSV	ABEFHJKNQRT	8
4 JOT	DF	9
5 ABMO	ABHIJKOQUY	10
FKK 16A CEE	① €33,60	
5ha 243T(bis 60m²) 84D	② €53,10	

Die 451 Arhus-Odder. Bei Malling Richtung Norsminde. Camping liegt an Küstenstraße zwischen Norsminde und Kysing. Ist mit FKK-Schild angezeigt. 112807

Langerhuse, DK-7673 / Midtjylland

Vesterhav
Flyvholmvej 36
1 Apr - 31 Okt
+45 43 14 15 15
kontakt@campingvesterhav.dk
N 56°37'31'' E 08°09'23''

1 DKNOPQRSTU	KNQ	6
2 GIJQX	ABDEFGIK	7
3 BDFGJV	ABCDEFIJKNPQRW	8
4 JQTU	FJV	9
5 BDN	AGHIJKMOQUY	10
10A CEE	① €30,95	
3,6ha 120T(35-180m²) 24D	② €43,05	

Straße 181 entlang der Küste bis zur Abfahrt Langerhuse. Folgen Sie den Schildern. 108746

Teilkarte Mittel-Jütland auf Seite 58

Dänemark

Lemvig, DK-7620 / Midtjylland

Lemvig Strand Camping****
Vinkelhagevej 6
31 Mrz - 21 Okt
+45 23 82 00 45
info@lemvigcamping.dk
N 56°34'02'' E 08°17'39''

1 ADEKNOPQSTU	EGKNQRSWXY 6
2 FIJQSWXY	ABDEFGHIK 7
3 BFGJLMSV	ABCDEFIJKNQRTW 8
4 FHJOPQUX	FJ 9
5 ACDMN	ABGHJKOQUW 10
B 10-13A CEE	① €36,30
7,6ha 250T(90-125m²) 115D	② €52,45

100051

Fahren Sie in Richtung Lemvig. In Lemvig Richtung Zentrum und Hafen. Ab hier der Beschilderung folgen. Der CP liegt wenige kilometers außerhalb von Lemvig.

Lisbjerg/Århus-N, DK-8200 / Midtjylland

Aarhus Camping***
Randersvej 400
1 Jan - 31 Dez
+45 86 23 11 33
info@aarhuscamping.dk
N 56°13'36'' E 10°09'49''

1 ADEKNOPQRSTU	BG 6
2 ABPQRXYZ	ABEFGHIJ 7
3 ACJLV	ABCDEFGIJKNQRTW 8
4 JOQU	AF 9
5 ABDEFGHJKMN	ABDFGHJKOPQU 10
Anzeige auf dieser Seite 16A CEE	① €34,00
H70 6,9ha 190T(80-150m²) 31D	② €35,65

100066

E45 Ausfahrt 46 Århus-N Richtung Lisbjerg, erste Ampel links, dann dem CP-Schild noch 2 km folgen.

Løgstrup, DK-8831 / Midtjylland

Hjarbæk Fjord Camping***
Hulager 2
1 Jan - 31 Dez
+45 22 13 15 00
info@hjarbaek.dk
N 56°32'03'' E 09°19'53''

1 ADEKNOPQRSTU	BGKNQSXY 6
2 GIJLPQRVWXY	ABDEFGHIJK 7
3 BDFJMSUVX	ABCDEFGIJNQRTW 8
4 FHJKOPQ	DFJNRY 9
5 ABDFHMN	ABFGHJKMOQUWY 10
B 10-13A CEE	① €37,40
10ha 165T(100-120m²) 111D	② €50,85

100055

Die 26 Viborg-Skive. Ausfahrt Løgstrup/Hjarbæk. Der CP ist ausgeschildert.

Malling, DK-8340 / Midtjylland

CampOne Ajstrup Strand camping***
Ajstrup Strandvej 81
1 Jan - 31 Dez
+45 63 60 63 64
ajstrup@campone.dk
N 56°02'29'' E 10°15'52''

1 ADEKNOPQRSTU	DGKNQSWX 6
2 HJKLPQRWXYZ	ABDEFGHIJK 7
3 BJLMUV	ABCDEFGIJKNQRTW 8
4 FHIJO	FY 9
5 ABDMN	ABDGHIJKOQY 10
Anzeige auf Seite 70 10A CEE	① €46,80
9,2ha 396T(60-150m²) 127D	② €60,25

100067

Die 451 zwischen Odder und Århus an der Abzweigung nach Malling. Folgen Sie in Malling den Schildern Richtung Ajstrup (Strand) und CP.

Odder, DK-8300 / Midtjylland

Saksild Strand Camping
Kystvejen 5
1 Jan - 31 Dez
+45 86 55 81 30
info@saksild.dk
N 55°58'46'' E 10°14'54''

1 ADEKNOPQRSTU	BGKMNQSW 6
2 GJPQWXY	ABEFGHJK 7
3 BGJKLQV	ABDFGIJKNQRTV 8
4 FGHJOX	ADFNORUVW 9
5 ACDFGLMN	ABFGHIJKOPQUVY 10
B 10-16A CEE	① €45,70
4ha 220T(80-150m²) 128D	② €67,25

101112

In Odder gibt es ein CP-Schild '6 km', dann nach Saksild, weiter Richtung Saksild Strand. Dann noch 1 km bis zum CP.

Odder/Boulstrup, DK-8300 / Midtjylland

Hygge Strand Camping***
Toldvejen 50
31 Mrz - 17 Sep
+45 88 44 83 83
info@hyggestrandcamping.dk
N 55°56'04'' E 10°15'23''

1 ADEKNOPQRSTU	KNPQSWXYZ 6
2 GJMQWY	ABDEFGHIJK 7
3 BFLSV	ABCDEFGIJKNQRT 8
4 J	FI 9
5 ABDMN	ABFGHIJKLOQUVXY 10
Anzeige auf dieser Seite B 10A CEE	① €33,90
5ha 120T(100-110m²) 88D	② €50,05

101906

Die 451 Horsens-Odder. In Ørting Richtung Gylling, etwas später Gosmer und Hou. Ab Halling Richtung Hou, danach Spøttrup. Von hier aus den CP-Schildern folgen.

Østbirk, DK-8752 / Midtjylland

Vestbirk Camping***
Møllehøjvej 4
1 Jan - 31 Dez
+45 75 78 12 92
vestbirk@vestbirk.dk
N 55°57'50'' E 09°41'59''

1 BCDEKNOPQRSTU	BGHLN 6
2 CEQWXYZ	ABDEFGIJ 7
3 BDFJMSV	ABCDEFGIJKNQRT 8
4 BJKTU	ADEFJQR 9
5 ACDEFMN	ABFGHIJKMOQUWY 10
B 10-16A CEE	① €37,65
H60 15ha 170T(90-130m²) 125D	② €53,50

101111

Auf der E45 bei Vejle Ausfahrt 59, die 13 Richtung Nørre Snede. Nach ± 10 km auf die 409 Richtung Skanderborg. 1 km vor Vestbirk ist der CP angezeigt.

Randers, DK-8920 / Midtjylland

Randers City Camp***
Himmelbovej/Hedevej 9
1 Jan - 31 Dez
+45 29 47 36 55
info@randerscitycamp.dk
N 56°26'59'' E 09°57'10''

1 ADEKNOPQRSTU	BCGN 6
2 ABCIPQSUWXYZ	ABDEFGHIK 7
3 ABFLMSVWX	ABCDEFGIJKNQRTUVW 8
4 BCDFHJR	FJNRVY 9
5 ADMN	ABFGHJKOQUY 10
B 13-16A CEE	① €34,85
6,6ha 210T(100-300m²) 131D	② €49,10

109384

E45, Ausfahrt 40 Richtung Randers C nehmen. Die Straße 525 Richtung Langå fahren. CP ist nach 3 km ausgeschildert.

Ringkøbing, DK-6950 / Midtjylland

Ringkøbing Camping***
Herningvej 105
31 Mrz - 1 Okt
+45 97 32 04 20
info@ringkobingcamping.dk
N 56°05'18'' E 08°19'00''

1 AKNOPQRSTU	6
2 BQRSWXYZ	ABDEFGHI 7
3 ABFJLMSV	ABCDEFIJNQRTW 8
4 FHJ	BFLY 9
5 ADMN	ABGHJKMNQUY 10
Anzeige auf dieser Seite B 10A CEE	① €34,15
7,5ha 110T(36-140m²) 47D	② €48,40

101772

Sie finden den CP an Straße 15, von Ringkøbing aus 4 km Richtung Herning. CP ist ausgeschildert.

Ry, DK-8680 / Midtjylland

Birkhede Camping***
Lyngvej 14
25 Mrz - 18 Sep
+45 86 89 13 55
info@birkhede.dk
N 56°06'12'' E 09°44'41''

1 ADEKNOPQRSU	BFHLNQSXYZ 6
2 EKQRVWXYZ	ABCDEFGHIJ 7
3 BDFGLMSV	ABCDFGIJKNQRT 8
4 BCDFGHIJOQ	ADFGLNQRVY 9
5 ACDEFMN	ABEGHJKOQUY 10
10A CEE	① €43,05
10ha 240T(80-110m²) 78D	② €57,15

101859

Bei Skanderborg verlassen Sie die E45, dann Straße 445 nach Ry nehmen. Hier Richtung Laven/Silkeborg. Nach der Brücke über den See gleich rechts den Schildern folgen.

Teilkarte Mittel-Jütland auf Seite 58

Ry, DK-8680 / Midtjylland

iD

Holmens Camping***	1 ADEJMOPQRSTU	EGLNXYZ 6
Klostervej 148	2 AEJQRVWXYZ	ABDEFGHIJK 7
3 Apr - 27 Sep	3 BFGJLM	ABCDEFIJKNQRT 8
+45 86 89 17 62	4 BCDFHIJOP	FGQRY 9
info@holmenscamping.dk	5 ACDEJMN	ABGHJKMNQUY 10
	B 6A CEE	❶ €34,55
N 56°04'37'' E 09°45'55''	9,5ha 340T(70-130m²) 137D	❷ €46,95

Bei Skanderborg die E45 an der Ausfahrt 52 verlassen, über die Straße 445 nach Ry fahren. Nach den Eisenbahnschienen links fahren, der CP befindet sich nach 2 km auf der rechten Seite. 101861

Silkeborg, DK-8600 / Midtjylland

iD

DCU-Camping Hesselhus***	1 ADEKNOPQRST	BH 6
Moselundsvej 30	2 AQXY	ABDEFGI 7
1 Jan - 31 Dez	3 ABCJLSV	ABCDEFGIJNQRT 8
+45 86 86 50 66	4 BCDJO	FY 9
hesselhus@dcu.dk	5 ABM	BCHJKMRSUY 10
	B 6-10A	❶ €43,85
N 56°08'55'' E 09°23'49''	H90 3ha 350T(64-400m²) 71D	❷ €55,80

Straße 13 bei Engesvang verlassen. CP-Schildern ab Gasthaus folgen. Oder Straße 15 bei Funder Kirkeby verlassen und Schildern bei Kirche folgen. 111711

Silkeborg, DK-8600 / Midtjylland

iD

Gudenåens Camping Silkeborg***	1 ADEKNOPQS	JNX 6
Vejlsøvej 7	2 CQRWY	ABDEFGHIJK 7
1 Mrz - 22 Okt	3 ALMV	ABCDEFIJNQRT 8
+45 86 82 22 01	4 JOT	FIRY 9
mail@gudenaaenscamping.dk	5 ABDN	ABGHIJKLNQU 10
	B 13A CEE	❶ €43,70
N 56°09'24'' E 09°33'46''	2ha 110T(80-100m²) 35D	❷ €59,85

Von Straße 52 Horsens-Silkeborg. Direkt südlich von Silkeborg diese Straße verlassen und Richtung Silkeborg-C fahren. Nach ca. 200m ist der CP nach rechts ausgeschildert. 101821

Silkeborg, DK-8600 / Midtjylland

CC€23 iD

Sejs Bakker Camping***	1 ADEKNOPQSTU	6
Borgdalsvej 15-17	2 APQRYZ	ABDEFGHIJK 7
1 Apr - 17 Sep	3 ABFJLMNSV	ABCDFINQRT 8
+45 86 84 63 83	4 BDJOPQ	DJV 9
mail@sejs-bakker-camping.dk	5 ABDMN	ABGHJKOQU 10
	Anzeige auf dieser Seite B 10A	❶ €33,35
N 56°08'25'' E 09°37'14''	4ha 170T(80-100m²) 73D	❷ €49,75

E45 bei Skanderborg Ausfahrt 52 Skanderborg-Vest, über die 445 nach Ry. Richtung Silkeborg bleiben. In Sejs ist der CP ausgeschildert. Oder: Autobahn Richtung Hårup Ausfahrt 26 Sejs-Svejbaek. 107448

Silkeborg, DK-8600 / Midtjylland

iD

Silkeborg Sø Camping & Feriehuse	1 ADEHKNOPQRSTUX	LN 6
Århusvej 51	2 AEQRTWXYZ	ABDEFGHIJK 7
31 Mrz - 22 Okt	3 BJLMV	ABCDEFGIJKNQRT 8
+45 86 82 28 24	4 FH	BDEFGIJRUVW 9
mail@seacamp.dk	5 ABGJMN	ABFHJKMNQUY 10
	B 13A CEE	❶ €41,00
N 56°10'12'' E 09°34'36''	H142 2,4ha 140T(55-110m²) 34D	

E15, nehmen Sie den Århusvej Richtung Silkenborg Centre bis Tranevej, biegen Sie rechts ab. Nach ca. 200m liegt der Campingplatz auf der linken Seite. 101820

Silkeborg/Laven, DK-8600 / Midtjylland

iD

Terrassen Camping	1 ACDEKNOPQRSTU	BGHLNSUVXZ 6
Himmelbjergvej 9a	2 AEIPQVWXY	ABDEFGHIJK 7
31 Mrz - 17 Sep	3 BFGJLMQSUV	ABCDFIJKNQRTUV 8
+45 86 84 13 01	4 BCDFHJOPQS	ABDEFJRU 9
info@terrassen.dk	5 ACDMNO	ABEFGHJKOPQUXY 10
	B 13A CEE	❶ €52,85
N 56°07'27'' E 09°42'38''	7,5ha 210T(80-120m²) 65D	❷ €70,85

Bei Skanderborg verlassen Sie die E45, dann Straße 445 nach Ry. Hier Richtung Silkeborg nach Laven, wo der CP ausgeschildert ist. 101858

Skanderborg, DK-8660 / Midtjylland

iD

Skanderborg Sø Camping***	1 ABDEKNOPQRSU	LNSXYZ 6
Horsensvej 21	2 AEJKPQRUXYZ	ABDEFGHIJK 7
28 Apr - 3 Sep	3 BFJLMSX	ABCDEFGIJNQRTVW 8
+45 86 51 13 11	4 BEFHIJOQ	FGHJKQR 9
info@campingskanderborg.dk	5 ABDFJMN	ABGHIJKMNQUV 10
	10A	❶ €41,70
N 56°01'15'' E 09°53'26''	9ha 160T(100-200m²) 11D	❷ €57,85

Auf der E45 Ausfahrt 53 Skanderborg-Süd Richtung Skanderborg. Die erste rechts 'Vrold Tvaervej'. Folgen Sie den Schildern. 101863

Skaven/Vostrup/Tarm, DK-6880 / Midtjylland

iD

Skaven Strand Camping***	1 ADKNOPQSTU	BGLNQRSWXYZ 6
Skavenvej 32	2 EJQWXYZ	ABCDEFGHIJK 7
31 Mrz - 29 Okt	3 BFGJMSUV	ABCDEFGIJKNQRT 8
+45 97 37 40 69	4 FHJOPQT	FJVY 9
info@skaven.dk	5 ACDEILM	ABGHIJKOQUY 10
	Anz. auf dieser Seite B 6-10A CEE	❶ €27,95
N 55°53'32'' E 08°21'55''	6,5ha 250T(100-150m²) 207D	❷ €41,95

Straße 11 Varde-Tarm nehmen. Bei Tarm Richtung Lønborg-Vostrup fahren. Ab Vostrup den CP-Schildern folgen. 101793

Skive, DK-7800 / Midtjylland

iD

Skive Fjord Camping***	1 ACDEGKNOPQRSTU	BGKLNQSVWXYZ 6
Marienlyst Strand 15	2 GIJKLMPQSUVWXY	ABDEFGHIK 7
26 Mrz - 25 Sep	3 BFIJLMV	ABCDEFGIJKNQRT 8
+45 97 51 44 55	4 BCHJOQ	EFNR 9
info@skivefjordcamping.dk	5 ADMN	ABGHJKNQUY 10
	Anz. auf dieser Seite B 10-16A CEE	❶ €40,60
N 56°35'53'' E 09°02'17''	12ha 198T(100-120m²) 76D	❷ €56,50

Von Skive die 26 (Umgehung) Richtung Nykøbing. Weiter die 551 Richtung Fur. Der CP ist direkt danach ausgeschildert. 111330

Skjern, DK-6900 / Midtjylland

iD

Skjern Å Camping**	1 AKNOPSU	JN 6
Birkvej 37	2 CQXYZ	ABDEFGIJ 7
1 Jan - 31 Dez	3 BU	ABCDEFNQRT 8
+45 97 35 08 61	4 HJ	F 9
info@skjernaacamping.dk	5 DMN	ABGIJKOQ 10
	B 10A CEE	❶ €21,50
N 55°56'00'' E 08°29'43''	3,5ha 100T(90-120m²) 51D	❷ €30,95

Die 11 aus Varde Richtung Skjern. Vor dem Örtchen Skjern links ab den CP-Schildern folgen. 101792

Søndervig, DK-6950 / Midtjylland

iD

Søndervig Camping***	1 ADEKNOPQRSTU	KNQSWX 6
Solvej 2	2 GJPQSWXY	ABDEFGHIJK 7
31 Mrz - 22 Okt	3 BLV	ABCDEFIJKMNQRTW 8
+45 97 33 90 34	4 FHJ	AIJVW 9
post@soendervigcamping.dk	5 ABDMN	ABFGHJKOQY 10
	B 10A CEE	❶ €48,30
N 56°06'41'' E 08°07'00''	3ha 200T(80-100m²) 52D	❷ €62,25

An der schönen Küstenstraße 181 von Varde nach Hanstholm. Ca. 600m südlich von Søndervig. Der Campingplatz ist ausgeschildert. 111625

Teilkarte Mittel-Jütland auf Seite 58

Stouby, DK-7140 / Midtjylland

CC€23 iD

Løgballe Camping***
Løgballevej 12
17 Mrz - 24 Sep
+45 75 69 12 00
camping@logballe.dk

1 ADEGKNOPQRST BG 6
2 CIPQVWXY ABDEFGHIJK 7
3 BFIJLMSVX ABCDEFGIJNQRT 8
4 BCDEFHJNQ DEFJ 9
5 ABDMN ABFGHJKMNQUVWY 10
Anzeige auf dieser Seite B 10A CEE ❶ €29,20
H60 4,5ha 161T(100-130m²) 80D ❷ €42,35

N 55°42'28'' E 09°50'39''

Straße 23 Vejle-Juelsminde. Nach Hyrup noch 1 km. Beim CP-Schild rechts, dann noch 400m. 101867

Stouby, DK-7140 / Midtjylland

CC€23 iD

Rosenvold Strand Camping***
Rosenvoldvej 19
24 Mrz - 2 Okt
+45 75 69 14 15
info@rosenvoldcamping.dk

1 ADEKNOPQRSTU KNPQSVWXYZ 6
2 BGIJQWXYZ ABDEFGHIJK 7
3 ABFGJMSUVWX ABCDEFGIJKNQRTU 8
4 BFGHJKO ADEFJNRY 9
5 ABDEFGMNO ABGHJKMNOQUVY 10
Anzeige auf dieser Seite B 10A CEE ❶ €30,95
11,5ha 265T(100-150m²) 153D ❷ €41,15

N 55°40'36'' E 09°48'48''

Die 23 Vejle-Juelsminde. In Stouby rechts ab dem CP-Schild folgen. 112787

Struer, DK-7600 / Midtjylland

iD

Humlum Camping & Fiskerleje***
Bredalsvigvej 5, Humlum
31 Mrz - 22 Okt
+45 97 86 13 04
ferie@humlumcamping.dk

1 ADEKNOPQSTU NQSWXYZ 6
2 HIJKLQRSVWXY ABDEFGHIK 7
3 ABDFJLMSV ABCDEFGIJKNQRTUVW 8
4 BCDFHJOR FG 9
5 ABDFN ABFHJKMOQUY 10
B 13A CEE ❶ €34,95
18ha 254T(80-150m²) 126D ❷ €48,40

N 56°32'49'' E 08°34'17''

Von Struer nehmen Sie die Straße 11 in Richtung Thisted. Einige hundert Meter nach der Ausfahrt Humlum (nicht nach Humlum hinein fahren) befindet sich der CP auf der rechten Seite. Schmale Straße mit Ausfahrten. 100054

Struer, DK-7600 / Midtjylland

CC€21 iD

Toftum Bjerge Camping***
Gl. Landevej 4
1 Jan - 31 Dez
+45 97 86 13 30
info@toftum-bjerge.dk

1 ADEKNOPQSTU KNQSWXY 6
2 GJMPQRSTUWXYZ ABFGHIK 7
3 ABFGJLSVX ABCDEFIJKNQRTW 8
4 BFHJKOQ FGJY 9
5 ABDGHMN AGHJKMOQUWY 10
Anz. auf dieser Seite B 10-13A CEE ❶ €33,60
5ha 250T(90-150m²) 136D ❷ €44,40

N 56°32'28'' E 08°31'50''

Sie erreichen den Camping über die 11, 5 km nördlich von Struer, an der Abfahrt Humlum ist der Campingplatz ausgeschildert. Kurz hinter Humlum an der 565 liegt der Camping auf der rechten Seite. 101105

Tarm, DK-6880 / Midtjylland

iD

Birkelund camping***
Vardevej 79
1 Feb - 22 Okt
+45 30 12 66 35
birkelund@camping-outdoor.dk

1 ADKNOPSU BF 6
2 PQRWXYZ ABDEFGHIJ 7
3 BFMV ABCDEFIJNQRT 8
4 J BFI 9
5 ABDMN AFGHJKOQUX 10
B 13A CEE ❶ €35,90
3ha 98T(120-160m²) 66D ❷ €50,45

N 55°53'35'' E 08°30'48''

Liegt an der 11 Varde-Tarm. Kurz vor Tarm rechts ab. Den CP-Schildern folgen. 101794

Thorsminde/Ulfborg, DK-6990 / Midtjylland

iD

Thorsminde Camping***
Klitrosevej 4
1 Apr - 18 Okt
+45 20 45 19 76
mail@thorsmindecamping.dk

1 ADEKNOPQSTU EGHKLNQRSUXY 6
2 EGJQRWX ABCDEFGHIK 7
3 BDFJMSUV ABCDEFIJKNQRT 8
4 JOQRT FJMR 9
5 ABDFMN AGHIJKMOQUWY 10
B 13A CEE ❶ €37,65
5,5ha 183T(100-120m²) 91D ❷ €51,10

N 56°22'35'' E 08°07'21''

Über die Küstenstraße 181 nach Thorsminde. Im Dorf ist der CP ausgeschildert. 107451

Thyborøn, DK-7680 / Midtjylland

iD

Thyborøn Camping & Hotel***
Idrætsvej 3
1 Jan - 31 Dez
+45 97 83 12 77
info@thyborooncamping.dk

1 ADEKNOPQRSTU EGHKNQSX 6
2 EGIJQWX ABDEFGHIK 7
3 BDFJMV ABCDEFIJKNQRT 8
4 FHJORTUV FGJV 9
5 ABDFHIJMN ABFGHJKOPQUXY 10
B 16A CEE ❶ €37,65
3ha 140T(75-140m²) 71D ❷ €52,45

N 56°41'41'' E 08°12'19''

In Thyborøn ab der 181 den CP-Schildern folgen. Der Campingplatz liegt südlich des Zentrums. 112788

Ulfborg, DK-6990 / Midtjylland

iD

Vedersø Klit Camping***
Øhusevej 23
24 Mrz - 22 Okt
+45 97 49 52 00
info@klitcamping.dk

1 ADEKNOPQRSTU BGHNQ 6
2 BQXYZ ABFGHIK 7
3 ABFJLMSUV ABCDEFGIJKNQRTW 8
4 BCDFHJOQRSTUVX EFHVY 9
5 ACFHLMN ABFGHJKMOQUWY 10
B 10-16A CEE ❶ €38,75
4ha 245T(90-120m²) 129D ❷ €52,20

N 56°15'34'' E 08°08'45''

Der Campingplatz liegt an der Straße 181 zwischen Söndervig und Thyboren. Der Campingplatz ist in Vedersoe ausgeschildert. 112774

Ulstrup, DK-8860 / Midtjylland

iD

Bamsebo Camping Ved Gudenåen
Hagenstrupvej 28
1 Apr - 1 Okt
+45 86 46 34 27
info@bamsebo.dk

1 ADEKNOPQRSTU BN 6
2 DQRWXY ABDEFGHIK 7
3 BFGJMSU ABCDEFGIJKNQRTW 8
4 FJK AFJR 9
5 ACDEHMN ABGHJKOQUV 10
B 10-16A CEE ❶ €44,40
5ha 110T(80-120m²) 67D ❷ €61,85

N 56°23'14'' E 09°45'47''

E45, Ausfahrt 40 Richtung Randers C., dann Straße 525 Richtung Langå/Bjerringbro. Dieser Straße bis Ulstrup folgen. CP ist ausgeschildert. 100058

Viborg, DK-8800 / Midtjylland

iD

DCU-Camping Viborg Sø
Vinkelvej 36b
18 Mrz - 25 Okt
+45 86 67 13 11
viborg@dcu.dk

1 ADEKNOPQRSTU NQSXZ 6
2 BEQRWXY ABDEFGHIK 7
3 BFGJLMSV ABCDEFIJNPQRTW 8
4 BCDFGHIJOQ DFY 9
5 ADMN ABGHJKOQUY 10
B 10A CEE ❶ €45,60
3,2ha 250T(60-120m²) 67D ❷ €55,15

N 56°26'17'' E 09°25'19''

E45 Ausfahrt 40 Randers Richtung Viborg. Der 16 Ausfahrt Viborg Ø (Houlkaervej) Randersvej folgen bis vor der Ortsmitte. Im Kreisel Richtung Brunshåb. Der CP ist angezeigt. 111920

Vinderup, DK-7830 / Midtjylland

iD

DCU-Camping Ejsing Strand***
Fjordvej 1, Ejsing
18 Mrz - 23 Okt
+45 61 62 01 64
ejsing@dcu.dk

1 ADEKNOPQRSTU KLNQSWX 6
2 GKQWXY ABDEFGHIK 7
3 BFJSV ABCDEFIJKNQRTW 8
4 HJO FJY 9
5 ABDN BGHJKOQUY 10
B 10A CEE ❶ €46,00
6,4ha 208T(42-100m²) 80D ❷ €62,40

N 56°31'07'' E 08°44'50''

Straße 189 Holstebro-Skive. Von Vinderup ca. 3 km Richtung Skive, Ausfahrt Ejsing. Ab dort ist CP beschildert. 111917

Vinderup, DK-7830 / Midtjylland

iD

Hedelandets Camping***
Halallé 6, Sevel
31 Mrz - 31 Okt
+45 97 44 85 50
info@hedelandetscamping.dk

1 ADEGKNOPQSTU BG 6
2 PQWXYZ ABDEFGHI 7
3 BCS ABCDEFIJNQRT 8
4 FHJO FGI 9
5 ABDMN ABFGHJKOQU 10
B 10A CEE ❶ €30,95
3,1ha 90T(100-120m²) 16D ❷ €44,40

N 56°27'29'' E 08°52'10''

Straße 34 Herning-Skive. An der Kreuzung Sevel-Mogenstrup Richtung Sevel. Dann ausgeschildert. 111564

Virksund/Højslev, DK-7840 / Midtjylland

iD

Virksund Camping***
Sundvej 14
1 Apr - 30 Sep
+45 97 53 91 42
info@virksundcamping.dk

1 ADEGHKNOPQRSTU BHJNQSUXY 6
2 CEJPQX ABDEFGHIK 7
3 BJLUV ABEFGIJNPQRT 8
4 FHJO 9
5 ABDGHMN ABHIJKMNOQVY 10
6-10A CEE ❶ €37,50
2,8ha 140T(100-150m²) 100D ❷ €50,00

N 56°36'27'' E 09°17'18''

Der Camping befindet sich neben der Brücke in Virksund an der 579. Von Richtung Viborg nach ca 300m rechts ab, dann nach ca 200m rechts der Campingplatz. 101817

Teilkarte Mittel-Jütland auf Seite 58

Nord-Jütland

Aalbæk, DK-9982 / Nordjylland

DCU-Camping Ålbæk Strand***	1 ADE**KN**OPQRSTU — AK**N**OPQSW 6
Jerupvej 19	2 BHIJQRWXYZ — ABDE**FG**HIJK 7
1 Jan - 31 Dez	3 ABCG**L**MSUV — ABEFGHIJKNPQRTW 8
+45 98 48 82 61	4 BCFGHIJOT — FHUVWY 9
aalbaek@dcu.dk	5 ABDMN — ABHJKMOQUVY 10
	B 10A CEE — ① €45,70
N 57°35'13'' E 10°24'50''	10,3ha 367**T**(100-150m²) 103**D** — ② €61,85

Der CP liegt ca. 1 km südlich von Aalbæk an der 40. — 112848

Aalbæk, DK-9982 / Nordjylland

Skagen Sydstrand Camping-Bunken	1 ACDE**KN**OPQRSTU — KNQSX 6
Ålbækvej 288	2 BGJPQRWXYZ — ABDE**FG**HIJK 7
24 Mrz - 24 Sep	3 ABFG**JL**MVX — ABCDEFGHIJKNPQRTW 8
+45 98 48 71 80	4 FHIJO**P**Q — FUVY 9
info@skagensydstrand.dk	5 ACDEFM**N** — ABGHIJKOQUY 10
	B 10-13A — ① €43,70
N 57°38'40'' E 10°27'42''	20ha 700**T**(80-150m²) 159**D** — ② €59,15

Die 40 Richtung Skagen, 7 km hinter Aalbæk liegt der CP auf der rechten Straßenseite. Ist ausgeschildert. — 109754

Aalborg, DK-9000 / Nordjylland

Aalborg Familiecamping Strandparken***	1 ACDE**KN**OPQRST**U** — AK 6
Skydebanevej 20	2 AEGPQRSTWXY — ABDE**FG**HIK 7
10 Jan - 18 Dez	3 B**L**SV — ABCD**FGI**JKNQRTW 8
+45 98 12 76 29	4 FH — FI 9
info@strandparken.dk	5 DM**N** — ABFGHIJKM**O**PQUVY 10
	B 10A CEE — ① €43,05
N 57°03'19'' E 09°53'07''	2,6ha 130**T**(80-150m²) 31**D** — ② €64,55

E45 Ausf. 28. Über die 180 Richtung Zentrum. 300m hinter dem Krankenhaus, CP ist angezeigt. E45 Ausf. 23, 1. Ampel rechts. 6 km geradeaus bis zum Ende, links ab und an der Ampel wieder rechts. — 107449

Agger/Vestervig, DK-7770 / Nordjylland

Krik Vig Camping***	1 ADEG**KN**OPQRST**U** — JKNQRSW**X**YZ 6
Krik Strandvej 112	2 DGJPQRSWXYZ — ABDE**FG**HIK 7
1/4 - 24/9, 14/10 - 22/10	3 BFG**JL**MV — ABCDE**FI**JK**L**NQRTW 8
+45 97 94 14 96	4 EHJOQ**S** — FJUV 9
info@krikvigcamping.dk	5 ABDEFJ**N** — ABGHIJKLM**O**QUY 10
	B 13-16A CEE — ① €33,60
N 56°46'45'' E 08°15'43''	6,5ha 312**T**(60-100m²) 84**D** — ② €46,25

Der Küstenstraße 11 bis zur Kreuzung Krik/Agger folgen. Ab dort ist der Campingplatz ausgeschildert. — 100043

Asaa, DK-9340 / Nordjylland

Aså Camping og Hytteferie***	1 ACDE**KN**OPQRSTU — AFX 6
Vodbindervej 13	2 EJPQRWXYZ — ABDE**FG**HIJK 7
31 Mrz - 24 Sep	3 ABF**L**VX — ABCDE**FG**HIJKNPQRTW 8
+45 30 31 23 52	4 BFHIJKO — AFJKTY 9
info@asaacamping.dk	5 ABDJMN — AFGHJKOQUY 10
	B 10-16A CEE — ① €40,35
N 57°08'44'' E 10°24'10''	5ha 160**T**(80-150m²) 111**D** — ② €55,15

E45 bei Hjallerup Ausfahrt 16 verlassen, zwischen Ålborg und Frederikshavn. Über Straße 559 nach Aså. Der CP ist ausgeschildert. — 101898

Ejstrup Strand/Brovst, DK-9460 / Nordjylland

CC€23

Tranum Klit Camping	1 ADEGKNOPQRSTU — XY 6
Sandmosevej 525	2 BIJQWXYZ — ABDE**FG**HIJK 7
31 Mrz - 1 Okt	3 ABF**JL**VX — ABCDEFGHIJKNPQRTW 8
+45 98 23 52 82	4 FHIJ — FJUVY 9
info@tranumklitcamping.dk	5 ACDFHJMN — ABCDFGHIJKMOQUVY 10
	Anz. auf dieser Seite FKKB 10A CEE — ① €34,70
N 57°10'15'' E 09°27'48''	13,5ha 220**T**(100-200m²) 112**D** — ② €48,15

Von der Straße 11, bei Brovst über Tranum nach Tranum Klit oder ab Fjerritslev über Slettestrand und Fosdalen. — 101814

Teilkarte Nord-Jütland auf Seite 65

Erslev/Mors, DK-7950 / Nordjylland

Dragstrup Camping***
Dragstrupvej 87
31 Mrz - 22 Okt
+45 97 74 42 49
mail@dragstrupcamping.dk

1 ADEKNOPQRSTU	BGKNQSX	6
2 BGJMQRXYZ	ABDEFGHIK	7
3 BDFJMV	ABCDEFJNQRTW	8
4 FHJQ	DEFNR	9
5 ABDFHMN	ABGHJKNQUY	10

B 6A CEE ❶ €38,60
10,7ha 145T(80-100m²) 69D ❷ €53,40

N 56°49'04'' E 08°40'18''
Von der Straße 26, zwischen Nykøbing (Mors) und Thisted, nehmen Sie die Ausfahrt nach Dragstrup und der Campingschildern folgen.
101789

Farsø, DK-9640 / Nordjylland

Ertebølle Strand Camping***
Ertebøllevej 42
1 Apr - 23 Okt
+45 98 63 63 75
escamp@escamp.dk

1 ADEKNOPQSTU	BGKX	6
2 GJLQRSWXY	ABDEFGHIK	7
3 BFMSUV	CDEFGIJKNPQRTUW	8
4 FHJKO	JY	9
5 ACDHKMN	ABGHJKMOQUVY	10

B 10A ❶ €26,90
3,5ha 160T(80-150m²) 97D ❷ €41,70

N 56°48'44'' E 09°10'54''
Der CP liegt in Ertebølle und ist an der 533 angezeigt, 46 km nördlich von Viborg.
101409

Farsø/Strandby, DK-9640 / Nordjylland

Myrhøj Camping***
Løgstørvej 69
1 Jan - 31 Dez
+45 53 54 72 34
info@myrhojcamping.dk

1 ADEKNOPQRSTU		6
2 JLPQSWXYZ	ABDEFGHIJK	7
3 ABDFIJLMV	ABCDEFGHIJKNPQRTW	8
4 BFHJKQ	FJ	9
5 ABDMN	AGHJKMNQUV	10

B 13A CEE ❶ €32,95
6,5ha 100T(80-130m²) 79D ❷ €46,40

N 56°47'55'' E 09°12'32''
Der CP liegt entlang der 533 Viborg-Løgstør, 46 km nördlich von Viborg, 1 km nördlich vom Örtchen Strandby. Der CP ist angezeigt.
112840

Fjerritslev, DK-9690 / Nordjylland

First Camp Klim Strand - Nordvestkysten*****
Havvejen 167
1 Jan - 31 Dez
+45 82 10 70 10
klim@firstcamp.dk

1 ACDEKNOPQSTU	EGHKNOQSUWX	6
2 GJMQRWXYZ	ABCDEFGHIJK	7
3 BDFJLMNQSV	ABCDEFIJKNQRTUVW	8
4 BCDHJOTUV	DEFJVY	9
5 ACDEFGHLM	BEGHIJKMNQUXY	10

B 13A CEE ❶ €46,00
24ha 500T(60-100m²) 233D ❷ €64,80

N 57°08'02'' E 09°10'16''
Straße 11/29 Richtung Fjerritslev. Rund um Fjerritslev steht 'Klim' auf den Schildern; diesen folgen. In Klim Richtung Klimstrand. CP ist ausgeschildert.
108747

Fjerritslev, DK-9690 / Nordjylland

Svinkløv Camping***
Svinkløvvej 541
1 Apr - 23 Sep
+45 50 20 25 30
info@svinkloevcamping.dk

1 ADEKNOPQRSTU	KNQS	6
2 BGIJMQRUVWXYZ	ABDEFGHIJK	7
3 ABFGLSUV	ABCDEFGHIJKNQRT	8
4 BCDFHIJ	FJ	9
5 ACDMN	BCFHIJKOQU	10

Anz. auf dieser Seite B 13-16A CEE ❶ €40,35
H60 13,4ha 284T(80-120m²) 93D ❷ €52,45

N 57°08'58'' E 09°19'22''
Straße 11, bei Fjerritslev Ausfahrt Slettestrand. Nach 5 km Ausfahrt Svinkløv.
110412

Frederikshavn, DK-9900 / Nordjylland

Nordstrand Camping A/S****
Apholmenvej 40
1 Apr - 17 Sep
+45 98 42 93 50
info@nordstrand-camping.dk

1 ACDEKNOPQRSTU	EGKNQSWX	6
2 GJPQRWXYZ	ABDEFGHIJK	7
3 ABDFGJLMV	ABCDEFGHIJKNPQRTUVW	8
4 ABFHJO	FY	9
5 ABDMN	ABFGHIJKMNOPQUVWY	10

Anz. auf dieser Seite B 10-16A CEE ❶ €47,05
10ha 400T(100-150m²) 126D ❷ €64,55

N 57°27'51'' E 10°31'40''
Der CP befindet sich am Nordrand der Stadt Frederikshavn und ist ab Straße 40 Richtung Skagen ausgeschildert.
101895

Frederikshavn, DK-9900 / Nordjylland

Svalereden Camping og Hytteby***
Frederikshavnsvej 112b
1 Jan - 31 Dez
+45 98 46 19 37
info@svaleredencamping.dk

1 ACDEKNOPQRSTU	KNQSWX	6
2 AGIJPQUWXYZ	ABDEFGHIJK	7
3 ABFGJLMSUV	ABCDEFGHIJKNPQRTW	8
4 HIJOPQS	FGY	9
5 ABDMN	ABGHIJKOQUVWY	10

Anz. auf dieser Seite B 10-16A CEE ❶ €41,15
5,6ha 240T(80-160m²) 143D ❷ €57,85

N 57°21'36'' E 10°30'31''
Zwischen Saeby und Frederikshavn fahren Sie zwischen Ausfahrt 13 und 12 Küstenstraße 180 anstatt Straße E45. Der CP ist der letzte CP vor dem Fährhafen.
101896

Hals, DK-9370 / Nordjylland

Hals Strand Camping
Lagunen 8
1 Jan - 31 Dez
+45 51 24 35 07
info@halsstrandcamping.dk

1 ACDEHKNOPQRSTU	BGHKNQ	6
2 EHIJPQWY	ABDEFGHIK	7
3 BJLMSV	ABCDEFGIJKNQRTUVW	8
4 FHIJKO	J	9
5 ABDEMN	ABHIJKMNPQVY	10

B 13A CEE ❶ €43,70
4,3ha 400T(100-150m²) 3D ❷ €63,90

N 57°02'25'' E 10°21'38''
Von Aalborg E45, Ausfahrt 19 Vodskov/Hals. Straße 583 bis zum Kreisverkehr in Hals folgen. Richtung Saeby fahren. Nach 5,5 km sehen Sie den CP auf der rechten Seite.
123186

Hanstholm, DK-7730 / Nordjylland

Hanstholm Camping - Thy Feriepark****
Hamborgvej 95
1 Jan - 31 Dez
+45 97 96 51 98
info@hanstholm-camping.dk

1 ADEKNOPQRSTUV	BFNQ	6
2 HIJQWXY	ABDEFGHIK	7
3 BFHIMV	ABCDEFIJKNQRTUV	8
4 ABCFHIJKLT	ADFJ	9
5 ACDFKM	AFGHJKMOQUY	10

10-13A CEE ❶ €47,20
22ha 450T(80-400m²) 145D ❷ €68,45

N 57°06'34'' E 08°40'03''
Am Thisted nehmen Sie die Straße 26 nach Hanstholm. Kurz vor Hanstholm ist der Campingplatz bereits ausgeschildert.
100044

Hirtshals, DK-9850 / Nordjylland

Hirtshals Camping***
Kystvejen 6
4 Apr - 22 Okt
+45 98 94 25 35
info@hirtshals-camping.dk

1 ADEKNOPQRSTU	KNQSX	6
2 AGIJMPQRVWXYZ	ABDEFGHIJK	7
3 BL	ABCDEFGIJKNQRTW	8
4 FHJO	F	9
5 ABDFN	ABHIJKOQW	10

B 10A CEE ❶ €33,60
3,4ha 196T(100m²) 40D ❷ €49,75

N 57°35'11'' E 09°56'45''
Von Aalborg Straße 39 nach Hirtshals, dann Beschilderung folgen.
109281

Hirtshals, DK-9850 / Nordjylland

Tornby Strand Camping***
Strandvejen 13
1 Jan - 31 Dez
+45 98 97 78 77
mail@tornbystrand.dk

1 ACDEKNOPQRSTU	BEGNQSWX	6
2 AJPQRWXY	ABDEFGHIJK	7
3 ABDFGJLMVX	ABCDEFGHIJKNQRTUVW	8
4 BDFHJOPQ	AFGJ	9
5 ABCDFGMN	ABFGHIJKMOQUVWY	10

B 10A CEE ❶ €41,70
9,5ha 354T(80-140m²) 133D ❷ €57,85

N 57°33'18'' E 09°55'57''
Auf der Straße 55 von Hjørring Richtung Hirtshals fahren. Ca. 2 km nach dem Örtchen Tornby links Richtung Tornby Strand fahren.
100037

Klitmøller/Thisted, DK-7700 / Nordjylland

Nystrup Camping Klitmøller***
Trøjborgvej 22
31 Mrz - 29 Okt
+45 97 97 52 49
info@nystrupcamping.dk

1 ADEKNOPQRSTU	KNPQRS	6
2 GJQRWXYZ	ABDEFGHIK	7
3 ABFJLMSV	ABCDEFIJKNQRTW	8
4 FHJKT	BFHV	9
5 ABDEFHN	ABFGHJKOPQUY	10

B 13A CEE ❶ €39,65
10ha 244T(70-280m²) 88D ❷ €55,80

N 57°02'01'' E 08°28'51''
Auf der Küstenstraße 181 von Süden kommend an der Ausfahrt Klitmøller links abbiegen. Von hier aus folgen Sie den Campingschildern. Von Norden kommend auf der 181 am 3. Schild 'Klitmøller 1' rechts abbiegen. Von hier aus den CPschildern folgen.
112792

Teilkarte Nord-Jütland auf Seite 65

Løgstør, DK-9670 / Nordjylland

iD

Løgstør Camping
Skovbrynet 1
1 Jan - 31 Dez
+45 71 74 11 19
camping@logstor-camping.dk
N 56°57'46" E 09°14'52"

1 ADEKNOPQRSTU K 6
2 GJLPQRWXY ABDEFGHIK 7
3 BFLSVX ABCDEFHIJKNQRTW 8
4 J J 9
5 D BGHJKMQVY 10
B 10A CEE ❶ €33,50
3,5ha 123T(80-100m²) 61D ❷ €33,50

Straße 533, südlich von Løgstør ist der CP ausgeschildert. 101815

Mou/Storvorde, DK-9280 / Nordjylland

Frydenstrand Camping***
Frydenstrand 58, Skellet
1 Jan - 31 Dez
+45 21 44 80 11
info@frydenstrand.dk
N 56°58'50" E 10°13'12"

1 BDKNOPQRSTU KNQSWXYZ 6
2 GIMQWXYZ ABDEFGHIK 7
3 BFMSV ABCDEFGHIJNQRTW 8
4 JQT FGIY 9
5 DN ABCGHJKQU 10
B 13A CEE ❶ €38,35
2,6ha 55T(80-100m²) 56D ❷ €50,45

An der Straße 595 von Aalborg zur Ostküste (Egense) ist auf der Höhe von dem Ort Skellet der CP ausgeschildert. 101899

Løkken, DK-9480 / Nordjylland

CC€23 iD

Løkken Klit Camping***
Joergen Jensensvej 2
1 Jan - 31 Dez
+45 98 99 14 34
info@loekkenklit.dk
N 57°20'40" E 09°42'25"

1 ACDEKNOPQRSTU BFHX 6
2 JKPQRWXYZ ABDEFGHIJK 7
3 ABEFGJLMSV ABCDEFGIJKNQRTUVW 8
4 BFHJLMNOPQ DFJVWY 9
5 ACDEMN ABCEGHIJKMOQUY 10
Anz. auf dieser Seite B 13-16A CEE ❶ €60,50
15ha 500T(100-150m²) 310D ❷ €87,15

CP liegt an der Hauptstraße 55, 3 km südlich von Løkken. 112558

Løkken, DK-9480 / Nordjylland

iD

Løkken Strandcamping***
Furreby Kirkevej 97
5 Apr - 17 Sep
+45 98 99 18 04
info@loekkencamping.dk
N 57°23'07" E 09°43'32"

1 ACDEKNOPQRSTU KNQSWX 6
2 GIJQRWXY ABDEFGHIJK 7
3 ABV ABCDEFGINQRTW 8
4 HJO FV 9
5 DN AGHIJKNOQW 10
10A ❶ €37,10
3,2ha 200T(100m²) 8D ❷ €51,90

Die Hauptstraße 55 nördlich am Kreisverkehr Løkken N, über die 3. Abfahrt rechts verlassen. Hinter dem Kreisel direkt rechts ab. Nach 900m auf dem Furreby Kirkevej liegt CP linkerhand. CP liegt 1,5 km von Løkken. 100040

Nibe, DK-9240 / Nordjylland

iD

Nibe Camping***
Løgstørvej 2
1 Jan - 31 Dez
+45 98 35 10 62
info@nibecamping.dk
N 56°58'21" E 09°37'28"

1 ACDEKNOPQRSTU BGHKNQSWX 6
2 GIPQRWXY ABDEFGHIK 7
3 BFJLMSV ABCDEFGIJNPQRTW 8
4 FHJOQ FGJNRV 9
5 ABDEFKMN ABHJKOQUVY 10
B 13A CEE ❶ €43,05
2,5ha 133T(80-100m²) 65D ❷ €57,85

Der CP liegt an der 187, 1 km südlich von Nibe, unmittelbar am Limpfjord, nur 15 km von Aalborg. 101102

Løkken/Ingstrup, DK-9480 / Nordjylland

CC€21 iD

Grønhøj Strand Camping***
Kettrupvej 125
31 Mrz - 17 Sep
+45 98 88 44 33
info@
gronhoj-strand-camping.dk
N 57°19'15" E 09°40'38"

1 ACDEKNOPQRSTU QSX 6
2 BJQRWXYZ ABDEFGHIJK 7
3 ABFIJLMNRSUVX ABCDEFGHIJKNPQRTUVW 8
4 BJKOQT DFY 9
5 ABCDMN ABDFGHIJKOPQUVY 10
Anzeige auf dieser Seite B 13A ❶ €30,40
14ha 516T(100-150m²) 263D ❷ €42,50

Auf Hauptstraße 55, 6 km südlich von Løkken nach Grønhøjstrand. Nach ca. 2 km der zweite CP links. 108758

Løkken/Lyngby, DK-9480 / Nordjylland

iD

Gl. Klitgård Camping & Hytteby***
Lyngbyvej 331
1 Jan - 31 Dez
+45 98 99 65 66
camping@gl-klitgaard.dk
N 57°25'13" E 09°45'40"

1 ACDEKNOPQSTU BGNQSWX 6
2 GIJPQRUXYZ ABDEFGHIJK 7
3 ABFGHILMV ABCDEFGIJKNQRT 8
4 BCFHJKOQ AEFIJY 9
5 ABDMN ABFGHIJKOQUVWY 10
B 13A CEE ❶ €41,40
14ha 300T(85-220m²) 111D ❷ €60,00

Der CP liegt ca. 7 km nördlich von Løkken. Von der 55 Ausfahrt Lønstrup 8. Nach ca. 2 km links ab Lyngbyvej. CP liegt nach ca. 1 km rechts der Straße. 112832

Øster Hurup/Hadsund, DK-9560 / Nordjylland

CC€23 iD

Kattegat Strand Camping*****
Dokkedalvej 100
1 Apr - 17 Sep
+45 98 58 80 32
info@922.dk
N 56°49'32" E 10°16'08"

1 ACDEKNOPQRSTU BGKNOPQSWXY 6
2 CGIJPQRWXY ABCDEFGHIJK 7
3 ABDFGJMNSUV ABCDEFGIJKLNQRTUVW 8
4 BHJKLNOQRSTU AJMNQRVWY 9
5 ACDEFGHKLMNO ABEFGHJKMOPQUY 10
Anz. auf dieser Seite B 10-16A CEE ❶ €64,55
20ha 580T(100-140m²) 181D ❷ €86,05

An der Küstenstraße 541, 2 km nördlich vom Dorf Øster Hurup gelegen. 110748

Lønstrup, DK-9800 / Nordjylland

iD

Egelunds Camping og Motel***
Rubjergvej 21
5 Apr - 25 Sep
+45 98 96 01 35
info@959.dk
N 57°27'59" E 09°47'50"

1 ADEKNOPQRSTU BGNQSWXY 6
2 IJPQXY ABDEFGHIJK 7
3 BEFLV ABCDEFGHIJKNPQRTW 8
4 FHJO FGVY 9
5 ACDEFHLMN ABGHIJKOQW 10
B 13A ❶ €43,70
1,4ha 70T(80-100m²) 42D ❷ €67,25

Von der 55 aus den Hinweisen Lønstrup und Camping folgen. 112844

Pandrup, DK-9490 / Nordjylland

iD

Blokhus Natur Camping***
Kystvejen 52
1 Mai - 15 Sep
+45 20 77 42 44
info@
blokhusnaturcamping.dk
N 57°13'14" E 09°35'05"

1 ADEKNOPQRSTU X 6
2 JQRWXYZ ABDEFGIJK 7
3 ABFHLNV ABCDEFGHIJKNPQRTW 8
4 BFHIJKQ AFY 9
5 ABDMN ABCGHIJKMOQUVY 10
10-16A CEE ❶ €31,60
7,5ha 210T(80-120m²) 46D ❷ €45,05

Von der 55 Richtung Rødhus oder Blokhus. Der CP liegt an der Küstenstraße zwischen Rødhus und Hune, unmittelbar an der Margeritenroute. 101101

Teilkarte Nord-Jütland auf Seite 65

Pandrup, DK-9490 / Nordjylland

Rødhus Klit Camping***
Rødhusmindevej 25
1 Apr - 20 Sep
+45 29 70 57 19
rkc@rodhuscamping.dk

1 ADEKNOPQRSTU QS 6
2 BIJQRWYZ ABDE**FG**HIJK 7
3 ABF**JL**M**N**SVX ABCDE**FG**HJKNPQRT 8
4 EFHJ**U** FJY 9
5 ABDMN BGHJKNQU 10
B 13A CEE ① €35,25
11ha 253**T**(100-300m²) 95**D** ② €48,40

N 57°12'01'' E 09°30'48''
Auf der Hauptstraße 55, bei Kaas 11 km nach Rødhus. Der CP befindet sich links.
109387

Skagen, DK-9990 / Nordjylland

CampOne Grenen Strand***
Fyr vej 16
1 Apr - 23 Okt
+45 63 60 63 61
grenen@campone.dk

1 ACDE**KN**OPQST**U** 6
2 GJPRXYZ AB**FG**HIJK 7
3 BFM ABCDE**FG**H**I**JKNPQRT 8
4 JO JV 9
5 ABDN**O** ABGIJK**MO**QU 10
Anzeige auf Seite 70 B 10A CEE ① €52,20
5,5ha 270**T**(80-110m²) 8**D** ② €71,00

N 57°43'53'' E 10°36'52''
Campingplatz circa 400m nördlich von Skagen. Von Skagen aus Richtung Grenen. Er liegt nach 400m rechts.
112850

Sæby, DK-9300 / Nordjylland

Hedebo Strand Camping***
Frederiksh.vej 108
31 Mrz - 17 Sep
+45 98 46 14 49
info@hedebocamping.dk

1 ADEKNOPQRSU BGHK**N**QSWXY 6
2 AHIJPQRTWXY ABDE**FG**HIJK 7
3 ABDFG**JL**MNSV ABCDE**FG**IJKNQRTW 8
4 FHIJO**PQ** J 9
5 ACDHIKM**N** ABFGHIJKN**O**PQUVY 10
B 13A CEE ① €47,05
15ha 604**T**(50-200m²) 297**D** ② €80,70

N 57°21'20'' E 10°30'53''
Von der E45 die Ausfahrt 13 Saeby nehmen. Das ist die Küstenstraße 180. Nach 1 km rechts abbiegen und 50m nach dem Laden sofort wieder links abbiegen.
100042

Skagen, DK-9990 / Nordjylland

First Camp Råbjerg Mile - Skagen***
Kandestedvej 55
1 Jan - 31 Dez
+45 98 48 75 00
raabjerg@firstcamp.dk

1 ACDE**KN**OPQRSTU BEG**N**QSX 6
2 JPQRSWXY ABDE**FG**HIJK 7
3 ABF**JL**M**N**SVX ABCDE**FG**HIJKNPQRTW 8
4 BFGHJO**TU** BFVY 9
5 ACDEFGM**N** ABGHIJKMOPQUVY 10
B 10A CEE ① €39,65
20ha 446**T**(80-150m²) 125**D** ② €58,50

N 57°39'19'' E 10°27'01''
Der CP liegt ca. 8 km nördlich von Ålbæk. Von der 40 Richtung Råbjerg Mile. Nach ca. 400m liegt der CP links.
112849

Saltum, DK-9493 / Nordjylland

Saltum Strand Camping***
Saltum Strandv. 141
1 Apr - 23 Okt
+45 98 88 11 59
info@saltumstrand.dk

1 ADEKNOPQRSTU BFQSX 6
2 JPQRWXYZ ABDE**FG**HIJK 7
3 ABDFG**JL**MNSVX ABCDE**FG**HIJKNPQRT 8
4 BDEFGHJOQ JUVW 9
5 ABDMN ABCGHIJKOQUVY 10
10A CEE ① €37,00
3,5ha 150**T**(100-250m²) 85**D** ② €52,45

N 57°17'08'' E 09°39'07''
Sie verlassen Straße 55 direkt nördlich von Saltum, nach der weißen Kirche. Nach 3 km befindet sich der CP links.
101813

Skagen, DK-9990 / Nordjylland

Poul Eeg Camping
Bøjlevejen 21
27 Apr - 17 Sep
+45 98 44 14 70
info@pouleegcamping.dk

1 ACDE**KN**OPQRSTU KNQSX 6
2 GJLPQRWXYZ ABDE**FG**HIJK 7
3 ABF**L**MSUV ABCDE**FG**HIJKNPQRT 8
4 JO**Q**R DFVY 9
5 ABDHM**N** ABGHIJKOQUY 10
B 10A ① €47,35
9,5ha 420**T**(80-100m²) 139**D** ② €64,40

N 57°44'04'' E 10°36'13''
N40 Richtung Grenen, weiter den Schildern folgen.
109283

Skagen, DK-9990 / Nordjylland

Skagen Camping***
Flagbakkevej 53-55
6 Apr - 3 Sep
+45 98 44 31 23
mail@skagencamping.dk

1 ADEK**N**OPQSTU AF 6
2 BJPQRWXYZ ABDE**FG**HIJK 7
3 ABFG**HJL**MVX ABCDE**FG**HIJKNQRTW 8
4 FHJO FV 9
5 ABDM**N** ABGHIJKLQUW 10
Anz. auf dieser Seite B 10-13A CEE ① €46,40
5,3ha 265**T**(80-120m²) 60**D** ② €61,85

N 57°43'12'' E 10°32'25''
Folgen sie Straße 40 Richtung Skagen. An der Kreuzung Gl. Skagen/Den Tilsandete Kirke rechts. Der CP ist nach der Bahnübergang links.
109389

Sindal, DK-9870 / Nordjylland

A35 Sindal Camping Danmark & Kanoudlejning****
Hjørringvej 125
1 Jan - 31 Dez
+45 98 93 65 30
info@sindal-camping.dk

1 ACDE**KN**OPQRSTU BG**N**SX 6
2 ABCKPQRWXYZ ABDE**FG**HIJK 7
3 BFG**JL**M**N**SUVX ABCDEFGHIJKNQRTVW 8
4 AEFGHIJ FRVY 9
5 ABDM**N** ABDFGHIJKMOQUWY 10
Anz. auf dieser Seite B 13-16A CEE ① €39,65
4,6ha 175**T**(100-150m²) 43**D** ② €54,45

N 57°28'02'' E 10°10'43''
Von Süden her über die E39 Ausfahrt 3 Richtung Sindal, die 35. Nach ± 6 km liegt der CP rechts, ± 1 km vor Sindal.
100041

Skiveren/Aalbæk, DK-9982 / Nordjylland

Skiveren Camping****
Niels Skiverens Vej 5-7
31 Mrz - 30 Sep
+45 98 93 22 00
info@skiveren.dk

1 ACDE**KN**OPQRSTU BGKNQSWX 6
2 GIJPQRWXYZ AB**C**DE**FG**HIJK 7
3 ABDF**JL**MN**Q**RVX ABCDEFGIJKNQRTUVW 8
4 BDFHJOQ**RSTUV** DJVY 9
5 ACEFHIKM**N** ABDFGHIJKOPQUWY 10
Anz. auf dieser Seite B 10-16A CEE ① €64,55
18,4ha 595**T**(60-140m²) 132**D** ② €84,75

N 57°36'58'' E 10°16'50''
Von Frederikshavn die Nr. 40 nach Skagen, ca 1 km hinter Aalbæk im Kreisel links Richtung Tversted. Nach 8 km rechts ab Richtung Skiveren den CP-Schildern folgen.
108751

Teilkarte Nord-Jütland auf Seite 65

Teilkarte Nord-Jütland auf Seite 65

Thisted, DK-7700 / Nordjylland

Thisted Camping***
Iversensvej 3
1 Jan - 31 Dez
+45 97 92 16 35
mail@thisted-camping.dk

1 ADEKNOPQRSTU	AFHKNQSWX 6
2 HIKLMNPQRSTUWX	ABFGIK 7
3 BJLV	ABCDEFIJKNQRTW 8
4 FHJO	FHR 9
5 DHM	ABGHJKOQV 10
16A CEE	① €34,30
3,2ha 125T(80-100m²) 37D	② €47,75

N 56°57'09" E 08°42'47"

Der CP liegt östlich von Thisted an dem Thisted Bredning (Teil des Limfjords) und ist von der Ringstraße ausgeschildert. 100045

Tversted, DK-9881 / Nordjylland

CC€23

Aabo Camping***
Aabovej 18
11 Mrz - 11 Sep
+45 98 93 12 34
info@aabo-camping.dk

1 ACDEKNOPQRSTU	BGHNQSWX 6
2 ACJPQRWXY	ABCDEFGHIJK 7
3 BFGJLMNSUVWX	ABCDEFGHIJKNPQRTUVW 8
4 BFHJLNOPQU	DFIJV 9
5 ACDEFGHIMN	ABGHIJKOQUY 10
Anzeige auf dieser Seite B 13A CEE	① €51,10
14ha 500T(100-120m²) 160D	② €75,30

N 57°35'06" E 10°11'06"

Straße 597 Hirtshals-Skagen. Bei der Kreuzung Tversted/Bindslev Richtung Strand/Tversted abzweigen. Nach 450m links. 108750

Tolne/Sindal, DK-9870 / Nordjylland

Tolne Camping
Stenderupvej 46
1 Jan - 31 Dez
+45 98 93 02 66
info@tolnecamping.dk

1 ADEKNOPQRSTU	N 6
2 BIQUVWXYZ	ABDEFGHIJK 7
3 ABFLMV	ABEFGIJNQRT 8
4 HJOQ	CFRVWY 9
5 ABDHMN	ABHIJKNQUY 10
14-16A CEE	① €33,60
H80 32,6ha 170T(120m²) 42D	② €44,40

N 57°29'12" E 10°18'07"

Von Frederikshavn, 14 km über Straße 35 Richtung Hjørring. Danach 3 km nach Tolne, wo der CP ausgeschildert ist. 108759

Tranum/Brovst, DK-9460 / Nordjylland

DCU-Camping Tranum***
Solsortevej 2a
1 Jan - 31 Dez
+45 98 23 54 76
skovly@dcu.dk

1 ADEJMOPQRSTU	AF 6
2 BGIQRVXYZ	ABDEFGHIK 7
3 ABLMSV	ABCDEFGHIJKNPQRTUW 8
4 EFHJO	AF 9
5 ABDMNO	ABFHJKOQUY 10
B 16A CEE	① €31,60
H66 3ha 153T(100-140m²) 45D	② €43,05

N 57°08'12" E 09°27'48"

Von der A11, in Birkelse oder Brovst Richtung Tranum ausfahren. Dann CP-Schildern folgen. 111921

Vesløs, DK-7742 / Nordjylland

CC€23

Bygholm Camping - Thy***
Bygholmvej 27, Øsløs
1 Jan - 31 Dez
+45 26 20 97 90
info@bygholmcamping.dk

1 ADEKNOPQRSTU	AKNQSX 6
2 JPQRSWXYZ	ABDEFGIK 7
3 BDFJSV	ABCDEFIJKNQRTW 8
4 HJOQ	FY 9
5 ADEFHJMN	ABFGHJKOQUY 10
Anzeige auf dieser Seite B 6A CEE	① €34,95
5ha 147T(95-125m²) 50D	② €45,70

N 57°01'37" E 09°01'10"

An der Straße 11 zwischen Thisted und Fjerritslev gelegen. In Øsløs den Campingschildern folgen. 100046

Agernæs/Otterup, DK-5450 / Fyn

DCU-Camping Flyvesandet Strand***
Flyvesandsvej 37
19 Mrz - 19 Sep
+45 64 87 13 20
flyvesandet@dcu.dk

1 DEKNOPQRSTU	KNQSWX 6
2 BGIJLQRWXYZ	ABDEFGHIJ 7
3 BFSV	ABCDEFGIJKNQRT 8
4 BHJO	A 9
5 ABMN	ABGHIJKOQUY 10
B 13A CEE	① €44,50
7ha 300T(100-150m²) 103D	② €57,95

N 55°37'13" E 10°18'04"

Auf Straße Bogense-Otterup Ausfahrt Flyvesande, dann den CP-Schildern folgen. 111289

Teilkarte Fünen auf Seite 69

Assens, DK-5610 / Fyn

Sandager Næs***
Strandgårdsvej 12, Sandager
29 Mrz - 10 Sep
+45 64 79 11 56
info@sandagernaes.dk

1 DEKNOPQRSTU	BGHKNQSWXZ	6
2 GIJQWXY	ABDEFGHIJK	7
3 BFGLV	ABCDEFIJKNQRTW	8
4 BHJOPQ	FJRVY	9
5 ACDEFKMN	ABGHIJKOPQUWY	10

B 10A CEE
3,7ha 135T(80-140m²) 53D
① €56,50
② €77,20
N 55°20'02'' E 09°53'24''
E20, Ausfahrt 57 Richtung Assens. Bei Sandager rechts Schildern folgen.
101876

Assens, DK-5610 / Fyn

CampOne Assens Strand
Næsvej 15
1 Jan - 31 Dez
+45 63 60 63 62
assens@campone.dk

1 ACDEKNOPQRSTU	KNOQSXY	6
2 HJMPQRWXYZ	ABDEFGHIJK	7
3 BFGJLV	ABCDEFIJKNQRTW	8
4 HJO	JY	9
5 ABDMN	ABGHIJKOQUWY	10

Anzeige auf dieser Seite B 10A CEE
6,3ha 170T(100-120m²) 8D
① €47,05
② €67,25
N 55°15'56'' E 09°53'02''
Straße 313 Nörre-Åby-Assens. Ab Assens Schildern Hafen und Industriegebiet folgen. Bei Zuckerfabrik kleinen Schildern folgen.
101877

Båring Vig, DK-5466 / Fyn

First Camp
Skovlund - Middlfart****
Kystvejen 1
24 Mrz - 22 Okt
+45 64 48 14 77
skovlund@firstcamp.dk

1 ADEKNOPQRSTU	BGHKNQSWXY	6
2 ABGIJLQRVWXY	ABDEFGHIJK	7
3 BFJLMNV	ABCDEFGIJKNQRTUVW	8
4 BJO	BFJV	9
5 ACDEFMN	ABFGHIJKOQUWY	10

B 10A CEE
H80 7,2ha 267T(80-120m²) 109D
① €47,90
② €67,90
N 55°30'23'' E 09°53'59''
E20, Ausfahrt 57 Richtung Bogense. Dann Richtung Båring. In Båring geradeaus, erster CP links.
110248

Blommenslyst, DK-5491 / Fyn

Blommenslyst**
Middelfartvej 494
1 Mai - 1 Okt
+45 65 96 76 41
info@
blommenslyst-camping.dk

1 ACGKNOPQRSTU		6
2 APQWYZ	ABDEFGIJK	7
3 A	ABEFGJNQRT	8
4 JO	F	9
5 DN	ABQUY	10

Anzeige auf dieser Seite 10A CEE
2ha 60T(80-100m²) 13D
① €25,30
② €25,30
N 55°23'21'' E 10°14'52''
Von der E20 die Ausfahrt 53 nehmen. Der CP liegt an der Straße Nr. 161 Middelfart-Odense. Der CP ist ab Blommenslyst ausgeschildert.
101907

Bogense, DK-5400 / Fyn

CC€21

First Camp
Bogense City - Fyn*****
Vestre Engvej 11
1 Jan - 31 Dez
+45 64 81 35 08
bogense@firstcamp.dk

1 ACDEKNOPQSTU	BEGHKMQS	6
2 GJLPQWXY	ABCDEFGHIJK	7
3 BFGJLMNSV	ABCDEFGIJKNQRTUVW	8
4 BCDFHJORT	JVY	9
5 DMN	ABEFGHIJKOQUVY	10

B 13A CEE
11ha 425T(80-200m²) 84D
① €54,45
② €73,30
N 55°33'41'' E 10°05'07''
Ab Odense Richtung Hafen, dann den Schildern folgen.
112054

Bogense, DK-5400 / Fyn

Kyst Camping Bogense***
Østre Havnevej 1
1 Apr - 22 Okt
+45 64 81 14 43
info@kystcamping.dk

1 DEGKNOPQRSTU	KNQSWX	6
2 GIMPQWXYZ	ABDEFGHIJK	7
3 BLMV	ABCDEFGIJKNQRTW	8
4 BEFHJLO	JY	9
5 DN	ABGHIJKOQUY	10

B 16A CEE
2,8ha 190T(80-120m²) 33D
① €47,05
② €71,30
N 55°34'04'' E 10°05'00''
Aus Odense oder Middelfart, in Bogense Richtung Havn fahren, dann den CP-Schildern folgen.
101870

Bøjden/Faaborg, DK-5600 / Fyn

CC€23

CampOne
Bøjden Strand*****
Bøjden Landevej 12
1 Apr - 22 Okt
+45 63 60 63 60
bojden@campone.dk

1 ACDEFKNOPQRSTU	BEGHIKMNOPQSUVWXYZ	6
2 GIJPQVWXYZ	ABCDEFGHIJK	7
3 ABDEFJLMSUV	ABCDEFGIJKLNQRTUVW	8
4 BFHJLMNOPTU	DFIJOTVY	9
5 ACDEFHJKLMN	ABFGHIJKOPQUWY	10

Anzeige auf dieser Seite B 10A CEE
6,5ha 308T(80-140m²) 80D
① €56,50
② €76,65
N 55°06'20'' E 10°06'28''
Die 323 und 329 Assens-Hårby-Faaborg. Vor Faaborg die 8 Richtung Bøjden oder die Fähre Fynshav (Süd-Jütland)-Bøjden. CP ist in Bøjden ausgeschildert.
101881

Teilkarte Fünen auf Seite 69

Dalby/Kerteminde, DK-5380 / Fyn

Camp Hverringe, Bøgebjerg Strand*****
Blæsenborgvej 200
31 Mrz - 22 Okt
+45 65 34 10 52
info@camphverringe.dk
N 55°30'32'' E 10°42'43''

1	CDKNOPQRSTU	BGKMNOPQSWXYZ	6
2	GIJMQVWXY	ABCDEFGHIJK	7
3	ABEFGIMSUV	ABCDEFGIJKNQRTUVW	8
4	BDFHJKLOQ	AFJRUVY	9
5	ACDEGMN	ABFGHIJKMNOPQUVWY	10

B 10A CEE — ❶ €54,60
15ha 375T(100-140m^2) 29D — ❷ €69,80

Ab Kerteminde Richtung Fynshoved, sofort nach Kerteminde Richtung Måle, dann ausgeschildert. 101918

Ebberup, DK-5631 / Fyn

Aa-Strand Camping**
Aa Strandvej 61
1 Apr - 16 Sep
+45 61 12 78 28
info@aa-strand.dk
N 55°13'02'' E 09°58'27''

1	ADEKNOPQSTU	KNPQSWXY	6
2	GIJMQWXYZ	ABDEFGHIJK	7
3	ALS	ABCDEFGNQRW	8
4	FHJO	AFIJ	9
5	ADN	AHJKOQY	10

10-16A CEE — ❶ €34,95
5ha 150T(80-100m^2) 51D — ❷ €47,05

Straße Nr. 313 Assens-Faaborg, 2 km hinter Assens rechts ab den CP-Schildern folgen. Immer geradeaus, danach in Richtung Aa. 101878

Faaborg, DK-5600 / Fyn

Faaborg Camping
Odensevej 140
31 Mrz - 22 Okt
+45 62 61 77 94
info@faaborgcamping.dk
N 55°06'59'' E 10°14'42''

1	ABDEFKNOPQRSTU	X	6
2	PQUVXYZ	ABFGHIJK	7
3	ABJLV	ABCDEFGIJKNQRTUW	8
4	BEFGHIJO	BEFJVY	9
5	ABDFKMNO	ABGHIJKOQUW	10

B 10A CEE — ❶ €42,35
4,9ha 112T(100-140m^2) 30D — ❷ €59,05

Von Bøjden über den Rundweg Faaborg Straße 43 Richtung Odense fahren. Der CP ist nach 500m ausgeschildert. 112056

Faaborg, DK-5600 / Fyn

Nab Strand Camping***
Kildegaardsvej 8
4 Mai - 4 Sep
+45 22 12 31 32
info@nabstrandcamping.dk
N 55°03'51'' E 10°18'50''

1	ADEKNOPQSTU	KNPQSWXYZ	6
2	GIJLQUWXYZ	ABDEFGHIJK	7
3	ALV	ABCDEFGIJKNQRT	8
4	FHJO	FRVWY	9
5	ABDMN	ABFGJKNQUVY	10

10A CEE — ❶ €46,40
2ha 100T(100-125m^2) 27D — ❷ €63,90

Die 44 Faaborg-Svendborg, nach 3,5 km Ausfahrt Nab. Danach den CP-Schildern folgen. 101910

Faaborg, DK-5600 / Fyn

Sinebjerg Camping***
Sinebjergvej 57b
1 Apr - 17 Sep
+45 62 60 14 40
info@sinebjergcamping.dk
N 55°04'50'' E 10°11'04''

1	ADEFGKNOPQRSU	KNQSWXY	6
2	GIJMQUVWXY	ABDEFGHIJK	7
3	BDILMUV	ABCDEFIJKNQRT	8
4	FHJKO	DFY	9
5	ABDMN	ABFHIJKOQUWY	10

B 10A CEE — ❶ €35,65
4,5ha 210T(100-130m^2) 71D — ❷ €49,10

Die 8 Faaborg-Bøjden, bei Km-Pfahl 49,7 Richtung Sinebjerg und den CP-Schildern folgen. 107452

Falsled/Millinge, DK-5642 / Fyn

Falsled Strand Camping
Assensvej 461
1 Apr - 3 Sep
+45 93 93 54 00
mail@falsledstrandcamping.dk
N 55°08'50'' E 10°09'12''

1	ADEKNOPQRSTU	BGMQ	6
2	HIJKLPQXYZ	ABFGIK	7
3	BLSU	ABCDEFGIKNQRTUV	8
4	FJO	BFJNR	9
5	ABDHN	BJKMOSTUY	10

B 8A CEE — ❶ €33,60
3,6ha 107T(70-120m^2) 31D — ❷ €53,80

Auf der 329 Assens-Hårby-Faaborg in Faldsled dem CP-Schild folgen. 100087

Frørup, DK-5871 / Fyn

CC€21

Kongshøj Strandcamping***
Kongshøjvej 5
1 Jan - 31 Dez
+45 65 37 12 88
info@kongshojcamping.dk
N 55°13'18'' E 10°48'22''

1	ADEKNOPQRSTU	KNPQSWXYZ	6
2	GJMQWXYZ	ABDEFGHIJK	7
3	BFJLMNV	ABCDEFGIJKNQRT	8
4	BCDFHJKOP	DFY	9
5	ABDMN	ABFGHIJKLMOQUWY	10

Anzeige auf dieser Seite B 16A CEE — ❶ €35,35
6ha 120T(80-150m^2) 174D — ❷ €48,80

Straße Nr. 163 Nyborg-Svendborg, nach ungefähr 11 km die zweite Ausfahrt nach Tårup nehmen und den CP-Schildern Kongshøj-Strand folgen. 101921

Hesselager, DK-5874 / Fyn

CC€21

First Camp Bøsøre Strand - Fyn*****
Bøsørevej 16
24 Mrz - 22 Okt
+45 62 25 11 45
bosore@firstcamp.dk
N 55°11'36'' E 10°48'23''

1	ADEKNOPQRSTU	EGIKNQSWXYZ	6
2	GJMPQWXYZ	ABCDEFGHIJK	7
3	BDEFGJLMSUV	ABCDEFGIJKNPQRTUVW	8
4	ABCDFHJLNOSTUY	BDFY	9
5	ACDEFHKMN	ABEFGHIJKOPQUVWY	10

B 10A CEE — ❶ €46,40
23,6ha 350T(100-150m^2) 68D — ❷ €65,20

E20, Ausfahrt 45 zur 163 Nyborg-Svendborg. Bei Langå Ausfahrt Vormark/Bøsøre und Bøsøre-CP folgen. 101922

Kerteminde, DK-5300 / Fyn

Kerteminde Camping***
Hindsholmvej 80
31 Mrz - 24 Sep
+45 65 32 19 71
info@kertemindecamping.dk
N 55°27'48'' E 10°40'15''

1	ACDEKNOPQRSTU	KNQSWXY	6
2	GJMPQWXY	ABDEFGHIJK	7
3	ABJLV	ABCDEFGIJKNQRTW	8
4	FHJOQ	IJY	9
5	ADN	ABGHKOQUY	10

B 10A CEE — ❶ €40,20
5ha 238T(100-200m^2) 82D — ❷ €55,25

Der CP ist in Kerteminde am Strand (Hindsholmvej). Wird mit CP-Schildern angezeigt. 109289

Lohals/Tranekaer, DK-5953 / Fyn

Lohals Camping***
Birkevej 11
1 Apr - 30 Sep
+45 62 55 14 60
mail@lohalscamping.dk
N 55°08'03'' E 10°54'24''

1	ACDEKNOPQRSTU	BFKNOPQSWXYZ	6
2	GJPQWXYZ	ABDEFGHJK	7
3	BJNSV	ABCDEFGIJNQRW	8
4	BFHJOQSU	FORV	9
5	ABDEFLMN	ABFGHIJKLOPQUVY	10

B 10A CEE — ❶ €37,65
2,5ha 120T(100-200m^2) 27D — ❷ €51,10

Die Straße Rudkøping-Spodsbjerg, Ausfahrt Lohals. Dann den Schildern nach. 110909

Lundeborg, DK-5874 / Fyn

Lundeborg Strandcamping***
Gl. Lundeborgvej 46
2 Apr - 12 Sep
+45 62 25 14 50
ferie@lundeborg.dk
N 55°08'46'' E 10°46'56''

1	ADEGKNOPQSTU	KNQSWXZ	6
2	GIJKPQWXYZ	ABDEFGHIJK	7
3	BFJLSV	ABCDEFIKNQRTW	8
4	FHJKOPQ	DFY	9
5	ABDEFHKMN	ABHIJKOQUWY	10

B 6A CEE — ❶ €35,10
2,5ha 140T(80-120m^2) 76D — ❷ €48,30

Die 163 Nyborg-Svendborg, Ausfahrt Lundeborg. In Lundeborg an der Kreuzung links. Den CP-Schildern bis zum 2. CP folgen. 101923

Martofte, DK-5390 / Fyn

Fynshoved Camping***
Fynshovedvej 748
1 Jan - 31 Dez
+45 65 34 10 14
info@fynshovedcamping.dk
N 55°36'26'' E 10°37'24''

1	ADEGKNOPQRSTU	KNQSWXY	6
2	GJLPQRXYZ	ABDEFGHIJK	7
3	AFJSV	ABCDEFGIJNQRT	8
4	HJOQ	FJ	9
5	ABEFMN	AGHJKNQUY	10

B 10A — ❶ €37,90
11ha 160T(100-150m^2) 95D — ❷ €52,70

In Kerteminde nach Fynshoved. CP ist 1,5 km vor dem Ende der Straße auf der rechten Seite. 110908

Middelfart, DK-5500 / Fyn

CC€23

Vejlby Fed Strand Camping****
Rigelvej 1
31 Mrz - 24 Sep
+45 28 94 02 89
mail@vejlbyfed.dk
N 55°31'11'' E 09°51'00''

1	ADEKNOPQRSTU	BGKMNQSUWXYZ	6
2	AHJKQRXYZ	ABDEFGHIK	7
3	BDFIJMNSUVW	ABCDEFGIJKNQRTW	8
4	JLOPT	BEFJKNQRTVY	9
5	ACDEGMN	ABHIJKOQUWY	10

Anzeige auf dieser Seite B 10A CEE — ❶ €45,30
55,7ha 259T(100-140m^2) 99D — ❷ €64,15

E20, Ausfahrt 58 über die 317 Bogense. 1. Kreisel dreiviertel rund, 2 Kreisel geradeaus. Ab Bogensevej ist der CP ausgeschildert. 110249

Teilkarte Fünen auf Seite 69

Nørre Åby, DK-5580 / Fyn

Ronæs Strand Camping***
Ronæsvej 10
1 Apr - 24 Sep
+45 64 42 17 63
info@camping-ferie.dk

1 ACDE**KN**OPQSTU	K**N**PQSW**XYZ** 6		
2 AGIJQVWY	ABDE**FG**HIJK 7		
3 ABFG**L**SV	ABCDEFGIJKNQRTUVW 8		
4 BFHJO	DFJOTUVY 9		
5 ABCDEF**MN**	ABFGHIJKMOQUWY 10		
Anzeige auf dieser Seite B 10A CEE		€37,00	
4ha 125**T**(85-150m²) 70**D**		€53,00	

N 55°26'24'' E 09°49'26''
E20, Ausfahrt 57 in Richtung Nørre Åby, nach ca. 5 km auf der Straße 313 den CP-Schildern folgen. 101875

Nyborg, DK-5800 / Fyn

Grønnehave Strand Camping***
Regstrupvej 83
1 Apr - 24 Sep
+45 65 36 15 50
info@gronnehave.dk

1 ADE**KN**OPQRSTU	KNQSWXY 6	
2 AGIJMPQWXYZ	ABDE**FG**HIJ 7	
3 BF**L**MSV	ABCDE**FG**IJNQRT 8	
4 JO	FJ 9	
5 ABDMN	ABGHIJKOQUY 10	
10A CEE		€40,20
7,5ha 250**T**(100-200m²) 86**D**		€56,35

N 55°21'31'' E 10°47'12''
E20 Odense-Nyborg, Ausfahrt 46 links, CP ist ausgeschildert. 101919

Nyborg, DK-5800 / Fyn

Nyborg Strandcamping***
Hjejlevej 99
30 Mrz - 24 Sep
+45 65 31 02 56
mail@strandcamping.dk

1 DEG**KN**OPQSTU	K**N**QSWXY 6	
2 AGIJQRWXYZ	ABDE**FG**HIJK 7	
3 BF**L**MSUV	ABCDE**FGI**NQRTW 8	
4 JO**Q**	FJ 9	
5 ACDM**N**	ABGHKOQU 10	
B 10A CEE		€39,55
3,8ha 200**T**(80-100m²) 64**D**		€54,60

N 55°18'16'' E 10°49'30''
E20 Ausfahrt 45. Ab Nyborg CP-Beschilderung folgen. Der CP liegt Nähe Brücke über den Großen Belt. Nicht Richtung Grønnehave. 100081

Odense S, DK-5260 / Fyn

DCU-Odense City Camp***
Odensevej 102
1 Jan - 31 Dez
+45 66 11 47 02
odense@dcu.dk

1 ADE**KN**OPQSTU	BG 6	
2 ABPQWXY	ABDE**FG**HI 7	
3 BF**JL**MV	ABCDEFGIJKNQRT 8	
4 HJO	F 9	
5 ADMN	ABFGHIOQUWY 10	
B 10A CEE		€45,60
4,5ha 225**T**(100m²) 22**D**		€62,00

N 55°22'10'' E 10°23'35''
Von der E20, Ausfahrt 50 Richtung Odense C. CP hinter der UNO-X Energi Tankstelle. Ausgeschildert. 111915

Otterup, DK-5450 / Fyn

First Camp Hasmark Strand - Fyn***
Strandvejen 205
1 Jan - 31 Dez
+45 64 82 62 06
hasmark@firstcamp.dk

1 ADE**KN**OPQRSTU	**BEI**K**N**QSWX 6	
2 GJQWXY	ABDE**FG**HIJK 7	
3 BFMSVX	ABCDEFGIJKNQRTUVW 8	
4 BCDFHJNO**Q**STUV	BDEFJNVWY 9	
5 ACDEHLM**N**	ABEFGHIJKOPQUXY 10	
B 10A CEE		€50,30
12ha 550**T**(100-150m²) 116**D**		€73,95

N 55°33'45'' E 10°27'16''
In Otterup an den Ampeln Richtung Hasmark; Straße bis 300m vor den Strand fahren. CP liegt rechts des Weges. 109084

Ristinge, DK-5932 / Fyn

Feriepark Langeland Ristinge***
Ristingevej 104
31 Mrz - 17 Sep
+45 62 57 13 29
info@ristinge.dk

1 ADE**KN**OPQRSTU	**BG**KNQSWX 6	
2 BGIJLQWXYZ	ABDE**FG**HIJK 7	
3 ABF**JL**M**N**SV	ABCDEFGIJKNQRTW 8	
4 BCDFHJO**PQ**U	FIVY 9	
5 ACDEFGM**N**	ABEFGHIJKL**O**PQUVY 10	
B 10A CEE		€48,40
6ha 226**T**(60-150m²) 40**D**		€68,60

N 54°49'12'' E 10°38'26''
Von Svendborg die 9 nach Rudkøbing/Spodsbjerg. An Rudkøbing vorbei Richtung Bagenkop. In Humble Ausfahrt Ristinge. Nach ca. 5 km CP angezeigt. 108752

Skårup, DK-5881 / Fyn

DCU-Camping Åbyskov Strand***
Skårupøre Strandvej 74
17 Mrz - 22 Okt
+45 62 23 13 20
aabyskov@dcu.dk

1 ADEJMOPQRST	N 6	
2 AHIJLQWX	ABDE**FG**HIK 7	
3 AB**L**V	ACDEFGINQRTW 8	
4 BJO	EFJ 9	
5 ABDMN	BFHIJKMORUY 10	
10A CEE		€43,45
4,7ha 205**T**(100m²) 77**D**		€58,75

N 55°04'18'' E 10°44'33''
Straße 163 Svendborg-Nyborg, in Øster Åby den CP-Schildern folgen. 107453

Svendborg, DK-5700 / Fyn

Carlsberg Camping ApS***
Sundbrovej 19, Tåsinge
1 Jan - 31 Dez
+45 62 22 53 84
mail@carlsbergcamping.dk

1 ADE**KN**OPQRSTU	**BG**HX 6	
2 AIPQSUVWXYZ	ABDE**FG**HIJK 7	
3 B**D**FG**JL**MS**U**V	ABCDE**FG**IJKNQRTU 8	
4 BFHJO**PQR**	EFJV 9	
5 ABDEFJKM**N**	AGHIJKORSUVWY 10	
B 6A CEE		€43,70
H70 8ha 300**T**(100-150m²) 161**D**		€64,55

N 55°01'56'' E 10°37'08''
Von Svendborg aus die 9 nach Rudkøbing. Über die Brücke an der Ampel geradeaus. Nach 600m ist der CP links ausgeschildert. 101926

Svendborg, DK-5700 / Fyn

Svendborg Sund Camping***
Vindebyørevej 52, Tåsinge
31 Mrz - 24 Sep
+45 21 72 09 13
maria@svendborgsund-camping.dk

1 ADE**KN**OPQRSTU	K**N**PSUVXYZ 6	
2 GIJQVWXYZ	ABDE**FG**HIJK 7	
3 ABFG**L**MV	ABCDEFGINQRTUW 8	
4 BFHJKOR	CFRV 9	
5 ABCDKMN	ABFGHIJKOQUVWY 10	
Anzeige auf dieser Seite B 10A CEE		€47,05
5ha 170**T**(80-120m²) 27**D**		€70,60

N 55°03'15'' E 10°37'50''
Die 9, dann über die Brücke Svendborg Sund. An der Ampel sofort zweimal links, danach den CP-Schildern folgen. 109285

Svendborg/Thurø, DK-5700 / Fyn

Thurø Camping***
Smørmosevej 7
31 Mrz - 17 Sep
+45 51 18 52 54
info@thuroecamping.dk

1 ADE**KN**OPQSTU	KMNOPQSUWXY 6	
2 AGJKPQWXYZ	ABDE**FG**HIJK 7	
3 BDFG**JL**MSV	ABCDE**FG**IJNQRTUW 8	
4 BCEFHJO	FY 9	
5 ACDEM**N**	ABDFHIJK**O**QUY 10	
B 13A CEE		€34,30
6,5ha 243**T**(100-140m²) 128**D**		€46,40

N 55°02'36'' E 10°42'36''
Von Svendborg über die Brücke Richtung Grasten, 2. Ausfahrt links. Am Wegesende der Rechtskurve folgen. Dann der Beschilderung folgen. 101928

Tårup/Frørup, DK-5871 / Fyn

Tårup Strand Camping
Lersey Alle 25
6 Apr - 24 Sep
+45 65 37 11 99
mail@taarupstrandcamping.dk

1 ADE**KN**OPQRSTU	K**N**PQSWXYZ 6	
2 GIJKLQUVWXYZ	ABDE**FG**HIJK 7	
3 BFG**L**MSV	ABCDE**F**IJKNQRTW 8	
4 FHJK	F 9	
5 ACDMN	ABDGHJKOQUY 10	
Anzeige auf dieser Seite B 10A CEE		€37,10
11ha 140**T**(80-120m²) 106**D**		€49,20

N 55°14'14'' E 10°48'28''
Die 163 Nyborg-Svendborg, nach ca. 10 km die 1. Ausfahrt Tårup nehmen und den CP-Schildern Tårup-Strand folgen. 101920

Tranekær, DK-5953 / Fyn

Feriepark Langeland -Emmerbølle Strand****
Emmerbøllevej 24
31 Mrz - 17 Sep
+45 62 59 12 26
info@emmerbolle.dk

1 ADE**KN**OPQSTU	**BG**K**N**PQSWXYZ 6	
2 GJQVWXYZ	ABCDE**FG**HIJK 7	
3 ABDFG**JMN**SV	ABCDE**FG**IJKNQRTUVW 8	
4 BCDFHJKLO**PQ**R**T**	ADFJUV 9	
5 ACDEFGHKM**N**	ABEFGHIJKOPQUWY 10	
B 10A CEE		€50,45
15ha 300**T**(60-160m²) 106**D**		€73,30

N 55°02'01'' E 10°50'56''
E20 Richtung Odense-Svendborg. Weiter die A9 Richtung Langeland. Dann in nördliche Richtung auf der 305. 5 km nördlich von Tranekær links abbiegen zum Emmerbølle Strand. 108753

Teilkarte Fünen auf Seite 69

Seeland
KØBENHAVN
Kattegat
Höganäs
Klippan
Ljungbyhed
Billesholm
Smidstrup Strand
Gribskov
Rågeleje
Vejby
Smidstrup
Hornbæk
Helsingør
Melby
Halsnæs
Fredensborg
Nyrup/Kvistgård
Fredensborg
Nivå
SCHWEDEN
Hundested/Tømmerup
Frederiksværk
Hillerød
Yderby Lyng
Nykøbing Sj.
Hundested
Landskrona
Eslöv
Odsherred
Jægerspris
Lillerød
Høve Strand
Frederikssund
Farum
Søllerød
Nærum
Ølstykke
Vig
Gladsaxe
Gentofte
Øresund
Ballerup
Lund
Dalby
Hørve
KØBENHAVN
Åkarp
Kalundborg/Saltbæk
Følleslev
Holbæk
Rødovre
Amager Vest
Kaldred
Roskilde
Indre By
Hvidovre
Malmö
Hundige
Ishøj
Dragør
Kalundborg
Svebølle
Greve
Mosede
Store Bælt
Bjerge Strand
Assentorp/Stenlille
Gørlev
Solrød Strand
Vellinge
Store Fuglede
Ortved/Ringsted
Høng
Skanör
Reersø/Gørlev
Ringsted
Køge
Trelleborg
Kerteminde
Bildsø/Slagelse
Slagelse
Sorø
Strøby
Glumsø
Stevns
Store Spjellerup
Faxe
Rødvig Stevns
Korsør
Rønnede
Boeslunde
Næstved
Vemmetofte
Nyborg
Skælskør
Faxe Ladeplads
Fakse
Fünen
Vordingborg
Stege
Borre
Svendborg
Thurø
Bogø By
Møn
Langeland
Askeby
Kragenæs
Guldborg
Stubbekøbing
Falster
Sakskøbing
Guldborgsund
Nakskov
Nykøbing (Falster)
Albuen/Nakskov
Maribo
Ulslev/Idestrup
Lolland
Idestrup
Ostsee
Dannemare
Rødby
Sildestrup Strand
Kramnitze/Rødby
Nysted
Marielyst/Væggerløse
Fehmarn Belt
Zingst
CF-DEU

Albuen/Nakskov, DK-4900 / Sjælland

Camping Albuen Strand
Vesternæsvej 70
21 Mrz - 21 Okt
+45 21 26 39 19
albuencamping@gmail.com

1 DEKNOPQRSTU — AGKNQX 6
2 GJPQRXYZ — ABDEFGHIJK 7
3 BFGMSV — ABCDEFGIJKNQRTVW 8
4 BHJO — FVY 9
5 ABDN — ABGHIJKMOQUY 10
B 16A CEE — ① €33,20
10ha 170T(100-200m²) 56D — ② €46,95

N 54°47'30" E 10°58'55"
Ab Nakskov Richtung Vestenskov/Langø. CP dann ausgeschildert. — 101940

Askeby, DK-4792 / Sjælland

Møn Camping Hårbølle Strand*
Hårbøllevej 87
1 Apr - 1 Okt
+45 26 74 95 63
info@moencamping.dk

1 DEKNOPQRSU — KNQSX 6
2 GIJQRXYZ — ABDEFGI 7
3 B — ABDEFNQRT 8
4 H — V 9
5 ABDEHN — ABIJKQ 10
6A CEE — ① €43,70
3,6ha 72T 8D — ② €57,15

N 54°52'59" E 12°09'09"
Straße 287 von Bogø nach Stege. Nach Bogø 1. Straße rechts Richtung Hårbølle. Beschilderung folgen. — 101979

Assentorp/Stenlille, DK-4295 / Sjælland

Assentorp Camping***
Højbodalvej 35
1 Jan - 31 Dez
+45 20 64 44 53
ac@assentorp-camping.dk

1 ADEKNOPQSTU — B 6
2 ABPQRUXYZ — ABFGIK 7
3 ABFGJMSV — ABCDEFJNQRW 8
4 FJOPQ — DFY 9
5 ABDEFMN — BIKQUY 10
10-13A CEE — ① €26,20
6ha 135T(100m²) 96D — ② €26,20

N 55°33'29" E 11°34'19"
Ortsmitte Stenlille über die 57 oder 255. Dann die Ausfahrt Assentorp und der Beschilderung folgen. — 100085

Bildsø/Slagelse, DK-4200 / Sjælland

Bildsø Camping
Drosselbjergvej 42A
18 Mrz - 21 Okt
+45 22 58 64 12
honda@privat.dk

1 ADEKNOPQRSU — KNQSV 6
2 BGJMPQWXYZ — ABDEFGHIK 7
3 FV — ABCDEFIJNQR 8
4 J — DF 9
5 ABDEFJN — AHIJKQUY 10
B 10A — ① €38,35
2,1ha 100T(100m²) 44D — ② €51,80

N 55°27'18" E 11°12'37"
Die E20 Halsskov-Kopenhagen, Ausfahrt 41, die 277 Richtung Kalundborg. Nach 10 km in Bildsø links und den CP-Schildern folgen. — 109304

Bjerge Strand, DK-4480 / Sjælland

Urhøj Camping***
Urhøjvej 14
1 Apr - 20 Okt
+45 59 59 72 00
feilskov@urhoej-camping.dk

1 ADEGKNOPQRSTU — KNQSX 6
2 HIJLQRUVXYZ — ABDEFGI 7
3 BFJMV — ABCDEFINQRTW 8
4 FJOQ — JV 9
5 ABDEFIKMN — ABFGHJKOQY 10
10A CEE — ① €31,85
11ha 400T(100-120m²) 129D — ② €43,15

N 55°34'43" E 11°09'19"
Auf dem Parallelweg links der 22 von Slagelse-Kalundborg. In Höhe des Ortes Bjerge, 1. Schild CP 1 km folgen. Dann rechts abbiegen & dem Schild Urhøj Camping für ca 1,5 km über einen halbgepflasterten Weg folgen. — 101934

Boeslunde, DK-4242 / Sjælland

Boeslunde Camping***
Rennebjergvej 110
1 Jan - 31 Dez
+45 58 14 02 08
info@campinggaarden.dk

1 ADEKNOPSU — BDG 6
2 PQRWXYZ — ABDEFGHIJK 7
3 BFGHIJLMV — ABEFGIJKNPQRTW 8
4 BEFHJNOQ — DFGIJKY 9
5 ABDMN — ABFGHKMOQUVY 10
B 6-16A CEE — ① €40,10
5,4ha 150T(100-160m²) 80D — ② €52,20

N 55°17'23" E 11°15'54"
Von Skaelskor aus via Straße 259 nach Slagelse. An Kreuzung und Schild Boeslunde nach 4 km links. Siehe Beschilderung. — 100083

Borre, DK-4791 / Sjælland

Camp Møns Klint****
Klintevej 544
12 Apr - 31 Okt
+45 55 81 20 25
info@campmoensklint.dk

1 DEHKNOPQRSTU — BNPQ 6
2 BQRSUVXYZ — ABDEFGHIJ 7
3 BFHJLMNSV — ABCDEFGIJKNQRT 8
4 ABCDEFHJOT — BIJRV 9
5 ACDFGHIKMN — ABFHIJKOQ 10
B 10A CEE — ① €55,80
H100 13,2ha 400T 133D — ② €79,20

N 54°58'48" E 12°31'26"
An der Straße 287 Stege-Møns Klint. Kurz vor Møns Klint, an der Straße angezeigt. — 101992

Dannemare, DK-4983 / Sjælland

Hummingen Camping***
Pumpehusvej 1
5 Apr - 19 Okt
+45 54 94 61 61
mail@hummingencamping.dk

1 ADEKNOPQRSTU — BGHNQX 6
2 JKQWXY — ABDEFGHIJK 7
3 BFJSV — ABEFGIJKNQRTVW 8
4 BJKO — FJ 9
5 ACDMN — AFGHJKQUVWY 10
B 10-13A — ① €34,15
7,5ha 143T(60-150m²) 48D — ② €47,60

N 54°43'05" E 11°13'36"
E47, Ausfahrt 49 Richtung Nakskov. Dann Richtung Rødbyhaven. Beschilderung folgen, von Rødbyhaven die 275. Richtung Kramnitze. CP ist angezeigt. — 109817

Fakse, DK-4640 / Sjælland

Feddet Strand Resort****
Feddet 12
1 Jan - 31 Dez
+45 56 72 52 06
info@feddet.dk

1 DEKNOPQRSTU — EGKNQRSUVWXYZ 6
2 ABGIJQRWXYZ — ABCDEFGHIJK 7
3 BDEFGHIJLMNQSUVWX — ABCDEFGIJKMNQRTUV 8
4 ABCDFHJKLMNOPQRSTUXZ — ABDEFGIJKNORUVY 9
5 ACDEFGHIJLMNO — ABFGHIJKLMOQUVWXY 10
B 10A CEE — ① €82,70
16ha 400T(110-150m²) 315D — ② €111,60

N 55°10'28" E 12°06'07"
Straße Nr. 209 von Faxe nach Præstø. Bei Vindbyholt in Richtung Süden, Beschilderung folgen. — 101975

Faxe Ladeplads, DK-4654 / Sjælland

Faxe Ladeplads Camping***
Hovedgaden 87
1 Jan - 31 Dez
+45 23 95 03 26
bensus1@hotmail.com

1 ABDEJMOPQRSTU — 6
2 AGJPQXY — ABDEFGIK 7
3 AMU — ABCDEFGIJKNQRTW 8
4 J — F 9
5 ABEH — AHJKOQU 10
B 10A CEE — ① €26,90
1,7ha 89T(50-100m²) 43D — ② €40,35

N 55°13'20" E 12°10'43"
E55, Ausfahrt Faxe. Straße 154 durch Faxe folgen. Der Beschilderung Faxe Ladeplads folgen. Am Ende der Straße im Dorf links abbiegen. CP nach 700m. — 112042

Føllenslev, DK-4591 / Sjælland

Vesterlyng Camping***
Ravnholtvej 3, Havnsø
31 Mrz - 22 Okt
+45 59 20 00 66
info@vesterlyng-camping.dk

1 ADEKNOPQRSTU — BGNPQSWX 6
2 IJPQUXYZ — ABDEFGHIK 7
3 ACFJSV — ABCDEFGHIJNQRTW 8
4 BCDFGHJO — BDFLY 9
5 ABDFKLMN — ABGHIJKOQUVY 10
B 10A CEE — ① €42,50
6ha 304T(100-120m²) 170D — ② €57,55

N 55°44'35" E 11°18'31"
Die 21, Kopenhagen-Holbæk zur Straße 23 Ri. Kalundborg, 1. Kreuzung nach Jyderup, an Ampel rechts (225). Am Kreisverkehr Snertinge geradeaus. CP-Schildern folgen. — 107454

Teilkarte Seeland auf Seite 73

Fredensborg, DK-3480 / Sjælland

Fredensborg Camping**	1 ABDEKNOPRSTU	X 6
Humlebækvej 31	2 ABJPQSUXYZ	ABDEFGHI 7
1 Jan - 31 Dez	3 ABHILV	ABCDEFIJKNQRVW 8
+45 49 19 44 48	4 JO	F 9
info@fredensborgcamping.dk	5 BDMN	BIJKNQUWY 10
	6-10A	❶ €36,30
N 55°58'04'' E 12°27'22''	4,8ha 125T(100-120m²) 73D	❷ €48,40

Auf E47 Ausfahrt 5 Richtung Fredensborg (ca. 3 km) oder Straße 6 zwischen Fredensborg und Helsingør bei Kilometerstein 12.2 Richtung Süden. 101988

Frederiksværk, DK-3300 / Sjælland

Frederiksværk Citycamping***	1 ADEKNOPQRSU	NX 6
Strandgade 30	2 BDEPQTXYZ	ABDEFGHIJK 7
1 Jan - 31 Dez	3 ALMNV	ABCDEFGHIJNQRT 8
+45 23 44 88 44	4 FHJO	ADEFGLUVW 9
post@fredfyldt.dk	5 DJN	AFHJKMNQ 10
	B 13A CEE	❶ €29,60
N 55°58'19'' E 12°00'53''	3,7ha 70T(130m²) 53D	❷ €29,60

CP ist in der Nähe der Jugendherberge, westlich des Rings. In Frederiksværk zuerst Richtung Zentrum (=Ring) bis der CP ausgeschildert ist. 100076

Greve, DK-2670 / Sjælland

Hundige Strand Familiecamping**	1 ABDEGKNOPQRSTU	KNOQX 6
Hundige Strandvej 72	2 AGJPQWXYZ	ABFGHIJK 7
1 Jan - 31 Dez	3 BCLQV	ABCDEFGIJNQRTW 8
+45 20 21 85 84	4 HJO	FNRV 9
info@hsfc.dk	5 DGMN	ABFGHIJKLMOQUY 10
	Anz. auf dieser S. B 13-16A CEE	❶ €35,90
N 55°35'38'' E 12°20'34''	5,7ha 250T(100-150m²) 118D	❷ €49,35

Nördlich von Greve. Die E20/E47/E55, über die Ausfahrt 27 Richtung Hundige (ca. 2,4 km). Ausgeschildert an Straße 151, nach 315m um 360° wenden. 101969

Guldborg, DK-4862 / Sjælland

Guldborg Camping I/S****	1 BDEKNOPQRSTU	KNQSWXYZ 6
Guldborgvej 147	2 ABGMPQWXYZ	ABFGIK 7
1 Jan - 31 Dez	3 BCFSV	ABCDEFGIJKNQRT 8
+45 51 51 77 87	4 H	FJVY 9
info@guldborg-camping.dk	5 ADHJKMN	ABCGHIJKMOPQU 10
	B 16A CEE	❶ €35,35
N 54°51'54'' E 11°44'11''	3,3ha 122T(80-160m²) 47D	❷ €47,75

E47, Ausfahrt 45 Guldborg. Im Ort ist der CP ausgeschildert. 101953

Helsingør, DK-3000 / Sjælland

Helsingør-Grønnehave Camping**	1 BDEKNOPRSTU	KNQSX 6
Strandalléen 2	2 AHJPQRWXY	ABDEFGI 7
1 Jan - 31 Dez	3 ALU	ABFJNQRTW 8
+45 49 28 49 50	4 FHT	DFV 9
camping@helsingor.dk	5 ABDEMN	AGHIKMOQWY 10
	B 16A CEE	❶ €37,00
N 56°02'38'' E 12°36'15''	1ha 100T(80m²) 13D	❷ €46,40

An der 237 Helsingør-Hornbæk angezeigt. 101986

Hillerød, DK-3400 / Sjælland

Hillerød Camping***	1 ABCDEGHKNOPQRSTU	6
Blytækkervej 18	2 AQTXYZ	ABDEFGHIJK 7
9 Apr - 25 Sep	3 ABFLMU	ABCDEFIJKNQRTW 8
+45 48 26 48 54	4 EHJOX	DFJ 9
info@hillerodcamping.dk	5 ABDMN	ABFGHJKOQY 10
	Anz. auf dieser Seite B 10-13A CEE	❶ €37,65
N 55°55'26'' E 12°17'44''	2,2ha 110T(100m²) 35D	❷ €52,45

Beschilderung Richtung Hillerød-S folgen. Dort ausgeschildert. 101963

Holbæk, DK-4300 / Sjælland

CampOne Holbaek Fjord***	1 ADEKNOPQST	DGNX 6
Sofiesminde Allé 1	2 AGIPQUXY	ABDEFGHIK 7
1 Jan - 31 Dez	3 BFLSV	ABCDEFGIJNQRTW 8
+45 63 60 63 63	4 BCFHJORTUX	DEFV 9
holbaek@campone.dk	5 ABDMN	ABGHJKOQUY 10
	Anzeige auf Seite 70 B 10-16A CEE	❶ €40,35
N 55°43'05'' E 11°45'40''	5ha 225T(80-120m²) 123D	❷ €53,80

Von Kopenhagen aus die 21, Ausfahrt 15, Kreisel Richtung Holbæk (10 km). Ortseinfahrt Holbæk rechts ab. Ausgeschildert. 112033

Hornbæk, DK-3100 / Sjælland

DCU Camping Hornbæk***	1 BDEKNOPQRSTU	6
Planetvej 4	2 PQUXY	ABDEFGHIJK 7
1 Jan - 31 Dez	3 ABFLMSV	ABCDEFIJKNQRTW 8
+45 49 70 02 23	4 HJO	FJY 9
hornbaek@dcu.dk	5 ADMN	BGHIJKOQUY 10
	B 16A CEE	❶ €40,10
N 56°05'02'' E 12°28'20''	7,5ha 340T(130m²) 108D	❷ €54,05

In Hornbæk Richtung Saunte, Beschilderung folgen. Gut ausgeschildert. 101984

Hørve, DK-4534 / Sjælland

Sanddobberne Camping***	1 ADEKNOPRSTU	KNPQSX 6
Kalundborgvej 26D	2 HIJMQRUXYZ	ABDEFGHIK 7
31 Mrz - 22 Okt	3 ABLMSV	ABCDEFIJKNQRTW 8
+45 61 19 09 10	4 ABCDFHJO	DFNRVY 9
mail@sanddobberne-camping.dk	5 ABDEFJMN	ABFHIJKOQUY 10
	B 10A CEE	❶ €52,45
N 55°46'30'' E 11°22'50''	5,6ha 220T(100m²) 115D	❷ €72,60

Straße 225 Slagelse-Nykobing Sj. Nach Ort Starreklinte das 2. CP-Schild. 101930

Hundested, DK-3390 / Sjælland

Byaasgaard - Farm Shop & Camping***	1 ACDEKNOPQRSTU	KNPQRSVXYZ 6
Amtsvejen 340	2 HIKLPQUVWXYZ	ABFGHIJK 7
1 Apr - 1 Okt	3 BFLSV	ABCDEFGHIJKNPQRTW 8
+45 47 92 31 02	4 FHJK	BFNRV 9
	5 ABDHJMN	ABGIJKMNPQUY 10
	Anz. auf dieser S. B 6-13A CEE	❶ €38,35
N 55°57'49'' E 11°57'23''	12ha 294T(90-150m²) 158D	❷ €54,45

Der Beschilderung ab der 16 Frederiksværk-Hundested 6 km ab Frederiksværk oder Hundested folgen. Gut ausgeschildert. Im Sommer fährt die Fähre zwischen Sølager und Kulhuse. 101962

Hundested/Tømmerup, DK-3390 / Sjælland

Rosenholm Camping***	1 ABEGKNOPQRSTU	6
Torpmaglevej 58	2 JMPQUWXYZ	ABDEFGHIJK 7
1 Jan - 31 Dez	3 BLSUV	ABCDEFHINQRTW 8
+45 53 55 20 49	4 HJK	B 9
kontakt@rosenholm-camping.dk	5 ABDMNO	ABGHJKOQUY 10
	B 10-13A	❶ €20,15
N 55°58'00'' E 11°54'23''	7,5ha 200T(90-120m²) 162D	❷ €28,25

An der 16 Hundested-Frederiksværk angezeigt. In Amager Huse abfahren Richtung Tømmerup. 101941

Idestrup, DK-4872 / Sjælland

Marielyst Ny Camping***	1 ADEKNOPQRSTU	6
Sildestrup Øv. 14a	2 JPQRWXYZ	ABDEFGIJK 7
1 Jan - 31 Dez	3 BFJLMV	ABCDEFGIJKNQRTUV 8
+45 24 44 16 50	4 J	F 9
ferie@marielystnycamping.dk	5 ABDEIMN	ABFGHOQUVWXY 10
	B 10A	❶ €38,35
N 54°42'46'' E 11°58'46''	6,5ha 245T(80-180m²) 89D	❷ €53,10

E55 Nykøbing-Gedser, Ausfahrt Marielyst. Im Kreisel Marielyst Strandparken, noch etwa 3 km. 101982

Teilkarte Seeland auf Seite 73

Dänemark

Tangloppen Camping

★★★

Tangloppen Camping liegt auf einer Halbinsel am Køge Bugt Strandpark als integraler Teil des Hafens von Ishøj, nur 500m vom 7 km langen, schönen Sandstrand entfernt. Das Stadtzentrum von Kopenhagen ist nur 18 km entfernt und die Verkehrsanbindung ist optimal: ab Bahnhof Ishøj fährt alle 10 Minuten die S-Bahn.

Tangloppen 2, 2635 Ishøj
Tel. 22903321
E-Mail: mail@tangloppen.dk
Internet: www.tangloppen.dk

Ishøj, DK-2635 / Sjælland

Tangloppen Camping***	1 ADEKNOPQRSTU	KNPQSXYZ 6
Tangloppen 2	2 AGJPQRWXY	ABDEFGIJK 7
1 Apr - 1 Okt	3 BLMSVX	ABCDEFGINQRTW 8
+45 22 90 33 21	4 FHJOR	DFGMNRTV 9
mail@tangloppen.dk	5 ABDMN	ABGHIKMOPQUVY 10
	Anz. auf dieser Seite B 10-13A CEE	❶ €41,70
N 55°36'25" E 12°22'45"	5ha 195T(50-100m²) 43D	❷ €59,15

E47/55 Ausfahrt 26, Richtung Ishøj; geradeaus bis zum Meer. 101968

Korsør, DK-4220 / Sjælland

Lystskov Camping***	1 ADEKNOPQRSTU	6
Korsør Lystskov 2	2 APQUWXY	ABDEFGHIK 7
1 Apr - 30 Sep	3 ALMSV	ABCDEFINQRT 8
+45 58 37 10 20	4 FHJ	F 9
info@lystskovcamping.dk	5 ABDMN	ABGHJKQV 10
	B 10A CEE	❶ €30,25
N 55°19'24" E 11°11'11"	3ha 80T(100m²) 32D	❷ €41,00

An der Straße 265 Korsør-Skælskør. 101937

Jægerspris, DK-3630 / Sjælland

DCU-Camping Kulhuse***	1 ABDEGHKNOPQRST	KNQS 6
Kulhusvej 199	2 GJPQVWXY	ABDEFGHIK 7
19 Mrz - 24 Okt	3 BFJSV	ABCDEFGIJKNQRTW 8
+45 47 53 01 86	4 JO	AJ 9
kulhuse@dcu.dk	5 ABDMN	ACHIJKOQUY 10
	B 10A	❶ €33,60
N 55°55'51" E 11°54'33"	13,5ha 225T(100-120m²) 125D	❷ €47,35

Die 207 Frederikssund-Jægerspris-Kulhuse folgen. 101945
Im Sommer verkehrt die Fähre zwischen Kulhuse und Sølager.

Kragenæs, DK-4943 / Sjælland

Kragenæs Marina Lystcamp***	1 ACDEKNOPQRSTU	KNQSUVXYZ 6
	2 GMPQRWXYZ	ABDEFGHIK 7
Kragenæsvej 84	3 BEFJLMSV	ABCDEFGIJKNQRT 8
1 Apr - 19 Okt	4 FHJO	FQRV 9
+45 54 93 70 56	5 ACDKMN	AGHIJKOQWXY 10
info@kragenaes.dk	B 10A CEE	❶ €34,15
N 54°54'53" E 11°21'27"	3ha 100T(100-130m²) 32D	❷ €47,60

Von der 289, Ausfahrt Kragenæs. 101938

Kalundborg, DK-4400 / Sjælland

Ugerløse Feriecenter Motel og Camping***	1 ADEKNOPQRSTU	AKNPQSWXY 6
	2 HIJMQWXYZ	ABDEFGI 7
Græsmarken 17	3 AFJMSV	ABEFIJNQRTU 8
1 Apr - 1 Okt	4 FHJO	FGO 9
+45 59 50 43 23	5 ABDFN	AHJKOQUV 10
info@feriecentret.dk	B 10A CEE	❶ €36,20
N 55°37'18" E 11°07'05"	5ha 110T(70-140m²) 89D	❷ €47,75

Straße 22 Slagelse-Kalundborg. Ab Ugerløse (7 km vor Kalundborg) den CP-Schildern folgen. 108760

Kramnitze/Rødby, DK-4970 / Sjælland

Western Camp	1 ADEHKNOPQRSTU	KNQSWXY 6
Noret 2	2 GJMQRWXYZ	ABDEFGHIJ 7
28 Apr - 6 Aug	3 BFMV	ABCDEFGIJNQRTW 8
+45 54 94 61 00	4 BDOP	FIJ 9
mail@westerncamp.dk	5 ABDHKMN	ABHIJKOQUXY 10
	B 10A CEE	❶ €33,35
N 54°42'35" E 11°15'24"	6,5ha 170T(80-150m²) 89D	❷ €48,15

Aus dem Norden E47, Ausfahrt 49 Richtung Nakskov. Dann Richtung Rødbyhavn. Schildern folgen. Von Rødbyhavn Straße 275 Richtung Kramnitze. 109291

Maribo, DK-4930 / Sjælland

Maribo Sø Camping***	1 ADEKNOPQSTU	LNQSUXYZ 6
Bangshavevej 25	2 ABEJQXYZ	ABDEFGHIJK 7
1 Jan - 31 Dez	3 ABLM	ABCDEFGIJNQRT 8
+45 54 78 00 71	4 FJO	FJNQRV 9
info@maribo-camping.dk	5 ABDNO	AGHIJKQUVWY 10
	B 16A	❶ €34,15
N 54°46'18" E 11°29'36"	3ha 200T(100m²) 16D	❷ €47,60

E47, Ausfahrt 48, Straße 153 ins Zentrum. CP nach 300m und ist von der Straße aus ausgeschildert. 101956

Kalundborg/Saltbæk, DK-4400 / Sjælland

Kalundborg Camping**	1 ADEKNOPQRSTU	XY 6
Saltbækvej 88	2 BMQRSXYZ	ABDEFGIK 7
1 Jan - 31 Dez	3 BFJLMSUV	ABCDFIJNQR 8
+45 93 88 79 00	4 BCFHJ	EF 9
info@kcamping.dk	5 ABDEFHMN	ABHIJKOQVY 10
	Anz. auf dieser Seite 10-16A CEE	❶ €33,60
N 55°43'43" E 11°06'42"	3,5ha 120T(120-180m²) 34D	❷ €45,70

In Kalundborg an erstem Kreisel CP-Schilder folgen nach Saltbæk, ungefähr 5 km. 101931

Marielyst/Væggerløse, DK-4873 / Sjælland

Østersøparken	1 ADEKNOPQRSTU	KNQSWX 6
Bøtøvej 243	2 ABGJPQRWXYZ	ABDEFGHIJK 7
1 Apr - 30 Sep	3 BFGLMSV	ABCDEFGIJKNQRT 8
+45 54 13 67 86	4 HJOQ	FJKVY 9
info@ostersoparken.dk	5 ABDHMNO	ABGHIJKOQUVY 10
	B 13A CEE	❶ €37,10
N 54°39'21" E 11°57'27"	4,2ha 210T(60-120m²) 78D	❷ €53,50

E55 von Nykøbing (F) nach Gedser. Marielyst durchfahren und ca. 4 km dem Bøtøvej folgen. Von Gedser E55 nach Nykøbing, rechts Godthåbsalle, CP ausgeschildert. 101983

Køge, DK-4600 / Sjælland

Køge & Vallø Camping***	1 ADEKNOPQRSTU	KNQSX 6
Strandvejen 102	2 GJLPQRSWXYZ	ABDEFGIJK 7
1 Apr - 30 Sep	3 BFJLMUV	ABCDEFGIJKNQRSTW 8
+45 56 65 28 51	4 FJO	FJV 9
info@valloecamping.dk	5 ABDMN	ABFGHIKOQUY 10
	B 6-13A	❶ €35,65
N 55°26'45" E 12°11'31"	16ha 215T(80-120m²) 254D	❷ €49,10

Ausgeschildert in Køge entlang der 151. Folgen Sie der Straße Nr. 261 oder 209. Nach 1,5 km an der rechten Straßenseite. 101971

Melby, DK-3370 / Sjælland

Liseleje Camping**	1 ABILOPQRSTU	6
Lindebjergvej 13	2 JPQXY	ABFGI 7
1 Apr - 24 Okt	3 AL	ABEFNQRTW 8
+45 54 58 65 71	4 H	FV 9
kontakt@liseleje-camping.dk	5 BDN	GHJKMQ 10
	16A CEE	❶ €32,30
N 55°59'55" E 11°58'06"	3,7ha 150T(50-100m²) 82D	❷ €43,05

Entlang der Straße Hundested-Frederiksværk Richtung Melby. In Melby Richtung Liseleje; CP nach ca. 300m. 101961

Teilkarte Seeland auf Seite 73

Nærum, DK-2850 / Sjælland

DCU-Camping Nærum***
Langebjerg 5
22 Mrz - 22 Okt
+45 45 80 19 57
naerum@dcu.dk

1 ADEKNOPQRSTU 6
2 ABCPQXYZ ABDEFGHIJK 7
3 BFSV ABCDEFIJKNQRTW 8
4 DHJO B 9
5 ABDMN ABFGHIOQUY 10
B 10A CEE ❶ €40,10
9,9ha 277T(100-140m²) 23D ❷ €54,05

N 55°48'29" E 12°31'50"
E47/55 nach Westen. Ausfahrt 14, danach ausgeschildert. 101990

Reersø/Gørlev, DK-4281 / Sjælland

Reersø Camping***
Skansevej 2
1 Jan - 31 Dez
+45 58 85 90 30
info@reersoe-camping.dk

1 ADEKNOPQRSTU X 6
2 JLMPQXYZ ABCDEFGHIK 7
3 BV ABCDEFIJKNQRTW 8
4 FHJO AFY 9
5 ABDEFHMN ABGHKMOQUY 10
B 10A CEE ❶ €30,25
3ha 170T(100m²) 86D ❷ €41,00

N 55°31'29" E 11°06'34"
Ab der Storebælt Brücke E20 Ausfahrt 41, die 277 Richtung Kalundborg. In Kirke Helsinge Richtung Reersö (8 km) weiter den Schildern folgen. 112032

Nakskov, DK-4900 / Sjælland

Nakskov Fjordcamping***
Hestehovedet 2
17 Mrz - 22 Okt
+45 54 95 17 47
info@nakskovfjordcamping.dk

1 ADEKNOPQRSTU KNQSWXYZ 6
2 GJQRXY ABDEFGHIJK 7
3 BFGJLMV ABCDEFGIJNQRTU 8
4 BCDJOQ EFJV 9
5 ABDELN ABGHIJKOPQUXY 10
B 10A CEE ❶ €36,30
4,9ha 200T(100m²) 65D ❷ €48,40

N 54°49'59" E 11°05'27"
Ab Zentrum: Richtung Hestehoved, CP ist ausgeschildert. 101939

Rødovre, DK-2610 / Sjælland

DCU-Camping København - Absalon**
Korsdalvej 132
1 Jan - 31 Dez
+45 36 41 06 00
copenhagen@dcu.dk

1 BDEKNOPQRSTU X 6
2 APQTWXY ABDEFGHIJK 7
3 BFLMV ABEFGIKNQRTW 8
4 FHJOQR FV 9
5 ACDEMN ABFGHIKOQUXY 10
B 10-13A CEE ❶ €37,65
12,5ha 680T(50-110m²) 45D ❷ €51,80

N 55°40'16" E 12°26'07"
E47/55, Ausfahrt 24 Roskildevej, Richtung Rødovre/København. An erster Verkehrsampel links. 101991

Nivå, DK-2990 / Sjælland

Nivå Camping**
Sølyst Allé 14
28 Mrz - 10 Okt
+45 49 14 52 26
info@nivaacamping.dk

1 ABDEGKNOPQRSTU KN 6
2 ABEGJQUXYZ ABDEFGHIJK 7
3 BLMSV ABCDEFGINQRW 8
4 JO EFJVY 9
5 ABDMN ABCFGHJKOQUY 10
Anzeige auf dieser Seite 16A CEE ❶ €34,85
4,5ha 200T(100-150m²) 62D ❷ €46,95

N 55°56'24" E 12°31'00"
Vom Süden: die E47/55, Ausfahrt 6 Richtung Nivå. Vom Norden: die 152 entlang der Küste nach Nivå Havn. 101989

Nykøbing (Falster), DK-4800 / Sjælland

Falster City Camping**
Østre Allé 112
1 Apr - 1 Nov
+45 61 65 65 93
city.campin.dkg@gmail.com

1 ABDEKNOPQSTU NQS 6
2 BPQXYZ ABDEFGHI 7
3 BFKNV ABCDEFGINQRT 8
4 HJO F 9
5 DN AFGHIJKQU 10
10A ❶ €26,90
3,7ha 167T 39D ❷ €37,65

N 54°45'44" E 11°53'41"
Ab Nykøbing fahren Sie die E55 Richtung Gedser. Beschilderung außerhalb der Stadt folgen. 101955

Rødvig Stevns, DK-4673 / Sjælland

Rødvig Camping Stevns***
Højstrupvej 2A
26 Mrz - 26 Sep
+45 56 50 67 55
info@rodvigcamping.dk

1 ABDEGKNOPQRSTU X 6
2 JMNQTWXYZ ABDEFGIJK 7
3 ABMV ABCDEFGIJNQRTW 8
4 EFHJ FVY 9
5 ABDMN AFGHIKOQUVY 10
B 10-16A CEE ❶ €34,95
4ha 180T(100-140m²) 75D ❷ €48,40

N 55°15'03" E 12°20'59"
E47/E55 Ausfahrt 37, die 154 Ri. Rønnede/Faxe. Der Straße 154 folgen. Nach ca. 15 km Ri. Boestofte und Rødvig. CP ist ausgeschildert. 101973

Nykøbing Sj., DK-4500 / Sjælland

DCU-Camping Rørvig Strand***
Skærbyvej 2
1 Jan - 31 Dez
+45 59 91 08 50
roervig@dcu.dk

1 ADEKNOPQRST KPQ 6
2 BGJPQRWXYZ ABDEFGHIK 7
3 ABFLMS ABCDEFGIJNQRTW 8
4 BCDFHJO J 9
5 ADEF ABIJOPQUY 10
B 13A ❶ €39,55
16,6ha 350T(80-120m²) 129D ❷ €51,65

N 55°56'29" E 11°41'00"
Die 225 Nykøbing-Rørvig. Nach Nykøbing ist der CP ausgeschildert. 101943

Roskilde, DK-4000 / Sjælland

Roskilde Camping***
Baunehøjvej 7
5 Apr - 29 Sep
+45 46 75 79 96
mail@roskildecamping.dk

1 ABDEKNOPQRSTU KMNQSUVXYZ 6
2 AHIJKMPQUXYZ ABFGHIJ 7
3 ABFGLMV ABCDEFGIJKNQRTW 8
4 FHJOSX BFGIRVZ 9
5 ADEFHKLMN ABGHJKNQUY 10
B 10A ❶ €37,65
27ha 330T(120m²) 139D ❷ €51,10

N 55°40'24" E 12°05'07"
Von Roskilde Straße 6 Richtung Norden. Ab den Verkehrsampeln ausgeschildert. 101966

Nyrup/Kvistgård, DK-3490 / Sjælland

Nyrup Camping***
Kongevejen 383
1 Jan - 31 Dez
+45 49 13 91 03
info@nyrupcamping.dk

1 ABEKNOPQRSTU X 6
2 APQUWXY ABFGJK 7
3 ABJLSV ABEFGIJNQRTW 8
4 DH F 9
5 ABDJMN ABGHJKQY 10
B 10A CEE ❶ €28,25
2ha 100T(90-100m²) 73D ❷ €39,00

N 56°00'04" E 12°30'56"
Von Süden die E47/55 Ausfahrt 4 links ab auf die 235. Dann rechts ab auf der 229 Richtung Kvistgård ausgeschildert. Von Norden die 6, links die 229. 112027

Nysted, DK-4880 / Sjælland

Nysted Strand Camping****
Skansenvej 38
1 Jan - 31 Dez
+45 54 87 09 17
info@nystedcamping.dk

1 ADEKNOPQRSTU KNQSVWXZ 6
2 GJPQWXYZ ABDEFGHIJK 7
3 BFGIMV ABCDFGIJKNQRTV 8
4 EFHJO DFIJLMRVXY 9
5 ABDEFGMNO ABFGHIJKOQUVW 10
B 16A ❶ €38,60
3,5ha 173T(80-120m²) 37D ❷ €52,30

N 54°39'15" E 11°43'54"
Die 283 Sakskøbing-Nysted. In Nysted folgen Sie der Ringstraße, der Beschilderung folgen. 101957

Sakskøbing, DK-4990 / Sjælland

Sakskøbing Camping***
Saxes Allé 15
26 Mrz - 3 Okt
+45 54 70 45 66
camping@saxsport.dk

CC€23

1 ADEKNOPQRSTU EN 6
2 APQWXYZ ABDEFGIK 7
3 AFJLMN ABCDEFGHIJNQRT 8
4 RT DFJ 9
5 ADGJKN ADFGHIJKOQU 10
Anz. auf dieser Seite B 10-16A CEE ❶ €35,75
2,5ha 71T(80-144m²) 47D ❷ €46,55

N 54°47'54" E 11°38'28"
Ausfahrt 46 von der E47, ca 25 km von Rødby. Camping am Zentrum von Sakskøbing und ist ausgeschildert. 101954

Ortved/Ringsted, DK-4100 / Sjælland

Skovly Camping***
Nebs Møllevej 65
1 Apr - 30 Sep
+45 57 52 82 61
info@skovlycamping.dk

CC€23

1 ADEKNOPQSTU AFN 6
2 ABCEPQUWXYZ ABDEFGHIK 7
3 ABLSUV ABEFGIJKNQRT 8
4 BDHJOQ AFY 9
5 ABDFMN ABHIJKMOPQUY 10
Anzeige auf dieser Seite B 13A CEE ❶ €37,25
5,7ha 150T(80-120m²) 110D ❷ €51,80

N 55°29'48" E 11°51'28"
6 km von der Autobahn E20 nach Kopenhagen. Die 14 Ringsted-Roskilde. In Ortved CP-Schildern links folgen. 101949

Teilkarte Seeland auf Seite 73

Skælskør, DK-4230 / Sjælland

Skælskør Nor Camping****
Kildehusvej 1
1 Jan - 31 Dez
+45 58 19 43 84
kildehuset-campingnor@hotmail.com
N 55°15'30" E 11°17'04"

1 AKNOPQSU — LNQSXZ 6
2 FIPQRXY — ABFGIK 7
3 A — ABCDEFIJNQRT 8
4 FH — FRV 9
5 DHN — ABGHJKOQY 10
B 12A CEE
1,7ha 40T(80-100m²) 32D
① €39,00
② €39,00
100084

Direkt an der Durchgangsstraße 265 in Skælskør.

Smidstrup, DK-3230 / Sjælland

CC€23

Kongernes Feriepark - Gilleleje****
Helsingevej 44
1 Jan - 31 Dez
+45 48 31 84 48
info@kongernesferiepark.dk
N 56°05'55" E 12°13'17"

1 ABDEGKNOPQRSTU — BG 6
2 PQWXY — ABDEFGHIK 7
3 BFJLMSUV — ABCDEFIJKNQRTW 8
4 BFHJOPQSU — FGIVY 9
5 ACDEFHIKMN — ABFGHIJKOQUY 10
Anz. auf dieser Seite B 10-13A CEE
6,5ha 113T(110-150m²) 159D
① €44,40
② €63,20
108761

Straße 237 Gilleleje-Rågeleje, in Smidstrup abzweigen, 2 km Richtung Blistrup. Dann deutlich ausgeschildert.

Sorø, DK-4180 / Sjælland

Sorø Sø Camping***
Udbyhøjvej 10
1 Jan - 31 Dez
+45 57 83 02 02
info@soroecamping.dk
N 55°26'48" E 11°32'46"

1 ADEGHKNOPQSTU — LN 6
2 AEIPQRTUVWXYZ — ABDEFGHIK 7
3 ABLMSV — ABCDEFIJNQRTUVW 8
4 JO — AFIJY 9
5 ABDEFJMN — ABFGHJKOQUY 10
B 10A CEE
6,5ha 210T(80-140m²) 96D
① €37,00
② €47,75
100086

E20 Ausfahrt 37 nach Sorø. Vom Zentrum die 150 Richtung Slagelse. Der CP ist 1 km außerhalb der Stadt.

Store Fuglede, DK-4480 / Sjælland

Bjerge Sydstrand Camping***
Osvejen 30
1 Jan - 31 Dez
+45 59 59 78 03
jimmy83@jubii.dk
N 55°33'47" E 11°09'53"

1 ADEKNOPQRST — KNPQSWX 6
2 HJPQRXY — ABDEFGHIK 7
3 BFMSV — ABCDEFGIJKNQRT 8
4 FHJOQ — FY 9
5 ABDMN — ABGHIJKOQUVY 10
B 13A CEE
2,4ha 110T(80-120m²) 72D
① €34,35
② €46,45
101935

An der Straße 22 Slagelse-Kalundborg. Ausfahrt Bjerge Systrand. Nach ungefähr 2,5 km in Bjerge Systrand den CP-Schildern folgen. Der CP liegt etwa 5 km südwestlich von Store Fuglede.

Store Spjellerup, DK-4653 / Sjælland

Lægårdens Camping***
Vemmetoftevej 2a
1 Jan - 31 Dez
+45 56 71 00 67
info@laegaardenscamping.dk
N 55°16'15" E 12°13'22"

1 ABDEGKNOPQRSTU — 6
2 QXY — ABDEFGHIK 7
3 ABFMV — ABCDEFGIJKNQRTUW 8
4 K — EFVY 9
5 ACDEFHM — JKMOQUY 10
B 10-13A CEE
6ha 50T(120m²) 212D
① €40,35
② €53,80
109290

E47/E55, Ausfahrt 37 Ri. Rønnede/Faxe (Straße 154). Am Kreisel vor Faxe li. abbiegen und der Straße 154 folgen bis zur Ausfahrt Store Spjellerup.

Strøby, DK-4671 / Sjælland

Stevns Camping***
Strandvejen 29
1 Jan - 31 Dez
+45 60 14 41 54
info@stevnscamping.dk
N 55°23'50" E 12°17'25"

1 ADEHKNOPQRSTU — BGX 6
2 GMPQWXYZ — ABDEFGHIJ 7
3 BFJLMSUV — ABCDEFGIJKNQRTUV 8
4 EFHJKOQ — BFVWY 9
5 ABDFMN — ABHIJKMQUVW 10
B 13-16A CEE
10ha 206T(110-170m²) 141D
① €33,60
② €49,75
112040

In Køge die RV261 Richtung Stevns Klint. In Strøby links Richtung Strøby Ladeplads.

Stubbekøbing, DK-4850 / Sjælland

Stubbekøbing Camping**
Gammel Landevej 4
12 Mai - 31 Aug
+45 54 44 10 57
stubbekobing-camp@stubbekobing-camp.dk
N 54°53'27" E 12°01'40"

1 ADEKNOPQRSTU — KNQX 6
2 AGJQUXYZ — ABDEFGI 7
3 AL — ABCDEFJNQRV 8
4 JO — F 9
5 D — ABHJKNQU 10
10A
1,7ha 83T(60-120m²) 29D
① €28,90
② €39,65
111385

E47, Ausfahrt 43, Straße 293 Richtung Stubbekøbing. Kurz vor Stubbekøbing CP-Schildern folgen.

Ulslev/Idestrup, DK-4872 / Sjælland

Ulslev StrandCamping***
Strandvejen 3
18 Mrz - 16 Sep
+45 54 14 83 50
info@ulslevstrandcamping.dk
N 54°44'26" E 12°01'43"

1 DEKNOPQRSTU — KNQX 6
2 GIJQWXYZ — ABEFGHIJ 7
3 ABFGLMUV — ABCDEFGIJNQRT 8
4 HJOQT — DFIV 9
5 ACDEKMN — ABGHIJKOQXY 10
B 10A
6,3ha 285T(100m²) 99D
① €37,80
② €51,25
101981

E55 Nykøbing-Gedser. Im Kreisverkehr Richtung Stubbekøbing. Nach ca. 1 km rechts nach Idestrup. Immer geradeaus Richtung Ulslev. Ausgeschildert.

Vejby, DK-3210 / Sjælland

DCU-Camping Rågeleje Strand***
Hostrupvej 2
1 Jan - 31 Dez
+45 48 71 56 40
raageleje@dcu.dk
N 56°05'27" E 12°08'57"

1 ABDEGKNOPQRSTU — KN 6
2 GLMPQWXY — ABDEFGIK 7
3 BFJLMV — ABCDEFGIKNQRW 8
4 FHJO — FY 9
5 ACDMN — ABCGHIJKOQUY 10
B 6-10A
5,5ha 266T(120m²) 130D
① €40,10
② €59,15
101960

An der Straße Vejby-Rågeleje, 1 km von Rågeleje entfernt, an der Ostseite der Straße.

Vejby, DK-3210 / Sjælland

Tisvildeleje camping***
Rågelejevej 37
1 Apr - 30 Sep
+45 40 35 30 37
info@tisvildelejecamping.dk
N 56°04'26" E 12°08'24"

1 ABDEGKNOPQRSU — 6
2 JMPQUWXYZ — ABDEFGHIK 7
3 ABFJLMNV — ABCDEFIJKNQRTW 8
4 JKOQ — F 9
5 ABDN — AGHJKOQUVY 10
B 10-13A CEE
9,2ha 500T(130-180m²) 70D
① €40,35
② €56,50
100068

Straße 237, Vejby-Rågeleje, auf der Westseite, südlich von Vejby Strand.

Vemmetofte, DK-4640 / Sjælland

Vemmetofte Strand Camping***
Ny Strandskov 1
1 Jan - 31 Dez
+45 56 71 02 26
camping@vemmetofte.dk
N 55°14'21" E 12°14'25"

1 BDEGHKNOPQRSTU — KNQS 6
2 BCGJKQRWXYZ — ABDEFGHIK 7
3 BFGHIMSVX — ABCDEFGIJKNQRTVW 8
4 FHJOT — EV 9
5 ABDKMN — AFGHIJKMOQUXY 10
B 10A CEE
5,8ha 150T(100-130m²) 146D
① €34,95
② €53,80
100089

Über die E4 zuerst Richtung Fakse, dann Faxe Ladeplads, dann Vemmetofte Kloster und dann Vemmetofte Strand.

Vig, DK-4560 / Sjælland

CC€23

Kongsøre Camping***
Egebjergvej 342
1 Jan - 31 Dez
+45 59 32 90 80
kontakt@kongsoerecamping.dk
N 55°49'26" E 11°40'04"

1 ADEGKNOPQRST — A 6
2 IQRUWXYZ — ABDEFGHIK 7
3 ABFJLMV — ABCDEFGIJNQRTW 8
4 BCFHJQ — BDF 9
5 ABFJMN — ABGHIJKMOQUVY 10
Anz. auf dieser Seite 10-16A CEE
4ha 115T(90-135m²) 96D
① €33,60
② €44,40
112038

Holbaek Richtung Vig (21) Ausfahrt Asnaes/Grevinge/Gunderstup. Der Straße Richtung Egebjerg folgen. Der Campingplatz ist weiter unten ausgeschildert.

ACSI Einrichtungsliste

Die Einrichtungsliste finden Sie vorne im aufklappbaren Deckel des Führers. So können Sie praktisch sehen, was ein Campingplatz so zu bieten hat.

Teilkarte Seeland auf Seite 73

Gudhjem, DK-3760 / Bornholm

Sannes Familiecamping*****	1 DEKNOPQRSTU BGHKNOPQSWXY 6
Melstedvej 39	2 HIJMNPQRSTUVXY ABCDEFGHIJK 7
24 Mrz - 21 Okt	3 ABDFGJLMV ABCDEFGIJKNQRTUVW 8
+45 56 48 52 11	4 FHJOQRSTUVX DJUVY 9
sannes@familiecamping.dk	5 ACD ABFGHIJKOPQUVWY 10
	B 10A ❶ €49,75
N 55°11'44" E 14°59'10"	3,5ha 215T(80-100m²) 46D ❷ €84,75

Der CP liegt an der 158 zwischen Allinge und Svaneke, 2 km südlich von Gudhjem. 110418

Hasle, DK-3790 / Bornholm

Hasle Camping & Hytteby***	1 ADEKNOPQRSU BGKNQSX 6
Fælledvej 30	2 GJMPQRSWXYZ ABDEFGHIJK 7
1 Jan - 31 Dez	3 ABEFGJLV ABCDEFIJKNQRTVW 8
+45 56 94 53 00	4 FH ADFJY 9
info@hasle-camping.dk	5 ABDFGHKN ABHIJKOPQUY 10
	B 16A ❶ €40,35
N 55°10'45" E 14°42'26"	4,4ha 165T(70-120m²) 103D ❷ €57,85

Ab Rønne die 159 Richtung Allinge bis zur Ausfahrt Muleby. Ca. 5 km über eine kleine Straße zum CP vor Hasle. 110964

Aakirkeby, DK-3720 / Bornholm

Aakirkeby Camping***	1 DEKNOPSU 6
Haregade 23	2 BPQUXYZ ABDEFGHIJK 7
30 Apr - 20 Sep	3 BJLSU ABEFGIJKNQRTW 8
+45 56 97 55 51	4 FHJ FV 9
info@acamp.dk	5 ABDEHMN ABHIJKNQUVW 10
	10A ❶ €35,65
N 55°03'46" E 14°55'25"	H64 1,6ha 75T(bis 130m²) 9D ❷ €49,10

Der CP liegt am Südrand von Aakirkeby, über die südliche Küstenstraße zu erreichen oder die Strecke Rønne-Nexø und ist ausgeschildert. 110424

Rønne, DK-3700 / Bornholm

DCU-Camping Rønne Strand - Galløkken***	1 ADEKNOPQRSTU KNPQSW 6
Strandvejen 4	2 BGJPQRSTXYZ ABDEFGHIJK 7
1 Mai - 2 Sep	3 ABLMUV ABCDEFGIJKNQRT 8
+45 56 95 23 20	4 FHJO ADFJKVY 9
gallokken@dcu.dk	5 ABDN ABGHIKOQUW 10
	B 13A CEE ❶ €45,20
N 55°05'21" E 14°42'16"	2,6ha 140T(bis 130m²) 35D ❷ €61,60

Vom Hafen in Rønne, rechts ab 1 km der Küstenstraße Richtung Nexø folgen. Der CP ist an der Strecke angezeigt. 110416

Allinge, DK-3770 / Bornholm

Lyngholt Familiecamping***	1 ADEKNOPRSTU BGHNPQSWX 6
Borrelyngvej 43	2 BPQSUVWXYZ ABDEFGHIJK 7
1 Apr - 30 Okt	3 ABDFJLMVX ABCDEFGIJKNQRSTUVW 8
+45 56 48 05 74	4 BCDEFHJOTUX AFJKUVY 9
info@lyngholt-camping.dk	5 ABDMN ABEGHIJKMOPQUVY 10
	B 13A CEE ❶ €41,00
N 55°15'21" E 14°45'45"	H102 6ha 200T(80-150m²) 54D ❷ €58,50

Von Rønne-Hafen Straße 159. Nach dem Schild VANG links, 2 km. 110415

Rønne, DK-3700 / Bornholm

Nordskoven Strand Camping***	1 ADKNOPQRSTU KNPQSVWX 6
Antoinettevej 2	2 BGJPQRSWXYZ ABDEFGHIJK 7
1 Mai - 30 Sep	3 BFJLMV ABCDEFIJNQRSTUVW 8
+45 40 20 30 68	4 DFHJT AFKRUVW 9
info@nordskoven.dk	5 ADN ABGHIJKNQU 10
	B 10A CEE ❶ €41,00
N 55°07'07" E 14°42'15"	3,8ha 200T(80-100m²) 74D ❷ €54,45

Der CP liegt an der Nordseite von Rønne, 2 km in Richtung Allinge. 111386

Dueodde, DK-3730 / Bornholm

Bornholms Familiecamping***	1 DEKNOPSTU KNPQSWX 6
Krogegårdsvejen 8	2 BGJQRSUWXYZ ABDEFGHIJK 7
15 Mai - 15 Sep	3 ABGJLMUV ABEFGIJKNQRT 8
+45 56 48 81 50	4 FHJ ADGIKUVY 9
mail@ bornholms-familiecamping.dk	5 ABDN ABGHJKNQUY 10
	16A CEE ❶ €35,65
N 55°00'09" E 15°05'43"	3,2ha 150T(40-120m²) 16D ❷ €49,10

An der Küstenstraße Rønne-Snogebæk nach Dueodde. Der Campingplatz ist an dieser Straße mit Schildern für Strandcamping und Familiencamping ausgeschildert. 110965

Sandkäs, DK-3770 / Bornholm

Sandkaas Familiecamping***	1 ADEKNOPQRSTU BDKNQSWX 6
Poppelvej 2	2 HJNPQSUVWXY ABDEFGHIJK 7
26 Mrz - 22 Okt	3 ABJLMV ABCDEFGIKNQRTW 8
+45 56 48 04 41	4 HJOR ADJLV 9
camping@ sandkaas-camping.dk	5 ABDEFJN ABFGIJKNQU 10
	10A CEE ❶ €45,70
N 55°15'48" E 14°48'44"	3ha 145T(70-100m²) 40D ❷ €65,90

Zwischen Gudhjem und Allinge ca. 3 km südlich von Allinge ist der CP an der Strecke angezeigt. 110963

Dueodde, DK-3730 / Bornholm

Dueodde Familiecamping & Hostel***	1 BCDEJMOPQSU EGHKNPQSWX 6
Skrokkegårdsvej 17	2 BGJKPQSXYZ ABDEFGHIJK 7
1 Mai - 30 Sep	3 BLMV ABEFJNQRW 8
+45 40 10 10 65	4 BCDFHJOT DGUY 9
info@dueodde.dk	5 ACDGIN ABGHIJKOQV 10
	10A CEE ❶ €42,35
N 54°59'47" E 15°05'11"	4,5ha 120T(60-120m²) 42D ❷ €57,15

An der Küstenstraße Rønne-Snogebæk die Ausfahrt Dueodde. Der CP ist an der Strecke ausgeschildert. 110421

Sandvig/Allinge, DK-3770 / Bornholm

Sandvig Familiecamping***	1 DKNOPQSU KNOPSWX 6
Sandlinien 5	2 GIJMNPQRSUVXYZ ABDEFGHIJ 7
1 Apr - 1 Nov	3 BLMV ABEFIJNQRTW 8
+45 56 48 04 47	4 EFJO ADFJ 9
sandvigcamping@c.dk	5 ADN ABIJKNQU 10
	13A CEE ❶ €36,30
N 55°17'20" E 14°46'34"	5,7ha 240T(80-120m²) 57D ❷ €48,40

Der 159 von Rønne nach Allinge folgen, kurz vor Allinge den Schildern nach Sandvig und dann den CP-Schildern folgen. Oder Ausfahrt Hammarhus. An der Festung vorbei, in Sandvig links abbiegen. Der CP ist angezeigt. 110414

Dueodde, DK-3730 / Bornholm

Møllers Dueodde Camping***	1 ACDEKNOPQRSU BGHKNPQSWX 6
Duegårdsvej 2	2 BJPQRSYZ ABDEFGHIJK 7
15 Mai - 20 Sep	3 BFJLMNSV ACEFGIJKNQRTW 8
+45 56 48 81 49	4 FHJOST FJUVY 9
moeller@dueodde-camp.dk	5 ACDMN ABGIJKNQUVY 10
	B 10A CEE ❶ €39,00
N 54°59'46" E 15°04'37"	4ha 200T(60-130m²) 40D ❷ €53,25

An der 10. Rønne-Snogebæk ca. 3 km westlich von Snogebæk nach Dueodde einschlagen. Ein auffallend weißer Turm markiert den Weg zum CP. 110423

Svaneke, DK-3740 / Bornholm

Hullehavn Camping***	1 ADEKNOPQRSTU KNOPQSWX 6
Sydskovvej 9	2 BGIJMNPQRSUXYZ ABDEFGHIK 7
1 Mai - 15 Sep	3 ABFGMV ABCDEFIJKNQRTW 8
+45 56 49 63 63	4 FHJO ADRVY 9
mail@hullehavn.dk	5 ABDMN ABGHIJKOQUVY 10
	B 10A ❶ €40,10
N 55°07'49" E 15°09'01"	3,3ha 100T(50-100m²) 20D ❷ €55,40

Der CP liegt am Südrand von Svaneke an der Durchgangsstraße Nexø-Gudhjem und ist ausgeschildert. 110419

Gudhjem, DK-3760 / Bornholm

CC€23

Gudhjem Camping***	1 ADEKNOPQRSTU KNOPQSWX 6
Melsted Langgade 45	2 HIMNPQRSUVXY ABCDEFGIJK 7
15 Mrz - 23 Okt	3 L ABEFGNQRW 8
+45 42 41 58 15	4 FHJO AB 9
mail@gudhjemcamping.dk	5 ADMN ABCDGHIJKOQU 10
	Anzeige auf dieser Seite 16A CEE ❶ €37,20
N 55°12'26" E 14°58'38"	5ha 150T(80-100m²) 6D ❷ €51,45

Der CP liegt in der Nähe von Gudhjem, nahe beim Supermarkt an der Strecke Allinge-Svaneke und ist ausgeschildert. 110417

Teilkarte Bornholm auf Seite 79

Niederlande

Niederlande: Windmühlen, Deiche, Strände und Wälder

Die Kombination aus wunderschönen Naturgebieten, hübschen Dörfern, historischen Städten und endlosem Wasser macht die Niederlande zu einem idealen Reiseziel für das ganze Jahr. Die Flüsse Rhein, Maas und Schelde fließen durch das Land bis zum Meer und bieten viele Möglichkeiten für Erholung und Wassersport. Breite Strände mit feinem Sand treffen auf eine wunderschöne Dünenlandschaft. Die Badeorte im Norden und Westen des Landes sind ideal für ausgedehnte Spaziergänge entlang der Nordsee, der Dünen und des Wattenmeers. Besonders interessant für Kinder ist eine Fahrt mit einem Kutter zum Krabbenfang oder ein Besuch in einem Robbenschutzgebiet, zum Beispiel auf der Insel Texel. Hinter den grünen Wiesen mit unzähligen Schafherden liegen schöne Dörfer und lebendige Städte.

Hauptstadt: Amsterdam
Währung: Euro
Zeitzone: UTC +1, UTC +2 (März bis Oktober)
Sprache: Niederländisch
Ländervorwahl: +31
Alkoholgrenze: 0,5‰
Notrufnummern: Polizei, Feuerwehr und Rettungswagen: 112
Leitungswasser: unbedenklich

Jede Provinz ist anders

Für das Campen in den Niederlanden bieten die Regionen rund um die Nordsee eine breite Palette von Möglichkeiten.

ACSI AWARDS

Gewinner 2022 in den Niederlanden

Bester Campingplatz
Camping Het Lierderholt

Der hundefreundlichste Campingplatz
Camping Ommerland

Bestes Campingplatz-Schwimmbad
Recreatiepark Samoza

Beste Lage des Campingplatzes
Terrassencamping Osebos

Bester Rad- und Wandercampingplatz
Recreatiepark 't Veluws Hof

Bestes Campingplatz-Restaurant
Camping 't Geuldal

Beste Unterhaltung auf dem Campingplatz
Camping Cassandria-Bad

Beste Wohnmobilplätze
Vakantiepark Delftse Hout

Gewinner: Camping Het Lierderholt

Groningen und Friesland sind die beiden nördlichsten Provinzen, vor deren Küsten die beliebten Wattenmeerinseln Ameland, Terschelling, Texel, Schiermonnikoog und Vlieland liegen. Die Küste ist Teil des UNESCO-Weltnaturerbes Wattenmeer, mit weiten Stränden und schier endlosen Marschgebieten, die zum Radfahren und Wandern einladen.
Im Südwesten finden Sie die Provinzen Nord- und Südholland mit den Städten Amsterdam, Haarlem und Den Haag. Zeeland ist durch verschiedene Inseln und Halbinseln gekennzeichnet, die meist durch Brücken und Dämme miteinander verbunden sind. Vor allem Wassersportler, Strandliebhaber, Radfahrer und Wanderer können sich hier austoben.
Nicht weniger interessant ist Flevoland am IJsselmeer, dem größten See des Landes.
Aber auch im Landesinneren, zum Beispiel in Overijssel, finden Campingfreunde interessante Plätze, auf denen Sie in einem Waldgebiet campen können. In Drenthe können Sie Ihren Urlaub inmitten einer unberührten Heidelandschaft verbringen. In der Provinz Limburg begegnet Ihnen die typisch-niederländische „Geselligkeit" in den vielen Restaurants und Cafés. Limburg hat außerdem eine für niederländische Verhältnisse besondere Landschaft mit vielen Hügeln.

Von Käse bis Poffertjes

Die Niederlande sind weit und breit für ihren Käse bekannt. Gouda-Käse, der aus der südholländischen Stadt Gouda stammt, ist die häufigste Käsesorte.
Die berühmten Fritten gehören ebenso zu den bekanntesten Gerichten der niederländischen Küche wie Kroketten, spezielle Frikandellen und Kibbeling (frittierter Weißfisch).
Auch mit Süßspeisen können die Niederlande punkten: Die berühmten Pfannkuchen gibt es in unzähligen Varianten. „Poffertjes" heißen die beliebten Miniaturversionen der Pfannkuchen.

Tanken

Benzin (Euro 95, E10 und Superplus 98) ist leicht erhältlich (wenn Sie E10 tanken wollen, prüfen Sie den Tankdeckel, die Betriebsanleitung oder die Werkstatt, ob Ihr Auto damit fahren kann). Diesel und LPG sind ebenfalls leicht erhältlich. Der Bajonettanschluss wird zum Betanken mit Flüssiggas verwendet. Tankstellen sind oft mindestens von 7 bis 20 Uhr geöffnet. In größeren Städten und entlang der Autobahnen sind die Tankstellen in der Regel 24 Stunden geöffnet. In den Niederlanden gibt es auch viele Nachtservicefahrzeuge und völlig unbemannte Tankstellen.

Ladestationen

In den Niederlanden gibt es viele Lademöglichkeiten, es ist immer eine Ladestation in der Nähe.

Verkehrsvorschriften

Das Abblendlicht ist bei schlechter Sicht, bei Dunkelheit und in Tunneln vorgeschrieben.
An einer gleichberechtigten Kreuzung hat der Verkehr von rechts Vorfahrt. Straßenbahnen haben immer Vorrang. Der Verkehr in einem Kreisverkehr hat Vorrang, wenn dies durch Verkehrszeichen angezeigt wird; fehlen diese, hat der Verkehr von rechts Vorrang.

Der Fahrer darf nur ein Telefon mit Freisprechanlage benutzen. Kinder unter 1,35 m Körpergröße müssen in einem Kindersitz sitzen. Sie können die Funktion in der Navigationssoftware nutzen, die vor Radarkontrollen oder Streckenkontrollen warnt. Winterreifen sind nicht vorgeschrieben.

Sondervorschriften

Eine grüne Mittellinie zeigt an, dass die Höchstgeschwindigkeit für Pkw auf dieser Straße 100 km/h beträgt, für Pkw-Wohnwagenkombinationen 90 km/h und für Wohnmobile mit einem Gewicht von mehr als 3,5 Tonnen 80 km/h. Radfahrer dürfen andere Fahrzeuge als Fahrräder rechts überholen. Eine gelb blinkende Fußgängerampel (manchmal ein Dreieck mit einem Ausrufezeichen darin) zeigt an, dass Fußgänger die Straße überqueren dürfen, wenn sich kein Verkehr nähert. Das Parken ist verboten, wenn am Straßenrand eine gelbe Linie vorhanden ist.

Vorgeschriebene Ausstattung

In den Niederlanden sind Sie nicht verpflichtet, eine bestimmte Ausrüstung im Auto zu haben. Ein Warndreieck, Warnwesten und Ersatzlampen werden jedoch empfohlen.

„Niederländische Campingplätze verfügen häufig über schöne und luxuriöse Einrichtungen"

Herr C. Iking, Inspektor 72.

Reisemobil und Caravan

Ein Reisemobil oder eine Auto-Wohnwagen-Kombination darf bis zu 4 m hoch, 2,55 m breit und 18 m lang sein (der Wohnwagen selbst darf bis zu 12 m lang sein). Auf unbefestigten Straßen ist die maximale Breite 2,20 meter.
Auf Autobahnen mit drei oder mehr Fahrspuren dürfen Sie nur die beiden äußersten rechten Fahrspuren benutzen, wenn der Abstand zwischen Auto und Wohnwagen mehr als 7 m beträgt, es sei denn, Sie wollen links abbiegen.

Fahrrad

Ein Fahrradhelm ist nicht vorgeschrieben. Es ist verboten, während des Radfahrens zu telefonieren oder ein Mobiltelefon zu benutzen. Sie dürfen einen Mitfahrer von 8 Jahren oder älter auf dem Gepäckträger befördern. Jüngere Kinder müssen in einem Fahrradsitz sitzen. Radfahrer dürfen zu zweit nebeneinander fahren.

Maut

Auf niederländischen Straßen gibt es keine Maut, wohl aber für den Westerscheldetunnel (N217) in Zuid-Beveland und den Kiltunnel (N62) bei Dordrecht. Weitere Informationen: westerscheldetunnel.nl und kiltunnel.nl.

Umweltzonen

Immer mehr niederländische Städte haben eine Umweltzone, darunter Amsterdam, Arnheim und Utrecht. Die Regeln sind von Stadt zu Stadt unterschiedlich.

Panne und Unfall

Stellen Sie auf Autobahnen Ihr Warndreieck mindestens 100 m (anderswo 30 m) hinter dem Fahrzeug auf, wenn die Warnblinkanlage nicht funktioniert und das Fahrzeug ein Hindernis für den übrigen Verkehr darstellt. Allen Insassen wird empfohlen, eine Warnweste zu tragen.
Im Falle einer Panne rufen Sie die Notrufnummer Ihres Pannenhelfers an. Sie können auch den niederländischen Pannendienst anrufen: +31 88 269 28 88 (ANWB).

Campen

Niederländische Campingplätze gehören zu den besten Europas. Sie sind gut organisiert und es gibt viel Grün. Die Autos werden oft außerhalb des Campingplatzes geparkt, was die Ruhe auf dem Campingplatz fördert. In den Schulferien und an den Wochenenden gibt es ein umfangreiches Unterhaltungsangebot für Kinder und innovative Einrichtungen wie Indoor-Spielplätze und

Straßenfußballplätze. ACSI verzichtet in seinen Campinginformationen für niederländische Campingplätze auf die Angabe von Sternen. Die Sterne, die Sie in den Anzeigen sehen, werden von den Campingplätzen selbst angegeben. ACSI trägt keine Verantwortung für die Richtigkeit der Anzahl von Sternen. Viele niederländische Campingplätze berechnen sogenannte Familientarife für 4, 5 oder mehr Personen, einschließlich Strom. Das bedeutet, dass man für zwei Personen oft den gleichen Betrag zahlt wie für eine ganze Familie. Die zusätzlichen Gebühren für die Kurtaxe und die Umweltabgaben beispielsweise können mitunter hoch sein. Es ist nicht erlaubt, mit dem Wohnmobil, dem Wohnwagen oder dem Auto auf einer öffentlichen Straße zu übernachten.

Klima Vlissingen	Jan.	Feb.	März	Apr.	Mai	Jun.	Jul.	Aug.	Sept.	Okt.	Nov.	Dez.
Durchschnittliche Höchsttemperatur	6	6	10	12	16	19	21	21	19	15	9	6
Durchschnittliche Anzahl der Sonnenstunden pro Tag	2	2	4	6	7	7	7	6	5	3	2	1
Durchschnittliche monatliche Niederschlagsmenge (mm)	62	45	46	41	42	50	71	62	73	70	76	64

Klima De Bilt	Jan.	Feb.	März	Apr.	Mai	Jun.	Jul.	Aug.	Sept.	Okt.	Nov.	Dez.
Durchschnittliche Höchsttemperatur	5	6	11	13	18	21	22	22	19	15	9	5
Durchschnittliche Anzahl der Sonnenstunden pro Tag	2	2	4	5	7	7	6	6	5	3	2	1
Durchschnittliche monatliche Niederschlagsmenge (mm)	68	53	50	49	52	58	77	84	72	72	74	70

Nord-Holland

Akersloot/Alkmaar, NL-1921 CE / Noord-Holland

CC€21 iD

De Boekel
Boekel 22
1 Jan - 31 Dez
+31 7 25 33 01 09
info@deboekel.nl

1 AEHKNOPQSTU — NQSXYZ 6
2 AIPQTWXY — ABCDEFGK 7
3 ACFLMSUX — ABCDEFHIJLNPQRTW 8
4 FHJKO — GHJORVWY 9
5 ABDJN — ABCDFGHIJKOQY 10

Anzeige auf dieser Seite B 16A CEE — ❶ €28,30
2ha 40T(125-200m²) 17D — ❷ €40,90

N 52°35'10'' E 04°45'09''
112487

A9 Amstelveen-Alkmaar, Ausfahrt 11 Richtung Akersloot. In Akersloot geradeaus fahren bis Pontveer. Von Pontveer noch 1,5 km in Richtung Alkmaar.

Alkmaar, NL-1817 ML / Noord-Holland

iD

Camping Alkmaar
Bergerweg 201
1 Mrz - 30 Nov
+31 7 25 11 69 24
info@campingalkmaar.nl

1 ABDEJMOPQSTU — N 6
2 AJPQRTWXYZ — ABDEFGH 7
3 ALM — ABCDFGJNPQRTUVW 8
4 FH — F 9
5 ADN — ABCFGHIJKORSY 10

Anz. auf dieser Seite B 6-10A CEE — ❶ €34,50
4ha 271T(80-130m²) 15D — ❷ €47,50

N 52°38'32'' E 04°43'24''
105466

Alkmaar Ring West, Ausfahrt Bergen. CP-Schildern folgen.

Amsterdam, NL-1026 CP / Noord-Holland

CC€23 iD

Camping de Badhoeve
Uitdammerdijk 10
31 Mrz - 1 Okt
+31 2 04 90 42 94
info@campingdebadhoeve.com

1 ABDEHKNOPSU — LNQSXZ 6
2 AFIKQTWX — ABDE 7
3 BFL — AFJNQRW 8
4 FHJOQ — NRV 9
5 ABDEFHJKLN — ABCDFGHIJKORS 10

Anzeige auf dieser Seite 8A CEE — ❶ €33,50
5ha 100T(15-50m²) 89D — ❷ €39,50

N 52°23'04'' E 05°00'47''
108372

A10 Nord Ausfahrt S115. An der Ampel Richtung Durgerdam. Am Kreisel Richtung Durgerdam. Hinter Durgerdam geradeaus. CP nach 500m. Der Beschilderung folgen.

Amsterdam, NL-1022 AM / Noord-Holland

iD

Vliegenbos
Meeuwenlaan 138
1 Jan - 31 Dez
+31 2 02 51 78 00
vliegenbos.sdn@amsterdam.nl

1 ABDEILOPQSU — 6
2 ABPQTWXYZ — ABDEFGIJ 7
3 L — ABFJNQRUVW 8
4 FHO — FLV 9
5 ABDHJKN — ABCFGHIJKOPQY 10

Anzeige auf dieser Seite B 10A CEE — ❶ €34,00
1,8ha 85T(50-90m²) 30D — ❷ €46,00

N 52°23'26'' E 04°55'41''
108290

A10 Noord Ausfahrt 116 Richtung Zentrum. Dann Ausfahrt S118 Noord. Links Richtung Noord 300-399. Am Kreisel links, nach 150m rechts. Den Schildern folgen.

Amsterdam, NL-1095 KN / Noord-Holland

iD

Camping Zeeburg Amsterdam
Zuider IJdijk 20
1 Jan - 31 Dez
+31 2 06 94 44 30
info@campingzeeburg.nl

1 ADEKNOPQRSTU — BGHLQ 6
2 AFIJPQRTXY — ABDEFGIK 7
3 ALMS — ABCDFJNQRT 8
4 FHKO — FLNRV 9
5 ACDEHJKN — ABCFGHIJKOSTUY 10

Anz. auf dieser Seite B 10-16A CEE — ❶ €40,30
5,2ha 600T(15-70m²) 97D — ❷ €45,65

N 52°21'56'' E 04°57'34''
108371

A10 Ost Ausfahrt S114. An der Ampel links Richtung Zentrum/Artis. An der Ampel Zuiderzeeweg links und nach 50m rechts. Den Schildern folgen. Achtung: Straßenschwellen.

Teilkarte Nord-Holland auf Seite 86

Callantsoog, NL-1759 NX / Noord-Holland

CC€17 iD

Vakantiepark Callassande
Voorweg 5a
31 Mrz - 29 Okt
+31 2 24 58 16 63
receptie.callassande@roompot.nl
N 52°51'22" E 04°43'02"

1 ADEKNOPQRSTU DGHN 6
2 JPQRWXY ABDEFGH 7
3 BCFLMNSV ABCDEFHJKNPQRTUVW 8
4 BCDFHJLO CJVW 9
5 ACDEFGHJKLN ABDEGHIJKOPQY 10
Anzeige auf dieser Seite B 10A CEE ① €48,00
12,5ha 383T(60-120m²) 266D ② €50,80

N9, Ausfahrt 't Zand, weiter Richtung Groote Keeten, CP-Schilder beachten. 105453

Castricum, NL-1901 NH / Noord-Holland

iD

Kennemer Duincamping Geversduin
Beverwijkerstraatweg 205
31 Mrz - 29 Okt
+31 2 51 66 10 95
info@campinggeversduin.nl
N 52°31'49" E 04°38'55"

1 ABDEKNOPQSU 6
2 ABPQRWXYZ ABDEFGH 7
3 ABEFGMQSV ABEFGHJKNQRTW 8
4 ABFHIJL AJLVWY 9
5 ABDEGHKN ABCGHIJKNPSTY 10
B 16A CEE ① €50,10
23ha 295T(80-100m²) 396D ② €53,70

A9, Ausfahrt 9 Heemskerk. Am Kreisel re. An der Ampel geradeaus nach De Baandert. Am Ende li. ab in Mozartstraat. Am Kreisel re. in Marquettelaan. Am Rijksstraatweg re. ab. Nach 1,5 km li. 105412

Amsterdam, NL-1108 AZ / Noord-Holland

CC€23 iD

Gaasper Camping Amsterdam
Loosdrechtdreef 7
1 Jan - 31 Dez
+31 2 06 96 73 26
info@gaaspercamping.nl
N 52°18'45" E 04°59'25"

1 ABDEJMOPQSTU NQS 6
2 APQTWXY ABDEFG 7
3 ACLM ABCDEFJNQRTUVW 8
4 FH V 9
5 ACDEFGHJKMN ABCDFGHIJKLOQY 10
Anzeige auf dieser Seite 10A CEE ① €41,60
5,5ha 360T(20-100m²) 60D ② €51,25

Von der A1 zur A9 Ausf. S113. Ri. N236, den Campingschildern folgen. Oder: A9 Ausf. S112. Ri. N236, Gaasperplas Noord. 105497

Castricum aan Zee, NL-1901 NZ / Noord-Holland

iD

Kennemer Duincamping Bakkum
Zeeweg 31
24 Mrz - 29 Okt
+31 2 51 66 10 91
info@campingbakkum.nl
N 52°33'44" E 04°38'00"

1 ABDEILOPQSU 6
2 ABQRTWXYZ ABDEFG 7
3 ABCEFGLMNQSUV ABCDEFGHIJKNPQRTW 8
4 BCDEFHJKLQRX BCJLUVWY 9
5 ACDEFGHKMNO ABCFGHIJKOPSTUXYZ 10
B 16A CEE ① €52,90
60ha 337T(80-130m²) 1436D ② €56,50

A9 Beverwijk-Alkmaar Ausfahrt 10 Castricum. An der Ampel N203 Richtung Castricum. Bei Castricum Richtung Castricum aan Zee. Über die Bahnüberführung im Kreisel geradeaus. Der CP liegt nach 1,5 km rechts der Strecke. 100754

Andijk, NL-1619 EH / Noord-Holland

iD

Dijk & Meer
Proefpolder 4
1 Apr - 1 Okt
+31 6 15 67 56 71
info@campingdijkenmeer.nl
N 52°45'06" E 05°11'33"

1 AEHJMOPQRSU EGNQTY 6
2 EQWYZ ABFG 7
3 BFGIJLNRSV ABCDEFMNQRTUV 8
4 BCHPQX AEHVWY 9
5 ACDEFGHLN ABJKQY 10
10A CEE ① €34,00
40ha 120T(80-115m²) 62D ② €48,00

Der CP liegt in der Nähe des Jachthafens Andijk-West. Auf der Straße unterhalb des Deichs biegen Sie bei der Pumpstation zum Campingplatz ab. 105491

De Cocksdorp (Texel), NL-1795 LS / Noord-Holland

iD

Landal Sluftervallei
Krimweg 102
24 Mrz - 3 Nov
+31 2 22 31 62 14
sluftervallei@landal.nl
N 53°09'28" E 04°50'37"

1 ADEKNOPSU EGNQ 6
2 JQRX ABDEFGK 7
3 BFJLMNRV ABCDEFGNQRTUV 8
4 ABCDFHJLQTVX EJVW 9
5 ACDEFLN ABEFGHJKOPQXY 10
B 16A CEE ① €74,00
36ha 57T(80m²) 332D ② €84,30

Ab der Fähre der N501 folgen. Bei Ausfahrt 10 nach De Cocksdorp. Ausfahrt 35 links zu den Landal Sluftervallei (De Krimweg). 105441

Bloemendaal aan Zee, NL-2051 EC / Noord-Holland

Kennemer Duincamping de Lakens
Zeeweg 60
25 Mrz - 30 Okt
+31 2 35 41 15 70
info@campingdelakens.nl
N 52°24'16" E 04°33'07"

1 BDEHILOPQRSTU KLQS 6
2 EGJPRSUWXY ABDEFGH 7
3 ABDEFGLMU ABCDEFGHIJKNQRTUW 8
4 ABCDFHJLRTXZ ADJLVWY 9
5 ACDEFGLMN ABFGHIJKLNOPSTXY 10
B 16A CEE ① €58,00
27ha 589T(80-120m²) 331D ② €70,00

A9, bei Rottepolderplein auf die A200, dann N200 Richtung Haarlem-Overveen-Bloemendaal aan Zee. Hinter Overveen der zweite CP auf der rechten Seite, nah am Meer. 109629

De Cocksdorp (Texel), NL-1795 JV / Noord-Holland

iD

Vakantiepark De Krim Texel
Roggeslootweg 6
1 Jan - 31 Dez
+31 2 22 39 01 12
reserveringen@krim.nl
N 53°09'06" E 04°51'32"

1 ACDEHKNOPQRSTU BEHINQSTXY 6
2 JPQRWXYZ ABCDEFGHK 7
3 ABDEFJKMRVW ABCDEFGHJKNQRSTUVW 8
4 ABCDEFHJKLOPQRU CDEFGIJLUVWY 9
5 ACDEFGHIJLN ABEFGHIJKMOPQXY 10
B 10-16A CEE ① €63,25
31ha 413T(80-100m²) 715D ② €67,75

Von der Fähre aus der N501 folgen. Ausfahrt 10 Richtung De Cocksdorp. Ausfahrt 33 links zur Vakantiepark De Krim. 101308

Callantsoog, NL-1759 JD / Noord-Holland

iD

Tempelhof
Westerweg 2
1 Jan - 31 Dez
+31 2 24 58 15 22
info@tempelhof.nl
N 52°50'48" E 04°42'56"

1 ADEHJMOPQRSTU EGHN 6
2 JQRWXY ABDEFG 7
3 ABEFLNVW ABCDEFGJKMNQRTUV 8
4 ABHJLOQRT JLV 9
5 ACDEFHLMN ABCDEGHIJKOQY 10
Anzeige auf Seite 86 B 16A CEE ① €52,00
14ha 210T(80-135m²) 259D ② €64,00

N9, Ausfahrt 't Zand, weiter Richtung Groote Keeten. CP-Schilder 'Tempelhof' beachten. 105454

De Koog (Texel), NL-1796 MT / Noord-Holland

iD

Camping Coogherveld Texel
Kamperfoelieweg 3
31 Mrz - 30 Okt
+31 2 22 31 77 28
reserveringen@coogherveld.nl
N 53°05'46" E 04°45'55"

1 AEKNOPQRSU N 6
2 JPQRWXY ABCDEFG 7
3 BLMUV ABCDEFGHJNPQRTW 8
4 BCHJP CHJUVW 9
5 AD ABCEGHJKOQY 10
Anzeige auf Seite 89 B 16A CEE ① €44,10
2ha 51T(80-100m²) 47D ② €57,00

Ab der Fähre der N501 folgen. Ausfahrt 10 Richtung De Koog. Ungefähr 300m hinter der Ortsgrenze De Koog 1. CP rechts. 111149

Teilkarte Nord-Holland auf Seite 86

De Koog (Texel), NL-1796 AA / Noord-Holland

Camping Kogerstrand
Badweg 33
30 Mrz - 29 Okt
+31 2 22 39 01 12
receptie.kogerstrand@krim.nl
N 53°06'03'' E 04°45'30''

1 BDEHKNOPQSTU KMN 6
2 GJPQRUWX ABCDEFGH 7
3 ABDFLMV ABCDEFGHJNPQRTW 8
4 BCFHJP ABFLUVW 9
5 ADEFN ABCEFHIJKOPSTXY 10
6-16A CEE ❶ €47,00
52ha 900T(20-100m²) 279D ❷ €60,70

Von De Koog über die Düne fahren. CP liegt in den Dünen zwischen De Koog und der Nordsee. Ab der Fähre die N501 nehmen. Am Kreisverkehr 10 in Ri. De Koog fahren. Im Zentrum Durchgangsstr. folgen. Achten Sie auf die CP-Schilder. 105444

Den Burg (Texel), NL-1791 NS / Noord-Holland

De Bremakker
Tempelierweg 40
1 Apr - 30 Sep
+31 2 22 31 28 63
info@bremakker.nl
N 53°04'20'' E 04°45'28''

1 AEHKLOPQSU N 6
2 BJQRXY FGH 7
3 BFGMV MNQUV 8
4 BCFHJLQ JVW 9
5 ADEFHKN ABCEHJKOPQY 10
10A CEE ❶ €42,50
7ha 32T(100m²) 160D ❷ €53,90

Ab der Fähre der N501 folgen. Im Kreisverkehr 10 und 11 geradeaus Richtung De Koog fahren. Bei Ausfahrt 12 links abbiegen. Am Anfang des Tannenwaldes rechts abbiegen. 100705

Den Burg (Texel), NL-1791 NP / Noord-Holland

De Koorn-aar
Grensweg 392
31 Mrz - 27 Okt
+31 2 22 31 29 31
info@koorn-aar.nl
N 53°03'50'' E 04°45'34''

1 AEHJMOPQRSTU N 6
2 BJQRWXY DFGH 7
3 ABFMV MNQUV 8
4 BCHJL JVW 9
5 ADEHL ABEFHJKMOPQY 10
10A CEE ❶ €47,20
5,5ha 80T(150m²) 101D ❷ €60,30

Ab der Fähre der N501 folgen. Am Kreisverkehr 10 in Richtung De Koog fahren. Am Kreisverkehr 11 links abbiegen und dann der ersten Straße rechts folgen. 111324

Den Burg (Texel), NL-1791 PE / Noord-Holland

't Woutershok
Rozendijk 38
30 Mrz - 29 Sep
+31 2 22 31 30 80
info@woutershok.nl
N 53°03'32'' E 04°45'33''

1 AEHKNOPQSU N 6
2 BJQRWXY ABDEFGH 7
3 BM ABCDEFHJKNPQRTUV 8
4 FH BCUVW 9
5 DN ABCEFGHJKMOPQY 10
B 16A CEE ❶ €51,10
6ha 135T(120-195m²) 13D ❷ €65,90

Ab der Fähre der N501 folgen. Am Kreisel (10) Richtung De Koog. Am Kreisel 11 links ab und den CP-Schildern folgen. 109730

Den Hoorn, NL-1797 RN / Noord-Holland

Camping Loodsmansduin
Rommelpot 19
31 Mrz - 30 Okt
+31 2 22 39 01 12
receptie.loodsmansduin@krim.nl
N 53°01'17'' E 04°44'28''

1 ADEHKNOPQRTU BGMN 6
2 JQRWXYZ ABCDEFGH 7
3 ABMSV ABCDEFGHJNPQRTUVW 8
4 ABCHJLOQ BCFJUVW 9
5 ADEHLN ABCDEFGHJKMOPSTY 10
FKK 16A CEE ❶ €46,00
38ha 234T(60-120m²) 283D ❷ €59,70

Von der Fähre auf die N501. Ausfahrt 3 nehmen. Jetzt den grünen oder weißen CP-Schildern 'Loodsmansduin' folgen. 101541

Edam, NL-1135 PZ / Noord-Holland

Strandbad Edam
Zeevangszeedijk 7A
31 Mrz - 1 Okt
+31 2 99 37 19 94
info@campingstrandbad.nl
N 52°31'07'' E 05°04'26''

1 ABDEILOPQSU FHLMNQSXYZ 6
2 FIKQTWXY ABDEFGHIK 7
3 ABCFLMV ABCDEFGHIJKNPQRTW 8
4 FGH FV 9
5 ADEFHKLMN ABCDFGHJKOQY 10
Anzeige auf dieser Seite B 16A CEE ❶ €32,15
4,5ha 70T(60-80m²) 157D ❷ €42,30

N247 Amsterdam-Volendam-Hoorn. Ausfahrt Edam-Noord, den CP-Schildern folgen. Navigation abschalten! 105496

Egmond aan den Hoef, NL-1934 PR / Noord-Holland

De Markiess
Driehuizerweg 1A
31 Mrz - 1 Okt
+31 7 25 06 22 74
info@demarkiess.nl
N 52°38'02'' E 04°39'37''

1 ABEJMOPQSU 6
2 APQRXY ABDEFG 7
3 ABCFLM ACEFNRTW 8
4 FHJKOQ VW 9
5 DMN ABCGHIJKORSY 10
6A CEE ❶ €25,50
2,2ha 40T(80-100m²) 60D ❷ €32,40

Alkmaar Ring West. Ausfahrt Egmond. Richtung Egmond. 500m hinter der AVIA-Tankstelle rechts ab Kromme Dijk, 200m weiter links in den Driehuizerweg einfahren. CP ist rechts der Straße. 107866

Egmond aan Zee, NL-1931 AV / Noord-Holland

Kustcamping Egmond aan Zee
Nollenweg 1
1 Jan - 31 Dez
+31 7 25 06 17 02
receptie.egmond@roompot.nl
N 52°37'19'' E 04°38'17''

1 ABDEKNOPQRU BG 6
2 PQRVWXY ABDEFGH 7
3 BFLMU ABCDEFJNQRTUV 8
4 BFHL JVWXY 9
5 ACDEFGHJKLMN ABCEHIJKOPQY 10
Anzeige auf dieser Seite 10A CEE ❶ €63,60
11ha 73T(80-90m²) 162D ❷ €67,20

Alkmaar Ring West, Abfahrt Egmond. Durchfahren bis zur Ampel. Bei Egmond rechts ab Richtung Egmond aan Zee. An der 2. Ampel rechts. Nach 150m rechts ab, schmaler Weg, dieser führt zum CP. 110293

Graft, NL-1484 EN / Noord-Holland

Camping Tuinderij Welgelegen
Raadhuisstraat 24A
1 Apr - 1 Okt
+31 2 99 67 30 32
mail@campingtuinderijwelgelegen.nl
N 52°33'45'' E 04°49'58''

1 AEHILOPSU NX 6
2 PQTXYZ ABDFG 7
3 AM AEFNQRW 8
4 FHK ER 9
5 DN AFGHJKORSY 10
6A CEE ❶ €22,00
2ha 29T(60-80m²) 77D ❷ €27,00

N244 Purmerend-Alkmaar. Ausfahrt Graft/Driehuizen. Richtung Graft. Vor dem Rathaus rechts ab, diese kleine Straße führt zum CP. 105468

Haarlem, NL-2033 AD / Noord-Holland

De Liede
Lieoever 68
1 Jan - 31 Dez
+31 2 35 35 86 66
info@campingdeliede.nl
N 52°22'40'' E 04°40'34''

1 AEHKNOPSU JNQSXZ 6
2 ACEQ ABDEFG 7
3 ALM ABCDEFJNQRW 8
4 HJOQ FQRV 9
5 DEFHKMN ABCEGHJKQ 10
4A CEE ❶ €28,50
1,5ha 40T(40-90m²) 28D ❷ €28,50

A9 am Rottepolderplein die A200 Richtung Haarlem nehmen. Rechts ab zur Überführung. Den CP-Schildern folgen. 105415

Hilversum, NL-1213 PZ / Noord-Holland

De Zonnehoek
Noodweg 50
15 Mrz - 31 Okt
+31 3 55 77 19 26
info@campingzonnehoek.com
N 52°11'37'' E 05°09'17''

1 ADEHKNOPQRSTU 6
2 BQRXYZ ABFGH 7
3 AFLM ABCDFKNRTUVW 8
4 BDFHJOQ 9
5 DEFGHLMN ABCHJKORSY 10
B 4A CEE ❶ €22,50
4ha 60T(80-100m²) 60D ❷ €25,00

A27, Ausfahrt 33 Hilversum, Richtung Loosdrecht. Danach Schildern 'Vliegveld Hilversum' folgen. 105499

Hoogwoud, NL-1718 LJ / Noord-Holland

De Gouw
Gouwe 5
15 Feb - 15 Nov
+31 2 29 58 14 73
campingdegouw@gmail.com
N 52°43'30'' E 04°57'42''

1 AHJMOPQSTU N 6
2 AQRY ABFGIK 7
3 X ACDEFHNQRW 8
4 HJT RV 9
5 DN ABGJKOQY 10
6-10A CEE ❶ €21,00
2ha 30T(90-120m²) 15D ❷ €30,00

A7 Ausfahrt 10 (Wognum). Am Kreisel 1. rechts, nach 1,5 km links abbiegen (Durchgangsstraße folgen), nach 5 km Gouw. Nach 50m liegt der CP auf der linken Seite. 122407

Teilkarte Nord-Holland auf Seite 86

Hoorn/Berkhout, NL-1647 DR / Noord-Holland

't Venhop
De Hulk 6a
1 Jan - 31 Dez
+31 2 29 55 13 71
info@venhop.nl

1 ABDEHKNOPQSU NXZ 6
2 AQWXYZ ABDEFGH 7
3 ACLM ABCDEFJNRUVW 8
4 FGHJOP FJNRVW 9
5 ABDEFHKLN ABCDEFGHJKNRSY 10
Anzeige auf dieser Seite 10A CEE ❶ €29,25
8,5ha 78T(80-100m²) 169D ❷ €41,25

N 52°37'55" E 05°00'42"

A7 Purmerend-Hoorn Ausfahrt 7, Hoorn-West. Oder A7 Hoorn-Purmerend, Ausfahrt 7 Avenhorn. An der Ampel links Richtung Hoorn-West. An der Ampel Hoorn-West folgen. Nach 350m rechts ab, den Campingschildern folgen. 108059

IJmuiden, NL-1976 BZ / Noord-Holland

De Duindoorn
Badweg 40
1 Apr - 30 Sep
+31 2 55 51 07 73
camping@duindoorn.nl

1 HILOPSU KMNQS 6
2 AGPQRVX ABFGH 7
3 BLM ABCFNRW 8
4 FHJLO VY 9
5 ACDKMN ABHJKLORSY 10
6A CEE ❶ €37,40
5ha 150T(65m²) 150D ❷ €50,00

N 52°27'20" E 04°34'24"

A9/A22 Richtung IJmuiden. Am Ende der Straße Richtung Velsen zur Fähre, Richtung IJmuiden aan Zee. CP an der Fähre beschildert. 105414

Julianadorp aan Zee, NL-1787 CX / Noord-Holland

Ardoer camping 't Noorder Sandt
Noorder Sandt 2
25 Mrz - 29 Okt
+31 2 23 64 12 66
noordersandt@ardoer.com

1 ADEKNOPQRSTU EGHKNQS 6
2 GJQRWXYZ ABCDEFGHIJK 7
3 ABCFHILMV ABCDEFGHJKNQRSTUVW 8
4 BCHJLOQ CJLRV 9
5 ADEHLN ABCEFGHJKOPQY 10
Anzeige auf Seite 86 B 10A CEE ❶ €51,00
11ha 180T(100m²) 243D ❷ €66,00

N 52°54'22" E 04°43'29"

N9 Ausfahrt Julianadorp aan Zee. Innerorts der Beschilderung 'Kustrecreatie'. An der Küstenstraße rechts ab und CP-Schildern folgen. 105447

Julianadorp aan Zee, NL-1787 PP / N-Holland

De Zwaluw
Zanddijk 259
1 Apr - 31 Okt
+31 2 23 64 14 92
campingdezwaluw@quicknet.nl

1 AEKNOPQRSTU KN 6
2 GJQRWX ABDEFG 7
3 BFLRV ABCDEFGJNPQRTW 8
4 H FI 9
5 DEFKMN ABCDFGHJKOQY 10
Anz. auf dieser Seite 10-16A CEE ❶ €32,60
2ha 68T(50-100m²) 73D ❷ €44,60

N 52°53'43" E 04°43'04"

Von Alkmaar (N9), 1. Ausfahrt Julianadorp (Süd). Von Den Helder (N9) 2. Ausfahrt Julianadorp (Süd). Den Schildern 'Kustrecreatie' folgen. An den Dünen rechts ab. 1. CP in Julianadorp aan Zee rechts. 105451

Landsmeer/Amsterdam, NL-1121 AL / Noord-Holland

Het Rietveen
Noordeinde 130
1 Apr - 1 Okt
+31 2 04 82 14 68
info@campinghetrietveen.nl

1 AEILOPQSTU LQSXYZ 6
2 AFIJPQWXYZ ABDE 7
3 L ABCDEFNRW 8
4 FH V 9
5 D ABCGHIJKQ 10
10A CEE ❶ €30,00
1,5ha 80T(100-130m²) ❷ €38,00

N 52°26'10" E 04°54'44"

A10, Ring Amsterdam, Ausfahrt S117 Landsmeer Richtung Den Ilp. Der Platz ist ± 600m links der Strecke hinter dem Geschäftszentrum von Landsmeer. 109376

Noord-Scharwoude, NL-1723 PX / Noord-Holland

EuroParcs Molengroet
Molengroet 1
1 Apr - 31 Okt
+31 8 80 55 15 97
kcc@europarcs.nl

1 ABDEJMOPQRSTU BLNOPQSXYZ 6
2 EJKQWY ABDEFGH 7
3 ABFGLMSV ABCDEFHJKNPQRTUVW 8
4 BCFHIJKL CGJVWXY 9
5 ABDEFGHJKLMN ABCEFGHIJKMOPQY 10
Anzeige auf Seite 137 B 10A CEE ❶ €26,00
11ha 110T(80-100m²) 120D ❷ €35,50

N 52°41'41" E 04°46'15"

N245 Alkmaar-Schagen. Ausfahrt Geestmerambacht/ CP-Schild Molengroet. 100755

Petten, NL-1755 LA / Noord-Holland

Corfwater
Strandweg 3
25 Feb - 4 Nov
+31 2 26 38 19 81
camping@corfwater.nl

1 ABDEHILOPQSU KNPQRSWX 6
2 HIJPQRVWX ABDEFGH 7
3 ABCMV ABCDEFGJKLNQRTW 8
4 BCFHJOP ABCFMNVWX 9
5 ABDN ABCFGHIJKOSY 10
Anzeige auf Seite 91 B 6A CEE ❶ €53,00
5,5ha 260T(80-120m²) 76D ❷ €68,00

N 52°46'14" E 04°39'33"

N9 Alkmaar-Den Helder. Am Kreisverkehr in Burgervlotbrug Richtung Petten. Bis zum Kreisverkehr an den Dünen. Geradeaus den CP-Schildern folgen. 105408

Petten, NL-1755 KK / Noord-Holland

De Watersnip
Pettemerweg 4
24 Mrz - 1 Okt
+31 2 26 38 14 32
info@watersnip.nl

1 ADEILOPQRSTU BGHN 6
2 PQRWXY ABDEFGH 7
3 ABEFGMNV ABCDEFJKNQRTUVW 8
4 BDFHJLOQ FJVWY 9
5 ACDEFGHJKLMN ABEGHIJKORSWY 10
Anzeige auf Seite 91 B 6-10A CEE ❶ €42,70
18ha 200T(80-100m²) 305D ❷ €53,35

N 52°45'37" E 04°39'46"

N9 Alkmaar-Den Helder. Kreisel Burgervlotbrug Richtung Petten. CP liegt rechter Hand am Kreisel, kurz vor dem Kreisel an den Dünen. 100752

Schoorl, NL-1871 CD / Noord-Holland

Kampeerterrein Buitenduin
Molenweg 15
31 Mrz - 29 Okt
+31 7 25 09 18 20
info@kampeerterreinbuitenduin.nl

1 ABEHILOPSU 6
2 PQRWXY ABDEFG 7
3 AFLM ABCDEFGHJKNPQRTUVW 8
4 EFH 9
5 ADN ABCDFGIJKOSTY 10
Anzeige auf dieser Seite 10A CEE ❶ €37,70
1,2ha 45T(70-90m²) 30D ❷ €49,90

N 52°42'12" E 04°41'59"

N9 Alkmaar-Den Helder, Ausfahrt Schoorl, Richtung Schoorl. Kurz vor der Ampel am Fußgängerüberweg rechts. Vor 'Molen' rechts ab. 113466

St. Maartenszee, NL-1753 BA / Noord-Holland

Ardoer Camping St. Maartenszee
Westerduinweg 30
31 Mrz - 24 Sep
+31 2 24 56 14 01
sintmaartenszee@ardoer.com

1 ADEKNOPQRSTU 6
2 PQRWXYZ ABDEFGHIK 7
3 BFJMV ABCDEFGHIJKLNPQRSTUVW 8
4 FH JVW 9
5 ACDFGHKLN ABCEFGHIJKNPRSY 10
Anzeige auf Seite 86 B 6-10A CEE ❶ €46,50
5ha 246T(60-90m²) 36D ❷ €59,50

N 52°47'39" E 04°41'22"

N9 Alkmaar-Den Helder. In St. Maartensvlotbrug Richtung St. Maartenszee. Bis zum Kreisverkehr an den Dünen. Rechts ab, erster CP rechts. 101548

Teilkarte Nord-Holland auf Seite 86

St. Maartenszee, NL-1753 KA / Noord-Holland

Aan Noordzee	1 EHKNOPQSU	N 6
Westerduinweg 34	2 QRWXY	FG 7
24 Mrz - 23 Okt	3 ABMN	CDEFJMNQUV 8
+31 2 24 56 31 09	4 FH	J 9
info@aannoordzee.nl	5 D	ABCEHJKOPQY 10
	Anzeige auf dieser Seite 10A CEE	❶ €57,70
N 52°47'59'' E 04°41'40''	8ha 190T(100-120m²) 33D	❷ €60,35

N9 Alkmaar-Den Helder. In St. Maartensvlotbrug Richtung St. Maartenszee bis zum Kreisverkehr an den Dünen. Rechts ab, ca. 800m, 2. CP rechts. 107649

St. Maartenszee, NL-1753 BA / Noord-Holland

Duincamping De Lepelaar	1 ABDEHKNOPSU	6
Westerduinweg 15	2 IRUWXYZ	ABDEFG 7
1 Apr - 1 Okt	3 ABCFMS	ACEFGIJKNQRTW 8
+31 2 24 56 13 51	4 BFHJL	ABDFJV 9
info@delepelaar.nl	5 ABDEGHJMN	ABCFGHIJKNSTUY 10
	6-10A CEE	❶ €37,00
N 52°48'09'' E 04°41'48''	16ha 214T(20-80m²) 106D	❷ €47,00

N9 Alkmaar-Den Helder, Ausfahrt St. Maartenszee bis zum Kreisel an den Dünen. Dort rechts. Rezeption nach 1,3 km links. Erst neben dem Weg parken. 105459

Warmenhuizen, NL-1749 VW / Noord-Holland

Landschapscamping de Kolibrie	1 ABEHKNOPQSU	6
De Groet 2	2 IQWXY	ABFGHK 7
1 Apr - 1 Okt	3 ACFHILMUX	ABEFHJNPQRTUVW 8
+31 2 26 39 45 39	4 BFHJKL	FJVWY 9
info@dekolibrie.eu	5 ADN	ABCDFGHJKOS 10
	Anz. auf dieser Seite B 6-10A CEE	❶ €28,20
N 52°41'58'' E 04°44'46''	4ha 100T(150-280m²) 18D	❷ €33,20

N245 Alkmaar-Schagen, Ausfahrt N504 Schoorl/Koedijk. Bis zum Kanal, dann rechts. 1. Straße rechts. An der 3er-Gabelung rechts (Diepsmeerweg). Der Straße bis zum CP folgen. 120899

Tuitjenhorn, NL-1747 CA / Noord-Holland

Capfun de Bongerd	1 ABDEHKNOPQRSU	BCEGHIN 6
Bongerdlaan 3	2 QWXY	ABDEFGHK 7
1 Apr - 1 Okt	3 ABCDEFLMSV	ABCDFGJKNQRTUV 8
+31 2 26 39 14 81	4 BCHKL	HJVW 9
bongerd@capfun.com	5 ACDEFGKLMN	BCEHIJKMOPQXY 10
	B 10A CEE	❶ €66,65
N 52°44'06'' E 04°46'33''	36ha 128T(100-120m²) 663D	❷ €81,35

N245 Alkmaar-Schagen, Ausfahrt Tuitjenhorn/Industriegebiet De Banne, dann den CP-Schildern folgen. 105461

Velsen-Zuid, NL-1981 EH / Noord-Holland

Natuurkampeerterrein Schoonenberg	1 ABEHKNOPQRSU	6
Driehuizerkerkweg 15D	2 ABPQRSWXYZ	ABDEK 7
1 Apr - 31 Okt	3 ACLM	ABCDFNR 8
+31 2 55 52 39 98	4	VW 9
info@campingschoonenberg.nl	5 DN	ABCJKNRS 10
	4A CEE	❶ €36,00
N 52°27'10'' E 04°38'24''	2,5ha 70T(60-100m²)	❷ €36,00

Über die A9 auf die A22, dann N202 Richtung IJmuiden folgen. CP mit kleinen Schildern angezeigt. 109794

Zijdewind, NL-1736 ET / Noord-Holland

de Boerenzwaluw	1 AEKNOPQRSTU	6
Vennikerweg 3	2 QWXY	ABDEF 7
31 Mrz - 8 Okt	3 ACFM	ABCDFGHJNPRTW 8
+31 6 51 14 93 46	4 FH	9
info@campingboerenzwaluw.nl	5	AFGHJKOQ 10
	B 2-16A CEE	❶ €30,00
N 52°44'56'' E 04°49'56''	2ha 89T(140m²)	❷ €40,00

N241 Opmeer-Schagen. Bis zum Kreisel 1,5 km nördlich von Zijdewind oder 2 km südlich von der Ausfahrt Haringhuizen. Im Kreisel Richtung Westen abbiegen. Zum Vennikerweg bis Nr 3 fahren, dort ist der Camping. 124139

Teilkarte Nord-Holland auf Seite 86

Süd-Holland

Barendrecht, NL-2991 SB / Zuid-Holland

Recreatiepark de Oude Maas	1 ADEHJMOPQRSTU	NXYZ 6
Achterzeedijk 1a	2 ACQWXY	ABFG 7
1 Jan - 31 Dez	3 BM	ABCDEFJNQRTUV 8
+31 7 86 77 24 45	4 H	EV 9
info@ recreatieparkdeoudemaas.nl	5 ADM	ABEFGHJKORSY 10
	B 12A CEE	① €26,00
N 51°49'57'' E 04°33'08''	12ha 100T(100-120m²) 130D	② €34,00

A29, Ausfahrt Barendrecht, Schildern folgen. A15, Abfahrt Barendrecht und dann Schildern folgen. — 105435

Brielle, NL-3231 NC / Zuid-Holland

De Krabbeplaat	1 ACDEKNOPQRSU	FLNQSXYZ 6
Oude Veerdam 4	2 ADEJQWY	ABCDEFGH 7
1 Apr - 21 Okt	3 BEFLMNV	ABCDEFNPQRTW 8
+31 1 81 41 23 63	4 ABCDFHJKLOPQ	CFIJQRTVW 9
info@krabbeplaat.nl	5 ACDEFGHKMN	ABEFGHIJKNOPQY 10
	Anzeige auf dieser Seite 10A CEE	① €38,60
N 51°54'36'' E 04°11'05''	18ha 68T(81-120m²) 372D	② €45,00

A16 Breda-Rotterdam, Ausfahrt Europoort. Dieser Straße folgen bis Brielle. Vor Brielle ausgeschildert (Ausfahrt Brielse Maas-Noord). — 105403

Brielle, NL-3231 AA / Zuid-Holland

Camp. Jachthaven de Meeuw	1 ADEKNOPQRSU	LNQSXYZ 6
Batterijweg 1	2 EJQWXY	ABDFGH 7
24 Mrz - 30 Okt	3 BFLM	ADEFIJNQRTUVW 8
+31 1 81 41 27 77	4 BDHJOP	FJV 9
info@demeeuw.nl	5 DEFKMN	ABGHJKNOPQY 10
	Anzeige auf dieser Seite B 10A CEE	① €38,10
N 51°54'24'' E 04°10'31''	13ha 165T(80-130m²) 256D	② €48,65

A15 Ausfahrt Europoort anhalten. Brielle folgen. In Brielle ausgeschildert. — 101327

Delft, NL-2616 LJ / Zuid-Holland

Vakantiepark Delftse Hout	1 ACDEJMOPSTU	BGLNQ 6
Korftlaan 5	2 APQWXY	ABDEFGH 7
24 Mrz - 31 Okt	3 BFLM	ABCDFGJKNQRTUVW 8
+31 1 52 13 00 40	4 ABEFHJLO	ABCEFJVY 9
info@delftsehout.nl	5 ACDEFHLMN	ABCEFGHIJKOQVWY 10
	Anz. auf dieser Seite B 6-16A CEE	① €38,10
N 52°01'05'' E 04°22'45''	6ha 200T(100-120m²) 84D	② €46,70

A13, Ausfahrt 9 Delft, ab hier ausgeschildert. — 105404

ACSI AWARDS 2022

GEWINNER

Schönste Wohnmobilstellplätze Niederlande

Vakantiepark Delftse Hout

Delft, NL-2629 HE / Zuid-Holland

Naturistencamping Abtswoudse Hoeve
Rotterdamseweg 213-215
1 Apr - 1 Okt
+31 6 20 28 73 93
info@navah.nl
N 51°58'40'' E 04°22'58''

1 AEHKNOPQSU	LMN	6
2 ABCFQWXY	ABFGH	7
3 ALMSTU	ABEFJNQRUW	8
4 P	MTVY	9
5 DKN	ABCFGHIJKMOSTY	10

FKK 10A CEE
15,6ha 55T(100-120m²) 120D
❶ €33,60 ❷ €34,45
A13 Ausfahrt 10 Delft-Süd, die N470 Richtung Delft Ausfahrt TU Delft. Am Ende der Ausfahrt links Midden-Delfland, Rotterdamseweg und dann der Beschilderung folgen. 121066

Den Haag, NL-2555 NW / Zuid-Holland

CC€23

Kampeerresort Kijkduin
Machiel Vrijenhoeklaan 450
1 Jan - 31 Dez
+31 7 04 48 21 00
info@kijkduinpark.nl
N 52°03'36'' E 04°12'43''

1 ADKNOPQRTU	EGKMNQS	6
2 AHJPQRWY	ABDEFG	7
3 ABCDFGJLMNQSU	ABDEFGIJKNQRTUVW	8
4 ABFHJOSU	CEJVXY	9
5 ACDEFGHJKLNO	ABEHIKMOPQY	10

Anzeige auf dieser Seite B 10A CEE
29ha 350T(80-120m²) 532D
❶ €56,00 ❷ €56,00
Bei Kijkduin (Südwestlich von Den Haag). Über die A12 Den Haag einfahren. Weiter Richtung Kijkduin. Dann CP-Schilder befolgen. 105401

's-Gravenzande, NL-2691 KV / Zuid-Holland

Jagtveld
Nieuwlandsedijk 41
1 Apr - 1 Okt
+31 1 74 41 34 79
info@jagtveld.nl
N 51°59'48'' E 04°08'01''

1 AGILOPQRSTU	KMQRS	6
2 AGJPQX	ABDEFGH	7
3 AM	ABCDFJNQRUVW	8
4 DFHJ	EVW	9
5 DMN	ABCFGHJKOPQY	10

4-10A CEE
3,3ha 48T(70-100m²) 135D
❶ €40,00 ❷ €52,00
Von Rotterdam A20 und N220 Richtung Hoek van Holland. Am Ende der N220 (Maasdijk) geradeaus. Auch über die N211 und dann Richtung Hoek van Holland zu erreichen. Beschilderung folgen. 105402

Katwijk aan Zee, NL-2225 JS / Zuid-Holland

Strandcamping Zuidduinen
Zuidduinseweg 1
1 Apr - 30 Sep
+31 7 14 01 47 50
info@zuidduinen.nl
N 52°11'41'' E 04°23'26''

1 ADEHILOPQRSTU	KQS	6
2 AGJQRSWX	ABDEFG	7
3 BMS	ABCDEFJKNQRTUW	8
4 BFHJLQ	ABEFVWX	9
5 ACDEFHKMN	ABCGHIJKOSTY	10

B 10-16A CEE
5ha 300T(70-90m²) 92D
❶ €45,80 ❷ €51,10
Von der A44 und N206 Abfahrt Katwijk aan Zee fahren und dann den Schildern Zuid-Boulevard folgen. Anschließend den CP-Schildern folgen. 105399

's-Gravenzande, NL-2691 KR / Zuid-Holland

Strandpark Vlugtenburg
't Louwtje 10
1 Jan - 31 Dez
+31 1 74 41 24 20
info@vlugtenburg.nl
N 52°00'07'' E 04°08'11''

1 ACDEKNOPQRSU	KMQS	6
2 GJPQRWY	ABFG	7
3 ABM	ABCDEFJNQRTUVW	8
4 BFH	EJV	9
5 ADEFGJKN	ABEFGHIJKMOPQWY	10

16A CEE
7ha 90T(80-150m²) 105D
❶ €37,60 ❷ €45,90
Von Rotterdam die A20 und N220 Richtung Hoek van Holland. In 's-Gravenzande der CP-Beschilderung folgen. Von Den Haag Richtung Hoek van Holland über die N211, der Beschilderung folgen. 111065

Melissant, NL-3248 LH / Zuid-Holland

CC€19

Elizabeth Hoeve
Noorddijk 8a
1 Apr - 31 Okt
+31 1 87 60 15 48
info@campingelizabethhoeve.nl
N 51°45'47'' E 04°04'10''

1 AEHKNOPQRSTU	NX	6
2 QWXY	ABDFG	7
3 ABLMSU	ABDEFNQRUVW	8
4 H		9
5 D	ABDFGHIJKOQY	10

Anzeige auf dieser Seite 16A CEE
8ha 18T(250m²) 80D
❶ €25,10 ❷ €25,10
N215, von Hellevoetsluis oder Ouddorp beim Km-Pfahl 13,4 rechts ab, von Middelharnis bei Km-Pfahl 13,4 links ab. 110214

Hellevoetsluis, NL-3221 LJ / Zuid-Holland

CC€21

't Weergors
Zuiddijk 2
1 Jan - 31 Dez
+31 1 81 31 24 30
info@weergors.nl
N 51°49'46'' E 04°06'57''

1 ADEKNOPQRSTU	FNQSXY	6
2 JQY	ABDEFGH	7
3 BEFMSV	ABCDEFGJKMNQRTW	8
4 JLO	BCEFJKLVY	9
5 CDELMN	ABEFGHJKMNOPQY	10

Anzeige auf dieser Seite 6A CEE
7ha 100T(90m²) 176D
❶ €32,35 ❷ €39,70
N57, Abfahrt Hellevoetsluis. Den Schildern folgen. 105387

Nieuwe-Tonge, NL-3244 LK / Zuid-Holland

CC€19

de Grevelingen
Havenweg 1
14 Mrz - 31 Okt
+31 1 87 65 12 59
info@degrevelingen.nl
N 51°42'20'' E 04°08'10''

1 AEHKNOPQSTU	NQSTWXYZ	6
2 CEQWX	ABFGH	7
3 BFMSU	ABCDEFINQRTUVW	8
4 JQ	Y	9
5 DEMN	BFGHJKOPQY	10

Anzeige auf dieser Seite 10A CEE
6ha 80T(100-125m²) 275D
❶ €24,80 ❷ €35,20
N215, von Oude-Tonge Richtung Nieuwe-Tonge, ab hier ausgeschildert. 105393

Hoek van Holland, NL-3151 VP / Zuid-Holland

Hoek van Holland
Wierstraat 100
1 Mrz - 31 Okt
+31 1 74 38 25 50
campinghvh@rotterdam.nl
N 51°59'22'' E 04°07'41''

1 ADEHILOPSU	KMNQ	6
2 JPQRWY	ABFG	7
3 BFM	ABCDEFJNQRT	8
4 HJ	FV	9
5 ACDEMN	ABCEFGHIJKOQY	10

10A CEE
5,5ha 117T(100m²) 213D
❶ €38,50 ❷ €46,50
A20 Den Haag-Rotterdam, Ausfahrt Hoek van Holland, ab hier ausgeschildert. 105386

Katwijk aan Zee, NL-2221 EW / Zuid-Holland

Molecaten Park Noordduinen
Campingweg 1
1 Jan - 31 Dez
+31 7 14 02 52 95
noordduinen@molecaten.nl
N 52°12'37'' E 04°24'37''

1 ADEHILOPQRSTU	BEGK	6
2 AGJPQSWXY	ABDEFGK	7
3 ABFGHM	ABCDEFGJKNQRSTUVW	8
4 BJLO	EJVWX	9
5 ABDEFKMN	ABCEHIJKOSTY	10

Anzeige auf Seite 129 B 10A CEE
11ha 210T(85-100m²) 154D
Preise auf Anfrage
A44, Ausfahrt 8 (N206) Richtung Katwijk, Ausfahrt Katwijk-Noord. CP-Beschilderung folgen. 105427

Niederlande

Teilkarte Süd-Holland auf Seite 92

Noorden, NL-2431 AA / Zuid-Holland
CC€21 iD

Koole Kampeerhoeve	1 AHKNOPQSTU	N 6
Hogedijk 6	2 PQY	ABDEF 7
1 Apr - 1 Okt	3 BF	ABCDEFJNRW 8
+31 1 72 40 82 06	4 H	FVW 9
info@kampeerhoevekoole.nl	5 D	ABFGHJKOQ 10
	Anzeige auf dieser Seite 6A CEE	❶ €26,95
N 52°09'52" E 04°49'08"	1ha 40T(40-100m²) 1D	❷ €26,95

A2, Ausfahrt 5 Richtung Kockengen (N401). Hinter Kockengen im Kreisel rechts (N212), 1. Straße links Richtung Woerdens Verlaat/Noorden. CP in Noorden hinter der Kirche mit eigenem Schild ausgewiesen. 101555

Noordwijk, NL-2204 AN / Zuid-Holland
iD

De Carlton	1 AHKNOPQS	6
Kraaierslaan 13	2 AQSWX	ABFG 7
1 Apr - 15 Okt	3 BHIL	ABFJNR 8
+31 2 52 37 27 83	4 H	EFV 9
info@campingcarlton.nl	5 DN	ABGHIJKOQ 10
	B 10-16A CEE	❶ €33,70
N 52°16'17" E 04°28'35"	2,1ha 55T(100-150m²) 46D	❷ €39,80

A44, Ausfahrt 3 Sassenheim/Noordwijkerhout Richtung Noordwijkerhout. Am Kreisverkehr am Kongresszentrum rechts ab (Gooweg). Am nächsten Kreisverkehr links ab (Schulpweg). Hinter der Manege Bakker rechts ab. 105423

Noordwijk, NL-2204 AS / Zuid-Holland
CC€23 iD

De Duinpan	1 ADEHKNOPQSU	6
Duindamseweg 6	2 AQSWXY	ABFG 7
1 Jan - 31 Dez	3 AL	ABCDEFNQRUVW 8
+31 2 52 37 17 26	4 HI	IJUVW 9
contact@campingdeduinpan.com	5 ADFHJLM	ABCDEGHIJKOPQ 10
	Anzeige auf Seite 95 16A CEE	❶ €38,50
N 52°16'06" E 04°28'11"	3,5ha 81T(100-140m²) 20D	❷ €48,50

A44, Ausfahrt 3 Sassenheim/Noordwijkerhout, Ri. Noordwijkerhout. Am Kreisverkehr am Kongresszentrum rechts ab (Gooweg). Beim nächsten Kreisverkehr links ab (Schulpweg) geht über in Duindamseweg. 105425

Noordwijk, NL-2204 AN / Zuid-Holland
iD

De Wulp	1 ADEHILOPQRSTU	6
Kraaierslaan 25	2 AQSWXY	ABDEFG 7
31 Mrz - 29 Okt	3 ABLM	ABEFJNQRTUVW 8
+31 2 52 37 28 26	4 BJOPQ	VW 9
camping@dewulp.com	5 ADEFHKN	ABCEGHIJKOQY 10
	6-10A CEE	❶ €34,15
N 52°16'26" E 04°28'40"	2,5ha 54T(80-100m²) 100D	❷ €42,15

A44, Ausf. 3 Sassenheim/Noordwijkerhout, Ri. Noordwijkerhout. Der N443 bis zum NH Hotel/Congrescentrum folgen. Im Kreisverkehr rechts (Gooiweg) Ri. Noordwijkerhout. Im nächsten Kreisverkehr links (Schulpweg), Beschilderung folgen. 105421

Noordwijk, NL-2204 BC / Zuid-Holland
iD

Le Parage	1 ADEHKNOPSTU	6
Langevelderlaan 43	2 AQRWXY	ABDEFGH 7
1 Mrz - 31 Okt	3 BFLM	ABCEFJNRTUW 8
+31 2 52 37 56 71	4 FH	V 9
info@leparage.nl	5 DN	BCGHIJKORS 10
	Anzeige auf Seite 95 6-10A CEE	❶ €37,10
N 52°16'57" E 04°29'12"	4ha 61T(85-100m²) 105D	❷ €50,20

N206 Ausfahrt Langevelderslag, Richtung Langevelderslag. 2. Straße links. Am Ende rechts. CP ist ausgeschildert. 105417

Noordwijkerhout, NL-2211 XR / Zuid-Holland
CC€17 iD

Op Hoop van Zegen	1 ADEKNOPQSU	6
Westeinde 76	2 AQXY	ABFGH 7
15 Mrz - 15 Okt	3 ABDFM	ABCFGJKNPQRTW 8
+31 2 52 37 54 91	4 FHIK	V 9
info@campingophoopvanzegen.nl	5 ADMN	ABCDFGHJKOPRSUY 10
	Anz. auf dieser Seite B 6-12A CEE	❶ €23,60
N 52°14'56" E 04°27'49"	1,8ha 140T(80-100m²)	❷ €35,10

A44, Ausfahrt Sassenheim/Noordwijkerhout, Richtung Noordwijkerhout. Am Kreisverkehr beim Kongresszentrum geradeaus. An der Gabelung links ab. 105419

Noordwijkerhout, NL-2211 ZC / Zuid-Holland
iD

Sollasi	1 AEHKNOPQRSTU	LNQS 6
Duinschooten 14	2 AEJKQSWXY	ABFG 7
15 Mrz - 1 Nov	3 BL	ACDFMNRTW 8
+31 2 52 37 64 37	4 HJO	V 9
info@sollasi.com	5 ADEFHK	ABCGHIJKMOQ 10
	Anzeige auf Seite 95 10A CEE	❶ €37,10
N 52°17'04" E 04°30'19"	20ha 65T(60-80m²) 110D	❷ €50,20

A4, Ausfahrt Nieuw-Vennep, Richtung Lisse, Schildern Keukenhof folgen, Richtung Langevelderslag. Nach Viadukt zweite Straße links. 100776

Oostvoorne, NL-3233 XD / Zuid-Holland
iD

Gorshoeve	1 AEHJMOPQSU	6
Kamplaan 4	2 QWY	ABFG 7
1 Apr - 1 Okt	3 ABLM	ABEFNQRTW 8
+31 1 81 48 23 18	4 H	J 9
info@camping-gorshoeve.nl	5 ALMN	ABEGHJKOPRS 10
	6A CEE	❶ €24,90
N 51°55'16" E 04°07'05"	2,5ha 40T(100m²) 67D	❷ €32,90

N15 Europoort-Oostvoorne. N218 Oostvoorne, Ausfahrt Kruininger Gors. Den Schildern 'Camping Gorshoeve' folgen. 113433

Ouddorp, NL-3253 LP / Zuid-Holland
iD

Brouwersdam	1 ADEKNOPQRSTU	XY 6
Oudelandseweg 100	2 HQTWX	ABFG 7
1 Jan - 31 Dez	3 AF	ABCDEFJNQRUV 8
+31 6 82 68 69 05	4	9
info@campingbrouwersdam.nl	5 ADN	ABFGHJKOPQ 10
	Anzeige auf dieser Seite 16A CEE	❶ €37,00
N 51°47'27" E 03°52'29"	2ha 20T(130-200m²)	❷ €40,00

A29, Ausfahrt N59 Zierikzee. Bei Oude Tonge Richtung Ouddorp abbiegen. Hinter Ouddorp, kurz vor Brouwersdam, finden Sie den Campingplatz auf der rechten Seite. 125039

Teilkarte Süd-Holland auf Seite 92

Ouddorp, NL-3253 MG / Zuid-Holland

CC€23 iD

Camping Port Zélande
Port Zélande 2
1 Jan - 31 Dez
+31 1 11 67 40 20
camping.portzelande@groupepvcp.com
N 51°45'22'' E 03°51'53''

1 ADE**JM**OPQRSTU **BEG**HIKLNPQRSTXYZ 6
2 EGJKRXY ABDE**FG**HK 7
3 AF**HIJ**M**NOR**S**T**V**W** ABCDEFIKNQRTW 8
4 AFHJKLMN**PQSTUVZ** CFLOQRTUVWY 9
5 ACEFGHILN ABFGHIJKMOPQY 10
Anz. auf dieser Seite B 6-10A CEE ① €59,70
6ha 220**T**(100m²) 10**D** ② €77,40
112020

Von Zierikzee N59 Renesse - Burgh-Haamstede. Dann N57 Ouddorp-Rotterdam, Beschilderung Port Zélande/Kabbelaarsbank folgen.

Ouddorp, NL-3253 LR / Zuid-Holland

CC€23 iD

RCN Vakantiepark Toppershoedje
Strandweg 2-4
24 Mrz - 29 Okt
+31 8 50 40 07 00
reserveringen@rcn.nl
N 51°49'24'' E 03°55'00''

1 ACDEH**KN**OPQRSU KN 6
2 HJPQRY BE**FG**H 7
3 BCEFMU BCDF**M**NQRTW 8
4 BJ CEFIJVWXY 9
5 ACDEFHJKLM ABHJKOPQY 10
B 10-16A CEE ① €41,40
13ha 138**T**(100m²) 167**D** ② €53,80
105390

Autobahn Hellegatsplein-Oude Tonge-Ouddorp. In Ouddorp ist der CP ausgeschildert.

Rockanje, NL-3235 LL / Zuid-Holland

CC€21 iD

Midicamping Van der Burgh
Voet- of Kraagweg 9
1 Jan - 31 Dez
+31 1 81 40 41 79
info@midicamping.nl
N 51°51'23'' E 04°05'36''

1 AEH**KN**OPQRSTU 6
2 QXY A**BFG** 7
3 BIMU ABCDE**FG**J**M**NPQRUVW 8
4 BHK EVY 9
5 AMN ABDFGHJK**O**PQY 10
Anzeige auf dieser Seite 10A CEE ① €26,90
5ha 85**T**(150m²) 29**D** ② €33,75
121013

Rotterdam-Europoort A15, Ausfahrt 12 Richtung Brielle. N57 Rockanje dort die N496, in Rockanje ausgeschildert.

Rijnsburg, NL-2231 NW / Zuid-Holland

CC€23 iD

Vakantiepark Koningshof
Elsgeesterweg 8
25 Mrz - 29 Okt
+31 7 14 02 60 51
info@koningshofholland.nl
N 52°11'58'' E 04°27'16''

1 ADE**JM**OPQRSTU BEGHN 6
2 AQSTWY ABDE**FG** 7
3 BDEF**L**MU ABCDEFJK**M**NQRTUVW 8
4 **A**BDHJLO CEFVW 9
5 ACDEFHLM**N** ABEFGHIJKOPQY 10
Anzeige auf dieser Seite B 10A CEE ① €42,80
8,7ha 200**T**(80-100m²) 135**D** ② €54,10
101320

A44, Ausfahrt 7 Oegstgeest/Rijnsburg, Richtung Rijnsburg. In Rijnsburg CP-Beschilderung folgen.

Rockanje, NL-3235 LA / Zuid-Holland

CC€21 iD

Molecaten Park Rondeweibos
Schapengorsedijk 19
24 Mrz - 1 Nov
+31 1 81 40 19 44
rondeweibos@molecaten.nl
N 51°51'25'' E 04°05'04''

1 ADE**KN**OPSU BFN 6
2 GJPQRWXY ABDE**FGH** 7
3 BFM**N**S ABCDEFNQRTUVW 8
4 FHJNOPQ EVY 9
5 ACDEFLM ABEFGHIJK**O**QY 10
Anzeige auf Seite 129 10A CEE ① €48,55
32ha 100**T**(80m²) 894**D** ② €54,45
108376

A15/N57. Ausfahrt Rockanje. Den Schildern Rondeweibos folgen.

Rockanje, NL-3235 CC / Zuid-Holland

CC€19 iD

Molecaten Park Waterbos
Duinrand 11
24 Mrz - 1 Nov
+31 1 81 40 19 00
waterbos@molecaten.nl

1 ADEILOPSU	BGN	6
2 QRWXYZ	BEFG	7
3 BFMS	ABCDEFJMNQRTW	8
4 BHJLOP	ABEJVY	9
5 ABDEK	ABEFGHJKOQY	10
Anzeige auf Seite 129 B 10A CEE	❶ €44,50	
7,5ha 118T(100m²) 268D	❷ €50,35	

N 51°52'48" E 04°03'15"
A15, Ausfahrt Europoort nehmen, Richtung Hellevoetsluis, Ausfahrt Rockanje, danach den Schildern folgen. 108295

Stad aan 't Haringvliet, NL-3243 LD / Zuid-Holland

iD

't Vogelnest
Oostmoerse Scheidweg 2
1 Apr - 15 Okt
+31 1 87 61 12 52
info@campinghetvogelnest.nl

1 AEJMOPQRSTU	N	6
2 QWY	ABFG	7
3 AHIX	ABCDEFJNQRW	8
4		9
5 AD	ABFGHJKOQY	10
Anzeige auf dieser Seite 6-10A CEE	❶ €23,40	
5,5ha 60T(200-260m²) 80D	❷ €30,80	

N 51°43'22" E 04°13'54"
A 29, Bergen op Zoom-Rotterdam. Am Hellegatsplein die Ausfahrt Zierikzee N59 nehmen. An der 1. Ampel Ri. Den Bommel abbiegen. Von hier aus ausgeschildert. 122082

Stellendam, NL-3251 AG / Zuid-Holland

iD

Vlugtheuvel
Eendrachtsdijk 10
15 Mrz - 1 Nov
+31 1 87 49 12 81
info@vlugtheuvel.nl

1 AEJMOPQRSTU		6
2 QWY	ABFGHK	7
3 BMS	ABCDEFNQRUVW	8
4 FH	XY	9
5 N	ABFGHJKOPQY	10
16A CEE	❶ €27,50	
7ha 50T(180-200m²) 79D	❷ €33,50	

N 51°48'01" E 04°01'58"
Von Rotterdam die N57, Ausfahrt Stellendam-Noord. Am Ende der Ausfahrt links der Straße folgen. 121027

Ter Aar, NL-2461 GW / Zuid-Holland

De oude Rijn
Westkanaalweg 123
1 Jan - 31 Dez
+31 6 19 95 79 30
campingdeouderijn@gmail.com

1 BDEKNOPQRSTU	JX	6
2 ACQXY	AB	7
3 ABU	ABEFNQRSW	8
4 K	AFOT	9
5	ABCKOQ	10
8-16A CEE	❶ €25,00	
0,7ha 60T(100m²) 14D	❷ €30,00	

N 52°09'12" E 04°42'20"
A4 Richtung Den Haag. Ausfahrt 4, Nieuw Vennep. Der N207 Richtung Alphen a/d Rijn-Boskoop folgen. Dann die N460 nach Ter Aar, Oostkanaalweg Richtung Ter Aar. In Ter Aar links ab Westkanaalweg in etwa 1,6 km. 119868

Warmond, NL-2362 AH / Zuid-Holland

iD

Spijkerboor
Boekhorsterweg 21
1 Apr - 1 Okt
+31 8 57 60 44 69
info@campingspijkerboor.nl

1 AEHJMOPSU	LNQSXYZ	6
2 AEOQRSWXY	BEFG	7
3 AFM	ABCDEFJNQRUVW	8
4 JOQ	RVW	9
5 D	ABCHIJKOSTY	10
6-10A CEE	❶ €30,50	
4ha 64T(80-100m²) 115D	❷ €38,50	

N 52°11'28" E 04°33'35"
A4, Ausfahrt 6 Hoogmade, Richtung Rijpwetering. Nach ca. 2 km Richtung Oud Ade (CP-Schild). Vor Oud Ade an den Wassermühlen links ab, hinter der 2. Brücke links. 105430

Wassenaar, NL-2244 BH / Zuid-Holland

Duinhorst
Buurtweg 135
1 Apr - 30 Sep
+31 7 03 24 22 70
info@duinhorst.nl

1 DEILOPQSTU	BF	6
2 AQRXYZ	ABDEFGH	7
3 BFLMNSU	ABCDEFGJKNQRTUVW	8
4 BHJOR	FV	9
5 ABDEFHKLMN	ABCEFGHIJKNOPRSY	10
B 6-10A CEE	❶ €32,00	
11ha 181T(50-110m²) 199D	❷ €42,00	

N 52°06'39" E 04°20'36"
Ortsgrenze Den Haag-Wassenaar. Nur über die N440 (Landscheidingsweg) aus Richtung Den Haag, Ausfahrt Duindigt/Duinhorst folgen. CP mit ANWB-Schildern angezeigt. 105400

Wassenaar, NL-2241 BN / Zuid-Holland

iD

Maaldrift
Maaldrift 9
1 Apr - 30 Sep
+31 7 05 11 36 88
campingmaaldrift@hotmail.com

1 ADEHKNOPQSU		6
2 AQWXY	ABFG	7
3 AL	ABCDEFNQRTUVW	8
4 HJK		9
5 DEHN	ABCEHJKQY	10
Anzeige auf dieser Seite B 6A CEE	❶ €20,25	
3ha 95T(50-100m²) 55D	❷ €29,65	

N 52°09'10" E 04°26'02"
Im Norden von Wassenaar (übergang A44/N44) an der Ampel abfahren (von Den Haag links, von Amsterdam rechts). Anschließend den CP-Schildern folgen. Die Straße läuft parallel zur A44. 105431

Wassenaar, NL-2242 JP / Zuid-Holland

Vakantie- en attractiepark Duinrell
Duinrell 1
1 Apr - 5 Nov
+31 7 05 15 52 55
info@duinrell.nl

1 DEKNOPQRSU	BEGHI	6
2 ABPQRWXYZ	ABDEFGH	7
3 BEJLMQRSU	ABCDEFGKMNQRSTUVW	8
4 BDFHJLOPQV	BCGJLVWY	9
5 ACDEFGHILMO	ABCEGHIKLOPQXY	10
B 6-16A	❶ €87,30	
20ha 610T(80-100m²) 459D	❷ €124,00	

N 52°08'45" E 04°23'15"
Schildern 'Duinrell' (Vergnügungspark u/o CP) folgen. Beschildert ab der N44/A44 Den Haag-Leiden. 101319

Zevenhuizen, NL-2761 ED / Zuid-Holland

CC€19 iD

Recreatiepark De Koornmolen
Tweemanspolder 6A
31 Mrz - 1 Okt
+31 1 80 63 16 54
info@koornmolen.nl

1 ADEHKNOPQRSTU	ELNQS	6
2 ACEQTXYZ	ABDEFGH	7
3 BFLMU	ABCDFJMNQRTW	8
4 BCEFHJKLOR	ABFJVXY	9
5 ADEFKLMN	ABDFHIJKOQY	10
Anzeige auf dieser Seite B 6A CEE	❶ €29,70	
6ha 88T(90-140m²) 129D	❷ €50,70	

N 52°00'32" E 04°33'54"
A12 Ausf. 9 Zevenhuizen-Waddinxveen auf der A20 Ausf. 17 Nieuwerkerk a/d IJssel-Zevenhuizen. Dann Ri. Zevenhuizen. An der Feuerwehr links ab Tweemans Polder. Nach ca 1 km rechts liegt die Einfahrt von De Koornmolen. 105433

Zoetermeer, NL-2716 MA / Zuid-Holland

iD

De Drie Morgen
Leidschendamseweg 3
1 Jan - 31 Dez
+31 7 93 51 51 07
mail@dedriemorgen.nl

1 ADEFHKNOPQRSTU		6
2 AQTX	ABDEFG	7
3 AF	ABEFGHIJNQRTUVW	8
4 FHIJ	V	9
5 ADN	ABCFJKOPQY	10
10A CEE	❶ €26,30	
3,5ha 90T(100m²)	❷ €37,60	

N 52°04'05" E 04°26'47"
A3/A12 Richtung Den Haag, am Kreuz Prins Clausplein abfahren, dann Ausfahrt 8 Leidschendam nehmen. An der Ampel links abbiegen auf Zoetermeerse Rijweg. 119870

CampingCard ACSI, gut zu wissen

- Nur gültig auf teilnehmenden CampingCard ACSI-Campingplätzen
- Nur gültig in den mit dem Campingplatz vereinbarten Akzeptanzzeiträumen
- Zusatzkosten nicht inbegriffen
- Begrenzte Anzahl von Stellplätzen verfügbar

Teilkarte Süd-Holland auf Seite 92

Zeeland

AMSTERDAM
Scharendijke
Renesse
Brouwershaven
Ellemeet
Burgh-Haamstede
Westenschouwen/
Burgh-Haamstede
N57
N59
Schouwen-Duiveland
Zierikzee
Oosterland
Dirksland
Süd-Holland
Zuidzijde
Numansdorp
92
A29
A59
Nordsee
Oosterschelde
Ouwerkerk
Nord-Brabant
Vrouwenpolder
Kamperland
Noord-Beveland
Domburg
Oostkapelle
Kortgene
Tholen
Steenbergen
Poortvliet
Tholen
N259
Walcheren
Wolphaartsdijk
N256
Halsteren
Zoutelande
Arnemuiden
Goes
Wemeldinge
A4
Bergen op Zoom
150
Groot Valkenisse/Biggekerke
Middelburg
Zuid-Beveland
Oost-Souburg
N254
E312
A58
Dishoek/Koudekerke
Vlissingen
Kruiningen
Westerschelde
Cadzand-Bad
Nieuwvliet-Bad
Breskens
Baarland
Retranchement/Cadzand
Groede
Nieuwvliet
Knokke-Heist
Cadzand
Zeebrugge
Berendrecht
Terneuzen
Hengstdijk
Westkapelle
Oostburg
N31
N300
Sluis
Hoek
A11
St. Kruis/Oostburg
Zeeuws-Vlaanderen
Hulst
Kieldrecht
A12
Ekeren
Sint-Pieters-op-de-Dijk
Axel
Kallo
N49
Bassevelde
Assenede
N403
Brugge
Sijsele
Maldegem
Adegem
BELGIEN
Melsele
Antwerpen
N9
E34
N62
A11
E34
Beveren
Zwijndrecht
Sint-Andries
N44
Eeklo
Sint-Pauwels
CF-DEU

Baarland, NL-4435 NR / Zeeland

CC€23

Ardoer comfortcamping Scheldeoord
Landingsweg 1
25 Mrz - 30 Okt
+31 1 13 63 99 00
scheldeoord@ardoer.com
N 51°23'47'' E 03°53'53''

1	CDEH**KN**OPQRSTU	BEGHKNQ	6
2	GIJPQWY	ABCDE**FG**H	7
3	B**D**FM**N**S	ABCDEFIJK**LM**NRTUVW	8
4	**A**BEHJLO**PST**	CFJLV	9
5	ACDEFHKM**N**	ABCEFGHIJK**O**PQUY	10

Anzeige auf Seite 97 16-20A CEE
17ha 200**T**(120m²) 202**D**
① €55,00
② €67,00
100812

A58 Ausfahrt 's-Gravenpolder (35). Über 's-Gravenpolder nach Hoedekenskerke. Schildern 'Scheldeoord' folgen.

Burgh-Haamstede, NL-4328 GR / Zeeland

Ardoer camping Ginsterveld
Maireweg 10
1 Apr - 30 Okt
+31 1 11 65 15 90
ginsterveld@ardoer.com
N 51°42'59'' E 03°43'46''

1	ACEILOPQRSU	BEN**X**	6
2	PQRWY	ABD**FG**K	7
3	BFMV	BCDEFIJK**M**NQRTUV	8
4	HJL	JVWX	9
5	ACDEFGKLM**N**	ABEGHIJKOPQY	10

Anzeige auf Seite 97 B 6-16A CEE
14ha 310**T**(80-100m²) 323**D**
① €54,50
② €66,00
100801

Ab Burgh-Haamstede ausgeschildert. Der R107 folgen.

Brouwershaven, NL-4318 TV / Zeeland

CC€21

Den Osse
Blankersweg 4
31 Mrz - 29 Okt
+31 1 11 69 15 13
info@campingdenosse.nl
N 51°44'18'' E 03°53'21''

1	ADEH**KN**OPQRSTU	BGNOQRS**X**Y**Z**	6
2	QWY	ABDE**FG**H	7
3	BFM**N**	ABCDEF**M**NQRTUV	8
4	BCHJLO	EF	9
5	ABDEK**N**	ABEFGHIJK**O**PQY	10

Anzeige auf dieser Seite 6-16A CEE
8,5ha 80**T**(80-120m²) 168**D**
① €41,50
② €42,60
105392

N59 Richtung Zierikzee. In Zierikzee Richtung Brouwershaven. In Brouwershaven ausgeschildert.

Burgh-Haamstede, NL-4328 GR / Zeeland

CC€21

De Duinhoeve B.V.
Maireweg 7
23 Mrz - 29 Okt
+31 1 11 65 15 62
info@deduinhoeve.nl
N 51°43'07'' E 03°43'44''

1	ADEH**KN**OPQRST**U**	N**X**	6
2	PQRWY	AB**FG**H	7
3	A**D**EF**J**M**N**V	ABCDEFGJK**M**NQRTW	8
4	HJLO**TU**	CEJLVW	9
5	ACDEFLMN	ABFGHIJKLOPQY	10

Anzeige auf dieser Seite B 10A CEE
47,5ha 820**T**(100-110m²) 739**D**
① €46,40
② €50,30
105378

A29 Dinteloord-Rotterdam. In Hellegatsplein Richtung Zierikzee. Dann Richtung Renesse/Haamstede. Route 107 folgen.

Brouwershaven, NL-4318 TM / Zeeland

Noorder Nieuwland
Schouwsedijk 1
17 Mrz - 29 Okt
+31 1 11 69 12 23
info@campingnoordernieuwland.nl
N 51°43'48'' E 03°54'29''

1	ADE**KN**OPQST**U**	O**X**	6
2	EQWXY	AB**FG**HIK	7
3	BM	ABCDEFGJNQRTUVW	8
4	HJQ	DJ	9
5	DN	ABFGHJKOQY	10

10A CEE
2ha 90**T**(90-120m²) 25**D**
① €26,60
② €37,90
108381

N59 Richtung Zierikzee, in Zierikzee Ausfahrt Brouwershaven. Vom Brouwershaven ausgeschildert.

Teilkarte Zeeland auf Seite 97

Niederlande

Burgh-Haamstede, NL-4328 GV / Zeeland

Groenewoud
Groenewoudswegje 11
25 Mrz - 29 Okt
+31 1 11 65 14 10
info@campinggroenewoud.nl
N 51°42'29'' E 03°43'18''

1	AILOPQRSU	BGLNX	6
2	EQRWXY	ABDEFGH	7
3	BFMV	ABCDEFGJNQRTV	8
4	FHJLOPR	VW	9
5	ADEFKLM	ABDEFGHJKOPQY	10

Anzeige auf dieser Seite B 10A CEE ① €38,90
17ha 62T(100-125m²) 140D ② €49,20

Von Burgh-Haamstede Richtung Leuchtturm. Ab Ampeln vierte Straße links, nach 200m liegt der CP links. 107673

Burgh-Haamstede, NL-4328 PD / Zeeland

Rozenhof
Hogeweg 26
1 Apr - 31 Okt
+31 1 11 65 13 28
rozenhof@zeelandnet.nl
N 51°41'20'' E 03°43'40''

1	AEKNOPQRSU	X	6
2	PQRWXY	ABFGH	7
3	BM	ABCDEFGJKNPQRTUV	8
4	JLO	EJ	9
5	DEKMN	ABFGHIJKORSY	10

B 10A CEE ① €43,40
3,5ha 47T(80-130m²) 115D ② €50,20

A29 Dinteloord-Rotterdam. In Hellegatsplein Richtung Zierikzee. Dann Richtung Haamstede. N57 folgen, dann R110. 105380

Cadzand, NL-4506 HR / Zeeland

De Hoogte
Strijdersdijk 9
1 Apr - 31 Okt
+31 1 17 39 14 97
info@dehoogtecadzand.nl
N 51°22'58'' E 03°25'54''

1	AEKNOPQRU	KNQ	6
2	GQWXY	ABDEFGH	7
3	ABFLMSV	AEFHJNPQRW	8
4	BCHL	J	9
5	DMN	ABHIJKORS	10

Anzeige auf Seite 98 6A CEE ① €26,85
4,5ha 120T(80-100m²) 121D ② €37,55

Über Terneuzen (Maut) Richtung Oostburg. An der Mühle in Cadzand rechts Richtung Cadzand-Bad. 2. Straße rechts und CP-Schildern folgen. 105362

Cadzand, NL-4506 HC / Zeeland

De Wielewaal
Zuidzandseweg 20
1 Apr - 1 Nov
+31 1 17 39 12 16
info@campingwielewaal.nl
N 51°21'40'' E 03°25'30''

1	ADEJMOPQSU	N	6
2	QWXYZ	ABFG	7
3	BFLM	AEFHNPQRTW	8
4	AH	J	9
5	ADN	ABGHJKORSY	10

Anzeige auf dieser Seite 6-10A CEE ① €23,00
4,5ha 98T(100-120m²) 21D ② €30,20

Über Terneuzen (Maut) Richtung Oostburg, dann Richtung Cadzand. Hinter Kreisel R104 ist nach 500m der CP rechts. 108394

Cadzand, NL-4506 HK / Zeeland

Wulpen
Vierhonderdpolderdijk 1
24 Mrz - 29 Okt
+31 1 17 39 12 26
info@campingwulpen.nl
N 51°22'12'' E 03°25'00''

1	AEFHKNOPQRSU		6
2	PQWXY	ABDEFGHK	7
3	ABFLMSV	ABCDEFJKNQRTUVW	8
4	BCHJLO	EVWX	9
5	ABDHMN	ABCDFGHJKOQY	10

10A CEE ① €37,90
4,7ha 141T(100-130m²) 74D ② €47,90

Nach Ortseingang Cadzand an der Mühle rechts. Dann erste Straße rechts. 105369

Cadzand-Bad, NL-4506 HT / Zeeland

Molecaten Park Hoogduin
Zwartepolderweg 1
1 Jan - 31 Dez
+31 1 17 39 12 35
hoogduin@molecaten.nl
N 51°23'04'' E 03°24'50''

1	ADEKNOPQRSTU	KNQS	6
2	GQWXY	ABDEFGH	7
3	ABDFLMSV	ABCDEFGJKNPQRTUVW	8
4	BCHJQ	JVW	9
5	DHM	ABCEFGHJKOQXY	10

Anzeige auf Seite 129 B 10A CEE ① €58,00
10ha 168T(95-120m²) 213D ② €63,00

Via Terneuzen (Zoll) Richtung Oostburg via Schoondijke. Am zweiten Kreisel rechts Richtung Cadzand. An der Mühle in Cadzand rechts Richtung Cadzand-Bad. Siehe CP-Schildern. 101567

Dishoek/Koudekerke, NL-4371 NT / Zeeland

Dishoek
Dishoek 2
31 Mrz - 29 Okt
+31 1 18 55 13 48
info@roompot.nl
N 51°28'08'' E 03°31'25''

1	ACDEHKNOPQRSU	KMN	6
2	AGJQRWXY	ABDEFGH	7
3	ABFM	ABCDEFJNQRTUV	8
4	BJOPQ	V	9
5	CDEFGHKMN	ABEFGHIJKOPQXY	10

Anzeige auf dieser Seite B 6A CEE ① €55,00
4,6ha 270T(bis 80m²) 15D ② €55,00

A58 bis Vlissingen, Ausfahrt Dishoek abfahren. Schildern folgen. 105356

Domburg, NL-4357 NM / Zeeland

Ardoer camping Westhove
Zuiverseweg 20
31 Mrz - 29 Okt
+31 1 18 58 18 09
info@westhove.nl
N 51°33'21'' E 03°30'52''

1	AEHJLOPQSTU	EGX	6
2	QWXY	ABCEFGH	7
3	BDFLMS	ABCDEFGIJMNQRTUVW	8
4	BHJOPQRST	JVY	9
5	ACDEKMN	ABDEFGHIJKOQXY	10

Anzeige auf Seite 97 B 6-10A CEE ① €54,00
8,4ha 261T(81-100m²) 46D ② €64,00

Von Middelburg den Schildern Domburg folgen. Vor Domburg ausgeschildert. 100800

Teilkarte Zeeland auf Seite 97

Domburg, NL-4357 RD / Zeeland

CC€23 iD

Campingresort Hof Domburg
Schelpweg 7
1 Jan - 31 Dez
+31 1 18 58 82 00
info@roompot.nl

1 ACDEHK**N**OPQRU BEHMN 6
2 GPQRWY BE**FG**H 7
3 ABDF**JKMNOPR** ABCDF**M**NQRTUVW 8
4 HJL**PRSTVXYZ** AEJVWXY 9
5 CDEFKLM**N** ABEHIJKOPQY 10
Anzeige auf dieser Seite B 6A CEE ❶ €54,00
20ha 473**T**(80m²) 450**D** ❷ €54,00

N 51°33'33" E 03°29'13"

A58 Bergen op Zoom-Vlissingen, Ausfahrt Middelburg. Schildern Richtung Domburg folgen. In Domburg ausgeschildert. 105353

Ellemeet, NL-4323 LC / Zeeland

CC€21 iD

Klaverweide
Kuijerdamseweg 56
15 Mrz - 28 Okt
+31 1 11 67 18 59
info@klaverweide.com

1 ADEHK**N**OPQRSTU X 6
2 PQX ABDE**FG** 7
3 BFMV ABE**F**K**M**NQRTUV 8
4 HJL VWY 9
5 ACDE ABEFGHJKOPQ 10
Anzeige auf dieser Seite 16A CEE ❶ €64,90
4ha 76**T**(100-120m²) 41**D** ❷ €73,80

N 51°43'55" E 03°49'13"

N57 Brouwersdam-Serooskerke, Ausfahrt Ellemeet. 109728

Groede, NL-4503 BL / Zeeland

De Ploeg
Voorstraat 47
17 Mrz - 4 Nov
+31 6 21 53 89 28
info@dorpscampinggroede.nl

1 GH**KN**OPQRSTU 6
2 PQWXY ABDE**FG**H 7
3 AMSU ABEFNRT 8
4 9
5 DN ABFGHJKOQVW 10
4A CEE ❶ €25,00
3,5ha 50**T**(80-100m²) 100**D** ❷ €37,00

N 51°22'55" E 03°30'43"

Durch Westerscheldetunnel Richtung Breskens. Vor Breskens Richtung Groede. CP befindet sich am Ortseingang. 108393

Groede, NL-4503 GC / Zeeland

iD

Harderzee
Provinciale weg 3
1 Apr - 29 Okt
+31 6 50 43 59 53
info@campingharderzee.nl

1 AEH**JM**OPQRSTU 6
2 PQWXY AE**FG**HK 7
3 A**L**MS AEFHJNQRVW 8
4 A 9
5 ADN BFGHJKOQ 10
6A CEE ❶ €30,00
1,2ha 45**T**(80-100m²) 22**D** ❷ €40,00

N 51°22'57" E 03°30'56"

Über Terneuzen (Maut) Richtung Breskens. Vor Breskens Richtung Groede. Achten Sie auf Km-Pfahl 2,3. 107864

Groede, NL-4503 PA / Zeeland

iD

Strandcamping Groede
Zeeweg 1
25 Mrz - 3 Okt
+31 1 17 37 13 84
receptie@strandcampinggroede.nl

1 AE**KN**OPQRSTU KMNQS 6
2 GJQWXY ABDE**FG**H 7
3 ABFG**L**MSUV ABCDEFGHJKNPQRTUVW 8
4 BCDFHJLNO CEJVWX 9
5 ACDEFHLM ABCEFGHJKMOPQXY 10
B 6-16A CEE ❶ €45,80
28ha 706**T**(80-200m²) 404**D** ❷ €56,30

N 51°23'48" E 03°29'21"

Vor Groede Richtung Strand. CP-Schildern folgen. 100808

Groot Valkenisse/Biggekerke, NL-4373 RR / Zeeland

CC€21 iD

Strandcamping Valkenisse bv
Valkenisseweg 64
24 Mrz - 30 Okt
+31 1 18 56 13 14
info@campingvalkenisse.nl

1 AEILOPRSU FMNQ 6
2 AGJQWXY ABDE**FG**K 7
3 ADFM ABCDEFJK**MN**RTUV 8
4 BCJO**PQ** JV 9
5 ACDEFKLM**N** ABDEGHJKOPQXY 10
Anzeige auf Seite 101 B 10-16A CEE ❶ €51,00
10,2ha 150**T**(100m²) 230**D** ❷ €65,00

N 51°29'32" E 03°30'24"

Vlissingen-Koudekerke Richtung Zoutelande, Ausfahrt Groot Valkenisse. Von der A58 aus der N288 folgen: an der Ampel Biggekerke Ausfahrt Groot-Valkenisse. 105354

Hengstdijk, NL-4585 PL / Zeeland

Recreatiecentrum De Vogel
Vogelweg 4
25 Mrz - 5 Nov
+31 1 14 68 16 25
info@de-vogel.nl

1 CE**KN**OPRSTU EG**H**LM**N**QSUXYZ 6
2 EJPQWYZ ABDE**FG**HK 7
3 BFHI**J**MS ABCDE**FG**JKNQRT 8
4 BCJLO**PRST** EJPQRTVY 9
5 CDEFGHKLMN ABEFGHIJKMOQUXY 10
B 6-10A CEE ❶ €66,00
54ha 206**T**(100-110m²) 342**D** ❷ €66,00

N 51°20'31" E 03°59'25"

Die N61 Terneuzen-Zaamslag-Hulst über die Ausfahrt Vogelwaarde Richtung Hengstdijk. Den CP-Schildern folgen. 105398

Teilkarte Zeeland auf Seite 97

Niederlande

Hoek, NL-4542 PN / Zeeland (CC€21)

Oostappen Vakantiepark Marina Beach
Middenweg 1
31 Mrz - 13 Okt
+31 1 15 48 17 30
info@vakantieparkmarinabeach.nl
N 51°18'52" E 03°43'34"

1	EKNOPQRSTU	LNQRSTXYZ	6
2	EIJPQRWXYZ	ABDEFG	7
3	BDFJMSUV	ABCDEFGJKNQRTUVW	8
4	BCDEHJOPQ	AEJV	9
5	ACDEFHKL	ABEFGHIJKMQ	10

Anzeige auf Seite 100 B 4-6A CEE ❶ €71,00
212ha 475T(100-110m²) 779D ❷ €71,00

An Straße N61, 4 km westlich von Hoek. 100810

Middelburg, NL-4335 BB / Zeeland

Stadscamping Zeeland
Koninginnelaan 55
1 Jan - 31 Dez
+31 1 18 85 65 50
info@stadscampingzeeland.nl
N 51°29'49" E 03°35'49"

1	ADEKNOPQRSTU		6
2	AQTWX	ABFG	7
3	AM	ABCDEFJMNPQRTUV	8
4	FHJ	JV	9
5	ADHJ	ABFGHJKOQY	10

Anzeige auf dieser Seite 16A CEE ❶ €37,00
4ha 120T(100-120m²) 15D ❷ €46,00

A58 Bergen op Zoom-Vlissingen. Ausfahrt Middelburg, von der A58 Ausfahrt 38 dann Breewijk/Griffioen, in die folgende Straßen abbiegen: Laan der Verenigde Naties, Breeweg, Koninginnelaan. 101334

Kamperland, NL-4493 NS / Zeeland

Camping Anna-Friso
Strandhoekweg 1
31 Mrz - 29 Okt
+31 1 13 37 12 36
info@annafriso.nl
N 51°35'49" E 03°41'34"

1	AEJMOPSU	KN	6
2	GJQWXY	ABDEFG	7
3	BS	ABCDFNQRTUVW	8
4	HJLOP	JY	9
5	DELMN	ABFGHJKOQY	10

B 10A CEE ❶ €32,00
5ha 31T(80-100m²) 235D ❷ €34,00

A58 Bergen op Zoom-Vlissingen. Ausfahrt Zierikzee. Vor Zeelandbrücke Richtung Kamperland. In Kamperland ausgeschildert. 100802

Kamperland, NL-4493 PH / Zeeland (CC€21)

Roompot Beach Resort
Mariapolderseweg 1
1 Jan - 31 Dez
+31 1 13 85 53 00
info@roompot.nl
N 51°35'23" E 03°43'16"

1	ACDEHKNOPQU	EGHIKNPQRSTXYZ	6
2	GJPQWXY	ABCDEFGH	7
3	ABDFGJMNOPRSTUV	ABCDEFJKMNQRTUVW	8
4	AHJLNOPQSTUV	AEJMVWY	9
5	ACDEFGHILM	ABDEFHIJKNOPQXY	10

Anzeige auf dieser Seite 6-16A CEE ❶ €45,00
72ha 584T(90-115m²) 1096D ❷ €45,00

A58 Bergen op Zoom-Vlissingen, Ausfahrt Zierikzee. Vor der Zeelandbrücke Richtung Kamperland. In Kamperland ausgeschildert. 101398

Nieuwvliet, NL-4504 AA / Zeeland (CC€17)

Ardoer camping International
St. Bavodijk 2D
31 Mrz - 5 Nov
+31 1 17 37 12 33
international@ardoer.com
N 51°22'28" E 03°28'10"

1	ADEKNOPQRSTU	FN	6
2	QWXY	ABDEFGHK	7
3	ABDEFLMNSUV	ABCDEFJMNQRTUV	8
4	BHJKLO	EFJV	9
5	ABDEFMN	ABCDEFGHIJKOPRSXY	10

Anzeige auf Seite 97 6-10A CEE ❶ €42,00
8ha 107T(80-140m²) 149D ❷ €49,60

Über Terneuzen (Maut) Richtung Breskens. Vor Breskens Richtung Groede und nach Nieuwvliet fahren. Im Kreisel R102 rechts abbiegen. CP kommt nach 700m. 105365

Kamperland, NL-4493 CX / Zeeland (CC€21)

RCN vakantiepark de Schotsman
Schotsmanweg 1
24 Mrz - 29 Okt
+31 8 50 40 07 00
schotsman@rcn.nl
N 51°34'06" E 03°39'48"

1	ACDEHJMOPQSU	BEGHLNQRSXYZ	6
2	EQRY	ABDEFGH	7
3	BDFGN	ABCDEFIJMNQRTUVW	8
4	ABHJLR	IJMNPRVWY	9
5	ABDEFKLM	ABDEFGHJKOPQY	10

10-16A CEE ❶ €42,00
30ha 668T(100m²) 233D ❷ €53,00

A58 Bergen op Zoom-Vlissingen, Ausfahrt Zierikzee. Vor Zeelandbrücke Richtung Kamperland. In Kamperland ausgeschildert. 105383

Nieuwvliet, NL-4504 PN / Zeeland

't Schorre
Zeedijk 18
1 Apr - 30 Okt
+31 1 17 37 15 37
info@campingtschorre.nl
N 51°23'04" E 03°26'38"

1	AFKNOPQRSU	KMNQS	6
2	GQWXY	ABDEFGHK	7
3	AL	ACDFJNPQRTW	8
4	HO	EFVY	9
5	ADMN	ABFHJKOQY	10

10A CEE ❶ €26,50
1,8ha 18T(60-80m²) 65D ❷ €36,50

Über Terneuzen (Maut) Richtung Breskens, weiterfahren bis Nieuwvliet bis zum Kreisel 103. Dort rechts ab. 105361

Kortgene, NL-4484 NT / Zeeland (CC€23)

Ardoer vakantiepark de Paardekreek
Havenweg 1
24 Mrz - 5 Nov
+31 1 13 30 20 51
paardekreek@ardoer.com
N 51°33'04" E 03°48'28"

1	AEKNOPQRSTU	BEHLNQRSWXYZ	6
2	EPQWY	ABCFGH	7
3	BDEFGMSU	ABCDEFGJKMNQRSTUV	8
4	BFHIJLOQTU	FJNVWXY	9
5	ACDELMN	ABEFGHIJKMOPQXY	10

Anzeige auf Seite 97 10A CEE ❶ €54,00
10ha 120T(80-120m²) 272D ❷ €64,00

A58 Bergen op Zoom-Vlissingen, Ausfahrt Zierikzee. Richtung Zierikzee, Ausfahrt Kortgene. Ab dort ausgeschildert. 105384

Kruiningen, NL-4416 RC / Zeeland

den Inkel recreatie
Blauwhoefseweg 12
1 Jan - 31 Dez
+31 1 13 32 00 30
info@deninkel.nl
N 51°26'04" E 04°02'43"

1	EHKNOPQRSTU	BEGHNX	6
2	AEGKQWXYZ	ABDEFGH	7
3	BFIMNSV	ABCDEFIJKNQRSTUV	8
4	BCHJOPQXZ	ENRV	9
5	BDEFHKMN	ABEFGHIJKORSY	10

B 6-10A CEE ❶ €26,25
8ha 75T(120m²) 145D ❷ €43,75

A58 Ausfahrt 32 Kruiningen. Schildern folgen. 100811

Nieuwvliet-Bad, NL-4504 PS / Zeeland

Ardoer camping Zonneweelde
Baanstpoldersedijk 1
1 Jan - 31 Dez
+31 1 17 37 19 10
info@campingzonneweelde.nl

1 ADEHKNOPQRSTU	BGN	6
2 QWXY	ABCDEFG	7
3 ABFLMSV	ABCDEFGJKMNPQRTUV	8
4 BCHJLO	CFJVWY	9
5 ACDEFGLM	ABCEFGHJKOQXY	10

Anzeige auf Seite 97 10A CEE — ❶ €59,50
11ha 75T(130m²) 251D — ❷ €75,00
N 51°22'56'' E 03°27'28'' — 105367

Über Terneuzen (Maut) Richtung Breskens. Vor Breskens über Groede nach Nieuwvliet. Im Kreisverkehr R102 rechts, dann ausgeschildert.

Nieuwvliet-Bad, NL-4504 PT / Zeeland

Schippers
Baanstpoldersedijk 6
1 Apr - 29 Okt
+31 1 17 37 12 50
info@campingschippers.nl

1 AEHKNOPQSU	KMNQS	6
2 GQWXYZ	ABFGH	7
3 AFHILM	ABCDEFJNQRTUVW	8
4 H	AJ	9
5 DN	ABCFHJKNQY	10

10A CEE — ❶ €37,00
4ha 91T(80-150m²) 68D — ❷ €47,50
N 51°23'23'' E 03°27'23'' — 107889

Über Terneuzen (Maut) Richtung Breskens. Vor Breskens über Groede nach Nieuwvliet. Im Kreisverkehr R102 Richtung Nieuwvliet-Bad. Siehe CP-Schilder.

Oostburg, NL-4501 NE / Zeeland

Boerderijcamping de Paardenwei
Brugsevaart 12
1 Apr - 28 Okt
+31 1 17 45 54 97
info@trekpaardenwereld.nl

1 BEHJMOPQRSTU		6
2 QXY	ABF	7
3 AHILS	ABCDEFGJNQRTUW	8
4 ABHJO	BGJ	9
5 AD	ABHJKOQY	10

B 10-16A CEE — ❶ €31,00
0,8ha 45T(100-120m²) 18D — ❷ €47,25
N 51°19'31'' E 03°27'01'' — 119424

N253 (Rundweg Oostbrug) Kreisel zur N674, rechts ab Veerhoekdijk (1. Straße links). Der Campingplatz liegt am Ende der Straße.

Oostkapelle, NL-4356 RE / Zeeland

Capfun Camping De Pekelinge
Landmetersweg 1
8 Apr - 1 Nov
+31 1 18 58 28 20
pekelinge@capfun.com

1 DEHKLOPQRSTU	BEGH	6
2 QWY	ABDEFGH	7
3 BDFLMNV	ABCDFIJKNQRTUVW	8
4 BCDHJKLOP	DJ	9
5 ACDEKMN	ABEFGHIJKOPQXY	10

B 10A CEE — ❶ €55,00
10ha 200T(80-120m²) 205D — ❷ €65,00
N 51°33'25'' E 03°33'03'' — 100799

A58 Bergen op Zoom-Vlissingen, Ausfahrt Middelburg. Schildern folgen, Domburg/Oostkapelle. In Oostkapelle ausgeschildert.

Ouwerkerk, NL-4305 RE / Zeeland

de Kreekoever
Baalpapenweg 1
24 Mrz - 23 Okt
+31 1 11 64 14 54
info@dekreekoever.nl

1 AEKNOPQRSTU	NX	6
2 PQSWY	ABDEFGH	7
3 AFLMU	ABCDEFJKNQRTUVW	8
4 BCDFHJ	J	9
5 ABDMN	ABCDEFGHIJKORSY	10

Anz. auf dieser Seite B 6-10A CEE — ❶ €30,40
5,5ha 49T(80-110m²) 173D — ❷ €44,80
N 51°37'24'' E 03°59'06'' — 112289

Über N59, Ausfahrt Ouwerkerk. In Ouwerkerk, den CP-Schildern folgen.

Ouwerkerk, NL-4305 RJ / Zeeland

De Vier Bannen
Weg v.d. Buitenl. Pers 1A
15 Mrz - 31 Okt
+31 1 11 64 20 44
info@vierbannen.nl

1 ADEKNOPQRSTU	KLNPQX	6
2 EGQRXYZ	ABDFG	7
3 AFLMSVX	AEFNQRT	8
4 BFHJ	DVW	9
5 ADLN	ABHIJKORS	10

B 16A CEE — ❶ €32,90
6ha 150T(120-170m²) 4D — ❷ €48,90
N 51°37'05'' E 03°59'29'' — 109734

Über die N59, Ausfahrt Ouwerkerk. Dann ausgeschildert. An der Zeeland Brücke erste Straße rechts, danach rechts ab und dem Weg folgen. Camping liegt neben dem Watersnoodmuseum (Sturmflut Museum).

Renesse, NL-4325 DM / Zeeland

Ardoer Camping Julianahoeve
Hoogenboomlaan 42
1 Jan - 31 Dez
+31 1 11 46 14 14
info@julianahoeve.nl

1 ACDEILOPQRSTU	EGHN	6
2 GJQRWY	ABCDEFGH	7
3 BDEFGHIMN	ABCDEFGJKMNQRTUVW	8
4 JLNQUV	AEJ	9
5 ACDEFGHKLMN	ABEFGHIKOPQY	10

Anzeige auf Seite 97 B 16A CEE — ❶ €68,90
39ha 289T(85-110m²) 1222D — ❷ €86,50
N 51°43'50'' E 03°45'19'' — 105376

A29 Dinteloord-Rotterdam. In Hellegatsplein Richtung Zierikzee. Dann Richtung Renesse. Renesse-West, R104.

Renesse, NL-4325 DD / Zeeland

De Brem
Hoogenboomlaan 11A
1 Apr - 31 Okt
+31 1 11 46 26 26
info@campingdebrem.nl

1 ACEHILOPQRSTU	BFNX	6
2 PQRWY	ABDEFGH	7
3 BFMSV	AFJKMNQRTUV	8
4 JLP	EJ	9
5 DFKMN	ABEFGHIJKOQY	10

10-16A CEE — Preise auf Anfrage
12ha 76T(80-120m²) 329D
N 51°43'34'' E 03°45'03'' — 105377

A29 Dinteloord-Rotterdam. In Hellegatsplein Richtung Zierikzee. Dann Richtung Renesse R104. In Renesse-West ausgeschildert.

Renesse, NL-4325 EP / Zeeland

Duinhoeve
Scholderlaan 8
19 Mrz - 31 Okt
+31 1 11 46 13 09
receptie@campingduinhoeve.nl

1 ACILOPQRSTU	DNX	6
2 GPQRWXY	ABFGH	7
3 BFHIM	ABCDFJKMNQRTUVW	8
4 HJL	EV	9
5 CDEFKLMN	ABEGHJKOQY	10

Anzeige auf Seite 103 B 16A CEE — ❶ €47,90
4,5ha 200T(90-120m²) 34D — ❷ €63,85
N 51°44'21'' E 03°46'39'' — 101332

A29 Dinteloord-Rotterdam, von Hellegatsplein Richtung Zierikzee. Danach Richtung Renesse. Route 101 und 102 folgen, danach ist der CP ausgeschildert.

Renesse, NL-4325 CP / Zeeland

Molecaten Park Wijde Blick
Lagezoom 23
24 Mrz - 1 Nov
+31 1 11 46 88 88
wijdeblick@molecaten.nl

CC€23

1 ACDEHKNOPQRSTU	EGX	6
2 PQRY	ABCDEFGHK	7
3 BFHIMSX	ABCDEFKMNQRTUVW	8
4 HJLOP	GJV	9
5 ACDEFKMN	ABDEFGHIJKOPQY	10

Anzeige auf Seite 129 B 10A CEE — ❶ €81,40
8ha 218T(90-120m²) 131D — ❷ €89,30
N 51°43'07'' E 03°46'05'' — 105379

Vor Renesse der R106 folgen. Ab hier ist der CP ausgeschildert.

Renesse, NL-4325 DJ / Zeeland

Vakantiepark Schouwen
Hoogenboomlaan 28
18 Mrz - 30 Okt
+31 1 11 46 12 31
info@vakantieparkschouwen.nl

CC€21

1 ADEILOPSU	NX	6
2 OPRWYZ	ABCDEFGH	7
3 BFHIMV	ABCDEFJKMNQRTUVW	8
4 JLNPQ	JV	9
5 CDEKMN	ABEFGHIJKNOPRSY	10

Anzeige auf dieser Seite B 10A CEE — ❶ €39,90
9ha 80T(80-125m²) 310D — ❷ €49,90
N 51°43'43'' E 03°45'48'' — 105374

A29 Dinteloord-Rotterdam. Bei Hellegatsplein Richtung Zierikzee. Dann Renesse. Renesse-West, R104.

Retranchement/Cadzand, NL-4525 LX / Zeeland

Strandcamping De Zwinhoeve
Duinweg 1
25 Mrz - 5 Nov
+31 1 17 39 21 20
info@zwinhoeve.nl

1 ADEKNOPQRSU	KNQRST	6
2 GJQWXY	ABDEFG	7
3 ABLMSUV	ABCDEFJNQRTUVW	8
4 BFGHIL	J	9
5 ABDEFHL	ABCEFGHJKOQY	10

Anzeige auf Seite 97 B 10A CEE — ❶ €47,50
9ha 136T(80-125m²) 183D — ❷ €58,60
N 51°21'57'' E 03°22'26'' — 105370

Via Cadzand bis Cadzand-Bad fahren. Folgen Sie den Schildern 'Het Zwin'. Via Antwerpen bis Sluis, dort Richtung Retranchement fahren. Dort Schild Zwinhoeve.

Teilkarte Zeeland auf Seite 97

Scholderlaan 8 4325 EP Renesse Tel. +31 111 461309 www.campingduinhoeve.nl

Niederlande

Retranchement/Cadzand, NL-4525 LW / Zeeland

Cassandria-Bad
Strengweg 4
31 Mrz - 29 Okt
+31 1 17 39 23 00
info@cassandriabad.nl

1 AEH**JM**OPQRSTU	N	6
2 QWXYZ	AB**CFGH**	7
3 ABDF**L**MU	ABFHJNPQRTUV	8
4 BCDHJLO	EJVW	9
5 ADEFHMN	ABCDEHJK**O**QY	10
Anzeige auf dieser Seite 10A CEE		❶ €39,75
5,5ha 88**T**(80-100m²) 114**D**		❷ €49,75

N 51°21'57'' E 03°23'11''

Über Terneuzen (Maut) bis Schoondijke, danach Ri. Oostburg nach Cadzand Ri. Retranchement. Dort rechts den Schildern nach. Oder N49 Antwerpen-Knokke, Ausfahrt Sluis. Nach 1 km links. Durch den Ort, dann links ab den Schildern folgen. 100809

Scharendijke, NL-4326 LK / Zeeland

Resort Land & Zee
Rampweg 28
1/1 - 9/1, 18/2 - 14/11, 27/12 - 31/12
+31 1 11 67 17 85
info@landenzee.nl

1 ADEH**KN**OPQRST**U**		6
2 GQWY	AB**FG**K	7
3 BMU	ABCDE**F**GJK**M**NQRTUVW	8
4	CGVW	9
5 BLN	ABEFGHJKOPQ	10
4-16A CEE		❶ €50,00
7ha 57**T**(80-200m²) 18**D**		❷ €67,00

N 51°44'17'' E 03°49'03''

N59 Zierikzee-Renesse, Rotterdam Ouddorp folgen, Ausfahrt Ellemeet, Scharendijke, am Ausfahrtende links. Am Kreisel der Beschilderung 'Resort Land en Zee' folgen. 117967

Sluis, NL-4524 LA / Zeeland

De Meidoorn
Hoogstraat 68
1 Apr - 15 Okt
+31 1 17 46 16 62
info@campingdemeidoornsluis.nl

1 AE**KN**OPQRST**U**		6
2 PQWYZ	ABDE**FGH**	7
3 BFM**N**S	ACDEFJNQRT	8
4 HJO**PQ**	AF	9
5 DFGHMN	ABDFGHIJKOQY	10
Anzeige auf dieser Seite B 6A CEE		❶ €31,50
5,5ha 95**T**(80-120m²) 104**D**		❷ €41,00

N 51°18'45'' E 03°23'33''

Campingzufahrt über Zuiddijkstraat. Geben Sie Navigation Nr. 102 ein. Bei der Sint Pieterstraat zuerst in die Hoogstraat einbiegen, dann links in die Zuiddijkstraat. 105372

Retranchement/Cadzand, NL-4525 LW / Zeeland

Den Molinshoeve
Strengweg 2
1 Apr - 15 Okt
+31 1 17 39 16 74
info@molinshoeve.nl

1 AE**KN**OPQSU	M**N**QR	6
2 IQWXY	ABDE**FG**	7
3 AB**L**MSU	ABCDEFGHJ**M**NQRTUVW	8
4 HJ	Y	9
5 ADN	ABCDFGHJKOQY	10
Anzeige auf dieser Seite 10A CEE		❶ €40,00
5,2ha 39**T**(160-190m²) 51**D**		❷ €54,00

N 51°21'42'' E 03°23'01''

Über Terneuzen (Maut) bis Schoondijke. Dann Ri. Cadzand. Weiter Ri. Retranchement, dort re. Den Hinweisen folgen. Oder N49 Antwerpen-Knokke, Ri. Sluis. Nach 1 km li Ri. Retranchement. Durch den Ort, dann li ab. 116319

St. Kruis/Oostburg, NL-4528 KG / Zeeland

Bonte Hoeve
Eiland 4
1 Apr - 22 Okt
+31 1 17 45 22 70
info@bontehoeve.nl

1 AE**JM**OPQRSTU	NUX	6
2 PQWYZ	A**B**DE**FG**H	7
3 BDFG**L**MSUV	ABCD**F**NQRTUVW	8
4 BHJO	CEF	9
5 ABDEHMN	ABDEFHIJKOQY	10
Anzeige auf dieser Seite 10A CEE		❶ €40,50
9ha 50**T**(100-130m²) 245**D**		❷ €50,50

N 51°18'06'' E 03°30'35''

CP liegt an der Straße Oostburg-St. Margriete (B). 105373

Scharendijke, NL-4322 NM / Zeeland

Duin en Strand
Kuijerdamseweg 39
1 Jan - 31 Dez
+31 1 11 67 12 16
info@duinenstrand.nl

1 AEH**KN**OPQRSTU	XY	6
2 PQXY	A**BFG**	7
3 FM	ABCDE**F**JNQRUVW	8
4 HJMNOQ	AEL	9
5 ACEM**N**	ABDFGHJKLOPRS	10
B 4-10A CEE		❶ €36,70
8ha 300**T**(60-100m²) 128**D**		❷ €43,10

N 51°44'06'' E 03°49'40''

N59 Zierikzee-Renesse, Rotterdam-Ouddorp folgen. Ausfahrt Ellemeet-Scharendijke, unten an der Ausfahrt links. 110752

Vlissingen, NL-4384 NP / Zeeland

De Lange Pacht
Boksweg 1
31 Mrz - 28 Okt
+31 1 18 46 04 47
infolangepacht@gmail.com

1 AHKNOPQRSTU		6
2 APQWXY	ABDEFGH	7
3 AMS	ABCDEFGHIJNQRTUVW	8
4 J		9
5 DN	BFGJKOQY	10
B 10A CEE		❶ €33,00
1,2ha 88T(120-150m²)		❷ €33,00

N 51°28'06'' E 03°33'16''
A58 bis Vlissingen folgen, dann Richtung Koudekerke. Direkt nach dem Ortseingang links zum CP. 110826

Vlissingen, NL-4382 CL / Zeeland

de Nolle / Strandpark Zeeland
B.v.Woelderenlaan 1
1 Jan - 31 Dez
+31 1 18 41 43 71
info@strandparkzeeland.nl

1 EHJMOPQSTU	KNQ	6
2 AGJQRSTWXY	ABFGH	7
3 AJMN	ABEFJNRTUVW	8
4 F	CJ	9
5 ABDMN	ABFHKOQV	10
6A CEE		❶ €36,00
1,3ha 18T(70-80m²) 37D		❷ €48,00

N 51°27'06'' E 03°33'25''
A58 Vlissingen. Schildern 'boulevard' folgen. 105357

Vrouwenpolder, NL-4354 NN / Zeeland

De Zandput
Vroondijk 9
31 Mrz - 29 Okt
+31 1 18 59 72 10
info.zandput@roompot.nl

CC€17

1 ACDEKNOPQU	NQ	6
2 GJQWXY	ABFGH	7
3 BFMV	ABCDFJNQRTUVW	8
4 HJLOP	CJVWY	9
5 ACDELN	ABEHIJKOPQX	10
Anzeige auf dieser Seite 6-10A CEE		❶ €54,60
12ha 238T(70-110m²) 280D		❷ €57,20

N 51°35'11'' E 03°36'19''
A58 Bergen op Zoom-Vlissingen, Ausfahrt Middelburg, Oostkapelle-Vrouwenpolder. Im Ort ausgeschildert. 107660

Vrouwenpolder, NL-4354 KC / Zeeland

Hofstede Elzenoord
Koningin Emmaweg 2a
1 Jan - 31 Dez
+31 6 20 26 53 26
info@elzenoord.nl

1 AEHILOPQRSTU		6
2 PQX	ABDEFGIK	7
3 ADIMUV	ABCDEFJLNPRTUV	8
4 HJKOQ	GJY	9
5 DN	ABEFGHJKOPQ	10
B 10-16A CEE		❶ €52,40
2ha 60T(140-215m²) 23D		❷ €55,00

N 51°34'42'' E 03°36'52''
A58 Bergen op Zoom-Vlissingen, Ausfahrt 38, dann die N57 bis Vrouwenpolder. In Vrouwenpolder ausgeschildert. 118939

Vrouwenpolder, NL-4354 KK / Zeeland

Hofstede Molenzicht
Lepelstraat 2
31 Mrz - 29 Okt
+31 1 18 59 12 48
info@campinghofstede molenzicht.nl

1 AKNOPQRSTU	X	6
2 QXY	ABF	7
3 ALMU	ABEFGJNQRTUV	8
4 HJK	IY	9
5 DN	ABEFHJKOQ	10
B 16A CEE		❶ €38,75
2,5ha 60T(150-180m²) 5D		❷ €46,75

N 51°34'17'' E 03°36'38''
A58 Bergen op Zoom-Vlissingen, Ausfahrt 38, dann die N57 bis Vrouwenpolder. In Vrouwenpolder ausgeschildert. 122014

Wemeldinge, NL-4424 NC / Zeeland

Linda
Oostelijke Kanaalweg 4
1 Apr - 1 Okt
+31 1 13 62 12 59
info@campinglinda.nl

1 AEKNOPQRSTU	KNOPQSX	6
2 AGJKPQWY	ABDEFGH	7
3 BDFLMSVX	ABCDEFGJKNQRTW	8
4 BFH	EFVWXY	9
5 ABDEFHLMNO	ABEFGHIJKOPQXY	10
Anzeige auf dieser Seite 10A CEE		❶ €30,70
10ha 52T(120m²) 263D		❷ €38,40

N 51°30'58'' E 04°00'27''
A58 Bergen op Zoom, Ausfahrt 33 Yerseke, Richtung Wemeldinge. Nach Brücke über Kanal erste Straße rechts, am Ende der Straße ausgeschildert. 105397

Westenschouwen/Burgh-Haamstede, NL-4328 RM / Zeeland

Ardoer Camping Duinoord
Steenweg 16
1 Jan - 31 Dez
+31 1 11 65 88 88
duinoord@ardoer.com

1 AEHKMOPQRSTU	GN	6
2 GQRWX	ABDEFGH	7
3 AMSV	ABCDEFIJKNQRTUVW	8
4 BHJL	E	9
5 ACDEGLMN	ABEFGHIJKORSY	10
Anzeige auf Seite 97 4-6A CEE		❶ €52,10
4ha 131T(110m²) 96D		❷ €64,10

N 51°40'19'' E 03°42'23''
N57 Zierikzee-Neeltje Jans. Ausfahrt Westenschouwen, weiterfahren bis zum Kreisverkehr, dort 3/4-Kehre. CP liegt an der linken Seite. Der R112 folgen. 108297

Wolphaartsdijk, NL-4471 NB / Zeeland

't Veerse Meer
Veerweg 71
1 Apr - 1 Nov
+31 1 13 58 14 23
info@campingveersemeer.nl

1 AHJMOPQRSTU	LNX	6
2 AEPQWXYZ	ABDEFGH	7
3 ABEFHILMSUV	ABCDEFJKMNQRTUVW	8
4 BFHJO	EFVWXY	9
5 ADFHN	ABCEFGHIJKOPRS	10
6-10A CEE		❶ €30,00
9,5ha 50T(100-140m²) 209D		❷ €36,00

N 51°32'40'' E 03°48'45''
A58 Bergen op Zoom-Vlissingen, Ausfahrt Zierikzee. Dann 2. Ausfahrt Wolphaartsdijk. CP ist ausgeschildert. 108389

Zoutelande, NL-4374 ND / Zeeland

Janse
Westkapelseweg 59
31 Mrz - 5 Nov
+31 1 18 56 13 59
info@campingjanse.nl

1 AEILOPQRSTU	KN	6
2 HJPQRWX	ABFGHK	7
3 BFLMSU	ABCDEFGJKNPQRTVW	8
4 BH	J	9
5 ABDM	ABEFGHJKOQY	10
Anzeige auf dieser Seite 7-10A CEE		❶ €36,90
2,5ha 136T(95m²) 10D		❷ €43,80

N 51°30'37'' E 03°27'59''
A58 Vlissingen-Koudekerke-Zoutelande. In Zoutelande Richtung Westkapelle, ca. 2 km außerhalb Zoutelande. 107659

Zoutelande, NL-4374 ND / Zeeland

Weltevreden
Westkapelseweg 55
1 Jan - 31 Dez
+31 1 18 56 13 21
info@campingweltevreden.nl

1 AEHJMOPQSU	KN	6
2 GJPQRWYZ	ABCDEFGH	7
3 ABFLMS	ABCDEFGJKNQRTUV	8
4 BLX	JY	9
5 ABD	ABCFGHJKOPQ	10
16A CEE		❶ €42,00
2,5ha 91T(80-90m²) 52D		❷ €42,00

N 51°30'32'' E 03°28'02''
A58 Vlissingen-Zoutelande. In Zoutelande Richtung Westkapelle, ca. 2 km nach Zoutelande 1. CP links. 107330

Teilkarte Zeeland auf Seite 97

Baarn, NL-3744 BC / Utrecht

Kampeerterrein De Zeven Linden
Zevenlindenweg 4
1 Jan - 31 Dez
+31 3 56 66 83 30
info@dezevenlinden.nl
N 52°11'48'' E 05°14'49''

1 AEHKNOPQRSTU 6
2 ABPQWXYZ ABDEFGH 7
3 ACFLMS ABCDEFGHIJKNPQRTUVW 8
4 BDFHJ FVW 9
5 ABCDEJM ABCFGHJKMOPRSWY 10
B 6-10A CEE
11,5ha 326T(110m²) 5D
Preise auf Anfrage
105500

An der N415 Hilversum-Baarn ist der CP ab ca. 2 km von Baarn gut ausgeschildert.

Bunnik, NL-3981 HG / Utrecht

Buitengoed de Boomgaard
Parallelweg 9
1 Apr - 8 Okt
+31 3 06 56 38 96
info@buitengoeddeboomgaard.nl
N 52°03'35'' E 05°11'56''

1 ADEFHKNOPQRSTU LN 6
2 AEPQSXYZ ABDEFG 7
3 ABCEFGJLMSUVW ABCDEFGHIJMNPQRTW 8
4 BFHIJKO CHJY 9
5 ABDEFHMN ABCFGHIJKLMOPRSVY 10
6-10A CEE
11ha 200T(150m²) 74D
Preise auf Anfrage
118630

A12 Ausfahrt 19 Bunnik/Odijk/Wijk bij Duurstede. Nach der Ausfahrt sofort rechts in die Parallelweg.

Doorn, NL-3941 ZK / Utrecht

RCN Vakantiepark Het Grote Bos
Hydeparklaan 24
24 Mrz - 29 Okt
+31 8 50 40 07 00
reserveringen@rcn.nl
N 52°03'22'' E 05°18'49''

1 ADEFHKNOPQRSU BGHI 6
2 ABPQRSWXYZ ABDEFGK 7
3 BEFGHILMNRSTUVX ABCDEFGHIJKMNPQRSTUVW 8
4 BCDEFHIJNO CEJVWY 9
5 ACDEFGHJKLM ABCDEFGHIJKOPSTY 10
B 10A CEE
80ha 350T(75-150m²) 501D
① €31,00
② €37,00
105523

A12 (Arnheim-Utrecht u.u.), Ausfahrt Driebergen. Dann ab Ort Beschilderung folgen. CP liegt in Dreieck Doorn-Driebergen-Maarn.

Doorn, NL-3941 MN / Utrecht

Vakantiepark Bonte Vlucht
Leersumsestraatweg 23
1 Apr - 30 Okt
+31 3 43 47 32 32
info@bontevlucht.nl
N 52°01'40'' E 05°23'07''

1 ACDEFILOPQRSTU BG 6
2 BPRSUXYZ ABDEFGHK 7
3 ABCFJLMNUV ABCDEFGJKNPQRTUVW 8
4 BCDFHIJOPQR IUVWY 9
5 ADEFHKLN ABCEGHIJKNOPQY 10
6-10A CEE
17ha 70T(80-120m²) 185D
① €35,00
② €38,00
105524

Der CP liegt an der N225 zwischen Doorn und Leersum. Aus Richtung Doorn links und von Leersum aus rechts. Gut ausgeschildert.

Doorn, NL-3941 XR / Utrecht

Vakantiepark De Maarnse Berg
Maarnse Bergweg 1
31 Mrz - 29 Okt
+31 3 43 44 12 84
info@maarnseberg.nl
N 52°03'48'' E 05°21'06''

1 AEFILOPQRSTU L 6
2 ABQWXYZ ABDEFGH 7
3 ABCFJLMRS ABFGHJNPQRUVW 8
4 BCFHIJ IVW 9
5 ADEFHKLMN ABCDFHJKOSTY 10
Anzeige auf dieser Seite B 10A CEE
H55 20ha 75T(100-225m²) 179D
① €31,00
② €38,00
100781

A12 ab Utrecht, an Ausfahrt Maarn/Doorn CP-Schild, unten zweimal rechts. A12 ab Arnheim, Ausfahrt Maarsbergen. Durch Maarn-Zentrum. An N227 ausgeschildert.

Kamerik, NL-3471 GM / Utrecht

De Boerinn
Mijzijde 6
1 Apr - 31 Okt
+31 3 48 40 12 00
info@deboerinn.nl
N 52°06'23'' E 04°53'04''

1 DEHKNOPQRSTU JN 6
2 ACIQSTWXY ABI 7
3 ABDFMSTV ABCDFJKNQRSTW 8
4 FHKLN CFNRVY 9
5 ADEFGHJK BCKPSVY 10
10A CEE
5ha 50T(80-120m²) 9D
① €40,00
② €55,00
125398

A12, Ausf. Woerden Ri. Woerden. Am Kreisel li Ri. Woerden. Am ersten Kreisel rechts. Den Eisenbahntunnel durchfahren. An der T-Kreuzung links. 1. Ausfahrt rechts Ri. Kamerik. 3 km weiter ist der CP.

Leerdam, NL-4143 LP / Utrecht

Camping Ter Leede
Recht van ter Leede 28a
1 Apr - 1 Okt
+31 6 53 75 49 44
info@campingterleede.nl
N 51°54'19'' E 05°03'43''

1 AEGHKNOPQSTU 6
2 AQSTXYZ ABDEFG 7
3 A ABEFJNQRW 8
4 J 9
5 A ABCFHIJKOQ 10
Anzeige auf dieser Seite 6-10A CEE
2,5ha 45T(90-100m²) 11D
① €23,50
② €30,50
124653

A2 Utrecht Ausfahrt Leerdam (Ausfahr 12). Von Den Bosch Ausfahrt 15 bis Leerdam. Den Campingschildern 'Ter Leede' folgen.

Leersum, NL-3956 KD / Utrecht

Molecaten Park Landgoed Ginkelduin
Scherpenzeelseweg 53
24 Mrz - 1 Nov
+31 3 43 48 99 99
landgoedginkelduin@molecaten.nl
N 52°01'46'' E 05°27'31''

1 ADEFHILOPQRSTU BEGH 6
2 ABQRWXYZ ABCDEFGHK 7
3 ABCDFGHIJLMNRSTUVX ABCDEFGHIJKMNPQRTUVW 8
4 ABCDEFGHIJKLMNOPQTUV ACGIJUVWXY 9
5 ACDEFHJKLMN ABCDEFGHIJKOQXY 10
Anzeige auf Seite 129 B 10A CEE
H50 95ha 220T(80-110m²) 237D
① €48,65
② €48,65
108286

N225, bei der Kirche im Zentrum von Leersum ist der CP ausgeschildert.

Lopikerkapel, NL-3412 KT / Utrecht

Klein Scheveningen
Lekdijk Oost 16 C
1 Apr - 1 Okt
+31 3 06 88 33 60
kleinscheveningen@hetnet.nl
N 51°59'18'' E 05°03'02''

1 ABEHKNOPQRSTU JN 6
2 ADJQSTX ABFG 7
3 ACGLM ABEFNQR 8
4 FH 9
5 ABFGHQ 10
Anzeige auf dieser Seite 16A CEE
5ha 26T(120-150m²) 45D
① €20,00
② €20,00
101328

Autobahn A2, Ausfahrt Nieuwegein-Zuid. Ende Ausfahrt Richtung Lopikerkapel. Deich folgen. Nach ca. 6 km links.

Renswoude, NL-3927 CJ / Utrecht

Camping de Grebbelinie
Ubbeschoterweg 12
1 Apr - 1 Okt
+31 3 18 59 10 73
info@campingdegrebbelinie.nl
N 52°05'05'' E 05°33'04''

1 AEGKNOPQSTU L 6
2 AEIJQXY ABFG 7
3 ABMSX ABCDEFGIJKMNPQRTUV 8
4 BFGHJK BFGIJVWY 9
5 ABDN ABCDEFGHIJKORSY 10
Anz. auf dieser Seite B 6-10A CEE
6,5ha 135T(105-140m²) 12D
① €29,50
② €41,00
119901

Von der A30 Ausfahrt Scherpenzeel. Am Kreisel geradeaus Richtung Renswoude (CP-Schildern folgen). Von der A12 Ausfahrt 23 Renswoude/Veenendaal. Der Beschilderung Richtung Renswoude folgen. Danach den CP-Schildern folgen.

Teilkarte Utrecht auf Seite 105

Renswoude, NL-3927 CB / Utrecht

Recreatiepark de Lucht
Barneveldsestraat 49
1 Apr - 30 Sep
+31 3 42 41 28 77
info@delucht.com

1 ADEFHKNOPQRST**U**	BDGN	6
2 AQXYZ	AB**FG**H	7
3 ABCEFG**L**MV	ABCDEFGHIJ**M**NPQRTUVW	8
4 BCFHIJKMOR	AEJVWY	9
5 ABCDEFJKLN	ABCEFGHIJKMN**O**STUWY	10

B 16A CEE
20ha 90**T**(100m²) 328**D**
① €27,00
② €29,50

N 52°06'13" E 05°32'29"

A1, Ausfahrt Ede nehmen, Richtung Scherpenzeel (A30). Weiter Richtung Renswoude. Von der A12, Ausfahrt Maarsbergen, Richtung Woudenberg/Renswoude. In Renswoude den Schildern folgen.

113410

Tienhoven, NL-4235 VM / Utrecht

De Koekoek
Lekdijk 47
15 Mrz - 1 Okt
+31 1 83 60 14 91
info@camping-dekoekoek.nl

1 AE**KN**OPQRS**U**	JNSW**X**Y	6
2 CJPQRXY	A**BFG**	7
3 AFSV	AE**F**HJNQRTW	8
4 BFHJO**Q**		9
5 DEFHMO	ABJKOQXY	10

6A CEE
23ha 60**T**(100-250m²) 280**D**
① €23,50
② €23,50

N 51°57'43" E 04°56'43"

Hauptstraße Gorinchem-Schoonhoven, am Lekdijk rechts Richtung Ameide, Deich folgen, nach ca. 10 km links.

101329

Woerden, NL-3443 AP / Utrecht

CC€21

Batenstein
van Helvoortlaan 36
26 Mrz - 31 Okt
+31 3 48 42 13 20
info@camping-batenstein.nl

1 ADEH**KN**OPS**U**	**EGHIN**	6
2 AQTWXY	A**B**D**EFG**HIJ	7
3 BCM**R**SU	ABCDE**F**KNQRTVW	8
4 FH**RST**	BF	9
5 ADJM**N**	ABDFGHJK**O**RS	10

Anzeige auf dieser Seite 6A CEE
1,6ha 40**T**(60-100m²) 72**D**
① €22,10
② €30,10

N 52°05'34" E 04°53'06"

A2 Ausfahrt 5 Richtung Kockengen, danach Richtung Woerden (N212). In Woerden ist der CP ausgeschildert. Oder A12, Ausfahrt 14, danach den Schildern folgen.

100779

Woudenberg, NL-3931 MK / Utrecht

CC€19

't Boerenerf
De Heygraeff 15
30 Mrz - 30 Sep
+31 3 32 86 14 24
info@campingboerenerf.nl

1 AEF**KN**OPQST**U**	LM**N**	6
2 AEJPQSWXYZ	A**B**D**EFG**HJK	7
3 ABCFI**L**MSUV	ABCDE**FGI**JKNPQRTUVW	8
4 BFHIJK	DJUVY	9
5 DMN	ABCDHIJK**O**QY	10

Anzeige auf dieser Seite 6-16A CEE
4,5ha 50**T**(80-100m²) 99**D**
① €23,00
② €29,50

N 52°04'51" E 05°23'12"

A28, Ausfahrt 5, Maarn/Amersfoort Zuid; A12, Ausfahrt Maarn/Doorn Richtung Amersfoort. N224 Richtung Woudenberg; 1. rechts, Henschotermeer. Nach 50m links und sofort rechts.

110454

Woudenberg, NL-3931 ML / Utrecht

CC€21

Vakantiepark De Heigraaf
De Heygraeff 9
29 Mrz - 28 Okt
+31 3 32 86 50 66
info@heigraaf.nl

1 AEF**KN**OPQS**U**	LM**N**	6
2 AEJKPQWXYZ	ABDE**FGH**	7
3 ABCDEFG**HIL**MSUV	ABCDE**FG**HIJK**M**NPQRTUVW	8
4 BCDFHIJKL**Q**	CDEUVW	9
5 ACDEFLM**N**	ABCDEFGHIJK**O**PQXY	10

Anz. auf dieser Seite B 4-16A CEE
16ha 250**T**(100-250m²) 326**D**
① €28,80
② €38,60

N 52°04'47" E 05°22'54"

Über die A12 oder A28, Ausfahrt Maarn, von dort ausgeschildert.

105522

Zeist, NL-3707 HW / Utrecht

Vakantiepark De Krakeling
Woudenbergseweg 17
24 Mrz - 24 Sep
+31 3 06 91 53 74
info@dekrakeling.nl

1 DEKNOPQRSTU	LN	6
2 ABEPQRWXYZ	ABDE**FG**H	7
3 ABFG**HIL**MS	ABCDEFGHIJNPQRT	8
4 BCDFHJ	UVWY	9
5 ABDEFHJKLMN	ABCEGHJK**O**PQXY	10

B 10A CEE
22ha 347**T**(120m²) 215**D**
Preise auf Anfrage

N 52°05'35" E 05°16'58"

A28 Utrecht-Amersfoort, Ausfahrt Zeist-Oost, A28 ab Amersfoort, Ausfahrt Zeist. Von Zeist via Woudenbergseweg gut zu finden.

100780

Teilkarte Utrecht auf Seite 105

Almere, NL-1316 AN / Flevoland

Waterhout
Trekvogelweg 10
31 Mrz - 22 Okt
+31 3 65 47 06 32
info@waterhout.nl

1 ADE**KN**OPQRSTU LMNQRST**XYZ** 6
2 AEJKQSWXYZ ABDE**FG**K 7
3 BCFG**HIL**M**R**UV ABCDEFGHIJKNPQRTUVW 8
4 BCDFHJKNO ACDFMNOPQRTVY 9
5 ADEFGHKLN ABCFGHIJKOPQY 10
10A CEE ❶ €33,00
6,5ha 205**T**(100m²) 53**D** ❷ €39,00

N 52°24'07'' E 05°13'32'' — 110695

A6 Almere: Auf der Hollandse Brug rechts(Ringweg). Ausfahrt: Almere Muziekwijk Hogering/N702/s101 Richtung Almere Muziekwijk. Nach 8 km links Richtung Noorderplassenweg. Nach 11 km links nach Trekvogel.

Dronten, NL-8251 ST / Flevoland

CC€19

't Wisentbos
De West 1
1 Apr - 31 Okt
+31 3 21 31 66 06
info@wisentbos.nl

1 ADE**KN**OPQRST**U** JN 6
2 BCPQTXY A**B**DEF**G**H 7
3 AC**L**MX ABCD**F**HJNPQRTW 8
4 HJ EF 9
5 DEFKN ABDFGHJK**O**QY 10
Anzeige auf dieser Seite 10A CEE ❶ €26,00
9ha 50**T**(90-110m²) 276**D** ❷ €35,20

N 52°31'16'' E 05°41'31'' — 108268

Von der N309 Lelystad-Dronten am Kreisel links ab. Nach ± 500m liegt der CP auf der linken Seite.

Biddinghuizen, NL-8256 RJ / Flevoland

CC€23

EuroParcs Zuiderzee
Spijkweg 15
31 Mrz - 30 Okt
+31 8 80 70 80 90
kcc@europarcs.nl

1 ADEH**KN**OPQRSTU EGHLM**N**QRS**XYZ** 6
2 EJPQWXY ABDE**FG**H 7
3 ABDEFG**JL**MSV ABCDEFGHIJKNPQRTUVW 8
4 BDFHJKLNO**P**TV CJORTVWY 9
5 ACDEFGHJKLMN**O** ABEFGHIKNSTY 10
Anzeige auf Seite 137 B 6-10A CEE ❶ €49,00
65ha 318**T**(100m²) 1036**D** ❷ €70,00

N 52°26'49'' E 05°47'31'' — 100768

Von Süden: A28 Ausfahrt 13 Richtung Lelystad, den Schildern Walibi World folgen, an Walibi vorbei. Von Norden: A28 Ausfahrt 16 Richtung Lelystad, dann den Schildern Walibi World folgen. CP liegt an der N306.

Biddinghuizen, NL-8256 RZ / Flevoland

CC€19

Molecaten Park Flevostrand
Strandweg 1
24 Mrz - 1 Nov
+31 3 20 28 84 80
flevostrand@molecaten.nl

1 ABDEH**KN**OPQRSTU **B**EGHILM**N**PQRSTW**XYZ** 6
2 AEIJPQRWXY ABD**EFG** 7
3 ABCDFG**JLMN**SV ABCDEFGIJKNQRTUVW 8
4 BCDEFHJLO**P** BCJMOPQRTVWY 9
5 ACDEFGHJLMN ABCDEGHIJK**O**QY 10
Anzeige auf Seite 129 10-20A CEE ❶ €42,00
49ha 392**T**(80-120m²) 261**D** ❷ €48,00

N 52°23'07'' E 05°37'45'' — 108267

A28 Ausfahrt 13 Richtung Lelystad. Schildern Walibi folgen. Der CP liegt zwischen der N306 und dem Veluwesee. Ist angezeigt.

Emmeloord, NL-8302 AC / Flevoland

Het Bosbad
Banterweg 4
1 Apr - 1 Nov
+31 5 27 61 61 00
info@campinghetbosbad.nl

1 ADE**KN**OPQRS**U** **AE** 6
2 ABQTWXYZ AB**FG** 7
3 BG**L**MU ABCE**F**HNQRW 8
4 DFHJO EFJY 9
5 DEHJKMN ABFGHJK**O**Q 10
B 6A CEE ❶ €29,95
2ha 42**T**(100-120m²) 33**D** ❷ €39,45

N 52°43'08'' E 05°45'17'' — 101550

An der A6, Ausfahrt 15 Emmeloord-Noord ist der CP ausgeschildert. Liegt an der Nordseite neben dem Schwimmbad.

Dronten, NL-8251 PX / Flevoland

CC€21

De Ruimte
Stobbenweg 23
24 Mrz - 24 Sep
+31 3 21 31 64 42
info@campingderuimte.nl

1 AEH**KN**OPQRSTU G 6
2 BQRWXYZ ABDE**FGH** 7
3 AEF**L**MUX ABCDEFGHIJNPQRTUVW 8
4 BCFHJLO CHVW 9
5 ABDEFGHLMN ABDFGHJKOQ 10
Anzeige auf dieser Seite B 6A CEE ❶ €33,25
6ha 94**T**(80-120m²) 28**D** ❷ €44,75

N 52°29'48'' E 05°50'15'' — 110655

A28 Ausfahrt 16, Elburg vorbei nach Dronten. Über die Brücke vom Veluwesee an der Ampel Richtung Kampen. CP ist angezeigt.

Teilkarte Flevoland auf Seite 107

Kraggenburg, NL-8317 RD / Flevoland — CC€19 iD

Recreatiepark De Voorst
Leemringweg 33
29 Mrz - 30 Okt
+31 5 27 25 25 24
info@devoorst.nl

1 AE**KN**OPQRSTU AFJN**XYZ** 6
2 ABCIPQRSWXYZ ABDE**FG** 7
3 ABC**JLMN**SU ABCDEFJNQRTUW 8
4 ABCDEFHJO JRVWY 9
5 DEFHJKLMN ABHIJKOPQY 10
Anzeige auf dieser Seite 4-10A CEE ❶ €24,50
13ha 120**T**(100-120m²) 95**D** ❷ €32,50

N 52°40'32'' E 05°53'32''
A6 bis Lelystad-Nagele-Ens. Dann ausgeschildert. 100762

Lelystad, NL-8245 AB / Flevoland — CC€21 iD

't Oppertje
Uilenweg 11
31 Mrz - 30 Sep
+31 3 20 25 36 93
info@oppertje.nl

1 ADEH**KN**OPQRS**U** LM**N**QRST**X**Y 6
2 EJKPQRWXYZ ABD**FG** 7
3 AC**L**MU ABE**FG**HIJNPQRTUVW 8
4 FH FJMPRTV 9
5 DN ABCDFGHIJKORSUY 10
Anzeige auf dieser Seite B 6A CEE ❶ €29,50
3ha 85**T**(120-150m²) 18**D** ❷ €35,50

N 52°29'09'' E 05°25'01''
Von der A6 Ausfahrt 10, Larserdreef Richtung Lelystad. Durch 4 Kreisel geradeaus, hinter dem 5. Kreisel links in den 'Buizerdweg'. CP ist angezeigt. 105517

Ruhiger, grüner Camping an **den Oostvaardersplassen**. An einem Segel- und Surfgewässer. An einem Angelpark, Kanuverleih usw. Separates Feld für Zeltcamper. Felder mit Hartstreifen für Reisemobile. Auch Reisemobilplätze nur für die Übernachtung. In den Blockhütten und auf einigen Feldern sind Hunde **nicht** erlaubt.

An den Oostvaardersplassen, Uilenweg 11, 8245 AB Lelystad
Tel. 0320-253693
E-Mail: info@oppertje.nl • Internet: www.oppertje.nl

Urk, NL-8321 NC / Flevoland — CC€19 iD

Vakantiepark 't Urkerbos
Vormtweg 9
1 Apr - 30 Sep
+31 5 27 68 77 75
info@urkerbos.nl

1 ADE**KN**OPQRST**U** AF 6
2 BQRWXY AB**FGH** 7
3 BCF**IM**VX ABCDEFGJNPQRTUVW 8
4 BCDFHJKLO FJVWY 9
5 ABDEFHKMN ABCEFGHJK**O**PRSVXY 10
Anzeige auf dieser Seite 10A CEE ❶ €29,00
14ha 175**T**(120-150m²) 91**D** ❷ €40,00

N 52°40'45'' E 05°36'35''
A6 Ausfahrt 13 nach Urk. Der Straße durch Urk geradeaus folgen, am 3. Kreisel links ab (ist angezeigt). Nach 1,5 km CP rechts. 120372

Zeewolde, NL-3896 LB / Flevoland — iD

Erkemederstrand
Erkemederweg 79
19 Mrz - 24 Okt
+31 3 65 22 84 21
info@erkemederstrand.nl

1 AEH**KN**OPQRSTU LM**N**QRST**XYZ** 6
2 ABEIJKQRWXY AB**FG**HJ 7
3 ABCFG**JL**MSUVX ABCDE**F**GJNQRTUVW 8
4 BCDHJKLNO CFJMPRTV 9
5 ABDEFGHK ABFGHIJKMOQY 10
B 10-16A CEE ❶ €34,50
42ha 229**T**(120-180m²) 229**D** ❷ €40,50

N 52°16'12'' E 05°29'19''
A28, Ausfahrt 9 Richtung Zeewolde. Über die Brücke erste rechts, danach links (Erkemederweg). CP ist ausgeschildert. 109789

Zeewolde, NL-3896 LS / Flevoland — CC€19 iD

Camping het Groene Bos
Groenewoudse Weg 98
1 Apr - 14 Okt
+31 3 65 23 63 66
info@hetgroenebos.nl

1 ABDE**KN**OPQRS**U** 6
2 BQRWXY ABDE**FGH** 7
3 BC**L**MSU ABCDFHJNPQRTUVW 8
4 HJKO FVWY 9
5 ADHN ABDGHJK**O**PQY 10
Anz. auf dieser Seite B 6-10A CEE ❶ €23,50
4ha 50**T**(85-225m²) 32**D** ❷ €31,50

N 52°20'24'' E 05°30'20''
A28, Ausfahrt 9 Richtung Zeewolde, CP liegt westlich von Zeewolde und wird angezeigt. 113075

Zeewolde, NL-3896 LA / Flevoland — iD

Naturistenpark Flevo-Natuur
Wielseweg 3
24 Mrz - 29 Okt
+31 3 65 22 88 80
info@flevonatuur.nl

1 ADEH**KN**OPQRSTUV AEGN 6
2 ABEJQSWXYZ ABDE**FG**H 7
3 ABCF**GL**MNSUV ABCDEFGHIJK**M**NPQRTUVW 8
4 BCDFGHJLNO**PQ**T**X** CJLRT 9
5 ACDEFHJLMN ABCEFGHJKLOPQXY 10
FKKB 10A CEE ❶ €45,00
35ha 249**T**(100-130m²) 479**D** ❷ €47,45

N 52°16'16'' E 05°26'05''
Ab A28 Ausfahrt 9 Richtung Almere. Der CP ist ausgeschildert direkt an der Brücke vorbei. 105519

Zeewolde, NL-3896 LT / Flevoland — CC€19 iD

RCN Vakantiepark Zeewolde
Dasselaarweg 1
24 Mrz - 29 Okt
+31 8 50 40 07 00
reserveringen@rcn.nl

1 ADEH**KN**OPQRSTU EGL**N**QRST**XYZ** 6
2 EIJKQRWXY ABDE**FG**HK 7
3 ABCEFG**L**MNSTV ABCDFJKNQRTUVW 8
4 BCDFHJKLNOQ BCIJMOPVWY 9
5 ACDEFKLMN ABEFGHJKOPQXY 10
B 10A CEE ❶ €35,45
43ha 170**T**(100-120m²) 396**D** ❷ €43,90

N 52°18'42'' E 05°32'37''
A28 Ausfahrt 9 Richtung Zeewolde. Der CP liegt im Süden, 1 km draußen von Zeewolde und ist ausgeschildert. 105518

Nur bei Angabe dieses CC-Logos wird die CampingCard ACSI akzeptiert.

Siehe auch die Gebrauchsanweisung in diesem Führer.

Teilkarte Flevoland auf Seite 107

Overijssel
Friesland
Drenthe
Flevoland
Gelderland
DEUTSCHLAND
AMSTERDAM
Ossenzijl
Oldemarkt/Paasloo
Steenwijk
Blokzijl
Meppel
Vollenhove
Belt-Schutsloot
St. Jansklooster
IJhorst
Balkbrug
Slagharen
Rheezerveen/Hardenberg
Hardenberg/Heemserveen
Hardenberg
Rheeze
Diffelen/Hardenberg
Mariënberg/Hardenberg
Stegeren/Ommen
Ommen
Beerze/Ommen
Zwolle
Dalfsen
Lemele
Den Ham
Heino
Lemelerveld
Raalte
Luttenberg
Den Nul/Olst-Wijhe
Welsum
Nijverdal
Zuna/Nijverdal
Notter
Nieuw-Heeten
Holten
Bathmen
Deventer
Markelo
Delden
Diepenheim
Haaksbergen (Twente)
Mander/Ootmarsum
Ootmarsum/Hezingen
Tubbergen
Ootmarsum
Ootmarsum/Agelo
Denekamp
Reutum
Reutum/Weerselo
De Lutte
Lemmer
Emmeloord
Urk
Genemuiden
Kampen
Dronten
Wezep
Harderwijk
Nunspeet
Heerde
Epe
Twello
Apeldoorn
Zutphen
Lochem
Neede
Goor
Rijssen
Wierden
Almelo
Vriezenveen
Hengelo
Enschede
Oldenzaal
Beilen
Hoogeveen
Emmen
Klazienaveen
Coevorden
Erika
Emlichheim
Twist-Bült
Veldhausen
Wietmarschen
Waterfall
Nordhorn
Bad Bentheim
Gronau
Ochtrup
Epe
Nienborg
Alstätte

Beerze/Ommen, NL-7736 PK / Overijssel

Beerze Bulten
Kampweg 1
1 Jan - 31 Dez
+31 5 23 25 13 98
info@beerzebulten.nl

1 AEH**JM**OPQSU BEGHIJLMNXZ 6
2 CEJQRWXYZ ABCDEFGH 7
3 ABCDEFGJ**L**M**N**RS**T**V ABCDEFGIJK**M**NQRTUVW 8
4 **A**BDEFHIJLO**QRSTUVXZ** CHJRUVW 9
5 ACDEFGHKLM**N** ABCEGHIJKOPQXY 10
B 8-16A CEE ① €69,00
26ha 540**T**(100-120m²) 106**D** ② €84,00
N 52°30'41'' E 06°32'43''
Von der N36 Ausfahrt Beerze. Weiter angezeigt. 108815

Beerze/Ommen, NL-7736 PJ / Overijssel

CC€19

Huttopia De Roos
Beerzerweg 10
7 Apr - 29 Okt
+31 5 23 25 12 34
deroos@huttopia.com

1 ADEH**JM**OPQS**U** FJN 6
2 CJQRWXYZ ABDE**FG**H 7
3 ABF**L**M ABCDEFHJKNQRTW 8
4 ABDEFHJ BCJV 9
5 ACDFGHKMN ABGHIJKNPRSY 10
Anzeige auf dieser Seite 6A CEE ① €28,00
27ha 200**T**(120-150m²) 92**D** ② €36,00
N 52°30'39'' E 06°30'56''
In Ommen südlich der Brücke über die Vecht den Beerzerweg nehmen. Alternative: von der N36 in den Beerzerweg. 105742

Balkbrug, NL-7707 PK / Overijssel

CC€19

Si Es An
De Haar 7
17 Mrz - 29 Okt
+31 5 23 65 65 34
info@si-es-an.nl

1 ACDE**KN**OPQRSTU N 6
2 QRXYZ ABDE**FG** 7
3 ABCEF**L**MVX ABCDFGIJ**M**NQRTUV 8
4 BD**E**FGHJLOQ**T** CFGHJVWY 9
5 ADEFGHJKLMN ABCDFGHIJKOPQY 10
Anz. auf dieser Seite 10-16A CEE ① €25,60
9,5ha 66**T**(100-120m²) 141**D** ② €34,70
N 52°36'35'' E 06°22'19''
In Balkbrug Richtung De Wijk. Dann den braunen CP-Schildern folgen. Den Sandweg meiden! 113423

Belt-Schutsloot, NL-8066 PT / Overijssel

CC€19

Kleine Belterwijde
Vaste Belterweg 3
31 Mrz - 31 Okt
+31 3 83 86 67 95
camping@kleinebelterwijde.nl

1 AEH**KN**OPQRST**U** FLNPQSW**X**Y**Z** 6
2 FIJKQRTWXYZ A**B**D**EFG**H 7
3 ABEFMNS ABCDE**F**GIJKNQRTUVW 8
4 FHJ**Q** EFJNQRTV 9
5 DHMN ABDFHIJKOQ 10
Anzeige auf dieser Seite 6A CEE ① €24,70
3,5ha 60**T**(70-100m²) 118**D** ② €34,90
N 52°40'15'' E 06°03'38''
N334 Richtung Giethoorn, Ausfahrt Belt-Schutsloot. CP im Ort ausgeschildert. 100761

Balkbrug, NL-7707 PK / Overijssel

't Reestdal
De Haar 5
1 Apr - 31 Okt
+31 5 23 65 62 32
info@reestdal.nl

1 AEH**JM**OPQRSTU BG**N** 6
2 QRWXYZ ABDE**FG**H 7
3 ABCFG**L**M ABCDEFGIKNQRTUVW 8
4 ABCDEFHIJLMN**PQ** CDEF 9
5 ABDEFHKLM**N** ABFGHIJKORS 10
B 6-16A CEE ① €31,70
8,5ha 85**T**(100-120m²) 143**D** ② €43,40
N 52°36'37'' E 06°22'17''
In Balkbrug Richtung De Wijk. Dann der braune Beschilderung folgen (den Sandweg meiden). 105728

Blokzijl, NL-8356 VZ / Overijssel

CC€23

Watersportcamping 'Tussen de Diepen'
Duinigermeerweg 1A
1 Apr - 31 Okt
+31 5 27 29 15 65
camping@tussendediepen.nl

1 ADEH**KN**OPQRST**U** BGNQSXY**Z** 6
2 CIQWXY ABDE**FG**H 7
3 AFMV ABCE**F**NPQRTW 8
4 ABCDFHJNO EFGIJCVW 9
5 ABDEFGHJKLMN ABCDFGHJKOPQXY 10
Anzeige auf Seite 111 B 10A CEE ① €29,70
5,2ha 60**T**(60-80m²) 160**D** ② €36,00
N 52°43'44'' E 05°58'13''
Von Zwolle Richtung Hasselt-Zwartsluis-Vollenhove. Am Kreisel geradeaus über den Deich nach Blokzijl. Den Schildern folgen. 100760

Bathmen, NL-7437 RZ / Overijssel

CC€19

de Flierweide
Traasterdijk 16
15 Mrz - 1 Nov
+31 5 70 54 14 78
info@flierweide.nl

1 AH**KN**OPQST**U** 6
2 APQSTWXYZ ABDE**FG** 7
3 AC**L**S ABCDFGHJKNQRTUV 8
4 FHJO JY 9
5 DN ABDEFGHJKM**O**Q 10
Anzeige auf dieser Seite 4-16A CEE ① €24,25
2ha 60**T**(120-140m²) 1**D** ② €33,75
N 52°15'22'' E 06°17'31''
A1 Ausfahrt 25 Bathmen. Den CP-Schildern folgen (Richtung Flierweide). 117764

CampingCard ACSI, gut zu wissen

- Nur gültig auf teilnehmenden CampingCard ACSI-Campingplätzen
- Nur gültig in den mit dem Campingplatz vereinbarten Akzeptanzzeiträumen
- Zusatzkosten nicht inbegriffen
- Begrenzte Anzahl von Stellplätzen verfügbar

Teilkarte Overijssel auf Seite 109

Niederlande

Dalfsen, NL-7722 KG / Overijssel

CC€19 iD

Starnbosch	1 AEHKNOPQRSTU	BDG 6
Sterrebosweg 4	2 BQWXYZ	ABDEFGHK 7
1 Jan - 31 Dez	3 ABFMV ABCDEFGHIJKMNPQRTUVW	8
+31 5 29 43 15 71	4 BCHJOQT	BDFJVW 9
info@starnbosch.nl	5 ABCDEFHJLMO ABDFGHIJKNOQVXY	10
	Anz. auf dieser Seite B 6-10A CEE	❶ €30,00
N 52°28'31" E 06°15'47"	8ha 248T(100-140m²) 20D	❷ €32,00

A28 Zwolle-Meppel-Hoogeveen, Ausfahrt 21 die N340 Richtung Dalfsen. Dann den Schildern folgen. 105703

De Lutte, NL-7587 LH / Overijssel

CC€21 iD

Landgoedcamping Het Meuleman	1 AEHKNOPQRSU	LN 6
Lutterzandweg 16A	2 ABEJRUYZ	ABDEFGH 7
1 Apr - 30 Sep	3 ACGJLMSX ABCDEFGIJKNQRTUW	8
+31 5 41 55 12 89	4 ABFGHIJX	BJV 9
info@camping-meuleman.nl	5 ADFKLMN	ABCDJKNRS 10
	Anzeige auf dieser Seite 6-10A CEE	❶ €33,10
N 52°20'01" E 07°01'46"	7ha 111T(100-300m²) 6D	❷ €41,30

A1 Hengelo-Oldenzaal, Ausfahrt De Lutte. Nach De Lutte Richtung Beuningen, CP-Schildern folgen. 111064

Delden, NL-7491 DZ / Overijssel

CC€19 iD

Park Camping Mooi Delden	1 AEKNOPQSTU	BGHN 6
De Mors 6	2 AQRWXYZ	ABDEFGK 7
31 Mrz - 1 Nov	3 AFJKLMNVX ABCDEFGIJKNQRTUVW	8
+31 7 43 76 19 22	4 BFHJKOQRTUVX	FJ 9
info@mooidelden.nl	5 ABDEFGHN	ABDHJKOQY 10
	Anzeige auf dieser Seite B 10A CEE	❶ €30,90
N 52°15'16" E 06°43'37"	3ha 85T(100-130m²) 32D	❷ €35,90

In Stadt und Umgebung Delden ist der CP gut ausgeschildert. Beschilderung folgen. 101558

Den Ham, NL-7683 SC / Overijssel

iD

De Blekkenhorst	1 AEKNOPQSTU	BGN 6
Nienenhoek 8	2 QRWXYZ	ABDEFGH 7
1 Apr - 1 Nov	3 ABCDFHIJLMSTUV	MNRVW 8
+31 5 46 67 15 59	4 ABEFHJKLOQ	CEFJY 9
info@de-blekkenhorst nl	5 ABDEHKN	ABEHIJKORSY 10
	6-16A CEE	❶ €46,00
N 52°28'27" E 06°29'41"	7,3ha 100T(120-150m²) 12D	❷ €57,00

Von Ommen Richtung Den Ham. Vor Den Ham den kleinen Schildern folgen. 112016

Den Ham, NL-7683 PD / Overijssel

iD

Charmecp & Appartementen De Regge-Vallei	1 AHKNOPQRSTU	6
Meersendijk 32	2 IQRTXYZ	ABDEFGH 7
1 Jan - 31 Dez	3 ABCDILMSUX	ABCDEFHJNPQRUV 8
+31 5 46 67 17 03	4 DFHIJKQ	ABIJV 9
info@dereggevallei.nl	5 DN	ABCFGHIJKORSVWY 10
	6-10A CEE	❶ €24,40
N 52°27'28" E 06°27'35"	2,3ha 35T(100-250m²) 22D	❷ €32,70

Gleich hinter der Ortsbebauung an der Westseite von Den Ham (N341) den Meersendijk nehmen. Der Beschilderung folgen. 122773

Den Nul/Olst-Wijhe, NL-8121 RZ / Overijssel

iD

Het Klaverblad	1 AEHJMOPQSU	N 6
Holstweg 44A	2 PQWXY	ABDEFG 7
1 Apr - 1 Okt	3 AS	DEFGHJNQRTUVW 8
+31 6 13 24 61 36	4 HO	9
info@campinghetklaverblad.nl	5 DN	ABFHIJKOQ 10
	16A CEE	❶ €23,00
N 52°21'28" E 06°07'19"	2,1ha 57T(110-140m²) 1D	❷ €33,00

N337 (Zwolle-Deventer), zwischen Wijhe und Olst liegt Den Nul. Von Wijhe aus links ab in Den Nul. Den CP-Schildern folgen. 119718

Teilkarte Overijssel auf Seite 109

Denekamp, NL-7591 NH / Overijssel

CC€23 iD

Papillon Country Resort
Kanaalweg 30
1 Apr - 29 Okt
+31 5 41 35 16 70
info@papilloncountryresort.com
N 52°23'32'' E 07°02'55''

1 ADEHKNOPQRSTU DGHLMN 6
2 EJKQRWXYZ ABDEFGH 7
3 ABCDEFGLMSTVX ABCDFGIJKMNPQRTUVW 8
4 ABCDEFHIJKLNOR CDEFJUVWXY 9
5 ABDEFGHJKLMN ABCDEFGHIJKMOPSY 10
Anz. auf dieser Seite B 6-10A CEE ① €44,00
16,5ha 154T(110-140m²) 164D ② €54,00

An der N342 Denekamp-Nordhorn ist der CP gut ausgeschildert. 105791

Deventer, NL-7419 AD / Overijssel

iD

Stadscamping Deventer
Worp 12
1 Mrz - 16 Nov
+31 5 70 61 36 01
stadscamping@gmail.com
N 52°15'02'' E 06°08'58''

1 AEKNOPSTU JN 6
2 ACJQSXYZ ABFG 7
3 EL ABEFGJNW 8
4 EFHI AFVZ 9
5 AD ABFGHIJKMOQY 10
Anzeige auf dieser Seite 6-16A CEE ① €27,00
2,5ha 80T(100-120m²) 11D ② €39,00

A1 Apeldoorn-Hengelo, Ausfahrt 23 Richtung Deventer-Zentrum. Über Brücke Richtung Twello N344, nach Brücke rechts. CP liegt hinter dem Hotel. 110213

Diepenheim, NL-7478 PX / Overijssel

iD

de Mölnhöfte
Nijhofweg 5
1 Jan - 31 Dez
+31 5 47 35 15 14
info@molnhofte.nl
N 52°11'28'' E 06°39'26''

1 AEKNOPQRSTU AFN 6
2 AIQSWXYZ ABFGH 7
3 ABEMV ABEFJNQRTW 8
4 BDFHOQ FJ 9
5 ADEFHJLMNO ABFHIJKOQY 10
B 6A CEE ① €20,80
6,5ha 55T(100-120m²) 100D ② €31,90

A1 Ausfahrt 28 Rijssen/Goor Richtung Goor. In Goor Richtung Diepenheim. Der CP liegt an der Straße von Diepenheim nach Neede links. 108343

Diffelen/Hardenberg, NL-7795 DA / Overijssel

CC€17 iD

de Vechtvallei
Rheezerweg 76
1 Apr - 30 Okt
+31 5 23 25 18 00
info@devechtvallei.nl
N 52°32'08'' E 06°34'10''

1 AEKNOPQSU DF 6
2 PQRWXYZ ABDEFGK 7
3 ABCFMUX ABCDEFJKMNQRTUVW 8
4 BCDEFGHIJLOQ AEFJVW 9
5 ACDEFGHJKMN ABCDGHJKOPQY 10
Anzeige auf dieser Seite B 16A CEE ① €33,70
7,8ha 51T(100-120m²) 136D ② €38,70

Hardenberg-Rheeze. Rheeze durch Richting Diffelen. Nach ca. 2 km links von der Straße. 105734

Haaksbergen (Twente), NL-7481 VP / Overijssel

iD

Camping & Bungalowpark 't Stien'n Boer
Scholtenhagenweg 42
1 Apr - 23 Okt
+31 5 35 72 26 10
info@stiennboer.nl
N 52°08'24'' E 06°43'28''

1 ACEHKNOPQSTU BEGN 6
2 ABQRWXYZ ABDEFGH 7
3 ABCDEFJLMNSVW ABCDEFGJKMNPQRTUVW 8
4 ABCDEFHJKLOQ CEFIJVWY 9
5 ABDEFHKLMN ABEFGHIJKMORSXY 10
Anz. auf dieser Seite B 6-10A CEE ① €38,70
10,5ha 110T(80-100m²) 132D ② €43,00

Von der N18 Ausfahrt Haaksbergen-Zuid, Camping danach ausgeschildert. 100792

Haaksbergen (Twente), NL-7481 VP / Overijssel

CC€21 iD

Camping Scholtenhagen B.V.
Scholtenhagenweg 30
1 Jan - 31 Dez
+31 5 35 72 23 84
campingscholtenhagen@planet.nl
N 52°08'53'' E 06°43'23''

1 ADEKNOPQRSTU EGHIN 6
2 AQRWXY ABDEFGH 7
3 ABCFLMSUX ABEFGJNPQRTUVW 8
4 BDFHJLOQ CJUVW 9
5 ADEFHKMN ADEFGHJKMOQ 10
Anzeige auf Seite 113 B 10A CEE ① €33,35
9,3ha 80T(100-110m²) 177D ② €48,85

N18, von Norden kommend Ausfahrt Haaksbergen, von Süden kommend Ausfahrt Haaksbergen-Zuid nehmen. Danach den Schildern zum Camping oder zum "Zwembad De Wilder" folgen. 100793

Geografisch suchen

Schlagen Sie Seite 80 mit der Übersichtskarte dieses Landes auf. Suchen Sie das Gebiet Ihrer Wahl und gehen Sie zur entsprechenden Teilkarte. Hier sehen Sie alle Campingplätze auf einen Blick.

Teilkarte Overijssel auf Seite 109

Niederlande

Hardenberg, NL-7797 RD / Overijssel

De Klimberg
Ommerweg 27
1 Apr - 31 Okt
+31 5 23 26 19 55
camping@deklimberg.nl

1 AEKNOPQRSU	DGLN 6	
2 BFJKQRWXYZ	ABDEFGH 7	
3 BCDFMV	ABCDEFGIJKMNPQRTUVW 8	
4 BCFHIJKLOQ	EVWY 9	
5 ACDEFGHKLMN	ABEGHIJKOPQY 10	
B 10-16A CEE		❶ €39,50
15ha 175T(140-150m²) 235D		❷ €47,50

N 52°33'42'' E 06°33'34''

Liegt an der Provinzstraße Ommen-Hardenberg. Der Campingplatz befindet sich an einer Parallelstraße. Folgen Sie der Beschilderung Rheezerveen. Ausführliche Beschreibung auf der Website. Neue Schilder werden noch aufgestellt. 105733

Hardenberg, NL-7771 TD / Overijssel

CC€19

Vakantiepark De Kleine Belties
Rheezerweg 79
1 Apr - 31 Okt
+31 5 23 26 13 03
info@kleinebelties.nl

1 AEKNOPQSU	BEGHLN 6	
2 BEJPQRWXY	ABDEFG 7	
3 ABCDFMSV	ABCDEFJKMNQRTUV 8	
4 BFHJLOQU	CEJVY 9	
5 ACDEFGHLMN	ABDFGHIJKOPQXY 10	
Anz. auf dieser Seite	B 6-10A CEE	❶ €43,00
19ha 79T(80-120m²) 413D		❷ €53,00

N 52°33'47'' E 06°35'32''

Hauptstraße Ommen-Hardenberg. An der Ampel in Hardenberg rechts ab. Den Schildern Rheeze folgen. Der CP liegt auf der rechten Seite, 2 km außerhalb von Hardenberg. 105729

Hardenberg/Heemserveen, NL-7796 HT / Overijssel

CC€19

Ardoer vakantiepark 't Rheezerwold
Larixweg 7
1 Apr - 30 Sep
+31 5 23 26 45 95
rheezerwold@ardoer.com

1 AEKMOPQSU	BEGHN 6	
2 BQRWXYZ	ABCDEFGK 7	
3 ABCFMNSV	ABCDEFGIJKMNQRTUVW 8	
4 BDHIJLOQT	CEFJVWY 9	
5 ABDEFKLM	ABCDEFGHIJKMOPRSY 10	
Anzeige auf Seite 109	B 8-10A CEE	❶ €38,00
11ha 110T(100-175m²) 126D		❷ €49,00

N 52°34'28'' E 06°33'56''

N343 Ausfahrt Hardenberg/Slagharen, Slagharen folgen und Campingschilder beachten, dann links ab. 105735

Heino, NL-8141 PX / Overijssel

Camping Heino
Schoolbosweg 10
1 Apr - 30 Sep
+31 5 72 39 15 64
info@campingheino.nl

1 ACDEHKNOPQRSTU	EGHLM 6	
2 AEJPQRSWXYZ	ABDFGHK 7	
3 ABCDFGHIMSTUVW	ABCDFGHIJKMNPQRTUVW 8	
4 ABCDEFHJKLOQ	CEFGJLVWY 9	
5 ABDEFHKLMN	ABEFGHIJKMNOPQWXY 10	
B 10A CEE		❶ €37,00
13ha 220T(100-120m²) 184D		❷ €47,00

N 52°26'21'' E 06°16'48''

Autobahn Amersfoort-Zwolle-Meppel, Ausfahrt 20 Zwolle-Noord, N35 in Richtung Raalte. Ab Almelo N35 in Richtung Zwolle, Ausfahrt Heino-Noord, ab Deventer in Richtung Raalte-Zwolle. 105705

Holten, NL-7451 HL / Overijssel

CC€21

Ardoer camping De Holterberg
Reebokkenweg 8
1 Jan - 31 Dez
+31 5 48 36 15 24
holterberg@ardoer.com

1 AEKNOPQSTU	BG 6	
2 ABQSWXYZ	ABDEFGHI 7	
3 ABCDGMSV	ABCDEFGIJKMNQRTUVW 8	
4 BCFHJKOR	EFUVWY 9	
5 ABDEFHLMN	ABDGHJKOQY 10	
Anzeige auf Seite 109	B 6-16A CEE	❶ €30,00
6,5ha 120T(80-140m²) 118D		❷ €44,00

N 52°17'31'' E 06°26'06''

A1 Deventer-Hengelo, Ausfahrt 27 Richtung Holten. Vor Holten Richtung Rijssen, N350. CP vor dem Kreisverkehr ausgeschildert. 105754

Holten, NL-7451 RG / Overijssel

CC€15

Ideaal
Schreursweg 5
1 Apr - 1 Okt
+31 5 48 36 17 25
info@campingideaal.nl

1 AEJMOPSU	6	
2 AIPQSTWXYZ	ABDEFG 7	
3 AMSU	ABEFGKNQRTW 8	
4 BFHJ	9	
5 D	ABDFGHIJKOQ 10	
Anzeige auf dieser Seite	B 6A CEE	❶ €18,00
2ha 50T(100-150m²) 30D		❷ €22,00

N 52°16'43'' E 06°26'52''

A1 Ausfahrt 27 Richtung Holten, 2. Ausfahrt rechts. Camping ist ausgeschildert. 108340

IJhorst, NL-7955 PT / Overijssel

De Vossenburcht
Bezoensweg 5
1 Jan - 31 Dez
+31 5 22 44 16 26
info@devossenburcht.nl

1 ADEGKNOPQRSTU	BG 6	
2 AQRSWXYZ	ABDEFGH 7	
3 BCFMV	ABCDEFGHJKNQRTW 8	
4 BCDFHJKOQ	EFJV 9	
5 ADEFHKMN	ABEFGHIJKORSY 10	
B 10-16A CEE		❶ €27,80
20ha 108T(90-100m²) 267D		❷ €36,60

N 52°39'16'' E 06°18'07''

A28 Ausfahrt 23 Staphorst oder A28 Ausfahrt 24 De Wijk Richtung IJhorst. In IJhorst Schildern folgen. 110231

Lemele, NL-8148 PC / Overijssel

CC€19

de Lemeler Esch Natuurcamping
Lemelerweg 16
6 Apr - 27 Okt
+31 5 72 33 12 41
info@lemeleresch.nl

1 AEHILOPQSU	BG 6	
2 QRWXYZ	ABDEFGH 7	
3 ABCEFLMX	ABDFGIJKMNQRTUVW 8	
4 BEFHIJO	BFJUVW 9	
5 ABDEFHJKMN	ABDEFGHIJKOPRSVWXY 10	
Anz. auf dieser Seite	B 6-10A CEE	❶ €44,20
12ha 191T(100-150m²) 18D		❷ €58,20

N 52°28'03'' E 06°25'39''

N347 zwischen Ommen und Hellendoorn. Ausfahrt Lemele und dann direkt rechts auf die Sekundärstraße fahren. CP ist nach 200m links. 105746

Teilkarte Overijssel auf Seite 109

Lemelerveld, NL-8151 PP / Overijssel

(CC€21) iD

- Charmecamping Heidepark
- Verbindingsweg 2a
- 1 Apr - 30 Sep
- +31 5 72 37 15 25
- info@campingheidepark.nl

1 ADEHKNOPQRSTU	BGLMN	6
2 AEJPQRXYZ	ABDEFGH	7
3 BCDFGLMNQSX	ABCDEFGHJKMNPQRTUVW	8
4 BCFHJKLQ	BCEFVWY	9
5 ABDEFHKMN	ABEGHIJKNORSY	10
Anz. auf dieser Seite B 6-10A CEE	❶ €38,55	
5,5ha 100T(100-200m²) 74D	❷ €49,35	

N 52°26'26'' E 06°20'51''

A28 Amersfoort-Zwolle, Ausfahrt 18 Zwolle-Zuid, dann N35 Richtung Almelo/Heino. In der Nähe von Raalte Richtung Ommen. Ausfahrt Lemelerveld. CP an der Straße Hoogeveen-Raalte gelegen. Ausfahrt Lemelerveld. 105704

Luttenberg, NL-8105 SZ / Overijssel

iD

- Vakantiepark De Luttenberg
- Heuvelweg 9
- 25 Mrz - 30 Sep
- +31 5 72 30 14 05
- receptie@luttenberg.nl

1 AEKNOPQRSTU	ADFHN	6
2 QRWXYZ	ABDEFGHK	7
3 BCFJLMNSV	ABCDEFGHIJKNPQRTUVW	8
4 ABCEFHIJKLOTU	ABEFJVWY	9
5 ABDEFGHKLMN	ABEGHIJKOPRSY	10
B 10A CEE	❶ €41,90	
8,6ha 141T(80-200m²) 119D	❷ €53,80	

N 52°23'41'' E 06°21'42''

Via Deventer: A1, Ausfahrt Deventer Richtung Raalte N348. An Raalte vorbei, an der T-Kreuzung die N348 Richtung Ommen nehmen. Den Schildern folgen bei Ausfahrt Luttenberg. 105706

Mander/Ootmarsum, NL-7663 TD / Overijssel

(CC€21) iD

- Dal van de Mosbeek
- Uelserweg 153
- 24 Mrz - 15 Okt
- +31 5 41 68 06 44
- receptie@dalvandemosbeek.nl

1 AEHKNOPQRSTU		6
2 QRWXY	ABDEFGH	7
3 ABCFIMSUV	ABCDEFGHIJKNPQRTUVW	8
4 FHIJKO	CY	9
5 ADEHN	ABDEGHJKOPQV	10
Anz. auf dieser Seite B 10-16A CEE	❶ €27,90	
6ha 128T(160-200m²) 6D	❷ €35,30	

N 52°26'40'' E 06°49'25''

A1 Ausfahrt Almelo. Nach Tubbergen. Dann Richtung Uelsen. Am Uelserweg 153, Einfahrt Plasdijk, kommt man zum Camping. 118408

Mariënberg/Hardenberg, NL-7692 PC / Overijssel

(CC€19) iD

- de Pallegarste
- Pallegarsteweg 4
- 1 Apr - 30 Sep
- +31 5 23 25 14 17
- info@depallegarste.nl

1 AEKNOPQRSTU	BGHIN	6
2 AEJPQRWXYZ	ABCDEFGHK	7
3 ABCDEFLMSUVX	ABCDEFGHIJKLNPQRTUV	8
4 BCDFHIJKLO	ABCEJUVW	9
5 ACDEFGHKMN	ABCDEHIJKMOPQXY	10
Anzeige auf dieser Seite B 16A CEE	❶ €47,00	
14ha 110T(120m²) 243D	❷ €57,00	

N 52°30'24'' E 06°34'57''

In Mariënberg mit Dorfkirche an linken Seite, Richtung Sibculo. CP ist gut ausgeschildert. 100772

Markelo, NL-7475 ST / Overijssel

(CC€19) iD

- De Bovenberg
- Bovenbergweg 14
- 1 Apr - 18 Okt
- +31 5 47 36 17 81
- info@debovenberg.nl

1 AEHKNOPQSTU	L	6
2 AEJQSWXYZ	ABDEFGH	7
3 ABDFMSUV	ABCDEFGHJNPQRTJVW	8
4 BFHJKO	CF	9
5 ABDEGMN	ABDFGHIJKORSY	10
Anzeige auf dieser Seite B 10A CEE	❶ €26,20	
4,5ha 63T(100-200m²) 17D	❷ €34,10	

N 52°15'56'' E 06°31'13''

Ab Kreuz Schüttorf A1/E30 Hengelo Richtung Almelo. Am Kreuz Azelo weiter auf der A1 Richtung Apeldoorn, Ausf. 27 Markelo. In Markelo Ri. Rijssen, ca. 3 km außerhalb Markelo ist der CP vor dem Kreisel links ausgeschildert. 113301

Markelo, NL-7475 AT / Overijssel

iD

- De Poppe Recreatiepark
- Holterweg 23
- 30 Mrz - 30 Sep
- +31 5 47 36 12 06
- info@depoppe.nl

1 ADEJMOPQSU	BGHL	6
2 AEJPQWXYZ	ABDEFG	7
3 ABDFMSV	ABCDEFGJNQFTW	8
4 BCJ	CE	9
5 ABDEHKLMN	ABHIJKCQY	10
6-16A CEE	❶ €23,25	
14ha 80T(110m²) 231D	❷ €35,75	

N 52°15'34'' E 06°27'33''

A1 Deventer-Hengelo, Ausfahrt 27 Richtung Markelo, an Kreisverkehr sofort rechts. 103262

Markelo, NL-7475 PS / Overijssel

iD

- Landgoed Kattenbergse Hoeve
- Traasweg 5
- 31 Mrz - 1 Okt
- +31 5 47 70 02 30
- info@kattenbergsehoeve.nl

1 AEJMOPQRSU	BG	6
2 ABQSWXYZ	ABDEFG	7
3 ABCFMS	ABCDEFGHJNQRTUVW	8
4 BDJO	BCUVW	9
5 ABDEHKMN	ABHIJKOSY	10
16A CEE	❶ €25,00	
10ha 50T(120m²) 128D	❷ €29,75	

N 52°13'29'' E 06°28'35''

A1 Deventer-Hengelo, Ausfahrt 27 Richtung Markelo. CP ist ausgeschildert. 110232

Nieuw-Heeten, NL-8112 AE / Overijssel

(CC€21) iD

- Vakantiepark Sallandshoeve
- Holterweg 85
- 23 Mrz - 15 Okt
- +31 5 72 32 13 42
- info@sallandshoeve.nl

1 ADEJMOPSU	EG	6
2 AQSWXY	ABFGH	7
3 ABEFJMRTV	ABEFHJNQRTUV	8
4 BFHJPQ	CJVWY	9
5 ABDEFGHKLN	ABEFHIJKO	10
Anzeige auf dieser Seite 10A CEE	❶ €25,00	
3ha 67T(100-150m²) 95D	❷ €32,00	

N 52°19'15'' E 06°20'35''

A1 Ausfahrt Holten, N332 Richtung Raalte. Nach 7 km rechts (ausgeschildert). 108253

Nijverdal, NL-7441 DK / Overijssel

(CC€23) iD

- Ardoer camping De Noetselerberg
- Holterweg 116
- 31 Mrz - 29 Okt
- +31 5 48 61 26 65
- noetselerberg@ardoer.com

1 ADEHJMOPQSU	AEGH	6
2 QRWXYZ	ABDEFGHK	7
3 ABCDEFLMV	ABCDEFGIJKMNQRTUVW	8
4 BDFHIJL	CEFJLUVW	9
5 ABCDEFGJLMN	ABCDEFGHIJKOPRSX	10
Anzeige auf Seite 109 B 10-16A CEE	❶ €45,55	
11ha 210T(90-110m²) 72D	❷ €57,10	

N 52°21'00'' E 06°27'21''

In Nijverdal Straße Richtung Rijssen folgen. Route zum CP ist an dieser Straße gut ausgeschildert. 100773

Notter, NL-7467 PD / Overijssel

iD

- De Grimberghoeve
- Klokkendijk 14
- 1 Apr - 1 Okt
- +31 5 48 51 32 92
- info@grimberghoeve.nl

1 AEKNOPQSTU	JN	6
2 ABCJKQRTWXYZ	ABDEFGHK	7
3 AILMSTUV	ABCDEFGIJNQRTUVW	8
4 FHIJK	EJRVWY	9
5 DEKN	BFGHJKOPQY	10
B 6-16A CEE	❶ €24,30	
3ha 65T(125-200m²) 5D	❷ €32,00	

N 52°19'38'' E 06°31'44''

Von der A1 Ausfahrt 28 Rijssen. Auf der N350 links ab Richtung Rijssen. Am Kreisel sofort rechts, dann links ab, Klokkendijk (Notter). 118023

Teilkarte Overijssel auf Seite 109

Oldemarkt/Paasloo, NL-8378 JB / Overijssel iD

De Eikenhof
Paasloërweg 12
1 Jan - 1 Okt
+31 5 61 45 14 30
eikenhof@capfun.com

1 ACE**KN**OPQRSTU	BGLNX	6
2 ABFJPQRWXYZ	AB**FG**H	7
3 ABCDFMTUVWX	ABCDEFGHIJKMNQRTUVW	8
4 BCDFHJLNO	ABCEFHJLVWY	9
5 ADEFGHJKLMN	ABCEFGHJKMOQY	10
B 6-16A CEE		❶ €28,45
14ha 142**T**(90-115m²) 189**D**		❷ €31,70

N 52°48'57'' E 05°59'48''

N351 Emmeloord-Wolvega. In Kuinre Richtung Oldemarkt. Oder A32 Steenwijk-Wolvega, Ausfahrt 7, und Richtung Oldemarkt Beschilderung folgen. 100733

Oldemarkt/Paasloo, NL-8378 JB / Overijssel iD

Krolsbergen
Paasloërweg 16
1 Apr - 1 Okt
+31 5 61 45 14 71
info@campingkrolsbergen.nl

1 AEH**KN**OPQRST**U**	BGNX	6
2 ABQSWXYZ	ABDE**FGH**	7
3 ABCFG**J**MSVX	ABCDE**FG**HIJKNPQRTW	8
4 BCDFHJLNOP	UVWY	9
5 ADEFHKLMNO	ABCFGHJKORSY	10
Anzeige auf dieser Seite B 10A CEE		❶ €26,00
10ha 44**T**(90-110m²) 140**D**		❷ €34,00

N 52°48'58'' E 06°00'24''

A32 afslag 7 Steenwijk Richtung Witte Paarden, Oldemarkt, Paasloo. Camping an dieser Straße ausgeschildert. 100734

Ommen, NL-7731 BC / Overijssel iD

de Koeksebelt
Zwolseweg 13
1 Apr - 31 Okt
+31 5 29 45 13 78
info@koeksebelt.nl

1 AE**KN**OPQRSTU	BGHJLNXZ	6
2 CEJQRWXYZ	ABDE**FG**HIJ	7
3 ABCEFG**L**MSUV	ABCDEFGHIJKNQRTUVW	8
4 ABDEFGHJKLO	FHIJOQRVW	9
5 ABDEFGHJKLMN	ABCEFGHJKMOPQY	10
B 6-10A CEE		❶ €47,50
12ha 275**T**(100-150m²) 43**D**		❷ €58,50

N 52°30'59'' E 06°24'51''

Von der N34 über die Brücke in Ommen in südliche Richtung des Vecht. Direkt hinter der Brücke rechts am Hotel 'de Zon' vorbei Richtung Vilsteren. CP nach ca. 500m rechts. 105752

Ommen, NL-7731 PB / Overijssel CC€23 iD

Ommerland
Besthemerberg 1
24 Mrz - 31 Okt
+31 5 29 45 13 62
info@ommerland.nl

1 AEKNOPQRSTU	BEGH	6
2 BQRYZ	ABDE**FG**H	7
3 ABCEFG**HIL**MS**T**UVX	ABCDEFGHIJK**M**NQRTUVW	8
4 BCDEFHIJLNO**PQZ**	CJRWXY	9
5 ACDEFGHJKL**N**	ABDEHIJKOPQY	10
Anz. auf dieser Seite B 4-10A CEE		❶ €47,20
85ha 394**T**(100-120m²) 254**D**		❷ €57,40

N 52°30'30'' E 06°26'37''

An der R103 Ommen-Beerze gelegen. Am CP-Schild über den Bahnübergang. 105741

Ommen, NL-7731 RC / Overijssel CC€19 iD

Resort de Arendshorst
Arendhorsterweg 3a
31 Mrz - 30 Sep
+31 5 29 45 32 48
info@arendshorst.nl

1 ACE**KN**OPQRST**U**	FJNX**Z**	6
2 ABCJQRWXYZ	A**B**DE**FGH**	7
3 BF**HJLM**	ABE**FGI**JNQRTUVW	8
4 FHIJKO**Q**	JOQUVW	9
5 ABDEFGHJLMN	ABDFHIJKOSW	10
Anzeige auf dieser Seite 6-10A CEE		❶ €28,00
22ha 125**T**(150-250m²) 110**D**		❷ €38,00

N 52°31'10'' E 06°21'52''

CP ist entlang der N 340 Ommen-Zwolle ausgeschildert. ACHTUNG: Befahren Sie die Parallelstraße. 108264

Ootmarsum, NL-7638 PP / Overijssel CC€19 iD

Bij de Bronnen
Wittebergweg 16-18
1 Jan - 31 Dez
+31 5 41 29 15 70
info@
campingbijdebronnen.nl

1 AEJ**M**OPQRSTU		6
2 BQRXYZ	A**B**DE**FG**H	7
3 BFNSX	ABCDE**F**HJK**M**NPRTUVW	8
4 FHIJKO**Q**	JVY	9
5 DEFHKMN	ABCDFGHJKORSY	10
Anzeige auf dieser Seite B 6A CEE		❶ €20,70
8ha 43**T**(70-120m²) 136**D**		❷ €27,90

N 52°25'29'' E 06°53'23''

In Ootmarsum wird der CP gut ausgeschildert. (Mit der Navigation in Nutter.) 105778

Ootmarsum, NL-7631 CJ / Overijssel CC€23 iD

De Kuiperberg
Tichelwerk 4
1 Apr - 17 Okt
+31 5 41 29 16 24
info@kuiperberg.nl

1 A**KN**OPQRSTU		6
2 IPQRTUVWXYZ	ABDE**FG**H	7
3 S	ABCDEFGHJNQRTUVW	8
4 FHJO	EJVW	9
5 ADEFHKN	ABCDEFGHJKN**O**RSY	10
Anzeige auf dieser Seite B 16A CEE		❶ €32,00
H60 4ha 120**T**(100m²) 10**D**		❷ €49,00

N 52°24'29'' E 06°53'04''

Auf der N349 von Ootmarsum nach Almelo ist der CP gut angezeigt. 105782

Ootmarsum, NL-7637 PM / Overijssel iD

De Witte Berg
Wittebergweg 9
31 Mrz - 1 Okt
+31 5 41 29 16 05
info@dewitteberg.nl

1 AE**KN**OPQST**U**	BDGLN	6
2 BEJKQRTWXYZ	A**B**DE**FG**H	7
3 ABCDEFI**J**MSVX	CDE**FG**IJK**M**NPQRTUVW	8
4 BCDFHJO	BEFGIJVWX	9
5 ABDEFHKLMN	ABCGHJKOSY	10
B 6-10A CEE		❶ €55,00
6,5ha 136**T**(100-140m²) 37**D**		❷ €67,00

N 52°25'25'' E 06°53'35''

In Ootmarsum ist der CP gut ausgeschildert. 110750

Niederlande

Teilkarte Overijssel auf Seite 109

Niederlande

Ootmarsum/Agelo, NL-7636 PL / Overijssel

CC€19 iD

De Haer	1 AE**KN**OPQRSTU	A 6
Rossummerstraat 22	2 ABPQRTWXYZ	A**B**D**EFG**H 7
1 Apr - 1 Okt	3 ABFGMVX	ABCDE**F**HJKNPQRTUV 8
+31 5 41 29 18 47	4 BCDFHJO	CJUVWXY 9
info@dehaer.nl	5 ADEFHKMN	ABDFGHJKOQ 10
	Anz. auf dieser Seite B 6-10A CEE	① €23,20
N 52°23'25'' E 06°54'06''	5,5ha 130**T**(100-140m²) 48**D**	② €29,40

Der Platz liegt an der Straße von Ootmarsum nach Oldenzaal und ist gut ausgeschildert. 113428

Ootmarsum/Hezingen, NL-7662 PH / Overijssel

CC€23 iD

Hoeve Springendal	1 AEH**KN**OPQRSTU	N 6
Brunninkhuisweg 3	2 BCIQRTWXYZ	A**BFG**HK 7
1/4 - 1/11, 22/12 - 31/12	3 AS	ABCDE**FG**IJNQRTUVW 8
+31 5 41 29 15 30	4 **E**FHIJKO	GIJVW 9
info@hoevespringendal.nl	5 ADHJN	ABCDEHJKOQY 10
	Anzeige auf dieser Seite B 10A CEE	① €36,40
N 52°26'30'' E 06°53'38''	3ha 58**T**(120-200m²) 15**D**	② €45,80

In Ootmarsum ist der CP gut ausgeschildert, Schildern folgen. 112442

Ossenzijl, NL-8376 EM / Overijssel

iD

De Kluft	1 ADEH**JM**OPQRSTU	JLNUV**X**Y**Z** 6
Hoogeweg 26	2 ACEIJPQTWXYZ	A**B**D**EFGH** 7
1 Apr - 31 Okt	3 ABFM**Q**	ABCDE**F**GHIJKNQRTW 8
+31 5 61 47 73 70	4 ABCDEFHJO	FGJNORVW 9
info@dekluft.nl	5 ABDEFGHJKLMN	ABFGHJKOPQY 10
	B 6A CEE	① €28,80
N 52°48'28'' E 05°55'54''	14,5ha 180**T**(100m²) 120**D**	② €37,00

N32 Richtung Oldemarkt. Vorbei an Oldemarkt, vor Ossenzijl ist der CP ausgeschildert. 100759

Raalte, NL-8102 SV / Overijssel

iD

Krieghuusbelten	1 ACEILOPQRSTU	DGHLNQ 6
Krieghuisweg 19	2 EQRWXYZ	A**B**D**E**F**GH** 7
1 Apr - 30 Sep	3 ABCDEF**HIJ**M**N**SUV	ABCDE**FG**HJ**M**NQRTUV 8
+31 5 72 37 15 75	4 BCDFHJLO**Q**	ACEJV 9
info@krieghuusbelten.nl	5 ABCDEFHKLMN	ABEGHIJK**O**PQWY 10
	B 10-16A CEE	① €42,00
N 52°25'37'' E 06°18'36''	26ha 200**T**(100-120m²) 281**D**	② €54,00

An Kreuzung N35 Zwolle-Almelo und N348 Richtung Deventer in nördliche Richtung. Beschilderung folgen. Von Ommen an Restaurant 'De Lantaren' rechts. 109788

Reutum, NL-7667 RR / Overijssel

CC€17 iD

De Weuste	1 ACE**KN**OPQRSTU	BGN 6
Oldenzaalseweg 163	2 ACPQRWXYZ	AB**C**DE**FGH** 7
1 Apr - 30 Sep	3 ABFHI**L**MRSU	ABCDEFGIJKNPQRTUVW 8
+31 5 41 66 21 59	4 BCDFGHJKLOP**QS**	JVW 9
info@deweuste.nl	5 ABDEFHKN	ABCDEGHJKORSY 10
	Anzeige auf dieser Seite B 10A CEE	① €21,40
N 52°21'59'' E 06°50'02''	9,5ha 91**T**(100-180m²) 102**D**	② €32,80

CP liegt an der N343 Oldenzaal-Tubbergen. Gut ausgeschildert. Kommt man von der A1, nimmt man die Ausfahrt 31 Weerselo. 1 1505

Reutum/Weerselo, NL-7667 RS / Overijssel

CC€19 iD

De Molenhof	1 AEH**KN**OPQRSTU	BDGHIN 6
Kleijsenweg 7	2 APQRWXYZ	ABDE**FGH**K 7
31 Mrz - 2 Okt	3 ABCDEFG**JL**MUVX	ABCDEFGIJKNQRTUVW 8
+31 5 41 66 11 65	4 BFHJO	BFIJLVY 9
info@demolenhof.nl	5 ACDEFGHIMN	ABCEGHJKOPQUXY 10
	Anzeige auf dieser Seite B 10A CEE	① €48,00
N 52°21'57'' E 06°50'37''	16ha 500**T**(100-130m²) 50**D**	② €58,00

In Weerselo ist der CP ausgeschildert. Er liegt an der Straße von Weerselo nach Tubbergen. 105780

Rheeze, NL-7794 RA / Overijssel

iD

Capfun de Sprookjescamping	1 AE**KN**OPQSTU	BEGHN 6
Grote Beltenweg 17	2 EJQRWXY	AB**C**DE**FG**HK 7
1/4 - 19/9, 15/10 - 30/10	3 ABCDEFU	ABCDEFGIJKNQRTUVW 8
+31 5 23 26 13 69	4 **A**BDFHIJLOP**S**	AEJVWY 9
sprookjes@capfun.com	5 ACDEFGJKLMN	ABCGHIJKOQXY 10
	6-10A CEE	① €53,00
N 52°32'46'' E 06°34'14''	16ha 31**T**(100m²) 326**D**	② €77,00

Bundesstraße Ommen-Hardenberg. In Hardenberg an Shell-Tankstelle rechts. Ab Rheeze ausgeschildert. 105732

ACSI

Detailkarte

Die Orte in denen die Plätze liegen, sind auf der Teilkarte **fett** gedruckt und zeigen ein offenes oder geschlossenes Zelt.
Ein geschlossenes Zelt heißt, dass mehrere Campingplätze um diesen betreffenden Ort liegen.
Ein offenes Zelt heißt, dass ein Campingplatz in oder um diesen Ort liegt.

Teilkarte Overijssel auf Seite 109

Rheeze, NL-7794 RA / Overijssel

CC€21 iD

Camping 't Veld
Grote Beltenweg 15
6 Apr - 30 Sep
+31 5 23 26 22 86
info@campingtveld.nl
N 52°32'49'' E 06°34'19''

1 AEHKNOPQRSU DGHN 6
2 EJKQRWXY ABCDEFGHK 7
3 BCDMV ABCDEFHJKMNPQRTUVW 8
4 BCDFGHIJLO BCFJVWY 9
5 ABDEFGKMN ABCEGHIJKOQY 10
Anzeige auf dieser Seite B 10A CEE ❶ €44,00
8ha 91T(80-100m²) 158D ❷ €54,00
105731

Bundesstraße Ommen-Hardenberg, an Tankstelle rechts. Hardenberg-Rheeze folgen. Ca. 1 km nach Hardenberg rechts. Ausgeschildert.

Rheezerveen/Hardenberg, NL-7797 HH / Overijssel

iD

Capfun Vakantiepark het Stoetenslagh
Elfde Wijk 42
7 Apr - 30 Okt
+31 5 23 63 82 60
stoetenslagh@capfun.com
N 52°35'12'' E 06°31'50''

1 ADEHILOPQRSTU BDEGHLN 6
2 EJQRWXY ABDEFGH 7
3 ABCDEGLMRSTVWX ABCDEFGHIJKMNQRTUVW 8
4 BCDFGHIJLNOQ JRVWY 9
5 ABDEFGHJKLMN ABCEFGHIJKOPQY 10
B 10A CEE ❶ €60,00
26ha 154T(120-140m²) 406D ❷ €80,00
105736

A28 Ausfahrt N377 nach Slagharen. Vor Slagharen N343 Richtung Hardenberg. Nach der Ausfahrt Lutten 1. Ausfahrt rechts. Weiter nach 3 km CP links. Von Hardenberg nach Slagharen, nach 5 km links ab Elfde wijk.

Slagharen, NL-7776 PA / Overijssel

iD

Attractie en Vakantiepark Slagharen
Knappersveldweg 3
1 Apr - 30 Okt
+31 5 23 68 30 00
info@slagharen.com
N 52°37'15'' E 06°34'03''

1 ADEJMOPSU EHIN 6
2 PQRXY ABDEFG 7
3 ABEGMNS ABCDEFGIJNQRTW 8
4 BDHJP CEJV 9
5 ACDEFGJKLN ABCEGHIJKNQXY 10
10A CEE Preise auf
8ha 229T(100m²) 808D Anfrage
108336

Richtung Ponypark Slagharen.

St. Jansklooster, NL-8326 BG / Overijssel

CC€17 iD

Kampeer- & Chaletpark Heetveld
Heetveld 1
1 Apr - 30 Sep
+31 5 27 24 62 43
info@campingheetveld.nl
N 52°40'05'' E 06°00'48''

1 AEHKNOPQRSTU 6
2 PQSWXYZ ABEFGHK 7
3 ABDEFHJNPQRUVW 8
4 FH JVW 9
5 ADFKN BCDHIJKORS 10
Anzeige auf dieser Seite 6A CEE ❶ €19,50
5ha 51T(140-150m²) 22D ❷ €22,00
118696

Auf der N331 Zwartsluis-Vollenhove in Barsbeek Richtung St. Jansklooster. Der CP in Heetveld ist mit blauen Schildern angezeigt.

Stegeren/Ommen, NL-7737 PE / Overijssel

iD

De Kleine Wolf
Coevorderweg 25
1/4 - 20/9, 30/9 - 31/10
+31 5 29 45 72 03
info@kleinewolf.nl
N 52°32'40'' E 06°29'41''

1 AEHKNOPQRSU BEGHILMN 6
2 EJQRWXYZ ABDEFGH 7
3 ABDEFGJLMNST ABCDEFGIJKMNQRTUVW 8
4 ABCDEFHIJKLO EFJUVW 9
5 ACDEFGHKLMN ABEGHIJKMOPQY 10
Anz. auf dieser Seite B 8-16A CEE ❶ €65,00
24ha 475T(100-160m²) 168D ❷ €80,00
105738

Von der N36 über den Kreisel zwischen Ommen und Hardenberg, Ausfahrt Stegeren. Den CP-Schildern folgen.

Tubbergen, NL-7651 KP / Overijssel

CC€19 iD

Ardoer recreatiepark Kaps
Tibsweg 2
1 Apr - 2 Okt
+31 5 46 62 13 78
kaps@ardoer.com
N 52°24'36'' E 06°48'19''

1 AEHJMOPQRSTU BGN 6
2 QRWXYZ ABDEFG 7
3 ABDFKMV ABCDFGIJNQRTUVW 8
4 BFHJL CFJUVW 9
5 ABDEFHKLMN ABDEGHJKOPRSY 10
Anzeige auf Seite 109 B 6-10A CEE ❶ €32,60
10ha 89T(100-120m²) 104D ❷ €42,60
105779

Ab Ortsumgehung Tubbergen ausgeschildert (N343). CP-Schildern folgen.

Vollenhove, NL-8325 PP / Overijssel

CC€17 iD

Ardoer vakantiepark 't Akkertien
Noordwal 3
1 Jan - 31 Dez
+31 5 27 24 13 78
akkertien@ardoer.com
N 52°40'32'' E 05°56'22''

1 AEKNOPQRSTU DGHJNQSXYZ 6
2 CIPQTWXY ABDEFGJK 7
3 ABCDFGJMNS ABCDEFGHIJKNPQRTUVW 8
4 ABCDFHJKLOQT EIJOQRTVWY 9
5 ABDEHJMN ABDEFGHJKOPRSUY 10
Anzeige auf Seite 109 B 10A CEE ❶ €23,00
11ha 150T(100-140m²) 145D ❷ €32,50
117156

N331 Richtung Vollenhove und dann den Schildern folgen. Nicht durchs Zentrum von Vollenhove fahren.

Welsum, NL-8196 KC / Overijssel

iD

De Stuurmanskolk
IJsseldijk 85
1 Jan - 31 Dez
+31 5 70 56 14 70
info@destuurmanskolk.nl
N 52°20'37'' E 06°05'48''

1 ADEHKNOPQRSTU JLN 6
2 CEKQTXYZ ABDEFG 7
3 AM ABFJNQRW 8
4 FHST J 9
5 DEFHKL ABFGHJKOQXY 10
6A CEE ❶ €21,50
1,5ha 60T(80-100m²) 10D ❷ €29,50
115485

Von der A50 über Heerde dem Deich bis Welsum folgen. Aus den Ost-Niederlanden Olst mit der Fähre übersetzen. Der Camping liegt hinter Eet Tapperij Bijsterbosch.

Zuna/Nijverdal, NL-7466 PD / Overijssel

iD

Vakantiepark Mölke
Molendijk 107
9 Apr - 1 Okt
+31 5 48 51 27 43
info@molke.nl
N 52°19'35'' E 06°31'07''

1 AEJMOPQRSTU EGJNXZ 6
2 ACJQRWXYZ ABDEFGH 7
3 ABCDFLMRSUVX ABCDEFGJKMNQRTUVW 8
4 ABCDFGHIJKLOT BCEFJORUVWY 9
5 ABCDEFGHJKLMN ABEGHIJKMNOPQY 10
B 4-10A CEE ❶ €54,00
9,5ha 49T(90-125m²) 220D ❷ €55,00
105753

Camping an der N347 zwischen Rijssen und Nijverdal gut ausgeschildert.

Zwolle, NL-8035 PA / Overijssel

iD

Terra Nautic
Vechtdijk 1
1 Apr - 1 Okt
+31 5 29 42 71 71
info@terranautic.nl
N 52°32'05'' E 06°08'48''

1 AEHKNOPSU JNQSXYZ 6
2 ACPQRWXYZ ABDEFGH 7
3 BFMSU ABCDEFKNQRTUVW 8
4 H 9
5 DMN ABFGHIJKNRS 10
Anzeige auf dieser Seite 4A CEE ❶ €27,00
7ha 100T(90-100m²) 65D ❷ €36,00
100769

Autobahn A28 Amersfoort-Meppel, Ausfahrt 21 Ommen. Der rechten Fahrspur folgen in Richtung Hessenpoort. Dann ausgeschildert.

Zwolle, NL-8034 PJ / Overijssel

CC€19 iD

Molecaten Park De Agnietenberg
Haersterveerweg 27
24 Mrz - 1 Okt
+31 3 84 53 15 30
deagnietenberg@molecaten.nl
N 52°32'13'' E 06°07'47''

1 ADEHKNOPQRSU JLNQ 6
2 ABCEJKQWXYZ ABDEFGH 7
3 ABFGLMU ABEFJNQRTUVW 8
4 BFHJO JV 9
5 ADEM ABDEFGHJKOQY 10
Anzeige auf Seite 129 10A CEE ❶ €29,85
14ha 58T(80-100m²) 238D ❷ €35,65
105700

A28 Richtung Leeuwarden/Groningen, hinter der Ausfahrt Zwolle-Noord rechts, direkt links. Nach 400m an der Ampel links.

Friesland

Durchreisecampingplätze

In diesem Führer finden Sie eine handliche Karte mit Campingplätzen an den wichtigen Durchgangsstrecken zu Ihrem Ferienziel. Durch die Farbe des jeweiligen Zeltchens können Sie erkennen, ob dieser Platz ganzjährig geöffnet ist oder nicht. Darüber hinaus gibt es für jeden Platz auch noch eine kurze redaktionelle Beschreibung, inklusive Routenbeschreibung und Öffnungszeiten.

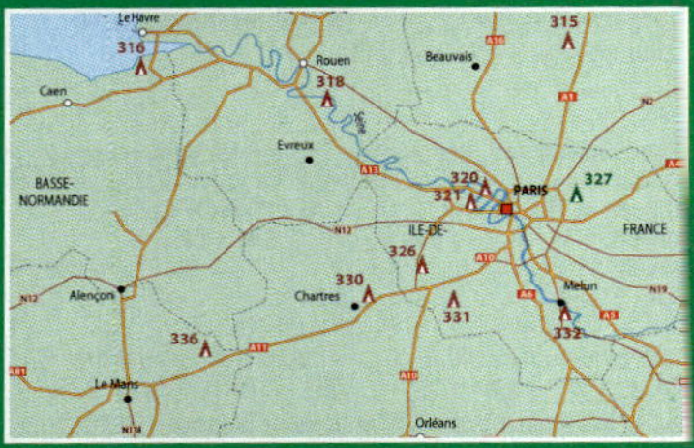

Akkrum, NL-8491 CJ / Friesland — CC€21 iD

Drijfveer	1 AEHKNOPQRSTU	JLNSTWXYZ 6
Ulbe Twijnstrawei 31	2 ACFKQTXY	ABDEFG 7
1 Apr - 1 Nov	3 ABMNX	ABEFGHJNQRTVW 8
+31 5 66 65 27 89	4 BCDHJ	NOPQR 9
info@drijfveer.nl	5 ADHJNO	ABCFGHIJKLOPRSUY 10
	Anzeige auf dieser Seite B 10A CEE	① €19,00
N 53°02'54'' E 05°49'33''	2,5ha 80T(72-100m²)	② €19,00

Von der A32 Ausfahrt Akkrum. Richtung Akkrum Oost. Der Beschilderung 'Jachthaven Tusken de Marren' folgen. 122657

Teilkarte Friesland auf Seite 118

Anjum, NL-9133 DV / Friesland (CC€23)

Landal Esonstad
Skanserwei 28
24 Mrz - 26 Okt
+31 5 19 32 95 55
esonstad@landal.nl

1 DEKNOPQRSTU EGLNPQSXYZ 6
2 CEIJKPQTW ABDEFGH 7
3 ABCDEFKMNSTUV ABCDEFHJKMNPQRTUVW 8
4 ABCDEFGHJLSTUV IJMNPQRTUVWXY 9
5 ACDEFGHJKLN ABFGHJKOPQY 10
Anzeige auf dieser Seite 16A CEE ❶ €32,00
5ha 129T(100-120m²) 221D ❷ €34,00

N 53°22'30" E 06°09'32"

Von Leeuwarden die N355 Dokkum Richtung Lauwersoog die N361.

118132

Bakkeveen, NL-9243 JZ / Friesland (CC€23) iD

De Wâldsang
Foarwurkerwei 2
24 Mrz - 30 Okt
+31 5 16 54 12 55
info@waldsang.nl

1 AEHKNOPQRSTU N 6
2 ABPQRWXY ABDEFGHK 7
3 ABCDFMS ABCDEFGHIJNQRTUVW 8
4 BCDFHJKOQR AFHJRV 9
5 ADEFGHKMN ABDEFGHIJKOPQ 10
Anzeige auf dieser Seite 16A CEE ❶ €37,80
13ha 142T(100-120m²) 180D ❷ €44,10

N 53°05'08" E 06°15'00"

A7 Ausfahrt 31 (Frieschepalen). In Frieschepalen Richtung Bakkeveen. Vor Bakkeveen dem CP-Schild 'De Wâldsang' folgen.

108215

Appelscha, NL-8426 EP / Friesland iD

Alkenhaer
Alkenhaer 1
1 Apr - 31 Okt
+31 5 16 43 26 00
info@campingalkenhaer.nl

1 ADEKNOPQRST 6
2 APQSWXYZ ABDEFGH 7
3 AFLMUV ABCDEFHJKMNPQRTUVW 8
4 BDFHJLNOQ EFJVWY 9
5 DEHMN ABFGHJKORSY 10
B 10A CEE ❶ €25,10
11ha 60T(80-120m²) 158D ❷ €34,60

N 52°56'45" E 06°21'44"

N381 Drachten-Appelscha, Ausfahrt Appelscha. N371 Meppel-Assen, Ausfahrt Appelscha. CP ist mit braunen Schildern angezeigt.

111143

Appelscha, NL-8426 GK / Friesland (CC€19) iD

RCN Vakantiepark De Roggeberg
De Roggeberg 1
24 Mrz - 29 Okt
+31 8 50 40 07 00
reserveringen@rcn.nl

1 ADEHKNOPQRSTU BFH 6
2 ABQRWXYZ ABDEFGH 7
3 ABCDFGJLMNSUW ABCDEFGIJKMNQRTUVW 8
4 ABCDEFHJLNO CEJUVWY 9
5 ABDEFHJKLMN ABEFGHIJKMNOPSTXY 10
B 10A CEE ❶ €34,00
69ha 335T(100-120m²) 487D ❷ €40,00

N 52°56'18" E 06°20'30"

Auf der N381 nach Appelscha fahren. Von dort an gut ausgeschildert.

105679

Bakkeveen, NL-9243 SE / Friesland iD

It Kroese Beamke
Nije Drintsewei 6
1 Apr - 1 Okt
+31 5 16 54 12 45
info@kroesebeamke.nl

1 AEKNOPQRSTU N 6
2 IPQRTWXYZ ABDEFG 7
3 ACFHIMSU AEFJQRUW 8
4 FHJKOQ DFJ 9
5 DN ABHJKOSTU 10
6-10A CEE ❶ €20,50
5ha 39T(100-180m²) 31D ❷ €28,50

N 53°04'44" E 06°16'55"

Assen zur N372 Norg/Haulerwijk/Waskemeer/Bakkeveen. Den Schildern folgen.

118338

Bakhuizen, NL-8574 VC / Friesland (CC€19) iD

De Wite Burch
Wite Burch 7
15 Mrz - 31 Okt
+31 5 14 58 13 82
info@witeburch.nl

1 AEGKNOPQRSTU X 6
2 QRWXYZ ABFGH 7
3 ABDFILM ABCDEFHJKNQRTUVW 8
4 BHJKO CEFJUVW 9
5 ABDEHJKMN ABDEHJKORS 10
Anzeige auf dieser Seite B 10A CEE ❶ €26,00
10ha 60T(80-100m²) 229D ❷ €33,00

N 52°52'18" E 05°28'08"

Von Lemmer N359 Richtung Koudum. Ausfahrt Rijs links. An Kreuzung Richtung Bakhuizen, CP-Beschilderung folgen. CP nach Ortsausgang, Nordseite.

100726

Bakkeveen, NL-9243 KA / Friesland (CC€19) iD

Molecaten Park 't Hout
Duerswâldmerwei 11
24 Mrz - 1 Okt
+31 5 16 54 12 87
thout@molecaten.nl

1 AEHKNOPQSU BGH 6
2 ABPQRWXYZ ABDEFGH 7
3 ABDEFMV ABCDEFGJKNQRTUVW 8
4 BFHJKLO ABCEVY 9
5 ADEFGKMN ABDEFGHIJKOSTY 10
Anzeige auf Seite 129 B 10A CEE ❶ €24,00
21,4ha 210T(100-120m²) 303D ❷ €33,50

N 53°04'44" E 06°15'11"

A7 Kreuz Oosterwolde, Richtung Oosterwolde. Ausfahrt Wijnjewoude/Bakkeveen. Oder A7 Heerenveen-Groningen, Ausfahrt 31 Richtung Bakkeveen. Weiter den Schildern folgen.

101539

Bakkeveen, NL-9243 KA / Friesland (CC€17) iD

De Ikeleane
Duerswâldmerwei 19
1 Apr - 30 Sep
+31 5 16 54 12 83
info@ikeleane.nl

1 AEHJMOPQSTU 6
2 AIPQRWXY ABDEFGH 7
3 ABCDEFGMSV ABCDEFGHIJMNPQRTUVW 8
4 BCDFHJKLO CFJVY 9
5 ADEFGHJKMN ABDEFGHJKOQY 10
Anzeige auf dieser Seite 10A CEE ❶ €26,75
9ha 86T(90-100m²) 128D ❷ €34,75

N 53°04'16" E 06°14'34"

Ab Heerenveen die A7 nach Drachten. Ausfahrt 31 Richtung Frieschepalen. In Frieschepalen Richtung Bakkeveen. In Bakkeveen Richtung Wijnjewoude nach 1,5 km CP links.

118098

Teilkarte Friesland auf Seite 118

Dokkum, NL-9101 XA / Friesland

CC€17 iD

- Harddraverspark
- Harddraversdijk 1a
- 1 Apr - 1 Nov
- +31 5 19 29 44 45
- info@campingdokkum.nl

1	ABE**KN**OPQRST**U**	JN**XZ**	6
2	CPQRSTWXYZ	A**B**D**FG**	7
3	AB**N**SU	ABCDE**F**NPQRUVW	8
4	FH	DFOVW	9
5	DMN	ABDFGHIJKOQY	10

Anzeige auf dieser Seite 4-16A CEE ❶ €24,50
2,5ha 80**T**(100-120m²) 8**D** ❷ €30,50

N 53°19'36" E 06°00'17" — 108991

Von Leeuwarden Richtung Dokkum-Oost, Beschilderung folgen. Ab Drachten Richtung Dokkum-Oost. Umgehung folgen (Lauwersseewei). Von Groningen-Zoutkamp die N361 Richtung Dokkum. Ausgeschildert.

Eernewoude, NL-9264 TP / Friesland

- It Wiid
- Kooidijk 10
- 1 Jan - 31 Dez
- +31 5 11 53 92 23
- info@wiid.nl

1	DE**JM**OPQRST	BGHLNST**X**Y**Z**	6
2	ABFJQTXYZ	ABDE**FGH**	7
3	BFM**N**	ABCDEFGIJKNQRTUVW	8
4	ABFGHJ	EJNOPQVW	9
5	ACEGHLMN	ABCEFGHIJK**O**PQY	10

Anzeige auf Seite 118 B 10-16A CEE ❶ €36,00
28ha 250**T**(100-120m²) 260**D** ❷ €54,00

N 53°07'37" E 05°56'48" — 105597

A7, Knotenpunkt Oosterwolde, Richtung Leeuwarden. In Garijp in Richtung Eernewoude fahren. Weiter den CP-Schildern folgen.

Eernewoude, NL-9264 TK / Friesland

- Simmerwille
- Smidspaed 2
- 1 Apr - 1 Okt
- +31 5 11 53 93 90
- info@simmerwille.nl

1	EH**KN**OPQRSTU	LNQSXY**Z**	6
2	EQWXY	ABDE**FG**	7
3	AFMX	ABCDEFJNQRT	8
4	FHJ	EGOPQR	9
5	ADJN	ABHIJKOQ	10

6-10A CEE ❶ €28,50
3ha 50**T**(80-100m²) 12**D** ❷ €35,50

N 53°07'46" E 05°55'56" — 100712

A7, Kreuz Oosterwolde Richtung Leeuwarden. Bei der Ausfahrt Garijp Richtung Eernewoude/Earnewald. Dann weiter ausgeschildert.

Franeker, NL-8801 PG / Friesland

CC€21 iD

- Recreatiepark Bloemketerp bv
- Burg. J. Dijkstraweg 3
- 1 Jan - 31 Dez
- +31 5 17 39 50 99
- info@bloemketerp.nl

1	ADE**KN**OPQRST**U**	**EF**HIN	6
2	ACPQTWXY	ABDE**FG**	7
3	AB**D**F**PR**	ABCDE**F**JNRTUVW	8
4	ABFHJO**QRSTZ**	HIJQRVW	9
5	CDEFHLN	ABDEFGHJKOPQY	10

Anzeige auf dieser Seite B 10A CEE ❶ €23,50
5ha 85**T**(100m²) 33**D** ❷ €31,50

N 53°11'22" E 05°33'09" — 100709

A31, Ausfahrt Franeker, Richtung Franeker. Ausgeschildert.

Harlingen, NL-8862 PK / Friesland

CC€21 iD

- De Zeehoeve
- Westerzeedijk 45
- 27 Mrz - 31 Okt
- +31 5 17 41 34 65
- info@zeehoeve.nl

1	ADE**KN**OPQRST**U**	KNQSXY**Z**	6
2	AGJQXY	A**B**DE**FG**	7
3	ABFMV	ABCDE**FG**IJNQRTUVW	8
4	BCDHJO	EFGJNRTVW	9
5	ADEFHJLMN	ABFGHJKOPQY	10

Anzeige auf dieser Seite B 16A CEE ❶ €31,50
10ha 125**T** 158**D** ❷ €40,00

N 53°09'44" E 05°25'01" — 100707

Auf der N31 Zurich-Harlingen Ausfahrt Kimswerd. Am Kreisel 3. Ausfahrt und der CP-Beschilderung folgen. Der CP liegt nach etwa 1 km rechts der Straße.

Hindeloopen, NL-8713 JA / Friesland

iD

- Hindeloopen
- Westerdijk 9
- 31 Mrz - 29 Okt
- +31 5 14 52 14 52
- info@campinghindeloopen.nl

1	ADEILOPQRSTU	LNQRSW**X**Y**Z**	6
2	AEGJKQTWY	ABDE**FG**	7
3	ABCDFMNV	ABCDE**FG**HIJKNQRTUVW	8
4	BHJKLO**PQ**	FJMNVY	9
5	ABDEHKM	ABFGHIJKOQY	10

Anz. auf dieser Seite B 6-16A CEE ❶ €32,00
16ha 106**T**(100m²) 507**D** ❷ €40,00

N 52°56'06" E 05°24'15" — 105512

Von Lemmer N359 Richtung Bolsward. Ausfahrt Hindeloopen. CP-Schildern folgen.

Leeuwarden, NL-8926 XE / Friesland

CC€19 iD

- De Kleine Wielen
- De Groene Ster 14
- 1 Apr - 1 Okt
- +31 5 11 43 16 60
- info@dekleinewielen.nl

1	ABDE**KN**OPQRSTU	LNQSXYZ	6
2	AEJPQRWXYZ	ABDE**F**G**H**	7
3	ABCF**JK**MV	ABCDEFJKNQRTW	8
4	BDFHJOQ	BEFNRY	9
5	ACDHJKMN	ABDFGHIJKLOQY	10

Anzeige auf dieser Seite B 4A CEE ❶ €29,50
15ha 200**T**(80-120m²) 16**D** ❷ €37,80

N 53°12'59" E 05°53'18" — 100710

An der N355 zwischen Hardegarijp und Leeuwarden. Ausgeschildert.

Teilkarte Friesland auf Seite 118

Makkum, NL-8754 HC / Friesland

Recr. Centr. De Holle Poarte
De Holle Poarte 2
25 Mrz - 4 Nov
+31 5 15 23 13 44
info@hollepoarte.nl

1 ADEKNOPRSTU	ALNQRSTXYZ 6
2 AFGJPQRTWY	ABDEFGH 7
3 ABDFGIMRSV	ABCDEFGIJKNRT 8
4 ABCJKLPQ	EJMNVWY 9
5 ACDEFGHIKLMN	ABFGHIKOQVWXY 10
B 6A CEE	① €47,00
40ha 170T(80-100m²) 1000D	② €49,50

N 53°03'11'' E 05°23'01''
A7 Sneek-Afsluitdijk, Ausfahrt Makkum. Vor Stadt CP-Beschilderung folgen. Dieser CP liegt am IJsselmeer.
100723

Molkwerum/Molkwar, NL-8722 HE / Friesland

't Séleantsje
't Séleantsje 2
1 Apr - 31 Okt
+31 5 14 68 13 95
info@camping-seleantsje.nl

1 ADEJMOPQRSTU	LNQSXYZ 6
2 AEGJKPQWXY	ABDEFGH 7
3 ABFHIMX	ABEFNRTUVW 8
4 BHJNOPQ	EFJRVY 9
5 ADEFGHLMN	ABFGHJKOQY 10
B 6-10A CEE	① €24,50
4ha 105T(80-115m²) 118D	② €30,00

N 52°54'13'' E 05°23'45''
Von Lemmer auf der N359 Richtung Balk und Koudum. In Koudum Richtung Molkwar. Weiter den Schildern folgen.
101542

Noordwolde, NL-8391 MB / Friesland

Rotandorp
Vallaatweg 4
15 Mrz - 31 Okt
+31 5 61 43 12 27
info@campingrotandorp.nl

1 AEKNOPQRSTU	6
2 QXYZ	ABDEFGH 7
3 BFMSV	ABCDEFGIJKNQRTVW 8
4 BDFH	EVW 9
5 DEHMNO	ABCEFGHIJKOQ 10
6A CEE	① €22,00
3,5ha 75T(100m²) 24D	② €27,50

N 52°53'02'' E 06°09'58''
A32 Ausfahrt Steenwijk Richtung Frederiksoord, dann Richtung Noordwolde. In Noordwolde-Zuid den CP-Schildern folgen.
109391

Offingawier, NL-8626 GG / Friesland

RCN Vakantiepark De Potten
De Potten 2-38
24 Mrz - 29 Okt
+31 8 50 40 07 00
reserveringen@rcn.nl

CC€19

1 DEHKNOPQRSTU	LNQSTWXYZ 6
2 AEJQWXY	ABDEFGH 7
3 ABCFGJMNV	ABCDEFIJKMNQRTW 8
4 BCFHJQ	CFJNOPQRVWY 9
5 ABDEFHJLMN	ABCDFHIJKOPQY 10
10A CEE	① €25,50
3ha 164T(100m²) 180D	② €34,00

N 53°01'47'' E 05°43'28''
A7 Richtung Sneek, dann der N7 folgen. Richtung Sneekermeer. CP-Schildern folgen.
105547

Oudega, NL-8614 JD / Friesland

De Bearshoeke
Tsjerkewei 2a
31 Mrz - 31 Okt
+31 5 15 46 98 05
info@bearshoeke.nl

CC€21

1 AEHKNOPQRSU	LMNQRSTXYZ 6
2 FIJPQWXYZ	ABDEFG 7
3 ABM	ABCDEFIJNRTW 8
4 BCFHJO	BFJMNOPQVWY 9
5 D	ABDFHJKMOQY 10
Anzeige auf dieser Seite B 6A CEE	① €24,90
2ha 45T(100m²) 45D	② €33,50

N 52°59'30'' E 05°32'40''
Von der A6 Ausfahrt 18. Der N354 Richtung Sneek folgen. In Hommerts links Richtung Osingahuizen, der Straße nach Oudega folgen. CP-Beschilderung folgen.
120118

Oudemirdum, NL-8567 HB / Friesland

De Wigwam
Sminkewei 7
1 Apr - 1 Nov
+31 5 14 57 12 23
camping@dewigwam.nl

1 ACDEKNOPQSU	6
2 ABQSWXY	ABDEFGH 7
3 ABFLMV	ABCDEFGHIJLMNRTUV 8
4 BCDEJ	EFUVW 9
5 ADEMN	ABFGHJKOQXY 10
16A CEE	① €38,50
4,5ha 31T(80-150m²) 116D	② €47,50

N 52°51'37'' E 05°32'42''
A6, Ausfahrt Lemmer N359 Richtung Balk/Koudum. Ausfahrt Oudemirdum.
101543

Oudemirdum, NL-8567 HJ / Friesland

Recreatiepark De Bosrand
Oude Balksterweg 2
31 Mrz - 7 Okt
+31 5 14 57 13 19
receptie@recreatieparkdebosrand.frl

1 JMOPQRSU	6
2 ABPQRWYZ	ABDEFGH 7
3 ACLMU	ABCDFMNQRTUVW 8
4 JO	JY 9
5 DN	ABEHJKORS 10
B 16A CEE	① €30,00
4ha 90T 165D	② €38,00

N 52°51'33'' E 05°30'45''
Von Lemmer auf der N359 Richtung Koudum. Ausfahrt Sondel Richtung Oudemirdum. Um das Dorf Richtung Rijs. CP ist ausgeschildert.
105514

Reahûs, NL-8736 JB / Friesland

De Finne
Sànleansterdyk 6
1 Apr - 1 Okt
+31 5 15 33 12 19
info@campingdefinne.nl

CC€19

1 AEKNOPQRSTU	JNSXYZ 6
2 ADIQRTWXY	ABDEFGH 7
3 AFMU	ABCDEFNQRTW 8
4 JKOQ	ORVY 9
5 ABDMN	ABCDFGHJKOQV 10
Anzeige auf dieser Seite B 6A CEE	① €27,00
2ha 50T(bis 140m²)	② €37,00

N 53°04'34'' E 05°37'58''
Von der Umgehung Sneek Richtung Leeuwarden. Kreisel Richtung Scharnegoutum. Rechts ab, Richtung Wommels/Oosterend, Richtung Roodhuis. Den CP-Schildern folgen.
118599

Rijs, NL-8572 WG / Friesland

Rijsterbos
Marderleane 4
1 Apr - 31 Okt
+31 5 14 58 12 11
info@rijsterbos.nl

CC€21

1 AEKNOPQRSTU	BX 6
2 ABPQRYZ	ABCDEFGHK 7
3 BFLMU	ABCDEFGIJMNQRTU 8
4 BCJKOQ	CRVWXY 9
5 ADEFGHKMN	ABDEGHJKOQY 10
Anzeige auf dieser Seite 6-10A CEE	① €28,70
5ha 50T(100m²) 122D	② €38,70

N 52°51'44'' E 05°29'58''
A6 Ausfahrt 17 Lemmer. Lemmer Richtung Balk. N359 Bolsward, Ausfahrt Rijs. An der T-Kreuzung in Rijs links. CP nach 100m auf der rechten Straßenseite.
100728

Siegerswoude, NL-9248 KX / Friesland

De Sieghorst
Binnenwei 40
1 Apr - 31 Okt
+31 5 12 30 32 10
desieghorst@live.nl

1 AHJMOPQRSTU	LN 6
2 ABCEIJPQXYZ	ABDEFGK 7
3 ASX	ABEFGHJNQRUW 8
4 DEFHJ	DEJV 9
5 DH	ABCFHJKMOQY 10
B 6A CEE	① €23,00
5ha 50T(80-100m²) 19D	② €30,00

N 53°05'38'' E 06°14'03''
Von der A7 Heerenveen/Groningen Ausfahrt 31. Richtung Bakkeveen den Schildern folgen.
121429

Teilkarte Friesland auf Seite 118

Niederlande

Suameer/Sumar, NL-9262 ND / Friesland

Ardoer Vakantiepark Bergumermeer
Solcamastraat 30
27 Mrz - 30 Okt
+31 5 11 46 13 85
info@bergumermeer.nl
N 53°11'29" E 06°01'27"

1 ACDEHKNOPQRSTU	EGHILMNQSTXYZ	6
2 ACEIJKQRTWXYZ	ABDEFGH	7
3 ABDEFGJMV	ABCDEFGHJKNPQRTUVW	8
4 BCDFHJKLOP	ACEJOPRVY	9
5 ACDEFGHIKLMN	ABEFGHJKOPQVXY	10

Anzeige auf Seite 118 B 10-16A CEE — 1 €41,50
28ha 260T(90-120m²) 265D — 2 €58,00

A7, Richtung Drachten nach Burgum N356. Bei Sumar Beschilderung folgen oder von der N31 Leeuwarden-Drachten Ausfahrt Nijega N356 Richtung Burgum. 100711

Terschelling/Formerum, NL-8894 KB / Friesland

Mast
Formerum 33
1 Apr - 1 Okt
+31 5 62 44 88 82
receptie@campingmast.nl
N 53°23'25" E 05°18'22"

1 EHKLOPQSU		6
2 KXYZ	AEFGH	7
3 ABJM	ABCDEFGIJKNQRTUVW	8
4 BCDHJO	AEILUVY	9
5 BDEGKLMN	BFHJKOQ	10

B 6-10A CEE — 1 €35,00
2,5ha 58T(25-125m²) 32D — 2 €53,00

Von der Fähre der Hauptstraße Richtung Oosterend folgen. Wenn man durch Landerum gekommen ist, direkt die 2. Straße links, dann die 1. rechts. 117822

Sloten, NL-8556 XC / Friesland

CC€21

Recreatiepark De Jerden
Lytse Jerden 1
1 Apr - 31 Okt
+31 5 14 53 13 89
info@recreatieparkdejerden.nl
N 52°53'58" E 05°38'32"

1 ADEKNOPQRSTU	LMNQSWXZ	6
2 ACEPQWXYZ	ABDEFG	7
3 ABFLMS	ABEFGHJNPQRTW	8
4 HJOQ	FRVW	9
5 ABDFLMN	ABDFGHJKORS	10

Anz. auf dieser Seite B 10-16A CEE — 1 €27,40
3,5ha 65T(120-150m²) 73D — 2 €39,90

A6, Ausfahrt Oosterzee. Die N354 Richtung Sneek. Bei Spannenburg Richtung Sloten. Bei Sloten der Beschilderung folgen. 112287

Sneek, NL-8605 CP / Friesland

Camping de Domp
Jachthaven de Domp 4
3 Jan - 20 Dez
+31 5 15 75 56 40
camping@dedomp.nl
N 53°02'08" E 05°40'38"

1 ADEHJMOPQRSTU	NSXYZ	6
2 QSXY	ABDFGH	7
3 A	ABCDEFGHJNQRTUVW	8
4 H	FNOPQRVW	9
5 ADHLM	ABFGHIJKMOPQY	10

Anzeige auf dieser Seite B 6-16A — 1 €29,00
1ha 117T(80-100m²) 7D — 2 €35,00

Die A7 bis Sneek. Danach der N7 Richtung Sneeker See folgen. Cp-Schildern folgen. 111023

Terschelling/Formerum, NL-8894 KS / Friesland

Nieuw Formerum
Duinweg Formerum 13
1 Apr - 1 Nov
+31 5 62 44 89 77
info@nieuwformerum.nl
N 53°23'38" E 05°18'03"

1 HILOPQSU	N	6
2 JPQRY	ABDEFGH	7
3 ABFMU	ABCDEFGIJKNQRT	8
4 BEFHJ	L	9
5 ADEMN	ABHJKNQY	10

B 4A CEE — 1 €26,80
7ha 253T — 2 €41,60

1. Ausfahrt Formerum, links halten. Nach 200m liegt der CP links der Strecke. 109733

St. Nicolaasga, NL-8521 NE / Friesland

CC€19

Landgoed Eysingastate
Langwarderdijk 4
1 Apr - 31 Okt
+31 5 13 43 13 61
info@eysingastate.nl
N 52°56'18" E 05°45'00"

1 EHKNOPQRSU	LNXYZ	6
2 EJQRXY	ABDEFG	7
3 ABFLMUV	ABEFNRTUVW	8
4 BFHJK	BFJORVWY	9
5 ADHK	ABDGHIJKOQY	10

Anzeige auf dieser Seite 10A CEE — 1 €35,00
6ha 150T(80m²) 135D — 2 €38,20

A6 Richtung St. Nicolaasga, durch dieses Dorf Richtung Joure. Ausfahrt Richtung Langweer. CP liegt auf der rechten Seite. 105549

Terschelling/Hee, NL-8882 HE / Friesland

Camping De Kooi
Heester Kooiweg 20
16 Apr - 15 Sep
+31 5 62 44 27 43
mail@campingdekooi.nl
N 53°22'57" E 05°15'20"

1 AEHKNOPQSU	LN	6
2 EIJPQRXYZ	ABDEFGH	7
3 ABF	ABCDEFGKNRT	8
4 ABFHJO	ABLVW	9
5 DHJKLNO	ABHIJKLOPQY	10

16A CEE — 1 €32,50
9ha 300T(25-150m²) 28D — 2 €52,20

Ausgeschildert an der Straße von West-Terschelling nach Midsland, bei Hee. 105486

Terschelling/Midsland, NL-8891 GG / Friesland

Jongerencamping Terpstra
Midslanderhoofdweg 27
1 Apr - 30 Okt
+31 5 62 44 90 91
N 53°23'13" E 05°17'40"

1 ILOU		6
2 JPQY	ABDE	7
3 F	ABEF	8
4 HJO	A	9
5 EHKN	BHIKL	10

— 1 €22,50
1,7ha 200T(80m²) 90D

Vom Schiff in West Terschelling Richtung Midsland, 100m hinter dem Ort links der Straße. 116579

Terschelling/Oosterend, NL-8897 HB / Friesland

't Wantij
Duinweg Oosterend 24
1 Jan - 31 Dez
+31 5 62 44 85 22
info@wantij-terschelling.nl
N 53°24'19" E 05°22'53"

1 AHKNOPQSU	FN	6
2 GJPQRWY	ABDEFGJ	7
3 AF	ACEFNRT	8
4 JO	ACIJV	9
5 D	BHIJKOQ	10

6A CEE — 1 €22,60
0,5ha 14T 23D — 2 €31,60

Von der Fähre West-Terschelling Richtung Midsland, dann Richtung Oosterend. Der CP liegt in der Ortsmitte an den Dünen. 105511

Teilkarte Friesland auf Seite 118

Ureterp, NL-9247 WK / Friesland

CC€17 iD

Het Koningsdiep
De Merskens 2
1 Apr - 31 Okt
+31 6 30 76 38 26
info@camping-koningsdiep.nl

1 ABF**KN**OPQRSTU	N	6
2 ABCQXY	AB**FG**HK	7
3 **H**UX	ABCDEFIJNPQRTUVW	8
4 FHO	R	9
5 DN	AFGHJKORS	10
Anzeige auf dieser Seite B 10A CEE	❶ €22,00	
1,4ha 55**T**(100-150m²)	❷ €26,00	

N 53°04'16'' E 06°08'13''

117913

A7 Heerenveen Ausfahrt Beetsterzwaag/Olterterp. Nach 3 km rechts De Merskens, nach 1500m kommt der CP.

Workum, NL-8711 GX / Friesland

CC€21 iD

It Soal
Suderséleane 29
31 Mrz - 1 Nov
+31 5 15 54 14 43
camping@itsoal.com

1 ADEH**KN**OPQRSTU	LMNQRSW**XYZ**	6
2 AFGIJKQRWXYZ	ABDE**FG**H	7
3 ABEFGM**N**	ABCD**FG**JNQRTUVW	8
4 BCJNOP**Q**	JLMNOPVWY	9
5 ACDEFHKLM**N**	ABDEFGHIJKMOPQY	10
Anz. auf dieser Seite B 6-10A CEE	❶ €37,65	
20ha 206**T**(60-100m²) 408**D**	❷ €47,15	

N 52°58'08'' E 05°24'52''

108223

A6 bei Lemmer N359 Richtung Balk/Bolsward, Ausfahrt Workum, hier den Schildern folgen.

Vlieland, NL-8899 BX / Friesland

iD

Kampeerterrein Stortemelk
Kampweg 1
1 Apr - 1 Nov
+31 5 62 45 12 25
info@stortemelk.nl

1 ADEHILO**U**	EFHKMQ	6
2 GJPQRUX	ABDE**FG**	7
3 ABCFM**NOW**	ABCDEFGIJKNQRT	8
4 **A**BDFJNO**QR**	ABCIJM	9
5 ACDEFGHLMN**O**	ABHIJKLOSY	10
Anzeige auf dieser Seite 6A CEE	❶ €31,15	
27ha 1000**T** 113**D**	❷ €44,05	

N 53°18'15'' E 05°04'47''

100706

Via Fähre nach Harlingen, auf Insel Vlieland CP-Beschilderung folgen.

Wijckel, NL-8563 AT / Friesland

CC€23

't Hop
Lytse Jerden 4
6 Mai - 28 Okt
+31 5 14 60 24 36
info@campingthop.nl

1 CDEH**KN**OPQS**U**	AF**X**	6
2 BEPQY	ABDE**FG**	7
3 ACM	ABDFGJKNOQRTUV	8
4 BCHLO	AJNVW	9
5 ADHKL	ABHKOQY	10
Anzeige auf Seite 122 B 6-20A CEE	❶ €14,60	
4,5ha 44**T** 144**D**	❷ €20,70	

N 52°53'34'' E 05°37'18''

101309

Von Lemmer N359 Richtung Balk, Abfahrt Wijckel. Im Zentrum des Dorfes links ab, weiter ausgeschildert.

Woudsend, NL-8551 NW / Friesland

CC€21 iD

Aquacamping De Rakken
Lynbaen 10
1 Jan - 31 Dez
+31 5 14 59 15 25
info@derakken.nl

1 ADEH**JM**OPQRSTU	LNQSW**XYZ**	6
2 ADEIPQWXYZ	A**B**DE**FG**H	7
3 BFG**LMN**S	ABCDEFJNRTW	8
4 BD**E**HK	FJNOPVWZ	9
5 DN	ABCDFGHIJKMOPQWXYZ	10
Anz. auf dieser Seite B 6-16A CEE	❶ €33,00	
4ha 40**T**(80m²) 150**D**	❷ €43,50	

N 52°56'46'' E 05°37'40''

100730

A6 Lemmer-Joure, Ausfahrt Oosterzee, Richtung Sneek. Ausfahrt N354 Richtung Woudsend. Der Camping liegt am Ortsrand und ist ausgeschildert.

Witmarsum, NL-8748 DT / Friesland

CC€19 iD

Mounewetter
Mouneplein 1
1 Apr - 8 Okt
+31 5 17 53 19 67
info@rcmounewetter.nl

1 ADE**KN**OPQRSTU	BFHIN**XZ**	6
2 ACPQSWXY	A**B**D**EFG**	7
3 ABFM**N**S	ABCD**FG**IJKNQRTUVW	8
4 BCDHJO	CFJORVW	9
5 DEHMN	ABDEFGHJK**O**PQZ	10
Anzeige auf dieser Seite B 10A CEE	❶ €29,00	
4ha 33**T**(100m²) 156**D**	❷ €41,00	

N 53°05'56'' E 05°28'14''

108222

A7 Richtung Witmarsum. Im Dorf den Schildern durchs Wohnviertel folgen.

Niederlande

Teilkarte Friesland auf Seite 118

Bourtange, NL-9545 VJ / Groningen

't Plathuis
Bourtangerkanaal Noord 1
1 Apr - 31 Okt
+31 5 99 35 43 83
info@plathuis.nl

1 AEKNOPQRSTU L[illegible]XZ 6
2 ACEJPQWXYZ ABDEFGH 7
3 AFLMX ABCDEFGIJNQRTUVW 8
4 FHJ EF[illegible]WY 9
5 ADEHMN ABCDFGHJ[illegible]NQ 10
Anz. auf dieser Seite B 6-10A CEE
4ha 100T(100-150m²) 39D
① €29,30
② €38,30
N 53°00'34" E 07°11'05"
1[illegible]5790
Zwolle-Hoogeveen-Emmen-Ter Apel-Sellingen-Jipsinghuizen, Ausfahrt Bourtange. Weiter den Schildern folgen. Oder A31 (Deutschland) Ausfahrt 17, Richtung Bourtange (7 km). In Bourtange angezeigt.

Groningen, NL-9727 KH / Groningen

Stadspark
Campinglaan 6
15 Mrz - 1 Nov
+31 5 05 25 16 24
info@campingstadspark.nl

1 ADHKNOPQRSTU 6
2 AKPQRWXYZ ABDEFG 7
3 AFLMS ABCDEFGKNQRT[illegible]W 8
4 J FV 9
5 ADEHLMN ABFGHIJKL[illegible]Q 10
B 6A CEE
8,7ha 149T(50-100m²) 37D
① €3[illegible],00
② €4[illegible],00
N 53°12'05" E 06°32'10"
105[illegible]21
A7 Heerenveen-Groningen, Ausfahrt 36a (Ring-West) den Stadtpark Schildern folgen.

Groningen, NL-9723 EN / Groningen

Natuurbad en Camping Engelbert
Engelberterweg 54
1 Apr - 1 Okt
+31 5 05 41 62 59
info@natuurbadengelbert.nl

1 AEILOPQRSTU LMN[illegible] 6
2 AEJKPQRXY ABDEFG 7
3 ALM ABCDEFNQRW 8
4 BHJ BF[illegible] 9
5 DEHN ABHIJKOQ[illegible] 10
6A CEE
13ha 25T(100m²) 44D
① €2[illegible],70
② €4[illegible],70
N 53°12'25" E 06°38'55"
1180[illegible]2
Umgehung Groningen Richtung Delfzijl und Bedum. Weiter Ausfahrt Richtung Delfzijl (N360). Nach ca. 4 km an der Ampel Ausfahrt Engelbert und den Schildern folgen.

Teilkarte Groningen auf Seite 124

Kropswolde, NL-9606 PR / Groningen

CC€23 iD

Siblu Camping Meerwijck	1 ADEKNOPQRSTU	EGLMNQSXYZ 6
Strandweg 2	2 ABFJQRTWXY	ABDEFGH 7
31 Mrz - 30 Okt	3 ABCFGLMV	ABCDEFGHIJKNPQRTUVW 8
+31 5 98 32 36 59	4 BCDFGHJNOQS	ABFHJRVWY 9
meerwijck@siblu.nl	5 ABDEFHKLMN	ABCEFGHIJKLNOPRSY 10
	Anzeige auf dieser Seite B 6A CEE	❶ €36,00
N 53°08'59" E 06°41'35"	23ha 200T(100-120m²) 311D	❷ €48,00

Groningen-Winschoten Autostraße Groningen-Nieuweschans, Ausfahrt Foxhol. Nach den Bahngleisen in Kropswolde Schildern folgen. Von Assen-Groningen Ausfahrt Zuidlaren, Richtung Hoogezand. 105768

Leek, NL-9351 PG / Groningen

CC€19 iD

Landgoedcamping Nienoord	1 AEKNOPQRSTU	I 6
Midwolderweg 19	2 ABPQRTXYZ	ABDEFG 7
1 Apr - 1 Okt	3 ABFM	ABCDEFGHIJKNPQRTUVW 8
+31 5 94 58 08 98	4 B	BCEF 9
info@campingnienoord.nl	5 DKLM	ABEFGHJKOQ 10
	Anzeige auf Seite 124 10A CEE	❶ €24,50
N 53°10'17" E 06°22'56"	5,5ha 122T(120-140m²) 41D	❷ €24,50

A7 Ausfahrt 34 Leek. Danach den Schildern folgen. Die Einfahrt zum CP ist in der parallel gelegenen Sackgasse. 100716

Midwolda, NL-9681 AH / Groningen

CC€23 iD

De Bouwte	1 ADEKNOPQRSTU	HILNXZ 6
Hoofdweg 20A	2 ACEJPQWXYZ	ABCDEFGH 7
28 Mrz - 3 Okt	3 AEFMU	ABCDFGJMNQRUVW 8
+31 5 97 59 17 06	4 BDHOTXZ	J 9
info@campingdebouwte.nl	5 ADFHJKMN	ABEFGHJKOQWX 10
	Anzeige auf dieser Seite 10A CEE	❶ €30,95
N 53°11'24" E 06°59'26"	14,5ha 80T(100-120m²) 118D	❷ €41,35

Über die A7 Groningen-Nieuweschans. Ausfahrt 45 Scheemda-Midwolda, Richtung Midwolda. CP-Schildern folgen. 107869

Opende, NL-9865 VP / Groningen

iD

't Strandheem	1 AEKNOPQRSU	EGLN 6
Parkweg 2	2 AEJKQTWXYZ	ABDEFGH 7
24 Mrz - 1 Okt	3 ABFGHIJMV	ABCDEFGIJKMNQRTUVW 8
+31 5 94 65 95 55	4 BCDFHJLMNOQ	ACEUVW 9
info@strandheem.nl	5 ABCDEFGHKMN	ABEFGHIJKNOQY 10
	B 10A CEE	❶ €35,00
N 53°09'10" E 06°11'29"	17,5ha 280T(100-120m²) 93D	❷ €45,00

A7 Drachten-Groningen. Ausfahrt 31 Richtung Surhuisterveen. CP-Schildern folgen E22/A7. 100715

Onstwedde, NL-9591 TD / Groningen

iD

Vakantiepark de Sikkenberg	1 AEHKNOPQRSU	BGN 6
Sikkenbergweg 7	2 QWXYZ	ABDEFG 7
21 Apr - 27 Okt	3 AEFGLMSV	ABCDEFGIJKMNQRTUVW 8
+31 5 99 66 11 44	4 BCDGHJKLQ	ABCFJ 9
info@sikkenberg.nl	5 ADEFGHMN	ABCFGHKOPQXY 10
	B 6-10A CEE	❶ €30,00
N 53°00'40" E 07°00'13"	9ha 108T(100-140m²) 56D	❷ €41,40

N366 Ausfahrt Stadskanaal, in Stadskanaal Richtung Onstwedde. CP ist ausgeschildert (Gemeinde Ter Maars). 113457

Opende, NL-9865 XE / Groningen

CC€21 iD

Camping De Watermolen	1 AEHKNOPQRSTU	LNX 6
Openderweg 26	2 ABEIJKQRTWXYZ	ABDEFG 7
7 Apr - 17 Sep	3 ABCEM	ABDEFGJNQRTUVW 8
+31 5 94 65 91 44	4 BFHJLO	CFJVW 9
info@ campingdewatermolen.nl	5 ABDEGHKMN	ABCDFGHJKOPQ 10
	Anzeige auf dieser Seite 6-16A CEE	❶ €31,00
N 53°09'52" E 06°13'22"	12,5ha 85T(100-125m²) 44D	❷ €39,70

A7 Ausfahrt 32 Marum/Kornhorn Richtung Kornhorn. In Noordwijk an der Kirche links. Nach ca. 2 km rechts in den Openderweg abbiegen. 101540

Sellingen, NL-9551 VE / Groningen

iD

Camping de Barkhoorn	1 ADEKNOPQRSTU	LNV 6
Beetserweg 6	2 BCEJPQWXYZ	ABDEFGH 7
1 Jan - 31 Dez	3 AFGLMNSTVX	ABCDFGHIJKNQRTUVW 8
+31 5 99 32 25 10	4 ABCDEFGHJLOX	FJRTUVWY 9
info@barkhoorn.nl	5 ADEFGHJKMN	ABCGHIJKMOQXY 10
	B 16A CEE	❶ €42,50
N 52°56'47" E 07°07'52"	15,5ha 150T(100-120m²) 84D	❷ €57,00

Von der A31 Ausfahrt 19 Haren Richtung Ter Apel, dann N368 Richtung Winschoten. Im Ortseingang von Sellingen CP links ausgeschildert. 100751

Teilkarte Groningen auf Seite 124

Sellingen, NL-9551 VT / Groningen

CC€19 iD

De Bronzen Eik
Zevenmeersveenweg 1
1 Jan - 31 Dez
+31 5 99 32 20 06
info@debronzeneik.nl

1	ADE**KN**OPQRSTU	N	6
2	BCQWXY	ABDE**FG**H	7
3	AF**L**UX	ABCDFJKNQRTUVW	8
4	FGHI	FJRUVW	9
5	DHLN	ABCDGHJKLOPRSX	10

Anzeige auf dieser Seite 6A CEE — ① €27,50
4ha 136**T**(100-130m²) 9**D** — ② €42,00

N 52°57'16'' E 07°08'17''

In Sellingen ist der CP deutlich ausgeschildert. Auf der Strecke Ter Apel-Sellingen kurz hinter dem Ort links ab. Von Vlagtwedde aus vor dem Ort rechts ab.

117685

Vriescheloo, NL-9699 PA / Groningen

iD

Camping & Lunchcafé Noorderloo
Dorpsstraat 31
14 Apr - 1 Nov
+31 6 23 50 46 18
info@noorderloo.nl

1	ACDEH**KN**OPQRSTU	L	6
2	ABIJQWXYZ	ABDE**FG**IK	7
3	BCF**L**X	ABCDEFGHINQRUV	8
4	GHIJK	B	9
5	ADEHIKN	ABCFGHJKOQ	10

B 16A CEE — ① €22,50
7ha 42**T**(90-225m²) 1**D** — ② €31,00

N 53°05'18'' E 07°08'09''

In Vriescheloo Richtung Bellingwolde. In der Dorfstraße Höhe Hausnummer 31 ist der CP angezeigt.

1[illegible]8316

Warfhuizen, NL-9963 TG / Groningen

iD

Reitdiep
Roodehaansterweg 9
1 Apr - 1 Okt
+31 6 50 97 09 03
info@campingreitdiep.nl

1	AE**JM**OPQRST**U**	J**N**[illegible]Y**Z**	6
2	CQTXYZ	A[illegible]**FG**	7
3	AB	ABE**F**NQRU[illegible]W	8
4	FHJ	EFNO[illegible]W	9
5	DHMN	AFHJK[illegible]RS	10

6A CEE — ① €25,00
2,1ha 50**T**(120m²) 9**D** — ② €[illegible]1,00

N 53°19'43'' E 06°25'32''

Von Groningen die N355 Richtung Leeuwarden Ausfahrt Zuidhorn. Der CP liegt am Reitdiep.

10[illegible]310

Ter Apel, NL-9561 CS / Groningen

iD

Camping Moekesgat
Heembadweg 17 camp.
1 Jan - 31 Dez
+31 6 10 88 92 17
info@moekesgat.nl

1	AE**KN**OPQSTU	BGHL**N**PQSX	6
2	FJPQXYZ	AB**FG**J	7
3	ABCGMSUX	ABCDFJNPQRW	8
4	BDFGHJO	ABDJV	9
5	DEFHMN	ABCFGHIJKLMOQWY	10

8A CEE — ① €35,00
18ha 80**T**(100m²) 6**D** — ② €52,50

N 52°53'07'' E 07°03'37''

Von der N366 Ter Apel-Stadskanaal, Ausfahrt Ter Apelkanaal Richtung Ter Apel. Am Kreisel hinter der Brücke geradeaus, 1. Straße rechts Richtung 't Heem, 1. Straße links, CP nach 500m rechts.

108211

Wedde, NL-9698 XV / Groningen

iD

Wedderbergen
Molenweg 2
1 Apr - 1 Okt
+31 5 97 56 16 73
info@wedderbergen.nl

1	ADE**KN**OPQRSTU	BDGHIJL[illegible]**X**	6
2	ABCEJPQWXYZ	A**B**D**EF**[illegible]H	7
3	ABCDFG**L**MNSUV	ABCDEFGJKNQRTU[illegible]W	8
4	BCDFGHIJKLNO**PQ**	JLRV[illegible]Y	9
5	ACDEFHIJKMN	ABCEGHIKMOQ[illegible]Y	10

B 10A CEE — ① €[illegible]2,50
30ha 233**T**(120-150m²) 201**D** — ② €[illegible]0,00

N 53°05'10'' E 07°04'58''

Zwolle-Emmen, dann weiter Ter Apel-Winschoten. Ausfahrt Wedde, Richtung Wedderbergen halten und den Schildern folgen.

10[illegible]789

Termunterzijl (Gem. Delfzijl), NL-9948 PP / Groningen

iD

Zeestrand Eems-Dollard
Schepperbuurt 4A
1 Apr - 1 Nov
+31 6 19 92 24 70
info@campingzeestrand.nl

1	ABDE**KN**OPQRST**U**	KLMNS**XYZ**	6
2	GIJKPQXYZ	ABDE**FG**	7
3	ABCFGM	ABE**F**NQRW	8
4	BCFHJ	EFVWY	9
5	ABEFHJKMN	ABCFGHIJK**O**RSWX	10

6A CEE — ① €25,00
6,5ha 85**T**(100-120m²) 112**D** — ② €32,00

N 53°18'06'' E 07°01'48''

A7 Groningen-Oldenburg bis Ausfahrt 45. Richtung Delfzijl, dann der Beschilderung 'Zeestrand Eems-Dollard' nach. Navi auf Hauptstraßen einstellen.

108315

Winsum, NL-9951 CG / Groningen

CC€19 iD

Marenland
Winsumerdiep 6
1 Apr - 30 Sep
+31 5 95 44 27 50
info@marenland.nl

1	ADEH**KN**OPQRSTU	**BH**J**NX**[illegible]**Z**	6
2	CPQTXYZ	ABDE**FG**	7
3	BM**N**S**T**V	ABCDEFJKNQRT[illegible]W	8
4	FHJ	FGJNOR[illegible]V	9
5	ADJKLMN	ABCFHIJKNPQY	10

Anz. auf dieser Seite 10-16A CEE — ① €2[illegible],00
4ha 80**T**(80-100m²) 11**D** — ② €3[illegible],00

N 53°19'53'' E 06°30'38''

N361, in Winsum den CP-Schildern folgen. Danach vom Schwimmbad aus der Parallelstraße folgen.

111[illegible]93

CampingCard ACSI, gut zu wissen

- Nur gültig auf teilnehmenden CampingCard ACSI-Campingplätzen
- Nur gültig in den mit dem Campingplatz vereinbarten Akzeptanzzeiträumen
- Zusatzkosten nicht inbegriffen
- Begrenzte Anzahl von Stellplätzen verfügbar

Teilkarte Groningen auf Seite 124

Drenthe

Amen, NL-9446 TE / Drenthe — CC€21 — iD

Ardoer Vakantiepark Diana Heide	1 ACE**KN**OPQRSTU	LN 6
Amen 55	2 BEQRWXYZ	AB**C**DE**FG**H 7
1 Apr - 1 Okt	3 ABFG**L**MV	ABCDEFGJKNQRTUV 8
+31 5 92 38 92 97	4 BFHJ	AJVWY 9
dianaheide@ardoer.com	5 ABDEHLMN	ABDEGHIJKOPRSY 10
N 52°55'57" E 06°35'12"	Anzeige auf dieser Seite B 10A CEE	① €30,10
	30ha 300**T**(100-200m²) 89**D**	② €36,70
		100741

A28 Zwolle-Groningen, Ausfahrt 31A Richtung Hooghalen. Ausfahrt Grolloo/Amen, den Schildern folgen.

Teilkarte Drenthe auf Seite 127

Niederlande

Borger

Bospark Lunsbergen

Großer Familien-campingplatz mitten im Grünen, nahe dem Naturgebiet Gieten-Borger mit Hallenbad und gemütlichem Restaurant.

roompot.de/acsi
oder **040 - 55 55 78 78**

Roompot

Borger, NL-9531 TC / Drenthe

Bospark Lunsbergen
Rolderstraat 11A
1 Jan - 31 Dez
+31 5 99 23 65 65
info@bosparklunsbergen.nl
N 52°55'55" E 06°44'52"

1 ACDEHKNOPQRSTU EG 6
2 ABQRWXY ABDEFGH 7
3 AFGJLMNSTU ABCDEFGJNQRTUV 8
4 BFGHIJO BJVWY 9
5 ACDEFGHJKLM ABDEGHIJKMOQXY 10
Anzeige auf dieser Seite B 10A CEE ❶ €36,00
20ha 194T(100m²) 307D ❷ €39,50

A28 Ausfahrt Assen-Zuid N33 Richtung Veendam. Weiter zur Ausfahrt Borger. 2 km vor Borger steht 'Euroase Borger' auf einem Schild ausgeschildert. 105772

Borger, NL-9531 TK / Drenthe

Camping Hunzedal
De Drift 3
1 Jan - 31 Dez
+31 5 99 23 46 98
receptie.hunzedal@roompot.nl
N 52°55'22" E 06°48'14"

1 ADEHKNOPQRSTU BEGHILN 6
2 AEJPQRWXYZ ABDEFGH 7
3 ABCFGJLMNQRSTUVWX ABCDEFIJKNQFTUVW 8
4 BFHIJPQSTV BCJVWY 9
5 ACDEFGHKLMN ABDEFGHIJKMOPQY 10
Anzeige auf Seite 129 B 6-16A CEE ❶ €36,30
30ha 346T(100m²) 274D ❷ €39,50

Von der N34 Groningen-Emmen Richtung Borger/Stadskanaal den Schildern folgen. 100747

Assen, NL-9405 VE / Drenthe

Vakantiepark Witterzomer
Witterzomer 7
24 Mrz - 31 Okt
+31 5 92 39 35 35
info@witterzomer.nl
N 52°58'44" E 06°30'20"

1 ACDEKNOPQRSTU BGHLN 6
2 ABEJQRWXYZ ABDEFGHJ 7
3 ABCDFGJLMNRSTVX ABCDEFGHIJKLMNPQRTUVW 8
4 BDFGHIJO BCFGJLUVY 9
5 ACDEFGJKLMN ABDEGHIJKNOPQVXY 10
Anz. auf dieser Seite B 6-10A CEE ❶ €34,00
75ha 510T(100-120m²) 319D ❷ €41,00

A28 Hoogeveen-Groningen, Ausfahrt Assen/Smilde (zweite Ausfahrt), dann den Schildern folgen. 100740

Diever, NL-7981 LW / Drenthe

Diever
Haarweg 2
1 Apr - 1 Nov
+31 5 21 59 16 44
info@campingdiever.nl
N 52°52'00" E 06°19'13"

1 AEHKNOPQRSTU 6
2 BPRWY ABDEFGH 7
3 ABFMSVX ABCDEFGHIJNPQRSUVW 8
4 ABEFHJKLO FVY 9
5 ABDGMN ABGHIJKOS 10
Anzeige auf dieser Seite 10A CEE ❶ €26,50
8,5ha 150T(80-160m²) 84D ❷ €32,00

Von Diever in Richtung Zorgvlied fahren. Nach 1 km ist der CP ausgeschildert. 105683

Witterzomer

Aktiv in Drenthe

Einrichtungen

• Beheiztes Freibad • Spielplätze • Indoor-Spielplatz und Bowling Skik • Wifi • Fahrrad- und Gokartverleih • Supermarkt • Wäscherei • Midgetputt Platz • Restaurant • Freizeitweiher mit Spielplatz • Imbiss • Allwetter Tennisplatz

Für weitere Informationen: www.witterzomer.nl

Camping Diever

Einzigartiges Waldgebiet direkt am Nationalpark Drents-Friese Woud, 1 km vom gemütlichen Dorf Diever entfernt.

Hans und Marjan Ike-Mulder • Tel.: 0521-591644 • www.campingdiever.nl

Diever/Wittelte, NL-7986 PL / Drenthe

Wittelterbrug
Wittelterweg 31
1 Apr - 1 Nov
+31 5 21 59 82 88
info@wittelterbrug.nl
N 52°49'30" E 06°19'06"

1 ABEKNOPQSU DGJN 6
2 CPQRWXY ABDEFGH 7
3 ABCFGLMSU ACDEFGHJNQRTUVW 8
4 BDFHJNOQ BEFVY 9
5 ADEFHKMN ABCHJKOQU 10
10A CEE ❶ €29,45
5ha 60T(80-115m²) 111D ❷ €39,65

Am Drentse Hoofdvaart Dieverbrug-Wittelte. Nach 3 km CP angezeigt. Von Meppel A32, Ausfahrt Havelte/Diever, dann an der Wasserstraße entlang hinter Uffelte ist der CP ausgeschildert. 105684

Beilen, NL-9411 TV / Drenthe

Boszicht
Smalbroek 46
1 Apr - 1 Okt
+31 5 93 52 23 34
info@camping-boszicht.nl
N 52°50'20" E 06°27'57"

1 ADEHKNOPQRSTU BGN 6
2 ABQRWXYZ ABDEFG 7
3 BFMS ABCDEFJNPRTUVW 8
4 BDFHJLNO 9
5 ADEFGHJKMN ABGHJKNORSU 10
B 10A CEE ❶ €24,10
7,8ha 53T(100-130m²) 140D ❷ €32,60

A28 von Hoogeveen aus, Ausfahrt 29 Richtung Spier. Den Schildern folgen. A28 von Assen aus, Ausfahrt 30. Den Schildern nach. 109610

Dieverbrug, NL-7981 LA / Drenthe

Landgoed 't Wildryck
Groningerweg 13
1 Jan - 31 Dez
+31 5 21 59 12 07
info@wildryck.nl
N 52°51'48" E 06°21'12"

1 ADEKNOPQSTU EGN 6
2 ABPQRWXYZ ABDEFGH 7
3 ABFGLMSV ABCDEFJNQRTUVW 8
4 BFGHJKO CEFJVWY 9
5 ABDEFHKL ABEHJKMQY 10
10A CEE ❶ €40,00
15ha 60T(100m²) 398D ❷ €45,00

Dieser CP liegt deutlich ausgeschildert entlang der Hauptstraße N371 an der Westseite zwischen Dieverbrug und Hoogersmilde. 110736

Teilkarte Drenthe auf Seite 127

Dwingeloo, NL-7991 SE / Drenthe — CC€23 iD

Torentjeshoek
Leeuweriksveldweg 1
1 Apr - 28 Okt
+31 5 21 59 17 06
info@torentjeshoek.nl
N 52°49'09'' E 06°21'39''

1 AEH**KN**OPQRSTU	BGHN 6
2 ABQRWXYZ	ABCDE**FGH** 7
3 ABCEF**HIL**MSVWX	ABCDEFGKNPQRTUVW 8
4 ABCDEFHJKOQ	ABFIJVY 9
5 ABDEHMN	ABDEFGHJKOPQXY 10
Anzeige auf Seite 127 B 10A CEE	① €33,45
10ha 223**T**(100-140m²) 32**D**	② €37,50

Von Dieverbrug Richtung Dwingeloo. Durch Dwingeloo bis zur Kreuzung mit dem Waldrand. Folgen Sie den CP-Schildern entlang der Waldallee rechts ab, vorbei Planetron. 105690

Dwingeloo, NL-7991 PB / Drenthe — CC€19 iD

RCN Vakantiepark De Noordster
De Noordster 105
24 Mrz - 29 Okt
+31 8 50 40 07 00
reserveringen@rcn.nl
N 52°48'48'' E 06°22'42''

1 ACDEH**KN**OPQRSTU	BFH 6
2 ABQRTXYZ	ABDE**FG**H 7
3 ABCDEF**HIJL**MNSV	ABCDEFGHJNPQRTW 8
4 ABCDEFHJKLNO**Q**	BCEFGJUVWY 9
5 ABDEFGHKLMN	ABDEFGJKMOPQXY 10
B 10A CEE	① €27,20
42ha 329**T**(25-150m²) 156**D**	② €33,40

Von Dieverbrug Richtung Dwingeloo-Zentrum. Durch Dwingeloo durch bis am 5-Sprung am Waldrand. Den Schildern entlang dem Waldweg folgen. 105687

Echten, NL-7932 PX / Drenthe — iD

Vakantiepark Westerbergen
Oshaarseweg 24
25 Mrz - 23 Sep
+31 5 28 25 12 24
info@westerbergen.nl
N 52°42'01'' E 06°22'40''

1 ADEH**KN**OPQRSTU	EGN 6
2 ABQRXYZ	ABDE**FG**H 7
3 ABCDEFG**J**MNSTUV	ABCDEFGIJK**M**NQRTUVW 8
4 BCDFGHIJLNO	CFJUVWY 9
5 ACDEFGHJKLMN	ABEFGHIJKN**O**PQXY 10
6-16A CEE	① €22,00
55ha 309**T**(110m²) 194**D**	② €24,00

A28, Ausfahrt Zuidwolde/Echten. Richtung Echten und den Schildern zum CP folgen. 101317

Een (Gem. Noordenveld), NL-9342 TC / Drenthe — CC€19 iD

Ronostrand
Amerika 16
1 Apr - 30 Sep
+31 5 92 65 62 06
info@ronostrand.nl
N 53°06'01'' E 06°22'19''

1 AEH**KN**OPQSTU	L 6
2 AEIJKQRWXYZ	ABDE**FGH** 7
3 ABCFG**HIL**MS	ACDEFJK**M**NPQRTUVW 8
4 BCDFHJLO**Q**	CEJVW 9
5 ADEFGLMN	ABEFGHIJKOPSTXY 10
Anz. auf dieser Seite B 10-16A CEE	① €36,00
35ha 190**T**(80-120m²) 194**D**	② €46,00

Roden Richtung Norg. Hinter dem Friedhof und den Sportplätzen rechts ab. Ausgeschildert. 100718

Teilkarte Drenthe auf Seite 127

Camping "De Zeven Heuveltjes"

Ein geselliger Camping für junge Familien und Ältere, u.a. mit:
* schönen geschützten Komfortplätzen auf Sandboden
* hervorragenden Sanitäranlagen, auch für Behinderte
* beheiztem Schwimmbad und Planschbecken (25° Celsius) auf SALZ Basis
* Spielplatz und kleinen Spielfeldern
* waldreichem Rad- und Wandergegend
* gratis WLAN (mit Codes)

Für mehr Infos siehe unsere Webseite oder verlangen Sie unseren Prospekt.
Auch für alle Arrangements und Angebote!

Odoornerstraat 25, 9536 TA Ees (Ost-Drenthe; auf dem Hondsrug)
Tel. 0591-549256
E-Mail: info@dezevenheuveltjes.nl • Internet: www.dezevenheuveltjes.nl

Een-West/Noordenveld, NL-9343 TB / Drenthe — CC€21 iD

De Drie Provinciën	1 AEJMOPQSTU	N	6
Bakkeveenseweg 15	2 AIPQRWXY	BEFG	7
1 Apr - 1 Okt	3	ABCDEHJNQRUVW	8
+31 5 16 54 12 01	4 FH	VW	9
info@dedrieprovincien.nl	5 DKLN	ABFHJKNOQY	10
	Anzeige auf dieser Seite 10A CEE	① €25,00	
N 53°05'19'' E 06°18'41''	6ha 139T(110-130m²)	② €32,80	

A32 Richtung Wolvega, Ausfahrt Wolvega N351 Richtung Oosterwolde. Danach Haulerwijk/Een-West. Schildern 'De Drie Provinciën' folgen. — 108249

De Drie Provinciën

50+ Camping des Jahres 2013.
Nominiert als 'Schönster Campingplatz für Ruhesuchende 2016' und 'Schönster Grüner Campingplatz 2019'.

Tel. +31 516541201
www.dedrieprovincien.nl

Ees, NL-9536 TA / Drenthe — CC€19 iD

De Zeven Heuveltjes	1 ADEKNOPQRSU	BG	6
Odoornerstraat 25	2 ABPQRWYZ	ABDEFGH	7
1 Apr - 10 Okt	3 ABCFLMSV	ABCDEFGHIJKNPQRTUV	8
+31 5 91 54 92 56	4 FHI	VY	9
info@dezevenheuveltjes.nl	5 ABDM	ABCDEFHIJKOPRSY	10
	Anz. auf dieser Seite B 6-10A CEE	① €28,00	
N 52°53'39'' E 06°49'05''	6ha 135T(80-100m²) 130D	② €34,50	

N34 Groningen-Emmen, Ausfahrt Exloo. Über den Sekundärweg zurück Richtung Groningen nach Ees (ca. 500m). — 108250

Eext, NL-9463 TA / Drenthe — CC€21 iD

De Hondsrug	1 ADEJMOPQRSTU	BEGN	6
Annerweg 3	2 ABPQRWXYZ	ABCDEFGH	7
1 Apr - 30 Sep	3 ABCFGLMSVX	ABCDEFGIJKMNPQRTUVW	8
+31 5 92 27 12 92	4 BFGHIJOV	AEFJVWY	9
info@hondsrug.nl	5 ACDEHKMN	ABEGHIJKMOPRSY	10
	Anz. auf dieser Seite B 6-10A CEE	① €42,00	
N 53°02'10'' E 06°44'21''	23ha 250T(75-150m²) 221D	② €54,00	

N34 Groningen-Emmen Ausfahrt Anloo/Annen, Eext links ab in Richtung Annen, später rechts ab. Der CP ist ausgeschildert. N34 Emmen-Groningen, Ausfahrt Anloo/Annen, rechts ab in Richtung Annen. Schildern folgen. — 105770

Camping Exloo

Über 50 und im Herzen jung geblieben? Kommen Sie allein, zu zweit oder in einer Gruppe und genießen Sie die freundliche Atmosphäre des Campingplatzes. Unter www.campingexloo.nl finden Sie Angebote und Aktivitäten. Tel. +31-627218271.

Exloo, NL-7875 TA / Drenthe — CC€17 iD

Camping Exloo	1 AHKNOPQRSTUX	N	6
Valtherweg 37	2 IQWXYZ	ABDEFG	7
1 Jan - 31 Dez	3 LSX	ABCDFJNFUW	8
+31 6 27 21 82 71	4 DFHJ		9
info@campingexloo.nl	5 DN	ABCDGHJKMOQY	10
	Anz. auf dieser Seite B 6-10A CEE	① €24,90	
N 52°51'54'' E 06°53'10''	3ha 60T(100-120m²)		

N34 Richtung Groningen, Ausfahrt Exloo. Am Ortsende rechts Richtung Valthe. Nach 2 km CP an der linken Seite. — 118782

Teilkarte Drenthe auf Seite 127

Havelte, NL-7971 RL / Drenthe

De Klaverkampen
Slagdijk 2
1 Apr - 31 Okt
+31 5 21 34 14 15
info@klaverkampen.nl
N 52°45'46'' E 06°13'50''

1 AEKNOPQSTU	LN	6
2 EJQRXY	ABDEFGH	7
3 BFLM	ABCDFINRTW	8
4 FHIJ		9
5 DMN	AHJKOQY	10
6A CEE		❶ €20,50
7ha 30T(100m²) 120D		❷ €23,00

Ausfahrt Havelte hinter der Brücke links, nach ca. 150m links Richtung CP. Straße durch den Wald.

105696

Gasselte, NL-9462 RA / Drenthe

De Berken
Borgerweg 23
1 Apr - 1 Okt
+31 5 99 56 42 55
info@campingdeberken.nl
N 52°57'51'' E 06°47'22''

1 AEKNOPQSTU		6
2 ABPQRWYZ	ABDEFGHK	7
3 ABDLMSX	ABDEFGHIJKMNPQRTUVW	8
4 BFGHJKO	FHJVW	9
5 ABDEKLMN	ABEFGHIJKOQY	10
6-16A CEE		❶ €27,20
4,5ha 109T(60-100m²) 41D		❷ €35,60

N34 Groningen-Emmen, Ausfahrt Gasselte. Der CP liegt an der alten Straße Gasselte-Borger, ca. 800m hinter dem Dorf.

105771

Hoogersmilde, NL-9423 TA / Drenthe

Ardoer Camping
De Reeënwissel
Bosweg 23
1 Apr - 2 Okt
+31 5 92 45 93 56
info@reeenwissel.nl
N 52°54'14'' E 06°22'50''

1 AEHKNOPQRSTU	AF	6
2 ABQRSTWXYZ	ABDEFGH	7
3 ABCDFHIMX	ABCDEFGIJKNQRTUVW	8
4 DFHJOP	ACDJUVW	9
5 ADKMN	ABEFHIJKMORSY	10
B 10A CEE		❶ €27,70
18ha 180T(90-110m²) 213D		❷ €35,70

Entlang der Drentser Hauptstraße (Westseite) von Dieverbrug Richtung Hoogersmilde fahren. Entlang dieser Strecke wird der CP ausgeschildert.

105682

Gasselte, NL-9462 TT / Drenthe

CC€19

Het Horstmannsbos
Hoogte der Heide 8
31 Mrz - 2 Okt
+31 5 99 56 42 70
info@horstmannsbos.nl
N 52°58'15'' E 06°48'26''

1 ADEHKNOPQRSTU	LN	6
2 ABPQRWXYZ	ABDEFG	7
3 ABCEFGLMNV	ABCDEFGHIJNPQRTW	8
4 BFHO	BCFUVWXY	9
5 ADEFHKMN	ABCDEFGHIJKNORSY	10
Anzeige auf dieser Seite B 10A CEE		❶ €32,00
6,5ha 100T(100-130m²) 38D		❷ €39,00

Ab der N34 Groningen-Emmen folgen Sie den Schildern Ausfahrt Gasselte. Danach den Schildern Horstmannsbos folgen (nicht dem Navi folgen).

109031

Gasselte, NL-9462 TB / Drenthe

De Lente van Drenthe
Houtvester Jansenweg 2
1 Apr - 30 Sep
+31 5 99 56 43 33
info@delentevandrenthe.nl
N 52°58'36'' E 06°45'23''

1 AEKNOPQRSTU	BFLN	6
2 ABEJQRWXYZ	ABDEFGH	7
3 ABCDEFGLMNUVW	ABCDEFGJKNQRTUVW	8
4 BCFHIJK	CFJVW	9
5 ABDEFHKMN	ABEFGHIJKORSY	10
B 6A CEE		❶ €34,20
15ha 150T(100m²) 201D		❷ €43,80

Von der N34 Groningen-Emmen bei Ausfahrt Gasselte rechts in den Staatswald. Den Schildern 'De Lente van Drenthe' folgen.

108251

Hoogersmilde, NL-9423 TC / Drenthe

Camping Park Drentse Weelde
J. Brugginkweg 2
1 Apr - 1 Okt
+31 8 51 14 00 00
drentse-weelde@hubvakantieparken.nl
N 52°54'39'' E 06°23'08''

1 AEHKNOPQRSTU	AFHIL	6
2 ABEJQRXYZ	ABDEFGH	7
3 BDFHIMS	ABCDEFIJKNPRTUVW	8
4 BFHJLMNOP	VY	9
5 ABDEFGHKLMN	BHJKNRS	10
B 6A CEE		❶ €26,20
11ha 2T(100m²) 150D		❷ €34,20

An der Drentse Hauptstraße (Westseite) in der Nähe von Hoogersmilde ist dieser CP deutlich ausgeschildert.

101311

Gasselte, NL-9462 TS / Drenthe

Landschapscamping Sparrenhof
Kamplaan 1
31 Mrz - 1 Nov
+31 5 99 56 56 10
info@sparrenhof.com
N 52°58'29'' E 06°48'32''

1 AEHKNOPQRSTU		6
2 APQRWXY	ABDEFG	7
3 ALS	ABCDEFHJNPQRTUV	8
4 FHJORT		9
5 DN	ABFGHJKOPRSUY	10
B 10A CEE		❶ €25,00
6ha 74T(130-175m²)		❷ €36,00

A28 von Hoogeveen aus. An der Ausfahrt Assen-Zuid die N33 Richtung Veendam nehmen. Im Kreisel bei Gieten die N34 Richtung Emmen, nach etwa 4 km Ausfahrt Gasselte.

121069

Gasselternijveen, NL-9514 BW / Drenthe

Hunzepark
Hunzepark 4
31 Mrz - 29 Okt
+31 5 99 51 24 79
receptie.hunzepark@roompot.nl
N 52°58'58'' E 06°50'07''

1 ADEHJMOPQU	BN	6
2 EIPQUXYZ	ABDEFG	7
3 AGLMNSTW	ABCDFNQRTUVW	8
4 FGH	JRVW	9
5 ABDEFGHKN	ABCEHIKOQY	10
B 6-10A CEE		❶ €32,00
7ha 71T(100-120m²) 60D		❷ €42,00

N34 Emmen-Groningen. Ausfahrt Gasselte dan N378 bis Gasselternijveen. Den CP-Schildern folgen.

108252

Hooghalen, NL-9414 TG / Drenthe

CC€19

Tikvah
Oosthalen 5
1 Apr - 1 Nov
+31 5 93 59 20 97
info@campingtikvah.nl
N 52°55'13'' E 06°33'33''

1 AEHKNOPQRSTU		6
2 AQRWXYZ	ABFGIJK	7
3 AFMU	ABEFGHIJNPQRTUVW	8
4 ABFHIJO	BEGIJVWY	9
5 DMN	ABCDFGHJKMOPQWX	10
Anz. auf dieser Seite B 6-16A CEE		❶ €22,00
1,5ha 53T(120-250m²) 7D		❷ €29,00

Von der A28 Ausfahrt Beilen-Noord/Emmen/Hooghalen. Danach noch ± 10 km der Beschilderung Hooghalen. Kurz vor Hooghalen dem braunen Schild 'voormalig Kamp Westerbork' folgen. Kurz vor dem Kreisel rechts über die Bahn, dann 1,5 km.

121023

Gieten, NL-9461 AP / Drenthe

CC€21

Boscamping-Zwanemeer
Voorste Land 1
1 Apr - 2 Okt
+31 5 92 26 13 17
kamperen@zwanemeer.nl
N 53°00'56'' E 06°46'00''

1 AEHKNOPQRSTU	BGHN	6
2 ABPQRXYZ	ABDEFG	7
3 ACFLMVX	ABCDEFGHIJKNPQRTUVW	8
4 BCDEFGHIJ	AFUVW	9
5 ADEFHKMN	ABDEFHIJKOPRSY	10
Anzeige auf dieser Seite 6-10A CEE		❶ €41,00
6ha 160T(80-120m²) 42D		❷ €51,00

Über die N33 Assen-Gieten durch das Dorf Gieten den CP-Schildern folgen (nicht nach Navi fahren, sonst landen Sie im Wald).

101313

Grolloo, NL-9444 XE / Drenthe

Landgoed de Berenkuil
De Pol 15
7 Apr - 24 Sep
+31 5 92 50 12 42
info@berenkuil.nl
N 52°56'19'' E 06°39'56''

1 AEHKNOPQRSU	BGLM	6
2 ABEJPQRUWYZ	BEFGH	7
3 ABCDEFM	ABCDEFGIJKMNQRTUV	8
4 BEFHJ	FJVW	9
5 ACDEFKLMN	ABGHIJKOPRSXY	10
B 10A CEE		❶ €49,50
50ha 475T(80-125m²) 85D		❷ €63,35

Rolde-Grolloo, im Zentrum den CP-Schildern folgen.

100737

Klijndijk/Odoorn, NL-7871 PE / Drenthe

Capfun Vakantiepark De Fruithof
Melkweg 2
8 Apr - 26 Sep
+31 5 91 51 24 27
ifruithof@capfun.com
N 52°49'44'' E 06°51'27''

1 AEKNOPQRSTU	BDGHL	6
2 EJKPQWXY	ABDEFGH	7
3 ABCDFJLMNSV	ABCDEFGJNQRTUVW	8
4 BCDEFHJLOPQ	EVWY	9
5 ACDEFHKLMN	ABCEGHIKOQY	10
B 6-16A CEE		❶ €38,80
17ha 150T(100m²) 372D		❷ €50,60

N34 Emmen-Groningen Ausfahrt Klijndijk, weiter den Schildern folgen. Campingplatz befindet sich am Kreisel.

100750

Teilkarte Drenthe auf Seite 127

Meppen, NL-7855 TA / Drenthe — CC€21 iD

De Bronzen Emmer
Mepperstraat 41
1 Apr - 30 Okt
+31 5 91 37 15 43
info@bronzenemmer.nl
N 52°46'44" E 06°41'11"

1 AEHJMOPQRSTU EF 6
2 ABQRWXYZ ABDEFGH 7
3 ACFGHILMNSUVX ABCDEFJKNQRTUVW 8
4 BCDFHJKLOQST AEJV 9
5 ABDEFHKMNO ABCDEGHJKOQY 10
Anz. auf dieser Seite B 4-10A CEE ❶ €38,00
20ha 230T(100-140m²) 57D ❷ €46,00

A37 Hoogeveen-Emmen, Ausfahrt Oosterhesselen (N854) Richtung Meppen. In Meppen ist der CP in Richtung Meppen/Mantinge ausgeschildert. 105775

Meppen, NL-7855 PV / Drenthe — CC€19 iD

Erfgoed de Boemerang
Nijmaten 2
1 Apr - 1 Okt
+31 5 91 37 21 18
info@erfgoeddeboemerang.nl
N 52°46'49" E 06°41'30"

1 AEHKNOPQSUX 6
2 AEQRTWXYZ ABFG 7
3 L ABCDEFHJMNPQRUVW 8
4 FHJK IJV 9
5 DN ABCDFHJKOQ 10
Anzeige auf dieser Seite 10A CEE ❶ €22,50
2ha 47T(100-200m²) 3D

A37 Hoogeveen-Emmen. Ausfahrt Oosterhesselen (N854) Richtung Meppen. Dann Richtung Mantinge. Ausgeschildert. 118270

Nietap, NL-9312 TC / Drenthe — iD

Ardoer Vakantiepark Cnossen Leekstermeer
Meerweg 13
1 Apr - 1 Nov
+31 5 94 51 20 73
info@cnossenleekstermeer.nl
N 53°10'33" E 06°25'25"

1 ADEKNOPQRSTU LNQRSTXYZ 6
2 AEIQRWXYZ ABDEFGH 7
3 ABFM ABDEFGIJKNQRTUVW 8
4 ACEFHJO CJMOPQR 9
5 ADELMN ABFGHIJKMOQY 10
Anzeige auf Seite 118 16A CEE ❶ €33,35
16ha 120T(120-150m²) 43D ❷ €42,85

A7 Drachten-Groningen, Ausfahrt Leek. A28 Zwolle-Groningen bei Assen Ausfahrt Smilde, dann über Norg/Roden/Leek. Der CP liegt zwischen Leek und Roden in einer Einbahnstraße. 100717

Norg, NL-9331 AC / Drenthe — CC€23 iD

Bospark Langeloërduinen
Kerkpad 12
1 Apr - 1 Okt
+31 5 92 61 27 70
info@bosparknorg.nl
N 53°04'21" E 06°27'25"

1 ADEHKNOPQRSTU 6
2 BPQRXYZ ABDEFGH 7
3 ABFMX ABCDEFGHJNPQRTUVW 8
4 FH CF 9
5 DMN ABEHJKOQY 10
Anz. auf dieser Seite 10-12A CEE ❶ €28,75
7,5ha 100T(100-120m²) 39D ❷ €39,75

Von Straße N371 Richtung Norg, im Zentrum Beschilderung folgen. 109726

Norg, NL-9331 VA / Drenthe — CC€23 iD

De Norgerberg
Langeloërweg 63
1 Apr - 31 Dez
+31 5 92 61 22 81
info@norgerberg.nl
N 53°04'40" E 06°26'55"

1 AEJMOPQSU BDG 6
2 ABPQSTWXYZ ABCDEFGHIK 7
3 ABFLMNX ABCDEFGHIJKMNPQRTUVW 8
4 ABDEFGHJLOQTU BEFJVWY 9
5 ABDEFJKLMN ABEFGHIJKOPQY 10
Anzeige auf dieser Seite B 10A CEE ❶ €42,50
20ha 170T(100-150m²) 144D ❷ €50,90

Der CP liegt an der N373, 2 km nördlich von Norg an der Straße Norg-Roden. 111294

Oude Willem, NL-8439 SN / Drenthe — iD

Hoeve aan den Weg
Bosweg 12
27 Mrz - 11 Okt
+31 5 21 38 72 69
camping@hoeveaandenweg.nl
N 52°53'25" E 06°18'48"

1 AEKNOPQRSTU BG 6
2 BQWYZ ABDEFGH 7
3 ABFMUV ABCDEFGHJNPQRTW 8
4 BCDFHJKLO J 9
5 ABDEFHKLMN ABHIJKOQX 10
B 6-10A CEE ❶ €26,00
9ha 97T(100-200m²) 174D ❷ €33,80

Von Diever in Richtung Zorgvlied fahren. Im Dorf Oude Willem liegt der CP auf der rechten Seite. 105681

Teilkarte Drenthe auf Seite 127

Ruinen, NL-7963 RB / Drenthe

EuroParcs De Wiltzangh	1 AEHKNOPQSTU	BG 6
Witteveen 2	2 BQRWYZ	ABDEFGHK 7
26 Mrz - 26 Okt	3 BFJMSX	BDFJKNQRTW 8
+31 5 22 47 12 27	4 FHJKO	JVW 9
kcc@europarcs.nl	5 ABDELMN	ABEFGHJKOQX 10
	Anzeige auf Seite 137 B 6A CEE	❶ €34,00
N 52°47'00" E 06°21'59"	13ha 86T(80-145m²) 61D	❷ €38,40

Von Ruinen Richtung Ansen/Havelte. 1. Straße rechts fahren, nach 1 km links ab. Der CP wird ausgeschildert. 105697

Spier/Beilen, NL-9417 TD / Drenthe

Sonnevanck	1 AEHKNOPQSU	BG 6
Wijsterseweg 9	2 ABPQRWXYZ	ABDEFGH 7
1 Apr - 1 Nov	3 AJLMSV	ABCDEFGHNQRTUVW 8
+31 5 93 56 22 14	4 BCFHJO	BJVW 9
info@vakantiecentrum sonnevanck.nl	5 ADEFGHJKMN	ABEFGHJKNOPQ 10
	10A CEE	❶ €24,60
N 52°49'01" E 06°28'43"	13ha 85T(80-120m²) 162D	❷ €32,60

A28 Assen-Hoogeveen. Ausfahrt Spier/Wijster, am Ende Ausfahrt rechts ab über die Überführung (Schildern folgen). Hinter Spier ca. 1 km auf der linken Seite. 105725

Ruinen, NL-7963 PX / Drenthe

CC€23

EuroParcs Ruinen	1 ACDEHKNOPQRSTU	AEG 6
Oude Benderseweg 11	2 ABPQRWXYZ	ABDEFGH 7
1 Mrz - 30 Okt	3 ABCDEGJLMSUV	ABCDEFGIJKMNQRTUVW 8
+31 5 22 47 17 70	4 ABDEFHJKLO	BCEJVY 9
kcc@europarcs.nl	5 ABDEFKMN	ABEGHIJKOQ 10
	Anzeige auf Seite 137 B 6-10A CEE	❶ €32,70
N 52°46'31" E 06°22'14"	25ha 202T(110-150m²) 150D	❷ €41,10

Ruinen Richtung Pesse. Nach 600m 4. Straße links. Camping ist ausgeschildert, auch von Ruinen via England. 105698

Tynaarlo, NL-9482 TV / Drenthe

't Veenmeer	1 AEJMOPQSTU	LNP 6
Zuidlaarderweg 37	2 AEJQRWY	ABDEFGH 7
16 Mrz - 16 Okt	3 AFLM	AEFNRT 8
+31 5 92 54 36 25	4 J	HJST 9
camping@veenmeer.nl	5 DEMN	ABHIJKMOQY 10
	B 4A CEE	❶ €32,00
N 53°05'02" E 06°38'23"	35ha 50T(120m²) 417D	❷ €40,00

N34 Assen-Groningen-Emmen, Ausfahrt Tynaarlo. Ist mit Schildern ausgezeichnet. Von der A28 Zwolle-Groningen, Ausfahrt Zuidlaren/Vries. 100719

Schipborg, NL-9469 PL / Drenthe

De Vledders	1 AEKNOPQSTU	LNPQ 6
Zeegserweg 2a	2 ABEJQRWXYZ	ABDEFGHJK 7
1 Apr - 23 Okt	3 ABFGILM	BDFGHIJKNPQRTW 8
+31 5 04 09 14 89	4 ABEFHIJO	ABDEFUVWY 9
info@devledders.nl	5 ABCDEFJLMN	ABGHIJKOPRSY 10
	Anz. auf dieser Seite B 6-16A CEE	❶ €30,50
N 53°04'46" E 06°39'56"	13ha 220T(80-100m²) 79D	❷ €39,50

Von der A28 Zwolle-Groningen und der N34 Groningen-Emmen, Ausfahrt Zuidlaren. Kurz davor rechts ab Richtung Schipborg. CP-Schildern folgen. 100720

Uffelte/Havelte, NL-7975 PZ / Drenthe

Kampeerterrein De Blauwe Haan	1 AEHKNOPQSU	F 6
	2 BQRWXY	ABDEFGHK 7
Weg achter de es 11	3 ABCDEFLMUW	ABCDEFGHIJMNQRTUVW 8
1 Apr - 1 Okt	4 FHIJQ	ABCFJVY 9
+31 5 21 35 12 69	5 ADHMN	ABHJKOQXY 10
info@blauwehaan.nl	6-10A CEE	❶ €32,00
N 52°48'12" E 06°16'22"	5,5ha 95T(100-120m²) 91D	❷ €42,00

Camping ca. 2 km nördlich von Uffelte. Über die N371 Meppel-Assen links ab der Beschilderung folgen. Dann über den Sandweg mit recht schlechtem Straßenbelag entlang, etwa 500 m. 105692

Schoonebeek, NL-7761 PJ / Drenthe

CC€17

Camping Emmen	1 AEHKNOPQRSTU	BN 6
Bultweg 7	2 AEPQWXYZ	ABFG 7
7 Apr - 1 Okt	3 ABCLV	ABEFJNQRTUW 8
+31 5 24 53 21 94	4 BCDHJKOP	ABCEFJVWY 9
info@campingemmen.nl	5 ADEFGHLN	ABCGHJKNORS 10
	Anzeige auf dieser Seite 6-16A CEE	❶ €28,50
N 52°40'11" E 06°52'43"	3,3ha 50T(120m²) 34D	❷ €33,50

A37 Ausfahrt 5 Richtung Schoonebeek. Ab dort ist der CP angezeigt, liegt kurz vor Schoonebeek links ab. 120490

Vledder, NL-8381 AB / Drenthe

De Adelhof	1 AEJMOPQRSTU	BGHN 6
Vledderweg 19	2 ABCIPQRXYZ	ABDEFGH 7
1 Jan - 31 Dez	3 ABCDEFHIJLMNS	ABCDFJNRTW 8
+31 5 21 38 14 40	4 BCDFHJKLOPQ	FJVY 9
info@adelhof.nl	5 ABDEFHKLN	AHIJKORSY 10
	4-6A CEE	❶ €29,00
N 52°51'05" E 06°11'57"	15ha 100T(90-100m²) 194D	❷ €31,00

Ab Vledder Richtung Frederiksoord. CP ist ausgeschildert. 105685

Vledder, NL-8381 XM / Drenthe

Padjelanta	1 ADEKNOPQRSU	6
Middenweg 12	2 BQRTWXYZ	FG 7
1 Apr - 31 Okt	3 AFLMS	AFNRUVW 8
+31 5 21 38 21 21	4 BFHJ	CJ 9
info@campingpadjelanta.nl	5 DKLMN	ABHIJKNORSY 10
	B 6-10A CEE	❶ €22,00
N 52°51'43" E 06°11'42"	12ha 120T(80-150m²) 198D	❷ €28,50

Im Zentrum von Vledder Richtung Vledderveen abfahren. An der Kreuzung wird der CP mit Wegweisern ausgeschildert. Der CP liegt auf der linken Seite. 100735

Schoonloo, NL-9443 TN / Drenthe

De Warme Bossen	1 AEKNOPQRSTU	6
Warmenbossenweg 7	2 ABQRWXY	ABDEFGIK 7
1 Apr - 31 Okt	3 ADFGLMVX	ABCDEFMNQRTW 8
+31 5 92 50 15 11	4 FHJO	CFJVW 9
info@warmebossen.nl	5 ADEFHJKMN	ABFGHIJKMOQU 10
	6A CEE	❶ €21,00
N 52°55'08" E 06°42'35"	3,6ha 30T(80-100m²) 48D	❷ €30,00

Westerbork-Borger, Kreuzung Schoonloo geradeaus. Richtung Assen-Rolde-Schoonloo fahren. dann CP-Schilder folgen. 108325

Wapse, NL-7983 LA / Drenthe

Het Noordenveld	1 ADEHKNOPQRSTUX	N 6
Smitstede 1	2 PQTXY	ABDEFGH 7
7 Apr - 3 Okt	3 S	ABCDEFHJPQRUV 8
+31 5 21 55 15 02	4	BCDF 9
info@hetnoordenveld.nl	5 ADN	ABFGHJKOQY 10
	10A CEE	❶ €23,00
N 52°51'31" E 06°15'28"	3ha 65T(120-160m²) 5D	

Von Meppel (A32) Richtung Leeuwarden Ausfahrt Steenwijk (N855) Richtung Vledder. Hinter Hotel De Wapse Herberg 1. Straße links. Nach 300m Camping links. 124756

Teilkarte Drenthe auf Seite 127

Niederlande

Wateren, NL-8438 SB / Drenthe

De Blauwe Lantaarn
Wateren 5
1 Apr - 1 Okt
+31 5 21 38 72 58
info@deblauwelantaarn.nl

1 A**KN**OPQRSTU — AF 6
2 BIQRWYZ — A**B**D**FG** 7
3 ABCDEFMSUV — ABCDE**F**JNQRTUW 8
4 BCDEFHJN**Q** — JVW 9
5 ADEHMN — ABHIJKORSUY 10
16A CEE — ❶ €22,50
6ha 35**T**(80-120m²) 125**D** — ❷ €31,40
N 52°54'57" E 06°16'00" — 110589

Der Straße Diever-Zorgvlied folgen, CP links von der Straße ausgeschildert.

Wateren, NL-8438 SC / Drenthe

Molecaten Park Het Landschap
Schurerslaan 4
24 Mrz - 1 Okt
+31 5 21 38 72 44
hetlandschap@molecaten.nl

1 ADE**KN**OPQRST**U** — EGLN 6
2 EJQRXYZ — ABDE**FG**H 7
3 ABF**HIJ**MSV — ABCDEFNQRTUVW 8
4 ABCEFHJLNO — AJUVWY 9
5 ADEFHKM**N** — ABEHIJK**O**STY 10
Anzeige auf Seite 129 6-10A CEE — ❶ €27,45
16ha 205**T**(100-150m²) 139**D** — ❷ €31,45
N 52°55'19" E 06°16'04" — 105680

Von Diever Richtung Zorgvlied. Der CP liegt kurz vor Zorgvlied auf der rechten Seite und ist ausgeschildert.

Westerbork, NL-9431 GA / Drenthe

Landgoed Börkerheide
Beilerstraat 13a
1 Apr - 1 Okt
+31 5 93 33 15 46
info@landgoedborkerheide.nl

1 AEH**KN**OPQRSTU — BG 6
2 ABPQRTWXYZ — ABDE**FG** 7
3 A**L**MV — ABCDEFJKNQRTUW 8
4 FHIJ — CJ 9
5 D — ABDFGHJKMORS 10
Anzeige auf dieser Seite 6A CEE — ❶ €27,00
15ha 88**T**(80-120m²) 6**D** — ❷ €35,00
N 52°51'10" E 06°35'25" — 100745

A28 Zwolle-Hoogeveen-Groningen, Ausfahrt 30 Beilen und den Schildern Westerbork folgen. Der CP ist ausgeschildert.

Wezuperbrug, NL-7853 TA / Drenthe

Molecaten Park Kuierpad
Oranjekanaal NZ 10
24 Mrz - 1 Nov
+31 5 91 38 14 15
kuierpad@molecaten.nl

1 ADE**KN**OPQRSTU — BEGLN 6
2 ABFJQRWXY — ABDE**FG**H 7
3 ABCFG**JL**MS**TVW** — ABCDEFGIJKNQRTUVW 8
4 BCFGHIJLO**PQ** — BCEJVWX 9
5 ACDEFKLMN — ABDEGHIJK**O**PQXY 10
Anzeige auf Seite 129 B 6-10A CEE — ❶ €55,60
5,5ha 550**T**(95-200m²) 241**D** — ❷ €62,30
N 52°50'26" E 06°43'28" — 101314

N31 Beilen-Emmen, Ausfahrt Westerbork. Über Orvelte Richtung Schoonoord.

Wijster, NL-9418 TL / Drenthe

Familiecamping De Otterberg
Drijberseweg 36a
1 Apr - 1 Okt
+31 5 93 56 23 62
info@otterberg.nl

1 AE**KN**OPQRST**U** — BGN 6
2 AQRWXYZ — ABDE**FG** 7
3 ABCDF**JL**MSVW — ABCDFGHIJKNRTW 8
4 BDFHIJLO**QU** — JXY 9
5 ADEFGHKLMN — ABHJKOSTY 10
Anzeige auf dieser Seite B 10A CEE — ❶ €31,70
17ha 170**T**(100m²) 193**D** — ❷ €39,10
N 52°48'05" E 06°31'28" — 105726

Assen-Hoogeveen, Ausfahrt Wijster/Spier. Richtung Spier/Wijster, hinter den Bahngleisen 1. Straße rechts Richtung Drijber. Nach ca. 2 km liegt auf der rechten Seite der CP.

Zorgvlied, NL-8437 PC / Drenthe

Zonnekamp
De Ruyter de Wildtlaan 7
1 Jan - 31 Dez
+31 5 21 38 72 57
info@campingzonnekamp.nl

1 AE**KN**OPQSTU — N 6
2 BQWXY — A**B**F**G**H 7
3 ABFMS — ABCDEFGJKNRTUVW 8
4 BCDFHJKOPQ — E 9
5 BDEFHKLMN — BHIJK**O**QY 10
6A — ❶ €22,50
7ha 41**T**(90-110m²) 154**D** — ❷ €26,00
N 52°54'55" E 06°14'39" — 113421

In Zorgvlied den Schildern folgen.

Zorgvlied, NL-8437 PE / Drenthe

Park Drentheland
De Gavere 1
1 Apr - 1 Nov
+31 5 21 38 81 36
info@parkdrentheland.nl

1 AE**KN**OPQSU — AF 6
2 QXYZ — ABDE**FG**H 7
3 ABCF**JMN**SV — ABCDFJKNQRTUVW 8
4 AEFGH — EFJUVWX 9
5 ABDEFK**N** — AEHIJKOPQY 10
B 10-16A CEE — ❶ €21,50
8ha 95**T**(100m²) 46**D** — ❷ €29,00
N 52°55'25" E 06°15'02" — 108255

In Zorgvlied gegenüber der Kirche abbiegen.

Zwartemeer, NL-7894 EA / Drenthe

Zwartemeer
Verlengde van Echtenskanaal NZ 2
1 Apr - 31 Okt
+31 5 91 31 46 54
info@sportlandgoed.nl

1 ADEH**KN**OPQRSTU — LMN 6
2 AEJPQXYZ — AB 7
3 BFG**KMNT** — ABFJNQRTW 8
4 FHJO**PQ** — F 9
5 ADEFHJKLN — ABCGHJKNQU 10
10A CEE — ❶ €26,00
1,3ha 80**T** 35**D** — ❷ €36,00
N 52°43'24" E 07°01'38" — 118317

Von der A37, Ausfahrt 7 Zwartemeer. Nach 450m rechts abfahren. Den Schildern 'Recreatiepark Sportlandgoed' folgen.

Zweeloo, NL-7851 AA / Drenthe

De Knieplanden
Hoofdstraat 2
1 Apr - 30 Sep
+31 5 91 37 15 99
info@campingknieplanden.nl

1 AEH**KN**OPQRST**U** — **BF**H 6
2 APQRWXYZ — AB**FG** 7
3 AB**L**MSU — ABCDEFGIJKNQRTW 8
4 FH — F 9
5 DEF**N** — ABCDHJKOQ 10
Anzeige auf dieser Seite B 10A CEE — ❶ €29,00
2,5ha 64**T**(90-110m²) 7**D** — ❷ €39,00
N 52°47'41" E 06°43'27" — 100764

A37 Hoogeveen-Emmen, Ausfahrt Oosterhesselen (N854). In Zweeloo ist der CP ausgeschildert.

Zwiggelte/Westerbork, NL-9433 TJ / Drenthe

Midden Drenthe
Elperweg 5
1 Apr - 22 Okt
+31 5 93 37 00 22
info@campingmiddendrenthe.nl

1 AE**KN**OPQSU — **N** 6
2 AQRWXYZ — ABDE**FG**H 7
3 ACF**L**MSU — ABCDE**FG**HI**M**NPQRTUVW 8
4 FHJKO — AFJVWY 9
5 ADHKMN — ABEGHJKORS 10
Anz. auf dieser Seite B 6-16A CEE — ❶ €23,00
3,4ha 85**T**(130m²) 30**D** — ❷ €28,00
N 52°52'36" E 06°36'44" — 112457

A28 Ausfahrt 31 Richtung Westerbork. In Westerbork Ausfahrt Elp. Am Oranjekanaal links ab und den Schildern folgen.

Teilkarte Drenthe auf Seite 127

Gelderland
AMSTERDAM
A7
107
109
Kampen
N307
Dronten
Zwolle
N340
N48
N36
Lelystad
N50
Monnickendam
Flevoland
Hattem
Elburg
A50
Overijssel
A6
N302
Raalte
Wierden
Almere
Heerde
Nunspeet
Harderwijk
Hierden
N35
Almelo
Diemen
A27
Epe
Zeewolde
Vierhouten
Emst
Borne
Huizen
N305
N301
A28
Ermelo
Vaassen
Bussum
Elspeet
Deventer
E30
E231
Ermelo/Speuld
Teuge
Goor
Hengelo
Hilversum
Putten
Nieuw-Milligen
Apeldoorn
A35
105
Baarn
Voorthuizen
Wilp
Harfsen
E35
A1
Voorst
Neede
Amersfoort
Stroe
Uchelen
Kootwijk
Beekbergen
Zutphen
Warnsveld
Lochem
A2
Utrecht
Harskamp
Barchem
N18
Lieren/Beekbergen
Vorden
Haarlo
Utrecht
E30
Zeist
Lunteren
Otterlo
Hoenderloo
Ruurlo
A30
Veluwe
Eerbeek
Eibergen
Ede
Hengelo (Gld.)
Vreden
Nieuwegein
Veenendaal
Laag-Soeren
N348
Groenlo
N314
Achterhoek
Kotten/
Winterswijk
A12
Arnhem
Doesburg
Winterswijk/Meddo
A27
A348
Zelhem
Winterswijk/Henxel
Culemborg
Wageningen
Oosterbeek
Hummelo
N233
Winterswijk
92
Doetinchem
Kesteren
Heteren
Zevenaar
A18
Aalten
Opheusden
Beesd
Erichem
A325
Doornenburg
A12
Braamt
Leerdam
A15
N323
Aerdt
Beek (gem. Montferland)
Winterswijk/
Woold
Tiel
A50
Enspijk
Oosterhout
Stokkum
Ulft
N317
Winterswijk/
Kotten
Geldermalsen
N322
Maasbommel
Gendt
Emmerich am
Bocholt
Zennewijnen
Ewijk
Rhein
Nijmegen
Praest
Gorinchem
Appeltern
E35
B67
DEUTSCHLAND
Berg en Dal
Kleve
Wijchen
A73
B9
Oss
Rees
3
B473
A2
Groesbeek
Kranenburg
B8
Raesfeld
Nord-Brabant
Heumen/
Nijmegen
B504
CF-DEU
Rosmalen
150
A59
E31
158
Brünen
Engelen
Pfalzdorf
B57
B70

Appeltern, NL-6629 KS / Gelderland

Camping Groene Eiland	1 ACDEHKNOPQRSTU	JLMNOPQSWXYZ 6
Lutenkampstraat 2	2 ACEIJKQVWXY	ABDEFGH 7
1 Apr - 31 Okt	3 ABFGMSUV	ABCDEFGHIJKNQRTUVW 8
+31 4 87 56 21 30	4 BCDFHJMNOQ	ERV 9
info@hetgroeneeiland.nl	5 ABCDEFHKLMNO	ABEGHIJKMNOQXY 10
	Anzeige auf dieser Seite B 6A CEE	① €33,50
N 51°50'07" E 05°33'09"	30ha 250T(bis 100m²) 381D	② €36,90

A50 Ausfahrt Druten/'Gouden Ham', dann Richtung Appeltern, in Appeltern ausgeschildert. 105577

Aalten, NL-7122 PC / Gelderland

Goorzicht	1 ADEKNOPQRSTU	BF 6
Boterdijk 3	2 ABQRXYZ	ABDEFG 7
27 Mrz - 2 Okt	3 ABEFMSTUV	ABCDEFJKMNRTUVW 8
+31 5 43 46 13 39	4 BDFHJNOPQ	CFJVY 9
info@goorzicht.nl	5 ADEHN	ABCDFHJKOQY 10
	Anzeige auf dieser Seite 6A CEE	① €27,50
N 51°56'40" E 06°32'37"	6,5ha 59T(70-100m²) 204D	② €32,50

A3 Oberhausen-Arnheim, Ausf. 5 Hamminkeln Ri. Bocholt. In Bocholt Zentrum links Richtung Bo-Holtwick, weiter BO-Hemden, NL-Heurne, Aalten. In Aalten den braun-weißen ANWB-Schildern folgen. 113394

Arnhem, NL-6816 PB / Gelderland

Warnsborn	1 ADEJMOPQSU	6
Bakenbergseweg 257	2 ABPQRWYZ	ABDEFGH 7
1 Apr - 30 Sep	3 ABELMSX	ABCDEFIJKNQRTW 8
+31 2 64 42 34 69	4 FGHIJO	EFVWY 9
info@campingwarnsborn.nl	5 ABDMN	ABCGHIJKOQY 10
	B 6A CEE	① €28,50
N 52°00'28" E 05°52'17"	3,5ha 110T(100-140m²) 30D	② €36,10

A12 (beide Richtungen) und A50 aus dem Süden, Ausfahrt Arnhem-Nord, dann den Schildern folgen. Von Apeldoorn A50 Ausfahrt Schaarsbergen, Burgers' Zoo folgen. 105632

Arnhem, NL-6816 RW / Gelderland

Oostappen Vakantiepark Arnhem	1 ABDEKNOPQRSTU	CG 6
Kemperbergerweg 771	2 ABQRTUXYZ	ABFGH 7
31 Mrz - 13 Okt	3 ABCFJLMNSVX	ABCDFJKNQRTUV 8
+31 2 64 43 16 00	4 BCDFGHIJLOQTUV	BEFJVY 9
info@vakantieparkarnhem.nl	5 ACDEFHLMN	AEGHIJKNQY 10
	Anzeige auf Seite 151 B 10A CEE	① €42,00
N 52°01'27" E 05°51'36"	36ha 455T(80-150m²) 391D	② €42,00

A12 (aus beiden Richtungen) und A50 aus dem Süden, Ausfahrt Arnhem-Nord, dann den Schildern folgen. Von Apeldoorn A50 Ausfahrt Schaarsbergen. 101324

Aalten, NL-7121 LZ / Gelderland

Lansbulten	1 AEKNOPQRSTU	BFJN 6
Eskesweg 1	2 BCQRXYZ	ABFG 7
1 Apr - 15 Okt	3 BCFMUV	ABCDEFJKNRTUVW 8
+31 5 43 47 25 88	4 BFHK	CFJY 9
info@lansbulten.nl	5 ADN	ABDFHJKOPQUY 10
	Anzeige auf dieser Seite 6-16A CEE	① €29,60
N 51°55'34" E 06°36'15"	10ha 61T(110-120m²) 154D	② €34,80

N318 Varsseveld-Winterswijk. Bei Bredevoort den braun-weißen Schildern folgen. 111461

Barchem, NL-7244 RC / Gelderland

Reusterman	1 AEKNOPQSU	A 6
Looweg 3	2 PQRWXYZ	ABFGH 7
1 Apr - 1 Okt	3 ABLMX	ABCDEFGJNPQRW 8
+31 5 73 44 13 85	4 FGHIJOQ	E 9
info@reusterman.nl	5 ADHN	ABCHJKOQ 10
	6A CEE	① €24,25
N 52°07'38" E 06°26'08"	6ha 91T(80-100m²) 83D	② €31,25

Von Barchem Richtung Lochem, 0,5 km, ausgeschildert. 101557

Aerdt, NL-6913 KH / Gelderland

De Rijnstrangen	1 ADEHILOPSU	6
Beuningsestraat 4	2 ACPQWXYZ	ABDEFHJK 7
31 Mrz - 29 Okt	3	ABEFGHNPQRUW 8
+31 6 12 55 94 64	4 EFGHIJ	GIV 9
info@derijnstrangen.nl	5 ABDJMN	ABCDFIJKORSYZ 10
	Anzeige auf dieser Seite B 6A CEE	① €28,20
N 51°53'47" E 06°04'13"	0,6ha 30T(100m²) 5D	② €39,20

A12 Ausfahrt 29 Richtung Lobith bis zur Ausfahrt Aerdt. Rechts ab, den Deich hoch. 1,5 km weiter bis zur Kirche. Nach 100m links runter. 118110

Barchem, NL-7244 NA / Gelderland

De Heksenlaak B.V.	1 AEKNOPQSTU	AF 6
Zwiepseweg 32	2 QRXYZ	ABCDEFG 7
1 Apr - 31 Okt	3 ABCGHILMSUVX	ABCDEFJNRUVW 8
+31 5 73 44 13 06	4 BCDFGHIJKNOPQ	EFJ 9
heksenlaak@planet.nl	5 DEFHKN	ABCHKOQXY 10
	B 6-10A CEE	① €25,00
N 52°08'17" E 06°26'45"	8,5ha 120T(100-110m²) 129D	② €39,00

Von Lochem nach Barchem Richtung Zwiep 1,5 km. Ausgeschildert. 105763

Teilkarte Gelderland auf Seite 135

Beek (gem. Montferland), NL-7037 CN / Gelderl. CC€19 iD

Vakantiepark De Byvanck BV	1 ADEKNOPQSTU	E	6
Melkweg 2	2 AQRXYZ	ABFG	7
1 Jan - 31 Dez	3 LMS	BCDEFJNQRTW	8
+31 3 16 53 14 13	4 HIJOT	J	9
info@byvanck.nl	5 DEN	ABEHJKOQX	10
	Anzeige auf dieser Seite 6A CEE		❶ €22,00
N 51°53'59'' E 06°10'44''	7,2ha 30T(80-120m²) 92D		❷ €27,80

A3 Oberhausen-Arnhem, vor NL-Grenze Ausfahrt 2 Beek/Elten. Rechts Richtung Beek Gem. Bergh. Hinter der NL-Grenze 1. Straße links. 109792

Beekbergen, NL-7361 TM / Gelderland CC€21 iD

Het Lierderholt	1 ADEHKNOPQRSTU	BFHI	6
Spoekweg 49	2 ABQRWXYZ	ABDEFGH	7
1 Jan - 31 Dez	3 ABCEFGJLMNSUVX	ABCDFGIJKNQRTUVW	8
+31 5 55 06 14 58	4 ABCDEFGHIJLNOP	GJUVW	9
info@lierderholt.nl	5 ABDEGHLMN	ABCDEFGHIJKOPQY	10
	Anz. auf dieser Seite B 6-10A CEE		❶ €43,25
N 52°07'59'' E 05°56'44''	25ha 210T(100-150m²) 264D		❷ €59,25

A50 von Arnhem, Ausfahrt 22 Beekbergen oder A50 von Zwolle, Ausfahrt 22 Hoenderloo. Dann Schildern folgen. 110210

Beekbergen, NL-7361 TG / Gelderland iD

Vakantiepark Hertenhorst	1 ADEKNOPQSU	BGH	6
Kaapbergweg 45	2 ABQRYZ	ABFGH	7
1 Apr - 25 Okt	3 ABFJLMVX	ABCDEFJNQRTUV	8
+31 3 62 00 22 50	4 FGHI	EJUVY	9
info@ vakantieparkhertenhorst.nl	5 ABDM	ABEGHIJKOQY	10
	4-6A CEE		❶ €33,30
N 52°08'06'' E 05°57'51''	22ha 55T(80-100m²) 159D		❷ €43,30

A50 Ausfahrt 22, am Ende der Ausfahrt rechts dann die 1. Straße rechts. Weiter die 2. Straße links. CP-Schildern folgen. 113396

Teilkarte Gelderland auf Seite 135

Beesd, NL-4153 XC / Gelderland

CC€21 iD

Betuwestrand
A. Kraalweg 40
1 Apr - 30 Sep
+31 3 45 68 15 03
info@betuwestrand.nl

1 AEILOPQSU	HLMNW	6
2 AEJQWXY	ABDEFGH	7
3 BCFGMNSV	ABCDEFGHIJNPQRTUVW	8
4 BCDFGHJLO	CEFJ	9
5 ACDEFHLMNO	ABCDFGHIJKMNOQXY	10
Anzeige auf dieser Seite B 10A CEE		❶ €37,00
30ha 150T(80-100m²) 470D		❷ €57,00

N 51°53'56'' E 05°11'18''

A2 's-Hertogenbosch-Utrecht, Ausfahrt 14 Beesd, dann ausgeschildert. 100795

Berg en Dal, NL-6571 CH / Gelderland

CC€19 iD

Nederrijkswald BV
Zevenheuvelenweg 47
15 Mrz - 30 Okt
+31 2 46 84 17 82
info@nederrijkswald.nl

1 ADEHKNOPQRSU		6
2 BPQRWXYZ	ABDEFGH	7
3 AFKLSUX	ABCDEFGHJNPQRTUW	8
4 EFGHIJKO	VW	9
5 ADMN	ABCDFGHIJKORSWXY	10
Anz. auf dieser Seite B 6-16A CEE		❶ €25,70
1,5ha 52T(80-130m²)		❷ €37,45

N 51°48'08'' E 05°55'25''

A73 Ausfahrt 3 Malden. N271 Richtung Groesbeek. Am Kreisel Richtung Berg en Dal; An der T-Kreuzung links, 2. Straße rechts die N841 (an der Tankstelle). Nach 750m links. 117995

Braamt, NL-7047 AP / Gelderland

CC€13 iD

Recreatie Te Boomsgoed
Langestraat 24
1 Jan - 31 Dez
+31 3 14 65 18 90
info@teboomsgoed.nl

1 AEHKNOPQRSTU	AF	6
2 ABEPQRWYZ	ABDEFG	7
3 ABFGHIJMSX	ABCDFHJNQRTUW	8
4 BDFHIJO	EF	9
5 AEGJMN	ABCFGHIJKNQUY	10
Anz. auf dieser Seite 10-16A CEE		❶ €21,00
6ha 35T(100m²) 55D		❷ €27,70

N 51°55'31'' E 06°15'42''

A18 Ausfahrt 3 Doetinchem/Zelhem/Zeddam. Hinter der Ausfahrt links, 2. Kreisel links Richtung Braamt. CP nach 250m. 108358

Doesburg, NL-6984 AG / Gelderland

iD

Capfun Camping IJsselstrand
Eekstraat 18
1 Jan - 31 Dez
+31 3 13 47 27 97
info@ijsselstrand.nl

1 ADEKNOPQRSTU	DGHJNQSWXYZ	6
2 ADIJKQSXY	ABDEFG	7
3 ABCDFGILMRVX	ABCDFIJKNQRTW	8
4 BCDFHJLOQTU	EFNOVWY	9
5 ACDEFHKLMN	ABCGHIJKOQWY	10
B 6-10A CEE		❶ €31,20
65ha 169T(80-120m²) 944D		❷ €42,50

N 52°01'44'' E 06°09'43''

Von Arnhem aus auf der A348 rechts Ri. Doetinchem (N317). Nach 3,9 km dritte Ausfahrt im Kreisel (CP-Schild). Nach 1,2 km dritte Ausfahrt im Kreisel. Nach 1,4 km links. 108306

Doetinchem, NL-7004 HD / Gelderland

CC€19 iD

De Wrange
Rekhemseweg 144
25 Mrz - 17 Okt
+31 3 14 32 48 52
info@dewrange.nl

1 ACDEHKNOPQRU	BG	6
2 ABQRWXYZ	ABDEFG	7
3 BJLMSVX	ABCDEFJNQRTUVW	8
4 BDGHJLO	CJ	9
5 ACDEFHJKLMN	ABDHJKMOQY	10
Anzeige auf dieser Seite 10A CEE		❶ €31,00
10ha 70T(90-110m²) 218D		❷ €39,00

N 51°56'47'' E 06°20'01''

Von der A18, Ausfahrt 4 Doetinchem-Oost. An der Hauptstraße links ab. Durchfahren bis zur nächsten Ampel, dort rechts und den Schildern folgen (teils durch Wohnviertel). 105715

Doornenburg, NL-6686 MC / Gelderland

CC€21 iD

De Waay
Rijndijk 67a
1 Apr - 30 Sep
+31 4 81 42 12 56
info@de-waay.nl

1 ADEKNOPQSU	BDGLMN	6
2 AEJQXY	ABCDEFGHIJ	7
3 ABCDFGLMNSUV	ABCDEFGIJKNQRTVW	8
4 BDHJKNOPQ	CFVY	9
5 ABDEFHKLMN	ABEGHIJKMOPQY	10
Anzeige auf dieser Seite B 10A CEE		❶ €42,00
19ha 140T(100-120m²) 318D		❷ €54,00

N 51°54'16'' E 05°59'08''

Von der A15 Ausfahrt Bemmel/Gendt. In Gendt links, ab dort den Schildern folgen. Ab Arnhem der Beschilderung folgen. 109624

Ede, NL-6718 SM / Gelderland

iD

Bos- en Heidecamping Zuid-Ginkel
Verlengde Arnhemseweg 97
31 Mrz - 30 Sep
+31 3 18 61 17 40
info@zuidginkel.nl

1 AEHJMOPQSTU		6
2 ABQRWXYZ	ABDEFG	7
3 ABCLMX	ABCDFIJNQRTUV	8
4 FGHI	AEVW	9
5 ABDMN	ABCDEGHIJKOQY	10
B 6-10A CEE		❶ €27,50
4,7ha 80T(100-130m²) 103D		❷ €35,85

N 52°02'18'' E 05°44'08''

A12, Ausfahrt 25 Ede-Oost, dem Schild folgen. 110591

Ede, NL-6718 TA / Gelderland

iD

De Oldenhove
Goorsteeg 8
15 Mrz - 30 Okt
+31 3 18 48 29 56
contact@camping-oldenhove.nl

1 AHKNOPQSU	N	6
2 AQRWXYZ	ABDEFG	7
3 ABFMSU	ABCDEFGHIJKNPRTUW	8
4 FHJ	Y	9
5 D	BHJKMOQ	10
B 6-10A CEE		❶ €22,00
1ha 68T(100-160m²) 8D		❷ €32,00

N 52°04'10'' E 05°37'12''

A30 Ausfahrt Lunteren, Umfahrung Lunteren Richtung Ede. Nach der Tankstelle (200m) rechts (Goorweg). Nach 700m liegt der CP links. 119418

Ede, NL-6718 TH / Gelderland

iD

TopParken Recreatiepark 't Gelloo
Barteweg 15
1 Apr - 28 Okt
+31 8 85 00 24 72
info@gelloo.nl

1 ABDEKNOPQSU	BEF	6
2 ABQRXYZ	ABDEFGH	7
3 ABDEFGMSX	ABCDEFIJKNPQRTVW	8
4 BCDFHIJLOPQ	CEJVWXY	9
5 ABDEFHKMN	ABCEHIJKOPQY	10
6-10A CEE		❶ €42,00
15ha 60T(100m²) 116D		❷ €44,50

N 52°04'28'' E 05°40'04''

Von der A1/A30 Ausfahrt 2, dann N224 Richtung Otterlo/Apeldoorn mit Schildern angezeigt. Oder von der A12, dann A30 Ausfahrt 2, dann N224 Otterlo/Apeldoorn, dann mit Schildern angezeigt. 105560

Teilkarte Gelderland auf Seite 135

Eerbeek, NL-6961 LD / Gelderland

CC€23 iD

Landal Coldenhove
Boshoffweg 6
10 Mrz - 26 Okt
+31 31 3- 65 91 01
coldenhove@landal.nl

1 ADE**KN**OPSU	EG	6
2 ABQRUWYZ	ABDE**FG**HK	7
3 ABCDEFG**JL**M**R**STUVWX	ABCDEFIJKNQRTUW	8
4 BEFGHIJKLO**PQ**	BJUVWXY	9
5 ACDEGHJKLMN	ABCDEGHIJK**N**PQY	10

Anzeige auf dieser Seite B 10A CEE ① €60,00
20ha 180**T**(100-120m²) 369**D** ② €75,00
N 52°05'31'' E 06°02'05''
105627

A50 Ausfahrt Loenen/Eerbeek Richtung Loenen/Eerbeek. Hinter dem Kreisel Richtung Dieren. Den Schildern Coldenhove folgen.

Emst, NL-8166 JJ / Gelderland

CC€23 iD

De Wildhoeve
Hanendorperweg 102
31 Mrz - 1 Okt
+31 5 78 66 13 24
info@wildhoeve.nl

1 ADEHILOPQRSTU	BEGH	6
2 ABQWXYZ	ABDE**FGH**K	7
3 ABCEFM**N**S	ABCDEFGIJK**M**NQRTUVW	8
4 AB**E**FGHJO	ABCEJUVWY	9
5 ACDELMN	ABCEFGHIJKN**O**PQY	10

Anz. auf dieser Seite B 8-10A CEE ① €47,50
12ha 310**T**(80-120m²) 32**D** ② €63,50
N 52°18'50'' E 05°55'36''
107837

A50 Arnhem-Zwolle, Ausfahrt 26 Vaassen, Richtung Emst. Den Schildern folgen.

Elburg, NL-8081 LB / Gelderland

CC€15 iD

Natuurcamping Landgoed Old Putten
Zuiderzeestraatweg Oost 65
15 Apr - 15 Sep
+31 5 25 68 19 38
info@oldputten.nl

1 AEGHILOPSU	FNX	6
2 ACPQSXYZ	AB**F**	7
3 A**N**	ABCDFNQRTW	8
4 BDEFHJ	FV	9
5 ADN	ABGHIJKORS	10

Anzeige auf dieser Seite 4A CEE ① €27,50
5ha 70**T**(100-120m²) 17**D** ② €38,50
N 52°26'31'' E 05°50'40''
105604

A28 Ausfahrt 16 't Harde. N309 Richtung Elburg. Direkt gegenüber der Ausfahrt Elburg-Vesting am Kreisel N309 Einfahrt links.

Elspeet, NL-8075 RJ / Gelderland

iD

Mennorode
Apeldoornseweg 185
1 Mrz - 30 Sep
+31 5 77 49 81 11
info@mennorode.nl

1 ABEH**JM**OPQSU		6
2 BQRWXYZ	ABDE**FG**HK	7
3 AM**N**S	ABEFJNQRW	8
4 FHJR	BVW	9
5 DHJKN	ABCHIJKOPSY	10

B 6A CEE ① €34,30
6,6ha 38**T**(100m²) 7**D** ② €44,60
N 52°16'46'' E 05°48'22''
123149

In Elspeet der Beschilderung Conferentiezaal Mennorode folgen. Der Camping ist nicht extra angegeben.

Emst, NL-8166 HC / Gelderland

iD

Reina's Hoeve
Schaverenseveldweg 24
1 Apr - 30 Sep
+31 5 78 66 14 79
info@campingreinashoeve.nl

1 AH**KN**OPQS**U**		6
2 ABQWXY	A**B**D**EFG**H	7
3 AC	ABCDE**FG**HJNPQRUV	8
4 H	DF	9
5 DN	ACFGHIJK**O**ST	10

B 16A CEE ① €24,50
2,5ha 25**T**(90-100m²) 42**D** ② €35,50
N 52°19'32'' E 05°57'16''
114684

A50, Ausfahrt 26 in Richtung Emst nehmen. Im Kreisverkehr Richtung Gortel fahren. CP-Schildern folgen.

Emst, NL-8166 GT / Gelderland

CC€23 iD

Ardoer Camping De Zandhegge
Langeweg 14
1 Apr - 29 Okt
+31 5 78 61 39 36
info@zandhegge.nl

1 ADE**KN**OPQSTU	BG	6
2 AQWXYZ	ABDE**FG**	7
3 ABCDFMSUV	ABCDEFJK**M**NQRTUVW	8
4 BFHJKO	ABCDEFJUVWY	9
5 ABDEFKMN	ABCDEGHIJKOQY	10

Anzeige auf Seite 135 16A CEE ① €44,00
5,9ha 100**T**(80-120m²) 113**D** ② €56,50
N 52°19'49'' E 05°57'42''
107887

Ab Kreuz Schüttorf A1/E30 Richtung Hengelo/Apeldoorn. Dann zur A50 Apeldoorn-Zwolle, Ausfahrt 27 Epe. An der Ampel links, Richtung Emst, 1. Straße rechts. CP ist vor der Ampel schon ausgeschildert.

Enspijk, NL-4157 PB / Gelderland

iD

Capfun Camping De Rotonde
Panweg 1
2 Apr - 1 Okt
+31 3 45 65 13 15
rotonde@capfun.com

1 ADEH**JM**OPSU	DFHLMN	6
2 AEJKPQXY	ABDE**FG**H	7
3 ABCEFGM**N**SV	ABCDEFGHIJKNPQRTUVW	8
4 BCDFHJKO**P**Q	JVW	9
5 ABCDEFHIJKM	ABEGHIJKMOQXY	10

B 6-10A CEE ① €35,00
32ha 47**T**(80-100m²) 437**D** ② €45,00
N 51°52'42'' E 05°12'50''
101560

A2 Den Bosch-Utrecht. Ausfahrt 15 Leerdam/Geldermalsen. Der CP-Beschilderung folgen.

Teilkarte Gelderland auf Seite 135

Niederlande

Ermelo, NL-3852 MC / Gelderland
CC€19 iD

Kriemelberg BushCamp
Drieërweg 104
31 Mrz - 13 Okt
+31 3 41 55 21 42
camping@kriemelberg.nl

1 AEHJMOPQRSTU — L 6
2 ABJPQRWXYZ — ABDFGH 7
3 ABCEFLMUX — ABCDEFGIJKLMNQRTUVW 8
4 ABCDEFGHIJL — BCFJVWY 9
5 ABDEGN — ABCDEGHJKOQY 10
Anzeige auf Seite 141 B 6-10A CEE — ❶ €26,00
10ha 109T(80-140m²) 136D — ❷ €32,50

N 52°17'12" E 05°38'48"
A28 Ausfahrt 12 Ermelo, Richtung Ermelo. Im 5. Kreisel links Richtung Drie. Weiter ausgeschildert.
109867

Ermelo, NL-3852 MA / Gelderland
CC€21 iD

Recreatiepark De Paalberg
Drieërweg 125
1 Jan - 31 Dez
+31 3 41 55 23 73
info@paalberg.nl

1 AEHKMOPQSTU — BEGHI 6
2 ABPQRWXYZ — ABDEFGH 7
3 ABCEFGJMNQSTVX — ABCDEFGHJNPQRTUVW 8
4 BDFGHIJLNOSTUV — AJVWY 9
5 ACDEFGHLMN — ABCDEFGHIJKOPSY 10
Anz. auf dieser Seite B 6-10A CEE — ❶ €46,70
30ha 163T(100-120m²) 351D — ❷ €46,70

N 52°17'16" E 05°39'25"
A28 Ausfahrt 12 Richtung Ermelo. Im 6. Kreisel (Südseite von Ermelo) links, Richtung Drie. CP weiter ausgeschildert.
109612

Epe, NL-8162 PP / Gelderland
iD

Campingpark de Koekamp
Tongerenseweg 126
1 Apr - 31 Okt
+31 5 78 61 41 17
info@dekoekamp.nl

1 AEKNOPQRSTU — 6
2 AQRXYZ — ABDEFGH 7
3 ABCLMS — AEFHKNRW 8
4 FHK — BFJW 9
5 DEFK — ABFHIJKOQ 10
8-16A CEE — ❶ €34,50
8ha 95T(100-120m²) 143D — ❷ €36,50

N 52°21'02" E 05°57'42"
A28 Ausfahrt 15 - N795 nach 7,6 km N309 - A50 Ausfahrt 27 N309 nach 4 km Kreisel rechts ab, nach 175m links ab.
117986

Ermelo/Speuld, NL-3852 NH / Gelderland
iD

Recreatiepark De Bosrand
Garderenseweg 281
1 Jan - 31 Dez
+31 5 77 40 73 28
info@bosrandermelo.nl

1 AHKNOPQRST — 6
2 AQRXY — ABFGH 7
3 A — ABCDEFJNPQU 8
4 FH — JUVWY 9
5 DMN — ABCFGHJKOQ 10
6-10A CEE — ❶ €22,50
2,5ha 33T(100m²) 74D — ❷ €28,50

N 52°15'31" E 05°42'35"
A1 Ausfahrt 17 (Stroe) Richtung Garderen. In Garderen der Beschilderung folgen.
120902

Epe, NL-8162 NR / Gelderland
CC€21 iD

RCN Vakantiepark de Jagerstee
Officiersweg 86
24 Mrz - 29 Okt
+31 8 50 40 07 00
reserveringen@rcn.nl

1 ACDEHKNOPQSU — BG 6
2 ABQRXYZ — ABCDEFG 7
3 ABCDEFJLMV — ABCDFGIJKMNQRTW 8
4 BCDEFHJKLNO — BEFJUVWY 9
5 ACDEFHKLMN — ABEFGHIJKOPQXY 10
B 10-16A CEE — ❶ €30,00
33ha 350T(100m²) 292D — ❷ €34,00

N 52°21'51" E 05°57'32"
A50 Apeldoorn-Zwolle, Ausfahrt 27, der N309 Richtung Nunspeet folgen, hinter dem Kreisel den ANWB CP-Schildern 'Jagerstee' folgen.
105615

Ewijk, NL-6644 KR / Gelderland
iD

Het Buitenhuis
Ficarystraat 9
1 Apr - 1 Nov
+31 6 20 05 58 67
info@campingbuitenhuis.nl

1 ADEHKNOPQRSTU — MNPQ 6
2 ABEIJKQXYZ — ABDEFGHIK 7
3 AFGLMV — ABEFJNQRT 8
4 FHJ — FHQRT 9
5 ENO — ABCGJKOQU 10
12A CEE — ❶ €36,50
5ha 80T(50-100m²) 5D — ❷ €36,50

N 51°51'03" E 05°41'40"
A73 Ausfahrt 1 Beuningen Richtung Wijchen. 1. Straße rechts über die A50, dann ist der Camping auf der linken Seite.
122776

Erichem, NL-4117 GL / Gelderland
iD

Recreatiepark De Vergarde
Erichemseweg 84
1 Apr - 1 Okt
+31 3 44 57 20 17
info@devergarde.nl

1 ADEJMOPQSTU — BDGHN 6
2 AEPQWXYZ — ABCDEFGH 7
3 ABCDEFHIJLMSV — ABCDEFGHIJKNPQRTUVW 8
4 BCFHJLQ — EFJQVWY 9
5 ABDEFGHKLMN — BEFGHIJKMOQY 10
B 16A CEE — ❶ €40,00
22ha 280T(100-150m²) 241D — ❷ €50,00

N 51°53'56" E 05°21'38"
A15, Ausfahrt Buren. Ausfahrt 32, dann CP ausgeschildert.
105529

Gendt, NL-6691 MB / Gelderland
iD

Waalstrand
Waaldijk 23a
1 Apr - 30 Sep
+31 4 81 42 16 04
info@waalstrand.nl

1 AEILOPQRSTU — ANXYZ 6
2 ADIJQRVWX — ABCDEFGH 7
3 ABGMSUX — ABCDEFGHNQRTUVW 8
4 HJ — EJV 9
5 DHKMN — ABEGHIJKOPQY 10
Anzeige auf Seite 141 6A CEE — ❶ €34,50
4ha 90T(100m²) 50D — ❷ €46,50

N 51°52'33" E 05°59'20"
A15 Ausfahrt Bemmel/Gendt. In Gendt den CP-Schildern folgen.
105631

Ermelo, NL-3852 AM / Gelderland
CC€23 iD

Ardoer cp. & bungalowpark De Haeghehorst
Fazantlaan 4
1 Jan - 31 Dez
+31 3 41 55 31 85
haeghehorst@ardoer.com

1 AEILOPQRSTU — BEGH 6
2 ABPQRWXYZ — ABDEFGHK 7
3 ABCEFHILMQSUVX — ABCDEFGHJKMNPQRTUV 8
4 BDEFHIJLNOPQTV — BCFIJVWY 9
5 ABDEFGHJKMN — ABCDEGHJKOPQY 10
Anzeige auf Seite 135 6-10A CEE — ❶ €45,00
10ha 255T(75-160m²) 85D — ❷ €60,00

N 52°18'47" E 05°37'48"
A28 Ausfahrt 12 Richtung Ermelo, CP-Schildern folgen. Der CP liegt an der Nordseite von Ermelo.
105552

Groenlo, NL-7141 DH / Gelderland
iD

Marveld Recreatie B.V.
Elshofweg 6
1 Jan - 31 Dez
+31 5 44 46 60 00
info@marveld.nl

1 ACDEHJMOPQSTU — BEGHIN 6
2 CPQRWXYZ — ABDEFGH 7
3 ABCDEGHIJKLMNRSTVW — ABCDEFGJKMNQRTUVW 8
4 ABCDFHJKLMOPQSTUV — EJLUVWXY 9
5 ACDEFGHJKLMN — ABEFGHIJKOPRSXY 10
6-16A CEE — ❶ €44,25
37ha 273T(100-110m²) 589D — ❷ €62,45

N 52°02'10" E 06°37'58"
Über die N18 Enschede-Doetinchem oder N319 Zutphen-Winterswijk. Ab hier nicht mehr dem Navi folgen. Deutlich angezeigt.
100790

Ermelo, NL-3852 ZD / Gelderland
CC€21 iD

In de Rimboe
Schoolweg 125
1 Jan - 31 Dez
+31 3 41 55 27 53
info@inderimboe.nl

1 ACDEKNOPQRSTU — BG 6
2 ABPQRWXYZ — ABDFG 7
3 BCFMSX — ABCDEFHJNPQRTUVW 8
4 BCDFHIJLO — CEJVW 9
5 ADEFGHKLMN — ABDEHIJKMOQY 10
Anzeige auf dieser Seite 6A CEE — ❶ €37,00
10,1ha 43T(80-110m²) 233D — ❷ €44,00

N 52°17'29" E 05°38'59"
A28 Ausfahrt 12 Richtung Ermelo. Im 5. Kreisel links. Richtung Drie (Südseite von Ermelo). Weiter ausgeschildert.
108346

Groesbeek, NL-6561 KR / Gelderland
CC€17 iD

Vakantiepark De Oude Molen
Wylerbaan 2a
1 Apr - 31 Okt
+31 2 43 97 17 15
vakantiepark@oudemolen.nl

1 AEKNOPSTU — BGH 6
2 APQRUWXY — ABDEFGHIK 7
3 ABFLMSU — ABCDEFGIJKNQRTUV 8
4 BHJKOT — EVW 9
5 DEFHKLMN — ABDGHIJKOPQY 10
Anz. auf dieser Seite B 4-16A CEE — ❶ €35,90
H70 6,5ha 140T(80-120m²) 124D — ❷ €48,80

N 51°47'04" E 05°56'06"
Auf A73 Ausfahrt Groesbeek. In Groesbeek durchs Zentrum den Schildern folgen. CP liegt rechts. An der A50 oder A15 Ausfahrt Kleve. Weiter Richtung Kleve. Nach der Grenze rechts und danach zweite Straße rechts.
105639

Teilkarte Gelderland auf Seite 135

Haarlo, NL-7273 PP / Gelderland

Veldzicht
Veldweg 1
1 Jan - 31 Dez
+31 5 45 26 12 90
info@campingveldzicht.nl
N 52°06'38'' E 06°35'25''

1 AE**KN**OPQRST**U**	N	6
2 PQRTXYZ	ABDE**FG**	7
3 AC**L**SU	ABEFJNPQRTW	8
4 FHJKOQ	BFV	9
5 ADHN	ABFGHJKORS	10
B 6A CEE		❶ €21,50
3,5ha 80**T**(100-120m²) 3**D**		❷ €34,00

Von Borculo über die N822 nach Eibergen. Hinter Haarlo ist der CP ausgeschildert.

118315

Harfsen, NL-7217 MD / Gelderland

CC€13

De Huurne
Harfsensesteeg 15
30 Mrz - 1 Okt
+31 5 73 45 90 26
campingdehuurne@hotmail.com
N 52°10'59'' E 06°16'34''

1 AE**KN**OPQRST**U**		6
2 QSWXYZ	AB**FG**	7
3 BEMU	ABCDE**F**HNQRW	8
4 HK		9
5 D	BG**O**QY	10
Anzeige auf dieser Seite 16A		❶ €17,00
1,5ha 65**T**(80-180m²) 18**D**		❷ €22,60

A1 Ausfahrt 23 Deventer Richtung Eefde. Links halten, um die Kirche herum. Nach 2 km der Harfsense Steeg. Nach 4 km liegt der CP links. Einige GPS-Navis funktionieren hier nicht. Dann auf Koordinaten einstellen.

122309

Hattem, NL-8051 PW / Gelderland

CC€19

Molecaten Park De Leemkule
Leemkuilen 6
24 Mrz - 1 Nov
+31 3 84 44 19 45
deleemkule@molecaten.nl
N 52°27'22'' E 06°02'11''

1 ADEHILOPQRSTU	AEG	6
2 ABQRSWXYZ	ABDE**FG**H	7
3 ABF**JL**M**N**UV	ABCDEFGJNQRTUVW	8
4 BEFHJKO**ST**U**V**	DFJVWY	9
5 ABDEFHKLMN	ABEIJK**O**QXY	10
Anzeige auf dieser Seite 10A CEE		❶ €37,15
24ha 150**T**(100m²) 146**D**		❷ €44,15

A28 Ausfahrt 17 Wezep, am Kreisel geradeaus und an der 1. Kreuzung Richtung Heerde. Nach 3,5 km über die Bahnlinie, bis zur Ausfahrt Hattem Wapenveld. Links abbiegen. Nach etwa 3 km Einfahrt zum Park auf der linken Seite.

105603

Hattem, NL-8051 PM / Gelderland

CC€17

Molecaten Park
Landgoed Molecaten
Koeweg 1
24 Mrz - 1 Okt
+31 3 84 44 70 44
landgoedmolecaten@molecaten.nl
N 52°27'59'' E 06°03'26''

1 AEH**JM**OPQRST**U**		6
2 ABPQWXYZ	A**B**D**EFG**	7
3 A**L**M	ABCDE**FG**JNPQRUW	8
4 BCHO	JV	9
5 ADMN	ABHIJK**O**Q	10
Anzeige auf dieser Seite 10A CEE		❶ €26,35
10ha 41**T**(100m²) 62**D**		❷ €33,35

A50 Ausfahrt Hattem. Über den Hessenweg und Gelderse Dijk. Am Ende rechts ab. Im Nieuweweg rechts ab in die Stationstraat. Dann links in die Stadslaan. Weiter rechts ab zur Eliselaan und links ab in den Koeweg.

119903

Harskamp, NL-6732 DC / Gelderland

De Harscamp
Edeseweg 190 + Laarweg 29B
1 Apr - 31 Okt
+31 3 18 45 62 02
info@deharscamp.nl
N 52°07'39'' E 05°44'49''

1 AEH**KN**OPQRS**U**	BG	6
2 APQRWXY	AB**D**E**FG**H	7
3 ABFMSVX	ACDE**F**JNQRTU	8
4 BDFHJLNO**PQ**	EJ	9
5 DEFHLMN	ABCEHIJKOQY	10
Anzeige auf dieser Seite 6A CEE		❶ €32,50
5,5ha 47**T**(100m²) 162**D**		❷ €42,50

A1, Ausfahrt Stroe/Garderen Richtung Harskamp, dann CP-Schildern folgen. A50, Ausfahrt Veenendaal, Richtung Ede, dann Richtung Harskamp.

105573

Harskamp, NL-6732 EH / Gelderland

De Midden Veluwe
Palmenhuizerweg 1
1 Apr - 1 Okt
+31 3 18 45 64 91
info@demiddenveluwe.nl
N 52°08'14'' E 05°45'33''

1 AE**JM**OPQSU	LM	6
2 AFJKQRXY	A**BFG**H	7
3 ABDFMNSVX	ABE**F**JKNRTUW	8
4 ABCDFHJLO**PQ**	CE	9
5 ADEHKN	ABCEFGHIJKOPQY	10
10A CEE		❶ €29,90
35ha 21**T**(100m²) 540**D**		❷ €39,30

A1, Ausfahrt Stroe/Garderen Richtung Harskamp, dann den Schildern folgen.

105572

Heerde, NL-8181 PC / Gelderland

De Klippen
Klippenweg 4
1 Apr - 31 Okt
+31 5 78 69 66 90
info@campingdeklippen.nl
N 52°22'40'' E 06°00'22''

1 AHILOPQSU		6
2 AQRXY	ABDE**FG**H	7
3 AM	ABCDE**F**HJNRUV	8
4		9
5 D	BHIJK**ORS**	10
10A CEE		❶ €15,00
4ha 20**T**(80m²) 70**D**		❷ €22,00

A50 Apeldoorn-Zwolle, Ausfahrt 28, den CP-Schildern folgen.

105612

Teilkarte Gelderland auf Seite 135

Heerde, NL-8181 PK / Gelderland

De Mussenkamp	1 AEKNOPQRSTU L 6
Mussenkampseweg 28A	2 ABEJQRWXY ABDEFGHIJK 7
1 Apr - 31 Okt	3 BFMS ABCDEFGHIJKNPQRTUVW 8
+31 5 78 69 39 56	4 FH 9
info@mussenkamp.nl	5 DMN ABCHIJKOQY 10
	10A CEE ❶ €22,70
N 52°22'38" E 06°00'43"	5ha 130T(100-120m²) 46D ❷ €30,90

A50 Apeldoorn-Zwolle, Ausfahrt 28 Richtung Heerde, dann den CP-Schildern folgen. 105611

Heerde, NL-8181 LP / Gelderland

De Zandkuil	1 AEKNOPQRSTU AF 6
Veldweg 25	2 ABQRTWXYZ ABDEFGH 7
1 Apr - 1 Nov	3 ABCFLM ABCDEFGJNQRTW 8
+31 5 78 69 19 52	4 BFHIJP AB 9
info@dezandkuil.nl	5 ABDEFGHKMN ABCDEFGHIJKNOPSTY 10
	Anzeige auf dieser Seite 6-16A CEE ❶ €28,50
N 52°24'38" E 06°02'37"	11,5ha 183T(90-100m²) 164D ❷ €28,50

A50 Apeldoorn-Zwolle, Ausfahrt 29 Heerde. Am ersten Kreisel 2. Ausfahrt (Molenweg), am nächsten Kreisel 1. Ausfahrt, am dritten Kreisel 2. Ausfahrt Richtung Wapenveld, links in den Koerbergseweg. Dann Schildern folgen. 101553

Heerde, NL-8181 LL / Gelderland

Molecaten Park De Koerberg	1 ADEJMOPQRSTU BG 6
Koerbergseweg 4/1	2 ABQRUWXYZ ABDEFGH 7
24 Mrz - 1 Nov	3 ABFLMNR ABCDEFGHIJKNQRTUV 8
+31 5 78 69 98 10	4 BFHJ BCJVWXY 9
dekoerberg@molecaten.nl	5 ABDEFHKLMN ABDEFGHIJKNOQY 10
	Anzeige auf Seite 141 B 16A CEE ❶ €29,25
N 52°24'34" E 06°03'05"	22ha 150T(80-100m²) 231D ❷ €35,75

A50 Apeldoorn-Zwolle, Ausfahrt 29 Heerde/Wapenveld. Richtung Heerde. Am Kreisel 2. Ausfahrt (Molenweg), nächster Kreisel 3. Abfahrt (Veldweg). Veldweg-Ende links in den Koerbergseweg, dann direkt rechts. 105608

Hengelo (Gld.), NL-7255 MJ / Gelderland

Kom-Es-An	1 AEKNOPQSTU AFN 6
Handwijzersdijk 6	2 QRXYZ ABDEFG 7
1 Apr - 1 Nov	3 ABCLMVX ABCDEFGIJKMNQRTUVW 8
+31 5 75 46 72 42	4 BDFGHJLOPQ EFVWY 9
informatie@kom-es-an.nl	5 ABDEFGHKMN ABHJKOPQY 10
	B 10A CEE ❶ €31,00
N 52°03'36" E 06°21'19"	13ha 90T(100-110m²) 160D ❷ €40,50

Von Hengelo (Gelderland) in Richtung Ruurlo fahren (2 km). CP ausgeschildert. 105712

Heteren, NL-6666 LA / Gelderland

Camping Overbetuwe	1 AHKNOPQSTU N 6
Uilenburgsestraat 3	2 APQRWY ABFGK 7
1 Jan - 31 Dez	3 ABFLMS ABCDEFJNRTW 8
+31 2 64 74 22 33	4 FHJKOQ FGHIJ 9
info@campingoverbetuwe.nl	5 DNO ABDFHIJKNQU 10
	Anzeige auf dieser Seite 10A CEE ❶ €18,50
N 51°56'55" E 05°46'21"	4,2ha 39T(100-200m²) 46D ❷ €21,00

A50, Ausfahrt 18 Heteren, dann den CP-Schildern folgen. 108275

Heumen/Nijmegen, NL-6582 BR / Gelderland

Recreatiecentrum Heumens Bos B.V.	1 ACDEHJMOPQRSTU BGN 6
Vosseneindseweg 46	2 ABQRWY ABDEFGH 7
1 Jan - 31 Dez	3 ABFHILMNSX ABCDEFHIJNQRTUVW 8
+31 2 43 58 14 81	4 BCDEFGHIJKNOP EFJUVY 9
info@heumensbos.nl	5 ACDEFHKLMNO ABEFGHIJKOQXY 10
	B 6A CEE ❶ €36,00
N 51°46'12" E 05°49'11"	17ha 125T(85-120m²) 320D ❷ €46,00

A73 Köln-Venlo-Nijmegen. Ausfahrt 3 Heumen, danach den Schildern folgen. 105640

Hierden, NL-3849 NJ / Gelderland

De Peperkamp	1 AEKNOPQRSTU 6
Duinweg 6	2 AQTXYZ ABFG 7
1 Apr - 8 Okt	3 AFLM ABFHJNPRU 8
+31 3 41 45 32 32	4 FH JVW 9
info@depeperkamp.nl	5 DN AFGJKOPQ 10
	B 6-10A CEE ❶ €28,10
N 52°21'02" E 05°41'06"	2,5ha 25T(bis 100m²) 51D ❷ €37,10

Auf der A28 Ausfahrt 13 Richtung Lelystad. In Harderwijk Richtung Hierden und weiter der Beschilderung folgen. 121125

Hoenderloo, NL-7351 TN / Gelderland

De Pampel	1 ADEILOPSTU BDGHI 6
Woeste Hoefweg 35	2 ABPQRUWXYZ ABDEFGHK 7
1 Jan - 31 Dez	3 ABCDEFMNSVX ABCDEFGIJKNPQRTUVW 8
+31 5 53 78 17 60	4 BFHJKL BCFJUVWY 9
info@pampel.nl	5 ACDEFGLMN ABCDEGHIJKOQY 10
	Anzeige auf Seite 143 6-16A CEE ❶ €32,35
N 52°07'10" E 05°54'19"	H60 14,5ha 278T(100-200m²) 36D ❷ €45,95

A1, Ausfahrt 19 Apeldoorn/Hoenderloo, in Hoenderloo Richtung Loenen fahren. Oder A50 Arnhem-Apeldoorn, Ausfahrt 22 Hoenderloo, den Schildern Hoenderloo folgen. 105622

Hoenderloo, NL-7351 TM / Gelderland

Recreatiepark 't Veluws Hof	1 AEKNOPSU BGH 6
Krimweg 152-154	2 ABQRUWXYZ ABCFGH 7
25 Mrz - 29 Okt	3 ABCFGJLMNRSX ABCDEFGIJNQRTUV 8
+31 5 53 78 17 77	4 ABDEFHIJLOQ JUVWY 9
info@veluwshof.nl	5 ACDEFHLMN ABCDEGHIJKOPQY 10
	Anzeige auf Seite 137 B 6A CEE ❶ €34,00
N 52°07'21" E 05°55'17"	H50 32ha 70T(100-130m²) 522D ❷ €43,90

A1 Ausfahrt 19 Apeldoorn-Hoenderloo, in Hoenderloo Richtung Campingplätze folgen oder die A50 Arnhem-Hoenderloo, Ausfahrt 22 Hoenderloo, den Schildern Hoenderloo folgen. 103351

ACSI AWARDS 2022

GEWINNER

Bester Campingplatz für Wanderungen und Radtouren

Niederlande

Recreatiepark 't Veluws Hof

Hoenderloo, NL-7351 BP / Gelderland

Veluwe camping 't Schinkel	1 ADEHKNOPQSTU BGHI 6
Miggelenbergweg 60	2 AQRUWXYZ ABDEFGHK 7
31 Mrz - 31 Okt	3 BCDFMSVX ABCDEFGIJKNQRTUVW 8
+31 5 53 78 13 67	4 BFHJL HJUVW 9
info@hetschinkel.nl	5 ABDEFGMN ABCEFGHIJKOQ 10
	Anzeige auf Seite 143 6-16A CEE ❶ €30,00
N 52°07'42" E 05°54'15"	H60 7,5ha 200T(80-100m²) 9D ❷ €42,80

Von Arnhem/Apeldoorn/Ede in Richtung Hoenderloo fahren. Danach dem Schild Beekbergen/Loenen Richtung Beekbergen folgen. CP-Schilder beachten. 105621

Hummelo, NL-6999 DT / Gelderland

Camping De Graafschap	1 AEJNOPQSTU 6
Loenhorsterweg 7C	2 AQRTWXYZ ABDEFGHIJ 7
1 Jan - 31 Dez	3 ALMS ABCDEFGJMNPQRTUVW 8
+31 3 14 34 37 52	4 FGHJ EFVW 9
info@camping-degraafschap.nl	5 ABDEN ABCEFGHJKMNOPQUWY 10
	B 6-20A CEE ❶ €30,00
N 51°59'29" E 06°16'44"	6ha 80T(120-250m²) 78D ❷ €38,20

A3 Oberhausen-Arnheim, Ausfahrt 30 Beek, Richtung A18 Doetinchem, Ausfahrt 2 Richtung Zutphen. In Hummelo CP-Schildern folgen. Ab Doetinchem: der Ausfahrt 9 folgen 'De Kruisberg' oder 'H. Slingeland', dann den Schildern nach. 108355

Teilkarte Gelderland auf Seite 135

Niederlande

Hummelo, NL-6999 DW / Gelderland

Camping Jena
Rozegaarderweg 7
2 Apr - 2 Okt
+31 3 14 38 14 57
info@camping-jena.nl

1 AEKNOPQSTU		6
2 ABPQRWXYZ	ABDE**FG**HJ	7
3 ACE**L**MVX	AFHKNPQRTW	8
4 FGHJ	FVWY	9
5 DN	ABCIJKNQU	10
B 6-10A CEE		❶ €24,50
6ha 120**T**(100-150m²) 31**D**		❷ €33,00

N 51°59'34'' E 06°15'21''

A3 Oberhausen-Arnheim, Ausf. 30 Beek, Ri. A18 Doetinchem, Ausf. 2 Wehl, Ri. Zutphen. Hinter Hummelo am Kreisel geradeaus den Schildern folgen. Doetinchem, Ausf. 4 (N317) Ri. Doesburg. Hinter Langerak am Kreisel re. den Schildern folgen. 105714

Lieren/Beekbergen, NL-7364 CB / Gelderland

CC€19

Ardoer comfortcamping De Bosgraaf
Kanaal Zuid 444
25 Mrz - 29 Okt
+31 5 55 05 13 59
bosgraaf@ardoer.com

1 ADEILOPQSU	BGH	6
2 ABQRXYZ	ABDE**FG**H	7
3 ABCEF**LM**NVX	ABCDEFGIJNQRTUW	8
4 BDFGHIJKLO**Q**	ACFJUVW	9
5 ABDEFHKMN	ABCDEHIJKOPQY	10
Anzeige auf Seite 135 6-16A CEE		❶ €36,20
22ha 187**T**(100-144m²) 348**D**		❷ €48,40

N 52°08'39'' E 06°02'09''

A1 Ausfahrt 20 'Apeldoorn-Zuid/Beekbergen' nach der Ausfahrt links ab den Schildern folgen. Oder A50 Ausfahrt 23 Loenen Richtung Loenen links ab Klarenbeek. Schildern folgen. 109866

Kesteren, NL-4041 AW / Gelderland

CC€21

Camping "Betuwe"
Hoge Dijkseweg 40
15 Mrz - 15 Okt
+31 4 88 48 14 77
info@campingbetuwe.nl

1 ADE**KN**OPQRSTU	LN	6
2 AEJKQXY	A**B**D**EFG**	7
3 ABCFMSV	ABCDEFGIJKNQRSTUW	8
4 BDFHJL**Q**	BCFJVY	9
5 ADEFHLM**O**	ABFGHIJK**O**QY	10
Anzeige auf dieser Seite 10A CEE		❶ €33,00
30ha 60**T**(90-110m²) 198**D**		❷ €42,00

N 51°56'15'' E 05°32'46''

A15 Ausfahrt 35 Ochten/Kesteren. N320 Richtung Culemborg. Den Schildern zum CP folgen. A12 Ausfahrt Veenendaal/Rhenen. Über die Rheinbrücke Ausfahrt Kesteren. Unten an der Straße rechts ab, dann 1. links. 100796

Kootwijk, NL-3775 KB / Gelderland

Harskamperdennen
H. van 't Hoffweg 25
26 Mrz - 3 Okt
+31 3 18 45 62 72
info@harskamperdennen.nl

1 AEGH**KN**OPQSU		6
2 ABPQRXYZ	A**B**D**FG**HJ	7
3 ABCEFMSVX	ABCDE**FG**JKNQRTUVW	8
4 B**E**FGHIJ	ACFVY	9
5 DM**N**	ABCGHIJKNQY	10
6-10A CEE		❶ €30,00
16ha 302**T**(100-200m²) 10**D**		❷ €40,00

N 52°09'01'' E 05°44'28''

A1, Ausfahrt 17 Richtung Harskamp, dann den Schildern folgen. 109731

Lieren/Beekbergen, NL-7364 CD / Gelderland

CC€17

De Vinkenkamp
Vinkenkamp 10
1 Jan - 31 Dez
+31 5 55 05 12 53
info@vinkenkamp.nl

1 AEH**KN**OPQSU	BG	6
2 AQRWXYZ	ABDE**FG**	7
3 ABCLMSUVX	ABCDFJNQRTUVW	8
4 AFHIJKL	CEGJVWY	9
5 ABDEFHJK	ABCFGHIJKOPQ	10
Anz. auf dieser Seite 10-16A CEE		❶ €30,00
3,7ha 50**T**(80-130m²) 49**D**		❷ €38,90

N 52°09'02'' E 06°01'20''

A1, Ausfahrt Apeldoorn-Zuid/Beekbergen nach der Ausfahrt links, dann den Schildern folgen. Oder A50 Ausfahrt 23 Loenen, Ri. Loenen links abbiegen nach Klarenbeek. Den Schildern folgen. Albaweg, Schildern zum Golfplatz Scherpenbergh folgen. 105625

Kotten/Winterswijk, NL-7107 AG / Gelderland

Renskers
Aalbrinkstegge 5
1 Jan - 31 Dez
+31 5 43 56 32 93
info@camping-renskers.nl

1 A**K**NOPQRS**U**	F	6
2 BQRWXY	A**B**D**EFG**	7
3 ABF**HIL**MU	ABCDE**F**JNPRTUV	8
4 H		9
5 DN	ABHJKOQ	10
10A CEE		❶ €20,40
4,5ha 39**T**(120-160m²) 125**D**		❷ €29,55

N 51°56'54'' E 06°46'31''

A18 Doetinchem. Richtung Varsseveld und N318 Winterswijk. Vor Richtung Borken (Dld) folgen: Schildern folgen. Beinahe an der Grenze. Links liegt der CP. 105786

Laag-Soeren, NL-6957 DP / Gelderland

CC€23

Ardoer Vakantiedorp De Jutberg
Jutberg 78
1 Jan - 31 Dez
+31 3 13 61 92 20
info@jutberg.nl

1 ADE**KN**OPQRSU	DGH	6
2 ABQRUWYZ	ABDE**FG**	7
3 ABCF**L**MUVX	ABCDEFGJ**M**NQRTUVW	8
4 BEFHIJLO**PQ**	FJVW	9
5 ABDEFHJKMN	ABEHIJKOPQY	10
Anzeige auf Seite 135 6-10A CEE		❶ €42,00
18ha 148**T**(80-120m²) 190**D**		❷ €56,00

N 52°04'05'' E 06°04'48''

A1 Ausfahrt Apeldoorn-Süd Richtung Dieren, den Schildern folgen. Ab der A12 Richtung Zutphen-Dieren, Laag-Soeren und dann den Schildern folgen. 105629

Lochem, NL-7241 PV / Gelderland

Erve Harkink
Zwiepseweg 138
1 Apr - 1 Okt
+31 5 73 25 17 75
info@erveharkink.nl

1 AE**KN**OPQSTU		6
2 APQRXYZ	A**B**D**EFG**	7
3 B**L**MSUX	ABCDE**F**KNQRTW	8
4 FGHIJKO	Y	9
5 DN	ABCGJKORSY	10
B 6A CEE		❶ €21,00
3ha 100**T**(100-110m²) 30**D**		❷ €34,00

N 52°09'03'' E 06°25'58''

Vom Zentrum Lochem Richtung Barchem N312. Nach 600m links und am Ende der Strecke nach rechts. Nach 900m liegt der CP rechts der Strecke. 115373

Laag-Soeren, NL-6957 DE / Gelderland

Boszicht
Priesnitzlaan 4
1 Apr - 30 Okt
+31 3 13 42 04 35
info@campingboszicht.nl

1 AE**KN**OPQRSTU		6
2 APQRXY	AB**FG**IJK	7
3 AC**L**MUX	ABCDEFNQRU	8
4 FHIJO	EFJ	9
5 ADMN	ABCHIJKOQY	10
Anzeige auf dieser Seite 6A CEE		❶ €35,00
2ha 70**T**(100m²) 15**D**		❷ €43,00

N 52°04'04'' E 06°05'04''

Richtung Dieren/Laag Soeren, Schildern folgen. 107811

Teilkarte Gelderland auf Seite 135

Lunteren, NL-6741 KG / Gelderland

CC€17 iD

De Rimboe
Boslaan 129
13 Mrz - 22 Okt
+31 3 18 48 23 71
info@campingderimboe.com

1	ADE**JM**OPQRSTU		6
2	ABQRUWXYZ	A**B**D**EFG**H	7
3	ABCFMSX	ABCDE**FI**JNPQRTUVW	8
4	EFHIJO	FJVX	9
5	DMN	ABCDGHIJK**O**PQY	10

Anzeige auf Seite 145 6-10A CEE ❶ €22,95
12,2ha 140**T**(80-120m²) 165**D** ❷ €29,90

N 52°05'31'' E 05°39'47''

A30 Ausfahrt Lunteren. Umfahrung folgen (also nicht ins Zentrum hinein). Danach ist der CP ausgeschildert. 100783

Lunteren, NL-6741 JP / Gelderland

CC€21 iD

Recreatiecentrum de Goudsberg
Hessenweg 85
1 Jan - 31 Dez
+31 3 18 48 23 86
info@goudsberg.nl

1	ACDE**KN**OPQRST**U**	AEG	6
2	ABPQRSUYZ	ABJ	7
3	BF**J**M**N**SX	ABCDFJKNPRTUV	8
4	BFGHIJL**PQ**		9
5	ABDEHLN	ABCDHIJKNQY	10

Anz. auf dieser Seite 10-16A CEE ❶ €42,50
16ha 63**T** 300**D** ❷ €45,00

N 52°05'54'' E 05°38'40''

A30, Ausfahrt 3 Richtung Lunteren. Dann der VVV-Beschilderung Freizeitzentrum De Goudsberg folgen. 105571

Maasbommel, NL-6627 KT / Gelderland

Het Molenstrand
Bovendijk 6A
1 Apr - 31 Okt
+31 4 87 54 23 36
info@molenstrand.nl

1	BDEH**JM**OPQRSU	L**N**QS**X**Y**Z**	6
2	EIJKLQRWX	A**BFG**	7
3	A**HI**M	ABCDEFJNRUV	8
4	H	OPR	9
5	D	ABEFGHJK**O**QY	10

10A CEE ❶ €34,70
3ha 22**T**(60m²) 104**D** ❷ €37,70

N 51°50'20'' E 05°32'51''

Auf der N329 Ausfahrt 'Het Groene Eiland' nehmen. Der CP ist danach deutlich angezeigt. Wohnwagen und Reisemobile der Beschilderung und nicht dem Navi folgen. 117997

Neede, NL-7161 LW / Gelderland

CC€19 iD

Den Blanken
Diepenheimseweg 44
1 Apr - 30 Sep
+31 5 47 35 13 53
info@campingdenblanken.nl

1	AE**KN**OPQRSTU	BGJ**N**	6
2	CQRWXYZ	A**B**D**EFG**H	7
3	ABCD**L**MNSV	ABCDE**F**GJKNPQRTUVW	8
4	BDFHJLO	ACFJLVW	9
5	ABDEFGKLMN	ABCDFGHIJKMORSXY	10

Anz. auf dieser Seite B 6-10A CEE ❶ €27,10
7,2ha 184**T**(100-150m²) 54**D** ❷ €39,60

N 52°10'49'' E 06°35'13''

Auf der Strecke Diepenheim-Neede. Der CP wird ausgeschildert. 108277

Nieuw-Milligen, NL-3888 NR / Gelderland

CC€23 iD

Landal Rabbit Hill
Grevenhout 21
1 Jan - 31 Dez
+31 5 77 45 64 31
rabbithill@landal.nl

1	ADEILOPQRSTU	BEG	6
2	ABPQRWYZ	ABDE**FG**HK	7
3	ABCDFG**JL**M**NR**S**TU**VX	ABCDEFGIJKNQRTUVW	8
4	BD**E**FGHJKLO**Q**	CEJUVWY	9
5	ACDEFHJLMN	ABDEGHJKOPQRY	10

Anzeige auf Seite 139 10-16A CEE ❶ €42,00
6ha 130**T**(100-120m²) 341**D** ❷ €53,00

N 52°13'06'' E 05°47'07''

A1 Ausfahrt 18 Richtung Harderwijk. Kurz vor der N344 rechts ab. CP gut ausgeschildert. 110507

Teilkarte Gelderland auf Seite 135

Nunspeet, NL-8071 PB / Gelderland

de Tol
Elspeterweg 61
1 Apr - 31 Okt
+31 3 41 25 24 13
info@camping-detol.nl
N 52°21'24" E 05°47'19"

1 AEHILOPQRSTU	BGL 6
2 ABEJPQRWXYZ	A**B**F**G**H 7
3 ABC**D**EFG**JL**MSUVX	ABCDE**FG**KNQRTW 8
4 BCD**E**FHJLNO**PQ**	FJUVW 9
5 ABDEFGHKLMN	ABCEGHJK**O**PSXY 10
B 6-10A CEE	❶ €36,50
12,5ha 180**T**(80-150m²) 124**D**	❷ €45,90

A28, Ausfahrt 14 Nunspeet/Elspeet, Richtung Elspeet. CP ausgeschildert. 105557

Nunspeet, NL-8072 PK / Gelderland

CC€19

Camping De Witte Wieven
Wiltsangh 41
31 Mrz - 31 Okt
+31 3 41 25 26 42
info@wittewieven.nl
N 52°22'50" E 05°49'01"

1 AEH**KN**OPQRST**U**	AF 6
2 ABQXY	AB**FG** 7
3 BCG**HI**LM	ABE**F**JNQRTW 8
4 BCHO	FJUVWXY 9
5 DEFHKMN	ABGHJK**O**RSY 10
Anzeige auf Seite 144 6-10A CEE	❶ €27,30
18,8ha 70**T**(100m²) 211**D**	❷ €37,30

Auf der A28 Ausfahrt 15 Richtung Nunspeet, 1. Straße hinter dem Bahnübergang. 111026

Oosterbeek, NL-6861 AG / Gelderland

Aan Veluwe
Sportlaan 1
24 Mrz - 23 Okt
+31 2 24 56 31 09
info@aanveluwe.nl
N 51°59'37" E 05°49'19"

1 AH**KN**OPQST**U**	6
2 ABPQRWYZ	AB**FGH** 7
3 A	CDEFJNQUV 8
4 FH	V 9
5 DN	ABEFHJK**O**QY 10
16A CEE	❶ €37,40
8ha 114**T**(100-120m²)	❷ €39,80

In Oosterbeek im Kreisverkehr Ausfahrt Valkenburglaan. Dann nach 300m links gegenüber dem Reitstall in die Sportlaan. 100797

Oosterhout, NL-6678 MC / Gelderland

De Grote Altena
Waaldijk 38
1 Apr - 31 Okt
+31 4 81 48 12 00
info@campingdegrotealtena.nl
N 51°52'32" E 05°48'27"

1 ADE**KN**OPQRS**U**	JN 6
2 ACIJQVY	A**BEFG**HK 7
3 AF**L**MSU	ABCDE**FG**HJNPQRTUV 8
4 GHJO	EHJV 9
5 AKLMN	ABGHJK**O**QUW 10
B 6-10A CEE	❶ €30,00
4,5ha 120**T**(108-126m²) 32**D**	❷ €38,50

Über die A15 Ausfahrt Oosterhout im Dorf den Schildern folgen. CP liegt am Waaldijk. 105630

Opheusden, NL-4043 JX / Gelderland

De Linie
Markstraat 3A
1 Jan - 31 Dez
+31 4 88 48 12 14
info@campingdelinie.nl
N 51°56'12" E 05°35'50"

1 ADEH**KN**OPQRSTU	LN 6
2 ACEPQRWXYZ	ABDE**FG**H 7
3 AFMSU	AB**F**KNQRTUW 8
4 BDFGHJO	FIJ 9
5 DEJLMN**O**	ABHJKOQV 10
Anzeige auf Seite 144 10A CEE	❶ €25,00
5ha 50**T**(100m²) 53**D**	❷ €27,50

A15 Ausfahrt 35 Ochten. N233 Richtung Kesteren. Dann rechts ab Richtung Opheusden, rechts ab(Hauptstraße) 280m. Weiter dann rechts Broekdijk. Nochmal rechts ab und den Schildern folgen. 121362

Opheusden, NL-4043 JX / Gelderland

Recreatiepark De Markplas
Markstraat 1
1 Mrz - 31 Okt
+31 4 88 48 27 31
info@demarkplas.nl
N 51°56'22" E 05°35'49"

1 AEILOPQRST**U**	LN 6
2 AFQTXYZ	AB**F** 7
3 AMS	A**FM**NRUVW 8
4 CFHJ	X 9
5 EH**O**	ABCFHJKOQY 10
6A CEE	❶ €20,00
H675 5,5ha 18**T**(100-150m²) 51**D**	❷ €20,00

A15, Ausf. 35 Ochten. N233 Ri. Kesteren/Rhenen. Rechts in die Hoofdstraat einbiegen und am Kreisverkehr die 1. Ausf. auf Broekdijk, Tielsestraat nehmen. Dann links abbiegen. Der CP liegt auf der rechten Seite. 125282

Otterlo, NL-6731 SN / Gelderland

CC€21

Beek en Hei
Heideweg 4
1 Jan - 31 Dez
+31 3 18 59 14 83
info@beekenhei.nl
N 52°05'31" E 05°46'14"

1 ADEH**KN**OPQS**U**	6
2 ABPQRTWXYZ	ABDE**FGH**K 7
3 ABMX	ABCDE**F**IJNQRTUV 8
4 FHIJLO	FVW 9
5 ABDN	ABCDGHIJKN**O**STY 10
Anzeige auf dieser Seite B 4-6A CEE	❶ €27,00
5ha 120**T**(60-100m²) 10**D**	❷ €33,00

A12, Ausfahrt 23 Arnhem-Oosterbeek Richtung Arnhem, dann Richtung Otterlo und den CP-Schildern folgen. 105563

Otterlo, NL-6731 BV / Gelderland

CC€23

EuroParcs De Wije Werelt
Arnhemseweg 100-102
1 Jan - 31 Dez
+31 8 80 70 81 70
wijewerelt@europarcs.nl
N 52°05'12" E 05°46'10"

1 ADE**KN**OPQSTU	BG 6
2 ABPQRTWXYZ	ABDE**FGH**K 7
3 ABCDEF**L**MX	ABCDFGJK**M**NQRTUV 8
4 ABCD**E**FGHIJKL	CFJVWY 9
5 ACDEHLM	ABCDEGHIJKOPQY 10
Anzeige auf Seite 137 B 10-16A CEE	❶ €40,00
12ha 150**T**(100-150m²) 196**D**	❷ €50,00

A12, Ausfahrt 23 oder 25. A1, Ausfahrt 17 oder 19, an allen Ausfahrten findet man das Schild Park Hoge Veluwe. In Otterlo Schildern folgen. 105562

Putten, NL-3881 NE / Gelderland

De Rusthoeve
Garderenseweg 168
31 Mrz - 31 Okt
+31 5 77 46 12 46
info@rusthoeve.nl
N 52°14'12" E 05°40'29"

1 AEH**JM**OPQRSTU	6
2 ABPQRWXY	AB**FG**H 7
3 BEMS	ACDEFHJ**M**NPQRTUV 8
4 BDFHJKLO	JV 9
5 DN	ABCEGHJKOPQY 10
16A CEE	❶ €28,60
8,5ha 25**T**(70-130m²) 220**D**	❷ €41,25

A1 Ausfahrt 17 durch Garderen Richtung Putten. Von Putten: Richtung Garderen, 5 km außerhalb von Putten. CP liegt an der Südseite der Straße. 105568

Putten, NL-3882 RN / Gelderland

CC€19

Strandparc Nulde
Strandboulevard 27
1 Apr - 1 Okt
+31 3 41 36 13 04
info@strandparcnulde.nl
N 52°16'17" E 05°32'14"

1 ADEH**KN**OPQRSTU	LNQSXY**Z** 6
2 AFIJKQRWXY	AB**FG** 7
3 BFG**L**MV	BD**FG**NQRTUVW 8
4 BDFHJLO	JNORTVW 9
5 ADEFKLN	ABCDEFGHOPQY 10
Anzeige auf dieser Seite B 10A CEE	❶ €36,10
15ha 30**T**(90-110m²) 175**D**	❷ €38,75

A28 Ausfahrt 10 Strand Nulde. Der CP liegt am Wasser und ist an der Ausfahrt angezeigt. 105569

Niederlande

Teilkarte Gelderland auf Seite 135

Stroe, NL-3776 PV / Gelderland

CC€17 iD

Jacobus Hoeve	1 ADEH**KN**OPQRST**U**	6
Tolnegenweg 53	2 AQRSTWXY	AB**FG**H 7
31 Mrz - 31 Okt	3 ABCEMSVX	ABCDE**F**JNPQRTUV 8
+31 3 42 44 13 19	4 B**E**FHL	FJVW 9
info@jacobus-hoeve.nl	5 DEFHKMN	ABCDEFHJKOQXY 10
	Anz. auf dieser Seite 10-16A CEE	① €24,20
N 52°11'38'' E 05°40'42''	5ha 60**T**(100-150m²) 117**D**	② €31,40

A1 Ausfahrt 17 Richtung Stroe. Am 1. Kreisel links, vorm Bahnübergang rechts. CP nach 800m links der Straße. 117914

Ruurlo, NL-7261 MR / Gelderland

CC€21 iD

Tamaring	1 AEFH**KN**OPQSU	F 6
Wildpad 3	2 IQRWXYZ	A**B**D**EFG**HK 7
26 Mrz - 8 Okt	3 ABC**L**MSX	ABCDE**FG**JKNPQRTUVW 8
+31 5 73 45 14 86	4 BFGHIJ	BFJVY 9
info@camping-tamaring.nl	5 ABDMN	ABCDFGHJKOQY 10
	Anzeige auf dieser Seite B 10A CEE	① €27,00
N 52°06'10'' E 06°26'30''	3,5ha 108**T**(100-150m²) 6**D**	② €34,50

A1 Ausfahrt 26 von Norden: N332 Richtung Lochem-Barchem-Ruurlo. Schilder kurz vor dem CP. 108280

Teuge, NL-7395 PG / Gelderland

iD

Camping de Weeltenkamp	1 ADEGH**KN**OPQST**U**	AL 6
De Zanden 215	2 AIQSTWXYZ	ABD**EFG**K 7
15 Mrz - 1 Okt	3 ABCDEFG**L**MSV	ABCDEFGHJKNPQRTUVW 8
+31 5 52 00 02 04	4 B**E**FHJKL	ABFIJV 9
info@deweeltenkamp.nl	5 ADEN**O**	ABFGHIJKOPQY 10
	Anz. auf dieser Seite B 6-10A CEE	① €23,40
N 52°14'56'' E 06°03'25''	4ha 104**T**(120-150m²) 58**D**	② €40,25

A50 Ausfahrt 26 Terwolde/Vaassen, links Terwolde dann Richtung Teuge. Nach 1,5 km ist der CP angezeigt. 122277

Stokkum, NL-7039 CW / Gelderland

CC€19 iD

De Slangenbult	1 AE**KN**OPQRST**U**	6
St. Isidorusstraat 12	2 ABPQRUXY	ABDE**FG** 7
1 Jan - 31 Dez	3 ABF**L**MSUX	ABCDEFJNPRTW 8
+31 3 14 66 27 98	4 FHK	UVW 9
info@deslangenbult.nl	5 DN	ADEGHJK**O**Q 10
	Anz. auf dieser Seite 10-16A CEE	① €25,50
N 51°52'43'' E 06°12'53''	10ha 75**T**(100-140m²) 75**D**	② €37,00

A12 Ausfahrt 30 Beek, Ri. Beek halten. 1. Kreisel in Beek rechts ab, direkt danach 1. Straße links, dieser 3 km folgen. In Stokkum 1. Straße rechts (die lange Hecke). CP-Schildern folgen. 108357

Ugchelen, NL-7339 GG / Gelderland

CC€19 iD

De Wapenberg	1 AE**KN**OPQSU	6
Hoenderloseweg 187	2 ABQRSUWXYZ	ABDE**FGH** 7
31 Mrz - 2 Okt	3 AEM	ABCDE**F**JKNQRTUVW 8
+31 5 55 33 45 39	4 FHJ	V 9
info@dewapenberg.nl	5 DN	BCDGHIJK**O**Q 10
	Anzeige auf Seite 147 B 6-16A CEE	① €24,25
N 52°10'19'' E 05°54'45''	4ha 59**T**(80-140m²) 56**D**	② €32,25

A1, Ausfahrt 19 Hoenderloo Richtung Ede/Hoenderloo. Den CP-Schildern folgen. Über die A50 Ausfahrt 22. In Beekbergen, 1. Ampel links. Der Straße solange folgen, bis der CP angezeigt ist. 105620

Stokkum, NL-7039 CV / Gelderland

CC€19 iD

Landgoed Brockhausen	1 AE**KN**OPQRST**U**	6
Eltenseweg 20	2 ABQRXYZ	A**B**D**EFGH** 7
31 Mrz - 1 Okt	3 A**L**S	ABCDE**FG**H**I**JKNQRTUVW 8
+31 3 14 66 12 12	4 **E**FGH	J 9
campingbrockhausen@gmail.com	5 A	ABCFGHIJK**O**SV 10
	Anzeige auf dieser Seite B 10A CEE	① €30,00
N 51°52'40'' E 06°12'39''	4ha 47**T**(100-160m²) 52**D**	② €43,00

A3 Ausfahrt Emmerich/'s-Heerenberg, in 's-Heerenberg Richtung, dann den CP-Schildern folgen. 110592

ACSI Legende Karten

Ein offenes Zelt bedeutet daß sich hier ein Campingplatz befindet.

Ein geschlossenes Zelt bedeutet daß hier mehrere Campingplätze zu finden sind.

Campingplätze die CampingCard ACSI akzeptieren.

70 Auf dieser Seite finden Sie das Teilgebiet.

73 Pfeile mit Seitenangaben am Kartenrand verweisen auf angrenzende Gebiete.

Die Übersichtskarte des betreffenden Landes und im welchen Teilgebiet Sie sich befinden.

Teilkarte Gelderland auf Seite 135

Vaassen, NL-8171 RA / Gelderland

De Helfterkamp
Gortelseweg 24
1 Mrz - 31 Okt
+31 5 78 57 18 39
info@helfterkamp.nl

1 ADEH**KN**OPQSU		6
2 AQWXYZ	A**B**D**EFG**HIK	7
3 ABCEFMS	ABCDE**F**GHIJKNQRTUVW	8
4 BFHIJKO	DEJUVW	9
5 ABDMN	ABCGHJKOQY	10
Anz. auf dieser Seite B 6-16A CEE		❶ €30,70
4ha 180**T**(100-120m²) 43**D**		❷ €42,80

N 52°17'27'' E 05°56'42''
A50 Apeldoorn-Zwolle, Ausfahrt 26 Vaassen, dann den Schildern folgen. 105619

Vierhouten, NL-8076 PM / Gelderland

Recreatiepark Samoza
Plaggeweg 90
24 Mrz - 30 Okt
+31 5 77 41 12 83
info@samoza.nl

1 ADEKNOPQRSTU	BEGH	6
2 ABQRSWXYZ	ABDE**FG**H	7
3 ABCDEF**HIL**MS	ABCDEFGHIJK**M**NRTUVW	8
4 BCDFHJKLMNO**PQ**	CJVWY	9
5 ACDEHKLMN	ABEGHIKNPQY	10
Anz. auf dieser Seite B 4-10A CEE		❶ €58,00
70ha 310**T**(100-150m²) 911**D**		❷ €66,00

N 52°20'54'' E 05°49'27''
A28 Amersfoort-Zwolle, Ausfahrt 14 Nunspeet/Elspeet. Dann Richtung Vierhouten. Danach den Schildern folgen. 105617

Vierhouten, NL-8076 RC / Gelderland

Beans-Hill
Elspeterbosweg 74
1 Apr - 29 Okt
+31 5 77 41 13 26
info@beans-hill.nl

1 AE**JM**OPQSU		6
2 ABQRSTWXYZ	ABD**EFG**	7
3 A**L**M	ABE**F**JNRTUVW	8
4 FHK		9
5 DMN	ABEHIJK**O**Q	10
10A CEE		❶ €21,80
3,2ha 16**T**(100m²) 90**D**		❷ €27,80

N 52°19'32'' E 05°49'26''
A28 Amersfoort-Zwolle Ausfahrt Nunspeet/Elspeet Richtung Vierhouten. Dann Schildern folgen. 108988

Voorthuizen, NL-3781 NJ / Gelderland

Ardoer Vakantiepark Ackersate
Harremaatweg 26
31 Mrz - 28 Okt
+31 3 42 47 12 74
receptie@ackersate.nl

1 ADEH**JM**OPQRSTU	BEGHI	6
2 APQRWXY	ABCDE**FG**HK	7
3 ABC**D**E**FJMNSU**VX	ABCDEFGIJK**L**NPQRTUV	8
4 BCDHJKLOU	BCEFHJUVWX	9
5 ACDEFGHJLMN**O**	ABCEFGHJKOPQWY	10
Anzeige auf Seite 135 B 10-16A CEE		❶ €63,00
23ha 194**T**(100-130m²) 371**D**		❷ €80,00

N 52°11'11'' E 05°37'30''
A1 Ausfahrt 16. In Voorthuizen die N344 rechts ab Richtung Garderen. Kurz hinter Voorthuizen rechts ab. Ist angezeigt. 105565

Voorthuizen, NL-3781 NG / Gelderland

Beloofde Land
Bosweg 17
1 Apr - 30 Okt
+31 3 42 47 29 42
info@beloofdeland.nl

1 AEH**KN**OPQRSTU	AG	6
2 AJPQRWXY	ABDE**FG**H	7
3 ABCDEFGMVW	ABCDFGJKNQRTUVW	8
4 BCDFHJKLOQ	ABCDEJVY	9
5 ABDEMN	ABHJKLOQ	10
Anz. auf dieser Seite B 6-10A CEE		❶ €49,30
11ha 177**T**(80-150m²) 111**D**		❷ €52,35

N 52°11'14'' E 05°37'23''
A1 Ausfahrt 16. In Voorthuizen rechts die N344 Richtung Garderen. Kurz hinter Voorthuizen rechts ab. CP ist ausgeschildert. 112726

Voorst, NL-7383 AL / Gelderland

De Adelaar
Rijksstraatweg 49
1 Jan - 31 Dez
+31 5 75 50 19 72
info@campingdeadelaar.nl

1 AEH**JM**OPQST**U**		6
2 ACIQRSXYZ	AB**FG**IK	7
3 ACDE**L**MU	ABCDE**FG**JKNPQRUW	8
4 FHJ	Y	9
5 N	ABCFGHJKOQ	10
6-10A CEE		❶ €20,50
1ha 55**T**(120-150m²)		❷ €30,50

N 52°10'37'' E 06°08'26''
A1 Ausf. Ri. Zutphen (N345), geht am Camping entlang. Er liegt vor der Ortsbebauung von Voorst, links. Von der A50 Ausf. 24 Ri. Zutphen (N345) vor der Ortsbebauung von Voorst, links. 122769

Voorthuizen, NL-3781 NW / Gelderland

De Zanderij
Hoge Boeschoterweg 96
24 Mrz - 29 Okt
+31 3 42 47 13 43
info@zanderij.nl

1 AEH**KN**OPQSTU	BDG	6
2 ABQRWXYZ	A**B**D**EFG**H	7
3 ABCFG**HIM**NSVX	ABCDEFGJKNQRTUV	8
4 BCDFHJLNO**PQTX**	CEJV	9
5 ACDEFGHLMN	ABCEHJK**O**PSTY	10
B 6A CEE		❶ €37,20
12ha 115**T**(100-120m²) 244**D**		❷ €45,40

N 52°12'09'' E 05°39'20''
A1 Ausfahrt 16, N303 Richtung Voorthuizen. Am Kreisel N344 Richtung Garderen. Nach rund 3 km links ab. CP ist angezeigt. 105566

Vorden, NL-7251 KT / Gelderland

CC€21

't Meulenbrugge
Mosselseweg 4
1 Apr - 30 Sep
+31 5 75 55 66 12
info@
meulenbrugge-vorden.nl
N 52°06'24" E 06°21'18"

1	AEHKNOPQSTUX		6
2	DQRTXYZ	ABDEFG	7
3	LSX	ABCDFJMNQRUVW	8
4	FGHI	FVW	9
5	ADMN	ABCDFGHJKOQY	10

Anz. auf dieser Seite 10-16A CEE
4ha 107T(100-150m²) 4D
① €25,00
118314

Von Zutphen N 346 ri N319 Vorden. Am Ende von Vorden Richtung Ruurlo fahren. Nach 2 km in einer scharfen Kurve links in den Mosselseweg abbiegen. Der Campingplatz ist ausgeschildert.

Warnsveld, NL-7231 PT / Gelderland

Camping Warnsveld
Warkenseweg 7
1 Apr - 31 Okt
+31 5 75 43 13 38
leunk000@wxs.nl
N 52°08'00" E 06°17'20"

1	AEHJMOPQRSTU	F	6
2	QRXYZ	ABFGH	7
3	GLX	AFNRTW	8
4	FHIJO		9
5	DEHMN	ABCHJKOQY	10

B 6A CEE
4,5ha 50T(75-100m²) 85D
① €21,50
② €32,10
109359

Zutphen-Lochem (N346) fahren. Der CP ist ausgeschildert. Oder die N319 Warnsveld-Vorden. Ebenfalls ausgeschildert.

Voorthuizen, NL-3781 NJ / Gelderland

CC€23

Recreatiepark De Boshoek
Harremaatweg 34
25 Mrz - 30 Okt
+31 3 42 47 12 97
info@deboshoek.nl
N 52°11'15" E 05°37'51"

1	ADEHJMOPQRSTU	BEG	6
2	APQRWXY	ABCDEFGH	7
3	ABCFGJMNRSTVX	ABCDFGIJKMNQRTUV	8
4	BDFHJLNOSZ	BCEFGHJVWX	9
5	ABCDEFHJLMNO	ABCDEFHIJKOQY	10

Anzeige auf dieser Seite B 10A CEE
4,5ha 116T(110-120m²) 137D
① €67,10
② €78,20
118628

A1 Ausfahrt 16 Richtung Voorthuizen, am Kreisel die N344 Richtung Garderen. Kurz hinter Voorthuizen rechts ab. Der CP ist angezeigt. Die Rezeption ist gegenüber der CP-Einfahrt!

Wilp, NL-7384 CT / Gelderland

CC€21

Kampeerhoeve Bussloo
Grotenhuisweg 50
1 Jan - 31 Dez
+31 6 20 98 16 59
info@
kampeerhoevebussloo.nl
N 52°12'33" E 06°06'33"

1	ADEGHKNOPQSTU		6
2	AEIQSWXY	ABFGHIK	7
3	ACLSUX	ABEFJNQRTVW	8
4	HJK	FJVW	9
5	DN	ABDFGHIJKOQV	10

Anzeige auf dieser Seite B 10A CEE
1ha 40T(144m²) 6D
① €27,00
② €37,00
121884

A1 Ausfahrt 22 Twello Richtung Wilp. Nach 200m rechts (Molenallee). Der Straße bis zum CP (Grotenhuisweg) folgen.

Vorden, NL-7251 JL / Gelderland

De Goldberg
Larenseweg 1
1 Apr - 29 Okt
+31 5 75 55 16 79
info@degoldberg.nl
N 52°07'05" E 06°19'25"

1	AEHKNOPQRSTU		6
2	QRWXYZ	ABDEFG	7
3	BHILMX	ABCDEFHJKMNQRTUVW	8
4	BDFHIJKOQ	EFUVWY	9
5	ABDEFHJKMN	ABCGHJKOQWX	10

6-10A CEE
4,5ha 45T(100-120m²) 87D
① €21,00
② €27,50
105710

Aus Vorden N319 Richtung Ruurlo, hinter Bahnschranken links ausgeschildert.

Winterswijk, NL-7115 AG / Gelderland

CC€23

Het Winkel
De Slingeweg 20
1 Jan - 31 Dez
+31 5 43 51 30 25
info@hetwinkel.nl
N 51°57'08" E 06°44'13"

1	ABCDEJMOPQRSTU	BGH	6
2	BQRWXY	ABDEFGH	7
3	ABDFLMNRSVX	ABCDEFGJKNPQRTUW	8
4	BCDFGHJKLOPQST	CJUVW	9
5	ABDEFGHJKLN	ABCFHJKOQY	10

Anz. auf dieser Seite 10-16A CEE
20ha 350T(90-200m²) 262D
① €36,00
② €46,10
105787

Winterswijk Richtung Borken. CP ausgeschildert.

Teilkarte Gelderland auf Seite 135

Winterswijk, NL-7103 EA / Gelderland (CC€21) iD

Camping Klompenmakerij ten Hagen	1 ADE**JM**OPQRS**U**	L**N**QS 6
Waliënsestraat 139A	2 EQRWXYZ	A**B**DE**FG** 7
1 Jan - 31 Dez	3 ABF**L**MX	ABE**F**JNPQRTUVW 8
+31 5 43 53 15 03	4 BDFHIJ	9
info@hagencampklomp.nl	5 D**N**	ABFGHIJKOQY 10
	B 10-16A CEE	❶ €30,15
N 51°59'28'' E 06°43'09''	2ha 50**T**(100-150m²) 36**D**	❷ €37,55

N319 Groenlo-Winterswijk. Kreisel am Groenloseweg Richtung Erholungsgebiet 't Hilgelo. Danach den Schildern folgen. Liegt ca. 1 km nördlich von Winterswijk. 113408

Winterswijk, NL-7109 AH / Gelderland iD

Vakantiepark De Twee Bruggen	1 ADE**KN**OPQRSTU	B**E**GHL**N** 6
Meenkmolenweg 13	2 CEQRXYZ	ABCDEFGH 7
1 Jan - 31 Dez	3 ABCFG**JLMNR**V	ABCDEFJKNQRTUVW 8
+31 5 43 56 53 66	4 BFHIJKLO**PRST**	ACJRVWY 9
info@detweebruggen.nl	5 ABCDEGHJKLN	ABCEGHJK**O**PQXY 10
	Anz. auf dieser Seite B 10-16A CEE	❶ €64,80
N 51°56'58'' E 06°38'47''	30ha 296**T**(80-100m²) 292**D**	❷ €81,65

Von der A18 (Doetinchem) zur N18 Varsseveld; über die N318 nach Aalten. Kurz vor Winterswijk links zum CP. Deutlich ausgeschildert. 105784

Winterswijk, NL-7102 EK / Gelderland iD

Vreehorst	1 ADE**KN**OPQRSTU	AEG**N** 6
Vreehorstweg 43	2 QRWXYZ	ABDE**FG**H 7
1 Jan - 31 Dez	3 BCFMV	ABCDEFGJKNQRTUVW 8
+31 5 43 51 48 05	4 BFHO**T**	ACFHJVWY 9
info@vreehorst.nl	5 ABDEHJKN	ABCEFGHJKOPQWXY 10
	8-16A CEE	❶ €42,40
N 51°56'56'' E 06°41'30''	10ha 200**T**(90-150m²) 90**D**	❷ €54,80

An der Straße zwischen Aalten und Winterswijk ca. 2 km von Winterswijk den Schildern folgen. 105785

Zelhem, NL-7021 HR / Gelderland (CC€17) iD

Vakantiepark De Betteld	1 ADEH**KN**OPRST**U**	BGHLN 6
Aaltenseweg 11	2 FJKQRWXY	AB**FGH** 7
1 Apr - 31 Okt	3 ABCEF**L**MX	ABCDE**F**KNQRTW 8
+31 3 14 62 72 00	4 ABCDFHIJL**Q**	CEGJVY 9
zelhem@betteld.nl	5 ABDEFGHMN	ABCDHIJKLORSXY 10
	Anzeige auf dieser Seite B 4A CEE	❶ €42,00
N 52°00'43'' E 06°23'13''	21ha 85**T**(70-100m²) 114**D**	❷ €52,00

Doetinchem N315 Ringstraße Richtung Zelhem. Ruurloseweg. Der Campingplatz ist ausgeschildert. 113409

Winterswijk/Henxel, NL-7113 AA / Gelderland iD

Het Wieskamp	1 ADE**KN**OPQRSTU	BG 6
Kobstederweg 13	2 KRXY	AB**FG** 7
20 Mrz - 1 Nov	3 ABD**LMR**	ABEFNQRUVW 8
+31 5 43 51 46 12	4 **A**BCDFHIJK	CJV 9
wieskamp@capfun.com	5 ABDEFHLM	ABCEFGHJKOQY 10
	B 16A CEE	❶ €35,40
N 51°59'12'' E 06°44'35''	11ha 38**T**(140-150m²) 250**D**	❷ €44,80

Groenlo Richtung Vreden. An dieser Straße dem Hinweis zum CP folgen. 120215

Winterswijk/Kotten, NL-7107 BE / Gelderland (CC€17) iD

De Italiaanse Meren	1 ADE**KN**OPQRSTU	**N** 6
Buitinkweg 7	2 QXY	ABDE**FG** 7
1 Apr - 31 Okt	3 BC**KL**SV	ABCDEF**M**NW 8
+31 5 43 56 32 71	4 HI	CJVWX 9
info@italiaansemeren.nl	5 ABEFHJL	ABCGH**O**YZ 10
	Anzeige auf dieser Seite 6-16A CEE	❶ €28,40
N 51°55'53'' E 06°46'54''	20,5ha 92**T**(120-200m²) 187**D**	❷ €36,80

A31, Ausfahrt 33 Gescher, weiter B525/L558 Richtung Südlohn-Oeding (Grenze), ab hier die L558/N319 Richtung Winterswijk. Den CP-Schildern folgen. 111506

Zennewijnen, NL-4062 PP / Gelderland (CC€23) iD

Campingpark Zennewijnen	1 ADE**KN**OPQSTU	AF 6
Hermoesestraat 13	2 ACJPQSTWXY	A**B**DE**FG**H 7
1 Apr - 1 Okt	3 BF**L**MSX	ABCDE**FG**HIJNPQRTUVW 8
+31 3 44 65 14 98	4 FHJO	FH 9
info@campingzennewijnen.nl	5 ADEFHKMN	ABCDFGHIJKN**O**STXY 10
	Anz. auf dieser Seite B 6-16A CEE	❶ €34,00
N 51°51'17'' E 05°24'25''	5ha 50**T**(100-120m²) 113**D**	❷ €51,00

A15 von Rotterdam, Ausfahrt 31. Von Nijmegen, Ausfahrt 32. Ab der Ausfahrt ausgeschildert. 113407

Winterswijk/Meddo, NL-7104 BG / Gelderland (CC€21)

Camping Recreatiepark Sevink Molen	1 DE**KN**OPQRSTU	LN 6
Hilgeloweg 7	2 EJQRXYZ	ABDE**FG** 7
1 Jan - 31 Dez	3 B**DL**UV	ABCDEFJK**M**NQRTUVW 8
+31 5 43 55 12 25	4 BFHK	ACIJNVWY 9
info@campingsevinkmolen.nl	5 AEFIKLN	AEFGHJK**O**QY 10
	Anzeige auf Seite 148 10A CEE	❶ €30,40
N 51°59'53'' E 06°43'10''	7,5ha 60**T**(140m²) 71**D**	❷ €38,40

A31, Ausfahrt 33 Gescher, weiter B525/L558 Richtung Südlohn-Oeding (Grenze), ab hier die L558/N319 Richtung Winterswijk. Den CP-Schildern folgen. 107858

Winterswijk/Woold, NL-7108 AX / Gelderland (CC€17) iD

De Harmienehoeve	1 AE**KN**OPQRST**U**	AF 6
Brandenweg 2	2 BQSXYZ	AB**FG** 7
1 Jan - 31 Dez	3 B**K**	ABCDE**FG**JNQRTUVW 8
+31 5 43 56 43 93	4 FHJO**PQ**	DF 9
info@campingdeharmienehoeve.nl	5 ADEHN	ADHI**O**QVY 10
	Anzeige auf Seite 148 B 4-16A CEE	❶ €24,35
N 51°54'30'' E 06°43'31''	14ha 50**T**(100-180m²) 316**D**	❷ €32,75

N318 Aalten Richtung Winterswijk. Kreisel N319 Richtung A31 (Süd-Umfahrung). Nach 1,5 km im Kreisel Richtung Woold. Nach 700m Kreuzung, den blau-weißen Schildern Harmienehoeve folgen. Noch 7,5 km. 122013

Niederlande

Teilkarte Gelderland auf Seite 135

Nord-Brabant

Alphen (N.Br.), NL-5131 RG / Noord-Brabant

Natuurkampeerterrein Landgoed De Hoevens	1 EH**KN**OPS**U**	LN 6
Goorstraat tegenover 4 A	2 ABEQRWXYZ	ABDEI 7
1 Apr - 31 Okt	3 ABMS	ABEFGNQRTW 8
+31 6 53 26 63 07	4 FHJ	B 9
camping@dehoevens.nl	5 ADN	ABJKOPRS 10
	B 4A CEE	① €27,50
N 51°29'12'' E 04°59'31''	2,7ha 60**T**(85-120m²) 3**D**	② €37,50

A58 Ausfahrt 12 Richtung Baarle-Nassau, nördlich von Alphen. Beschilderung zum Landgut/Camping 'De Hoevens'. Nicht dem Navi folgen, sondern die Beschilderung beachten. 118951

Alphen (N.Br.), NL-5131 NZ / Noord-Brabant

CC€19 iD

Recreatiepark 't Zand	1 AEH**JM**OPQRSTU	LQ 6
Maastrichtsebaan 1	2 ABEJKQRWXYZ	A**B**D**EFGH** 7
31 Mrz - 30 Sep	3 ABCFG**L**MNSTV	ABCDE**FG**IJKNQRTUVW 8
+31 1 35 08 17 46	4 BCDEFGHIJLO**Q**	ABEFUV 9
info@tzand.nl	5 ABDEFGHKM**N**	ABDEFGHJKM**O**PQY 10
	Anzeige auf dieser Seite B 10A CEE	① €32,50
N 51°29'34'' E 04°56'59''	40ha 125**T**(100-120m²) 430**D**	② €42,50

A58 Ausfahrt Gilze/Rijen, Richtung Baarle-Nassau. In Alphen den Schildern folgen. Achtung: den CP-Schildern folgen, nicht dem Schild 'Recreatiegebied'. 105479

Asten, NL-5721 RZ / Noord-Brabant

iD

Wetland	1 AKNOPQSTU	N 6
Tureluurweg 7	2 AIQTXYZ	ABDE**FG**HJK 7
1 Mrz - 30 Okt	3 F**L**MSX	ABCDEFJ[illegible]QRW 8
+31 6 47 89 80 47	4 FHIJKO	AFJV 9
info@wetland.nl	5 DN	AFGHJK[illegible]OQY 10
	B 6A CEE	€19,50
N 51°21'59'' E 05°50'33''	6ha 45**T**(80-120m²) 7**D**	€27,50

A67 Ausfahrt 36 Richtung Meijel. Nach 8 km Richtung Neerkant der Beschilderung zum Campingplatz folgen. [illegible]19875

Asten/Heusden, NL-5725 TG / Noord-Brabant

CC€21 iD

De Peel	1 AEH**JM**OPQRST**U**	A**N** 6
Behelp 13	2 AQWXYZ	[illegible]B**FG** 7
1 Apr - 2 Okt	3 ABC**L**MUX	ABCDE**F**JNP[illegible]RTW 8
+31 6 29 21 62 99	4 **A**BDFHJK	[illegible]JVY 9
info@campingdepeel.nl	5 ADN	ABCDFGHJ[illegible]ORS 10
	Anzeige auf dieser Seite B 6A CEE	① €25,00
N 51°22'23'' E 05°45'09''	2,2ha 62**T**(90-110m²) 14**D**	② €37,00

Von der A67 Ausf. 36 Ri. Asten, dann die N279 Ri. Someren. Nach 2 km re und nach 1 km li Ri. Heusden. In Heusden der Beschilderung folgen. Von Someren Ri. Asten ausgeschildert. [illegible]17666

Asten/Ommel, NL-5724 PL / Noord-Brabant

CC€2[illegible] iD

Oostappen Vakantiepark Prinsenmeer	1 ADE**KN**OPQRSTU	E[illegible]HIL 6
Beekstraat 31	2 AFJKQWXY	ABD[illegible]**FG** 7
31 Mrz - 13 Okt	3 ABCDFJ**L**MN**R**SVX	ABCDEFGJKNQ[illegible]TUV 8
+31 4 93 68 11 11	4 BCDFHIJLM**PQS**TUV	BEJT[illegible]XY 9
	5 CDEFGHLMN	ABCGHIKMN[illegible]TXY 10
info@vakantieparkprinsenmeer.nl	Anzeige auf Seite 151 10A CEE	① [illegible]54,80
N 51°25'21'' E 05°44'09''	50ha 200**T**(80-100m²) 1052**D**	② [illegible]57,60

A67 Eindhoven-Venlo, Ausfahrt 36 Asten. Richtung Ommel. Schildern folgen. 1[illegible]5589

Teilkarte Nord-Brabant auf Seite 150

Baarle-Nassau, NL-5111 EH / Noord-Brabant

Recreatiepark De Heimolen
Heimolen 6
1 Apr - 15 Okt
+31 1 35 07 94 25
heimolen@berglandparken.nl

1 AEHKNOPQSU	6
2 BQRXYZ	ABDEFG 7
3 BFMV	ABCDEFNQRTUVW 8
4 BDFHJKO	EGJ 9
5 DEFK	BEGJKOSTY 10
6A CEE	❶ €27,00
15ha 42T(100m²) 221D	❷ €32,00

N 51°25'59'' E 04°54'40''
Ausfahrt A58 Ulvenhout. N260 Richtung Baarle-Nassau. Danach den Schildern folgen. 105484

Bergeijk, NL-5571 TN / Noord-Brabant

De Paal
De Paaldreef 14
1 Apr - 29 Okt
+31 4 97 57 19 77
info@campingdepaal.nl

1 AEHJMOPSU	BEGHI 6
2 ABJKPQWXYZ	ABDEFGHK 7
3 ABCDEFGHILMNTVX	ABCDEFGIJKLMNQRTUV 8
4 BDFGHJKORS	BJVW 9
5 CDEFGHKLMN	ABCEFGHJKMNOPQXY 10
B 6-16A CEE	Preise auf
35ha 520T(100-180m²) 65D	Anfrage

N 51°20'10'' E 05°21'19''
A67 Eindhoven-Antwerpen, Ausfahrt 30, Eersel/Bergeijk, Schildern folgen. 105543

Bergeijk, NL-5571 XE / Noord-Brabant (CC€21)

Domein De Kleine Witrijt
Kleine Witrijt 3a
1 Apr - 31 Okt
+31 4 97 74 50 44
info@dekleinewitrijt.nl

1 AEKNOPQSTU	6
2 AQWXYZ	ABFG 7
3 LS	ABEFHJNPQRUVW 8
4 FGHI	9
5 DHN	BCDGJKOST 10
Anzeige auf dieser Seite 6A CEE	❶ €23,50
2,8ha 68T(120-200m²) 5D	❷ €23,50

N 51°18'49'' E 05°16'27''
A67 Ausfahrt 30 Eersel. Weiter nach Eersel, dann nach Postel (B). 6 km hinter Eersel links ab Richtung Weebosch. Nach 500m links zum Camping abbiegen. Ausgeschildert. 125463

Bergen op Zoom, NL-4625 DD / Noord-Brabant (CC€21)

Uit en Thuis
Heimolen 56
1 Apr - 30 Sep
+31 1 64 23 33 91
info@campinguitenthuis.nl

1 AEKNOPQRSTU	BG 6
2 ABQRWY	ABCFGH 7
3 BFGMNST	ABCDEFHINQRTUVW 8
4 BFHJKOQ	CEFLUVW 9
5 BDEFHKM	ABDEFGHIJKOQY 10
Anz. auf dieser Seite B 6-10A CEE	❶ €25,00
8ha 80T(80-100m²) 136D	❷ €30,70

N 51°28'09'' E 04°19'20''
A58 Ausfahrt Bergen op Zoom-Zuid/Huijbergen. Schildern folgen. 105406

Berlicum, NL-5258 TC / Noord-Brabant (CC€15)

De Hooghe Heide
Werstkant 17
31 Mrz - 1 Okt
+31 7 35 03 15 22
info@hoogheheide.nl

1 ABEHKNOPQSU	AG 6
2 ABQRWXYZ	ABDEFGH 7
3 BCEFHJLMVX	ABCDFGJNQRTUVW 8
4 BFGHI	FJY 9
5 ABDEHKMN	ABEGHIJKMOPQY 10
Anzeige auf dieser Seite B 10A CEE	❶ €40,30
4,8ha 69T(100m²) 54D	❷ €53,45

N 51°41'38'' E 05°24'53''
A59 Nijmegen - 's Hertogenbosch, Ausfahrt 48, Richtung Berlicum. Der Campingplatz ist ausgeschildert. 105530

Bladel, NL-5531 NA / Noord-Brabant (CC€23)

Recreatiepark De Achterste Hoef
Tropriјt 10
1 Apr - 2 Okt
+31 4 97 38 15 79
info@achterstehoef.nl

1 ADEKNOPQRSTU	BEGHLMO 6
2 ABFJKQWXYZ	ABDEFGH 7
3 ABCDFGJKMSVX	ABCDEFGHIJKMNPQRTUV 8
4 BCDEFGHIJKNX	BFJV 9
5 CDEHKLMN	ABDEGHMOPRSY 10
B 6-10A CEE	❶ €49,60
23ha 384T(100-160m²) 214D	❷ €62,60

N 51°20'36'' E 05°13'40''
A67 Eindhoven-Antwerpen, Ausfahrt 29 Hapert/Bladel. Den Schildern nach Bladel folgen. In Bladel der Beschilderung zum CP folgen. 105509

Bosschenhoofd, NL-4744 RE / Noord-Brabant

Landgoed 'De Wildert'
Pagnevaartdreef 3
1 Apr - 30 Sep
+31 6 53 29 80 82
info@landgoeddewildert.nl

1 AFHILOPQS	6
2 ABPQRSWYZ	ABDEFGH 7
3 AMS	ACFNQRTW 8
4 FH	9
5 DLN	ABCHIJKNQY 10
B 6A CEE	❶ €31,00
15ha 170T(100-120m²) 100D	❷ €41,30

N 51°33'51'' E 04°33'12''
A58 Breda-Roosendaal Ausfahrt 21 Bosschenhoofd. In Bosschenhoofd vor der Kirche rechts. Nach 500m an der linken Seite liegt 'Landgoed de Wildert'. 105439

Breda, NL-4838 GV / Noord-Brabant (CC€19)

Liesbos
Liesdreef 40
1 Apr - 1 Okt
+31 7 65 14 35 14
info@camping-liesbos.nl

1 ADEKNOPQSTU	BG 6
2 AQRWY	ABFG 7
3 BFLMNV	ABEFNPQRTU 8
4 BDFHJNOPQ	EFUVW 9
5 ABDEFGHLMN	ABDEFGHIJKOQY 10
Anzeige auf dieser Seite 10A CEE	❶ €28,50
5ha 50T(100m²) 190D	❷ €34,70

N 51°33'54'' E 04°41'47''
A58 Breda-Roosendaal, Ausfahrt 18 Etten-Leur, dann den CP-Schildern folgen. 100804

Niederlande

Niederlande

Chaam, NL-4861 RC / Noord-Brabant
CC€21 iD

RCN vakantiepark De Flaasbloem
Flaasdijk 1
24 Mrz - 29 Okt
+31 8 50 40 07 00
reserveringen@rcn.nl

1	ADEH**KN**OPQRSTU	EGHLMN	6
2	ABEJKQRXYZ	ABDE**FG**I	7
3	ABCEFGLMNS	ABCDEFGIJKNPQRTW	8
4	BFHJK**Q**	CEFJUVWY	9
5	ACDEFGKLMN	ABDEFGHJK**O**PQWXY	10

B 10-16A CEE
100ha 446**T**(80-150m²) 685**D**
① €30,50 ② €40,00
N 51°29'28'' E 04°53'47''
A58 Ausfahrt 14 Ulvenhout Richtung Chaam. Von Chaam aus Richtung Alphen. Danach Schildern folgen.
105481

Chaam, NL-4861 RE / Noord-Brabant
CC€17 iD

Recreatiepark Klein Paradijs
Schaanstraat 11
1 Apr - 1 Okt
+31 1 61 49 14 46
info@campingkleinparadijs.nl

1	ABEH**KN**OPQSU	AF	6
2	AQWXY	AB**FG**	7
3	ABFMS**V**	ABEFHJNRTUV	8
4	BCDFHJKLNO**P**Q		9
5	ABDE	ABCEFHK**O**QY	10

B 16A CEE
14ha 50**T**(100-150m²) 450**D**
① €29,50 ② €39,50
N 51°29'31'' E 04°53'03''
A58 Ausfahrt 14 Richtung Baarle Nassau über die N 639. Vom Kreisel am Ausgang von Chaam noch 800m der N639 folgen. Dann links. Nach 700m Camping links.
116639

De Heen, NL-4655 AH / Noord-Brabant
CC€19 iD

De Uitwijk
Dorpsweg 136
31 Mrz - 1 Okt
+31 1 67 56 00 00
info@de-uitwijk.nl

1	ADEH**KN**OPQRS**U**	BGJ**N**QSW**X**Y**Z**	6
2	ACPQWY	ABDE**FG**H	7
3	ABF**JL**MSV	ABCDEFHIJKNPQRTUVW	8
4	BFHJKO**T**	EJQRV	9
5	ADEFHLMN	ABDEFGHIJKM**O**RSY	10

Anzeige auf dieser Seite B 10A CEE
2,5ha 75**T**(100-150m²) 21**D**
① €26,70 ② €37,10
N 51°36'37'' E 04°16'22''
Auf der A4 Ausfahrt 25 Steenbergen. Danach den Schildern 'De Heen' folgen.
101566

Eerde, NL-5466 PZ / Noord-Brabant
iD

Het Goeie Leven
Vlagheide 8b
1 Apr - 1 Okt
+31 6 27 51 89 81
info@hetgoeieleven.nl

1	AEH**JM**OPQST**U**	AN	6
2	APQXYZ	ABDE**FG**K	7
3	ABCFG**L**MSUVX	ABCDFGHJK**M**NPQRTUV	8
4	BDFGHIJO	ABUVWY	9
5	ADEFGHLN	ABCGHJKOPQY	10

Anzeige auf dieser Seite 10A CEE
3ha 63**T**(100-200m²) 9**D**
① €38,75 ② €47,75
N 51°36'14'' E 05°29'13''
A50 Ausfahrt 10 Veghel-Eerde. Richtung Eerde halten und der Beschilderung folgen.
121433

Eersel, NL-5521 RD / Noord-Brabant
CC€23 iD

Recreatiepark TerSpegelt
Postelseweg 88
31 Mrz - 30 Okt
+31 4 97 51 20 16
info@terspegelt.nl

1	ADEHILOPQSTU	EGHILMNQSXY	6
2	AFJKQWXYZ	ABDE**FG**HK	7
3	ABCDEFG**JL**MNSVX	ABCDEFGJK**M**NQRTUVW	8
4	BCDFGHIJKMN**PQ**U	BCEJNTVWY	9
5	CDEFGHKLM**N**	ABCEGHIKN**O**PQXY	10

Anzeige auf Seite 153 B 6-16A CEE
68ha 500**T**(80-130m²) 338**D**
① €68,15 ② €73,95
N 51°20'16'' E 05°17'38''
Über A67 Eindhoven-Antwerpen, Ausfahrt 30 Eersel, Schildern folgen.
101028

Esbeek, NL-5085 NN / Noord-Brabant
CC€17 iD

De Spaendershorst
Spaaneindsestraat 12
1 Apr - 31 Okt
+31 1 35 16 93 61
info@spaendershorst.nl

1	ABEH**KN**OPQRSU	BG	6
2	PQRWXYZ	ABCD**EFGH**	7
3	ABFLMSV	ABCDE**F**HJNPQRTUV	8
4	BCDFHJN**PQ**		9
5	DEHN	ABCDHJK**O**QY	10

Anzeige auf Seite 153 B 10A CEE
11ha 90**T**(80-130m²) 270**D**
① €37,00 ② €48,00
N 51°28'00'' E 05°07'37''
A58 Ausfahrt 10 zur N269 Richtung Reusel. Hinter Hilvarenbeek bei Esbeek der CP-Beschilderung folgen.
108400

Hank, NL-4273 LA / Noord-Brabant
iD

De Kurenpolder Recreatie
Kurenpolderweg 31
1 Apr - 30 Okt
+31 1 62 40 27 87
info@kurenpolder.nl

1	AEH**KN**OPQRSU	EGHILMNQS	6
2	ACEJKPQRWXY	A**B**CD**EFG**H	7
3	ABCFG**K**MN**TU**WX	ABCDE**FG**IJKNPRTUVW	8
4	BCDFGHJLNO**PQTUV**	CJNRV	9
5	ACDEFHKLMN**O**	ABEHIJKM**O**PQY	10

B 16A CEE
130ha 104**T**(120-150m²) 634**D**
① €50,00 ② €55,00
N 51°43'38'' E 04°53'11''
A27, Ausfahrt 21 Hank/Dussen. Danach Schildern folgen.
111507

Helvoirt, NL-5268 LW / Noord-Brabant

Distelloo
Margrietweg 1
1 Apr - 1 Okt
+31 4 11 64 21 54
njansen@distelloo.nl

1	EHILOPQRS**U**	F	6
2	ABQRXYZ	ABDE**FG**	7
3	ABFMNU	ABCDEFNPQRTVW	8
4	FHJOQ	FJVW	9
5	ABDEHMN	ABCGJKOQY	10

6A CEE
11ha 45**T**(80-85m²) 186**D**
① €27,50 ② €38,00
N 51°39'39'' E 05°11'31''
A59 Ausfahrt 41 Heusden, dann Ri. Drunen. Zentrum folgen. Am Kreisel geradeaus Richtung Giersbergen. Nach 3 km links in den Margrietweg. Nach 2,5 km CP links.
113411

Herpen, NL-5373 KL / Noord-Brabant
iD

Vakantiepark Herperduin
Schaijkseweg 12
1 Apr - 1 Okt
+31 4 86 41 13 83
info@herperduin.nl

1	ABCDEH**JM**OPQRSTU	DG	6
2	APQRY	ABDE**FG**H	7
3	ABF**JL**MX	ABCDEFIJKNPQRT	8
4	BCFHIJ	BUVWY	9
5	ABD**N**	ABCEHIJKORSY	10

B 6A CEE
9ha 200**T**(100-120m²) 130**D**
① €34,00 ② €45,20
N 51°45'44'' E 05°37'17''
A59, von Den Bosch Ausfahrt Schaijk, in Schaijk Richtung Herpen. Von Nijmegen A50 Ausfahrt Ravenstein, dann über Herpen Richtung Schaijk.
105579

ACSI

Gebrauchsanweisung

Um die Möglichkeiten des Führers optimal nutzen zu können, sollten Sie die Gebrauchsanweisung auf Seite 8 gut durchlesen. Hier finden Sie wertvolle Informationen, beispielsweise die Berechnung der Übernachtungspreise.

① € 25,00
② € 35,80

Hilvarenbeek, NL-5081 NJ / Noord-Brabant

CC€15 iD

Lake Resort Beekse Bergen	1 ADE**JM**OPQSU EGHLN**X** 6
Beekse Bergen 1	2 ACEJQRWXYZ ABDE**FG** 7
1 Apr - 29 Okt	3 ABFJ**L**MUV ABCDEFHJKNQRTUVW 8
+31 1 35 49 11 00	4 BC**E**HJL BCEJRVY 9
info@beeksebergen.nl	5 ACDEFGHKLM ABCDEGHIJKMOQY 10
	Anzeige auf Seite 157 B 6-10A CEE ① €46,00
N 51°31'42'' E 05°07'29''	75ha 236**T**(100m²) 464**D** ② €65,00

N65 Den Bosch-Tilburg, A65 Ausfahrt Beekse Bergen. A58 Breda-Eindhoven. Der Beschilderung 'Beekse Bergen' volgen. 101335

Hoogerheide, NL-4631 RX / Noord-Brabant

Recr.centrum Familyland	1 DE**KN**OPRSU EG 6
Groene Papegaai 19	2 AQRWY AB**FG** 7
1 Apr - 31 Okt	3 BF**JR**U ABEFNR 8
+31 1 64 61 31 55	4 FJO**PQ** FJUVWY 9
recreatie@familyland.nl	5 DEFHKL ABHIOQY 10
	16A ① €28,50
N 51°24'57'' E 04°20'45''	25ha 55**T**(100-180m²) 128**D** ② €43,00

A58 Ausfahrt 30 Hoogerheide. Richtung Industriepark De Kooy fahren. 100813

Hoeven, NL-4741 SG / Noord-Brabant

CC€19 iD

Molecaten Park Bosbad Hoeven	1 ADEILOPQRSTU BHIMN 6
Oude Antwerpsepostbaan 81b	2 ABEPQRWXYZ ABDE**FG**H 7
24 Mrz - 1 Nov	3 ABCDEGJM**N**SV ABCDE**FG**JNQRTUV 8
+31 1 65 50 25 70	4 BCDFHJKLNOQ BEJVW 9
bosbadhoeven@molecaten.nl	5 ADEGHLMN ABDEGHIJK**O**RSY 10
	Anzeige auf Seite 129 B 10A CEE ① €55,70
N 51°34'10'' E 04°33'42''	56ha 240**T**(110-160m²) 503**D** ② €68,65

A58 Roosendaal-Breda, Ausfahrt 20 St. Willebrord (Achtung: Navi kann abweichen) Richtung Hoeven. Schildern folgen. 105438

Kaatsheuvel, NL-5171 RL / Noord-Brabant

CC€23 iD

Recreatiepark Brasserie Het Genieten	1 ADE**KN**OPQSU 6
Roestelbergseweg 3	2 AQRWXYZ A**B**D**EFGH** 7
27 Mai - 6 Okt	3 ABDEFJ**L**MS**T**V ABCDE**F**JKNQRTUVW 8
+31 4 16 56 15 75	4 BCDFGHJLO CJ 9
info@hetgenieten.nl	5 ADEFHLMN ABCDEGHJKOQY 10
	Anzeige auf dieser Seite B 10A CEE ① €29,30
N 51°39'27'' E 05°05'15''	12,5ha 120**T**(100-120m²) 222**D** ② €37,10

A59 Ausfahrt Waalwijk N261 Richtung Loonse- und Drunense Duinen. Den CP-Schildern folgen. 113412

Lierop/Someren, NL-5715 RE / Noord-Brabant

CC€23 iD

De Somerense Vennen	1 AE**KN**OPQSTU EG 6
Philipsbosweg 7	2 ABQWXYZ AB**FG**K 7
31 Mrz - 29 Okt	3 ABCDF**L**MSVX ABCDFHJKNPQRTUVW 8
+31 4 92 33 12 16	4 BDFGHIJ JVW 9
info@somerensevennen.nl	5 DEFHLN ABCDEGHJKOPQXY 10
	Anz. auf dieser Seite B 6-16A CEE ① €27,60
N 51°24'00'' E 05°40'35''	10ha 165**T**(80-150m²) 90**D** ② €42,20

A67 Eindhoven-Venlo, Ausfahrt 35 Someren. In Someren Richtung Lierop. Dann der CP-Beschilderung folgen. 100821

Mierlo, NL-5731 XN / Noord-Brabant

CC€15 iD

Boscamping 't Wolfsven	1 ADE**KN**OPQRSTU EGLMN 6
Patrijslaan 4	2 ABEJKPQWXYZ AB**FG** 7
1 Jan - 31 Dez	3 BDF**JL**MST**U** ABCDFGJNQRTUV 8
+31 4 92 66 16 61	4 BCDFGHIJO**P**U ABCJTVWXY 9
receptie.wolfsven@ roompot.nl	5 CDEFGHKLM ABCDEFGHKMOPQXY 10
	Anzeige auf dieser Seite B 6A CEE ① €40,90
N 51°26'20'' E 05°35'25''	67ha 167**T**(100-120m²) 572**D** ② €43,85

A2 Richtung Eindhoven, dann A67 Richtung Venlo, Ausfahrt 34 Geldrop, Richtung Geldrop, dann in Richtung Mierlo. Dem Schild Wolfsven folgen. 105588

Netersel, NL-5534 AP / Noord-Brabant

CC€21 iD

De Couwenberg	1 AE**KN**OPQRSTU BGN 6
De Ruttestraat 9A	2 AQWXYZ ABDE**FG** 7
1 Jan - 31 Dez	3 BF**L**MSVX ABCDFJKNQRTUW 8
+31 4 97 68 22 33	4 BCDFGHJO**Q** F 9
info@decouwenberg.nl	5 ADEHKMN ADHJKORSY 10
	Anzeige auf dieser Seite 4-6A CEE ① €27,00
N 51°24'47'' E 05°11'59''	8ha 97**T**(80-100m²) 142**D** ② €37,00

A58 Ausfahrt 10 Hilvarenbeek Richtung Reusel. In Lage Mierde Richtung Netersel fahren. Oder A67 Richtung Antwerpen, Ausfahrt 29 Hapert/ Bladel Richtung Bladel-Netersel, Ausfahrt Netersel. Schildern folgen. 109466

Nijnsel/St. Oedenrode, NL-5492 TL / Noord-Brabant

iD

Landschapscamping De Graspol	1 AE**JM**OPQSX **N** 6
Bakkerpad 17	2 ACQWXYZ ABCDE**FG**HK 7
1 Apr - 1 Okt	3 **L**SX ABCDEFHJ**M**NQRUV 8
+31 4 99 33 82 29	4 FGHIJ JV 9
info@degraspol.nl	5 ADHJMN ABCDEGHJKOPST 10
	6-16A CEE ① €29,00
N 51°32'52'' E 05°29'12''	2,5ha 50**T**(100-200m²) 7**D**

A50 Ausfahrt St. Oedenrode/Nijnsel, Richtung Nijnsel. Danach den Schildern folgen. 118598

Nispen/Roosendaal, NL-4709 PB / N-Brabant

CC€19 iD

Zonneland	1 ADEILOPQRSTU BN 6
Turfvaartsestraat 4-6	2 ABQRWYZ A**BFGH** 7
20 Mrz - 22 Okt	3 BFM AC**FI**JKNRUVW 8
+31 1 65 36 54 29	4 BHJOR 9
info@zonneland.nl	5 BDN AGHIJKLOQY 10
	Anzeige auf Seite 155 10A CEE ① €25,00
N 51°29'40'' E 04°29'06''	15ha 54**T**(100-130m²) 180**D** ② €33,00

A58, Ausfahrt 24 Nispen, N262 folgen bis Schilder. 107822

Oirschot, NL-5688 MB / Noord-Brabant

iD

de Bocht	1 AE**JM**OPQSU BG 6
Oude Grintweg 69	2 AQWXYZ ABDE**FGH** 7
1 Jan - 31 Dez	3 ABC**L**M**R**X ABCDE**FG**JNQRTUVW 8
+31 4 99 55 08 55	4 BDFGHI JVY 9
info@campingdebocht.nl	5 DHLMN ABCDEGHJKOQY 10
	Anzeige auf dieser Seite 6-10A CEE ① €36,00
N 51°31'01'' E 05°18'28''	1,8ha 29**T**(100m²) 39**D** ② €50,50

A58 Ausf. 8 Oirschot Richtung Oirschot. Am 4. Kreisel re. Nach 8 km li. Oder A2 Ausf. 26 Richtung Boxtel, über den Kreisel, links Richtung Oirschot. Nach 8 km rechts der Strecke. 105535

Oirschot, NL-5688 GP / Noord-Brabant

iD

Vakantiepark Latour	1 ADE**KN**OPQSU BEGH**N** 6
Bloemendaal 7	2 APQWXYZ ABDE**FG** 7
31 Mrz - 2 Okt	3 ABCF**L**M**N**SUVX ABCDEFGHJKNPQRTUVW 8
+31 4 99 57 56 25	4 BFGHIJO**S**TUV JVW 9
latour@kempenrecreatie.nl	5 DM ABCDEGHJKOPQY 10
	Anzeige auf Seite 155 B 6-10A CEE ① €31,40
N 51°29'47'' E 05°19'12''	7,3ha 80**T**(100-120m²) 90**D** ② €42,80

A58 Ausfahrt Oirschot. CP-Schild Latour folgen. 105536

Oisterwijk, NL-5062 TH / Noord-Brabant

iD

De Gerrithoeve	1 AEH**KN**OPQSTU N 6
Kollenburgsebaan 11a	2 AIQRWXY AB**FG**K 7
15 Mrz - 22 Okt	3 ABCD**L**SU ABCDE**FGI**JKNQRTUV 8
+31 4 11 67 31 89	4 BFHK JY 9
info@gerrithoeve.nl	5 ADL BHJKOQXY 10
	6-16A CEE ① €24,00
N 51°32'34'' E 05°14'39''	4,5ha 77**T**(120-200m²) 1**D** ② €33,00

A58 Ausfahrt 9 Richtung Moergestel. Dort Richtung Oirschot. Nach ± 4 km am Oirschotseweg scharf links in die Oirschotsebaan. Nach 1,5 km rechts, nach 600m rechts hinter dem Fahrradcafé. 122950

Teilkarte Nord-Brabant auf Seite 150

Oisterwijk, NL-5062 TM / Noord-Brabant

Natuurkampeerterrein Morgenrood
Scheibaan 15
1 Jan - 31 Dez
+31 8 80 99 09 67
morgenrood@nivon.nl
N 51°34'05'' E 05°14'07''

1 AEHKNOPQSU	6
2 ABQRXYZ	ABFG 7
3 ABFLMS	ABCDEFJNQRTW 8
4 FH	BGV 9
5 DN	ABCFGJKOQUY 10
B 6-10A CEE	① €21,40
3ha 75T(100-150m²) 52D	② €32,00

In Oisterwijk der Beschilderung zu den Freizeitanlagen folgen. Bis zur Scheibaan folgen. An dieser Straße liegt Morgenrood, bei Nr.15. 115489

Oisterwijk, NL-5062 TP / Noord-Brabant

Vakantiepark De Reebok
Duinenweg 4
1 Jan - 30 Sep
+31 1 35 28 23 09
info@dereebok.nl
N 51°34'24'' E 05°13'56''

1 ABDEJMOPQRSU	6
2 ABQRY	ABDEFGH 7
3 BEFLRSV	ABCDFIJNQRTUVW 8
4 BFGHJK	HJVW 9
5 D	ABEFGHJKORSXY 10
16A CEE	① €28,00
4ha 87T(80-100m²) 32D	② €38,00

In Oisterwijk Schildern andere Erholungsmöglichkeiten folgen. Danach auf Straßennamen 'Duinenweg' achten. 105507

Oosterhout, NL-4904 SG / Noord-Brabant

CC€17

De Katjeskelder
Katjeskelder 1
1 Jan - 31 Dez
+31 1 62 45 35 39
receptie.katjeskelder@roompot.nl
N 51°37'45'' E 04°49'57''

1 ADEHKNOPU	BEGH 6
2 ABQRWYZ	ABDEFG 7
3 ABFJLMRU	ABCDEFIJKNQRTW 8
4 BGHILOPQ	BCJVWY 9
5 ACDEFHKLMNO	ABDEHIJKOPRSXY 10
Anzeige auf dieser Seite 5A CEE	① €43,00
28ha 95T(80m²) 367D	② €43,00

A27 Ausfahrt 17 Oosterhout-Zuid. Schildern 'Katjeskelder' folgen. 105474

Oosterhout/Dorst, NL-4849 PX / Noord-Brabant

't Haasje Recreatiepark
Vijf Eikenweg 45
1 Jan - 31 Dez
+31 1 61 41 16 26
info@haasjeoosterhout.nl
N 51°36'40'' E 04°53'17''

1 ABEHKNOPSU	BGN 6
2 AQRWXYZ	ABCFG 7
3 BDFLMNU	ABCDEFGJKNQRTUVW 8
4 BDFHIJLNOPQRSTUXZ	JUV 9
5 ACDEFHKMN	ABCEFGHIKMOQXY 10
Anz. auf dieser Seite B 10-16A CEE	① €28,90
26ha 86T(100-120m²) 605D	② €35,90

A27 Ausfahrt Oosterhout-Zuid Richtung Rijen. Danach CP-Schildern folgen. 105475

Teilkarte Nord-Brabant auf Seite 150

Niederlande

Sint Anthonis, NL-5845 EB / Noord-Brabant

Ardoer vak.centrum De Ullingse Bergen
Bosweg 36
31 Mrz - 1 Okt
+31 4 85 38 85 66
ullingsebergen@ardoer.com
N 51°37'39" E 05°51'42"

1	ADEILOPQSTU	BGH	6
2	ABQRWXYZ	ABDEFGH	7
3	ABDMNSVX	ABCDFJNQRTUVW	8
4	FGHJQ	FJVY	9
5	ADEFLMNO	ABCDEGHIJKOPSTY	10

Anzeige auf Seite 154 10-16A CEE — ① €38,15
11ha 113T(100-150m²) 148D — ② €50,15

A73 Ausfahrt St. Anthonis. In St. Anthonis den Schildern folgen. 105646

Sint Hubert, NL-5454 NA / Noord-Brabant

Van Rossum's Troost
Oude Wanroijseweg 24
1 Apr - 1 Okt
+31 4 85 47 01 93
info@rossumstroost.nl
N 51°40'09" E 05°47'48"

1	ABEHKNOPQSU	F	6
2	ABPQWXYZ	ABFGH	7
3	BCFMSVX	ACEFGHKNPRTUVW	8
4	BDEFGHQR	FY	9
5	ADHMN	ABDEGHIJKORSXY	10

Anzeige auf dieser Seite 6A CEE — ① €24,00
5,5ha 45T(90-120m²) 111D — ② €31,60

A73 Ausfahrt Haps Richtung Mill. Nach St. Hubert Richtung Wanroij und der Beschilderung folgen. 105583

Rijen, NL-5121 RE / Noord-Brabant

Recreatiepark d'n Mastendol
Oosterhoutseweg 7-13
1 Apr - 29 Okt
+31 1 61 22 26 64
info@mastendol.nl
N 51°34'56" E 04°54'25"

1	ABDEKNOPQRSTU	BG	6
2	ABPQRXYZ	ABDEFGH	7
3	BLMS	ABCDEFJNQRTUVW	8
4	BCDFHIJNOPQ	EFUVW	9
5	ADEHJMN	ABEGHIOQY	10

B 10A CEE — ① €22,00
10,5ha 65T(100-120m²) 208D — ② €29,60

A27 Ausfahrt Oosterhout-Süd, Richtung Rijen. Über die A58, Ausfahrt Gilze-Rijen, dann die N282, Ausfahrt Oosterhout. CP-Schildern folgen. 105476

Schaijk, NL-5374 RK / Noord-Brabant

Charme Camping Hartje Groen
Udensedreef 14
1 Apr - 30 Sep
+31 4 86 46 46 46
contact@hartjegroen.com
N 51°43'37" E 05°37'59"

1	ABEHKNOPQSU	L	6
2	ABEKQRXYZ	ABDEFGK	7
3	BLMX	ABCDEFIJKNPQRTW	8
4	FHJX	BFV	9
5	ADHJKN	ABCGHJKNRSY	10

B 10-16A CEE — ① €38,00
10ha 65T(100-120m²) 16D — ② €52,00

Von A50 Ausfahrt Schaijk, Schildern folgen. 107655

Soerendonk, NL-6027 RD / Noord-Brabant

Oostappen Vakantiepark Slot Cranendonck
Strijperdijk 9
31 Mrz - 13 Okt
+31 4 95 59 16 52
info@slotcranendonck.nl
N 51°19'11" E 05°34'29"

1	ADEKNOPQSTU	AEGHN	6
2	APQXYZ	ABDEFGH	7
3	ABCDFJLMNSVX	ABCDEFJKNQRTUV	8
4	BCDFGHINP	AJVXY	9
5	CDEFHKLMN	ABEGHKNSTY	10

Anzeige auf Seite 151 B 6-10A CEE — €54,00
17,8ha 208T(100m²) 538D — €57,00

A2 Eindhoven-Weert, Ausfahrt Soerendonk, Richtung Soerendonk, Schildern folgen. 105591

Someren, NL-5712 PD / Noord-Brabant

De Kuilen
Kuilvenweg 15
1 Mrz - 31 Okt
+31 4 93 49 45 82
info@campingdekuilen.nl
N 51°22'39" E 05°40'19"

1	AEKNOPQSTU	A	6
2	AQWXY	ABFG	7
3	AFKMSUX	ABCDEFJNQRU	8
4	FHIJO	BCJY	9
5	DHN	ADGHJKOQY	10

Anzeige auf dieser Seite B 10A CEE — ① €22,10
3ha 45T(120m²) 25D — ② €31,20

A67 Ausfahrt 34 Richtung Heeze, danach Richtung Someren. Vor Someren rechts ausgeschildert. 122320

Schaijk, NL-5374 SC / Noord-Brabant

Recreatiepark De Heidebloem
Noordhoekstraat 5
1 Apr - 15 Okt
+31 4 86 46 15 25
info@deheidebloem.nl
N 51°43'17" E 05°39'25"

1	ABEJMOPQSU	AFH	6
2	QRY	ABDEFG	7
3	BFHILMNS	ABCDEFNPRTUVW	8
4	BDFGHIJ	EVY	9
5	DEFMN	ABHJKMORSY	10

Anzeige auf dieser Seite B 6A CEE — ① €30,00
13ha 50T(100m²) 182D — ② €35,50

A50 Nijmegen - 's Hertogenbosch, Ausfahrt Schaijk. Dort den Schildern folgen. 105580

St. Oedenrode, NL-5491 TE / Noord-Brabant

De Kienehoef
Zwembadweg 37
1 Apr - 24 Sep
+31 4 13 47 28 77
info@kienehoef.nl
N 51°34'39" E 05°26'46"

1	AEKNOPQSU	BGLN	6
2	AFJKQWXYZ	ABDEFGH	7
3	ABCFGLMSVX	ABCDFGHJNQRTUVW	8
4	BFGHI	UVW	9
5	ADEFHKN	ABCDHJKOPQXY	10

Anzeige auf Seite 157 4-10A CEE — ① €37,00
15ha 160T(80-100m²) 62D — ② €49,00

CP von der A2 (Ausfahrt 27) und A50 (Ausfahrt9) St. Oedenrode erreichbar. Richtung Schijndel hinter dem Ortsausgang. 1. Straße links, dann 2. Straße links. Ausgeschildert. 100807

Teilkarte Nord-Brabant auf Seite 150

Udenhout, NL-5071 RR / Noord-Brabant

Recreatiepark Duinhoeve	1 ADEKNOPQSU BG 6
Oude Bossche Baan 4	2 AQRWXYZ ABEFG 7
2 Apr - 25 Sep	3 ABFMV ABCDEFHIKNQRTUVW 8
+31 1 35 11 13 63	4 BFHJLO ABCHJVY 9
info@duinhoeve.nl	5 ABDEFK ABCEFHJKORSY 10
	B 6A CEE ❶ €40,00
N 51°38'11" E 05°07'05"	9ha 80T(100-120m²) 171D ❷ €53,00

A58 Breda-Tilburg-Den Bosch, Ausfahrt Udenhout (N65). Ab Waalwijk N261 Richtung Efteling. Hinter Efteling Ausfahrt Loon op Zand. Vorfahrtsstraße und dann den CP-Schildern folgen. 110733

Ulicoten/Baarle Nassau, NL-5113 BD / Noord-Brabant

Capfun Camping Ponderosa	1 ABCEILOPQRSTU BEGH 6
Maaijkant 23-26	2 QRWXYZ ABFGH 7
8 Apr - 1 Nov	3 ABCFLMSV ABCDEFGNQRTUVW 8
+31 1 35 19 93 91	4 BCDFHJKLNOP CELVW 9
ponderosa@capfun.com	5 ABDEFGHKLMN ABCEHKMORSY 10
	10A CEE ❶ €54,00
N 51°28'13" E 04°52'45"	22ha 132T(100-120m²) 469D ❷ €71,00

A16 Breda Ausfahrt Richtung Ulvenhout/Baarle Nassau, dann den Schildern folgen. In Ulicoten oder Chaam den CP-Schildern folgen. Nicht über die Fransebaan fahren! 105483

Valkenswaard, NL-5556 VB / Noord-Brabant CC€17

Oostappen Vakantiepark Brugse Heide	1 ADEKNOPQSTU AF 6
Maastrichterweg 183	2 ABQWXYZ ABDEFGH 7
31 Mrz - 13 Okt	3 ABCDFJLMSVX ABFGJKNQRTUV 8
+31 4 02 01 83 04	4 BDFHIJNP EVXY 9
info@vakantieparkbrugseheide.nl	5 DEFHIKLN ABDEGHJKNQXY 10
	Anzeige auf Seite 151 B 6A CEE ❶ €41,00
N 51°19'44" E 05°27'45"	7ha 82T(81-100m²) 114D ❷ €41,00

A2, Ausfahrt Valkenswaard, Richtung Achel. Schildern folgen. 105541

Vinkel, NL-5382 JX / Noord-Brabant CC€15

Vakantiepark Dierenbos	1 ABCDEJMOPQRSU AEGHLN 6
Vinkeloord 1	2 ABEJQRXYZ ABDEFGH 7
1 Apr - 30 Okt	3 ABFJLMRSV ABCDEFGJKNQRTUVW 8
+31 7 35 34 35 36	4 BFGHJKQ CHJV 9
info@dierenbos.nl	5 ACDEFHJKM ABDEGHJKMOQY 10
	Anzeige auf dieser Seite B 16A CEE ❶ €22,70
N 51°42'17" E 05°25'48"	55ha 546T(115-125m²) 457D ❷ €37,70

A59, Ausfahrt 51. CP ab hier angezeigt. 100806

Wanroij, NL-5446 PW / Noord-Brabant CC€19

Vakantiepark De Bergen	1 ADEJMOPQSTU HLMN 6
Campinglaan 1	2 AFJKQWXYZ ABFGH 7
31 Mrz - 30 Okt	3 ABCDFGJMSVX ABCDFGJKMNQRTUVW 8
+31 4 85 33 54 50	4 BCDFHJNP ABCEJQVWY 9
info@debergen.nl	5 CDEFGHKLMNO ABDEGHKMNOPQXY 10
	Anzeige auf Seite 153 B 10A CEE ❶ €39,90
N 51°38'26" E 05°48'40"	92ha 320T(80-125m²) 467D ❷ €52,30

A73 Ausfahrt Boxmeer nach St. Anthonis und rechts nach Wanroij. CP ausgeschildert. 105648

Veldhoven, NL-5504 PZ / Noord-Brabant CC€23

Vakantiepark Witven	1 ADEHJMOPQSTU LMN 6
Witvenseweg 6	2 AFJKPQWXYZ ABDEFGH 7
1 Apr - 24 Sep	3 ABCFGJLMVX ABCDFGJLNQRTUVW 8
+31 4 02 30 00 43	4 BFGHIK JV 9
info@witven.nl	5 ABDEFHKLN ABDFGHJKOPQY 10
	Anz. auf dieser Seite B 6-10A CEE ❶ €37,70
N 51°23'42" E 05°24'43"	13,3ha 117T(80-120m²) 171D ❷ €51,90

Umfahrung Eindhoven N2 Ausfahrt 32 Richtung Veldhoven. Danach den Schildern folgen. 105542

Wouwse Plantage, NL-4725 BC / Noord-Brabant

Camping GetAway	1 AEHKNOPQRSU AF 6
Bosbesstraat 65	2 APQXY ABFGK 7
1 Apr - 1 Nov	3 ALS ABEFMNQRW 8
+31 6 57 73 10 54	4 HR 9
info@mygetaway.nl	5 DELM ABFGJKOST 10
	10A CEE ❶ €20,00
N 51°29'00" E 04°23'37"	1,2ha 60T(100-150m²) 6D ❷ €28,00

A58 Ausfahrt 25 Richtung Wouwse Plantage: Camping im Zentrum ausgeschildert (plantagebaan.) 123977

Zeeland, NL-5411 RS / Noord-Brabant

Vakantiepark De Heische Tip	1 ABEHKNOPSU L 6
Straatsven 4	2 BEJQRWXY ABDEFGH 7
1 Apr - 1 Okt	3 ABFHIJLMSVX ABEFGINPQRTUVW 8
+31 4 86 45 14 58	4 BCDFHIJKLOQX BEFJV 9
info@heischetip.nl	5 ADEHKLM ABEFGHIKOPRSXY 10
	6A CEE ❶ €42,05
N 51°41'42" E 05°39'19"	18ha 80T(80-90m²) 346D ❷ €44,45

A50 Ausfahrt Ravenstein, dann Richtung Uden, bei Zeeland ausgeschildert. 105581

Veldhoven/Zandoerle, NL-5506 LA / N-Brabant CC€23

Vakantiepark Molenvelden	1 ABDEKNOPQSU BG 6
Banstraat 25	2 AQWXYZ ABDEFGH 7
31 Mrz - 2 Okt	3 ABCEFJLMSUVX ABCDEFGHJKNQRTUV 8
+31 4 02 05 23 84	4 BFGHIPQ JVW 9
molenvelden@kempenrecreatie.nl	5 DEFHKL ABCDEHJKNPQY 10
	Anzeige auf Seite 155 10A CEE ❶ €32,70
N 51°24'30" E 05°21'27"	14ha 90T(80-100m²) 215D ❷ €43,90

N2 Umfahrung Eindhoven, Ausfahrt 31 Richtung Veldhoven. Den Schildern folgen. 105538

Vessem, NL-5512 NW / Noord-Brabant CC€21

Eurocamping Vessem	1 AEKNOPQRSTU BFN 6
Zwembadweg 1	2 ABPQXYZ ABFG 7
25 Mrz - 1 Okt	3 ABCFGJLMNVX ABCDEFJMNPQRTUVW 8
+31 4 97 59 12 14	4 BCDFGHIJKNPQ ABCJVWY 9
info@eurocampingvessem.com	5 ABDEH ABDFGHJKOPQX 10
	Anzeige auf dieser Seite 6A CEE ❶ €34,45
N 51°24'38" E 05°16'35"	50ha 321T(100-200m²) 363D ❷ €48,45

A58 Ausfahrt 8 Oirschot, Richting Middelbeers, danach Vessem. CP ausgeschildert an der Straße Vessem-Hoogeloon. 105539

Niederlande

Afferden, NL-5851 AG / Limburg
CC€17 iD

Klein Canada
Dorpsstraat 1
31 Mrz - 30 Okt
+31 4 85 53 12 23
info@kleincanada.nl

1 AEHJMOPQSTU AEFHN 6
2 APQRTXY ABCEFGH 7
3 ABCFGKLMNSV ABCDEFGIJKMNQRTUVW 8
4 BDEHIJKOPQT AEJVY 9
5 ADEHKLMNO ABCEGHIKMORSY 10

Anzeige auf Seite 159 B 6-10A CEE
12ha 143T(100-120m²) 184D
① €35,00
② €47,50

N 51°38'20'' E 06°00'15''

A57 Grenzübergang Goch, Ausf. 2 Gennep nehmen. Dann links abbiegen auf N271. Nach ca. 4 km links abbiegen auf Dorpsstraat. Der Campingplatz befindet sich auf der rechten Straßenseite.

105647

Afferden, NL-5851 EK / Limburg
CC€19 iD

Roland
Rimpelt 33
1 Jan - 31 Dez
+31 4 85 53 14 31
info@campingroland.nl

1 AEHKNOPQRSTU BGHN 6
2 AQWY BEFGH 7
3 BDFJLMSTV ABCDEFIJNQRTUVW 8
4 BDFHJNOPQ CFJUV 9
5 ABCDEFHJLMN ABCEFGHIJKMOQY 10

Anzeige auf dieser Seite 6A CEE
H50 11ha 85T(80-120m²) 323D
① €34,70
② €44,90

N 51°38'04'' E 06°02'03''

A73 Nijmegen-Venlo, am Kreuz Rijkevoort über die A77 bis Ausfahrt 2 auf die N271 Nieuw-Bergen - Afferden, nach ca. 5 km Richtung Venlo, den Schildern folgen.

105650

Arcen, NL-5944 EX / Limburg
CC€17 iD

Klein Vink
Klein Vink 4
1 Jan - 31 Dez
+31 7 74 73 25 25
receptie.kleinvink@roompot.nl

1 ABCDEKNOPQRSTU EGLMN 6
2 ABEJKQRWXYZ ABDEFGH 7
3 ABDFGJMNSTU ABCDEFHJNPQRTUVW 8
4 BCFHJLOPQRSTUVWXYZ CJMRTVWY 9
5 ACDEFGHJKLM ABDEFGHIKMOPQXY 10

Anzeige auf Seite 159 B 10A CEE
17ha 310T(80-90m²) 691D
① €32,00
② €35,00

N 51°29'46'' E 06°11'04''

N271 Nijmegen-Venlo. Gut ausgeschildert.

100824

Baarlo, NL-5991 NV / Limburg
CC€19 iD

Oostappen Vakantiepark De Berckt
Napoleonsbaan Noord 4
31 Mrz - 13 Okt
+31 7 74 77 72 22
info@vakantieparkdeberckt.nl

1 ADEKNOPQRSTU EGHI 6
2 ABPQRXYZ ABCEFGH 7
3 ABFJKMSV ABCDEFGJKNQRTUVW 8
4 BDFHJKLNOPQTUV EVY 9
5 ACDEFHKL ABEGHIJKNOQXY 10

Anzeige auf Seite 159 10A CEE
40ha 350T(80-120m²) 560D
① €48,00
② €50,00

N 51°20'46'' E 06°06'20''

A73 Ausfahrt Baarlo (N273). Auf der N273 (Napoleonsbaan) liegt der CP auf der Westseite der Strecke, zwischen Blerick und Baarlo.

105662

Beesel, NL-5954 PB / Limburg
CC€19 iD

Petrushoeve
Heidenheimseweg 3
15 Mrz - 1 Okt
+31 7 74 74 19 84
info@campingpetrushoeve.nl

1 AEGHILOPQSTU 6
2 ABQRSTWXYZ ABDEFGK 7
3 LS ABCDEFJNQRTUVW 8
4 FGHK IVW 9
5 ADGN ABDFGHIJKOQ 10

Anzeige auf Seite 159 6-16A CEE
5ha 89T(120-140m²) 3D
① €26,00
② €41,00

N 51°15'08'' E 06°04'22''

Von der A73 Ausfahrt 18 Reuver/Beesel. Danach den Schildern Petrushoeve Recreatie folgen.

107653

Blitterswijck, NL-5863 AR / Limburg
CC€21 iD

't Veerhuys
Veerweg 7
31 Mrz - 1 Nov
+31 4 78 53 12 83
info@campingveerhuys.nl

1 ADEKNOPQSU FJNSY 6
2 ADIQRTVX ABEFG 7
3 ABLMSX ABFJNPQRUVW 8
4 FHJO G 9
5 ADHKLN ABCDFGHIJKOQXY 10

Anzeige auf Seite 159 B 6-10A CEE
H50 2,8ha 66T(72-150m²) 46D
① €39,60
② €52,20

N 51°31'52'' E 06°07'05''

A73 Ausfahrt 9 Richtung Wanssum. Am Kreisel in Wanssum rechts ab und sofort wieder links richtung Blitterswijck.

13304

Niederlande

Echt, NL-6102 RD / Limburg

CC€21 iD

Marisheem	1 AEKNOPQSU	AFH 6
Brugweg 89	2 APQWXYZ	ABDEFG 7
1 Apr - 30 Sep	3 ABGLMS	ABCDEFGNQRTW 8
+31 4 75 48 14 58	4 FH	9
info@marisheem.nl	5 DEHN	ABCDEGHIOQ 10
	Anzeige auf dieser Seite 10A CEE	❶ €36,40
N 51°05'33'' E 05°54'40''	12ha 40T(80-100m²) 225D	❷ €39,80
		105667

A2 Richtung Maastricht, Ausfahrt 45 Echt. Oder A73, Ausfahrt 22 Maasbracht. Weiter auf N276 Richtung Echt. Dann den Camping-Schildern folgen.

Epen, NL-6285 AD / Limburg

iD

Kampeerterrein Oosterberg	1 AEKNOPSU	6
Oosterberg 2	2 AIPQSXYZ	ABDEFGH 7
15 Mrz - 1 Nov	3 ALM	ABCDEFGJKNPQRT 8
+31 4 34 55 13 77	4 FGHIJKO	9
info@camping-oosterberg.nl	5 ADN	ABJKOQ 10
	B 6A CEE	❶ €26,90
N 50°46'19'' E 05°53'46''	H220 6ha 275T(100-120m²)	❷ €38,70
		108985

Kreuzung Kerensheide A79 Richtung Aachen Ausfahrt Simpelveld/ Vaals Richtung Maastricht. Ausfahrt Mechelen/Epen. Hier ist der CP durch braune Schilder angezeigt.

Epen, NL-6285 ND / Limburg

iD

Landschapscamping Alleleijn	1 ABEKNOPQSU	6
Terzieterweg 17	2 CIQUVWXY	ABDEFGH 7
16 Apr - 15 Okt	3 ALM	ABCDEFGHIJNPQRTW 8
+31 4 34 55 15 53	4 FGHIJO	W 9
reserveren@ campingalleleijn.nl	5 ADN	ABHJKOPQ 10
	10A CEE	❶ €29,00
N 50°45'24'' E 05°54'27''	H160 2,8ha 79T(100-140m²)	❷ €37,00
		118624

In Epen geradeaus und sofort hinter Epen dem Schild 'Terziet/ Sippenacken' folgen. Geradeaus, auch an dem Schild 'doodlopende weg'. Noch 1 km der Straße folgen. CP liegt links.

Gulpen, NL-6271 NP / Limburg

CC€23 iD

EuroParcs Gulperberg	1 AEKNOPQSTU	AGI 6
Berghem 1	2 AIQVWXY	ABDEFGH 7
1 Jan - 31 Dez	3 BFHILM	ABCDEFIJNQRTUVW 8
+31 4 34 50 23 30	4 ABCFGHJLO	ABCEFUVWX 9
kcc@europarcs.nl	5 ABCDEFHJLMN	ABDEFGHIJKOQY 10
	Anzeige auf Seite 137 10A CEE	❶ €43,50
N 50°48'25'' E 05°53'40''	H120 7,9ha 225T(100-120m²) 152D	❷ €57,50
		100834

A4 Aachen - Maastricht, Ausf. Bocholtz zur N281 Ri. Gulpen. An der letzen Ampel in Gulpen li. Den Schildern folgen. Mit GPS: Postleitzahl eingeben, dann Landsraderweg bis zur T-Kreuzung folgen, li. ab. CP nach 200m re.

Teilkarte Limburg auf Seite 158

Gulpen, NL-6271 PP / Limburg
CC€21 iD

Terrassencamping Osebos
Osebos 1
1 Apr - 5 Nov
+31 4 34 50 16 11
info@osebos.nl

1 ABE**KN**OPQSU AF 6
2 AIPQSVWXY ABDE**FGH** 7
3 ABF**L**MU ABCDFGJKNQRTUVW 8
4 BCFGHIJ 9
5 ACDEFGHLMN ABCDEGHJKORSY 10
Anzeige auf dieser Seite 6-10A CEE
H132 7ha 210**T**(100-120m²) 30**D**
① €41,00 ② €48,00

N 50°48'27'' E 05°52'15''
N278 Maastricht-Vaals. Vor Gulpen Richtung Euverem/Beutenaken, erste Straße rechts.
105671

Heel, NL-6097 NL / Limburg
CC€19 iD

Oostappen Vakantiepark Heelderpeel
De Peel 13
31 Mrz - 13 Okt
+31 7 74 77 72 24
receptie@vakantieparkheelderpeel.nl

1 AEH**KN**OPQRSTU BLN 6
2 AEJQRWY AEDE**FG** 7
3 BCFJMNS ABCDEFJNQRTW 8
4 BCDFHL EFVY 9
5 DHK ABEJKMNQY 10
Anzeige auf Seite 159 10A CEE
55ha 160**T**(100m²) 146**D**
① €52,00 ② €55,00

N 51°11'49'' E 05°52'31''
Von Eindhoven A2 Ausfahrt 41. Auf der N273 Richtung Venlo fahren. Nach ca. 3 km ist der CP links ausgeschildert.
100825

ACSI AWARDS 2022

GEWINNER

Campingplatz mit der schönsten Lage
Niederlande

Terrassencamping Osebos

Heerlen, NL-6413 TC / Limburg
CC€19 iD

Hitjesvijver
Willem Barentszweg 101
1 Jan - 31 Dez
+31 4 55 21 13 53
info@hitjesvijver.nl

1 ACDEH**KN**OPQST**U** BG 6
2 APQTVXYZ ABDE**FG** 7
3 ABF**L**MS ABCEFHJNQRTW 8
4 BCDFGHIJ CFJUVWY 9
5 ABDEFHLMNO ABDEFGHIJKN**O**Q 10
Anzeige auf dieser Seite 6-10A CEE
H83 4,5ha 113**T**(90-100m²) 57**D**
① €37,45 ② €53,15

N 50°55'16'' E 05°57'26''
Von Eindhoven: folge den Schildern A76 nach Heerlen; hinter Nuth re. der N281 folgen Ri. Heerlen; Ausf. Heerlen-Nord nehmen; am Ende li., am Kreisel bei McDonald's li., dann 1. Kreisel re., den Willem Barentszweg. Nach 800m CP li.
109665

Heijen, NL-6598 MH / Limburg
CC€17

Hoeve De Schaaf
Brem 11
31 Mrz - 30 Okt
+31 4 85 53 12 42
info@campingdeschaaf.nl

1 H**KN**OPQRSU BGH 6
2 BDKWXYZ ABDE**FG** 7
3 BFMSV ABEFJ**M**NQRUVW 8
4 BCDHJLO 9
5 AEHK HIJK**LN**QY 10
Anzeige auf Seite 159
10ha 43**T**(100-150m²) 280**D**
① €33,90 ② €46,30

N 51°39'51'' E 06°00'28''
A77, Ausfahrt 2 (Gennep). Nach 400m links auf N271 abbiegen. Nach 180m links abbiegen nach De Grens. Nach 700m zum Karrevenseweg. Nach 870m zu Brem.
25180

Heijenrath/Slenaken, NL-6276 PD / Limburg
iD

Heyenrade
Heyenratherweg 13
1 Apr - 1 Nov
+31 4 34 57 32 60
info@heyenrade.nl

1 ADE**KN**OPQSTU 6
2 PQWXY AB**FG** 7
3 A**L**U ABCE**F**JNQR 8
4 FGHI GVWX 9
5 ADHJMN ABHJKOQ 10
10A CEE
H220 4ha 120**T**(100m²) 107**D**
① €25,00 ② €29,00

N 50°46'28'' E 05°52'23''
N278 Maastricht-Vaals. Hinter Margraten Richtung Noorbeek. Von der Kreuzung Hoogcruts ausgeschildert.
105674

CampingCard ACSI, gut zu wissen

- Nur gültig auf teilnehmenden CampingCard ACSI-Campingplätzen
- Nur gültig in den mit dem Campingplatz vereinbarten Akzeptanzzeiträumen
- Zusatzkosten nicht inbegriffen
- Begrenzte Anzahl von Stellplätzen verfügbar

Teilkarte Limburg auf Seite 158

Hanssenhof
recreatie boerderij

Am Rande der Heldener Wälder liegt der Erlebnishof Hanssenhof. Schönes Gelände mit ausgezeichneten Sanitäranlagen, das sich an das 50+ Publikum richtet. Prima Rad- und Wanderwege in der Nähe. Familie Hanssen baut auch Spargel an und heißt Sie herzlich willkommen.

Kesselseweg 32-32a, 5988 NE Helden
Tel. 077-3072177
E-Mail: camping@hanssenhof.nl • Internet: www.hanssenhof.nl

Helden, NL-5988 NE / Limburg

Hanssenhof
Kesselseweg 32-32a
1 Apr - 8 Okt
+31 7 73 07 21 77
camping@hanssenhof.nl

1 AEH**KN**OPQST**U** 6
2 AQXY ABDE**FG** 7
3 **L**S ABEFHJNPQRUV 8
4 FHJQ EG 9
5 D ABCHIJKOQY 10
Anzeige auf dieser Seite B 6A CEE
3,5ha 80**T**(100m²) 5**D**
① €19,50
② €32,00

N 51°18'52" E 06°00'13"

Von der N277, Midden Peelweg, Ausfahrt Helden. Von Helden aus Richtung Kessel. Der CP ist nach 1 km rechts.
117494

Helden, NL-5988 NH / Limburg

Ardoer Camping De Heldense Bossen
De Heldense Bossen 6
24 Mrz - 29 Okt
+31 7 73 07 24 76
info@deheldensebossen.nl

1 AE**KN**OPQRSTU BEGH 6
2 ABQWXYZ ABDE**FG**HK 7
3 BCEFG**L**MSUV ABCDEFGHJK**M**NPQRTUVW 8
4 **A**BCDFHIJKLO**Q** ABEJV 9
5 ACDEFHLMN ABDEGHJKOPQXY 10
Anzeige auf dieser Seite B 10A CEE
30ha 347**T**(80-120m²) 405**D**
① €45,00
② €59,00

N 51°19'05" E 06°01'25"

N277, Midden Peelweg, Ausfahrt Helden fahren. Von Helden Richtung Kessel. Nach 1 km links ab. Nach ca. 1 km kommt der CP.
100823

Helden, NL-5987 NC / Limburg

't Vossenveld
Roggelseweg 131
25 Mrz - 15 Okt
+31 7 73 07 23 86
camping@vossenveld.nl

1 A**KN**OPQRST**U** 6
2 ABPQWY A**B**D**EFG**H 7
3 ASU ABCDE**F**HJNPRUVW 8
4 FHJ**Q** 9
5 D ABCGHIJKOQY 10
Anzeige auf dieser Seite 6-10A CEE
3,5ha 60**T**(100-160m²) 40**D**
① €17,50
② €25,00

N 51°17'57" E 05°58'01"

Von der A73 Ausfahrt 14 folgen Sie Panningen und dann Richtung Helden . An der N562 von Helden nach Roggel N275 einige Km hinter der Ortschaft Helden in Egchel links.
111070

CAMPING 'tVossenveld

Gemütlicher Seniorencamping mit großen komfortablen Plätzen, angelegt auf einem schönen und gepflegten Gelände in unterschiedlicher Bepflanzung. In einem Gebiet mit vielen Rad- und Wanderrouten. Beheiztes Sanitär und gratis WiFi.

Roggelseweg 131, 5987 NC Helden Tel. 077-3072386
E-Mail: camping@vossenveld.nl • Internet: www.vossenveld.nl

Herkenbosch, NL-6075 NA / Limburg

Huttopia De Meinweg
Meinweg 7
2 Jun - 29 Okt
+31 8 50 40 11 40
demeinweg@huttopia.com

1 BDE**KN**OPQST**U** BG 6
2 BQRUXYZ ABDE**FGI** 7
3 ABMS ABCDEFGHIKNPQRSTUW 8
4 ABCD**E**FGHI CDHJ 9
5 AGHMN ABFHJKNSTY 10
Anzeige auf dieser Seite 8-16A CEE
27ha 100**T**(90-120m²) 70**D**
① €29,40
② €29,40

N 51°09'43" E 06°05'32"

Nehmen Sie die A2 oder A73 in Richtung Roermond. In Roermond folgen Sie der Beschilderung Roermond-Ost/Melick. Nehmen Sie die Ausfahrt Herkenbosch und folgen Sie dann der Route "Natuurpark Meinweg" bis zur Ausfahrt Meinweg.
125387

Herkenbosch, NL-6075 NA / Limburg

Oostappen Vakantiepark Boschbeek
Meinweg 1B
1 Apr - 31 Okt
+31 4 93 32 69 77
info@parkboschbeek.nl

1 AE**KN**OPQRSTU 6
2 ABPQRXYZ AB 7
3 A**L** ABEFNQRUVW 8
4 JV 9
5 D ABFGHIKMQY 10
Anzeige auf Seite 159 10A CEE
11ha 80**T**(100m²) 50**D**
① €23,80
② €27,80

N 51°09'34" E 06°05'02"

A2 nach Roermond. Den Schildern Roermond-Oost und Melick folgen. Ausfahrt Herkenbosch "Naturpark Meinweg". Oostappen/Boschbeek wird nicht ausdrücklich erwähnt. In den Meinweg einbiegen, dann erster CP auf der linken Seite.
100826

Qualitätscampingplätze in **Limburg**

't Geuldal Meerssen | **Heldense Bossen** Helden

www.ardoer.com/de/**limburg**

Hulsberg, NL-6336 AV / Limburg

't Hemelke
Klimmenerweg 10
1 Apr - 30 Sep
+31 4 54 05 13 86
info@hemelke.nl

1 AE**KN**OPSU AFH 6
2 APQUVWXYZ ABDE**FGH** 7
3 ABF**JL**MSU ABCDEFGJK**M**NQRW 8
4 BCDFGHIJKO**R** 9
5 ABDEGHLMN ABDEFGHIJKMOQY 10
Anz. auf dieser Seite B 6-16A CEE
H100 7ha 330**T**(110-120m²)
① €36,00
② €50,00

N 50°53'16" E 05°51'46"

Von A2 Ausfahrt A76 Richtung Heerlen, Ausfahrt Nuth, dort Richtung Hulsberg, CP in Hulsberg ausgeschildert.
105675

Geelenhoof

Wohnwagen, Wohnmobile, Zelte, Faltwohnwagen
Vermietung von Chalets und Safarizelten, Ferienhäusern und Wanderhütten.

Kleiner, ruhiger und gastfreundlicher Camping mit großzügigen autofreien Komfortplätzen in ländlicher Umgebung. Viele Möglichkeiten zum Wandern und Radfahren. Ideale Lage in einer abwechslungsreichen Landschaft: Wälder, Heide, Felder, Wiesen und die 'Maasplassen'. In der Nähe von Roermond, Weert und der weißen Stadt Thorn. Auf dem Campingplatz gibt es eine Bowlingbahn, Indoor-Minigolf, einen Indoor-Spielplatz, einen Angelteich und Kettcars. Fahrradverleih (auch elektrisch und Tandem) auf dem Campingplatz. Saubere und beheizte Sanitäranlagen.

Camping & Activiteitencentrum Geelenhoof
Grathemerweg 16 • 6037 NR Kelpen-Oler
info@geelenhoof.nl • www.geelenhoof.nl • +31 495 651 858

Kelpen-Oler, NL-6037 NR / Limburg

Geelenhoof
Grathemerweg 16
18 Mrz - 31 Okt
+31 4 95 65 18 58
info@geelenhoof.nl

1 AEH**JM**OPQST**U** N 6
2 APQRWXY ABD**FG** 7
3 ABDFI**J**LMS**T**WX ABCDEFHJNPQRTUVW 8
4 FHJ BCFIJVWY 9
5 ADN ABDFGHIJKOQWY 10
Anz. auf dieser Seite B 6-10A CEE
H120 5ha 57**T**(120-150m²) 49**D**
① €25,10
② €33,70

N 51°12'35" E 05°49'47"

Von Norden kommend: A2, Ausf. 40 Kelpen/Oler. Auf der N280 an der Ampel die Ausf. Kelpen/Oler nehmen und der Durchgangsstraße folgen. Von Süden kommend: A2, Ausf. 41 Ri. Grathem. Ab der N273 den Campingschildern folgen.
110635

DE MEINWEG
+49 30 800 989 35 | www.huttopia.com

Niederlande

Kessel, NL-5995 RP / Limburg

CC€17 iD

Oda Hoeve
Heldenseweg 10
24 Mrz - 1 Nov
+31 7 74 62 13 58
info@odahoeve.nl

1 AEHKNOPQRSTU 6
2 AIQTWXY BEFGH 7
3 LS BDFHJMNPQRUV 8
4 AFHJO 9
5 DN ABHIJKORSY 10
Anzeige auf dieser Seite B 6A CEE ① €21,25
3,5ha 120T(180-200m²) 14D ② €29,25

N 51°17'54'' E 06°02'14''

Über den Napoleonsweg N273 nach Kessel. An der Ampel bei Kessel rechts Richtung Helden. Camping nach 800m auf der rechten Seite. 111805

Landgraaf, NL-6374 LE / Limburg

CC€21 iD

De Watertoren
Kerkveldweg 1
7 Apr - 2 Okt
+31 4 55 32 17 47
info@campingdewatertoren.nl

1 ADEKNOPQSU BG 6
2 ABQSXYZ ABDEFGH 7
3 ABFLMSVX ABCDEFGIJKNQRTW 8
4 BCEFGHIJO BGJVWY 9
5 ABDEFHLMN ABDEGHJKOPRSWY 10
Anz. auf dieser Seite B 6-10A CEE ① €44,00
H150 5,3ha 116T(100-150m²) 44D ② €57,00

N 50°54'38'' E 06°04'23''

A2 Ausf. 47 Born/Brunssum. Brunssum folgen. Von Maastricht/ Heerlen: Ausf. Kerkrade-West (Beitel) oder Beschilderung Park Gravenrode. Dann Hofstr.-Einsteinstr.-Dr. Calsstr.-Torenstr. Links ab im Kreisel Europaweg-Zuid. 108402

Maasbree, NL-5993 PB / Limburg

CC€23

Vakantiepark BreeBronne
Lange Heide 9
31 Mrz - 1 Nov
+31 7 74 65 23 60
info@breebronne.nl

1 EHKNOPQRSTU EGHL 6
2 ABEJRWXYZ ABDEFGJ 7
3 ABDGJMSV ABCDEFGIJKLMNPQRTUVW 8
4 BCFHJ ACJTVWY 9
5 ABDEHL AEFHIJKOSTY 10
Anzeige auf dieser Seite B 16A CEE ① €51,70
12ha 315T(80-120m²) 131D ② €64,90

N 51°22'27'' E 06°03'41''

A67 Ausfahrt Zaarderheiken/Venlo-West/Zuid und die N556 Richtung Maasbree. Weiter der CP-Beschilderung nach. 105658

Koningsbosch, NL-6104 RM / Limburg

iD

Böhmerwald
Krimweg 1
1 Apr - 30 Sep
+31 4 75 30 90 30
bohmerwald@online.nl

1 AJMOPQRSTU 6
2 AQRXY ABFG 7
3 AFM AEFNPRVW 8
4 FHJ F 9
5 DHN AHIJKMOSY 10
4-6A CEE ① €18,00
H59 2,3ha 94T(80-150m²) 2D ② €25,00

N 51°03'43'' E 05°56'24''

Von der A2 Ausfahrt 44 oder 45 Richtung Echt/Koningbosch. CP-Schildern folgen. 113488

Meerssen, NL-6231 RV / Limburg

CC€19 iD

't Geuldal
Gemeentebroek 13
1 Apr - 23 Dez
+31 4 36 04 04 37
receptie@camping-geuldal.nl

1 ADEKNOPQRSTU 6
2 ABDQWXYZ ABCDEFG 7
3 BELMSV ABCDEFGJNQRTUW 8
4 BCDFHJKLQ BCELVWX 9
5 ADEGHJLMN ABCDFGHJKOPRSY 10
Anz. auf dieser S. + 161 B 6-10A CEE ① €35,80
H56 8ha 132T(100-150m²) 95D ② €47,60

N 50°52'21'' E 05°46'17''

A2 Ausf. 51. 1. Kreisel links, 2. rechts und 3. links. Über die Gleisen links. Vor der Linkskurve rechts o. über die A79 Ri. Heerlen Ausf. 2. Dann Meerssen, Kreisel links: sofort hinter den Gleisen links. Wohnmobile höher als 2,8m siehe Webseite. 121591

ACSI AWARDS 2022

GEWINNER
Bestes Campingplatz-Restaurant Niederlande
Camping 't Geuldal

Meijel, NL-5768 PK / Limburg

CC€19 iD

Kampeerbos De Simonshoek
Steenoven 10
1/1 - 9/1, 1/3 - 31/12
+31 7 74 66 17 97
info@simonshoek.nl

1 ACEKNOPQRSTU BDG 6
2 ABQRWXY ABDEFGH 7
3 AFLMSU ABCDEFJNQRTW 8
4 FHO CFVY 9
5 ADHN ABCGHIJKNQY 10
Anzeige auf Seite 163 B 6A CEE ① €27,00
8,5ha 75T(120-130m²) 106D ② €40,00

N 51°20'23'' E 05°52'16''

A67 Eindhoven-Venlo, Ausfahrt Asten/Meijel Richtung Meijel. Nach ca. 12 km rechts ab. CP liegt dann nach 700m auf der rechten Seite. 105661

Teilkarte Limburg auf Seite 158

Melderslo, NL-5962 PA / Limburg — CC€19 iD

De Kasteelse Bossen
Nachtegaallaan 4
1 Jan - 31 Dez
+31 7 73 98 73 61
info@dekasteelsebossen.nl

1 ABEHKNOPQRSTU 6
2 AQRWXYZ ABDEFGHK 7
3 AFMSU ABCDFHJMNPQRTW 8
4 BFHIJOQ DEFHI 9
5 DEFHKN ABEGHIJKOSTY 10
Anzeige auf dieser Seite 6-16A CEE ❶ €25,30
3ha 52T(80-140m²) 9D ❷ €36,60

N 51°27'41'' E 06°04'20''
A73, Ausfahrt 10 Richtung Horst-Noord. An der Ampel links ab, der Straße folgen, dann den CP-Schildern. 115491

Noorbeek, NL-6255 PB / Limburg — CC€19 iD

Grensheuvel Natuurlijk Limburg
Voerenstraat 11
1 Jan - 31 Dez
+31 6 28 83 41 23
grensheuvelnatuurlijk limburg@gmail.com

1 AKNOPQRSTU 6
2 IPTVXY ABFG 7
3 A ABEFJNQRU 8
4 FH 9
5 ADHKN ABCDFGHJKOPRS 10
Anzeige auf dieser Seite 6A CEE ❶ €32,40
H190 2,5ha 70T(75-100m²) 40D ❷ €39,00

N 50°46'23'' E 05°48'07''
A2 Richtung Maastricht - Luik (Liège/Lüttich), Ausfahrt 56 Gronsveld. Über St. Geertruid und Mheer nach Noorbeek. Vor Noorbeek rechts ist der Camping Grensheuvel. Aus D: Von Aachen B278 Gulpen. Hinter Gulpen, De Hut rechts die N598 bis Hoogcruts. Dort rechts nach Noorbeek. 108406

Oost-Maarland/Eijsden, NL-6245 LC / Limburg

De Oosterdriessen
Oosterweg 1A
21 Apr - 18 Sep
+31 4 34 09 32 15
info@oosterdriessen.nl

1 BEJMOPQSU LNQS 6
2 AFJKPQWXYZ ABDEFGH 7
3 AMS ABCDEFGHNQRTW 8
4 FHJ BH 9
5 ABDHMN ABCFGJKNRSY 10
B 6A CEE ❶ €32,10
H52 8ha 230T(90-100m²) 6D ❷ €38,20

N 50°47'59'' E 05°42'24''
A2 Maastricht-Luik, Ausfahrt 56 (Gronsveld), dann Richtung Eysden, am Ende links und den braunen Schildern folgen. A2 Luik-Maastricht, Ausfahrt 56, links und Schildern folgen. 101569

Panningen, NL-5981 NX / Limburg — CC€21 iD

Beringerzand
Heide 5
1 Jan - 31 Dez
+31 7 73 07 20 95
info@beringerzand.nl

1 ADEKNOPQRSTU BEGHN 6
2 AQRWXYZ ABDEFGH 7
3 ABCDEFGJLMUV ABCDFGHIJKMNPQRTUV 8
4 ABCDFHJLOPQT BCFJ 9
5 ABDEFGHL ABDEFGHIKMOQY 10
Anzeige auf dieser Seite B 10A CEE ❶ €41,50
23ha 355T(80-100m²) 159D ❷ €55,50

N 51°20'56'' E 05°57'40''
A67 Ausfahrt 38, Richtung Panningen/Koningslust. Dann Schildern 'Beringerzand' zum CP folgen. 100822

Plasmolen/Mook, NL-6586 AE / Limburg — CC€21 iD

Camping Eldorado
Witteweg 18
31 Mrz - 30 Okt
+31 2 46 96 19 14
info@eldorado-mook.nl

1 AEKNOPQSTU FLMNSXZ 6
2 ACFIQRXYZ ABFG 7
3 ABCEMSV ABCDEFNQRUVW 8
4 BDEFHJ X 9
5 ACDEHKLMN BCEFGOY 10
Anzeige auf Seite 159 16A CEE ❶ €40,60
6ha 70T(70-100m²) 200D ❷ €52,80

N 51°44'08'' E 05°55'01''
A73 Ausfahrt 3 Malden. Richtung Malden folgen. An der Ampel rechts ab Richtung Mook. Nach ca. 7 km rechts in den Witteweg und der CP-Beschilderung folgen. 109751

Teilkarte Limburg auf Seite 158

Plasmolen, NL-6586 AL / Limburg

CC€17 iD

De Geuldert
Schildersweg 6a
31 Mrz - 1 Okt
+31 2 46 96 27 67
info@degeuldert.nl

1	AE**KN**OPS**U**		6
2	APQRWXYZ	ABDE**FG**H	7
3	B**L**MSV	ABCDEFJNQRTUVW	8
4	BCD**E**FGHJKOQ		9
5	ABDEHMN	ABEFGHIJK**O**QY	10

Anzeige auf dieser Seite 6-10A CEE — ① €30,00
4,7ha 84**T**(100m²) 40**D** — ② €39,80

N 51°44'13" E 05°55'47"

A57 Goch, Grenze zur A77. 1. Ausfahrt hinter der Grenze Gennep/Ottersum die N271 Richtung Nijmegen. Vor Plasmolen, Höhe Freizeitgelände Mookerplas, CP-Schild befolgen.

113490

Roermond, NL-6041 TR / Limburg

CC€23 iD

Resort Marina Oolderhuuske
Oolderhuuske 1
31 Mrz - 4 Nov
+31 4 75 58 86 86
info@oolderhuuske.nl

1	ADE**KM**OPQST**U**	**EG**LM**N**PQSTW**X**Y**Z**	6
2	ACEIJKQTWXY	ABCDE**FG**H	7
3	ABEFGM**N**SUV	ABCDEFGIJNQRTUVW	8
4	BHL**RST**	EJOPQRSVWY	9
5	ABDEGHL	ABDFGHIJKMOPQUY	10

Anzeige auf dieser Seite 6-16A CEE — ① €39,70
5,5ha 80**T**(80-200m²) 184**D** — ② €46,70

N 51°11'32" E 05°56'58"

Auf der N280 Ausfahrt Hatenboer/de Weerd nehmen. Dann direkt links ab und den braunen Schildern folgen mit Marina Oolderhuuske.

101397

Roggel, NL-6088 NT / Limburg

CC€23 iD

Recreatiepark De Leistert
Heldensedijk 5
1 Jan - 31 Dez
+31 4 75 49 30 30
info@leistert.nl

1	ADE**KN**OPQRSU	BEGHIMN	6
2	JQRWXYZ	ABCDE**FGH**	7
3	ABCDEFG**JL**MN**R**ST	ABCDEFIJK**M**NPQRTUVW	8
4	BDFHJLOU	BCEFJVWY	9
5	ACDEFGHKLMN**O**	ABDEFGHKM**O**PQXY	10

Anzeige auf Seite 165 B 10-16A CEE — ① €66,10
100ha 594**T**(90-130m²) 654**D** — ② €69,20

N 51°16'27" E 05°55'55"

Der Campingplatz liegt an der N562, zwischen Helden und Roggel, ca. 1 km vor Roggel.

101338

Reuver, NL-5953 HP / Limburg

CC€17 iD

Natuurplezier
Keulseweg 200
24 Mrz - 1 Nov
+31 7 74 74 54 85
info@natuurplezier.nl

1	AH**KN**OPQST**U**		6
2	BQRWXYZ	ABDE**FG**	7
3	AMS	ABDEFHNPQRTUVW	8
4	FHIK	IJ	9
5	D	ABDFGHJK**O**QW	10

Anzeige auf dieser Seite 6A CEE — ① €23,50
2ha 66**T**(120-135m²) 11**D** — ② €35,50

N 51°16'28" E 06°07'23"

Von Norden A73 Ausfahrt 17. Von Süden A73 Ausfahrt 18. Weiter auf der N271 Venlo-Roermond in Reuver die Ausfahrt nehmen, wo der CP ausgeschildert ist.

113345

Schimmert, NL-6333 BR / Limburg

CC€19 iD

Mareveld
Mareweg 23
15 Mrz - 30 Sep
+31 4 54 04 12 69
info@campingmareveld.nl

1	ADEH**KN**OPQS**U**	B	6
2	AIPQXYZ	AB**FG**	7
3	BFUX	ABCDEFJNQRTUV	8
4	BFGHKO	CFJ	9
5	DHKLN	ABDHJK**O**RSY	10

Anzeige auf dieser Seite 10A CEE — ① €32,50
H123 3,5ha 45**T**(80m²) 96**D** — ② €46,50

N 50°54'26" E 05°49'54"

A76, Ausfahrt Spaubeek, rechts Richtung Schimmert. In Schimmert die 2. Straße links. Der CP ist ausgeschildert.

113491

Schin op Geul/Valkenburg, NL-6305 PM / Limb.

CC€23 iD

Vinkenhof/Keutenberg
Engwegen 2a
1/1 - 3/1, 17/3 - 30/10, 17/11 - 31/12
+31 4 34 59 13 89
info@campingvinkenhof.nl

1	ADE**KN**OPQSTU	B	6
2	ACPQSWXYZ	ABDE**FG**H	7
3	AF**L**MSW	ABCDE**F**J**M**NPQRTUVW	8
4	BDFGHIJO	CDJ	9
5	ADEFGHLN	ABDGHIJKOQY	10

Anz. auf dieser Seite B 6-10A CEE — ① €40,00
H79 2,5ha 97**T**(80-100m²) 33**D** — ② €55,00

N 50°51'00" E 05°52'23"

Von A76 Ausfahrt Nuth, über Hulsberg nach Valkenburg, dort Richtung Schin op Geul.

108302

Teilkarte Limburg auf Seite 158

Sevenum, NL-5975 MZ / Limburg

CC€21 iD

De Schatberg
Middenpeelweg 5
1 Jan - 31 Dez
+31 7 74 67 77 77
info@schatberg.nl

1 ADEKNOPQRSTU AEGHILMNW 6
2 ABEJKQWXYZ ABCDEFGI 7
3 ABCDEFGJKLMRSTUV ABCDEFGIJKMNQRTUVW 8
4 BCDFHIJLMNOPQU BEGIJRVW 9
5 ACDEFGHIJKLM ABDEGHIKMOSTXY 10
Anzeige auf Seite 167 B 10-16A CEE ❶ €51,75
96ha 450T(100-150m²) 721D ❷ €65,25

N 51°22'58" E 05°58'34"

Von A67 Eindhoven-Venlo, Ausfahrt 38 Helden, Schildern folgen. CP an der N277, Midden Peelweg. 101568

- Kinderfreundlicher sehr großzügig angelegter Familiencamping an Wald und See (Rudern, Tretboote, Surfen).
- Separates, sicheres Strandbad mit großer Wasserrutschbahn und Spielplatz.
- Reines und ständig frisches Schwimmwasser.
- 150 große (120-150 m²) Stellplätze mit TV-Anschluss und Internet, auch Komfortplätze.
- Prächtige Saisonplätze, keine Jahresplätze.
- Spielplatz, Minigolf, Tennisplätze, Sportfelder, Spielecke, perfekte Angelstellen.
- Eigene Radrouten durch das Peel- und Maastal.

★★★★

www.wittevennen.nl

Parc de Witte Vennen
Rust, Ruimte en échte Gastvrijheid

Ermäßigung in Vor- und Nachsaison

Sparrendreef 12, 5807 EK Venray-Oostrum Tel. 0478-511322

Slenaken, NL-6277 NP / Limburg

iD

Camping Welkom
Hoogcruts 27
1 Jan - 31 Dez
+31 4 34 57 12 96
info@campingwelkom.nl

1 ABEKNOPQSTU 6
2 AIPQWXY ABDEFG 7
3 F ABCDFGJKNPQRUVW 8
4 FGHIJKO 9
5 DEFGHKN ABCFGJKOQ 10
10A CEE ❶ €28,00
1,8ha 60T(140-150m²) 30D ❷ €35,00

N 50°46'30" E 05°50'42"

A2 bei Maastricht, Ausfahrt N278 Vaals/Cadier en Keer. Schilder bis Margraten folgen. Ampel geradeaus. Nach 1,5 km rechts, Ausfahrt Slenaken/De Planck. Nach ca 3 km Ausfahrt Slenaken, hier links. Nach 250m CP links. 119975

panoramacamping COLMONT

- Panoramacamping (180m ü.M.) inmitten des südlichen Limburger Höhenzugs.
- Sonnige- und schattige Plätze und grüne, Hartplätze für Wohnmobile
- Sauber gepflegte Sanitäranlagen
- Beheiztes Freibad
- Imbiss und Restaurant mit kleiner Karte
- Idealer Ausgangspunkt für Radfahrer, Wanderer und Ausflüge nach Maastricht, Valkenburg, Aachen und Lüttich.
- Gratis WLAN.

Na dann bis bald!

Familie Pot
Colmont 2, 6367 HE Voerendaal • Tel. 045-5620057
E-Mail: info@colmont.nl • Internet: www.colmont.nl

Smakt/Venray, NL-5817 AA / Limburg

Camping De Oude Barrier
Maasheseweg 93
1 Jan - 31 Dez
+31 4 78 58 23 05
info@deoudebarrier.nl

1 BJMOPQSTU AFH 6
2 ABPRXYZ ABFG 7
3 ABFMNX ABEFJNQRTUVW 8
4 FHIJ C 9
5 AEM ABEHIJKS 10
B 4-6A CEE ❶ €21,85
8,5ha 40T(100-200m²) 87D ❷ €30,95

N 51°33'17" E 06°00'11"

A73 Venray-Noord Ausfahrt 8 (kurz hinter McDonalds), dann Richtung Maashees (900m). 105656

St. Geertruid, NL-6265 NC / Limburg

iD

De Bosrand
Moerslag 4
1 Apr - 1 Nov
+31 4 34 09 15 44
info@campingdebosrand.nl

1 ADEKNOPQSTU 6
2 ABQUVWXYZ ABDEFGH 7
3 ABLMX ABCDEFJNQRTW 8
4 FHJO BJ 9
5 ABDEFHJKLMN ABCFGHJKORS 10
6A CEE ❶ €29,00
H80 3,5ha 118T(80-100m²) 47D ❷ €33,00

N 50°47'08" E 05°44'54"

A2 Ausfahrt 57 Oost-Maarland Richtung St. Geertruid, CP-Schildern folgen. Aus Richtung Süden Ausfahrt 58, CP-Schildern folgen. 105595

Vaals, NL-6291 NM / Limburg

CC€23 iD

Camping Hoeve de Gastmolen
Lemierserberg 23
15 Mrz - 31 Okt
+31 4 33 06 57 55
info@gastmolen.nl

1 AEHKNOPQSU 6
2 CIPQSUVWXYZ ABDEFGH 7
3 ALMS ABCDEFGJNQRTUVW 8
4 FGHIJO 9
5 ADMN ABDFGJKNQ 10
Anzeige auf dieser Seite 6-10A CEE ❶ €37,00
H160 6ha 97T(100-140m²) ❷ €48,00

N 50°46'44" E 06°00'17"

A76 Kreuz Bochholtz Ri. N281. Bei Nijswiller N278 Ri. Vaals. Kurz vor Vaals ist der CP ausgeschildert. Achtung: die GPS-Werte führen nicht zur Haupteinfahrt des CPs, sondern zur nächsten Kreuzung Ri. CP. 105673

Camping Hoeve de Gastmolen

Hoeve de Gastmolen ist ein ehemaliger Bauernhof aus dem Beginn des vorigen Jahrhunderts, am Tal des Selzerbeek. Empfehlenswert für Camper, die Ruhe und Freiraum lieben. Die Umgebung werden Sie als ein Stückchen Ausland in den Niederlanden erleben. Nahe gelegene wunderschöne Naturlandschaften sind u.a. der Sneeuwberg, das Geultal, die Ardennen und die Eifel.

Lemierserberg 23, 6291 NM Vaals • Tel. +31 433065755
E-Mail: info@gastmolen.nl • Internet: www.gastmolen.nl

Valkenburg aan de Geul, NL-6325 AD / Limburg

CC€21 iD

De Cauberg
Rijksweg 171
24/3 - 29/10, 10/11 - 22/12
+31 4 36 01 23 44
info@campingdecauberg.nl

1 AEKNOPQSU 6
2 AIPQTVXYZ ABFGH 7
3 AL ABDFJNQRTUW 8
4 FGH F 9
5 ABDEGHN ADEFGHJKOQ 10
Anzeige auf Seite 167 6-16A CEE ❶ €36,00
H131 1ha 55T(70-110m²) 5D ❷ €47,50

N 50°51'24" E 05°49'08"

A2 Ausfahrt 53 Richtung Berg en Terblijt/Valkenburg. Nach 5 km ist der CP ausgeschildert, links der Straße. 110294

Valkenburg aan de Geul, NL-6301 WP / Limburg

CC€19 iD

Valkenburg-Maastricht
Stoepertweg 5
6 Apr - 31 Dez
+31 4 54 05 92 92
info@camping-valkenburg.com

1 ADEJMOPQSU B 6
2 AQWXYZ ABDEFG 7
3 AFLMX ABCDFJKNQRT 8
4 FGHJO BCJVW 9
5 ABDGHN ABCFGHIJKOPQY 10
Anzeige auf dieser Seite B 10A CEE ❶ €32,50
H137 8ha 260T(100-120m²) 68D ❷ €45,50

N 50°52'50" E 05°50'00"

A2 von Norden: A76 Richtung Heerlen, Ausfahrt Nuth, am Ende der Ausfahrt links Richtung Valkenburg. Hinter Hulsberg den CP-Schildern folgen. Von Süden: A79 Richtung Heerlen, Ausfahrt 4 und CP-Schildern folgen. 100832

Valkenburg/Berg en Terblijt, NL-6325 PE / Limb.

CC€23 iD

EuroParcs Poort van Maastricht
Rijksweg 6
1 Jan - 31 Dez
+31 8 80 70 80 90
kcc@europarcs.nl

1 ADEKNOPQSU DG 6
2 APQTWXYZ ABCEFGH 7
3 ABLMV ABCDEFGIJKNQFTUVW 8
4 BFHJ CJUVWX 9
5 ABDEHM ABCDEFGHJKOQY 10
Anzeige auf Seite 137 B 10A CEE ❶ €45,50
H160 6,5ha 150T(100m²) 76D ❷ €59,50

N 50°51'36" E 05°46'21"

Ab der A2 bei Maastricht Abfahrt 53 Richtung Berg und Terblijt. CP liegt nach 3 km an der rechten Straßenseite, kurz vor dem Kreisel. 100828

ACSI **Einrichtungsliste**

Die Einrichtungsliste finden Sie vorne im aufklappbaren Deckel des Führers. So können Sie praktisch sehen, was ein Campingplatz so zu bieten hat.

Teilkarte Limburg auf Seite 158

Venray/Oostrum, NL-5807 EK / Limburg

CC€21 iD

ParcCamping de Witte Vennen
Sparrendreef 12
25 Mrz - 28 Okt
+31 4 78 51 13 22
info@wittevennen.nl

1 ACEH**JM**OPQRSTU — FHLMNQX 6
2 AEJKPQXYZ — ABDE**FG**H 7
3 ABFG**JL**MNSVX — ABDFJKNQRTUVW 8
4 **A**BFHIJKO**QTV** — CJTVWY 9
5 ADEGHN — ABCDEFGHIJKOQVYZ 10

Anzeige auf Seite 166 B 6-10A CEE — ① €32,70
17ha 150**T**(120-150m²) 56**D** — ② €44,90

N 51°31'25'' E 06°02'08''

A73 Ausfahrt 9 Venray/Oostrum, N270 Richtung Oostrum. Beim 1. Kreisverkehr geradeaus, beim 2. Kreisverkehr rechts, dann gleich links.

109947

Vijlen, NL-6294 NE / Limburg

iD

Cottesserhoeve
Cottessen 6
1 Apr - 1 Okt
+31 4 34 55 13 52
info@cottesserhoeve.nl

1 AE**KN**OPQSU — BG 6
2 CIQSTVWXYZ — ABDE**FGH** 7
3 BF**L**M — ABCDE**F**JNQRTUW 8
4 BFGHJLO — EI 9
5 ABDEGHKMN — ABEGHJK**O**RSY 10

6-10A CEE — ① €41,00
H155 5,5ha 192**T**(90-100m²) 116**D** — ② €50,00

N 50°45'34'' E 05°56'26''

Vom A76 Kreuz Bochholz Richtung N281. In Nijswiller N278 Richtung Vaals. Ausfahrt Vijlen. In Vijlen Richtung Epen. Danach ausgeschildert.

105672

Vijlen, NL-6294 NB / Limburg

CC€23 iD

Rozenhof
Camerig 12
1 Jan - 31 Dez
+31 4 34 55 16 11
info@campingrozenhof.nl

1 ADEH**KN**OPQSU — BG 6
2 IQSUVXYZ — ABDE**FG**H 7
3 BF**L**M — ABCDE**F**JNQRUV 8
4 BFGHIJO**Q** — BEJ 9
5 ACDELMN — ABDFGHKOQ 10

Anzeige auf dieser Seite B 10A CEE — ① €36,50
H164 2ha 69**T**(bis 110m²) 35**D** — ② €50,00

N 50°46'12'' E 05°55'45''

A4 Ausfahrt 2 Aachen-Laurensberg, L260 Vaalserquartier/Vaals. An der T-Kreuzung rechts zur B1 Richtung Grenze NL/Vaals. Am Ortsausgang Vaals Richtung Raren, weiter Vijlen Camerig. Weiter ausgeschildert.

100835

Voerendaal, NL-6367 HE / Limburg

CC€21 iD

Colmont
Colmont 2
31 Mrz - 1 Okt
+31 4 55 62 00 57
info@colmont.nl

1 AE**KN**OPQSU — BG 6
2 AIPQSVWXYZ — ABDE**FG**H 7
3 ABF**L**MU — ABCDEFJKNQRTW 8
4 FGHIJO**PQ** — BCUVWX 9
5 ABDEFGHKMN — ABDFGHIJKOPQY 10

Anzeige auf Seite 166 6-10A CEE — ① €30,50
H180 4ha 150**T**(80-120m²) 44**D** — ② €37,50

N 50°51'08'' E 05°56'03''

A79 Kreuz Voerendaal Richtung Kunrade. Dort Richtung Ubachsberg. Im Zentrum Ubachsberg ausgeschildert.

105670

Teilkarte Limburg auf Seite 158

Well, NL-5855 EG / Limburg
CC€23 iD

Leukermeer	1 ADEHJMOPQRSTU	BEGLNQSWXYZ	6
De Kamp 5	2 BEIJPQRSWXYZ	BDEFGH	7
31 Mrz - 30 Okt	3 BEFGHIJLMNQSUVX	ABCDFGIJKNQRTUVW	8
+31 4 78 50 24 44	4 ABCDFHIJLMOPQRSTUX	JORTUVWXY	9
vakantie@leukermeer.nl	5 ACDEFGHKL	ABCEFGHIJKMNOPQWXY	10
	Anzeige auf dieser Seite B 10A CEE		① €55,00
N 51°34'03'' E 06°03'38''	H50 14ha 255T(100m²) 177D		② €55,00

Von Venlo in Höhe von Well dem Schild 't Leukermeer folgen. Von Nijmegen über Bergen und Aijen dem Schild 't Leukermeer folgen. Oder A73 Ausfahrt 9 via N270 Richtung Wanssum. 105652

Wessem, NL-6019 AA / Limburg
iD

Comfortparc Euroresorts Wessem	1 ADEKNOPQRSTU	LQSXYZ	6
Waage Naak 38	2 AEKQWXY	ABFGH	7
1 Apr - 1 Nov	3 ABMS	ABCDEFJNQRUW	8
+31 4 75 56 12 21	4 J	NOPV	9
info@comfortparc.com	5 ADELN	ABCFGHJKMORSY	10
	10A CEE		① €30,70
N 51°09'13'' E 05°52'38''	4ha 20T(100m²) 76D		② €35,70

A2, Ausfahrt 41 Thorn/Wessem. Oder Ausfahrt 42 Wessem. Oder A73, Ausfahrt Maasbracht und dann A2 Ausfahrt 41. In Wessem folgen Sie der Beschilderung zum ComfortParc Wessem. Die Rezeption des Campingplatzes befindet sich weiter hinten im Havenkantoor. 117155

Wijlre, NL-6321 PK / Limburg
CC€21 iD

De Gele Anemoon	1 ABDEHJMOPSU	F	6
Haasstad 4	2 CQXYZ	ABDEFGK	7
1 Apr - 30 Sep	3 ALM	ABEFHJKNPQRTW	8
+31 8 80 99 09 57	4 FGHIJO		9
degeleanemoon@nivon.nl	5 DMN	BDFHJKNQY	10
	Anzeige auf dieser Seite B 6A CEE		① €25,70
N 50°50'26'' E 05°52'46''	H80 1,1ha 51T(90-100m²) 10D		② €36,20

A2 bis Maastricht, dann Richtung Vaals. In Gulpen Richtung Wijlre. In Wijlre ausgeschildert. 118233

Wijlre, NL-6321 PK / Limburg
CC€21 iD

De Gronselenput	1 ADEHKNOPSU		6
Haasstad 3	2 CQTWXY	ABDEFG	7
1 Apr - 30 Sep	3 ABEFLM	ABCDEFJNQRUV	8
+31 4 34 59 16 45	4 BFGHIJO	A	9
gronselenput@nivon.nl	5 ABDGHMN	ABDFHJKOQU	10
	Anz. auf dieser Seite 10-16A CEE		① €32,00
N 50°50'31'' E 05°52'38''	H80 2ha 60T(60-120m²) 4D		② €40,00

A2 bis Maastricht, dann Richtung Vaals. In Gulpen Richtung Wijlre, dort ausgeschildert. 108305

Teilkarte Limburg auf Seite 158

Belgien

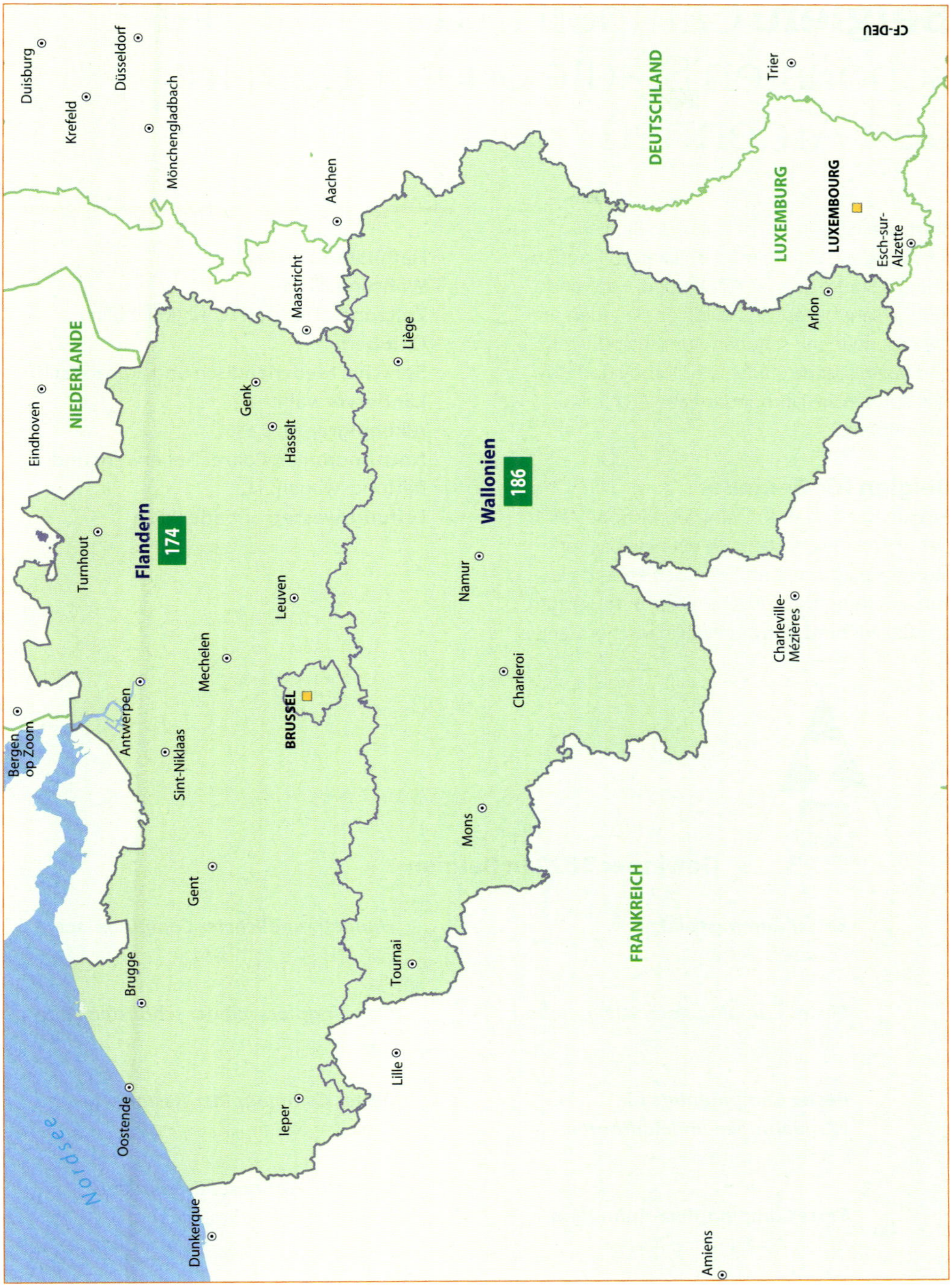

Duisburg
Krefeld
Düsseldorf
Mönchengladbach
Aachen
DEUTSCHLAND
Trier
CF-DEU
LUXEMBURG
LUXEMBOURG
Esch-sur-Alzette
Arlon
Maastricht
Liège
NIEDERLANDE
Eindhoven
Genk
Hasselt
Wallonien
186
Flandern
174
Turnhout
Namur
Leuven
Charleville-Mézières
Mechelen
Charleroi
BRUSSEL
Antwerpen
Bergen op Zoom
Sint-Niklaas
Mons
Gent
FRANKREICH
Tournai
Brugge
Lille
Oostende
Ieper
Nordsee
Dunkerque
Amiens

Belgien: Campen in der Nähe der schönsten Städte oder mitten in den Ardennen

Es ist kein Geheimnis, dass man in Belgien hervorragend Urlaub machen kann. In Flandern sind die Städte Brüssel, Antwerpen, Gent und Brügge sehr beliebt. In Wallonien befinden sich die Ardennen mit schönen Aussichtspunkten und faszinierende Städte wie Durbuy und Huy. Hier können Sie jahrhundertealte Architektur bewundern.

Belgien für Genießer

Belgien ist bekannt für seine lebensfrohe Art. Das wird deutlich, wenn Sie die beliebtesten Museen in Brügge besuchen. Schlendern Sie vom Frietmuseum vorbei am Biermuseum zum Schokoladenmuseum – ein kulinarischer Genuss!

Hauptstadt: Brüssel
Währung: Euro
Zeitzone: UTC +1, UTC +2 (März bis Oktober)
Sprache: Niederländisch und Französisch
Ländervorwahl: +32
Alkoholgrenze: 0,5‰
Notrufnummer: Polizei, Feuerwehr und Rettungswagen: 112
Leitungswasser: unbedenklich

ACSI AWARDS

Gewinner 2022 in Belgien

Bester Campingplatz
Camping Hohenbusch

Bestes Campingplatz-Schwimmbad
Camping Goolderheide

Bester Campingplatz für Wanderungen und Radtouren
Camping Houtum

Beste Campingplatz-Animation
Ardennen Camping Bertrix

Hundefreundlichster Campingplatz
Camping De Lombarde

Campingplatz mit der schönsten Lage
Camping Le Prahay

Bestes Campingplatz-Restaurant
Camping Natuurlijk Limburg

Schönste Wohnmobilstellplätze
Kompas Camping Nieuwpoort

In Brüssel und Antwerpen können Sie durch das historische Stadtzentrum spazieren. In beiden Städten finden Sie zahlreiche Spitzenrestaurants und eine Vielzahl an Geschäften. In Brüssel sollten Sie auf keinen Fall die Brunnenfigur Manneken Pis oder den Grand Place verpassen, wo Sie die alten Zunfthäuser bewundern können. Und wussten Sie, dass Manneken Pis sogar ein weibliches Gegenstück hat, Jeanneke Pis? Sie finden sie in der Nähe des berühmten Cafés Délirium mit seiner großen Bierauswahl.

Natur in den Ardennen

Die Ardennen sind seit Jahrzehnten bei Touristen sehr beliebt, was nicht überrascht. Die grünen Wälder sind ideal zum Radfahren, Wandern und für weitere Sportarten. Zudem sind die Ardennen als Ziel zahlreicher Outdoor-Aktivitäten und Survival-Trips bekannt. Machen Sie eine Abseilaktion, entdecken Sie besondere Höhlen wie die Höhlen von Han oder begeben Sie sich auf einen Survival-Tag in der rauen Natur.
Im Winter eignen sich die Ardennen sehr gut zum Skifahren, Langlaufen oder um einfach nur den Schnee zu genießen.
Im Osten, nicht weit von der deutschen Grenze entfernt, befindet sich die belgische Formel-1-Rennstrecke Spa-Francorchamps. Autofans und Geschwindigkeitsfanatiker können sich hier in aller Ruhe austoben.

Tanken

Benzin (Euro 95, E10 und Super Plus 98) ist leicht erhältlich (wenn Sie E10 tanken wollen, prüfen Sie den Tankdeckel, die Betriebsanleitung oder fragen Sie die Werkstatt Ihres Autohändlers, ob Ihr Auto damit fahren kann, ansonsten Super Plus 98 tanken). Diesel und LPG sind überall erhältlich. Für die Betankung mit LPG wird der Euro-Adapter (acme) verwendet. Die meisten Tankstellen sind mindestens von 8 bis 20 Uhr und an den

Gewinner: Camping Hohenbusch

Autobahnen meist Tag und Nacht geöffnet. Außerdem gibt es viele unbemannte Tankstellen.

"Belgien ist ein kleines Land, aber es gibt überall schöne Dinge zu entdecken, sei es in der Natur oder in der Kultur"

Frau A. Cousin, Inspektorin 821

Ladestationen

Es gibt einen Unterschied zwischen dem wallonischen und dem flämischen Teil Belgiens, wenn es um die Gebühren geht. Wallonien ist noch nicht so sehr auf E-Mobilität eingestellt, was zum Teil auf ein veraltetes Energienetz zurückzuführen ist. Die Durchgangsstraßen in Flandern sind gut mit Schnellladestationen ausgestattet. Außerdem finden Sie in Flandern mehr öffentliche Ladestationen als in Wallonien.

Verkehrsregeln

Abblendlicht ist bei Dunkelheit, schlechter Sicht und im Tunnel vorgeschrieben. An einer gleichberechtigten Kreuzung hat der Verkehr von rechts Vorfahrt. Straßenbahnen haben immer Vorrang. Der Verkehr in einem Kreisverkehr hat Vorrang, wenn dies durch Verkehrszeichen angezeigt wird. Auf Bergstraßen hat bergauf

fahrender Verkehr Vorrang vor dem talfahrenden. Telefonieren am Steuer ist nicht erlaubt, auch nicht, wenn das Auto still steht (Freisprechanlagen erlaubt).
Kinder unter 1,35 m Körpergröße müssen in einem Kindersitz sitzen. Sie können eine Navigationssoftware verwenden, die vor Radarkontrollen oder Streckenkontrollen warnt. Winterreifen sind nicht vorgeschrieben.

Sondervorschriften

Rauchen ist im Auto in Anwesenheit eines Kindes verboten. Beim Einfädeln droht ein Bußgeld, wenn Sie zu früh einfahren oder einem Einfädelnden keine Vorfahrt gewähren.
Beim Überholen von Radfahrern (auch auf einem Radweg) müssen Sie einen Seitenabstand von mindestens 1,50 Metern einhalten. Das Hochdrehen des Motors ist verboten, wenn Sie für längere Zeit stillstehen, z. B. an einem Bahnübergang.

Vorgeschriebene Ausstattung

Warndreieck und Warnweste sind im Auto Pflicht. Ein Erste-Hilfe-Kasten und ein Feuerlöscher sind nur in Fahrzeugen mit belgischem Kennzeichen vorgeschrieben.

Reisemobil und Caravan

Ein Reisemobil oder eine Auto-Wohnwagen-Kombination darf bis zu 4 m hoch, 2,55 m breit und 18,75 m lang sein (der Wohnwagen selbst darf bis zu 12 m lang sein).

Fahrrad

Ein Fahrradhelm ist nicht vorgeschrieben. Es ist verboten, während des Radfahrens zu telefonieren oder ein Mobiltelefon zu benutzen. Es ist nicht erlaubt, einen Passagier auf dem Gepäckträger zu befördern (ein Kind ist auf einem Kindersitz erlaubt).

Maut

Für den Liefkenshoek-Tunnel in der Nähe von Antwerpen ist eine Maut zu entrichten.
Weitere Informationen: liefkenshoektunnel.be.

Umweltzonen

In Belgien gibt es in den Städten Antwerpen, Brüssel und Gent Niedrigemissionszonen (LEZ). Ganz Wallonien wird ab 2023 eine Zone de basses émissions (ZBE) sein. Die Gemeinden können dies früher einführen. Fahrzeuge werden mit Kameras registriert. Wenn Sie in eine LEZ mit einem Fahrzeug einfahren, welches nicht in der LEZ erlaubt ist, riskieren Sie eine hohe Geldstrafe.

Weitere Informationen: lez.brussels, slimnaarantwerpen.be, stad.gent, vlaanderen.be/lage-emissiezones-lez und walloniebassesemissions.be.

"Das Angebot an Rad- und Wanderwegen ist fantastisch und ich genieße die köstlichen belgischen Biere"

Herr. J. Verrezen, Inspektor 140

Panne und Unfall

Stellen Sie das Warndreieck mindestens 100 m hinter dem Auto auf, wenn Sie sich an einem Ort befinden, an dem das Anhalten verboten ist. Der Fahrer muss eine Warnweste tragen. Im Falle einer Panne rufen Sie die Notrufnummer Ihres Pannenhilfsdienstes an. Sie können auch einen belgischen Pannendienst anrufen: +32 70 344 777 (Touring Belgium Go) oder +32 70 344 666 (VAB). Das Abschleppen ist auf Autobahnen und Schnellstraßen verboten; Sie müssen einen Abschleppdienst rufen.

Camping

Die belgischen Campingplätze sind überwiegend von angemessener bis guter Qualität. Belgische Campingplätze sind im Allgemeinen kinderfreundlich. Oft gibt es ein Unterhaltungsprogramm und in der Regel sind viele Einrichtungen wie Spiel- und Sportplätze vorhanden. Wildcamping außerhalb der Campingplätze ist nur mit Genehmigung der Polizei oder des Grundstückseigentümers erlaubt. In Flandern und an der Küste ist das wilde Campen nicht erlaubt.

Klima Brüssel	Jan.	Feb.	März	Apr.	Mai	Jun.	Jul.	Aug.	Sept.	Okt.	Nov.	Dez.
Durchschnittliche Höchsttemperatur	6	6	10	13	18	20	22	23	19	14	9	7
Durchschnittliche Anzahl der Sonnenstunden pro Tag	2	3	4	5	6	7	6	6	5	4	2	1
Durchschnittliche monatliche Niederschlagsmenge (mm)	71	53	74	54	70	78	69	64	63	68	79	79

Klima Oostende	Jan.	Feb.	März	Apr.	Mai	Jun.	Jul.	Aug.	Sept.	Okt.	Nov.	Dez.
Durchschnittliche Höchsttemperatur	6	7	9	11	15	18	20	21	18	15	10	7
Durchschnittliche Anzahl der Sonnenstunden pro Tag	2	3	5	7	7	8	7	7	6	4	2	1
Durchschnittliche monatliche Niederschlagsmenge (mm)	63	45	55	46	56	67	59	57	80	78	84	73

Adinkerke/De Panne, B-8660 / West-Vlaanderen

Kindervreugde**	1 ABEJMOPQRSTU N 6
Langgeleedstraat 1a	2 APQWXYZ ABFG 7
1 Apr - 30 Sep	3 ALUV ABFGNPQRTUVW 8
+32 4 96 77 77 64	4 FH 9
info@kindervreugde.be	5 ADN BDHIJKLORS 10
	Anzeige auf dieser Seite B 6A CEE ① €30,00
N 51°04'35" E 02°35'11"	3ha 40T(95-130m²) ② €30,00

E40 (A18) Ausfahrt 1 Richtung Plopsaland. Nach ± 800m hinter dem Bahn- und Straßenbahnübergang am 3. Kreisel links Richtung Bray Dune. Nach ± 800m links. Dann noch 200m. — 11[illegible]087

Adinkerke/De Panne, B-8660 / West-Vlaanderen

Plopsa Village	1 ADEKNOPQRSTU 6
Duinhoekstraat 101	2 APQTWXYZ BEFGK 7
1 Apr - 6 Nov	3 BGLMS BFGJNQRTUV 8
+32 58 41 23 76	4 FHIO 9
info@plopsavillage.be	5 DEFGHM ABCFGHIJKOPRS 10
	B 16A CEE ① €36,00
N 51°04'58" E 02°35'28"	4ha 57T(80-100m²) 136D ② €45,00

Der CP liegt in der Nähe von dem gut ausgeschilderten 'Plopsaland'. Von der A18 Ausfahrt Plopsaland/Adinkerke aus Richtung Adinkerke kommend, ist die Duinhoekstraat am Plopsaland vorbei auf der linken Seite. — 100012

Antwerpen, B-2050 / Antwerpen

City Camping Antwerp**	1 ABDEKNOPQRSTU BGM 6
Jachthavenweg 6	2 ACIJKPQRXYZ ABDEFGJ 7
1 Apr - 5 Nov	3 BFGJMQ ABEFJNPQRW 8
+32 19 81 79	4 BFH BCV 9
welcome@ citycampingantwerp.be	5 DH BCFGHINQ 10
	B 6A CEE ① €3[illegible],70
N 51°14'00" E 04°23'33"	1,2ha 59T(100-120m²) 4D ② €4[illegible],95

Aus NL: Ring Antwerpen, Abfahrt Antwerpen linkes Ufer, rechts bis zum Ende links. Am Yachthafen vorbei CP rechts. Aus Gent: Abfahrt Antwerpen linkes Ufer, rechts, 2. Ampel links, bis Ende rechts. 2. Straße rechts, CP ist links. — 109400

Teilkarte Flandern auf Seite 174 und 175

Balen/Keiheuvel, B-2490 / Antwerpen

GT Keiheuvel
17de Esc. Lichtvliegwezenlaan 2
1 Jan - 31 Dez
+32 14 81 15 09
josgeboers@telenet.be

1	ADEHILOPQRSTU	BGX	6
2	JPQRWX	ABDE**FG**K	7
3	BFG**JLNOPQ**S	ABEFGJNQRUVW	8
4	BDFHIJKLNO**QR**	BHJ	9
5	DEHMN	ABFGHIJKOQY	10

B 10A CEE
20ha 140**T**(50-120m²) 274**D**
① €20,00
② €28,00
N 51°10'38" E 05°13'04"
100010

Fahren Sie in Balen-Zentrum Richtung Flughafen 'Keiheuvel'. Gut ausgeschildert. Ab hier Beschilderung 'G.T. Camping' folgen.

Blankenberge, B-8370 / West-Vlaanderen

CC€21

Bonanza 1***
Zeebruggelaan 137
24 Mrz - 24 Sep
+32 50 41 66 58
info@bonanza1.be

1	ADEG**JM**OPQSTU	**X**	6
2	QSTXY	A**B**D**EFG**	7
3	BMS	ACDE**F**JNRTU	8
4	FHO	V	9
5	ADFMN	ABDEFGHJK**O**Q	10

Anzeige auf dieser Seite B 10A CEE
5ha 65**T**(80-100m²) 172**D**
① €33,00
② €41,00
N 51°18'42" E 03°09'12"
101630

E40 Richtung Oostende, Ausfahrt Brugge/Zeebrugge, Richtung Blankenberge. In Blankenberge an der zweiten Ampel rechts. Der CP ist ausgeschildert.

Brecht, B-2960 / Antwerpen

De Groene Linden
Schotensteenweg 62/64
1 Jan - 31 Dez
+32 4 74 35 42 22
degroenelinden@telenet.be

1	ADEHKNOPQRSTU	N	6
2	ABPQWXYZ	BE**FG**	7
3	BDG**L**MSUVX	AB**F**HJNRW	8
4	DFHIOQ		9
5	H	ABCFGHIJKOQY	10

10A CEE — ① €20,00
15ha 30**T**(40-90m²) 135**D** — ② €26,00
N 51°19'42" E 04°36'11"
Von der Ausfahrt St-Job-in-'t-Goor rechts ab. An der Ampel links in die Brechtsebaan, nach ca. 4 km Camping sehen Sie auf der rechten Seite ein deutliches Schild.
124880

Brecht/St. Job-in-'t-Goor, B-2960 / Antwerpen

Floreal Het Veen****
Eekhoornlaan 1
1 Jan - 31 Dez
+32 36 36 13 27
camping.hetveen@
florealgroup.be

1	ADE**KN**OPQS**U**	**N**	6
2	AQRTWXYZ	ABDE**FG**HK	7
3	ABEF**L**M**N**S	ABCDFHJKNRTW	8
4	BDFHJN**Q**	BEF	9
5	ADEFHKLMN	ABCFGHJKMOQ	10

B 10A CEE — ① €29,10
7,5ha 75**T**(100-150m²) 296**D** — ② €34,30
N 51°18'07" E 04°34'13"
E19 Ausfahrt 4 Richtung St. Job-in-'t-Goor. Hinter dem Kanal sofort links ab und derselben Spur (± 3 km) bis zum CP folgen.
101654

Bocholt, B-3950 / Limburg

CC€19

Goolderheide****
Bosstraat 1
31 Mrz - 30 Sep
+32 89 46 96 40
info@goolderheide.be

1	ADE**KN**OPQSTU	BGHILN	6
2	BFJPQRTWXYZ	ABCDE**FG**H	7
3	BCEFG**J**M**N**SW	ABCDEFGIJK**M**NQRUVW	8
4	BCDFHJKNO	ABCEFJUVW	9
5	ACDEFGHLN	ABCDEFGHIJKNRSVY	10

Anzeige auf Seite 177 B 6-16A CEE — ① €38,00
45ha 190**T**(100-150m²) 626**D** — ② €56,00
N 51°10'24" E 05°32'21"
Route Weert-Bocholt. In Kaulille Richtung Bocholt. Auf halber Strecke zwischen Kaulille und Bocholt (3 km) gut ausgeschildert.
100011

Bredene, B-8450 / West-Vlaanderen

17 Duinzicht
Rozenlaan 23
11 Mrz - 5 Nov
+32 59 32 38 71
info@campingduinzicht.be

1	ABDEG**KN**OPQRS**U**	KM**N**QRSTX	6
2	AGJPQTXY	ABDE**FG**	7
3	BF**L**MNSV	ABCD**FG**IJNRTUVW	8
4	BCDFHJKO	EL	9
5	DEGHMN	ABEFGHJK**MO**QY	10

Anzeige auf dieser Seite 10A CEE — ① €31,00
10ha 92**T**(80-120m²) 149**D** — ② €31,00
N 51°14'55" E 02°58'01"
E40 Autobahnende Richtung Bredene/De Haan. Am Driftweg dem Schild 'Campingzone' folgen, danach dem Schild 'Camping 17'.
13225

Bredene, B-8450 / West-Vlaanderen

Astrid***
Kon. Astridlaan 1
13 Mrz - 6 Nov
+32 59 32 12 47
info@camping-astrid.be

1	ABFGJMOPQRSU	KM**N**QRSTX	6
2	GJPQX	ABCE**FG**	7
3	BF**L**MNS	ABCDE**FG**JKNRTUVW	8
4	FHJ	EL	9
5	DMN	ABEFGHJKN**O**PQ	10

Anzeige auf dieser Seite B 10A CEE — ① €28,50
4,5ha 98**T**(80-120m²) 200**D** — ② €32,50
N 51°14'59" E 02°58'06"
Via E40 Ausfahrt Oostende Richtung Bredene/De Haan, Ausfahrt 'Astridzone'.
110709

Bredene, B-8450 / West-Vlaanderen

Duinezwin
Kon. Astridlaan 55B
15 Mrz - 6 Nov
+32 59 32 13 68
info@duinezwin.be

1	ABDE**KN**OPQSU	KM**N**QR**X**	6
2	AGJPQSXY	ABDE**FG**	7
3	BF**L**S	ABCDE**FGI**JNRTUVW	8
4	FH		9
5	D	ABEGHJK**O**QY	10

Anzeige auf Seite 177 16A CEE — ① €31,00
6,5ha 60**T**(80-120m²) 247**D** — ② €37,00
N 51°15'04" E 02°58'26"
E40 Oostende. Autobahnende Richtung Blankenberge-Bredene, Richtung Bredene volgen. Abbiegen Breden-Dünen, danach links. Dem Schild 'Campingzone' folgen. Abbiegen Bistrot 'Alaska'.
121902

Bredene, B-8450 / West-Vlaanderen

Warande***
Kon. Astridlaan 17
11 Mrz - 12 Nov
+32 59 32 10 42
info@
campingwarandebvba.be

1	ABDEG**JM**OPQRSU	MQRX	6
2	AGJPQTX	A**BFG**	7
3	B**L**MS	CD**F**JNRTUVW	8
4	FH		9
5	DMN	ABEFGHJK**O**Q	10

Anzeige auf Seite 177 16A — ① €26,00
5ha 50**T**(90-100m²) 200**D** — ② €30,00
N 51°14'59" E 02°58'14"
E40 Autobahnende Richtung Bredene/Blankenberge, Ausfahrt Bredene. Dann den Schildern 'Campingzone Astridlaan' folgen.
110455

Teilkarte Flandern auf Seite 174 und 175

Genießen in Limburg - das Radfahrerparadies!
Mietcaravans für 4 oder 6 Personen

Neu: Familienfeld mit Spielplatz für Gäste mit Kindern bis 10 Jahre

+32(0)89 46 96 40 | info@goolderheide.be

WWW.GOOLDERHEIDE.BE

Bree, B-3960 / Limburg — CC€19 iD

Recreatieoord Kempenheuvel***	1 ADEG**KN**OPQRST**U**	BGN 6
Heuvelstraat 8	2 PQRTWXYZ	ABDE**FG**H 7
13 Mrz - 5 Nov	3 BCFMSVX	ABCDEFJNQRTUVW 8
+32 89 46 21 35	4 BCDFHJO	CUVWX 9
info@campingkempenheuvel.be	5 DEFHJLMN	ABCDGHIJKM**O**RSY 10
N 51°08'14'' E 05°34'07''	Anzeige auf dieser Seite B 6A CEE	① €31,30
	H59 7,5ha 80**T**(80-140m²) 148**D**	② €38,70

A52/ N280 MG-Roermond, Grenze NL-Bel Ittervoort, N73 Richtung Bree. Camping liegt hinter Bree und ist angezeigt. 100014

Recreatieoord Kempenheuvel

Netter und ruhiger Familiencamping Nähe Bree Zentrum, mit 80 Plätzen für Tourcamper. Spielplatz, großes beheiztes Schwimmbad und Planschbecken mit großer Liegewiese, 2 Fischweiher, Boules, Sportfeld, Café mit Terrasse. Restaurant mit variierender Menükarte und Tagesgericht. Vom Camping aus Anschluss ans Radwegenetz Limburg und ausgewiesene Wanderwege.

Heuvelstraat 8, 3960 Bree • Tel. 089-462135
E-Mail: info@campingkempenheuvel.be
Internet: www.campingkempenheuvel.be

• Geselliger Campingplatz 300m vom Meer • Gut gepflegtes Gelände mit modernem Sanitär und Babycorner • 2 Spielplätze für Ihre Kinder • Digital-TV und WLAN überall! • Gastronomie und Geschäfte in direkter Nähe des Campingplatzes

Kon. Astridlaan 17, 8450 Bredene • Tel. +32 59321042
E-Mail: info@campingwarandebvba.be
Internet: www.campingwarandebvba.be

Duinezwin

Suchen Sie einen ruhigen Familiencampingplatz in der Nähe von Dünen, Strand und Meer? Wir bieten einen sauberen, gastfreundlichen und ruhigen Campingplatz, von Generation zu Generation weitergegeben. Hier finden Sie gepflegte und großzügige Parzellen, Spielplätze für die Kleinkinder, drei Sanitärgebäude, Zugang zum Erholungsgebiet "Grasduinen". Vom Campingplatz aus wandern Sie zum Strand, zu Geschäften, Restaurants, zur Küstenstraßenbahn und zum Tagungs- und Veranstaltungszentrum "Staf Versluys".

Kon. Astridlaan 55B, 8450 Bredene
Tel. 059-321368
E-Mail: info@duinezwin.be
Internet: www.duinezwin.be

Teilkarte Flandern auf Seite 174 und 175

Campingplatz Ter Duinen

Der Campingplatz steht für unvergessliche Ferien für die ganze Familie. Das große Gelände und die geräumigen Plätze sorgen für eine wunderbare Erholung im Grünen. Wald, Strand, das Meer und die Dünen im Gehbereich. Moderne Komfortausstattung: Wasser, Strom, Kanalisierung und Internet. Ideale Ausflugsbasis nach Brügge, Knokke oder Oostende. Genießen Sie einen Urlaub nach Maß.

Wenduinesteenweg 143, 8421 De Haan • Tel. 050-413593 • info@campingterduinen.be • www.kampeerverblijfparkterduinen.be

De Haan, B-8421 / West-Vlaanderen

Ter Duinen	1 AEG**KN**OPQRSU	KQRSTUVX 6
Wenduinesteenweg 143	2 GJPQXY	A**B**D**EFGH** 7
15 Mrz - 1 Okt	3 A**L**S	ABCDE**F**HJKNPRTW 8
+32 50 41 35 93	4 FHJO**PQ**	9
info@campingterduinen.be	5 DEHKMN	ABDEFHJKN**O**PQW 10
	Anzeige auf dieser Seite 16A CEE	① €30,40
N 51°17'00" E 03°03'23"	12,5ha 214**T**(90-100m²) 120**D**	② €36,40
E40 Richtung Oostende Ausfahrt Jabbeke, Richtung De Haan, weiter der Beschilderung 'Ter Duinen' nach.		109644

Geraardsbergen, B-9500 / Oost-Vlaanderen

De Gavers****	1 ABDE**KN**OPSTU	**BE**GHLM**N**QY 6
Onkerzelestraat 280	2 EJPQSWY	AB**C**DE**FGH** 7
1 Jan - 31 Dez	3 ABEFG**J**M**N**S**T**UV**W**	ABCDE**F**JNQRT 8
+32 54 41 63 24	4 BCFHIJL**U**	BEFJMQRTUVY 9
gavers@oost-vlaanderen.be	5 ABDEHIKLMN	ABFGHIJKLMOPRSY 10
	Anzeige auf dieser Seite B 10A CEE	① €32,00
N 50°47'27" E 03°55'23"	15ha 57**T**(100-110m²) 405**D**	② €32,00
Von Geraardsbergen aus Richtung Onkerzele. Ausschilderung 'De Gavers'.		101641

CAMPING GRIMBERGEN ★ ★ ★

- Ländlich in der Umgebung Brüssel
- Zügige Verbindung mit den öffentlichen Verkehrsmitteln nach Brüssel
- Angrenzende Fischteiche, Restaurant
- Ideale Lage für Besuche der verschiedenen Messen und Ausstellungen im Ausstellungspark in Brüssel.

Gemeente 1850 Grimbergen

Veldkantstraat 64, 1850 Grimbergen
Tel. 0479-760378 • Handy 0479-760378
Internet: www.camping-grimbergen.webs.com

ACSI EuroCampings

Campingplatz besucht? Schreiben Sie eine Bewertung, geben Sie den Code IPAD-2023-CFEU ein und sichern Sie sich die Chance auf ein iPad!

www.**eurocampings**.de

Gent, B-9000 / Oost-Vlaanderen

Urban Gardens****	1 ABDE**KN**OPSTU	HLM**N**OQSXY 6
Campinglaan 16	2 AEJPQSWXYZ	ABDE**FG** 7
1 Jan - 31 Dez	3 BFG**JL**M**NPW**X	ABCDEFHJKNPQRTW 8
+32 93 96 93 92	4 BCFH	ABCEFVW 9
info@urban-gardens.be	5 ABDEFGHJKL**N**	ABFGHIJKLOPRSY 10
	B 10A CEE	① €35,00
N 51°02'46" E 03°40'51"	6ha 337**T**(100m²) 92**D**	② €43,00
E40 Brussel-Oostende, Richtung Oostende. Ausfahrt 14 Gent Expo. Richtung 'Expo' bis über die Brücke; dann unmittelbar rechts ab. Bis ans Wasser. R4 folgen bis Abfahrt 'Blaarmeersen'. Gut ausgeschildert.		101639

Grimbergen, B-1850 / Vlaams Brabant

Camping Grimbergen***	1 AFG**JM**OPSTU	**N** 6
Veldkantstraat 64	2 APQTWXY	ABDE**FG** 7
1 Apr - 15 Okt	3	ABCDEFJKNPQRTW 8
+32 4 79 76 03 78	4	9
camping.grimbergen@telenet.be	5 D	AFGHIJKN 10
	Anzeige auf dieser Seite B 10A CEE	① €27,00
N 50°56'05" E 04°22'58"	1,5ha 90**T**(100m²)	② €31,00
A12 Antwerpen-Brussel, Ausfahrt Meise/Grimbergen Richtung Grimbergen und Beschilderung folgen. Gute öffentliche Verkehrsverbindungen nach Brüssel.		100013

domein
De Gavers

Übernachten
Campingplatz · Safarizelte
Tipis · Coco sweet Wohnwagen
Glockenzelte · Ferienwohnungen
Jugendherberge · Trekkerhütten

Sport und Entspannung
Tropisches Schwimmbad
Sandstrand mit Schwimmbereich
Wassersport · Spieldorf
Lasershoot · Minigolf

Camping De Gavers
Onkerzelestraat 280, 9500 Geraardsbergen
tel. +32 54 41 63 24 · gavers@oost-vlaanderen.be
www.campingdegavers.be

Teilkarte Flandern auf Seite 174 und 175

Helchteren, B-3530 / Limburg

Molenheide
Molenheidestraat 7
1 Jan - 31 Dez
+32 11 52 10 44
info@molenheide.be
N 51°04'55'' E 05°24'02''

1 ADE**JM**OPQRSTU EGHIN 6
2 ABQRWZ ABDE**FG**K 7
3 BDFG**JLM**R**S**X ABCDEFIJNRTW 8
4 BCDEFHJLO**PQ** EJV 9
5 ABDEFGHIJKL ABEFGHIJK**N**QXY 10
B 10A ❶ €89,00
5ha 35**T**(100m²) 377**D** ❷ €89,00

Straße 715 Hasselt-Hechtel. 2 km nach Helchteren-Zentrum ist der CP auf der rechten Seite ausgeschildert. 101692

Heuvelland/Kemmel, B-8956 / West-Vlaanderen

Ypra***
Pingelaarstraat 2
1 Mrz - 30 Nov
+32 57 44 46 31
info@camping-ypra.be
N 50°47'05'' E 02°49'10''

1 ADE**KN**OPQRST**U** N 6
2 AIQSUWXYZ BE**FG** 7
3 BF**L**MNSV BDFGIJKNQRTUVW 8
4 FHO**Q** FHUVWX 9
5 ADHMN ABFGHIJKLNPRS 10
B 6-16A CEE ❶ €25,00
H140 5,5ha 120**T**(100-140m²) 180**D** ❷ €29,00

Im Dorf Kemmel ist der CP sehr gut ausgeschildert. 101629

Houthalen, B-3530 / Limburg

CC€19

De Binnenvaart****
Binnenvaartstraat 49
1 Jan - 31 Dez
+32 11 52 67 20
debinnenvaart@limburgcampings.be
N 51°01'55'' E 05°24'58''

1 AE**KN**OPQRSTU L**N**PQRSTXY 6
2 ABEIJQRWXYZ A**BDEFGH** 7
3 BFG**L**MNSV ABCDE**FGI**JK**L**NQRTUVW 8
4 BFHJO**U** CEMPQR 9
5 ADEFGHJLN ABDEFGHIJKORSU 10
Anzeige auf Seite 183 B 6-16A CEE ❶ €33,00
6ha 200**T**(100-150m²) 143**D** ❷ €44,00

Eindhoven-Hasselt bis Houthalen. Links Ri. 'Park Midden-Limburg'. Im 2. Kreisverkehr am Möbelhaus links CP-Schildern folgen. A2 Maastricht-Antwerpen, vor Houthalen abfahren, 'Park Midden-Limburg' (30), gut ausgeschildert. 101095

Jabbeke/Brugge, B-8490 / West-Vlaanderen

CC€23

Klein Strand
Varsenareweg 29
1 Jan - 31 Dez
+32 50 81 14 40
info@kleinstrand.be
N 51°11'04'' E 03°06'18''

1 ADEG**JM**OPQRST FI**L**M**N**W 6
2 AEJPQWXYZ ABDE**FG** 7
3 BEG**L**MSV ABCDE**F**HJKNQRTVW 8
4 BCDFHIJLN CETVWY 9
5 ABDEFHKMN ABDEGHMOPQV 10
Anzeige auf dieser Seite 10A CEE ❶ €35,00
22ha 92**T**(100m²) 440**D** ❷ €35,00

E40 Brussel-Oostende Ausfahrt 6, in Jabbeke-Zentrum ist der Platz ausgeschildert. 109228

Houthalen/Helchteren, B-3530 / Limburg

CC€21

Oostappen Vakantiepark Hengelhoef NV
Tulpenstraat 141
31 Mrz - 13 Okt
+32 89 38 25 00
info@vakantieparkhengelhoef.be
N 51°00'52'' E 05°28'00''

1 ABDE**KN**OPQSTU EGHI 6
2 ABEJPQRWXYZ ABDE**FG** 7
3 ADFGJ**L**MNSV ABCDEFJNQRTUVW 8
4 BCDFHJNO**PQ**TUV EJVY 9
5 ACDEFGHL ABDEGHIJKMNQY 10
Anzeige auf Seite 174 B 10A CEE ❶ €55,00
15ha 290**T**(80-120m²) 451**D** ❷ €55,00

Aus Eindhoven in Houthalen auf der Straße weiter bis zur E314. Über die Brücke die E314 Richtung Aachen nehmen. Nach ungefähr 5 km Ausfahrt 30 'Park Midden Limburg' nehmen. Den Schildern 'Hengelhoef' und 'CP' nach. 101708

Kasterlee, B-2460 / Antwerpen

CC€23

Houtum****
Houtum 39
1/1 - 12/11, 15/12 - 31/12
+32 14 85 92 16
info@campinghoutum.be
N 51°13'59'' E 04°58'40''

1 ACDE**KN**OPQRST**U** **N**UXZ 6
2 ACPQWXY A**B**D**EFG**K 7
3 AB**D**G**J**SVX ABCDE**FG**H**I**JNPQRTUVW 8
4 EFGHIJKO**QT** EFJ 9
5 ADEFHIKLN ABCDFGHJKOQVY 10
Anzeige auf dieser Seite B 10A CEE ❶ €30,60
9ha 63**T**(100-130m²) 111**D** ❷ €32,20

E34, Ausfahrt 24 Kasterlee. 0,5 km nach dem Ortskern ist der CP bei der Windmühle ausgeschildert. Oder E313 Ausfahrt 23 Kasterlee/Turnhout. Der N19 Folgen (nicht N19-g). 1 km vor dem Ortskern rechts. 100007

Huldenberg, B-3040 / Vlaams Brabant

Bergendal*
Biezenstraat 81
1 Apr - 31 Okt
+32 4 92 07 84 08
info@bergendal.green
N 50°48'40'' E 04°36'00''

1 ABCKNOPQST**U** 6
2 ABIPQRTWYZ ABE**F** 7
3 S ABCDE**F**NRW 8
4 FH 9
5 D BCGHINRS 10
4-6A CEE ❶ €25,00
H83 9ha 40**T**(100-200m²) 75**D** ❷ €28,00

Via E411 Ausfahrt 3, RN253 Richtung Leuven bis Loonbeek, ab hier den CP-Schildern folgen. 101096

ACSI AWARDS 2022

GEWINNER

Bester Campingplatz für Wanderungen und Radtouren

Belgien

Camping Houtum

Ieper, B-8900 / West-Vlaanderen

Jeugdstadion**
Bolwerkstraat 1
1 Mrz - 12 Nov
+32 57 21 72 82
info@jeugdstadion.be
N 50°50'49'' E 02°53'54''

1 ADEH**KN**OPQRSTU **N** 6
2 APQSTWXYZ BE 7
3 B**L** BFJNQRUVW 8
4 FH FV 9
5 DN ABCFGHJKNRS 10
B 10A CEE ❶ €20,00
2ha 72**T**(80-100m²) 4**D** ❷ €25,00

Von Calais Richtung Poperinge. Ring zur N38 Richtung Ieper. Zentrum folgen bis zum Ring (Bahnhof). Dann Richtung Zonnebeke. Am Kreisel mit dem großen Kran (Springbrunnen) links. 115609

Kinrooi, B-3640 / Limburg

Papillon Kinrooi
Steyvershofstraat 14
1 Jan - 31 Dez
+32 4 92 46 56 86
N 51°07'58'' E 05°45'16''

1 ADEF**KN**OPQSTU LMN 6
2 AFQRSTWXYZ ABDE**FGK** 7
3 BM**QS** AB**F**JKNQRTUW 8
4 BCDFHJKOQ EW 9
5 ADEFGHJKMNO ABCFGHIJKMNRSU 10
B 10-16A CEE ❶ €29,00
8ha 39**T**(100-130m²) 140**D** ❷ €38,00

In Kinrooi nehmen Sie den Weertersteenweg (N762) in Richtung Maaseik. Nach etwa 3 km biegen Sie auf der rechten Seite in die Steyvershofstraat ein. 110917

Klein Strand
Jabbeke - Brugge

Camping & Freizeitpark

- Große Plätze
- Wasseranschluß & Abwasserabfuhr
- WLan
- Alle Campingplätze haben Anschluss für Kabel TV
- Modernes und hygienisches Sanitär

Varsenareweg 29, B-8490 Jabbeke / Tel +32 50 81 14 40

Belgien

CAMPING PANORAMA
★ ★

- Auf der Kuppe des Kluisberg gelegen im Herzen der flämischen Ardennen.
- Wunderbare Aussicht auf die Umgebung.
- Die Eddy Merckx-Route und der Flandernrundweg befinden sich in der Nähe des Campingplatzes.
- Wanderhütten zu mieten.
- WLAN-Punkt

Boskouter 24, 9690 Kluisbergen/Ruien
Tel. 055-388668
Internet: www.campingpanorama.be

Kluisbergen/Ruien, B-9690 / Oost-Vlaanderen

Panorama**
Boskouter 24
1 Mrz - 30 Nov
+32 55 38 86 68
info@campingpanorama.be

1 AFG**KN**OPSU 6
2 IQUVXY ABDE**FG** 7
3 BSX ABE**F**NPQRW 8
4 FHIJO F 9
5 ABDEHN BHJKNQ 10
Anzeige auf dieser Seite 16A CEE ① €18,00
H150 2ha 20**T**(80-120m²) 74**D** ② €24,00
N 50°45'44'' E 03°29'13''
E17 Ausfahrt De Pinte Richtung Oudenaarde. N60 Richtung Kluisbergen, dann dem Schild 'Kluisbos' folgen. 101637

Ortsnamenregister

Hinten im Führer finden Sie das Ortsnamenregister. Praktisch und schnell Ihren Lieblingsplatz finden!

Koksijde, B-8670 / West-Vlaanderen

Blekkerdal**
Jachtwakersstraat 8a
1 Mrz - 30 Nov
+32 58 51 19 74
camping@blekkerdal.be

1 ADEHKNOPSU 6
2 APQRXYZ A**B**DE**FG** 7
3 B**L**M BD**F**NRTUVW 8
4 FHI VW 9
5 DN ABCEFGHIJKOS 10
10A CEE ① €34,00
1ha 15**T**(80m²) 54**D** ② €34,00
N 51°06'39'' E 02°39'08''
A18 Ausfahrt Oostduinkerke/Koksijde. Richtung Oostduinkerke. An der T-Kreuzung Richtung Koksijde. Nach ca. 2 km ist der CP in Koksijde-Dorf gut angezeigt. 119419

Lichtaart, B-2460 / Antwerpen

Korte Heide***
Olensteenweg 40
1 Mrz - 20 Nov
+32 14 55 32 94
info@campingkorteheide.be

1 AJMOPQRSTU LM**N** 6
2 EJPQRXY A**B**D**E** 7
3 BGSX ABEFNRT 8
4 BDFHJ 9
5 DEFHLMN ABCGHJKOQ 10
10A ① €21,00
14ha 30**T**(80m²) 286**D** ② €27,00
N 51°12'02'' E 04°54'01''
E313 Ausfahrt 20 Herentals-West, dann Richtung Bobbejaanland fahren. Einfahrt gegenüber Bobbejaanland. 111402

Lanaken, B-3620 / Limburg

Jocomo Park****
Maastrichterweg 1a
1 Apr - 31 Okt
+32 89 72 28 84
info@jocomo.be

1 AE**KN**OPQRSTU BGN 6
2 ABEKPQRWX A**B**DE**FG** 7
3 BF**L**MNSX ABCD**FI**JK**LM**NQRTUVW 8
4 BDFHIJOPQ F 9
5 ADEFHKN ABCEFGHIJKLMOPQ 10
Anzeige auf dieser Seite B 16A CEE ① €26,00
31ha 91**T**(100m²) 228**D** ② €34,00
N 50°54'23'' E 05°38'08''
A2 Eindhoven-Maastricht. Auf der Höhe Geleen auf die A2 (B) in Ri. Antwerpen wechseln. Hinter der Grenze die 1. Ausfahrt nach Lanaken nehmen. Dann in Ri. Genk, kurz vor der Brücke re. Auf der N77 500m hinter der Tankstelle re. 113038

Lichtaart/Kasterlee, B-2460 / Antwerpen

Floreal Kempen***
Herentalsesteenweg 64
1 Jan - 31 Dez
+32 14 55 61 20
camping.kempen@florealgroup.be

1 ADE**JM**OPQRSTU U 6
2 BPQRXYZ ABDE**FG**HK 7
3 BFMNOS ABCDEFJKNRTUVW 8
4 BC**E**FHJO EFUVW 9
5 ADEFHJKLMN ABCFGHIJKMOST 10
B 16A CEE ① €28,10
7ha 40**T**(100m²) 187**D** ② €33,30
N 51°12'35'' E 04°54'08''
Von Kasterlee die N123 Richtung Bobbejaanland folgen, vorbei an Lichtaart ca. 2 km Richtung Herentals, auf der rechten Seite. 101672

Lille/Gierle, B-2275 / Antwerpen

CC€23

De Lilse Bergen****
Strandweg 6
1 Jan - 31 Dez
+32 14 55 79 01
info@lilsebergen.be

1 ADEH**KN**OPQSTU HLMQ 6
2 ABFJQRWYZ ABDE**FG** 7
3 ABEFG**JK**MNS**U**V**W** ABCDE**FG**IJKNQRTUW 8
4 BCDFHIN ACEFNRTVY 9
5 ABDEFHKMN ABFGHIJKLMOQY 10
Anzeige auf Seite 181 B 10A CEE ① €30,00
60ha 214**T**(100m²) 263**D** ② €38,00
N 51°16'57'' E 04°50'13''
E34 Antwerpen-Eindhoven, Ausfahrt 22 Gierle/Beerse. Der Beschilderung folgen. Der CP liegt ± 2 km von der Autobahn. 101661

Teilkarte Flandern auf Seite 174 und 175

Lombardsijde, B-8434 / West-Vlaanderen

De Lombarde***
Elisabethlaan 4
1 Jan - 31 Dez
+32 58 23 68 39
info@delombarde.be

1	ADEGHKNOPQRSTU	KN	6
2	AGPQWXYZ	BEFG	7
3	BLMNSV	BDFGHJKNPRTW	8
4	BCDEFHIJNOQ	FJV	9
5	ACDEFHN	ABFGHIJKLOQY	10

Anzeige auf dieser Seite B 16A ① €43,50
9,5ha 173T(100m²) 236D ② €46,00
N 51°09'23'' E 02°45'13''
101089
E40 Brussel Richtung Calais Ausfahrt Nieuwpoort Richtung Oostende. 2 km hinter dem Denkmal Albert I. Auf der rechten Seite.

Maasmechelen, B-3630 / Limburg

CC€21
Recreatieoord Kikmolen****
Kikmolenstraat 3
1 Apr - 31 Okt
+32 89 77 09 00
info@kikmolen.be

1	ABEGJMOPQRSTU	HLMN	6
2	ABDFKQSWXYZ	ABDEFGH	7
3	BDFS	ABCDFGHIJNPQRSUVW	8
4	BCDFHIJKNO	EUVWX	9
5	ACDEFHL	ABCDFGHIJKORSY	10

Anz. auf dieser Seite B 6-10A CEE ① €26,00
20ha 106T(80-100m²) 506D ② €37,00
N 50°57'14'' E 05°39'45''
101722
A2-E314 Ausfahrt 33 Richtung Lanaken. Am Kreisverkehr geradeaus, nach 1 km rechts abbiegen Richtung Zutendaal. Dann Beschilderung folgen.

Lommel, B-3920 / Limburg

CC€17
Oostappen Park Blauwe Meer*****
Kattenbos 169
31 Mrz - 13 Okt
+32 11 54 45 23
receptie@vakantieparkblauwemeer.be

1	ADEKNOPQRSTU	EFHN	6
2	BEJPQRWXYZ	ABDEFGH	7
3	ABDEJLMV	ABCDEFJNQRTUVW	8
4	BCDFHILNOTUV	EJVY	9
5	ACDEFHLN	ABDEGHIKMNSTXY	10

Anzeige auf Seite 174 B 10A CEE ① €41,00
27ha 240T(80-100m²) 860D ② €43,00
N 51°11'39'' E 05°18'13''
100009
Auf der Straße 746 von Leopoldsburg nach Lommel. Campingplatz liegt in der Nähe des deutschen Friedhofs rechts von der Straße.

Lommel-Kolonie, B-3920 / Limburg

CC€17
Oostappen Park Parelstrand
Luikersteenweg 313A
31 Mrz - 13 Okt
+32 11 64 93 49
info@vakantieparkparelstrand.be

1	ADEKNOPQRSTU	N	6
2	EJKQWXY	ABDEFG	7
3	BFJMNSV	ABCDEFHJKNQRTUV	8
4	BFHLOQ	EVX	9
5	ABDEFHK	ABEGHIJKNSTXY	10

Anzeige auf Seite 174 B 10A CEE ① €52,20
40ha 130T(100m²) 410D ② €52,20
N 51°14'35'' E 05°22'43''
101690
N69-N715 Eindhoven-Hasselt, Richtung Lommel, 2,5 km von der belgisch-niederländischen Grenze. Der CP liegt 100m vor dem Kempischen Kanal auf der rechten Seite.

Mol, B-2400 / Antwerpen

CC€23
EuroParcs Zilverstrand
Kiezelweg 17
1 Jan - 31 Dez
+31 8 80 70 80 90
kcc@europarcs.nl

1	ADEKNOPQRSTU	EGHILN	6
2	EJQRXY	ABDEFG	7
3	BDGJLMSV	ABCDEFJNQRTUV	8
4	BDFHIJLQTUV	CEJVWX	9
5	ABDEFHJL	ABCGHJKOPSTY	10

Anzeige auf Seite 137 10A CEE ① €35,00
26ha 66T(120m²) 548D ② €45,00
N 51°12'34'' E 05°10'20''
101673
Autobahn Mol-Lommel, nach der zweiten Brücke sofort links. Der Beschilderung folgen ('Molse meren'). CP liegt an der N712 zwischen Mol und Lommel: Zilverstrand.

Teilkarte Flandern auf Seite 174 und 175

ACSI AWARDS 2022

GEWINNER

Schönste Wohnmobilstellplätze Belgien

Kompas Camping Nieuwpoort

Nieuwpoort, B-8620 / West-Vlaanderen

Kompas Cp Nieuwpoort****
Brugsesteenweg 49
1 Jan - 31 Dez
+32 58 23 60 37
nieuwpoort@kompascamping.be
N 51°07'48'' E 02°46'20''

1 ADE**KN**OPQRSTU	BGH**N**QRST**X**Y**Z**	6
2 AEQTWXYZ	BE**FG**H	7
3 BDFG**L**MS	BDFGIJK**M**NQRTUVW	8
4 **A**BCDFHJKNO	EVW	9
5 ACDEFHJLMN**O**	ABCFGHIJKM**O**PRSY	10

B 10A CEE
23ha 420**T**(80-150m²) 566**D**

① €46,00
② €49,00

101626

E40 Ausfahrt 3 Richtung Diksmuide. Diksmuide/Nieuwpoort. Am Kreisel Richtung Westende. Geradeaus zur T-Kreuzung. Dort rechts. Der CP liegt direkt auf der linke Seite.

Mol, B-2400 / Antwerpen

Provinciaal Recreatiedomein Zilvermeer****
Postelsesteenweg 71
1/1 - 13/11, 15/12 - 31/12
+32 14 82 95 00
camping@zilvermeer.be
N 51°13'09'' E 05°10'57''

1 ADEH**KN**OPQRSTU	HLMNOPQRSTV	6
2 BFJPRWYZ	ABDE**FG**	7
3 ABCEFG**JL**MNS**T**U**W**	ABCDEFGHJKNQRTW	8
4 ABCDFGHIJKLN**Q**R	FJQTVY	9
5 ACDEHJKLMN**O**	ABFGHIJKLMOQUVY	10

Anzeige auf dieser Seite B 16A CEE
150ha 282**T**(98-184m²) 801**D**

① €35,00
② €35,00

100008

E34 Antwerpen-Eindhoven, Ausfahrt 26 Retie/Arendonk und der Beschilderung 'Molse meren' folgen, oder E313 Hasselt/Antwerpen Ausfahrt 23 Geel-West und dann über die N19, R14, N71, N712, N136 zum CP.

Noorderwijk/Herentals, B-2200 / Antwerpen

Domein De Schuur
Pastoorsbos 35
1 Apr - 6 Nov
+32 14 26 16 52
info@deschuur.be
N 51°07'56'' E 04°49'52''

1 ADEH**KN**OPQST**U**	**N**	6
2 APQXYZ	ABDE**FG**	7
3 ABF**L**MNSUX	ABCDEFGHJ**M**NQRVW	8
4 DFHKNO	B	9
5 DEFHKN	ABCEHIKMOQY	10

Anzeige auf dieser Seite 16A
7ha 26**T** 142**D**

① €24,00
② €34,00

122421

E313 Ausfahrt 22 Olen. An der Ampel rechts, dann an der 2. Ampel links Richtung Noorderwijk. Nach 3 km steht auf der rechten Seite das Schild 'Domein de Schuur'. Hier einbiegen.

Teilkarte Flandern auf Seite 174 und 175

CampingCard ACSI, gut zu wissen

- Nur gültig auf teilnehmenden CampingCard ACSI-Campingplätzen
- Nur gültig in den mit dem Campingplatz vereinbarten Akzeptanzzeiträumen
- Zusatzkosten nicht inbegriffen
- Begrenzte Anzahl von Stellplätzen verfügbar

Olen, B-2250 / Antwerpen

Den Boskant***
Boskant 1
1 Jan - 31 Dez
+32 14 21 22 81
camping@denboskant.eu
N 51°09'11'' E 04°53'52''

1 AKNOPQRSTU 6
2 ABPQXY ABDE 7
3 BSUX ABCDEFGJNQR 8
4 FHIO 9
5 DEHKMN ABGHIJKNQW 10
B 10A CEE
2,5ha 14T(80m²) 71D
① €15,00
② €19,00
111401

E313 Antwerpen-Hasselt, Ausfahrt 23 Geel-West Richtung Geel. Über den Albertkanal Richtung Herentals (N13). Nach 3,6 km Richtung Oevel-Olen Zentrum. CP liegt etwa 300m rechts von der Straße.

Opglabbeek/Oudsbergen, B-3660 / Limburg

CC€23

Recreatieoord Wilhelm Tell*****
Hoeverweg 87
1 Jan - 31 Dez
+32 89 81 00 10
wilhelmtell@limburgcampings.be
N 51°01'42'' E 05°35'52''

1 ABEKNOPQRSTU BEGHI 6
2 AQWXY ABDEFGH 7
3 BCDELMSVX ABCDFGIJKLNQRTUVW 8
4 BDFHJLOU CEIVW 9
5 ABDEFGHJLN ABCEFGHIJKMOPQ 10
Anz. auf dieser Seite B 16-20A CEE
6ha 75T(80-100m²) 151D
① €36,00
② €47,00
101709

E314 Aachen-Bruxelles Ausfahrt 32. A2 Richtung As folgen. Kurz vor AS-Mitte nach ca. 5 km die Ausfahrt Ri. Oudsbergen nehmen. Der CP ist ca. 1 km vor dem Zentrum Opglabbeek auf der rechten Straßenseite ausgeschildert.

Opoeteren, B-3680 / Limburg

CC€23

Zavelbos****
Kattebeekstraat 1
1 Jan - 31 Dez
+32 89 75 81 46
zavelbos@limburgcampings.be
N 51°03'29'' E 05°37'45''

1 ABEKNOPQSTU N 6
2 BPQSWXZ ABDEFGH 7
3 BCLMS ABCDFGIJKLNQRTUV 8
4 FHIJOUY CEIVW 9
5 ADEFHJLN ABDEFGHJKOPQ 10
Anz. auf dieser Seite B 16-20A CEE
6ha 50T(100-120m²) 131D
① €34,00
② €45,00
110961

A2 Eindhoven-Maastricht, Ausfahrt Maaseik. Via Neeroeteren nach Opoeteren. CP liegt rechts von der Straße Opoeteren-Opglabbeek.

Overijse, B-3090 / Vlaams Brabant

CC€23

Druivenland***
Nijvelsebaan 80
1 Apr - 1 Okt
+32 26 87 93 68
info@campingdruivenland.be
N 50°45'43'' E 04°32'50''

1 ABKNOPQRSTU 6
2 AIPQWXY ABDEFGH 7
3 MS ACDEFJKNQRUVW 8
4 FH F 9
5 ABCGHIJKLOST 10
Anzeige auf dieser Seite B 16A CEE
H97 5ha 34T(150-200m²) 99D
① €24,00
② €32,00
101658

A4/E411 Ausfahrt 3 Richtung Overijse, dann 1. Straße rechts auf die N218 (Nijvelsebaan) bis zum CP.

Poppel, B-2382 / Antwerpen

Verblijfpark Tulderheyde
Tulderheyde 25
1 Jan - 31 Dez
+32 14 65 56 12
info@tulderheyde.be
N 51°26'53'' E 05°05'26''

1 ADEKNOPQSTU LMN 6
2 EJQXY ABDEFGH 7
3 ABFGJLMNSVX ABEFJNPRW 8
4 BDFHIJNOQ AEFJVW 9
5 ABDEFHJN ABCFGHIJKOSXY 10
16A CEE
25ha 29T(100m²) 430D
① €35,00
② €35,00
101671

Straße Tilburg-Turnhout bis Poppel-Zentrum folgen. Ab Rathaus Poppel Beschilderung folgen.

Teilkarte Flandern auf Seite 174 und 175

Retie, B-2470 / Antwerpen
CC€19 iD

Berkenstrand****
Brand 78
1 Apr - 16 Okt
+32 14 37 90 41
info@berkenstrand.be

1	AEHKNOPQRSU	LMN	6
2	ACFJQRWXYZ	ABDEFGHK	7
3	BFGMSX	ABEFJKNRTUVW	8
4	BCDFGHIJNOQ		9
5	ABDEFGHJKMN	ABCDFGHIJKMNOPQY	10

Anzeige auf dieser Seite B 10A CEE — ① €24,00
10ha 33T(120-150m²) 180D — ② €24,00

N 51°16'32" E 05°07'44"

E34 Ausfahrt 26 Richtung Retie, an der Ampel links, dann 1. rechts Richtung Postel. Camping ausgeschildert. (GPS = Postelsebaan 3). 107447

Remersdaal/Voeren, B-3791 / Limburg
CC€21 iD

Camp. Natuurlijk Limburg***
Roodbos 3
1 Jan - 31 Dez
+32 4 72 12 16 87
campingnatuurlijklimburg@gmail.com

1	AEHKNOPQRSTU	B	6
2	PQSTUXYZ	ABDEFGK	7
3	BFMX	ABCDEFGJNQRW	8
4	FHIJO	FIJ	9
5	ADFHJLN	ABCDFGHJKNRS	10

Anzeige auf dieser Seite 6A CEE — ① €31,50
H300 6ha 70T(80-100m²) 61D — ② €40,50

N 50°43'46" E 05°51'53"

A2/E25 in Maastricht Richtung Aken/Vaals verlassen. Kurz nach Margraten rechts fahren, Richtung De Planck. Über der Grenze mit Belgien (ca. 5 km) Richtung Aubel. 101725

Turnhout, B-2300 / Antwerpen
CC€19 iD

Baalse Hei****
Roodhuisstraat 10
1 Jan - 31 Dez
+32 14 44 84 70
info@baalsehei.be

1	ADEHKNOPQRSTU	LN	6
2	ACEJQRXYZ	ABDEFG	7
3	ABCFGMNSVX	ABCDEFGJNQRTUVW	8
4	BFGHIOQ	BCEFTVW	9
5	ABDEFGHKL	ABDEFGHJKOPSTVXY	10

Anzeige auf dieser Seite B 16A CEE — ① €30,00
30ha 48T(100m²) 408D — ② €41,20

N 51°21'27" E 04°57'32"

Von Holland aus: A67 Venlo/Eindhoven/Antwerpen (A21 in Belgien) folgen. Ausfahrt 25 Turnhout-Oost, Oud Turnhout auf den Stadtring R13, rechts nach Norden zur N119 Richtung Baarle-Nassau. Rechts ab (Dombergheide). 107445

Vorselaar, B-2290 / Antwerpen
iD

De Zeven Geitjes**
Heiken 37
31 Mrz - 2 Okt
+32 4 91 53 50 80
info@dezevengeitjes.be

1	ADEKNOPQSTU		6
2	ABQWXY	ABDEFGHK	7
3	AHIMSUX	AFGJKNQRT	8
4	DFHIJKOQ	EFJ	9
5	ADEHMNO	ABCFGHIJKNOQ	10

B 10A CEE — ① €24,00
1,5ha 40T(100-150m²) 46D — ② €24,00

N 51°11'26" E 04°47'30"

Von der E34 (Zoersel oder Wechelderzande) oder E313 (Grobbendonk) bis nach Vorselaar. Dort den gelben CP-Schildern 'De Zeven Geitjes' (Die sieben Geißlein) folgen. 123831

Wachtebeke, B-9185 / Oost-Vlaanderen
iD

Provinciaal Domein Puyenbroeck****
Puyenbrug 1a
1 Apr - 30 Sep
+32 93 42 42 31
puyenbroeck@oost-vlaanderen.be

1	ABEILOPQSTU	BEGHIN	6
2	QTWXYZ	ABDEFG	7
3	BEFGJKMNQSWX	ABCDEFGHJKNPRTW	8
4	FHJKRT	FQTUV	9
5	DEFHILN	ABGHIJKOQWY	10

B 16A CEE — ① €32,00
8ha 106T(140m²) 210D — ② €32,00

N 51°09'15" E 03°53'21"

Straße N49 oder E34 verlassen bei Wachtebeke, Beschilderung 'Puyenbroeck' folgen. 101638

Wechelderzande/Lille, B-2275 / Antwerpen
CC€13 iD

Siesta
Bersegembaan 36
1 Jan - 31 Dez
+32 33 11 62 36
info@campingsiesta.be

1	ADEJMOPQRSTU		6
2	APQWXYZ	ABDEFG	7
3	ALUX	AEFJMQRTW	8
4	BEFHI	CE	9
5	ADHJK	ABFGIJKOSTU	10

Anzeige auf dieser Seite 16A CEE — ① €25,00
7ha 28T(80-120m²) 166D — ② €31,00

N 51°16'24" E 04°47'23"

E34 Ausfahrt 21 Richtung Lille. Nach der Ausfahrt den Schildern nach Wechelderzande folgen, bis der Camping Siesta ausgeschildert ist. 125394

Nur bei Angabe dieses CC-Logos wird die CampingCard ACSI akzeptiert.

Siehe auch die Gebrauchsanweisung in diesem Campingführer.

Teilkarte Flandern auf Seite 174 und 175

Belgien

Wenduine/De Haan, B-8420 / West-Vlaanderen

Esmeralda***
Tritonlaan 2
1 Mrz - 30 Sep
+32 50 41 27 04
info@esmeralda-aan-zee.be
N 51°18'23'' E 03°05'58''

1 ABEGJMOPQRST	NQRSUX	6
2 GJPQX	ABDEFG	7
3 ALS	ABFHJNTW	8
4 DHJNOPQ		9
5 ABDEFGHJN	ABHIKNOQ	10
Anzeige auf dieser Seite 16A CEE		❶ €35,00
7,6ha 18T(60-100m²) 283D		❷ €35,00

N34 von Blankenberge nach Wenduine. Nach der Holzfußgängerbrücke und den weißen Häusern 1. Weg links, danach wieder links. 123052

Werchter, B-3118 / Vlaams Brabant

Kampeerverblijfpark De Klokkeberg***
Grotestraat 120
20 Mrz - 31 Okt
+32 16 53 25 61
info@klokkeberg.be
N 50°58'42'' E 04°43'28''

1 AKNOPQSTU	N	6
2 EQRSXYZ	ABFG	7
3 AFMS	ABFJNPRW	8
4 BDFHJNOP	EJ	9
5 DEHK	AHIMNRS	10
16A CEE		❶ €32,00
15ha 30T(bis 80m²) 175D		❷ €32,00

E314 Ausfahrt 21. Hinter Rotselaar-Werchter den CP-Schildern 'De Klokkeberg' folgen. 120892

Westerlo/Heultje, B-2260 / Antwerpen

Hof van Eeden***
Kempische Ardennen 8
1 Jan - 31 Dez
+32 16 69 83 72
info@hofvaneeden.be
N 51°05'17'' E 04°49'20''

1 ADEKNOPQSTU	AFLMN	6
2 ABEJKPQRTWXYZ	ABDEFGH	7
3 BFMS	ABCDEFJNPRUVW	8
4 BCDFHJNOQ	EF	9
5 DEFHKLMN	ABCEFGHIJKOQY	10
Anz. auf dieser Seite B 10-16A CEE		❶ €31,00
12ha 45T(100-150m²) 374D		❷ €31,00

E313 Herentals-Oost/Olen, Ausfahrt 22, der N152 bis Zoerle/Parwijs folgen, dort rechts Richtung Heultje. An der Kirche Camping Wegweiser Richtung Hulshout-Heultje Industriegebiet. Campingeinfahrt siehe Schild im Industrieweg. 107861

Westende, B-8434 / West-Vlaanderen

Poldervallei**
Westendelaan 178
1 Jan - 31 Dez
+32 59 30 17 71
info@campingpoldervallei.be
N 51°10'00'' E 02°46'57''

1 ADEJMOPQRSTU	KM	6
2 AGPQTWX	ABDEFGH	7
3 BFJLMSV	ABCDFGKNRTW	8
4 FHK	EJ	9
5 ABDEHN	ABFGHIJKNRS	10
B 6A CEE		❶ €36,00
7ha 100T(80-100m²) 331D		❷ €44,00

Der CP liegt ungefähr auf halber Strecke an N318 von Middelkerke (Mitte) und Westende-Mitte. 101623

Zonhoven, B-3520 / Limburg

Heidestrand N.V.***
Zwanenstraat 105
7 Apr - 1 Okt
+32 11 52 01 90
receptie@heidestrand.be
N 50°59'12'' E 05°18'48''

1 ADEKNOPQRSTU	AFHLNX	6
2 AEJQWXY	ABFGK	7
3 BFMS	ABEFNQSUVW	8
4 DFHJNO		9
5 ACDEHKNO	BCFHIKOQXY	10
10A		❶ €33,60
75ha 73T(80-100m²) 627D		❷ €43,20

In Zonhoven die 72 Richtung Beringen. Nach 2 km links in die 'Wijvestraat', kurz hinter dem Bahnübergang. Nach 2,5 km auf der rechten Seite. 101404

Westende, B-8434 / West-Vlaanderen

Kompas Camp. Westende***
Bassevillestraat 141
1 Jan - 31 Dez
+32 58 22 30 25
westende@kompascamping.be
N 51°09'27'' E 02°45'40''

1 ADEKNOPQRSTU	K	6
2 AGPQWXY	BDEFG	7
3 BDEFLSV	BDFGIJKMNQRTUW	8
4 ABDFHJO	EVW	9
5 ACDEFHJLNO	ABCFGHIJKORSY	10
B 10A CEE		❶ €46,00
12ha 145T(100-150m²) 188D		❷ €49,00

E40 Ausfahrt 4 Richtung Middelkerke. Nach ± 2 km über den Kanal Richtung Middelkerke. An der Kirche links Richtung Westende. An der Kirche von Westende vorbei die 4. Straße rechts (Hovenierstraat) bis zum Ende durchfahren. 101625

Zonhoven, B-3520 / Limburg

Holsteenbron
Hengelhoefseweg 9
29 Mrz - 6 Nov
+32 11 81 71 40
info@campingholsteenbron.be
N 50°59'42'' E 05°24'59''

1 ADEGKNOPQRSTU	N	6
2 AQRWYZ	ABDEFG	7
3 CGLMSX	ABEFJNQRW	8
4 DEFHJO	BCFJVWX	9
5 ADFHJMNO	ABCFGHIJKORSY	10
B 6A		❶ €30,00
4ha 57T(80-100m²) 51D		❷ €30,00

A2/E314 Ausfahrt 29 Richtung Hasselt, nach 800m an der Ampel links und dann Beschilderung folgen. Oder die Strecke Eindhoven-Hasselt N74, über die Brücke der E314. Nach 800m links, an der Ampel links und der Beschilderung folgen. 101405

Westende, B-8434 / West-Vlaanderen

R.A.C.B. Camping***
Bassevillestraat 81
1 Jan - 31 Dez
+32 58 24 10 77
info@racbcamping.be
N 51°09'15'' E 02°45'34''

1 ADEJMOPQRSTU	K	6
2 AGPQSTWXY	BEFG	7
3 BFKMNS	BDFJKNRTW	8
4 BCDFHIJNOQ		9
5 DEFGHLNO	ABFGHIJKORSY	10
B 16A		❶ €26,00
6,5ha 40T(100-120m²) 291D		❷ €34,00

Von Nieuwpoort auf der N318 Richtung Westende-Middelkerke. CP ab Lombardsijde-dorf links angezeigt. 101624

Zutendaal, B-3690 / Limburg

EuroParcs Hoge Kempen****
Molenblookstraat 64
1 Apr - 5 Nov
+32 89 61 18 11
kcc@europarcs.nl
N 50°55'33'' E 05°33'08''

1 ADEKNOPQRSTU	AG	6
2 ABQXYZ	ABDEFG	7
3 BFGJLMS	ABCDEFJKNQRSTUV	8
4 BCFHIJO	ACJUVWX	9
5 ACDEFHJKMN	ABFGHIJKOSTY	10
Anzeige auf Seite 137 B 10-16A CEE		❶ €42,00
10ha 75T(100-150m²) 319D		❷ €55,50

E314, Ausfahrt 32 Genk-oost Richtung Zutendaal. Kreisverkehr durchqueren. CP liegt nach 1 km auf der rechten Seite. 109646

Westerlo, B-2260 / Antwerpen

Heiken-Westerlo VZW**
Stropersweg 2
1 Jul - 31 Aug
+32 4 79 29 44 75
campingheiken@telenet.be
N 51°05'56'' E 04°53'35''

1 AFKNOPQSTU		6
2 ABPQRXY	ABDE	7
3 ABFMSU	ABCDEFJNPQRT	8
4 EFHJOQ		9
5 DHN	ABHIJKOQU	10
Anzeige auf dieser Seite 4A		❶ €17,50
10,9ha 6T(100-120m²) 34D		❷ €17,50

E313 Ausfahrt 22 - Olen. Richtung Olen/Herselt, Abtei Tongerlo folgen und in der Geneindestraat nach 1 km rechts in den Jagersweg, dann 2. Straße links. 101675

Teilkarte Flandern auf Seite 174 und 175

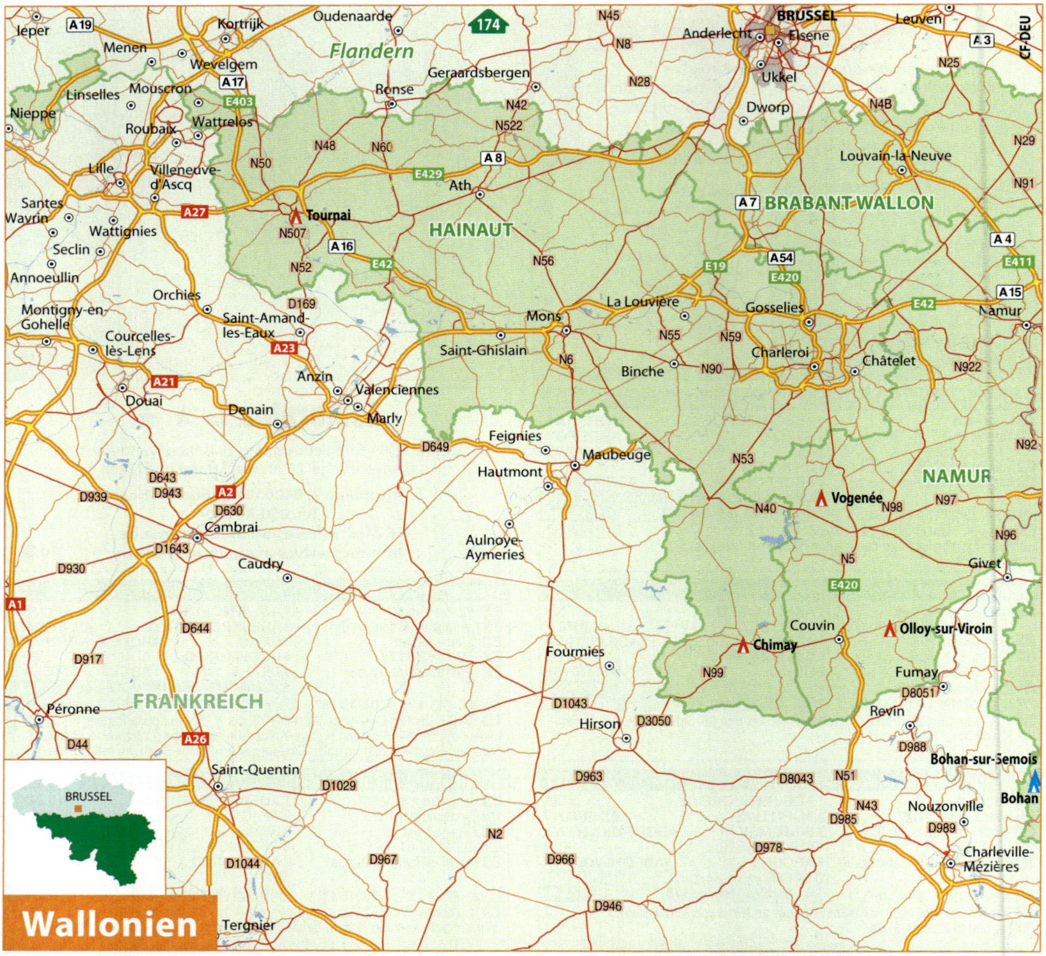

Wallonien

Amberloup/Ste Ode, B-6680 / Luxembourg

- Tonny***
- 1 rue des Rainettes
- 7 Apr - 1 Okt
- +32 4 87 94 21 30
- info@campingtonny.be

1 AEHKNOPQSU	JN 6
2 DPQSWXYZ	ABDEFGH 7
3 BFMS	ABCDEFJNR 8
4 FHJO	EJ 9
5 ADEFGHJKN	ABFHJKMNRSY 10
6A	1 €34,00
H386 2,5ha 75T(80-120m²) 9D	2 €34,00

N 50°01'35" E 05°30'47"

Ab der N4 Ausfahrt Amberloup/Libramont folgen. Der CP liegt rechter Hand der Straße, 3 km entfernt von der N4, kurz hinter Amberloup und im Weiler Tonny. 101716

Amel/Deidenberg, B-4770 / Liège

CC€19

- Camping Oos Heem BVBA***
- Zum Schwarzenvenn 6
- 1 Jan - 31 Dez
- +32 80 34 97 41
- info@campingoosheem.be

1 AEKNOPQRSTU	BG 6
2 ACIQVWXY	ABDFGH 7
3 BFIMSTX	ABFJNQRTW 8
4 BCDFGHJKLO	AEFUVWY 9
5 ABDEFGHJKLMN	ABFHIJKOQY 10
Anzeige auf der Seite W 16A CEE	1 €29,50
H432 3,5ha 57T(100m²) 128D	2 €41,50

N 50°20'54" E 06°07'12"

A60 Trier/Bitburg-St. Vith/Liège, Ausfahrt 13. E42 St.Vith-Verviers Ausfahrt 13, Richtung Recht. Weiter den Schildern Camping Oos Heem nach. 101752

Anseremme/Dinant, B-5500 / Namur

Villatoile SA*	1 ADEJMOPSU	JNUX	6
Ferme de Pont-à-Lesse	2 CQXYZ	ABDEFG	7
8 Apr - 16 Okt	3 BS	AEFNRW	8
+32 82 22 22 85	4 FHJO	F	9
secretariat@villatoile.be	5 ADHKN	ABGHKNQ	10
	6-10A CEE	❶ €21,90	
N 50°13'41'' E 04°54'37''	H94 6ha 140T(50-90m²) 95D	❷ €29,90	

Ab Dinant Richtung Beauraing. Vor der Brücke über den Lesse nach links. Den CP-Schildern folgen. Der CP ist 2 km vom Zentrum entfernt. 101681

Arlon, B-6700 / Luxembourg

Officiel Arlon**	1 AKNOPQRSTU		6
373 route de Bastogne	2 AQSUWXY	ABFGK	7
1 Mrz - 31 Okt	3	ABCDEFNQRW	8
+32 63 22 65 82	4 H		9
campingofficiel@skynet.be	5 DN	ABEFGHJKMORS	10
	B 6A CEE	❶ €27,80	
N 49°42'08'' E 05°48'24''	H395 1,4ha 78T(80-100m²)	❷ €37,00	

Von der E411 Ausf. 31 Richtung Arlon. Den Schildern 'autres directions' und Bastogne folgen. Der N82 geradeaus folgen. (Durch 2 Kreisel, nicht abbiegen). Nach 4 km endet diese Straße in einer Kurve nach li auf die N4. CP liegt hinter der Kurve nach 200m rechts. 101737

Auby-sur-Semois, B-6880 / Luxembourg

MAKA***	1 ADEKNOPQSU	JNUX	6
100 route du Maka	2 DQSVXY	ABDEFG	7
1 Apr - 17 Sep	3 AMTX	ABCDFJNRTUVW	8
+32 61 41 11 48	4 FHIJ	JN	9
info@campingmaka.be	5 ABDEHKMN	ABCFGJKOQY	10
	10A CEE	❶ €42,05	
N 49°48'32'' E 05°09'52''	H250 3,5ha 42T(80-100m²) 60D	❷ €52,55	

E411 Ausfahrt 25 Bertix/Auby-sur-Semois Richtung Bertrix. Im Zentrum von Bertrix ist der Camping angezeigt. 117918

Ave-et-Auffe/Rochefort, B-5580 / Namur

Le Roptai***	1 ADEKNOPQRSTU	BG	6
rue du Roptai 34	2 ABQSUWXY	ABDEFGHJ	7
16 Mrz - 14 Nov	3 ABCFMS	ABCDFJNRTW	8
+32 84 38 83 19	4 BDEFHIJOQ	BEFJ	9
info@leroptai.be	5 ABCDEFGHMNO	AFGHJKOQX	10
	Anzeige auf dieser Seite 6A CEE	❶ €30,00	
N 50°06'41'' E 05°08'02''	H245 10ha 120T(80-120m²) 230D	❷ €40,00	

E411 Ausfahrt 23 (Rochefort - Han-sur-Lesse). Richtung Han-sur-Lesse folgen, Camping ist unmittelbar ausgeschildert. 101700

Domaine Château De Dieupart

In den belgischen Ardennen, am Fluss Amblève, finden Sie unseren Campingplatz mit großzügigen Stellplätzen. Alle mit eigenem Wasser- und Stromanschluss. Es gibt Restaurant Möglichkeiten. Vom Campingplatz aus gibt es schöne Wander- und Radwege. Wir freuen uns, Sie auf unserer Terrasse begrüßen zu dürfen.

www.dieupart.be

Aywaille, B-4920 / Liège

Domaine Château de Dieupart*
37 route de Dieupart
1 Jan - 31 Dez
+32 43 84 44 30
info@dieupart.be
N 50°28'35'' E 05°41'21''

1 ADE**KN**OPQRSU — J**N** 6
2 ABDPQSTWXYZ — A**B**D**EFG** 7
3 BMS**T**X — ACDE**F**HJKNPQRTUVW 8
4 **AE**FGHIO — FIJLRU 9
5 DEFHJN — ABDFGHIJKLNRSY 10
Anzeige auf dieser Seite B 10A CEE
H350 5ha 106**T**(80-120m²) 34**D**
① €28,50 ② €40,00
101732

E25 Ausfahrt 46 Remouchamps/Aywaille. An der Ampel rechts Richtung Aywaille und vor der Kirche rechts abbiegen. Am Parkplatz Delhaize direkt links und dann rechts, Einfädelspur zum Schloss nehmen. Angezeigt.

Bertrix, B-6880 / Luxembourg

Ardennen Camping Bertrix****
route de Mortehan
24 Mrz - 6 Nov
+32 61 41 22 81
info@campingbertrix.be
N 49°50'18'' E 05°15'07''

1 ACDE**KM**OPQST**U** — BG 6
2 ABQSUVWXYZ — ABDE**FG**H 7
3 BDFMNSV — ABCDEFIJKNQRTUVW 8
4 ABCEFGHIJLNO — AEFU 9
5 ABDEGHLMN — ABFGHIKMNQY 10
Anzeige auf dieser Seite 10A CEE
H440 16ha 314**T**(80-120m²) 232**D**
① €40,00 ② €55,00
01701

A4/E411 Ausfahrt 25 Bertrix. Der N89 bis Ausfahrt Bertrix folgen. Dann der N884 ins Zentrum folgen. Von dort ausgeschildert.

Barvaux, B-6940 / Luxembourg

Outdoor Camping Barvaux
50 rue Haute Commène
15 Jun - 30 Sep
+32 86 21 24 66
info@campingardennen.nl
N 50°21'52'' E 05°30'20''

1 DE**KN**OPQRSU — J**N**U 6
2 CQXYZ — AB**FG** 7
3 BG**L**M**T**WX — ABFJNQR 8
4 FHO — BEFU 9
5 ADEHKLN — ABHIJKNRS 10
8A
5ha 110**T**(100m²) 32**D**
① €28,50 ② €34,50
101711

Von Barvaux Richtung Bomal. Nach 1 km rechts ab der Beschilderung folgen. Vorsicht, gefährliche Kurve!

GEWINNER
ACSI AWARDS 2022
Beste Campingplatz-Animation Belgien
Ardennen Camping Bertrix

Bastogne, B-6600 / Luxembourg

Camping de Renval***
rue de Marche 148
1 Mrz - 1 Dez
+32 61 21 29 85
info@campingderenval.be
N 50°00'11'' E 05°41'44''

1 ADE**JM**OPQSTU — **N** 6
2 ADQSWX — ABDE**FG** 7
3 A**J**MS — ABCDE**F**JNQRTW 8
4 FHI — 9
5 DN — FGHKOQ 10
Anzeige auf dieser Seite 10A CEE
H505 7ha 60**T**(100m²) 132**D**
① €26,00 ② €31,00
100032

Ab Zentrum Bastogne Richtung Marche, nach 1,2 km CP auf der rechten Straßenseite. Von der E25 und N4 Richtung Bastogne, 500 m von der Ausfahrt.

Blier-Erezée, B-6997 / Luxembourg

Le Val de l'Aisne****
rue du T.T.A. 1a
1 Jan - 31 Dez
+32 86 47 00 67
info@levaldelaisne.be
N 50°16'45'' E 05°32'52''

1 ACDE**KN**OPQRSTU — **N**UVX 6
2 CEIQSWXYZ — A**BC**D**EFG**H**I**J**K** 7
3 BFG**L**MNS**T**VX — ABCDE**F**JNQRTUW 8
4 **A**BCDEFHIJLNO — CELW 9
5 ADEFGHJLMNO — ABEFGHIJKLMOPQY 10
Anzeige auf Seite 189 W 16A
H276 25ha 110**T**(100-140m²) 316**D**
① €27,00 ② €27,00
1 0632

Aus Lux: E25/A26, Ausfahrt 50 La Roche/Baraque Fraiture, erst rechts dann sofort links halten zur N30 Richtung Manhay und weiter Erezée. Bei Blier der CP Beschilderung folgen.

Camping de Renval ★ ★ ★

- 1,2 km vom Zentrum, 500m von der E25 und N4
- Tarif all-in: WLAN, TV, Strom
- automatische Rezeption 24 Std

Rue de Marche 148, 6600 Bastogne
Tel. und Fax 061-212985
Internet: www.campingderenval.be

Bohan, B-5550 / Namur

La Douane**
26 rue de France
17 Mrz - 15 Okt
+32 61 50 04 08
info@campingladouane.be
N 49°51'53'' E 04°52'50''

1 ADE**KN**OPQRSTU — J**N**U 6
2 DQSWXY — BF**G**H 7
3 AMS — BFNQRVW 8
4 FNO — BR 9
5 DEHKN — ABDGHJKLMNQU 10
Anzeige auf Seite 189 16A CEE
H155 1,5ha 73**T** 24**D**
① €27,00 ② €35,00
125182

Über die N95 (Dinant-Bouillon) nach Vresse-sur-Semois. Den Schildern zum Ort und zum Campingplatz folgen. Im Zweifelsfall folgen Sie der Beschilderung nach Monthermé (Frankreich).

Ausgezeichneter 4-Sternecamping in den Ardennen

Erstklassige Einrichtungen, super Restaurant, umfangreiches Freizeitprogramm, beheiztes Schwimmbad, toller Spielwald mit Survival.

Ardennen Camping Bertrix

Route de Mortehan • B-6880 Bertrix, Belgien
Tel.: 0032 (0)61 41 22 81 • info@campingbertrix.be
CAMPINGBERTRIX.BE

Teilkarte Wallonien auf Seite 186 und 187

Belgien

Bohan-sur-Semois, B-5550 / Namur

CC€19 iD

Confort***
rue Mont-les-Champs 214
25 Feb - 5 Nov
+32 61 50 02 01
info@camping-confort.be
N 49°52'24'' E 04°53'00''

1	ADEKNOPQRSTU	JNU	6
2	DQSWX	ABDEFGH	7
3	BMSV	ABDFJNQRTU	8
4	FHIJOQ	AH	9
5	ADHLMN	BFGHIJKOQ	10

Anzeige auf dieser Seite B 10A
H156 5ha 95T(100-130m²) 12D
① €35,00 ② €46,50

Auf der N95 (Dinant-Bouillon) Richtung Vresse-sur-Semois abbiegen. Orts- und Campingschild befolgen. An der Kirche dem Wasser folgen. Nach der halben Brücke folgen Sie der Straße für etwa 500m. Camping links.

101670

Bütgenbach, B-4750 / Liège

CC€17 iD

Worriken*
Worriken 9
1 Jan - 31 Dez
+32 80 44 69 61
info@worriken.be
N 50°25'29'' E 06°13'19''

1	ABDEGKNOPQRSUVW	ELMNQRSTXY	6
2	EIJKMQSUVWXY	ABDFG	7
3	ABFGMNPSTUWX	ABCDFJNRUVW	8
4	BDFHIT	GJRTW	9
5	ADEFHIJKLN	ABCDFHJKNRSY	10

Anz. auf dieser Seite WB 10A CEE
H569 16ha 45T(80-100m²) 286D
① €30,00 ② €35,00

E40/A3 Ausfahrt 38 Eupen, Richtung Malmedy, Ausschilderung Worriken folgen.

100022

Bomal-sur-Ourthe, B-6941 / Luxembourg

Camping International**
2 rue Pré-Cawiaï
1 Mrz - 12 Nov
+32 4 98 62 90 79
info@campinginternational.be
N 50°22'30'' E 05°31'10''

1	DEKNOPQRSTU	NU	6
2	BCPQSXY	ABFGK	7
3	ALMTU	ACFJNQR	8
4	BFHJO	JR	9
5	DEFHJLMNO	ABJKORS	10

6-8A
H230 2,5ha 40T(80-150m²) 23D
① €26,50 ② €36,50

Auf der E25 Liège-Bastogne-Luxembourg Ausfahrt 46. Dann Ri. Aywaille. Dort der N86 Richtung Durbuy folgen bis Bomal. In Bomal die N806 Ri. Tohogne. Nach ± 300m kurz hinter der Brücke die kleine Straße links runter.

113496

Bure/Tellin, B-6927 / Luxembourg

CC€21 iD

Sandaya Parc la Clusure****
chemin de la Clusure 30
31 Mrz - 24 Sep
+32 84 36 00 50
parclaclusure@sandaya.be
N 50°05'46'' E 05°17'09''

1	ADEJMOPQRSTU	BDHIJN	6
2	ABCQSXYZ	ABDEFGHK	7
3	ABFMSTUVX	ABCDEFJKNPQRTVW	8
4	ABCDEFHJLNOU	CELUWYZ	9
5	ACDEFGHLMNO	ABDEHIKMOPQXY	10

B 16A CEE
H190 15ha 235T(100m²) 286D
① €48,00 ② €68,00

Ab Trier oder Saarbrücken via Luxembourg/Esch-s-Alzette die A6 Richtung Arlon, dann am Abzweig Neufchateau links halten Richtung A4 Namur/Brüssel. Ausfahrt 23a Bure/Tellin. Weiter ausgeschildert.

100028

Burg-Reuland, B-4790 / Liège

CC€23 iD

Hohenbusch*****
Hohenbusch, Grüfflingen 31
31 Mrz - 5 Nov
+32 80 22 75 23
info@hohenbusch.be
N 50°14'30'' E 06°05'35''

1	ADEGKNOPQRSU	BG	6
2	AIPQVWXY	BEFGH	7
3	BMS	BDFGIJNPQRTUVW	8
4	BDFHJKOPQU	EI	9
5	ADEFKN	ABDEGHIJKMOPRS	10

Anz. auf dieser Seite B 5-10A CEE
H550 5ha 74T(100-175m²) 113D
① €39,00 ② €52,00

A60/E42 Bitburg-Malmedy, Ausfahrt 16 Steinebrück erste Ausfahrt direkt hinter Grenze/Sankt Vith. Dann N62 Richtung Luxemburg/Burg Reuland. Mit GPS fahren.

111032

Teilkarte Wallonien auf Seite 186 und 187

Belgien

Chairière, B-5550 / Namur

Le Trou du Cheval**
17 rue du Rivage
1 Jan - 31 Dez
+32 61 50 21 51
trou.cheval@belgacom.net
N 49°50'00" E 04°56'32"

1 A**K**N**O**PQSTU — J**N**UX 6
2 DQSWX — AB**FG** 7
3 AMSU — A**F**JNRW 8
4 FHIO — 9
5 DHMN — ABJKOQ 10
6A CEE — ① €23,00
H199 5,5ha 14**T**(80-100m²) 41**D** — ② €26,00
109511

E411 Ausfahrt 25 (Bertrix). Über die N89 Richtung Bouillon bis Plainevaux. Dann Richtung Alle (N819) und Richtung Vresse-sur-Semois (N914) folgen. Den CP-Schildern folgen.

Cherain, B-6673 / Luxembourg

Moulin de Bistain*
32 rue de Rettigny
1 Apr - 1 Okt
+32 80 51 76 65
N 50°09'02" E 05°52'05"

1 ADE**KN**OPSU — J**N** 6
2 ABCQVWXYZ — ABDE**FG** 7
3 BMSW — ABCD**F**GJNRTUW 8
4 FHJOQ — BF 9
5 ABDEHKN — ABFJKNRS 10
10A — ① €27,50
H360 7,5ha 65**T**(80-100m²) 83**D** — ② €34,50
110456

A60 Trier/Bitburg/St. Vith/Namur, Ausfahrt 15 St. Vith Süd, Richtung N62 Thommen. Dort am Ortsanfang rechts ab Beho N827, weiter Gouvy und Cherain.

Chimay, B-6460 / Hainaut

Communal de Chimay***
1 allée des Princes
1 Apr - 31 Okt
+32 60 51 12 57
camping@chimayville.be
N 50°02'44" E 04°18'35"

1 ADEKNOPST**U** — 6
2 PQWY — ABDE**FG** 7
3 S — ABFHJNPRTW 8
4 H — 9
5 DHN — FGHIJKOQU 10
B 16A CEE — ① €22,00
H235 3ha 50**T**(100-120m²) 70**D** — ② €28,00
101652

Von Beaumont kommend, kurz vor Zentrum Chimay rechts.

Dochamps, B-6960 / Luxembourg

CC€21

Camping Petite Suisse****
Al Bounire 27
1 Apr - 6 Nov
+32 84 44 40 30
info@petitesuisse.be
N 50°13'52" E 05°37'54"

1 ADE**KM**OPQST**U** — BG 6
2 BIQSTVWXYZ — ABDE**FG**H**K** 7
3 BFGMNS**T**X — ABCDFIJKNQRTUVW 8
4 BCFGHIJL — BCEJRU 9
5 ACDEFHLMN — ABFGHIJKNPQXY 10
Anzeige auf dieser Seite W 10A CEE — ① €38,50
H500 7ha 162**T**(80-125m²) 232**D** — ② €46,50
100026

A26/E25 Luxembourg-Liége Ausfahrt 50 Baraque Fraiture Ausf. 50, zur N89 Ri. La Roche. In Samree rechts Ri. Dochamps via D841. CP liegt an der Ortseinfahrt von Dochamps. Ausgeschildert.

Durnal, B-5530 / Namur

De Durnal
'Le Pommier Rustique'***
rue de Spontin
1 Mrz - 30 Dez
+32 83 69 99 63
info@camping-durnal.net
N 50°20'08" E 04°59'46"

1 ADE**KN**OPQSU — 6
2 AIPQSVWXY — ABDE**FG**K 7
3 BFMSUX — CDFJNRW 8
4 DFHJNO**TU** — DEFJUVWY 9
5 ADEFHJMNO — ABEFGHJKLOQU 10
Anz. auf dieser Seite 10-16A CEE — ① €25,00
H227 4,4ha 40**T**(80-100m²) 103**D** — ② €30,00
111478

E411 Ausfahrt 19 Richtung Yvoir. Dann rechts Richtung Durnal und den CP-Schildern folgen.

Grand-Halleux, B-6698 / Luxembourg

CC€17

Les Neufs Prés***
31 av. de la Resistance
1 Apr - 30 Sep
+32 80 21 68 82
camping.les9pres@gmail.com
N 50°19'50" E 05°54'05"

1 ADE**KN**OPQRSU — **B**F**N** 6
2 CPQXYZ — ABDE**FG** 7
3 BF**JM**N**S** — ABE**F**JNR 8
4 FHJO — 9
5 DHN**O** — BFHIJK**O**QUY 10
Anzeige auf dieser Seite 10A CEE — ① €19,00
H299 5ha 140**T**(80-100m²) 60**D** — ② €26,00
101750

Der CP befindet sich an der N68 Vielsalm-Trois Ponts, 1 km vom Zentrum von Grand Halleux entfernt.

Teilkarte Wallonien auf Seite 186 und 187

Hogne, B-5377 / Namur

Le Relais***
16 rue de Serinchamps
1 Mrz - 31 Dez
+32 4 75 42 30 49
info@campinglerelais.com

1 ACJMOPQRSTU LN 6
2 EPQSUWXYZ ABDEFG 7
3 ABHIMSX ABCDFJNRUV 8
4 BFHJK HJRT 9
5 ABDEHKMN FGHNQU 10
6-16A CEE ❶ €20,50
H222 12ha 93T(120-150m²) 41D ❷ €23,50

N 50°14'57" E 05°16'47"
N4 (Marche-en-Famenne - Namur) Ausfahrt Hogne. Camping ist angezeigt.
101698

Hony/Esneux, B-4130 / Liège

Les Murets**
75 chemin d'Enonck
7 Apr - 12 Okt
+32 4 79 34 59 25
camping.lesmurets@gmail.com

1 DEJMOPQRSU J 6
2 ADPQTWXYZ ABDE 7
3 ACM ABCDEFJNQRW 8
4 FGHI 9
5 DGHN ABFGHIJKNRSU 10
6A CEE ❶ €29,00
H180 1,6ha 88T(80-240m²) ❷ €41,00

N 50°32'22" E 05°34'11"
E25 Richtung Luxemburg. In Tilff Ausfahrt 41 Richtung Esneux. Diese Straße in Méry nach Hony folgen, dann Schildern 'Campings' folgen.
100020

Houffalize, B-6660 / Luxembourg

Chasse et Pêche SA
63 rue de la Roche
1 Jan - 31 Dez
+32 61 28 83 14
info@cpbuitensport.com

1 AHKNOPSU JNU 6
2 ABCQXYZ BEFG 7
3 T BFJNRW 8
4 FHIJO BFRUVW 9
5 ADEFHLMN ABFGHJKNQ 10
10A CEE ❶ €25,00
1ha 58T(50-75m²) 13D ❷ €36,00

N 50°08'17" E 05°45'42"
Über die E25 kommt man an der Ausfahrt 51 nach Houffalize. Im Zentrum von Houffalize rechts Richtung La Roche und nach 3 km (hinter der hohen Überführung) sieht man schon links den CP.
122019

Houffalize, B-6660 / Luxembourg

Du Viaduc***
53 rue de la Roche
1 Jan - 31 Dez
+32 61 28 90 67
campingviaduc@skynet.be

1 ADEKNOPQRSTU JN 6
2 ACQSUVWXYZ ABDEFG 7
3 BS ABFNRTW 8
4 FHJO 9
5 ABDEFHN ABHJKLOQ 10
16A CEE ❶ €28,00
H380 4ha 70T(80-100m²) 103D ❷ €28,00

N 50°07'50" E 05°46'44"
E25, Ausfahrt 5. 2,5 km bis Houffalize-Mitte, dann Richtung La Roche, CP 1 km vom Zentrum.
100033

La Roche-en-Ardenne, B-6980 / Luxembourg

CC€19

Club Benelux***
26 rue de Harzé
25 Mrz - 6 Nov
+32 84 41 15 59
stay@club-benelux.be

1 AEKNOPQRSTU BJNUX 6
2 DIPQXYZ ABEFGK 7
3 BFGMST ABCFNRT 8
4 ABCDEFHIJLNOQ J 9
5 ACDEHLMN ABDHJKNRS 10
Anzeige auf dieser Seite 6-10A ❶ €34,00
H230 7ha 350T(100m²) 20D ❷ €39,00

N 50°11'28" E 05°34'24"
Ab Ortsmitte Richtung Marche. Auf der Brücke über die Ourthe den CP-Schildern folgen. Der Platz liegt 500m vom Zentrum.
100030

La Roche-en-Ardenne, B-6980 / Luxembourg

CC€17

De l'Ourthe**
8 rue des Echavées
17 Mrz - 22 Okt
+32 84 41 14 59
info@campingdelourthe.be

1 AKNOPQRSTU JNU 6
2 BCQSTXYZ ABDFGH 7
3 BMS ACEFJNPQRT 8
4 BEFH AD 9
5 ACDEHN ABHJKOPQ 10
Anzeige auf dieser Seite B 10A ❶ €22,00
H229 4ha 150T(50-100m²) 74D ❷ €32,00

N 50°11'19" E 05°34'14"
Ab Zentrum Richtung Marche fahren, nach Brücke über Ourthe nach rechts, den CP-Schildern folgen (1 km vom Zentrum entfernt).
101713

La Roche-en-Ardenne, B-6980 / Luxembourg

Floreal La Roche-en-Ardenne****
route de Houffalize 18
1 Jan - 31 Dez
+32 84 21 94 67
nicole.bruyere@florealgroup.be

1 ADEKNOPQSTU BGJN 6
2 CIPQSWX ABDEFGHK 7
3 BFJMNRST ABCDEFJNRTU 8
4 BCDFHJLNOPQ AE 9
5 ACDEFHLMN ABHIKLMOQ 10
B 10A CEE ❶ €28,10
H285 13ha 200T(100m²) 418D ❷ €33,30

N 50°10'37" E 05°35'58"
Ab Zentrum von La Roche in Richtung Houffalize fahren, 2 km.
101407

La Roche-en-Ardenne, B-6980 / Luxembourg

Le Grillon**
6 rue des Echavées
31 Mrz - 5 Nov
+32 84 41 15 59
info@campingbenelux.be

1 AEKNOPQRSTU BJNUX 6
2 BCIQXYZ ABFGK 7
3 AFGMST ABCDFNRT 8
4 ABDEFHIJLNQ 9
5 ACDEHMN ABHIJKNQ 10
10-16A ❶ €34,00
H230 3,5ha 139T(150m²) ❷ €39,00

N 50°11'28" E 05°34'24"
Ab Zentrum Richtung Marche, nach Brücke über Ourthe den CP-Schildern Club Benelux folgen (1 km vom Zentrum entfernt).
101712

La Roche-en-Ardenne, B-6980 / Luxembourg

Camping Lohan***
Quartier de Lohan 2
1 Apr - 1 Nov
+32 84 41 15 45
info@campinglohan.be

1 AEJMOPQRSTU JNUX 6
2 CQSXYZ ABDEFGH 7
3 BS ABCDEFJNRTW 8
4 BDFHIJO F 9
5 ABDEHLMN ABFHIJKNQ 10
B 6-10A ❶ €26,00
H231 5ha 199T(60-100m²) 108D ❷ €31,00

N 50°10'51" E 05°36'23"
Ab Zentrum Richtung Houffalize fahren, rechts an der Ourthe gelegen (3 km vom Zentrum entfernt).
101714

Manderfeld, B-4760 / Liège

Frankental
Igelmonderhof 5
1 Jan - 31 Dez
+32 4 70 89 76 29
info@camping-frankental.be

1 KNOPS 6
2 IQUVWX ABDEFGJ 7
3 ABEFJNR 8
4 9
5 AD ABJKNRS 10
W 10A ❶ €20,00
H600 1ha 30T(50-100m²) 90D ❷ €26,00

N 50°20'19" E 06°19'01"
E42. Ausfahrt 13 Richtung N659. Dann auf N676, N658 und schließlich N692.
125216

Teilkarte Wallonien auf Seite 186 und 187

Ouren/Burg Reuland, B-4790 / Liège

International**
Alterweg, Ouren 19
28 Mrz - 30 Sep
+32 80 32 92 91

1 ADEHKNOPQRSTU — JN 6
2 BCQSWXYZ — ABDEFGH 7
3 BFLMS — ABCDFJNRTW 8
4 FHJOQ — BF 9
5 ADEFHJLN — ABFHJKNQ 10
10A CEE — ① €27,50
H334 5,8ha 120T(100-120m²) 52D — ② €34,50

N 50°08'31'' E 06°08'30''

St. Vith-Süd Ausfahrt 15 (Luxemburg). Dann die N62 Richtung Luxemburg. In Oudler links die N693 nach Ouren, nach 14 km Camping International. — 09651

Polleur, B-4910 / Liège

Polleur
53 route du Congrès
1 Apr - 1 Okt
+32 87 54 10 33
seeyou@polleur.be

1 ACDEHKNOPQRSU — BFHJN 6
2 ACQWXY — ABCDEFG 7
3 BFMSTWX — ABCDEFHMNPQRTUV 8
4 BCDEFGHIJLMO — EFJUY 9
5 ACDEFGHKLMN — ABEFGHIJKMNOPQXY 10
10A CEE — ① €35,00
H275 3,7ha 102T(80-100m²) 98D — ② €48,00

N 50°31'54'' E 05°51'47''

A27 Ausfahrt Polleur. Den Schildern Camping Polleur folgen. In Polleur die Route du Congrès Ri. Theux. CP ist angezeigt. In Navi Haus nr. 90 eingeben anstatt 53. — 101728

Mouzaive, B-5550 / Namur

CC€19

Le Héron***
rue de Lingue 50
28 Apr - 24 Sep
+32 61 50 04 17
info@camping-le-heron.be

1 ADEKNOPQRSTU — JN 6
2 DUWXY — ABDFGHK 7
3 BMS — CFJNQRTW 8
4 FHIO — A 9
5 ADH — BFGHJKOQ 10
Anzeige auf dieser Seite 10A — ① €25,00
H190 8ha 76T(100-140m²) 151D — ② €36,00

N 49°51'14'' E 04°57'12''

E411 Ausfahrt 25 Bertrix, N89 Richtung Bouillon. N819 Richtung Alle und Mouzaive. Dann den CP-Schildern folgen. — 101684

Poupehan, B-6830 / Luxembourg

CC€21

Ile de Faigneul***
54 rue de la Chérizelle
1 Apr - 30 Sep
+32 4 78 96 12 40
info@iledefaigneul.com

1 ADEKNOPSU — JNUX 6
2 BDQSWXYZ — ABDEFGH 7
3 BFMSX — ABCDFIJNQRTW 8
4 BDFHIJOPQ — FJ 9
5 ABDEFHN — ABHJKOQY 10
Anzeige auf dieser Seite B 6A CEE — ① €34,00
H209 3ha 130T(100m²) 4D — ② €43,00

N 49°48'58'' E 05°00'57''

E411 Ausfahrt 25, N89 Richtung Bouillon. N819 Richtung Rochehaut, innerorts die N893 Richtung Poupehan. Innerorts ist der Camping anzeigt. — 109513

Poupehan, B-6830 / Luxembourg

CC€19

Camping Le Prahay***
rue de la Chérizelle 48
1 Apr - 30 Sep
+32 4 76 83 84 00
info@camping-leprahay.com

1 ADEKNOPQSU — JN 6
2 BDSWXYZ — ABFG 7
3 BMSX — ABFNQRW 8
4 FHIO — ACJ 9
5 ADEHN — ABCDFGHJKN 10
Anzeige auf dieser Seite 6-16A — ① €32,00
H209 5ha 168T(100-130m²) 15D — ② €42,00

N 49°48'49'' E 05°00'53''

E411 Ausfahrt 25, N89 Richtung Bertrix/Bouillon. An Plainevaux vorbei Richtung Rochehaut die N819. Vor Rochehaut die N893 Richtung Poupehan, danach CP-Beschilderung beachten. — 124408

Odrimont, B-4990 / Liège

Floreal Gossaimont**
Gossaimont 1
1 Jan - 31 Dez
+32 80 31 98 22
camping.gossaimont@florealgroup.be

1 ADEJMOPQRSTU — N 6
2 BIQSUXYZ — ABDEFGH 7
3 BFGMS — ABCDEFJNPRTW 8
4 BDFHJO — ABE 9
5 ABDHKMN — AHIJKOQ 10
WB 16A CEE — ① €24,50
H430 16ha 147T(120-250m²) 169D — ② €29,70

N 50°18'44'' E 05°49'02''

A60 Wittlich-Malmedy, Ausf. St. Vith Sud (Belgien), N62 Ri. Thommen. Dort rechts N827 nach Beho. Hinter Beho rechts nach Bovigny N68. In Vielsalm-Salm-Chateau links N89 Ri. Lierneux-Odrimont. Dort ausgeschildert. — 117778

Olloy-sur-Viroin, B-5670 / Namur

Verblijfpark Ardinam***
Try des Baudets 1
31/3 - 30/9, 27/10 - 5/11
+32 60 39 01 08
info@ardinam.be

1 ABCDEGKNOPQRST — AF 6
2 ABIQSUXYZ — ABDEFG 7
3 ABEMSV — ABCDEFJNRTUW 8
4 BCDFHIJLNO — AEJ 9
5 ADEFGHKN — ABCGHIJKLOQ 10
Anzeige auf Seite 193 16A CEE — ① €29,00
H207 15ha 45T(80-120m²) 313D — ② €37,00

N 50°04'08'' E 04°35'47''

Von Couvin N99 Richtung Givet fahren (Nismes). Im Ort nach den alten Bahngleisen, rechts hoch fahren. — 101660

Purnode/Yvoir, B-5530 / Namur

Domaine du Bocq**
2 av. de la Vallée
1 Apr - 30 Okt
+32 82 61 22 69
info@domainedubocq.be

1 ADEJMOPQRSU — JN 6
2 ABCQSWXYZ — ABDEFG 7
3 BFGMSX — ABCDEFIJNQRTW 8
4 BFHIJO — AB 9
5 ADEHKN — ABFGHJKLNPQU 10
Anz. auf dieser Seite B 10-16A CEE — ① €22,50
H172 3ha 66T(50-100m²) 70D — ② €28,50

N 50°19'10'' E 04°56'41''

E411 Ausfahrt 19, N937 Richtung Spotin, dann Beschilderung 'Camping du Bocq' und Yvoir folgen. — 101680

Teilkarte Wallonien auf Seite 186 und 187

Rendeux/Ronzon, B-6987 / Luxembourg

Floreal Festival****
89 route de La Roche
1 Jan - 31 Dez
+32 84 47 73 71
camping.festival@
florealgroup.be

1 ADEKNOPQRSTU	JN	6
2 CMQWXY	ABFGH	7
3 BMS	ABCDEFJKNRT	8
4 DFHJNOQ		9
5 ABDEFHLMN	ABHIJKOQ	10
B 10A CEE		❶ €25,45
11ha 60T(80-120m²) 150D		❷ €32,65

N 50°13'39'' E 05°31'40'' — 117444

Ronzon, Gemeindeteil von Rendeux liegt an der N833 auf halben Weg zwischen La Roche und Hotton. Erreichbar über die A26/E25 Ausfahrt 50 Baraque de Fraiture, oder die N4 Richtung Hotton und Richtung La Roche.

Robertville, B-4950 / Liège

La Plage**
33 route des Bains
1 Jan - 31 Dez
+32 80 44 66 58
info@campinglaplage.be

1 BKNOPQRSUV	BLMNSXZ	6
2 EIJKPQSUVXY	ABDEFGIJK	7
3	AEFJNPRW	8
4 BCDEFHJ	DIJKU	9
5 ABDEHJMNO	ABHIJKORSU	10
W 2A CEE		❶ €21,75
H650 1,9ha 60T(80-100m²) 36D		❷ €29,25

N 50°27'00'' E 06°07'03'' — 101747

A27/E42 Ausfahrt 11 Richtung Malmedy. In Malmedy Straße nach Robertville folgen. Ab Robertville ausgeschildert.

Ste Cecile, B-6820 / Luxembourg

De la Semois***
25 rue de Chassepierre
1 Apr - 3 Sep
+32 61 31 21 87
info@campingdelasemois.be

1 ADEHJMOPQSU	JNUX	6
2 BDKQUYZ	ABDEFG	7
3 BFMSX	ABCDEFIJNRTW	8
4 FHIJO	ABEJUY	9
5 ABDEHMN	ABFHJKNQ	10
Anzeige auf dieser Seite 10A CEE		❶ €33,50
H279 5,5ha 105T(80-120m²) 19D		❷ €40,50

N 49°43'19'' E 05°15'17'' — 109658

A6/E26 Lux-Namur(Bel), Ausfahrt Nantimont zur N87. Étalle rechts N83 Saint-Cecile N83. Innerorts den CP Schildern folgen.

Soumagne, B-4630 / Liège

Dom. Prov. de Wegimont***
76 chaussée de Wegimont
1 Feb - 23 Dez
+32 42 79 24 02
camping.wegimont@
provincedeliege.be

1 ABEKNOPRSTUV	BFHIMN	6
2 AEKPQSUWY	ABDEFG	7
3 ABFJMNS	ABEFJNQRTW	8
4 FHJNOP	R	9
5 DEGHK	ABCEFHIKNUY	10
B 16A CEE		❶ €21,00
H215 2,2ha 34T(50-100m²) 100D		❷ €29,00

N 50°36'40'' E 05°44'16'' — 101726

Die A3/E40 Aachen-Liege, Ausfahrt 37 Richtung Soumagne verlassen. Nach 1 km an der Ampel links Richtung Bas-Soumagne. Von der A27/A60 aus Wittlich bis Kreuz Battice Richtung Liege. Den Schildern Wegimont folgen.

Spa, B-4900 / Liège

Parc des Sources
route de la Sauvenière 141
1 Apr - 11 Nov
+32 87 70 08 63
info@campingspa.be

1 BEGKNOPQRSUV	AFM	6
2 AQUWXYZ	ABDEFG	7
3 BLMU	ABFJNRT	8
4 FHO	U	9
5 DEFHKL	BFGHJKORS	10
6A CEE		❶ €35,00
H350 2,5ha 95T(80-100m²) 36D		❷ €41,00

N 50°29'07'' E 05°53'01'' — 100021

Der CP liegt 1,5 km nach Spa rechts der N62 Richtung Francorchamps/Malmédy. Ausgeschildert.

Sy, B-4190 / Luxembourg

Camping Sy***
7 rue de Luins
1 Jan - 31 Dez
+32 86 21 24 07

1 AEKNOPQSU	JNU	6
2 CKPQWXYZ	ABDF	7
3 BFLSX	ACDFJNRUV	8
4 FHO	BCGI	9
5 ADEHJKO	ABHJKNRS	10
Anzeige auf dieser Seite B 6A CEE		❶ €25,00
H120 2,5ha 22T(80-130m²) 37D		❷ €35,00

N 50°24'12'' E 05°31'17'' — 120998

E25 Ausfahrt 46 Richtung Durbuy. Auf dieser Straße bleiben bis zum Ortsschild Sy 3 km. Nicht dem Navi folgen!

St. Hubert, B-6870 / Luxembourg

Europacamp
Europacamp 3
1 Jan - 31 Dez
+32 4 99 17 16 33
contact@
camping-europacamp.be

1 BFKNOPQRSTU		6
2 ABIQSTUVWXYZ	AD	7
3 BFGSX	ABFHJNQRW	8
4 BDEFHIK	ACEF	9
5 DHJL	BFIJKNQU	10
10A		❶ €28,00
H530 20ha 60T(100-2000m²) 8D		❷ €32,00

N 50°01'50'' E 05°23'47'' — 109656

Von der A4/E411 in Richtung St. Hubert und dann den Campingschildern folgen.

Stavelot, B-4970 / Liège

Domaine l'Eau Rouge
Cheneux 25
31 Mrz - 1 Nov
+32 80 86 30 75

1 AEKNOPQSU	BJN	6
2 ABDPQSXYZ	ABDEFG	7
3 BCFM	ABCDFHIJKNPQRTUVW	8
4 BCDFHIJLO	JY	9
5 ADEFHKN	ABDGHIJKMORSY	10
Anzeige auf dieser Seite B 6-10A		❶ €36,50
H277 4ha 151T(100-120m²) 39D		❷ €46,50

N 50°24'43'' E 05°57'03'' — 101098

A27/E42 Ausfahrt 11, im Kreisel Richtung Stavelot (Navi abschalten!), nach ± 5 km an T-Kreuzung rechts. Dann 1. Straße rechts, kleiner Weg nach unten.

Teilkarte Wallonien auf Seite 186 und 187

Belgien

Tenneville, B-6970 / Luxembourg
CC€19 iD

Pont de Berguème***	1 ADEKNOPQRSTU	JNU 6
Berguème 9	2 DQWXY	ABDEFGH 7
1 Jan - 31 Dez	3 AMSX	ABCDEFJNRW 8
+32 84 45 54 43	4 FHJO	FR 9
info@pontbergueme.be	5 DHN	ABFGHJKNQ 10
	Anzeige auf dieser Seite W 6A CEE	❶ €25,80
N 50°04'33" E 05°33'19"	H347 3ha 100T(80-100m²) 65D	❷ €33,60

Via N4, Ausfahrt Berguème. Dann Schildern Berguème und CP-Schildern folgen. 101715

Tintigny, B-6730 / Luxembourg
CC€21 iD

Camping de Chênefleur***	1 ACDEKNOPQRSTU	BGJN 6
rue Norulle 16	2 ADPQWXYZ	ABDEFGH 7
1 Mrz - 5 Nov	3 BGMSTVX	ABCDEFJKNQRTUW 8
+32 63 44 40 78	4 ABCDEFHIJLOTUX	CEFJU 9
info@chenefleur.be	5 ABDEFGHLMN	ABFHJKMNORS 10
	Anzeige auf dieser Seite B 6A CEE	❶ €39,50
N 49°41'06" E 05°31'14"	H326 7,2ha 250T(100-125m²) 53D	❷ €53,50

E411, Ausfahrt 29 Richtung Etalle (N87). In Etalle Richtung Florenville (N83) folgen. Im Ort Tintigny den CP-Schildern folgen. Gut ausgeschildert. 101719

Tournai, B-7500 / Hainaut
iD

Camping de l'Orient**	1 ABJMOPSTU	6
Jean-Baptiste Moens 8	2 AEKPQWY	ABDEFG 7
1 Jan - 31 Dez	3	ABCDEFJNPQRUVW 8
+32 69 22 26 35	4 FH	9
campingorient@tournai.be	5 ABD	BFHIJKLOQ 10
	16A CEE	❶ €16,50
N 50°36'00" E 03°24'49"	2ha 50T(100-140m²)	❷ €20,30

CP-Schildern entlang N7 Mons-Tournai folgen. CP 2 km von Tournai entfernt. Nahe Ausfahrt 32 von der E42. Von der E42 kommend, an den 1. Ampeln links. 101635

Virton, B-6760 / Luxembourg
iD

Floreal Colline de Rabais****	1 ADEJMOPQRSTUV	AFN 6
Clos des Horlès 1	2 IQVXY	ABDEFG 7
1 Jan - 31 Dez	3 BMSVX	ABCDFJNRTW 8
+32 63 42 21 77	4 BCDFLNOQ	ABCEJ 9
miranda.dahlhaus@ floralgroup.be	5 ABDEFH	ABHJKMOQ 10
	16A CEE	❶ €26,10
N 49°34'44" E 05°32'55"	H250 8ha 218T(100-140m²) 85D	❷ €31,40

Ab Zentrum Virton Richtung Ethe (Arlon) auf ± 3 km. CP liegt im Vallée de Rabais auf der Höhe. 101100

Vogenée, B-5650 / Namur
iD

Le Cheslez**	1 ADEKNOPQRSTU	6
1 rue d'Yves	2 IQSXYZ	ABDEFG 7
1 Apr - 30 Sep	3 ALS	ACDEFHNPRUVW 8
+32 71 61 26 32	4 FHO	C 9
cheslez.info@gmail.com	5 DHN	BGHIJKNQ 10
	B 16A CEE	❶ €24,60
N 50°14'24" E 04°27'34"	H230 6ha 78T(100m²) 33D	❷ €29,60

Die N5 Charleroi-Philippeville, Ausfahrt Yves Gomezee. Nach Bahnübergang rechts Richtung Vogenee (4 km). 111072

Waimes, B-4950 / Liège
iD

Anderegg**	1 ADEKNOPQSU	6
Bruyères 4	2 CIPQUWXYZ	ABDEFGHK 7
1 Apr - 1 Okt	3 ABFMS	ABCDEFGJKNQRTW 8
+32 80 67 93 93	4 FHJO	9
info@campinganderegg.be	5 ABDFMN	ABFHJKORSX 10
	6A CEE	❶ €28,60
N 50°26'21" E 06°07'03"	H595 1,5ha 43T(80-110m²) 37D	❷ €36,60

In Waimes Richtung Bütgenbach am Kreisel links, den Schildern folgen. 101749

Teilkarte Wallonien auf Seite 186 und 187

Luxemburg

Reuland
E421
N62
Limerlé
Goedange
Binsfeld
Lieler
Troisvierges
Tavigny
60
B410
Noville
A26
Eselborn
Clervaux
ARDENNES
Dorscheid
Derenbach
Eisenbach
Bastogne
Eschweiler
Enscherange
L32
N30
Erpeldange
Stolzembourg
DEUTSCHLAND
Bitburg
N84
Doncols
Wiltz
B50
N15
Goesdorf
Dirbach
Goebelsmühle
Bavigne
Walsdorf
Esch-sur-Sûre
Tadler
Heiderscheidergrund
Bastendorf
Diekirch/
Bleesbruck
B257
Baschleiden
Reisdorf
Eschdorf
Heiderscheid
Diekirch
N19
Erpeldange
Bettendorf
Dillingen
Bigonville
Ingeldorf/Diekirch
Eppeldorf
N10
Irrel
Ettelbruck
Ermsdorf
Beaufort
Folkendange
Echternach
Berdorf
Rosport
MULLERTHAL
Eschette
Folschette
Colmar
B418
Larochette/Medernach
Nommern
Girst
Larochette
Consdorf
Boevange-sur-
Attert
E421
A7
Givenich
Fischbach
N4
Godbrange
64
Brouch
Boudler
Mersch
Elvange
Breinert
MOSELLE
Wasserliesch
CENTRE
Eisenborn
E29
Grevenmacher
Könen
Simmerschmelz
N7
Arlon
A 4
N83
Flaxweiler
Tawern
Goeblange
B51
E25
Nittel
Autelbas
Ayl
N11
A1
E44
N81
A6
Beurig
Garnich
N51
LUXEMBOURG
Ehnen
Fingig
Wincheringen
Messancy
Dippach
Luxemburg
Ersange
Aubange
Hesperange
E29
Pétange
B407
Erpeldange
N2
Mont-Saint-
Martin
Sanem
A4
Nennig
SUD
B406
A13
Differdange
Orscholz
A3
Frisange
Longwy
Elvange
Besch
N52
Mexy
A13
B419
Hussigny-
Godbrange
Esch-sur-Alzette
Dudelange
Villerupt
Perl
8
D654
FRANKREICH
Sierck-les-
Bains
CF-DEU

Luxemburg: Großes Glück in einem kleinen Land

Luxemburg ist eines der kleinsten Länder in Europa. Die Kombination aus schöner Natur und gemütlichen Dörfern und Städten macht Luxemburg zu einem kleinen, aber sehr abwechslungsreichen Land.

Unterwegs zu Fuß

Luxemburg erkundet man am besten zu Fuß. Die vielen Wälder und hügeligen Gebiete sind eine Augenweide. Entdecken Sie sie in aller Ruhe bei einem ausgedehnten Wanderung. Die bekannteste Route des Landes ist der Mullerthal Trail. Das Müllerthal liegt im Osten des Landes, nahe der deutschen Grenze, und hat den vielversprechenden Spitznamen "Kleine Schweiz". Ziehen Sie gute Schuhe an und sehen Sie sich die spektakulären Felsformationen, die malerischen Bachtäler und die romantischen Schlösser an.

Hauptstadt: Luxemburg
Währung: Euro
Zeitzone: UTC + 1, UTC + 2 (März bis Oktober)
Sprache: Luxemburgisch, Französisch und Deutsch
Ländervorwahl: +352
Alkoholgrenze: 0,5‰
Notrufnummer: Polizei, Feuerwehr und Rettungswagen: 112
Leitungswasser: unbedenklich

Hauptstadt mit internationalem Charakter

Luxemburg ist eine Ansammlung von kleinen Dörfern und Städten. Die gleichnamige Hauptstadt ist eine Ausnahme, obwohl die Stadt weniger als 120 000 Einwohner hat.

ACSI AWARDS

Gewinner 2022 in Luxemburg

Bester Campingplatz
Europacamping Nommerlayen

Bestes Campingplatz-Schwimmbad
Birkelt Village

Bester Campingplatz für Wanderungen und Radtouren
Camping du Barrage Rosport

Hundefreundlichster Campingplatz
Camping Op der Sauer

Campingplatz mit der schönsten Lage
Camping de la Sûre Reisdorf

Verschiedene europäische Institutionen haben hier ihren Sitz, was der Stadt einen internationalen Charakter verleiht. Die Hauptstadt ist sauber und die Einrichtungen sind hervorragend.
Eine Stadtrundfahrt ist der perfekte Weg, um die vielen Sehenswürdigkeiten kennen zu lernen. Besichtigen Sie den Großherzoglichen Palast, entspannen Sie sich in der Kathedrale aus dem 17. Jahrhundert oder bewundern Sie zeitgenössische Kunst im Musée d'Art Moderne Grand-Duc Jean. Und vergessen Sie nicht, durch die Viertel Ville-Haute und Gare zu schlendern. Dort kann der Kleiderliebhaber stundenlang in trendigen Boutiquen, Luxusgeschäften und Ladenketten verweilen.

Luxemburg ist grün und sympathisch

Wenn Luxemburg für etwas bekannt ist, dann für seinen grünen Charakter. Das Land besteht zu einem großen Teil aus Wäldern, Hügeln und Wiesen. Der nördliche Teil von Luxemburg ist Teil der Ardennen. Die drei größten Flüsse – die Mosel, die Our und die Sauer – schlängeln sich malerisch durch das Land. Da es kaum Massentourismus gibt, können Sie die Natur in aller Ruhe genießen.

Campingurlaub mit Burgen und Schlössern

Lieben Sie Schlösser? Dann ist auch Luxemburg einen Besuch wert. Es gibt so viele Schlösser, Burgen und Ruinen, dass sich immer etwas davon in der Nähe Ihres Campingplatzes befindet. Die Burg Vianden ist ein absolutes Muss während Ihres Campingurlaubs in Luxemburg. Das imposante Bauwerk, das zwischen dem elften und vierzehnten Jahrhundert erbaut wurde, eignet sich hervorragend für einen Besuch mit Kindern. Tun Sie dies Ende Juli oder Anfang August. Dann wird ein großes mittelalterliches Burgfest organisiert. Im Eischtal, dem südwestlichen Teil des Landes, der zu einem großen Teil aus Wäldern und Wiesen besteht, befinden sich nicht weniger als sieben Burgen und Schlösser. Einige von ihnen sind noch intakt, andere sind nur noch eine Ruine.

Tanken

Benzin (95 E10 und Super 98) ist leicht erhältlich (wenn Sie E10 tanken wollen, prüfen Sie die Einfüllöffnung, das Handbuch oder die Werkstatt Ihres Autohändlers, um zu sehen, ob Ihr Auto damit fahren kann, ansonsten tanken Sie Super 98). Diesel und LPG sind ebenfalls leicht erhältlich. Für die Betankung mit LPG wird der europäische Anschluss (acme) verwendet.
Der Kraftstoff ist in Luxemburg im Vergleich zu anderen Ländern günstig, weshalb viele Ausländer hier tanken. Die Tankstellen an der Grenze und an den Hauptstraßen sind daher oft 24 Stunden am Tag geöffnet. Die anderen Tankstellen sind oft mindestens von 8 Uhr morgens bis 20 Uhr abends geöffnet.
Achtung: Es ist verboten, Kraftstoff im Reservetank ein- oder auszuführen.

Ladestationen

Das Netz der öffentlichen Ladestationen ist noch nicht sehr umfangreich. Es ist wichtig, dass Sie Ihre Reise gut im Voraus planen. Die meisten Ladepunkte befinden sich im Süden.

Verkehrsvorschriften

Das Abblendlicht ist bei Dunkelheit, in Tunneln und bei einer Sichtweite von weniger als 100 Metern vorgeschrieben.
An einer gleichberechtigten Kreuzung hat der Verkehr von rechts Vorfahrt. Straßenbahnen haben immer Vorrang. Der Verkehr in einem Kreisverkehr hat Vorrang, wenn dies durch Verkehrszeichen angezeigt wird. Auf Bergstraßen hat der bergauf fahrende Verkehr Vorrang vor dem bergab fahrenden Verkehr; notfalls muss das kleinste Fahrzeug rückwärts setzen.
Autofahrer dürfen nur Freisprechtelefone benutzen. Kinder unter 18 Jahren und einer Körpergröße von weniger als 1,50 m müssen in einem Kindersitz sitzen. Winterreifen sind bei winterlichen Verhältnissen Pflicht.

"Luxemburg: nah dran und doch ganz anders"

Herr K. Geeraert, Inspektor 558

Sondervorschriften

Bei Staus müssen Sie so weit wie möglich nach rechts oder links ausweichen, um in der Mitte eine freie Fahrspur (Rettungsgasse) für Einsatzfahrzeuge zu schaffen.
Bei Annäherung an einen Stau ist das Blinken der Warnblinkanlage Pflicht. Wenn Sie in einem Tunnel im Stau stehen, müssen Sie einen Mindestabstand von fünf Metern zum vorausfahrenden Fahrzeug einhalten.
Achten Sie beim Parken darauf, dass der Abstand zwischen Ihnen und anderen geparkten Fahrzeugen mindestens 1 m beträgt.

Vorgeschriebene Ausstattung

Ein Warndreieck und eine Warnweste sind im Auto Pflicht. Es wird empfohlen, für alle Fahrgäste eine Sicherheitsweste mitzuführen. In Wohnmobilen mit einem zulässigen Gesamtgewicht von mehr als 3,5 Tonnen müssen ein Feuerlöscher und ein Warndreieck mitgeführt werden.

Klima Luxemburg (Stadt)	Jan.	Feb.	März	Apr.	Mai	Jun.	Jul.	Aug.	Sept.	Okt.	Nov.	Dez.
Durchschnittliche Höchsttemperatur	2	4	8	12	17	20	22	21	18	13	7	3
Durchschnittliche Anzahl der Sonnenstunden pro Tag	1	2	5	6	6	6	6	6	5	3	1	1
Durchschnittliche monatliche Niederschlagsmenge (mm)	71	62	70	61	81	82	68	72	70	75	83	80

Reisemobil und Caravan

Ein Reisemobil oder eine Auto-Wohnwagen-Kombination darf bis zu 4 m hoch, 2,55 m breit und 18,75 m lang sein (der Wohnwagen selbst darf bis zu 12 m lang sein).
Mit einem Wohnwagengespann, das länger als 7 Meter (oder > 3,5 Tonnen) ist, müssen Sie einen Abstand von mindestens 50 Metern zu einem anderen Gespann oder Lkw einhalten.

Fahrrad

Ein Fahrradhelm ist nicht vorgeschrieben. Es ist verboten, während des Radfahrens zu telefonieren oder ein Mobiltelefon zu benutzen.
Kinder bis zu 8 Jahren dürfen nur von einem Erwachsenen in einem Fahrradsitz auf dem Fahrrad mitgenommen werden. Kinder bis zu 10 Jahren dürfen nur in Begleitung auf der Straße fahren. Kinder bis zu 12 Jahren dürfen auf dem Bürgersteig fahren.

„Nicht weit entfernt, grün und hügelig, viele Sehenswürdigkeiten und eine große Auswahl an Campingplätzen und Restaurants"

Herr R. Wauters, Inspektor 283

Panne und Unfall

Stellen Sie Ihr Warndreieck auf der Autobahn mindestens 200 bis 300 m (sonst 100 m) hinter dem Fahrzeug auf, wenn es sich auf der Fahrspur befindet (und auf der Autobahn nur, wenn die Warnblinkanlage nicht funktioniert). Alle Insassen müssen eine Warnweste tragen.
Rufen Sie im Falle einer Panne die Notrufnummer Ihres Pannendienst an. Sie können auch den luxemburgischen Pannendienst (ACL) unter der Nummer +352 26 000 anrufen.
Das Abschleppen ist auf Autobahnen bis zur ersten Ausfahrt oder auf Landstraßen bis zur ersten Werkstatt erlaubt.

Campen

Die sanitären Einrichtungen in Luxemburg sind von überdurchschnittlicher Qualität.
Auf vielen Campingplätzen gibt es Animation und Einrichtungen für Kinder.
Wildcamping außerhalb der Campingplätze ist verboten. Auf Privatgrundstücken ist die Genehmigung des Grundstückseigentümers erforderlich. Camping beim Bauern ist erlaubt, wenn – nach Erlaubnis des Bauern – nicht mehr als 2 Erwachsene in nicht mehr als 3 Zelten auf dem Hof übernachten.
Mehr als die Hälfte der Campingplätze sind nach Sternen klassifiziert: von 1 bis 5 Sternen. Die Klassifizierung gilt nur für Campingplätze, die sich freiwillig dazu bereit erklären. Es gibt auch Campingplätze, die sich für die „alte" Klassifizierung auf der Grundlage von Kategorien entschieden haben. Bitte beachten Sie:
Es gibt Campingplätze mit hohen Standards, die sich entschieden haben, nicht in ein Klassifizierungssystem aufgenommen zu werden.

Luxemburg

Clervaux, L-9714 / Ardennes

Camping Clervaux Kat.I
Klatzewe 33
1 Jan - 31 Dez
+352 92 00 42
info@camping-clervaux.lu

1 ABDEKNOPQRSTU — BN 6
2 ACIPQTWXY — ABDEFGH 7
3 BDFJLMVX — ABCDEFHJKLNQRT 8
4 FHJO — EUW 9
5 ADMN — ABEFGHIJLOQU 10
WB 10-16A CEE — ❶ €36,50
H450 1,5ha 118T(100m²) 35D — ❷ €48,00

N 50°03'18'' E 06°01'26''

CP 200m von Clervaux Stadtzentrum entfernt. Richtung Luxemburg, rechts, den CP-Schildern im Zentrum folgen. — 105318

Consdorf, L-6211 / Mullerthal

La Pinède Kat.I/***
33 rue Burgkapp
15 Mrz - 14 Nov
+352 79 02 71
info@campinglapinede.lu

1 ABDEKNOPQRSTU — 6
2 BPQUVWXYZ — ABDEFGH 7
3 BFGJMNSX — ABEFJNQRTW 8
4 BCFHIJ — EFIUVW 9
5 ABDEFHJKLN — ABDFGHJKOQU 10
Anzeige auf dieser Seite B 10A CEE — ❶ €25,00
H320 3ha 74T(100-140m²) 65D — ❷ €31,00

N 49°46'51'' E 06°19'54''

Die N14 Diekirch-Larochette. In Larochette links ab Richtung Christnach/Consdorf. In Consdorf den Schildern folgen. — 100695

Beaufort, L-6310 / Mullerthal

Camping Park Beaufort Kat.I
87 Grand Rue
1 Jan - 31 Dez
+352 8 36 09 93 00
campingpark@visitbeaufort.lu

1 ADEKNOPQRSU — BGH 6
2 BPQRUVWXYZ — ABDEFG 7
3 ABFX — ABCDEFGIJKNQRTW 8
4 BCDFHIJ — EFUVW 9
5 DEFHKN — ABCHJKNQUY 10
B 10A CEE — ❶ €35,00
H360 4ha 190T(48-100m²) 123D — ❷ €47,00

N 49°50'22'' E 06°17'17''

N10 Diekirch-Echternach bis Reisdorf. Rechts ab Richtung Beaufort. In Beaufort auf der rechten Seite. — 108899

Berdorf, L-6551 / Mullerthal

Belle-Vue 2000 Kat.I
Rue de Consdorf 29
1 Jan - 31 Dez
+352 79 06 35
campbv2000@gmail.com

1 ADEKNOPQRSTU — 6
2 PQWXYZ — ABFG 7
3 BMX — ABEFJNQRW 8
4 BFHIJ — BDEU 9
5 ABDEFMN — ABCHJKOQZ 10
Anz. auf dieser Seite B 6-16A CEE — ❶ €24,60
H370 5,5ha 170T(90-120m²) 107D — ❷ €29,60

N 49°49'10'' E 06°20'51''

N19/N10 Diekirch-Echternach bis Grundhof. Hier rechts ab Richtung Berdorf. Nach Orteingangsschild Richtung Consdorf fahren. CP-Schildern folgen. — 100694

Diekirch, L-9234 / Ardennes

De la Sûre***
route de Gilsdorf
1 Apr - 2 Okt
+352 80 94 25
tourisme@diekirch.lu

1 ABDEJMOPQSTU — N 6
2 ACPQRWXYZ — ABDEFG 7
3 BFMSX — ABFJKNQRTUW 8
4 BCHJO — UVW 9
5 ADEHJKN — ABCDFGHIJKNQW 10
Anzeige auf Seite 201 B 10A CEE — ❶ €29,00
H203 5ha 196T(50-100m²) 30D — ❷ €42,00

N 49°51'57'' E 06°09'54''

In Diekirch Richtung Larochette. Hinter der Brücke über die Sûre links ab Richtung Gilsdorf. Nach 100m, erster CP. — 105336

Berdorf, L-6552 / Mullerthal

Martbusch Kat.I/***
3 beim Martbusch
1 Jan - 31 Dez
+352 79 05 45
info@camping-martbusch.lu

1 ABDEKNOPQRSTU — 6
2 BQRWXYZ — ABDEFG 7
3 BFGMSWX — ABCDEFGIJKNQRTUW 8
4 BCFHIJO — CFJ 9
5 ADFJKLN — ABCDFGHJKOPQUY 10
16A CEE — ❶ €23,50
H370 3ha 106T(80-100m²) 79D — ❷ €28,50

N 49°49'34'' E 06°20'37''

N17/N19/N10 Diekirch-Echternach bis Grundhof. Hier Richtung Berdorf. In Berdorf zweite Straße links ab. Dann Schildern folgen. — 100693

Diekirch, L-9234 / Ardennes

Op der Sauer Kat.I
route de Gilsdorf
1 Apr - 24 Okt
+352 80 85 90
info@campsauer.lu

1 ABDEKNOPQRSTU — JNUX 6
2 ACPQRWXYZ — ABF 7
3 BJLMSX — ABEFJNR 8
4 FHOPQ — E 9
5 ADFHKLN — ABDHIJKLNRS 10
10A CEE — ❶ €25,00
H184 5ha 270T(100m²) 22D — ❷ €33,00

N 49°52'01'' E 06°10'27''

In Diekirch Richtung Larochette, nach der Brücke über die Sûre links Richtung Gilsdorf, zweiter CP. Einfahrt am Kreisel. — 101305

Bettendorf, L-9353 / Ardennes

Um Wirt Kat.I
rue de la Gare 12
1 Apr - 31 Okt
+352 80 83 86
camping@bettendorf.lu

1 AFKNOPQSTU — JNX 6
2 DPQRWXYZ — ABDEFG 7
3 BFGMNSX — ABCDEFHKNQRTW 8
4 BCDFHIJNOQ — EUVW 9
5 ABDEFGHLMN — ABCHJKOQ 10
B 10A CEE — ❶ €20,50
H190 2,5ha 80T(100m²) 68D — ❷ €25,50

N 49°52'22'' E 06°13'16''

N17/N19 Diekirch/Echternach bis Bettendorf. Dann Schildern folgen. — 105338

ACSI AWARDS 2022

GEWINNER
Hundefreundlichster Campingplatz Luxemburg

Camping Op der Sauer

Diekirch/Bleesbruck, L-9359 / Ardennes

Bleesbrück Kat.I/****
Bleesbrück 1
1 Apr - 15 Okt
+352 80 31 34
info@camping-bleesbruck.lu

1 ABDEKNOPQRSTU — N 6
2 ADPQWXYZ — ABDEFGH 7
3 BMSX — ABCDEFHINQRTW 8
4 EFHJOZ — DEFIJ 9
5 ABDEFHJKN — ABCFGHKLMORSWY 10
FKKB 10A CEE — ❶ €29,10
H197 4,5ha 144T(100-120m²) 45D — ❷ €37,50

N 49°52'22'' E 06°11'21''

In Diekirch Richtung Vianden. Nach 2 km Kreisverkehr an der Gulf-Tankstelle. Einfahrt zum CP in der Nähe der Tankstelle. — 105337

Dillingen, L-6350 / Mullerthal

Wies-Neu Kat.I
12 rue de la Sûre
3 Apr - 1 Okt
+352 83 61 10
info@camping-wies-neu.lu

1 AEKNOPQRSTU — JNX 6
2 DPQVWXYZ — ABDEFGH 7
3 ABMUX — ABCDEFJNRT 8
4 BFHJO — FRUV 9
5 ABDMN — ABDHJKORSY 10
Anzeige auf Seite 201 6A CEE — ❶ €25,10
H174 4,8ha 190T(100-120m²) 81D — ❷ €33,10

N 49°51'08'' E 06°19'18''

N19/N10 Diekirch-Echternach bis Dillingen. In Dillingen an der Kreuzung links, dann vor der Brücke rechts halten. — 108730

Karte Luxemburg auf Seite 195

Luxemburg

Echternach, L-6430 / Mullerthal

CC€21 iD

Officiel Wollefsschlucht
17 route de Diekirch
1 Jan - 31 Dez
+352 72 02 72
camping@visitechternach.lu

1 ABDE**KN**OPQRS**U**	BG 6
2 PQSVWXYZ	AB**FG** 7
3 BFGMNSX	ABEFGJNQRTW 8
4 BC**E**FHIJ	FJUVW 9
5 ADEHN	ABCDFGHIKLNQ 10
Anzeige auf Seite 200 10-12A	① €28,00
H180 4ha 214**T**(80-120m²) 66**D**	② €35,00

N 49°49'01'' E 06°24'38''

Der N10-N19 Diekirch-Echternach folgen. Vor Echternach liegt der CP auf der rechten Seite.

109662

Ermsdorf, L-9366 / Mullerthal

CC€21 iD

Neumuhle Kat.I/****
27 Reisduerferstrooss
1 Apr - 30 Sep
+352 87 93 91
info@camping-neumuhle.lu

1 AE**KN**OPQS**U**	A 6
2 DPQVWXYZ	A**B**D**EFG**H 7
3 BFMSX	ABCFJNQRTW 8
4 BFHIJO	FJU 9
5 ABDEKM	ABDGHJKORS 10
Anzeige auf dieser Seite 6A CEE	① €25,00
H239 3ha 105**T**(80-100m²) 16**D**	② €30,00

N 49°50'21'' E 06°13'31''

N14 Diekirch-Larochette bis Medernach. Hier links ab Richtung Ermsdorf. In Ermsdorf ca. 1 km in Richtung Reisdorf bis Hostellerie und Camping Neumühle.

100691

Eisenbach, L-9838 / Ardennes

iD

Kohnenhof Kat.I/****
7 Kounenhaff
1 Apr - 2 Okt
+352 92 94 64
info@campingkohnenhof.lu

1 ABDE**KN**OPQST**U**	J**N**UX 6
2 CPQUVWXYZ	ABDE**FG** 7
3 BFG**HL**MSUX	ABCDFGHIJK**M**NQRTUVW 8
4 BCDEFGHIJLO	CEFUW 9
5 ACDEFHJKLMN	ABFGHJKOPQY 10
B 6-16A CEE	① €38,00
H250 6ha 125**T**(100-130m²) 33**D**	② €52,00

N 50°00'59'' E 06°08'12''

N7 bei Hosingen Ausfahrt Rodershausen oder Eisenbach. Im Tal den Schildern CP 'Kohnenhof' folgen.

105333

Esch-sur-Alzette, L-4001 / Sud

iD

Gaalgebierg Kat.I
BP 20 (rue du Stade)
1 Jan - 31 Dez
+352 54 10 69
gaalcamp@pt.lu

1 ADEGKNOPQRSTU	6
2 ABPQSVWXYZ	ABDE**FG**H 7
3 BFGMS	ABCDFJNQRTW 8
4 FHIJ	DVW 9
5 ADEFHJKN	ABFGHIJKMOQY 10
Anzeige auf Seite 203 B 16A CEE	① €21,75
H400 2,5ha 102**T**(100m²) 49**D**	② €25,75

N 49°29'05'' E 05°59'10''

A4 Luxemburg - Esch-sur-Alzette. Vor dem Stadtzentrum Richtung Kayl folgen, auf dem Weg ausgeschildert, und dann den CP-Schildern folgen. Letzte Wegstrecke recht steil und kurvig (der Sackgasse weiter folgen).

105332

Enscherange, L-9747 / Ardennes

iD

Val d'Or Kat.1/****
Um Gaertchen 2
1 Jan - 31 Dez
+352 92 06 91
info@charmecamping.lu

1 ADEH**KN**OPQRSTU	J 6
2 DIPQTXYZ	ABDE**FG**H 7
3 ABEF**L**MSUVX	ABCDEFJ**M**NPQRTW 8
4 BCDFHIL	BEFIJLUW 9
5 ABDEFGHJKN	ABFGHJKORSU 10
Anzeige auf dieser Seite 6-16A CEE	① €43,00
H300 4ha 58**T**(100-150m²) 46**D**	② €57,00

N 50°00'01'' E 05°59'27''

E25 Ausfahrt 15 St. Vith, Richtung Luxemburg, Ausfahrt Marnach/Munshaüsen/Drauffelt/Enscherange. Der Platz liegt auf der linken Seite bei der Einreise nach Enscherange.

105321

Esch-sur-Sûre, L-9650 / Ardennes

CC€21 iD

Im Aal***
1 Am Aal
24 Feb - 10 Dez
+352 83 95 14
info@campingaal.lu

1 AFG**KN**OPQRSTU	J**N**UX 6
2 DPQWXYZ	AB**FGH** 7
3 BFMSX	ABEFJNQRTW 8
4 BEFGHIJNO	BEFU 9
5 ABDHN	ABDGHIJKLNQ 10
Anzeige auf Seite 203 B 10A CEE	① €27,00
H450 2,5ha 150**T**(100m²) 58**D**	② €35,00

N 49°54'24'' E 05°56'34''

N15 Ettelbrück – Bastogne, Ausfahrt links Esch-sur-Sûre. Durch den Tunnel. CP 150m weiter am Fluss.

101535

Karte Luxemburg auf Seite 195

Luxemburg

Ettelbruck, L-9022 / Ardennes

CC€21 iD

Camping Ettelbrück
88 chemin du Camping
1 Apr - 30 Sep
+352 81 21 85
camping@ettelbruck.lu

1 ADEKNOPQRSTU 6
2 AIPQVWXYZ ABDEFG 7
3 BGMSX ABCDEFJNQRTW 8
4 BCEFHIJO BEUVW 9
5 ADEFHJKN ABDFGJKMNQUY 10
Anzeige auf dieser Seite B 16A CEE ① €32,90
H500 3ha 100T(80-120m²) 7D ② €42,40

N 49°50'46'' E 06°04'56''

In Ettelbrück Stadtzentrum die N15 nach Wiltz und Bastogne. Nach 300m links den CP-Schildern folgen. Aus Richtung Wiltz vor dem Zentrum rechts.

105328

Heiderscheid, L-9156 / Ardennes

iD

de Reenert
4 Fuussekaul
1 Jan - 31 Dez
+352 2 68 88 81
info@reenert.lu

1 ADEKNOPQSTU E 6
2 PQSWYZ ABDEFGK 7
3 BDGJMSTUWX ABCDEFJNQRW 8
4 ABEFGJLNORTVX EJUW 9
5 ACDEFGHILMN ABHIJKNOPRSX 10
FKK 6A CEE ① €27,00
H510 2ha 62T(85-100m²) 38D ② €33,00

N 49°52'41'' E 05°59'43''

N15 Bastogne-Diekirch. Südlich von Heiderscheid ist der CP auf der linken Seite wenn man von Belgien kommt, gegenüber CP Fuussekaul.

109344

Heiderscheid, L-9156 / Ardennes

iD

Fuussekaul*****
4 Fuussekaul
1 Jan - 31 Dez
+352 2 68 88 81
info@fuussekaul.lu

1 ADEKNOPQSTU BG 6
2 BPQSVWXYZ ABCDEFGHJK 7
3 BCDFGJMSTUX ABCDEFIJKNQRTUVW 8
4 ABEFGJLNORTV ABEIJUW 9
5 ACDEFGHIJLMN ABEFGHJKLNOPQWXY 10
6-16A CEE ① €32,00
H510 18ha 222T(90-120m²) 255D ② €38,00

N 49°52'39'' E 05°59'34''

N15 Bastogne-Diekirch fahren. Südlich von Heiderscheid liegt der CP auf der rechten Seite, wenn man von Belgien kommt. Weiter ausgeschildert.

105325

Heiderscheidergrund, L-9659 / Ardennes

iD

Bissen****
11 Millewee
1 Apr - 30 Okt
+352 83 90 04
info@camping-bissen.lu

1 ADEKNOPQSTU JN 6
2 DPQWXY ABDEFG 7
3 BDMS ABCDEFIJKNQRTW 8
4 BFGIJOTU EFIJU 9
5 ABDEFGHJKLN ABFGHIKOQ 10
Anzeige auf dieser Seite B 10A CEE ① €34,00
H420 2,8ha 70T(60-120m²) 93D ② €44,00

N 49°54'19'' E 05°57'23''

Liegt an der Kreuzung der N15 (Bastogne-Ettelbrück) mit der N27. CP liegt an der N15 an der Sûre (Sauer). An der Brücke und Hotel Bissen durch braunes Schild angezeigt.

105324

Goebelsmühle, L-9153 / Ardennes

iD

du Nord Kat.1
1 route de Dirbach
1 Apr - 30 Sep
+352 99 04 13
info@campingdunord.lu

1 ADEGKNOPQRSTU JN 6
2 DQWXYZ ABCDFG 7
3 BFMSX ABCDEFJNQRTW 8
4 BFHIJO CFGJ 9
5 ABEFGHJMN ABFHJKLMORS 10
6A CEE ① €33,00
H230 2ha 70T(100-150m²) 35D ② €41,00

N 49°55'32'' E 06°02'44''

Goebelsmühle liegt an der N27 am Ufer der Sûre (Sauer). Ein CP-Schild an dieser Stelle Ort weisst den Weg nach unten. Etwa 700m vom Bahnhof Goebelsmühle.

108726

Ingeldorf/Diekirch, L-9161 / Ardennes

CC€23 iD

Gritt Kat.I/***
2, Um Gritt
1 Apr - 30 Sep
+352 80 20 18
info@camping-gritt.lu

1 ABDEGKNOPQRSTU N 6
2 ADPQWXY ABFG 7
3 BX ABCDEFGHJKNQRTUVW 8
4 FHIO 9
5 DHL ABCDFGHJKOQ 10
Anz. auf dieser Seite B 10-16A CEE ① €31,00
H237 3,5ha 137T(75-120m²) 25D ② €41,00

N 49°51'02'' E 06°08'04''

N7 Ettelbrück-Diekirch. Nach ca. 2 km rechts ab Richtung Ingeldorf. Dann Schildern folgen.

108898

Larochette, L-7633 / Mullerthal

CC€21

Birkelt Village Kat.I/*****
1 Um Birkelt
20 Apr - 17 Sep
+352 87 90 40
birkelt@huopenair.com

1 DEKNOPQRSU ADF 6
2 BPQUWXYZ ABDEFG 7
3 BDFGLMSX ABCDEFGIJKNQRTUVW 8
4 BCDFHILO BCE 9
5 ACDEFGHKLM ABCEGHJKORSY 10
B 10-16A CEE ① €41,00
H360 12ha 134T(80-100m²) 399D ② €55,00

N 49°47'05'' E 06°12'40''

N14 Diekirch-Larochette. Im Zentrum von Larochette rechts ab. Danach den CP-Schildern folgen.

105342

ACSI AWARDS 2022

GEWINNER

Bestes Campingplatz-Schwimmbad Luxemburg

Birkelt Village

Karte Luxemburg auf Seite 195

Nommern, L-7465 / Centre

CC€21 iD

Europacamping Nommerlayen Kat.I/*****
rue Nommerlayen
31 Mrz - 5 Nov
+352 87 80 78
info@nommerlayen-ec.lu

1 ABCDEKNOPQRSTU	ADG	6
2 AIQVWXYZ	ABCDEFGH	7
3 ABEFGLMRSVX	ABCDEFHJKLNPQRTUVW	8
4 BCDEFGHJLMOPQRTU	BEJUVW	9
5 ACDEFHKLN	ABCDFGHIJKOQWY	10

Anz. auf dieser Seite B 10-16A CEE — ① €52,60
H298 15ha 388T(70-130m²) 40D — ② €69,10

N 49°47'06'' E 06°09'55''
105341

Der N7 bis Ettelbrück/Schieren, dann Ausfahrt 7, Cruchten/ Colmarberg. Am Ende Ausfahrt nach Shell-Tankstelle links Ri. Cruchten/ Nommern. In Cruchten links ab, dann den Schildern folgen.

Larochette/Medernach, L-7633 / Mullerthal

iD

Auf Kengert****
Kengert 1
1 Mrz - 8 Nov
+352 83 71 86
info@kengert.lu

1 ABDEJMOPQRSU	BG	6
2 BQRUWXYZ	ABCDEFGH	7
3 BCDFMX	ABCDFGJKNQRTW	8
4 FGHIJO	AFJL	9
5 ACDEFHJKLMN	ABFGHJKOPQY	10

B 16A CEE — ① €38,00
H375 2ha 180T(100-120m²) 18D — ② €52,00

N 49°48'00'' E 06°11'53''
101307

Die N14 Diekirch-Larochette nehmen. Im Zentrum von Larochette rechts abbiegen. Dann der Beschilderung folgen.

Lieler, L-9972 / Ardennes

iD

Trois Frontières Kat.I/****
Hauptstrooss 12
1 Jan - 31 Dez
+352 99 86 08
info@troisfrontieres.lu

1 ABCDEKNOPQRSTU	D	6
2 IPQSUXYZ	ABDEFGH	7
3 BFLMS	ABCDFGHIJNQRTW	8
4 FHIJO	FJ	9
5 ADEFHJKMN	ABCHJKOQ	10

WB 6-10A CEE — ① €32,80
H508 2ha 19T(120-130m²) 72D — ② €41,80

N 50°07'26'' E 06°06'18''
105316

N7 Weiswampach-Diekirch, ungefähr 3 km hinter Weiswampach nach links abbiegen Richting Lieler. Der CP ist ausgeschildert.

Reisdorf, L-9390 / Mullerthal

iD

De la Rivière
21, route de la Sûre
24 Mrz - 18 Sep
+352 83 63 98
campingreisdorf@pt.lu

1 AFKNOPQRSTU	NX	6
2 DPQWXYZ	ABFG	7
3 ASX	ABDEFHJNQRW	8
4 FHIO	F	9
5 DEHLN	ABCGHJKOQ	10

6-10A CEE — ① €22,00
H184 1,5ha 70T(100-220m²) 6D — ② €30,00

N 49°52'06'' E 06°15'54''
108729

N10 Diekirch-Echternach. In Reisdorf erster Camping nach der Brücke, gegenüber des China-Restaurants.

Luxemburg, L-1899 / Sud

iD

Kockelscheuer Kat.I/****
22 route de Bettembourg
1 Apr - 31 Okt
+352 47 18 15
caravani@pt.lu

1 ABDEGKNOPQRSTU		6
2 APQVWXYZ	ABDEFG	7
3 BFJMNPQRSX	ABCDEFJNQRW	8
4 FHIJO	F	9
5 ACDEFHLMNO	ABCGHJKLOQUY	10

Anzeige auf dieser Seite B 16A CEE — ① €23,00
H300 2ha 159T(100m²) 3D — ② €29,00

N 49°34'20'' E 06°06'31''
105345

Luxemburg Südring A1 am Kreuz Gasperich. Ausf. Croix Herespange zur A3 und sofort wieder erste Ausf. zur 231 Gaasperech. Bis zum Kreisel, dann links die 186 Ri. Kockelscheuer. Rechts ab in die Route de Bettembourg. Siehe CP-Schilder.

Mersch, L-7572 / Centre

CC€19 iD

Camping Krounebierg*****
2 rue du Camping, BP 35
1 Apr - 29 Okt
+352 32 97 56
contact@campingkrounebierg.lu

1 ADEKNOPQSTU	EFHI	6
2 AQSVWXYZ	ABDEFGH	7
3 BFMSUV	ABCDEFGJNQRTW	8
4 BCFHJLOQRSTUVX	EF	9
5 ACDEFHJLN	ABDFGHJKMOQUY	10

Anzeige auf Seite 205 B 6-10A CEE — ① €36,85
H250 3ha 140T(60-200m²) 23D — ② €45,25

N 49°44'37'' E 06°05'23''
100690

Von N: A7 Ausfahrt Kopstal. Ri. Mersch. CP-Schildern folgen. Von der N7 in Mersch den Schildern Stadtzentrum folgen. Von S: A6 Ri. Bruxelles, dann Ausfahrt 3 Bridel/Kopstal. Ri. Mersch, dann den CP-Schildern folgen.

Karte Luxemburg auf Seite 195

Du Barrage Rosport Kat.I

Familiencampingplatz an der Sauer in Rosport, 8 km von Echternach. Idealer Ausgangspunkt für Ausflüge in die Region (Mullerthal, Mosel, Luxemburg, Trier). Neues Sanitär, Waschmaschinen und Trockner, neues Bar-Restaurant, neues Schwimmbad mit Rutsche, Spielgelände, Beachvolleyball, Jeu de Boules, Fahrradverleih, Animation für Kinder. 3 km von der Strecke Bitburg-Trier (B51) und 14 km von der A1 Trier-Luxemburg. Geöffnet vom 1.1. bis 31.12. Ermäßigung in der Nebensaison. Fischsaison: 15/06-28/02.

6480 Rosport
Tel. +352 730160
E-Mail: campingrosport@pt.lu
Internet: www.camping-rosport.lu

Du Barrage Kat.I Stolzembourg

Willkommen auf Camping Du Barrage. Der Campingplatz liegt an der Our, etwa 6 km von der schönen alten Stadt Vianden und an der N10. Vianden - Hosingen - Clervaux. Vermietung von Elektroscootern und Wanderhütten. Neu! Gratis WLAN auf jedem Platz auf dem Camping!

9464 Stolzembourg • Tel. 834537
E-Mail: scr@pt.lu • Internet: www.campingdubarrage.lu

Reisdorf, L-9390 / Mullerthal

CC€19 iD

De la Sûre Reisdorf Kat.I	1 ADE**KN**OPQSTU	**N**X 6
23 route de la Sûre	2 CPQWXYZ	ABE**FG** 7
1 Apr - 29 Okt	3 BMSX	ABCDEFHJNPQRW 8
+352 6 91 84 96 66	4 FHJO**PQ**	BE 9
info@campingdelasure.lu	5 ABDEFHKLN	ABDGHJKOQ 10
	Anz. auf dieser Seite 10-16A CEE	① €27,00
N 49°52'11'' E 06°16'03''	**H**182 2,9ha 95**T**(100-150m²) 6**D**	② €38,00
N10 Diekirch-Echternach, in Reisdorf zweiter CP nach der Brücke.		101536

ACSI AWARDS 2022

GEWINNER

Campingplatz mit der schönsten Lage Luxemburg

Camping De la Sûre Reisdorf

Karte Luxemburg auf Seite 195

Rosport, L-6580 / Mullerthal

Du Barrage Rosport Kat.I
1, rue du camping
1 Jan - 31 Dez
+352 73 01 60
campingrosport@pt.lu

1 ADEKNOPQSTU	BGNWXZ 6
2 CPQRWXY	ABDFG 7
3 BFGMSX	ABCDEFGJKNQRTW 8
4 BFH	EFNRUVW 9
5 ADEFHL	ABFGHKOQY 10

Anzeige auf Seite 204 B 12-16A CEE ① €26,00
H150 4,2ha 104T(100m²) 62D ② €34,00

N 49°48'33'' E 06°30'12'' 105347

N10 Echternach-Wasserbillig bis Rosport. Dann Schildern folgen.

ACSI AWARDS 2022

GEWINNER

Bester Campingplatz für Wanderungen und Radtouren

Luxemburg

Camping Du Barrage Rosport

Simmerschmelz, L-8363 / Centre

Simmerschmelz Kat.I
Simmerschmelz 2
1 Jan - 31 Dez
+352 30 70 72
info@simmerschmelz.com

1 ADEKNOPQSTU	AF 6
2 ABPQRUWXYZ	ABFGH 7
3 BEGMVX	ABFJKNQRW 8
4 FJO	EJ 9
5 ABDEFHLN	ABFHJKMOSY 10

Anzeige auf Seite 206 6A CEE ① €32,25
H350 5ha 70T(80-120m²) 54D ② €43,25

N 49°41'34'' E 05°59'08'' 109345

Von Belgien E25 Ri. Luxemburg, Ausfahrt 1 Ri. Steinfort. Kreisverkehr geradeaus Ri. Septfontaines. Nach 300m rechts Ri. Goeblange. Am Ende rechts und gleich links Simmerschmelz folgen. Nach 3 km CP (rechten Seite).

Stolzembourg, L-9464 / Ardennes

Du Barrage Kat.I
1 Apr - 1 Nov
+352 83 45 37
scr@pt.lu

1 ABEKNOPQRSTU	N 6
2 DPQWXYZ	ABDEFGH 7
3 BSUX	ACEFHJNRT 8
4 FHIJNO	DIX 9
5 ABDEHJKN	ABCHJKLOQU 10

Anzeige auf Seite 204 B 16A CEE ① €25,50
H230 3ha 100T(90-120m²) 81D ② €33,50

N 49°58'37'' E 06°09'57'' 108728

Von Vianden N10 Richtung Stolzembourg, 1 km hinterm Dorf an der rechten Seite.

Tadler, L-9181 / Ardennes

Toodlermillen****
Toodlermillen 1
15 Apr - 15 Sep
+352 83 91 89
info@camping-toodlermillen.lu

1 ADEGHKNOPQRSTU	J 6
2 DKQWXY	ABDEFGH 7
3 BHIMUX	ABDFJKNQRTW 8
4 FHIJO	9
5 ABDEFHKN	ABFHIJKLMORSV 10

Anzeige auf Seite 206 B 6A CEE ① €34,00
H250 3ha 90T(80-120m²) 30D ② €43,00

N 49°54'50'' E 06°00'03'' 105323

N15 Bastogne-Ettelbrück, in Heiderscheidergrund die N27 am Fluss entlang. Nach 5 km kommt die Ortschaft Tadler. Der CP liegt zwischen der Straße und Fluss an der Brücke.

Troisvierges, L-9912 / Ardennes

Camping Troisvierges Kat.I
rue de Binsfeld
1 Apr - 30 Sep
+352 99 71 41
info@camping-troisvierges.lu

1 ABDEKNOPQSTU	BEFH 6
2 DPQVWXYZ	BEFG 7
3 BFGLMNPSTX	ABFJNQRTU 8
4 BCDEFHIJOQ	BEFG 9
5 ADEFGHJKN	ABDFGHJKMOQUY 10

Anzeige auf dieser Seite B 10A ① €28,50
H467 5ha 100T(80-120m²) 57D ② €37,50

N 50°07'07'' E 06°00'04'' 100686

Der CP liegt ca. 300m von Zentrum der Stadt Troisvierges, an der Straße nach Binsfeld. In Troisvierges den CP-Schildern folgen.

Karte Luxemburg auf Seite 195

Walsdorf, L-9465 / Ardennes

CC€17 iD

Vakantiepark Walsdorf****
Tandelerbach 1
7 Apr - 28 Okt
+352 83 44 64
info@campingwalsdorf.com

1	ABDEKNOPQRSU		6
2	BCQRTVWXYZ	ABCDEFGH	7
3	AFGMTUX	ABCDEFHJKNQRTW	8
4	ABCDFHIJ	ABCEIUV	9
5	ACDEFHKLN	ABHJKNORSY	10

Anzeige auf dieser Seite B 4A CEE ① €38,50
H264 6ha 93T(80-140m²) 37D ② €49,00

N 49°55'02'' E 06°10'43''

B50 Bitburg-Vianden. N17 Diekirch-Vianden. Hinter Tandel links ab. CP-Schildern folgen. Campingzufahrt sehr schmal. 105335

Wiltz, L-9554 / Ardennes

CC€19 iD

KAUL Kat.I
60 Campingstrooss
1 Jan - 31 Dez
+352 9 50 35 91
info@kaul.lu

1	ABDEKNOPQRSTU	BGH	6
2	IPQSUWXY	ABDEFGH	7
3	BFGMNS	ABCDEFJKNQRTU	8
4	AEFHIJ	CFILUVW	9
5	ACDFHJLN	ABDHJIOQUY	10

Anzeige auf dieser Seite B 10A CEE ① €31,00
H480 6ha 77T(100m²) 28D ② €43,00

N 49°58'23'' E 05°56'01''

Der CP liegt 300m vom Zentrum von Unterstadt von Wiltz entfernt, entlang der Straße Troisvierges-Clervaux stehen CP-Schilder. 105322

Karte Luxemburg auf Seite 195

Deutschland

Deutschland: Berge, Wälder und gemütliche Städte

Deutschland hat eine wunderschöne Natur, reizvolle historische Städte, gute Straßen und ausgezeichnete Campingplätze. Ob Sie nun einen Campingplatz an der Küste in Norddeutschland oder zwischen den Alpengipfeln in Süddeutschland suchen, in Deutschland sind Sie genau richtig. Naturliebhaber entscheiden sich für die Eifel oder den Schwarzwald, wo Sie endlos durch die unberührte Natur wandern oder radeln. Campen Sie auf einem idyllischen kleinen Campingplatz mitten in der Natur an einem plätschernden Bach und bestaunen Sie beeindruckende Wasserfälle. Darf es ein bisschen mehr Luxus sein? Kein Problem, es gibt auch Campingplätze mit einem Wasserpark!

Hauptstadt: Berlin
Währung: Euro
Zeitzone: UTC +1, UTC +2 (März bis Oktober)
Sprache: Deutsch
Ländervorwahl: +49
Alkoholgrenze: 0,5‰, aber 0‰ für Fahrer, die seit weniger als zwei Jahren im Besitz eines Führerscheins sind oder unter 21 Jahre alt sind
Notrufnummer: 112 Polizei, Feuerwehr und Rettungswagen; 110 Polizei
Leitungswasser: unbedenklich

ACSI AWARDS

Gewinner 2022 in Deutschland

Bester Campingplatz
Alfsee Ferien- und Erlebnispark

Bestes Campingplatz-Schwimmbad
Südsee-Camp

Bester Campingplatz für Wanderungen und Radtouren
Camping Arterhof

Beste Campingplatz-Animation
Camping Holländischer Hof

Hundefreundlichster Campingplatz
Kur- und Feriencamping Max 1

Campingplatz mit der schönsten Lage
Camping Tennsee

Bestes Campingplatz-Restaurant
Camping Münstertal

Schönste Wohnmobilstellplätze
Campingpark Kühlungsborn GmbH

Gewinner: Alfsee Ferien- und Erlebnispark

Campen an der Mosel

Entdecken Sie die Mosel, eine wunderbare Region für einen Campingurlaub. Sie haben einen herrlichen Blick auf den Fluss, der sich entlang der grünen Weinberge durch die grünen Hänge schlängelt und besuchen unterwegs schöne Orte wie Koblenz, Cochem und Trier. Halten Sie an einem imposanten Schloss und lassen Sie den Tag bei einer Weinprobe ausklingen. Überall an der Mosel befinden sich Weingüter, die stolz auf ihre Ernte sind. Möchten Sie am Wasser campen? Dann ist die Mosel auch ideal, denn die meisten Campingplätze in der Region liegen direkt am Fluss. Ideal für ungestörtes Angeln oder ein abkühlendes Bad im Sommer.

Entdecken Sie die Ostseeküste, Inseln und Seen in Norddeutschland

Norddeutschland ist eine gute Wahl für Natur- und Kulturliebhaber. Wenn Sie gerne Rad fahren, ist der Ostseeradweg zu empfehlen, welcher entlang der deutschen Ostseeküste von Flensburg bis zur Insel Usedom führt. Unterwegs passieren Sie schöne Städte wie Lübeck und Rostock und weite Strände mit den typischen Strandkörben. Auf den besonderen Inseln wie Zingst und Rügen finden Sie wunderschöne Campingplätze inmitten einer einzigartigen Natur. Wenn Sie Wassersport, Ruhe oder Vogelbeobachtung lieben, dann sind die ostdeutschen Seen in der Region Mecklenburgische Seenplatte sehr zu empfehlen. In diesem wasserreichen Gebiet mit mehr als 100 Seen können Sie mit etwas Glück See- oder Fischadler beobachten. Und im Frühjahr nisten hier unzählige Kraniche.

„Deutschland hat für jeden etwas zu bieten: Berge und Täler, Bratwurst und Schnitzel"

Herr G. Brink, Inspektor 609

Von Kathedralen bis zum guten Essen

In Deutschland können Sie Ihren Campingurlaub problemlos mit einer Städtereise verbinden. Mehrere bei ACSI gelistete Campingplätze befinden sich in der Nähe malerischer und lebendiger Städte wie Berlin, Dresden und München. Bewundern Sie die Geschichte der jahrhundertealten Kathedralen und Schlösser und genießen Sie die deutsche Gastfreundschaft und köstlichen Speisen und Getränke.

Tanken

Benzin (Super 95, Super 95 E10 und Super Plus 98) ist gut erhältlich (wenn Sie E10 tanken möchten, prüfen Sie die Einfüllöffnung, das Benutzerhandbuch oder fragen Sie Ihren Händler, ob Ihr Auto damit fahren kann). Diesel und LPG sind ebenfalls gut erhältlich. Für die Betankung mit Flüssiggas wird der Europa-Adapter (acme) verwendet. Die meisten Tankstellen sind mindestens von 8 bis 20 Uhr geöffnet und die

Tankstellen an den Autobahnen sind oft Tag und Nacht geöffnet. Es gibt auch unbemannte Tankstellen.

Ladestationen

Es gibt viele Ladestationen für Elektroautos, auch wenn es einige Gebiete gibt, in denen die Abdeckung geringer ist. Achten Sie genau auf die unterschiedlichen Tarife. Das Aufladen in der Nacht kann manchmal günstiger sein. Ladestationen finden Sie auf ladesaeulenregister.de.

Verkehrsregeln

Abblendlicht ist bei schlechter Sicht, bei Dunkelheit und im Tunnel vorgeschrieben. An einer gleichberechtigten Kreuzung hat der Verkehr von rechts Vorfahrt. Der Verkehr in einem Kreisverkehr hat Vorrang, wenn dies durch ein Vorfahrtszeichen angezeigt wird. Der bergauf fahrende Verkehr hat Vorfahrt vor dem bergab fahrenden Verkehr (auf engen Bergstraßen muss jedoch das Fahrzeug Vorfahrt haben, das am leichtesten ausweichen kann). Sie dürfen kein Mobiltelefon hinter dem Lenkrad halten, auch nicht im Stillstand (Freisprechen ist erlaubt). Kinder unter 12 Jahren und einer Körpergröße von weniger als 1,50 m müssen in einem Kindersitz sitzen. Winterreifen sind bei winterlichen Straßenverhältnissen Pflicht.

Sondervorschriften

Bei einem Stau müssen Sie so weit wie möglich nach rechts oder links ausweichen, um in der Mitte eine freie Spur (Rettungsgasse) für Einsatzfahrzeuge zu schaffen. Beim Überholen von Radfahrern (auch auf dem Radweg) müssen Sie einen seitlichen Abstand von mindestens 1,50 Metern einhalten. In einer deutschen Fahrradstraße sind Autos nicht erlaubt, sofern nicht anders angegeben. Zickzacklinien auf der Fahrbahn zeigen an, dass Sie dort nicht halten oder parken dürfen.

Vorgeschriebene Ausstattung

Das Mitführen eines Warndreiecks, einer Warnweste und eines Erste-Hilfe-Kastens ist Pflicht. Es besteht eine situative Winterreifenpflicht, bei winterlichen Straßenverhältnissen muss ihr Fahrzeug Winterreifen haben.

„ACSI Campingplätze in Deutschland: für Camper, die es verdienen, den richtigen Campingplatz zu finden"

Herr J. Urlings, Inspektor 933

Reisemobil und Caravan

Ein Reisemobil oder eine Auto-Wohnwagen-Kombination darf bis zu 4 m hoch, 2,55 m breit und 18 m lang sein (der Wohnwagen selbst darf bis zu 12 m lang sein). Auf Autobahnen mit drei oder mehr Fahrspuren ist es nicht erlaubt, mit einem Wohnwagen auf der linken Spur zu fahren, es sei denn, Sie möchten links abbiegen. Wenn Sie einen Wohnwagen mit mehr als 750 kg ziehen, müssen Sie zwei Unterlegkeile mitführen.

Fahrrad

Ein Fahrradhelm ist nicht vorgeschrieben. Es ist verboten, während des Radfahrens zu telefonieren oder ein Mobiltelefon zu benutzen. Kinder bis zu 8 Jahren müssen auf dem Bürgersteig fahren und die Straße zu Fuß überqueren.
Nur Radfahrer, die 16 Jahre oder älter sind, dürfen ein Kind, das jünger als 7 Jahre ist, in einem Sitz befördern. Das Radfahren nebeneinander ist nur auf einem Radweg erlaubt, der durch eine Erhöhung oder einen Grünstreifen von der Straße getrennt ist.

Umweltzonen

In immer mehr deutschen Städten wird eine Umweltplakette zur Pflicht. Dies gilt auch für ausländische Fahrzeuge. Die Umweltplakette kann je nach den Emissionen Ihres Fahrzeugs gelb, grün oder rot sein. Auf Autobahnen ist die Vignette nicht erforderlich. Eine Umweltzone ist durch Schilder "Umweltzone" gekennzeichnet. Wenn Sie in diese Zone ohne Umweltplakette fahren, riskieren Sie ein Bußgeld. In einigen Städten gibt es ein sogenanntes "Dieselfahrverbot", bei dem ältere Dieselfahrzeuge und Fahrzeuge ohne Katalysator nicht mehr zugelassen sind. Die Regeln sind von Ort zu Ort unterschiedlich.
Weitere Informationen:
gis.uba.de/website/umweltzonen.

Panne und Unfall

Stellen Sie auf der Autobahn Ihr Warndreieck mindestens 200 m (sonst 50-100 m) hinter dem Auto auf. Allen Insassen wird empfohlen, eine Warnweste zu tragen. Rufen Sie im Falle einer Panne die Notrufnummer Ihres Pannendienstes an. Sie können auch den deutschen Pannendienst anrufen: +49 89 22 22 (ADAC) oder +49 711 530 34 35 36 (ACE). Alternativ können Sie an einem orangefarbenen Stellwerk die Pannenhilfe anfordern. Es wird empfohlen, Ihr Fahrzeug nicht selbst auf der Autobahn zu reparieren. Das Abschleppen auf der Autobahn ist bis zur ersten Ausfahrt erlaubt.

Campen

Die deutschen Campingplätze gehören zu den besten in Europa. Die Campingplätze konzentrieren sich zunehmend auf Zielgruppen wie Familien mit Kindern, Wanderer und Radfahrer oder Wellnessliebhaber.
Wildcamping außerhalb der Campingplätze ist generell verboten. Sie ist nur mit Genehmigung des Grundstückseigentümers erlaubt.

Praktisches

Auf fast allen Campingplätzen gibt es eine Mittagspause (in der Regel von 13 bis 15 Uhr), die im Allgemeinen strikt eingehalten wird.

Klima Berlin	Jan.	Feb.	März	Apr.	Mai	Jun.	Jul.	Aug.	Sept.	Okt.	Nov.	Dez.
Durchschnittliche Höchsttemperatur	3	4	9	13	19	22	24	24	19	13	7	4
Durchschnittliche Anzahl der Sonnenstunden pro Tag	2	2	5	6	8	8	8	7	6	4	2	1
Durchschnittliche monatliche Niederschlagsmenge (mm)	42	33	41	37	54	69	56	58	45	37	44	55

Klima Frankfurt am Main	Jan.	Feb.	März	Apr.	Mai	Jun.	Jul.	Aug.	Sept.	Okt.	Nov.	Dez.
Durchschnittliche Höchsttemperatur	4	6	10	15	20	22	25	25	20	14	8	5
Durchschnittliche Anzahl der Sonnenstunden pro Tag	1	2	4	5	7	8	7	7	5	3	1	1
Durchschnittliche monatliche Niederschlagsmenge (mm)	43	37	48	43	60	61	65	53	50	55	52	56

Klima Hamburg	Jan.	Feb.	März	Apr.	Mai	Jun.	Jul.	Aug.	Sept.	Okt.	Nov.	Dez.
Durchschnittliche Höchsttemperatur	4	4	8	12	18	20	22	22	18	13	8	5
Durchschnittliche Anzahl der Sonnenstunden pro Tag	2	2	4	6	7	8	7	7	6	3	1	1
Durchschnittliche monatliche Niederschlagsmenge (mm)	64	42	63	46	54	77	75	73	68	64	69	78

Klima München	Jan.	Feb.	März	Apr.	Mai	Jun.	Jul.	Aug.	Sept.	Okt.	Nov.	Dez.
Durchschnittliche Höchsttemperatur	3	4	9	13	18	21	23	23	19	13	7	4
Durchschnittliche Anzahl der Sonnenstunden pro Tag	2	3	5	6	7	8	8	8	6	4	2	2
Durchschnittliche monatliche Niederschlagsmenge (mm)	48	45	58	70	93	128	132	111	86	65	71	61

Apen/Nordloh, D-26689 / Niedersachsen

Nordloh
Schanzenweg 4
1 Jan - 31 Dez
+49 44 99 26 25
udo.delger@ewe.net

1 AEGKNOPQRSTU	LN	6
2 AEJKQRWXYZ	ABDEFGIJ	7
3 BFHIJMU	ABCDEFJNQRTUV	8
4 HJOPQ	EVW	9
5 ABDEFHLMN	ABCFGHIJKOQUWY	10
Anzeige auf dieser Seite	B 16A CEE	❶ €20,00
12ha 80T(100m²) 165D		❷ €25,00

N 53°10'50" E 07°46'26"
102072

Autobahn A28 Groningen-Leer-Oldenburg. Ausfahrt 4 Apen/Remels. In Apen Richtung Barßel/Nordloh. Dann ausgeschildert.

Aschenbeck/Dötlingen, D-27801 / Niedersachsen

Aschenbeck
Zum Sande 18
1 Jan - 31 Dez
+49 44 33 96 88 47
aschenbeck.camping@web.de

1 ADEGKNOPQRSTU	LN	6
2 AEJQSXYZ	BEFG	7
3 AFGHIJLMS	BDFJNPQRW	8
4		9
5 ABDEFJM	AHJKLMOQ	10
Anzeige auf dieser Seite	B 16A CEE	❶ €19,00
8ha 65T(100m²) 189D		❷ €21,00

N 52°56'02" E 08°24'13"
101119

A1 Osnabrück-Bremen Ausfahrt Wildeshausen/Nord. Dann Richtung Wildeshausen. An der Ampel Richtung Dötlingen. Nach Aschenstedt den Schildern folgen.

Bad Bentheim, D-48455 / Niedersachsen

Am Berg
Suddendorferstraße 37
4 Mrz - 1 Nov
+49 59 22 99 04 61
info@
campingplatzamberg.de

1 AEKNOPQRSTU 6
2 PQXYZ BDFGI 7
3 LS BCDFJMNQR 8
4 FH 9
5 ADN ABGHJKORS 10
Anzeige auf dieser Seite 10A CEE ❶ €25,55
3ha 83T(100-120m²) 50D ❷ €32,35

N 52°17'52" E 07°11'30"
A30/A31 Kreuz Schüttorf, Ausfahrt Schüttorf Süd. Richtung Bad Bentheim. Der B403 folgen. Der CP ist ausgeschildert. 113444

Bad Rothenfelde, D-49214 / Niedersachsen

Campotel*****
Heidland 65
1 Jan - 31 Dez
+49 54 24 21 06 00
info@campotel.de

1 ADGKNOPQRSTU MN 6
2 AJKLQSTWXYZ BDEFGHIJ 7
3 ADFGLMNPSUV BDFIJLNQRTUVW 8
4 BDFHJKLPQRSTUVXZ EFVWY 9
5 ABDEFKM ABFGHIJKMOQWY 10
Anzeige auf Seite 215 B 16A CEE ❶ €38,20
H103 13ha 140T(75-180m²) 266D ❷ €38,70

N 52°05'53" E 08°10'22"
Autobahnkreuz Osnabrück-Süd (Lotte) A33 Richtung Bielefeld/ Bad Rothenfelde. CP ist dort ausgeschildert. Dann Ausfahrt 13 Richtung Bad Rothenfelde. Im Kreisel geradeaus, danach ausgeschildert. 110092

Bensersiel, D-26427 / Niedersachsen

Camping Bensersiel*****
Am Strand 8
1 Apr - 23 Okt
+49 49 71 91 71 21
nordseeurlaub@bensersiel.de

1 ADEILOPQRSTU AEFHIJKLMN 6
2 DIJRSTWX ABCDEFGI 7
3 ABCDEFGJMSUX ABCDEFGHIJKLNQRSTUVW 8
4 ABCDEFGHIJQRSTUVWXYZ VW 9
5 ABCDEFGHIJKLN ABCFGIJKOQXY 10
B 16A CEE ❶ €34,50
10ha 500T(60-90m²) 350D ❷ €40,10

N 53°40'31" E 07°33'50"
A7 Ausfahrt Leek, dann Schildern 'Am Strand 8' folgen. 08069

Berne, D-27804 / Niedersachsen

Juliusplate****
Juliusplate 4
7 Apr - 30 Sep
+49 44 06 16 66
camping@juliusplate.de

1 ADEGKNOPQSTU JLNSXY 6
2 CEJQSTWXYZ BFG 7
3 ABLM ABCDEFKNPQRU 8
4 FH DRVW 9
5 ACDLMN AFGIJKLNQUV 10
Anz. auf dieser Seite B 6-10A CEE ❶ €23,00
3,6ha 100T(80-90m²) 84D ❷ €31,00

N 53°11'48" E 08°30'41"
A28 Bremen-Oldenburg, Ausfahrt 19 Ganderkesee-West, Richtung B212 Nordenham bis Berne. Ortausgang rechts B74 Richtung Fähre. Weiter den CP-Schildern nach. 102199

Borkum, D-26757 / Niedersachsen

Aggen
Ostland 1
15 Mrz - 30 Okt
+49 49 22 22 15
aggen-borkum@t-online.de

1 HJMOPQRS 6
2 JPQWXY ABDFG 7
3 AFMS ABEFJQRTW 8
4 FHJO I 9
5 ADM ABHJKOQ 10
Anzeige auf dieser Seite 16A CEE ❶ €36,00
2ha 10T(80-100m²) 32D ❷ €42,00

N 53°36'13" E 06°43'30"
Fähre Eemshaven (NL) nach Borkum. Auch über Emden möglich. Auf der Insel selbst nur eingeschränkter Autoverkehr möglich! CP liegt an der Ostseite der Insel nach dem Flugplatz. 117242

Borkum, D-26757 / Niedersachsen

Insel-Camping-Borkum
Hindenburgstraße 114
19 Mrz - 30 Okt
+49 49 22 10 88
info@
insel-camping-borkum.de

1 ABDEHKNOPQRSTU KMNQRSTX 6
2 GJPQSTWXYZ ABCDEFGHIJ 7
3 ABCDEFGHIJMSUVWX ABCDEFGHIJKMNPQRTUVW 8
4 ABCDEFGHJLOQRSTYZ DKV 9
5 ABCDEFHIJKLMN ABFGHIJLMOQU 10
B 16A CEE ❶ €35,70
7,2ha 220T(80-120m²) 130D ❷ €44,90

N 53°35'20" E 06°39'28"
Emden/Eemshaven, der Hindenburgstraße folgen. 108084

Burhave, D-26969 / Niedersachsen

Knaus Camp.park Fedderwardersiel/Nordsee
Lagunenweg
15 Apr - 15 Okt
+49 47 33 16 83
burhave@knauscamp.de

1 ADEKNOPQRSTU KMNQSWX 6
2 GIKQWX ABFGI 7
3 ABFS ABEFLNQRUW 8
4 FHK 9
5 DM ABFHJKMQ 10
16A CEE ❶ €34,50
1ha 76T(80-100m²) 32D ❷ €44,10

N 53°34'59" E 08°22'13"
Durch Burhave Richtung Tossens. Abfahrt Fedderwardersiel. Auf dem Deich links ab. CP ist angezeigt mit der Beschilderung 'Knaus Campingpark'. Anmeldung über den Knaus-Camping in Butjadingen/Burhave. 121497

Butjadingen/Burhave, D-26969 / Niedersachsen

Knaus Campingpark Burhave / Nordsee****
An der Nordseelagune 1
15 Apr - 15 Okt
+49 47 33 16 83
burhave@knauscamp.de

1 ADEGKNOPQRSTU KLMNQRSXZ 6
2 EGIJKPQRSTWX ABDEFGHIK 7
3 BFGHIJS ABDEFJKNQRTUVW 8
4 BEGHJO EVWXY 9
5 ABDEFLMN ABFGHJKMOQ 10
16A CEE ❶ €37,20
2,5ha 100T(90m²) 267D ❷ €48,40

N 53°35'01" E 08°22'12"
A29 Oldenburg-Wilhelmshaven. Ausfahrt Varel. B437 Schweiburg Ri Nordenham/Butjadingen. Oder: A27 Bremen-Bremerhaven, Ausfahrt 11 Stotel, B437 durch den Wesertunnel nach Nordenham/Butjadingen. CP angezeigt. 110734

Detern, D-26847 / Niedersachsen

Jümmesee
Zum See 2
1 Jan - 31 Dez
+49 49 57 18 08
campinplatz@detern.de

1 AGHILOPQSTU LMNOXZ 6
2 ACEJKQRWXYZ ABDEFGIJK 7
3 BFGRST ABCDFJKNPRTW 8
4 FH RV 9
5 BDEFHLM ABFGHJKOQUY 10
16A CEE ❶ €22,50
11ha 20T(20m²) 185D ❷ €33,00

N 53°12'33" E 07°38'33"
A7 Richtung Oldenburg, Ausfahrt Filsum, Ausfahrt 3. Dann B72 Ausfahrt Stickhausen. Vor der Brücke rechtsab. Der CP ist ausgeschildert. 108073

Deutschland

Teilkarte Weser-Ems auf Seite 213

Deutschland

Eckwarderhörne, D-26969 / Niedersachsen

CC€23 iD

Knaus Campingpark Eckwarderhörne****
Zum Leuchtfeuer 116
1 Jan - 31 Dez
+49 47 36 13 00
eckwarderhoerne@knauscamp.de
N 53°31'17" E 08°14'06"

1 AEGKNOPQSTU KMNQRSWXYZ 6
2 GJKQRTWXY ABDEFGHIJK 7
3 BFGMS ABCDEFJKNQRTUVW 8
4 AEFGHJLOQ EUVWXY 9
5 ADEFLMN ABFGHJKMOQU 10
B 16A CEE ❶ €40,00
6ha 25T(80-130m²) 148D ❷ €51,20

A29 Richtung Wilhelmshaven. Ausfahrt 8 Varel. Abfahrt Schweiburg (B437) Richtung Nordenham/Butjadingen/Eckwarden Richtung Burhave. Der CP ist ausgeschildert. 112205

Jade, D-26349 / Niedersachsen

iD

Camping an der Jade
Bollenhagenerstr. 42
1 Apr - 15 Okt
+49 44 54 97 86 24
sibijade@t-online.de
N 53°20'23" E 08°14'30"

1 AGKNOPQRSU JNX 6
2 ACQXY ABFGHI 7
3 ABCFU ABDEFJNQRTW 8
4 HJO 9
5 BDEFHLN AHJKOQ 10
Anzeige auf dieser Seite B 16A CEE ❶ €28,00
3ha 16T(120m²) 99D ❷ €35,00

A29 Oldenburg-Wilhelmshaven, Ausfahrt 10 Jaderberg. Der CP ist ausgeschildert. 102137

Elisabethfehn, D-26676 / Niedersachsen

iD

Campingplatz Elisabethfehn
Waldstraße 2
15 Mrz - 31 Okt
+49 44 99 12 02
info@elisabethfehn-camping.de
N 53°10'05" E 07°40'45"

1 AGKNOPQRSTU AFINX 6
2 ABCQRSWXY ABDEFG 7
3 BFM ABCDEFGIJNQRTW 8
4 HJO F 9
5 ABDEHMN ABHJKLMOQU 10
Anzeige auf Seite 214 B 16A CEE ❶ €18,50
3ha 20T(100m²) 151D ❷ €25,50

B72 Cloppenburg-Aurich, Ausfahrt Strücklingen. Zwei Mal links abbiegen, dann ausgeschildert. 102074

Ganderkesee/Steinkimmen, D-27777 / Nieders.

CC€23 iD

Camping & Ferienpark Falkensteinsee****
Falkensteinsee 1
1 Jan - 31 Dez
+49 4 22 29 47 00 77
camping@falkensteinsee.de
N 53°02'50" E 08°27'52"

1 ADEKNOPQRSTU LMNP 6
2 ABEJKQWXYZ BEFGIJK 7
3 ABFJLMSX ABCDFGIJKNQRSTUVW 8
4 BFHJO FJN 9
5 ACDEFGHJLMN ADFGHJKMOQUVY 10
Anzeige auf dieser Seite B 16A CEE ❶ €30,50
24ha 100T(100-150m²) 199D ❷ €38,50

Autobahn Groningen-Leer-Oldenburg. Richtung Bremen, Ausfahrt 18 Hude Ri. Falkenburg. Der CP ist ausgeschildert. 109201

Jade, D-26349 / Niedersachsen

iD

Höpken's Hof & Campingplatz
Molkereistraße 64
1 Jan - 31 Dez
+49 4 73 49 10 68 33
reception@moinurlaub.de
N 53°25'35" E 08°17'55"

1 ADEKNOPQRSTU KM 6
2 KLQTWXY ABDEFGI 7
3 B ABEFJNQRTU 8
4 FH DIY 9
5 ABDMN AFGHJKMOQ 10
16A CEE ❶ €28,00
3ha 54T(70-110m²) 18D ❷ €37,00

A29 Oldenburg-Wilhelmshafen, Ausfahrt 10 Jaderberg. Rechts durchfahren bis Jaderaltendeich. Links auf die Bäderstraße am Deich entlang bis zum Camping. 123254

Haren/Ems, D-49733 / Niedersachsen

CC€23 iD

Knaus Campingpark Haren
Kirchstraße 52
1 Mrz - 26 Nov
+49 5 93 27 33 89 77
haren@knauscamp.de
N 52°47'10" E 07°14'25"

1 ADEGKNOPQRSU N 6
2 AFKPQWXYZ BDEFG 7
3 AFLM BDFJNQRTW 8
4 HJ UVW 9
5 AD ABGHJKNSTV 10
B 16A CEE ❶ €42,50
5ha 150T(100-150m²) 60D ❷ €51,90

A31 Meppen - Emden Ausfahrt 9 nach Haren (B408). Folgen Sie der 408 Richtung Haren Ost/Eurohafen. Dann auf der 408 links Richtung Yachthafen abbiegen. Links sehen Sie den CP ausgeschildert. 102035

Krummhörn/Upleward, D-26736 / Niedersachsen

iD

Camping Am Deich
Erbsenbindereistr. 3
3 Apr - 3 Nov
+49 4 92 35 25
info@camping-am-deich.de
N 53°25'15" E 07°00'53"

1 ADEKNOPQSTU KNQSX 6
2 GQTWXY ABCDEFGIJK 7
3 ABDMV ABCDEFGHIJKNQRTUVW 8
4 BEHJTX EVW 9
5 ABDEFHLMN ABFGHJKOQU 10
B 16A CEE ❶ €47,00
7ha 300T(80-200m²) 52D ❷ €57,00

A31 Leer-Emden. Bei VW-Betriebsfahrzeuge geradeaus Richtung Rysum-Loquard-Campen-Upleward. CP ist ausgeschildert. 108071

Harlesiel/Wittmund, D-26409 / Niedersachsen

iD

Campingplatz Harlesiel
Schwerinsgroden 1
15 Apr - 15 Sep
+49 44 64 94 93 98
info@campingplatz-harlesiel.de
N 53°42'30" E 07°48'27"

1 ADEGKNOPQRSTU BKMNRSTXY 6
2 GJKPQRWX ABDEFGIJ 7
3 BFGJU ABEFGIJKNPQRTW 8
4 H D 9
5 ADEHIJMN ABGHIKLMOQY 10
B 16A CEE ❶ €35,00
11ha 470T(80-120m²) 353D ❷ €40,00

A29 Richtung Wilhelmshaven. A9 Richtung Jever, auf der B210 bis nach Jever. Dann rechts ab die L808 Richtung Carolinensiel. Auf der Bahnhofstraße rechts zum Strand, 2. Brücke links. Den orangen Schildern folgen! 108067

Hatten/Kirchhatten, D-26209 / Niedersachsen

iD

Campingplatz Hatten
Kreyenweg 8
1 Jan - 31 Dez
+49 4 48 26 77
info@fzz-hatten.de
N 53°01'34" E 08°20'07"

1 ADEGKNOPQRSTU BGH 6
2 APQWXYZ ABDEFGIJK 7
3 BFGJLMSVW ABCDEFGHIJKNPQRTUVW 8
4 FGHJOQ AJ 9
5 ABDEFJLMN ABFHIJKLOQUWY 10
B 16A CEE ❶ €30,50
4ha 148T(85-110m²) 248D ❷ €38,00

A28 Oldenburg-Bremen, Ausfahrt Hatten-Kirchhatten. In Kirchhatten Richtung Sandkrug. Dann ausgeschildert. 102142

Teilkarte Weser-Ems auf Seite 213

Deutschland

Lathen, D-49762 / Niedersachsen

Lathener Marsch
Marschstraße 4
1 Jan - 31 Dez
+49 59 33 93 45 10
info@lathener-marsch.de
N 52°51'31" E 07°18'15"

1	ADEGKNOPQSTU	LMNX	6
2	ACFKQRWXYZ	BEFGH	7
3	AJ	BDFJKLNPQRTUVW	8
4	H	EG	9
5	ABDEFJLMN	ABEFGHJKLQ	10

B 10-16A CEE — ① €20,50
8ha 90T(80-120m²) 140D — ② €27,50

Die B70 Richtung Leer, Ausfahrt Lathen. CP ist ausgeschildert. 110379

Lünne, D-48480 / Niedersachsen

CC€21

Camping Blauer See
Moorlager Str. 4a
6 Apr - 1 Nov
+49 5 90 69 33 04 12
info@
campingplatz-blauer-see.de
N 52°24'48" E 07°24'41"

1	AFGHKNOPQRSU	L	6
2	FJQXYZ	ABFGIK	7
3	CM	ACFJNQRTW	8
4	H	DEFV	9
5	D	ABGJKOUVY	10

Anzeige auf dieser Seite 10A CEE — ① €23,50
2,3ha 30T(80-120m²) 71D — ② €30,50

A 30 Hengelo-Osnabrück, Ausfahrt 7, links Richtung Lingen. Camping vor Lünne ausgeschildert. 114718

Melle/Gesmold, D-49326 / Niedersachsen

Grönegau - Park Ludwigsee****
Nemdener Str. 12
1 Jan - 31 Dez
+49 54 02 21 32
verwaltung@
camping-ludwigsee.de
N 52°13'29" E 08°15'58"

1	AEGKNOPQRSTU	LN	6
2	AEJKQTWXY	BEFGI	7
3	BFGILM	BDFIJKNQRTUVW	8
4	HJOP	FJNTVY	9
5	ABDEFHJKMN	ABFGHIJKLMNSTU	10

B 10A CEE — ① €30,00
H67 25ha 80T(70-100m²) 503D — ② €38,00

A30 Osnabrück-Hannover. Ausfahrt 22 Gesmold. Dann Richtung Westerhausen. CP ist ausgeschildert. 111708

Meppen, D-49716 / Niedersachsen

CC€23

Knaus Campingpark Meppen
An der Bleiche 1a
1 Mrz - 26 Nov
+49 5 93 18 81 18 48
meppen@knauscamp.de
N 52°41'32" E 07°17'11"

1	ADGKNOPQRSU	AEFHJNXYZ	6
2	ADPQWXYZ	BDEFGIK	7
3	A	BDFJLNQSTUV	8
4	H	EUVW	9
5	D	ABHKNPSTV	10

B 16A CEE — ① €46,70
2,5ha 150T(100-150m²) 6D — ② €56,30

A31 Lingen Emden Ausfahrt 22 Meppen und 9 km zum Zentrum Meppen. B70 aus Richtung Lingen oder Papenburg Ausfahrt Freilichtbühne und dann links abbiegen. Nach 100 m sehen Sie den Campingplatz auf der anderen Seite der Ems. 102036

Norden/Norddeich, D-26506 / Niedersachsen

Nordsee Camp
Norddeich*****
Deichstraße 21
23 Mrz - 21 Okt
+49 49 31 80 73
info@nordsee-camp.de
N 53°36'17" E 07°08'22"

1	ADEKNOPQRSTU	KMNQSX	6
2	GPQWXY	ABCDEFGHI	7
3	BFLMS	ABCDEFIJKNQRTUVW	8
4	BCHJLO	EFVWYZ	9
5	ACDEFGLMN	ABFGHIJKLMOQY	10

B 16A CEE — ① €39,00
22ha 640T(100m²) 233D — ② €47,00

A31 Groningen-Leer, Ausfahrt 1 Emden, Ausfahrt 3 Norden (B210). Weiter B72 Richtung Norddeich. Den CP-Schildern folgen. 101415

Osnabrück, D-49076 / Niedersachsen

Campingplatz Bullerby
Zum Attersee 50
1 Jan - 31 Dez
+49 5 41 12 41 47
info@campbullerby.de
N 52°18'01" E 07°56'28"

1	AFKNOPQRSTU	LMN	6
2	AFJKQRWXY	BFG	7
3	ALM	BFJNRTU	8
4		FTX	9
5	ABMN	A	10

Anzeige auf Seite 217 16A CEE — ① €23,00
26ha 36T(100-120m²) 154D — ② €28,00

A1 Ausfahrt 71 Osnabrück-Hafen. Beschilderung Attersee folgen, dan Beschilderung Bullerby. Wird zur Einbahnstraße. 111937

Ostrhauderfehn, D-26842 / Niedersachsen

CC€19

Camping- u. Freizeitanlage Idasee
Idafehn-Nord 77B
1 Jan - 31 Dez
+49 49 52 99 42 97
info@campingidasee.de
N 53°09'14" E 07°38'33"

1	AGKNOPQRSTU	LMNW	6
2	AFJKPQRSTWXYZ	ABDEFG	7
3	ABCFGMSU	ABCDEFGIJKLNQRTUVW	8
4	HJT	VW	9
5	ADEFHM	ABCDEFGHJKMOQU	10

Anzeige auf dieser Seite B 10A CEE — ① €26,90
7,4ha 70T(100m²) 150D — ② €30,90

Groningen-Leer, B70 Richtung Lingen folgen. In Folmhusen links auf die B438 Richtung Ostrhauderfehn, danach B72 links. Schildern folgen. 102073

Papenburg, D-26871 / Niedersachsen

Campingplatz Papenburg
Zum Poggenpoel
1 Jan - 31 Dez
+49 49 61 97 40 26
campingplatz@papenburg.de
N 53°03'53" E 07°25'38"

1	AKNOPQSTU	LNX	6
2	ABEJQSWXYZ	ABDEFGHIJ	7
3	BFJLMS	ABCDEFJKNQRTUV	8
4	FHJO	BDEFHJ	9
5	ADEFKMN	AFHJKLOQUWY	10

B 16A CEE — ① €25,00
5ha 70T(75-120m²) 70D — ② €31,00

Autobahn Groningen-Leer A31 Ri. Meppen, Ausfahrt Papenburg. In Papenburg ist der CP ausgeschildert. 107521

Rhede (Ems), D-26899 / Niedersachsen

Campingplatz Neuengland
Neurheder Str. 31
1 Mrz - 31 Okt
+49 17 32 87 38 19
info@
campingplatz-neuengland.de
N 53°02'42" E 07°13'40"

1	AGKNOPQRSTU	LN	6
2	AEJQSWXY	ABFGH	7
3	BFGM	ABEFNQTU	8
4	FHJKO	IJV	9
5	ABDH	ABCEFGHJKLMOQUVY	10

B 10A CEE — ① €20,00
5,5ha 95T(100m²) 132D — ② €24,00

Auf der A31 Ausfahrt 16 nach 2 km rechts, nach Rhede (Ems). Nach 1 km in Rhede rechts nach Neurhede. CP nach 5 km an der linken Seite. 121269

Rieste, D-49597 / Niedersachsen

Alfsee Ferien- und Erlebnispark*****
Am Campingpark 10
1 Jan - 31 Dez
+49 5 46 49 21 20
info@alfsee.de
N 52°29'07" E 07°59'23"

1	ADEGJMOPQRSTU	LMNW	6
2	AEJKQSWXYZ	BCDEFG	7
3	ABDFGHIJLMNUW	BDFIJKLNQRSTUVW	8
4	BFHJLNPQRSTVXZ	DGIJVWY	9
5	ACDEFHJLM	ABEFGHIJKLMOPQUY	10

Anzeige auf Seite 217 B 16A CEE — ① €44,20
16ha 370T(100-150m²) 480D — ② €52,90

A1 Osnabrück-Bremen, Ausfahrt Neuenkirchen/Vörden, Richtung Alfsee. Camping ist dann in Rieste ausgeschildert. 100108

Schortens, D-26419 / Niedersachsen

Friesland Camping***
Am Schwimmbad 2
1 Jan - 31 Dez
+49 44 61 75 87 27
mail@friesland-camping.de
N 53°33'03" E 07°56'15"

1	ADKNOPQRSTU	LM	6
2	AEJPQRSTWXYZ	ABDEFGHIJ	7
3	BCEFGLMS	ABCDEFGHJNQRSTUVW	8
4	FHJN	VW	9
5	ADEFGHIKLMN	AFGHIJKOPQY	10

B 16A CEE — ① €29,00
2ha 100T(100-120m²) 40D — ② €39,00

A29 Oldenburg-Wilhelmshaven, Ausfahrt Wilhelmshavener Kreuz B210 Richtung Wittmung/Jver/Schortens. In Schortens CP angezeigt. 113221

Teilkarte Weser-Ems auf Seite 213

Schüttorf, D-48465 / Niedersachsen

Quendorfer See
Weiße Riete 3
31 Mrz - 1 Nov
+49 59 23 90 29 39
info@camping-schuettorf.de
N 52°20'19'' E 07°13'36''

1 ADG**KN**OPQRSTU LQ 6
2 AEJPQTWXY B**FG** 7
3 AM BDFHJK**M**NQRTUV 8
4 FH W 9
5 ABDMN AFGHJK**O**RS 10
Anzeige auf dieser Seite B 10A CEE ① €28,50
1,5ha 63**T**(100-120m²) 20**D** ② €34,50

A1/A30 Ausfahrt 4 Schüttorf-Nord oder A31 Ausfahrt 28 Schüttorf-Ost Richtung Stadtzentrum. Den CP-Schildern folgen. 117647

Südbrookmerland, D-26624 / Niedersachsen

Grosses Meer
Am Gästehafen 1
3 Jan - 30 Dez
+49 49 42 20 47 20 28
campingplatz@grossesmeer.de
N 53°26'39'' E 07°18'26''

1 ADEH**KN**OPQRSTU LM**N**QRSV**X**Y 6
2 EQWXY AB**FG** 7
3 ABCGMS ABCDEFJNQRTW 8
4 BCFH**T** RTVW 9
5 ABDEFHKM ABGHJKQ 10
Anzeige auf dieser Seite B 16A CEE ① €26,80
4ha 100**T**(bis 100m²) 100**D** ② €40,80

Folgen Sie die Route Groningen-Leer (B70), Ausfahrt 1 Emden, Ausfahrt 3 Norden (B210). Dann Beschilderung folgen. 102032

Timmel, D-26629 / Niedersachsen

Timmeler Meer
Zur Mühle 13
27 Mrz - 3 Nov
+49 4 94 59 19 70
info@campingplatz-timmel.de
N 53°21'45'' E 07°30'48''

1 AEG**KN**OPQSTU LM**N**Q**X**Y**Z** 6
2 AEJPQTWXYZ ABDE**FGH**I 7
3 AG**HIJ**M ABCDEFJKNQRTW 8
4 BFH**P** DFOTVY 9
5 DEMN ABFGHIJKLM**O**PQU 10
B 16A CEE ① €27,00
7ha 96**T**(100m²) 101**D** ② €33,00

A31 Groningen-Leer. Richtung Emden bis nach Neermoors. Dort den L14 nehmen. Gerade vor Timmel liegt der CP. 101416

Tossens, D-26969 / Niedersachsen

Knaus Campingpark Tossens****
Zum Friesenstrand 1
15 Apr - 15 Okt
+49 4 73 62 19
tossens@knauscamp.de
N 53°34'44'' E 08°14'37''

1 AEG**KN**OPQRST**U** KMNQSWXYZ 6
2 GJKPQRTWX ABDE**FGH**IK 7
3 BFGMS ABCDEFJKNQRTUVW 8
4 BD**E**GHJLO EVWY 9
5 ABDEFHLMN**O** ABFGHJKL**O**QUV 10
16A CEE ① €38,60
6ha 130**T**(80-100m²) 178**D** ② €49,80

A27 Bremen-Cuxhaven, Ausfahrt 11 Stotel, B437 Richtung Nordenham. In Nordenham-Abbehausen links Richtung Stollham L 860. Links Eckwarden, weiter Eckwarderhörne. CP-Schilder. 112200

Deutschland

Teilkarte Weser-Ems auf Seite 213

Werlte, D-49757 / Niedersachsen

CC€23 iD

Camping Hümmlinger Land****
Rastdorfer Straße 80
1 Jan - 31 Dez
+49 59 51 53 53
info@huemmlingerland.de
N 52°52'12'' E 07°41'17''

1 ADEKNOPQSTU 6
2 QRWXY BCEFG 7
3 BM BDFJNQRST 8
4 FGHT DEF 9
5 ABDFJM ABEGHJKOQ 10
Anzeige auf dieser Seite B 16A CEE ❶ €31,80
1,8ha 59T(80-140m²) 65D ❷ €38,80

B233 Emmen-Meppen-Cloppenburg Richtung Werlte. Campingplatz ist ausgeschildert (Richtung Rastdorf). 109028

Westoverledingen/Ihrhove, D-26810 / Nieders.

iD

Comfort-Camping Freizeitpark Am Emsdeich****
Deichstraße 7A
1 Apr - 31 Okt
+49 49 55 92 00 40
info@ostfriesland-camping.de
N 53°10'24'' E 07°25'13''

1 ADEHILOPQRSTU LMNOPQS 6
2 EJKPQRSTWXYZ ABDEFGHIJ 7
3 BFGMS ABCDFJKNQRTUV 8
4 BCFHJLNORST CEFTVW 9
5 ADEFHLMN AFGHIJKOPQU 10
Anzeige auf dieser Seite B 16A CEE ❶ €28,00
10ha 350T(100m²) 160D ❷ €34,00

Autobahn Groningen-Leer A7. Dann Richtung Papenburg (B70). Ausfahrt Ihrhove. CP ist ausgeschildert. 108072

Wiesmoor, D-26639 / Niedersachsen

CC€23

Cp. & Bungalowpark Ottermeer*****
Am Ottermeer 52
1 Jan - 31 Dez
+49 49 44 94 98 93
camping@wiesmoor.de
N 53°24'56'' E 07°42'38''

1 DEKNOPQRSTU HLMNXY 6
2 EJKQRTWXYZ ABDEFG 7
3 ABCFGLM ABCDEFIJNQRTUV 8
4 BCDFH DJTV 9
5 ABDEFM ABFGHIJKOQUWY 10
Anzeige auf dieser Seite B 16A CEE ❶ €33,00
80ha 205T(90-120m²) 86D ❷ €40,00

Ausfahrt 2 Leer-Ost, Richtung Aurich (B436/B72). Ausfahrt vor Bagband Richtung B436 Wiesmoor. In Wiesmoor ist CP ausgeschildert. 111060

Westerstede, D-26655 / Niedersachsen

iD

Camping-und Stellplatz Westerstede
Süderstraße 2
1 Jan - 31 Dez
+49 4 48 87 82 34
info@camping-westerstede.de
N 53°15'01'' E 07°56'04''

1 ADEGKNOPQRSTU 6
2 AQYZ ABEFG 7
3 L ABEFJNQRW 8
4 FHJT 9
5 ADEFKL ABFGHJKOST 10
B 16A CEE ❶ €27,50
3ha 45T(90m²) 8D ❷ €31,50

Groningen-Leer, dann der B75 folgen bis in Westerstede. Oder A28 Ausfahrt 6 Westerstede Ost. Dann Richtung Bad Zwischenahn und Beschilderung folgen. 100098

Wilsum, D-49849 / Niedersachsen

CC€21 iD

Wilsumer Berge
Zum Feriengebiet 1
25 Mrz - 5 Nov
+49 59 45 99 55 80
info@wilsumerberge.de
N 52°30'46'' E 06°51'49''

1 ADEKNOPQRSTU FLM 6
2 FJKPQRSUVWXYZ BEFG 7
3 ACFGMSTVW BDEFGHJKNQRTUVW 8
4 BCEFHIJKO BCFGJUVW 9
5 ACDELN ABEHIJKOQY 10
Anzeige auf dieser Seite 6-16A CEE ❶ €39,00
H68 36,8ha 342T(100-150m²) 400D ❷ €47,00

An der B403 Coevorden-Nordhorn, zwischen Wilsum und Uelsen. Camping ist ausgeschildert. 102009

Zetel/Astederfeld, D-26340 / Niedersachsen

CC€23 iD

Campingplatz am Königssee
Tarbarger Landstr. 30
1 Mrz - 31 Okt
+49 44 52 17 06
info@campingplatz-am-koenigssee.de
N 53°21'19'' E 07°55'46''

1 AEHKNOPQRSTU L 6
2 EJKQRX ABDEFGHIK 7
3 ABFGL ABFJNQRUV 8
4 HJ FI 9
5 ADMN AHJKMOSTV 10
Anzeige auf dieser Seite 10-16A CEE ❶ €26,60
2,5ha 40T(100-150m²) 65D ❷ €32,40

A28 Ausfahrt 6 Westerstede, L815 Richtung Zetel. Nach 14 km links nach Astederfeld. CP ist angezeigt. 114716

Deutschland

Ahlden, D-29693 / Niedersachsen

Naturcamping Ahlden	1 ADEGKNOPQRSTU	LNX 6
Worthweg 5	2 ACFIJPQWXYZ	ABFG 7
1 Mrz - 30 Nov	3 ABGM	ABCDEFJNQRTU 8
+49 51 64 80 26 95	4 H	DMNQR 9
urlaub@campingplatz-ahlden.de	5 ADFKMN	ABHJKLNQ 10
	B 16A CEE	❶ €25,00
N 52°45'44'' E 09°33'08''	1,6ha 77T(100-120m²) 39D	❷ €25,00

A27 Ausfahrt 28 Richtung Hodenhagen. In Hodenhagen Richtung Rethem. Nach 2,5 km in Ahlden den CP-Schildern folgen. 118442

Bad Fallingbostel, D-29683 / Niedersachsen

Campingplatz Böhmeschlucht	1 ADGKNOPQRSTU	JNUX 6
Vierde 22	2 ABDQVWXYZ	ABDEFGHI 7
1 Jan - 31 Dez	3 BLM	ABCDEFJNQRSTUVW 8
+49 51 62 56 04	4 FHJKQ	FJR 9
info@boehmeschlucht.de	5 ADLMN	ABFGHJKMOQUV 10
	B 16A CEE	❶ €27,40
N 52°52'45'' E 09°43'18''	H50 7ha 70T 120D	❷ €33,80

A7 Richtung Hamburg, Ausfahrt Fallingbostel. In Fallingbostel Richtung Soltau. Nach ca. 1,5 km CP-Schild folgen. 101418

Bad Bederkesa/Geestland, D-27624 / Niedersachsen

Campingplatz Bederkesa**	1 ABDEGKNOPQRSTU	JLNXZ 6
Ankeloherstraße 14	2 ACQWXYZ	ABDEFG 7
28 Mrz - 31 Okt	3 ABFGLM	ABCDEFGIJNQRTUW 8
+49 4 74 57 82 01 92	4 FH	9
badbederkesa@regenbogen.ag	5 DFHKLM	AGHJKMQ 10
	B 16A CEE	❶ €24,50
N 53°37'15'' E 08°50'57''	15ha 160T(100-120m²) 280D	❷ €29,50

A27 Bremerhaven-Cuxhaven, Ausfahrt Debstedt. Richtung Bad Bederkesa. In Bederkesa Abfahrt am weißen Schild 'Ferienpark'. 102196

Bergen/Dumme, D-29468 / Niedersachsen

Camp.park Fuhrenkamp****	1 ADEKNOPQRSTU	AN 6
Am Fuhrenkamp 1	2 PQXYZ	ABDEFG 7
1 Jan - 31 Dez	3 BHIM	ABCDEFJKNQRTUV 8
+49 5 84 53 48	4 HJT	EFJ 9
post@campingplatz-fuhrenkamp.de	5 ABDEFHMN	ABEGHIMNQ 10
	B 16A CEE	❶ €27,00
N 52°53'12'' E 10°58'34''	3,4ha 90T(50-100m²) 56D	❷ €37,00

A39 Hamburg-Lüneburg. Dann Richtung Uelzen und B71 Richtung Salzwedel. 111940

Bad Bodenteich, D-29389 / Niedersachsen

Campingpl.&Mobilheimpark Bad Bodenteich	1 BGKNOPQRSU	N 6
Campingplatz 1	2 QXYZ	BF 7
1 Jan - 31 Dez	3 BM	BFJKNQRW 8
+49 58 24 13 00	4 FHJO	DFGJVW 9
campingplatzbadbodenteich@t-online.de	5 ADEJMN	AGHJKQ 10
	Anzeige auf dieser Seite 16A CEE	❶ €24,20
N 52°50'45'' E 10°39'44''	16ha 75T(100-150m²) 204D	❷ €30,20

A2 bis Ausfahrt A352 Richtung Hamburg. A7 bis Ausfahrt Fuhrberg-Celle. Dann L265 nach Bokel Richtung Bad Bodenteich. Camping ist angezeigt. 114461

Bispingen/Behringen, D-29646 / Niedersachsen

Camping Brunautal	1 ADEGKNOPQRSTU	LNQXZ 6
Seestr. 17	2 ACEPQRXYZ	ABDEFGI 7
17 Mrz - 5 Nov	3	ABCDEFJNQRTW 8
+49 5 19 44 18 80 22	4 FHJO	EF 9
info@camping-brunautal.de	5 ABDEFLMN	ABFGJKOQ 10
	Anzeige auf dieser Seite B 16A CEE	❶ €27,20
N 53°06'31'' E 09°57'56''	H70 2,8ha 80T(100-175m²) 10D	❷ €34,70

A7 Hannover-Hamburg, Ausfahrt 43 Behringen. Nach 900m sehen Sie schon den CP. 108080

Teilkarte Lüneburg auf Seite 219

Camping Elbeling

Prächtiger, gepflegter, komfortabler und ruhiger Campingplatz. Gleich an der Elbe mit großen Plätzen. Unser Camping liegt am Rande des schönen Unesco Biosphärenreservats. Einmalige

Umgebung für Naturliebhaber, Vogelkundler und Angler! Vorallem viele Wander- und Radangebote. Mit Spielplatz, Kinderbecken und Tischtennis und Boules. Kleine Gaststätte vorhanden. Der Campingplatz hat niederländische Inhaber und wurde komplett renoviert.

Hinter den Höfen 9a, 21354 Bleckede (OT Radegast)
Tel. +49 5857555 • E-Mail: info@elbeling.de
Internet: www.elbeling.de

Bleckede, D-21354 / Niedersachsen

CC€23 iD

Knaus Campingpark Bleckede/Elbtalaue****
Am Waldbad 23
1 Mrz - 26 Nov
+49 5 85 43 11
bleckede@knauscamp.de
N 53°15'34" E 10°48'20"

1 ADEG**KN**OPQRSTU BGH**NX** 6
2 BCPQWXYZ BE**FGHIJ**K 7
3 BGM**NS** BDFGHJKNQRTW 8
4 BDFHJO**T** AEFW 9
5 ABDEJM**N** ABDFGHJKM**O**QU 10
B 16A CEE
6,5ha 142**T**(80-150m²) 118**D**
❶ €44,10 ❷ €53,50

A7 Hannover-Hamburg, Ausfahrt Soltau-Ost Richtung Lüneburg/ Dahlenburg, links bis Bleckede, dann Hitzacker.

108077

Bleckede (OT Radegast), D-21354 / Nieders.

CC€23 iD

Camping Elbeling
Hinter den Höfen 9a
15 Mrz - 1 Okt
+49 5 85 75 55
info@elbeling.de
N 53°20'27" E 10°43'46"

1 A**KN**OPQSTU FJ**N**QSWX 6
2 CIJKPQXYZ ABE**FGK** 7
3 **BL**MSU ABCDEFHJKNQRTUW 8
4 FHJOQ BCFJ 9
5 ADEFGHLMN ABDFGHIJK**O**QUY 10
Anzeige auf dieser Seite B 16A CEE
3,8ha 100**T**(100-150m²) 35**D**
❶ €29,00 ❷ €36,00

Von Lüneburg Richtung Bleckede, dann Richtung Radegast. In Radegast ist der CP ausgeschildert. An der Kutsche den Seitenweg nehmen. Einfahrt: Hinter den Höfen 9a.

114449

Bremen, D-28359 / Niedersachsen

iD

Hansecamping*****
Hochschulring 1
1 Jan - 31 Dez
+49 4 21 30 74 68 25
info@hansecamping.de
N 53°06'52" E 08°49'59"

1 ADE**KN**OPQSTU **LN**OPQRS 6
2 AEJPQSWXY ABDE**FGH**IJ 7
3 BG**L** ABCDEF**I**JNQRTUV 8
4 HJ V 9
5 ABDFHLMN ABFGHIJKNQ 10
B 16A CEE
6ha 187**T**(100-170m²) 50**D**
❶ €35,50 ❷ €46,50

A28 Oldenburg-Bremen bis Kreuz Bremen zur A27 Ri Bremerhaven, Ausfahrt Überseestadt/Universität. Dann direkt nächste ab Ri Stadtwaldsee. Bremen-Osterfeuerberg. CP an der rechten Straßenseite(Hochschulring).

102200

Celle, D-29229 / Niedersachsen

iD

Camping 7Springs
Zum Silbersee 19
1 Jan - 31 Dez
+49 5 14 13 12 23
info@7springs-celle.de
N 52°39'32" E 10°06'33"

1 ABDE**KN**OPQRST**U** LM 6
2 BEJKPQSWXYZ B**CFG** 7
3 **LM** BDF**I**JKNQR**S**TUVW 8
4 BJK D 9
5 ABCDEFGHJKM**NO** ABGHIJKMNQ 10
B 16A
15ha 80**T**(80-140m²) 33**D**
❶ €25,00 ❷ €33,00

A2 Hannover Ausfahrt 56 Richtung B3 Celle, weiter die B191 Uelzen nach ca. 3 km. Außerhalb von Celle ausgeschildert.

102402

Cuxhaven, D-27476 / Niedersachsen

iD

Zimdars CampingResort***
Sahlenburger Chaussee 51
1 Mrz - 31 Dez
+49 4 72 12 86 62
info@zimdars-campingresort.de
N 53°51'55" E 08°38'19"

1 ADEG**KN**OPQRSTU 6
2 AIPQWXYZ ABDE**FGIK** 7
3 ABD**L**MU ABCDE**F**JNQRW 8
4 DIVY 9
5 ABDFKM ABCHJKOQV 10
B 16A CEE
3ha 60**T**(70-110m²) 102**D**
❶ €34,40 ❷ €42,40

A27 Bremerhaven-Cuxhaven. Ausfahrt Attenwalde, Richtung Sahlenburg, durch Holte-Spangen fahren: Spangerstraße, am Ende rechts, ca. 100m auf der rechten Seite.

108075

Cuxhaven/Duhnen, D-27476 / Niedersachsen

iD

Am Bäderring***
Duhner-Allee 5
1 Jan - 31 Dez
+49 47 21 42 61 61
info@campingplatz-duhnen.de
N 53°53'04" E 08°38'53"

1 ADEG**KN**OPQRSTU KMQR 6
2 AGJPQSTWXY ABDE**FG** 7
3 AB**L** ABCDE**F**JKNPQR**S**TUVW 8
4 FH V 9
5 ABDMN ABCGHIJKOQY 10
B 16A CEE
2ha 70**T**(60-90m²) 80**D**
❶ €35,80 ❷ €42,80

A27 Bremen bis Cuxhaven. Richtung Duhnen. In Duhnen ist der CP an der rechten Seite, gegenüber einem Womo-Stellplatz.

102193

Cuxhaven/Duhnen, D-27476 / Niedersachsen

iD

Wattenlöper
Cuxhavener Str. 57
15/3 - 1/11, 27/12 - 31/12
+49 47 21 42 60 51
info@wattenloeper.de
N 53°53'12" E 08°39'04"

1 AEG**KN**OPQRST**U** KNQR**X** 6
2 AGJPQSTWXYZ ABDE**FG** 7
3 ABG**JLMNOPQ**X ABCDEFJKNQFTUVW 8
4 **E**FHO DIJVW 9
5 ABDEFHJKM ABCEFGHJKOQY 10
B 16A CEE
2,8ha 100**T**(70-100m²) 112**D**
❶ €33,60 ❷ €43,60

A27 Bremen-Cuxhaven bis Ausbauende/Ausfahrt 1. Durch Innenstadt Cuxhaven Richtung Duhnen, dort 'Strand' folgen. Auf der Cuxhavener Straße beschildert.

112128

Cuxhaven/Sahlenburg, D-27476 / Niedersachsen

iD

Campingplatz Finck
Am Sahlenburger Strand 25
15 Mrz - 31 Okt
+49 47 21 39 99 30
info@camping-finck.de
N 53°51'33" E 08°35'34"

1 AEG**KN**OPQRSTU **BE**KMQRST**X** 6
2 AGIJKPQTWXY **AB**DE**FGIJ** 7
3 G ABCDE**F**JNPQRTUVW 8
4 FH GVW 9
5 ADMN ABCFGHJKOPQVY 10
B 16A CEE
6ha 100**T**(70-110m²) 380**D**
❶ €37,00 ❷ €45,60

A27 Bremen-Cuxhaven, Ausfahrt Altenwalde Richtung Sahlenburg. In Sahlenburg links in die Nordheimstraße. Bis zum Straßenende, dann rechts; jetzt noch etwa 250m zur Einfahrt. Ins Navi eingeben: Wernerwaldstraße 4.

112019

Dahlenburg, D-21368 / Niedersachsen

iD

Elbtalaue Camp im Dorn***
Dornweg 6 Campingplatz
1 Apr - 3 Okt
+49 58 51 94 48 48
klauskurtpeter@aol.com
N 53°10'54" E 10°44'50"

1 AG**KN**OPQSTU BGHM**N** 6
2 BCKPQSWXYZ ABDE**FGH**I 7
3 A**H**NO**S** ABCFJNQRU 8
4 FHJ D 9
5 DMN ABGHIJKNQ 10
B 16A CEE
1,3ha 50**T**(100-160m²) 41**D**
❶ €20,50 ❷ €27,50

Ab Maschener Kreuz A1/A7 zur A250 Richtung Lüneburg, dann die B216. Von Süden A7, Ausfahrt 44 Soltau-Ost, dann die B71 und B209 Richtung Lüneburg. Weiter über die B216 Richtung Dahlenburg. CP ist ausgeschildert.

114724

Dannenberg, D-29451 / Niedersachsen

iD

Stadtcampingplatz Dannenberg
Bäckergrund 35
1 Apr - 30 Sep
+49 58 61 80 09 80
badteamdbg@gmail.com
N 53°05'59" E 11°06'34"

1 A**KN**OPQRSTU BF**N** 6
2 QWXYZ BE**FGI** 7
3 BGU BDFJNQRTUW 8
4 FHJO 9
5 DEN ABGHJKMNQ 10
B 16A CEE
2,6ha 55**T**(100-175m²) 35**D**
❶ €19,00 ❷ €24,00

A7 Hamburg-Hannover fahren. Am Maschener Kreuz Straße 4 Richtung Lüneburg. In Lüneburg Straße 216 nach Dannenberg.

108078

Dorum/Neufeld, D-27632 / Niedersachsen

CC€23 iD

Knaus Campingpark Dorum***
Am Kutterhafen
1 Apr - 30 Sep
+49 47 41 50 20
dorum@knauscamp.de
N 53°44'19" E 08°31'03"

1 ADEG**KN**OPQRS**U** BEGKMNQRS**XYZ** 6
2 AGIKPQWX ABDE**FGIJ** 7
3 AB ABEFNQRW 8
4 H EVW 9
5 ABDEGHKLM ABCDFGHJKOQUV 10
16A CEE
8,5ha 120**T**(80-140m²) 92**D**
❶ €39,60 ❷ €51,80

A27 Bremerhaven-Cuxhaven, Ausfahrt Neuenwalde Richtung Dorum. In Dorum Richtung Midlum, dann Dorum/Neufeld-Kutterhafen. Ca. 7 km bis zum Hafen, rechts hochfahren, CP-Schild folgen.

102195

Deutschland

Drochtersen, D-21706 / Niedersachsen

Campingplatz Krautsand
Elbinsel Krautsand 58
1 Apr - 31 Okt
+49 41 43 14 94
info@campingplatz-krautsand.de
N 53°45'04" E 09°23'10"

1 ADE**KN**OPQRST**U** JMNQSW**X**YZ 6
2 CIJPQSTWXY AB**FG** 7
3 A ABCDEFJNPQRTUW 8
4 HJ 9
5 DMN ABCFHIJKM**O**QUVW 10
B 16A CEE ❶ €34,50
2ha 65**T**(90-110m²) 65**D** ❷ €42,50

A1 Bremen-Hamburg. In Ausfahrt 44 nach Buxtehude, dann Stade, dann Richtung Elbfähre (Wischhafen). In Drochtersen am Kreisel rechts Richtung Krautsand. 113436

Ebstorf, D-29574 / Niedersachsen

Campingplatz am Waldbad
Hans-Rasch-Weg
1 Jan - 31 Dez
+49 58 22 32 51
info@caw-e.de
N 53°02'04" E 10°24'42"

1 ABDEGKNOPQRSTU BEGHI**N** 6
2 BPQSTWXYZ ABDE**FG**HIJ 7
3 BG**HIM**N**S** ABCDEFIJNQRTUW 8
4 FHJOPQST DFKV 9
5 DMN ABFGHIJKOQUW 10
B 16A CEE ❶ €20,60
24ha 70**T**(90-120m²) 33**D** ❷ €29,00

A7 Richtung Hamburg, Ausfahrt 44 Soltau über die B71 nach Munster, vor Eimke links ab Richtung Ebstorf. Der CP ist am Tennisplatz und Schwimmbad angezeigt. 113449

Egestorf, D-21272 / Niedersachsen

Regenbogen Ferienanlage Egestorf
Campingplatz 1
25 Mrz - 30 Okt
+49 4 17 56 61
egestorf@regenbogen.ag
N 53°10'27" E 10°03'36"

1 ABDE**KN**OPQRSTU A 6
2 ABPQRSUVWXY BE**FGH**I 7
3 B BDFJKNQRTW 8
4 FH**T** V 9
5 ABDLMN ABGHIJKMNST 10
B 6-10A CEE ❶ €30,10
22ha 240**T**(100-120m²) 30**D** ❷ €30,10

A7 von Hannover. Ausfahrt 42 Richtung Evendorp. Von Hamburg Ausfahrt 41 Richtung Egestorf. In beiden Ortschaften der CP-Beschilderung folgen. 102396

Essel/Engehausen, D-29690 / Niedersachsen

CC€21

Aller-Leine-Tal
Marschweg 1
1 Mrz - 31 Okt
+49 50 71 51 15 49
camping@camping-allerleinetal.de
N 52°41'22" E 09°41'53"

1 ADE**KN**OPQSTU JL**N**XY 6
2 ABCEQXYZ ABDE**FG**H 7
3 BJM ABCDFJNQRTW 8
4 FHO CFJ 9
5 ADFHJLMN ADHJKLNST 10
Anzeige auf dieser Seite 10A ❶ €25,00
H52 5ha 80**T**(100-120m²) 49**D** ❷ €28,00

A7 Hannover-Bremen, Ausfahrt 'Rasthof Allertal', Richtung Celle. Den CP-Schildern folgen. 102327

Frankenfeld, D-27336 / Niedersachsen

Camping Rittergut Frankenfeld
Dorfstraße 1
1 Jan - 31 Dez
+49 51 65 39 33
j-h-f-campingplaetze@web.de
N 52°46'13" E 09°25'38"

1 AEG**KN**OPQRSTU J**N**UW**X**YZ 6
2 CIQSXYZ AB**FG** 7
3 AB**LM** ABCDEFJNQRW 8
4 H D 9
5 ADMN ABCGHJKOQW 10
16A CEE ❶ €29,50
2ha 40**T** 101**D** ❷ €29,50

Von der B209 Soltau-Nienburg in Rethem Richtung Schwarmstedt/ Frankenfeld abbiegen. In Frankenfeld ausgeschildert. 100104

Garlstorf, D-21376 / Niedersachsen

CC€19

Freizeit-Camp-Nordheide e.V.
Egestorfer Landstraße 50
1 Jan - 31 Dez
+49 1 52 28 49 13 77
camping-garlstorf@t-online.de
N 53°13'30" E 10°05'16"

1 ADEG**KN**OPQRSTU 6
2 ABQSXYZ BDE**FG**HIJ 7
3 ABFM ABCDEFHJKNQRVW 8
4 FHJ 9
5 DM AGHJKOQU 10
Anzeige auf dieser Seite B 16A CEE ❶ €29,00
H72 6ha 150**T**(80-140m²) 100**D** ❷ €35,00

A7 Ausfahrt 40 Garlstorf, dann Hansteder-Landstraße Richtung Garlstorf. CP Richtung Egestorf angezeigt. 114460

Deutschland

Gartow, D-29471 / Niedersachsen

Campingpark Gartow****
Am Helk 3
1 Mrz - 31 Okt
+49 58 46 97 90 60
info@campingpark-gartow.de
N 53°01'35" E 11°26'33"

1 ADEG**KN**OPQRSTU EH**N**XYZ 6
2 PQWXYZ ABDE**FG**HIJK 7
3 ABEFG**JMNOST**X ABCDE**FGH**IJNQRTUV 8
4 B**E**FHJO**RSTWX** VY 9
5 ABDJKMN ABEGHIJKLM**O**QUVW 10
Anzeige auf dieser Seite B 10A CEE ❶ €30,50
14ha 150**T**(100-140m²) 150**D** ❷ €37,00

A7 Hannover-Hamburg. In Soltau Straße 209 nach Lüneburg. Ab Lüneburg Straße 216 bis Dannenberg. Dann Ri. Gusborn-Gartow. 108079

Gnarrenburg, D-27442 / Niedersachsen

Am Eichholz
Hermann-Lamprecht-Str. 69
1 Mrz - 15 Okt
+49 47 63 86 48
camping.gnarrenburg@gmail.com
N 53°23'31" E 09°00'35"

1 ADEGKNOPQRSTU **A**FH 6
2 QXY ABDE**FG** 7
3 AB**L** ABE**F**JNQRW 8
4 FHJ D 9
5 DM AJKOQ 10
10-16A ❶ €21,50
4ha 90**T**(120m²) 34**D** ❷ €28,50

In Gnarrenburg der Beschilderung Schwimmbad/Camping folgen. CP liegt neben dem Gemeindeschwimmbad. 118640

Guderhandviertel, D-21720 / Niedersachsen

Nesshof
Nessstr. 32
1 Jan - 31 Dez
+49 41 42 81 03 95
camping@nesshof.de
N 53°32'34" E 09°36'43"

1 ADEG**KN**OPQRST**U** **N** 6
2 ACPQTXYZ ABDE**FG** 7
3 ABEFJNQRW 8
4 H F 9
5 ABDEHMN ABFGHIJKLMOQV 10
B 16A CEE ❶ €24,00
2,5ha 90**T**(100-160m²) 34**D** ❷ €30,00

A26 Ausfahrt Dollern, danach Richtung Altesland/Steinkirchen. Nach 3 km auf der L125 in Guderhandviertel rechts in der Neßstraße ist CP angezeigt. 114715

Hechthausen/Klint, D-21755 / Niedersachsen

Ferienpark Geesthof***
Am Ferienpark 1
1 Jan - 31 Dez
+49 4 77 45 12
info@geesthof.de
N 53°37'33" E 09°12'10"

1 ADEG**KN**OPQRST**U** **BEG**HNV**XYZ** 6
2 BDFJQWXYZ ABE**FGIJ** 7
3 ABFG**HI**MTX ABCDEF**G**JNQRS**T**W 8
4 ABCDFGH**TUVX** EGJLVWY 9
5 ABDKMN AFGHIJKMOQUW 10
Anz. auf dieser Seite B 10-16A CEE ❶ €29,50
25ha 80**T**(100-150m²) 117**D** ❷ €38,50

B73 HH-Stade-Cuxhaven, Ausfahrt Hechthausen Richtung Klint. In Klint / Hechthausen der CP-Beschilderung folgen. 102243

Teilkarte Lüneburg auf Seite 219

Deutschland

Hösseringen/Suderburg, D-29556 / Niedersachsen

Am Hardausee*****
Campingplatz 1
1 Apr - 31 Okt
+49 58 26 76 76
info@camping-hardausee.de

1 ABDEGKNOPQRSTU — LNPQ 6
2 EJKPQWXYZ — BEFGI 7
3 ABGMSX — BDFJKNQRSTUVW 8
4 AEFGHI — TUVW 9
5 ABDEFHJKMN — ABCEFGHJKMOQU 10
B 16A CEE — ❶ €30,00
H80 10ha 100T(90-100m²) 350D — ❷ €38,00

N 52°52'11'' E 10°25'22''

Die B191 Celle-Uelzen, Ausfahrt Suderburg. In Suderburg rechts Richtung Hösseringen/Räber zum Hardausee. 102399

Klein Kühren, D-29490 / Niedersachsen

Campingplatz Elbufer
Elbuferstrasse 141
1 Jan - 31 Dez
+49 5 85 32 56
campingplatz-elbufer@t-online.de

1 ADEGKNOPQRSTU — JNQSWX 6
2 DJPQVXYZ — ABEFGIJ 7
3 — BDFNPQRUW 8
4 FHJQ — FVW 9
5 ABEFMN — AHJKMOQU 10
Anzeige auf dieser Seite B 16A CEE — ❶ €24,00
3ha 75T 128D — ❷ €31,00

N 53°13'34'' E 10°54'43''

A1 Richtung Hamburg. A39 Richtung Lüneburg. B4 Lüneburg. B216 Richtung Dannenberg. Rechts L232 Neu Darchau. Neu Darchau in die Elbuferstrasse Richtung Klein Kühren. Camping angezeigt. 114459

Heidenau, D-21258 / Niedersachsen

Ferienzentrum Heidenau****
Ferienzentrum 1
1 Jan - 31 Dez
+49 41 82 42 72
info@ferienzentrum-heidenau.de

1 ADEGILOPQRSTU — BGN 6
2 ABEQXYZ — ABDEFGI 7
3 ABDEFILMNOSVX — ABCDEFGJNQRTUVW 8
4 BCFGHJOXZ — EVY 9
5 ABDFHJLN — AFGHJKLNQU 10
Anzeige auf dieser Seite B 16A CEE — ❶ €32,00
70ha 87T(100-120m²) 510D — ❷ €40,00

N 53°18'31'' E 09°37'14''

Autobahn A1 Bremen-Hamburg, Ausfahrt 46 Richtung Heidenau. In Heidenau den Schildern folgen. 112406

Lüneburg, D-21335 / Niedersachsen

Rote Schleuse
Rote Schleuse 4
1 Jan - 31 Dez
+49 41 31 79 15 00
kontakt@camp-rote-schleuse.de

1 ADEGKNOPQSTU — JLXYZ 6
2 ACEJKLPQRSXYZ — ABDEFG 7
3 BFHILMU — BDFGHJKNPQRTW 8
4 FHIJOXYZ — EFG 9
5 ADFGHLMN — ABCGHIJKOQ 10
B 16A CEE — ❶ €30,50
2ha 100T 26D — ❷ €40,90

N 53°12'35'' E 10°24'40''

An der B4, der Salzstraße Richtung Uelzen-Braunschweig am südlichen Ende des Ostrings (Richtung Zentrum). Ausgeschildert. 102395

Midlum/Wurster Nordseeküste, D-27639 / Nieders.

Kransburger See****
Kransburger Str. 1
1 Jan - 31 Dez
+49 4 74 29 29 80
info@kransburger-see.de

1 ADEGKNOPQRSTU — LMNP 6
2 ABEIJKPQRWXYZ — ABDEFGIJK 7
3 ABFGJLMTV — ABCDEFGIJKMNQRSTUVW 8
4 BCDHJN — DEFKMNTVY 9
5 ABDEFHKMN — ABHIJKLMOQUV 10
Anzeige auf Seite 223 B 16A CEE — ❶ €36,00
26ha 140T(100m²) 326D — ❷ €47,00

N 53°42'27'' E 08°37'58''

A27 Bremen-Cuxhaven, Ausfahrt 4 Neuenwalde. Richtung Dorum bis zur L135, dort Richtung Cuxhaven über Holßel nach Kransburg. Beschildert. 112129

Hemmoor, D-21745 / Niedersachsen

Tauchbasis Kreidesee
Cuxhavener Str. 1
1 Jan - 31 Dez
+49 47 71 79 21

1 AFKNOPQRSTU — NO 6
2 FQSXYZ — ABFGIK 7
3 AB — ABCDEFJNQRTVW 8
4 — IJSVY 9
5 ADM — AHJKQUVY 10
B 16A CEE — ❶ €20,00
8ha 74T(50-100m²) 70D — ❷ €28,00

N 53°42'03'' E 09°07'38''

A1 Hamburg-Bremen Ausfahrt 49 Bockel. B71 Zeven Ri. Bremervörde. Dort Ri. Cuxhaven/Wischhafen. B7/B74 bis Hemmoor. Am Ortsausgang nach ± 200m links. Mit Navi den GPS-Werten folgen (Haupteingang). 114457

Müden/Örtze (Gem. Faßberg), D-29328 / Nieders.

CC€21

Sonnenberg
Sonnenberg 3
15 Apr - 15 Okt
+49 50 53 98 71 74
info@campingsonnenberg.com

1 AKNOPQRSU — 6
2 BIQVWXYZ — ABDEFG 7
3 ABX — ABCDEFJLNQRUVW 8
4 FHIJO — BIVW 9
5 ADEFGHKMN — ABDGHIJKNQY 10
Anzeige auf Seite 223 6-16A — ❶ €23,00
5ha 80T(150-350m²) 8D — ❷ €34,00

N 52°53'16'' E 10°05'58''

A7 Hannover-Hamburg, Ausfahrt Soltau-Ost, dann die B71 nach Munster. Hinter Munster Ausfahrt Celle. In Müden den CP-Schildern folgen. 102397

Teilkarte Lüneburg auf Seite 219

Munster/Kreutzen, D-29633 / Niedersachsen

Zum Örtzewinkel****
Kreutzen 22
1 Jan - 31 Dez
+49 50 55 55 49
info@oertzewinkel.de

1 ABDEG**KN**OPQRSTU	JL**N** 6
2 CPQWXYZ	BCE**FGI** 7
3 ABEF**L**M	BDFJNQRTUVW 8
4 EFGHO	FVWY 9
5 ABDFLMN	ABGHKLOPQ 10
B 16A CEE	① €28,50
H65 8ha 72**T**(100-160m²) 95**D**	② €34,50

N 52°55'07'' E 10°07'40''
A7/E45 Hannover-Hamburg. Ausfahrt Soltau Ost. Via B71 an Munster vorbei, dann Richtung Celle und der Beschilderung folgen. 101121

Nordholz/Wurster Nordseeküste, D-27639 / Nieders.

Camp.- und Wochenendplatz Beckmann GmbH
Wanhödenerstraße 28
1 Jan - 31 Dez
+49 47 41 85 88
post@nordholz-camping.de

1 ADEGKNOPQRSTU	AF 6
2 ABQWXYZ	AB**FG**HIJ 7
3 ABMV	ABEFGJNQRUW 8
4 BFHJO	DFIVY 9
5 ABDEFHJKMN	ABCHJK**O**QUV 10
Anzeige auf Seite 222 16A CEE	① €20,00
5,5ha 190**T**(80-160m²) 135**D**	② €25,00

N 53°45'11'' E 08°38'22''
A27 Ausfahrt Nordholz, nach etwa 1800m liegt der CP an der linken Seite. 120123

Oberohe/Faßberg, D-29328 / Niedersachsen

Ferienpark Heidesee
Oberohe 25
1 Jan - 31 Dez
+49 58 27 97 05 46
info@campingheidesee.com

1 ADEG**KN**OPQRSTU	AHL**N**X 6
2 EJQRVXYZ	BE**FG** 7
3 ABDFGMU	BDFJNQRTW 8
4 FHIK**QT**	DIJVWY 9
5 DEFM	ABCGHJK**O**Q 10
B 16A CEE	① €26,00
19,5ha 267**T**(80-120m²) 138**D**	② €38,50

N 52°52'34'' E 10°13'35''
A7 Hannover-Hamburg, Ausfahrt 44 Soltau-Ost, über die B71 nach Munster, Ausfahrt Müden/Faßberg, Richtung Unterlüß. Vorsicht, die letzten 200m Kopfsteinpflaster. 102400

Otterndorf/Müggendorf, D-21762 / Niedersachsen

See Achtern Diek
Am Campingplatz 3
1 Apr - 31 Okt
+49 47 51 29 33
campingplatz@otterndorf.de

1 ADEG**KN**OPQRST**U**	KLM**N**QRUVWXZ 6
2 EGIKQSWXY	ABDE**FG**HIJK 7
3 ABDFG**J**MUW	ABCDEF**G**JKNOPQR**S**TUVW 8
4 BHJO	FLMNRTVWY 9
5 ABDEFHLN	ABCGHIJKMNQUV 10
B 16A CEE	① €36,50
17ha 212**T**(60-240m²) 346**D**	② €46,50

N 53°49'31'' E 08°52'34''
B73 Stade-Cuxhaven. Ausfahrt Otterndorf. CP ist gut ausgeschildert. Folgen Sie die Beschilderung 'Ferienanlagen/Müggendorf'. 102194

Oyten, D-28876 / Niedersachsen

Knaus Campingpark Oyten****
Oyter See 1
1 Mrz - 27 Nov
+49 42 07 28 78
oyten@knauscamp.de

1 ADEG**KN**OPQRSTU	**I**LM**N**SWX 6
2 AEJKPQXYZ	ABDE**FG** 7
3 ABEG**L**M	ABCDEFJKNQRSTW 8
4 H	EN 9
5 ADEM	ABCDGHJK**O**QU 10
16A CEE	① €40,90
3ha 114**T**(70-100m²) 99**D**	② €50,30

N 53°02'47'' E 09°00'24''
A1 Bremen-Hamburg, Ausfahrt 52 Richtung Oyten. Am Lidl links ab, durch Oyten, dann Richtung Oyter See und den CP Schildern folgen. 114719

Schiffdorf/Spaden, D-27619 / Niedersachsen

CP-und Ferienpark Spadener See Gmbh & co. KG****
Seeweg 2
15 Mrz - 15 Okt
+49 4 71 30 83 64 56
info@campingplatz-spadener-see.de

1 AEG**JM**PQRSTU	LPW 6
2 AEJKPQXYZ	ABDE**FGIJ** 7
3 AB**L**	ABCDEFJKNQRTUVW 8
4 FHJ	9
5 ABDMN	ABCFGHJKOQ 10
16A CEE	① €28,50
33ha 120**T**(100-150m²) 220**D**	② €36,50

N 53°34'30'' E 08°38'48''
A27 Bremerhaven-Cuxhaven. Ausfahrt Spaden, danach folgen Sie den CP-Schildern, gut ausgezeigt. 102198

Schneverdingen/Heber, D-29640 / Niedersachsen

Camping-Park Lüneburger Heide*****
Badeweg 3
20 Mrz - 5 Nov
+49 5 19 92 75
info@camping-lh.de

1 ADEG**KN**OPQRSTU	LM 6
2 ACEJPQSTWXY	AB**C**DE**FG**IK 7
3 ABF**HI**MSU	ABCDEFGHIJKNPQRTUVW 8
4 FHK**XZ**	EJKVYZ 9
5 ABDFHLMN	ABFGHJKM**O**QW 10
Anzeige auf dieser Seite B 16A CEE	① €35,00
H80 6,2ha 170**T**(100-200m²) 36**D**	② €45,00

N 53°04'15'' E 09°51'55''
A7 Hannover-Hamburg, Ausfahrt Bispingen Richtung Behringen (2 km). Dann Richtung Schneverdingen bis Heber, gut ausgeschildert. 102320

Soltau, D-29614 / Niedersachsen

Ferienpark Moränasee
Dittmern 9
1 Jan - 31 Dez
+49 51 91 97 52 68
info@ferienpark-soltau.de

1 ABDE**KN**OPQRSTU	LM 6
2 ABFJKPQTWXYZ	ABDE**FG**H 7
3 ABCG**L**MU	ABE**FG**JNQRSTUV 8
4 FHKR	AVXY 9
5 ABDJKN	ABEFHJKLMNQ 10
Anzeige auf dieser Seite 16A CEE	① €27,20
H100 33ha 28**T**(100m²) 302**D**	② €36,20

N 53°00'56'' E 09°55'21''
E45 Ausfahrt 44 Richtung Heidepark. Vor dem Heidepark dem CP-Schild Moränasee folgen. 116717

Soltau, D-29614 / Niedersachsen

Röders' Park-Premium Camping
Ebsmoor 8
1 Jan - 31 Dez
+49 51 91 21 41
info@roeders-park.de

1 ADEG**JM**OPQRSTU	6
2 ACQTWXYZ	ABDE**FG**H 7
3 A**L**MX	ABCDEFGHJ**L**NPQRTUVW 8
4 FH	VZ 9
5 ABDFLMN	ABCEFGHJK**O**QW 10
B 16A CEE	① €39,00
H50 2,5ha 90**T**(80-120m²) 30**D**	② €49,00

N 53°00'02'' E 09°50'15''
Ab Soltau über die B3 Ri. Hamburg. Von Norden die Ausfahrt Bispingen nehmen. In Behringen Ri. Soltau. Von Süden die Ausfahrt Soltau-Ost oder Süd. Auf der B3 Ri. Soltau. Der CP liegt am Rande von Soltau. 102323

Teilkarte Lüneburg auf Seite 219

Soltau/Harber, D-29614 / Niedersachsen

Ferienparadies Mühlenbach
Wietzendorferstr. 2
1 Jan - 31 Dez
+49 5 19 11 49 12
info@ferienparadies-muehlenbach.de
N 52°59'12" E 09°54'38"

1 ABCDEGKNOPQRSTU	LMN	6
2 ABCEJKPQTWXYZ	ABDEFGIJ	7
3 ABDEFGHILMUVX	ABCDEFHIJKNPQRTUW	8
4 FHKO	EGIJ	9
5 BDMNO	ABFGHJKLMNV	10
16A CEE	❶ €20,00	
H59 10ha 150T(100-160m²) 288D	❷ €25,00	
	109374	

A7 Hannover-Hamburg, Ausfahrt 44 Soltau-Ost. Über die B71 in Richtung Soltau, dann links in Richtung Wietzendorf.

Soltau/Wolterdingen, D-29614 / Niedersachsen

Campingplatz Auf dem Simpel
Auf dem Simpel 1
1 Jan - 31 Dez
+49 51 91 36 51
info@auf-dem-simpel.de
N 53°01'32" E 09°51'35"

1 ADEKNOPQRSTU	BF	6
2 ABQRSTWXY	ABDEFGI	7
3 BFGLM	ABCDEFJKNQRSTUVW	8
4 FHQ	DEFGJVWYZ	9
5 ACDFHJLMN	ABFGHJKLOQWY	10
B 16A CEE	❶ €40,00	
H78 9ha 110T(85-150m²) 147D	❷ €51,00	
	102321	

A7 Hamburg-Hannover, Ausfahrt Soltau-Ost. Den Schildern folgen Heide-Park. Am Heide-Park vorbei, nach 800m links. CP liegt zwischen Heidepark und der B3.

Sottrum/Everinghausen, D-27367 / Niedersachsen

Camping-Paradies "Grüner Jäger"*****
Everinghauser Dorfstraße 17
1 Jan - 31 Dez
+49 42 05 31 91 13
info@camping-paradies.de
N 53°05'00" E 09°10'37"

1 ADEKNOPQRSTU	AFN	6
2 ACQWXY	ABFGIK	7
3 BM	ABCDEFGIJNQRTU	8
4 HKT		9
5 ADMN	ABGHJKOQ	10
B 16A CEE	❶ €34,25	
H70 2,8ha 99T(80-120m²) 40D	❷ €43,25	
	102246	

A1 Bremen-Hamburg, Ausfahrt 50 Stuckenborstel, Richtung Rotenburg, nach 300m bei den Ampeln rechts abbiegen nach Everinghausen und nach Everinghausen fahren. Nach 4 km der 1. CP links.

Stove/Hamburg, D-21423 / Niedersachsen

Camping Land an der Elbe
Stover Strand 7
1 Apr - 30 Sep
+49 4 17 63 27
info@camping-land-online.de
N 53°25'45" E 10°18'09"

1 AGKNOPQRSTU	JMNQSWXY	6
2 ACIJKPQSTXYZ	ABDEFGHIJ	7
3 ABGLR	ABCDFGHJKNPQRTUVW	8
4 FHJ	HINZ	9
5 ABDGMN	ABGHIJKMOQX	10
B 16A CEE	❶ €29,00	
3,5ha 72T(100-150m²) 122D	❷ €39,00	
	118600	

Von der A7 zur A250, in Handorf zur B404 hinter der Elbebrücke in Ronne. Von der B404 Richtung Stove.

Stove/Hamburg, D-21423 / Niedersachsen

Campingplatz Stover Strand International*****
Stover Strand 10
1 Jan - 31 Dez
+49 4 17 74 30
info@stover-strand.de
N 53°25'27" E 10°17'44"

1 ADEGKNOPQRSTU	JMNQSWXYZ	6
2 ACEJKPQTWXY	BEFGHIJK	7
3 BFGJLMRSUX	BDFGIJKNQRSTUVW	8
4 ABCDEFHJLOT	ADEGJKNOPRVWYZ	9
5 ACDFHJLMNO	ABDFGHIJKLMOPQUWXY	10
Anzeige auf dieser Seite B 16A CEE	❶ €39,00	
30ha 130T 334D	❷ €49,00	
	108076	

A7 Hannover-Hamburg, Ausf. 1 Maschener Kreuz Richtung Winsen/Lüneburg. A39, dann Ausf. B404 Richtung Geesthacht. Ausfahrt in Rönne Ri Stove. Die Straße Stover Strand bis zum Ende durchfahren.

Tarmstedt, D-27412 / Niedersachsen

Wochenendpark Rethbergsee
Wörpeweg 51
1 Jan - 31 Dez
+49 4 28 34 22
camping-rethbergsee@t-online.de
N 53°12'56" E 09°05'33"

1 AGKNOPQRSTU	LMN	6
2 EJQWXYZ	ABDEFGH	7
3 ABEFGU	ABCDEFJKNPQRTUVW	8
4 FHJOQRV	IJQTV	9
5 ABDEMN	ABGHJKNQU	10
16A CEE	❶ €26,00	
15ha 29T(120-160m²) 302D	❷ €36,00	
	102244	

Von Zeven aus nach Tarmstedt. Am Ortseingang von Tarmstedt südwärts. Dann noch 1 km bis zum CP. Wenn über die A1, dan Ausfahrt Oyten.

Uelzen, D-29525 / Niedersachsen

Uhlenköper-Camp
Festplatzweg 11
1 Jan - 31 Dez
+49 58 17 30 44
info@uhlenkoeper-camp.de
N 53°00'00" E 10°30'56"

1 ADEKNOPQRSTU	AUV	6
2 BCPQSWXYZ	BEFGI	7
3 BEFHIMNSTX	BDFIJLQRTU	8
4 ABCFHJK	BEFGKLRVWX	9
5 ACDEFHIJKM	ABHIJKLMOPQU	10
B 16A CEE	❶ €33,00	
H57 4,5ha 85T(90-120m²) 50D	❷ €43,00	
	100105	

Die B4 Uelzen-Lüneburg Richtung Kirchweyhe.

Wienhausen/Schwachhausen, D-29342 / Niedersachsen

Am Allerstrand
Offensener Str. 2A
1 Apr - 2 Nov
+49 50 82 91 20 04
info@camping-landurlaub.de
N 52°34'45" E 10°14'45"

1 GKNOPQRSTU	JN	6
2 CPQXYZ	BF	7
3 M	ABFJNQRW	8
4 H	R	9
5	AHJKMNQU	10
Anzeige auf dieser Seite 16A CEE	❶ €22,00	
3,5ha 55T(40-100m²) 40D	❷ €28,00	
	123031	

A2 Hannover-Braunschweig, Ausfahrt 51 Hämelerwald Richtung Uetze (L413). L387 Richtung Bröckel. Links auf die 214 nach Eicklingen, rechts nach Wienhausen, rechts nach Offensen der Beschilderung folgen. Camping liegt links.

Deutschland

Teilkarte Lüneburg auf Seite 219

Deutschland

Wietzendorf, D-29649 / Niedersachsen

Südsee-Camp*****
Südsee-Camp 1
24 Mrz - 31 Dez
+49 51 96 98 01 16
info@suedsee-camp.de
N 52°55'53" E 09°57'56"

1 ADEKNOPQRSTU — AEGHILM 6
2 ABEJQTWXYZ — ABCDEFGHIK 7
3 BCDFGHIJLMNTUWX — ABCDEFGIJKLNQRSTUVW 8
4 ABCDEFHJNORSTUVX — DEJRVWYZ 9
5 ACDEFHJKLMNO — ABEFGHIMNQUWXY 10
Anz. auf dieser Seite B 6-16A CEE — ① €44,00
H50 90ha 726T(80-135m²) 782D — ② €55,00

A7 Hamburg-Hannover, Ausfahrt 45 Soltau Süd, dann die B3 Richtung Bergen. Ab Abfahrt Bockel den Schildern 'Südsee Camp' folgen. 102324

Wingst/Land Hadeln, D-21789 / Niedersachsen

CC€23

Knaus Campingpark Wingst****
Schwimmbadallee 13
1 Mrz - 26 Nov
+49 47 78 76 04
wingst@knauscamp.de
N 53°45'09" E 09°05'00"

1 ADEGKNOPQRSTU — AEGHIN 6
2 BEPQSUVWXYZ — ABDEFGIJ 7
3 ABFGJMSX — ABCDEFGIJNQRTUW 8
4 HJKO — AEJUV 9
5 ABDFKLMN — ABDGHIJKLMOQU 10
B 16A CEE — ① €45,50
9ha 265T(100m²) 97D — ② €57,10

B73 Cuxhaven-Stade, Ausfahrt Wingst, Schwimmbad. 102242

Winsen (Aller), D-29308 / Niedersachsen

CC€23

Allerblick
Auf der Hude 1
1 Jan - 31 Dez
+49 5 14 39 31 99
info@camping-allerblick.de
N 52°40'36" E 09°54'05"

1 ABDEKNOPQRSTU — JNXYZ 6
2 DIJKPQXYZ — ABDEFG 7
3 ABFHILMS — ABCDEFJNQRSTW 8
4 FHKO — R 9
5 ABDEFJLMN — ABDFGHJKLMOQ 10
Anzeige auf dieser Seite 16A — ① €33,50
13ha 215T(100-150m²) 102D — ② €47,50

A7 Hannover-Bremen, Ausfahrt Allertal (Tankstelle) Richtung Celle. In Winsen wird der CP angezeigt (rechts ab). CP liegt im Zentrum von Winsen. 102328

Winsen (Aller), D-29308 / Niedersachsen

Campingpark Südheide*****
Im stillen Winkel 20
1 Apr - 6 Nov
+49 5 14 36 66 18 03
info@campingpark-suedheide.de
N 52°40'19" E 09°56'10"

1 ADEKNOPQRSTU — AJNUXZ 6
2 DJPQWXYZ — ABCDEFGHIJK 7
3 ABDEFHILMSTV — ABCDEFGIJKLNQRSTUVW 8
4 BCDFGHJLOTVXZ — FJRV 9
5 ABDEFHMN — ABEFGHIJKMOQU 10
B 16A CEE — ① €33,00
9ha 280T(100-160m²) 24D — ② €47,00

A7 Hamburg-Hannover, Ausfahrt Raststätte/Allertal Richtung Celle, dann nach Winsen und in Winsen ausgeschildert. Der CP liegt knapp außerhalb von Winsen Richtung Celle. 102330

Winsen/Aller-Meißendorf, D-29308 / Niedersachsen

Campingpark Hüttensee
Hüttenseepark 1
1 Jan - 31 Okt
+49 50 56 94 18 80
info@campingpark-huettensee.de
N 52°43'12" E 09°49'31"

1 ADEKNOPQRSTU — LMNY 6
2 EJQXYZ — ABFGIK 7
3 BDFGJLMUV — ABCDEFJKNQRTW 8
4 FHO — AEFY 9
5 ABDLMN — ABCFGHIJKLMOQ 10
B 16A CEE — ① €27,90
18ha 266T(100-120m²) 182D — ② €33,90

A7 Hamburg-Hannover, Ausfahrt 49 (Westenholz) Richtung Winsen. Campingplatz ist bei Meißendorf, 7 km vor Winsen. In Meißendorf der Beschilderung 'Hüttenseepark' folgen. 107968

Wurster Nordseeküste, D-27639 / Niedersachsen

Außerdeich Campingplatz Cappel-Neufeld
Deichweg-Außendeich
1 Mai - 15 Sep
+49 4 70 56 60 36 15
info@camping-freizeit-gmbh.de
N 53°45'53" E 08°32'19"

1 DEILOPQRSTU — KMNQSX 6
2 HIKQ — ABDEFGIJK 7
3 BS — ABDEFNQRW 8
4 H — D 9
5 ADM — AHJKOS 10
16A CEE — ① €37,80
6ha 230T(bis 100m²) 65D — ② €46,00

A27 Bremen-Cuxhaven, Ausfahrt 4 Neuenwalde Richtung Dorum bis zur B6. Dann Richtung Cuxhaven über Holßel nach Cappel. Weiter Richtung Cappel-Neufeld und Strand. Direkt über den Deich. 117167

Wurster Nordseeküste, D-27639 / Niedersachsen

Campingplatz Wremer-Tief
Strandstraße (Außendeich)
15 Apr - 15 Sep
+49 4 70 56 60 36 10
info@camping-wremer-tief.de
N 53°38'46" E 08°29'41"

1 ADEKNOPQRSTU — KMNQRSWXYZ 6
2 HIKQTX — ABDEFG 7
3 ABFG — ABEFJNQRW 8
4 H — VW 9
5 ADM — ABFGHJKMQ 10
Anzeige auf dieser Seite 16A CEE — ① €34,90
4ha 250T(100m²) 90D — ② €43,00

A27 Bremerhaven-Cuxhaven, Ausfahrt Wremen/Bad Bederkesa. Dann Richtung Wremen, wo der CP ausgeschildert ist (Kutterhafen). In Wremen sind 2 Campingplätze. Achtung: Am Wremer Tief auf den Deich hoch! 114456

Zeven, D-27404 / Niedersachsen

Campingplatz Sonnenkamp***
Sonnenkamp 10
1 Jan - 31 Dez
+49 42 81 95 13 45
info@campingplatz-zeven.de
N 53°18'14" E 09°17'51"

1 ADEGKNOPQRSTU — AFN 6
2 ABCPQTXYZ — ABDEFGH 7
3 AFGIM — ABCDEFHJKNPQRUW 8
4 FHO — DEFV 9
5 ABDEFGKMN — AFGHJKQU 10
B 16A CEE — ① €26,00
7,5ha 80T(100-150m²) 189D — ② €32,00

A1 Bremen-Hamburg Ausfahrt 49 Bockel die B71 bis Zeven. Innerorts CP ausgeschildert. 100100

Teilkarte Lüneburg auf Seite 219

Bad Pyrmont, D-31812 / Niedersachsen

Campingpark Schellental	1 AGKNOPQRSTU	6
Am Schellenhof 1-3	2 CIQSVWXYZ	ABDEFGH 7
1 Jan - 31 Dez	3 ABLM	ABCDEFIJKNQRTVW 8
+49 52 81 87 72	4 FHJO	K 9
camping@schellental.de	5 ABDFLMNO	AFGHJKLORS 10
	Anzeige auf dieser Seite B 6A CEE	① €30,00
N 51°59'45" E 09°16'36"	H120 6ha 90T(60-110m²) 40D	② €35,00

In Bad Pyrmont Richtung Bahnhof, die 1. Straße links (in der Kurve), dann den Schildern folgen. Aus Richtung Hameln den CP-Schildern folgen. 101421

Bodenwerder, D-37619 / Niedersachsen

An der Himmelspforte	1 KNOPQRSTU	JNWXYZ 6
Ziegeleiweg 1	2 CIQXYZ	ABDEFH 7
1 Jan - 31 Dez	3 ABFHIMN	ABCDEFJKNQRTW 8
+49 55 33 49 38	4 FHJ	R 9
himmelspforte01@yahoo.de	5 ADFJKMN	AFGHJKNQW 10
	Anzeige auf dieser Seite B 16A CEE	① €20,50
N 51°57'33" E 09°30'18"	H80 10ha 150T(100m²) 250D	② €28,50

An der B83 zwischen Hameln und Holzminden liegt Bodenwerder. Südlich von Bodenwerder Richtung Zentrumm abbiegen. Nach der Weserbrücke rechts der Beschilderung folgen. 102332

Bodenwerder/Rühle, D-37619 / Niedersachsen

Rühler Schweiz	1 AEGKNOPQRSTU	BJNXYZ 6
Im Grossen Tal 0	2 CIPQVX	ABDEFG 7
1 Apr - 31 Okt	3 BFGMS	ABCDEFJKNQRTW 8
+49 55 33 24 86	4 FGH	DR 9
brader-ruehler-schweiz@t-online.de	5 ADMN	ABEGHIJKMOQ 10
	Anzeige auf Seite 227 B 16A CEE	① €24,50
N 51°56'35" E 09°30'36"	H80 7,8ha 100T(100m²) 202D	② €30,50

An der B83 zwischen Hameln und Holzminden liegt Bodenwerder. An der Südseite von Bodenwerder Richtung Zentrum abbiegen. Über die Weserbrücke rechts ab. Nach etwa 4 km ist der Campingplatz rechts. 100119

Teilkarte Hannover auf Seite 226

Coppenbrügge, D-31863 / Niedersachsen

Rattenfängerplatz am Ith***
Felsenkeller 9a
1 Jan - 31 Dez
+49 5 15 67 86 90 14
ccweserbergland@t-online.de
N 52°06'55'' E 09°32'05''

1 AGKNOPQRSTU	BEG 6
2 PQTUVXY	ABDEFGI 7
3 ABFMS	ABCDEFHJNPQRTW 8
4 FHJ	DF 9
5 DM	AFGHJKMOQU 10
B 16A CEE	❶ €23,00
H160 1,7ha 40T(60-120m²) 43D	❷ €27,00

Liegt an der B1 in Coppenbrügge neben dem Hallenbad, 15 km östlich von Hameln. Von Hamels aus ist der CP angezeigt. Rechts über die Brücke, Coppenbrücke. Ist ausgeschilcert. 117151

Garbsen, D-30823 / Niedersachsen

Blauer See***
Am Blauen See 119
1 Jan - 31 Dez
+49 5 13 78 99 60
info@camping-blauer-see.de
N 52°25'14'' E 09°32'47''

1 BDEGKNOPQRSTU	HLMNW 6
2 AEIJQTWXY	ABFG 7
3 BEFGJLMT	ABCDFJLNQRTUVW 8
4 FHP	FGJNY 9
5 ABDEFJKM	ABGHLOQU 10
B 16A CEE	❶ €32,00
H150 6ha 120T(65-100m²) 234D	❷ €35,00

A2 Dortmund-Hannover, Ausfahrt 41 Garbsen. Ab Dortmund Beschilderung folgen. Ab Hannover unter A2 durchfahren, dann ausgeschildert. 101419

Grohnde (Emmerthal), D-31860 / Niedersachsen

Grohnder Fährhaus GmbH****
Grohnder Fähre 1
1 Mrz - 31 Dez
+49 51 55 34 79 83
camping@grohnder-faehrhaus.de
N 52°01'07'' E 09°25'32''

1 ADEKNOPQRSTU	JNUXYZ 6
2 DIKPQTWXY	ABDEFGI 7
3 ABCEFGMUX	ABCDEFGIJKLNQRT 8
4 FHTXZ	EGIRWY 9
5 ADEFIJLMN	AFGHIJKOPSTUVY 10
B 16A CEE	❶ €25,00
H70 5ha 80T(45-100m²) 87D	❷ €32,00

Der CP liegt an der B83 Hameln-Bodenwerder. In Grohnde Richtung Osten halten, durch den Hafen und mit der Fähre über die Weser zum CP. Montags verkehrt die Fähre nicht. Über Latferde umfahren. 112405

Hemmingen/Arnum, D-30966 / Niedersachsen

Arnumer See****
Osterbruchweg 5
1 Jan - 31 Dez
+49 51 01 35 34
info@camping-hannover.de
N 52°18'06'' E 09°44'49''

1 ABDEKNOPQRSTU	L 6
2 AEIJKPQTUWXYZ	ABFG 7
3 BL	ABCDEFJNQRTW 8
4 FHJ	GHIJ 9
5 ADFJKM	ABFGHIJKOQ 10
B 16A	❶ €30,50
13ha 85T(70-120m²) 374D	❷ €36,50

Autobahn A7 Hamburg-Kassel, Ausfahrt 59 Laatzen, B443 Richtung Pattensen. B3 Richtung Hannover bis Arnum. Beschilderung 'Naherholungspark Arnumer See' folgen. 110141

Hameln, D-31787 / Niedersachsen

Campingplatz Hameln an der Weser
Uferstraße 80
1 Mrz - 4 Nov
+49 5 15 16 74 89
info@campingplatz-hameln.de
N 52°06'33'' E 09°20'52''

1 AGKNOPQRSTU	NXYZ 6
2 CIPQTXYZ	ABDEFGHIK 7
3 BL	ABCDEFJKNQRTW 8
4 FH	FR 9
5 ADFLN	ABDGHJKOQU 10
Anzeige auf dieser Seite B 16A CEE	❶ €34,50
H65 2ha 115T(80-200m²) 2D	❷ €44,50

Von Paderborn: in Hameln vor der Weserbrücke links Richtung Rinteln. Dort den CP-Schildern folgen. Von Hildesheim: sofort hinter der Weserbrücke rechts. Dann gleich wieder rechts. Nach 300m den CP-Schildern folgen. 102252

Hameln/Halvestorf, D-31787 / Niedersachsen

Camping am Waldbad****
Pferdeweg 2
1 Apr - 31 Okt
+49 51 58 27 74
hallo@campingamwaldbad.de
N 52°06'26'' E 09°17'45''

1 AGKNOPQRSTU	BG 6
2 PQUWXY	ABDEFGJ 7
3 BFLM	ABCDEFJNQRTW 8
4 FH	9
5 ABDFLMN	ABFGHIJKLOQ 10
B 16A CEE	❶ €26,50
H120 3,3ha 37T(80-100m²) 160D	❷ €40,50

Aus Richtung Paderborn: in Hameln vor der Weserbrücke links Richtung Rinteln (Seitenweg der L433). CP-Schildern befolgen. CP 6 km nordwestlich von Hameln. Mit Navi den Straßennamen nehmen: Freibadstraße. 102250

Holle, D-31188 / Niedersachsen

Seecamp Derneburg
Seecamp 1
1 Apr - 31 Okt
+49 5 06 25 65
info@seecamp-derneburg.de
N 52°06'11'' E 10°08'18''

1 ADEGKNOPQRSTU	LN 6
2 AEIKPQSTY	ABCDFG 7
3 BJLMU	ABCDEFJNQRTW 8
4 FH	ADF 9
5 ADFJLM	ABGHJKLMOQU 10
Anzeige auf dieser Seite B 16A CEE	❶ €26,20
H150 7,8ha 60T(80-100m²) 175D	❷ €36,60

A7, Ausfahrt 63 Derneburg, dann ausgeschildert. 102404

Isernhagen, D-30916 / Niedersachsen

Parksee Lohne
Alter Postweg 12
1 Apr - 15 Okt
+49 5 13 98 82 60
info@parksee-lohne.de
N 52°27'22'' E 09°51'40''

1 BDEGKNOPQRSTU	LMP 6
2 AFIJKQXYZ	ABEFG 7
3 BFGJLM	ABCDEFGHJNQRTW 8
4 FHI	9
5 ADEFHJL	AGHJKLQU 10
FKKB 16A CEE	❶ €28,00
H58 15ha 100T(80-120m²) 300D	❷ €40,00

A2 Ausfahrt 46 Lahe/Altwarmbüchen. Oder A7 Ausfahrt 55 Richtung Altwarmbüchen. In Altwarmbüchen Richtung Isernhagen. CP ist ausgeschildert. 108086

Heemsen/Anderten, D-31622 / Niedersachsen

Camping Rittergut Hämelsee
Hämelsee 31
1 Jan - 31 Dez
+49 4 25 49 21 23
mail@haemelsee.de
N 52°45'27'' E 09°18'34''

1 AGKNOPQRSTU	LN 6
2 EJQWXYZ	ABDEFG 7
3 ABFGM	ABCDEFIJNQRTW 8
4 JO	V 9
5 ADEFMN	AGJKMQUV 10
16A CEE	❶ €23,50
24ha 40T(120-150m²) 300D	❷ €23,50

B209 Soltau-Nienburg, 7 km hinter Rethem rechts ab. Dann ausgeschildert. Der CP liegt 7 km nordöstlich von Heemsen. 102247

Laatzen/Hannover, D-30880 / Niedersachsen

Campingplatz Birkensee
Campingplatz Birkensee
1 Jan - 31 Dez
+49 5 11 52 99 62
info@camping-birkensee.de
N 52°18'13'' E 09°51'44''

1 ABEGKNOPQRSTU	LOP 6
2 ABEIJKQXYZ	ABFG 7
3 BGLMU	ABCDEFGJNQRTUW 8
4 FHO	DGIV 9
5 DM	AFGHIJKLNQ 10
B 16A CEE	❶ €28,00
8,5ha 100T(80-120m²) 94D	❷ €33,00

A7 Hamburg-Kassel, Ausfahrt 59, N443 Richtung Laatzen. Nach 1 km geht ein kleiner, schmaler Weg links ab zum Campingplatz. 102331

Heinsen, D-37649 / Niedersachsen

Weserbergland Camping
Weserstraße 66
15 Apr - 15 Okt
+49 55 35 87 33
info@weserbergland-camping.com
N 51°53'07'' E 09°26'33''

1 AEKMOPQSTU	BJNWXY 6
2 CKPQTXY	ABDEFG 7
3 ABFLMS	ABCDEFGJNPQRU 8
4 FHO	R 9
5 ADHMN	ABDGHIJKORSWY 10
Anzeige auf dieser Seite 10A CEE	❶ €30,00
H84 2,5ha 128T(120m²)	❷ €38,00

Via Hameln und Bodenwerder nach Heinsen, B83. Ausgeschildert. 100118

Deutschland

Teilkarte Hannover auf Seite 226

Neustadt/Mardorf, D-31535 / Niedersachsen

Nordufer Camping****	1 ABDEGILOPQRSTU	NX 6
Pferdeweg 5	2 BPQTWXYZ	ABFGI 7
1 Jan - 31 Dez	3 BFGLM	ABFGJKNQRTW 8
+49 50 36 23 61	4 FHO	9
info@nordufercamping.de	5 ABDEFKMN	ABGHIJKOQ 10
	Anzeige auf dieser Seite B 10A CEE	❶ €25,00
N 52°29'48'' E 09°19'48''	17ha 145T(70-100m²) 325D	❷ €31,00

Von der B6 Hannover-Bremen bei Neustadt am Rübenberge. Beschilderung Steinhuder Meer folgen. In Mardorf ist der Campingplatz angezeigt. 102248

Rinteln, D-31737 / Niedersachsen

Erholungsgebiet DoktorSee****	1 ADEGKNOPQRSTU	HLMNOPQSXYZ 6
	2 AEIJKPQTWXY	ABDEFG 7
Am Doktorsee 8	3 BFGJLMNRSUX	ABCDEFHJKNQRSTUVW 8
1 Jan - 31 Dez	4 ABCEFHJLMOTVXZ	DFHIJRTV 9
+49 57 51 96 48 60	5 ACDEFGHJKLMN	ABFGHIJKLOPQUWY 10
info@doktorsee.de	Anzeige auf dieser Seite B 16A CEE	❶ €29,70
N 52°11'12'' E 09°03'35''	H50 90ha 400T(80-140m²) 1026D	❷ €36,10

A2 Dortmund-Hannover, Ausfahrt 35 Richtung Rinteln der B238 folgen, um Rinteln zu umfahren. Der Beschilderung DoktorSee folgen. 100111

Neustadt/Mardorf, D-31535 / Niedersachsen

CC€23

Campingplatz Mardorf GmbH	1 ABDEGKNOPQRSTU	LMNQSXYZ 6
Uferweg 68	2 BEIPQTWXYZ	ABFGK 7
1 Jan - 31 Dez	3 GL	ABCDEFJKNQRTUW 8
+49 5 03 65 29	4 FH	DNPTVW 9
info@camping-steinhuder-meer.de	5 ADEFJKMN	ABDEFGHJKLNQV 10
	Anzeige auf dieser Seite B 16A CEE	❶ €30,50
N 52°29'30'' E 09°19'29''	H55 4,2ha 80T(70-110m²) 113D	❷ €39,50

B6 Nienburg-Neustadt. In Neustadt Richtung Steinhuder Meer. In Mardorf den CP-Schildern folgen. Mit Navi: Die Einfahrt ist am Weidebruchsweg. 114872

Salzhemmendorf/Wallensen, D-31020 / Niedersachsen

Campingpark Humboldtsee	1 AEGKNOPQRSTU	HLNP 6
Humboldt See 1	2 BFIJKQVXYZ	ABFG 7
1 Jan - 31 Dez	3 ABMS	ABCDEFJNQRTW 8
+49 51 86 95 71 40	4 FHI	BFKY 9
info@campingpark-humboldtsee.de	5 ABDEFGHJKMN	AFGHJKLMNRSU 10
	10-16A CEE	❶ €33,00
N 52°00'12'' E 09°38'34''	H180 36ha 255T(100m²) 286D	❷ €41,00

B1 Hildesheim-Hameln. In Hemmendorf Richtung Eschershausen, dann ausgeschildert. Der Campingplatz liegt 3 km südlich von Wallensen. 100113

Silberborn/Solling, D-37603 / Niedersachsen

Silberborn****	1 AKNOPQRSTU	6
Glashüttenweg 4	2 BPQTWXYZ	ABDEFGH 7
1 Jan - 31 Dez	3 BM	ABCDEFJKNQRTW 8
+49 5 53 66 64	4 EFHO	E 9
naturcamping-silberborn@t-online.de	5 ADFJLM	AFGHIJKMNQ 10
	WB 16A	❶ €20,60
N 51°46'16'' E 09°32'54''	H440 5ha 100T(100-120m²) 103D	❷ €25,60

An Straße B497 Holzminden-Uslar wird nördlich von Neuhaus den Campingplatz ausgeschildert. 107973

Neustadt/Mardorf, D-31535 / Niedersachsen

Campingplatz Niemeyer	1 ADEGKNOPQRSTU	6
Pferdeweg 15	2 PQTWXYZ	ABFGI 7
1 Jan - 31 Dez	3 BJLMS	ABCDEFGJLNQRTUV 8
+49 5 03 65 30	4 FHT	DUVW 9
h-niemeyer@t-online.de	5 ABDMN	ABFGHJKMOQV 10
	Anzeige auf dieser Seite B 16A CEE	❶ €25,00
N 52°29'46'' E 09°19'25''	2,5ha 40T(60-80m²) 173D	❷ €31,00

Der Camping liegt 300m nördlich vom Steinhuder Meer. Von der B6 Hannover-Bremen bei Neustadt am Rübenberge der Beschilderung Steinhuder Meer folgen. In Mardorf ist der Campingplatz angezeigt. 110651

Stolzenau, D-31592 / Niedersachsen

Campingplatz Stolzenau	1 AKNOPQRSTU	JNSUXYZ 6
Weserstrasse 11a	2 CIPQTXYZ	ABFG 7
1 Apr - 31 Okt	3 AF	ABCDEFHIJNPQRUW 8
+49 17 16 21 63 98	4 FHO	VW 9
verwaltung@campingplatz-stolzenau.de	5 DEFGHK	ABCFGHJKLMOQV 10
	Anzeige auf dieser Seite B 16A CEE	❶ €27,00
N 52°30'39'' E 09°04'49''	2,5ha 80T 35D	❷ €27,00

B441 Loccum an der Weserbrücke Richtung Stolzenau, dann nach 50m rechts ab. Oder über Porta Westfalica Richtung Petershagen, dann von Leese nach Stolzenau. 118212

Stuhr/Groß Mackenstedt, D-28816 / Nieders.

CC€21

Campingplatz Steller See	1 ADEKNOPQRSTU	L 6
Zum Steller See 15	2 AEJQXY	ABDEFG 7
1 Apr - 30 Sep	3 BFMU	ABEFJNQRTW 8
+49 42 06 64 90	4 HJO	F 9
info@stellersee.de	5 ADEFLM	ABGHKLMOQY 10
	Anzeige auf Seite 229 B 16A CEE	❶ €24,50
N 53°00'25'' E 08°41'33''	9ha 60T(80-100m²) 383D	❷ €28,50

Von der A1 am Dreieck Stuhr, (aus Hamburg oder OS) die 1. Ausfahrt 58, Ausfahrt rechts Ri. Groß Mackenstedt. Am Ortseingang rechts. Immer den Hinweisen 'Steller See' folgen. 102201

Teilkarte Hannover auf Seite 226

Deutschland

Stuhr/Groß Mackenstedt, D-28816 / Niedersachsen

Märchencamping
Zum Steller See 83
1 Jan - 31 Dez
+49 42 06 91 91
info@maerchencamping.de

1 ADE**KN**OPQRSTU AF 6
2 AQRSWXY ABE**FG**H 7
3 ABMUV ABCDE**F**HJKNQRTW 8
4 BCFHJKLO**T** EV 9
5 ADEFHKMN ABFGHIM**O**Q 10
B 16A CEE
10ha 100**T**(120m²) 161**D**
① €23,00
② €29,00

N 53°00'37" E 08°41'23"
A1 Osnabrück-Bremen bis Ausfahrt 58 (Knoten Stuhr) Richtung Groß Mackenstedt; dem Schild 'Märchencamping' folgen.
100099

Uetze, D-31311 / Niedersachsen

CC€19

Irenensee****
Fritz-Meinecke-Weg 2
1 Jan - 31 Dez
+49 5 17 39 81 20
info@irenensee.de

1 ACDEG**KN**OPQRSTU L**N**SX 6
2 EIJPQTWY A**BC**DE**FGI** 7
3 ABCFG**L**MS ABCDE**FGI**JKNQRTUVW 8
4 H FJQTVY 9
5 ABDEFLM ABHJKOQU 10
Anzeige auf Seite 228 B 6-10A CEE
45ha 110**T**(80-125m²) 423**D**
① €24,50
② €37,80

N 52°27'56" E 10°09'36"
Autobahn A2 Richtung Celle, Ausfahrt 49 Richtung Burgdorf, dann B188 Richtung Gifhorn/Uetze.
108087

Altenau, D-38707 / Niedersachsen

Polstertal***
Polstertal 1
1 Jan - 31 Dez
+49 53 23 55 82
info@ campingplatz-polstertal.de

1 ADE**KN**OPSU **N** 6
2 BCQSTVWYZ ABDE**FG** 7
3 ABM ABEFGJKNQRTW 8
4 FHI FJ 9
5 ABDFMN ABHJKNQ 10
W 10A CEE
H520 1,8ha 80**T**(60-90m²) 26**D**
① €30,20
② €40,20

N 51°47'58" E 10°24'59"
A7, Ausfahrt 67 Seesen. B242 Bad Grund, Clausthal und Zellerfeld Richtung Altenau.
102409

Bad Gandersheim, D-37581 / Niedersachsen

Regenbogen Ferienanlage Bad Gandersheim**
Braunschweiger Straße 12
1 Apr - 31 Dez
+49 53 82 15 95
info@camping-bad-gandersheim.de

1 ADEG**KN**OPQRSTU L 6
2 AEQSWXY ABDE**FG**I 7
3 BF**J**M ABCDE**F**JNQRTW 8
4 FHJ EFJ 9
5 ABDMN AFGHOQUW 10
B 10A CEE
H100 9ha 150**T**(100m²) 71**D**
① €32,00
② €32,00

N 51°52'02" E 10°03'00"
A7 Kassel-Hannover, Ausfahrt 67 Seesen. 9 km der Beschilderung nach Bad Gandersheim folgen, vor der Stadt an der B64 rechts.
102407

Altenau, D-38707 / Niedersachsen

Okertalsperre
Kornhardtweg 2
1 Apr - 1 Nov
+49 5 32 87 02
info@ camping-okertalsperre.de

1 AE**KN**OPQSU L**N** 6
2 FLPRSTWXY ABDE**FG**H**IK** 7
3 B ABCDEFJNQRTUVW 8
4 FHJO R 9
5 ABDMN ABHJKNQU 10
16A CEE
H450 3ha 80**T**(60-90m²) 35**D**
① €26,35
② €34,35

N 51°49'01" E 10°26'19"
A7 Richtung Goslar. In Goslar Richtung Bad Harzburg/Oker/ Altenau. Via B498 Richtung Altenau (Osterode) finden Sie den CP.
102410

Bad Harzburg, D-38667 / Niedersachsen

Ferienanl. Regenbogen Bad Harzburg Göttingerrode****
Kreisstraße 66
1 Mrz - 31 Dez
+49 5 32 28 12 15
badharzburg@regenbogen.ag

1 AD**KN**OPQRST**U** A**E**F 6
2 ACPQSUVXYZ ABDE**FGIK** 7
3 BCE**L**MU ABCDE**F**JKNQR**S**TUW 8
4 FH**STVX** DIKY 9
5 ACDFLM**N** AGHJK**O**QXY 10
WB 16A CEE
H350 6,5ha 167**T**(80-100m²) 86**D**
① €41,20
② €41,20

N 51°53'31" E 10°30'41"
A7, Ausfahrt Rhüden und via B82 nach Goslar. In Goslar fahren Sie via der B6 Richtung Oker/Altenau.
100124

Bad Lauterberg, D-37431 / Niedersachsen

Campingpark Wiesenbeker Teich*****
Wiesenbek 75/77
1 Jan - 31 Dez
+49 55 24 25 10
info@bl2510.de

1	AEH**KN**OPQS	FLM**N**OPQW	6
2	BFIQSTUVWXYZ	ABDE**FG**IJK	7
3	BF**L**MS**T**X	ABCDEFJKNPQRTUVW	8
4	EFGHIJO	FGMNQTUVW	9
5	ABDEFHJLMNO	ABFGHJKLM**O**QUY	10

Anzeige auf dieser Seite W 16A CEE ① €40,70
H477 7ha 80**T**(80-100m²) 25**D** ② €57,70
N 51°37'03'' E 10°29'23''
A7, Ausfahrt Seesen, Richtung Braunlage. In Bad Lauterberg ausgeschildert. Oder A7 aus Kassel, Ausfahrt Göttingen-Nord, Richtung Braunlage.
107457

Braunlage, D-38700 / Niedersachsen

Braunlage***
Am Campingplatz 1
1/1 - 31/10, 5/12 - 31/12
+49 5 52 09 99 69 31
info@camping-braunlage.de

1	AF**KN**OPQRSTU	N	6
2	CIPQSVXYZ	ABDE**FGIK**	7
3	ABM	ABEFGJKNPQRTUVW	8
4	FI		9
5	ADFHJLMN	ABFGHJKLMQW	10

W 16A CEE ① €30,90
H600 5,2ha 115**T**(80-100m²) 75**D** ② €40,40
N 51°42'47'' E 10°35'52''
A7, Ausfahrt Göttingen. Via B27 Richtung Braunlage.
102470

Clausthal-Zellerfeld, D-38678 / Niedersachsen

CC€21

Prahljust****
An den langen Brüchen 4
1 Jan - 31 Dez
+49 53 23 13 00
camping@prahljust.de

1	ABDE**KN**OPQRSTU	EL**N**QSX	6
2	BELQSTUXYZ	ABCDE**FG**IJK	7
3	BCMX	ABCDEFJNQRTW	8
4	FHIJ**T**	FGI	9
5	ABDFHLMN	AFGHJKMOPQUY	10

Anz. auf dieser Seite WB 16A CEE ① €31,20
H600 13ha 250**T**(80-110m²) 261**D** ② €39,40
N 51°47'05'' E 10°21'01''
Autobahn A7, Ausfahrt 67 Seesen. Nach Bad Grund und Clausthal-Zellerfeld. Dann B242 Richtung Braunlage.
102412

Clausthal-Zellerfeld, D-38678 / Niedersachsen

Campingplatz Waldweben
Spiegelthalerstraße 31
1 Jan - 31 Dez
+49 5 32 38 17 12
waldweben@t-online.de

1	ABDEG**KN**OPQRST**U**	L**N**	6
2	BEIMQSUWXYZ	AB**FGI**	7
3	BM	ABCDE**F**JNQRTW	8
4	FGH	F	9
5	ABDFMN	ABFHJKLOQU	10

W 16A ① €30,60
H600 4,5ha 120**T**(100-120m²) 73**D** ② €30,60
N 51°49'22'' E 10°19'14''
Autobahn A7, Ausfahrt Seesen. Nach Bad Grund und Clausthal-Zellerfeld. Ausgeschildert.
102411

Dransfeld, D-37127 / Niedersachsen

Am Hohen Hagen*****
Zum Hohen Hagen 12
1 Jan - 4 Okt
+49 55 02 21 47
dransfeld@regenbogen.ag

1	ADEG**KN**OPQRST**U**	**B**FHI	6
2	AIQSTUVWY	ABCDE**FG**H**IJ**K	7
3	BFG**J**M**NO**UX	ABCDEFGHJKNQRTUVW	8
4	ABEFHLO**PSTUXYZ**	DEFIJUVW	9
5	ABDEFGHJKLMN	ABFGHIJKLOPQUY	10

B 16A CEE ① €34,00
H357 10ha 180**T**(80-180m²) 170**D** ② €40,00
N 51°29'29'' E 09°45'41''
A7 Kassel-Hannover, Ausfahrt 73 Göttingen, dann die B3 Richtung Hannoversch Münden, 6 km bis Dransfeld, dann ist der CP ausgeschildert.
102338

Goslar, D-38644 / Niedersachsen

Harz Camp Goslar
Clausthalerstraße 28
1 Jan - 31 Dez
+49 5 32 12 25 02
info@harz-camp-goslar.de

1	ADEGKNOPQRST**U**		6
2	BCPQSY	ABCDE**FG**I	7
3	A**L**M	ABE**F**JK**L**NQRS	8
4	FH	J	9
5	ABDHKMN	ABFGHKOQ	10

WB 16A CEE ① €29,40
H350 2ha 100**T**(60-90m²) 18**D** ② €37,40
N 51°53'21'' E 10°23'57''
A7, Ausfahrt Rhüden. B82 nach Goslar und B241 Richtung Clausthal-Zellerfeld.
102406

Hann. Münden, D-34346 / Niedersachsen

Hann. Münden Grüne Insel Tanzwerder
Tanzwerder 1
1 Apr - 16 Okt
+49 5 54 11 22 57
info@busch-freizeit.de

1	ADEK**N**OPQRSU	**N**XYZ	6
2	ACPQRWXYZ	ABDE**FG**H**I**	7
3	A**JL**M	ABCDE**FJ**NQR	8
4	FHJ	R	9
5	ADMN	ABFGHIKLM**O**Q	10

16A CEE ① €31,50
H127 2,5ha 100**T**(80-120m²) 5**D** ② €47,50
N 51°25'00'' E 09°38'50''
A44 Dortmund-Kassel, dann A7 Kassel-Hannover, Ausfahrt 75 und 76 Richtung Hann. Münden-Zentrum. Dort ist der CP gut ausgeschildert. Einfahrt über die Schleuse ist recht eng.
102339

Hann. Münden, D-34346 / Niedersachsen

CC€19

Spiegelburg Camping und Gasthaus
Zella 1-2
1 Apr - 1 Nov
+49 55 41 90 47 11
info@gasthausspiegelburg.de

1	A**KN**OPQRSU	J**N**WXZ	6
2	ACIKPQSWXY	AB	7
3	A	ABCDEFNQRW	8
4	FHJO**Q**	AFG	9
5	ADFHJLN	AHJKNQW	10

Anzeige auf dieser Seite 16A CEE ① €25,50
H100 20ha 80**T**(100m²) 10**D** ② €30,50
N 51°23'43'' E 09°43'31''
A7 Kassel-Göttingen, Ausfahrt 75, B80 Hann. Münden, Richtung Laubach und an der Werrabrücke links. Den CP-Schildern folgen.
114755

Hemeln, D-34346 / Niedersachsen

Wesercamping Hemeln****
Unterdorf 34
1 Mrz - 31 Dez
+49 55 44 14 14
info@wesercamping.de

1	A**KN**OPQRST**U**	J**NX**YZ	6
2	CIPQWXYZ	ABDE**FG**HIK	7
3	B	ABCDE**F**JNQRTW	8
4	FHJ**T**	DEFGIJ	9
5	ADFGHJM	AFGHJKOQ	10

B 16A CEE ① €23,00
H116 2,4ha 120**T**(70-150m²) 42**D** ② €30,00
N 51°30'15'' E 09°36'11''
A7 Ausfahrt 73, B3 nach Dransfeld, 500m hinter Dransfeld rechts beschildert. Über die B80 in Gieselwerder/Oberweser an der Aral abfahren, über die Weser Brücke, dann noch 17 km südwärts über die L561.
112133

Hohegeiß/Braunlage (Harz), D-38700 / Nieders.

CC€19

Am Bärenbache****
Bärenbachweg 10
1/1 - 27/2, 1/4 - 30/10, 2/12 - 31/12
+49 55 83 13 06
info@campingplatz-hohegeiss.de

1	A**KN**OPQRST**U**	**BF**	6
2	BIQSTVWXYZ	A**B**D**EFGI**	7
3	BGM	ABCDEFJKNQRTW	8
4	EFHI**X**	D	9
5	ADEMN	ABFGHJKOQV	10

Anzeige auf Seite 231 W 6-16A ① €29,10
H600 3ha 124**T**(80-100m²) 37**D** ② €39,10
N 51°39'25'' E 10°40'04''
A7 Kassel-Hannover, Ausfahrt 72 Göttingen und via Herzberg und Walkenried (oder Braunlage) Richtung Hohegeiß.
102472

Löwenhagen, D-37127 / Niedersachsen

Campingplatz Am Niemetal
Mühlenstraße 4
24 Jan - 31 Dez
+49 55 02 99 84 61
info@am-niemetal.com

1	A**KN**OPQSU	J	6
2	ABCPQWXYZ	ABDE**FG**H	7
3	BSX	ABEFGHJNPQRTUVW	8
4	FGHJO	AFW	9
5	ADEFHJK	ABFHIJKMOQU	10

16A CEE ① €26,00
H230 2,5ha 75**T**(100-125m²) 3**D** ② €29,00
N 51°31'12'' E 09°41'41''
A7 Hannover-Kassel, Ausfahrt 73 Ri. Dransfeld, dann Ri. Imbsen. Dort Ri. Bursfelde, Löwenhagen. CP ist ausgeschildert.
102337

Teilkarte Braunschweig auf Seite 229

Northeim, D-37154 / Niedersachsen

Cp.platz Northeim-Nord***
Sultmer Berg 3
1 Jan - 31 Dez
+49 5 55 19 97 56 60
info@campingplatz-northeim-nord.de
N 51°43'45'' E 09°59'02''

1 ADEKNOPQRSTU		6
2 ABQUWXYZ	ABDEFGHIK	7
3 BFL	ABCDEFJNQRTW	8
4 AFHJ	EF	9
5 ADEFHJKMN	AFGHJKLOQU	10
Anzeige auf dieser Seite B 16A		❶ €24,50
H200 2,7ha 120T(60-100m²) 26D		❷ €32,50

A7 Hannover-Kassel, Ausfahrt 69, Northeim-Nord. Ausgeschildert. 102333

Osterode (Harz), D-37520 / Niedersachsen

CC€23

Campingplatz Eulenburg***
Scheerenberger Straße 100
1 Jan - 31 Dez
+49 55 22 66 11
ferien@eulenburg-camping.de
N 51°43'38'' E 10°16'59''

1 AKNOPQRSTU	AF	6
2 ABCPQWXYZ	ABDEFGH	7
3 BFMNRX	ABCDEFIJKNQRTW	8
4 FHIOQ	DGV	9
5 ABDEFKMN	ABFGHJKLMNOPQU	10
Anz. auf dieser Seite WB 16A CEE		❶ €32,20
H265 4,1ha 65T(80-200m²) 76D		❷ €43,20

Autobahn Kassel-Hannover, Ausfahrt 67 Seesen. Richtung Osterode (Sösestausee). Ausfahrt Osterode-Süd. Sösestausee Beschilderung folgen. 102415

Walkenried (OT Zorge), D-37445 / Niedersachsen

Im Waldwinkel***
Kunzental
1 Jan - 31 Dez
+49 55 86 10 48
campingplatz-im-waldwinkel@t-online.de
N 51°38'30'' E 10°39'00''

1 ABDEKNOPQRSU	BG	6
2 BCQSVWXYZ	ABDEFGHI	7
3 AM	ABCDEFJNQRT	8
4 FH		9
5 ABDMN	ABFJKOQUV	10
Anz. auf dieser Seite WB 16A CEE		❶ €28,50
H350 1,2ha 45T(100m²) 20D		❷ €34,50

A7 Kassel-Hannover, Ausfahrt 72 Göttingen-Nord. Dann B27 und B243 bis Ausfahrt Walkenried und Zorge. Im Ort ausgeschildert. 101422

Räbke, D-38375 / Niedersachsen

Campingplatz Räbke
Erholungspark Nord-Elm 1
1 Mrz - 31 Okt
+49 53 55 83 52
info@campingplatz-raebke.de
N 52°11'35'' E 10°51'42''

1 ADEKNOPQRSTU		6
2 QSXY	ABDEFGIJ	7
3 BM	ABCDEFJKNQRW	8
4 FH	FJ	9
5 ABDMN	ABGHJKOQU	10
B 16A CEE		❶ €25,00
H155 7ha 100T(80-100m²) 303D		❷ €33,00

A2 Ausfahrt Königslutter, dann Richtung Helmstedt (B1) und nach Lelm/Räbke abbiegen. 100114

Seeburg, D-37136 / Niedersachsen

CC€21

Comfort-Camping Seeburger See
Seestraße 20
1 Apr - 31 Okt
+49 55 07 13 19
info@campingseeburgersee.com
N 51°33'49'' E 10°09'13''

1 ADEKNOPQSTU	FLMNST	6
2 EJKQTWXYZ	ABDEFGH	7
3 BFGHIJLMNORSTX	CDEFGJNQRTW	8
4 BDFGHIKO	BEIQTVWX	9
5 ABDEFHLMN	ABDGHJKMOPQ	10
Anzeige auf dieser Seite B 16A CEE		❶ €30,00
H150 3ha 95T(100-140m²) 24D		❷ €37,00

A7, Ausfahrt 72 Göttingen-Nord und via B27/B446 Richtung Duderstadt. 100123

Wolfshagen (Harz), D-38685 / Niedersachsen

CC€19

Cp.platz Am Krähenberg***
Am Mauerkamp 21
1 Jan - 31 Dez
+49 53 26 96 92 81
post@campingplatz-wolfshagen.de
N 51°54'04'' E 10°19'39''

1 ADEGKNOPQSU	G	6
2 BIPQSUWXY	ABDEFGHI	7
3 BMUX	ABCDEFJNQRTW	8
4 FHI	DE	9
5 ABDEFHLMN	AFGHJKMOQU	10
WB 16A CEE		❶ €24,50
H400 6,4ha 70T(70-100m²) 223D		❷ €31,90

A7 Hannover-Kassel, Ausfahrt 66 Rhüden, dann Richtung Goslar via B82. Am Ortsausgang von Langelsheim weiter Richtung Süden fahren. Dann sind es noch 4 km. 101125

Uslar/Schönhagen, D-37170 / Niedersachsen

Campingplatz am Freizeitsee
In der Loh 1
1 Jan - 31 Dez
+49 1 57 84 00 13 33
info@camping-schoenhagen.de
N 51°42'21'' E 09°33'26''

1 ADEKNOPQRSTU	AFL	6
2 BCEIJKQTXYZ	ABDEFG	7
3 BFGM	ABEFJNRTW	8
4 FHJ	I	9
5 ABDEFHKMN	ABFGHJKLOQU	10
16A		❶ €21,50
H270 5,7ha 100T(80m²) 101D		❷ €29,50

Camping ist von der B497 Neuhaus-Uslar angezeigt. Schönhagen ist 7 km nordwestlich von Uslar. 100120

Walkenried, D-37445 / Niedersachsen

CC€23

Knaus Campingpark Walkenried****
Ellricherstraße 7
1/1 - 5/11, 21/12 - 31/12
+49 5 52 57 78
walkenried@knauscamp.de
N 51°35'21'' E 10°37'28''

1 ADEGKNOPQRSTU	E	6
2 BQSTUWXYZ	ABCDEFGHIJK	7
3 BFGJMX	ABCDEFJKNQRTUVW	8
4 BDFHITX	ABEFUVWY	9
5 ABDFLMN	ABFGHJKLQUY	10
WB 16A CEE		❶ €45,80
H300 5,5ha 91T(70-100m²) 89D		❷ €54,80

Autobahn A7, Ausfahrt 67 Seesen. Via Herzberg und Bad Sachsa nach Walkenried. 102473

Deutschland

Teilkarte Braunschweig auf Seite 229

Altenteil (Fehmarn), D-23769 / Schleswig-Holstein iD

Belt-Camping-Fehmarn*****
Altenteil 24
1 Apr - 2 Okt
+49 4 37 23 91
info@
belt-camping-fehmarn.de
N 54°31'43" E 11°05'40"

1 ADEGKNOPQRSTU KMNPQSWXY 6
2 GIKLMQTWXY ABDEFGHIJ 7
3 ABFGHIMTVX ABCDEFGHIJKLNPQRSTUW 8
4 BCDFHJLQ DINVWY 9
5 ABDEFGHLMNO ABCFGHIJKMOQWY 10
Anzeige auf dieser Seite B 16A CEE ❶ €38,50
9ha 160T(70-150m²) 111D ❷ €46,50
102500

E47 Ausfahrt Puttgarden Richtung Gammendorf. Von hier über Dänschendorf nach Altenteil. Campingplatz dann ausgeschildert.

Augstfelde/Plön, D-24306 / Schleswig-Holstein

CC€19 iD

Augstfelde-Vierer See****
Augstfelde 1
1 Apr - 23 Okt
+49 45 22 81 28
info@augstfelde.de

1 AGKNOPQRSTU LMNQSXY 6
2 FJKQTUWXYZ ABDEFGHIK 7
3 BCDFGIJLMSX ABCDEFGIJKNQRSTUVW 8
4 BCDEFHJKLQRSTX DILQRVY 9
5 ACDEFHKLMN ABEFGHIJKLMOQ 10
Anzeige auf dieser Seite B 16A CEE ① €35,50
20,6ha 255T(90-110m²) 310D ② €41,50

N 54°07'43'' E 10°27'18''
A1 nach Eutin, dann Richtung Plön über die B76. Nach der Ausfahrt Bösdorf gut ausgeschildert.
108041

Barkelsby/Eckernförde, D-24360 / Schleswig-Holstein

iD

Hemmelmark
An der Ostsee
1 Mai - 30 Sep
+49 4 35 18 11 49
info@ostsee-camping-hemmelmark.de

1 AEGKNOPQRSTU KNOPQRSTWXY 6
2 HJMQWXY ABDEFGIJ 7
3 BFLM ABCDEFJKNRTW 8
4 FHJ D 9
5 ABDEFGHKMN ABFGIJKMOQV 10
B 16A CEE ① €30,50
4,6ha 40T(90-120m²) 369D ② €36,50

N 54°28'37'' E 09°52'40''
A7 Hamburg-Flensburg Ausfahrt Eckernförde. Durch das Zentrum am Nordufer Hafen, um die Marinekaserne herum und weiter CP Hemmelmark folgen. Letzte 2 km Schotterweg.
102316

Basedow, D-21483 / Schleswig-Holstein

iD

Lanzer See
Am Lanzer See 1
1 Mrz - 31 Okt
+49 41 53 59 91 71
info@camping-lanzer-see.de

1 AEGKNOPQRSTU HLNX 6
2 CEIKQSTWXYZ ABCDFG 7
3 AM ABCDEFJNQRTUVW 8
4 FH NRV 9
5 ABDEFJLM ABGHJKNQ 10
16A CEE ① €25,00
5ha 40T(50-150m²) 160D ② €31,00

N 53°24'36'' E 10°35'50''
Von Hamburg A24 Ausfahrt Hornbek Ri. Lauenburg. Ab Basedow ausgeschildert. Von Lüneburg kommend auf die B5 nach rechts Richtung Boizenburg abbiegen. Nach 1 km links nach Lanze abbiegen, dann 5 km bis zum CP.
114423

Behrensdorf, D-24321 / Schleswig-Holstein

iD

Ferien- und Campinganlage Schuldt
Neuland 3
1 Apr - 15 Okt
+49 43 81 41 65 45
info@schuldt-behrensdorf.de

1 ADHKNOPQRSTU KOQSWX 6
2 CGJKLPQXY ABDEFG 7
3 BHIJLMX ABCDEFIJKNQRTW 8
4 BKOPQ IKTY 9
5 CDEFHLMN ABFGHJKMOPQV 10
B 16A CEE ① €27,00
8ha 55T(60-110m²) 316D ② €32,00

N 54°21'17'' E 10°36'33''
Über die A1 Hamburg-Puttgarden bei Oldenburg die B202 nehmen bis Lütjenburg-Ost, dann weiter Behrensdorf. CP ist bei Behrensdorf ausgeschildert.
112595

Bliesdorf-Strand, D-23730 / Schleswig-Holstein

iD

Kagelbusch
Scharberg
24 Mrz - 9 Okt
+49 45 62 71 22
info@ostseecamping.de

1 AEGJLOPQRSTU KNOPQSWXY 6
2 AHJQSUWXY ABDEFGHIK 7
3 BFGLMNOSX ABCDEFGHIJKNPQRSTUVW 8
4 BFHJLOQRTXZ DEI 9
5 ACDFHLMN ABFGHIJKOPQW 10
B 16A CEE ① €40,00
16ha 75T(85-130m²) 623D ② €50,00

N 54°07'26'' E 10°55'31''
E47/E22 Hamburg-Puttgarden, Ausfahrt Neustadt Nord, Richtung Grömitz. Nach 5 km in Bliesdorf rechts abbiegen. Auf dem Weg zum Strand stehen mehrere Hinweisschilder.
102459

Borgdorf/Seedorf, D-24589 / Schleswig-Holstein

iD

See-Camping BUM****
Hauptstraße 99
1 Jan - 31 Dez
+49 4 39 28 48 40
info@seecampingbum.de

1 ADEGKNOPQRSTU LMNQSXY 6
2 ABEIJPQRSUWXY ABDEFGHIJ 7
3 ABMS ABCDEFJKNPQRTU 8
4 BDFHJK EFQ 9
5 ABCDEFLMNO ABFGHIKMOPQUVW 10
Anzeige auf dieser Seite B 16A CEE ① €23,00
17ha 120T(80-120m²) 126D ② €28,20

N 54°10'57'' E 09°53'03''
Von Süd oder Nord: A7 Hamburg-Flensburg, Ausfahrt 11 Bordesholm. Richtung Nortorf, ca. 4km. CP weiter angezeigt.
100091

Brodersby-Goltoft, D-24864 / Schleswig-Holstein

iD

Naturcamping Hellör
Hellör 1
1 Apr - 3 Okt
+49 4 62 25 33
info@camping-helloer.de

1 ABGJMOPQSU JMNQSXZ 6
2 CKQVXYZ ABDEFG 7
3 BLM ABDEFJNQRTW 8
4 FHJOT 9
5 ABDMN ABCHJKRSUY 10
16A CEE ① €27,50
1,4ha 55T(90-120m²) 55D ② €34,50

N 54°32'12'' E 09°44'01''
A7 Hamburg-Flensburg. B201 Richtung Kappeln, Ausfahrt Schaalby/Füsing, dann Richtung Brodersby, Goltoft. Dann den CP-Schildern folgen.
111932

Buchholz, D-23911 / Schleswig-Holstein

iD

Naturcamping Buchholz
Am Campingplatz 1
1 Apr - 30 Sep
+49 45 41 42 55
office@naturcampingbuchholz.de

1 ADEKNOPQRSTU LNQSXYZ 6
2 AEQRSUVWY ABDEFG 7
3 BFG ABCDEFJKNQR 8
4 FHT DENOQR 9
5 ABDFHJLMN ABFGHIJKOPQ 10
B 10-16A CEE ① €32,00
2,4ha 100T(75-100m²) 45D ② €39,00

N 53°44'12'' E 10°44'16''
Von der A24, Ausf. Talkau. Auf die B207 Ri. Lübeck. Ausf. Buchholz und den CP-Schildern folgen. Von der A20, Ausf. Lübeck-Süd (2b). Auf die B207 Ri. Ratzeburg. Ausf. Buchholz, dann CP-Schildern folgen. Das letzte Stück ist eine schmale und schlecht asphaltierte Straße.
102466

Büsum, D-25761 / Schleswig-Holstein

iD

Camping Nordsee***
Dithmarscher Straße 41
1 Apr - 22 Okt
+49 4 83 49 62 11 70
info@camping-nordsee.de

1 AEJMOPQRSTU KMNQRST 6
2 GIKPQRTWXY ABDEFGIJ 7
3 ABFJLMSU ABCDEFJKNQRSTUVW 8
4 BCEFH VW 9
5 ABDEFGHJKLMN ABCFGHIJKLMOPQW 10
B 16A CEE ① €37,00
4,1ha 160T(80-120m²) 50D ② €43,00

N 54°08'20'' E 08°50'37''
A23 Hamburg-Heide. In Heide die B203 Richtung Büsum. CP am Ortseingang von Büsum angezeigt. Richtung Strand halten.
102190

Büsum, D-25761 / Schleswig-Holstein

Campingplatz Zur Perle
Dithmarscher Straße 43
31 Mrz - 1 Dez
+49 4 83 49 62 11 80
info@campingplatz-zur-perle.de

1 BEGKMOPQRSTU KMNQRST 6
2 GIKQSTWXY ABDEFGI 7
3 ABFJLM ABCDEFHJKNQRSTUVW 8
4 BCFH IVW 9
5 ABDEFGHKLMN ABCFGHIJKOQV 10
B 16A CEE ① €38,00
6ha 178T(100-145m²) 62D ② €44,00

N 54°08'24'' E 08°50'37''
A23 Hamburg-Heide. Die B203 Heide-Büsum. In Büsum ist CP ausgeschildert. Richtung Strand fahren.
102191

Teilkarte Schleswig-Holstein auf Seite 232

Deutschland

Dahme, D-23747 / Schleswig-Holstein (CC€19) iD

Stieglitz
Zedano Gotha-Platz 1
31 Mrz - 29 Okt
+49 43 64 14 35
kontakt@camping-stieglitz.de

1 ADEKNOPQRSTU KMNPQRSTXYZ 6
2 CGJMQWXYZ ABDEFGHIJ 7
3 BGMTUX ABCDEFGHIJKMNPQRTUVW 8
4 BCDHJKLO DEMNVW 9
5 ACDEFJLMN ABCDFGHIJKQ 10
Anzeige auf dieser Seite B 16A CEE ❶ €33,80
14ha 509T(90-160m²) 325D ❷ €39,80

N 54°14'33" E 11°04'49"
CP liegt an der Nordseite von Dahme (letzter CP). 102513

Dahme, D-23747 / Schleswig-Holstein iD

Eurocamping Zedano*****
Anhalter Platz 100
1 Jan - 31 Dez
+49 4 36 43 66
info@zedano.de

1 ADEGKNOPQRSTU KMNPQRSTWXYZ 6
2 CGJPQWXYZ ABCDEFGHIJ 7
3 ABGMVX ABCDEFGHIJKNPQRTUVW 8
4 ABCDFHLNQX CDEFILMNPQVWXYZ 9
5 ABCDEFGIJLMN ABDEFGHIJKOQV 10
B 16A CEE ❶ €42,00
16,5ha 220T(90-110m²) 327D ❷ €54,00

N 54°14'06" E 11°04'54"
CP liegt an der Nordseite von Dahme an der Küste. 102514

Delve, D-25788 / Schleswig-Holstein iD

Eidertal Camping GmbH
Eiderstraße 20
1 Apr - 31 Okt
+49 48 03 10 58
verwaltung@eidertal-camping.de

1 ADEGKNOPQSTU AFJNXYZ 6
2 CIPQSTXYZ ABDEFGIJ 7
3 LM ABCDEFGIJLNQRUVW 8
4 FHJ OR 9
5 ABDFHLMN ABHIJKLOQUV 10
16A CEE ❶ €22,50
3ha 45T(80-130m²) 110D ❷ €28,50

N 54°18'20" E 09°15'30"
A23 Ausfahrt Heide-West. In Heide Richtung Tellingstedt, dann Richtung Friedrichstadt. Ausfahrt Delve. In Delve Camping angezeigt. 109522

Dersau (Holstein), D-24326 / Schleswig-Holstein iD

Seeblick
Dorfstraße 59
1 Apr - 25 Okt
+49 45 26 12 11
info@camping-dersau.de

1 AEGILOPQRSTU LMNQSXYZ 6
2 EIJKPQSWXY ABDEFG 7
3 ABL ABCDEFJKNQRSTU 8
4 FHJ NQRW 9
5 ACDEFMN ABCGHIJKOQU 10
16A CEE ❶ €23,00
3,2ha 50T(100-110m²) 185D ❷ €27,00

N 54°07'09" E 10°20'13"
A7 Hamburg-Flensburg, Ausfahrt 16, zur B430 Richtung Plön. 10 km hinter Bornhöved rechts Richtung Dersau. CP-Schildern folgen. 102391

Eutin, D-23701 / Schleswig-Holstein iD

Naturpark-Camping Prinzenholz*****
Prinzenholzweg 20
1 Apr - 31 Okt
+49 45 21 52 81
info@nc-prinzenholz.de

1 ADGKNOPQRSTU LMNQSXYZ 6
2 AFJQSUVWXYZ ABDEFGHIJK 7
3 BCFGLMX ABCDEFIJKNQRTUVW 8
4 EFGHJOTX BEKNQV 9
5 ABDEFJMN ABGHIJKMOQUW 10
B 16A CEE ❶ €36,00
5,8ha 100T(40-140m²) 35D ❷ €45,00

N 54°09'36" E 10°36'07"
E22/A1, Ausfahrt Eutin. Landstraße bis Malente ca. 500m. Nach Eutin ist CP ausgeschildert. 102455

Fehmarnsund (Fehmarn), D-23769 / Schleswig-Holstein iD

Camping Miramar*****
Fehmarnsund 70
1 Apr - 31 Okt
+49 43 71 32 20
campingmiramar@t-online.de

1 ADEKNOPQRSU KMNPQSWXYZ 6
2 HIJKMPQWXYZ ABDEFGHIJ 7
3 BFGJLMX ABCDEFGHIJKNPQRTUV 8
4 BCDHJLNOPQTX DOVW 9
5 ACDEFJLMN ABFGHIJKLMOQW 10
Anzeige auf Seite 235 B 16A CEE ❶ €38,00
13ha 212T(80-135m²) 337D ❷ €47,00

N 54°24'16" E 11°08'25"
E47 in nördlicher Richtung Ausfahrt Landkirchen. Aus südlicher Richtung Ausfahrt Avendorf. Dann ab Avendorf ausgeschildert. 101116

Flügge (Fehmarn), D-23769 / Schleswig-Holstein iD

Flüggerteich****
Flüggerteich 1
31 Mrz - 29 Okt
+49 4 37 23 49
info@flueggerteich.de

1 ADEKNOPQRSTU KMNPQSXY 6
2 GMQWXYZ ABDEFGI 7
3 ABM ABCDEFGHIJKNPQRTUVW 8
4 BCFH EFJVW 9
5 ADMN ABCGHIJKOPQU 10
B 16A CEE ❶ €28,00
2,5ha 44T(90-120m²) 62D ❷ €36,00

N 54°27'11" E 11°00'44"
E47, Ausfahrt Landkirchen. Über Petersdorf nach Flügge. Hier ist der CP angezeigt. 113440

Friedrichstadt, D-25840 / Schleswig-Holstein iD

Eider- und Treene Campingplatz
Tönningerstraße 1a
1 Jan - 31 Dez
+49 4 88 14 00
info@treenecamp.de

1 AKNOPQRSTU NXYZ 6
2 CIPQSXYZ AB 7
3 ABEFJNQRW 8
4 FHJ OQRT 9
5 ADEFGM ABGHJKOQU 10
16A CEE ❶ €25,00
1ha 100T(70-120m²) 20D ❷ €33,00

N 54°22'22" E 09°05'26"
Über die A23 Hamburg-Heide-Husum, dann die B5 Richtung Husum. Dann die B202 Ausfahrt Friedrichstadt. Camping liegt bei einer Tankstelle. Über die A7 HH/Flensburg/DK und ab Rendsburg die B202 Richtung Husum. 113435

Gammendorf (Fehmarn), D-23769 / Schleswig-Holstein iD

Am Niobe****
1 Apr - 8 Okt
+49 43 71 32 86
info@camping-am-niobe.de

1 AEGJMOPQRSTU KMNOPQSWXY 6
2 AGJKLMQWXY ABDEFGHI 7
3 ABFGMU ABCDEFIJNQRTUVW 8
4 BFHJK DEVY 9
5 ABDELMN ABFGHIJKORSUW 10
Anzeige auf dieser Seite B 16A CEE ❶ €36,00
7,5ha 134T(80-120m²) 181D ❷ €42,00

N 54°31'19" E 11°09'09"
E47 bis kurz vor dem Fährhafen, dort links nach Puttgarden. Am Ortsende rechts bis Gammendorf. Hier rechts der Beschilderung folgen. 102501

Glücksburg, D-24960 / Schleswig-Holstein (CC€21) iD

Ostseecamp Glücksburg-Holnis****
An der Promenade 1
1 Apr - 15 Okt
+49 46 31 62 20 71
info@ostseecamp-holnis.de

1 ABDEJMOPQRSTU KMNQRSX 6
2 HJPQRWXY ABDEFGIJK 7
3 ABFGHILMS ABCDEFGJKNQRTUVW 8
4 FHJO IVY 9
5 ABDEFHJKN ABFGHJKLMOQ 10
Anzeige auf Seite 235 B 6-16A CEE ❶ €37,50
6ha 125T(100m²) 112D ❷ €42,50

N 54°51'26" E 09°35'29"
Von Glücksburg Richtung Holnis fahren. CP ist gut ausgeschildert. 107570

Teilkarte Schleswig-Holstein auf Seite 232

Grömitz, D-23743 / Schleswig-Holstein

Ahoi Camping Resort
Mittelweg 129
1 Apr - 29 Okt
+49 45 62 85 86
ahoi@camping-groemitz.de

1 AEGHKNOPQRSTU KQSWX 6
2 AGJMPQT A**B**D**EFG** 7
3 BF**L**M ABCDE**F**IJKNQRTW 8
4 BL 9
5 ABDFHKM**N** ABFGHIJK**O**Q 10
B 10A CEE ① €41,00
8ha 80**T**(90-120m²) 370**D** ② €47,00

N 54°09'38'' E 10°59'32''
111935
E47/E22 Hamburg-Puttgarden bei Ausfahrt Neustadt verlassen. Die 501 nach Grömitz. In Grömitz-Zentrum Mittelweg nehmen. CP ist gut ausgeschildert.

Grömitz, D-23743 / Schleswig-Holstein

Mare
Lenster Weg 20
1 Jan - 31 Dez
+49 45 62 81 41
mare@camping-groemitz.de

1 DEG**KN**PQRS**U** KX 6
2 AGJMPQSWX AB**FG** 7
3 B**L** ABCDEFGIJK**L**NQRTUVW 8
4 H DJ 9
5 ADM ABHIK**O**Q 10
B 16A CEE ① €44,00
2,2ha 30**T**(80-100m²) 105**D** ② €54,00

N 54°09'22'' E 10°59'23''
112018
B501, Abfahrt Grömitz Zentrum (Brookgang) Mittelweg, dann der Beschilderung folgen (3 km). Gut ausgeschildert.

Grömitz, D-23743 / Schleswig-Holstein

Ostseecamping Hohe Leuchte
Mittelweg 164
31 Mrz - 29 Okt
+49 45 62 22 55 07
hoheleuchte@camping-groemitz.de

1 AEG**JM**OPQRSTU X 6
2 AGJMPQTWX A**BFG** 7
3 B**L** ABCDE**FG**JK**L**NQRTUVW 8
4 D 9
5 ADKMN ABGHIK**O**Q 10
B 16A CEE ① €42,00
3,5ha 34**T**(60-80m²) 204**D** ② €52,00

N 54°09'47'' E 11°00'22''
114706
B501, Ausfahrt Brookgang/Groemitz Zentrum. Biegen Sie links in den Mittelweg ein. Dieser Straße 3 km bis zum Campingplatz folgen. Dann den Schildern folgen.

Großenbrode, D-23775 / Schleswig-Holstein

MeerReise Camping****
Südstrand 3
1 Apr - 29 Okt
+49 43 67 86 97
info@meerreisecamping.de

1 BDEG**KN**OPQRST**U** KM**N**PQS**X** 6
2 AGJPQTWXY ABD**EFG**H 7
3 BG**JL**S**TU**X ABCDE**F**HJKNPQRUV 8
4 BDFHJK**RTX** CEUVWXY 9
5 DFHJKM ABCFGHIJK**O**QVXY 10
6-16A CEE ① €35,00
8ha 99**T**(80-130m²) 304**D** ② €41,00

N 54°21'37'' E 11°05'15''
111056
A1 Hamburg-Lübeck bis Heiligenhafen. Dann auf die E47 bis Großenbrode. Der CP ist gut beschildert.

Großensee, D-22946 / Schleswig-Holstein

ABC am Großensee/Hamburg
Trittauer Straße 11
1 Apr - 15 Okt
+49 4 15 46 06 42
info@campingplatz-abc.de

1 ADEG**KN**PQRSTU L 6
2 AEIJKPQVXYZ ABDE**FG**I 7
3 ABFG**HIJL**M ABCDE**F**JNQRUW 8
4 FHJ BIJ 9
5 D ABGHIJKMOQUW 10
16A CEE ① €39,50
H60 2,5ha 30**T**(60-80m²) 58**D** ② €47,50

N 53°36'42'' E 10°20'38''
111822
A1/E52 Hamburg-Lübeck, Ausfahrt Stapelfeld/Trittau. Richtung Trittau nach Großensee. A24 Ausfahrt 6. Schwarzenbek B404 Trittau-Nord. Großensee.

Hamburg/Schnelsen, D-22457 / Schleswig-Holstein

Knaus Campingpark Hamburg****
Wunderbrunnen 2
1 Jan - 31 Dez
+49 4 05 59 42 25
hamburg@knauscamp.de

1 DEG**JM**OPQRSTU 6
2 AQSTWXYZ AB**EFGI** 7
3 AC BDJNQR**S**W 8
4 JO EF 9
5 ABDMN ABFGH**O**Q 10
B 16A CEE ① €44,20
3ha 122**T**(80-120m²) 10**D** ② €54,40

N 53°39'01'' E 09°55'44''
108043
A7 Hamburg-Flensburg, Ausfahrt Schnelsen-Nord. Den CP-Schildern/Ikea folgen. CP kommt hinter Ikea.

Handewitt/Jarplund, D-24976 / Schleswig-Holstein

Campingplatz Jarplund
Europastraße 80
15 Mrz - 15 Nov
+49 4 61 97 90 24
campingplatz.jarplund@web.de

1 ABDEG**KN**OPQRSTU AF 6
2 APQRUWY AB**FG**I 7
3 ABF ABCDEFJNQR 8
4 J F 9
5 DN ABGHKMOQVW 10
B 16A CEE ① €26,00
1,5ha 100**T**(100-110m²) 12**D** ② €33,00

N 54°44'40'' E 09°26'18''
102239
A7 Schleswig-Flensburg, Ausfahrt 3 Flensburg/Husum. Dann rechts die B200, Ausfahrt Jarplund/Weding rechts bis zur Europastraße links 800m auf der linken Seite.

Hasselberg, D-24376 / Schleswig-Holstein

Ostseecamping Gut Oehe
Drecht 6
28 Mrz - 17 Okt
+49 46 42 61 24
camping@gut-oehe.de

1 ABEG**JM**OPSU KNPQSW**X** 6
2 HJLMQSUX ABDE**FG**IJ 7
3 ABFG**L**MV ABDEF**I**JKNQTVW 8
4 HL EVW 9
5 ACDFGHKLMN ABCGHIJKM**O**QVW 10
B 16A CEE ① €30,00
6ha 500**T**(80-100m²) 303**D** ② €37,00

N 54°42'57'' E 09°59'26''
102310
Die B199 Kappeln-Flensburg, Ausfahrt Hasselberg. CP liegt am Wasser und ist gut ausgeschildert.

Heikendorf/Möltenort, D-24226 / Schleswig-Holstein

Möltenort
Uferweg 24
1 Apr - 31 Okt
+49 43 12 39 45 29
campingplatz-moeltenort@t-online.de

1 ADEGILOPQRST**U** K**N**QS**X**Y**Z** 6
2 GIJLPQRSVWXY AB**C**DE**FGI** 7
3 A**L** ABCDE**F**JNQR**S**TU 8
4 FHJO ADVW 9
5 ABDEFJKMN ABEHIJK**O**Q 10
16A CEE ① €24,80
2ha 90**T**(90-120m²) 70**D** ② €30,30

N 54°23'02'' E 10°12'18''
102386
In Kiel 'Ostufer' und der B502 bis Heikendorf-Nord folgen. CP weiter angezeigt. Letzte 250m der Zufahrt sind eng. Rat: Beifahrer vorausschicken, um entgegenkommenden Verkehr zu beachten.

Hochdonn, D-25712 / Schleswig-Holstein

Camping Klein-Westerland
Zur Holstenau 1
1 Apr - 31 Okt
+49 48 25 23 45

1 ABFG**KN**OPQRST**U** J**N** 6
2 ACIJQRSTWXYZ ABDE**FG** 7
3 AM ABCDE**F**JKNTUVW 8
4 FH 9
5 ADEFHKMN ABCFHIJKQ 10
B 16A CEE ① €26,00
2,5ha 24**T**(80-100m²) 126**D** ② €34,00

N 54°01'47'' E 09°17'52''
117989
Von der A23 Ausfahrt Schafstedt über Eggstedt nach Süderhastedt. Dort links ab nach Hochdonn. In Hochdonn den CP-Schildern folgen.

Hohenfelde, D-24257 / Schleswig-Holstein

Campingpark Ostseestrand
Strandstraße 21
27 Mrz - 14 Okt
+49 4 38 56 20
info@campingostseestrand.de

1 ACDEG**KN**OPQRST**U** **N**QS**X**Y 6
2 GLMQSWXY ABDE**FGI** 7
3 BM ABCDE**FI**JK**L**NQRTUV 8
4 FH 9
5 ABCDEFKM**N** ABFGHJK**N**QW 10
B 16A CEE ① €27,00
3ha 50**T**(80-100m²) 180**D** ② €32,00

N 54°23'11'' E 10°29'30''
112017
A1 Ausf. Oldenburg/Holstein-Süd. Der B202 Richtung Lütjenburg folgen, die L165 weiter Richtung Hohenfelde. In Hohenfelde der Beschilderung 'Strand' folgen. Alternativ: B502 Kiel - Schönberg, Hohenfelde L165.

Teilkarte Schleswig-Holstein auf Seite 232

Deutschland

Hohenfelde, D-24257 / Schleswig-Holstein

Strandcamping Radeland	1 CDEGKNOPQRSTU	KNQS 6
Strandstrasse 18	2 GILMPQSTWXYZ	ABDEFG 7
1 Apr - 10 Okt	3 BM	ABDFJNQRTUVW 8
+49 43 85 53 88	4 FHJ	9
info@ strandcamping-radeland.de	5	ABFGHJKMOQUVY 10
	B 10-16A CEE	① €24,50
N 54°22'58'' E 10°29'44''	3ha 70T(50-100m²) 120D	② €26,50

Von Hamburg A7 Ausfahrt Bordesholm zur A215 Richtung Kiel. Kiel-Mitte zur B76 Richtung Fähre Norwegenkai. Danach B205 Richtung Laboe. Camping angezeigt. 117357

Husum, D-25813 / Schleswig-Holstein

Regenbogen AG Ferienanlage Husum	1 ADEGKNOPQRSTU	KM 6
Dockkoogstraße 17	2 GKQXY	ABDEFGIJ 7
6 Apr - 1 Nov	3 L	ABCDEFGNQR 8
+49 4 84 19 39 79 60	4 HJ	9
husum@regenbogen.ag	5 ABDM	ABGHIJKNQVX 10
	B 16A CEE	① €31,00
N 54°28'46'' E 09°00'39''	2,5ha 65T(40-75m²) 10D	② €31,00

Von der B5 Husum-Mitte folgen. Unter der Bahnlinie durch links: danach links ab über die Bahn. Dort ist der Camping angezeigt. 110139

Ivendorf/Lübeck, D-23570 / Schleswig-Holstein

Ivendorf Campingplatz	1 BGKNOPQRSTU	AF 6
Frankenkrogweg 2-4	2 APQSWXY	ABDEFGHIJK 7
9 Jan - 24 Dez	3 ABFLM	ABEFJNOQRTW 8
+49 45 02 48 65	4 J	FJ 9
mail@ camping-travemuende.de	5 ACDEFGHLMN	AGHIJKLOQ 10
	Anzeige auf dieser Seite B 16A CEE	① €44,00
N 53°56'30'' E 10°50'42''	7ha 185T(100-150m²) 105D	② €49,00

Von der A1 zur B75 Richtung Travemünde und Skandinavien-Kai fahren. Ab Ivendorf gut ausgeschildert. 102464

Katharinenhof (Fehmarn), D-23769 / Schleswig-Holstein

Campingplatz Ostsee Katharinenhof*****	1 AEGKNOPQRSTU	KNOPQRSWXY 6
1 Apr - 15 Okt	2 AGJLMPQTWXYZ	ABDEFGHI 7
+49 43 71 90 32	3 ABEFGILMUVX	ABCDEFGJKNQRTUV 8
info@ camping-katharinenhof.de	4 BCDHJKNOPQX	ADENSUVW 9
	5 ACDEFLMN	ABFGHIJKOQ 10
	Anz. auf dieser Seite B 10-16A CEE	① €40,00
N 54°26'42'' E 11°16'42''	19ha 290T(100-130m²) 252D	② €48,00

E47 Ausfahrt Burg. Weiter zum Katharinenhof. Hier ist der CP ausgeschildert. 109186

Kellenhusen, D-23746 / Schleswig-Holstein

Cp.paradies Kellenhusen****	1 AEGKNOPQRSTU	KMNPQRSXY 6
Kirschenallee 16-18	2 GJKMPQWXYZ	ABFGIJ 7
1 Apr - 31 Okt	3 BGIX	ABCDEFGHIJKNPQRUV 8
+49 43 64 47 94 70	4 DFHL	9
info@campingparadies-kellenhusen.de	5 ABDMN	ABFGHIJKLMNQ 10
	B 16A CEE	① €32,50
N 54°11'05'' E 11°03'10''	5,8ha 40T(65-90m²) 160D	② €38,50

Der CP liegt an der Südseite von Kellenhusen. 114705

Kiel, D-24159 / Schleswig-Holstein

Falckenstein	1 ADGKNOPQRSTU	KNQRSTWX 6
Palisadenweg 171	2 BGIJLMQWXY	ABDEFGHIK 7
1 Apr - 31 Okt	3 AL	ABCDEFJNQRT 8
+49 4 31 39 20 78	4 FHJO	9
campingplatzkiel@gmail.com	5 ADFKMNO	ABCHIJKMQU 10
	B 16A CEE	① €22,40
N 54°24'43'' E 10°11'02''	4,5ha 60T(60-100m²) 115D	② €31,40

In Kiel die B503 Richtung Olympiazentrum Schilksee. In Höhe Ortsteil Kiel-Friedrichsort an der Aral nach rechts. CP dann ausgeschildert. 102382

Klausdorf (Fehmarn), D-23769 / Schleswig-Holstein

Klausdorfer Strand****	1 ADEKNOPQRSTU	KMNPQSWXY 6
Klausdorfer Strandweg 100	2 AHIJMPQTWXY	ABCDEFGHIJ 7
1 Apr - 15 Okt	3 ABDFGMSTVX	ABCDEFGHIJLNPQRSTUVW 8
+49 43 71 25 49	4 BCDFHJLNPTUVX	DEIVWXY 9
info@camping-klausdorferstrand.de	5 ACDEFJLMN	ABEFGHIJKMOQUVWY 10
	Anzeige auf dieser Seite B 16A CEE	① €[illegible]2,00
N 54°27'27'' E 11°16'20''	17ha 200T(80-170m²) 279D	② €52,00

B207/E47 Ausfahrt Burg. Richtung Burg. In Burg nach Niendorf, dann Klausdorf. Ausgeschildert. 10[illegible]504

Klein Rönnau/Bad Segeberg, D-23795 / Schlesw.-H.

KlüthseeCamp & Seeblick	1 ADEGKNOPQRST	BLNQSXZ 6
Stipsdorferweg/Klüthseehof 2	2 AFIJKLQXY	ABEFGHI 7
1/1 - 31/1, 1/3 - 31/12	3 BFGHLMU	ABCDEFHJKLNQRTUVW 8
+49 4 55 18 23 68	4 BCFHJKLNPRTVXZ	Y 9
info@kluethseecamp.de	5 ABDFJKLMN	ABFGHIJKLMOQ 10
	B 16A CEE	① €25,00
N 53°57'41'' E 10°20'15''	25ha 108T(100-140m²) 500D	② €[illegible]2,60

Von Bad Segeberg auf der B432 Richtung Scharbeutz/Ostsee. In Klein Rönnau wird der CP angezeigt. 115376

Kleinwaabs, D-24369 / Schleswig-Holstein

Ostsee Camping Familie Heide	1 BDEGJMOPQRSTU	EKMNOPQRSWXY 6
Strandweg 31	2 HJLQRSTUVWXYZ	ABDEFGIJK 7
1 Apr - 27 Okt	3 ABDFGJMNV	ABCDEFGIJKNQRSTUVW 8
+49 43 52 25 30	4 ABCDEFHJLMNOQRSTVX	ELMSTVWXZ 9
info@waabs.de	5 ACDEFGHJLMN	ABCFGHIJKMOPRSUXY 10
	B 16A CEE	① €4[illegible],00
N 54°31'52'' E 10°00'03''	22ha 280T(95-160m²) 612D	② €5[illegible],00

B203 Eckernförde-Kappeln, Ausfahrt Loose. An der Kreuzung Richtung Waabs. Weiter bis nach Kleinwaabs. CP ist dort gut ausgeschildert. 102[illegible]75

Teilkarte Schleswig-Holstein auf Seite 232

Kollmar, D-25377 / Schleswig-Holstein

Elbdeich Camping Kollmar
Kleine Kirchreihe 22
1 Apr - 31 Okt
+49 41 28 13 79
info@elbdeich-camping.de

1	FGKNOPQRSTU	JNQSX 6
2	CIJQSTWXY	ABFG 7
3	AB	ABCDEFGIJNPQRTUVW 8
4	FH	DVW 9
5	ADM	ABCFHIJKLQ 10
	B 16A CEE	❶ €19,00
	1,2ha 28T(80-120m²) 46D	❷ €25,00

N 53°43'27'' E 09°30'09''
Die 23 Hamburg-Itzehoe, Ausfahrt 14 Elmshorn/Glückstadt, die 431, Ausfahrt Kollmar. Den CP-Schildern folgen. 110967

Langballig, D-24977 / Schleswig-Holstein

Langballigau**
Strandweg 3
1 Apr - 31 Okt
+49 4 63 63 08
service@campingplatz-langballigau.de

1	ABDEGKNOPQRSU	KMNPQSWXY 6
2	EGJPQWX	ABDEFGI 7
3	ABGL	ABCDEFNQR 8
4	FHJO	DVY 9
5	ADEFHKLMN	ABCFGHJKOQ 10
	B 10A CEE	❶ €23,00
	4ha 65T(80-120m²) 109D	❷ €29,00

N 54°49'19'' E 09°39'33''
Die B199 Flensburg-Kappeln, Ausfahrt Langballig. Richtung Langballigholz bis zur Kreuzung bei Langballigau, dann Richtung Strand. CP gut ausgeschildert. 102303

Leck, D-25917 / Schleswig-Holstein

Karlsmark
Karlsmark 1
1 Jan - 31 Dez
+49 46 62 18 50
info@camping-leck.de

1	ABEGJMOPQRSTU	6
2	PQWXY	ABFGI 7
3	ABFL	ABCDEFJNQRUW 8
4	FHJ	9
5	BDMN	ABFGHIJKOQ 10
	B 16A CEE	❶ €20,00
	1,2ha 40T 20D	❷ €28,00

N 54°45'33'' E 08°59'30''
A7 Schleswig-Flensburg, Ausfahrt 2 Harrislee, die 199 Richtung Niebüll, 1 km vor Leck. CP ist ausgeschildert. 108821

Lindaunis/Boren, D-24392 / Schleswig-Holstein

Lindaunis
Schleistraße 1
27 Mrz - 15 Okt
+49 46 41 73 17
info@camping-lindaunis.de

1	ABDEGJMOPRSU	LNQSXYZ 6
2	EGJQVWXYZ	ABCFGI 7
3	ABLM	ABDFGIJNQRTUVW 8
4	HJO	IPQRV 9
5	ABDFKLM	ABCGHIJKOQ 10
	B 16A CEE	❶ €30,00
	4ha 40T(90-120m²) 176D	❷ €36,00

N 54°35'12'' E 09°48'59''
B201 Schleswig-Kappeln, Abfahrt Lindaunis. Durch Lindau, CP liegt an der kleinen, nicht störenden Bahnlinie (2x pro Stunde). Ausgeschildert. 102312

Lübeck/Schönböcken, D-23556 / Schleswig-Holstein

Cp.platz Lübeck-Schönböcken
Steinrader Damm 12
2 Mrz - 31 Okt
+49 4 51 89 30 90
info@camping-luebeck.de

1	ADEKNOPQRSTU	6
2	APQX	ABDEFGI 7
3	BLM	ABCDEFJNQRW 8
4	JO	9
5	ABDMN	AGHIKMOQ 10
	6A CEE	❶ €30,00
	1,6ha 90T(70-120m²)	❷ €38,00

N 53°52'10'' E 10°37'51''
Über E4/A1 Richtung Lübeck-Hamburg, Ausfahrt Lübeck/Moisling Richtung Schönböcken. CP befindet sich 1,5 km von der Autobahn entfernt, Ausfahrt gut ausgeschildert. 110606

Medelby, D-24994 / Schleswig-Holstein

CC€23

Mitte
Sonnenhügel 1
1 Jan - 31 Dez
+49 46 05 18 93 91
info@camping-mitte.de

1	ADEJMOPQRSTU	AE 6
2	QSWXY	ABDEFGIK 7
3	ABDMV	ABCDEFGIJKNQRSTUVW 8
4	HJQT	DEIY 9
5	ABDEMN	ABFGHIJKOQ 10
	Anz. auf dieser Seite B 10-16A CEE	❶ €34,75
	5,2ha 154T(bis 120m²) 45D	❷ €44,75

N 54°48'54'' E 09°09'49''
A7 Ausfahrt 2, die 199 Richtung Niebüll. Von Wallsbüll den CP-Schildern folgen. 117244

Meeschendorf (Fehmarn), D-23769 / Schleswig-Holstein

Insel-Camp Fehmarn*****
Zum Meeresstrand 100
1 Apr - 3 Okt
+49 4 37 15 03 00
info@inselcamp.de

1	BDEGKNOPQRSTU	MNQ 6
2	HJQWY	BCEFGH 7
3	BFLMU	BDFJKLNQRTUV 8
4	BCDFHKORTVX	9
5	ABDFLM	ABEFGHIJMNQW 10
	B 10-16A CEE	❶ €41,50
	8,2ha 369T(90-200m²) 25D	❷ €52,50

N 54°24'57'' E 11°14'41''
A1/E47, Ausfahrt Burg. In Burg wird in Meschendorf gut angezeigt. Dann ausgeschildert. 111057

Munkbrarup, D-24960 / Schleswig-Holstein

Fördeferien Bockholmwik
Bockholmwik 19
31 Mrz - 31 Okt
+49 46 31 20 88
info@foerdeferien-bockholmwik.de

1	ABDEGKNOPQRSU	HKMNPQRSTWXYZ 6
2	HIJKLMQTUVWXY	ABDEFGHIJK 7
3	BDFILMV	ABCDEFGJNQRSTUVW 8
4	FHJQ	IJKMNTVW 9
5	ABDEFHKLMNO	ABFGHJKMORSUW 10
	B 16A CEE	❶ €32,50
	7,5ha 100T(70-100m²) 110D	❷ €41,50

N 54°49'42'' E 09°36'32''
Die B199 Flensburg-Kappeln, Ausfahrt Ringsberg durchfahren bis Rüde, 1. Straße rechts den CP-Schildern nach. 102301

Neustadt in Holstein, D-23730 / Schleswig-Holstein

Am Strande
Sandbergerweg 94
1 Apr - 30 Sep
+49 45 61 41 88
info@amstrande.de

1	DEGKNOPQRSTU	KNQSWXYZ 6
2	AGJPQSUWY	ABDEFGHI 7
3	BLM	ABCDEFIJKNRTW 8
4	H	KLV 9
5	DFGMN	ABGHIJKOQ 10
	B 10A CEE	❶ €32,00
	4,7ha 160T(70-90m²) 215D	❷ €38,00

N 54°05'35'' E 10°49'33''
E47/E22 Hamburg-Puttgarden, Ausfahrt Neustadt Süd Richtung Neustadt. In Neustadt-Zentrum Straße Richtung Pelzerhaken fahren. CP gut ausgeschildert. 102461

Ostermade, D-23779 / Schleswig-Holstein

Hohes Ufer****
1 Apr - 15 Okt
+49 4 36 54 96
info@camping-hohes-ufer.de

1	AEGKNOPQRSTU	KMNPQSY 6
2	HJMQWXY	ABDEFGHIJ 7
3	BFGHIJMTX	ABCDEFGHIJKNPQRTUVW 8
4	BHLX	IV 9
5	ACDFHJLMN	ABIJKMOQ 10
	B 16A CEE	❶ €37,00
	12ha 80T(100-120m²) 517D	❷ €44,00

N 54°19'28'' E 11°04'13''
4 km nach dem Ende der Autobahn A1 Hamburg-Puttgarden rechts Richtung Neukirchen/Jahnshof. Dann nach Ölendorf und Ostermade. CP ist ausgeschildert. 102510

Padenstedt, D-24634 / Schleswig-Holstein

Forellensee
Humboldredder 5
1 Jan - 31 Dez
+49 4 32 18 26 97
info@familien-campingplatz.de

1	AKNOPQRSTU	HLMN 6
2	AEJPQRSWX	ABDEFGIJK 7
3	ABDFGHILMUV	ABCDEFGHIJKNQRTUVW 8
4	BFHJ	FINY 9
5	ABDEFMN	AFGHIJKLMOQUVW 10
	Anzeige auf dieser Seite B 16A CEE	❶ €29,50
	20ha 80T(80-100m²) 219D	❷ €35,50

N 54°02'47'' E 09°55'24''
A7 Hamburg-Flensburg, Ausfahrt 14 Richtung Wasbek. Dann ist CP ausgeschildert. 102317

Plön, D-24306 / Schleswig-Holstein

Naturcamping Spitzenort
Ascheberger Straße 76
1 Apr - 28 Okt
+49 45 22 27 69
info@spitzenort.de

1	ADEGKMOPQRST	BLMNQSXYZ 6
2	FIMPQSWXY	ABDEFGIJ 7
3	BDFGJMV	ABCDEFGIJKLNQRSTUVW 8
4	AFHJKLOQRSTX	DKPQRTVY 9
5	ABDEFJKLMN	ABEFGHIJKLMOPQUY 10
	B 10A CEE	❶ €35,50
	4,5ha 205T(80-110m²) 24D	❷ €42,50

N 54°08'54'' E 10°23'52''
A7 Hamburg-Flensburg, Ausfahrt Großenaspe. Weiter die B430 Richtung Plön. CP ist in Plön ausgeschildert. 102389

Plön/Bösdorf, D-24306 / Schleswig-Holstein

Gut Ruhleben
Missionsweg 2
1 Apr - 8 Okt
+49 45 22 83 47
campingplatz@camp-ruhleben.de

1	ADEGKNOPQRST	LMNQSXYZ 6
2	BFIJKQSWXY	ABEFGI 7
3	ABFLM	ABCDFJNQRTW 8
4	FH	D 9
5	ABDEFGKMN	ABGHIJKLMNQU 10
	16A CEE	❶ €26,50
	12ha 80T(bis 80m²) 223D	❷ €30,50

N 54°08'40'' E 10°27'00''
A7 Hamburg - Flensburg, Ausfahrt Großenaspe. Weiter die B430 nach Plön. In Plön Richtung Eutin halten. Kurz hinter Plön CP angezeigt. 108042

Deutschland

Teilkarte Schleswig-Holstein auf Seite 232

Pommerby, D-24395 / Schleswig-Holstein

Seehof**
Gammeldamm 5
1 Apr - 31 Okt
+49 4 64 36 93
anfrage@camping-seehof.de
N 54°45'55" E 09°58'04"

1 ABDEG**JM**OPSU	KNQSW**X**	6
2 GJLMQRWY	A**B**DE**FG**	7
3 M	ABCDE**F**NQRT	8
4 FH	GI	9
5 ABDJMN	ABCGJK**O**Q	10

B 16A CEE
4ha 40**T**(100m²) 120**D**
① €27,00 ② €32,00

Die B199 Kappeln-Flensburg, Ausfahrt Pommerby. Dann Ausfahrt Nieby, dann ist CP gut ausgeschildert.
102307

Pommerby, D-D 24395 / Schleswig-Holstein

Ostseesonne Camping
Gammeldamm 6
31 Mrz - 31 Okt
+49 46 43 22 23
post@camping-ostseesonne.de
N 54°45'48" E 09°58'15"

1 AGKNOPQRSTU	KNSWXYZ	6
2 GIJKLQSX	AB**FG**	7
3 ABFGM	ABEFJNQRTW	8
4 F	D	9
5 ABEFKM	ABCFGJK**O**QV	10

B 10-16A CEE
4ha 95**T**(80-175m²) 91**D**
① €29,00 ② €37,00

Bigg Kappeln Flensburg, Ausfahrt Pommerby, danach Ausfahrt Nieby, danach Ausfahrt Gammeldam. Nach der Haarnadelkurve die Straße komplett durchfahren.
121798

Puttgarden (Fehmarn), D-23769 / Schleswig-Holstein

Puttgarden
Strandweg
1 Apr - 17 Okt
+49 43 71 34 92
puttgardencamping@gmail.com
N 54°30'10" E 11°12'58"

1 ADE**KN**OPQSU	KNOPQRS**X**Y	6
2 AGLPQXY	ABDE**FG**	7
3 AM	ABCDEFJNQRW	8
4 H	N	9
5 ADEFLMN	AGHJKORS	10

B 16A
1,8ha 150**T**(80-110m²) 50**D**
① €34,00 ② €42,00

A1/E47 Hamburg-Puttgarden-Dänemark. Kurz vor dem Fährhafen links Richtung Puttgarden. Nach ca. 400m rechts zum CP.
110387

Rosenfelde/Grube, D-23749 / Schleswig-Holstein

Rosenfelder Strand Ostsee Camping*****
Rosenfelder Strand 1
24 Mrz - 31 Okt
+49 43 65 97 86 70
info@rosenfelder-strand.de
N 54°15'54" E 11°04'39"

1 AEG**KN**OPQRS	KMNPQSW**X**Y	6
2 HIJKMPQTWXY	ABDE**FG**H**IJ**K	7
3 ABEFG**J**MSTUVWX	ABCDEFGH**I**JK**L**NPQR**S**TUVW	8
4 BCD**E**HJKLNO**QRTXZ**	DUVWY	9
5 ACDEFHJLMN	ABCFGHIJKLMOQVY	10

Anzeige auf dieser Seite B 16A CEE
24ha 350**T**(100-150m²) 487**D**
① €46,30 ② €58,10

Die B501 zwischen Grube und Fargemiel. Richtung Rosenfelde. Nicht über Dahme erreichbar.
102512

Salem, D-23911 / Schleswig-Holstein

Naturcamping Salemer See
Seestr. 60
1 Apr - 31 Okt
+49 4 54 18 25 54
info@camping-salem.de
N 53°38'58" E 10°50'07"

1 ADE**KN**OPQRST**U**	L**N**PX	6
2 BDFIJKQRSUVWXYZ	B**FGI**	7
3 BFG**J**M	ABCDEFJNQRTUW	8
4 FHJ	DIJW	9
5 ADFHKM**N**	ABCDFGKNQU	10

B 16A CEE
H60 25ha 150**T**(35-80m²) 609**D**
① €28,00 ② €37,00

Von der A20, auf B207 Ri. Ratzeburg. In Ratzeburg B208/L203 Ri. Seedorf. Nach 4 km Ausf. Salem, CP-Schildern folgen, ist gut ausgeschildert.
114707

Scharbeutz, D-23683 / Schleswig-Holstein

Ostseecamp Lübecker Bucht Gmbh
Bormwiese 1
1 Apr - 31 Okt
+49 45 63 52 03
info@ostseecamp-luebecker-bucht.de
N 54°03'18" E 10°43'49"

1 ADEGH**KN**OPQRSTU		6
2 APQVWXYZ	ABDE**FG**	7
3 ABM	ABCDEFGHIKNQRTUV	8
4 **TX**	EFVW	9
5 ABDFHJLMN	ABCGHJKOPRSUY	10

Anzeige auf dieser Seite B 16A CEE
5,5ha 85**T**(80-160m²) 160**D**
① €48,00 ② €57,00

A1 HH-Puttgarden/Fehmarn. Ausfahrt Haffkrug/Scharbeutz, B76 Richtung Eutin, recht nah zur Autobahn.
123446

Schashagen/OT Bliesdorf-Strand, D-23730 / Schlesw.-H.

Walkyrien*****
Strandweg 26
1 Apr - 23 Okt
+49 45 62 67 87
info@camping-walkyrien.de
N 54°07'23" E 10°55'17"

1 ADE**KN**OPQRST**U**	K**N**QSW**X**Y	6
2 AGJQSUWX	ABDE**FGI**	7
3 BDFG**IL**MSU	ABCDEFGHIJKNPQRTUVW	8
4 BJKQ**TUXZ**	J	9
5 ABDEFHKLM**N**	ABDFGHIJKM**O**QVWY	10

Anzeige auf dieser Seite B 16A CEE
11ha 105**T**(100-140m²) 328**D**
① €40,00 ② €51,00

E47/E22 Hamburg-Puttgarden, Ausfahrt Neustadt Nord, Richtung Grömitz. Nach 5 km in Bliesdorf rechts abbiegen. Ausgeschildert.
102458

Schönberg (Ostseebad), D-24217 / Schleswig-Holst.

California Ferienpark GmbH****
Große Heide 26
1 Apr - 30 Sep
+49 43 44 95 91
info@camping-california.de
N 54°25'42" E 10°21'50"

1 ADEG**K**LOPQRST**U**	K**N**PQRSW**X**	6
2 GJPQWXY	ABDE**FG**IJ	7
3 BF**HIJ**M**R**S	ABCDE**F**JKNQR**S**TUV	8
4 BFHJOQ	DEMNOPTVW	9
5 ACDEFLM	ABEFGHIJK**O**QXY	10

Anzeige auf Seite 239 B 10A CEE
8ha 174**T**(80-120m²) 300**D**
① €33,10 ② €41,10

In Kiel 'Ostufer' halten und weiter die B502 Richtung Schönberg. Am 1. Kreisel in Schönberg Richtung Kalifornien. CP weiter angezeigt.
102380

Teilkarte Schleswig-Holstein auf Seite 232

Deutschland

Schubystrand/Dörphof, D-24398 / Schleswig-Holstein

Damp Ostseecamping****
Schubystrand 6
27 Mrz - 4 Okt
+49 4 64 49 60 10
camping@damp-ostseecamping.de
N 54°35'53" E 10°01'27"

1	AEG**KN**OPQRSTU	KNQRSW**X**Y	6
2	EHJLQWXY	ABDE**FG**	7
3	ABFG**J**MV	ABCDE**F**KNQRTUVW	8
4	**RT**	DEJMPR	9
5	ACDEFGHKM**O**	ABCFGHIKM**O**QUXY	10

B 16A CEE — ① €28,40
24ha 253**T**(81-180m²) 693**D** — ② €36,40
102374

B203 Eckenförde-Kappeln. Ausfahrt Schuby, dann Richtung Schubystrand. CP ist gut ausgeschildert.

Schwedeneck, D-24229 / Schleswig-Holstein

Grönwohld-Camping
Kronshörn
1 Apr - 31 Okt
+49 43 08 18 99 72
info@groenwohld-camping.de
N 54°28'29" E 10°01'44"

1	ADE**KN**OPQRST**U**	KM**N**QRSTW**X**Y	6
2	HIJMQSWXY	ABDE**FG**	7
3	ABCFMV	ABCDEFINQRSTW	8
4	F**T**	BFJMNPW	9
5	ACDEFHLM	ABHIJK**O**QVY	10

16A CEE — ① €26,00
16ha 120**T**(80-110m²) 491**D** — ② €31,00
102378

Von Kiel der B76 und weiter der B503 Richtung Eckernförde. 500m hinter Krusendorf rechts. CP ist weiter ausgeschildert.

Seekamp (Ostholstein), D-23779 / Schleswig-Holstein

Campingplatz Seekamp
Seekamp
2 Apr - 15 Okt
+49 4 36 54 56
info@camping-seekamp.de
N 54°20'36" E 11°03'44"

1	AEG**JM**OPQRSTU	KNOPQSW**X**Y**Z**	6
2	AGJKQXY	ABDE**FGH**IJ	7
3	BFM	ABCDE**FG**IJKNRTW	8
4	H	DV	9
5	ADEMN	ABGHIJKM**O**RSV	10

B 16A CEE — ① €25,00
23ha 150**T**(100-150m²) 494**D** — ② €30,00
102508

E47 (A1), Ausfahrt 8 Richtung Neukirchen. Danach nach Sütel. Ausgeschildert.

Sehlendorf, D-24327 / Schleswig-Holstein

Schöning
Wewerin 1
1 Apr - 15 Okt
+49 43 82 92 05 04
info@ostseecamping-schoening.de
N 54°18'04" E 10°41'30"

1	ADGH**KN**OPQRS	KQRSTW	6
2	GJQSUWX	ABDE**FG**IK	7
3	BF**L**MX	ABCDE**FG**IJKNQRTW	8
4	FHJO	IVWY	9
5	ACDFHJM**N**	ABGHIJKOPQUY	10

B 16A CEE — ① €34,00
7ha 31**T**(90-100m²) 281**D** — ② €44,00
111290

A7 Ausfahrt Kiel, Richtung Oldenburg. In Kaköhl Richtung Hohe Wacht. In Sehlendorf Richtung Strand.

Simonsberg/Husum, D-25813 / Schleswig-Holstein

Nordseecamping Zum Seehund GmbH & Co KG
Lundenbergweg 4
1 Apr - 6 Nov
+49 48 41 39 99
koerber.wawerla@nordseecamping.de
N 54°27'19" E 08°58'20"

1	ADEG**KN**OPQRSTU	AKM**N**QS	6
2	GQSTWXYZ	ABDE**FG**HIJK	7
3	ABEFG**L**MSV	ABCDEFJKNQR**S**TUVW	8
4	B**E**FRTV**X**	JUVW	9
5	ABDEMN	ABCFGHIJKOQY	10

B 16A CEE — ① €47,00
6,5ha 200**T**(100m²) 20**D** — ② €57,00
108027

A23 bis Heide, wird dann die B5 Heide-Husum, Ausfahrt Simonsberg. Von der Ausfahrt den Schildern folgen.

St. Peter-Ording, D-25826 / Schleswig-Holstein

Biehl
Utholmer Str. 1
11/3 - 6/11, 27/12 - 31/12
+49 4 86 39 60 10
info@campingplatz-biehl.de
N 54°20'10" E 08°36'15"

1	ADEG**KN**PQRST	KM**N**PQRSTV	6
2	GIJPQSTWX	AB**C**DE**FG**IJK	7
3	ABG**L**	ABCDE**F**JKNQR**S**T	8
4	FH	VW	9
5	ABCDEFIJLMN	ABCFGHJKORSX	10

B 16A CEE — ① €46,00
3,5ha 200**T**(80m²) 17**D** — ② €58,00
110901

B5 Heide-Tönning, danach B202 Richtung St. Peter-Ording, Ausfahrt Ording-Nord: am Ende der Straße (Utholmer Straße) ist CP rechts.

St. Peter-Ording, D-25826 / Schleswig-Holstein

SPO
Grudeweg 1
1 Jan - 31 Dez
+49 48 63 81 71
info@camping-spo.de
N 54°19'56" E 08°37'10"

1	DEG**KN**OPQRSTU		6
2	IJPQTWXY	ABDE**FG**H**IJ**	7
3	AB**L**M	ABEFJNQRTUW	8
4	FHJO	IV	9
5	ABDEFHM**N**	ABFGHJKMOQ	10

16A CEE — ① €41,00
8ha 195**T**(60-100m²) 63**D** — ② €49,00
109174

A23 Hamburg-Heide. Hinter Heide Richtung St. Peter-Ording. Auf der B202, 5 km nach Tating vor St. Peter-Ording ist der CP auf der rechten Seite.

St. Peter-Ording/Böhl, D-25826 / Schleswig-Holstein

Silbermöwe
Böhler Landstr. 179
15 Mrz - 31 Okt
+49 48 63 55 56
camping@silbermoewe.de
N 54°17'06" E 08°39'42"

1	ADEG**KN**OPQSU		6
2	IPQTWXY	ABDE**FG**H**I**	7
3	AB**L**	ABCDEFJKNQRTVW	8
4	JO	DIV	9
5	DMN	ABCFGHJKOQ	10

10-16A CEE — ① €39,00
1ha 52**T**(60-80m²) 23**D** — ② €45,00
102192

B5 Heide-Tönning, dann die B202 St. Peter Ording, Abfahrt St. Peter Ording. (OT Böhl). Dann gut ausgeschildert. Der CP liegt zwischen zwei anderen Campingplätzen.

Stein/Laboe, D-24235 / Schleswig-Holstein

Fördeblick****
Ellembrook 12
1 Apr - 18 Okt
+49 43 43 77 95
info@camping-foerdeblick.de
N 54°24'51" E 10°14'54"

1	ADEGILOPQRST**U**	K**N**QSWX**Z**	6
2	GIJLNPQSWX	ABDE**FG**	7
3	ABFG**L**M	ABCDE**F**JNQRTUVW	8
4	FH	BD	9
5	ACDEFGILM**N**	ABGHIJK**O**RSY	10

B 10A CEE — ① €31,50
7ha 115**T**(70-100m²) 295**D** — ② €39,50
108031

In Kiel 'Ostufer' und der B502 Richtung Schönberg. Danach Richtung Stein halten. CP weiter angezeigt.

Stein/Laboe, D-24235 / Schleswig-Holstein

Ostsee-Camp Kliff
Ellernbrook 6
27 Mrz - 27 Sep
+49 43 43 62 22
info@ostsee-camp.de
N 54°24'53" E 10°15'08"

1	ADEGILOPQRSTU	K**N**QSW**XZ**	6
2	GIJMNPQSWXY	ABDE**FG**	7
3	BF**L**MS	ABCDE**FI**JKNQRTUV	8
4	FH	Y	9
5	ABDMN	ABGHIJKL**O**QY	10

B 16A CEE — ① €29,00
7,5ha 80**T**(80-100m²) 220**D** — ② €36,00
102383

In Kiel den Schildern 'Ostufer' folgen. Weiter die B502 bis Ausfahrt Laboe. Dann Richtung Stein halten. CP dann ausgeschildert.

Stein/Laboe, D-24235 / Schleswig-Holstein

Campingplatz Neustein
Neustein 2
1 Apr - 30 Sep
+49 43 43 81 22
info@camping-neustein.de
N 54°24'54" E 10°14'39"

1	ADEGILOPQRST**U**	K**N**QSWXZ	6
2	GIJMNPQSWX	ABDE**FG**	7
3	BG**L**M	ABCDEFKNQRTU	8
4	FH		9
5	ADEFLN	ABGHIJK**O**Q	10

B 16A CEE — ① €32,00
3,5ha 49**T**(60-100m²) 100**D** — ② €40,00
102385

In Kiel 'Ostufer' folgen und weiter die B502 bis Ausfahrt Laboe. Danach Richtung Stein halten. CP dann ausgeschildert.

Stocksee, D-24326 / Schleswig-Holstein

Naturcamping am Stocksee
Holmweg 4
31 Mrz - 4 Okt
+49 45 26 33 87 92
stockseecamping@t-online.de
N 54°04'50" E 10°20'17"

1	DEG**KN**OPQRS**U**	LM**N**X	6
2	AEJPQSVWXYZ	ABDE**FGIJ**	7
3	BMS	ABD**F**JNQRTU	8
4	FHJ**T**	DQ	9
5	BM	ABHIJKOQU	10

16A CEE — ① €26,50
2,5ha 25**T**(80-200m²) 75**D** — ② €30,50
118534

Von Hamburg A21 bis Ausfahrt 9 (Trappenkamp), danach Richtung Tensfeld. In Tensfeld Richtung Damsdorf. In Damsdorf Richtung Stocksee. Camping rechts angezeigt.

Teilkarte Schleswig-Holstein auf Seite 232

Strukkamphuk (Fehmarn), D-23769 / Schleswig-Holstein

Strukkamphuk-Fehmarn*****
Strukkamp 83
31 Mrz - 29 Okt
+49 43 71 21 94
camping@strukkamphuk.de
N 54°24'42" E 11°05'54"

1 ADEKNOPQRSTU KMNPQRSTWXY 6
2 HJKLMPQTWXY ABDEFGIJ 7
3 ABFGHLMSTUX ABCDEFGHIJKNPQRSTUVW 8
4 BCDFHJLTX DGILMNVWY 9
5 ACDEFLMNO ABCFGHIJKOQWY 10
Anzeige auf dieser Seite B 16A CEE
20ha 308T(100-160m²) 330D
① €39,20 ② €51,00

B207/E47 von Norden kommend Richtung Landkirchen. Aus südlicher Richtung, Ausfahrt Avendorf. Ab Avendorf Beschilderung. 102506

Süsel, D-23701 / Schleswig-Holstein

Süsel See Parx
Süseler-Moor 8
1 Apr - 15 Okt
+49 17 03 57 50 07
camping@suesel-seeparx.de
N 54°04'23" E 10°41'17"

1 ADEILOPQRSTU LNW 6
2 AFKQSWX ABFGI 7
3 ABGM ABCDEFGIJKNQRTUW 8
4 H JNVZ 9
5 ABDEFHK ABFGHJKLMOQUY 10
16A
5,5ha 42T(110-150m²) 185D
① €41,00 ② €55,00

A1 Hamburg-Puttgarden, Ausfahrt Eutin. CP ist am Wasserskiplatz ausgeschildert, Zufahrt befindet sich rechts nach dem Skigebiet. Der Campingplatz befindet sich auf der rechten Seite. 111291

Sütel, D-23779 / Schleswig-Holstein

Camping Sütel*****
1 Apr - 10 Okt
+49 4 36 54 51
info@suetel.de
N 54°20'09" E 11°04'18"

1 AEGKNOPQRSTU KMNPQSXYZ 6
2 HJKMQWXY ABDEFGH 7
3 ABFGMX ABCDEFGHIJKNPQRTUVW 8
4 BFHL EVY 9
5 ACDEFHJLMN ABGHIJKMOQWY 10
B 16A CEE
40ha 140T(90-120m²) 822D
① €37,50 ② €45,50

A1 Hamburg-Puttgarden, Ausfahrt bei Heiligenhafen über Löhrsdorf, dann gut ausgeschildert. 110389

Tating, D-25881 / Schleswig-Holstein

meerGrün*****
Martendorf 4
25/3 - 6/11, 24/12 - 31/12
+49 4 86 22 01 98 51
info@meergruen-lodge.de
N 54°19'25" E 08°41'46"

1 ADEGKNOPQRSTU A 6
2 IPQTWXY ABDEFGIJK 7
3 ABDFGLM ABCDEFGJKNQRTUVW 8
4 Q 9
5 ABDKMN ABFGHJKOPQY 10
B 16A CEE
7ha 74T(120-175m²) 93D
① €27,00 ② €35,00

A23 bis Heide, dann weiter auf der B5. Bei Tönning links ab zur B202. Nach dem Ortsaugang Tating liegt der CP direkt rechts. 121888

Tönning, D-25832 / Schleswig-Holstein

Comfort-Camp Eider GmbH*****
Am Freizeitpark 1a
1 Jan - 31 Dez
+49 48 61 61 71 48
info@campingplatz-toenning.de
N 54°18'40" E 08°56'14"

1 ADEGKNOPQRSTU JMNQSVWXY 6
2 CIKPQSTWXYZ ABDEFGIJK 7
3 ABDFGJMUVW ABCDEFJKNPQRSTUVW 8
4 ABEHJLQT GIJLVWY 9
5 ABDEFJMN ABFGHIJKLMOPQUVWY 10
B 16A CEE
8ha 250T(80-130m²) 111D
① €31,00 ② €39,00

A23 Hamburg - Heide mündet in die B5 Ri. Husum. Bei Tönning die B202 Ri. St. Peter-Ording. Über die Bahnlinie, dann links Abfahrt Tönning die L241. Am Kreisel rechts, weiter auf der L241. Über die Bahn, dann ist der Camping angezeigt. 117140

Waabs, D-24369 / Schleswig-Holstein

Campingplatz Hökholz
Ritenrade 4
1 Apr - 30 Sep
+49 4 35 29 11 70 31
info@camping-eckernfoerde.de
N 54°32'28" E 10°00'30"

1 ABGKNOPQRSTU KNQSWXY 6
2 GLPQSTWXY ABDEFGI 7
3 BLM ABCDEFJNRTW 8
4 FH V 9
5 ABDEFMN ABCGIJKORS 10
B 16A CEE
5,4ha 40T(90m²) 152D
① €20,00 ② €26,00

Von Waabs 'Gut Hökholz' und/oder den CP-Schildern folgen. 109182

Waabs, D-24369 / Schleswig-Holstein

Ostseecamping Gut Karlsminde
Karlsminde 10
24 Mrz - 11 Okt
+49 4 35 83 44
info@karlsminde.de
N 54°29'45" E 09°56'03"

1 BDEKNOPQRSTU NQSWXY 6
2 AEGIJQSXY ABDEFG 7
3 BFG ABCDEFNQRUVW 8
4 BF JVW 9
5 ACDEFHKLMN ABCHIJKMOQY 10
B 16A
16ha 100T(120m²) 461D
① €34,00 ② €42,00

In Eckernförde die L26 Richtung Waabs, bei Karlsminde abbiegen und der Campingbeschilderung folgen. 124320

Waabs, D-24369 / Schleswig-Holstein

Ostsee-Freizeitpark Booknis
Booknis
1 Apr - 10 Okt
+49 43 52 23 11
ahlefeldt-dehn@t-online.de
N 54°33'48" E 10°01'07"

1 AEGJMOPSU KMNQSWXY 6
2 GJMQUWXY ABDEFG 7
3 BFGJMNS ABCDEFJKNQRTUV 8
4 BJO DE 9
5 ACDFGKLM ABCHIJKOQ 10
16A CEE
25ha 120T(100-150m²) 732D
① €31,00 ② €39,00

B203 Eckernforde-Kappeln. Ausfahrt Damp/Thunby. Kreuzung geradeaus, Richtung Waabs. Links Richtung Waabshof. CP ist ausgeschildert. 108030

Wahlstorf, D-24211 / Schleswig-Holstein

Campingplatz Lanker See
Gläserkoppel 3
1 Apr - 31 Okt
+49 4 34 28 15 13
camp@lankersee.de
N 54°12'40" E 10°19'03"

1 ADEGKNOPQRSTU LMNSX 6
2 FIJQUVWXY ABCEFG 7
3 BFGHILM ABCDEFJKNQRSTUW 8
4 FH DFNQRV 9
5 ADEFGJKMN ABFGHIJKLMQU 10
6A CEE
6ha 100T(90-160m²) 179D
① €22,00 ② €28,00

In Preetz die B76 Richtung Plön. Weiter Richtung Wielen. CP weiter ausgeschildert. Letzte 700m unbefestigte Strecke. 102388

Wallnau (Fehmarn), D-23769 / Schleswig-Holstein

Strandcamping Wallnau****
Wallnau 1
31 Mrz - 29 Okt
+49 4 37 24 56
wallnau@strandcamping.de
N 54°29'15" E 11°01'07"

1 AEGKNOPQRSTU KMNPQRSV 6
2 AGJLMPQWXYZ ABDEFGHIJ 7
3 BFGHIMTVX ABCDEFGHIJNPQRSTUVW 8
4 BCDHJLQX DENVWY 9
5 ACDEFKMN ABCGHIJKMOQY 10
B 6-16A CEE
17ha 290T(90-130m²) 512D
① €36,60 ② €48,20

Insel Fehmarn, A1/E47 hinter der Fehmarnsundbrücke rechts halten Richtung Landkirchen, Petersdorf und Bojendorf. Den Schildern folgen. 108036

Wangels/Weißenhäuser Strand, D-23758 / Schlesw.-H.

Campingplatz Triangel
Seestrasse 1a
1 Apr - 27 Okt
+49 43 61 50 78 90
info@campingplatz-triangel.de
N 54°18'37" E 10°48'12"

1 ADGKNOPQRSTU KMNQRSTWX 6
2 AGJPQSWXY ABDEFGHIJ 7
3 ABGJLMNORSU ABCDEFGIJKNQFTUV 8
4 FHO T 9
5 ACDEFHJLM ABCGHIJKORSY 10
B 16A CEE
12ha 170T(80-120m²) 571D
① €38,00 ② €52,00

A1/E47 Hamburg-Puttgarden, Ausfahrt Oldenburg in Holstein. Dann die B202 von Oldenburg Richtung Kiel, Ausfahrt Weißenhäuser Strand 108032

Wendtorf, D-24235 / Schleswig-Holstein

Regenbogen Wendtorf
Zum Bottsand 1
1 Apr - 27 Sep
+49 43 43 96 88
urlaub@regenbogen.ag
N 54°25'36" E 10°17'45"

1 AGJMOPQRSTU K 6
2 GJPQTWXY ABDEFGH 7
3 BM ABCDFIKNQRSTUW 8
4 HOT DE 9
5 ACDFGLM ABGHJKOQXY 10
B 10A
10ha 227T(30-100m²) 259D
① €30,00 ② €30,00

In Kiel 'Ostufer' halten. Weiter der B502 bis Ausfahrt Wendtorf/ Marina. Danach ist CP angezeigt. 112138

Deutschland

Teilkarte Schleswig-Holstein auf Seite 232

Wenkendorf (Fehmarn), D-23769 / Schleswig-Holstein

Am Deich
Wenkendorf 100
1 Apr - 3 Okt
+49 4 37 27 77
info@inselurlaub-fehmarn.de

1 AFGKNOPQRSTU KMNPQSY 6
2 GKLMQWYZ ABDEFGHIJ 7
3 AGX ABCDEFGHJNPQRTW 8
4 FHJO 9
5 ADFLMN ABGHIJKMOQ 10
B 16A CEE ❶ €34,00
1ha 50T(70-120m²) 13D ❷ €40,00

N 54°31'37'' E 11°06'57''
A1/E47 Ausfahrt Landkirchen Richtung Gammendorf. Dann nach Wenkendorf. CP dann ausgeschildert.
108037

Westensee/Wrohe, D-24259 / Schleswig-Holstein

Naturcp Wrohe am Westensee
Seeweg 22
1 Apr - 31 Okt
+49 1 51 50 10 79 05
info@naturcampingplatz-westensee.de

1 AKNOPQRSU LNQSXZ 6
2 ABEIJPQWXY ABDEF 7
3 ABCDEFJNQRU 8
4 FHJ 9
5 DEFM AHJKOQ 10
10A CEE ❶ €20,00
2ha 40T(80-120m²) 45D ❷ €25,00

N 54°16'10'' E 09°57'49''
A7 Hamburg-Flensburg Ausfahrt Warder, zunächst über die L48 Richtung Westensee. Danach die L255 nach Wrohe. In Wrohe ist der CP angezeigt.
114700

Westerdeichstrich, D-25761 / Schleswig-Holstein (CC€23)

Nordsee Camping "In Lee"*****
Stinteck 37
4 Apr - 15 Okt
+49 48 34 81 97
info@in-lee.de

1 ADEKNOPQRSTU NQRX 6
2 IKPQTXY ABCDEFGHIJ 7
3 ABFGHJLMUV ABCDEFJKNQRSTUVW 8
4 BFH VW 9
5 ABDKLM ABCDFGHIJKMOPQVW 10
Anzeige auf dieser Seite B 16A CEE ❶ €35,50
5,5ha 190T(80-120m²) 100D ❷ €46,50

N 54°09'31'' E 08°49'58''
B203 Heide-West Richtung Büsum, Ausfahrt Westerdeichstrich. An der Mühle vorbei. Nach 1 5 km Richtung Stinteck. Badestrand-Schilder.
102189

Wisch/Heidkate, D-24217 / Schleswig-Holstein

Heidkoppel
Mittelweg 114
1 Apr - 30 Sep
+49 43 44 90 98
info@camping-heidkoppel.de

1 ADEGILOPQRSTU KNQSX 6
2 GJKQWX ABDEFGI 7
3 ABFG ABCDEFGIJKNQRT 8
4 BCDFHJO 9
5 ACDEN ABEGHIJKOPQY 10
B 16A CEE ❶ €33,00
14ha 60T(90-200m²) 600D ❷ €40,00

N 54°25'59'' E 10°20'23''
Von Kiel Richtung Ostufer B502 nach Schönberg. Hinter Barsbek an der alten Mühle links Richtung Heidkate. Den Schildern folgen.
112137

Wittdün, D-25946 / Schleswig-Holstein

Dünencamping Amrum****
Inselstraße 125
1 Apr - 31 Okt
+49 17 14 96 72 38
info@camping-amrum.de

1 ABDEJMOPQRSTU KMNQRSTXYZ 6
2 APQRSTVXY ABCDEFGHIJK 7
3 ABHIJMN ABCDEFGHJKNQRSTW 8
4 ABCDEFHIJRWX DEKLVW 9
5 ACDEFGHIJLMN ABCGHIJKOPSTWY 10
16A CEE ❶ €38,00
25ha 266T(80-120m²) 115D ❷ €49,00

N 54°37'44'' E 08°21'59''
Von der Ankunft der Fähre durch das Dorf. Nach Wittdun liegt der Campingplatz nach ca. 1 km auf der linken Seite.
108023

Wittenborn, D-23829 / Schleswig-Holstein

Seecamping Weißer Brunnen
Seestraße 12
1 Jan - 31 Dez
+49 45 54 14 13
camping@weisser-brunnen.de

1 ADEGKNOPQRST LNQSX 6
2 BEIJKQSUVXYZ ABDEFGHIJ 7
3 BDFGMU ABCDEFGKLNQRSTW 8
4 BFHJKOPQT AEFHNT 9
5 ABDEFJKMN ABFGHIJKLMNQU 10
B 16A CEE ❶ €28,50
10,7ha 70T(80-170m²) 310D ❷ €36,50

N 53°55'15'' E 10°14'04''
A7 Hamburg-Flensburg, Ausfahrt Bad Bramstedt/Bad Segeberg. B206 Richtung Bad Segeberg. In Wittenborn ist der CP ausgeschildert.
102394

Wulfen (Fehmarn), D-23769 / Schleswig-Holstein

Wulfener Hals*****
Wulfener Hals Weg 100
1 Jan - 31 Dez
+49 4 37 18 62 80
info@wulfenerhals.de

1 ADEKNOPQRSTU BKMNPQRSTUWXY 6
2 HIJKMPQTWXYZ ABCDEFGHIJK 7
3 ABFGHIJKLMSTUVX ABCDEFGHIJKLNPQRSTUVW 8
4 ABCDEFHJKLNORTUXZ DEIJMNPRSVWYZ 9
5 ACDEFGHIJKLMN ABCEFGHIJKLMOPQWXY 10
Anzeige auf dieser Seite B 16A CEE ❶ €39,00
34ha 393T(80-260m²) 515D ❷ €48,40

N 54°24'22'' E 11°10'38''
E47 in nördlicher Richtung Ausfahrt Landkirchen. Aus südlicher Richtung Ausfahrt Avendorf. Dann ab Avendorf ausgeschildert.
102507

Teilkarte Schleswig-Holstein auf Seite 232

Mecklenburg-Vorpommern

Ahrensberg, D-17255 / Mecklenburg-Vorp.

Campingplatz Am Drewensee****
1 Apr - 31 Okt
+49 3 98 12 47 90
drewensee@haveltourist.de
N 53°15'46'' E 13°03'03''

1	ADEG**KN**OPQRST**U**	L**N**PQS**X**Z	6
2	BFJQWXYZ	ABDE**FGI**	7
3	BGM	ABCDE**F**INQRW	8
4	BFH	EQRV	9
5	ACDEFMN	ABDGHIJK**O**QW	10

Anz. auf dieser Seite B 16A CEE – €34,30
H61 5ha 150**T**(68-300m²) 75**D** – €40,20

09199

A19 Ausfahrt 18, B198 Richtung Wesenberg/Neustrelitz. Zwischen Wesenberg und Neustrelitz Ausfahrt Ahrensberg. In Ahrensberg direkt links ab und links halten.

Alt Schwerin, D-17214 / Mecklenburg-Vorpommern

Camping am See***
An den Schaftannen 1
1 Apr - 31 Okt
+49 39 93 24 20 73
info@camping-alt-schwerin.de
N 53°31'23'' E 12°19'07''

1	ADEG**KN**OPQRST**U**	L**N**OQSW**X**Y**Z**	6
2	AEIJQWXY	ABDE**FG**IK	7
3	BF**L**MX	ABCDEFIJKNQRTUW	8
4	FGHJO	F	9
5	ABDHKMN	ABGHK**N**Q	10

Anzeige auf Seite 243 10A CEE – €31,00
H70 3,6ha 141**T**(80-120m²) 48**D** – €31,00

07493

Über die A19, Ausfahrt Malchow. Den CP finden Sie an der B192 zwischen Alt Schwerin und Karow.

Teilkarte Mecklenburg-Vorpommern auf Seite 242

Deutschland

Altefähr (Rügen), D-18573 / Mecklenburg-Vorpommern

Sund-Camp
Am Kurpark 1
1 Apr - 14 Okt
+49 38 30 67 54 83
info@sund-camp.de

1 ADEGHKNOPQRSTU KLNOQRSTWXYZ 6
2 AGIJPXY ABDEFGI 7
3 BGMWX ABDEJNQR 8
4 HJ OPRTVWZ 9
5 ABDEFHJMN ABCGHIJKNQ 10
16A CEE ❶ €37,40
2,3ha 120T(80-120m²) 30D ❷ €45,40

N 54°19'56'' E 13°07'17''
4 km hinter Stralsund über den Rügen-Damm B96/E22, rechts Richtung Altefähr. In Altefähr der Beschilderung folgen. Vor der Kurve ins Zentrum nach rechts, ab dort deutlich ausgeschildert. 109328

Born, D-18375 / Mecklenburg-Vorpommern

Regenbogen Ferienanlage Born
Nordstraße 86
6 Apr - 1 Nov
+49 38 23 42 44
born@regenbogen.ag

1 ADEKNOPQRSTU LNQRSVX 6
2 BEKQXYZ ABDEFG 7
3 ABM ABCDEFGIJKMNQRSTW 8
4 BH JMNRV 9
5 ADEHM ABGHIJKNQY 10
B 16A CEE ❶ €55,00
10ha 320T 160D ❷ €55,00

N 54°23'03'' E 12°30'16''
Von Rostock via B105 Richtung Ribnitz, links Halbinsel Darß/ Prerow. Vor Born ausgeschildert. 110435

Altenkirchen, D-18556 / Mecklenburg-Vorp.

CC€21

Drewoldke****
Zittkower Weg 27
1 Jan - 31 Dez
+49 38 39 11 29 65
info@camping-auf-ruegen.de

1 ADEKNOPQRSTU KNOQSX 6
2 BGIJLMQRXYZ ABDEFGHI 7
3 ABM ABCDEFGHIJKNQRTW 8
4 AFHO DHJK 9
5 ABDEFHMN ABDEFGHIJKLOQY 10
Anzeige auf Seite 242 B 16A CEE ❶ €42,40
9ha 340T(80m²) 87D ❷ €48,40

N 54°38'04'' E 13°22'24''
B96 Stralsund-Bergen Richtung Sassnitz, dann Altenkirchen. CP ist ausgeschildert. 102635

Carwitz, D-17258 / Mecklenburg-Vorpommern

Campingplatz am Carwitzer See
Carwitzer Straße 80
12 Apr - 7 Okt
+49 39 83 12 11 60
info@campingplatz-carwitz.de

1 ADEGKNOPQRSTU LNOPQSXZ 6
2 EJKQRUVWXY ABDEFG 7
3 AFM ABDEFJNQRW 8
4 FH DEFNQ 9
5 ABMN ABCHJKOQU 10
10-16A CEE ❶ €30,50
H98 3,4ha 100T(80-100m²) 22D ❷ €38,50

N 53°18'05'' E 13°26'25''
A11 Berlin-Szczecin (Stettin), Ausfahrt 6 Gramzow, B198 nach Prenzlau. Dort via Feldberg Richtung Carwitz. Beschildert. 109280

Altenkirchen, D-18556 / Mecklenburg-Vorp.

CC€23

Knaus Camping- und Ferienhauspark Rügen****
Zittkower Weg 30
1/1 - 8/1, 1/3 - 31/12
+49 3 83 91 43 46 48
ruegen@knauscamp.de

1 ADEGKNOPQRSTU KNOPQSW 6
2 GILMQXY ABDEFGHI 7
3 B ABEFIJNQRTUVW 8
4 FHT EJW 9
5 ABDEFHMN ABCDFGHJKOQUW 10
16A CEE Preise auf Anfrage
3,7ha 108T(80m²) 39D

N 54°38'11'' E 13°22'31''
Aus Richtung Sagard die B96 nach Altenkirchen, an Juliusruh vorbei. Nach ca. 300m rechts rein, dann kommt nach ca. 1,2 km der CP hinter dem Waldcamping. 112407

Dierhagen-Strand, D-18347 / Mecklenburg-Vorp.

CC€23

OstseeCamp Dierhagen GbR
Ernst-Moritz-Arndt Str. 1A
15 Mrz - 31 Okt
+49 38 22 68 07 78
info@ ostseecamp-dierhagen.de

1 ADEKNOPQRSTU R 6
2 PQSTWXYZ ABDEFGI 7
3 BM ABCDEFJNQRSTW 8
4 FH UV 9
5 ABDEFJMN ABCFGHJKQ 10
Anzeige auf dieser Seite B 16A CEE ❶ €38,50
6ha 300T(60-125m²) 70D ❷ €44,50

N 54°17'29'' E 12°20'37''
Von der B105 in Altheide Richtung Prerow, Ahrenshoop, dann an der Ampel links Richtung Dierhagen-Strand. 109744

Dobbertin, D-19399 / Mecklenburg-Vorpommern

CC€19

Campingplatz am Dobbertiner See
Am Zeltplatz 1
1 Apr - 4 Okt
+49 17 47 37 89 37
dobbertincamping@aol.com

1 AFKNOPQRSTU LNQSUXYZ 6
2 BFKPQUXYZ ABFG 7
3 BMX ABCDEFJNQRTUW 8
4 FHJ FJNQ 9
5 D ABDEGHJKNOQU 10
Anzeige auf dieser Seite B 16A CEE ❶ €23,00
4ha 90T(100m²) 36D ❷ €30,00

N 53°37'09'' E 12°03'54''
A19 Ausfahrt Malchow/ A24 Ausfahrt Parchim/ A20 Ausfahrt Bützow, dann Richtung Dobbertin. Den CP-Schildern folgen. 113439

Boltenhagen, D-23946 / Mecklenburg-Vorpommern

Regenbogen Ferienanlage Boltenhagen
Ostseeallee 54
1 Jan - 31 Dez
+49 38 82 54 22 22
boltenhagen@regenbogen.ag

1 DEGKNOPQRSTU KNOPX 6
2 GJLPQSTWXY ABEFG 7
3 BDFGHIJMN ABCDEFIJNQRSTVW 8
4 ABELSTUVZ DJSVWYZ 9
5 ACDEFHJLMN ABEFGHIJKNQX 10
B 16A CEE ❶ €35,00
12ha 280T(30-130m²) 295D ❷ €75,00

N 53°58'51'' E 11°12'59''
A20 Ausfahrt 6 Grevesmühlen, dann den CP-Schildern folgen. 109188

Börgerende, D-18211 / Mecklenburg-Vorpommern

Ferien-Camp Börgerende*****
Deichstraße 16
1/4 - 31/10, 27/12 - 31/12
+49 38 20 38 11 26
info@ostseeferiencamp.de

1 BCDEGKNOPQRSTU KNQS 6
2 GJPQWXY ABDEFGHIJ 7
3 BFGHIJLM ABCDEFJKNQRSTUVW 8
4 ABHJLOSTUVX 9
5 ABDFHKMN ABEFGHIJKNQU 10
B 16A CEE ❶ €37,00
6ha 250T(80-140m²) 70D ❷ €45,00

N 54°09'10'' E 11°53'57''
A20 Ausfahrt 13. Von Bad Doberan Richtung Warnemünde. Dann Ausfahrt Börgerende den Schildern folgen. 100092

Dranske, D-18556 / Mecklenburg-Vorpommern

Caravancamp Ostseeblick
Seestr. 39a
1 Apr - 31 Okt
+49 3 83 91 81 96
caravancamp. ostseeblick@t-online.de

1 AEKNPQRSTU KNPQRSXYZ 6
2 HLMPQTWXY ABDEFG 7
3 ABCDEFJKNQRW 8
4 FH 9
5 ABDM ABGHJKOQ 10
B 16A CEE Preise auf Anfrage
1ha 70T(60-100m²) 10D

N 54°37'44'' E 13°13'22''
B96 über Bergen Richtung Dranske. In Dranske ist der CP ausgeschildert. 112141

Teilkarte Mecklenburg-Vorpommern auf Seite 242

Deutschland

Dranske, D-18556 / Mecklenburg-Vorpommern

Regenbogen Ferienanlage Nonnevitz	1 ADEGHKNOPQRSTU KNQX 6
Nonnevitz 13	2 BGIJPQRWXYZ ABFG 7
1 Apr - 31 Okt	3 ABGLMX ABCDEFGIJKNQRTW 8
+49 38 39 18 90 32	4 BCEFHLOT DV 9
nonnevitz@regenbogen-camp.de	5 ACDEFIMN ABFGHIJKNQXY 10
	B 16A CEE — Preise auf Anfrage
N 54°40'01" E 13°17'47"	20ha 550T(bis 120m²) 244D — 108082

Insel Rügen via Bergen B96 Richtung Dranske, in Kuhle rechts Richtung Gramtitz, dann Richtung Nonnevitz. CP ausgeschildert.

Dreenkrögen, D-19288 / Mecklenburg-Vorpommern

Campingplatz Dreenkrögen	1 AFKNOPQRSTU HLMNP 6
Dreenkrögener See	2 ABFJKQRSUXYZ ABDEFGIJK 7
1 Jan - 31 Dez	3 ABEGM ABCDEFJNQSUVW 8
+49 17 52 98 76 32	4 AIT ABDN 9
j.wilsdorf@web.de	5 DEFHN BCFGKQUY 10
	6-16A — ❶ €30,00
N 53°25'32" E 11°30'29"	20ha 20T(100m²) 6D — ❷ €40,00 — 125363

A24, Ausfahrt L72. An der Straße des Friedens vorbei Richtung Tankstelle. Nach 500m links in den Dreenkrögen Drift einbiegen. Folgen Sie der Beschilderung des Campingplatzes.

Drosedow/Wustrow, D-17255 / Mecklenburg-Vorp.

FKK Campingplatz am Rätzsee	1 ADEGJLOPQRSTU LNOPQSXZ 6
Campingplatz am Rätzsee	2 BFJKQRXYZ ABDEFGI 7
1 Apr - 31 Okt	3 BFGMS ABCDEFJNQRW 8
+49 3 98 28 26 61 91	4 EFHT DINQV 9
info@raetzsee.de	5 ABDEFJMN ABFGHIJKOQW 10
	FKK 10A CEE — ❶ €29,10
N 53°15'07" E 12°54'31"	H69 5ha 70T(90-120m²) 82D — ❷ €35,50 — 109518

An der 3er Gabelung in Wesenberg (B198) am Supermarkt Richtung Drosedow. Das ist der Drosedowerweg. In Drosedow direkt rechts ab in einen Sandweg.

Feldberg, D-17258 / Mecklenburg-Vorpommern

Am Bauernhof	1 AFGKNOPQRSTU LNOPQSXZ 6
Hof Eichholz 1-8	2 FJKQTUVXY ABDEFG 7
1 Jan - 31 Dez	3 BFGM ABDEFIJNQRTUVW 8
+49 39 83 12 10 84	4 FHK EFIJQRV 9
info@campingplatz-feldberg.de	5 ABDEMN ABCGIJKMOQU 10
	B 16A CEE — ❶ €32,00
N 53°20'42" E 13°27'24"	H87 5ha 65T(60-100m²) 44D — ❷ €40,00 — 111567

B198 Neustrelitz-Woldegk in Möllenbeek Richtung Feldberg. Weiterfahren Richtung Prenzlau. 1 km außerhalb der Stadt ist der CP (ist ausgeschildert).

Freest, D-17440 / Mecklenburg-Vorpommern

Waldcamp Freest	1 ABDGKNOPQRSTU KNQSX 6
Dorfstrasse 75	2 GIJQWXY ABDFGI 7
1 Apr - 15 Okt	3 ABGJMX ABCDEFHIJLNQRTW 8
+49 38 37 02 05 38	4 H FJVW 9
info@campingplatz-freest.de	5 ADN ABCDGHJKNU 10
	Anzeige auf dieser Seite 16A CEE — ❶ €26,20
N 54°08'22" E 13°43'02"	3,5ha 80T(100-150m²) 42D — ❷ €34,20 — 114426

Freest liegt an der L262. Von Lubmin aus 100 m vor dem Ortsschild Freest, am Anfang der Bebauung, links. CP ausgeschildert. Von der anderen Seite kommend, ist der CP rechts am Ende der Bebauung.

ACSI

Detailkarte

Die Orte in denen die Plätze liegen, sind auf der Teilkarte **fett** gedruckt und zeigen ein offenes oder geschlossenes Zelt. Ein geschlossenes Zelt heißt, dass mehrere Campingplätze um diesen betreffenden Ort liegen. Ein offenes Zelt heißt, dass ein Campingplatz in oder um diesen Ort liegt.

Göhren, D-18586 / Mecklenburg-Vorpommern

Regenbogen Ferienanlage Göhren	1 ADEKNOPQRSTU KNQ 6
Am Kleinbahnhof	2 BGJPQRTWXYZ ABFGH 7
1/3 - 4/11, 14/12 - 31/12	3 ABDFGJM ABCDEFGIJKNQRTUW 8
+49 38 30 89 01 20	4 BCHNOTVXZ DEGJUVW 9
goehren@regenbogen.ag	5 ABCDEFHJKLM ABEGHIJKQY 10
	B 16A CEE — Preise auf Anfrage
N 54°20'47" E 13°44'07"	10ha 480T(60-100m²) 108D — 102648

B96 Stralsund-Bergen, an Ampel vor Bergen rechts, Beschilderung folgen.

Graal-Müritz, D-18181 / Mecklenburg-Vorpommern

Ostseecamp Rostocker Heide	1 ADEKNOPQRSTU KNPQRX 6
Wiedortschneise 1	2 BGJQRSTXYZ ABDEFG 7
1 Apr - 31 Okt	3 BDEGJM ABCDEFIJKLNQRTW 8
+49 38 20 67 75 80	4 BDFHLOST LM 9
info@ostseecamp-ferienpark.de	5 ABDEFHJLN ABEFGHIJKLNPQVW 10
	Anzeige auf dieser Seite B 16A CEE — ❶ €35,00
N 54°14'40" E 12°12'44"	27ha 500T(80-120m²) 500D — ❷ €43,00 — 108060

Von der B105-E22 bei Rövershagen Richtung Graal-Müritz abbiegen. Ab Torfbrücke ausgeschildert.

Grambin/Ueckermünde, D-17375 / Mecklenb.-Vorp.

Campingpark Oderhaff	1 AEGHKNOPQRSTU KNQSXY 6
Dorfstraße 66a	2 BGIJKPQRSXYZ ABDFGI 7
1 Jan - 31 Dez	3 BG ABFHJNQRTW 8
+49 39 77 42 04 20	4 BHJ EFNV 9
info@campingpark-oderhaff.de	5 ABDEFHJMN ABDFGHJKNQ 10
	Anzeige auf Seite 245 16A CEE — ❶ €29,00
N 53°45'39" E 14°00'39"	6,2ha 100T(80-100m²) 123D — ❷ €39,00 — 109535

Von der A20 oder A11 nach Ueckermünde, Richtung Anklam. In Grambin den CP-Schildern folgen.

Teilkarte Mecklenburg-Vorpommern auf Seite 242

Deutschland

Groß Quassow/Userin, D-17237 / Mecklenb.-Vorp. CC€23 iD

Camping- und Ferienpark Havelberge*****
An den Havelbergen 1
1 Jan - 31 Dez
+49 3 98 12 47 90
info@haveltourist.de
N 53°18'32" E 13°00'08"

1 ADEGKNOPSTU LNQSXYZ 6
2 BFJKQRUVWXYZ ABCDEFGHIJ 7
3 ABFGMTU ABCDEFGJKNQRSTUVW 8
4 ABCDEFHJLORTVX ADEJNOQRVW 9
5 ABDEFHJLM ABDEFGHIJKMOQW 10
Anzeige auf dieser Seite B 16A CEE ❶ €40,00
H54 24ha 302T(90-287m²) 186D ❷ €52,40

Über die B198 von Mirow oder Neustrelitz bis Wesenberg. Dort über Klein Quassow weiter bis Groß Quassow fahren. Ab Wesenberg ausgeschildert. 109194

Hohenkirchen, D-23968 / Mecklenburg-Vorpommern

Campingplatz 'Liebeslaube'
Wohlenberger Wiek 1
1 Jan - 31 Dez
+49 38 42 86 02 19
info@campingplatz-liebeslaube.de
N 53°55'50" E 11°17'17"

1 BDEKMOPQRST KNPQRSX 6
2 HIJPQSWXYZ ABFGIJ 7
3 ABGLMU ABCDEFIJKLNQRTW 8
4 BFH FIKMNPRTUVW 9
5 ABDEFGHJKMN ABCGHIJKMOQY 10
B 16A CEE ❶ €32,00
9ha 285T(50-120m²) 317D ❷ €45,00

A20 Ausfahrt 8 Wismar Mitte Richtung Wismar. Am Kreisel die B106 Richtung Lübeck. In Gägelow Ausfahrt L1 Richtung Boltenhagen. 6 km weiter bis zur Ostsee. CP liegt am Strand vom Wohlenberger Wiek. 118123

Natur und Strandcamping am Jabelschen See

Ruhiger, von jungen Inhabern geführter Campingplatz an einem See mitten in der Natur gelegen. Gute Radfahr- und Wassersportmöglichkeiten.

Am Heidenfriedhof 01, 17194 Jabel • Tel. +49 3992976712
E-Mail: rezeption@genuss-ferien.de
Internet: https://genuss-ferien.de/

Klein Pankow, D-19376 / Mecklenburg-Vorp. CC€23 iD

Camping am Blanksee
Am Blanksee 1
17 Apr - 6 Okt
+49 38 72 42 25 90
info@campingamblanksee.de
N 53°23'13" E 12°01'14"

1 AKNOPQRSTU LN 6
2 ABFIJKQRTXYZ ABEFG 7
3 BFGMX ABCDEFNQRTW 8
4 HJ BJQTV 9
5 ABCDEFHKMN ABDFHJKOQ 10
Anz. auf dieser Seite 10-16A CEE ❶ €32,00
12ha 80T(100-150m²) 13D ❷ €40,00

A24 Hamburg-Berlin. Ausfahrt 16 Suckow. Suckow-Siggelkow-Groß Pankow Richtung Klein Pankow. Dann den CP-Schildern folgen. 117980

Jabel, D-17194 / Mecklenburg-Vorpommern CC€19 iD

Natur und Strandcamping am Jabelschen See
Am Heidenfriedhof 01
1 Apr - 31 Okt
+49 39 92 97 67 12
rezeption@genuss-ferien.de
N 53°31'14" E 12°31'01"

1 ABDEKNOPQRSU LNQSWXYZ 6
2 BFJKQXYZ BFG 7
3 BM BFJNQRU 8
4 FH DMNOPQTV 9
5 ABDEFHIMN ABCFGHIJKNRS 10
Anzeige auf dieser Seite 4-10A CEE ❶ €35,00
H70 5ha 120T(80-150m²) 44D ❷ €45,00

A19 Abfahrt Malchow, Richtung Nossertin (L20), dann Jabel. Der Camping ist ausgeschildert. 125411

Camping am Blanksee
ECO-Camping

Am Blanksee 1 • 19376 Klein Pankow
www.campingamblanksee.de
Tel. 038724-22590 • Handy 0152 - 08803883

Juliusruh, D-18556 / Mecklenburg-Vorpommern iD

Freizeitcamp Am Wasser
Wittower Straße 1-2
1 Apr - 31 Okt
+49 38 39 14 39 28
info@freizeitcampamwasser.de
N 54°36'37" E 13°22'46"

1 ADEKNOPQRSTU KNQRSX 6
2 BGJPQRXYZ ABDEFGH 7
3 BGMX ABCDEFJLNQRSTUW 8
4 BHIO DJNVW 9
5 ABCDEMN ABGHIJKLOQ 10
B 16A CEE Preise auf
10ha 400T(bis 90m²) 130D Anfrage

Von Stralsund immer auf der B96 bleiben bis an Bergen/Lietzow vorbei. Bei Sagard links halten Richtung Altenkirchen. Vor Juliusruh liegt der CP links der Straße. Ist ausgeschildert. 114877

Das Team vom Campingpark Oderhaff heisst euch herzlich Willkommen direkt am weissen Strand von Ueckermünde/Grambin!

Dorfstraße 66a, 17375 Grambin/Ueckermünde
Tel. und Fax 039774-20420
info@campingpark-oderhaff.de • www.campingpark-oderhaff.de

Karlshagen, D-17449 / Mecklenburg-Vorpommern CC€23 iD

Dünencamp Karlshagen*****
Zeltplatzstraße 11
1 Jan - 31 Dez
+49 38 37 12 02 91
camping@karlshagen.de
N 54°07'04" E 13°50'42"

1 ADEGHJMOPQRSTU KNQRSTX 6
2 BGJPQRVXYZ ABDEFGHIJK 7
3 ABGJM ABCDEFGIJKNQRTW 8
4 ABEFHJO V 9
5 ABDEFKMN ABDEFGHIJKLNQUY 10
Anzeige auf dieser Seite B 16A CEE ❶ €47,60
5ha 265T(80-90m²) 75D ❷ €54,60

B111 Wolgast-Ahlbeck. In Bannemin links nach Karlshagen abbiegen. CP ist ausgeschildert. 113034

Koserow, D-17459 / Mecklenburg-Vorpommern

Am Sandfeld
Am Sandfeld 5
6 Apr - 30 Sep
+49 38 37 52 07 59
camping@amsandfeld.de

1 ADG**KN**OPQRST**U** 6
2 JPQRUXYZ ABDE**FG** 7
3 ABMX ABCDEF**G**JNQRT 8
4 FHJO DIVW 9
5 ABDGMN ABEFGHIJKOQUY 10

Anzeige auf dieser Seite B 16A CEE
3,7ha 150**T**(80-100m²) 28**D**
① €41,30 ② €49,30

N 54°02'48" E 14°00'40"

B111 Wolgast-Swinoujscie, 2. Ausfahrt Koserow, ab hier ist der CP ausgeschildert. 102668

Krakow am See, D-18292 / Mecklenburg-Vorpommern

CP "Am Krakower See"****
Windfang 1
1 Mrz - 31 Dez
+49 38 45 75 07 74
info@campingplatz-krakower-see.de

1 ADEG**KN**OPQRST**U** L**N**OQS**X**Y**Z** 6
2 ABEJKLPQUWXY ABDE**FGIJ** 7
3 ABG**L**M ABCDEFHJKNPQRTUVW 8
4 BFHJO IJNOVW 9
5 ABDEHKMN ABFGHJKMNQW 10

B 16A CEE
H52 6,9ha 115**T**(80-150m²) 148**D**
① €35,00 ② €38,00

N 53°40'13" E 12°16'27"

B103, in Krakow am See die Straße nach Teterow nehmen. Nach 500m ist der CP ausgeschildert. 109941

Kühlungsborn, D-18225 / Mecklenburg-Vorpommern

Campingpark Kühlungsborn GmbH*****
Waldstraße 1b
1/1 - 9/1, 25/2 - 31/12
+49 3 82 93 71 95
info@topcamping.de

1 ADE**KN**OPQRST**U** KM**N**OPQRSTW**X**Y 6
2 GJPQRSWXYZ BDE**FG**HIJ 7
3 ABCDFG**HIJL**M**NO**STUW ABCDEF**I**JK**L**NQR**S**TUVW 8
4 **A**BCDFHJLNO**RTVXZ** PQSTUVWYZ 9
5 ACDEFGHJLMN ABCEFGHIJKLOQXYZ 10

B 10A CEE
12ha 576**T**(60-168m²) 100**D**
① €49,00 ② €61,00

N 54°09'05" E 11°43'11"

A20 Wismar-Rostock, Ausfahrt Kröpelin, weiter Kühlungsborn, dann Kühlungsborn-West. CP befindet sich an der Waldstraße, ist ausgeschildert. 102548

Lassan, D-17440 / Mecklenburg-Vorpommern

Naturcamping Lassan
Garthof 5
1 Apr - 31 Okt
+49 3 83 74 55 99 51
info@campingplatz-lassan.de

1 ACDEG**KN**OPQRSTU L**N**QS**X**Y 6
2 CEIJKQXYZ AB**FG**I 7
3 ABGM**Q** ABCDEF**I**JNQRW 8
4 **T** DFOQRTV 9
5 ABDEFKLMN ABGHIJKL**O**QU 10

B 16A CEE
15ha 80**T**(60-120m²) 27**D**
① €35,00 ② €44,00

N 53°56'51" E 13°51'22"

Von Süd: A11 Berlin-Prenzlau Ri. A20 bis Ausf. B199 Anklam. Über die B110 nach Usedom. In Murchin geradeaus nach Lassan. Von Nord: A7/A1 Ri. A20 bis Ausf. B110 Anklam oder Ausfahrt B199 Anklam. In Anklam Ri. Usedom. In Murchin Ri. Lassan. 114427

Lietzow (Rügen), D-18528 / Mecklenburg-Vorpommern

Störtebeker-Camp
Waldstraße 59a
15 Apr - 30 Sep
+49 3 83 02 21 66
info@lietzow.net

1 AE**JM**OPQRST**U** KNOQS 6
2 BEJPQWXYZ AB**FG** 7
3 A**L** ABDFJNQRUVW 8
4 EFH AFGUVW 9
5 ABDFMN ABHIJK**O**ST 10

16A CEE
1,5ha 38**T**(80-140m²) 28**D**
① €44,00 ② €49,00

N 54°29'01" E 13°30'37"

Lietzow ist an der B96, zwischen Bergen und Sassnitz. Von Bergen aus Kommende in Lietzow an 2. Ampel rechts abbiegen, am Ende der Straße (ca. 200m) nach links. 111768

Lohme/Nipmerow, D-18551 / Mecklenburg-Vorp.

Krüger Naturcamp
Jasmunder Straße 5
14 Apr - 1 Nov
+49 3 83 02 92 44
info@ruegen-naturcamping.de

1 ABDEGKNOPQRSTU 6
2 BCIMNPQRSTXYZ ABDE**FG**IK 7
3 ABFJ**L**MX ABCDE**FG**JNQRTVW 8
4 FH ADVW 9
5 ABDEFHJKMN ABDEGHIJKL**N**QU 10

Anzeige auf dieser Seite 16A CEE
H108 4ha 125**T**(80-100m²) 11**D**
① €35,00 ② €42,00

N 54°34'10" E 13°36'36"

B96 Bergen-Altenkirchen, nach Bobbin rechts Richtung Sassnitz. CP ist ausgeschildert. 14878

Loissin, D-17509 / Mecklenburg-Vorpommern

Loissin
Am Strandweg 1
1 Apr - 31 Okt
+49 38 35 22 43
kontakt@campingplatz-loissin.de

1 ADEG**KN**OPQRST**U** K**N**ORS**X** 6
2 GJQRWXY ABD**FG**H**I** 7
3 ABFG**J**M**R**X ABCDE**FI**JKNQRTUVW 8
4 **A**BH**T** GUVWX 9
5 ACDEFGKMN ABGHIJK**O**QUX 10

B 16A CEE
12ha 320**T**(80-100m²) 124**D**
① €32,00 ② €41,00

N 54°07'34" E 13°31'13"

Der Camping liegt an der Strecke von Greifswald nach Wolgast (L26). Umgehung Greifswald, Abzweig Lubmin/Brünzow. In Kemnitz Richtung Loissin. 100094

Lütow, D-17440 / Mecklenburg-Vorpommern

Natur Camping Usedom
Zeltplatzstraße 20
1 Apr - 31 Okt
+49 38 37 74 05 81
rezeption@natur-camping-usedom.de

1 ADE**KN**OPQRSTU K**N**QRSTUVX 6
2 BGJQVWXYZ ABE**FG**H**IJ** 7
3 ABFGM**Q**X ABCDEFGIJKNQRTUV 8
4 BCEHJ**Q** EJMNPQRVW 9
5 ACDEFHLMN ABDGHIJK**L**NST 10

Anzeige auf dieser Seite B 16A CEE
18ha 450**T**(30-250m²) 109**D**
① €37,20 ② €48,80

N 54°00'48" E 13°52'43"

B111 von Wolgast nach Ahlbeck. Vor Zinnowitz rechts abbiegen. CP ist ausgeschildert. Achtung! Einige Navis führen durch den Wald und über einen schwierigen Waldweg. Es gibt jedoch eine gute Asphaltstraße zum CP. 112711

Teilkarte Mecklenburg-Vorpommern auf Seite 242

Deutschland

Malchow, D-17213 / Mecklenburg-Vorpommern

Naturcamping Malchow*****
Zum Plauer See 1
1 Jan - 31 Dez
+49 39 93 24 99 07
malchow@campingtour-mv.de
N 53°29'33" E 12°22'27"

1 ADEKNOPQRSTU LNOPQSWXZ 6
2 ABEJQRTWXYZ ABDEFGI 7
3 BFGLMX ABCDEFJKNQRSTUW 8
4 ABEFHJLNO BDINQV 9
5 ABDEFHLMN ABFGHIJKNRSUVW 10
B 16A CEE ❶ €41,50
7ha 120T(100-150m²) 93D ❷ €50,00
110464

Autobahn A19 Berlin-Rostock, Ausfahrt 16 Richtung Malchow, einige km westlich von Malchow B192 Richtung Schwerin. Nach 300m ausgeschildert.

Neukalen, D-17154 / Mecklenburg-Vorpommern

Peenecamp****
Schulstraße 3
1 Jan - 31 Dez
+49 3 99 56 29 64 08
info@peenecamp.de
N 53°49'24" E 12°47'15"

1 ADEGKNOPQRSTU JN 6
2 DJKPQWY ABDEFGI 7
3 BFMN BDFGIJKNQRTUVW 8
4 BFHJKORT GINTV 9
5 ABDEHJ ABEFGJKLOQUW 10
B 16A CEE ❶ €29,00
2,5ha 75T(90-150m²) 20D ❷ €35,00
122756

Van Teterow oder Stavenhagen die B104 Richtung Malchin. Vor oder hinter Malchin die L20 in nördlicher Richtung nach Dargin und Neukalen. In Neukalen ist der CP angezeigt.

Mallіß, D-19294 / Mecklenburg-Vorpommern

Am Wiesengrund
Am Kanal 4
1 Mrz - 31 Okt
+49 38 75 02 10 60
sielaff-camping@t-online.de
N 53°11'51" E 11°20'21"

1 AEGKNOPQRSTU JNXYZ 6
2 CJQSXYZ BEFGHI 7
3 BEFGIM ABDFJNQRTW 8
4 EFHJKOT ADFIQRTUVWZ 9
5 ABDEFJKMN ABFGHIJKLMOQUW 10
16A CEE ❶ €25,00
2ha 60T(100-120m²) 47D ❷ €30,00
110094

B191 Uelzen-Ludwigslust, dann in Mallіß ausgeschildert.

Niendorf/Wohlenberger Wiek, D-23968 / Mecklenburg-Vorp.

Campingplatz Ostseequelle GmbH
Strandstraße 21
28 Apr - 3 Okt
+49 38 42 86 02 22
info@ostsee-campingplatz.de
N 53°55'46" E 11°16'12"

1 DEJMOPQRSTU JKNPQS 6
2 GJKPQVWXYZ BCDEFGI 7
3 BFGKLM BDEFGKNQRST 8
4 FHT DFJKNV 9
5 ABDEKMN ABFGHJKOSTU 10
FKK 16A CEE ❶ €28,00
6,5ha 291T(60-70m²) 146D ❷ €35,00
113215

A20, Ausfahrt 6 Grevesmühlen, nach Grevesmühlen bis zur T-Kreuzung (Grüner Weg) links Richtung B105 Boltenhagen. Am Ploggensee rechts über die L02 zum Wohlenbergerwiek bei Niendorf.

Markgrafenheide/Rostock, D-18146 / Mecklenb.-Vorp.

CC€23

Camp. & Ferienpark Markgrafenheide
Budentannenweg 2
1 Apr - 31 Dez
+49 38 16 61 15 10
info@baltic-freizeit.de
N 54°11'39" E 12°09'20"

1 ADEKNOPQRSTU AEKMNQS 6
2 BGJPQRWXYZ BFG 7
3 BHJMN BFJNQRTW 8
4 FHKNPQTUVXZ IJVW 9
5 ACDEFGHIJLM ABDGHJKMNQWX 10
Anzeige auf dieser Seite B 16A CEE ❶ €37,00
28ha 1136T(100-140m²) 499D ❷ €53,00
102579

Die B105 Rostock-Stralsund, Ausfahrt Rövershagen-Hinrichshagen-Markgrafenheide.

Ostseebad Mönchgut, D-18586 / Mecklenburg-Vorp.

Campingplatz Thiessow
Hauptstraße 4
1/4 - 30/10, 24/12 - 31/12
+49 3 83 08 66 95 85
campingplatz-thiessow@t-online.de
N 54°16'46" E 13°42'49"

1 ADEGKNOPQRSTU KNQRSTY 6
2 GIJPQRSVWXYZ ABDEFGHIJ 7
3 BGM ABCDEFGIJNQRTW 8
4 ABE KUVW 9
5 ABDEFHKMN ABCHIJKOQUY 10
B 16A CEE ❶ €36,80
5,5ha 340T(30-120m²) ❷ €45,65
102650

Die E22 auf der Insel Rügen Richtung Bergen. Dann rechts Richtung Göhren. Vor Göhren rechts auf die Halbinsel Mönchgut. Straße endet in Thiessow.

Mirow, D-17252 / Mecklenburg-Vorpommern

Zum Hexenwäldchen
Blankenförde 1a
1/1 - 4/1, 1/4 - 31/12
+49 39 82 92 02 15
kontakt@hexenwaeldchen.de
N 53°20'51" E 12°55'23"

1 AEHILOPQRSU DLNQXZ 6
2 BFJKPQRXYZ ABCDFG 7
3 AFGIM AEFNRUW 8
4 BFHKT V 9
5 ABDEFLMN ABCGIJKNRSU 10
Anzeige auf dieser Seite 6A CEE ❶ €27,50
H69 3ha 70T(80-100m²) 30D ❷ €35,30
108142

Über die B198 Richtung Mirow. Vor Zitow Richtung Roggentin. CP ist gut ausgeschildert.

Mönchgut (Rügen), D-18586 / Mecklenburg-Vorp.

DAT Stranddörp
Lobbe 32a
1 Apr - 31 Okt
+49 3 83 08 23 14
lobbe@campingruegen.de
N 54°18'57" E 13°43'10"

1 ADEGKNOPQRSTU KNQRSX 6
2 HJPQWY ABDEFGIJ 7
3 BGMX ABCDEFHJNQRT 8
4 HI DEVW 9
5 ADEFIKMN ABCHIJKLOQ 10
B 16A CEE ❶ €43,70
8ha 240T(20-220m²) 80D ❷ €54,40
102649

CP befindet sich an der Straße von Ostseebad Baabe nach Thiessow. Deutlich ausgeschildert.

Ostseebad Prerow, D-18375 / Mecklenburg-Vorpommern

Meißner's Sonnen-Camp
Villenstrasse 3
1 Apr - 31 Okt
+49 38 23 36 01 98
sonnencamp@gmx.de
N 54°27'10" E 12°33'29"

1 AEHKNOPSU KNQ 6
2 BGIJRXYZ BFG 7
3 BGM ABFJNQRTW 8
4 DJ 9
5 DN ABCEFGHIJKQ 10
16A CEE ❶ €37,00
2ha 67T(6-50m²) 41D ❷ €42,00
119343

Von Rostock die B105 bis Altheide, dann Richtung Wustrow nach Prerow. In Prerow den Schildern folgen. Einfahrt Restaurant-Hotel Waldschlößchen.

Neu-Göhren, D-19294 / Mecklenburg-Vorpommern

Bootsanleger & Camping Neu-Göhren
Zur Elde 9 (Ausbau 3)
1 Jan - 31 Dez
+49 38 75 52 03 09
bootsanleger-camping@t-online.de
N 53°11'30" E 11°22'32"

1 GKNOPQRSTU JNXYZ 6
2 CKPQRSTXYZ ABDFG 7
3 AF ABCDEFHNQRW 8
4 FHJO DEV 9
5 ADEFJKM AGHIJKNQ 10
Anzeige auf dieser Seite 16A CEE ❶ €23,00
H172 3ha 30T(100-120m²) 43D ❷ €29,00
112996

Die B191 von Dannenberg nach Ludwigslust. In Malk/Göhren Richtung Alt-Kaliss 3 km. CP ist ausgeschildert. Zur Navigation: als Adresse 'Ausbau 3' eingeben.

Teilkarte Mecklenburg-Vorpommern auf Seite 242

Ostseebad Rerik, D-18230 / Mecklenb.-Vorp.

CC€21 iD

Campingpark 'Ostseebad Rerik'*****
Straße am Zeltplatz 8
1 Jan - 31 Dez
+49 38 29 67 57 20
info@campingpark-rerik.de

1 ACDEKNOPQRSTU KNQRSTXYZ 6
2 GJMPQSTWXYZ ABDEFGHIJK 7
3 ABFGIMUW ABCDEFGIJKLNPQRTUVW 8
4 BCDFHJORTX CFJKMUVWX 9
5 ABCDEFHJLMN ABCDEFGHIJKOPQUW 10
Anzeige auf dieser Seite B 16A CEE ❶ €35,00
5,2ha 299T(80-100m²) 54D ❷ €44,00

N 54°06'47" E 11°37'51"

A20 Ausfahrt 12 Kröpelin (L11). A20 Autobahnkreuz/Wismar 105 bis Neubukow. Dann Richtung Rerik. In Rerik den CP-Schildern folgen. 117275

Plau am See/Plötzenhöhe, D-19395 / Mecklenb.-Vorp.

CC€23 iD

Campingpark Zuruf****
Seestraße 38D
1 Mrz - 31 Okt
+49 38 73 54 58 78
campingpark-zuruf@t-online.de

1 ADEGKNOPQRSTU LNOPQSWXYZ 6
2 EJKQTWXYZ ABDEFGHI 7
3 BGM ABCDEFGIJKNQRTUVW 8
4 BCHLOQ DFJOQVY 9
5 ABDEFGHMN ABDEFGHIJKLOPQ 10
Anz. auf dieser S. B 10-16A CEE ❶ €32,00
H50 8ha 131T(70-100m²) 136D ❷ €39,80

N 53°26'17" E 12°17'13"

A24/E26 Hamburg-Berlin, Ausfahrt Meyenburg. Dann B103 nach Plau. In Plau an der Ampel rechts zur Plötzenhöhe. CP (am See) ist ausgeschildert. 02580

Ostseeheilbad Zingst, D-18374 / Mecklenburg-Vorp.

iD

Wellness Camp Düne 6
Inselweg 9
1 Jan - 31 Dez
+49 38 23 21 76 17
info@wellness-camp.de

1 ADEGKNOPQRSTU EKNQRSTXYZ 6
2 GJPQSTWXY ABDEFGI 7
3 ABEFGJMNOR ABCDEFIJLNQRSTUVW 8
4 BCDFHLNORTVXZ DEIKMQRSUVWZ 9
5 ABDEFJLMN ABEFGHIJKOQVXY 10
Anz. auf dieser Seite B 10-16A CEE ❶ €47,00
10ha 402T(bis 120m²) 54D ❷ €56,00

N 54°26'12" E 12°42'22"

B105 Ribnitz-Damgarten-Stralsund. In Löbnitz Richtung Barth, dann Zingst. In Zingst bei Kreisverkehr rechts. CP ab Lierna beschildert. 111618

Prerow, D-18375 / Mecklenburg-Vorpommern

iD

Regenbogen Ferienanlage Prerow
Bernsteinweg 4-8
1 Jan - 31 Dez
+49 38 23 33 31
prerow@regenbogen-camp.de

1 ADEHKNOPQRSTU KNPQRSTUV 6
2 BHIJKPQRWXYZ ABDEFGI 7
3 ABFGJM ABCDEFGJKLMNQRSTW 8
4 ABCDFHLNOT ADKMNRVZ 9
5 ABDEFGHJLM ABFGHIJKNOQXY 10
FKKB 16A CEE ❶ €55,00
35ha 850T(80-110m²) 450D ❷ €55,00

N 54°27'16" E 12°32'51"

In Prerow zur Ortsmitte, dort ist der CP gut ausgeschildert. 108061

Penzlin (OT Werder), D-17217 / Mecklenb.-Vorp.

CC€21 iD

Seeweide Naturcamping Penzlin
Halbinsel Werder 33
1 Apr - 30 Okt
+49 3 96 22 57 82 90
info@seeweide.de

1 AEGKNOPQRSTU LNXZ 6
2 AEIJKQWX ABDEFG 7
3 BFGJM ABCDEFJKNQRTUVW 8
4 FHK NQVW 9
5 ABDN ABGHJKMOQ 10
Anzeige auf dieser Seite B 16A CEE ❶ €34,00
H413 7,5ha 182T(120-150m²) 14D ❷ €42,00

N 53°29'19" E 13°05'28"

Über B192 oder B193 nach Penzlin. Durch das Zentrum von Penzlin Richtung Werder. Den Schildern nach Werder folgen. Dies ist ein sehr kleines Dorf. Vor der Ortseinfahrt geht es zum Campingplatz. 125011

Priepert, D-17255 / Mecklenburg-Vorpommern

iD

Havelperle
An der Havel 33
1 Jan - 31 Dez
+49 39 82 82 65 04
havelperle-priepert@freenet.de

1 AFGHKNOPQRSTU LNOPQSWXZ 6
2 FPQXY ABDEFG 7
3 ABCDEFJNQRW 8
4 FH GJV 9
5 ABE ABCGKOU 10
B 10A CEE ❶ €25,00
H55 2,5ha 130T(80-100m²) 24D ❷ €28,50

N 53°12'58" E 13°02'00"

Über die B96 zwischen Fürstenberg und Neustrelitz am besten bis Ausfahrt Priepert und dem Weg folgen. Über die B196 bei Wesenberg dann Richtung Wustrow und Strassen, dort Richtung Priepert. Der Beschilderung Havelperle folgen. 117149

Priepert (Radensee), D-17255 / Mecklenburg-Vorp.

iD

Am Ziernsee****
Radensee 10
1 Apr - 30 Okt
+49 1 51 52 76 68 54
ziernsee@haveltourist.de

1 ADEGKNOPQRSTU LNPQSWXY 6
2 BFQWXY ABDEFGI 7
3 AGM ABCDEFJNQRW 8
4 BF QR 9
5 ABHM ABFGHIJKOQ 10
16A CEE ❶ €27,70
H65 6,8ha 40T(100-135m²) 86D ❷ €37,90

N 53°12'32" E 13°04'23"

Von Wesenberg über die E251 via Wüstrow und Strasen durch Priepert der Straße nach bis Radensee, dort links ab in den Waldweg, der gut erreichbar ist (1,5 km) bis zum CP. Der Campingplatz ist gut ausgeschildert. 119515

Prora, D-18609 / Mecklenburg-Vorpommern

iD

Prora
Proraer Chaussee 30
1 Mrz - 6 Nov
+49 3 83 93 20 85
info@camping-prora-ruegen.de

1 ADEGKNOPQRSTU MNOQSX 6
2 BGJPQWXYZ ABDEFG 7
3 ABLMX ABCDEFGIJKNQRTW 8
4 HIO JV 9
5 ADFJLM ABCGHIJEOQ 10
B 6A CEE ❶ €40,10
3,5ha 135T(80-100m²) 3D ❷ €56,00

N 54°25'25" E 13°34'39"

B96 Stralsund-Bergen, in Bergen die B196 bis Karow, dann Prora. An der Ampel rechts Richtung Bins, CP ist ausgeschildert. 111568

Teilkarte Mecklenburg-Vorpommern auf Seite 242

Pruchten, D-18356 / Mecklenburg-Vorpommern

NATURCAMP
Prüchten GmbH****
Am Campingplatz 1
1 Apr - 31 Okt
+49 3 82 31 20 45
info@naturcamp.de
N 54°22'46'' E 12°39'43''

1	ADEGKNOPQRSTU	NQRSX	6
2	BGKPQRWXYZ	BCFGHI	7
3	ABFHIMUV	BDFIJKNQRTUVW	8
4	BCDHK	FGJKUVW	9
5	ACDFHLMN	ABFGHIJKMOQUVY	10

Anzeige auf dieser Seite B 16A CEE
6ha 250T(80-100m²) 131D
① €31,00
② €42,00
111619

B105 Ribnitz-Darmgarten Richtung Stralsund. In Löbnitz Richtung Barth, dann Pruchten. Der CP ist gut ausgeschildert.

Rappin (Rügen), D-18528 / Mecklenburg-Vorpommern

Banzelvitzer Berge GmbH
OT Groß Banzelvitz
1 Apr - 31 Okt
+49 3 83 83 12 48
info@banzelvitz.de
N 54°31'01'' E 13°24'38''

1	AEGKNOPQRSTU	KNQSUWX	6
2	BGIJKLQRUVWXYZ	ABDEFGIJ	7
3	ABDGHIMTUV	ABCDEFGIJNQRTUVW	8
4	AEFJK	AFJKLOQRTVY	9
5	ABDEFHMN	ABGHIJKLMOQU	10

B 16A CEE
8ha 150T(60-100m²) 73D
① €44,00
② €48,00
102637

Stralsund B96 Rügendamm bis Bergen. An der Ampel links Richtung Gingst/Schaprode. Nach 5 km rechts Richtung Rappin/Groß Banzelvitz, dort leicht nach oben über einen Sand-/Kiesweg.

Rerik/Meschendorf, D-18230 / Mecklenb.-Vorp.

CC€23

Ostseecamp Seeblick
Meschendorfer Weg 3b
17 Mrz - 5 Nov
+49 3 82 96 71 10
info@ostseecamp.de
N 54°07'40'' E 11°38'44''

1	ADEKNOPQRSTU	KMNPQSWX	6
2	HIJMQSWXYZ	BDEFGHIJ	7
3	BFGMT	ABCDEFGIJKLNQRTUVW	8
4	ABDEFHJLMORTZ	EIJNUVW	9
5	ACDEFGLMN	ABCGHIJKLMOQ	10

Anzeige auf dieser Seite B 16A CEE
9ha 400T(80-130m²) 84D
① €30,30
② €50,90
100093

A20 Ausfahrt 9, Kreuz Wismar, dann die B105 Richtung Neubukow. Danach links Richtung Rerik. Rerik-Meschendorf, dort der zweite CP.

Schaprode, D-18569 / Mecklenburg-Vorpommern

Am Schaproder Bodden
Lange Straße 24
1 Apr - 31 Okt
+49 3 83 09 12 34
info@camping-schaprode.de
N 54°30'54'' E 13°09'59''

1	ADEKNOPQRSTU	KNQRSXY	6
2	HIJKPQRWXY	ABDEFG	7
3	ABFM	ABCDEFJKNQR	8
4	K	DEIMNO	9
5	ABDEFKLM	ABFGHIJKNQ	10

B 10A CEE
2ha 130T(80-100m²) 49D
Preise auf Anfrage
102636

B96 Stralsund-Bergen, an der Ampel Gingst/Schaprode nach links abbiegen, dann den Schildern folgen.

Schillersdorf, D-17252 / Mecklenburg-Vorpommern

Campingplatz am Leppinsee
C20
1 Apr - 31 Okt
+49 3 98 12 47 90
info@haveltourist.de
N 53°20'50'' E 12°49'33''

1	ABDEGKNOPQRSTU	LNOSXZ	6
2	BFJKQRUY	ABEFGI	7
3	AGM	ABCDEFJKNQRW	8
4	BFH	QV	9
5	ADMN	ABGHIJKOQVW	10

16A CEE
H106 4ha 70T(100-130m²) 50D
① €29,80
② €39,20
109517

Via B198 nach Mirow, dann via Granzow über Qualzow nach Schillersdorf. CP ist ausgeschildert.

Seebad Stubbenfelde, D-17459 / Mecklenburg-Vorp.

Campingplatz Stubbenfelde
Waldstraße 12
1 Apr - 31 Okt
+49 38 37 52 06 06
info@stubbenfelde.de
N 54°01'51'' E 14°02'14''

1	ACEKNOPQRSTU	KNR	6
2	BGJPQRSUVWXYZ	ABEFGHIJ	7
3	BMRX	ABDFIJKNQRTUVW	8
4	BDFHJNOPQRTXZ	GIJLVW	9
5	ABDEFHJLMN	ABEGHIJKOQ	10

B 10A CEE
5ha 270T(60-120m²) 44D
① €47,50
② €57,50
109520

Ab Greifswald die B111 Richtung Wolgast und weiter Richtung Ahlbeck, 1 km hinter der Abfahrt Kölpinsee links. Es wird empfohlen nach den GPS-Koordinaten zu fahren.

Sommersdorf, D-17111 / Mecklenburg-Vorpommern

Camping- & Wohnmobilpark
Am Hafen 2
1 Jan - 31 Dez
+49 3 99 52 29 73
info@camping-sommersdorf.de
N 53°47'55'' E 12°52'33''

1	ADEGKNOPQRSTU	LNPQSXY	6
2	FJKQWXY	BFGHI	7
3	BFGM	BDFJKNQRTUVW	8
4	FH	DQV	9
5	ABEFMN	ABFGHIJKMNQU	10

16A CEE
2,5ha 104T(80-100m²) 53D
① €28,50
② €35,00
113046

Aus Ri. Berlin über die A19 Ausfahrt Teterow, dann B104 Ri. Malchin, links ab Ri. Sommersdorf. In Sommersdorf geradeaus Ri. See oder B194 Demmin folgen, Ausfahrt Wolkwitz nach Sommersdorf Ri. See.

Sternberg, D-19406 / Mecklenburg-Vorpommern

Sternberger Seenland
Maikamp 11
1 Apr - 31 Okt
+49 38 47 25 34
info@camping-sternberg.de
N 53°42'48'' E 11°48'47''

1	ABDEKNOPQRSTU	LNQSX	6
2	FIJPQSTVWXYZ	ABFGHIK	7
3	BMUX	BDEFJNQRTUW	8
4	ABEFHJOQSXZ	EFJKNQRTW	9
5	ABDEFHJLMN	ABCFGHIJKOQU	10

B 16A CEE
7,5ha 120T(60-100m²) 43D
① €35,00
② €55,00
108065

Die 192 Wismar-Malchow. Bei Sternberg CP-Schildern folgen.

Teilkarte Mecklenburg-Vorpommern auf Seite 242

Deutschland

Ueckermünde, D-17373 / Mecklenburg-Vorpommern

iD

Ferienpark Ueckermünde-Bellin
Dorfstr. 8b
1 Mrz - 15 Okt
+49 39 77 15 91 10
info@ferienpark-ueckermuende-bellin.de
N 53°44'12'' E 14°06'47''

1 ABDEGKNOPQRSTU KNQSX 6
2 HIJKPQWXYZ ABFG 7
3 AM ABCDEFNQRW 8
4 H FJV 9
5 ADMN ABCGJKPQ 10
16A CEE
4,5ha 100T(81-100m²) 26D
€27,30
€40,30

B109 Greifswald-Pasewalk, Abfahrt Ueckermünde, dann Richtung Altwarp, der CP ist ausgeschildert. 113045

Ummanz, D-18569 / Mecklenburg-Vorpommern

iD

Regenbogen Ferienanlage Suhrendorf****
Suhrendorf 4
1 Apr - 31 Okt
+49 38 30 58 22 34
suhrendorf@regenbogen.ag
N 54°27'51'' E 13°08'19''

1 ADEGKNOPQRSTU KMNQRSVXYZ 6
2 DJKPQRWXYZ ABDEFGI 7
3 ABFGJM ABEFJKNQRTUVW 8
4 ABEFO BDEMORV 9
5 ABDEFHLMN ABEHJKLOQXY 10
B 16A CEE
9ha 250T(100-150m²) 132D
Preise auf Anfrage

Von Stralsund die B96 Richtung Rügen/Bergen. Bei Samtens links nach Gingst. In Gingst links Richtung Insel Ummans. Nach der Brücke links. Camping ausgeschildert. 108081

Strasen/Pelzkuhl, D-17255 / Mecklenburg-Vorp.

iD

Naturcamping am Grossen Pälitzsee
1 Apr - 31 Okt
+49 3 98 12 47 90
info@haveltourist.de
N 53°11'02'' E 12°58'35''

1 ADEGKNOPQRSTU LNOPQSXZ 6
2 BFJQRWXYZ ABDEFGI 7
3 BGM ABCDEFNQRW 8
4 BD RV 9
5 ABM ABIJKOST 10
16A CEE
H78 5,6ha 50T(90-110m²) 80D
1 €27,60
2 €37,00

Von Wesenberg via Wüstrow nach Strasen. Camping ist gut ausgeschildert. Hinweis: Das Navi führt einen manchmal über eine schlechte Straße durch ein Waldgebiet. Fahren Sie lieber durch Strasen! 109516

Waren (Müritz), D-17192 / Mecklenburg-Vorpommern

iD

CampingPlatz Ecktannen
Fontanestraße 66
1 Jan - 31 Dez
+49 39 91 66 85 13
info@camping-ecktannen.de
N 53°29'58'' E 12°39'48''

1 ADEGKNOPQRSTU LNQSX 6
2 BFJKQUXYZ ABDEFG 7
3 ABFGJM ABCDFJKNQRTW 8
4 BFHK FGILNPQV 9
5 ABDEFJKMN ABCFGHIJKLMOQ 10
B 16A CEE
H62 17ha 400T(100-300m²) 60D
1 €37,50
2 €45,50

A19 Ausfahrt Waren, B192 bis Waren, nach 6 km im Ort zum OT Ecktannen abbiegen und der Beschilderung folgen. 102604

Timmendorf/Insel Poel, D-23999 / Mecklenburg-Vorp.

iD

Leuchtturm
Lotsenstieg 25
1 Apr - 31 Okt
+49 38 42 52 02 24
info@campingplatz-leuchtturm.com
N 53°59'37'' E 11°22'46''

1 ADGKNOPQRSTU KLNQRSWX 6
2 GJNPQRTWY ABFGHIJ 7
3 BGHIJM ABCDFGJKNQRTUVW 8
4 H IJ 9
5 ABDEFGHJKMN ABGHIJKQ 10
B 10A CEE
9,6ha 400T(70-100m²) 205D
1 €26,00
2 €30,00

Aus Wismar-Mitte Richtung Rostock und dann der Beschilderung Insel Poel folgen. Danach den CP-Schildern 'Leuchtturm' folgen. 108762

Wesenberg, D-17255 / Mecklenburg-Vorp.

CC€19 iD

Am Weissen See****
Am Weissen See 1
1 Apr - 31 Okt
+49 3 98 12 47 90
weissersee@haveltourist.de
N 53°17'02'' E 12°56'54''

1 ADEGKNOPQRSTU LN 6
2 BEJPQUVWXY ABDEFG 7
3 AM ABCDEFIJKNQRW 8
4 BFHJ DJV 9
5 ABDFHKM ABDGHIJKNQW 10
Anzeige auf Seite 251 B 16A CEE
3,5ha 100T(90-120m²) 30D
1 €27,70
2 €37,10

Ab Wesenberg-Mitte ist der CP gut ausgeschildert. Der C63 folgen. 109196

Trassenheide, D-17449 / Mecklenburg-Vorp.

CC€23 iD

Ostseeblick****
Zeltplatzstraße 20
1 Apr - 1 Nov
+49 38 37 12 09 49
campingplatz@trassenheide.de
N 54°05'25'' E 13°53'08''

1 ADEKNOPQRSTU KNQSX 6
2 BCGJQRVWYZ ABDEFGHIJ 7
3 ABGMSX ABCDEFGJKLNQRSTW 8
4 BFHJO KVW 9
5 ABDEFHKN ABFGHJKLST 10
Anzeige auf dieser Seite B 16A CEE
4,1ha 250T(65-100m²) 70D
1 €40,10
2 €49,10

B111 Wolgast-Ahlbeck. In Bannemin links ab, Trassenheide. CP ist gut ausgeschildert. 113035

Wooster Teerofen, D-19399 / Mecklenburg-Vorpommern

iD

Camping Oase Waldsee
Köhlerweg 9
1 Apr - 31 Okt
+49 17 49 37 04 69
info@campingoase-waldsee.de
N 53°35'19'' E 12°12'56''

1 AGHKNOPQRSTU LNOQSXZ 6
2 BEJKLQRYZ ABDEFG 7
3 ABGMU ABCDEFJKNQRTUW 8
4 FHJKRT FIJLNQRTUVWY 9
5 ABDEMN ABFGHIJKLMNQUW 10
6-16A CEE
H55 7ha 150T(50-110m²) 129D
1 €27,00
2 €33,00

B192 Goldberg-Karow, Ausfahrt Wooster Teerofen. Dann ausgeschildert. 109942

Ückeritz, D-17459 / Mecklenburg-Vorpommern

CC€19 iD

Naturcamping Hafen Stagnieß
Stagnieß Hafenstrasse 10A
1 Apr - 31 Okt
+49 38 37 52 04 23
info@camping-surfen-usedom.de
N 54°00'08'' E 14°02'44''

1 AEKNOPQRSTU LQSXY 6
2 EIQRSXYZ ABFG 7
3 ABCDEFJNQRTW 8
4 V 9
5 ADEMN AHJKNQV 10
Anzeige auf dieser Seite B 16A CEE
4ha 180T(80-100m²) 60D
1 €30,90
2 €36,90

Von Anklam über die B110 und B111. Von Wolgast über die B111. Camping ist deutlich um Ückeritz herum angezeigt. 121603

Zempin, D-17459 / Mecklenburg-Vorpommern

Camping Am Dünengelände
Bernsteinweg 1
1 Jan - 31 Dez
+49 38 37 74 13 63
camping.zempin@freenet.de
N 54°04'20'' E 13°56'21''

1 BEGHKNOPQRSTU KNQSX 6
2 BGJQRWXYZ ABDFG 7
3 BMX ABCDEFIKNPQRT 8
4 BCFNO FJVW 9
5 ABDEFHN ABCEFGHIJKNRSY 10
16A CEE
6ha 350T(80-100m²) 165D
1 €50,10
2 €60,70

Von Greifswald via Wolgast B111 Richtung Zempin. CP ist gut ausgeschildert. 109189

Teilkarte Mecklenburg-Vorpommern auf Seite 242

Zierow/Wismar, D-23968 / Mecklenburg-Vorpommern

Ostseecp-Ferienpark Zierow KG****
Strandstraße 19C
1 Jan - 31 Dez
+49 38 42 86 38 20
info@ostsee-camping.de

1 ABDE**JM**OPQSTU **E**KM**N**PQ 6
2 AHJPQRSTWXYZ AB**C**DE**FG**IJK 7
3 ABDF**HIJL**M**R**ST ABCDEFJK**L**NPQR**S**TUVW 8
4 BDFHKLO**TX** EJVWY 9
5 ACDEFHLMN ABCEFGHIJKMOQWX 10

Anz. auf dieser Seite B 10-16A CEE
15ha 340**T**(90-110m²) 176**D**
① €40,00
② €46,00

N 53°56'02" E 11°22'24"

A20 Ausfahrt 8 Wismar-Mitte, dann links, Kreisel 3. Ausfahrt B106 Lübeck-Grevesmühlen. Ausfahrt Zierow. Den CP-Schildern folgen.

100095

Zislow, D-17209 / Mecklenburg-Vorpommern

CC€23

Wald- u. Seeblick Camp GmbH
Waldchaussee 1
1 Jan - 31 Dez
+49 3 99 24 20 02
info@camp-zislow.de

1 ADEG**KN**OPQRST**U** L**N**OQSW**X**Y**Z** 6
2 AEKQWXYZ ABDE**FGH** 7
3 BF**I**X ABCDE**F**NQRTUVW 8
4 FGHJ JOQTVW 9
5 ABDEFKM ABDEGHJKM**N**Q 10

B 16A CEE
H65 11ha 220**T**(80-100m²) 237**D**
① €39,00
② €47,00

N 53°26'32" E 12°18'50"

A19 (B192), Ausfahrt Waren-Petersdorf Richtung Adamshoffnung-Zislow. Dann ausgeschildert.

108066

Zingst-West, D-18374 / Mecklenburg-Vorpommern

Am Freesenbruch
Am Bahndamm 1
1 Jan - 31 Dez
+49 38 23 21 57 86
info@camping-zingst.de

1 ADE**KN**OPQRSTU KQS**X** 6
2 GJPQRSWXY ABCDE**FG** 7
3 BM ABCDEFKNQRTUVW 8
4 ABHO**RTXZ** VW 9
5 ACDEFHLMN ABEFGHIJKNQY 10

B 16A CEE
5ha 325**T**(75-120m²) 39**D**
① €46,00
② €58,00

N 54°26'26" E 12°39'37"

B105 Rostock - Stralsund. In Löbnitz links Richtung Barth, dann Richtung Zingst. CP gut ausgeschildert.

102601

Zwenzow, D-17237 / Mecklenburg-Vorp.

CC€19

Zwenzower Ufer****
Am Großen Labussee (C56)
1 Apr - 31 Okt
+49 3 98 12 47 90
gr-labussee@haveltourist.de

1 ADEG**KN**OPQRST**U** L**N**QS**X**Z 6
2 FKPQRWXY ABDE**FG**IK 7
3 AM ABDE**F**JKNQRTW 8
4 BDFH**T** DQV 9
5 ACDEFM ABDGHIJK**O**Q 10

Anz. auf dieser Seite B 16A CEE
H63 2,6ha 65**T**(80-132m²) 22**D**
① €32,20
② €42,80

N 53°19'08" E 12°56'42"

B96 von Berlin über Neustrelitz Richtung Userin und Useriner Mühle nach Zwenzow. CP ist ausgeschildert.

109191

Deutschland

Zwenzow, D-17237 / Mecklenburg-Vorp. CC€19 iD

FKK-Camping
Am Useriner See****
1 Apr - 31 Okt
+49 3 98 12 47 90
info@haveltourist.de

1 ABDEG**KN**OPQRST**U**	L**N**PQS**X**YZ 6
2 BFJKQRUWYZ	ABDE**FGI** 7
3 ABFGM	ABCDE**FI**JKNQRTW 8
4 BDFH	DQV 9
5 ACDHMN	ABDHIJK**O**ST 10

Anz. auf dieser Seite **FKK**B 6-10A CEE ① €34,30
H50 10ha 140**T**(80-162m²) 129**D** ② €44,90

N 53°19'49" E 12°57'19"

Über die B198 in Mirow auf der L25 Richtung Userin abbiegen, dann über Granzow, Roggentin nach Zwenzow.

109514

ACSI Einrichtungsliste

Die Einrichtungsliste finden Sie vorne im aufklappbaren Deckel des Führers. So können Sie praktisch sehen, was ein Campingplatz so zu bieten hat.

Arendsee, D-39619 / Sachsen-Anhalt

Im Kleinen Elsebusch
Lüchower Straße 6a
10 Jan - 15 Dez
+49 3 93 84 98 69 35
info@campingplatzarendsee.de
N 52°52'39'' E 11°27'45''

1 GKNOPQRSTU	NOPQS 6
2 QSXY	ABDE 7
3 ABG	ABCDEFGJNQRU 8
4	DET 9
5 ABDEHMN	ABGHJKMNQ 10
16A CEE	① €26,70
0,7ha 55T(80-120m²) 4D	② €36,40

Von Salzwedel die B190 Richtung Arendsee nehmen. Weiter Richtung Lüchow/Kurgebiet. Dann den CP-Schildern folgen. 120164

Sehr ruhig gelegener Camping im Harz. Gute Rad- und Wandermöglichkeiten; hügeliges Gelände. Der Camping liegt an einem kleinen See mit Sandstrand in dem man baden kann. Keine Tourplätze direkt am See, aber ein gutes Restaurant mit Terrasse. Viele Sehenswürdigkeiten wie bspw. das Städtchen Stolberg und der Dampfzug zum Brocken.

Am Birnbaumteich 1, 06493 Harzgerode/OT Neudorf
Tel. 039484-6243 • Fax 039484-40100
Internet: www.ferienpark-birnbaumteich.de

Bad Kösen/Naumburg, D-06628 / Sachsen-Anhalt

an der Rudelsburg****
Zum Campingplatz 1
1 Apr - 1 Nov
+49 34 46 32 87 05
info@campbadkoesen.de
N 51°07'22'' E 11°43'03''

1 ADEGKNOPQRST	AN 6
2 CQSWXYZ	ABDEFGI 7
3 ABC	ABCDEFJNQRSTUVW 8
4 FHT	ADEFRV 9
5 ABDEFGHKMN	ABCFGHIJKMOQU 10
B 16A CEE	① €35,50
H100 3,5ha 120T(80-140m²) 32D	② €44,50

An der B87 Naumburg-Weimar. In Bad Kösen ist der Campingplatz gut ausgeschildert. 102558

Bad Schmiedeberg/Pretzsch, D-06905 / Sachsen-Anhalt

Campingpark "Am Grossen Lausiger Teich"****
Lausiger-Teich-Straße 1
31/3 - 1/11, 15/12 - 31/12
+49 34 92 65 74 75
camping@lausiger-teiche.de
N 51°41'10'' E 12°48'03''

1 AEGKNOPQRSTU	LP 6
2 BEKPQRWXYZ	BDEFGHI 7
3 BFGM	BCDEFIJKNQRSTUVW 8
4 FHJO	ADFJKLY 9
5 ABDEFHKLMN	ABFGHJKLMOPQUVW 10
16A CEE	① €21,00
H100 12ha 104T(20-150m²) 116D	② €28,00

A2 Hannover-Berlin, Ausf. 76 Ri. Ziesar. In Ziesar B107 Ri. Coswig. In Coswig B187 Ri. Wittenberg. In Wittenberg B2 bis hinter Eutzch, B182 nach Pretzsch. In Pretzsch rechts ab Ri. Bad Schmiedeberg. 108148

Harzgerode/OT Neudorf, D-06493 / Sachsen-A.

CC€23

Ferienpark Birnbaumteich***
Am Birnbaumteich 1
1 Jan - 31 Dez
+49 3 94 84 62 43
info@eg-fr.de
N 51°36'30'' E 11°05'05''

1 AGKNOPQRSTU	LN 6
2 BEJKPQRSWXY	ABDEFGHIJ 7
3 ABFGMUW	ABCDEFGJKLNQRTW 8
4 JORT	DFJV 9
5 ABDEFHJKMN	AGHJKLOQUVW 10
Anzeige auf dieser Seite B 16A CEE	① €32,20
H500 11,5ha 150T(50-100m²) 249D	② €32,20

B81 Magdeburg-Nordhausen, Ausfahrt Hasselfelde B242 Ri. Halle. 1 km nach Harzgerode abzweigen Ri. Stolberg. Nach 4,3 km rechts und links an Bushaltestelle ausgeschildert. 110029

Bergwitz/Kemberg, D-06901 / Sachsen-Anhalt

CC€21

Campingplatz Bergwitzsee GmbH
Strandweg 1
1 Jan - 31 Dez
+49 34 92 12 82 28
reception@bergwitzsee.de
N 51°47'28'' E 12°34'15''

1 ADGKNOPRSU	LNOQSXYZ 6
2 FJKQXYZ	ABDEFG 7
3 BEFGMX	ABCDEFJNQRTUVW 8
4 FH	JLQRTVY 9
5 ABDEFHJKLM	ABGHIJKOQ 10
Anzeige auf dieser Seite B 16A CEE	① €29,00
11ha 100T(70-150m²) 265D	② €33,50

A9 Berlin-Leipzig, Ausf. 8. B187 über Wittenberg, die B2 über Leipzig nehmen. In Eutzsch B100 Ri. Gr-Hainichen, die 2. Abzweigung hinter Tankstelle-Bergwitz. CP ab der Kreuzung (5 Abzweigungen) ausgeschildert. 108769

Bergwitzsee.de

Campingplatz Bergwitzsee GmbH

Das 'Freilufthotel' im Naturpark Dübener Heide

Kinderfreundlicher Camping direkt am Badegewässer. Waldrandlage, eigener Badestrand und Liegewiese, Spielplatz, Campingtresor, modernes Sanitär, auch für Behinderte ausgestattet. Haustiere auf speziellen Plätzen erlaubt. An der Oranjer Route: Lutherstadt Wittenberg, Wörlitz, Dessau, die Fläming Region und den touristischen Umkreis von Anhalt-Wittenberg.

Strandweg 1, 06901 Bergwitz/Kemberg • Tel. 034921-28228
E-Mail: reception@bergwitzsee.de • Internet: www.bergwitzsee.de

Elend, D-38875 / Sachsen-Anhalt

Am Schierker Stern
Am Stern 1
1 Jan - 31 Dez
+49 39 45 55 88 17
info@harz-camping.com
N 51°45'27'' E 10°41'01''

1 ADEKNOPQRSTU	6
2 BIPSTUVWY	ABFGI 7
3	ABEFJNQRTW 8
4 FHJOT	F 9
5 ABDFMN	ABFGHJKNQ 10
W 6-10A CEE	① €39,10
H628 8ha 60T(70m²) 2D	② €39,10

A7, Ausfahrt 67 Seesen. Über die B248/B242 nach Clausthal-Zellerfeld weiter Braunlage, B27 Elend und weiter Schierke, dann Drei Annen Hohne rechts die L354. 112779

Havelberg, D-39539 / Sachsen-Anhalt

Campinginsel Havelberg
Spülinsel 6
1 Apr - 31 Okt
+49 17 41 82 31 00
N 52°49'36'' E 12°04'14''

1 AEKNOPQRSTU	JNXYZ 6
2 CIKPQRTWXYZ	ABDE 7
3 ABFGJMS	ABCDEFKNQRTUVW 8
4 H	OQRT 9
5 ADEHMN	ABFGHIJKMNQW 10
B 16A CEE	① €29,00
2,7ha 80T(80-120m²) 20D	② €37,00

A24 Ausfahrt 18 Meyenburg, B107 50 km nach Havelberg. In Havelberg den Schildern folgen. 111063

Gernrode, D-06507 / Sachsen-Anhalt

Harz-Camp Bremer Teich***
Bremer Dammteich 3
1 Jan - 31 Dez
+49 39 48 56 08 10
harz-camp-bremer-teich@web.de
N 51°41'18'' E 11°06'36''

1 ABEGHKNOPQRSTU	LN 6
2 BEKQTXYZ	ABDEFGHIJ 7
3 ABM	ABCDEFGKNQRTUW 8
4	ACFJ 9
5 ABDEFJKM	ABFGHIJKLRSU 10
Anzeige auf dieser Seite B 16A CEE	① €21,50
10ha 140T(80-100m²) 142D	② €25,00

B6 bis Quedlinburg, Gernrode/Harzgerode, Ausfahrt Haferfeld. Schildern folgen. 112092

Harz-Camp Bremer Teich ★ ★ ★

Ruhiger Campingplatz am Stausee mit Strand.
Stellplätze unter Bäumen.

Bremer Dammteich 3, 06507 Gernrode
Tel. +49 3948560810
E-Mail: harz-camp-bremer-teich@web.de
Internet: www.harz-camp-gernrode.de ©

Halberstadt, D-38820 / Sachsen-Anhalt

Am See
Warmholzberg 70
1 Jan - 31 Dez
+49 39 41 60 93 08
info@camping-am-see.de
N 51°54'33'' E 11°05'07''

1 ACGHKNOPRST	LMNOP 6
2 EJKQSVWXYZ	BFGHI 7
3 AFJM	ABCDEFGJKNQRTW 8
4 JO	FQT 9
5 ABDEFHJKMN	ABFGHIJKLNQUW 10
FKK 6-16A CEE	① €25,50
3ha 50T(60-100m²) 54D	② €30,00

A2 Hannover-Berlin, Ausfahrt 68 Magdeburg B105, Richtung Halberstadt B81. In Halberstadt ausgeschildert. An der 1. Ampel rechts ab. Den Schildern nach. 102515

Jersleben, D-39326 / Sachsen-Anhalt

Jersleber See***
Zum See 1
6 Apr - 15 Okt
+49 39 20 35 65 41 90
jerslebersee@barleben.de
N 52°14'16'' E 11°35'02''

1 AGKNOPQRS	LNOQ 6
2 AEJKQRXY	ABFGH 7
3 BFGJ	ABCDEFJNQRTW 8
4 K	9
5 ADEF	AHIJKLQ 10
B 16A CEE	① €21,50
20ha 120T(40-100m²) 250D	② €23,50

A2 Hannover-Berlin, Ausfahrt 70 Magdeburg-Zentrum, B189 Stendal. CP-Schild Jersleber See im Ort Jersleben. A2 Ausfahrt Jersleben. CP wird ausgeschildert. 110030

Kelbra/Kyffhäuser, D-06537 / Sachsen-Anhalt

Seecamping Kelbra
Lange Straße 150
1 Jan - 31 Dez
+49 34 65 14 52 90
buchung@campingplatz-kelbra.de
N 51°25'33'' E 11°00'11''

1 ADEKNOPQRSTU	LMNQSXYZ 6
2 AEIJMQSTXY	ABDEFG 7
3 ABFGM	ABCDEFJNQRSTUVW 8
4 FH	FJQT 9
5 ABDEFJMN	AFGHJKLNQUWY 10
B 16A CEE	① €27,50
H157 8ha 150T(70-120m²) 219D	② €35,50

In Kelbra die B85, den Schildern Stausee folgen. Von der A38 Ausfahrt Berga/Kelbra noch ± 5 km zum CP. Dort sehen Sie das Schild Yachthafen. 102520

Deutschland

Teilkarte Sachsen-Anhalt auf Seite 252

Deutschland

Schlaitz (Muldestausee), D-06774 / Sachsen-Anhalt CC€23 iD

Heide-Camp Schlaitz
Am Muldestausee
1 Jan - 31 Dez
+49 34 95 52 05 71
info@heide-camp-schlaitz.de

1 AG**J**MOPRS**U** — LN 6
2 EJPQRSY — ABDEF**G**I 7
3 AM — ABCDEFJNQRT 8
4 FHJO**R** — DFJ 9
5 ADEFHLMN — ABFHJKQ 10
Anzeige auf dieser Seite B 16A — ❶ €25,00
12ha 130**T**(110-170m²) 97**D** — ❷ €33,00

N 51°38'55'' E 12°25'23''

Auf der B100 zwischen Bitterfeld und Gossa ist der CP ausgeschildert. — 111621

Magdeburg, D-39126 / Sachsen-Anhalt iD

Barleber See****
Wiedersdorfer Straße 30
15 Apr - 1 Okt
+49 3 91 50 32 44
campingplatz@cvbs.de

1 ADEGHILOPQRSU — L**N**QS 6
2 AEJKQSXY — ABDE**FG**H 7
3 ABFGM — ABCDE**F**JNQRT 8
4 — DKQTV 9
5 ADEFJKMN — AEGHKQ 10
B 10A CEE — ❶ €26,50
15,9ha 200**T**(50-100m²) 626**D** — ❷ €32,50

N 52°13'10'' E 11°39'33''

A2 Hannover-Berlin, Ausfahrt 71 Rothensee Richtung Barleber See, über die Sackgasse (Schild) nach 1 km CP. — 102552

Seeburg (Seegebiet Mansf.Land), D-06317 / Sachsen-A. iD

Camping Seeburg
Nordstrand
1 Jan - 31 Dez
+49 34 77 42 82 81
info@
campingplatz-seeburg.de

1 ADEG**KN**OPQRST**U** — L**N**QS**X**Z 6
2 EIMQTWXYZ — AE**FG**HK 7
3 ABMX — ABCDE**F**JNQRTW 8
4 FH**T** — FNUV 9
5 ADMN — ABCHJKNQUV 10
Anzeige auf dieser Seite B 16A CEE — ❶ €25,00
33ha 60**T**(70-100m²) 166**D** — ❷ €31,00

N 51°29'47'' E 11°41'03''

Seeburg liegt an der B80 von Halle nach Lutherstadt/Eisleben. In Seeburg der Beschilderung zum CP folgen. — 121101

Naumburg, D-06618 / Sachsen-Anhalt CC€23 iD

Campingplatz Blütengrund
Blütengrund 6
1 Jan - 31 Dez
+49 34 45 26 11 44
info@
campingplatz-naumburg.de

1 ADEG**KN**OPQRST**U** — **N**XZ 6
2 ACQSTXYZ — ABDE**FGIJ** 7
3 BM — ABCDE**F**JNQRTW 8
4 FH — JRV 9
5 ABDFHKMN — ABCDFGHJKMQ 10
Anzeige auf dieser Seite B 16A CEE — ❶ €36,00
H100 8ha 450**T**(50-100m²) 80**D** — ❷ €43,00

N 51°10'31'' E 11°48'15''

Ab B180 und B87 ausgeschildert. CP liegt an dem Fluss Saale (Naumburg Richtung Freyburg). — 102557

Stiege/Hasselfelde, D-38899 / Sachsen-Anhalt iD

Camping & Gästehaus Domäne***
a/d Hauptstraße B242
1 Jan - 31 Dez
+49 39 45 97 03 33
oliverschoenfeld67@gmail.com

1 AFG**KN**OPQRSTU — 6
2 PQSUXY — ABC**FGIJ**K 7
3 B — ABE**F**JNQRTW 8
4 FHJO — FGIJ 9
5 ADJN**O** — ABGHKLMOQU 10
W 16A CEE — ❶ €34,00
H550 4ha 60**T**(70-120m²) 22**D** — ❷ €42,50

N 51°40'49'' E 10°52'40''

B81 Magdeburg-Nordhausen. In Hasselfelde B242 Richtung Halle. Nach 1,5 km ausgeschildert. Von Mansfeld-Harzgerode-Allrode die B242. CP-Schild Hasselfelde folgen. — 102517

Plötzky/Schönebeck, D-39217 / Sachsen-Anhalt iD

Ferienpark Plötzky
Kleiner Waldsee 1
1 Jan - 31 Dez
+49 39 20 05 01 55
info@ferienpark-ploetzky.de

1 AD**KN**OPQRSU — HL**N**O 6
2 BEJQWXY — A**B**DE**F**G**I**K 7
3 ABDEFGH**IJMRT**UV — ABCDE**FG**IJKNQR**S**TUVW 8
4 HJKLNO**PQRSTU** — DEJQUV 9
5 ABDEFGHJLM**N** — ABFHIJKOQ 10
Anzeige auf dieser Seite B 16A CEE — ❶ €25,00
12ha 170**T**(100m²) 193**D** — ❷ €33,00

N 52°03'46'' E 11°48'01''

Via A2 zur A14 (Kreuz Magdeburg), Ausfahrt 7 Richtung Schönebeck/Gommern. Auf der B246a durch Plötzky ist der CP angezeigt. Oder A2 Ausfahrt Möser Richtung Möser B1/Biederitz B184/B246A, Gommern/Plötzky. — 113077

Süplingen/Haldensleben, D-39343 / Sachsen-Anhalt

Cp.platz Alte Schmiede***
Steinerberg 5
15 Apr - 15 Okt
+49 3 90 53 94 52 20
alteschmiedesueplingen
@t-online.de

1 DEGH**KN**OPQRSTU — LNOPX 6
2 BEJKQRTXYZ — ABDE**F** 7
3 ABEGMU — ABEFHJNPQRT 8
4 F — DW 9
5 ABDFLM — AHJKQUV 10
16A CEE — ❶ €29,00
H108 43ha 55**T**(80-100m²) 18**D** — ❷ €30,00

N 52°16'47'' E 11°19'15''

A2, Ausfahrt Haldensleben, weiter über Bregenstedt, Altenhausen nach Süplingen. Campingplatz ist ausgeschildert. — 117173

Teilkarte Sachsen-Anhalt auf Seite 252

Altglobsow, D-16775 / Brandenburg

CC€15 iD

Ferienhof Altglobsow
Seestraße 11
1 Jan - 31 Dez
+49 33 08 25 02 50
info@ferienhof-altglobsow.de

1 AF**KN**OPQRS**U** LNQX 6
2 BEPQUXY AB**FJ** 7
3 AGM ABE**F**JNQRW 8
4 FHJ**T** FGJ 9
5 ADFKLMN ABGHIJKLOPQ 10

Anzeige auf dieser Seite B 16A CEE
4,5ha 40**T**(60-80m²) 72**D**
① €19,00
② €25,00

N 53°07'53" E 13°07'01"
112778

Aus Berlin die B96 bis Fürstenberg, Richtung Neuglobsow. Den Schildern 'Ferienhof Altglobsow' folgen.

Alt-Schadow, D-15913 / Brandenburg

iD

Spreewald Camping Nord**
Neuendorferstraße
1 Apr - 31 Okt
+49 35 47 36 21
mail@spreewald-camping-nord.de

1 AG**KN**OPQSTU L**N**QSXY 6
2 EJPQRXY ABDE**FG**H**I** 7
3 BF**R** ABE**F**JNQRW 8
4 EJQRV 9
5 ABDEHKLMN AGHJK**N**QU 10

16A CEE
7ha 100**T**(80-100m²) 254**D**
① €27,00
② €37,00

N 52°07'33" E 13°56'32"
102655

A13 Berlin-Dresden, Ausfahrt 5a Teupitz(30 km vom Camping), B179, Richtung Märkisch-Buchholz. Bei Neu-Lübbenau Richtung Alt-Schadow. Über Brücke am Dorfplatz Schild zum Camping.

Atterwasch, D-03172 / Brandenburg

iD

am See
Am See 4
1 Jan - 31 Dez
+49 3 56 92 66 95 25
campdeulo@gmx.de

1 ADEH**KN**OPQRST**U** L**N**X 6
2 BEJKQRSXYZ ABDE**FG** 7
3 BFGMX ABCDEFJNQRTUV 8
4 DFGQUVW 9
5 DEHKMNO ABCHJKL**O**Q 10

B 16A CEE
H65 10ha 40**T**(20-120m²) 78**D**
① €21,20
② €26,20

N 51°55'09" E 14°38'43"
113087

A12 Berlin-Frankfurt/Oder, Ausf. 4 Fürstenwalde-West Ri. B168 Lieberose, B320 Guben. Vor Guben Ri. Gastrose. Siehe CP-Beschilderung. Bei geschlossener Schranke dort Rezeption für den Zugangscode anrufen.

Alt-Zeschdorf, D-15326 / Brandenburg

iD

Seecamp am Oderbruch
Neue Siedlung 18
1 Jan - 31 Dez
+49 33 60 22 47
seecamp-oderbruch@t-online.de

1 AEGH**KN**OPQRSU L**N**S 6
2 EKPQSXYZ ABD**FG** 7
3 AM ABEFJNQRW 8
4 FO QV 9
5 ADEHKN ABIJKOQ 10

16A
H88 2,4ha 25**T**(80-100m²) 40**D**
① €30,50
② €37,50

N 52°25'53" E 14°26'46"
120159

A12 Ausfahrt 9 Richtung Lebus bis links zur 167. Dann über die 2. Bahnübergang direkt links. Nach 2 km Richtung Aalkasten kommt der CP.

Bantikow, D-16868 / Brandenburg

iD

Knattercamping
Wusterhausener Straße 14
1 Apr - 15 Okt
+49 33 97 91 43 61
info@knattercamping.de

1 AEG**KN**OPQRSTU L**N**QSX**Z** 6
2 BFJPQXYZ AB**FG**IJ 7
3 ABGMS ABE**F**JNQRUW 8
4 JKO**T** DEKNQR 9
5 ABDMN ABCEGHJK**N**Q 10

FKK 16A CEE
H70 3,6ha 70**T**(100-120m²) 84**D**
① €24,00
② €31,00

N 52°55'50" E 12°26'55"
113450

A24 Ausfahrt Bückwitz/Neuruppin, B167. Bei Bückwitz die B5 Richtung Kyritz und bei Wusterhausen Ausfahrt Bantikow. Weiter der Beschilderung folgen.

Teilkarte Brandenburg auf Seite 255

Beeskow, D-15848 / Brandenburg

Spreepark Beeskow | 1 AKNOPQRSTU AHJMUXY 6
Bertholdplatz 6 | 2 CKPQRTWXY ABEFGI 7
1 Apr - 31 Okt | 3 ABEFGJMNRW ABCDEFJNQRTUVW 8
+49 1 52 08 89 52 90 | 4 FH FIRV 9
spreepark.beeskow@gmv.de | 5 DKM ABGHJKOQV 10
16A CEE | ❶ €20,00
N 52°09'57" E 14°14'22" | 3,5ha 51T(100m²) 2D | ❷ €20,00
Vom Dreieck Potsdam oder Potsdam zur A12 'Südlicher Berliner Ring' Richtung Frankfurt/Oder, Ausfahrt 5. Richtung Beeskow B168, dann ausgeschildert. | 117639

Beetzseeheide/Gortz, D-14778 / Brandenburg

Flachsberg | 1 AEGKNOPQRSU LNQSWXY 6
Flachsberg 1 | 2 BEIJPQUXYZ ABDEF 7
1 Apr - 31 Okt | 3 ABGM ABEFHNQR 8
+49 17 13 64 47 42 | 4 FH JOQ 9
info@camping-flachsberg.de | 5 DMN AHJKMQV 10
16A CEE | ❶ €19,70
N 52°30'18" E 12°39'36" | 12ha 40T(80-120m²) 121D | ❷ €25,70
Von Brandenburg Richtung Nauen, bei Päwesin Richtung Bagow/ Gortz. Vor Gortz links ab Richtung CP. | 120155

Berlin-Schmöckwitz, D-12527 / Berlin/Brandenburg

CP Krossinsee 1930 GmbH*** | 1 ADEKNOPQRSTU LNQSWXYZ 6
Wernsdorfer Straße 38 | 2 BEJKPQRSYZ ABDEFGI 7
1 Jan - 31 Dez | 3 BMV ABCDEFJNQRT 8
+49 3 06 75 86 87 | 4 BCHOPQ GJOPQRTV 9
anfrage@ campingplatz-krossinsee.de | 5 ABDHLM AGHKNST 10
B 10A CEE | ❶ €31,00
N 52°22'12" E 13°41'04" | 8ha 180T(20-100m²) 288D | ❷ €39,00
A10 in südöstlicher Richtung, Ausfahrt 9 Niederlehme, Richtung Wernsdorf. Dann den Schildern Schmöckwitz folgen. | 102653

Brandenburg/Malge, D-14776 / Brandenburg

Seecamp Malge | 1 BDGKNOPQRSTU LNOPQSTVXYZ 6
Malge 3 | 2 ABEJPQRTWXYZ ABDEFGHIJ 7
1 Apr - 15 Okt | 3 BFGMU ABCDEFGIJNQRTUW 8
+49 33 81 66 31 34 | 4 FH DJLRV 9
seecamp-malge@t-online.de | 5 DMN AFGHIJKLQ 10
10A CEE | ❶ €23,20
N 52°22'11" E 12°28'16" | 8ha 83T(70-150m²) 229D | ❷ €27,70
A2 Ausfahrt 77 Richtung Brandenburg, dann 8 km durch den Wald bis Wilhelmsdorf. Dann links den CP-Schildern folgen. Der CP liegt 50m hinter der Gaststätte. | 109204

Brieselang/Zeestow, D-14656 / Brandenburg

Camping am Havelkanal | 1 ADEGKNOPQRSTU JN 6
Brieselanger Straße 11 | 2 APQRXY ABDEFG 7
1 Jan - 31 Dez | 3 A ABEFJNQTW 8
+49 33 23 48 86 34 | 4 FHOP V 9
info@ camping-am-havelkanal.de | 5 ADM AGHIKNQVW 10
B 16A CEE | ❶ €22,00
N 52°34'19" E 12°57'56" | 5,2ha 40T(100m²) 142D | ❷ €28,00
A10 Berliner Ring, Ausfahrt Brieselang (27). Dann Richtung Zeestow. Camping ist angezeigt. | 111962

Burg (Spreewald), D-03096 / Brandenburg

Spreewald Kneipp- und ErlebnisCamping**** | 1 ADEGKNOPQRSTU JNUX 6
Vetschauer Str. 1a | 2 ABCQTWXYZ BEFGHIJK 7
1 Mrz - 31 Dez | 3 BM BDFGIJNQRTUVW 8
+49 3 56 03 75 09 66 | 4 AEHTUXZ FRVWX 9
info@caravan-kurcamping.de | 5 ABDLMN ABGHJKMNQV 10
Anzeige auf dieser Seite B 10-16A | ❶ €30,60
N 51°49'27" E 14°08'23" | 2,3ha 100T(50-130m²) 4D | ❷ €41,60
Auf der A13/A15 die Ausfahrt 3 Richtung Vetschau/Burg nehmen, danach den Schildern folgen. | 118731

Eichhorst (Schorfheide), D-16244 / Brandenburg

Berolina Camping am Werbellinsee | 1 ADEGHILOPQRSTU LNOQSWXYZ 6
Am Süssen Winkel | 2 ABDEJKQWXYZ ABDEFG 7
1 Apr - 7 Okt | 3 BGM ABCDEFJNQRTW 8
+49 1 57 53 68 94 80 | 4 FHN 9
info@berolina-camping.de | 5 ABDEFGHJMN ABHIJKOST 10
B 16A CEE | ❶ €45,00
N 52°54'06" E 13°39'43" | 4,5ha 80T(60-80m²) 280D | ❷ €45,00
Der Campingplatz ist über die Autobahn E28/A11 Berlin-Szczecin, Abfahrt Werbelline, zu erreichen. Weiter nach Altenhof. Der Camping is ausgeschildert (am Süssen Winkel). | 102652

Falkenberg/Elster, D-04895 / Brandenburg

Erholungsgebiet Kiebitz**** | 1 ADEGHKNOPQRSTU HLNPQXZ 6
Hörsteweg 2 | 2 EJKQTWXY ABEFGHIJ 7
1 Apr - 31 Okt | 3 ABDFGJMU ABCDEFJNQRTUV 8
+49 3 53 65 21 35 | 4 EFHJOQT DJQTUVW 9
info@ erholungsgebiet-kiebitz.de | 5 ADEFHIKMN ABEGHIJKLMQUVY 10
Anzeige auf dieser Seite B 16A CEE | ❶ €28,00
N 51°35'38" E 13°15'30" | H88 4,6ha 75T(70-100m²) 88D | ❷ €37,80
Von Halle, Leipzig von der A14 zur B87 Richtung Torgau. Hier Richtung Falkenberg. Camping ist angezeigt. | 107523

Ferch (Schwielowsee), D-14548 / Brandenburg

Schwielowsee-CP LTD*** | 1 ADKNOPQRSTU LNQSX 6
Dorfstraße 50 | 2 ABEJKPQRVWXYZ BDEFGH 7
30 Apr - 3 Okt | 3 ABGMU ABCDEFGJNQRT 8
+49 33 20 97 02 95 | 4 JORT ARV 9
post@ schwielowsee-camping.de | 5 ADM ABCGHJKLOQU 10
16A CEE | ❶ €35,50
N 52°18'53" E 12°56'40" | 2,7ha 80T(70-80m²) 42D | ❷ €35,50
Über die A10 auf den Berliner Ring fahren, Ausfahrt 18 in Richtung Ferch nehmen. In Ferch ist der CP ausgeschildert. | 114472

Teilkarte Brandenburg auf Seite 255

Ferchesar, D-14715 / Brandenburg

Campingpark Buntspecht****
Weg zum Zeltplatz 1
1 Apr - 15 Okt
+49 33 87 49 00 72
campingpark-buntspecht@web.de

1 AEGKNOPQRSTU LMNSUXYZ 6
2 BFIJKQVWXYZ ABDEFGIK 7
3 BFGLMSU ABCDEFHJKMNQRSTUV 8
4 FHJKOX EJKNOQTVY 9
5 ABEFGHJLMN ABGHIJKLMOQ 10
Anzeige auf dieser Seite B 16A CEE ❶ €38,50
6ha 155T(90-120m²) 80D ❷ €47,50

N 52°39'15'' E 12°25'47''
118006
Von der A10 nach 5 km auf die B188 östlich von Rathenow Ausfahrt Stechow, dann rechts Richtung Ferchesar. CP ist mit gelben Schildern angezeigt.

Gatow, D-14089 / Berlin/Brandenburg

D.C.C. Camping Gatow***
Kladower Damm 207-213
1 Jan - 31 Dez
+49 3 03 65 43 40
gatow@dccberlin.de

1 ADEKNOPQRSTU 6
2 PQRSWXY ABDEFGIK 7
3 BLM ABCDEFJNQRTU 8
4 9
5 ADEFKM ABGHKOSTY 10
B 10A CEE ❶ €33,50
H55 2,3ha 120T(70-80m²) 70D ❷ €42,60

N 52°27'56'' E 13°09'49''
110031
A10 Westring Berlin, Ausfahrt 26 Berlin/Spandau, Richtung Berlin, Heerstraße, danach rechts in die Gatowerstraße, Alt-Gatow zum Kladower Damm. Campingeinfahrt gegenüber der General-Steinhoff-Kaserne.

Grünheide, D-15537 / Brandenburg

Grünheider Camping am Peetzsee GmbH
Am Schlangenluch 27
3 Apr - 29 Sep
+49 33 62 61 20
campingplatz-gruenheide@t-online.de

1 AGKNOPQRSU LNQSX 6
2 ABEJKLPQSXY ABFG 7
3 G ABCDFJNRW 8
4 FN 9
5 DMN ABEJKLMNQU 10
16A CEE ❶ €27,50
6,5ha 50T(20-120m²) 252D ❷ €30,50

N 52°25'18'' E 13°50'11''
117144
A10 Ausfahrt 6 Erkner/Grünheide Richtung Fangschleuse, dann durch den Ort und an der Kreuzung links. Nach 200m 'Am Schlangenluch' und nach 500m ist rechts der CP.

Himmelpfort, D-16798 / Brandenburg

Campingpark Himmelpfort***
Am Stolpsee 1
1 Apr - 3 Okt
+49 33 08 94 12 38
info@camping-himmelpfort.de

1 AEGKNOPQRSTU LNPQSVWXZ 6
2 FIJKPQRSVWXYZ ABDEFGHIK 7
3 AFGM ABCDEFJKNQRTUVW 8
4 FHJ FN 9
5 ABDFGJLMN ABEGHJKLNQ 10
B 10A CEE ❶ €32,60
H67 3,5ha 105T(80-100m²) 31D ❷ €42,40

N 53°10'04'' E 13°14'05''
109078
B96 Berlin-Rügen (Ostsee), Ausfahrt Fürstenberg/Ravensbrück Richtung Lychen nehmen. Durch den Ort fahren und den Schildern Himmelpfort folgen.

Joachimsthal, D-16247 / Brandenburg

Am Spring****
Seerandstraße am Hubertusstock
1 Jan - 31 Dez
+49 3 33 63 42 32
camping2022@jatour.de

1 ADEGHILOPQRSTU LNPQSWXZ 6
2 ABFJKQRTUVWXYZ ABDEFGIJ 7
3 BGM ABCDEFJNQRTW 8
4 FH 9
5 ABDEN ABGHIJKNQUV 10
B 16A CEE ❶ €31,80
10ha 50T(60-90m²) 200D ❷ €39,80

N 52°54'48'' E 13°40'01''
113452
A11/E28 Berlin-Stettin (Szczecin), Ausfahrt 9 Joachimsthal/Finofort. Vor Joachimsthal links den CP-Schildern folgen.

Ketzin, D-14669 / Brandenburg

CC€21

Campingplatz An der Havel
Friedrich-Ludwig-Jahn Weg 33
1 Apr - 23 Okt
+49 33 23 32 11 50
info@havelcamping-ketzin.de

1 AGJMOPQRSU JNQS 6
2 ACEPQWXY ABDEFGH 7
3 BLM ABCDEFJNQRTUW 8
4 HJ DERV 9
5 ADMNO ADGHJKNQ 10
Anzeige auf dieser Seite 16A CEE ❶ €25,00
2,5ha 55T(70-100m²) 63D ❷ €30,00

N 52°28'14'' E 12°50'54''
118335
Von der A2 zur A10 Richtung Potsdam. Hinter Potsdam Ausfahrt Ketzin. Den CP-Schildern folgen.

Kladow/Berlin, D-14089 / Berlin/Brandenburg

D.C.C. Camping Kladow***
Krampnitzerweg 111-117
1 Jan - 31 Dez
+49 3 03 65 27 97
kladow@dccberlin.de

1 ADEKNOPQRSTU LN 6
2 BEPQRSWXYZ ABDEFGHIK 7
3 BLM ABCDEFJNQRTW 8
4 GI 9
5 ABDFJKM ABGHJKOQ 10
B 10A CEE ❶ €29,50
H60 7,5ha 150T(60-120m²) 452D ❷ €38,10

N 52°27'13'' E 13°06'49''
102640
A10, Ausfahrt 25 Potsdam-Nord. Zunächst auf der B273 über Potsdam, Fahrland und wieder Potsdam, dann abbiegen und auf die B2 über Groß-Glienicke nach Berlin-Spandau. Am Ritterfelddamm ist der CP ausgeschildert.

Krausnick, D-15910 / Brandenburg

Tropical Islands
Tropical-Islands-Allee 1
1 Jan - 31 Dez
+49 3 54 77 60 50 50

1 ADEKNOPQRSTU BEHIM 6
2 APQTX ABDEFGI 7
3 ABDEGJMST CDEFGIJNQRTW 8
4 ABCDFHJNO ABCEKUVW 9
5 ABELM AHIJKOQUY 10
B 16A CEE ❶ €25,00
H64 6ha 112T(80-100m²) 150D ❷ €40,00

N 52°01'54'' E 13°44'53''
118145
A13 Berlin-Dresden, Ausfahrt 6 Staakow Richtung Krausnick. Dann den Schildern Tropical Islands folgen.

Kreblitz/Luckau, D-15926 / Brandenburg

Sonnenberg***
Zur Schafsbrücke 7
1 Jan - 31 Dez
+49 35 44 30 58
mail@camping-sonnenberg-luckau.de

1 AGKNOPQSU N 6
2 CPQWXY ABDFGI 7
3 AB ABCDEFIJNQRU 8
4 H FIV 9
5 ADMN ABFGHIJKLNQ 10
B 16A CEE ❶ €19,00
H79 4ha 40T(100m²) 134D ❷ €24,00

N 51°53'54'' E 13°42'29''
113081
A13 Berlin-Dresden, Ausfahrt 8 Duben Richtung Luckau rechts halten, den CP-Schildern folgen. An der Ausfahrt Karche-Zaacko Richtung Kasel-Golzig. Bei Kreblitz die CP-Schilder beachten.

Lauchhammer, D-01979 / Brandenburg

CC€23

Themencamping Grünewalder Lauch****
Lauchstrasse 101
31 Mrz - 31 Okt
+49 35 74 38 26
anfrage@themencamping.de

1 ADEKNOPQSTU LMQSX 6
2 AEJKMQRSTWXYZ ABCDEFGIK 7
3 AGJM ABCDEFGJKNQRSTUV 8
4 TX DEFIJNRVYZ 9
5 ABDFIJKMN ABCDFGHIJKOPQU 10
Anzeige auf dieser Seite B 16A CEE ❶ €34,00
8,5ha 126T(100-120m²) 118D ❷ €38,00

N 51°30'25'' E 13°40'01''
114895
A13 Ausfahrt Ruhland Nr 17. Dann die B169 Richtung Lauchhammer. In Lauchhammer Richtung Grünewalde und den CP-Schildern folgen.

Lübben/Spreewald, D-15907 / Brandenburg

Spreewald CP Lübben****
Am Burglehn 10
15 Mrz - 31 Okt
+49 35 46 70 53
info@spreewald-camping-luebben.de

1 AEKNOPQRSTU JNXZ 6
2 ACPQSXYZ ABDEFGHI 7
3 BM ABCDEFJNQRTW 8
4 AEH DFJRV 9
5 ABDEFKMN ABGHIJKOQVY 10
B 16A CEE ❶ €30,50
H51 2,8ha 140T(20-130m²) 36D ❷ €41,50

N 51°56'09'' E 13°53'28''
102656
A13 Berlin-Dresden. Ausfahrt 7 Freiwalde, B115 Richtung Lübben. A13 Dresden-Berlin. Ausfahrt 8 Duben, B87 Richtung Lübben. CP-Schild im Ort.

Deutschland

Teilkarte Brandenburg auf Seite 255

Lübbenau, D-03222 / Brandenburg

Spreewald-Natur-Camping "Am Schlosspark"****	1 ADEG**KN**OPQRSTU **N**XZ 6
Schlossbezirk 20	2 ACPQWXYZ AB**C**DE**FG**I 7
1 Jan - 31 Dez	3 BM ABCDEFJNQRTW 8
+49 35 42 35 33	4 JK JRV 9
info@spreewaldcamping.de	5 ABDEFHJMN ABCEGHIJKLMOQVY 10
	B 6-16A CEE ① €26,00
N 51°52'08'' E 13°58'51''	4ha 120**T**(80-120m²) 14**D** ② €35,00

A13 Berlin-Dresden, Ausfahrt 9 Lübbenau. Markt-Altstadt, Richtung Schloß und dann in den Park. Siehe Beschilderung. 109205

Lübbenau/Hindenberg, D-03222 / Brandenburg

Spreewald-Natur Camping "Am See"****	1 AD**KN**OPQRST**U** LNOPQXYZ 6
Seestraße 1	2 ABEJKLPQTVWXYZ ABDE**FGHI**J 7
1 Jan - 31 Dez	3 BFG**HM**R**U** ABCDE**F**JKNQRTUV 8
+49 35 45 66 75 39	4 **AE**HJKO**T** FIJKQVWY 9
am-see@spreewaldcamping.de	5 ABDFHJKLMN ABEGHJKLNQUV 10
	Anzeige auf dieser Seite B 16A CEE ① €32,00
N 51°51'28'' E 13°51'23''	H50 15ha 85**T**(40-120m²) 41**D** ② €40,00

A13, AS9 Spreewald-Dreieck, Richtung Luckau. Nach 4 km befindet sich der Camping auf der linken Seite. 111769

Mahlow/Berlin, D-15831 / Brandenburg

bei Berlin Am Mahlower See****	1 ADEG**KN**OPQRST**U** L**N** 6
Teltower Straße 56	2 APQWXY ABDE**FGI** 7
1 Apr - 1 Nov	3 BM ABCDEFJK**L**NQRTUV 8
+49 3 37 93 12 89 20	4 IJ 9
campingbeiberlin@t-online.de	5 ADMN ABCGHIJKOSTW 10
	Anzeige auf Seite 259 B 16A CEE ① €35,50
N 52°21'50'' E 13°22'28''	1,3ha 72**T**(100-120m²) 5**D** ② €43,50

Nach Potsdam über die E30 (A10) vom Dreieck/Nuthetal bis Ausfahrt 14 Ludwigsfelde-Ost. Auf der B101 Richtung Teltow. Dort Richtung Flughafen Schönefeld und Mahlow abbiegen. Camping an der Teltower Straße vor Mahlow. 118041

Märkische Heide/Groß Leuthen, D-15913 / Brandenb.

CC€23

Eurocamp Spreewaldtor*****	1 ADE**KN**OPQRSTU **B**LM**N**QSX 6
Neue Straße 1	2 EJKQSWXY ABCE**FG**H 7
1/1 - 16/11, 11/12 - 31/12	3 BFGM ABCDEF**I**JNQRTU 8
+49 35 47 13 03	4 ABCEFHJ**TV** ABEVWY 9
info@eurocamp-spreewaldtor.de	5 ABFKMN ABFGHJKLMOQUW 10
	Anzeige auf dieser Seite B 16A CEE ① €28,00
N 52°02'53'' E 14°02'08''	9ha 130**T**(80-100m²) 107**D** ② €33,00

A13 Dresden-Berlin, Ausfahrt Lübben, B87 Richtung Beeskow, Kreuzung Birkenhainchen links auf der B179 Richtung Königs Wusterhausen. In Gross Leuthen rechts: der Campingbeschilderung folgen. 101420

Neuruppin/OT Stendenitz, D-16827 / Brandenburg

Am Forsthaus Rottstiel****	1 ADEGH**KN**OPQRST**U** LMOQSX 6
Am Forsthaus Rottstiel 2	2 BEKQVWXY ABDE**FG**I 7
1 Apr - 30 Okt	3 AFM ABCDEFJKNQRTW 8
+49 33 92 97 06 44	4 EFHJO GJNQR 9
info@camping-rheinsberg-neuruppin.de	5 ABDJN ABGHIJKNU 10
	B 16A CEE ① €34,50
N 53°01'09'' E 12°48'46''	2ha 65**T**(80-100m²) 33**D** ② €41,50

A24 Ausfahrt Neuruppin B167 Richtung Neuruppin. In Neuruppin Richtung Rheinsberg. Nach 8 km Ausfahrt Stendenitz. 113047

Neuruppin/OT Stendenitz, D-16827 / Brandenburg

Stendenitz****	1 ADEGH**KN**OPQRST**U** LMQSXZ 6
Grafendamm 1	2 BEJQXYZ ABDE**FG**I 7
1 Apr - 30 Okt	3 AGM ABCDEFJKNQRTW 8
+49 33 92 97 06 44	4 EFH NRV 9
stendenitz@camping-neuruppin.de	5 ABDN ABGHJK**O**U 10
	16A CEE ① €34,50
N 53°00'26'' E 12°49'11''	2,4ha 80**T**(80-100m²) 35**D** ② €41,50

A24 Ausfahrt Neuruppin, B167 Richtung Neuruppin, dann weiter Rheinsberg. Nach 8 km von Neuruppin rechts Richtung Stendenitz. 114453

Neuseddin, D-14554 / Brandenburg

Icanos e.V.	1 AGH**KN**OPQRSU LNQS 6
Seeweg 1	2 ABEJRYZ ABDEFG 7
1 Apr - 31 Okt	3 FGM ABCDEFJNQRVW 8
+49 33 20 56 29 67	4 FJMQV 9
post@icanos.de	5 ADEKM ABGHIKLQU 10
	B 16A CEE ① €31,00
N 52°16'41'' E 13°01'04''	3,5ha 54**T**(80-100m²) 50**D** ② €31,00

Von der A10 Ausfahrt 17, Richtung Beelitz, 1. Strasse li Leipziger Chaussee, li Fercher Weg, rechts nach Lehnmarke. Nach 1 km rechts ab und die CP-Schilder beachten. 113456

Niedergörsdorf (OT Oehna), D-14913 / Brandenburg

Flaeming-Camping-Oehna	1 A**JM**OPQS**U** **AFH** 6
Am Freibad 2	2 PQWXYZ ABD**EFIJ**K 7
1 Apr - 31 Okt	3 BM ABCDE**F**JNQRVW 8
+49 33 74 26 16 32	4 FHJ FV 9
info@flaeming-camping-oehna.de	5 ABDN AGHJKNSTU 10
	B 6-16A CEE ① €27,00
N 51°55'56'' E 13°03'39''	1,4ha 73**T**(80-110m²) 7**D** ② €29,00

Von Berlin über die A9 Ausf. Brück/Linthe, oder A13 Ausf. Baruth oder B2, B101. Von Leipzig über die A9 Ausf. Niemeck, von Dresden über die A13 Ausf. Luckau/Calau. Im Ort Niedergörsdorf/Oenha ist der CP ausgeschildert. 117780

CampingCard ACSI, gut zu wissen

- Nur gültig auf teilnehmenden CampingCard ACSI-Campingplätzen
- Nur gültig in den mit dem Campingplatz vereinbarten Akzeptanzzeiträumen
- Zusatzkosten nicht inbegriffen
- Begrenzte Anzahl von Stellplätzen verfügbar

Deutschland

Teilkarte Brandenburg auf Seite 255

Niemtsch/Senftenberg, D-01968 / Brandenburg

Komfort Camping
Senftenberger See*****
Senftenberger See 10
1 Apr - 31 Okt
+49 35 73 66 15 43
komfortcamping@senftenberger-see.de
N 51°29'57'' E 13°58'56''

1 ADEGKNOPQSTU LNPQRSTX 6
2 AEJKQTXY BEFGHIK 7
3 M ABCDFJNQRTUVW 8
4 AHTX DKMPRTV 9
5 ABDEFHKMN ABEFGHIJKMNQU 10
B 16A CEE
H104 8ha 130T(75-150m²) 208D
① €44,00
② €51,00

Aus Richtung Berlin, A13 bis Ausfahrt Klettwitz. Dann nach Senftenberg, B169 nach Ruhland, Hotelroute folgen.
108820

Ortrand, D-01990 / Brandenburg

CC€21

ErlebnisCamping Lausitz
Am Bad 1
1 Jan - 31 Dez
+49 3 57 55 55 35 09
erlebniscamping@t-online.de
N 51°22'20'' E 13°46'45''

1 ABDEGKNOPQRSTU AHN 6
2 ACQSTWXYZ ABCDEFGHIJ 7
3 BGMUWX ABCDEFGHIJKNPQRSTUVW 8
4 BCFHKT DGIKV 9
5 ABDEFJKMNO ADHJKMOQUVWY 10
Anzeige auf dieser Seite B 16A CEE
H110 5,5ha 67T(100-120m²) 40D
① €26,80
② €35,00

A13 Ausfahrt 18 Ortrand, der L59 volgen, danach der L55, rechts auf die Walkteichstrasse. Dann links zur Heinersdorferstrasse. 'Am Bad' rechts zur Straße mit der Campingeinfahrt.
111648

Potsdam/Berlin, D-14471 / Brandenburg

Cp.park Sanssouci*****
An der Pirschheide 41/
Am Templ. See
1 Apr - 2 Nov
+49 33 19 51 09 88
info@camping-potsdam.de
N 52°21'43'' E 13°00'28''

1 AEKNOPQRSTU LMNOQSWXYZ 6
2 BCIJKPQRXYZ ABDEFGHIJK 7
3 ABFLMQR ABCDEFGIJNPQRTUVW 8
4 ABFHOPQRSTXYZ GHIKPQRVY 9
5 ABDFHLMN ABFGHKLMNPQ 10
Anzeige auf dieser Seite B 10A CEE
6ha 170T(70-110m²) 79D
① €42,75
② €50,20

A10 Ausfahrt 20 Glindow, der N273 folgen. In Potsdam ist der CP vor dem Viadukt angezeigt.
102607

Senftenberg, D-01968 / Brandenburg

Familienpark
Senftenberger See*****
Straße zur Südsee 1
1 Jan - 31 Dez
+49 35 73 80 00
familienpark@senftenberger-see.de
N 51°29'31'' E 14°02'45''

1 ADEGILOPQRSTU HLNOQST 6
2 BEJPQRWYZ ABDEFGHIK 7
3 ABDEFJMRUV ABCDEFGIJKMNQRTUVW 8
4 ABEH DIJPQRTVWY 9
5 ACDEFGHKLMN ABFGHIJKNQU 10
B 16A CEE
H105 35ha 165T(20-120m²) 622D
① €38,00
② €38,00

Von Berlin, A13 bis Ausfahrt Großräschen, B96 bis Ausfahrt Senftenberg-Mitte/Hoyerswerda, dann Richtung Großkoschen. Die blauen Schilder zum Familienpark befolgen.
107526

Siehdichum/Schernsdorf, D-15890 / Brandenburg

Cp.- und Wochenendhausplatz
Schervenzsee
Am Schervenzsee 1
15 Apr - 15 Okt
+49 3 36 06 77 08 00
camping@schervenzsee.de
N 52°11'03'' E 14°26'31''

1 AGKNOPQRSTU LNX 6
2 BEJKPRSWXYZ ABDEFGHIK 7
3 BGMU ABCDEFIJKNQRSTUVW 8
4 FHJ DIJQTV 9
5 ABDEFMN ABFGHIJKOQV 10
B 16A CEE
6,2ha 80T(80-100m²) 452D
① €25,90
② €34,00

A12 Berlin/Frankfurt a/d Oder, Ausfahrt 7 Müllrose, Richtung Eisenhüttenstadt bis Schernsdorf Mitte, dann rechts Richtung Kupferhammer. Siehe CP-Schilder.
114901

Storkow/Kehrigk, D-15859 / Brandenburg

Naturcampingplatz
am Grubensee
Limsdorfer Str.10
1 Apr - 31 Okt
+49 17 33 93 79 97
info@grubensee.de
N 52°09'21'' E 13°59'21''

1 AGKNOPQSTU LNP 6
2 BEJRSYZ ABDEFGHI 7
3 BGM ABDEFGNQRTU 8
4 QT DEJV 9
5 ABDEMN AHIJKLNQU 10
B 16A CEE
7,9ha 80T(20-80m²) 170D
① €19,00
② €24,00

Von der Ausfahrt Storkow auf der A12 zur L741 links auf die L74, dann der L42 Richtung Beeskow und dann den Schildern folgen.
118011

Storkow/Limsdorf, D-15859 / Brandenburg

Naturcampingplatz
am Springsee
Am Springsee 1
1 Jan - 31 Dez
+49 33 67 74 40
info@springsee.de
N 52°10'15'' E 13°59'42''

1 AEKNOPQSU LNPQXZ 6
2 BEJSTVZ ABDEFGHIJ 7
3 ABGM ABEFJNQRTW 8
4 FHJ DFJQRTVY 9
5 ABEFKMN AFGHIJKLMQU 10
16A CEE
H80 21ha 80T(50-100m²) 342D
① €27,00
② €32,20

A12 Berlin-Frankfurt/Oder, Ausf. 3 Storkow, Richtung Storkow auf der B246 bis Wendisch Rietz Siedlung nach Behrensdorf, Ahrensdorf nach Limsdorf. Ab dort CPgut angezeigt. Die 3 km lange Zufahrt ist etwas umständlich.
114899

Thomsdorf (Boitzenburgerland), D-17268 / Brandenb.

Am Dreetzsee
Am Dreetzsee 1
1 Apr - 31 Okt
+49 39 88 97 46
dreetzseecamping@
t-online.de
N 53°16'59'' E 13°25'47''

1 ADEGHJMOPQRSTU LNOPQS 6
2 BEJKQRXYZ ABDEFGIK 7
3 BFM ABCDEFJKNQRTUVW 8
4 BEFHT FJQRSTV 9
5 ACDEFKMN ABCEGIKOPQ 10
B 16A CEE
H96 10,5ha 200T(80-100m²) 165D
① €33,00
② €42,00

Auf B96 bis Fürstenberg Richtung Lychen. In Hardenberg links Richtung Thomsdorf. Jetzt den Schildern folgen.
112291

Warnitz (Oberuckersee), D-17291 / Brandenburg

Camping am Oberuckersee
Lindenallee 2
1 Mai - 15 Sep
+49 39 86 34 59
info@
camping-oberuckersee.de
N 53°10'38'' E 13°52'25''

1 AEGJLOPQSU LNQS 6
2 ABFKPQRUVYZ ABFG 7
3 AM ABCDEFKNQRTW 8
4 FH 9
5 ADM ABCHIJKOS 10
B 6A CEE
5ha 130T(80m²) 90D
① €29,00
② €38,00

A11/E28 Berlin - Szczecin, Ausfahrt 7 Warnitz. Richtung Warnitz und dort gleich über den Bahnübergang links. Auf diesem Weg bleiben. Der Camping ist 6 km von der Ausfahrt 7 entfernt.
102651

Wendisch Rietz, D-15864 / Brandenburg

Schwarzhorn***
Schwarzhornerweg
1 Jan - 31 Dez
+49 33 67 94 01
N 52°13'15'' E 14°00'54''

1 AGKNOPQRSTU LNPQRSTXYZ 6
2 EJKPQRSYZ ABDEFGHI 7
3 FGJLM ABCDEFJNQRTW 8
4 RSTZ DMOPQRTVY 9
5 ADEFHNO AGHIJKLQU 10
B 16A CEE
H80 13ha 250T(50m²) 262D
① €21,00
② €27,00

A10 Süd-Ring Berlin, A12 Frankfurt/Oder. Ausfahrt 3 Storkow, B246 Richtung Beeskow. Ausfahrt W. Rietsch, bei Bushaltestelle/Bäckerei T-Kreuzung mit CP-Schild.
102671

Teilkarte Brandenburg auf Seite 255

Deutschland

Wusterhausen/Dosse, D-16868 / Brandenburg

Wusterhausen****
Seestraße 42
1 Apr - 31 Okt
+49 33 97 91 42 74
koellner@camping-wusterhausen.de
N 52°54'26'' E 12°27'39''

1 ADEGKNOPQRSTU HLNQSX 6
2 BEKQWXYZ ABDEFGIK 7
3 BFGMX ABCDEFIJLMNQRTUVW 8
4 FHKRSTV BDEFIQV 9
5 ABDEFGHJKM ABEFGHJKOSTUW 10
Anzeige auf dieser Seite B 16A CEE ① €28,00
H70 12ha 80T(80-120m²) 301D ② €36,00
102581

E26/A24 Hamburg-Berlin, Ausfahrt 22 Neuruppin. Links ab über die B167 bis Bückwitz. Rechts nach Kyritz. In Wusterhausen Ortsmitte über die Brücke den CP-Schildern folgen. CP auf der linken Seite.

Zechlinerhütte, D-16831 / Brandenburg

Schlabornhalbinsel
Reiherholz
1 Apr - 31 Okt
+49 33 92 17 02 95
schlabornhalbinsel@web.de
N 53°08'57'' E 12°52'18''

1 AEGHKNOPQRSTU LMNXYZ 6
2 BFJKQUXY ABFG 7
3 AGM ABEFJLQRW 8
4 FH FJR 9
5 ABDMN ABCHJKQ 10
16A CEE ① €23,50
H54 6ha 46T(80-90m²) 57D ② €29,50
114923

L19 Rheinsberg-Wesenberg. In Zechlinerhütte ist der CP ausgeschildert. Man muss durch die Ortschaft und eine Forststraße fahren.

Werder/Petzow, D-14542 / Brandenburg

Blütencamping Riegelspitze****
Fercherstraße 9 / Ecke B1
1 Apr - 20 Okt
+49 3 32 74 23 97
info@bluetencamping.de
N 52°21'36'' E 12°56'49''

1 AEGKNOPRSTU LNPQSWXYZ 6
2 AEJPQRWXYZ BEFGHI 7
3 BLMR BDEFGJKLNRT 8
4 FHJO EFJKV 9
5 ABDEFHKM ABGHIJKOQY 10
B 16A CEE ① €35,50
8,1ha 130T(50-120m²) 145D ② €45,50
102606

A10 Ausfahrt 20 Glindow. Der N273 folgen. In Werder ist der CP ausgeschildert.

Zechlinerhütte, D-16831 / Brandenburg

Campingplatz Eckernkoppel am Tietzowsee****
1 Mrz - 31 Okt
+49 33 92 15 09 41
campingplatz-eckernkoppel@web.de
N 53°09'57'' E 12°52'29''

1 AFGHKNOPQRSTU LNPQSXYZ 6
2 BFKQRWXY ABDEF 7
3 AM ABCDEFNQRW 8
4 FH OR 9
5 ABM ABHIJKNQ 10
B 16A CEE ① €21,90
H50 1ha 86T(50-110m²) 26D ② €26,40
109963

Von Neuruppin (B167) Richtung Löwenberg. Der B122 Rheinsberg folgen, dann Zechlinerhütte. Weiter in Richtung Weserberg.

Altenberg, D-01773 / Sachsen

am Galgenteich
Galgenteichstr. 3
1 Jan - 31 Dez
+49 35 05 63 19 95
post@
camping-galgenteich.de
N 50°46'00'' E 13°44'46''

1 ADEGKNOPQRSTU AHLM 6
2 BEJKPQSXYZ ABDEFG 7
3 BFGMX ABCDEFJNQRW 8
4 FHIJT B 9
5 ADKM ABGHJKMQ 10
W 16A CEE ❶ €23,70
H800 5ha 100T(80-120m²) 103D ❷ €23,70

CP befindet sich an der B170 Dresden-Prag, 5 km vor der Grenze. 102663

Bad Lausick, D-04651 / Sachsen

Landidyll
Beuchaer Oberweg 7
1 Jan - 31 Dez
+49 1 52 02 53 37 96
info@
campingplatz-landidyll.com
N 51°09'08'' E 12°37'26''

1 ABDEGKNOPQRSTU 6
2 IQWXYZ ABFG 7
3 BM ABEFGJNQRTW 8
4 VY 9
5 ABDM AHJKMQU 10
16A CEE ❶ €27,50
H270 3ha 31T(80-100m²) 60D ❷ €31,00

A72 Leipzig-Chemnitz, Ausfahrt Grimma, danach in Bad Lausick den Campingschildern folgen. 114943

Bautzen, D-02625 / Sachsen

CC€21

Natur- und Abenteuercamping
Nimschützer Straße 41
1 Apr - 31 Okt
+49 35 91 27 12 67
camping-bautzen@web.de
N 51°12'08'' E 14°27'38''

1 ADEKNOPQRSTU LNX 6
2 AEIJPQRSTUVWY ABEFGHI 7
3 ABDMX ABCDEFHIJNQRTUVW 8
4 HJOQ FV 9
5 ABDMN ABDGJKOQU 10
Anzeige auf dieser Seite B 16A CEE ❶ €29,50
H270 5ha 100T(90-150m²) 15D ❷ €39,50

Aus Richtung Görlitz und Dresden die A4, Ausfahrt Bautzen Ost. Dann Richtung Weißwasser, danach Richtung B156. 118250

Boxberg, D-02943 / Sachsen

Campingplatz Sternencamp Bärwalder See****
Zur Strandpromenade 2
1 Apr - 31 Okt
+49 3 57 74 55 21 73
info@sternencamp-boxberg.de
N 51°23'45'' E 14°34'28''

1 ADEKNOPQRSTU LNQSWXYZ 6
2 EIJKPTVWXY ABCFGI 7
3 BG ABCDFGIJKNQRSTUVW 8
4 FH KUVWX 9
5 ABDEFHKMNO ABHIJKOPQU 10
B 16A CEE ❶ €33,50
H195 4ha 104T(105-150m²) 10D ❷ €45,50

Von der B156 von Bautzen-Ost nach Weißwasser Ausfahrt Kringelsdorf. Der CP-Beschilderung folgen. 122630

Chemnitz, D-09117 / Sachsen

Chemnitz-Oberrabenstein****
Thomas-Müntzer-Höhe 10
1 Jan - 31 Dez
+49 3 71 85 06 08
campingplatz@
rabenstein-sa.de
N 50°50'01'' E 12°48'50''

1 AFGKNOPQRSTU 6
2 ABPQSTUXYZ ABDEFGIJ 7
3 BFLMT ABCDEFHIJNPQRT 8
4 HIJK EFJ 9
5 ABDEHJKLMN AGHIJKLMNQU 10
Anzeige auf dieser Seite WB 6A CEE ❶ €19,50
H410 3ha 60T(80-100m²) 65D ❷ €25,50

A72 Ausf. Chemnitz-Süd Ri. Oberlungwitz. Nach ca. 1 km rechts Ri. Limbach. CP befindet sich nach 4 km links. A4 Ausf. 67, Limbach/Rabenstein Ri. Chemnitz. Nach 900m CP rechts. Siehe auch Stausee Oberrabenstein. 102610

Colditz, D-04680 / Sachsen

Am Waldbad****
Im Tiergarten 5
1 Apr - 3 Okt
+49 34 38 14 31 22
info@campingplatz-colditz.de
N 51°07'51'' E 12°49'54''

1 ABFGKNOPQRSTU BG 6
2 BPQUXYZ ABFGH 7
3 BFGM ABCDEFHINQRTU 8
4 FHJOT F 9
5 ADNO AFGHJKOQU 10
Anzeige auf dieser Seite 16A CEE ❶ €25,00
H180 3ha 60T(80-100m²) 30D ❷ €29,50

Von Hartha über B176 nach Colditz, und im Zentrum rechts Richtung CP und Schwimmbad. 102609

Dresden, D-01217 / Sachsen

CC€23

Dresden-Mockritz
Boderitzerstr. 30
1/1 - 31/1, 1/3 - 31/12
+49 35 14 71 52 50
camping-dresden@
t-online.de
N 51°00'52'' E 13°44'49''

1 ADEKNOPQRSTU BL 6
2 AEPQSWXYZ ABDEFGHIJ 7
3 BFM ABCDEFGHJKNPQRTW 8
4 FH JKUVWX 9
5 ABDFJKMN AGHJKLMOPQUW 10
Anzeige auf dieser Seite B 6A CEE ❶ €28,50
H120 0,5ha 158T(30-100m²) 9D ❷ €28,50

A4 Dreieck-Dresden West Richtung Prag A17. Dann Ausfahrt 3 Dresden-Süd, B170 Richtung Dresden. Nach ca. 1 km rechts. Nach 800m wieder rechts. Nach 1 km liegt der CP links. 102661

Großschönau, D-02779 / Sachsen

CC€23

Trixi Park
Jonsdorferstraße 40
1 Jan - 31 Dez
+49 3 58 41 63 14 20
info@trixi-ferienpark.de
N 50°52'44'' E 14°40'25''

1 ADEGKNOPQRSTU AEGH 6
2 EJKLPQSWX ABEFGHI 7
3 ABEFGMSTV ABCDEFHIJKNQRTUVW 8
4 ABCEFJLOSTUVXYZ GJQVWYZ 9
5 ABDEFHIJKLMN ABGHJKMOPQUY 10
Anz. auf dieser Seite WB 16A CEE ❶ €41,70
H350 15ha 70T(72-100m²) 136D ❷ €51,70

Von Großschönau Ri. Zittau re. von der Straße, nach Trixi Schwimmparadies 1. Kreuzung re. Von Bautzen die B6 nach Löbau-Zittau. In Herrnhut re. nach Oberoderwitz. Dann Ri. Großschönau und CP-Schildern folgen. 110461

Halbendorf, D-02953 / Sachsen

Halbendorfer See
Dorfstraße 45A
1 Apr - 14 Okt
+49 35 77 37 64 13
halbendorfersee@web.de
N 51°32'45'' E 14°34'10''

1 AEGKNOPQSTU HLMOPQSWXY 6
2 EJPQWXY ABFGI 7
3 ABFGJMNR ABEFJNQRW 8
4 F EJQRTV 9
5 ABDEFKN AGHIJKMNQ 10
FKKB 16A CEE ❶ €21,90
4ha 180T(20-100m²) 69D ❷ €29,60

A15 hinter Cottbus Richtung Döbern ab. Dann weiter Groß Düben, weiter Halbendorf. Am Ende der Straße rechts ab, Camping dann gleich links. 111104

Hohnstein, D-01848 / Sachsen

Touristencamp Entenfarm
Schandauer Str. 11
1 Mrz - 15 Nov
+49 35 97 58 44 55
info@camping-entenfarm.de
N 50°58'30'' E 14°08'20''

1 ADEGKNOPQRSTU 6
2 QSUXY ABFGHI 7
3 ABMX ABCDEFJNQR 8
4 FHJ J 9
5 ABDEJMN ABFHJKLOQU 10
16A CEE ❶ €25,00
H311 3,3ha 158T(50-100m²) 20D ❷ €34,00

A17 Dresden-Prag Ausfahrt Pirna. Über die Elbe Ausfahrt Graupa Richtung Pirna/Bastei. Durch Hohnstein Richtung Bad Schandau. Ausgeschildert. 114938

Deutschland

Teilkarte Sachsen auf Seite 260

Deutschland

Kamenz, D-01917 / Sachsen

Deutschbaselitz	1 AEGKNOPQRSU	LM 6
Großteichstraße 30	2 EJQRXYZ	ABDEFGIJ 7
1 Mrz - 31 Okt	3 B	ABCDEFGHINQR 8
+49 35 78 30 14 89	4	EFJQV 9
info@campingplatz-deutschbaselitz.com	5 ABDEFIJMN	AFGHJKLQU 10
	B 16A CEE	❶ €28,60
N 51°18'17" E 14°09'01"	H150 4ha 80T 54D	❷ €34,90

A4 Ausfahrt Burkau. Richtung Kamenz. Bei Kamenz rechts Richtung Deutschbaselitz. Hier den Schildern folgen (2 km). 109545

Kleinröhrsdorf/Dresden, D-01900 / Sachsen

Cp. & Freizeitpark LuxOase*****	1 ACDEGKNOPQRSTU	ELX 6
Arnsdorfer Straße 1	2 AEQRTWXY	ABDEFGHIK 7
1 Mrz - 26 Nov	3 ABDFGJLMS	ABCDEFGHIJKLNQRSTUVW 8
+49 35 95 25 66 66	4 ABCDFHJKLOPQRTUVX	GHIKUVWZ 9
info@luxoase.de	5 ABCDEFKLMN	ABEFGHIJKMOQU 10
	B 16A CEE	❶ €35,00
N 51°07'13" E 13°58'48"	H250 7,2ha 250T(100-200m²) 48D	❷ €38,00

Autobahn A4 Dresden-Görlitz, Ausfahrt 85 Pulsnitz Richtung Radeberg. In Kleinröhrsdorf Schildern folgen. 107975

Königstein, D-01824 / Sachsen

Am Treidlerweg	1 ADEKNOPQRSTU	JN 6
Am alten sagewerk 4	2 CKLPQSTVWXYZ	ABDEFGIJ 7
1 Jan - 31 Dez	3 BWX	ABCDEFJKNQRT 8
+49 35 02 19 90 82 11	4 AFHJ	BCFGI 9
info@treidlercamping.de	5 ABDEFHJKLMN	ABGHLMQUVX 10
	B 16A CEE	❶ €28,30
N 50°55'31" E 14°05'35"	H371 0,7ha 63T(50-100m²) 39D	❷ €39,30

Dresden-Tschechien über die B172. In Königstein zwischen Zuggleise und Elbe. Hinter dem Kreisel nach 1,5 km links ab. Dann der Beschilderung folgen. 122774

Königstein, D-01824 / Sachsen

Königstein	1 ADEKNOPQSTU	JNX 6
Am alten Sägewerk 1	2 CIPQRSVWXY	ABDEFGH 7
1 Jan - 31 Dez	3 M	ABCDEFNQR 8
+49 35 02 16 82 24	4 A	FJZ 9
info@camping-koenigstein.de	5 ABDMN	ABCEGHIOQ 10
	16A CEE	❶ €26,50
N 50°55'32" E 14°05'48"	H371 2,5ha 150T 16D	❷ €37,50

Die B172 Dresden-Tschechien. In Königstein zwischen Zuggleise und Elbe. Nach dem Kreisel in Königstein nach 1,5 km links ab. Dann der Beschilderung folgen. 108096

Kurort Gohrisch, D-01824 / Sachsen

Car. Cp. 'Sächsische Schweiz'****	1 ADEGKNOPQRSTU	BFH 6
Dorfplatz 181d	2 IQRSTWXY	ABDEFGHIJ 7
1 Jan - 31 Dez	3 BFGMX	ABCDEFHIJNPQRTU 8
+49 35 02 15 91 07	4 ADEFHT	WZ 9
info@caravan-camping-saechsischeschweiz.de	5 ABDFHKLMNO	ABCFGHIJKMOQUW 10
	Anzeige auf dieser Seite B 16A CEE	❶ €30,30
N 50°54'52" E 14°06'27"	H330 300ha 73T(bis 100m²)	❷ €39,70

In Königstein Richtung Bad Schandau, ca. 500m hinter dem Kreisel Richtung Kurort Gohrisch. In Gohrisch dem grünen CP-Schild folgen. 117916

Leipzig, D-04159 / Sachsen

Knaus Campingpark Leipzig Auensee	1 ABDEGKNOPQRSTU	N 6
Gustav-Esche-Straße 5	2 BPQSTWXYZ	ABDEFGI 7
1 Jan - 31 Dez	3 ABFLM	ABCDEFJNQRTW 8
+49 34 14 65 16 00	4 FH	EFJK 9
leipzig@knauscamp.de	5 ABDFJLMN	ABCFGHJKOSTU 10
	B 16A CEE	❶ €41,60
N 51°22'12" E 12°18'49"	H100 9,5ha 157T(100-120m²) 58D	❷ €46,70

A9 Ausf. Großkugel. Die B6 Richtung Leipzig. Ab Ortschild 'Leipzig' ca. 10 km auf der B6 weiter bleiben. An der Ampel Ri. Mitte. Nächste Ampel rechts. Nach 1 CP rechts. Ausgeschildert. Vergessen Sie die Umweltplakette nicht! 101424

Leupoldishain/Königstein, D-01824 / Sachsen

Nikolsdorfer Berg	1 ADEGKNOPQRSTU	6
Nikolsdorfer Berg 7	2 BPQSWXY	ABDEFGI 7
1 Apr - 25 Okt	3 A	ABCDEFJNQR 8
+49 35 02 19 91 44	4 FHJ	9
info@camping-nikolsdorferberg.de	5 ABD	ABGHIJKOQ 10
	Anzeige auf dieser Seite 10-16A CEE	❶ €34,40
N 50°54'16" E 14°02'19"	H300 1,2ha 50T(40-70m²)	❷ €37,60

Über Dresden B172 nach Pirna / Bad Schandau. 10 km nach Pirna rechts nach Leupoldishain. Den Schildern folgen. 112401

Moritzburg/Dresden, D-01468 / Sachsen

Bad Sonnenland Ferienpark & Campingplatz	1 ADEKNOPQRSTU	LMQVX 6
Dresdnerstraße 115	2 ABEJPQSXYZ	ABDEFGHI 7
1 Apr - 31 Okt	3 BFGHIMSTX	ABCDEFJNQRT 8
+49 35 18 30 54 95	4 EFHJOT	ADJENRVY 9
info@bad-sonnenland.de	5 ABDEFHKMN	ABCFGHJKLOQU 10
	B 16A CEE	❶ €30,50
N 51°08'35" E 13°40'46"	H156 18ha 170T 170D	❷ €40,50

A4 Ausfahrt 80 Dresden-Wilder Mann, Richtung Moritzburg. Nach ca. 5 km links. 102659

Niederau, D-01689 / Sachsen

Waldbad	1 ADEGILOPQRSTU	AM 6
Am Gemeindebad 2	2 BEJKQSXYZ	ABCDEFGJ 7
30 Mrz - 31 Okt	3 ABGJMX	ABEFNQR 8
+49 35 24 33 60 12	4 FHJ	JV 9
camping.oberau@web.de	5 DEFHKLN	ABGHJKOQUY 10
	16A CEE	❶ €26,50
N 51°11'10" E 13°34'27"	8,5ha 30T 121D	❷ €34,50

Von Meissen Richtung Weinböhle/Moritzburg, über die Zuggleise links ab. Camping nach ± 2 km. Wenn Sie von Moritz aus nach Koordinaten fahren: Achtung, eng und man muss über Brücke mit 3,00m Höhe. 113470

Olbersdorf, D-02785 / Sachsen

SeeCamping Zittauer Gebirge	1 ADGKNOPQRSTU	LNOQXY 6
Zur Landesgartenschau 2	2 EJPQSXY	ABDEFGIJ 7
1 Apr - 31 Okt	3 AMX	ABCDEFHJKNQRT 8
+49 35 83 69 62 92	4 FHJ	EFQV 9
info@seecamping-zittau.com	5 ABDKMN	AFGHJKLMOQ 10
	B 10A CEE	❶ €26,50
N 50°53'39" E 14°46'14"	H253 5,7ha 185T(100m²) 66D	❷ €32,50

A4, Ausfahrt 91 Weissenberg. Dann über die B6 nach Löbau und die B178 nach Zittau. In Zittau der Umgehung zur B96 folgen. Dann den Schildern zum Olbersdorfer See folgen. Im Kreisel links. 112119

Paulsdorf, D-01744 / Sachsen

Bad- und Campingparadies Nixi	1 ABDEGILOPQSTU	EGHLNOQSX 6
Am Bad 1a	2 EKLQSWXY	AEFGIJ 7
1 Jan - 31 Dez	3 BGMR	ABEFHJNQR 8
+49 35 04 61 21 69	4 T	DQTVW 9
info@talsperre-malter.de	5 ABDEFKMN	ABCGHJKLOQUY 10
	Anzeige auf dieser Seite B 16A CEE	❶ €29,00
N 50°54'52" E 13°39'04"	H390 6ha 100T 375D	❷ €41,00

B170 Dresden-Altenberg, in Dippeldiswalde rechts Richtung Malter und 'Campingparadies'. CP befindet sich am Stausee. 102662

Teilkarte Sachsen auf Seite 260

Pirna, D-01796 / Sachsen

CC€23 iD

- Camping Pirna
- Äußere Pillnitzer Straße 19
- 1 Apr - 1 Nov
- +49 35 01 52 37 73
- camping@stadtwerke-pirna.de
- N 50°58'54" E 13°55'30"

1	ABDEGKNOPQRSTU	LX 6
2	BEJKPQSTWXY	ABDEFG 7
3	ABMX	ABEFHJKNQRTUVW 8
4	BCH	DEKZ 9
5	DM	ABFGHIJKOPRTY 10

Anzeige auf Seite 262 B 16A CEE ❶ €34,50
H118 6ha 152T(90-116m²) 42D ❷ €42,50

A4 Ausfahrt Prag. A17 nach Pirna über die B172. In Pirna über die Elbebrücke nach Pirna-Copitz, danach Ausfahrt Graupa. 111963

Pöhl, D-08543 / Sachsen

CC€23 iD

- Talsperre Pöhl, Campingplatz Gunzenberg****
- Möschwitz, Hauptstraße 38
- 31 Mrz - 1 Nov
- +49 37 43 94 50 50
- tourist-info@talsperre-poehl.de
- N 50°32'19" E 12°11'06"

1	ABDEGKNOPQRSTU	LNQSXYZ 6
2	AEMPQSUWXY	ABDEFGHIJ 7
3	ABDFGLM	ABEFHJKNOPQRSTUVW 8
4	BEFH	FKQRTUVWZ 9
5	ABDFKLMN	ABDFGHIJKLOQWXY 10

Anzeige auf dieser Seite B 16A CEE ❶ €30,50
H400 11ha 126T(80-120m²) 756D ❷ €38,50

A72 Ausfahrt Plauen-Ost/Talsperre Pöhl Nr. 7. Weiter Zentrum, dann rechts ab Richtung Talsperre Pöhl. Der CP ist an der Westseite des Stausees, hinter den Parkplätzen. 102584

Rechenberg-Bienenmühle, D-09623 / Sachsen

iD

- Erzgebirgscamp Neuclausnitz
- Hauptstraße 25
- 1/1 - 15/10, 1/11 - 31/12
- +49 (0)3 73 27 83 06 90
- info@erzgebirgscamp.de
- N 50°44'27" E 13°31'18"

1	AFKNOPQRSTU	L 6
2	CPQSVXY	ABFG 7
3	BX	ABEFJNQRUVW 8
4	FHI	9
5	ADM	ABHKOQU 10

W 16A ❶ €27,75
H560 0,7ha 64T(80-110m²) ❷ €31,25

A4 Ausfahrt Siebenlehn nach Freiberg, danach über die B171 nach Frauenstein. 123194

Reinsberg, D-09629 / Sachsen

iD

- Campingplatz Reinsberg
- Badstraße 15/17
- 1 Apr - 31 Okt
- +49 37 32 48 22 68
- campingplatz-reinsberg@web.de
- N 51°00'14" E 13°21'36"

1	ADEGKNOPQRSTU	AFH 6
2	APQSTXY	ABFG 7
3	BFGM	BEFHJKNQRSW 8
4	F	D 9
5	ADFKMN	ABFGHJKLOQV 10

B 16A CEE ❶ €26,00
H300 2ha 60T 31D ❷ €30,00

A4 Ausfahrt Richtung Freiberg. Nach ca. 1,5 km links ab Reinsberg, danach der Beschilderung folgen. 114891

Seiffen, D-09548 / Sachsen

CC€19 iD

- Ferienpark Seiffen
- Deutschneudorferstr. 57
- 1 Jan - 31 Dez
- +49 37 36 21 50
- info@ferienpark-seiffen.de
- N 50°37'36" E 13°27'26"

1	ABDEKNOPQRSTU	6
2	IPQSUVWXY	ABDEFGHI 7
3	AJMSX	ABCDEFJNQRTUVW 8
4	GHIJOQRSTVY	IJ 9
5	ABDFHJKLMNO	AFGHIJKOQW 10

Anz. auf dieser S. WB 10-16A CEE ❶ €28,50
H720 5ha 100T(80-120m²) 24D ❷ €38,50

A4, Ausfahrt 69 Chemnitz-Nord. Dann B174 bis Marienberg. Weiter B171 nach Olbernhau, dann nach Seiffen. Ab dort ausgeschildert. Wenn Sie nicht den CP-Schildern folgen, Vorsicht vor 14% Steigung. 109748

Torgau, D-04860 / Sachsen

iD

- Campingplatz "Am Großen Teich" Torgau***
- Turnierplatzweg 30
- 1 Apr - 31 Okt
- +49 34 21 90 28 75
- info@campingplatz-torgau.de
- N 51°32'45" E 12°59'23"

1	ABDEKNOPQRSTU	AF 6
2	EQWXYZ	ABCDEFG 7
3	MU	ABEFHJNPQRTW 8
4	FH	FV 9
5	ABD	ABCGHIJKLOQU 10

B 16A CEE ❶ €31,00
H80 1,6ha 102T(80-100m²) 8D ❷ €41,00

In Torgau der CP-Beschilderung folgen. 121453

Deutschland

Breitenbach, D-98553 / Thüringen

Am Waldbad
Zum Campingplatz 7
1 Jan - 31 Dez
+49 36 84 14 11 53
info@campingbreitenbach.de

1 AFGKNOPQRSTU	AF 6
2 APQUVXY	ABFGIK 7
3 AM	ABCDEFNQR 8
4 EFHJKOT	JW 9
5 ADEMN	AHJKOQ 10
16A CEE	❶ €30,00
H530 3ha 80T(50-100m²) 30D	❷ €39,00

N 50°32'50" E 10°46'44"

B247 Schleusingen-Suhl, nach 3 km Ausfahrt Breitenbach. CP befindet sich am Ortsende. 102476

Breitungen, D-98597 / Thüringen

Strandbad Breitungen****
Salzunger Straße 24a
1 Apr - 31 Okt
+49 3 68 48 40 95 12
strandbad@breitungen.de

1 ABDEKNOPQRSTU	LMN 6
2 DFJKPQSTWXY	ABFGIK 7
3 ABFGJMS	ABCDEFJKNQRSTUVW 8
4 FHJT	FJNQT 9
5 AEM	ABGHJKLOQ 10
B 16A CEE	❶ €25,00
16ha 74T(64-100m²) 55D	❷ €34,60

N 50°45'34" E 10°19'10"

An der B19 Eisenach-Meiningen. In Breitungen ausgeschildert. Campingplatz liegt am Kiessee. 123049

Bucha/Unterwellenborn, D-07333 / Thüringen

Campingplatz Saalthal-Alter****
15 Apr - 15 Okt
+49 36 73 22 22 67
info@camping-saalthal-alter.de

1 AEGKNOPQRSTU	LNOPQRSTXYZ 6
2 EKLQSTVXY	ABDEFGH 7
3 AR	ABCDEFGIJKNPQRSTUVW 8
4 FH	DFOQRSTVW 9
5 ABDEN	ABHJKNST 10
B 10-16A CEE	❶ €38,00
H400 2,5ha 100T(50-100m²) 160D	❷ €50,00

N 50°37'16" E 11°30'31"

B281 von Saalfeld nach Pößneck, Ausfahrt Kamsdorf über Bucha Richtung Hohenwarte. Hinter Bucha die erste Straße links und den CP-Schildern folgen. Die Straße führt durch den Wald und ist sehr schmal. 118024

Catterfeld, D-99894 / Thüringen

Paulfeld*****
Straße am Steinbühl 3
1 Jan - 31 Dez
+49 36 25 32 51 71
info@paulfeld-camping.de

1 AEKNOPQRSTU	LN 6
2 BEQRWXYZ	ABDEFGH 7
3 ABGM	ABCDEFJKNQRTW 8
4 FHKT	DJYZ 9
5 ABDFHKMN	AFGHIJKOPQU 10
WB 16A CEE	❶ €32,00
H450 7ha 80T(80-100m²) 164D	❷ €40,00

N 50°49'27" E 10°36'41"

A4 Richtung Dresden, Ausfahrt Waltershausen, dann Friedrichroda, B88 Richtung Ohrdruf. In Catterfeld rechts, dann noch 3 km. 108149

Drognitz, D-07338 / Thüringen

Camping Thüringer Wald
Mutschwiese 1
7 Apr - 23 Okt
+49 17 36 46 60 39
info-c.t.w@web.de

1 AEKNOPQRSTU	NX 6
2 BPQRSUVXYZ	ABDEFG 7
3 BFX	ABCDEFJNQRW 8
4 FH	FJ 9
5 ACFHIN	AHIJKLNPQ 10
Anzeige auf dieser Seite 10-16A CEE	❶ €30,00
13ha 150T 23D	❷ €38,50

N 50°35'46" E 11°33'42"

B281 von Saalfeld nach Pößneck, Ausfahrt Kamsdorf Richtung Hohenwarte. Über den Staudamm nach Drognitz. Von Drognitz der Beschilderung folgen. 122627

Eisenach/Wilhelmsthal, D-99834 / Thüringen

Campingpark Eisenach****
Am Altenberger See
1/1 - 31/10, 1/12 - 31/12
+49 3 69 29 79 80 07
info@campingpark-eisenach.de

1 ADEGKNOPQRSU	LN 6
2 ABFQRSTUXYZ	ABFG 7
3 AEFGM	ABCDEFJNQRUVW 8
4 FHT	QT 9
5 ABDFLMN	ABFHJKNQ 10
16A CEE	❶ €29,00
H340 6,5ha 80T(80-100m²) 100D	❷ €38,00

N 50°54'31" E 10°18'03"

A4 Kirchheim-Eisenach, Ausfahrt 40 Eisenach-Ost. Dann B19 Richtung Wartburg. Nach 9 km ist CP ausgeschildert. 102417

Ettersburg, D-99439 / Thüringen

Bad-Camp Ettersburg
Badteichweg 1
1 Apr - 31 Okt
+49 1 76 22 84 14 64
info@camping-weimar.de

1 AKNOPQRSTU	6
2 BPQXYZ	ABDEF 7
3 M	ABEFNQRTW 8
4 FH	9
5 ADN	ABHJKLNQ 10
Anzeige auf dieser Seite 10-16A CEE	❶ €28,00
H302 22ha 38T(30-120m²)	❷ €38,00

N 51°02'08" E 11°17'14"

A4, Ausfahrt 49 Weimar. Nördlich von Weimar Richtung Buchenwald. An der Ausfahrt Buchenwald geradeaus und den CP-Schildern folgen. 114486

Frankenhain, D-99330 / Thüringen

Oberhof Camping
Am Stausee 9
1 Jan - 31 Dez
+49 36 20 57 65 18
info@oberhofcamping.de

1 ADEKNOPQRSTU	LNOPQSX 6
2 ABELMQSTUVXYZ	ABDEFGHI 7
3 ABM	ABCDEFIJNQRTW 8
4 FH	JN 9
5 ABDFKMN	AGHIJKLOQ 10
Anzeige auf Seite 265 WB 16A CEE	❶ €32,00
H700 10ha 150T(80-100m²) 159D	❷ €43,00

N 50°43'50" E 10°45'19"

A71 Ausfahrt 17 Gräfenroda. Dann B88 Richtung Frankenhain. Dem Schild 'Lütsche Stausee/Campingpark folgen. Oder A4 Ausfahrt Gotha Richtung Oberhof. In Ohrdruf Richtung Grawinkel/Frankenhain. Ohne Navi fahren. 109503

Gera/Aga, D-07554 / Thüringen

Naturcamping Aga
Reichenbacherstr. 20
1 Apr - 15 Okt
+49 36 69 52 02 09
info@thueringencamping.de

1 AFKNOPQRSTU	L 6
2 AEQXYZ	ABDEFG 7
3 BU	ABEFJNQRW 8
4	9
5 ADEHMN	AGHIJKNQ 10
16A CEE	❶ €25,00
H210 5ha 50T(90-100m²) 40D	❷ €34,00

N 50°57'12" E 12°05'12"

A4, Ausfahrt 58 Gera, rechts Richtung Leipzig, B2. An der Ampel wieder rechts biegen in die Hügel. Nach 7 km biegen am Kreisel links in Richtung Aga. 102583

Teilkarte Thüringen auf Seite 263

Großbreitenbach, D-98701 / Thüringen

Wohnmobil- & Ferienpark Großbreitenbach	1 AFGKNOPQRSTU	AFH 6
Am Schwimmbad 4	2 BPQSXYZ	ABFGHI 7
1 Jan - 31 Dez	3 ABM	ABEFHJNPQRTW 8
+49 36 78 14 23 98	4 FHJT	J 9
info@wohnmobil-ferienpark.com	5 ABDMN	ABFGHJKOQU 10
	WB 16A CEE	❶ €27,50
N 50°35'04" E 10°59'21"	H667 7,2ha 80T(80-100m²) 40D	❷ €33,50

Von Illmenau die B88 Richtung Rudolfstadt. In Gehren (8 km) rechts Richtung Großbreitenbach. CP befindet sich am Ortseingang. 102524

Harztor/OT Neustadt (Harz), D-99768 / Thüringen

Campingplatz am Waldbad***	1 ADEGKNOPQRSU	6
An der Burg 3	2 CSWXYZ	ABDEFGHIK 7
1 Jan - 31 Dez	3 BFLMUX	ABCDEFJNQRTW 8
+49 3 63 31 47 98 91	4 AEFGHJO	DY 9
info@ neustadt-harz-camping.de	5 ABDEMN	ABFGHIJKLNQU 10
	WB 16A CEE	❶ €27,30
N 51°34'08" E 10°49'42"	H293 2,5ha 82T(50-110m²) 44D	❷ €34,30

Die B243 Seesen-Nordhausen; in Nordhausen die B4 Richtung Braunlage. In Niedersachswerfen nach Neustadt. 119305

Hohenfelden, D-99448 / Thüringen

Stausee Hohenfelden****	1 ADEKNOPQRSTU	LMNQSX 6
Am Stausee 9	2 ABFJPQSVWXYZ	ABFGIJ 7
1 Jan - 31 Dez	3 ABFGJMX	ABCDEFIJKNQRTUVW 8
+49 36 45 04 20 81	4 FHJ	DJNQRTVW 9
info@ campingplatz-hohenfelden.de	5 ABDKM	ABFGIJKLMOPQX 10
	Anzeige auf dieser Seite B 16A CEE	❶ €27,00
N 50°52'20" E 11°10'42"	H320 22,5ha 194T(80-140m²) 371D	❷ €35,00

A4 Ausfahrt Erfurt-Ost, dann Richtung Kranichfeld (ca. 6 km). Camping rechts. Gut ausgeschildert. 102523

Saalburg-Ebersdorf, D-07929 / Thüringen

Saalburg-Am Strandbad	1 ADEGKNOPQRSTU	LNQSXYZ 6
Am Strandbad 1	2 EKPQX	ABDEFGIK 7
1 Jan - 31 Dez	3 AM	ABCDEFNQRW 8
+49 36 64 72 24 57	4 FH	GJ 9
cpbad@ saalburg-ebersdorf.de	5 ABKN	ABCHJKOQ 10
	B 16A	❶ €28,50
N 50°29'41" E 11°43'49"	3,5ha 30T(60-80m²) 149D	❷ €36,50

Von der A9 Ausfahrt 28 Richtung Saalburg. Von der A4 über Rudolstadt/Saalfeld nach Ebersdorf (B90), danach Richtung Saalburg. 114887

Jena, D-07749 / Thüringen

Campingplatz Jena unter dem Jenzig	1 ADEKNOPQRSU	AFHX 6
Am Erlkönig 3	2 ACPQSXYZ	ABDEFG 7
1 Mrz - 31 Okt	3 AB	ABCDEFGNQRT 8
+49 36 41 66 66 88	4 FHJ	DR 9
post@jenacamping.de	5 ADEM	AFGHJKNQ 10
	6-16A CEE	❶ €24,00
N 50°56'09" E 11°36'30"	H100 1ha 50T(100m²) 1D	❷ €24,00

B7 von Jena Richtung Gera, über Saalebrücke, nach 200m bei der Ampel abbiegen. CP gut beschildert. 112147

Unstrut-Hainich (OT Weberstedt), D-99991 / Thür.

Am Tor zum Hainich****	1 AEKNOPQRSTU	F 6
Am Hainich 22	2 BIQVXY	ABDFGHIJK 7
1 Feb - 1 Dez	3 BEX	ABCDEFJNQSUVW 8
+49 36 02 29 86 90	4 FH	G 9
info@camping-hainich.de	5 ABDMNO	ABHJKOQU 10
	Anzeige auf dieser Seite B 16A CEE	❶ €34,00
N 51°06'10" E 10°30'32"	H272 3,5ha 161T(80-100m²) 26D	❷ €42,00

A4 bei Eisenach verlassen, B84 Bad Langensalza folgen. Den Schildern bis Weberstedt folgen, dann links abbiegen. Alternativ können Sie der A44 bis Kassel folgen, dann die A7 und B7. Schließlich die L1042 bis Weberstedt. 118028

Mühlberg, D-99869 / Thüringen

Drei Gleichen	1 ADEKNOPQRSTU	6
Campingplatz 1	2 AQTXY	ABDEFGH 7
1 Apr - 31 Okt	3 ABL	ABCDEFJNQRSUVW 8
+49 36 25 62 27 15	4 FHJ	FX 9
info@ camping-drei-gleichen.de	5 ABDMN	ABCGHIJKOQU 10
	B 16A CEE	❶ €34,00
N 50°52'29" E 10°48'33"	H400 2,8ha 150T(100-150m²) 37D	❷ €40,40

A4, Ausfahrt Mühlberg/Wandersleben, rechts Richtung Mühlberg, Schildern folgen und im Ort rechts. 108811

Neuengönna/Porstendorf, D-07778 / Thüringen

Camping & Ferienpark bei Jena	1 AKNOPQRSTU	LN 6
Rabeninsel 3	2 CEKPQXYZ	ABDEFGIJ 7
15 Mrz - 31 Okt	3 G	ABCDEFGIJKNQRTW 8
+49 36 42 72 25 56	4 FH	FJQT 9
camping-jena@t-online.de	5 ADEHKN	AHJKNQ 10
	FKKB 10-16A	❶ €22,50
N 50°58'27" E 11°39'00"	H100 20ha 80T(60-100m²) 68D	❷ €30,50

A4 Eisenach-Dresden, Ausfahrt 54 Jena-Lobeda. Dann die B88 Richtung Naumburg. Nach ± 7 km rechts der Strecke. 113467

Ziegenrück, D-07924 / Thüringen

Naturcamping Plothental	1 AJLOPQRSU	N 6
Plothental 9	2 BCPQSTXYZ	ABFG 7
3 Mai - 3 Okt	3 AFGMU	AEFNQRTW 8
+49 1 57 34 36 33 63	4 EFHJO	J 9
info@ naturcamping-plothental.de	5 ADM	ABHJKNQ 10
	16A CEE	❶ €25,50
N 50°36'36" E 11°39'19"	H430 2,5ha 50T(10-100m²) 45D	❷ €33,50

In Ziegenrück Richtung Knau/Külmla. Der Beschilderung folgen, nach 500m rechts. 114949

Oettern, D-99438 / Thüringen

Im Grünen	1 AKNOPQRSTU	N 6
Auf dem Butterberge 1	2 ABCQSVXYZ	AB 7
1 Jan - 31 Dez	3 ABLM	ABCDEFJNPQRT 8
+49 36 45 38 02 64	4 FH	DV 9
mail@ campingplatzimgruenen.de	5 ABDFHK	ABCHJKU 10
	16A CEE	❶ €31,00
N 50°55'28" E 11°20'52"	H340 1,5ha 35T(30-120m²) 41D	❷ €40,00

A4 Eisenach-Dresden, Ausfahrt Apolda/Mellingen Richtung Bad Berka. Hinter Oettern der Beschilderung über die kleine Brücke folgen. 5 km von der A4. 102522

Paska, D-07381 / Thüringen

Linkenmühle***	1 AEKLOPQRSTU	LNQXYZ 6
Linkenmühle/Campingplatz 1	2 BELMQSUVWXYZ	ABDEFG 7
15 Apr - 15 Okt	3 BCM	ABCDEFJKNQRW 8
+49 36 48 32 25 48	4 BFHJ	R 9
info@campingplatz-linkenmuehle.de	5 ABHKMN	ABCGHIJKOQW 10
	16A CEE	❶ €35,00
N 50°36'27" E 11°36'43"	H400 3,5ha 50T(60-120m²) 160D	❷ €45,00

A4 über Kreuz Heimsdorf, A9 bis Triptis dann die B281 bis Pössneck. Weiter Ri. Ziegenrück bis Maxa, dann die Ausf. nach Paska. Das letzte Stück ist sehr schmal, führt durch einen Wald. Wird durch eine Ampel geregelt. 113052

Deutschland

Teilkarte Thüringen auf Seite 263

Ahrdorf, D-53945 / Nordrhein-Westfalen

Frings-Mühle
Hubertusstraße 21-31
1 Jan - 31 Dez
+49 26 97 74 25
campingfrings-muehle@t-online.de

1	ADE**KN**OPQRST**U**	**N**	6
2	CPQSXY	**BEFG**	7
3	AM	ABDE**F**HJNPRTUVW	8
4	FHIJ	GI	9
5	ABFHJLMN	AFGHIKMOQ	10

B 16A CEE
H320 3ha 40**T**(100m²) 86**D**
① €31,00
② €37,50

N 50°22'17'' E 06°47'00''

CP befindet sich an der B258 zwischen Blankenheim und Nürburgring. Ab Ausbauende A1 Richtung Nürburgring.

102015

Attendorn/Biggen, D-57439 / Nordrhein-Westfalen

Hof Biggen***
Finnentroper Straße 131
1 Jan - 31 Dez
+49 2 72 29 55 30
info@biggen.de

1	ADE**KN**OPQRST**U**	**N**	6
2	BIPQSVXY	ABDE**FG**H**IJ**	7
3	AFGM**R**	ABCDEFJNOQRTW	8
4	BJOQ	DZ	9
5	ACDEFHLMN	ABDFGHIJKMQ	10

Anzeige auf dieser Seite 6-16A CEE
H361 18ha 100**T**(80-100m²) 285**D**
① €31,00
② €31,00

N 51°08'12'' E 07°56'23''

A45 Dortmund-Frankfurt, Ausfahrt 16 Meinerzhagen, nach ca. 20 km in Attendorn Richtung Finnentrop. Hinter dem Ort befindet sich der CP gegenüber des Restaurants 'Haus am See'.

102086

Attendorn/Waldenburg, D-57439 / Nordrhein-Westfalen

Familiencamping Biggesee-Waldenburg****
Waldenburger Bucht 11
1 Jan - 31 Dez
+49 2 72 29 55 00
info@biggesee.com

1	ADEG**KN**OPQRSTU	FLM**N**PQSXY	6
2	BEIJKMQSVWXYZ	ABDE**F**GHIJ	7
3	BDFG**J**MS	ABCDEF**G**IJKNQRTW	8
4	BEFHJLO**QT**	AFNVZ	9
5	ACDEFJMN**O**	ABFGHJKOQY	10

WB 6-12A CEE
H400 5ha 230**T**(80-100m²) 105**D**
① €28,00
② €33,00

N 51°06'39'' E 07°54'09''

A45 Dortmund-Siegen, Ausfahrt 16 Meinerzhagen oder 18 Olpe, Richtung Attendorn, danach Schildern folgen.

100127

Teilkarte Nordrhein-Westfalen auf Seite 266

Bad Godesberg/Mehlem, D-53179 / Nordrhein-Westfalen

Genienau
Im Frankenkeller 49
1 Mrz - 22 Dez
+49 2 28 34 49 49
info@campingplatz-genienau.de
N 50°39'16'' E 07°12'07''

1 AF**KN**OPQSU **N** 6
2 ACQ ABDE**FG** 7
3 ABE**F**NQR 8
4 9
5 DEHK ABGHJKQ 10
B 6A CEE ❶ €24,00
1,2ha 82**T**(80m²) 23**D** ❷ €32,00
102044

B9 Bonn-Remagen. Nach Bad Godesberg ist der CP in Mehlem ausgeschildert.

Brühl (Heider Bergsee), D-50321 / Nordrhein-Westfalen

Heider Bergsee
1 Jan - 31 Dez
+49 2 23 22 70 40
schirmer@heiderbergsee.de
N 50°49'46'' E 06°52'33''

1 ADG**KN**OPQRSTU LNO 6
2 ABFJPQXYZ AB**FG** 7
3 BF ABE**F**JNQR 8
4 FHO 9
5 ABDEFLM ABFGHIJK**O**Q 10
B 16A CEE ❶ €22,50
4,5ha 140**T** 180**D** ❷ €22,50
102013

A61/E31 Ausfahrt 108 Erftstadt. B265 Richtung Liblar/Hürth/Brühl. Ausfahrt Brühl-West/Heider Bergsee, dann den CP-Schildern folgen.

Bad Honnef/Aegidienberg, D-53604 / Nordrhein-Westf.

Jillieshof
Ginsterbergweg 6
1 Jan - 31 Dez
+49 22 24 97 20 66
information@camping-jillieshof.de
N 50°39'00'' E 07°18'02''

1 ADEG**KN**OPQRSTU 6
2 APQTUWXY ABDE**FG** 7
3 A**LM** ABCDEFJNQRTW 8
4 F FGV 9
5 DMN ABGHIJKLOQ 10
16A CEE ❶ €25,00
H300 4ha 40**T**(80-120m²) 183**D** ❷ €32,00
102043

A3 Ausfahrt 34. Bad Honnef folgen, in Hirnberg wird der CP ausgeschildert.

Datteln, D-45711 / Nordrhein-Westfalen

Erholungspark Wehlingsheide****
Im Wehling 26
1 Jan - 31 Dez
+49 2 36 33 34 04
info@wehlingsheide.de
N 51°40'53'' E 07°18'20''

1 ABCEG**KN**OPQRSTU 6
2 QTWXYZ ABDE**FG**H 7
3 BEF**LM** ABCDEFJ**M**NQRUVW 8
4 FHIO**TXZ** FJW 9
5 ADEFHKLM ABCFGHIJKLMNQW 10
16A CEE ❶ €26,00
3ha 60**T**(75-150m²) 132**D** ❷ €29,00
112275

A43 Ausfahrt 8 Haltern. Dann den Schildern Richtung Datteln folgen. Der CP ist angezeigt.

Bad Sassendorf, D-59505 / Nordrhein-Westfalen

Kur-Camping Rumkerhof
Weslarner Str. 30
1 Jan - 31 Dez
+49 2 92 15 31 18
email@rumkerhof.de
N 51°35'45'' E 08°10'43''

1 AEKNOPQRSTU 6
2 APSTWXY ABDE**FG** 7
3 A ABCDEFJNQR 8
4 FGHJK VWY 9
5 ABDMN ABGHKNQ 10
B 16A CEE ❶ €23,50
15ha 93**T**(80-100m²) 34**D** ❷ €26,00
121052

A44 Ausfahrt Soest Richtung B475 nehmen. Richtung Soest fahren. In Soest die B1 Richtung Bad Sassendorf. Bei Bad Sassendorf ist der CP angezeigt.

Datteln, D-45711 / Nordrhein-Westfalen

Haard-Camping****
In den Wellen 30
1 Jan - 31 Dez
+49 23 63 36 13 91
info@haard-camping.de
N 51°40'42'' E 07°16'58''

1 ADEKNOPQRSTU 6
2 BCQTWXYZ **BEFGHI**K 7
3 BG**L**MUX ABDF**GIJLM**NQRTUV 8
4 FGHIJKOR FY 9
5 BDFKLM ABCGHJKNPQUWY 10
B 13-16A CEE ❶ €18,00
H65 7ha 29**T**(100-120m²) 177**D** ❷ €18,00
117168

Von Nord/West: A43, Ausfahrt 8 Haltern, Richtung Datteln. Von Süd/Ost: A2, Ausfahrt 11 Henrichenburg/Castrop-Rauxel, B235 Richtung Datteln. CP ist angezeigt.

Barntrup, D-32683 / Nordrhein-Westfalen

CC€21

Ferienpark Teutoburgerwald Barntrup****
Badeanstaltsweg 4
1 Apr - 6 Okt
+49 52 63 22 21
info@ferienparkteutoburgerwald.de
N 51°59'12'' E 09°06'30''

1 ADE**KN**OPQSTU BG 6
2 BPQTUWXYZ ABCDE**FGH**K 7
3 ABFG**KLM**NSX ABCDEFGHIJK**M**NPQRTUW 8
4 BCEFGHIJLO**P** CEXZ 9
5 ADMN ABCDEFGHIJKOQUVY 10
16A CEE ❶ €28,50
H180 2,5ha 108**T**(90-250m²) 4**D** ❷ €35,50
101123

Über die B66 nach Lage, Lemgo, Barntrup. In Barntrup Ri. Schwimmbad. Oder A2, Ausf. 35 Bad Eilsen, N328 Ri. Rinteln/Barntrup. Ab Paderborn B1 Ri. Hameln über Blomberg nach Barntrup. In Barntrup den CP-Schildern folgen.

Delecke (Möhnesee), D-59519 / Nordrhein-Westfalen

Delecke Südufer
Arnsberger Str. 8
1 Jan - 31 Dez
+49 2 92 48 78 42 10
info@campingplatz-moehnesee.de
N 51°28'39'' E 08°06'02''

1 ADEGILOPQRST**U** L**N**QS 6
2 AEIKPQWXY ABDE**FG** 7
3 AM ABCDEFJNQRSTW 8
4 FH NRV 9
5 ABDEFGHJMN ABGHIJK**O**STY 10
B 16A CEE ❶ €30,00
H200 4ha 70**T**(70-80m²) 120**D** ❷ €35,00
112153

A44 Ausfahrt 56 Soest/Möhnesee. Über die B229 nach Arnsberg über den See links Richtung Südufer.

Bestwig/Wasserfall, D-59909 / Nordrhein-Westfalen

Terrassencamping Wasserfall
Aurorastraße 17
1 Jan - 31 Dez
+49 17 03 50 06 36
info@terrassencamping.de
N 51°18'11'' E 08°26'08''

1 ADE**KN**OPQRSTU 6
2 ABIPQSVXY ABDE**FG** 7
3 AB ABCDE**F**JNRW 8
4 F FJ 9
5 ADFGHMN**O** ABK**O**Q 10
W 10-16A CEE ❶ €24,00
H625 4ha 23**T**(80-100m²) 107**D** ❷ €24,00
102149

B7 Meschede-Olsberg in Bestwig Richtung 'Fort Fun'. CP ist neben 'Fort Fun', einige Meter hinter einem Bauernhof.

Dortmund/Hohensyburg, D-44265 / Nordrhein-Westfalen

Camping Hohensyburg
Syburger Dorfstraße 69
1 Jan - 31 Dez
+49 2 31 77 43 74
info@camping-hohensyburg.de
N 51°25'14'' E 07°29'44''

1 ADEGKNOPQRSTU NSXY 6
2 ACIPQTUVXY ABFGIJ 7
3 ABM ABCDEFHJKNQRTW 8
4 FH DFQT 9
5 BDEFLM ABCGJKOQW 10
B 16A CEE ❶ €27,00
10ha 80**T**(80-100m²) 285**D** ❷ €37,00
107971

A45 Ausfahrt Hohensyburg. CP ausgeschildert. Oder A1, Ausfahrt Hagen-Nord.

Blankenheim/Freilingen, D-53945 / Nordrhein-Westfalen

Eifel-Camp Freilinger See*****
Am Freilinger See 1
1 Jan - 31 Dez
+49 2 69 72 82
eifel-camp@freizeit-oasen.de
N 50°24'54'' E 06°43'07''

1 ADEG**KN**OPQRST**U** LNOQ 6
2 ACEIPQSTVWXYZ ABCDE**FGHI** 7
3 ABFG**L**MNSUX ABCDEFGHIJKNQRTUVW 8
4 BCDFHIJLNO**PT** CFRZ 9
5 ABDFHLMN**O** ABEFGHIJK**O**QUWY 10
B 16A CEE ❶ €31,00
H442 26ha 160**T**(70-180m²) 288**D** ❷ €37,50
102017

A1, Ende der Autobahn Richtung Nürburgring, dann Freilinger See.

Drolshagen, D-57489 / Nordrhein-Westfalen

Camping Gut Kalberschnacke****
Kalberschnacke 8
1 Jan - 31 Dez
+49 27 63 61 71
camping@kalberschnacke.de
N 51°04'18'' E 07°48'58''

1 AEG**KN**OPQRSTU LNQS**XYZ** 6
2 AEIKMPQSUVWXYZ ABDE**FGH**IK 7
3 ABFM**N**UV ABCDEFHJKNQRTUVW 8
4 FHJLO**QSTV** DFQV 9
5 ACHJLN ABFGHJKLMNQ 10
WB 10A CEE ❶ €37,50
H350 13ha 125**T**(90-110m²) 306**D** ❷ €46,50
102088

A45 Dortmund-Giessen, Ausfahrt 17 Drolshagen/Bergneustadt, links Richtung Biggesee bis Listersee. Bei Brücke rechts, CP nach 700m.

Brilon, D-59929 / Nordrhein-Westfalen

CC€23

Camping & Ferienpark Brilon
Hoppecker-Straße 75
1/1 - 8/10, 26/12 - 31/12
+49 29 61 97 74 23
info@campingbrilon.de
N 51°22'45'' E 08°35'08''

1 AE**KN**OPQRST**U** 6
2 BIPQSTUVWX ABDE**FG** 7
3 B**HKMT** ABCDEFJKNQRTUVW 8
4 EFGHI J 9
5 ADHKLM ABCDEFGHJK**O**Q 10
Anz. auf dieser Seite W 10-16A CEE ❶ €29,30
H525 19ha 100**T**(120-160m²) 165**D** ❷ €38,20
118219

B251 Richtung Willingen, rechts ab Richtung Brilon. Den Schildern folgen.

Brüggen, D-41379 / Nordrhein-Westfalen

Heide Camp Brüggen
Sankt Barbara Straße 43
1 Jan - 31 Dez
+49 21 57 87 36 22
heidecamp@aol.com
N 51°15'24'' E 06°10'24''

1 AE**KN**OPQRSTU 6
2 ABPQTWXY ABDE**FG** 7
3 ABCDE**F**JNRUV 8
4 FHJ 9
5 DM ABFGHIJKNSTV 10
10A CEE ❶ €18,00
60ha 52**T**(100m²) 120**D** ❷ €21,00
112152

Auf der A61 Ausfahrt 3 Kaldenkirchen-Süd. Über die B221 nach Brüggen. Der CP liegt in Brüggen Bracht und ist dort ausgezeichnet.

Dülmen, D-48245 / Nordrhein-Westfalen

Brockmühle
Am Heubach 1
1 Jan - 23 Dez
+49 28 64 77 59
brockmuehle@t-online.de
N 51°50'49'' E 07°06'01''

1 ADEG**KN**OPQRST**U** AJ 6
2 ACPQTWY **ABCFG**I 7
3 ABF**HIL**MX ABCDE**F**JNQRTUVW 8
4 AHJK UVY 9
5 BDM ABCGHIJKLM**O**Q 10
16A CEE ❶ €28,00
5,6ha 28**T**(100-120m²) 200**D** ❷ €34,00
110098

Auf die 67 (Neu)-Borken-Dülmen die L600 Richtung Maria Veen. CP liegt an dieser Straße, ausgeschildert.

Deutschland

Teilkarte Nordrhein-Westfalen auf Seite 266

Deutschland

Düsseldorf, D-40627 / Nordrhein-Westfalen

Zweckverband Unterbacher See	1 AH**KN**OPQRST LM**N**QRST**X**Y 6
Kleiner Torfbruch 31	2 ABEJKPQSTWXY A**BFG** 7
1 Apr - 1 Nov	3 BFG**JL**M ABCDE**F**JNQRUVW 8
+49 21 18 99 20 38	4 J HMPQRT 9
service@unterbachersee.de	5 ABDHLM AFGHJKL**N**PQUWY 10
	B 6A CEE ① €31,00
N 51°11'58" E 06°53'10"	13ha 63**T**(57-100m²) 273**D** ② €40,00

A46, Ausfahrt Ekrath Düsseldorf/Unterbach. Richtung Erkrath/Unterbach am See. Dort Schildern folgen. 102011

Effeld/Wassenberg, D-41849 / Nordrhein-Westfalen

Amici Lodges	1 AEH**JM**OPQRST**U** HLM**N**OW 6
Waldseestrasse 7	2 AEJKQWXY ABDE**FG** 7
1 Jan - 31 Dez	3 ABE**L**M**V**X ABCDE**FG**JKNQRTUV 8
+49 2 43 28 96 92 80	4 FH CFJ 9
info@amicilodges.com	5 ABDH ABCFGHIJKOQY 10
	B 10-16A CEE ① €30,00
N 51°07'46" E 06°05'59"	6ha 28**T**(80-140m²) 81**D** ② €43,00

A73 Ausfahrt Herkenbosch. Der N293 Richtung Herkenbosch folgen. Weiter zur L117. CP ist angezeigt. 122194

Erder/Kalletal, D-32689 / Nordrhein-Westfalen

Julianna Campingplatz Kalletal	1 EKNOPQRST**U** J**N**UXZ 6
An der Weser 7a	2 DIQWXY AB**F** 7
1 Jan - 31 Dez	3 BU ABE**F**NQRU 8
+49 16 07 47 70 87	4 R 9
info@campingplatz-weser-kalletal.de	5 ABDEFGHN AHKQ 10
	6A CEE ① €30,00
N 52°11'02" E 08°56'02"	**H**55 1,5ha 40**T**(80-200m²) 27**D** ② €35,00

E30 Richtung Hannover, Ausfahrt 33. Danach B514 Richtung Vlotho/Kalletal. 125459

Essen-Werden, D-45239 / Nordrhein-Westfalen

Knaus Campingpark Essen-Werden★★★★	1 ADEG**KN**OPQRSTU **N**U**X** 6
Im Löwental 67	2 ACPQRSTUWXYZ ABDE**FG**HIJ 7
1 Jan - 31 Dez	3 BM ABCDEFGIJKNQR**S**W 8
+49 2 01 49 29 78	4 **A**FHJ EFN 9
essen@knauscamp.de	5 ABDEFHJKMN ABCFGHIJKM**O**QU 10
	B 16A CEE ① €34,60
N 51°22'56" E 06°59'44"	6ha 140**T**(80-100m²) 147**D** ② €43,60

A52 Ausfahrt 26 Essen/Kettwig/Flugplatz. Richtung Werden (2x), CP ausgeschildert. 109025

Extertal, D-32699 / Nordrhein-Westfalen

Campingpark Extertal★★★★	1 AEG**KN**OPQRSU LM**N** 6
Eimke 4	2 CEIKPQWXY ABDE**FG**H**IJ**K 7
1 Jan - 31 Dez	3 ABF**IL**MSUVX ABCDEFJKNQRTUVW 8
+49 52 62 33 07	4 BFHJKO DE 9
info@campingpark-extertal.de	5 ADEFHKMN ABGHIJKMOQU 10
	WB 16A CEE ① €23,90
N 52°03'04" E 09°06'08"	**H**210 10ha 80**T**(100-120m²) 224**D** ② €30,90

Der CP liegt an der Straße Rinteln-Barntrup. 1 km südlich von Bösingfeld. Der CP ist ausgeschildert. 100112

Extertal/Bösingfeld, D-32699 / Nordrhein-Westf.

Bambi★★★★	1 ADG**KN**OPQRSU 6
Hölmkeweg 1	2 BQTVWXYZ AB**FG** 7
15 Mrz - 31 Okt	3 AM ABCDEFJNQRW 8
+49 52 62 43 43	4 FHJ 9
info@camping-bambi.de	5 ADN ABCDFGHIJKLMOQVW 10
	Anzeige auf dieser Seite 10A CEE ① €24,00
N 52°04'59" E 09°09'31"	**H**260 1,7ha 30**T**(100-120m²) 30**D** ② €30,00

Von Bösingfeld Richtung Hameln, etwa 2 km hinter dem Kreisel in Bösingfeld 2. Ausfahrt links ab Richtung Egge. Nach 2 km kommt der Campingplatz. 102251

Extertal/Meierberg, D-32699 / Nordrhein-Westfalen

Camping & Ferienpark Buschhof★★★★	1 AG**KN**OPQRST**U** AF 6
Meierbergstraße 15	2 BQTWXY ABDE**FG**J 7
1 Jan - 31 Dez	3 BFMS ABEFJQRTUW 8
+49 52 62 25 75	4 FHKO D 9
buschhof@ferienpark.de	5 ADFHJKM AFGHJKMNQ 10
	16A CEE ① €19,50
N 52°06'17" E 09°07'06"	**H**220 4,4ha 55**T**(100-120m²) 73**D** ② €24,50

A2 Ausfahrt 35 Richtung Rinteln (B238). Dann Richtung Barntrup folgen. Etwa 8,5 km hinter der Ausfahrt ist der CP angezeigt. Links Richtung Meierberg. 110630

Gronau, D-48599 / Nordrhein-Westfalen

Camping & Freizeitanlage Dreiländersee	1 ADEH**JM**OPQSTU L**N**S 6
Hagelsweg	2 AEPQRX B**FG** 7
1 Apr - 1 Nov	3 **J** BIJNQR 8
+49 1 51 15 22 00 33	4 FH J 9
info@campingplatz-gronau.com	5 A ABFGORSU 10
	Anzeige auf dieser Seite 10A ① €24,00
N 52°14'14" E 07°04'46"	3ha 20**T**(80-100m²) 12**D** ② €29,00

A1 Hengelo-Osnabrück, Ausfahrt 2 Gildehaus/Gronau. 2 km vor Gronau links ins Naherholungsgebiet. Dem Hagelsweg folgen bis der CP links ausgeschildert ist. Das Gelände befindet sich auf der rechten Seite. 120844

Groß Reken, D-48734 / Nordrhein-Westfalen

Camping-Park Groß-Reken	1 ABDG**KN**OPQRSTU 6
Berge 4	2 APQWXY ABDE**FG**IJ 7
1 Jan - 31 Dez	3 B**KL**MU ABCDEFIJNQRSTUW 8
+49 1 52 21 65 18 94	4 FH 9
info@campingnrw.de	5 DEFGHKM ABHJKNSTUWY 10
	16A CEE ① €25,00
N 51°49'38" E 07°03'45"	3ha 110**T**(bis 100m²) 300**D** ② €31,00

A31, Ausfahrt 34 Borken/Reken. Den Schildern Groß Reken folgen. CP angezeigt. 113783

Teilkarte Nordrhein-Westfalen auf Seite 266

Deutschland

Hamminkeln, D-46499 / Nordrhein-Westfalen

Erholungsgebiet Dingdener Heide GmbH
Bußter Weg 100
1 Jan - 31 Okt
+49 28 52 24 05
info@dingdener-heide.de
N 51°46'59'' E 06°38'03''

1 ABEGH**K**N**O**PQRSTU — LN 6
2 AEJKQTX — ABCDE**FG**HI 7
3 ABDFG**L**MSX — ABCDEFJKNQRSTW 8
4 BFGH — AFJRVY 9
5 ABDEFHKMN — ABGHIJKOST 10
Anzeige auf dieser Seite B 16A — ❶ €23,30
2ha 35T(80-150m²) 418D — ❷ €30,30
120125

A3 Ausfahrt 5 Hamminkeln. CP liegt an der N8 und ist ausgeschildert.

Heimbach, D-52396 / Nordrhein-Westfalen

Gut Habersauel
1 Jan - 31 Dez
+49 2 44 64 37
info@heimbacher-campingplatz.de
N 50°38'36'' E 06°28'31''

1 AEG**KN**OPQRSU — NU 6
2 CIPQXY — AB**FG**H 7
3 BFM — AB**F**JNQRW 8
4 JO — EF 9
5 ADEFHJKMN — ACJK**O**Q 10
16A CEE — ❶ €26,70
H500 13ha 100T(100-150m²) 308D — ❷ €32,70
101997

A61, Ausfahrt Erfstad, dann N265 Zülpich-Vlatten. In Vlatten Richtung Heimbach. Durch den Ort durchfahren bis zur Tankstelle, nach rechts Richtung Hausen-Nideggen.

Höxter, D-37671 / Nordrhein-Westfalen

Wesercamping Höxter***
Sportzentrum 4
1 Jan - 31 Dez
+49 52 71 25 89
info@wesercamping-hoexter.de
N 51°46'00'' E 09°23'00''

1 AD**KN**OPQRSTU — BHJ**N**UXYZ 6
2 CIPQWY — A**B**D**FG**HI**J**K 7
3 BF**HMN**S — ABCDE**F**IJNQRTW 8
4 FHJO — FJRVW 9
5 ABDEFHJKMN — ABFGHJKLOQ 10
Anzeige auf dieser Seite 6-10A CEE — ❶ €24,50
H106 3ha 80T(80-120m²) 97D — ❷ €34,50
109956

A44 Ri. Kassel, Ausfahrt Bühren Ri. Paderborn. B64 Ri. Höxter. In Höxter Richtung Boffzen/Fürstenberg und den Schildern zum CP und Brückfeld folgen. Umleitung wegen Brückensperrung für Fahrzeuge bis 2,10m.

Hellenthal, D-53940 / Nordrhein-Westfalen

Wildbach camping
Platiss 1
1 Apr - 31 Okt
+49 24 82 15 00
info@wildbach-camping.de
N 50°28'46'' E 06°25'43''

1 AE**KN**OPQRSU — **N** 6
2 CQWY — ABDE**FG**H 7
3 AMUV — ABCDEFJNQR 8
4 BFHJ — AF 9
5 ADEFMN — BHK**N**RS 10
16A CEE — ❶ €30,50
8ha 120T(80-100m²) 127D — ❷ €39,50
102000

Schleiden Richtung Hellenthal. Im Ort die B265 Richtung Trier. 0,5 km hinter dem Ortsschild links der Strecke. Ausgeschildert.

Herford, D-32051 / Nordrhein-Westfalen

Elisabethsee
Reitweg 86
1 Jan - 31 Dez
+49 5 22 13 34 11
info@camping-elisabethsee.de
N 52°06'28'' E 08°34'28''

1 ABGKNOPQRSTU — LM**N** 6
2 ABCEIJPQTWXY — ABDE**FGH**IJK 7
3 AB**D**FG**L**MS — ABCD**FG**HIJKNPQRTUVW 8
4 BCFJO — EIJ 9
5 DM — ABCHIJKLNQUV 10
B 16A CEE — ❶ €26,00
3ha 50T(100-150m²) 310D — ❷ €33,00
114874

Von der A30 Ausfahrt 27 Bünde Richtung Bünde/Hessisch Oldendorf/Enger zur Pödinghauser Straße.

Ibbenbüren, D-49479 / Nordrhein-Westfalen

Eichengrund
Im Brook 2
1 Jan - 31 Dez
+49 5 45 55 21
N 52°13'06'' E 07°39'54''

1 AFGJMOPQRSTU — L 6
2 AEJQRWXY — B**FG** 7
3 BF**J**MU — AB**FG**I**JM**NPQRUV 8
4 HJ — 9
5 DM — ABHJKLMQ 10
Anzeige auf dieser Seite 16A CEE — ❶ €22,00
H60 6ha 25T(100m²) 225D — ❷ €28,00
102078

A30/E30 Osnabrück-Hengelo Ausfahrt 11 Ibbenbüren. Über die B219 Richtung Saerbeck/Münster. Über den Dortmund-Ems Kanal. Nach 500m CP rechts angezeigt (Im Brook).

Horn-Bad Meinberg/OT Kempen, D-32805 / Nordrhein-W.

Eggewald
Kempenerstraße 33
1 Apr - 30 Okt
+49 5 25 52 36
glitz@campingplatz-eggewald.de
N 51°48'12'' E 08°56'35''

1 AG**KN**OPRSTU — F 6
2 CPQUVWY — A**B**DE**FG** 7
3 BM — ABCDE**F**JNQRW 8
4 FHJ — 9
5 D — ABGHJKNUVW 10
10A CEE — ❶ €29,00
H400 2,1ha 70T(100-150m²) 20D — ❷ €32,00
102205

A1 Paderborn-Hameln. Ab Paderborn vor Horn, ab Hameln nach Horn Schild Richtung Altenbeken. CP ist im Ortsteil Kempen. Ab A1 (via Veldrom) ca. 8 km.

Hörstel, D-48477 / Nordrhein-Westfalen

Erholungsanlage Hertha-See****
Hertha Seestraße 70
31 Mrz - 15 Okt
+49 54 59 10 08
contact@hertha-see.de
N 52°19'39'' E 07°36'02''

1 ABEILOPQRST**U** — LN 6
2 ABFJQRXYZ — B**C**DE**FGHIK** 7
3 B**D**FG**JMN** — ABCDE**F**JKNQRT 8
4 BFHJ**Q** — INVWY 9
5 ABDEFJLM**N** — ABEGHIK**O**QY 10
Anzeige auf dieser Seite B 16A CEE — ❶ €33,80
25ha 170T(100-110m²) 342D — ❷ €40,20
100106

A30/E30 Hengelo-Osnabrück, Ausfahrt Hörstel 10, dann Richtung Hörstel-Rheine, nach 100m rechts Hertha Seestraße, ausgeschildert.

Teilkarte Nordrhein-Westfalen auf Seite 266

Kalkar/Wissel, D-47546 / Nordrhein-Westfalen

Freizeitpark Wisseler See GmbH
Zum Wisseler See 15
1 Jan - 31 Dez
+49 2 82 49 63 10
info@wisseler-see.de
N 51°45'39" E 06°17'06"

1 ABEGH**JM**OPQRSTU — AFHLM**N**OPQSTXYZ 6
2 EJKPQSTWXYZ — ABDE**FG**HI**J** 7
3 ABFG**L**MN**R** — ABCDEFJKNQR**S**TUVW 8
4 BFHJLO**Q** — EFKNTVY 9
5 ABDEFGHIJKLMO — ABEFGHIJKLM**O**QUWY 10
Anzeige auf dieser Seite B 16A CEE — ① €32,00
35ha 242**T**(60-160m²) 642**D** — ② €41,00

A3 Ausfahrt 3 Emmerich. N220 links ab Richtung Emmerich/Kleve. Über die Brücke 1. Straße links Richtung Kalkar. Cp ausgeschildert. — 109276

Köln/Dünnwald, D-51069 / Nordrhein-Westfalen

Waldbad
Peter-Baum-Weg
1 Jan - 31 Dez
+49 2 21 60 33 15
info@waldbad-camping.de
N 50°59'42" E 07°03'35"

1 ADEG**KN**OPQRSTU — BGHO 6
2 ABPQYZ — ABDE**FG**H**IK** 7
3 ABFG**J**MS — ABCDEFJNQRT 8
4 JO — DGJ 9
5 ADLMN — AGHJK**O**ST 10
B 12A CEE — ① €33,50
3,2ha 45**T**(100m²) 74**D** — ② €46,00

A3, Ausfahrt 24 (Kreuz Leverkusen). Der U51 folgen. Auf der B51 ist der CP in Dünnwald ausgeschildert. Die Linkskurve zum Campingplatz ist etwas tückisch. Tipp: bis zum Kreisverkehr fahren und dann zurück. — 111951

Köln/Poll, D-51105 / Nordrhein-Westfalen

Campingplatz Stadt Köln
Weidenweg 35
20 Mrz - 11 Nov
+49 2 21 83 19 66
info@camping-koeln.de
N 50°54'10" E 06°59'27"

1 ADE**KN**OPQRST**U** — **N** 6
2 ACQXYZ — ABE**F**GIJ 7
3 **L** — ABEFJNQR 8
4 FHJ — V 9
5 ABDFK — ABGHIJKNST 10
B 16A CEE — ① €30,50
1,8ha 140**T** — ② €40,50

A4 Ausfahrt 13 Köln/Poll. Schildern folgen. — 102042

Köln/Rodenkirchen, D-50996 / Nordrhein-Westfalen

Berger
Uferstraße 71
8 Jan - 23 Dez
+49 22 19 35 52 40
anfrage@camping-berger.koeln
N 50°53'28" E 07°01'23"

1 AEGKNOPQRST**U** — **N**Y 6
2 ACJPQY — ABDE**FG**I 7
3 A**L**M — ABCDEFJKNQRTW 8
4 FH — G 9
5 ABDEFIJLMN — AFGHIJK**N**Q 10
B 10A CEE — ① €34,50
4ha 125**T**(50-80m²) 143**D** — ② €42,90

A4 Aachen-Köln. Ausfahrt Köln/Rodenkirchen. Schildern folgen. — 107495

Königswinter/Oberpleis, D-53639 / Nordrhein-Westfalen

Camping im Siebengebirge
Theodor-Storm-Str. 37
1 Jan - 31 Dez
+49 22 44 64 18
info@camping-im-siebengebirge.camp
N 50°42'31" E 07°15'57"

1 AEGKNPQRSU — 6
2 ACPQRXY — A**BFG** 7
3 A — ABE**F**JNQR 8
4 F — F 9
5 DN — ABFGHJKM**N**Q 10
16A CEE — ① €26,00
1,3ha 10**T**(100m²) 93**D** — ② €28,50

A3 Köln-Frankfurt, Ausfahrt 33 Siebengebirge. in Richtung Oberpleis. Im Kreisverkehr die dritte Ausfahrt und fahren zur nächsten Ampel fahren. Rechts abbiegen. Der Beschilderung folgen. — 07496

Ladbergen, D-49549 / Nordrhein-Westfalen

Regenbogen Ferienanlage Ladbergen
An der Buddenkuhle 1
31 Mrz - 1 Nov
+49 5 48 59 63 53
ladbergen@regenbogen.ag
N 52°09'56" E 07°45'37"

1 ADE**KN**OPQRSTU — LMNQSX 6
2 AFJKQRXYZ — B**FG** 7
3 BG**L**MS — BFNQR**S**W 8
4 B — E 9
5 ABDEFGM — ABHILNQX 10
B 16A CEE — ① €31,00
H55 6ha 80**T**(90-110m²) 156**D** — ② €31,00

A1 Münster/Dortmund, Ausfahrt 74 Ladbergen. Am Kreisel ist der CP ausgeschildert. Richtung Waldsee. — 114759

Lengerich, D-49525 / Nordrhein-Westfalen

Auf dem Sonnenhügel
Zur Sandgrube 40
1 Jan - 31 Dez
+49 54 81 62 16
info@sonnenhuegel-camping.de
N 52°11'19" E 07°48'16"

1 ADG**KN**OPQRSTU — LM 6
2 AFJQRWXY — AB**FG** 7
3 AFMU — ABE**F**IJ**M**NQRTUV 8
4 BHJO**Q** — VWY 9
5 ABDHM — ABGHIJKL**O**QU 10
B 10A CEE — ① €25,00
H56 5,5ha 50**T**(100-120m²) 180**D** — ② €32,00

A30 Hengelo-Osnabrück, am Autobahnkreuz Lotte Ausfahrt 13 Richtung Münster/Dortmund. Ausfahrt 73 Lengerich. Im Kreisverkehr rechts; ausgeschildert. — 102084

Lienen, D-49536 / Nordrhein-Westfalen

CC€21

Eurocamp
Holperdorp 44
1 Jan - 20 Dez
+49 5 48 32 90
info@camping-lienen.de
N 52°10'00" E 07°58'52"

1 ADE**KN**OPQRST**U** — 6
2 IQRSVXY — BE**FG** 7
3 BEM — BD**F**JKNQRW 8
4 FH — F 9
5 DK — AJKOQY 10
Anzeige auf dieser Seite B 10A CEE — ① €23,00
H170 7,8ha 60**T**(80-100m²) 173**D** — ② €29,00

B51 Osnabrück/Nahne Richtung Bad Iburg, danach Richtung Holperdorp fahren. CP ist ausgeschildert. — 102082

Teilkarte Nordrhein-Westfalen auf Seite 266

Deutschland

Lindlar, D-51789 / Nordrhein-Westfalen

Campingpark im Bergischen Land
Oberbüschem 45
1 Jan - 31 Dez
+49 22 66 66 52
info@mein-campingpark.de
N 51°04'04'' E 07°22'57''

1 AEG**KN**OPQRSTU 6
2 BIQTUVWXY AB**FG**I 7
3 ABF**L**MUX BCD**F**H**I**JK**L**NPQRTUVW 8
4 FGK FIJ 9
5 ADEFHJKMN AGHJKMOPQ 10
B 16A CEE ① €24,00
H300 10ha 85**T**(100m²) 256**D** ② €30,00
121561

A45 Ausfahrt 16. Richtung Meinerzhagen. Die B54 nehmen. Weiter die L306, dann die K45. Weiter auf der K18. Über die L284 Richtung Buchholz. In Lindlar ist der CP angezeigt.

Lippstadt, D-59558 / Nordrhein-Westfalen

Campingparadies Lippstädter Seenplatte
Seeufer Straße 16
1 Mrz - 31 Okt
+49 29 48 22 53
info@camping-lippstadt.de
N 51°42'04'' E 08°24'28''

1 ADEG**KN**OPQRST**U** L**N**OQST**X**Y 6
2 ABEJPQWY A**B**D**EFG**H 7
3 B**L** ABCDE**F**IJNQRTUVW 8
4 HK TY 9
5 ABDEGHKMN ABCFGHJKOQ 10
B 16A CEE ① €23,20
2,5ha 88**T**(120m²) 20**D** ② €31,20
117999

Auf der B55 Ausfahrt Lippstadt Richtung Freizeitpark. Der CP ist ausgeschildert.

Meschede (Hennesee), D-59872 / Nordrhein-W.

CC€23

Knaus Campingpark Hennesee****
Mielinghausen 7
1/1 - 5/11, 21/12 - 31/12
+49 2 91 95 27 20
hennesee@knauscamp.de
N 51°17'54'' E 08°15'51''

1 ADEG**KN**OPQRST**U** EL**N**OPQSU**X** 6
2 AEKMPQSVWXYZ ABDE**FG**HK 7
3 ABFGMSW ABCDEFIJK**L**NPQR**S**TUVW 8
4 AFHJKOQ**T** AEFNUVWY 9
5 ABDEFHJMN**O** ABDEFGHJKLM**O**QU 10
WB 8-16A CEE ① €45,00
H390 12,5ha 182**T**(80-130m²) 360**D** ② €48,00
102150

B55 von Meschede nach Olpe. Nach 7 km am Ende des Stausees über die Brücke rechts und nach 300m CP links.

Mettingen, D-49497 / Nordrhein-Westfalen

Zur schönen Aussicht
Schwarze Straße 73
1 Mrz - 30 Nov
+49 5 45 26 06
info@camping-schoene-aussicht.de
N 52°18'46'' E 07°45'45''

1 AILOPQS**U** D 6
2 AIQVXYZ B**FG** 7
3 BM ABDE**FG**JNQRUVW 8
4 FHJO**PQ** G 9
5 DEHKM AHJKOQU 10
10A CEE ① €28,50
H120 3ha 55**T**(80-100m²) 42**D** ② €35,50
102076

A30, Ausfahrt 12 Ibbenbüren-Laggenbeck Richtung Mettingen. Über L594 und L796 durch Laggenbeck. CP ausgeschildert.

Monschau/Imgenbroich, D-52156 / Nordrhein-Westfalen

Zum Jone-Bur****
Grünentalstraße 36
1 Jan - 31 Dez
+49 24 72 39 31
info@zum-jone-bur.de
N 50°34'01'' E 06°16'02''

1 AEG**JM**OPQRS**U** F 6
2 PQSTWXY ABDE**FG**H 7
3 ABCDE**F**JNQRTUVW 8
4 FHJ**Z** E 9
5 DM ABCFGHJKNST 10
Anzeige auf dieser Seite B 6A CEE ① €32,50
8ha 60**T**(60-80m²) 152**D** ② €42,50
100134

Auf der B258 Aachen-Monschau oder B399 Düren-Monschau ist der CP ausgeschildert. In Imgenbroich links, deutliche Beschilderung.

Monschau/Perlenau, D-52156 / Nordrhein-Westfalen

Perlenau****
1 Apr - 31 Okt
+49 24 72 41 36
info@monschau-perlenau.de
N 50°32'38'' E 06°14'15''

1 AE**KN**OPQRSU **N** 6
2 BCQRSVWXY ABD**FG** 7
3 A ABCDEFJNQRTW 8
4 FHJ A 9
5 ABDGMN ABJKOQ 10
16A CEE ① €32,00
3ha 75**T**(50-80m²) 3**D** ② €42,00
101998

B258 Monschau-Trier; der CP ist deutlich ausgeschildert.

Münster, D-48157 / Nordrhein-Westfalen

Münster*****
Laerer Werseufer 7
2 Jan - 31 Dez
+49 2 51 31 19 82
mail@campingplatz-muenster.de
N 51°56'47'' E 07°41'28''

1 ADEG**KN**OPQRST**U** **BG**H**N**XZ 6
2 ACPQTWXY ABDE**FG**HIJ 7
3 BFG**L**M**N**U ABCDE**FG**JNQRTUVW 8
4 AFHJO**P** IJKV 9
5 ACDFHLMN ABEFGHIJKOQWY 10
B 16A CEE ① €34,00
60ha 180**T**(80m²) 304**D** ② €38,00
101122

Kreuz Münster-Süd (A1/A43) Richtung Münster. Nach ca. 2 km Richtung Bielefeld/WDR. Nach ca. 6 km Richtung MS/Wolbeck/WDR, CP ausgeschildert.

Nideggen/Brück, D-52385 / Nordrhein-Westfalen

Camping Hetzingen****
Campingweg 1
1 Jan - 31 Dez
+49 2 42 75 08
info@campingplatz-hetzingen.de
N 50°41'07'' E 06°28'13''

1 ACE**KN**OPQRSU U 6
2 CPQSUVWYZ ABDE**FG**IJ 7
3 B**I**MS ABCDE**FG**JKNQRTW 8
4 BDJO**QT** DEFUV 9
5 ABDEFHJLM**N** ABCGHJKOQ 10
Anzeige auf dieser Seite 10A CEE ① €33,00
7ha 100**T**(60-100m²) 316**D** ② €41,00
101996

Von Nideggen in Richtung Brück; in Brück ist der CP deutlich ausgeschildert.

Teilkarte Nordrhein-Westfalen auf Seite 266

Deutschland

Niederkrüchten/Brempt, D-41372 / Nordrhein-Westfalen

Brempt
Kahrstraße 115
1 Jan - 31 Dez
+49 2 16 38 09 96
campingplatz-brempt@t-online.de
N 51°12'51'' E 06°13'36''

1 AFG**KN**OPQRSTU — **N**QSX 6
2 ACPQRXYZ — ADE**FG** 7
3 AFMS — ABE**F**JNQR 8
4 FH — 9
5 DEFKLMN — ABHIJKLOQY 10
16A CEE
1ha 10**T**(80-100m²) 180**D**
① €15,00
② €18,00

A52, Abfahrt 3, Richtung Hariksee. In Brempt CP ausgeschildert (am Ortsausgang links). 100126

Niederkrüchten/Elmpt, D-41372 / Nordrhein-Westfalen

Lelefeld
Lelefeld 4
1 Jan - 31 Dez
+49 2 16 38 12 03
info@camping-lelefeld.com
N 51°13'05'' E 06°08'46''

1 AEG**KN**OPQRST — 6
2 APQWY — A**B**D**EFG** 7
3 — ABE**F**JNQR 8
4 FHJO — V 9
5 ABDM — ABFGHIJK**O**ST 10
Anzeige auf dieser Seite 10-16A CEE
1,5ha 20**T**(100m²) 80**D**
① €17,00
② €23,00

Von der A52 Ausfahrt Elmpt. Hinter der ARAL-Tankstelle die zweite Straße links. CP gut ausgeschildert. 101995

Oer-Erkenschwick, D-45739 / Nordrhein-Westfalen

Campingplatz Ludbrock
Holthäuser Strasse 149-151
1 Jan - 31 Dez
+49 2 36 85 60 07
info@camping-ludbrock.de
N 51°39'30'' E 07°12'57''

1 AFG**KN**OPQRSTU — 6
2 ABIPQSTWXYZ — A**B**D**EFG** 7
3 — ABCDE**FG**JKNPQRTUVW 8
4 FHIJ — 9
5 DEMN — ABGHIJKNQ 10
B 16A CEE
H75 3,2ha 28**T**(100-200m²) 210**D**
① €24,00
② €32,00

Von der A43 Ausfahrt 10 Wuppertal Münster. Ausfahrt Sinsen Richtung Oer-Erkenschwick. 18602

Olpe/Kessenhammer, D-57462 / Nordrhein-Westfalen

Naturcamping Kessenhammer-Biggesee
Kessenhammer 3
1 Jan - 31 Dez
+49 2 76 19 44 20
info@naturcamping-biggesee.de
N 51°03'38'' E 07°51'29''

1 ABDEG**KN**OPQRSTU — **A**L**N**PQS**X** 6
2 ADFKPQTWXY — ABDE**FG**HIJK 7
3 ABFM — ABCDEFGHJKNQRTUVW 8
4 FHIJO — IN 9
5 ABDEFGHJLM — ABFGHIJKQY 10
Anz. auf dieser Seite WB 16A CEE
H380 5,6ha 142**T**(80-100m²) 112**D**
① €37,00
② €41,50

A45 Dortmund-Frankfurt, Ausfahrt 18 Olpe. B55 Richtung Meschede, Ausfahrt Rhode/Kessenhammer. Schildern folgen. 102089

Olpe/Sondern, D-57462 / Nordrhein-Westfalen

Vier Jahreszeiten-Camping Biggesee*****
Am Sonderner Kopf 3
1 Jan - 31 Dez
+49 27 61 94 41 11
biggesee@freizeit-oasen.de
N 51°04'25'' E 07°51'25''

1 ADEG**KN**OPQRSTU — L**N**OPQS**XYZ** 6
2 AEKPQSVWXYZ — ABCDE**FG**HIJK 7
3 ABE**L**M — ABCDEFGJKNQR**S**TUVW 8
4 BCFHJL**T** — CFJNRS 9
5 ABDEFGHKMN — ABCGHIKOQU 10
WB 6-16A CEE
H350 7ha 166**T**(100-120m²) 142**D**
① €33,00
② €41,00

A45 Ausfahrt 18 Olpe. B54 Richtung Biggesee, dann nach Attendorn. Nach 6 km hinter Sondern rechts abzweigen. 101127

Ramsbeck/Valme, D-59909 / Nordrhein-Westfalen

Camping Valmetal
Valme 2A
1 Jan - 31 Dez
+49 2 90 52 53
camping-valmetal@t-online.de
N 51°17'17'' E 08°24'25''

1 AEG**KN**OPQRSTU — 6
2 ABCQSWXY — ABDE**FG**H 7
3 ABM — ABCDE**F**JKNQRTW 8
4 FHJ — 9
5 ABDLMN — ABGHJKNOQ 10
W 16A CEE
H480 2,8ha 23**T**(80m²) 120**D**
① €23,00
② €23,00

A44 Dortmund-Kassel, am Autobahnkreuz Werl die A445 Richtung Meschede/Bestwig. In Bestwig Richtung Ramsbeck. Links Richtung Valme. 102151

Sassenberg, D-48336 / Nordrhein-Westfalen

CC€21

Münsterland Eichenhof*****
Feldmark 3
1 Jan - 31 Dez
+49 25 83 15 85
info@campmuensterland.de
N 52°00'16'' E 08°03'51''

1 ADEG**KN**OPQRSTU — L**N**QSX 6
2 EJPQRXYZ — B**FG**HI 7
3 BCG**L**M — BDFHJK**M**NQRTUV 8
4 BHJK — EVWY 9
5 ABDFJLMN — ABDEFGHJKMOQY 10
Anzeige auf Seite 273 B 16A CEE
H60 18ha 95**T**(100-120m²) 207**D**
① €33,20
② €45,00

A30 Richtung Osnabrück. Ausfahrt 18, N475 Richtung Warendorf, weiter Sassenberg. In Sassenberg Richtung Versmold. Ortsaußerhalb Camping ausgeschildert. 102146

Sassenberg, D-48336 / Nordrhein-Westfalen

Campingpark Heidewald*****
Versmolder Straße 44
1 Jan - 31 Dez
+49 25 83 13 94
campheidewald@web.de
N 52°00'00'' E 08°03'55''

1 AEG**KN**OPQRST**U** — 6
2 PQWXY — BE**FG** 7
3 BFG**L**MV — BDFJK**M**NQR**S**TUVW 8
4 BFHO — CDEFJVWY 9
5 ADKMN — ABEGHJKMOQ 10
Anzeige auf dieser Seite B 16A CEE
H63 8,5ha 90**T**(100-130m²) 253**D**
① €34,00
② €44,00

A30 Richtung Osnabrück. Ausfahrt 18, N475 Richtung Warendorf, dann weiter Richtung Sassenberg fahren. Den CP-Schildern folgen. 11 825

Teilkarte Nordrhein-Westfalen auf Seite 266

Schleiden/Harperscheid, D-53937 / Nordrhein-Westf.

Schafbachmühle
Schafbachmühle
5 Apr - 31 Dez
+49 2 48 52 68
jw-schafbachmuehle@t-online.de
N 50°31'39'' E 06°24'42''

1 AEGKNOPQRSU 6
2 BCQVWYZ ABDEFG 7
3 AMS ABCDEFJKNQRTW 8
4 FH F 9
5 ADMN ABFGJKLNQY 10
10A CEE ❶ €25,50
14ha 50T(70-100m²) 84D ❷ €36,50

B258 Achen-Monschau. Dann Richtung Schleiden fahren. 3 km vor Schleiden links abbiegen. CP ist ausgeschildert. 110309

Sundern, D-59846 / Nordrhein-Westfalen

Familiencampingplatz
am Sorpesee 181
1 Jan - 31 Dez
+49 2 93 59 69 90 13
familiencamping@sorpesee.de
N 51°17'59'' E 07°56'58''

1 BEHILOU LNQS 6
2 FIKPQVX ABDEFG 7
3 AM ABCDEFKNPRT 8
4 HI ABDJ 9
5 ABFGHIJLMO ABHIKOS 10
WB 16A ❶ €35,00
H250 21ha 50T(25-50m²) 201D ❷ €39,00

A46 Ausfahrt 64 Richtung Sundern. Nach Hachen Richtung Amecke. Am Sorpesee entlang bis zu den Schildern 'Familiencamping Sorpe Oase'. 121163

Schloß Holte/Stukenbrock, D-33758 / Nordrhein-Westf.

Camp.platz Am Furlbach***
Am Furlbach 33
1 Jan - 31 Dez
+49 52 57 33 73
info@campingplatzamfurlbach.de
N 51°52'16'' E 08°40'20''

1 AEGKNOPQRSTU N 6
2 ABQRSWXYZ ABDEFGIK 7
3 BFLMX ABCDEFJNQRSTUVW 8
4 FGHJ FIW 9
5 ABDMN AGIJKNQV 10
B 16A CEE ❶ €24,00
H122 9ha 50T(90-120m²) 195D ❷ €30,00

A2 Dortmund-Hannover, Autobahnkreuz Bielefeld A33 Richtung Paderborn. Abfahrt 23 Stukenbrock/Senne. Dann 2 km Richtung Stukenbrock, über B68/L756, Schildern folgen. 100116

Tecklenburg, D-49545 / Nordrhein-Westfalen

Am Knoblauchsberg
Königstraße 8
1 Jan - 31 Dez
+49 5 48 23 96
campingplatz@knoblauchsberg.de
N 52°12'51'' E 07°49'15''

1 AJMOPQSTU A 6
2 AQUXY BFGH 7
3 AJMSU BDFIJNQRT 8
4 9
5 ADHN AFHKNQ 10
10-16A ❶ €20,00
H115 1,5ha 25T(75m²) 70D ❷ €25,00

Autobahn Dortmund-Osnabrück, Ausfahrt 73 Lengerich/Tecklenburg, Richtung Tecklenburg über die Lengericher Straße. 1 km vor Tecklenburg ausgeschildert. 102080

Simmerath/Hammer, D-52152 / Nordrhein-Westfalen

Camp Hammer
An der Streng 7
1 Jan - 31 Dez
+49 24 73 92 90 41
info@camp-hammer.de
N 50°33'51'' E 06°19'59''

1 AEGILOPQRSU J 6
2 BCLPQXY ABDEFGH 7
3 AMS ABDEFJKNQRTW 8
4 FHJOT F 9
5 ADFGHKMN ABCHJKOQU 10
B 16A CEE ❶ €35,90
3ha 83T 83D ❷ €45,90

Heerlen-Aachen. Dann via B258 Richtung Monschau-Konzen-Eicherscheid-Hammer. 110973

Tecklenburg/Leeden, D-49545 / Nordrhein-Westfalen

Regenbogen Ferienanlage Tecklenburg
Grafenstraße 31
1 Apr - 31 Okt
+49 54 05 10 07
tecklenburg@regenbogen.ag
N 52°13'47'' E 07°53'25''

1 ADKNOPQRSU 6
2 APQWXYZ BFG 7
3 BFJMNS BDFJKLMNQRVW 8
4 BHJ E 9
5 ABDKM AFGHIKLNQUWX 10
B 16A CEE ❶ €42,00
30ha 500T(90-100m²) 260D ❷ €40,50

A1 Hengelo-Osnabrück, Ausfahrt Ibbenbüren-Laggenbeck Richtung Tecklenburg-Lengerich. Dann ausgeschildert. 102081

Solingen, D-42659 / Nordrhein-Westfalen

Waldcamping Glüder
Balkhauserweg 240
1 Jan - 31 Dez
+49 2 12 24 21 20
info@camping-solingen.de
N 51°08'02'' E 07°07'02''

1 ADEKNOPQRSTU 6
2 ABCPQTXY ABDEFG 7
3 BJM ABEFJQRU 8
4 FH 9
5 BDHMN ABGHIJKQ 10
16A CEE ❶ €28,50
H80 2ha 20T(80-100m²) 80D ❷ €39,50

A1, Ausfahrt 97 Burscheid. In Burscheid Richtung Hilgen und dort Richtung Witzhelden. Dann Richtung Solingen. CP ist ausgeschildert. 108114

Versmold/Peckeloh, D-33775 / Nordrhein-Westfalen

Camp.park Sonnensee*****
Seenstraße 25
1 Jan - 31 Dez
+49 54 23 64 71
service@campingpark-sonnensee.de
N 52°00'52'' E 08°05'19''

1 ADGJMOPQRSTU LMN 6
2 FJKQWXY BEFGI 7
3 ABFGJLMV ABCDEFGJKLNQRSTUVW 8
4 BHJKQ BFIJVY 9
5 ABDKMN ABCEGHJKNQW 10
B 10-16A CEE ❶ €30,50
15ha 105T(90-120m²) 276D ❷ €40,50

A30 Richtung Osnabrück. Am Kreuz Lotte die A33 Richtung Bielefeld. Ausfahrt 15 die B476. Hinter Versmold-Peckeloh Camping anzeigt. 108818

Sonsbeck/Labbeck, D-47665 / Nordrhein-Westfalen

Campingpark Kerstgenshof
Marienbaumer Straße 158
1 Jan - 31 Dez
+49 28 01 43 08
info@kerstgenshof.de
N 51°39'35'' E 06°22'22''

1 ADEGKNOPQRSTU 6
2 APQTWXY ABDEFGHIJK 7
3 BFGMSW ABCDEFGHIJKNQRSTUVW 8
4 BFGHJKO CFJVWX 9
5 ABDEFHKMN ABCFGHIJKLMOQUWY 10
B 16A CEE ❶ €28,10
8ha 115T(100-150m²) 245D ❷ €36,40

Die L480 von Xanten nach Sonsbeck Ausfahrt Labbeck, Richtung Marienbaum. CP angezeigt. 110110

Vlotho, D-32602 / Nordrhein-Westfalen

Camp Feuerland
Borlefzen 2
1 Apr - 31 Okt
+49 5 73 38 00 08
info@camp-feuerland.de
N 52°10'23'' E 08°54'22''

1 ADEKNOPQRSTU JLMNPQSWXYZ 6
2 ACEIJKPQSWY ABFG 7
3 BFJMS ABCDEFJNRW 8
4 H NRTVY 9
5 ADEFGHLM ABFGHJKQ 10
6A CEE ❶ €34,00
H55 40ha 140T(80-100m²) 650D ❷ €44,00

A2 Dortmund-Hannover, Ausfahrt Vlotho-Exter Richtung Vlotho. Über die Weserbrücke rechts den Schildern folgen (Ortsteil Uffeln). 102202

Sundern, D-59846 / Nordrhein-Westfalen

Campen am Damm
Am Amecker Damm 2
1 Jan - 31 Dez
+49 2 93 59 69 90 15
camping-am-dam@sorpesee.de
N 51°18'31'' E 07°56'28''

1 ADEKNOPQRSTU LNQSXZ 6
2 EIKPQSVX ABDEFGH 7
3 ALM ABCDEFJNQRTW 8
4 FH NTW 9
5 ABDEFHJLMN ABCGHJKOST 10
B 16A CEE ❶ €28,00
H250 10ha 60T(80-100m²) 270D ❷ €31,00

A46 Ausfahrt 64 Richtung Sundern. Hinter Hachen Richtung Langscheid/Amecke. Dann ist der CP angezeigt. 121207

Vlotho, D-32602 / Nordrhein-Westfalen

Sonnenwiese
Borlefzen 1
1 Jan - 31 Dez
+49 57 33 82 17
info@sonnenwiese.com
N 52°10'25'' E 08°54'25''

1 ACGKNOPQRSTU DJLMNWXY 6
2 ACEJPQTWY BCEFGHIJK 7
3 BFLMSU ABCDEFIJKNQRTUVW 8
4 ABEFHJORST DEFLRV 9
5 ACDEFHLMN ABEFGHIJKLMNQUW 10
B 16A CEE ❶ €30,00
H57 10ha 85T(80-120m²) 413D ❷ €42,00

A2 Dortmund-Hannover, Ausfahrt Vlotho/Exter dann Richtung Vlotho, Schildern folgen. Hinter dem Bahnübergang links (Ortsteil Uffeln). 102203

Deutschland

Teilkarte Nordrhein-Westfalen auf Seite 266

Deutschland

Wachtendonk, D-47669 / Nordrhein-Westfalen

Blaue Lagune
Am Heidesee 5
1 Apr - 31 Okt
+49 2 83 92 77
info@blauelagune.de
N 51°22'53" E 06°16'05"

1 ABDE**JM**OPQRSTU	ILMPW	6
2 AEJKQWY	ABDEFG	7
3 ABFG**L**M**U**	ABCDEFJNQRTUVW	8
4 FHJ	EJVW	9
5 ADEH	ABCFGHIJKMNQUY	10

16A CEE
4ha 54**T**(80-120m²) 59**D**
① €36,00
② €40,50
118022

Von Düsburg die A40, Ausfahrt 2 Straelen/Nettetal. Von Mönchengladbach A61, Ausfahrt Kaldenkirchen/Straelen/Leuth. CP wird ausgeschildert.

Warburg, D-34414 / Nordrhein-Westfalen

Eversburg
Zum Anger 1
1 Jan - 31 Dez
+49 56 41 86 68
N 51°29'08" E 09°09'53"

1 AB**KN**OPQRS**U**		6
2 ABCEIQY	ABDE**FG**	7
3 A	ABCDE**FGI**JKNPQRT	8
4 D**E**HJO		9
5 ABDJKN	ABFGHIJKNQU	10

B 16A CEE
H172 3ha 75**T**(75-100m²) 40**D**
① €24,50
② €24,50
112402

A44 Dortmund-Kassel, Ausfahrt 65; B252 Richtung Warburg. Durchfahren bis zur B7, Richtung Kassel 1000m nach Warburg. Nicht in die Stadt fahren.

Winterberg, D-59955 / Nordrhein-Westfalen

Camping Hochsauerland
Remmeswiese 10
1 Jan - 31 Dez
+49 29 81 32 49
info@camping-hochsauerland.de
N 51°11'55" E 08°31'25"

1 ADE**KN**OPQRSTU		6
2 BIQVXY	ABDE**FG**H	7
3 B**L**M	ABCDEFGHIJKLNQR	8
4 FHI	VW	9
5 ADEFKLMN	ABCFGHJK**O**QUW	10

WB 10A CEE
H700 6ha 70**T**(80-100m²) 215**D**
① €28,00
② €28,00
108091

Über die B480 an der Nordumgehung von Winterberg ausgeschildert, den CP-Schilden folgen.

Warstein/Niederbergheim, D-59581 / Nordrhein-Westf.

Wannetal
Wanndickerweg 2
1 Jan - 31 Dez
+49 29 25 20 84
camping-wannetal@t-online.de
N 51°28'12" E 08°14'28"

1 A**KN**OPQRSTU		6
2 ABQSUVXY	ABDE**FG**	7
3 ABFMU	ABCDEFHJNQRST	8
4 FHO		9
5 DFJLMN	ABCHJKL**O**Q	10

Anzeige auf dieser Seite 16A CEE
H250 3,2ha 60**T**(80-100m²) 150**D**
① €24,00
② €24,00
100128

Autobahn Dortmund-Kassel, Abfahrt Soest-Ost, Richtung Niederbergheim. An den Ampel geradeaus Richtung Hirschberg. Nach ca. 1 km hinter der Kapelle links.

Winterberg/Züschen, D-59955 / Nordrhein-Westfalen

Campingplatz Ahretal
Zum Homberg 8
1 Jan - 31 Dez
+49 29 81 16 52
info@ahretal.de
N 51°08'49" E 08°32'55"

1 A**KN**OPQRSTU	J**N**	6
2 BDIQSTVWXYZ	ABDE**FG**	7
3 ABCE**LNO**	ABCDE**F**JKNQRTUV	8
4 FHIK**ST**		9
5 ADJKMN	ABCFHIJKL**O**PQW	10

W 16A CEE
H500 3ha 30**T**(80-100m²) 170**D**
① €20,00
② €20,00
111722

B236 Winterberg-Marburg. 7 km südlich von Winterberg in Richtung Battenberg. Im Ort ausgeschildert, CP liegt 1 km außerhalb Züschen in Richtung Bad Berleburg.

Wettringen, D-48493 / Nordrhein-Westfalen

CC€21

Campingpark Haddorfer Seen****
Haddorf 59
1 Jan - 31 Dez
+49 59 73 27 42
info@campingpark-haddorf.de
N 52°16'25" E 07°19'12"

1 AEG**KN**OPQRST**U**	LM**N**PQS**X**Z	6
2 EJKQRXYZ	BE**FG**I	7
3 AEG**J**M	BDFGJKQR**S**TUVW	8
4 BH	BF	9
5 ADEFHKM	ADEFGHKN**O**QVY	10

Anzeige auf dieser Seite B 16A CEE
14,6ha 111**T**(80-200m²) 442**D**
① €30,00
② €37,00
111942

A31 Ausfahrt Schüttorf-Ost Richtung Wettringen. Nördlich von diesem Ort ist der CP angezeigt.

Xanten, D-46509 / Nordrhein-Westfalen

Waldcamping Speetenkath
Urseler Str. 18
1 Jan - 31 Dez
+49 28 01 17 69
mail@waldcamping-speetenkath.de
N 51°39'25" E 06°23'14"

1 AFGILOPQRST	LN	6
2 ABEIJQRXYZ	ABDE**FG**	7
3 BFM	ABCDE**F**IJRW	8
4 FHJ		9
5 KMN	ABGHIJKLQUV	10

B 10-16A CEE
2ha 80**T**(100m²) 250**D**
① €22,00
② €30,00
114764

Von der B57 Ausfahrt Sonsbeck und Richtung Xanten. Dort ist der CP angezeigt.

Teilkarte Nordrhein-Westfalen auf Seite 266

Deutschland

Affoldern/Edertal, D-34549 / Hessen

Affolderner See	1 AG**KN**OPQRSTU	J**N**QSX 6
Am Mühlengraben 15	2 CEKLMPQSWY	A**B**DE**FG**HIJK 7
1 Jan - 30 Okt	3 ABF**L**M**N**TU	ABCDE**F**JNQRSTW 8
+49 56 23 42 90	4 FHJO	FKV 9
info@campingplatz-affoldernersee.com	5 ADHKLMN	ABFGHIJK**O**QU 10
	W 16A	① €35,00
N 51°09'56" E 09°05'08"	**H**218 3,5ha 100**T**(60-80m²) 42**D**	② €48,00
		102264

A44 Dortmund-Kassel, Ausfahrt 64 Diemelstadt. B252 Richtung Korbach, Richtung Waldeck. B485 Richtung Affoldern. CP ist ausgeschildert.

Alheim/Licherode, D-36211 / Hessen

Alte Mühle	1 ADEKNOPQRSTU	6
Zur Alten Mühle 4	2 ABDQSTXYZ	ABDE**FG** 7
1 Apr - 1 Okt	3 AUX	ABCDEFJNQRW 8
+49 17 35 90 47 17	4 FH	EFVW 9
info@camping-altemuehle.de	5 ADFHKN	AHJKOQ 10
	10-16A CEE	① €22,00
N 51°02'10" E 09°34'51"	**H**285 4,5ha 50**T**(100m²) 44**D**	② €27,00
		102345

Von Kassel Ausf. 83 Malsfeld Ri. Rotenburg bis Morschen, dann Homburg, durch Wichte li. Ri. Licherode. Licherode bach 2 km li. Von Bad Hersfeld (84)Homberg Ri. Rotenburg. Bei Sterkelhausen links Ri. Licherode, dort dann rechts.

Deutschland

Asel-Süd/Vöhl, D-34516 / Hessen

Campingplatz Asel-Süd Ederseeparadies
Asel-Süd 1
1 Mrz - 31 Okt
+49 5 63 56 08
info@camping-asel-sued.de
N 51°10'52" E 08°57'19"

1 AEG**KN**OPQRSU	LNQSXY	6
2 BEILMPQSUXYZ	AB**FG**HK	7
3 BFG**HI**MX	ABDE**FG**JNQRTU	8
4 B**E**FHJK	ADEFQRTVY	9
5 ABFHKM**N**	ABJKQU	10
B 16A CEE		❶ €25,00
H280 3,6ha 190T(70-90m²) 223D		❷ €30,00

A44 Dortmund-Kassel, Ausfahrt Diemelstadt. B252 Richtung Korbach bis kurz nach Herzhausen. Links Richtung Asel-Süd. Ist ausgeschildert. CP im Süden vom Edersee. 102210

Bad Emstal/Balhorn, D-34308 / Hessen

Ferienanlage Erzeberg
Birkenstraße 21
1/1 - 18/11, 19/12 - 31/12
+49 56 25 52 74
info@erzeberg.de
N 51°16'10" E 09°15'06"

1 ABDEG**KN**OPQRSTU	E	6
2 ABIQSTWXYZ	ABD**FG**	7
3 B**L**MS	ABCDE**F**HJNPQRTUVW	8
4 FHJO**TV**	EJUVW	9
5 ADFHLMN	ABEFGHIJKOQWY	10
WB 16A CEE		❶ €27,00
H329 4ha 45T(80-150m²) 73D		❷ €35,00

A44 Ausfahrt 67 Zierenberg, B251 Richtung Wolfhagen. B450 Richtung Fritzlar, Abfahrt Emstal/Balhorn, an Schauenburg/Martinhagen vorbei. CP ist ausgeschildert. 100131

Bad Karlshafen, D-34385 / Hessen

Camping Bad Karlshafen****
Am rechten Weserufer 2
1 Jan - 31 Dez
+49 5 67 27 10
info@camper-karli-event.de
N 51°38'39" E 09°26'54"

1 ADE**KN**OPQRST**U**	AFJ**N**W**X**Y	6
2 CPQTXY	ABDE**FG**	7
3 AB**J**M**T**X	ABCDEFJKNQRT	8
4 **RSTUVWYZ**	ERUVW	9
5 ABCDEFHJLMN	ABFHIJKL**NQ**	10
Anzeige auf dieser Seite B 16A CEE		❶ €28,00
H400 3,7ha 306T(80-120m²) 145D		❷ €39,00

An der B83 zwischen Höxter und Kassel in Bad Karlshafen. In der Stadt über die Brücke, dann an der Weser links. 102255

Bad Zwesten, D-34596 / Hessen

Waldcamping Bad Zwesten
Am Campingplatz 1
1 Apr - 31 Okt
+49 5 62 63 79
info@waldcamping.de
N 51°02'50" E 09°11'25"

1 ADGKNOPQST**U**	A**N**	6
2 ACQSXY	ABDE**FG**I	7
3 ABFM	ABCDEFJKNQRTW	8
4 FH	EF	9
5 DFHKMN	AFGHJKL**NQ**	10
B 16A CEE		❶ €28,50
H194 5ha 35T(100m²) 127D		❷ €36,50

A49 Kassel-Marburg, Ausfahrt 16 Borken, dann die B3 bis Bad Zwesten. Dann CP weiter ausgeschildert. Der CP liegt nah an der B3. 102268

Battenberg/Dodenau, D-35088 / Hessen

Camping Ferienplatz Edertal
Ferienplatz Edertal 1
1 Jan - 31 Dez
+49 6 45 22 12 91 70
info@ferienplatz-edertal.de
N 51°01'31" E 08°34'11"

1 ADE**KN**OPQRSTU	J	6
2 BCMQXY	AB	7
3 ABCM**T**	ABCDEFJNR	8
4 FHJO		9
5 ABDHM**N**	AHIJELMQU	10
Anzeige auf dieser Seite 16A CEE		❶ €18,50
H350 2,8ha 60T(bis 100m²) 60D		❷ €22,00

B253 Biedenkopf-Frankenberg. Ausfahrt Allendorf/Battenfeld. B236 Richtung Winterberg, links Richtung Battenberg. Danach links Richtung Dodenau/Hobe. 109278

Braunfels, D-35619 / Hessen

Camping-Park Braunfels
Weihermuhle 1
1 Jan - 31 Dez
+49 6 44 29 32 78 40
campingpark-braunfels@web.de
N 50°30'42" E 08°22'58"

1 BDE**KN**OPQRSTU	**N**	6
2 BCPQSTVXY	ABDE**FG**I	7
3 AB**L**	ABCDE**F**JRSTUVW	8
4 FH	DG	9
5 ADHJKM	ABFGHIL**N**RSU	10
Anz. auf dieser Seite WB 16A CEE		❶ €21,00
H480 4ha 35T(80-100m²) 142D		❷ €26,00

A45 Dortmund-Frankfurt, Ausfahrt 30 Wetzlar-Ost. B49 Richtung Limburg bis Ausfahrt Leun, dann rechts Richtung Braunfels, im Ort ausgeschildert. 102156

Brungershausen, D-35094 / Hessen

Auenland****
Zum Dammhammer 2
1 Apr - 31 Okt
+49 64 20 71 72
info@campingplatz-auenland.de
N 50°51'47" E 08°37'43"

1 AEG**KN**OPQRSTU	AJ**N**X	6
2 BDPQTWXYZ	AB**FG**	7
3 ABSU	ABCDEFGHIJNQRTW	8
4 FHJO	DR	9
5 ABDFHLN	ABGHJKNQU	10
Anzeige auf Seite 277 B 16A CEE		❶ €26,50
H90 2,5ha 40T(100m²) 56D		❷ €30,50

B62 Cölbe-Biedenkopf, Ausfahrt Brungershausen. Den CP-Schildern folgen. 113459

Dillenburg, D-35683 / Hessen

Waldcamp Meerbornsheide
Meerbornsheide 1-2
1 Jan - 31 Dez
+49 2 77 13 30 50 22
e.cimpan@web.de
N 50°43'52" E 08°15'46"

1 A**KN**OPQRSTU		6
2 ABQSVXYZ	AB**D**E**FIK**	7
3 **L**	ABEFJNQRW	8
4 FH	J	9
5 ABDEFGHJM	AJKLMNQ	10
10-16A CEE		❶ €28,50
H550 3,5ha 70T(80-100m²) 11D		❷ €39,00

A45 Dortmund-Giessen, Ausfahrt Dillenburg. In Dillenburg-Zentrum Richtung Donsbach (ausgeschildert). 102152

Dreieich/Offenthal, D-63303 / Hessen

Offenthal
Bahnhofstr. 77
1 Jan - 31 Dez
+49 60 74 56 29
info@campingplatz.dreieich.de
N 49°59'09" E 08°45'26"

1 ADEGILOPQRSTU	A	6
2 AQSWXYZ	AB**FG**	7
3 **AL**MW	ABCDE**F**JNQRUW	8
4 HJ	I	9
5 ABDM	ABCFHIJKLOQU	10
Anzeige auf dieser Seite 16A CEE		❶ €28,75
H160 3ha 30T(80-120m²) 76D		❷ €35,75

A661 Ausfahrt Langen, die B486 in östlicher Richtung Offenthal-Ost. An der Kreuzung links ins Zentrum Offenthal Richtung Dietzenbach, hinter dem 2. Kreisel rechts. Nach 2 km kommt der CP. 114483

Driedorf, D-35759 / Hessen

Heisterberger Weiher
Am Weiher 3
1 Mrz - 31 Okt
+49 2 77 54 58
cpheisterberger.weiher@gmail.com
N 50°39'11" E 08°09'42"

1 ADE**KN**OPQRST**U**	LM**NQ**	6
2 ABCFIJKPQRSTUVXYZ	ABCDE**FG**	7
3 ABEG**J**M**T**X	ABE**F**JNQRTUVW	8
4 ABCEFGHIJK	BNT	9
5 ADEFGHKLMNO	ABCGHIJKQUVYZ	10
B 16A CEE		❶ €23,50
H652 20ha 66T(100-200m²) 354D		❷ €31,50

Auf der A45 Ausfahrt Driedorf die B255 Richtung Driedorf, danach Ausfahrt Heisterberg, wo der Campingplatz anzeigt ist. 124939

Teilkarte Hessen auf Seite 275

Edertal/Affoldern, D-34549 / Hessen

Edertalerhof
Hemfurtherstraße 21
1 Jan - 31 Dez
+49 17 07 86 96 16
booking@edertaler-hof.de
N 51°10'05'' E 09°04'48''

1 ABGKNOPQSTU LN6
2 CEPQSTXY ABFG7
3 ABDFGLMS ABCDEFJNQRTUW8
4 FHJOT I9
5 D AFHJKLMOQU10
WB 10A CEE ❶€46,00
H219 5ha 100T(bis 40m²) 51D ❷€55,00

A44 Dortmund-Kassel, Ausfahrt 64 Diemelstadt. B252 Richtung Korbach, Richtung Waldeck, B485 Richtung Affoldern. Dort ausgeschildert. 102265

Edertal/Bringhausen, D-34549 / Hessen

Am Linge
Daudenbergstraße 7
1 Jan - 31 Dez
+49 0 56 23 93 06 53
post@
camping-am-edersee.de
N 51°10'27'' E 08°59'58''

1 AKNOPQSTU LNQRSTX6
2 EIPQSVY ABDEF7
3 ABJ ABCDEFJKNQRT8
4 FHJO 9
5 ABDFHJLMN ABEHIJKQ10
16A CEE ❶€32,50
H151 10ha 70T 70D ❷€40,50

A44 Dortmund-Kassel, Ausfahrt 64 Diemelstadt. B252 Richtung Korbach, Richtung Wildungen. B485 Richtung Affoldern, dann Bringhausen. Ausgeschildert. 102263

Edertal/Bringhausen, D-34549 / Hessen

Cp.platz an der Bringhäuser Bucht
Seestrasse 3
1 Apr - 11 Sep
+49 56 23 93 05 75
info@campingplatz-
bringhaeuser-bucht.de
N 51°10'50'' E 08°59'42''

1 AKNOPQRSTU LNQRSTXY6
2 EILMPQTVXY BFG7
3 J BDFJNQRUVW8
4 FHJO 9
5 AEFKLN ABFHJKQ10
16A CEE ❶€28,40
H260 1,7ha 21T 56D ❷€32,40

A44 Dortmund-Kassel, Ausfahrt 64 Diemelstadt. B252 Richtung Korbach, dann Richtung Bad Wildungen. B485 Richtung Affoldern, weiter Richtung Bringhausen. CP ist angezeigt. 122058

Edertal/Mehlen, D-34549 / Hessen

Ideal
Waldecker Straße 29
15 Apr - 15 Okt
+49 0 56 23 21 90
info@campingplatz-ideal.de
N 51°10'12'' E 09°06'28''

1 AHKNOPQSTU JLX6
2 CEPQSXYZ ABDEF7
3 ABFM ABCDEFNQRTU8
4 FHJ 9
5 DEHKN ABGHJKLQU10
16A CEE ❶€32,60
H175 10,5ha 74T(10m²) 37D ❷€42,60

A44 Ausfahrt 64 Diemelstadt, B252 Richtung Korbach, B485 Richtung Bad Wildungen. In Mehlen ist der CP ausgeschildert. 102266

Edertal/Rehbach, D-34549 / Hessen

Rehbach***
Strandweg 9
1 Apr - 31 Okt
+49 56 23 20 49
post@
camping-am-edersee.de
N 51°10'57'' E 09°01'21''

1 ADEILOPQSU LNQSTXYZ6
2 EILSUWXZ ABDEFGHIK7
3 BGLM ABCDEFJKNQRTUVW8
4 FHJO PQRTUVW9
5 ABDEFKLMN ABEGHOQ10
16A CEE ❶€35,00
H255 15ha 116T 22D ❷€46,00

A44 Dortmund-Kassel, Ausfahrt 64 Diemelstadt. B252 Richtung Korbach, Richtung Wildungen. Dann N485 Richtung Affoldern nach Hemfurth, dann ausgeschildert. 102261

Erbach/Bullau, D-64711 / Hessen

Safari
Gelbe Heide 24
1 Jan - 31 Dez
+49 60 62 26 69 84
campingsafaribullau@
gmail.com
N 49°36'52'' E 09°02'32''

1 AGKNOPQRSTU A6
2 BPQTUWXYZ ABDEFGHIJK7
3 ALMX ABCDEFJKNQRT8
4 FHIJ D9
5 ADHJMN ABCFGHIJKLOQU10
16A CEE ❶€22,00
H550 2ha 30T(80-100m²) 36D ❷€27,00

A5 oder A67, Ausfahrt Lorsch/Heppenheim, weiter B460 Fürth/Erbach. Hinter dem Maarbachstausee B45 links Richtung Erbach. Von dort die K42 nach Bullau. CP nach 8 km links. 112151

Eschwege, D-37269 / Hessen

CC€23

Knaus Campingpark
Eschwege*****
Am Werratalsee 2
1 Mrz - 26 Nov
+49 56 51 33 88 83
eschwege@knauscamp.de
N 51°11'29'' E 10°04'07''

1 ADEGKNOPQRSTU LMNQSXYZ6
2 DEIJKPQSTWXY ABDEFGI7
3 ABFGMS ABCDEFGIJKNQRTUVW8
4 BFHJO ABE9
5 ADEFKMN ABDFGHJKMOQ10
B 16A CEE ❶€42,30
H161 6,8ha 90T(80-100m²) 114D ❷€52,00

A4 Kassel-Hannover, Ausfahrt 74. B27 Richtung Bebra, Ausfahrt Eschwege. Oder A4 Frankfurt-Dresden, Ausfahrt 32. Dann auf die B27 Richtung Eschwege. 112185

Frielendorf, D-34621 / Hessen

Campingplatz Frielendorf
Stettiner Straße 14
1 Jan - 31 Dez
+49 56 84 92 28 56
info@camping-frielendorf.de
N 50°58'15'' E 09°18'59''

1 ABGKNOPQRSTU AFH6
2 PQTUXY ABDFG7
3 BFGMN ABCDEFJNQRW8
4 FH 9
5 ABDEFIMN ABHJKOPQU10
B 16A CEE ❶€25,55
H250 3ha 70T(80-100m²) 100D ❷€31,55

A49 Kassel-Giessen, Ausfahrt Wabern, dann B254 Richtung Homberg, Richtung Frielendorf-Süd. Der CP ist ausgeschildert. 102271

Fuldatal/Knickhagen, D-34233 / Hessen

Fulda-Freizeitzentrum
Fulda-Freizeitzentrum 1
1 Jan - 31 Dez
+49 5 60 73 40
info@
campingplatz-knickhagen.de
N 51°23'21'' E 09°33'49''

1 AEKNOPQRSTU 6
2 QSTWXY ABDEFGI7
3 AM ABCDEFJNPQRT8
4 FH F9
5 ADFHLMN ABHJKOQ10
B 10A CEE ❶€22,40
H280 3,2ha 40T(80-120m²) 81D ❷€28,40

Ausfahrt A7 Kassel-Nord Ri. Flughafen Kassel Calden. B3 Hann. Münden Ri. Knickhagen. Oder über A7 Ausf. Hedemünden Ri. Hann. Münden. B3 Ri. Kassel/Knickhagen. CP-Schildern folgen in Knickhagen. Navi ausschalten! 100132

Fürth (Odenwald), D-64658 / Hessen

Nibelungen-Camping
am Schwimmbad
Tiefertswinkel 20
1 Mai - 9 Okt
+49 62 53 58 04
info@camping-fuerth.de
N 49°39'35'' E 08°47'01''

1 ADEGILOPQRSTU 6
2 IPQTWXYZ ABCDEFGI7
3 BMNOUX ABCDEFGIJLNQRTUVW8
4 FHIJ 9
5 DMN AFGHJKOQW10
Anzeige auf dieser Seite 16A CEE ❶€31,50
H200 5ha 45T(80-120m²) 90D ❷€42,50

Von Norden: A5 Darmstadt-Heidelberg, Ausfahrt 31 Heppenheim B460. Durch Fürth, CP links. Von Süden: A5, Ausfahrt 33 Weinheim B38A. Durch Fürth, CP links. Von Fürth der CP-Beschilderung folgen. 102214

Gedern, D-63688 / Hessen

Campingplatz
Am Gederner See
Am Gederner See 19
1 Jan - 31 Dez
+49 60 45 95 26 43
info@campingpark-gedern.de
N 50°25'44'' E 09°10'50''

1 ABDEGKNOPQRSTU LMNX6
2 FJKLQSWXYZ ABCDEFGIK7
3 BEGJLMW ABCDEFIJKNQRTW8
4 EFHJO EFNQTX9
5 ABDEFGHJLMN ABCGHIJKLOQWY10
B 16A CEE ❶€28,50
H350 15ha 157T(80-120m²) 432D ❷€38,50

A45 Frankfurt-Giessen, Ausfahrt 38 Florstadt. B275 Richtung Lauterbach, dann Abfahrt Gedern. Von Gedern aus den Schildern folgen ca. 1,5 km in nordwestliche Richtung. 100153

Geisenheim, D-65366 / Hessen

Geisenheim am Rhein
Am Campingplatz 1
15 Apr - 15 Okt
+49 6 72 27 56 00
campingplatzgeisenheim@
t-online.de
N 49°58'45'' E 07°57'27''

1 AGKNOPQRSTU JNXY6
2 CQSXY ABDEFG7
3 ABEFNQRT8
4 9
5 ADLMN ABFHJKQ10
16A CEE ❶€39,00
H100 4,5ha 70T(80-100m²) 40D ❷€39,00

Zwischen der B42 und dem Rhein, zwischen Rüdesheim (3 km) und Winkel (5 km). B42 Ausfahrt Geisenheim-West, dann den CP-Schildern folgen. 102109

Gersfeld/Schachen, D-36129 / Hessen

Hochrhön
Schachen 13
1 Apr - 1 Dez
+49 66 54 78 36
info@camping-hochrhoen.de
N 50°27'45'' E 09°55'09''

1 AGKNOPQRSTU 6
2 IQSVWXY ABDEFG7
3 M ABCDEFJNQRW8
4 FHJ 9
5 DLMN AFGHKQ10
10-16A CEE ❶€22,50
H589 3ha 40T(85-95m²) 75D ❷€30,50

A7 Fulda-Würzburg Ausf. 93 Fulda-Süd. B279 Gersfeld. Oder A7 Würzburg-Fulda, Ausf. 95 Brückenau/Wildflecken. B286 Ri. Bad Brückenau; nach 3 km Ri. Wildflecken. Dann Ri. Gersfeld. In Gersfeld Ri. Sachen. Ausgeschildert. 102348

Deutschland

Teilkarte Hessen auf Seite 275

Grasellenbach/Hammelbach, D-64689 / Hessen

Camp. Park Hammelbach****
Gasse 17
1 Apr - 31 Okt
+49 62 53 38 31
info@camping-hammelbach.de
N 49°37'57" E 08°49'49"

1 ADEGJMOPQRSTU 6
2 IPQSVWXYZ ABDEFGHI 7
3 A ABCDEFJKNQRTUVW 8
4 FHIJSTVY 9
5 ABDMN ABCHJKMOQ 10
B 16A CEE ① €30,20
H450 2,8ha 35T(100-120m²) 100D ② €41,20

A5 Frankfurt am Main-Karlsruhe, Ausfahrt 31 Heppenheim, B460 Erbach, in Weschnitz rechts Richtung Hammelbach, ausgeschildert. 110096

Greifenstein/Beilstein, D-35753 / Hessen

Ulmbachtalsperre
Ulmbachtalsperre 1
1 Apr - 15 Okt
+49 2 77 93 49
ulmbach-camping@t-online.de
N 50°36'10" E 08°16'00"

1 ADEGKNOPQRSTU LX 6
2 EIMPQSUVXYZ ABDEFGH 7
3 ABFM ABCDEFJNQRW 8
4 EFHJLOQ DFVW 9
5 ABDEFGHMN ABGHJKORSY 10
B 10-16A CEE ① €20,00
H300 17ha 80T(80-100m²) 256D ② €26,00

A45, Ausf. 27 Herborn-Süd Ri. Greifenstein, Mengerskirchen, über Beilstein Ri. Biskirchen. CP liegt zwischen Beilstein und Holzhausen. A45, Ausf. 28 Ehringshausen, über Katzenfurt, Holzhausen. In Holzh. und Beilst. Beschilderung folgen. 102153

Grünberg, D-35305 / Hessen

Spitzer Stein
Alsfelderstraße 57
1 Mrz - 31 Okt
+49 64 01 65 53
campingplatz@gruenberg.de
N 50°35'27" E 08°58'25"

1 ABGKNOPQRSTU BGH 6
2 APQSY ABDEFG 7
3 BFGLMNS ABCDEFJNQRT 8
4 FHJ 9
5 DEFHJKM AHJKLQ 10
Anzeige auf dieser Seite 16A CEE ① €17,60
H250 4ha 70T(50-100m²) 270D ② €24,60

A5 Frankfurt-Kircheim, Ausfahrt 7 Grünberg. Der CP liegt an der B49 Giessen-Alsfeld, östlich von Grünberg. 102211

Guxhagen/Büchenwerra, D-34302 / Hessen

Fuldaschleife****
zum Bruch 6
1 Apr - 4 Okt
+49 56 65 96 10 44
info@fuldaschleife.de
N 51°10'40" E 09°28'41"

1 DEGKNOPQRSTU JNUXYZ 6
2 ABCPQSTWY ABDEFGHIJ 7
3 ABFM ABCDEFGIJKNQRTW 8
4 FHJ DF 9
5 DHKMN ABCGHJKLOSTY 10
B 16A CEE ① €29,00
H152 2,8ha 75T(75-125m²) 43D ② €39,00

A7 Kassel-Frankfurt; Ausfahrt 81 Guxhagen. Von hier den CP-Schildern folgen bis Abfahrt Büchenwerra. Dort ist der CP ausgeschildert. 102262

Hanau (Main), D-63452 / Hessen

Bärensee
Oderstrasse 44
1 Mrz - 31 Okt
+49 61 81 97 54 52
baerensee@bruchkoebel.de
N 50°09'07" E 08°57'25"

1 ADEKNOPQRSTU LMN 6
2 ABEJQWXYZ ABDEFG 7
3 AFM ABCDEFIJNQRTUVW 8
4 H 9
5 ABDFGHJL ABFHKQ 10
B 16A CEE ① €22,50
H100 38ha 60T(64m²) 1000D ② €27,50

A45 Dortmund-Würzburg. Am Hanauer Kreuz A66 Richtung Frankfurt/Hanau, Ausfahrt 37 Richtung Erlensee/Neuberg: links einordnen, 1. Kreuzung links, dann ist der CP ausgeschildert. 100151

Haunetal/Wehrda, D-36166 / Hessen

Ferienpark-Wehrda
Hohenwehrdaerstraße 22
1 Jan - 31 Dez
+49 66 73 91 93 10
info@ferienpark-wehrda.de
N 50°44'21" E 09°40'13"

1 ADEJMOPQSU E 6
2 APQSTWYZ ABDEFGI 7
3 AJMS ABCDEFHJNPQRT 8
4 FHQT GJ 9
5 ADFHLMN ABGHJKQ 10
16A CEE ① €22,00
H280 3ha 15T(100m²) 91D ② €26,00

A4 Kirchheim-Dresden, Ausfahrt 32 Bad Hersfeld, B27 Richtung Fulda, Ausfahrt Haunetal/Rhina. Dort den CP-Schildern folgen. 110308

Heringen/Werra, D-36266 / Hessen

Werratal-Camping
Am Steinberg
1 Jan - 31 Dez
+49 66 24 54 20 22
werratalcamping@gmx.de
N 50°53'04" E 10°01'15"

1 AKNOPQRSTU AEFH 6
2 ABPQSTUXYZ ABDEFGHIJK 7
3 AHIJMN ABEFJNQRTW 8
4 FHJO 9
5 ADN ABGHJKMNQU 10
16A CEE ① €31,00
H263 3,5ha 39T(100m²) 25D ② €37,00

A4 Frankfurt-Eisenach, Ausfahrt 33 Friedewald Richtung Herfa dann Heringen, oder Ausfahrt 34 Hönebach Richtung Heringen. 102418

Herzhausen, D-34516 / Hessen

Camping- & Ferienpark Teichmann*****
Zum Träumen 1A
1 Jan - 31 Dez
+49 5 63 52 45
info@camping-teichmann.de
N 51°10'31" E 08°53'28"

1 ABDEGHKNOPQRSTU LMNQX 6
2 DFIKLPQSTWXYZ ABCDEFGHIJ 7
3 ABCFGHIJMSTUX ABCDEFGHIJKNPQRSTUVW 8
4 ABCDEFGHIJLOX EGIJKLNRTUVWYZ 9
5 ABCDEFGHIJKLMNO ABFGHIKLMOQUW 10
B 16A CEE ① €35,30
H244 24ha 495T(80-220m²) 144D ② €43,10

A44 Dortmund-Kassel Ausfahrt Diemelstadt. B252 Richtung Korbach. Hinter Herzhausen ist der CP nach 1 km rechts ausgeschildert. 101128

Heubach, D-36148 / Hessen

Birkenhain
Birkeweg 7
1 Jan - 31 Dez
+49 97 42 14 04
camping-birkenhain@gmx.de
N 50°22'55" E 09°42'49"

1 AGKNOPQRSTU 6
2 AIPQSUVXY ABFGHJ 7
3 A ABEFJNQRW 8
4 J 9
5 ABDM ABFHJKNQU 10
W 16A CEE ① €22,00
H500 2ha 95T(100-120m²) 65D ② €28,00

A7 Fulda-Würzburg, Ausfahrt Uttrichshausen Richtung Heubach, dann Richtung Camping Birkenhain. 114481

Hirschhorn/Neckar, D-69434 / Hessen

CC€23

Odenwald Camping Park
Langenthalerstraße 80
31 Mrz - 3 Okt
+49 6 27 28 09
odenwald-camping-park@t-online.de
N 49°27'09" E 08°52'40"

1 AFGJMOPQRSTU BJ 6
2 DPQSWXYZ ABCDEFGHI 7
3 BJLMNSU ABCDEFJNQRTUV 8
4 ABFHO D 9
5 ACDFHJLMN ABDEFGHKLOQU 10
Anzeige auf dieser Seite B 6A CEE ① €34,40
H150 8ha 200T(80-120m²) 113D ② €43,40

A5, Ausfahrt 37 Heidelberg. B37 Richtung Eberbach/Mosbach. Ausfahrt Hirschhorn. In Hirschhorn ausgeschildert, am Ortsausgang von Hirschhorn Richtung Langenthal. 109160

Hofgeismar, D-34369 / Hessen

Am Parkschwimmbad
Schönebergerstraße 16
1 Jan - 31 Dez
+49 17 28 07 02 98
camping@in-hofgeismar.de
N 51°30'33" E 09°24'14"

1 ABGKNOPQSTU BEGHI 6
2 PQSTXY ABDEFGI 7
3 BFM ABCDEFJNQRTW 8
4 FH 9
5 ADM ABCFGHIJKRSUY 10
16A CEE ① €23,30
H140 2ha 40T 76D ② €29,30

A44 Dortmund-Kassel, Ausfahrt Breuna. Dort ist Hofgeismar ausgeschildert. In der Stadt gibt es Schilder. 109416

Teilkarte Hessen auf Seite 275

Hosenfeld, D-36154 / Hessen

Bergwinkel
Campimgplatz 1
1 Jan - 31 Dez
+49 16 01 65 31 75
info@camping-hosenfeld.de

1 AFGKNOPQRSTU	BF	6
2 QSUVXY	ABEFGH	7
3 AFMN	ABEFNQR	8
4 FHJ	DJ	9
5 DM	ABCJKLNQ	10
16A		① €21,50
H360 3,5ha 40T(80-100m²) 88D		② €27,50

N 50°30'49'' E 09°28'31''

A7 Kassel-Würzburg, Ausfahrt 91 Fulda-Nord. B40 Ausfahrt Neuhof. In Neuhof Richtung Hauswurz, Richtung Hosenfeld. Dort ausgeschildert. 102273

Hünfeld, D-36088 / Hessen

CC€23

Knaus Campingpark Hünfeld Praforst*****
Dr.-Detlev-Rudelsdorff-Allee 6
1 Jan - 31 Dez
+49 66 52 74 90 90
huenfeld@knauscamp.de

1 ADEGKNOPQRSTU	N	6
2 ABPQSTWXYZ	ABDEFGI	7
3 AFGJLM	ABCDEFJKNQRTUVW	8
4 FHJ	J	9
5 ABDM	ABDFGHIJKLOQU	10
B 16A CEE		① €44,00
H220 3,5ha 135T(100-150m²) 36D		② €54,00

N 50°39'12'' E 09°43'26''

A7 Kassel-Frankfurt Ausfahrt 90 Hünfeld/Schlitz. CP ist beschildert. Auch über B27 zu erreichen, Ausfahrt Hünfeld/Schlitz. 102347

Jesberg, D-34632 / Hessen

Kellerwald
Freizeitcentrum 1
1 Jan - 31 Dez
+49 17 35 49 54 82
gemeindeverwaltung@gemeinde-jesberg.de

1 AGKNOPQRSTU	BF	6
2 CPQX	ABDEFG	7
3 BFGHMNRS	ABCDEFJNQR	8
4	D	9
5 ADEL	AJKLQV	10
B 16A CEE		① €15,00
H500 2,5ha 60T(80-100m²) 152D		② €19,00

N 50°59'48'' E 09°08'01''

A49 Kassel-Giessen, Ausfahrt Borken. Dann B3 bis Jesberg. Der CP ist ausgeschildert. 102269

Kassel, D-34121 / Hessen

Campingplatz Kassel
Giesenallee 9
1 Apr - 31 Okt
+49 5 61 70 77 07
info@campingplatz-kassel.de

1 BDEKNOPQRSU		6
2 ACEPQSWXYZ	ABDFGI	7
3	ABCDEFGJNQRT	8
4		9
5	ABCGHKNQW	10
B 16A CEE		① €32,00
1,5ha 92T 20D		② €42,00

N 51°17'30'' E 09°29'15''

Kassel Auestadion Richtung Zentrum. Nach 1 km rechts ab. Der Beschilderung folgen. 123259

Kassel/Bettenhausen, D-34123 / Hessen

B.F.F.L. Lossaue
Fischhausweg 9
15 Apr - 15 Okt
+49 5 61 51 72 00
bffl.kassel@t-online.de

1 AHILOPQRSTU	A	6
2 ADPQRTWXY	ABDEFGIK	7
3 BFGMS	ABEFGJNPQRW	8
4 FHJOT	F	9
5 DMN	AIJKOQU	10
FKK 10A CEE		① €22,00
H150 3ha 20T(150m²) 37D		② €22,00

N 51°17'47'' E 09°32'56''

A7 Frankfurt-Hannover. Ausfahrt 78 Kassel-Ost, Richtung Kassel-Zentrum. Nach ca. 1,5 km rechts. CP ist ausgeschildert. 102340

Kirchheim/Waldhessen, D-36275 / Hessen

Seepark*****
Brunnenstraße 20-25
1 Jan - 31 Dez
+49 66 28 15 25
info@campseepark.de

1 ADEGKNOPQRSTU	LQWY	6
2 AEJPQSTVWXY	ABDEFGI	7
3 BGLMU	ABCDEFJKNQRTUVW	8
4 EFHIJO	AD	9
5 ABDEFHJKMN	ABGHIJKLMNOQW	10
Anz. auf dieser Seite WB 16A CEE		① €30,00
H310 10ha 300T(40-100m²) 115D		② €36,00

N 50°48'52'' E 09°31'05''

A7 Kassel-Würzburg, Ausf. 87 Kirchheim, vor/hinter dem Kirchheimer Dreieck. Dort den CP-Schildern folgen. 102346

Laubach, D-35321 / Hessen

Caravanpark Laubach
Am Froschloch 1
1 Jan - 31 Dez
+49 64 05 14 60
info@caravanpark-laubach.de

1 AGKNOPQRSTU		6
2 ABCQTXYZ	ABDEFGHI	7
3 ABEFGLMNOSU	ABCDEFJKNQRTUVW	8
4 FH	DV	9
5 ADMN	AFGHJKNQV	10
Anzeige auf dieser Seite B 16A CEE		① €23,60
H220 11ha 90T(70-120m²) 304D		② €28,60

N 50°33'03'' E 09°00'32''

A45 Dortmund-Aschaffenburg, Ausfahrt 36 Münzenberg/Lich. B488 Richtung Lich. Dann Richtung Laubach. Schildern folgen. 111301

Liebenau/Zwergen, D-34396 / Hessen

Reiterparadies Campingpark
Teichweg 1
1 Apr - 1 Nov
+49 56 76 15 09
info@ponyhofcamping.de

1 ADEKNOPQRSTU	BGJ	6
2 CPQSVXYZ	ABDEFGH	7
3 BDFGHIMTW	ABCDEFGIJKNQRTUV	8
4 EFHJNOTUV	GH	9
5 ABDEFGHKLM	ABFGHJKMQU	10
16A CEE		① €59,50
H149 7,5ha 170T 88D		② €59,50

N 51°28'49'' E 09°18'01''

A44 Dortmund-Kassel, Ausfahrt 66 Breuna, Richtung Niederlistingen. B7 überqueren, Richtung Hofgeismar. Ausfahrt Liebenau/Zwergen, CP ist ausgeschildert. 100130

Lindenfels/Schlierbach, D-64678 / Hessen

Terrassen Camp. Schlierbach
Am Zentbuckel 11
11 Apr - 30 Okt
+49 6 25 56 30
info@terrassencamping-schlierbach.de

1 ADEGKNOPQRSU		6
2 CIPQRTUVWXYZ	ABDEFGHIJ	7
3 ABEMX	ABCDEFGHJKNPQRTUVW	8
4 FHI	AB	9
5 ABDJMN	ABFHJKLMOQU	10
Anzeige auf dieser Seite B 10A CEE		① €32,00
H250 4,5ha 35T(80-100m²) 104D		② €44,00

N 49°40'55'' E 08°46'12''

A5 Frankfurt-Basel, Ausfahrt Bensheim, B47 Richtung Michelstadt, Richtung Fürth. In Schlierbach links den CP-Schildern folgen. 102213

Mainhausen/Mainflingen, D-63533 / Hessen

Seecamping Mainflingen
Seestraße 11
1 Jan - 31 Dez
+49 16 33 89 00 28
eigenbetrieb@mainhausen.de

1 AEGKNOPQRSTU	LMNP	6
2 AEJKPQRSWXYZ	ABFG	7
3 AGMU	ABCDEFJKNQRW	8
4 H	F	9
5 ADEJM	ABHJKLMOQY	10
B 16A CEE		① €26,70
H100 8ha 60T(100m²) 303D		② €32,70

N 50°01'22'' E 09°01'18''

A45 Ausfahrt 46 Mainhausen. Richtung Seligenstadt L2310, Richtung Mainhausen. Den CP-Schildern folgen. 117148

Deutschland

Teilkarte Hessen auf Seite 275

Deutschland

Maintal, D-63477 / Hessen

Campingplatz Mainkur
Frankfurter Landstraße 107
1 Apr - 30 Sep
+49 69 41 21 93
info@
campingplatz-mainkur.de
N 50°08'17" E 08°46'55"

1 AEGKNOPQSU JNSWY 6
2 ACQWXYZ ABDEFGI 7
3 AM ABCDEFJNQRTUVW 8
4 HJ 9
5 ABDM ABCGHMOQ10
16A ❶ €32,50
H90 1,7ha 50T(80-120m²) 42D ❷ €42,50

A661, Ausfahrt 14 Frankfurt-Ost, B8 Richtung Hanau. Nach 3 km liegt rechts der CP. 113085

Mengerskirchen, D-35794 / Hessen

Waeller Camp
Am Seeweiher 1
1 Apr - 30 Sep
+49 6 47 64 19 01 60
info@waeller-camp.de
N 50°32'48" E 08°08'51"

1 ABDEKNOPQRSTU LMN 6
2 ABDFIJKPQTVWXYZ ABCFGHIJ 7
3 ABCGLMS ABCDEFGHIJMNPQRSTUW 8
4 FHIJ 9
5 ABDEFHIJM ABFGHIJKOSTUY10
B 6-16A CEE ❶ €20,00
H450 16ha 56T(100-400m²) 80D ❷ €20,00

A3 Frankfurt-Köln, Ausfahrt 42 Limburg-Nord. Dann B49 Richtung Weilburg-Westerburg fahren. In Waldbrunn rechts abfahren. Vor Mengerskirchen ist der CP ausgeschildert. 111950

Naumburg (Edersee), D-34311 / Hessen

Camping in Naumburg****
Am Schwimmbad 12
1 Jan - 31 Dez
+49 5 62 59 23 96 70
camping@naumburg.eu
N 51°15'02" E 09°09'37"

1 AEGKNOPQRSTU BGH 6
2 CPQSTVXYZ ABFGI 7
3 ABLMSUX ABCDEFJKNQRTUVW 8
4 FHJPRT CDEFV 9
5 ADEFHMN ACGHJKNQ10
WB 16A CEE ❶ €25,00
H291 6,5ha 120T(80-160m²) 111D ❷ €34,00

A44 Dortmund-Kassel, Ausfahrt Zierenberg, B251 Richtung Edersee bis Ippinghausen; links ab Richtung Naumburg. CP ist angezeigt. 111828

Neuental, D-34599 / Hessen

Neuenhainer See
Seeblick 14
1 Jan - 31 Dez
+49 66 93 12 87
info@neuenhainer-see.de
N 50°59'43" E 09°16'02"

1 AEGKNOPQRSTU HLMNO 6
2 AEJKQWXY ABDFG 7
3 ABGMN ABEFJNQSTUVW 8
4 BFH FIJ 9
5 ADFHKLMN ABEFGHIJKLOQUVY10
B 16A CEE ❶ €26,00
H320 25ha 100T(60-81m²) 5D ❷ €26,00

A7 Ausfahrt Homberg (Efze), nach Frielendorf (B254). Dann rechts Richtung Neuental. Ausgeschildert. 117640

Nieder-Moos, D-36399 / Hessen

Camp.platz
Nieder-Mooser-See
Am Camping 1
1 Jan - 31 Dez
+49 66 44 14 33
info@camping-nieder-moos.de
N 50°27'59" E 09°22'32"

1 ADEGKNOPQRSTU LMNQRSTXYZ 6
2 FJQSUWXYZ ABDEFG 7
3 ABGMX ABCDEFJNQRTW 8
4 BFGHJ FMQRT 9
5 ABDFHKMN ABCHJKQY10
WB 16A CEE ❶ €26,00
H450 10ha 120T(70-100m²) 457D ❷ €36,00

A5 Giessen-Frankfurt, Ausfahrt 14 Friedberg. Dann B275 bis Grebenhain. Rechts Richtung Nieder-Moos. 110095

Oberweser/Gieselwerder, D-34399 / Hessen

Camping Gieselwerder***
In der Klappe 21
1 Apr - 31 Okt
+49 55 72 76 11
info@
camping-gieselwerder.de
N 51°35'55" E 09°33'18"

1 ADEGKNOPQRSTU BGJNXYZ 6
2 CIPQWXY ABDEFGIJ 7
3 BFGHIJM ABCDEFIJNQRTW 8
4 BEFHJ DERVW 9
5 ADEFGHJLMN ABDFGHJKLOQ10
Anzeige auf dieser Seite B 16A CEE ❶ €30,50
H110 2,5ha 80T(80-100m²) 170D ❷ €39,50

A21 Ausfahrt 35, B83 nach Bad Karlshafen. B80, in Gieselwerder an der Aral links ab und vor Weserbrücke rechts. A7: Ausfahrt 75 oder 76 nach Hann. Münden, dann die B80 Richtung Bad Karlshafen. In Gieselwerder rechts. 100121

Oberweser/Oedelsheim, D-34399 / Hessen

Campingplatz Wesertal****
Am Hallenbad 3
24 Mrz - 31 Okt
+49 5 57 49 45 99 60
info@
campingplatz-wesertal.eu
N 51°35'34" E 09°35'24"

1 AEGKNOPQRSTU EGJNWXYZ 6
2 CIPQWXY ABDEFGHIJ 7
3 BFGMX ABCDEFJKNQRTUW 8
4 FHJO RUVW 9
5 ADEFJKMNO ABGHIJKLMOQUY10
Anzeige auf dieser Seite B 16A CEE ❶ €25,00
H110 2,3ha 46T(95-110m²) 100D ❷ €37,00

Von der A7 Nord, Ausfahrt 71, Harste/Adelebsen/Offensen/Oedelsheim. Von der A7 Süd Ausfahrt 76, Hann.Münden/Gimte/Hemeln. Über die A44 Ausfahrt 66, Gieselwerder/Oedelsheim. In Oedelsheim den CP-Schildern folgen. 102336

Oberweser/Weissehütte, D-34399 / Hessen

Weissehütte
Weissehütte 1
15 Mrz - 15 Okt
+49 5 57 49 98 99 94
campingweissehuette@
gmail.com
N 51°33'59" E 09°35'45"

1 AKNOPQRSTU JNXZ 6
2 CIKQTXY ABFGI 7
3 A ABEFQRUW 8
4 FHJO IKVW 9
5 ABDEFJMN AFGHJKOQ10
16A ❶ €23,50
H120 8ha 230T(100m²) 52D ❷ €32,50

Weissehütte liegt an der B80 zwischen Hann. Münden und Bad Karlshafen, 25 km nördlich von Hann. Münden. 121029

Reinhardshagen, D-34359 / Hessen

Campingplatz Ahletal
Ahletal 6
1 Apr - 31 Okt
+49 1 59 03 79 04 67
schwalm@terrassen
campingplatz-ahletal.de
N 51°28'21" E 09°37'18"

1 AKNOPQSU 6
2 BPQTVWXYZ ABDEFG 7
3 ABCDEFJNQRU 8
4 FHJO 9
5 DM AHJKQU10
B 16A CEE ❶ €20,00
H140 4ha 30T(40-90m²) 70D ❷ €26,00

A7 Kassel-Hannover Ausfahrt 76 Hann. Münden/Lutterberg. In Hann. Münden B80 Richtung Höxter/Reinhardshagen. In Vaake ist der Campingplatz ausgeschildert. 101129

Rotenburg an der Fulda, D-36199 / Hessen

Campingplatz
Rotenburg/Fulda
Campingweg 4
1 Apr - 15 Okt
+49 66 23 55 56
info@campingplatz-rof.de
N 50°59'36" E 09°44'34"

1 ADEGKNOPQRSTU NXZ 6
2 DPQXYZ ABDEFGI 7
3 A ABDEFNQR 8
4 FHJ QT 9
5 DFKNO ABHOQ10
16A CEE ❶ €24,50
H188 0,7ha 70T(80m²) 10D ❷ €30,50

B83 Kassel-Bebra, Ausfahrt Rotenburg. Dort beschildert. Navi führt uns durch die Stadt. Alternativ: nach der Ampel links am Bahnhof vorbei, dann am Hotel links ab. 108119

Rüdesheim am Rhein, D-65385 / Hessen

Campingplatz am Rhein
Kastanienallee 4
30 Apr - 4 Okt
+49 67 22 25 28
info@
campingplatz-ruedesheim.de
N 49°58'40" E 07°56'18"

1 AEGKNOPQRSTU N 6
2 CPQSXYZ ABDEFG 7
3 BF ABCDFNQRT 8
4 9
5 ABDEKMN ABFGHIJKNRS10
B 10A CEE ❶ €33,00
H100 3ha 193T(80-120m²) ❷ €41,00

Achtung mit Navi: B42 von Koblenz im Zentrum nach rechts abbiegen (CP-Schild). B42 ab Wiesbaden am Ortsrand links (CP-Schild). Für Wohnmobile an der Bahnbrücke links, dann rechts den CP-Schildern folgen. 102110

Teilkarte Hessen auf Seite 275

Schlüchtern/Hutten, D-36381 / Hessen

CC€19 iD

Hutten-Heiligenborn
Am Heiligenborn 6
10 Mrz - 29 Okt
+49 66 61 24 24
info@campingplatz-hutten.de
N 50°22'06" E 09°36'30"

1 ADEGKNOPQRSTU AF 6
2 AQSVXY ABF 7
3 A ABCDEFJNQRW 8
4 F D 9
5 ABDMN AGHJKOQ 10
Anzeige auf dieser Seite 10A CEE ❶ €22,00
H440 5ha 50T(80-100m²) 104D ❷ €29,00

A7 Ausf. 93 Ri. Frankfurt A66. A66 Ausf. 48 Ri. Schlüchtern, den Schildern Hutten folgen. Ausf. 50 Ri. Rückers, Beschilderung Ri. Hutten. Navi: in Hutten der Beschilderung Heiligenborn, Camping, Sportplatz, Freibad folgen. 114482

Schotten, D-63679 / Hessen

iD

Campingplatz am Nidda-Stausee
Am Campingplatz 1
1 Jan - 31 Dez
+49 60 44 14 18
campingplatz@schotten.de
N 50°28'58" E 09°05'47"

1 AGKNOPQRSTU LNQRSXY 6
2 EKPQSVWXYZ ABDEFGIJ 7
3 BL ABCDEFJNQRTW 8
4 FHI QT 9
5 ADEFKLMN ABFGHKOQ 10
B 16A CEE ❶ €23,60
H230 3,3ha 60T(80-100m²) 200D ❷ €34,60

A45 Giessen-Hanau Ausfahrt 37 Wölfersheim. B455 Richtung Schotten. Der CP ist am Niddastausee vor Schotten. 100152

Sinntal/Oberzell, D-36391 / Hessen

iD

Campingplatz Sinntal
Alfred Kühnertstraße
1 Apr - 31 Okt
+49 66 64 61 61
horst.krischeu@campingplatz-sinntal-oberzell.de
N 50°20'17" E 09°42'39"

1 AGKNOPQSTU 6
2 ACIQSXYZ ABDEF 7
3 AF ABCDEFNQRU 8
4 FHJO D 9
5 DMN AGHJKMOQ 10
16A ❶ €16,00
H310 1,8ha 50T(100m²) 36D ❷ €21,00

A7 Fulda-Würzburg, Ausfahrt 94. B27 Richtung Motten. Vor Kothen links. Schildern Sinntal und CP folgen. CP ist in Oberzell, Gemeinde Sinntal. 102351

Tann (Rhön), D-36142 / Hessen

iD

Ulstertal
Dippach 4
1 Jan - 31 Dez
+49 66 82 82 92
info-camping-ulstertal@t-online.de
N 50°36'53" E 10°01'53"

1 AKNOPQRSTU 6
2 CPQSTVXY ABDEFGI 7
3 AM ABCDEFJNQR 8
4 FHJO 9
5 ADEFHJKMN AGHJKLQ 10
Anz. auf dieser Seite WB 16A CEE ❶ €27,00
H420 2,8ha 100T(60-100m²) 40D ❷ €32,00

A7 Kassel-Würzburg, Ausfahrt Hünfeld/Schlitz. Dann Richtung Hünfeld. In Hünfeld Richtung Tann (Rhön). In Wendershausen B278 Richtung Dippach ausgeschildert. 102419

Trendelburg, D-34388 / Hessen

iD

Trendelburg***
Zur Alten Mühle 10
1 Jan - 31 Dez
+49 5 67 53 01
conradi-camping@t-online.de
N 51°34'20" E 09°25'26"

1 AGKNOPRSTU JNXZ 6
2 CPQWXYZ ABDEFGI 7
3 AMN ABCDEFJNQRTW 8
4 FHJO IR 9
5 ABDEFHJKMN ABFHLNQ 10
B 16A CEE ❶ €16,00
H134 2ha 45T(80-100m²) 49D ❷ €20,50

Ab Kassel die B83. In Trendelburg hinter der Diemelbrücke links. Ab Bad Karlshafen die B83. In Trendelburg vor dem Ortsende, vor der Diemelbrücke rechts. 102257

Waldeck/Scheid, D-34513 / Hessen

iD

Campingplatz Bettenhagen
Am Bettenhagen 1
1 Jan - 31 Dez
+49 56 34 78 83
info@campingplatz-bettenhagen.de
N 51°11'18" E 09°00'38"

1 AGKNOPQSU LNQSXZ 6
2 EIMSVX ABDEFG 7
3 A ABEFJNQR 8
4 FHJ Q 9
5 ABDMN AFGKPRS 10
10A CEE ❶ €31,00
H252 1,7ha 60T 125D ❷ €39,00

A44 Dortmund-Kassel, Ausfahrt 64 Diemelstadt, B252 Richtung Korbach, dann Edersee, Sachsenhausen, Niederwerbe, Halbinsel Scheid. Dann ausgeschildert. 102260

Deutschland

Weilburg/Odersbach, D-35781 / Hessen

iD

Odersbach****
Runkelerstraße 5A
1 Apr - 31 Okt
+49 64 71 76 20
info@camping-odersbach.de
N 50°28'33" E 08°14'28"

1 ADEGKNOPQRSTU ANXY 6
2 CPQWXYZ ABDEFGHIJ 7
3 BFHJMNRX ABCDEFJNQRTUVW 8
4 FHIJO BDFQRUVW 9
5 ABDEGJLMN ABCFGHIJKLOQUY 10
Anzeige auf dieser Seite B 16A CEE ❶ €37,10
H130 5ha 100T(70-150m²) 213D ❷ €46,30

A3 Köln-Frankfurt, Ausfahrt 42 Limburg-Nord, B49 Richtung Weilburg, B456 Richtung Odersbach, CP ausgeschildert. 108093

Weiterstadt/Gräfenhausen, D-64331 / Hessen

CC€21 iD

Am Steinrodsee
Triftweg 33
1 Jan - 31 Dez
+49 6 15 05 35 93
info@camping-steinrodsee.de
N 49°56'41" E 08°36'20"

1 ADEGKNOPQRSTU 6
2 AEQTWXYZ ABDEFGIJK 7
3 BGLMNO ABCDEFJNQRTW 8
4 FHJQ D 9
5 ADGHMN ABCDGHKOQU 10
Anzeige auf dieser Seite 16A CEE ❶ €23,30
H100 3ha 44T(90-120m²) 132D ❷ €29,30

A5 Frankfurt-Darmstadt, Ausfahrt 25 Weiterstadt Ri. Darmstadt, B42. An der Ampel Ri. Gräfenhausen die L3113. Hinter Gräfenhausen den CP-Schildern folgen. Für Navi: Sandbergweg Gräfenhausen eingeben. 117141

Wettenberg/Wißmar, D-35435 / Hessen

iD

Campingpark Wißmarer See
anliegend der Ruttershausener Straße
1 Mrz - 1 Okt
+49 6 40 67 56 97
kontact@wissmarer-see.com
N 50°38'26" E 08°41'17"

1 ABKNOPQRSTU JLM 6
2 BDFHIJKQRWXYZ AB 7
3 ABCDEFGJNPQR 8
4 ADTUY 9
5 AEFHKLM ABCGHIKLQ 10
16A CEE ❶ €31,10
H240 5ha 290T(100-150m²) 44D ❷ €36,10

Am Ortseingang steht auf der linken Seite das große Schild Wißmarer See. Biegen Sie hier links ab. 111949

Witzenhausen, D-37213 / Hessen

iD

Campingplatz Werratal
Am Sande 11
1 Jan - 31 Dez
+49 55 42 14 65
info@campingplatz-werratal.de
N 51°20'49" E 09°52'09"

1 ABEGKNOPQRSTU JN 6
2 ACLMPQRSTXYZ ABDEFG 7
3 BFHMX ABCDEFJNQRT 8
4 FHJO DFR 9
5 ABDMN ABFGHIJKLNQU 10
6A ❶ €26,00
H144 3ha 70T(120m²) 68D ❷ €36,40

A44 Dortmund-Kassel, dann die A7 Kassel-Hannover. Ausfahrt 75 Hedemünden/Werratal/Witzenhausen. B80 Richtung Witzenhausen. CP dort ausgeschildert. 102341

Zierenberg, D-34289 / Hessen

iD

Zur Warme
Im Nordbruch 2
1 Jan - 31 Dez
+49 56 06 39 66
camping-zierenberg@t-online.de
N 51°22'03" E 09°18'55"

1 AKNOPQSU N 6
2 ACQX ABEFGHI 7
3 BJLM ABCDEFJQRUV 8
4 O 9
5 ADFHLMN ABFHIJKLQU 10
B 16A CEE ❶ €24,50
H250 4,2ha 30T 80D ❷ €32,50

A44 Dortmund-Kassel, Ausfahrt 67 Zierenberg. In Zierenberg ist der CP ausgeschildert. 110971

Koblenz

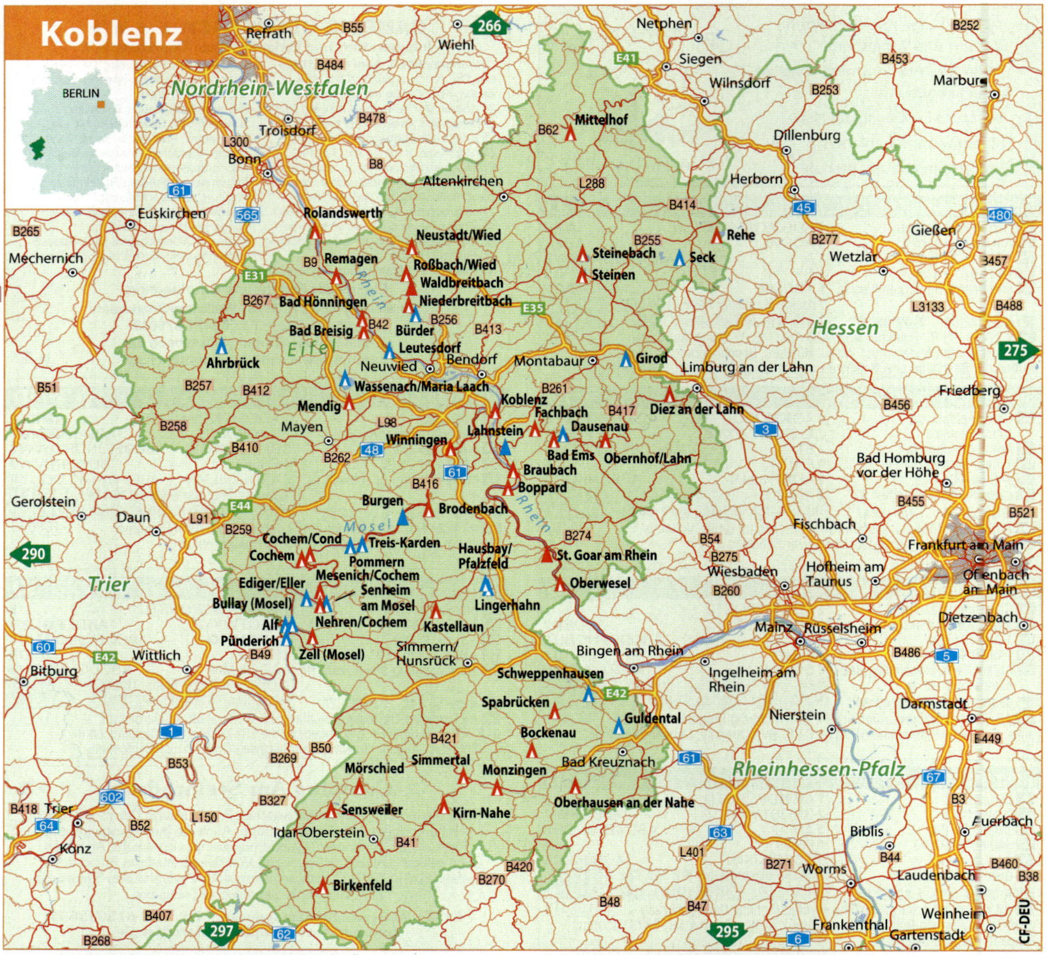

Ahrbrück, D-53506 / Rheinland-Pfalz

CC€23 iD

Camping Denntal****
Denntalstraße 49
1 Apr - 30 Okt
+49 26 43 69 05
urlaub@camping-denntal.de

1	AEKNOPQRSTU		6
2	BCIQTWXY	ABEFG	7
3	BM	ABCDEFJNQRTUV	8
4	FHIQRSTV	VW	9
5	ABDMN	ABCDFGHIJKMOQV	10

Anzeige auf dieser Seite 16A CEE
H216 8,2ha 80T(100-120m²) 130D
① €35,10 ② €47,10

N 50°28'33" E 06°59'11"

A61 Meckenheimer Kreuz Ausf. Altenahr. B257 Ri. Nürburgring/Adenau. Ahrbrück fast durch. Auf der Hauptstrasse links Ri. Kesseling (L85). Nach etwa 800m rechts (Denntalstrasse) und den VP-Schildern folgen. 113076

Alf, D-56859 / Rheinland-Pfalz

CC€21 iD

Moselcampingplatz Alf
Am Mühlenteich 37
1 Jan - 31 Dez
+49 6 54 29 69 17 28
info@moselcampingplatz.de

1	ABEKNOPQRSTU	JN	6
2	BDIKLPQTWYZ	ABCDEFGH	7
3	ABTUX	ABCDEFGIJKNQRUVW	8
4	BCDEFGH	CFJV	9
5	ABDFKMN	ABCDGHIJKOQU	10

Anzeige auf Seite 294 6-16A CEE
H100 2ha 140T(70-130m²) 14D
① €25,00 ② €25,00

N 50°03'10" E 07°06'51"

A1 Ausfahrt 125 Wittlich. Über die B49 nach Alf. Am Kreisel erste Ausfahrt. Dann der Beschilderung folgen. 123357

Bad Breisig, D-53498 / Rheinland-Pfalz

iD

Rheineck
Rheineckerstraße
1 Jan - 31 Dez
+49 2 63 39 56 45
office@camping-rheineck.de

1	AGKNOPQRSTU		6
2	ABCPQWXY	AEDEFG	7
3	AM	ABCDEFJNQRUW	8
4		F	9
5	BDHMN	ABGHIJKNQ	10

16A CEE
5ha 120T(50-100m²) 132D
① €23,00 ② €30,00

N 50°29'30" E 07°18'38"

Auf der A61 Ausfahrt Bad Breisig. Der CP ist angezeigt. 114809

Bad Ems, D-56130 / Rheinland-Pfalz

iD

Bad Ems
Lahnstraße
1 Apr - 31 Okt
+49 26 03 46 79
026034679-0001@t-online.de

1	AFGKNOPQRSTU	JNXYZ	6
2	DQTXYZ	ABDE	7
3		ABCDEFNQRW	8
4		I	9
5	DMN	ABGHIJKQ	10

16A CEE
H100 1,2ha 70T(80m²) 75D
① €21,80 ② €30,80

N 50°19'08" E 07°44'01"

Der Campingplatz ist von Bad Ems-Mitte aus an der Lahn, an der B260 Richtung Nassau. 102097

Bad Hönningen, D-53557 / Rheinland-Pfalz

iD

Wellness-Rheinpark-Camping
Allée St. Pierre les Nemours 1
1 Jan - 31 Dez
+49 26 35 95 21 14
info@wellness-rheinpark-camping.de

1	ADEGKNOPQRSTU	BENY	6
2	CIPQTXY	AEDEFG	7
3	ABJ	ABDFGHJLQRTU	8
4	FHSTUVWXYZ		9
5	ADEFHJKLM	ABFGHIJKMORSUY	10

B 16A CEE
4,5ha 220T(60-120m²) 200D
① €28,70 ② €35,70

N 50°30'39" E 07°18'28"

A3, Ausfahrt 34 Bad Honnef/Linz. Richtung Linz, weiter nach Bad Hönningen. CP am Rhein und ist ausgeschildert. 112681

Teilkarte Koblenz auf Seite 282

Birkenfeld, D-55765 / Rheinland-Pfalz

Campingpark Waldwiesen****
Waldwiesen/Wasserschied
1 Apr - 15 Okt
+49 67 82 52 15
info@waldwiesen.de
N 49°38'59'' E 07°10'23''

1	ADEGKNOPQRSTU	L	6
2	ABCEIKQUVWXYZ	ABDEFGHI	7
3	BFLMNSX	ABCDEFJKNQRTUVW	8
4	EFGHI	DIJUVWZ	9
5	DMN	ABFGHIJKLMOQU	10

Anzeige auf Seite 284 FKK 16A CEE
H400 9,5ha 85T(85-200m²) 28D
① €27,50 ② €37,50

A1, bis Kreuz Kaiserslautern/Saarbrücken. Dort A62 Richtung Kaiserslautern, Ausfahrt 4 Birkenfeld. Dann B41 bis der CP ausgeschildert ist.

102068

Brodenbach, D-56332 / Rheinland-Pfalz

Historische Mühle Vogelsang
Rhein-Mosel-Str. 63
1 Jan - 31 Dez
+49 26 05 14 37
info@muehle-vogelsang.de
N 50°13'16'' E 07°26'44''

1	AEGKNOPQRSTU		6
2	ABDIPQTUXYZ	ABFGHI	7
3	AMX	ABEFJKNQRTW	8
4	AFGHK	IJ	9
5	ABDHJKLMN	AHIJKLMOQU	10

16A CEE
H100 1,5ha 45T(80-120m²) 53D
① €32,00 ② €39,00

A61 Ausfahrt 39 Dieblich. Dann der B49 Richung Cochem/Trier bis Brodenbach folgen.

113745

Bockenau, D-55595 / Rheinland-Pfalz

Bockenauer Schweiz
Daubacher Brücke 3
1 Apr - 31 Okt
+49 6 75 62 98
campingbockenauerschweiz@gmail.com
N 49°51'05'' E 07°39'34''

1	AKNOPQRSTU	A	6
2	BCPQSTY	ABCDEFG	7
3	BS	ABCDEFJNR	8
4	FHO	BCEFIJ	9
5	ABDFHLN	AHJKOQ	10

16A CEE
H380 20ha 60T(bis 100m²) 23D
① €27,00 ② €30,50

A61, Ausfahrt 51 Bad Kreuznach. B41 fahren bis Wald Bockelheim, dann Richtung Bockenau-Winterburg.

111566

Bullay (Mosel), D-56859 / Rheinland-Pfalz

CC€23

Bären-Camp****
Am Moselufer 1 + 3
6 Apr - 1 Nov
+49 65 42 90 00 97
info@baeren-camp.de
N 50°03'14'' E 07°07'49''

1	ADEGKNOPQRSTU	JNSWXYZ	6
2	DIPQWXYZ	ABDEFGI	7
3	FMX	ABCDEFJNQRTW	8
4	AFGHI	F	9
5	ABDFJKLMN	ABDGHIJKLOQ	10

Anzeige auf Seite 284 16A CEE
H80 1,9ha 145T(70-105m²) 16D
① €35,55 ② €43,30

A1, Ausf. 125 Wittlich über die B49 nach Alf, dort über Moselbrücke nach Bullay. Oder A61, Ausf. Rheinböllen/Simmern (Airport Hahn) die B50, in Kirchberg rechts nach Zell/Mosel B421. In Zell weiter B53 Cochem.

102057

Boppard, D-56154 / Rheinland-Pfalz

Campingpark Sonneneck
An der B9
1 Apr - 30 Okt
+49 67 42 21 21
info@sonneneck-camping.de
N 50°14'56'' E 07°37'34''

1	AFKNOPQRSTU	AFHN	6
2	DPQSXYZ	ABDEFGHIJ	7
3	BJMSU	ABCDEFJKNQRTW	8
4		K	9
5	ABDEFHLM	ABGHILNQ	10

B 10A CEE
H100 11ha 250T(80-100m²) 40D
① €31,00 ② €38,00

Vom Norden: A61 Kreuz-Koblenz, A48 Richtung Koblenz. Dort B9 Richtung Boppard. CP 5 km vor Boppard.

102104

Bürder, D-56589 / Rheinland-Pfalz

CC€21

Zum stillen Winkel*****
Brunnenweg 1c
31 Mrz - 31 Okt
+49 1 57 77 72 22 16
info@camping-zumstillenwinkel.de
N 50°30'56'' E 07°25'46''

1	ADEKNOPQRSTU	JN	6
2	BDPQTXYZ	ABDEFG	7
3	ABFM	ABCDEFGHIJKNPQRTUVW	8
4	FHO	J	9
5	ADFMN	ABDHIJKORSU	10

Anzeige auf dieser Seite B 16A CEE
5ha 90T(100-150m²) 141D
① €30,20 ② €38,80

A3 Ausfahrt 36 Neuwied, Richtung Neuwied, danach Richtung Kurtscheid halten. Durchfahren bis nach Niederbreitbach, dort links wieder Richtung Neuwied bis zur Ausfahrt Bürder. CP-Schild 2.

100139

Braubach, D-56338 / Rheinland-Pfalz

Green Camping am Rhein
Am Campingplatz 1
31 Mrz - 5 Nov
+49 17 18 39 98 09
kai@campingamrhein.de
N 50°16'29'' E 07°38'21''

1	DEKNOPQRSTU	JNXY	6
2	DQWXY	ABDEF	7
3		ABDEFJNQRW	8
4			9
5	D	ABCHIJKOQU	10

10A CEE
1,2ha 64T(80m²)
① €32,00 ② €37,00

Über die A61 nach Koblenz. Dann die B42 Lahnstein-Braubach, in Braubach der Beschilderung folgen.

108130

Burgen, D-56332 / Rheinland-Pfalz

CC€23

Knaus Campingpark Burgen/Mosel****
Am Bootshafen(B49)
31 Mrz - 15 Okt
+49 26 05 95 21 76
burgen@knauscamp.de
N 50°12'19'' E 07°22'53''

1	ADEGKNOPQRSTU	BJNXYZ	6
2	DIPQRXY	ABDEFGHI	7
3	ABGMQX	ABCDEFJNQRTW	8
4	FGHIO	F	9
5	ABDEFHKM	ABCDFGIKMOQ	10

B 16A CEE
H85 4ha 125T(80-120m²) 107D
① €42,80 ② €53,60

A61 Ausfahrt 39 Dieblich. B49 bis hinter Burgen folgen.

102050

Campingpark Waldwiesen

★★★★

Waldwiesen/Wasserschied
55765 Birkenfeld
Tel. +49 67825215
Fax +49 67825219
info@waldwiesen.de
www.camping-waldwiesen.eu

• **Ruhiger,** ökologisch geführter, **schön gelegener Naturcamping,** nah an der Stadt • **Rezeption** mit Geschenkecke • WLAN und Internet auf allen Plätzen • **13 Mietobjekte,** davon 1 Bungalow für Behinderten, **Basketballkorb und Torwand** • **Sanitäranlagen:** schön, sauber, sehr komfortabel • **Stellplätze:** durch Bepflanzung parzelliert, teilweise Terrassen • **Reisemobilplätze:** 10 Stück mit allen Einrichtungen • **Zeltwiese** mit 6 Feuerstellen, für kleine und große Gruppen, getrennt gelegen, 4,5 ha groß • **Badesee:** kontrolliertes EU-Wasser (2000 m²)

Burgen, D-56332 / Rheinland-Pfalz

CC€21 iD

Häppy Life Camping & Beachclub Burgen****	1 ADEGKNOPQRSTU	AJNWXYZ 6
Am Moselufer	2 DIMPQSTWXYZ	ABDEFGHI 7
1 Apr - 22 Okt	3 BFGMX	ABCDEFJMNQRTW 8
+49 26 05 23 96	4 DFGHJOQTU	DFNORV 9
burgen@haeppy-life.de	5 ACDEFGHJMNO	ABCDFGHIKMOQY 10
	Anzeige auf dieser Seite B 16A CEE	❶ €30,50
N 50°12'53" E 07°23'24"	H80 4ha 120T(60-100m²) 65D	❷ €42,00

A61, Ausfahrt 39 Dieblich. Dann B49 Richtung Cochem/Trier bis zum Ortseingang Burgen. 102049

Country Camping Schinderhannes ★★★★

Campingplatz 1, 56291 Hausbay/Pfalzfeld
+49 6746 388 9797 info@countrycamping.de
www.countrycamping.de N 50°06'21" E 07°34'04"
3 km von der Autobahn A61

Cochem, D-56812 / Rheinland-Pfalz

iD

Schausten	1 AEGKNOPQRSU	6
Endertstraße 124	2 ABDPQTVXYZ	ABDEFG 7
1 Mrz - 30 Nov	3 BLMX	ABDEFHJNQRSW 8
+49 26 71 75 28	4 AEFHIP	DFGIV 9
anfrage@camping-cochem.de	5 ABDEFHJKMN	ABFGHIJKMNOQ 10
	Anzeige auf dieser Seite 6-16A	❶ €28,00
N 50°09'03" E 07°09'18"	0,9ha 60T 51D	❷ €28,00

A48, Ausfahrt 4 Kaisersesch, Richtung Cochem (ca. 7 km). Am Ortseingang links. 102051

Schöner Familiencamping direkt an der Mosel und in Ortsnähe. Sie finden gut beheiztes Sanitär vor. Dann gibt es noch ein gemütliches Restaurant mit hervorragender Küche. Ab der 4. Nacht 10% Rabatt auf den Personentarif. Auf Vorlage der ACSI Club ID 10% Rabatt im Juli und August. CampingCard ACSI Teilnehmerplatz. Akzeptanzzeiten siehe CampingCard ACSI-Führer.

Fam. Wolff • Am Moselufer 1 + 3
56859 Bullay (Mosel) • Tel. +49 6542900097
E-Mail: info@baeren-camp.de • Internet: www.baeren-camp.de

Cochem/Cond, D-56812 / Rheinland-Pfalz

iD

Moselcamping Cochem	1 ADEKNOPQRSU	BEFHJHWXZ 6
Stadionstraße 11	2 DPQWXY	ABDEFGI 7
30 Mrz - 31 Okt	3 AB	ABCDEFIJNQRT 8
+49 26 71 44 09	4 FGHIJOSTU	9
info@	5 ADEFHJKM	ABGHIKOQ 10
mosel-camping-cochem.de	B 10A CEE	❶ €28,50
N 50°09'28" E 07°10'26"	H100 2,4ha 210T(80-120m²) 70D	❷ €30,50

A1/A48 Ausfahrt 4 Kaisersech, Richtung Cochem. Dort bei neuer Brücke links über Umgehungsstraße nach der Mosel. 100147

Dausenau, D-56132 / Rheinland-Pfalz

CC€23 iD

Lahn Beach	1 AFKNOPQRSTU	JNXYZ 6
Hallgarten 16	2 DPQSTXY	ABDEFG 7
1 Apr - 31 Okt	3 BFMS	ABCDEFJNQR 8
+49 2 60 31 39 64	4 FH	GR 9
info@	5 ADGHM	AGHIKNQU 10
campingplatz-dausenau.de	B 6-16A CEE	❶ €27,00
N 50°19'39" E 07°45'19"	H70 3ha 80T(80m²) 65D	❷ €35,00

CP liegt an der B260 und der Lahn, zwischen Nassau (4 km) und Bad Ems (4 km). In Dausenau über die Lahn-Brücke und dann rechts. 102098

Am Moselufer, 56332 Burgen
Tel. 02605-2396
E-Mail:burgen@haeppy-life.de
Internet: www.haeppy-life.de

Während der Mittagspause von 13:00 - 15:00 Uhr ist keine Anreise möglich.

HÄPPY LIFE
CAMPING BURGEN
Camping - Beachclub – SUP/ KANU Verleih - Imbiss

Diez an der Lahn, D-65582 / Rheinland-Pfalz

iD

Oranienstein	1 AEGKNOPQRSTU	JNXYZ 6
Strandbadweg 1a	2 ACPQSTXY	ABDEFG 7
1 Apr - 30 Okt	3 AMS	ABCDEFJNQRTW 8
+49 64 32 21 22	4 FH	DFRVWY 9
info@camping-diez.de	5 ABDEFHKMN	ABGHIJKOQV 10
	16A CEE	❶ €24,55
N 50°22'53" E 08°00'02"	H90 7ha 150T(100m²) 158D	❷ €31,65

A3 Köln-Frankfurt, Ausfahrt 41 Diez. CP-Schildern folgen. 102157

Ediger/Eller, D-56814 / Rheinland-Pfalz

CC€21 iD

Zum Feuerberg	1 ADEKNOPQRSTU	AJNWXYZ 6
Moselweinstraße	2 DIKPQWXYZ	ABDEFG 7
1 Apr - 31 Okt	3 KLMX	ABEFJNQSTW 8
+49 2 67 57 01	4 AEFGHI	VW 9
info@zum-feuerberg.de	5 DEHMN	ABGHIJKOQ 10
	Anzeige auf Seite 285 16A CEE	❶ €26,00
N 50°05'30" E 07°09'48"	H98 1,8ha 100T(100-150m²) 70D	❷ €35,00

A48 Ausfahrt 3 Laubach, Richtung Cochem. Dann Richtung Senheim, 4 km entlang der Mosel. Nicht dem Navi folgen, sondern ab Cochem die Mosel entlang fahren. 102054

Campingplatz
SCHAUSTEN

Tel. 0 26 71/7528
www.camping-cochem.de

• **Stadtcamping**
• 10 Gehminuten vom Zentrum
• Geselliges Café/Restaurant
• Romantisch gelegen

Endertstraße 124
56812 Cochem
anfrage@camping-cochem.de

Fachbach, D-56133 / Rheinland-Pfalz

iD

Camping Beach Club	1 ADEGKNOPQRSTU	JNX 6
Fachbach	2 DKPQTWXY	ABDEFG 7
Furtweg 14	3 GL	ABCDEFJKNQRTUV 8
1 Jan - 31 Dez	4 FHJO	NRT 9
+49 2 60 31 32 02	5 ABDEFHLMN	ABCGHIKMOQ 10
info@camping-beachclub.de	Anzeige auf Seite 285 B 10A CEE	❶ €37,50
N 50°20'12" E 07°41'30"	H75 1,5ha 100T(80-100m²) 25D	❷ €49,50

Campingplatz an der B260 in Fachbach an de Lahn, zwischen Koblenz (Lahnstein) und Bad Ems. Hinter dem Ort an der Lahnbrücke abbiegen. Beschilderung befolgen. 114817

Girod, D-56412 / Rheinland-Pfalz

CC€21 iD

Eisenbachtal	1 AFGKNOPQRSTU	6
Eisenbachtal 1	2 ADQSTUWXY	ABDEFGHI 7
1 Jan - 31 Dez	3 BFMU	ABCDEFJNQRTUVW 8
+49 6 48 57 66	4 EFHJO	9
	5 DLMN	AFGHIJKLQ 10
	Anzeige auf Seite 285 B 6A CEE	❶ €21,00
N 50°26'16" E 07°54'16"	H300 3,5ha 30T(80m²) 130D	❷ €29,00

A3 Köln-Frankfurt, Ausfahrt 41 Wallmerod-Diez. Dann Richtung Montabaur. CP nach 5 km (siehe Schild). 102095

Deutschland

Teilkarte Koblenz auf Seite 282

Guldental, D-55452 / Rheinland-Pfalz

CC€23 iD

Campingpark Lindelgrund
Im Lindelgrund 1
15 Mrz - 15 Nov
+49 6 70 76 33
info@lindelgrund.de
N 49°53'03" E 07°51'25"

1 ADEG**KN**OPQRSU — 6
2 ACQSTVY — ABDE**FG** 7
3 BMSU — ABCDEFGHIJNQRUW 8
4 FHJO — FJ 9
5 ADLMN — ADFGHIJKL**O**Q 10
Anzeige auf dieser Seite B 10A CEE — ① €33,50
H180 8ha 60**T**(80-100m²) 123**D** — ② €33,50
113080

A61 Ausfahrt 47 Waldlaubersheim, durch Windesheim/Guldental. Hinter Guldental den CP-Schildern folgen.

Hausbay/Pfalzfeld, D-56291 / Rheinland-Pfalz

CC€21 iD

Country Camping Schinderhannes****
Campingplatz 1
1 Jan - 31 Dez
+49 6 74 63 88 97 97
info@countrycamping.de
N 50°06'21" E 07°34'04"

1 ADEG**KN**OPQRSTU — **N** 6
2 AEQSVXYZ — ABDE**FG**HIK 7
3 BFM**NR** — ABCDEF**G**H**I**JKNQRTW 8
4 FJ — 9
5 ABDFLMN — AFGHIJKLNQ 10
Anzeige auf Seite 284 B 16A CEE — ① €31,00
H500 20ha 200**T**(100-120m²) 250**D** — ② €39,00
102106

A61 Ausfahrt 43 Pfalzfeld, dann den CP-Schildern folgen (3 km). Ins Navi geben: Hausbayerstraße/Pfalzfeld.

Kastellaun, D-56288 / Rheinland-Pfalz

iD

BurgStadt CampingPark****
Südstraße 34
1 Feb - 30 Nov
+49 6 76 24 08 00
info@burgstadt.de
N 50°04'04" E 07°27'16"

1 ADE**KN**OPQRST**U**X — 6
2 BIPSTVWXY — ABDE**FG** 7
3 **JNO**SX — ABCDEFJ**L**NQRUVW 8
4 A**E**FGHIJ**RST** — GVZ 9
5 ABDEFHJLMN — AGHIJKMOQ 10
Anzeige auf dieser Seite B 16A CEE — ① €33,00
H450 2,5ha 100**T**(80-100m²) 59**D**
113752

Von Norden die A61, Ausfahrt Emmelshausen, dann Richtung Kastellaun. Von Süden Ausfahrt Pfalzfeld, dann Richtung Kastellaun. In Kastellaun den CP-Schildern folgen.

Deutschland

Teilkarte Koblenz auf Seite 282

Deutschland

Kirn-Nahe, D-55606 / Rheinland-Pfalz

Papiermühle	1 AGKNOPQRSTU	6
Krebsweilerstraße 8	2 DPQUVXYZ	ABDEFGHI 7
15 Mrz - 15 Okt	3 BFMX	ABCDEFJNQRT 8
+49 67 52 64 32	4 G	9
info@papiermuehle-campingplatz.de	5 DM	AHJKM 10
	B 16A CEE	❶ €20,50
N 49°46'14'' E 07°27'30''	H200 4ha 40T 150D	❷ €26,50

A61 Ausfahrt Bingen. B41 bis Kirn, dort Richtung Meisenheim, den CP-Schildern mit dem Namen 'Andre' folgen. 101135

Koblenz, D-56070 / Rheinland-Pfalz

Knaus Campingpark Rhein-Mosel Koblenz****	1 BDEKNOPQRSTU	6
	2 ADIPQTXY	ABDEFGHI 7
Schartwiesenweg 6	3 AJM	ABCDEFGIJKNQRTU 8
1 Jan - 31 Dez	4 GHO	F 9
+49 26 18 27 19	5 ABDFHJKLM	ABCFGHIJKMOSTV 10
koblenz@knauscamp.de	B 6-16A CEE	❶ €45,80
N 50°21'58'' E 07°36'12''	H60 5ha 218T(80m²) 7D	❷ €56,00

A6, Ausfahrt Koblenz, B9. Ausfahrt Koblenz-Lützel. Dann der Beschilderung folgen. 102096

Lahnstein, D-56112 / Rheinland-Pfalz

Burg Lahneck	1 FGKNOPQRSTU	AFH 6
Am Burgweg	2 IQSUVWXYZ	ABDEFGHI 7
1 Apr - 31 Okt	3 A	ABCDEFNQR 8
+49 26 21 27 65	4	9
	5 DEFLMN	ABGHIJKQ 10
	16A CEE	❶ €31,00
N 50°18'19'' E 07°36'47''	H200 1,8ha 70T(60-100m²) 1D	❷ €39,00

B42 Ausfahrt Oberlahnstein, dann 'Kurzentrum' und/oder CP-Schildern 'Burg Lahneck' folgen. 102102

Lahnstein, D-56112 / Rheinland-Pfalz

Wolfsmühle	1 AEKNOPQRSTU	JNXYZ 6
Hohenrhein 79	2 DQSWXY	ABEFG 7
15 Mrz - 1 Nov	3 BMU	ABCDFJNQR 8
+49 26 21 25 89	4 FHJO	J 9
info@camping-wolfsmuehle.de	5 ABDEHKMN	ABCDFGHIOQWY 10
	Anzeige auf dieser Seite 6A CEE	❶ €26,00
N 50°18'52'' E 07°37'40''	H70 3ha 150T(70-150m²) 81D	❷ €35,00

A61 oder A3 Ri. Koblenz A48 Ausf. Vallendar. B42 Ri. Koblenz, dann Rüdesheim Ausf. Oberlahnstein. Am Kreisel 1. rechts. CP-Beschilderung folgen. Im Navi Ostallee eingeben. CP-Beschilderung befolgen. 102103

Leutesdorf, D-56599 / Rheinland-Pfalz

Campingplatz Leutesdorf	1 ABDEGKNOPQRSTU	NS 6
Campingplatz 1	2 CIPQSVWXY	ABFG 7
1/1 - 7/1, 15/3 - 29/10, 24/11 - 31/12	3 AX	ABCDEFJKNQRTW 8
	4 FHO	DFX 9
+49 26 31 97 87 37	5 ABDEFHJKMN	ABCGHIJKOQU 10
info@camping-leutesdorf.de	Anzeige auf dieser Seite 16A CEE	❶ €31,40
N 50°27'41'' E 07°22'03''	H67 2,2ha 80T(80-130m²) 43D	❷ €40,40

A3 Ausfahrt 36 Richtung Neuwied - B256 - B42 Richtung Linz. Nach Leutesdorf links abbiegen. 125351

Lingerhahn, D-56291 / Rheinland-Pfalz

Camping und Mobilheimpark Am Mühlenteich****	1 AEGKNOPQRSTU	A 6
	2 ABCQSUXYZ	ABDEFGHIJ 7
Am Mühlenteich 1	3 BDFGMTX	ABCDEFJNQRTW 8
1 Jan - 31 Dez	4 EFHJOPQ	9
+49 6 74 65 33	5 ADFHLMN	ABCFGHIJKOQUY 10
info@muehlenteich.de	Anzeige auf Seite 287 6-16A CEE	❶ €33,50
N 50°05'58'' E 07°34'25''	H400 15ha 150T 200D	❷ €43,50

A61 Ausfahrt 44 Laudert, Richtung Laudert. Dort Richtung Lingerhahn, Schildern folgen (4 km). Möglicherweise gibt Ihr Navigationsgerät eine andere Route an: dennoch den CP-Schildern folgen. 100149

Mendig, D-56743 / Rheinland-Pfalz

Siesta	1 AGKNOPQRSTU	6
Laacherseestrasse 6a	2 AQUXYZ	ABDFG 7
1 Apr - 31 Okt	3 BMX	ABCDEFNR 8
+49 26 52 14 32	4 G	9
walter.boehler@t-online.de	5 ABDHMN	AFHIKNU 10
	B 16A CEE	❶ €23,00
N 50°23'14'' E 07°16'10''	H300 3ha 100T 70D	❷ €31,00

A61 Ausfahrt Mendig, rechts in Richtung Maria Laach. Nach ca. 100m rechts über den Parkplatz zum CP. 102048

Mesenich/Cochem, D-56820 / Rheinland-Pfalz

Family Camping	1 AHJLOPQSU	AFJN 6
Wiesenweg 25	2 CPQWXY	ABFGH 7
21 Apr - 8 Okt	3 ABLMX	ABCDEFJNQRTU 8
+49 26 73 45 56	4 ABDEFGHJLO	AI 9
info@familycamping.nl	5 ABDEFHMN	ABHIJKMNOQX 10
	B 6A CEE	❶ €30,00
N 50°06'06'' E 07°11'38''	H91 3ha 102T(80-100m²) 24D	❷ €39,00

A48 Ausfahrt Cochem, dort über die Brücke, dann rechts in Richtung Beilstein. Ca. 4 km nach Beilstein kurz vor dem Ort Mesenich liegt der CP rechts der Straße an der Mosel. 109042

Mittelhof, D-57537 / Rheinland-Pfalz

Camping im Eichenwald****	1 AEGKNOPQRSTU	FN 6
Roddern 1	2 BQUXYZ	ABDEFGIJK 7
1 Jan - 31 Dez	3 BFGM	ABCDEFJKNQRT 8
+49 27 42 91 06 43	4 EFJ	DEGIJW 9
camping@hatzfeldt.de	5 ABDEFJLMN	AGHJKLMOQU 10
	WB 16A CEE	❶ €27,00
N 50°46'50'' E 07°47'55''	H350 10ha 65T(100m²) 207D	❷ €35,00

A45 Dortmund-Giesen, Abfahrt 21 Siegen/Netphen. B62 Richtung Altenkirchen, ausgeschildert. 102090

Monzingen, D-55569 / Rheinland-Pfalz

Nahemühle GmbH	1 AEGKNOPQRSTU	JNX 6
Nahemühle 1	2 CLMQSXY	ABFGJ 7
1 Mrz - 31 Okt	3 BFMS	ABCDEFHJKNQRTU 8
+49 67 51 74 75	4 AEFHS	ADEFGRV 9
info@camping-nahemuehle.de	5 ABDEFHLMN	ABFGHIJKNQ 10
	B 6-16A CEE	❶ €24,90
N 49°47'45'' E 07°34'42''	H300 7,5ha 150T(80-100m²) 219D	❷ €31,90

An B41 zwischen Bad Kreuznach und Idar-Oberstein. In Monzingen bei CP-Schild abzweigen, über Bahnübergang, dann gleich rechts. 101428

Mörschied, D-55758 / Rheinland-Pfalz

Harfenmühle****	1 AKNOPQRSTU	JL 6
Harfenmühle 2	2 BCEIJQSUVWXYZ	ABFGHIJ 7
1 Mrz - 31 Dez	3 ABEFLMNSVX	ABDEFJKLNQRTUVW 8
+49 67 86 13 04	4 BEFGHIJOT	GJKWZ 9
mail@harfenmuehle.de	5 ABDEFHKLMN	ABFGHIJKNPQUWY 10
	WB 16A CEE	❶ €40,00
N 49°48'15'' E 07°16'11''	H450 6,2ha 120T(100-120m²) 95D	❷ €52,00

A61 Ausfahrt 42 Rheinböllen/Simmern. Auf der B50 am Flughafen Hahn vorbei bis Morbach folgen. Dann Richtung Bruchweiler/Kempfeld. Weiter Richtung Herrstein. 102067

Nehren/Cochem, D-56820 / Rheinland-Pfalz

Camping Nehren-Mosel	1 ADEKNOPQRSTU	JNXY 6
Moselufer 1	2 DIPQWXYZ	ABDEFG 7
1 Apr - 30 Okt	3 ALMSX	ABCDEFNRTW 8
+49 2 67 39 62 11 55	4 FGHIOP	FR 9
info@campingplatz-nehren.de	5 ABDEFHJKMN	AGHIJKMOPQ 10
	Anzeige auf Seite 287 10A CEE	❶ €28,00
N 50°04'50'' E 07°11'36''	H80 4ha 120T(100m²) 166D	❷ €32,00

A48, Ausfahrt 2 Ulmen. B259 Richtung Cochem, Abzweigung Sennheim. 102056

Neustadt/Wied, D-53577 / Rheinland-Pfalz

Campingplatz Neustadt/Wied	1 AFHKNOPQRSTU	JN 6
Am Strandweg	2 ACPQTXY	ABFG 7
1 Apr - 31 Okt	3 A	ABEFJNQRTU 8
+49 26 83 36 45	4	J 9
campingneustadtwied@netcologne.de	5 DHKM	AHJKO 10
	16A	❶ €20,00
N 50°37'02'' E 07°25'33''	1,5ha 12T(80m²) 50D	❷ €25,00

A3 Ausfahrt 35 Neustadt/Wied. Im Ort ist der CP ausgeschildert. 100137

Teilkarte Koblenz auf Seite 282

★★★★ Camping-Mobilheimpark

Am Mühlenteich

Christ OHG

DCC-, ANWB-, ACSI-, RAN-Vertragsplatz

Campen - Baden - Wandern - Erholen

56291 Lingerhahn / Hunsrück
Tel. 06746 / 533 - Fax 06746 / 1566
info@muehlenteich.de
www.muehlenteich.de

facebook.com/muehlenteich

Deutschland

Camping Schönburgblick

Kleiner gemütlicher Camping direkt am Rheinufer, nahe bei Oberwesel. Stellen Sie sich ganz gemütlich ans Rheinufer und schauen Sie den Schiffen bergauf und bergab zu. 2 Supermärkte findet man in 250m, zur Ortsmitte sind es ca. 1 km. Die Rheinradroute geht direkt an unserem Camping vorbei! Einen Übernachtungsplatz für Wohnmobile bieten wir schon für € 12,00 inklusive kompletter Versorgung.

Aussiedlung B9, 55430 Oberwesel • Tel. +49 6744714501
E-Mail: camping-oberwesel@t-online.de
Internet: www.camping-oberwesel.de

Oberwesel, D-55430 / Rheinland-Pfalz

Schönburgblick	1 ADEGKNOPQRS	N 6
Aussiedlung B9	2 ADILPQTWXY	ABFG 7
11 Mrz - 1 Nov	3 A	ABEFNQR 8
+49 67 44 71 45 01	4 H	9
camping-oberwesel@t-online.de	5 ADEFM	ABCFGHOQ 10
	Anzeige auf dieser Seite 6-10A CEE	❶ €24,50
N 50°06'08'' E 07°44'11''	H75 0,8ha 40T(80m²) 10D	❷ €30,30

A61, Ausfahrt 44 Laudert Richtung Oberwesel die L220. Direkt am Rhein an der B9 in Oberwesel. 117236

Niederbreitbach, D-56589 / Rheinland-Pfalz

Campingplatz Neuerburg	1 AKNOPQRSTU	JN 6
Im Freizeitgelände	2 CPQXY	ABDEFG 7
1 Apr - 31 Okt	3 BFMS	ABCDEFJNQRTW 8
+49 26 38 42 54	4 EFGH	FJ 9
verkehrsverein.niederbreitbach@t-online.de	5 DFHKMN	ABFGHJKLOQUY 10
	Anzeige auf dieser Seite B 16A CEE	❶ €18,00
N 50°31'46'' E 07°24'52''	14ha 40T(100m²) 214D	❷ €21,00

A3, Ausfahrt 36 Neuwied. Nach Straßenhaus rechts Richtung Niederbreitbach. Im Dorf den Schildern folgen. 110093

Pommern

Unser Campingplatz... ein Paradies für Camper die auf der Durchreise sind, die am Wochenende ausspannen, Ihren Urlaub bei uns verbringen möchten oder einen Dauerstellplatz suchen. Unser großzügig angelegtes Gelände bietet jedem Besucher den individuellen Stellplatz für Caravan oder Zelt. Wir bieten Ihnen ein großes, modernes Gebäude mit Restaurant. Ein Schwimmbad gibt es auch. Stellplätze sind ausreichend vorhanden, dennoch raten wir für die Hochsaison zu reservieren.

Moselweinstraße 12, 56829 Pommern
Tel. 02672-2461 • Fax 02672-912173
E-Mail: campingpommern@netscape.net

www.campingplatz-pommern.com

Campingplatz Neuerburg

Anerkannter Luftkurort im Herzen des Naturparks Rhein-Westerwald. Herrliche Wander- und Radtouren. Vergnügen für Jung und Alt. Kulinarische- und Sportangebote.

Im Freizeitgelände, 56589 Niederbreitbach
Tel. +49 26384254
E-Mail: verkehrsverein.niederbreitbach@t-online.de
Internet: www.wiedtal-camping.de

Oberhausen an der Nahe, D-55585 / Rheinland-Pfalz

Camping-Nahetal	1 AKNOPQRSTU	JN 6
Bahnhofstraße 34	2 CIQSTWXYZ	ABDEFG 7
1 Mrz - 1 Nov	3 LMSX	ABEFJNQRTUVW 8
+49 6 75 59 60 01	4 AEFHO	EF 9
info@camping-nahetal.de	5 ABDEFHJKMN	ABCFGHJKLNQ 10
	16A CEE	❶ €28,00
N 49°47'41'' E 07°45'16''	H200 3,4ha 87T(80-120m²) 12D	❷ €28,00

A61 Ausfahrt 47 Waldlaubersheim, dann Rüdesheim (Nahe), dann von Rüdesheim (Nahe) nach Norheim. In Norheim rechts Richtung Niederhausen/Oberhausen. Von Westen: B41 Ausfahrt Odernheim Richtung Duchroth. 114819

Pommern, D-56829 / Rheinland-Pfalz

Pommern	1 AEKNOPQRSTU	AFJNWXYZ 6
Moselweinstraße 12	2 DPQTWXYZ	ABDEFGHI 7
1 Apr - 30 Okt	3 ABMS	ABCDEFJKNQRTW 8
+49 26 72 24 61	4 FHJOQ	D 9
campingpommern@netscape.net	5 ABDEFGHJLMNO	ABDGHIKMOQ 10
	Anzeige auf dieser Seite B 16A	❶ €29,70
N 50°10'08'' E 07°15'56''	4,5ha 250T(60-100m²) 127D	❷ €36,70

A61 Koblenz, Ausfahrt zur B416 Cochem/Trier. 108097

Obernhof/Lahn, D-56379 / Rheinland-Pfalz

Campingplatz Obernhof	1 AFGKNOPQRSTU	JNXYZ 6
Am Bahnhof	2 DIPQTXY	ABF 7
1 Apr - 31 Okt	3 ABF	ABEFJNQRW 8
+49 2 60 49 41 90 26	4 FH	DJNOQRT 9
kanuwolff@aol.com	5 ADEFHMN	ABHIKLNQU 10
	Anzeige auf dieser Seite 16A CEE	❶ €20,30
N 50°18'57'' E 07°51'03''	H70 3ha 40T 40D	❷ €28,30

A3 Ausfahrt 40. Montabauer B49 Richtung Koblenz/Lahnstein, dann die B261 Richtung Bad Ems, danach die B260 nach Nassau. Dann die B417 weiter bis Obernhof. 102100

Camping Nehren-Mosel

• Sehr schöner Camping an der Mosel
• Stellplätze von 100 qm, prima Sanitär mit gratis Warmwasser und gutem Service
• Bootsliegeplatz mit Helling zu vermieten
• Internet Möglichkeiten • Ankunft ab 08:00 Uhr - Abreise bis 21:00 Uhr

WIR MACHEN IHRE FERIEN ZUM VERGNÜGEN

Moselufer 1, 56820 Nehren/Cochem • Tel. +49 26739621155
E-Mail: info@campingplatz-nehren.de
Internet: www.campingplatz-nehren.de

Campingplatz Obernhof an der Lahn
www.Campingplatz-Obernhof.de
Tel.: 0 26 04 / 94 19 026

56379 Obernhof/Lahn
Tel. 02604-9419026
Fax 02604-7260
E-Mail: kanuwolff@aol.com
Internet: www.campingplatz-obernhof.de

Teilkarte Koblenz auf Seite 282

Deutschland

Pünderich, D-56862 / Rheinland-Pfalz

Moselland
Im Planters
1 Apr - 31 Okt
+49 65 42 26 18
campingplatz.mosselland@googlemail.com

1 AKNOPQRSTU — JNXY 6
2 DIQWXYZ — ABDFGH 7
3 ABFMX — ABCDEFJNQRUW 8
4 FGHJO — DE 9
5 ABDEFGHMN — ABCDFGHJKLNQX 10
Anzeige auf dieser Seite 16A CEE
H100 3,1ha 120T 82D
① €25,90
② €35,90

N 50°02'16" E 07°07'19"
A48 Ausfahrt 125 Wittlich. Über Kinderbeuern, Bengel, Reil und Pünderich.
102058

Rolandswerth, D-53424 / Rheinland-Pfalz

Siebengebirgsblick
Wickchenstraße 101
1 Apr - 22 Okt
+49 1 51 59 06 89 76
office@siebengebirgsblick.de

1 ADEKNOPQRSTU — N 6
2 CIPQWXY — ABFG 7
3 AFG — ABCDEFNQRUVW 8
4 FH — 9
5 ABDE — ABGHJKOQ 10
16A CEE
2,8ha 150T(80-100m²) 70D
① €28,50
② €38,50

N 50°38'42" E 07°12'24"
B9 Bonn-Remagen. CP befindet sich am Rhein und ist in Rolandswerth ausgeschildert.
102045

Roßbach/Wied, D-53547 / Rheinland-Pfalz

Camping Wiedschleife
Buchenauer Weg
1 Apr - 31 Okt
+49 2 63 82 66 26 62
mail@wiedschleife.de

1 ABDEKNOPQRSTU — JN 6
2 ABCKPQXY — ABFG 7
3 M — ABEFJNQR 8
4 FHJ — 9
5 DM — AEGHJKQ 10
16A CEE
H100 47ha 100T(80-100m²) 60D
① €24,20
② €31,80

N 50°34'36" E 07°24'41"
A3 Abfahrt 36 Neuwied Richtung Rengsdorf. Nach Staßenhausen rechts Richtung Niederbreitbach. Dort rechts nach Roßbach, Schildern folgen.
100138

Rehe, D-56479 / Rheinland-Pfalz

Welters-Camping
Campingplatz 1
1 Apr - 30 Okt
+49 26 64 85 33
welters-camping@t-online.de

1 AEKNOPQRSTU — LOQSXYZ 6
2 BEIJQRSUWYZ — ABDEFGIJ 7
3 BFLM — ABCDEFGJNQRTW 8
4 BFHJLO — NUVW 9
5 ABDEFHJKMN — ABGHJKQ 10
B 16A CEE
H600 10ha 118T(80-130m²) 400D
① €34,00
② €34,00

N 50°37'04" E 08°07'23"
A45 Siegen-Frankfurt, Ausfahrt 26 Herborn West, B255 Richtung Rennerod. Im Zentrum von Rehe links, Schildern folgen.
102154

Schweppenhausen, D-55444 / Rheinland-Pfalz

Aumühle
Naheweinstraße 65
1 Apr - 31 Okt
+49 67 24 60 23 92
info@camping-aumuehle.de

1 AEKNOPQRSTU — 6
2 ABCQSXYZ — ABFGK 7
3 BLMSUX — ABCDEFJNQR 8
4 H — BDF 9
5 AFKL — ABDHJKMOQU 10
Anzeige auf dieser Seite 10A CEE
H200 2,5ha 50T(bis 100m²) 12D
① €24,00
② €24,00

N 49°56'02" E 07°47'30"
A61, Ausfahrt 47 Waldlaubersheim. Richtung Schweppenhausen. Ab dort Schildern folgen.
112277

Remagen, D-53424 / Rheinland-Pfalz

Goldene Meile
Simrockweg 9-13
1 Jan - 31 Dez
+49 2 64 22 22 22
info@camping-goldene-meile.de

1 AEGKNOPQRSTU — BFHN 6
2 ACPQRSTWXYZ — ABDEFG 7
3 ABFGMN — ABCDEFJKNQRTVW 8
4 — 9
5 ABDEFHJKLM — ABFGHJKLORSUVW 10
B 10-16A CEE
11ha 187T(100-120m²) 350D
① €30,50
② €44,50

N 50°34'34" E 07°15'08"
B9 Bonn-Koblenz, durch Remagen fahren, vor Bahn-Unterführung links. CP ist ausgeschildert.
102046

Seck, D-56479 / Rheinland-Pfalz

Camping Park Weiherhof*****
Campingplatz Weiherhof
1 Apr - 31 Okt
+49 26 64 85 55
info@camping-park-weiherhof.de

1 ADEGKNOPQRSTU — LMN 6
2 EIJKQSTUVWXYZ — ABDEFGH 7
3 ABDEFLMU — ABCDEFGHIJKNQRTUVW 8
4 BEFHJLOQX — DEFINVWY 9
5 ACDEFGHLMN — ABDFGHJKMNOQW 10
WB 16A CEE
H450 10ha 120T(100m²) 254D
① €29,00
② €29,00

N 50°35'12" E 08°02'07"
A3 Köln-Frankfurt, Ausf.40 Montabaur, B255 Ri. Rennerod bis Hellenhahn, im Kreisel Ri. Seck und direkt wieder links. Von S.: Ausfahrt 42 Limburg an der Lahn Nord, dann die B49/54 Ri. Siegen. CP ist angezeigt.
102155

Senheim am Mosel, D-56820 / Rheinland-Pfalz

Holländischer Hof****
Am Campingplatz 1
1 Apr - 29 Okt
+49 26 73 46 60
info@moselcamping.com

1 ABDEKNOPQSTU — JNQXYZ 6
2 DIKPQTWXYZ — ABDEFGH 7
3 AFLMNSUX — ABCDEFJKNQRSTW 8
4 ABCDEFGHJLOP — DVWXZ 9
5 ACDEFGHKLMN — ABCDGHIJKMOPQXY 10
Anzeige auf dieser Seite B 10A CEE
H80 4ha 250T(60-200m²) 16D
① €27,75
② €38,75

N 50°04'56" E 07°12'29"
A61/A48 Ausfahrt 4 Kaisersesch in Richtung Cochem. Über die Brücke in Cochem, dann nach Senheim. Immer an der Mosel entlang.
102055

Teilkarte Koblenz auf Seite 282

Deutschland

Sensweiler, D-55758 / Rheinland-Pfalz

Sensweiler Mühle
B422 / Mühle 2
1 Jan - 31 Dez
+49 67 86 23 95
campingplatz@sensweiler-muehle.de
N 49°46'09'' E 07°12'18''

1 AFGKNOPRSTU — N 6
2 CIPQVXYZ — ABDFG 7
3 AFLMX — ABCDEFJNQRW 8
4 FGHIJ — 9
5 ADN — AHJKLOQU 10
16A CEE — ❶ €26,50
H475 3ha 50T(80-120m²) 70D — ❷ €33,50

A61 bis Ausfahrt 42 Emmelshausen/Hunsrück, die B327 Hunsrück Höhenstraße bis hinter Morbach. Dann Richtung Idar Oberstein über Allenbach (B422). 102064

Steinen, D-56244 / Rheinland-Pfalz

Hofgut Schönerlen
Stahlhoferweg
1/1 - 31/10, 1/12 - 31/12
+49 2 66 62 07
info@camping-westerwald.de
N 50°33'57'' E 07°48'44''

1 ADEGKNOPQRSTU — LQX 6
2 EJQUXY — ABDEFGHI 7
3 BFHLM — ABCDEFJNQRT 8
4 AEFHJLOT — DE 9
5 ABDMN — ABGHJKNRS 10
WB 10-16A CEE — ❶ €20,50
H450 15ha 160T(100-120m²) 124D — ❷ €26,00

A3 Köln-Frankfurt, Ausfahrt 37 Dierdorf, Richtung Hachenburg. In Hersbach Richtung Schenkelberg, dan an Kreuzung rechts zur B8 bis Steinen, dann ausgeschildert. 102091

Simmertal, D-55618 / Rheinland-Pfalz

Haumühle
Haumühle 1 / B421
1 Jan - 31 Dez
+49 67 54 94 65 65
info@camping-haumuehle.de
N 49°48'54'' E 07°30'15''

1 ADEKNOPRSTU — JNUX 6
2 BDIQSTWXYZ — ABFG 7
3 ABCGX — ABCDEFJNQRTW 8
4 EFGH — 9
5 ABDFGHIJLN — ABFGHIJKOQU 10
B 16A CEE — ❶ €22,00
H200 10ha 120T(80-120m²) 75D — ❷ €27,00

Von Bad Kreuznach, Idar-Oberstein via der B41. In Simmertal via B421 2 km Richtung Gemünden. Aus dem N. A61 Ausfahrt Rheinböllen, Ri. Gemünden, B421 Ri. Kirn-Martinstein. 101137

Treis-Karden, D-56253 / Rheinland-Pfalz

CC€23

Mosel-Islands Camping*****
Am Werth
1 Apr - 29 Okt
+49 26 72 26 13
campingplatz@mosel-islands.de
N 50°10'15'' E 07°17'33''

1 ADEGKNOPQRSTU — JNSWXYZ 6
2 DIPQWXYZ — ABDEFGIJK 7
3 BFJMUX — ABCDEFJKMNQRTUV 8
4 FGHIK — FKO 9
5 ADFHKLMN — ABCDFGHIJKMOQY 10
Anzeige auf dieser Seite B 16A CEE — ❶ €37,00
H76 6ha 130T(80-120m²) 142D — ❷ €45,00

A48 Ausfahrt 5 Kaifenheim Richtung Treis-Karden, Schildern folgen. 100146

Spabrücken, D-55595 / Rheinland-Pfalz

Am Weißenfels
Brunnenstrasse 1
29 Mrz - 31 Okt
+49 67 06 86 30
camping.aw@gmail.com
N 49°54'34'' E 07°42'49''

1 AGHKNOPQRSTU — N 6
2 ABQSTWXY — ABEFGH 7
3 H — ABCDEFJNRUV 8
4 EFJ — 9
5 AHKM — AFGHJKLNSTUW 10
B 16A CEE — ❶ €28,00
H420 4ha 80T(80-100m²) 14D — ❷ €28,00

A61, Ausfahrt 46 Waldlaubersheim, Richtung Schweppenhausen, danach Richtung Spabrücken. Den CP-Schildern folgen. CP hat keine Adresse. 112157

Waldbreitbach, D-56588 / Rheinland-Pfalz

Am Strandbad
Strandbadweg 8
1 Apr - 31 Okt
+49 26 38 12 95
info@camping-strandbad.de
N 50°33'17'' E 07°25'09''

1 ADEGKNOPRSTU — JN 6
2 CPQXY — ABDEFG 7
3 BFMR — ABCDEFJKNQR 8
4 FHO — 9
5 DHM — ABHJKQUW 10
16A CEE — ❶ €28,20
1,5ha 34T(80-100m²) 40D — ❷ €28,20

A3, Ausfahrt 36 Neuwied. Nach Straßenhaus rechts Richtung Niederbreitbach. In Niederbreitbach Richtung Waltbreitbach, dort ausgeschildert. 101132

St. Goar am Rhein, D-56329 / Rheinland-Pfalz

Friedenau***
Gründelbach 103
13 Mrz - 31 Okt
+49 6 74 13 68
info@camping-friedenau.de
N 50°08'57'' E 07°41'40''

1 AFKNOPQSU — 6
2 BDQSUXYZ — ABDEFGH 7
3 A — ABCDEFGHJNPQRT 8
4 FHJO — DI 9
5 ABDFHJLN — AGHJKLOQ 10
Anzeige auf dieser Seite B 10A CEE — ❶ €22,90
H700 1ha 40T(100m²) 2D — ❷ €29,90

A61 Ausfahrt 42 Emmelshausen nach St. Goar. Von Koblenz die B9 am Rhein entlang: vor St. Goar rechts, Campingschilder befolgen. 108129

St. Goar am Rhein, D-56329 / Rheinland-Pfalz

Loreleyblick
An der Loreley
1 Jan - 31 Dez
+49 67 41 20 66
info@camping-loreleyblick.de
N 50°08'28'' E 07°43'22''

1 AFKNOPQSTU — NX 6
2 DIPQRSXY — ABDEFG 7
3 BM — ABCDEFIJNQRT 8
4 — G 9
5 ABDFLMN — AGHOQ 10
B 6A CEE — ❶ €34,50
H100 6ha 200T(80m²) 13D — ❷ €42,50

An der B9, südlich kurz vor St. Goar. Von Norden: A61, Ausfahrt Koblenz, B9 Richtung Boppard. Von Süden: Ausfahrt Bingen und dann die B9 Richtung St. Goar. 102105

Waldbreitbach, D-56588 / Rheinland-Pfalz

Camping Wiedhof
Wiedhof 1
1 Apr - 31 Okt
+49 26 38 42 58
camping@wiedhof.de
N 50°33'14'' E 07°25'31''

1 ADEKNOPQRSTU — JN 6
2 ACQXY — ABFG 7
3 AM — ABCDEFJNQR 8
4 — I 9
5 DFKM — AHJKOQ 10
Anzeige auf dieser Seite 10A CEE — ❶ €29,70
2,5ha 30T(80-100m²) 81D — ❷ €39,30

A3 Ausfahrt 36 Neuwied. Nach Straßenhausen rechts Richtung Niederbreitbach. Dort rechts nach Waltbreitbach. Nach der Brücke über Wied Schildern folgen. 102047

Steinebach, D-57629 / Rheinland-Pfalz

Haus am See, Dreifelder Weiher
Seeburgerstr. 1
1 Jan - 31 Dez
+49 26 62 71 47
info@camping-hausamsee.de
N 50°35'55'' E 07°48'56''

1 AKNOPQRSTU — LX 6
2 BEIKPQSUXY — ABFGIK 7
3 ALM — ABCDEFJKNQRTUVW 8
4 EFH — EFMNQT 9
5 ABDEFHJLMN — ABCGHJKRSUY 10
16A CEE — ❶ €22,00
H450 2,5ha 50T 94D — ❷ €22,00

A3 Köln-Frankfurt. Ausfahrt 37 Dierdorf Richtung Hachenburg. In Herschbach Richtung Schenkelberg, dann Richtung Steinebach-Schmidthahn. 109959

Teilkarte Koblenz auf Seite 282

Teilkarte Koblenz auf Seite 282

Wassenach/Maria Laach, D-56653 / Rheinland-Pfalz

CC€23

RCN Laacher See****
Am Laacher See/ L113/ Vulkaneifel
1 Apr - 30 Sep
+49 2 82 13 93 99 97
contact@rcn.nl
N 50°25'19" E 07°15'54"

1 **BDEJMOPQRSTU** LMNPY 6
2 ABFIKPQTUVWXYZ ABDE**FG** 7
3 ABJMVX ABCDEFJKNQRTUVW 8
4 B**E**FGHIJO NU 9
5 ABDEFIJKLM**O** ABCGHIJKLOQY 10
B 16A CEE ① €48,00
H220 7ha 190T(80-120m²) ② €56,00

A61, Ausfahrt Mendig/Maria Laach. Dann ca. 5 km Richtung Norden. 109541

Zell (Mosel), D-56856 / Rheinland-Pfalz

Campingpark Zell/Mosel
Moselufer
1 Jan - 31 Dez
+49 65 42 96 12 16
info@campingpark-zell.de
N 50°02'02" E 07°10'28"

1 ABEG**KN**OPQRSTU J?W**X**YZ 6
2 CILQTWXY AB**FG**I 7
3 B**NX** ABCDEFJNQRTUV 8
4 AEFGHI FORV 9
5 ABDEHMN ABCGHJKMOQUY 10
16A CEE ① €38,30
H95 1,5ha 75T(80-85m²) 21D ② €42,10

A61 Ausfahrt Pfalzfeld, Richtung Kastellaun. Dann Richtung Zell-Nord. 102059

Winningen, D-56333 / Rheinland-Pfalz

Winninger Ferieninsel Ziehfurt
Inselweg 10
6 Apr - 3 Okt
+49 26 06 18 00
camping@ferieninsel-winningen.de
N 50°18'41" E 07°29'58"

1 ADE**KN**OPQRST**U** J**N**W**XYZ** 6
2 ADQSXYZ ABD**FG** 7
3 A ABE**F**NQRTW 8
4 H 9
5 ABDEFHKMN AGHIKNQ 10
B 16A ① €30,50
H100 5ha 200T 200D ② €38,50

In Koblenz Richtung KO-Metternich. B416 Richtung Cochem. In Winningen links (Hafen und CP). Von der A61, Ausfahrt 38 Winningen und CP-Beschilderung folgen. 102101

Deutschland

Bernkastel/Kues, D-54470 / Rheinland-Pfalz

CC€23

Knaus Campingpark Bernkastel-Kues
Am Hafen 2
1 Mrz - 26 Nov
+49 65 31 82 00
bernkastelkues@knauscamp.de
N 49°54'32" E 07°03'21"

1 BDEG**KN**OPRS**U** J**N**X**YZ** 6
2 DIQXYZ ABDE**FG**IK 7
3 ABX ABCDEFJKNQRW 8
4 GHJO FVW 9
5 ADEMN ABGHIJKMNST 10
B 16A CEE ① €45,50
H110 3,2ha 202T 54D ② €50,20

A48 bis Ausfahrt 125 Wittlich, dann B50 in Richtung Mosel. An der Kueser Seite von Bernkastel ist die Einfahrt zum CP am Ende des Hafens. 102061

Dasburg, D-54689 / Rheinland-Pfalz

Camping Relles-Mühle
An der Brücke 3a
1 Apr - 30 Sep
+49 65 50 10 73
info@camping-relles-muehle.de
N 50°03'09" E 06°07'24"

1 AE**KN**OPQRS**U** J? 6
2 BDPQXY ABDE**FG**H 7
3 AMU AB**F**JNQRW 8
4 FHJO 9
5 DFHKMN ABHJK**O**RS 10
Anzeige auf Seite 291 6A CEE ① €25 00
1,5ha 40T(100m²) 50D ② €35 00

E42 Maastricht-Lüttich, Richtung Trier. Bei Ausfahrt 15 Richtung Luxemburg bis Dasburg. CP ausgeschildert. 111?8

Bollendorf, D-54669 / Rheinland-Pfalz

CC€19

Altschmiede****
Altschmiede 1
1 Apr - 31 Okt
+49 6 52 63 75
info@camping-altschmiede.de
N 49°50'28" E 06°20'13"

1 AE**KN**OPQRSU BHIJ**N**UX 6
2 DIQRWXY ABDE**FG**H 7
3 AFM ABCDE**F**JKNRTW 8
4 ABDEFHJOR JR 9
5 ABDH**N** ABDHJKNPQ 10
Anzeige auf Seite 291 B 6A CEE ① €26,30
H300 5,5ha 240T 124D ② €34,30

B257 Bitburg, Ausfahrt Echternacherbrück. Vor der Grenzbrücke rechts Richtung Bollendorf. Im Ort Richtung Körperich. Zweiter CP, ausgeschildert. 102007

Dockweiler, D-54552 / Rheinland-Pfalz

CC€19

Camp.park Dockweiler Mühle
Mühlenweg 1
1 Jan - 31 Dez
+49 65 95 96 11 30
info@campingpark-dockweiler-muehle.de
N 50°15'20" E 06°46'47"

1 ADE**KN**OPQRSTU N? 6
2 ADEIPQSTVWY ABDE**FG** 7
3 BM ABCDE**F**HJNQR**S**TW 8
4 FHI FJ 9
5 ABDMN**O** ABDFGHIJKMOQVY 10
Anzeige auf Seite 292 B 16A CEE ① €24,00
H530 10ha 100T(80-90m²) 129D ② €32,00

A61 und A1 Richtung Daun. Über Hillesheim und B410 Campingschildern folgen. 10014?

Teilkarte Trier auf Seite 290

Echternacherbrück, D-54668 / Rheinland-Pfalz

CC€21 iD

Campingpark Freibad Echternacherbrück	1 AE**KN**OPQRSTU	BFHJ**N**UX 6
Mindenerstraße 18	2 CPQWXYZ	ABDE**FG**H 7
1 Apr - 31 Okt	3 BEFG**J**MSU	ABCDEFJKNQRTW 8
+49 6 52 53 40	4 **A**BCEFHJLO**Q**	AEV 9
info@echternacherbrueck.de	5 ACDEFGHKMN	ABCGKORSWX 10
	Anzeige auf dieser Seite B 12A CEE	① €36,30
N 49°48'43" E 06°25'53"	**H**300 8ha 400**T**(85-110m²) 112**D**	② €48,10

B257 Bitburg-Echternach, Ausfahrt Echternacherbrück links, letzte Straße links. Nach 200m CP und Schwimmbad ausgeschildert. 100158

Erden, D-54492 / Rheinland-Pfalz

iD

Erden	1 ADE**KN**OPQRST**U**	**NX**Y 6
Am Moselufer 2	2 ACIQRXYZ	AB**FGK** 7
1 Apr - 31 Okt	3 BMX	ABCDEFJQRTW 8
+49 65	4 FGH	F 9
info@camping-erden.de	5 ABDEFGHJKMN	ABFGHIKMOPQV 10
	B 16A CEE	① €27,00
N 49°58'48" E 07°01'13"	**H**100 2ha 68**T**(80-120m²) 61**D**	② €36,00

A1 Ausfahrt Wittlich Richtung Bernkastel Kues. In Zeltingen über die Brücke Richtung Traben-Trarbach. 114815

Deutschland

Deutschland

Gentingen, D-54675 / Rheinland-Pfalz

Ourtalidyll****
Uferstraße 17
1 Apr - 29 Okt
+49 6 56 63 52
info@eifelidyll.de

1 AEKNOPQRSU	JNUX	6
2 CIQWXY	ABDEFGH	7
3 AFMS	ABCDEFJKNQRTUVW	8
4 BFHJ	EFGJVY	9
5 ABDHKMN	ABFHJKNST	10
B 16A CEE		① €24,70
3,5ha 90T(70-100m²) 100D		② €32,50

N 49°54'01'' E 06°14'33''

Von Nord: B50 Bitburg - Vianden. Kurz vor der Luxemburger Grenze Ri. Roth-Gentingen. Achtung Navigation: Nicht abfahren bei Körperich/ Obersgegen. 102005

Gillenfeld, D-54558 / Rheinland-Pfalz

Feriendorf Pulvermaar
Vulkanstraße
1 Jan - 31 Dez
+49 65 73 99 65 00
info@feriendorf-pulvermaar.de

1 AGKNOPQRSU	LMNPXZ	6
2 AEIQSTXYZ	ABDEFGHK	7
3 ABFMU	ABCDEFJNQRTW	8
4 EFHI	JW	9
5 ABDEFHJMN	ABFGHIJKLMNQUY	10
16A CEE		① €23,50
4ha 50T(60-120m²) 122D		② €29,50

N 50°07'52'' E 06°56'00''

A1 Ausfahrt 121 Mehren. Rechts ab zur B421 Richtung Zell. CP nach 6,7 km angezeigt mit Schild 'Feriendorf'. 114808

Heidenburg, D-54426 / Rheinland-Pfalz

Moselhöhe****
Bucherweg 1
1 Apr - 1 Nov
+49 6 50 99 90 16
erik@moselhoehe.com

1 AFGKNOPQSTU		6
2 AIPQVWXY	ABDEFG	7
3 ABFGMU	ABCDEFJNPQRTUV	8
4 FIK		9
5 ADKN	ABCDHIJKLNOQ	10
Anzeige auf dieser Seite B 16A CEE		① €26,80
H414 3,5ha 60T(100-120m²) 38D		② €34,80

N 49°47'58'' E 06°55'37''

A1 Ausfahrt 131 Mehring Richtung Thalfang. 7 km bis CP-Schild, an Kreuzung Talling links Richtung Heidenburg. 110100

Gerolstein, D-54568 / Rheinland-Pfalz

Eifelblick / Waldferienpark Gerolstein****
Hillenseifen 200
1 Jan - 31 Dez
+49 6 59 16 78
info@waldferienparkgerolstein.de

1 ADEKNOPQRSTU	E	6
2 AIQSTVWX	ABFGH	7
3 BFJLMSUVX	ABCDEFJNPQRSTUVW	8
4 BCFHIJKNOPQST	FJW	9
5 ABDEFHJKLMNO	ABCDFGHIJKOQVY	10
Anzeige auf dieser Seite 16A CEE		① €25,50
H457 2ha 195T(100-120m²) 28D		② €32,50

N 50°13'02'' E 06°36'28''

Von Prüm (B410) 4 km vor Gerolstein, Ausfahrt Hinterhausen. Beschilderung Waldferienpark Gerolstein beachten und dann Camping Eifelblick folgen. 117924

Igel, D-54298 / Rheinland-Pfalz

Campingplatz Igel
Moselstraße
1 Apr - 31 Okt
+49 6 50 11 29 44
info@camping-igel.com

1 AKNOPQSTU	JMWXY	6
2 ACPQXYZ	ABF	7
3 AN	ABCDEFJNQRTW	8
4 HIO		9
5 DFHKMN	ABHJKLMQWY	10
16A		① €23,00
H131 3ha 50T(60-80m²) 50D		② €30,00

N 49°42'18'' E 06°33'12''

A1 Ausfahrt 14 Mertert (Lux) zur N1 Richtung Wasserbillig/Mertert. In Wasserbillig hinter der Brücke über die Sauer rechts auf die B49. 111375

Irrel, D-54666 / Rheinland-Pfalz

Nimseck***
14 Mrz - 1 Nov
+49 6 52 53 14
info@camping-nimseck.de

1 ACKNOPQRSU	BJUX	6
2 ACIQSUVWXYZ	ABDEFG	7
3 AM	ABCDEFJNQRTVW	8
4 ABFHJOX	JY	9
5 ADEFHLMN	ABGHJKLORS	10
B 16A CEE		① €23,70
H250 7ha 150T(100-120m²) 154D		② €31,50

N 49°51'13'' E 06°27'45''

B257 von Bitburg Richtung Echternach. Ausfahrt Irrel, CP links. Ausgeschildert. 100157

Irrel, D-54666 / Rheinland-Pfalz

Südeifel
Hofstraße 19
1 Apr - 31 Okt
+49 6 52 55 10
info@camping-suedeifel.de

1 AEKNOPQRSU	JNUX	6
2 ADPQXY	ABDEFGH	7
3 B	ABEFJNQRSTUW	8
4 FH		9
5 DGMN	ABDHJKORS	10
Anzeige auf dieser Seite B 6A CEE		① €27,00
H300 3ha 60T(50-100m²) 100D		② €35,00

N 49°50'31'' E 06°27'26''

B257 von Bitburg in Richtung Echternach. Nehmen Sie die Ausfahrt Irrel, Richtung Dorf (Ortsmitte). Campingplatz ist ausgeschildert. 102008

Teilkarte Trier auf Seite 290

Klüsserath, D-54340 / Rheinland-Pfalz

Campingplatz Klüsserath**
An der B53
1 Apr - 31 Okt
+49 65 07 46 67
info@campingplatz-kluesserath.de

1 AKNOPQRSU	JNSXYZ	6
2 ACIPQXY	ADFG	7
3 AFL	ABEFJNRW	8
4 FHI	UVW	9
5 ABDFHJLMNO	AGHJKMQV	10
16A CEE		❶ €18,50
H128 8ha 100T(80-100m²) 100D		❷ €21,00

N 49°50'37'' E 06°51'31'' — 102022

A1 Ausfahrt 128 Föhren/Bekond. Dann Richtung Klüsserath über die L141, L48 und B53. Camping ist ausgeschildert.

Neuerburg, D-54673 / Rheinland-Pfalz

Camping in der Enz****
In der Enz 25
1 Apr - 31 Okt
+49 65 64 26 60
info@camping-inderenz.com

1 ADEKNOPQRSU	BGHN	6
2 CQSWXY	ABDEFG	7
3 BHMN	ABCDEFJKNQRTUV	8
4 FHJ	FJ	9
5 ADEFKMN	ABCDFGHJKOQ	10
Anzeige auf dieser Seite B 16A CEE		❶ €31,70
6ha 77T(80-100m²) 17D		❷ €44,10

N 50°01'40'' E 06°16'37'' — 102003

A60 Ausfahrt 3 Richtung Neuerburg. Über Arzfeld nach Emmelbaum und Zweifelscheid. Nach 3 km links abbiegen Camping In der Enz. Ist ausgeschildert.

Körperich/Obersgegen, D-54675 / Rheinland-Pfalz

Eifelcamping Reles-Mühle
Kapellenweg 3
1 Apr - 31 Okt
+49 65 66 14 65
info@eifelcamping.com

1 AEKNOPQRSU	F	6
2 CPQWXY	ABCDEFGH	7
3 AMU	ABCDEFJNQRW	8
4 FHJ	J	9
5 DMN	ABHJKOQ	10
12A CEE		❶ €23,00
H300 2ha 40T 61D		❷ €31,00

N 49°56'02'' E 06°15'03'' — 102004

B50 Bitburg-Körperich-Vianden. In Obersgegen liegt rechts der CP. Gut ausgeschildert.

Oberweis, D-54636 / Rheinland-Pfalz

Prümtal-Camping Oberweis*****
In der Klaus 17
1 Mrz - 31 Okt
+49 6 52 79 29 20
info@pruemtal.de

1 AEKNOPQRSU	BGHJN	6
2 DPQTWXYZ	ABCDEFGHI	7
3 BFMU	ABCDEFIJKNQRTUVW	8
4 ABEFHJO	E	9
5 ABDEFGHKLMN	ABCDEFGHIJKMOQW	10
Anzeige auf dieser Seite B 16A CEE		❶ €38,10
H300 3,8ha 240T(65-101m²) 13D		❷ €49,10

N 49°57'32'' E 06°25'28'' — 100156

B50 Bitburg, Richtung Vianden. Mitten im Ort links, Schildern zum Campingplatz und Schwimmbad folgen.

Langsur/Metzdorf, D-54308 / Rheinland-Pfalz

Alter Bahnhof***
Uferstraße 42
1 Mrz - 31 Okt
+49 6 50 11 26 26
info@camping-metzdorf.de

1 ADEKNOPQRSTU	JNUX	6
2 ABCPQTXYZ	ABFG	7
3 ABMS	ABEFGIJNQRTW	8
4 FHI		9
5 ABDFHJLMN	ABDFGHIJKOQU	10
Anzeige auf dieser Seite B 16A CEE		❶ €33,00
H149 4ha 53T(50-120m²) 80D		❷ €38,50

N 49°45'11'' E 06°30'08'' — 110874

Von Trier E44 richtung Luxemburg, Ausfahrt Mertert (Lux). Auf der N1 Richtung Wasserbillig. In Wasserbillig hinter der Sauerbrücke links auf die B418. Dann noch ca. 6 km.

Prüm, D-54591 / Rheinland-Pfalz

Waldcamping Prüm****
Postfach 1012
Prumtalstrasse 43
1 Jan - 31 Dez
+49 65 51 24 81
info@waldcamping-pruem.de

1 AEKNOPQRSU	AFH	6
2 ADQWXYZ	ABDEH	7
3	ABCEFJNQRW	8
4 FH		9
5 DMN	ABHJKQ	10
10A CEE		❶ €28,20
3,5ha 150T(90m²) 70D		❷ €38,20

N 50°13'07'' E 06°26'16'' — 100141

E29 Köln-Prüm. In Prüm Richtung Industriegebiet. Der CP ist ausgeschildert.

Reinsfeld, D-54421 / Rheinland-Pfalz

Campingpark Reinsfeld
Parkstraße 1
1 Jan - 31 Dez
+49 6 50 39 51 23
info@camping-reinsfeld.de

1 ABDEKNOPQRSTU	AFN	6
2 ABEQRXYZ	ABFG	7
3 BEFGMNS	ABCDEFJKNQRT	8
4 BCDEFHIJLN		9
5 ABDMN	AFGHJKLNQUVW	10
B 10-16A		❶ €38,05
H515 20ha 554T(100-120m²) 300D		❷ €51,05

N 49°41'08'' E 06°52'01'' — 102026

A1, Ausfahrt 132 Reinsfeld, dort den CP-Schildern folgen.

Leiwen, D-54340 / Rheinland-Pfalz

Landal Sonnenberg*****
Sonnenberg 1
17 Mrz - 20 Nov
+49 6 50 79 36 90
sonnenberg@landal.com

1 ADEKNOPQRSTU	EG	6
2 BQSTVWXYZ	ABFGHK	7
3 ABDFGJLMRUVW	ABCDEFGIJNQRTW	8
4 ABCDEFHIJKLOPQUX	EIJUV	9
5 ACDEFJKLMNO	ABCDEGHIJKNOPQUY	10
B 10A CEE		❶ €50,85
H354 2,5ha 130T(65-120m²) 260D		❷ €60,90

N 49°48'12'' E 06°53'30'' — 102024

A1 Koblenz-Trier, Ausfahrt 128 Föhren-Leiwen. Folgen Sie den Schildern 'Sonnenberg'.

Manderscheid, D-54531 / Rheinland-Pfalz

Naturcamping Vulkaneifel***
Herbstwiese 1
1 Apr - 31 Okt
+49 6 57 29 21 10
info@naturcamping-vulkaneifel.de

1 AEHKNOPQSU		6
2 ABIPQVWYZ	ABDEFGIJK	7
3 AFM	ABCDEFIJNQRTW	8
4 FHIJ	FGJ	9
5 ABDJMN	ABFGHIKLNQUV	10
6-16A CEE		❶ €30,00
H404 3,2ha 90T(60-140m²) 29D		❷ €32,00

N 50°05'49'' E 06°47'53'' — 102021

A1 Ausfahrt 122, weiter Richtung Manderscheid. In Manderscheid Mitte der CP-Beschilderung folgen. Gleich ortsaußerhalb links.

Deutschland

Teilkarte Trier auf Seite 290

Riol (Mosel), D-54340 / Rheinland-Pfalz

CampingPark Triolago
Am Campingplatz
1 Apr - 31 Okt
+49 65 02 71 19
campingpark@triolago.eu

1 BGKNOPQRSTU	LMNWXYZ	6
2 ACEJQTWXYZ	ABFG	7
3 AJLM	ABCDEFJNQRUV	8
4 FHK	FJQRTUVW	9
5 ADFGLMN	ABCGHIKMNQUX	10

16A CEE
6ha 80T(100-140m²) 205D
① €31,00 ② €31,00
N 49°47'32" E 06°48'40"
A1 Ausfahrt Fell/Lonquich, A602 oder A48 geradeaus. Nach 3 km Freizeitsee Triolago.
117147

Saarburg, D-54439 / Rheinland-Pfalz

CC€23

Landal Warsberg****
In den Urlaub
24 Mrz - 6 Nov
+49 65 81 91 46 10
warsberg@landal.de

1 ADEKNOPQRSTU	EG	6
2 IQUWXYZ	ABCEFGH	7
3 ABEFGJMSUVX	ABCDEFGIJNQRTW	8
4 ABCDEFGHIJKLNOPTUV	CEFJUVWY	9
5 ACDEFKLMN	ABDGHIKLMNOPQVY	10

B 16A CEE
H285 11ha 460T(80-100m²) 192D
① €47,70 ② €58,60
N 49°37'14" E 06°32'33"
A60 Ausfahrt Bitburg, der B51 volgen. In Konz Richtung Saarburg. In Saarburg der CP-Beschilderung Warsberg folgen.
100161

Saarburg, D-54439 / Rheinland-Pfalz

CC€23

Camping Leukbachtal***
Leukbachtal 1
24 Mrz - 2 Nov
+49 65 81 22 28
info@camping-leukbachtal.de

1 AKNOPQRSTU		6
2 CQTWXYZ	ABDEFGHK	7
3 AMSU	ABCDEFJNQRTW	8
4 FHIJ	V	9
5 DMN	ABCDFGHIJKMOQV	10

Anzeige auf dieser Seite 6A CEE
H288 2,5ha 80T(80-130m²) 32D
① €27,50 ② €35,50
N 49°35'58" E 06°32'29"
Von Trier B51 nach Saarburg, Schild 'Krankenhaus' folgen. Dann CP-Schild folgen.
102028

Saarburg, D-54439 / Rheinland-Pfalz

CC€23

Waldfrieden****
Im Fichtenhain 4
1 Mrz - 31 Dez
+49 65 81 22 55
info@campingwaldfrieden.de

1 AEKNOPQRSTU		6
2 BPQTUWXYZ	ABDEFG	7
3 BM	ABCDEFJNQRTW	8
4 FHIJ	GI	9
5 ABDHMN	ABDFGHJKMOQU	10

Anzeige auf dieser Seite 16A CEE
H210 6,5ha 57T(85-120m²) 58D
① €30,00 ② €34,00
N 49°36'03" E 06°31'40"
B51 Trier Richtung Saarburg, Krankenhaus-Schildern folgen, durch Tunnel, dann ist der CP ausgeschildert.
102029

Schweich, D-54338 / Rheinland-Pfalz

Zum Fährturm
Am Yachthafen
11 Apr - 17 Okt
+49 6 50 29 13 00
camping@kreusch.de

1 AKNOPQRSTU	BGHNQSUWXYZ	6
2 ACPQTXYZ	ABDEFGH	7
3 AFLN	ABCDEFHNPQRW	8
4 FHI	ORT	9
5 ADEFHJLMN	AFGHILMOQV	10

B 16A CEE
H129 3,5ha 115T(100m²) 120D
① €27,00 ② €31,00
N 49°48'52" E 06°45'01"
A1 Ausfahrt Schweich. In Schweich direkt vor der Moselbrücke links. Nach 100m rechts unter der Brücke durch zum Campingplatz.
102023

Traben-Trarbach, D-56841 / Rheinland-Pfalz

CC€23

Moselcamping Rissbach****
Rissbacherstraße 155
1 Apr - 31 Dez
+49 65 41 31 11
info@moselcampingplatz.de

1 ABDEKNOPQRSTU	BFJMNSWXY	6
2 DPQTWXYZ	ABDEFGH	7
3 BFMTUX	ABCDEFJNQRTW	8
4 ABDFGHJO	FRVY	9
5 ABDEFHKLMN	ABCDFGHJKMOQ	10

Anz. auf dieser Seite B 6-16A CEE
H110 1,8ha 80T(80-100m²) 28D
① €37,00 ② €37,00
N 49°57'55" E 07°06'19"
A48 bis Ausfahrt 125 Wittlich, dann B50 Richtung Mosel. Links entlang der Mosel Richtung Traben-Trarbach. CP ausgeschildert.
02060

Traben-Trarbach, D-56841 / Rheinland-Pfalz

CC€23

Moselcamping Wolf
Uferstraße 16
1 Apr - 31 Okt
+49 65 41 31 11
wolf@moselcampingplatz.de

1 ADEKNOPQRSTU	JNWXYZ	6
2 CIQXYZ	ABFG	7
3 BX	AEFJNQRTW	8
4 FGHJ	RVX	9
5 ACDEGJMN	ABCDGHIJKLMNQ	10

Anzeige auf dieser Seite 16A CEE
H100 3ha 160T(100m²) 25D
① €29,00 ② €29,00
N 49°58'52" E 07°06'14"
A48 Ausfahrt 125 Wittlich. Erst Richtung Traben-Trarbach, dann Richtung Wolf fahren.
110097

Wallendorf, D-54675 / Rheinland-Pfalz

Camping Sauer-Our
Ourtalstraße 1
1 Apr - 1 Okt
+49 65 66 93 33 29
info@eifelidyll.de

1 AKNOPSU	JNUX	6
2 DPQUXY	ABDEFG	7
3 A	ABDEFNRTW	8
4 FH	CDR	9
5 ADMN	ABHJKOST	10

B 16A CEE
2,5ha 90T 68D
① €21,80 ② €29,60
N 49°52'33" E 06°17'16"
Von Nord: B50 Bitburg-Vianden. Richtung Körperich, Niedersgegen und Wallendorf. Von Süd: Trier-Echternach N10 Richtung Vianden.
102006

Teilkarte Trier auf Seite 290

Teilkarte Trier auf Seite 290

Waxweiler, D-54649 / Rheinland-Pfalz

CC€21 iD

Landal Eifel Prümtal*****	1 AEJMOPQRSU	BN 6
Schwimmbadstraße 7	2 ACQWXY	ABDEFGH 7
27 Mrz - 3 Nov	3 BMU	ABCDEFJKNQRTW 8
+49 6 55 49 20 00	4 FHJLO	JV 9
info@ferienpark-waxweiler.de	5 ABDFN	ABGHJKNRS 10
	16A CEE	❶ €30,00
N 50°05'32'' E 06°21'32''	2ha 100T(80-120m²) 60D	❷ €39,80

Auf der Straße Prüm-Bitburg nehmen Sie die Ausfahrt Waxweiler. Im Dorf folgen Sie der Beschilderung "Ferienpark Camping". 102002

Waxweiler/Heilhausen, D-54649 / Rheinland-Pfz

CC€17 iD

Heilhauser Mühle	1 AKNOPQRSTU	JNUX 6
Heilhauser Mühle 1	2 ACPQSTYZ	ABDEFGH 7
1 Apr - 31 Okt	3 BF	ABDEFJNQRT 8
+49 6 55 48 05	4 FH	D 9
walter.tautges@t-online.de	5 DFHLMN	ABHJKLMNQ 10
	Anzeige auf Seite 294 10A CEE	❶ €24,00
N 50°06'29'' E 06°20'58''	6ha 100T 3D	❷ €32,00

E4 Lüttich-St. Vith-Prüm bis Ausfahrt 3 Richtung Habscheid/ Pronsveld. In Pronsveld Richtung Lünebach-Waxweiler. 100142

Bacharach, D-55422 / Rheinland-Pfalz

CC€21 iD

Sonnenstrand	1 AEKNOPQRSTU	JNQSWXYZ 6
Strandbadweg 9	2 ADJKPQRSXY	ABFG 7
1 Apr - 1 Nov	3 AM	ABCDEFNQRT 8
+49 67 43 17 52	4 HJO	9
info@ camping-sonnenstrand.de	5 ABDFHKM	AFGHOQ 10
	Anzeige auf dieser Seite 6A CEE	❶ €24,00
N 50°03'13'' E 07°46'22''	H100 1,2ha 55T(100m²) 10D	❷ €30,00

Über die A61. Ausfahrt 44 Laudert über Oberwesel nach Bacharach (B9). Hinter der Ausfahrt Laudert ohne Navi weiter: Beschilderung Oberwesel-Bacharach folgen. 102107

Bingen/Kempten, D-55411 / Rheinland-Pfalz

Hindenburgbrücke	1 GKNOPQSTU	JNQSX 6
Mainzerstrasse 199	2 CPQSXYZ	ABFG 7
1 Jan - 31 Dez	3 B	ABEFNQRU 8
+49 6 72 11 71 60	4	9
camping-bauerschorsch@ web.de	5 ADEFGHLMN	ABGHJKOQ 10
	6A CEE	❶ €23,50
N 49°58'13'' E 07°56'21''	H100 4ha 100T(60-80m²) 60D	❷ €27,50

Bei Bingen (A61 oder B9) Schild 'Bingen-Kempten'. Camping am Rhein, unter der Bahnunterführung durch. Max. Durchfahrtshöhe 2,10m. Reisemobile fahren besser 700m weiter und dann rechts über die Brücke. 102112

Bad Dürkheim, D-67098 / Rheinland-Pfalz

CC€23 iD

Knaus Campingpark Bad Dürkheim****	1 ADEGKNOPQRSTU	LN 6
In den Almen 1	2 AFJKPQRSWXY	ABDEFGI 7
1 Jan - 31 Dez	3 BFGHILMNS	ABCDEFJLNQRSTW 8
+49 6 32 26 13 56	4 BFHIT	ABEFJNT 9
badduerkheim@knauscamp.de	5 ABDFHLM	ABCDGHIJKOQWY 10
	B 16A CEE	❶ €47,50
N 49°28'23'' E 08°11'29''	H109 16ha 280T(80-160m²) 331D	❷ €58,00

A61 Ausfahrt 60 Kreuz Ludwigshafen. Dann die A650/B37 nach Bad Dürkheim. An der 2. Ampel rechts und die 2. Straße wieder rechts. 102160

Billigheim/Ingenheim, D-76831 / Rheinland-Pfalz

iD

Camping im Klingbachtal	1 ADEGKNOPQRSTU	AF 6
Klingenerstraße 52	2 ACPQTWXYZ	ABDEFG 7
1 Apr - 31 Okt	3 AFGLNS	ABCDEFJKNQRTUV 8
+49 63 49 61 45	4 FH	F 9
info@ camping-klingbachtal.de	5 ABDEJKN	ABJKNQWY 10
	Anzeige auf dieser Seite B 16A CEE	❶ €30,00
N 49°08'13'' E 08°04'20''	H310 2,2ha 92T(90-130m²) 3D	❷ €35,50

A65 Neustadt-Karlsruhe, Ausfahrt 17. Dann B38 Richtung Bad Bergzabern, in Ingenheim CP-Schildern folgen. Nicht über Billigheim anfahren wegen des engen historischen Stadttors. 102162

Deutschland

Dahn, D-66994 / Rheinland-Pfalz

Büttelwoog****
Am Campingplatz 1
19 Mrz - 1 Nov
+49 63 91 56 22
buettelwoog@t-online.de

1 ABFG**KN**OPQST**U** — **BEG**HI 6
2 BPQRVWXYZ — ABDE**FG** 7
3 BFG**J**M — ABCDEFJKNQRTW 8
4 FHJO — DV 9
5 ABDFHKLM**N** — ABHIJKM**N**Q 10

Anzeige auf dieser Seite B 4A — ① €30,00
H250 1,6ha 180**T**(80-100m²) 62**D** — ② €43,00

N 49°08'39" E 07°46'04"

B10 Pirmasens-Landau. Rechts Ausfahrt B427 Hinterweidenthal/ Dahn. Im Zentrum ist der CP ausgeschildert; Bahnlinie überqueren. — 100173

Dahn, D-66994 / Rheinland-Pfalz

Neudahner Weiher
Neudahner Weiher 5
1 Apr - 1 Nov
+49 63 91 13 26
kontakt@neudahner-weiher.de

1 AFG**KN**OPQRSTX — L**N**QX 6
2 BCEIKQSTWXY — ABDE**FG**H 7
3 — ABCDEFJNQRUW 8
4 FHI — E 9
5 AD — ABHIJK**O**ST 10

B 10A CEE — ① €31,50
H200 8ha 50**T**(80-100m²) 71**D**

N 49°09'53" E 07°45'13"

B10 Pirmasens-Landau, Ausfahrt B427 Hinterweidenthal nach Dahn. Zwischen Dahn-Hinterweidenthal, 3 km vor Dahn nach rechts. — 113222

Gerbach, D-67813 / Rheinland-Pfalz

Donnersberg****
Kahlenbergweiher 1
14 Apr - 31 Okt
+49 63 61 82 87
info@campingdonnersberg.com

1 AE**KN**OPQS**U** — A 6
2 BCQSUVWXYZ — ABDE**FG**I 7
3 BF**L**MTX — ABCDEFGJKNPQRTU 8
4 ACD**E**FGHO — BUVW 9
5 ABDFLM — ABHIJKOQ 10

10A CEE — ① €27,00
H400 10ha 130**T**(80-140m²) 59**D** — ② €37,00

N 49°40'14" E 07°53'11"

A63 Ausf. 54 Kircheim-Bolanden. Weiter L404/L385 Ri. 'Donnersberg'. Von der A61 (Nord), Gau Bickelheim die B420 Ri. Rockenhausen. Wird in Hochstädten zur B48. Weiter bis Dielkirchen, links auf L385 und den Campingschildern Ri. Gerbach folgen. — 102116

Otterberg, D-67697 / Rheinland-Pfalz

Gänsedell
In der Gänsedell 1
1 Jan - 31 Dez
+49 63 01 55 37
info@camping-otterberg.de

1 AG**KN**OPQRSTU — 6
2 ABQSVWXYZ — ABDE**FG** 7
3 AF**N** — ABEFNQR 8
4 — F 9
5 DGMN — AFHIJKNQ 10

16A CEE — ① €27,00
H340 2,6ha 30**T**(80m²) 71**D** — ② €27,00

N 49°30'44" E 07°46'58"

B40 Ausfahrt Otterberg, dort Richtung Rockenhausen. Nach 1 km liegt der CP links. — 102118

Schönenberg-Kübelberg, D-66901 / Rheinland-Pfalz

Ohmbachsee****
Campingpark Ohmbachsee 1
1 Jan - 31 Dez
+49 63 73 40 01
mail@campingpark-ohmbachsee.de

1 ADE**KN**OPQRSTU — AFL**N** 6
2 AEIPQSTVWXYZ — ABDE**FG**I 7
3 BJ**LMN** — ABCDEFGIJK**L**NQRTW 8
4 FHIJ — EFGIT 9
5 ABDEFHJLMNO — AFGHIJKMOQVW 10

B 16A CEE — ① €29,70
H300 7ha 68**T**(100m²) 200**D** — ② €39,70

N 49°24'43" E 07°24'14"

A6 Ausfahrt 11 Bruchmühlbach-Miesau. Dann den Schildern Schönenberg-Kübelberg. Vor der Ortschaft rechts. — 102069

Trechtingshausen, D-55413 / Rheinland-Pfalz

Marienort
Am Morgenbech 1A
1 Jan - 31 Dez
+49 67 21 61 33
campmarienort@freenet.de

1 AE**KN**OPQRSTU — J**NX**Y 6
2 DKMQRSVXYZ — ABDE**FG**I 7
3 AFM — ABE**F**HJNQRT 8
4 FHO — V 9
5 AKMN — AFGHIMNQ 10

B 10A CEE — ① €20,00
4ha 60**T** 110**D** — ② €26,00

N 50°00'16" E 07°51'20"

A61 Ausfahrt 46 Bingen-Mitte, B9 Richtung St. Goar. Vor Trechtingshausen nicht über den Bahnübergang (zur kurze Kurve), sondern in der Ortseinfahrt rechts. CP-Schilder befolgen, unter der Bahnlinie durch. — 108127

Trippstadt, D-67705 / Rheinland-Pfalz

Camping Freizeitzentrum Sägmühle*****
Sägmühle
1/1 - 1/11, 18/12 - 31/12
+49 6 30 69 21 90
info@saegmuehle.de

1 AG**KN**OPQRSTU — LM**N** 6
2 BEKPQVWXYZ — ABDE**FG**H 7
3 BFG**J**MNS — ABCDEFJKNQRTUVW 8
4 BDFHIL — EF 9
5 ABDFHKLMN — ABCGHIJKOQ 10

Anz. auf dieser Seite B 4-16A CEE — ① €28,70
H343 10ha 200**T**(100-120m²) 172**D** — ② €37,00

N 49°21'06" E 07°46'51"

A6 bis zur Ausfahrt Kaiserslautern-West. Der Strecke über B270 Richtung Pirmasens folgen. Nach 9 km links ab, Richtung Karlstal/ Trippstadt. Den CP-Hinweisen folgen. — 102119

Waldfischbach, D-67714 / Rheinland-Pfalz

Clausensee****
Schwarzbachstraße
1 Jan - 31 Dez
+49 63 33 57 44
info@campingclausensee.de

1 AE**JM**OPQRS**U** — LMNOQ**X** 6
2 BCEJKQRSTWXYZ — AB**C**DE**FGH** 7
3 AB**L**MSU — ABCDEFIJKNQRTUVW 8
4 **E**FHIJP — EFNTWYZ 9
5 ACDEFHKMN — ABFGHIJKOQUY 10

Anz. auf dieser Seite B 6-16A CEE — ① €36,00
H200 13ha 100**T**(100-125m²) 159**D** — ② €47,00

N 49°16'31" E 07°43'15"

A6 Ausfahrt 15. Die B270 Richting Pirmasens. Auf der B270 Ausfahrt Waldfischbach und den CP-Schildern folgen. Der CP liegt 7 km außerhalb von Waldfischbach. — 100172

Wolfstein, D-67752 / Rheinland-Pfalz

Camping am Königsberg****
Am Schwimmbad 1
20 Mrz - 31 Okt
+49 63 04 41 43
info@campingwolfstein.de

1 AE**KN**OPQRST**U** — B**N** 6
2 CQSWXYZ — ABDE**FG**HI 7
3 ABF**J**MSUX — ABCDEFGIJKNQRTUVW 8
4 BEFHJO — CDEJKUVWZ 9
5 ABDFGHKMN — ABCHIJKL**O**QU 10

B 16A CEE — ① €34,00
H200 3,8ha 90**T**(100-150m²) 20**D** — ② €42,00

N 49°34'49" E 07°37'06"

An der B270 zwischen Kaiserslautern und Idar-Oberstein. Südlich von Wolfstein. Aus dem Süden rechts, aus dem Norden links. — 02115

Teilkarte Rheinhessen-Pfalz auf Seite 295

Losheim, D-66679 / Saarland

Losheim am See	1 BDE**K**N OPQRSTU	LNQSXZ 6
Zum Stausee 210	2 EQVWXYZ	AB**FG** 7
1 Jan - 31 Dez	3 BEF**JL**MS	ABCDEFJNQRTW 8
+49 68 72 47 70	4 **E**FHIJ	BDJ 9
kontakt@camping-losheimamsee.de	5 ABDFHKM**N**	ABCFGHIJKNQU 10
	B 16A CEE	❶ €28,00
N 49°31'26'' E 06°43'48''	H331 10ha 500**T**(80-100m²) 361**D**	❷ €38,00

Von Trier B268 folgen. Nicht durch Losheim, sondern Richtung Stausee fahren. CP ausgeschildert. 100162

Nohfelden/Bosen, D-66625 / Saarland

Bostalsee*****	1 AEG**KN**OPQRSTU	M**N**OQST**X**Y 6
Am Campingplatz 1	2 AEJKPQTVWXY	BE**FG**HK 7
1 Jan - 31 Dez	3 ABFGJ**L**MSX	BDFIJK**L**NQRTUVW 8
+49 6 85 18 01 80 50	4 **B**EFGHJLO**T**	ADJMPQRTUVWX 9
campingplatz@bostalsee.de	5 ABDFJLMN	ABCFGHIJKLMOPQUW 10
	Anzeige auf dieser Seite B 16A CEE	❶ €45,00
N 49°33'38'' E 07°03'40''	H400 14ha 124**T**(100-110m²) 310**D**	❷ €45,00

A1 bis Kreuzung Nonnweiler und über die A62 bis Ausfahrt 3 Türkismühle. Dann den Bostalsee-Schildern folgen. 101136

Perl/Nennig, D-66706 / Saarland

Mosel-Camping Dreiländereck	1 AKNOPQRST**U**	**N**XY 6
Zur Moselbrücke 15	2 CQSX	ABD**FG** 7
1 Apr - 15 Okt	3	ABE**F**NRW 8
+49 6 86 63 22	4 HI	9
info@mosel-camping.de	5 DHL	AKNQ 10
	16A CEE	❶ €25,00
N 49°32'32'' E 06°22'17''	2,7ha 40**T** 70**D**	❷ €32,60

A1/E44 Trier-Luxemburg, Ausfahrt Grevenmacher, dann Richtung Remich. Nach Brücke links, zweiter CP. 110735

Gersheim, D-66453 / Saarland

Camping Walsheim	1 ADE**KN**OPQRU	AF 6
Heuweg 3	2 CIPQUWXY	AB**FG** 7
1 Apr - 1 Nov	3 BFG**L**MU	ABCDEFGHJNQRTW 8
+49 68 43 80 01 80	4 FHIJ	BD 9
info@campingwalsheim.de	5 ABDEFHKN	ABCGHIJKOQUVW 10
	Anzeige auf dieser Seite B 16A CEE	❶ €32,00
N 49°09'36'' E 07°14'43''	H170 3,6ha 80**T**(100-150m²) 87**D**	❷ €40,00

A8 Ausfahrt 33 Zweibrücken/Ixheim. Danach die L465 Richtung Gersheim. Beschilderung Camping Walsheim befolgen. 123013

Kirkel/Neuhäusel, D-66459 / Saarland

Mühlenweiher***	1 ADEG**KN**OPQRSTU	AFM 6
Unnerweg 5C	2 AEPQTWXYZ	ABDE**FG**HIK 7
1 Jan - 31 Dez	3 ABFGMN**O**UX	ABEFJNQRTW 8
+49 6 84 91 81 05 55	4 EFHIJOP	DLUVWZ 9
info@caravanplatz-kirkel.de	5 ADEFHKLMN**O**	ABFGHIJKOQUWY 10
	B 10A CEE	❶ €25,65
N 49°16'55'' E 07°13'43''	H205 3ha 35**T**(90-150m²) 81**D**	❷ €36,65

A8 Ausfahrt 28 Limbach nach Kirkel-Neuhäusel, an der B40 den Campingschildern folgen. 102070

Rehlingen/Siersburg, D-66780 / Saarland

Siersburg****	1 AE**KN**OPQRSTU	**N** 6
Zum Niedwehr 1	2 ADIPQXYZ	AB**FG** 7
1 Apr - 15 Okt	3 **BL**S	ABCDE**FI**JKNQRTW 8
+49 68 35 21 00	4 FHI	9
info@campingplatz-siersburg.de	5 DKM	AGHIJKMOQ 10
	Anzeige auf dieser Seite B 16A CEE	❶ €23,00
N 49°22'02'' E 06°39'39''	H173 3ha 140**T**(100m²) 10**D**	❷ €28,00

A8 oder B51 Richtung Saarlouis. Rehlingen folgen, nach Siersburg abbiegen. In Siersburg am Kreisel 1. Ausfahrt Niedstrasse. Hinter der Niedbrücke nach etwa 100m links und hauptsächlich den CP-Schildern folgen. 107490

Deutschland

Teilkarte Saarland auf Seite 297

Deutschland

Karlsruhe

Alpirsbach, D-72275 / Baden-Württemberg

Camping Alpirsbach
Grezenbühlerweg 18
13 Mrz - 31 Okt
+49 74 44 63 13
info@camping-alpirsbach.de

1 ADE**KN**OPQSTU	J	6
2 BCPQSWXYZ	ABDE**FG**IK	7
3 B**L**MX	ABCDEFGJKNQR**S**TUVW	8
4 FHJ	F	9
5 ABDFHKMN	ABFGHIJKLOSTUW	10

B 16A CEE
H420 1,2ha 110**T**(100-110m²) 13**D**
① €27,80
② €35,00

N 48°21'21" E 08°24'44"

B294 zwischen Freudenstadt und Alpirsbach im Ortsteil Alpirsbach-Ehlenbogen. Am Hotel 'Adler' abbiegen. Den CP-Schildern folgen. 102168

Bad Liebenzell, D-75378 / Baden-Württemberg

Campingpark Bad Liebenzell
Pforzheimerstr. 34
1 Jan - 31 Dez
+49 70 52 93 40 60
info@campingpark-bad-liebenzell.com

1 ADEG**JM**OPQRSTU	BFH**N**	6
2 CPQTWXYZ	ABCDE**FG**HIJ	7
3 BFG**L**M**N**	ABCDE**FI**JNQRT	8
4 ABCDFHJO	CEF	9
5 DEFKM	ABCGHJK**O**QUVWY	10

WB 16A CEE
H330 3ha 165**T**(80-100m²) 90**D**
① €33,00
② €39,00

N 48°46'44" E 08°43'53"

A8 Ausfahrt 43 Pforzheim-West. Danach B463 Richtung Bad Liebenzell. Am Stadtrand neben dem städtischen Schwimmbad befindet sich der CP. 102226

Bad Rippoldsau-Schapbach, D-77776 / Baden-Württ.

Schwarzwaldcamping Alisehof
Rippoldsauer Straße 2-8
1/4 - 5/11, 8/12 - 31/12
+49 7 83 92 03
camping@alisehof.de

1 AEG**KN**OPQRSTU	J**N**	6
2 CPQSVWXYZ	ABDE**FG**HIK	7
3 AM	ABCDEF**G**JK**L**NQRTUV	8
4 EFHJO**QX**	FIJ	9
5 ABDEFGHMN	ABGHKL**N**QY	10

WB 16A
H460 4ha 100**T**(70-120m²) 53**D**
① €35,20
② €47,20

N 48°23'00" E 08°17'59"

A5 Ausfahrt Offenburg, B33 Villingen-Schwenningen, geht über in B294 vorbei Haslach Richtung Freudenstadt. Hinter dem Tunnel bei Wolfach, Bad Rippoldsau-Schapbach folgen. 102167

Bad Wildbad, D-75323 / Baden-Württemberg

Rehmühle
Rehmühle 1
1 Jan - 31 Dez
+49 70 55 13 20
info@campingrehmuehle.de

1 AE**KN**OPQRSTU	**N**	6
2 DQSVWXY	ABDE**FG**	7
3 A	ABCDEFJNQRTUW	8
4 FHIO	J	9
5 ADFGHKN	ABHJKNQUY	10

W 16A CEE
H600 3ha 40**T**(100m²) 142**D**
① €25,00
② €31,00

N 48°39'54" E 08°32'52"

A8, Ausfahrt 43 Pforzheim-West. B294 Richtung Bad Wildbad. In Calmbach B294 Richtung Freudenstadt, ca. 15 km CP-Beschilderung folgen. 107533

Teilkarte Karlsruhe auf Seite 298

Bad Wildbad, D-75323 / Baden-Württemberg

Family-Resort Kleinenzhof*****
Kleinenzhof 1
1 Jan - 31 Dez
+49 70 81 34 35
info@kleinenzhof.de
N 48°44'15" E 08°34'34"

1 BEKNOPQRSTU BEGJN 6
2 DIQTWXY ABCDEFGHI 7
3 ABDEFMTUWX ABCDEFGHIJKLNPQRSTUVW 8
4 ABEFGHIJKOQRTV EIJLUVWYZ 9
5 ACDEFHLMNO ABCFGHJKNOPQU 10
Anz. auf dieser Seite WB 16A CEE ❶ €48,10
H470 6ha 150T(90-110m²) 179D ❷ €61,10
100181

A8 Ausfahrt 43 Pforzheim-West. B294 Richtung Bad Wildbad. In Calmbach B294 folgen, Richtung Freudenstadt.

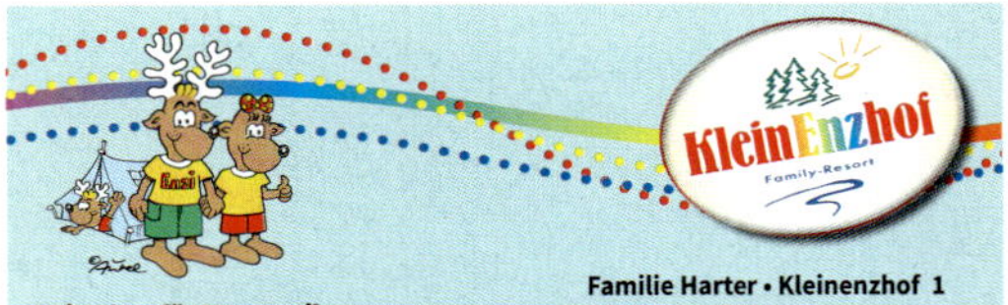

Baiersbronn, D-72270 / Baden-Württemberg

Natur-Camp Tannenfels
Ruhesteinstr. 413
1 Jan - 31 Dez
+49 16 31 92 32 24
info@naturcamp-tannenfels.de
N 48°31'40" E 08°18'19"

1 ABDEGKNOPQRST BG 6
2 DIPQSTWXY ABDEFG 7
3 B ABCDEFJKNQRTUVW 8
4 FHI J 9
5 ABFGHIKNQ 10
WB 16A CEE ❶ €30,50
H550 2,3ha 79T(100-120m²) 12D ❷ €47,50
125242

Autobahn 5, Ausfahrt 49 (Rastatt). Der 462 ri Gernsdach folgen bis Baiersbron. In Baiersbron auf die L401 Richtung Mitteltal. Nach dem Schwimmbad liegt der CP auf der linken Seite der Straße.

Bühl/Oberbruch, D-77815 / Baden-Württemberg

Adam Camping
Campingstraße 1
1 Jan - 1 Dez
+49 7 22 32 31 94
info@campingplatz-adam.de
N 48°43'35" E 08°05'02"

1 ADEGKNOPQRSTU HLMNQX 6
2 AELPQRTWXYZ ABDEFG 7
3 BFGLMS ABCDEFJNQRTUVW 8
4 BFH E 9
5 ACDEFHKLMN ABGHIJKMOQ 10
WB 10A CEE ❶ €39,00
H120 25ha 180T(80-100m²) 332D ❷ €49,00
102166

A5 Karlsruhe-Basel, Ausfahrt 52. Am Ende der Ausfahrt ist der CP angezeigt.

Durlach, D-76227 / Baden-Württemberg

Campingplatz Durlach
Tiengener Str. 40
1 Mrz - 7 Nov
+49 7 21 94 30 34 30
info@ka-camping.de
N 49°00'25" E 08°28'56"

1 ADEKNOPQRSTU 6
2 AQSWXYZ ABDEFG 7
3 BMU ABEFJLNQRUW 8
4 H J 9
5 AD ABCHIKOQUWY 10
B 16A CEE ❶ €38,00
H124 3,5ha 90T(90-130m²) 1D ❷ €48,00
102163

A5 Ausfahrt 43 Bretten/Pfinztal B10, der CP-Beschilderung folgen. Nach der Shell-Station rechts abbiegen.

Calw/Altburg, D-75365 / Baden-Württemberg

Holiday Camp Altburg
Oberreichenbacher Straße
1 Mai - 31 Okt
+49 17 49 22 03 70
info@holiday-camp.de
N 48°43'40" E 08°41'18"

1 ABGJMOPQRSTU B 6
2 PQXYZ ABCDEFG 7
3 AFMNU ABCDEFJNQRUVW 8
4 FHJ F 9
5 ADMN AFHJKLNSTUV 10
Anzeige auf dieser Seite 16A CEE ❶ €26,00
H635 6,7ha 70T(80-100m²) 261D ❷ €34,00
102227

A8 Ausfahrt 43 Pforzheim West. B294 bis Höfen. In Höfen Richtung Calw. Am Ortseingang Calw rechts ab Richtung Altburg. Dann CP ausgeschildert.

Dornstetten/Hallwangen, D-72280 / Baden-Württ.

Höhencamping Königskanzel
Freizeitweg 1
15 Mrz - 5 Nov
+49 74 43 67 30
info@camping-koenigskanzel.de
N 48°28'51" E 08°30'01"

1 ACDEGKNOPQRSTU BG 6
2 IQTVWXYZ ABCDEFGHI 7
3 ABEFGMX ABDEFGHIJKNQRSTUV 8
4 BEFHJZ J 9
5 ABDEFKMN ABFGHJKOQY 10
Anzeige auf dieser Seite B 16A CEE ❶ €35,40
H720 4ha 50T(110-130m²) 103D ❷ €47,80
102232

A5, dann B28 Richtung Freudenstadt. Von Freudenstadt Richtung Dornstetten. Von hier aus ist der CP ausgeschildert.

Eberbach, D-69412 / Baden-Württemberg

Eberbach
Alte Pleutersbacherstraße 8
1 Apr - 29 Okt
+49 62 71 10 71
info@campingpark-eberbach.de
N 49°27'38" E 08°58'57"

1 AFGJMOPQRSTU BEFNX 6
2 DPQWXY BEFGI 7
3 BFLN ABEFJNQRT 8
4 FH 9
5 ABDFGHLM ABCHKNQ 10
Anzeige auf dieser Seite 16A CEE ❶ €31,40
H226 2ha 100T(60-170m²) 5D ❷ €39,20
108132

A5, Ausfahrt 37 Heidelberg. Dann der B37 nach Eberbach folgen. Die Brücke überqueren.

Deutschland

Teilkarte Karlsruhe auf Seite 298

Familie Herm & Familie Vermeulen
stromberg camping · Diefenbacher Straße 70 · 75438 Knittlingen-Freudenstein
tel. + 49 (0)7043 2160 · fax +49 (0)7043 40405 · www.strombergcamping.de · info@strombergcamping.de

Horb am Neckar, D-72160 / Baden-Württemberg

Schüttehof
Schütteberg 7-9
1 Jan - 31 Dez
+49 74 51 39 51
info@camping-schuettehof.de
N 48°27'09" E 08°40'22"

1 ADEGKNOPQRSTU	AF 6
2 AQXY	ABEFGHIJ 7
3 ABFGIMNSX	ABDEFGIJNQRST 8
4 FGHJO	EF 9
5 ABDFLMN	ABCEFGHLOPQUWX 10
WB 16A	① €31,50
H500 8ha 64T(60-120m²) 208D	② €40,50

A81 Stuttgart-Singen. Ausfahrt 30 Richtung Horb. In Horb links ab zur B14. Links in die Altheimerstraße. CP liegt links. Von Freudenstadt aus: B14, dann sofort rechts ab. 100185

Knittlingen/Freudenstein, D-75438 / Baden-Württ.

Stromberg-Camping***
Diefenbacher Straße 70
1 Jan - 31 Dez
+49 70 43 21 60
info@strombergcamping.de
N 49°02'06" E 08°50'00"

1 ADEGKNOPQRSTU	BF 6
2 QSWXYZ	ABEFGI 7
3 BFIMRS	ABCDEFNQR 8
4 BCDFH	9
5 BDFGM	ABFGHJKOSTU 10
Anzeige auf dieser Seite B 16A	① €26,50
H320 7,5ha 50T(80-100m²) 500D	② €39,50

A8 Stuttgart-Karlsruhe, Ausfahrt 44 Pforzheim-Nord zur B294 Richtung Bruchsal. In Bretten die B35 bis Knittlingen, dann links in Richtung Freudenstein. 102222

Enzklösterle, D-75337 / Baden-Württemberg

Müllerwiese
Hirschtalstraße 3
15 Apr - 15 Okt
+49 70 85 74 85
info@muellerwiese.de
N 48°40'00" E 08°28'08"

1 AEGKNOPQRSU	J 6
2 BDPQRSTUWXYZ	ABDEFG 7
3 BM	ABCDEFJNQRTUVW 8
4 EFGHI	F 9
5 DMN	ABFGHIJKMNQ 10
10A CEE	① €32,00
H600 1,6ha 48T(60-160m²) 32D	② €40,00

Von Pforzheim die B294 nach Calmbach nehmen. Hier rechts und über Bad Wildbad nach Enzklösterle. Im Zentrum rechts zum CP. 109548

Camping Haide ★ ★ ★ ★ bei Heidelberg

Herrlicher Platz 36000 m² • Im romantischen Neckartal • Direkt am Ufer des Neckars • Auf der Grenze von Heidelberg und Kleingemünd • 6 km zum Heidelberger Schloss.

Der Camping hat einen schönen Spielplatz für die Kleinen. 2002 vom DTV (Deutscher Tourismusverband) mit 4-Sternen ausgezeichnet.
Renoviertes Sanitär • Kostenlose Internetnutzung.

69151 Neckargemünd/Heidelberg • Tel. 06223-2111 • Fax 06223-71959
E-Mail: camping-haide@t-online.de • Internet: www.camping-haide.de

NATUR-CAMPING LANGENWALD

Familie Eiermann
72250 Freudenstadt
Tel. +49 (0)7441 2862
Fax +49 (0)7441 2893
www.camping-langenwald.de

Vorteilswochen in der Vor- und Nachsaison!

Neckargemünd/Heidelberg, D-69151 / Baden-Württ.

Camping Haide****
Ziegelhäuserstraße 91
1 Apr - 31 Okt
+49 62 23 21 11
camping-haide@t-online.de
N 49°24'06" E 08°46'45"

1 ADEJMOPQRSTU	JNQ 6
2 DQXYZ	ABEFG 7
3 B	ABFNQR 8
4 FHIJ	FV 9
5 ADM	AGHKLNQ 10
Anzeige auf dieser Seite B 8A CEE	① €23,00
H119 3,6ha 160T(80-100m²) 40D	② €28,40

A5 Ausfahrt 37 in Heidelberg. Über die 1. Brücke, dem Neckar Richtung Eberbach folgen. 102219

Freudenstadt, D-72250 / Baden-Württemberg

Natur-Camping Langenwald
Straßburger Straße 167
10 Apr - 1 Nov
+49 74 41 28 62
info@camping-langenwald.de
N 48°27'32" E 08°22'22"

1 AEKNOPQRSTU	BN 6
2 BCPQTVWXYZ	ABDEFGHIK 7
3 BGLMSX	ABCDEFGHIJNQRTUV 8
4 BDEFHJOQX	J 9
5 ABDEFJKMN	AEGHJKLNQU 10
Anzeige auf dieser Seite B 16A CEE	① €36,00
H720 4ha 90T(90-120m²) 13D	② €50,00

Von Westen: A5 Ausf. 54 Appenweier, B28 Richtung Freudenstadt, Richtung Kniebis. 3 km vor Freudenstadt links. Von Osten: A81 Ausfahrt 30 Horb, L370 Richtung Freudenstadt. 3 km hinter Freudenstadt rechts. 101143

Höhencamping-Langenbrand ★ ★ ★ ★

4-Sterne Campingplatz direkt am Waldrand.
Alle Plätze mit Strom und Kabel-TV. Ganzjärig geöffnet.
2 Personen + 1 Stellplatz von € 34,30.

Familie Eberhardt, Schömbergerstraße 32
75328 Schömberg/Langenbrand • Tel. 07084-6131
Fax 07084-931435 • E-Mail: info@hoehencamping.de
Internet: www.hoehencamping.de

Hemsbach (Bergstraße), D-69502 / Baden-Württemberg

Wiesensee****
Ulmenweg 7
1 Jan - 31 Dez
+49 6 20 17 26 19
info@camping-wiesensee.de
N 49°35'52" E 08°38'25"

1 ABEKNOPQRSTU	BLMN 6
2 AEJKPQSTWXY	ABDEFGH 7
3 ABGHLMNOX	ABCDEFJKNQRTUVW 8
4 EHI	9
5 ADEFGHKLMN	ABGHIJKOQ 10
B 16A CEE	① €22,50
H100 3,5ha 60T(70-80m²) 180D	② €31,50

A5 Frankfurt-Basel, am Darmstädter Kreuz Richtung Heidelberg auf der A5 bleiben bis zur Ausfahrt 32 Hemsbach. CP ausgeschildert. 102215

Neckarzimmern, D-74865 / Baden-Württemberg

Cimbria
Wiesenweg 1
1 Apr - 30 Okt
+49 62 61 25 62
info@camping-cimbria.de
N 49°19'10" E 09°07'32"

1 AEJMOPQSTU	BNXY 6
2 DPQSTWXYZ	ABDFG 7
3 BFMS	ABCDEFGNQR 8
4 FHTU	9
5 ADFHK	ABCGHJKLOQV 10
Anzeige auf dieser Seite 16A CEE	① €29,00
H110 4,5ha 170T(80-110m²) 20D	② €35,00

A6 Ausfahrt 33 Sinsheim. B292 Richtung Mosbach. Kreuz Mosbach Richtung Heilbronn. Ausfahrt Neckarzimmern. Der Camping ist am Ortseingang von Neckarzimmern. 102285

CAMPINGPLATZ CIMBRIA

Camping direkt am Neckar. Wander-, Rad- und Skateroute am Camping entlang. Ruder- und Angelgelegenheit. Schönes Schwimmbad. Spielgeräte für Kinder. Ein Camping auf dem Sie sich nicht langweilen werden. Familie Gerz heißt Sie herzlich willkommen.

Wiesenweg 1, 74865 Neckarzimmern
Tel. 06261-2562 • Fax 06261-35716
E-Mail: info@camping-cimbria.de • Internet: www.camping-cimbria.de

Neubulach, D-75387 / Baden-Württemberg

Camping Erbenwald
Erbenwald 1
1 Jan - 31 Dez
+49 70 53 73 82
info@camping-erbenwald.de
N 48°40'39" E 08°41'23"

1 AGKNOPQRSTU	BGN 6
2 QWXYZ	ABDEFGHI 7
3 ABDFHIJMRX	ABDEFJNQRTUVW 8
4 ABCDEFHIJ	FKL 9
5 ABDEFJLMNO	ABCDGHIJKOQUVW 10
Anzeige auf Seite 301 WB 16A CEE	① €40,00
H620 7,9ha 75T(80-130m²) 303D	② €56,00

A8 Ausfahrt 43 Pforzheim-West. B463 Richtung Calw. Dort rechts in Richtung Neubulach/Liebelsberg, dann CP-Schildern folgen. 102228

Neuhausen/Schellbronn, D-75242 / Baden-Württemberg

International Camping Schwarzwald
Freibadweg 1
1 Jan - 31 Dez
+49 72 34 65 17
famfrech@t-online.de
N 48°49'08" E 08°44'05"

1 ADEGKNOPQRSTU	BFH 6
2 PQWXY	ABDEFGHI 7
3 BFJLM	ABCDFNQRT 8
4 ABCDFHRTXZ	EFK 9
5 ABDGHJKMN	ABGHJLOQV 10
B 16A CEE	① €26,50
H540 5ha 60T(80-100m²) 195D	② €35,50

A8, Ausfahrt 43 Pforzheim-West. B10/B463 Richtung Calw. Ende Pforzheim links in Richtung Huchenfeld-Neuhausen. Ab Stuttgart: A8 Ausfahrt 46 Heimsheim, Friolzheim, Tiefenbronn, Hamberg, Schellbronn. 100180

Teilkarte Karlsruhe auf Seite 298

Schömberg/Langenbrand, D-75328 / Baden-W.

CC€21 iD

Höhencamping-Langenbrand****
Schömbergerstraße 32
1 Jan - 31 Dez
+49 70 84 61 31
info@hoehencamping.de

1	ADEG**JM**OPQRSTU		6
2	PQWXYZ	AB**C**D**EFG**H	7
3	AMU	ABCDE**F**NQRT	8
4	FHJ**S**		9
5	DM	ABCDFGHJK**O**Q	10

Anzeige auf Seite 300 16A CEE
H700 1,6ha 39**T**(100-120m²) 61**D**
① €34,30
② €43,30

N 48°47'55'' E 08°38'08''

A8 Ausfahrt 43 Pforzheim-West. B10 links ab Richtung Stadt bis 'Bauhaus', rechts. Rechts dann Richtung Brötzingen. 4. Ampel in Bad Büchenbronn/Schömberg rechts. Richtung Schömberg bis Langenbrand.

102225

Sinsheim/Hilsbach, D-74889 / Baden-Württemberg

iD

FKK Camping Hilsbachtal****
Eichmühle 1
1 Apr - 15 Okt
+49 7 26 02 50
info@camping-hilsbachtal.de

1	ADEGHILOPQRSTU	BG	6
2	ADQTXY	ABDE**FG**	7
3	BFG**L**MNU	ABCD**F**JNQRTW	8
4	FHJO		9
5	ADFKM	ABCFGHIJK**O**STUWY	10

FKK 16A CEE
H220 7ha 38**T**(65-100m²) 250**D**
① €29,00
② €36,00

N 49°10'39'' E 08°52'14''

A6, Ausfahrt 33 Sinsheim. Dort rechts nach Weiler und Hilsbach Richtung Adelshofen. Dann rechts ab, Schildern folgen.

111989

St. Leon-Rot, D-68789 / Baden-Württemberg

iD

St. Leoner See****
Am St. Leoner See 1
1 Jan - 31 Dez
+49 6 22 75 90 09
info@st.leoner-see.de

1	ADEG**JM**OPQRSTU	LM**N**OQRSTW	6
2	AFJQRTWXYZ	BCDE**FG**IK	7
3	BEFG**JL**M	ABDEF**I**JK**L**NQR**S**TUVW	8
4	BDHJ**X**	FJMN	9
5	ABDEFKL	ABGHIJKOPQUY	10

B 16A CEE
H104 7ha 330**T**(25-120m²) 661**D**
① €32,00
② €38,00

N 49°16'58'' E 08°35'05''

A5 Heidelberg-Karlsruhe, Ausfahrt 39 Walldorf. Dann Richtung Reilingen, St. Leon-Rot.

102221

Stollhofen/Rheinmünster, D-77836 / Baden-Württ.

iD

Freizeitcenter Oberrhein*****
Am Campingpark 1
1 Jan - 31 Dez
+49 72 27 25 00
info@fco.de

1	ADEG**KN**OPQRSTU	LM**N**PQRSTW**X**Y**Z**	6
2	ACFJKQRSWXYZ	AB**C**DE**FG**HIJ	7
3	BFG**HIJL**M**NO**S	ABCDEFG**I**JKNQR**S**TUVW	8
4	AEFHJLO**P**	DEJKMNPRUVWZ	9
5	ACDEFGHIJKLMN**O**	ABCFGHIJKLM**O**QWXY	10

Anz. auf dieser Seite WB 16A CEE
H125 36ha 300**T**(75-132m²) 491**D**
① €37,00
② €52,00

N 48°46'24'' E 08°02'22''

A5 Karlsruhe-Basel, Ausfahrt 52 Rheinmünster. Durch Zentrum Richtung Stohlhofen. Im Zentrum links ausgeschildert.

100179

Teilkarte Karlsruhe auf Seite 298

Teilkarte Karlsruhe auf Seite 298

Waldbronn/Neurod, D-76337 / Baden-Württemberg

Albtal
Kochmühle 1
1 Jan - 31 Dez
+49 7 24 37 25 46 74
albtal-camping@gmx.de
N 48°54'53'' E 08°27'20''

1 ABDE**KN**OPQRST**U** 6
2 ABCPQRXY AB**FG** 7
3 ABEFNQRW 8
4 FH 9
5 DFHLM AHJK**O**Q 10
16A CEE
H250 10ha 65**T**(70-100m²) 200**D**
① €30,50
② €38,50
102164

A5 ab Basel, Ausfahrt 47 Ettlingen/Karlsruhe/Ruppur. Vor Ettlingen durch den Tunnel. Vor Waldbronn rechts über Bahnübergang. Oder über die A8, Ausfahrt 42.

Walldorf, D-69190 / Baden-Württemberg

Walldorf Astoria
Schwetzingerstr. 98
15 Apr - 15 Okt
+49 62 27 91 95
info@campingplatz-walldorf-astoria.de
N 49°18'59'' E 08°38'06''

1 AG**KN**OPQST**U** 6
2 APQRXY BDE**F**I 7
3 **JL** BDFNQR 8
4 FH 9
5 ABDEHKL AHIKNQ 10
B 16A CEE
H110 3ha 60**T**(80-100m²) 50**D**
① €33,60
② €41,70
102220

A5 Frankfurt-Basel, Ausfahrt 39. Weiter links Richtung Heidelberg/Schwetzingen, B291 Richtung Walldorf-West folgen. Ab hier ausgeschildert.

Wildberg, D-72218 / Baden-Württemberg

Camping Carpe Diem***
Martinsholzle 6-8
1 Apr - 5 Nov
+49 70 54 93 18 51
info@campingcarpediem.de
N 48°36'41'' E 08°44'06''

1 ADE**KN**OPQRS**U** A 6
2 BDQWXY BDE**FG** 7
3 ABM ABCD**F**JNQRTUW 8
4 FGHJO DEF 9
5 ADEFHJKMN ABFHIK**O**Q 10
16A CEE
H372 3ha 100**T**(80-110m²) 24**D**
① €30,50
② €34,50
102229

A8 Ausfahrt 43 Pforzheim-West Richtung Calw. In Calw die B463 Richtung Nagold. Weiter Wildberg. Dann den CP-Schildern folgen.

Deutschland

Achern, D-77855 / Baden-Württemberg

Camping am Achernsee
Am Campingplatz 1
1 Jan - 31 Dez
+49 7 84 12 52 53
info@campingplatz-achernsee.de
N 48°38'46'' E 08°02'09''

1 ABDEG**KN**OPQRSTU LM**N** 6
2 AEJKQRWXYZ ABDE**FG** 7
3 BFGM ABDE**F**JNQRTW 8
4 H VW 9
5 ADLMN ABGHIKNQU 10
B 10A CEE
H144 40ha 100**T**(70-80m²) 350**D**
① €27,50
② €39,50
100977

A5 Karlsruhe-Basel, Ausfahrt 53 Achern. An Ampel links. Der CP ist nach 300m links ausgeschildert.

Allensbach, D-78476 / Baden-Württemberg

Campingplatz Allensbach
Strandweg 30
15 Mrz - 15 Okt
+49 7 53 39 97 65 65
info@campingamsee.com
N 47°42'38'' E 09°04'47''

1 BDEHKLOPQRST**U** LM**N**QS**X**Y 6
2 AFKLQXYZ ABDE**FG**J 7
3 BGMS ABCDE**F**JKNQRST 8
4 FHJ FGMT 9
5 ABDEFHKLMN ABCFGHIJKNQVW 10
B 16A CEE
H405 5ha 145**T**(70-80m²) 75**D**
① €32,50
② €38,10
113634

Ab AB Kreuz Hegau (A81) nach Radolfzell B33 Richtung Konstanz. In Allensbach den CP-Schildern folgen.

Teilkarte Freiburg auf Seite 302

Allensbach/Hegne, D-78476 / Baden-Württemberg

Campingplatz
Hegne am Bodensee
Nachtwaid 1
15 Mrz - 3 Okt
+49 7 53 39 49 39 13
info@camping-hegne.de
N 47°42'15" E 09°05'52"

1 ABEGHJMOPQRST**U** LM**N**QS**X**Z 6
2 AEKLMPQSTYZ ABDE**FG**IK 7
3 AB**L**MS ABCDEFGIJKNQRT 8
4 FHJ FJNRTW 9
5 ABDFHIJLMN ABCGHIJK**O**QY 10
Anzeige auf dieser Seite B 16A CEE ① €42,20
H408 2,2ha 90**T**(80-120m²) 63**D** ② €42,20
102297

B33 Radolfzell Richtung Konstanz. In Allensbach Richtung Hegne ist der CP ausgeschildert.

Ettenheim, D-77955 / Baden-Württemberg

Campingpark Oase****
Mühlenweg 34
1 Apr - 3 Okt
+49 78 22 44 59 18
info@campingpark-oase.de
N 48°14'51" E 07°49'41"

1 ADEG**JM**OPQRSTU **AG** 6
2 AQSVWY ABDE**FG** 7
3 BFG**JL**M**NR**SX ABCDE**F**JKNQRTU 8
4 FHIJ 9
5 ADEFGHJLM**N** ABGHIJKN**O**S 10
Anzeige auf dieser Seite B 6A CEE ① €36,00
H250 5ha 173**T**(80-140m²) 64**D** ② €46,00
100183

A5, Ausfahrt Ettenheim, Ausfahrt 57A Richtung Ettenheimweiler, gerade außerhalb der Stadt, gut ausgeschildert.

Bad Bellingen/Bamlach, D-79415 / Baden-Württ.

Lug ins Land-Erlebnis****
Römerstraße 3
1 Jan - 31 Dez
+49 76 35 18 20
info@camping-luginsland.de
N 47°42'44" E 07°32'49"

1 AE**KN**OPQRSTU DF**N** 6
2 AIPQTVWXYZ AB**C**DE**FG**HI 7
3 BFGHI**KL**M**N**SX ABCDEF**G**H**I**J**L**NQR**S**TUVW 8
4 **A**BCDEFHIJKLO**RXY** EFIKRXZ 9
5 ABDEFGHLMN ABCFGHIJKL**O**PQUY 10
Anzeige auf dieser Seite B 16A CEE ① €42,50
H300 9ha 220**T**(80-120m²) 202**D** ② €55,50
101145

A5 Ausfahrt 67 Efringen-Kirchen/Bad Bellingen, Richtung Bad Bellingen, dann ausgeschildert.

Campingplatz Hegne am Bodensee

Der Campingplatz liegt direkt am See in nächster Nähe zu Konstanz, mit eigener Zughaltestelle. Kostenlose Nutzung des ÖPNV durch die Kurkarte. Voll ausgestattete Mietunterkünfte. Schlaffässer, Naturstrandbad mit kinderfreundlicher Badezone. Gutbürgerliche Küche. Reservierung möglich.

Nachtwaid 1, 78476 Allensbach/Hegne
Tel. +49 75339493913 • E-Mail: info@camping-hegne.de
Internet: www.camping-hegne.de

Badenweiler, D-79410 / Baden-Württemberg

Feriencamping Badenweiler
Weilertalstraße 73
1 Feb - 30 Nov
+49 76 32 15 50
info@
camping-badenweiler.de
N 47°48'35" E 07°40'37"

1 ADEG**KN**OPQRSTU BF 6
2 CIPQVWXY ABD**EFG**H 7
3 BDF**L**MX ABCDEFIJNQR**S**TVW 8
4 EFHJ**Y** V 9
5 ABDGHJMN ABGHIJKOSTU 10
B 16A CEE ① €38,30
H350 1,6ha 100**T**(90-130m²) ② €54,00
107456

A5 Karlsruhe-Basel, Ausfahrt Mühlheim/Neuenburg/Badenweiler. 12 km geradeaus Richtung Schönau. Am Ortseingang nach 700m links.

Bräunlingen, D-78199 / Baden-Württemberg

Kirnbergsee
Seestraße 15
1 Apr - 31 Okt
+49 76 54 75 10
info@
campingplatz-kirnbergsee.de
N 47°55'45" E 08°21'52"

1 ADEG**KN**OPQRSTU L**N**QX 6
2 EIMQVWXY ABDE**FG** 7
3 AF ABCDEFJNQRTW 8
4 FGHI JN 9
5 ABDEFJKLM ABHIJKLNQ 10
W 16A CEE ① €31,50
H840 1,2ha 40**T**(90-100m²) 80**D** ② €42,50
102173

B31 Freiburg -(Titisee)- Donaueschingen, Abfahrt Löffingen, links Richtung Dittishausen-Unterbränd. Im Kreisel geradeaus. Der CP ist ausgeschildert.

Freiburg, D-79117 / Baden-Württemberg

Busses Camping am
Möslepark
Waldseestraße 77
1 Mrz - 18 Dez
+49 76 17 67 93 33
info@camping-freiburg.com
N 47°58'53" E 07°52'55"

1 ADE**KN**OPQRSTU 6
2 ABPQSUWXYZ ABDE**FG**IK 7
3 B**JL**M ABCDEFJNQRTW 8
4 FHIJ**T** GIV 9
5 ABDHJKLN ABCGHIJKOSTVW 10
B 10-16A CEE ① €34,50
H320 0,7ha 80**T**(60-100m²) 18**D** ② €42,50
102129

A5 Ausfahrt 62 Freiburg-Mitte, Richtung Titisee. Beschilderung folgen. Vorm Tunnel links einordnen, Richtung Stadion/Ebnet, den Schildern nach rechts folgen.

Donaueschingen/Pfohren, D-78166 / Baden-Württ.

Riedsee-Camping***
Am Riedsee 11
1 Jan - 31 Dez
+49 7 71 55 11
info@riedsee-camping.de
N 47°56'15" E 08°32'03"

1 ADEG**KN**OPQRSTU LMQS 6
2 AEJQWXY ABDE**FG**I 7
3 ABF**L**M**N**SUX ABCDEFJKNQRW 8
4 BFGHIJO 9
5 ABDEFHKLM**N** ABGHIJK**O**ST 10
16A CEE ① €27,00
H750 10ha 100**T**(75-100m²) 400**D** ② €36,00
101433

A81 Stuttgart-Singen, Ausfahrt Geisingen. Noch 13 km Richtung Donaueschingen bis zum Stadtteil Pfohren. Links abbiegen, danach ausgeschildert.

Engen im Hegau, D-78234 / Baden-Württemberg

Suemen & Sekmen Camping
Sonnental GbR
Im Doggenhardt 1
1 Jan - 31 Dez
+49 77 33 75 29
info@camping-sonnental.de
N 47°51'43" E 08°45'39"

1 ADE**KN**OPQRST**U** **A** 6
2 APQTUVWXYZ ABDE**FG** 7
3 ABCFM**N** ABCDEFJNQRSTUVW 8
4 FHIJ 9
5 ADEFGHJKLMN ABFGHIJKMOQUWY 10
W 10A CEE ① €21,00
H522 3ha 95**T**(10-80m²) 70**D** ② €30,00
102234

A81 Richtung Singen, Ausfahrt 39 Engen. Dann ist der CP ausgeschildert.

Teilkarte Freiburg auf Seite 302

Deutschland

Freiburg, D-79104 / Baden-Württemberg

Freiburg Camping Hirzberg
Kartäuserstraße 99
1 Jan - 31 Dez
+49 76 13 50 54
hirzberg@freiburg-camping.de
N 47°59'34" E 07°52'26"

1 ADEG**KN**OPS 6
2 AIPQVXYZ ABDE**FG**IJ 7
3 A**L** ABCDEFJNQR 8
4 FHIJ ADV 9
5 ABDFHLM**N** ABCEGHIKLOST 10
Anzeige auf dieser Seite W 10A ① €34,50
H280 1,2ha 88T(60-100m²) 26D ② €41,50

A5, Ausfahrt Freiburg-Mitte, Richtung Titisee. Beschilderung folgen, vor Tunnel links einordnen Richtung Stadion (Ebnet), Am Sporthaus Kiefer links. GPS: Sandfangweg. 108809

Freiburg/Hochdorf, D-79108 / Baden-Württ.

Tunisee Camping
Seestraße 30
1 Apr - 31 Okt
+49 76 65 22 49
info@tunisee.de
N 48°03'51" E 07°48'52"

1 ADEG**KN**OPQRSTU L**N**OPQW 6
2 AFLQSWXYZ ABDE**FG**IJ 7
3 BFGM**U**X ABCDEFJNQR**S**UVW 8
4 HJ DEFV 9
5 ABDEFJLM**N** ABDGHIKL**O**Q 10
Anzeige auf Seite 305 B 16A CEE ① €31,00
H204 30ha 156T(80-119m²) 365D ② €39,00

A5 Karlsruhe-Basel, Ausfahrt 61 Freiburg-Nord. An der Ampel rechts und dann 4 mal links. CP ist ausgeschildert. 102127

Friesenheim/Schuttern, D-77948 / Baden-Württemberg

CP Baggersee Schuttern****
In der Kruttenau 100
1 Apr - 1 Okt
+49 7 82 16 33 74 60
campingplatzschuttern@friesenheim.de
N 48°24'01" E 07°51'28"

1 AD**KN**OPQRSTU LMQXY 6
2 ELMQSWY ABDE**FG**H**IJ** 7
3 AFG**J**M ABCDEFJ**L**MQRT 8
4 HJ W 9
5 ADEFIJM ABGHJKL**O**Q 10
Anzeige auf dieser Seite B 16A CEE ① €21,50
H250 10ha 125T(80-100m²) 350D ② €26,50

A5 Ausfahrt Lahr, die B36 Richtung Strassburg, Ausfahrt Kürzell. Geradeaus Richtung Schüttern, die Unterdorfstraße durchfahren. Dann ausgeschildert. 102124

Gaienhofen/Horn, D-78343 / Baden-Württemberg

Campingplatz Horn
Strandweg 3-18
1 Apr - 4 Okt
+49 7 73 56 85
info@campingplatz-horn.de
N 47°41'18" E 08°59'41"

1 ADEGH**KN**OPQRSTU LM**N**QST**X**Y**Z** 6
2 EJQXYZ ABDE**FG**H 7
3 ABFGJM ABCDE**F**JNQRTW 8
4 CFH DFQRTVW 9
5 ABDFGHLMN ABCGHIJKOQUY 10
B 16A CEE ① €28,00
H399 6ha 216T(60-150m²) 77D ② €36,00

Von Radolfzell die L192 Richtung Stein am Rhein-Moos-Gaienhofen-Horn. Dann ausgeschildert. 102238

Grafenhausen/Rothaus, D-79865 / Baden-Württ.

Rothaus Camping
Mettmatalstraße 2
1 Jan - 31 Dez
+49 7 74 88 00
info@rothaus-camping.de
N 47°47'42" E 08°14'06"

1 ADEG**KN**OPQRSU 6
2 CPQTVWXY ABDE**FG** 7
3 AX ABCD**F**JNQR 8
4 FGHI D 9
5 ABDFHLM**N** ABCDGHIJKOQV 10
Anz. auf dieser S. WB 16A CEE ① €[illegible]1,00
H930 2,5ha 40T(80-100m²) 81D ② €[illegible]3,00

Titisee Richtung Schluchsee, dann Richtung Rothaus/Grafenhausen, nach ca. 4 km rechts. 102179

Herbolzheim, D-79336 / Baden-Württemberg

Terrassencamping Herbolzheim****
Im Laue 1
28 Apr - 24 Sep
+49 76 43 14 60
s.hugoschmidt@t-online.de
N 48°12'59" E 07°47'18"

1 ADEG**J**LOPQRSTU **BFH** 6
2 QVWXYZ ABDE**FG** 7
3 ABFM**N** ABCDEFNQRT 8
4 **A**FHJ V 9
5 ABDKM**N** ABDFGHIJK**N**Q 10
Anzeige auf dieser Seite B 10A CEE ① €3[illegible],00
H330 2,2ha 80T(80-120m²) 45D ② €4[illegible],00

A5 Ausfahrt 58 Herbolzheim, kurz vor dem Ort rechts Richtung Schwimmbad. CP gut ausgeschildert. 102[illegible]25

Hinterzarten/Titisee, D-79822 / Baden-Württemberg

Bankenhof****
Bruderhalde 31a
1 Jan - 31 Dez
+49 76 52 13 51
info@camping-bankenhof.de
N 47°53'10" E 08°07'51"

1 ADE**KN**OPQRSTU L**N**QX 6
2 CEMPQRSWYZ AB**C**DE**FG**H 7
3 BF**L**M ABCDFIJKNQRT 8
4 FGHIJO**X** DFI[illegible] 9
5 ABDEFHJLMN ABFGHIJKL**O**QUV[illegible] 10
WB 16A CEE ① €35,00
H860 3ha 155T(80-100m²) 49D ② €47,00

A5 Karlsruhe-Basel, Ausfahrt Freiburg-Mitte, B31 Titisee folgen. In Titisee-Mitte Richtung Bruderhalde. 1021[illegible]6

Hinterzarten/Titisee, D-79856 / Baden-Württemberg

Weiherhof
Bruderhalde 25
1 Mai - 15 Okt
+49 17 72 19 09 59
info@camping-titisee.de
N 47°53'24" E 08°08'03"

1 ADE**KN**OPQRSTU L**N**QS**X**Y 6
2 BEJMPQRSUVWYZ ABDE**FG**H 7
3 B**L**M ABCDEFNQRT 8
4 FGHIJO**PT** DFIJKNQRT 9
5 ABDFHJKM**N** AGHIJKL**O**QU 10
B 16A CEE ① €40,50
H870 2ha 160T(80-115m²) 13D ② €54,40

A5 Ausfahrt Freiburg-Mitte, der B31 bis Titisee-Dorf folgen, 2. CP hinter dem Ort Richtung Bruderhalde. 102175

Teilkarte Freiburg auf Seite 302

Deutschland

Ihringen, D-79241 / Baden-Württemberg

Kaiserstuhl Camping	1 AEG**KN**OPQRSTU	BFH 6
Nachtwaid 5	2 QWXYZ	ABDE**FG**HI 7
1 Apr - 23 Okt	3 BFG**HIL**M**NP**S	ABCDEFGJNQRT 8
+49 76 68 95 00 65	4 FHIJO	V 9
info@kaiserstuhlcamping.de	5 ABDEFGMN	ABFGHIJKLM**O**PQUVW 10
	B 16A CEE	❶ €38,00
N 48°01'49'' E 07°39'27''	H200 9,5ha 250**T**(100-120m²) 50**D**	❷ €48,00

A5 Ausfahrt Freiburg-Mitte, direkt Richtung Umkirch. Dann via Waltershofen und Merdingen direkt nach Ihringen. 1 km vor dem Ort ist der CP links, hinter dem Schwimmbad. 102128

Kandern, D-79400 / Baden-Württemberg

Terrassen-Camping-Kandern	1 AG**KN**OPQRST**U**	**BFHN** 6
Schwimmbadweg 2	2 AIPQSVWXYZ	ABD**EFGI** 7
15 Mrz - 15 Okt	3 AG**JK**M**N**	ABCDEFNQR 8
+49 76 26 78 74	4 FHI	9
kontakt@terrassen-camping-kandern.de	5 ABDJM**N**	ABGHIJKLOQU 10
	16A CEE	❶ €31,50
N 47°43'13'' E 07°39'36''	H400 2,2ha 45**T**(80-100m²) 29**D**	❷ €41,30

Von der A5 zur A98, Kreuz Weil am Rhein. Dann Ausfahrt 4 nach Kandern, ca. 10 km. 102134

Kirchzarten, D-79199 / Baden-Württemberg

Camping Kirchzarten*****	1 ADE**KN**OPQRSTU	BFHI**N** 6
Dietenbacherstraße 17	2 CPQWY	ABCDE**FG**HI 7
1 Jan - 31 Dez	3 BF**JL**M**NR**	ABCDEFGHIJK**L**NQR**S**TUV 8
+49 7 66 19 04 09 10	4 **A**EFHJLO**PX**	DEGIKVW 9
info@camping-kirchzarten.de	5 ACDEFHKLMN	ABFGHIJKOQXY 10
	Anz. auf dieser Seite WB 16A CEE	❶ €43,50
N 47°57'37'' E 07°57'03''	H280 6ha 430**T**(80-115m²) 165**D**	❷ €50,50

A5 Karlsruhe-Basel, Ausfahrt B31 Freiburg-Mitte Richtung Titisee bis Ausfahrt Kirchzarten. CP ist ausgeschildert. 100187

Konstanz, D-78464 / Baden-Württemberg

Bruderhofer	1 BDEGHKNOPQRSTU	L**N**PQRSTV 6
Fohrenbühlweg 50	2 ELPQTXY	ABDE**FG**IK 7
1 Apr - 30 Sep	3 MS	ABE**F**NQRTW 8
+49 7 53 13 13 88	4 FHJ	DW 9
mail@campingplatz-bruderhofer.de	5 ABDEFHIJKN	ABCHIJKM**O**Q 10
	16A CEE	❶ €35,00
N 47°40'26'' E 09°12'35''	H406 2,5ha 198**T**(65-80m²) 61**D**	❷ €35,00

A81, Richtung Konstanz. Dort ist der CP ausgeschildert. 112163

Konstanz/Dingelsdorf, D-78465 / Baden-Württemberg

Seepark Fließhorn	1 AEG**JM**OPQRSTU	LMOPQSW 6
Am Fließhorn 1	2 ELQWYZ	ABDE**FG**HIJ 7
1 Apr - 15 Okt	3 BM	ABCDE**FGI**JNQRTW 8
+49 75 33 52 62	4 FHJ	DFHKOR 9
info@fliesshorn.de	5 ACDEFGHLMN	ABCGHIJKNQ 10
	B 16A CEE	❶ €46,80
N 47°44'04'' E 09°10'21''	H350 5,8ha 80**T**(10-80m²) 107**D**	❷ €46,80

Von der A81 der B33 Radolfzell Richtung Konstanz folgen. Ab hier ist der CP ausgeschildert. 115071

Konstanz/Dingelsdorf, D-78465 / Baden-Württ.

Campingplatz Klausenhorn	1 ADEGHJMOPQRSU	LMQS**XY** 6
Hornwiesenstraße 40-42	2 EJMQXYZ	ABDE**FG**HI 7
15 Mrz - 15 Okt	3 ABFGM	ABCDE**FI**JK**L**NQRTUVW 8
+49 75 33 63 72	4 BEFHJLO	FJKVW 9
info@camping-klausenhorn.de	5 ABDEFHKMN	ABCFGHIJKNQU 10
	B 16A CEE	❶ €39,00
N 47°44'46'' E 09°08'52''	H392 3ha 240**T**(65-100m²) 75**D**	❷ €39,00

Die B33 Radolfzell-Konstanz bis Allensbach, dann Richtung Dettingen/Dingelsdorf. Dem CP-Schild 'Klauserhorn' folgen. 102300

Konstanz-Litzelstetten (Bodensee), D-78465 / Baden-W.

Naturcamping Litzelstetten-Mainau	1 ADEH**KN**OSU	M 6
Großherzog-Friedrich-Straße 43	2 AFJLOPQVWXYZ	ABDE**FG**I 7
15 Mrz - 15 Okt	3 **Q**	ABEFJNQRSW 8
+49 75 33 94 97 63	4 EHI	AV 9
info@naturcamping-mainau.de	5 ABDEHMN	ABCFHJKOQ 10
	16A CEE	❶ €39,00
N 47°42'42'' E 09°10'46''	1ha 20**T**(4-24m²) 4**D**	❷ €39,00

A7, dann B33 Richtung Konstanz und dann Richtung Mainau. 125352

Küssaberg/Kadelburg, D-79790 / Baden-Württemberg

Hochrhein****	1 ADE**KN**OPQSTU	B**N**UY 6
Oberdorf 56	2 CIPQWXY	ABDE**FG** 7
1 Jan - 31 Dez	3 BMSU	ABCDE**F**JNQRW 8
+49 77 41 42 44	4 EFHO	F 9
info@camping-hochrhein.de	5 DFJKMN	ABCFGHIJKLNQU 10
	Anzeige auf dieser Seite B 16A CEE	❶ €28,60
N 47°36'18'' E 08°17'59''	H335 4,2ha 60**T**(80-100m²) 82**D**	❷ €35,40

B34 Waldshut Richtung Tiengen-West (Schaffhausen), Ausfahrt Ettikon, Kadelburg, Küsseberg. Hinter Kadelburg ist der CP rechts gut ausgeschildert. 102184

Lenzkirch, D-79853 / Baden-Württemberg

Kreuzhof****	1 AEG**KN**OPQRSTU	EFLM 6
Bonndorferstraße 63	2 EPQWY	ABDE**FG**H 7
1 Jan - 31 Dez	3 BFG**HIM**N**U**VX	ABCDE**FG**I**J**NQRTW 8
+49 76 53 14 50	4 **A**EFGHIJKO**TVXY**	FGZ 9
info@camping-kreuzhof.de	5 ACDFLM**N**	ABGHIJK**O**QUY 10
	WB 2-16A CEE	❶ €40,00
N 47°51'41'' E 08°13'27''	H805 2ha 60**T**(80-120m²) 75**D**	❷ €54,00

B317 von Titisee Richtung Feldberg, Ausfahrt Lenzkirch B315. CP ca. 2 km hinter Lenzkirch Richtung Bondorf. 102178

Teilkarte Freiburg auf Seite 302

Das Ferien- und Wellnessparadies zwischen Schwarzwald und Rhein

Dreiländer-Camping-und Freizeitpark

- Komfortable Mietmobilheime für bis zu vier Personen
- Stellplätze in den Kategorien Komfort, Ferienplatz plus und Ferienplatz; zusätzlich private Mietbäder buchbar
- Erlebnisbad mit 160 m2, Sonnenterrasse, Beachbar mit Musik, Tanz, Open-Air Kino und Cocktails
- Großzügiger Wellnessbereich mit Fitnessraum, Sauna, Dampfbad, Solarium und Massage
- Sehr gutes Restaurant mit italienischer Küche und Holzofenpizza; gut sortierter Campingshop; Barbecue
- Sport und Spiel: Tennis, Beachvolleyball, Basketball, Bolzplatz sowie Minigolf, Gartenschach u.v.m.
- Ideale Lage für Touren in Deutschland, Frankreich und der Schweiz
- Ü55 Angebot und Pauschalangebote für Frühjahr / Herbst und Winter
- Freies WLAN

Ferien-Komfort Camping in mediterraner Atmosphäre
Oberer Wald 1–3 · 79395 Neuenburg am Rhein · Tel. +49 (0) 7631 77 19
info@camping-gugel.de · www.camping-gugel.de

Teilkarte Freiburg auf Seite 302

Deutschland

Münstertal, D-79244 / Baden-Württemberg

Camping Münstertal
Dietzelbachstraße 6
1 Jan - 31 Dez
+49 76 36 70 80
info@camping-muenstertal.de

1 ADEG**KN**OPQRSTU BEF**N** 6
2 QSWXYZ AB**C**DE**FG**H 7
3 BFG**HIJ**M**NO**S**T** ABCDEFIJ**L**NQRTUVW 8
4 ABDEFHJLO**QRTVXYZ** IUVW 9
5 ACDEFHJLMN ABCEGHIJKMOQWY 10

Anz. auf dieser Seite WB 16A CEE ❶ €46,60
H360 4,9ha 305**T**(80-110m²) 14**D** ❷ €69,70

N 47°52'11'' E 07°45'50''

100188

A5 Karlsruhe-Basel, Ausfahrt Bad Krozingen/Staufen/Münstertal. L120/L123 bis Bad Krozingen, Ausfahrt L123. Hinter Staufen, zweiter CP links.

Oberried, D-79254 / Baden-Württemberg

Kirnermartes Hof
Vörlinsbach 22
1 Jan - 31 Dez
+49 76 61 47 27
info@kirnermartes.de

1 AG**KN**OPQRSTU 6
2 CIPQSTVXYZ A**B**DE**FG**H 7
3 A**L**M ABCDFJNQRTW 8
4 FHJKO**T** EI 9
5 ADHKMN ABFGHIJKL**O**Q 10

Anz. auf dieser Seite WB 16A CEE ❶ €32,80
H450 2,5ha 55**T**(75-100m²) 66**D** ❷ €42,60

N 47°55'50'' E 07°57'33''

110800

In Freiburg-Zentrum zur B31 Richtung Donaueschingen. In Kirchzarten L126 Richtung Todtnau. Abzweig nach Oberried ist gut ausgeschildert.

Neuenburg am Rhein, D-79395 / Baden-Württemberg

Gugel Dreiländer****
Oberer Wald 1-3
1 Jan - 31 Dez
+49 76 31 77 19
info@camping-gugel.de

1 ABDEG**KN**OPQRSTU D**N** 6
2 BEPQWXYZ ABDE**FG**H 7
3 BFG**JL**M**NO**SX ABCDEF**I**JNQR**S**TUV 8
4 ABDFHJKLO**RSTVXYZ** EV 9
5 ACDFHJLMN ABEFGHIJKOQUVX 10

Anzeige auf Seite 306 B 10-16A CEE ❶ €41,50
H315 13ha 220**T**(80-100m²) 264**D** ❷ €51,50

N 47°47'49'' E 07°33'02''

100189

A5 Karlsruhe-Basel, Ausfahrt Mühlheim/Neuenburg/Badenweiler. An nächster Kreuzung mit Ampeln links, dann ausgeschildert.

Orsingen, D-78359 / Baden-Württemberg

CC€23

Camping und Ferienpark Orsingen****
Am Alten Sportplatz 8
10 Jan - 17 Dez
+49 7 77 49 99 91 00
info@camping-orsingen.de

1 ADEKNOPQRSTU **BGN**O 6
2 AIPQVWX ABDE**FG** 7
3 ABDF**HIJK**LMS ABCDEFIJKNQRTUW 8
4 BFHLO**T** EFV 9
5 ACDEFHLMN ABCFGHIJKOSTUVX 10

Anzeige auf dieser Seite B 16A CEE ❶ €33,50
H480 11,5ha 175**T**(77-136m²) 81**D** ❷ €38,00

N 47°50'31'' E 08°56'12''

119319

Stockach Richtung Nensingen, Nensingen durchfahren nach Orsingen. Dann den Schildern folgen.

Teilkarte Freiburg auf Seite 302

Deutschland

Radolfzell/Markelfingen, D-78315 / Baden-W.

CC€23 iD

Willam****
Schlafbach 10, Reichenau
23 Mrz - 8 Okt
+49 75 33 62 11
info@campingplatz-willam.de

1 ABEGILOPQRSTU LMNPQSWXYZ 6
2 AEHKLMQRTWXY ABDEFGIK 7
3 ABCFGLM ABCDEFNQRT 8
4 ABCDFHJ FLORW 9
5 ABDFHJKLMNO ABCDFGHIJKNSTUXY 10
Anzeige auf dieser Seite B 16A CEE ① €32,50
H404 4,5ha 190T(50-110m²) 184D ② €32,50

N 47°43'45" E 09°01'31"

Von Radolfzell Richtung Konstanz. Auf der B33 Ausfahrt Allensbach, den CP-Schildern 'William' folgen. CP zwischen Markelfingen und Allensbach.

102235

Reichenau (Insel Reichenau), D-78479 / Baden-W.

iD

Sandseele OHG
Zum Sandseele 1
29 Mrz - 6 Okt
+49 75 34 73 84
info@sandseele.de

1 ADEILOPQRSTU LMPQSTXY 6
2 ELQXYZ ABDEFGH 7
3 BEFMNOS ABCDEFJKNQRTW 8
4 AFHJ GQRTUVW 9
5 ADFHILMN ABCGHIJKOQY 10
B 16A CEE ① €36,10
12ha 250T(bis 80m²) 89D ② €46,10

N 47°41'53" E 09°02'40"

B33 Radolfzell-Konstanz bis Allensbach. Dort ist Reichenau angezeigt. Eine Allee führt direkt auf die Halbinsel.

112164

Rust, D-77977 / Baden-Württemberg

Europa Park***
Europa-Park-Strasse 2
1/1 - 5/1, 6/4 - 3/11, 23/11 - 31/12
+49 7 82 27 76 68 88
info@europapark.de

1 KNOPQSTU L 6
2 ACEPSTXY AB 7
3 BGMN ABEFGJNQRT 8
4 EFH AF 9
5 ADEFHIJKL AGHOQUWXY 10
B 16A CEE ① €40,00
2,5ha 200T(50-60m²) 55D ② €55,00

N 48°16'17" E 07°43'02"

A5/E35 Ausfahrt 57b. Weiter Richtung Europa Park. Ausgeschildert.

111071

Schluchsee, D-79857 / Baden-Württemberg

iD

Schluchsee****
Gewann Zeltplatz 1
1 Jan - 31 Dez
+49 7 65 65 73
info@camping-schluchsee.de

1 ADEGKNOPQRSTU ILNOQRSTX 6
2 EILMPQRSVXY ABFGIJ 7
3 AFGLMNOPQRUVX ABCDEFIJKNQRTW 8
4 ABCEFGHIJ 9
5 ABDEFHLMN ABGHIJKLOQU 10
WB 16A CEE ① €36,90
H930 5ha 260T(80-120m²) ② €51,10

N 47°49'20" E 08°09'46"

Ausfahrt Freiburg-Mitte Richtung Titisee. Ab Titisee in Richtung Schluchsee. Der CP liegt 500m vor dem Ort rechts. Ausgeschildert.

101146

Seelbach, D-77960 / Baden-Württemberg

iD

Schwarzwälder Hof*****
Tretenhofstraße 76
1 Jan - 31 Dez
+49 78 23 96 09 50
info@spacamping.de

1 AEKNOPQRSTU BEFJN 6
2 CPQSUVWXYZ ABDEFGHI 7
3 ABFGHLMNSWX ABCDFHIJKNQRTUVW 8
4 ABDEFHJSTUVXYZ FGIJW 9
5 ABDFHJLMN ABFGHJKOPQUVWXY 10
B 10A CEE ① €44,50
H210 4ha 180T(80-110m²) 63D ② €63,30

N 48°18'00" E 07°56'38"

A5, Ausfahrt Lahr Richtung Biberach. Ausfahrt Reichenbach, 1. Ort ist Seelbach. Nach Ortsausgang rechts.

108003

Simonswald, D-79263 / Baden-Württemberg

iD

Schwarzwaldhorn****
Ettersbach 4b
20 Mrz - 20 Okt
+49 7 68 34 77
info@schwarzwald-camping.de

1 ABFHKNOPQRSU BGJN 6
2 CIPQSUVXYZ ABCDEFG 7
3 ABJMX ABCDEFJNQRTUVW 8
4 ABEFGHJLO BCDEUV 9
5 ABDEHJMN ABFHJKOQU 10
16A CEE ① €38,00
H400 1,5ha 42T(60-120m²) 37D ② €47,60

N 48°06'03" E 08°03'09"

A5 Karlsruhe-Basel, Ausfahrt Freiburg-Nord. B294 Richtung Waldkirch. Durch den Tunnel 2. Ausfahrt Richtung Simonswald. Über der Kreisel vom Ortseingang Simonswald geradeaus. Nach 4 km ist rechts der CP.

102171

Staufen, D-79219 / Baden-Württemberg

CC€23 iD

Belchenblick
Münstertäler Straße 43
1 Jan - 31 Dez
+49 76 33 70 45
info@camping-belchenblick.de

1 AEGKNOPQRSTU AEFHJN 6
2 CPQSWXYZ ABDEFGH 7
3 BFLMNX ABCDEFGIJLNQRTUVW 8
4 FHIJRXY ILUVY 9
5 ACDEJMN ABDEGHIKOSTUX 10
Anzeige auf Seite 309 WB 16A ① €35,60
H300 2,2ha 180T(80-110m²) 32D ② €44,60

N 47°52'20" E 07°44'09"

A5 Ausf. Bad Krözingen, Ri. Staufen/Münstertal. In Staufen Ri. Münstertal fahren. Camping liegt ca. 500m außerhalb des Ortes.

102130

Steinach, D-77790 / Baden-Württemberg

iD

Camping Kinzigtal
Welchensteinacherstr. 34
1 Mrz - 1 Dez
+49 78 32 81 22
webmaster@campingplatz-kinzigtal.de

1 ABFGKNOPQRSTU BFHN 6
2 CQSWXYZ ABDEFGH 7
3 ABMNX ABEFJNQRT 8
4 FHJ 9
5 ABDFGHLMN ABFGHJKOPQ 10
B 16A ① €38,50
H277 3,5ha 60T(60-80m²) 45D ② €55,50

N 48°17'45" E 08°02'52"

A5 Karlsruhe-Basel, Ausfahrt 55 Offenburg. B33 Richtung Villingen/Schwenningen ca. 20 km bis Steinach. An der T-Kreuzung links. Ausgeschildert.

101431

Stockach (Bodensee), D-78333 / Baden-Württ.

CC€21 iD

Campingpark Stockach-Bodensee
Johann-Glatt-Straße 3
1 Mrz - 1 Nov
+49 77 71 91 65 13 30
info@camping-stockach.de

1 ABDEKNOPQRSTU 6
2 ABCPQVWXYZ ABDEFGH 7
3 BLMS ABCDEFJNQRW 8
4 FH 9
5 ABDMN ABFGHKMOQW 10
Anzeige auf dieser Seite 6A CEE ① €24,00
4ha 75T(75-120m²) ② €29,00

N 47°50'31" E 08°59'42"

A81 bis Kreuzung Hegau Richtung Stockach folgen. Ausfahrt Stockach-West.

115070

Teilkarte Freiburg auf Seite 302

Sulzburg, D-79295 / Baden-Württemberg

CC€23 iD

Sulzbachtal*****	1 ADEKNOPQRSTU	A 6
Sonnmatt 4	2 AIPTVXYZ	ABDEFG 7
1 Jan - 31 Dez	3 AHMX	ABCDEFGIJQRTUVW 8
+49 76 34 59 25 68	4 AEFHIJX	DV 9
a-z@camping-sulzbachtal.de	5 ABDEFHJKMN	ABCDFGHIJKOQ 10
	Anz. auf dieser Seite WB 16A CEE	❶ €37,05
N 47°50'52'' E 07°41'53''	H313 2,4ha 100T(100-120m²) 13D	❷ €49,05

A5, Ausfahrt Heitersheim. B3, Ausfahrt Sulzburg, vor dem Ort rechts. 111356

Tengen, D-78250 / Baden-Württemberg

CC€23 iD

Hegi Familien Camping*****	1 ABDEKNOPQRSTU	AEGLMO 6
An der Sonnenhalde 1	2 EKQSVWXY	ABCDEFGH 7
31 Mrz - 31 Dez	3 ABDGHIJMNSU	ABCDEFIJNQRTUVW 8
+49 7 73 69 24 70	4 ABCDFHJRSTUVX	BEFYZ 9
info@hegi-camping.de	5 ABDHLMNO	ABCDFGHIJKMOQUY 10
	Anzeige auf dieser Seite B 16A CEE	❶ €42,30
N 47°49'26'' E 08°39'13''	12ha 250T(bis 146m²) 72D	❷ €58,10

Der CP liegt nordwestlich von Engen. Über die A81 Singen-Stuttgart fahren und Ausfahrt 39 Engen nehmen. Den CP-Schildern folgen. 111623

Titisee, D-79822 / Baden-Württemberg

CC€23 iD

Sandbank****	1 ADEKNOPQRSTU	LNQSXYZ 6
Seerundweg 9	2 BEIJQSTVWXYZ	ABDEFGI 7
31 Mrz - 31 Dez	3 BLMX	ABCDEFJKNQRT 8
+49 7 65 19 72 48 48	4 FGHIJ	NTZ 9
info@camping-sandbank.de	5 ABDFHKMN	ABCGHIJKQ 10
	Anzeige auf Seite 308 B 16A CEE	❶ €41,20
N 47°53'15'' E 08°08'18''	H820 2ha 230T(80-115m²)	❷ €53,00

A5 Ausfahrt Freiburg-Mitte, B31 Titisee folgen, dann Richtung Bruderhalde, vierter CP ab Titisee. 102177

Wahlwies/Stockach, D-78333 / Baden-Württ.

CC€21 iD

Campinggarten Wahlwies	1 ADEKNOPQRST	6
Stahringer Straße 50	2 APQSY	ABDEFGHI 7
17 Feb - 12 Nov	3 AMS	ABCDEFJNQRTUW 8
+49 77 71 35 11	4 FGHJ	J 9
info@camping-wahlwies.de	5 ABDHM	ABCDGHIJKMOQ 10
	Anzeige auf dieser Seite B 16A CEE	❶ €33,50
N 47°48'31'' E 08°58'11''	H340 1,2ha 50T(70-120m²) 21D	❷ €41,50

Ab Stuttgart A81/98, Ausfahrt 12 Stockach-West. CP-Schild 'Wahlwies' folgen. 102233

Todtnau/Muggenbrunn, D-79674 / Baden-Württemberg

iD

Hochschwarzwald***	1 AEKNOPQSU	6
Oberhäuserstraße 6	2 IPQRSVWXY	ABDEFGH 7
1 Jan - 31 Dez	3 ABFMX	ABCDEFGHIJNPQRT 8
+49 76 71 12 88	4 FI	D 9
info@ camping-hochschwarzwald.de	5 ADFKMN	ABGHKOQU 10
	WB 10A CEE	❶ €31,60
N 47°51'55'' E 07°54'58''	H1050 2,2ha 53T(75-80m²) 33D	❷ €42,60

A5 Karlsruhe-Basel, Ausfahrt Freiburg-Mitte, B31 Richtung Donaueschingen. Bei Kirchzarten die L126 Richtung Todtnau. 102131

Teilkarte Freiburg auf Seite 302

Teilkarte Freiburg auf Seite 302

Willstätt/Sand, D-77731 / Baden-Württemberg

Europa Camping Sand	1 ADEGJKNOPQRSTU	6
Waldstraße 32	2 AQSWXY	ABFG 7
15 Mrz - 31 Okt	3	ABEFJNQR 8
+49 78 52 23 11	4	F 9
europacamping.sand@gmail.com	5 ADFKMN	ABFJKOST 10
	Anzeige auf dieser Seite 16A CEE	❶ €24,00
N 48°32'36" E 07°56'07"	H303 1,2ha 40T(90-120m²) 16D	❷ €34,00

A5 Ausfahrt 54 Appenweier/Straßburg. Dann Richtung Straßburg. CP ausgeschildert über Sand. Camping 150m ortsaußerhalb. Gut aufpassen! 102123

Waldkirch/Siensbach, D-79183 / Baden-Württemberg

Elztalblick	1 AEGJMOPSU	6
Biehlstraße 10	2 IQVXY	ABFG 7
1 Apr - 15 Okt	3 AM	ABCDEFNQR 8
+49 76 81 42 12	4 FGHJO	9
elztalblick@t-online.de	5 ABDFJKMN	ABGHJKOQ 10
	16A CEE	❶ €31,50
N 48°06'08" E 07°59'29"	H340 2ha 80T(80-100m²) 30D	❷ €41,50

A5 Ausfahrt Freiburg-Nord, B294 Richtung Waldkirch. Durch den Tunnel bis Abzweig Waldkirch-Ost, dann noch 3 km bis Siensbach. Dann ausgeschildert. Die Straße zum CP steigt steil an. 102126

Wolfach/Halbmeil, D-77709 / Baden-Württemberg

Trendcamping Wolfach*****	1 ADHKNOPQRSTU	JN 6
Schiltacherstr. 80	2 CIPQSUVWXY	ABDEFGHI 7
5 Apr - 15 Okt	3 ABFJLNUX	ABCDEFJNQRTUVW 8
+49 78 34 85 93 09	4 FHJKO	FGVW 9
info@trendcamping.de	5 ADEFHJKLN	ABGHJKLNQV 10
	B 16A CEE	❶ €38,30
N 48°17'27" E 08°16'42"	H330 3ha 50T(60-90m²) 20D	❷ €50,20

W: A5 Ausf. 56 Lahr. B33 Ri. Villingen-Schwenningen. Durch Wolfach. Nach 3 km links der Strecke bei Halbmeil Ri. Schiltach. O: A81 Ausf. 34 Rottweil, B462 Ri. Offenburg/Schramber. An Schiltach vorbei. Rechts der Strecke bei Halbmeil. 110959

Waldshut, D-79761 / Baden-Württemberg

Rhein Camping Waldshut	1 AEGKNOPQRSTU	JNWXZ 6
Jahnweg 22	2 DPQSTXYZ	ABDEFGI 7
1 Jan - 31 Dez	3 BFJLNP	ABCDEFHJNQRT 8
+49 77 51 31 52	4 FHIJ	GW 9
info@rheincamping.de	5 ADFHJLMN	ABFGHIJKOPSTZ 10
	B 16A CEE	❶ €36,00
N 47°36'40" E 08°13'31"	H365 45ha 57T(60-80m²) 23D	❷ €52,00

B34 Richtung Waldshut, vor der CH-Grenze Richtung Tiengen. Nach 1 km rechts. Dann ausgeschildert. 102183

Aichelberg, D-73101 / Baden-Württemberg

Aichelberg***	1 ADEKNOPQSTU	6
Bunzenberg 1	2 AQSTWXY	ABFG 7
7 Apr - 8 Okt	3 FGL	ABCDEFJKNQRTW 8
+49 71 64 27 00	4 FH	F 9
mail@camping-aichelberg.de	5 ABDEFHLMN	AGHLMOSTW 10
	Anzeige auf dieser Seite B 10A CEE	❶ €26,00
N 48°38'22" E 09°33'18"	H375 2,6ha 70T(80-100m²) 45D	❷ €34,00

A8 München-Stuttgart, Ausfahrt 58, danach rechts ab. Nach 50m links ab. A8 Stuttgart-München, Ausfahrt 58 am Kreisel die 3. Straße rechts, nach 200m rechts ab. 112597

Braunsbach, D-74542 / Baden-Württemberg

Naturcamping Braunsbach	1 ADEGKNOPQRSU	JNUX 6
Im Brühl 1	2 CQTWXYZ	ABDEFGH 7
1 Apr - 31 Okt	3 AMS	ABEFJNQRU 8
+49 79 06 94 06 73	4 FHJO	FW 9
info@camping-braunsbach.de	5 ADEHJMN	ABCGHJKOQU 10
	16A CEE	❶ €22,30
N 49°11'57" E 09°47'17"	H250 2,5ha 65T(80-100m²) 19D	❷ €29,50

A6 Ausfahrt 42 Kupferzell. Dann über Fessbach und Döttingen nach Braunsbach. Der CP ist ausgeschildert. 101142

Buchhorn am See, D-74629 / Baden-Württemberg

Seewiese****	1 AEGJMOPQRSTU	BCLNX 6
Seestr. 11	2 AEPQTUXY	BEFG 7
1 Jan - 31 Dez	3 ABLMR	ABCDEFJNQRTUW 8
+49 7 94 16 15 68	4 FHI	FGJ 9
info@camping-seewiese.de	5 DFHKM	ABCFGHJKOSTUY 10
	B 16A CEE	❶ €32,00
N 49°09'06" E 09°30'00"	H407 6ha 40T(90-120m²) 308D	❷ €42,00

A6, Ausfahrt 40 Richtung Öhringen. Dann via Pfedelbach und Heuberg nach Buchhorn. Dann ausgeschildert. 102288

Abtsgmünd/Hammerschmiede, D-73453 / Baden-Württ.

Hammerschmiede-See	1 ADEKNOPSU	LQXZ 6
Hammerschmiede 2	2 EIQUXYZ	ABDEFG 7
1 Mai - 30 Sep	3 ABGL	ABCDEFJNQRW 8
+49 7 96 33 69	4 FH	QT 9
hug.hammerschmiede@t-online.de	5 ADEHMN	AHJKLMNQ 10
	10A CEE	❶ €23,75
N 48°56'46" E 09°58'38"	H440 5ha 100T(80-100m²) 190D	❷ €31,75

A7 Ausfahrt 114. B29 bis Hüttlingen, weiter die B19 bis Abstgmünd. Bis zur Ausfahrt zum Hammerschmiede See, hinter Pommertsweiler links. 102363

Creglingen/Münster, D-97993 / Baden-Württ.

Camping Romantische Strasse	1 ABDEGKNOPQRSTU	ELMN 6
Münstersee Strasse 24-26	2 DELQTVXYZ	ABDEFG 7
15 Mrz - 15 Nov	3 BFJMX	ABCDEFJNQRTUVW 8
+49 7 93 32 02 89	4 FGJT	E 9
camping.hausotter@web.de	5 ABDFLN	ABGHJKLOQU 10
	Anzeige auf Seite 311 B 6A CEE	❶ €27,50
N 49°26'21" E 10°02'32"	H320 6ha 100T(80-120m²) 47D	❷ €36,50

A7 Ausfahrt 108 Rothenburg. Dann Richtung Bad Mergentheim. In Creglingen ausgeschildert, Richtung Münster. CP liegt kurz hinter Münster rechts der Straße. 102430

Teilkarte Stuttgart auf Seite 310

Ellenberg, D-73488 / Baden-Württemberg

Sonneneck
Haselbach 12
1 Apr - 31 Okt
+49 79 65 23 59
kontakt@camping-sonneneck.de
N 48°59'14'' E 10°13'01''

1 AEGKNOPQRSTU LMNQSXY 6
2 AFIJKQTVXY ABDEFGIK 7
3 BLM ABCDEFGHJKNQRTUW 8
4 FHRST D 9
5 ADFGLMN ABCFGHJKNOQWY 10
B 16A CEE ❶ €26,00
H500 2,8ha 34T(80-100m²) 101D ❷ €34,00

A7 Ulm-Würzburg Abfahrt 113 Ellwangen, Richtung Dinkelsbühl. Bei Muckental Richtung Haselbach und Stauseen. Erster CP rechts. 102434

Ellenberg, D-73488 / Baden-Württemberg

Campingplatz Fuchs****
Haselbach 11
1 Apr - 15 Okt
+49 79 65 22 70
info@camping-fuchs.de
N 48°59'13'' E 10°13'04''

1 ADEGKNOPQRSTU LNQSXY 6
2 AEIJQSTUVWXY ABDEFGHIK 7
3 ALMU ABCDEFGJKNQRSTW 8
4 FHJQ K 9
5 ABDEFGHKMN ABFHJKMOQY 10
B 16A CEE ❶ €23,50
H500 3ha 21T(100m²) 130D ❷ €31,50

A7 Ulm-Würzburg, Ausfahrt 113 Ellwangen Richtung Dinkelsbühl. Bei Muckental Richtung Haselbach und Stauseen. Zweiter CP rechts. 110361

Ellwangen, D-73479 / Baden-Württemberg

Natur & City Camping Ellwangen
Rotenbacher Str. 45
4 Apr - 24 Okt
+49 79 61 79 21
info@nc-camping.de
N 48°57'35'' E 10°07'15''

1 ADEKNOPQSTU EN 6
2 ADPQTXYZ ABDEFG 7
3 GM ABCDEFJNQRTW 8
4 FH F 9
5 ABDEFHKMN ABFGHIJKLMOQUW 10
B 6-16A CEE ❶ €32,00
H440 3,5ha 80T(80-120m²) 18D ❷ €38,00

A7 Ausfahrt 113 Ellwangen. In Ellwangen durch den Tunnel, an der T-Kreuzung rechts ab. Rechts über die Brücke (Bahnlinie und kl. Fluss) die erste Straße links. Den CP-Schildern folgen. 102436

Essingen/Lauterburg, D-73457 / Baden-Württemberg

Hirtenteich
Hasenweide 2
1 Jan - 31 Dez
+49 7 36 52 96
info@hirtenteich.camp
N 48°47'12'' E 09°58'54''

1 ADEKNOPQSTU A 6
2 IPQSTUVWXY ABCDEFGHIK 7
3 BFMX ABCDEFGJNQRTW 8
4 FHT BF 9
5 ABDFHLMN ABGHIJKLOSTUWY 10
WB 16A CEE ❶ €24,30
H680 4,5ha 65T(70-100m²) 174D ❷ €33,30

A7 Ausfahrt Aalen/Westhausen, Richtung Schwäbisch-Gmünd. B29 Aalen-Schwäbisch-Gmünd, ca. 6 km westlich von Aalen Richtung Essingen, dann Lauterburg. CP ist ausgeschildert. 102364

Freudenberg, D-97896 / Baden-Württemberg

Seecamping Freudenberg
Mühlgrundweg 10
1 Jan - 15 Nov
+49 93 75 83 89
info@seecamping-freudenberg.de
N 49°45'44'' E 09°19'07''

1 ADEGKNOPQSTU AHNQX 6
2 EQSXY ABDFGHIK 7
3 BFMNQT ABCDEFGJNQRTW 8
4 JQ D 9
5 ABDLMN ABGHJKLMOQY 10
B 16A CEE ❶ €24,25
H100 5,7ha 40T(60-80m²) 252D ❷ €32,25

In Miltenberg Richtung Wertheim/Freudenberg, durch Freudenberg Richtung Wertheim. Dann im Kreisel den Schildern folgen. 102278

Gruibingen, D-73344 / Baden-Württemberg

Campingplatz Winkelbachtal
Campingplatz 1
1 Jan - 31 Dez
+49 1 76 20 51 25 36
info@winkelbachtal.de
N 48°35'31'' E 09°37'28''

1 AKNOPQRSTU 6
2 ABCQSTXY ABFG 7
3 X ABCDEFJNQRTW 8
4 FHJ 9
5 DN AHJKQ 10
B 16A CEE ❶ €24,00
H600 3,5ha 60T(60-80m²) 37D ❷ €34,00

A8 Ausfahrt 59 Gruibingen/Mühlhausen. Dann Richtung Gruibingen. CP ist gut ausgeschildert. 101430

Hohenstadt, D-73345 / Baden-Württemberg

CC€21

CP Waldpark Hohenstadt
Waldpark 1
1 Mrz - 31 Okt
+49 73 35 67 54
camping@waldpark-hohenstadt.de
N 48°32'51'' E 09°40'02''

1 ADEKNOPQSTU 6
2 AIPQSTUVWXYZ ABDEFG 7
3 AFIMX ABCDEFJNQRUVW 8
4 FH W 9
5 ADFGHLMN ABDGHJKLMOQU 10
Anzeige auf dieser Seite 16A CEE ❶ €26,00
H800 7,5ha 60T(80-150m²) 110D ❷ €34,00

A8/E52 Stuttgart-Ulm, Ausfahrt 60 (Behelfsausfahrt). CP Schildern Hohenstadt folgen. 117762

Löwenstein, D-74245 / Baden-Württemberg

Campingpark Breitenauer See*****
1 Jan - 31 Dez
+49 71 30 85 58
info@breitenauer-see.de
N 49°07'01'' E 09°23'00''

1 ADEJMOPQRSTU LMNOPQSTXYZ 6
2 EIJLQSUXY ABDEFGHI 7
3 BCGMSU ABCDEGJKLMNQRSTUV 8
4 BCFHIJTX EFJQTWZ 9
5 ABDEFLMNO ABGHIJKNQUXY 10
B 16A CEE ❶ €35,00
H268 10ha 300T(100-197m²) 315D ❷ €41,00

A81 Stuttgart-Würzburg, Ausfahrt 10 Weinsberg/Ellhofen. B39 Richtung Obersulm/Löwenstein. Ausfahrt Obersulm/Willsbach. Ausgeschildert. 102289

Murrhardt/Fornsbach, D-71540 / Baden-Württemberg

Waldsee
Am Waldsee 17
1 Jan - 31 Dez
+49 71 92 64 36
kontakt@camping-waldsee-murrhardt.de
N 48°58'34'' E 09°39'59''

1 AKNOPQRSU LMN 6
2 BCEJKQSTUVWXYZ ABDFGHI 7
3 AGJM ABCDEFJNQRTW 8
4 FGHJT E 9
5 ABDEMN ABGHJKNQU 10
B 16A CEE ❶ €23,60
H351 2,6ha 90T(80m²) 97D ❷ €32,60

Murrhardt liegt an der Verbindungsstraße Salzbach-Gaildorf zwischen der B14 und B19. Bei Murrhardt die Ausfahrt 'Waldsee'. Am See vorbei zum CP. 102362

Neckarsulm, D-74172 / Baden-Württemberg

Reisach-Mühle****
Reisachmühle 6
1 Jan - 31 Dez
+49 71 32 21 69
info@campingplatz-reisachmuehle.de
N 49°11'14'' E 09°14'50''

1 AGJMOPQRSTU 6
2 APQWXYZ ABFG 7
3 BHIMN ABFNQRW 8
4 FHI 9
5 ABDLM ABHIOST 10
16A CEE ❶ €23,00
H270 2,3ha 80T(50-100m²) 70D ❷ €32,00

A6 Ausfahrt 37 Neckarsulm. Im 1. Kreisel rechts und im 2. Kreisel links. Richtung Sportplatz und 'Aquatoll' Gelände. Der CP liegt hinter den Tennisplätzen. 102287

Oedheim, D-74229 / Baden-Württemberg

CC€23

Sperrfechter Freizeit-Park
Hirschfeld 3
1 Jan - 31 Dez
+49 7 13 62 26 53
info@sperrfechter-freizeitpark.de
N 49°14'29'' E 09°13'56''

1 ADEGKNOPQRSTU HJLMNX 6
2 ACFQTWXYZ ABDEFG 7
3 ABFGMS ABCDEFGHJNQRTW 8
4 FH DTY 9
5 ABDMN AGHJKOSTY 10
Anzeige auf dieser Seite 16A CEE ❶ €30,00
H160 30ha 100T(100m²) 355D ❷ €40,00

A81, Ausfahrt Neuenstadt Richtung Bad Friedrichshall bis Oedheim. Ab der A6: Ausfahrt Heilbronn/Neckarsulm nach Bad Friedrichshall/Oedheim, dann ausgeschildert. 109434

Deutschland

Pfedelbach/Buchhorn, D-74629 / Baden-Württemberg

Camping-Club Ludwigsburg
Am Wasserturm 22
1 Mrz - 1 Dez
+49 7 94 13 92 27
uwe.goennenwein@t-online.de
N 49°09'22" E 09°30'06"

1 ABG**KN**OPQRSU — L**N** 6
2 ACEJPQRXYZ — ABDEFGH 7
3 B**L**MSU — ABCDEFHJNQRT 8
4 BFH — 9
5 DM — ABCFHIJKL**O**QY 10
B 16A CEE
H410 3ha 80**T** 150**D**
① €26,50
② €31,50

A6 Ausfahrt Öhringen. Dann über Pfedelbach und Heuberg nach Buchhorn. Danach ausgeschildert.
114835

Schwäbisch Hall/Steinbach, D-74523 / Baden-Württ.

Am Steinbacher See
Mühlsteige 26
15 Mrz - 15 Okt
+49 7 91 29 84
camping.sha-steinbach@t-online.de
N 49°05'53" E 09°44'32"

1 ADEG**KN**OPQRSTU — **N** 6
2 CFPQTWXYZ — ABDE**FG**HI 7
3 AFG**L**MSX — ABCDE**F**JNQRW 8
4 FGHJO — 9
5 ADHMN — ABGHJKLOQU 10
B 16A CEE
H270 1ha 50**T**(75m²) 40**D**
① €27,80
② €37,80

A6, Ausfahrt 43 Richtung Schwäbisch Hall. In Schwäbisch Hall Straße B14 und B19 ausgeschildert (Richtung Comburg). Am Fußballplatz vorbei fahren.
100175

Weikersheim/Laudenbach, D-97990 / Baden-Württ.

Schwabenmühle GmbH****
Weikersheimer Straße 21
1 Apr - 8 Okt
+49 79 34 99 22 23
info@camping-schwabenmuehle.de
N 49°27'28" E 09°55'34"

1 ABEG**KN**OPQRSTU — 6
2 CIPQSTWXYZ — AB**FG**HIK 7
3 ABMX — ABCDEFGIJKNPQRTUVW 8
4 AEFGHJO — AFW 9
5 ADHMN — ABCFGHJKOQW 10
Anzeige auf dieser Seite B 16A CEE
H270 2,3ha 70**T**(80-100m²) 4**D**
① €29,85
② €41,85

A81 Stuttgart-Würzburg. Ausfahrt 3 Tauberbischofsheim. B290 bis Bad Mergentheim, B19 Richtung Würzburg. In Jagersheim Richtung Weikersheim, dann Richtung Laudenbach (3 km). Kurz vor Laudenbach CP rechts.
117855

Wertheim, D-97877 / Baden-Württemberg

Wertheim-Bettingen
Geiselbrunnweg 31
31 Mrz - 31 Okt
+49 93 42 70 77
info@campingpark-wertheim-bettingen.de
N 49°46'51" E 09°34'00"

1 AEG**KN**OPQRST**U** — J**N**WXY**Z** 6
2 ADQSXYZ — ABDE**FG**H 7
3 BFM — ABCDE**F**JNQRTW 8
4 H — FY 9
5 ABDFLMN — AGHLQV 10
Anz. auf dieser Seite B 6-10A CEE
H140 7,5ha 100**T**(80-100m²) 123**D**
① €28,00
② €33,00

A3 Aschaffenburg-Würzburg, Ausfahrt 66 Wertheim. Der CP ist ausgeschildert.
100169

Schurrenhof/Donzdorf, D-73072 / Baden-Württemberg

Camping Schurrenhof
Schurrenhof 4
15 Mrz - 15 Okt
+49 71 65 92 85 85
info@schurrenhof.de
N 48°43'41" E 09°46'12"

1 AEG**KN**OPQSU — A 6
2 IQTWXY — ABDE**FG**IK 7
3 AB**HIJL**M**U** — ABCDE**F**JNQRUV 8
4 FHJ — DGV 9
5 ABDEFHJLMN — ABFGHJKQU 10
W 10A CEE
H555 2,8ha 30**T**(80-120m²) 124**D**
① €21,10
② €29,10

A8 Stuttgart-München, Ausf. 56 Göppingen. Dann B10 Donzdorf, 1. Kreisel Heidenheim. Nach 1 km links Reichenbach/Schurrenhof. Von der B29 Ri. Schwäb.-Gmünd. Dort Ri. Donzdorf. In Rechburg rechts nach Schurrenhof.
102366

Wertheim/Bestenheid, D-97877 / Baden-Württemberg

AZUR Cp-park Wertheim am Main
An den Christwiesen 35
1 Apr - 31 Okt
+49 9 34 28 31 11
wertheim@azur-camping.de
N 49°46'40" E 09°30'33"

1 ADEG**KN**OPQST**U** — BGH**NX**YZ 6
2 DQSXY — ABDE 7
3 AF**J**MS — ABCDEFJKNQFTW 8
4 FHR — BCFY 9
5 ADMN — AGHELQ 10
B 6-16A CEE
H140 7ha 200**T**(60-110m²) 55**D**
① €44,00
② €64,00

A3 Frankfurt-Würzburg, ausfahrt 65 Wertheim/Marktheidenfeld bis Wertheim und dann in Richtung Miltenberg bis Bestenheid. Weiter nach CP-Beschilderung.
102357

Teilkarte Stuttgart auf Seite 310

Aitrach, D-88319 / Baden-Württemberg

Park-Camping Iller****
Illerstraße 57
1 Apr - 15 Okt
+49 75 65 54 19
info@camping-iller.de

1 BCDEGHJMOPQRSTU BGJN 6
2 CQTWXYZ BEFGH 7
3 ABFGMUW ABDFIJKNQRTUVW 8
4 BEFGHJO DR 9
5 ABDHJKMN ABFGHIJKLOQUV 10
B 16A CEE 1 €36,00
H590 4,3ha 150T(80-140m²) 107D 2 €47,00

N 47°56'57'' E 10°05'15''

A7 Ulm-Memmingen. Memminger Kreuz Richtung Lindau fahren. In Aitrach rechts CP-Beschilderung folgen. 102440

Albstadt, D-72458 / Baden-Württemberg

Sonnencamping Albstadt
Beibruck 54
1 Jan - 31 Dez
+49 7 43 19 37 03 48
info@sonnencamping.de

1 ABDEKNOPQRSTU I 6
2 IPQTUVWXY ABEFGI 7
3 ABM ABCDEFGJNQRTUVW 8
4 EFHJO FJ 9
5 ABDMNO ABFGHJKOQU 10
WB 16A CEE 1 €38,20
H747 7ha 53T(80-110m²) 34D 2 €47,20

N 48°12'52'' E 08°58'42''

A81 Ausfahrt 31 Empfingen. Dann die B463 nach Bisingen, Balingen. Weiter nach Albstadt. Hier der Beschilderung folgen. 122329

Bad Urach, D-72574 / Baden-Württemberg

CC€23

Pfählhof***
Pfählhof 2
1 Jan - 31 Dez
+49 71 25 80 98
camping@pfaehlhof.de

1 DEGJMOPQRSTU 6
2 DQTWXY ABDEFGI 7
3 BFM ABCDFJKNQRT 8
4 FHJO JK 9
5 ABDEFHLM ABCDGHJKLNQUV 10
Anzeige auf dieser Seite 16A CEE 1 €31,00
H500 4,5ha 50T(80-120m²) 171D 2 €35,00

N 48°30'14'' E 09°25'28''

A8 Ausfahrt 56 Nürtingen. Dann der B297 folgen, in Nürtingen die B313 bis Metzingen. Dann der B28 bis Bad Urach folgen. 102291

Friedrichshafen, D-88045 / Baden-Württemberg

CAP-Rotach
Lindauerstraße 2
24 Mrz - 22 Okt
+49 75 41 70 07 77 77
info@cap-rotach.de

1 ADEGHKNOPQRSTU LMNQSWX 6
2 EKLPQTWXY ABDEFGI 7
3 AB ABCDEFIJNQRTW 8
4 AEFHJO GILRV 9
5 ADMN ABFGHIKNQ 10
B 6A CEE 1 €28,00
0,8ha 85T(36-100m²) 44D 2 €32,00

N 47°38'58'' E 09°29'48''

B31 Richtung Lindau. Vor Friedrichshafen 'Stadtmitte' folgen. Dann dem Schild 'Jugendherberge' folgen. 100m hinter der Rotach-Brücke rechts. 113686

Friedrichshafen, D-88048 / Baden-Württemberg

Campingplatz Friedrichshafen-Fischbach
Grenzösch 3
6 Apr - 8 Okt
+49 7 54 14 20 59
info@camping-fischbach.de

1 AEGILOPQRSTU LMNQSWXY 6
2 EJPQWXY ABDEFGI 7
3 AB ABCDEFJKNQRT 8
4 AFHO T 9
5 ABDEFIKN ABGHIKOQ 10
B 10A CEE 1 €30,50
H367 2ha 80T(70-120m²) 40D 2 €38,50

N 47°40'10'' E 09°24'14''

Von Stockach B31 Richtung Friedrichshafen. Dann ist der CP ausgeschildert. 102299

Hagnau, D-88709 / Baden-Württemberg

Campingplatz Alpenblick
Strandbadstraße 13
1 Apr - 27 Okt
+49 75 32 49 57 60
info@campingplatz-alpenblick.de

1 AJLOPQRSTU LMNSW 6
2 ELPQSUXY ABDEFGI 7
3 B ABCDEFIJKNQRTW 8
4 FHO 9
5 ADEFKM AGHIKLOQ 10
B 16A CEE 1 €34,70
2ha 80T(50-80m²) 150D 2 €42,70

N 47°40'20'' E 09°19'39''

Von Singen nach Lindau. Der B31 bis Hagnau, danach den CP Schildern folgen. Aus Ulm-Ravensburg nach Markdorf. Dann Hagnau und den CP Schildern folgen. 113685

Illmensee, D-88636 / Baden-Württemberg

Camping Seewiese
Kirchplatz 2/1
1 Mai - 5 Okt
+49 7 55 84 66
info@camping-illmensee.de

1 AGJMOPQRSTU LNQXY 6
2 CELPQWYZ ABDEFGIK 7
3 BFGLM ABCDEFKNQRTUW 8
4 AFHJKO FK 9
5 ABDMN ABFGHIJKMNSTU 10
16A CEE 1 €28,00
H700 1,6ha 40T(60-80m²) 66D 2 €28,00

N 47°51'39'' E 09°22'28''

Kreuz Hegau A498 Singen-Stockach. Dann die B31 bis Überlingen. Richtung Pfullendorf bis Heiligenberg. An der Kirche rechts. In Rickertsreute an der Tankstelle rechts nach Illmensee. 111954

Immenstaad, D-88090 / Baden-Württemberg

Schloss-Kirchberg
18 Mrz - 29 Okt
+49 75 45 64 13
info@mupu.de

1 AEGKNOPQRSTU LPQSWX 6
2 ELQTVWXYZ ABFG 7
3 BGM ABEFJNQRTW 8
4 EFH 9
5 ABDEFHIM AGHIKOQ 10
B 16A CEE 1 €30,50
H330 8ha 100T(67-113m²) 230D 2 €37,50

N 47°40'12'' E 09°19'53''

B31 an der Straße Überlingen-Friedrichshafen ist der CP ab Immenstaad ausgeschildert. 110462

Deutschland

Teilkarte Tübingen auf Seite 313

Immenstaad, D-88090 / Baden-Württemberg

Schloß Helmsdorf OHG
Schloß Helmsdorf 1
24 Mrz - 8 Okt
+49 75 45 62 52
info@schlosshelmsdorf.de
N 47°40'00" E 09°22'42"

1 ADEGJMOPQRSTU LNOQSXYZ 6
2 ELPQSVWXYZ ABCDEFG 7
3 BS ABCDEFJNQRTW 8
4 AFH I 9
5 ACDEFGHLMN ABCGHIJKMOQ 10
Anzeige auf Seite 313 B 6A CEE ❶ €30,80
H319 5,5ha 80T(75-100m²) 240D ❷ €39,80
109749

Ab Kreuz Hegau A81 nach Stockach. Über die B31 nach Überlingen/Friedrichshafen. Bei Stetten weiter B31/E54 nach Immenstaad. CP kurz hinter Immenstaad und gut angezeigt.

Isny im Allgäu, D-88316 / Baden-Württemberg

Waldbad Camping Isny GmbH****
Lohbauerstraße 61-69
31 Mrz - 15 Okt
+49 75 62 23 89
info@camping-isny.de
N 47°40'39" E 10°01'49"

1 ADEGKNOPQRSTU LM 6
2 BEIJQTWYZ BEFG 7
3 AFMNS BDFJNQRUVW 8
4 J IJNV 9
5 ADEFHJKLMN ABCEFGHIJKOQU 10
16A CEE ❶ €35,00
H750 4,5ha 50T(60-100m²) 5D ❷ €45,00
108810

A7 Ulm, dann A96 Memmingen-Lindau. Ausfahrt 8 Leutkirch-Süd Richtung Isny. Hier den CP-Schildern folgen.

Isny/Beuren, D-88316 / Baden-Württemberg

Am Badsee****
Allmisried 1
15 Apr - 15 Okt
+49 75 67 10 26
campingbadsee@t-online.de
N 47°45'13" E 10°00'15"

1 ADEGJMOPQRSTU LMQRSX 6
2 EILQTWY BEFGIK 7
3 ABFGMU BDFIJNPQRSTUW 8
4 EFHJKOP FIT 9
5 ABDEFHIKMN ABFGHIJKMOSTUY 10
B 16A CEE ❶ €30,00
H720 3,5ha 80T(64-128m²) 206D ❷ €37,00
102441

E61 Oberschwäbische Barockstraße Leutkirch-Isny. In Leutkirch-Süd Richtung Beuren. Dann ist der CP ausgeschildert.

Kirchberg (Iller), D-88486 / Baden-Württemberg

Christophorus****
Werte 6
1 Jan - 31 Dez
+49 7 35 46 63
info@camping-christophorus.de
N 48°08'21" E 10°06'11"

1 ADEGILOPQRSTU ELNQSX 6
2 AEIQWXY ABEFG 7
3 ABGJMRS ABCDEFJNQRTUVW 8
4 BCDFHST DJ 9
5 ABDEHLM ABCFGHIJKOQU 10
B 16A CEE ❶ €34,70
H540 9ha 200T(100-120m²) 412D ❷ €45,10
101432

A7 Ulm-Memmingen, Ausfahrt 125, in Altenstadt Richtung Kirchberg. Vor Kirchberg Schildern folgen.

Krauchenwies, D-72505 / Baden-Württemberg

Seencamping Krauchenwies
Ablacher Str. 4
1 Apr - 1 Nov
+49 7 57 69 61 57 06
info@seencamping.de
N 48°01'07" E 09°14'09"

1 ABDEKNOPQRSTU LNX 6
2 CEKPQWXY BFG 7
3 ABFGMS ABDEFGJNQRTUW 8
4 FHJO AEFJ 9
5 ABDM ABFGHJKOQ 10
16A CEE ❶ €37,20
H581 3ha 52T(80-100m²) 60D ❷ €46,20
122372

A81 Ausf. 31, Empfingen, B463, Richtung Rottweil/Albstadt. Dann Ri. Sigmaringen. In Sigmaringen B313 Richtung Meßkirch. Hier die B311 Ri. Mengen. Weiter Ri. Krauchenwies. Der Beschilderung folgen.

Kressbronn, D-88079 / Baden-Württemberg

Gohren am Bodensee****
Zum Seglerhafen
8 Apr - 16 Okt
+49 7 54 36 05 90
info@campingplatz-gohren.de
N 47°35'17" E 09°33'47"

1 ADEKNOPQRSTUV LNOPQRSTVWXY 6
2 AEILPQSTWXYZ ABCDEFGHIJ 7
3 BDGJMUW ABDEFGIJKNQRTW 8
4 ABCDEFHJKOPQTX ABDIJKSVW 9
5 ACFGHLMN ABEFGHIKMOQUWY 10
B 16A CEE ❶ €36,50
H400 45ha 726T(60-100m²) 972D ❷ €49,50
102371

B31 Lindau-Friedrichshafen. Hinter Kressbronn links in Richtung Langenargen. An der Kiesgrube entlang den CP-Schildern folgen.

Kressbronn, D-88079 / Baden-Württemberg

Iriswiese****
Tunau 16
1 Apr - 24 Okt
+49 75 43 80 10
info@campingplatz-iriswiese.de
N 47°35'14" E 09°34'58"

1 AKNOPQS LNPQSWXY 6
2 AEILMQWY ABDEFGHI 7
3 BMU ABCDEFJKNQRT 8
4 FHJO 9
5 ACDEFHKMN ABGHIJKOQ 10
10A CEE ❶ €30,00
H400 8ha 200T(60-100m²) 200D ❷ €37,00
109207

B31 Lindau-Friedrichshafen. Durch Kressbronn links ab Richtung Langenargen. Der CP ist gut ausgeschildert.

Leibertingen/Thalheim, D-88637 / Baden-Württ.

Campinggarten Leibertingen
Beim Freibad 1 - Vogelsang
1 Apr - 31 Okt
+49 75 75 20 91 71
info@campinggarten-leibertingen.de
N 48°00'37" E 09°01'42"

1 ABDEKNOPQRSTU AFH 6
2 IPQTVWX BEFG 7
3 ABDEGM ABCDEFJNQRTUVW 8
4 BFJKOT FZ 9
5 ABDEFHJKMN AGHJKLORSU 10
Anzeige auf dieser Seite 16A CEE ❶ €30,40
H730 2ha 60T(100m²) 13D ❷ €39,40
121946

B311 Freiburg-Ulm, Ausfahrt Leibertingen. In Thalheim links in die 'Schwimmbadstraße' abbiegen. Den Schildern folgen. Camping liegt rechts oben neben dem Weg.

Machtolsheim, D-89150 / Baden-Württemberg

Heidehof****
Heidehofstraße 50
1 Jan - 31 Dez
+49 73 33 64 08
info@camping-heidehof.de
N 48°28'39" E 09°44'41"

1 ADEGKNOPQRSTU BG 6
2 AQUWXY ABCDEFG 7
3 ABCFGIJM ABCDEFGHJKLNQRSTW 8
4 BDFHJLO AEFW 9
5 ABDEFGHLMNO ABFGHIJKLMNOQUWX 10
WB 16A CEE ❶ €31,00
H725 25ha 200T(60-100m²) 919D ❷ €40,00
101144

A8 Stuttgart-Ulm Ausfahrt 61 Merklingen, dann in Richtung Blaubeuren. Der CP ist 2 km außerhalb von Machtolsheim. Ist von der Autobahn aus gut angezeigt.

Markdorf, D-88677 / Baden-Württemberg

Wirthshof*****
Steibensteg 10
15 Jan - 15 Dez
+49 7 54 49 62 70
reservierung@wirthshof.de
N 47°42'53" E 09°24'32"

1 ADEGKNOPQRSTU B 6
2 PQWYZ ABCDEFG 7
3 ABDEFGJLMW ABCDEFIJKNQRSTUVW 8
4 ABDEFHQTVXYZ AEFGJ 9
5 ABDEFHJLMN ABCFGHIKMOQY 10
Anzeige auf Seite 315 B 16A CEE ❶ €47,50
H411 10ha 158T(80-120m²) 152D ❷ €60,50
102298

Ab Meersburg der B33 bis hinter Markdorf folgen. Ab Ravensburg B33 Richtung Meersburg vor Markdorf. Der CP ist dann ausgeschildert.

Münsingen, D-72525 / Baden-Württemberg

Ferienanlage Hofgut Hopfenburg
Hopfenburg 12
1 Jan - 31 Dez
+49 73 81 93 11 93 11
info@hofgut-hopfenburg.de
N 48°24'12" E 09°30'31"

1 ADEGHKNOPQRSTU 6
2 BIQVWX ABDEFGIJ 7
3 BDHIMUW ABCDFGHIJLNPQRTUVW 8
4 ABDFGHIJKT ABDEUVW 9
5 ABDEJKMN ACFGHJKLNPSUY 10
WB 16A CEE ❶ €32,40
H780 10ha 80T(100-120m²) 65D ❷ €39,40
120271

A8 Stuttgart-München. Ausf. 55 Richtung Nürtingen-Metzingen-Bad Urach. In Münsingen den CP-Schildern folgen. CP liegt etwas außerhalb des Ortes. Oder Ausfahrt Merklingen und dann Münsingen folgen.

Oberteuringen/Neuhaus, D-88094 / Baden-Württ.

Camping am Bauernhof/ Ferienhof Kramer
Sankt Georg Straße 8
15 Mai - 10 Sep
+49 75 46 24 46
kramer@camping-am-bauernhof.de
N 47°44'22" E 09°28'19"

1 AGILOPQRSTU A 6
2 CPQXY ABDEFGHI 7
3 ABFGMSW ABFJNQFTW 8
4 FHJK I 9
5 ABDMN ABFGHIJKMOQUW 10
B 16A CEE ❶ €27,50
H456 0,9ha 51T(100-120m²) 4D ❷ €38,50
111720

A81 Stuttgart-Singen-Meersburg. B33 Richtung Ravensburg/ Markdorf/Neuhaus. Ulm-Ravensburg. B33 Richtung Meersburg/Neuhaus.

ACSI Legende Karten

Ein offenes Zelt bedeutet daß sich hier ein Campingplatz befindet.

Ein geschlossenes Zelt bedeutet daß hier mehrere Campingplätze zu finden sind.

Campingplätze die CampingCard ACSI akzeptieren.

70 Auf dieser Seite finden Sie das Teilgebiet.

73 Pfeile mit Seitenangaben am Kartenrand verweisen auf angrenzende Gebiete.

Die Übersichtskarte des betreffenden Landes und im welchen Teilgebiet Sie sich befinden.

Deutschland

Teilkarte Tübingen auf Seite 313

Deutschland

Salem/Neufrach, D-88682 / Baden-Württ.

CC€21 iD

Gern-Campinghof Salem	1 AEG**KN**OPQRSTU	**N** 6
Weildorferstraße 46	2 BCPQWXY	ABDE**FG**H**IJ** 7
1 Apr - 31 Okt	3 ABFG**HIL**M**NT**X	ABCDEFJKNQRUVW 8
+49 75 53 82 96 95	4 ACDFGHJKLOQ**TXZ**	EFK 9
info@campinghof-salem.de	5 ABDEFHKMN	ABCDEHIJKOQU 10
	Anz. auf dieser Seite B 10-16A CEE	❶ €29,00
N 47°46'12" E 09°18'27"	H467 2ha 94**T**(80-100m²) 29**D**	❷ €33,00

A81 Stuttgart-Singen nach Lindau. Dann die B31 Überlingen-Salem. Von Ulm: die B30 Ulm-Ravensburg. B33 Richtung Markdorf. Dann Richtung Salem/Neufrach. 112985

Sigmaringen, D-72488 / Baden-Württemberg

iD

Sigmaringen****	1 ADE**KN**OPQRSTU	**AHJN**VX 6
Georg-Zimmerer-Straße 6	2 CPQSTWXYZ	AB**FG** 7
26 Mrz - 17 Okt	3 ABFG**HJKLM**N**TWX**	ABCDEFJNQRUVW 8
+49 7 57 15 04 11	4 FHI	FJRUW 9
info@outandback.de	5 ABCDEFGHKLM	ABCFGHIJKLOQ 10
	B 16A CEE	❶ €33,00
N 48°05'01" E 09°12'29"	H570 1,5ha 66**T**(60-140m²) 25**D**	❷ €48,00

A81 Ausfahrt 38. B311 Richtung Tuttlingen, dann Richtung Sigmaringen B311/B313. Ab hier den CP Schildern folgen. 102293

Tübingen, D-72072 / Baden-Württemberg

iD

Neckarcamping Tübingen***	1 ADEG**JM**OPQRSTU	**N** 6
Rappenberghalde 61	2 DPQSXYZ	ABDE**FG**HI 7
1 Apr - 31 Okt	3 BM	ABCDEFHNRT 8
+49 7 07 14 31 45	4 FH	F 9
mail@neckarcamping.de	5 ABDEFLM	AFGHJKOQ 10
	B 16A CEE	❶ €36,50
N 48°30'38" E 09°02'09"	H400 3ha 83**T**(60-80m²) 45**D**	❷ €40,50

A81 Ausfahrt 28 Herrenberg. Dann der B28 Richtung Tübingen folgen. In der Stadt den CP-Schildern folgen. CP ist mitten in der Stadt. 102290

Sonnenbühl/Erpfingen, D-72820 / Baden-Württemberg

iD

AZUR Camping Schwäbische Alb	1 ABDEG**KN**OPQRSTU	B 6
Hardtweg 82	2 IQSUVXYZ	ABDE**FG** 7
1 Jan - 31 Dez	3 ABFG**JLMN**SX	ABCDFJNQR 8
+49 7 12 84 66	4 FHI	AEJ 9
sonnenbuehl@azur-camping.de	5 ABDEFGHIMN	ABGHJKNQUV 10
	WB 16A CEE	❶ €38,00
N 48°21'47" E 09°11'00"	H790 9ha 150**T**(70-120m²) 215**D**	❷ €56,00

Von Stuttgart-Reutlingen die B312/313 Richtung Sigmaringen. Der Strecke zur Bärenhöhle, Sonnenbühl-Erpfingen ist gut ausgeschildert. 102292

Uhldingen-Mühlhofen, D-88690 / Baden-Württemberg

iD

Campingplatz Birnau-Maurach	1 ADEG**JM**OPQRSTU	LPQS**X** 6
19 Mrz - 28 Okt	2 EMQY	ABDE**FG** 7
+49 75 56 66 99	3 ABFM	ABCDFJNQRTUVW 8
info@mupu.de	4 BCFHJ**Q**	V 9
	5 ABDEFHJLN	ACHIJKMOQY 10
	B 16A	❶ €35,00
N 47°44'26" E 09°13'34"	H333 4ha 120**T**(70-100m²) 60**D**	❷ €40,00

B31 Stockach via Überlingen nach Uhldingen. Hier ist der CP ausgeschildert. 102296

Tettnang/Badhütten, D-88069 / Baden-Württemberg

iD

Gutshof Camping Badhütten	1 A**JM**OPQRST**U**	AFHINU 6
Laimnau/Badhütten 1/2	2 CIQWXYZ	BE**FG** 7
1 Apr - 30 Sep	3 BFH**I**MS	BCD**F**JKNQRTU 8
+49 7 54 39 63 30	4 **A**FHJK	DI 9
gutshof.camping@t-online.de	5 ADFGHKM	ABCFGHJKNQV 10
	16A CEE	❶ €43,50
N 47°38'00" E 09°38'51"	H380 10ha 132**T**(120-150m²) 314**D**	❷ €55,10

B31 Lindau-Friedrichshafen. Hinter Kressbronn in Richtung Tettnang, Abfahrt Tannau/Laimnau, dann ist der CP ausgeschildert. 102368

Westerheim, D-72589 / Baden-Württemberg

iD

ALB-Camping Westerheim	1 AEG**KN**OPQSTU	BGM 6
Beim Campingplatz 1	2 AIQUWXY	ABDE**FG** 7
1 Jan - 31 Dez	3 BFG**JMNS**	ABCDFGIJKNQR**STUW** 8
+49 73 33 61 40	4 B**E**FHJLO**PQR**	CDEFI 9
info@alb-camping.de	5 ABCDEFHJLMN	ABFGHJKLM**O**PQUVY 10
	WB 16A CEE	❶ €31,40
N 48°30'37" E 09°36'34"	H820 20ha 74**T**(80-100m²) 940**D**	❷ €40,40

A8 Stuttgart-München. Behelfsausfahrt 60 Hohenstadt Richtung Westerheim. A8 München-Stuttgart Ausfahrt 61 Richtung Westerheim. Der CP ist ausgeschildert und von der Autobahn aus gut erreichbar. 102367

Teilkarte Tübingen auf Seite 313

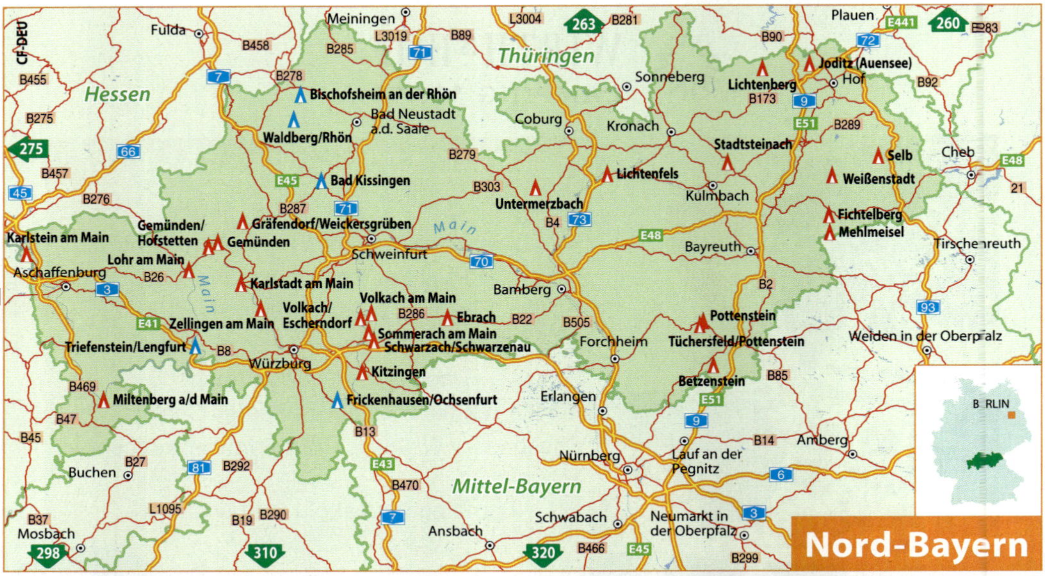

Bad Kissingen, D-97688 / Bayern

CC€23 iD

Knaus Campingpark Bad Kissingen
Euerdorfer Str. 1
1 Jan - 31 Dez
+49 9 71 78 51 39 66
badkissingen@knauscamp.de

1 ADEG**KN**OPQRSTU	N	6
2 ADPQSTXYZ	AB**FG**	7
3 A	ABCDEFJNQRUVW	8
4 FH	E	9
5 ABDFLM	ABCDGHOPQW	10

B 16A CEE — ① €51,00
H200 2ha 110T(80-110m²) 26D — ② €61,20

N 50°11'22'' E 10°04'20''

A7 Würzburg-Fulda, Ausfahrt 96, dann Bad Kissingen und der Beschilderung folgen. A71 Schweinfurt–Meiningen, Ausfahrt 26, dann B287 Bad Kissingen Beschilderung folgen.

102423

Betzenstein, D-91282 / Bayern

iD

Betzenstein
Hauptstraße 69
1 Apr - 1 Nov
+49 92 44 73 05
info@campingplatz-betzenstein.de

1 AFG**KN**OPQRSTU		6
2 AQSTVWXY	AB**FG**	7
3	ABCDE**F**JNQRUV	8
4 FGHI		9
5 ACEFGHJKMN	ABCHIJKL**O**Q	10

16A CEE — ① €21,50
H600 46ha 100T(20-100m²) 70D — ② €27,50

N 49°41'09'' E 11°24'09''

A9 Nürnberg-Bayreuth, Ausfahrt 46 Plech. Dann Richtung Betzenstein. 2 km hinter Betzenstein Richtung Leupoldstein. Einfahrt am Restaurant Hubertus.

101085

Bischofsheim an der Rhön, D-97653 / Bayern

CC€23 iD

Camping Rhöncamping****
Kissingerstraße 53
1/1 - 27/10, 16/12 - 31/12
+49 97 72 13 50
info@rhoencamping.de

1 AG**KN**OPQRSTU	BG	6
2 PQSWXY	ABD**FG**	7
3 AG**J**M	ABCDE**F**HIJNPQRW	8
4 FHJ**S**		9
5 ABDMN	ABFGHJKLOQ	10

WB 16A CEE — ① €28,50
H418 3,8ha 80T(80-100m²) 100D — ② €35,50

N 50°23'44'' E 10°01'14''

A7 Würzburg-Fulda, Abfahrt 95 Bad Brückenau/Wildflecken. Richtung Bischofsheim. In Bischofsheim den CP-Schildern folgen.

102421

Ebrach, D-96157 / Bayern

iD

Weihersee
Schwimmbadweg 21
31 Mrz - 5 Nov
+49 9 55 39 89 05 79
weihersee@t-online.de

1 AEGKNOPQSTU		6
2 BDFPQVWXYZ	ABDE**FG**	7
3 B	ABCDEFJNQRUVW	8
4 FH	F	9
5 ADFHL	ABHJK**O**Q	10

B 16A — ① €29,00
3ha 138T(90-100m²) 28D — ② €39,00

N 49°50'44'' E 10°28'57''

A3 Würzburg-Nürnberg, ausfahrt 76 Geiselwind, ca 15 Min Richtung Ebrach. Dann den CP-Schildern folgen.

121059

Fichtelberg, D-95686 / Bayern

iD

Fichtelsee*****
Fichtelseestraße 30
1/1 - 31/10, 18/12 - 31/12
+49 9 27 28 01
info@camping-fichtelsee.de

1 AEG**KN**OPQRSTU	L	6
2 EPQSWXYZ	ABDE**FG**H	7
3 AB**JL**MU	ABCDEFJQRTUVW	8
4 EFHJO		9
5 ABDMN	ABEGHJK**N**QW	10

Anz. auf dieser Seite WB 16A CEE — ① €25,10
H800 2,6ha 100T(90-140m²) 25D — ② €33,90

N 50°00'59'' E 11°51'20''

B303 Richtung Fichtelberg/Marktredwitz. Den weißen Schildern 'Fichtelsee' und CP-Schildern folgen.

102565

Frickenhausen/Ochsenfurt, D-97252 / Bayern

CC€23 iD

Knaus Campingpark Frickenhausen****
Ochsenfurterstraße 49
1 Mrz - 26 Nov
+49 93 31 31 71
frickenhausen@knauscamp.de

1 ADEG**KN**OPQRSTU	A**HX**YZ	6
2 ACQSWXYZ	ABDE**FG**HI	7
3 BGM	ABCDEFJNQRTW	8
4 FHJO	EFV	9
5 ADFLMN	ABCDGHJKL**O**STUY	10

B 16A CEE — ① €48,20
3,4ha 77T(80-100m²) 98D — ② €57,60

N 49°40'09'' E 10°04'28''

A3 Würzburg-Nürnberg, Ausfahrt 71 Randersacker. B13 bis Frickenhausen. Dann der CP-Beschilderung folgen

102428

Gemünden, D-97737 / Bayern

iD

Saaleinsel
Duivenallee 7
1 Apr - 15 Okt
+49 93 51 85 74
poststelle@campingplatz-saaleinsel.de

1 ADEG**KN**OPQSTU	BFJ**N**XZ	6
2 DPQSXY	ABDE**FG**H	7
3 AFG**J**M**N**S	ABCDEFJNPQRTU	8
4 FHJ	RV	9
5 DEF	ABGHJKLOQ	10

B 16A CEE — ① €28,50
H180 5,2ha 150T(80-120m²) 200D — ② €37,50

N 50°03'37'' E 09°41'28''

A3 Frankfurt-Würzburg, Ausfahrt 61 Hösbach. Dann B26 Lohr-Gemünden. Campingschildern folgen.

02355

Gemünden/Hofstetten, D-97737 / Bayern

iD

Spessart-Camping Schönrain*****
Schönrainstr. 4-18
1 Apr - 30 Sep
+49 93 51 86 45
info@spessart-camping.de

1 AG**KN**OPQRST**U**	A	6
2 PQRSUVWXYZ	AB**C**DE**FG**HI	7
3 BCFM	ABCDE**FI**J**L**NQRTUVW	8
4 FHJO**P**QR**SUV**	EFV	9
5 ABDFGLMN	ABGJKLNST	10

B 16A CEE — ① €30,90
H179 7ha 100T(100-150m²) 32D — ② €40,50

N 50°03'05'' E 09°39'25''

A3 Frankfurt-Würzburg, Ausfahrt 63 Weibersbrunn/Lohr. B26 Richtung Lohr/Gemünden. In Gemünden über die Mainbrücke, dann rechts Richtung Hofstetten und CP-Schildern folgen.

101427

Gräfendorf/Weickersgrüben, D-97782 / Bayern

iD

Roßmühle
Roßmühle 7
1 Apr - 15 Okt
+49 93 57 12 10

1 A**KN**OPQSTU	J**N**XZ	6
2 DQSXY	AB**C**DE**FG**I	7
3 AM	ABCDE**F**JNQRUVW	8
4 FH	GIR	9
5 ABDEFLMN	AGHJK**O**QY	10

6-10A CEE — ① €28,00
H172 4ha 120T(80-100m²) 176D — ② €34,00

N 50°06'24'' E 09°47'00''

A7 Fulda-Würzburg, Ausfahrt 97. B287 Richtung Hammelburg, dann B27 Richtung Karlstadt. Hinter Obereschenbach der Ausfahrt Gräfendorf folgen. Etwa 1 km hinter Weickersgrüben den CP-Schildern folgen.

102354

Teilkarte Nord-Bayern auf Seite 316

Joditz (Auensee), D-95189 / Bayern

Auensee
Am Auensee 1
1 Jan - 31 Dez
+49 9 29 53 81
info@auensee-camping.de
N 50°22'29'' E 11°50'16''

1 ADE**K**NOPQRSTU	LNX	6
2 AEPQSUXYZ	ABDE**FG**	7
3 AFGM	ABE**F**JNQRW	8
4 FHJ		9
5 KM	AHJKLOQU	10
W 16A CEE		❶ €23,30
H450 6ha 35**T** 150**D**		❷ €25,00

A9 Ausfahrt 3 Berg/Bad Steben. Dann Richtung Joditz. Anschließend ist CP ausgeschildert. An der schmalen Einbahnstraße geradeaus. Schild 'Auensee' folgen. 102561

Karlstadt am Main, D-97753 / Bayern

Am Schwimmbad
Baggersweg 6
1 Apr - 15 Okt
+49 93 53 99 61 07
info@campingplatz-karlstadt.de
N 49°57'29'' E 09°45'45''

1 A**K**NOPSU	BG**N**X	6
2 DPQSWXY	ABE**FG**	7
3 A	ABEFNQR	8
4		9
5 ADEFLM	ABCHOQ	10
16A CEE		❶ €20,50
H160 1,3ha 40**T**(80-95m²) 70**D**		❷ €27,10

B27 Würzburg-Zellingen-Karlstadt. Von Würzburg aus hinter dem ALDI-Supermarkt rechts. Über die Brücke, nach der Ampel links. Schildern Sportplatz folgen. 102356

Karlstein am Main, D-63791 / Bayern

Freizeitgebiet Großwelzheim
Kirchweg 1
1 Jan - 31 Dez
+49 61 88 50 94
camping.karlstein@online.de
N 50°03'30'' E 09°00'46''

1 ABEILOPQRSTU	LM**N**	6
2 ABEJQSXY	ABDE**FGIJ**	7
3 BFG**J**MS	ABCDEFJKNQRTW	8
4 FHJ		9
5 ABDEFHJKM**N**	ABGHIJKOQY	10
B 10A CEE		❶ €27,50
H100 12ha 100**T**(60-80m²) 450**D**		❷ €36,50

A45 Dortmund-Würzburg, Ausfahrt 45 Karlstein. B8 rechts Richtung Hanau. Direkt nach Karlstein am Main Schild 'Camping/Badesee' folgen. 102276

Kitzingen, D-97318 / Bayern

Schiefer Turm
Marktbreiterstr. 20
1 Apr - 8 Okt
+49 9 32 13 31 25
info@camping-kitzingen.de
N 49°43'54'' E 10°10'06''

1 AEG**KN**OPQRSTU	**J**N**WXYZ**	6
2 ADPQSWXYZ	ABDE**FGI**	7
3 AM	ABCDFGIJNQRW	8
4 H		9
5 ADM	AGHJKOQY	10
16A CEE		❶ €37,00
H181 3ha 110**T**(85-130m²) 40**D**		❷ €41,00

A3 Würzburg-Nürnberg Ausfahrt 72 Biebelried, dann die B8 Richtung Kitzingen. Den Schildern zum Schwimmbad folgen. 101138

Lichtenberg, D-95192 / Bayern

Höllental Camping
Seestrasse 161a
1 Jan - 31 Dez
+49 92 88 68 70
info@hoellental-camping.de
N 50°22'25'' E 11°40'11''

1 ABDEG**KN**OPQRST	LM**N**	6
2 ABFIKLQSWYZ	AB**FG**	7
3 ABEFGM	ABEFJQRW	8
4 FH		9
5 ADM	ABCHJKOQ	10
WB 16A		❶ €20,00
H564 4ha 105**T** 100**D**		❷ €25,00

B173 Kronach-Hof bei Naila Richtung Lichtenberg. Danach den Schildern 'Erholungszentrum' folgen. 102559

Lichtenfels, D-96215 / Bayern

Maincamping
Krößwehrstr. 52
1 Apr - 15 Okt
+49 9 57 17 17 29
info@maincamping.de
N 50°09'22'' E 11°05'11''

1 AEG**KN**OPQRST**U**	JL**N**XZ	6
2 CEKPQTWXYZ	ABDE**FG**HI	7
3 ABM**N**	ABCDEFJNQRTW	8
4 FHJO		9
5 ADN	ABFGHJKNQ	10
B 16A CEE		❶ €16,00
H300 1ha 85**T**(81-100m²) 45**D**		❷ €19,30

B173, Ausfahrt Lichtenfels-Ost/Oberwallenstadt. CP ist ausgeschildert. 102525

Lohr am Main, D-97816 / Bayern

Camping Mainufer
Jahnstraße 12
13 Apr - 15 Okt
+49 16 37 30 18 46
info@camping-lohr.de
N 49°59'54'' E 09°34'58''

1 AEG**KN**OPQRS**U**	**B**HI**NX**Y	6
2 DPQTXY	ABDE**FG**	7
3 FG**N**	ABEFJNQRU	8
4 FH		9
5 D	ABHIJKNST	10
16A CEE		❶ €24,50
H150 2,2ha 60**T**(80-90m²) 50**D**		❷ €31,50

A3 Frankfurt-würzburg, Ausfahrt 63 Weibersbrunn, Richtung Lohr am Main, vorbei Lohr am Main B26 nehmen, bei McDonald's abzweigen, CP-Schildern folgen. 108134

Mehlmeisel, D-95694 / Bayern

Holderbach
Schafgasse 14a
1/1 - 15/10, 15/12 - 31/12
+49 9 27 23 87
info@campingplatz-holderbach.de
N 49°58'31'' E 11°51'09''

1 AG**KN**OPQRSTU	F	6
2 PQUWXY	AB**FG**	7
3 AMU	ABEFJNR	8
4 HJO	V	9
5 D	AGHJKOQ	10
W 16A CEE		❶ €20,00
H650 0,8ha 54**T**(bis 100m²) 25**D**		❷ €27,00

B303 Richtung Fichtelberg. Dort Richtung Mehlmeisel. Nach ca. 3 km braunen CP-Schildern folgen. Erster CP am Ortsrand. 100171

Miltenberg a/d Main, D-63897 / Bayern

MainCamping Miltenberg
Steingässerstrasse 8
1 Apr - 30 Sep
+49 93 71 39 85
maincamping@outlook.de
N 49°42'13'' E 09°15'15''

1 AFG**KN**OPQRSU	J**NWX**	6
2 CPQSXYZ	ABDE	7
3 BFMX	ABCDEFJNQR	8
4 **E**FHI		9
5 ABDHMN	ABCGHKMNQ	10
16A		❶ €22,00
H126 2,5ha 50**T**(70-100m²) 60**D**		❷ €29,00

B469 Aschaffenburg-Amorbach, Richtung Miltenberg. Im Zentrum über Mainbrücke Richtung Klingenberg und dann gleich rechts. 102279

Pottenstein, D-91278 / Bayern

Bärenschlucht****
Bärenschlucht 1
1 Jan - 31 Dez
+49 9 24 32 06
info@baerenschlucht-camping.de
N 49°46'45'' E 11°23'07''

1 ADEG**KN**OPQRS**U**	J**N**U	6
2 CPQSVWXYZ	ABDE**FG**IJ	7
3 **B**LMW	ABCDE**F**JNQRTW	8
4 FH	J	9
5 ABDFJKLMN	ABEGHKQ	10
B 6-16A CEE		❶ €31,50
H400 5ha 150**T**(50-120m²) 56**D**		❷ €38,50

A9 Ausfahrt 44 Pegnitz. Richtung Pottenstein. B470 ab Forchheim Richtung Pegnitz. Bei Km 10. A73 Forcheim-Nord über die B470. 101140

Pottenstein, D-91278 / Bayern

Jurahöhe
Kleinlesau 9
1 Jan - 31 Dez
+49 92 43 91 73
campingplatz-jurahoehe@gmx.de
N 49°47'54'' E 11°22'30''

1 AG**KN**OPQRS**U**		6
2 QSVWXYZ	ABD**FG**	7
3 **B**L**M**	ABE**F**JNQRUVW	8
4 FH		9
5 ADFJKMN	ABFHJKLQ	10
16A CEE		❶ €21,40
H468 1,6ha 55**T**(81-100m²) 30**D**		❷ €28,40

Von Bamberg oder Würzburg via B470 nach Ebermannstadt. Via Behringermühle und Tüchersfeld nach Kleinlesau. 109035

Schwarzach/Schwarzenau, D-97359 / Bayern

Mainblick GBR****
Mainstraße 2
1 Apr - 31 Okt
+49 9 32 46 05
info@camping-mainblick.de
N 49°48'13'' E 10°13'02''

1 AG**KN**OPQRST**U**	JNQSW**XYZ**	6
2 ADPQSTWXY	ABDE**FGI**	7
3 AF**LM**	ABCD**F**JKNQRTW	8
4 FH		9
5 ADFLMN	AGHJKL**O**ST	10
B 16A CEE		❶ €30,50
H123 2,9ha 80**T**(85-100m²) 90**D**		❷ €39,00

A3, Ausfahrt 74 nach Kitzingen/Schwarzach/Dettelbach, Richtung Schwarzach/Dettelbach/Würzburg. Nach Hörblach rechts abbiegen auf die B22. Im Kreisverkehr die 3. Ausfahrt. CP-Schildern 'Schwarzenau' folgen. 101429

Selb, D-95100 / Bayern

Kornberg Borderland Camping
Heidelheim 37
1 Jan - 31 Okt
+49 92 87 23 66
info@borderland-camping.de
N 50°08'39'' E 12°03'04''

1 ADEG**KN**OPQRST**U**	L	6
2 AEQSUVXYZ	ABDE**FG**I	7
3 BX	ABE**F**NQR	8
4 FHJ	GIJ	9
5 ADMN	AGHJKL**N**Q	10
16A CEE		❶ €25,00
H625 5,2ha 80**T** 130**D**		❷ €35,00

A93, Ausfahrt 9 Selb-West/Marktleuthen. Bei Km 5,5 links Richtung Heidelheim. CP ist ausgeschildert. A9 Ausfahrt 37 Gefrees Richtung Selb. Von Marktleuthen den CP-Schildern folgen. 102585

Sommerach am Main, D-97334 / Bayern

Katzenkopf****
Am See 7
1 Apr - 29 Okt
+49 93 81 92 15
info@camping-katzenkopf.de
N 49°49'33'' E 10°12'03''

1 AEG**KN**OPQSTU	JL**N**QSXY**Z**	6
2 ADFJKPQSWXYZ	ABDE**FG**	7
3 BFG**JL**M	ABCDEFJKNQRTUVW	8
4 FHJO	RTV	9
5 ABDFLMN	AGHJKNST	10
B 6-16A CEE		❶ €35,50
H198 6ha 232**T**(100-120m²) 96**D**		❷ €45,50

A3 Würzburg-Nürnberg, Ausfahrt 74 Kitzingen-Schwarzach. Anschließend Richtung Volkach. Nach 4 km Richtung Sommerach, dann beschildert. 102426

Stadtsteinach, D-95346 / Bayern

Camping Stadtsteinach
Badstraße 5
15 Mrz - 15 Nov
+49 92 25 80 03 94
info@camping-stadtsteinach.de
N 50°09'37'' E 11°30'57''

1 ADEG**KN**OPQRSTU	**B**GO	6
2 PQRSUVWXYZ	ABDE**FGI**	7
3 BFM**NOR**	ABCDEFJKNPQRTW	8
4 FHO	DFGI	9
5 ABDFHJKLM	ABGHJK**O**Q	10
Anzeige auf dieser Seite B 16A CEE		❶ €24,00
H350 3,5ha 100**T**(90-110m²) 47**D**		❷ €32,60

A9 München-Berlin Ausfahrt Himmelkron/Stadtsteinach. Über die B303 Richtung Stadtsteinach. Dann den CP-Schildern folgen. 102562

Teilkarte Nord-Bayern auf Seite 316

Deutschland

Volkach am Main, D-97332 / Bayern

Ankergrund
Fahrerstraße 7
1 Apr - 22 Okt
+49 93 81 67 13
info@
campingplatz-ankergrund.de
N 49°52'09'' E 10°12'54''

1 AGKNOPQRST JNWXYZ 6
2 CJPQSTWXY ABDEFG 7
3 AFGM ABCDEFJNPQRUV 8
4 FH 9
5 ABDMN ABGHIJKOQ 10
B 16A CEE ① €34,00
H280 2ha 120T(100-150m²) 60D ② €41,00

A3 Würzburg-Nürnberg, Ausfahrt 74 Kitzingen/Schwarzach. Sommerach/Volkach Beschilderung folgen, in Volkach ist der CP ausgeschildert. 102425

Triefenstein/Lengfurt, D-97855 / Bayern

CC€23

Main-Spessart-Park*****
Spessartstraße 30
1 Jan - 31 Dez
+49 93 95 10 79
info@
camping-main-spessart.de
N 49°49'06'' E 09°35'18''

1 ADEGJMOPQSTU WXY 6
2 AQSTVWXYZ ABDEFGH 7
3 BFGLMS ABCDEFJKNQRTUVW 8
4 FHJLO EFI 9
5 ABDFGHLMN ABCDFGHJKLORSUW 10
Anzeige auf Seite 319 B 10A CEE ① €29,00
H155 9,5ha 180T(90-110m²) 187D ② €37,00

A3 Frankfurt-Würzburg, Ausf. 65 Marktheidenfeld. In Triefenstein/Lengfurt über die Brücke und dann den CP-Schildern folgen (6 km). Oder A3 Ausfahrt 66 Wertheim. Am Main entlang Ri. Lengfurt. CP-Schildern folgen (8 km). 100168

Volkach/Escherndorf, D-97332 / Bayern

CP-Eschendorf-Mainschleife
An der Güß 9A
7 Apr - 29 Okt
+49 93 81 28 89
info@
campingplatz-mainschleife.de
N 49°51'36'' E 10°10'35''

1 ADEGJMOPQRSTU JNXYZ 6
2 DKPQTWXYZ ABDEFG 7
3 ALM ABCDEFIJNQRTW 8
4 FH 9
5 ABDFLMN AGHJKNQ 10
B 16A CEE ① €35,50
H198 2ha 80T(90-100m²) 11D ② €45,50

A7 Würzburg-Fulda, Ausfahrt 101 Estenfeld/Würzburg Richtung Escherndorf. Schildern folgen. 112347

Tüchersfeld/Pottenstein, D-91278 / Bayern

Camp.platz Fränkische Schweiz
Im Tal 1a
1 Apr - 15 Sep
+49 92 42 17 88
info@campingplatz-
fraenkische-schweiz.info
N 49°46'59'' E 11°22'00''

1 ADEGKNOPQRSTU JNU 6
2 CPQSWY ABDEFG 7
3 AL ABCDEFJNQR 8
4 FHJO 9
5 ABDJMN ABGHKLNQ 10
16A CEE ① €29,70
H300 2ha 155T ② €36,90

A73 Ausfahrt 9 Forchheim-Süd. B470 via Ebermannstadt, Fränkische Schweiz, Richtung Weiden. 1. CP hinter Tüchersfeld. Zwischen Km-Pfahl 11,5 und 12. 102526

Waldberg/Rhön, D-97657 / Bayern

CC€23

Camping Waldberg
Dr.-Bühner-Straße 1
1 Apr - 5 Nov
+49 97 01 90 67 86
camping-waldberg@gmx.de
N 50°20'17'' E 09°59'24''

1 AEGKNOPQSTU 6
2 BDIPQSTWXYZ ABDEFGK 7
3 AT ABEFJNPQRUV 8
4 FHIJQ DF 9
5 AFJKMN AHJKLN 10
Anzeige auf dieser Seite 16A CEE ① €29,10
H428 2,5ha 140T(80-130m²) 17D ② €37,10

A7 Ausfahrt 95 Bad Brückenau/Wildflecken, B286 Richtung Bad Brückenau. Nach 3 km Richtung Wildflecken. In Wildflecken Richtung Sandberg. 102422

Untermerzbach, D-96190 / Bayern

Rückert Klause
Wüstenwelsberg 16
1 Apr - 31 Okt
+49 9 53 32 88
uwe.kaiser16@gmx.de
N 50°08'15'' E 10°49'41''

1 AGKNOPQRSU 6
2 IQSUVXY ABDEF 7
3 ABCDEFJNQR 8
4 F 9
5 DHMN ABFJKNQ 10
Anzeige auf dieser Seite 16A CEE ① €18,20
H356 1ha 25T(60-100m²) 35D ② €22,20

Aus dem Westen via B279 nach Pfarrweisach-Lichtenstein-Wüstenwelsberg Richtung Untermerzbach. Via B4, Ausfahrt Kattenbrunn/Untermerzbach/Obermerzbach. 102477

Weißenstadt, D-95163 / Bayern

Am Weissenstädter See
Badstraße 91
1 Jan - 31 Dez
+49 17 08 01 73 14
kontakt@
camping-weissenstadt.de
N 50°06'28'' E 11°52'49''

1 AGKNOPQRSTU LMNQRSTXYZ 6
2 CEKQTWXYZ ABDEFGH 7
3 ABFLMNO ABCDEFJKNQRTW 8
4 EFH T 9
5 ABDEFHJKLM ABFGHJKLMOQ 10
WB 16A CEE ① €21,50
H618 17ha 90T(90-120m²) 140D ② €28,50

A9 Nürnberg-Berlin, Ausfahrt Gefees. Via Weissenstadt Richtung Selb. CP ist ausgeschildert. 102563

Zellingen am Main, D-97225 / Bayern

Main Camp Resort
Badstraße 7
1 Apr - 31 Okt
+49 9 36 48 12 13 23
info@maincampresort.de
N 49°53'48'' E 09°49'36''

1 ADEGKNOPQRSTU BGHNXY 6
2 DKSTWX ABFG 7
3 AMN ABEFJKNQRW 8
4 FHI FR 9
5 ABD ABGHOSTUV 10
16A CEE ① €31,50
H169 1ha 81T(80-100m²) 20D ② €41,50

B27 Würzburg-Zellingen. Im Dorf Schildern "Schwimmbad" folgen. 1 3475

Teilkarte Nord-Bayern auf Seite 316

CAMPING MAIN-SPESSART-PARK

WALD · WASSER · WEIN · KULTUR

★★★★★

97855 Triefenstein/Lengfurt am Main
Tel.: +49 93 95/10 79 - Fax: +49 93 95/82 95
E-Mail: info@camping-main-spessart.de
Internet: http://www.camping-main-spessart.de

Familienfreundliche Campinganlage mit mustergültiger Sanitärausstattung. Stellplätze mit Strom, Kanal- und Wasseranschluss.

Separater Jugendzeltplatz, **eigener Platzbereich für Campingclubs** mit großem Aufenthaltsraum.

Freizeitgelände für Fußball, Beachvolleyball, Badminton, Streetball und Tischtennis. **2 Kinderspielplätze, Kleintiergehege.**

Beheiztes Freibad direkt neben dem Camping.

Idyllische Umgebung mit romantischen Städtchen und Weinorten. Radwege durch das Maintal.

Ferienprogramm im Juli und August.

Sie können bei uns angekoppelt mit Strom auf dem separaten Platzteil übernachten. Verbilligte Tarife in der Vor- und Nachsaison. Sonderprogramme ab 11. bis 25. Juni 2023 'Mainfranken & Badisches Frankenland' und ab 10. bis 21. September 2023 'Mainfranken zum Kennenlernen'.

***** **NEU** *****
Ein zweiter großer Kinderspielplatz

Bad Neualbenreuth, D-95698 / Bayern

CC€21 iD

Campingplatz Platzermühle
Platzermühle 2
1 Jan - 31 Dez
+49 96 38 91 22 00
info@camping-sibyllenbad.de

1	ADKNOPQRSTU		6
2	QSTVWXY	ABDEFGHI	7
3	BLMU	ABCDEFJNQRUV	8
4	FHJ	I	9
5	ADMN	AGHJKQ	10

Anzeige auf dieser Seite 16A CEE
H550 1ha 44T(100-120m²) 25D
① €22,00
② €28,00
N 49°58'15" E 12°26'41"
A93 Ausfahrt Mitterteich-Süd, dann Bad Neualbenreuth folgen.
118244

Altenveldorf/Velburg, D-92355 / Bayern

iD

Am Hauenstein
Seestraße 9
1 Mrz - 31 Okt
+49 9 18 24 54
info@campingamhauenstein.de

1	AGKNOPQRSTU	A	6
2	AQSXY	ABFGH	7
3	AM	ABCDEFJKNQRW	8
4	O	F	9
5	ABDJM	AHJKOQ	10

B 16A CEE
H550 3,5ha 100T(80-120m²) 91D
① €28,50
② €39,30
N 49°13'01" E 11°40'09"
A3 Nürnberg-Regensburg, Ausfahrt 93 Velburg. CP-Schildern folgen.
102570

Berg in der Oberpfalz, D-92348 / Bayern

iD

Camping in Berg
Hausheimer Straße 31
1 Apr - 31 Okt
+49 91 89 15 81
camping-in-berg@t-online.de

1	AGKNOPQRSTU		6
2	AIQXY	ABDEFGI	7
3	A	ABCDEFHJKNQRTUW	8
4	FHJ	I	9
5	DN	AHJKNQ	10

Anzeige auf dieser Seite 16A CEE
H450 1,5ha 63T(100m²) 51D
① €24,00
② €33,00
N 49°19'46" E 11°25'43"
A3 Nürnberg-Regensburg Ausfahrt 91 Oberölsbach, Richtung Neumarkt und Berg, weiter beschildert.
112165

Bad Kötzting, D-93444 / Bayern

iD

Adventure Camp Bad Kötzting
Jahnstraße 42
1 Jan - 31 Dez
+49 17 58 62 52 01
bohemia-tours@t-online.de

1	AGKNOPQRSTU	JNUVX	6
2	CPQY	ABFG	7
3	BTW	ABFJNQRW	8
4	EFHJOQ	DNR	9
5	ADFJKLM	ABGHIJKOQ	10

16A CEE
H500 1,4ha 40T(80-100m²) 30D
① €33,00
② €33,00
N 49°10'46" E 12°51'51"
Von Cham B85 Richtung Regen. Bei Miltach Richtung Kötzting. CP wird in Kötzting auf blau-weißen Schildern Richtung Freibad angezeigt.
102616

Blaibach/Kreuzbach, D-93476 / Bayern

iD

Campingplatz Blaibach
Oberes Dorf 7
1 Mai - 3 Okt
+49 99 41 41 28
info@aquahema.de

1	AJMOPQRSTU	JNUV	6
2	BCPQSTXYZ	ABFGH	7
3	ABFGMW	ABCDEFJNQR	8
4	HIJ	FRUZ	9
5	ADJ	ABHIJKOPQU	10

Anzeige auf Seite 321 B 16A CEE
H380 1,6ha 40T(80-100m²) 32D
① €24,10
② €35,50
N 49°09'36" E 12°48'31"
Von Westen: A6/E50 Nürnberg Ri. Amberg. B93 Ri. Schwandorf, dann B85 Ri. Blaibach. Von Süden: A3 Passau, am Kreuz Deggendorf A92/B11 Ri. Regen. In Patersdorf B85 Ri. Cham. In Miltach die ST2140 nach Blaibach.
121911

Nur bei Angabe dieses CC-Logos wird die CampingCard ACSI akzeptiert.

Siehe auch die Gebrauchsanweisung in diesem Führer.

Teilkarte Mittel-Bayern auf Seite 320

Deutschland

Deining, D-92364 / Bayern

Campingplatz Sippelmühle GbR
Sippelmühle 1
1 Jan - 31 Dez
+49 91 84 16 46
camping@sippelmuehle.de
N 49°10'54'' E 11°32'17''

1 ACGKNOPQRSTU L 6
2 BEIJKPQSUVXYZ ABEFG 7
3 ABCDEFJNQRU 8
4 FH 9
5 DFHJK AFHJKMOQ 10
Anzeige auf dieser Seite B 16A CEE ❶ €32,00
H453 6ha 50T(70-200m²) 160D ❷ €42,00

123506

A3 Nürnberg - Regensburg Ausfahrt 92. Die B299 Richtung Greisselbach, Döllwang, Waltersberg, dann den Schildern folgen.

Dinkelsbühl, D-91550 / Bayern

SeeCamp Dinkelsbühl
Kobeltsmühle 6
1 Jan - 31 Dez
+49 98 51 78 17
info@see-camp.de
N 49°04'52'' E 10°20'02''

1 ADEGKNOPQRSTU LNX 6
2 EJKQTVWYZ ABDEFGIK 7
3 ALMS ABCDEFJKNQRW 8
4 FHJK FNVZ 9
5 ABDKMN ABCFGHJKLNQUW 10
B 16A CEE ❶ €32,90
H350 14ha 462T(80-140m²) 151D ❷ €41,10

102433

A7 Ausfahrt 112 Richtung Dinkelsbühl. In Dinkelsbühl an der B25 ausgeschildert. Zwischen Tankstelle und Bahnübergang Richtung Dürrwangen. CP ist gut ausgeschildert.

Erlangen/Dechsendorf, D-91056 / Bayern

Rangau
Campingstraße 44
26 Mrz - 3 Okt
+49 91 35 88 66
infos@camping-rangau.de
N 49°37'54'' E 10°56'51''

1 ADEGKNOPQRSTU LQSX 6
2 AEJPQRSTWXYZ ABDEFG 7
3 BFLMNR ABCDEFJNQRT 8
4 FHJO V 9
5 ADFJLMN ABGHJKMOQ 10
B 6A CEE ❶ €30,00
H300 1,8ha 113T(60-80m²) 60D ❷ €40,00

102479

A3 Ausfahrt 81 Erlangen-West, Richtung Dechsendorf. Nach ungefähr 2 km links abbiegen, dann CP-Schildern folgen. A73, Ausf. Erlangen-Nord, dann Ri. Dechsendorf. Dort rechts. Die Navigation nicht im Dorf benutzen.

Etzelwang, D-92268 / Bayern

Frankenalb Camping
Nürnberger Straße 5
1 Jun - 30 Sep
+49 9 66 39 19 00
frankenalb-camping@web.de
N 49°31'31'' E 11°34'55''

1 AGJMOPQSU BG 6
2 CPQWXYZ ABDEFG 7
3 A ABCDEFJNQR 8
4 H 9
5 D ABLQ 10
16A CEE ❶ €19,00
H460 2,5ha 40T 100D ❷ €24,00

102569

B14 zwischen Lauf und Sulzbach-Rosenberg. Ausfahrt Etzelwang oder Neukirchen. CP liegt am Schwimmbad in Etzelwang.

Furth im Wald, D-93437 / Bayern

Einberg
Dabergerstraße 33
1 Apr - 31 Okt
+49 99 73 18 11
drachencamping@gmail.com
N 49°18'36'' E 12°51'31''

1 AGKNOPQSTU BNPQSXY 6
2 CQSWY BEFG 7
3 BFLM ABCDEFJNQRT 8
4 FJ VZ 9
5 ADHKLMNO ABFHJKLOQU 10
16A CEE ❶ €30,00
H400 2,5ha 80T(80-90m²) 8D ❷ €36,00

102614

Von Cham aus B20 Richtung Fürth im Wald. Im Ort ist der CP an der Kirche mit Pfeilen ausgeschildert.

Geslau, D-91608 / Bayern

CC€23

Mohrenhof****
Lauterbach 3
1 Jan - 31 Dez
+49 98 67 97 86 09
info@mohrenhof-franken.de
N 49°20'42'' E 10°19'26''

1 ADEKNOPQRSTU LMN 6
2 AEIJKQTVWXY ABDEFGIJK 7
3 BDFGHIJLMTX ABCDEFGJKNQRTUVW 8
4 BFHJO FGIJKWY 9
5 ABDFHLMN ABDFGHJKLMOQU 10
Anzeige auf Seite 323 B 16A CEE ❶ €48,00
H450 10ha 330T(80-250m²) 71D ❷ €61,00

117991

A7 Ausfahrt 108 Rothenburg ob der Tauber. Richtung Geslau. Hinter Geslau links Richtung Lauterbach. Dort rechts Richtung Camping, deutlich ausgeschildert.

Greding, D-91171 / Bayern

Bauer-Keller
Kraftsbucher Straße 1
1/1 - 31/10, 16/12 - 31/12
+49 8 46 36 40 00
info@hotel-bauer-keller.de
N 49°02'26'' E 11°20'59''

1 KNOPQRSTU 6
2 ABVX AB 7
3 A AEFNQ 8
4 G 9
5 DHJL AORS 10
Anzeige auf dieser Seite 8-10A CEE ❶ €20,00
H300 1ha 80T(40-60m²) 24D ❷ €22,50

102530

A9 München-Nürnberg, Ausfahrt 57 Greding. Genau gegenüber der Auffahrt nach München.

Gunzenhausen, D-91710 / Bayern

Altmühlsee-Camping Herzog
Seestraße 12
15 Mrz - 31 Okt
+49 98 31 90 33
post@camping-herzog.de
N 49°07'37'' E 10°44'38''

1 ACGKNOPQRSTU MX 6
2 EJQSTWXY BFG 7
3 BGJMU ABCDFGIJNQRTW 8
4 I 9
5 ACDFGJLM ABFGHIKOQ 10
B 16A CEE ❶ €26,50
H408 4,5ha 150T(100m²) 78D ❷ €35,50

108104

A6 Heilbronn Richtung Nürnberg, Ausfahrt 52 Richtung Gunzenhausen, vor Gunzenhausen hinter BMW-Werkstatt gleich rechts.

Gunzenhausen, D-91710 / Bayern

CC€21

Campingplatz Fischer-Michl
Wald Seezentrum 4
15 Mrz - 31 Okt
+49 98 31 27 84
fischer-michl@t-online.de
N 49°07'32'' E 10°43'00''

1 ACEGKNPRSTU LMNQRSTXYZ 6
2 EJKPQSWX BFG 7
3 BEGHIMS ABCDEFJKNQRTW 8
4 TV 9
5 ABDEFHJKM ABDFGHIJKOQVY 10
Anzeige auf dieser Seite B 16A CEE ❶ €27,20
H415 4,5ha 120T(120m²) 50D ❷ €35,20

111699

A6 Heilbronn Richtung Nürnberg, Ausfahrt 52 Richtung Gunzenhausen. Dann Richtung Nördlingen/Altmühlsee, Südufer-Wald.

Teilkarte Mittel-Bayern auf Seite 320

Hohenwarth, D-93480 / Bayern

Hohenwarth	1 ACDEGKNOPQSTU	EJMNUX 6
Ferienzentrum 3	2 CEPQSUWY	ABDEFGH 7
1/1 - 7/11, 12/12 - 31/12	3 BFJMSX	ABCDEFJNRT 8
+49 9 94 63 67	4 AEFIJOST	GIRV 9
info@	5 ABCDEFGHJMN	ABGHIKMNQ 10
campingplatz-hohenwarth.de	WB 16A CEE	❶ €29,15
N 49°12'21'' E 12°55'27''	H500 10ha 280T(80-100m²) 122D	❷ €34,15

Straße Kötzingen-Bayerisch Eisenstein, nach ca. 6 km links ausgeschildert. Schildern zum CP folgen. 100177

Laaber, D-93164 / Bayern

Hartlmühle	1 AGKNOPQRSTU	J 6
Hartlmühle 1	2 ABCIPQVXY	ABCEFGHI 7
1 Mai - 30 Sep	3 BLM	ABCDEFJMQRTW 8
+49 9 49 85 33	4 FHO	FGIKV 9
info@hartlmuehle.de	5 ABDEFHJKNO	ABHJKLOQU 10
	B 16A	❶ €24,00
N 49°03'30'' E 11°54'19''	H372 7ha 30T(80-120m²) 101D	❷ €30,00

Von der A3 Ausfahrt 96 Laaber, weiter den Schildern folgen. 113476

Gunzenhausen, D-91710 / Bayern

Campingplatz Himmelreich am Schnackensee	1 DEKNOPQRSU	N 6
Schnackenmühle 2-4	2 FKQRSWX	ABDEFG 7
1 Mrz - 30 Nov	3	ABEFJNQRSW 8
+49 9 83 18 03 10	4	9
	5 A	AJK 10
info@angelzentrum-schnackensee.de	10A CEE	❶ €18,00
N 49°08'58'' E 10°45'58''	H425 3ha 200T(100m²) 30D	❷ €24,00

A6 Nürnberg-Heilbronn, Ausfahrt 52 Ansbach. Die B13 Richtung Gunzenhausen, Ausfahrt Laubenzedel, dann den Schildern nach. 112987

Mitterteich, D-95666 / Bayern

Panorama und Wellness Cp. Großbüchlberg*****	1 ADEGKNOPQRSTU	6
	2 AISTUVWXY	ABDEFGH 7
Großbüchlberg 32	3 JU	ABCDEFIJNQRTUVW 8
1 Jan - 31 Dez	4 FHJTUV	9
+49 96 33 40 06 73	5 ABDFKLM	AFGHJKOQW 10
camping@freizeithugl.de	Anz. auf dieser Seite WB 16A CEE	❶ €30,70
N 49°58'23'' E 12°13'30''	H605 1,6ha 60T(65-110m²) 10D	❷ €40,70

A93 Ausfahrt 16 oder 17, dann Ri. Mitterteich. An der Ampel im Stadtzentrum Beschilderung 'Freizeithugl' folgen. Nach 200m links Ri. Großbüchlberg. Dort hinter dem Ortsschild rechts den CP-Schildern folgen. 117922

Hechlingen am See/Heidenheim, D-91719 / Bayern

Hasenmühle***	1 AGHKNOPSTU	LNQX 6
Hasenmühle 1	2 CEJKPQSWXY	ABFGIJ 7
1 Mrz - 15 Nov	3 A	ABEFJNQRW 8
+49 98 33 16 96	4 FHJ	K 9
campingplatz.	5 DMNO	ABFGHIJKLOQUW 10
hasenmuehle@t-online.de	B 16A CEE	❶ €21,00
N 48°58'18'' E 10°43'34''	H477 2ha 33T(100-120m²) 40D	❷ €29,00

A6 Heilbronn-Nürnberg, Ausfahrt 52 Richtung Gunzenhausen. Dann auf der B466 Richtung Nördlingen, weiter durch Ostheim nach Hechlingen. 110736

Hirschau, D-92242 / Bayern

Freizeitpark Monte Kaolino	1 ADEGKNOPQRSTU	BGHIM 6
Wolfgang Drossbachstraße 114	2 JPQSWXYZ	ABDEFGHIJ 7
1 Jan - 31 Dez	3 ABEGJMWX	ABCDEFJNQRTUW 8
+49 9 62 28 15 02	4 BFHJO	EH 9
info@montekaolino.eu	5 ABDEFJKLM	ABFGHIJKOQY 10
	Anzeige auf dieser Seite B 16A CEE	❶ €26,00
N 49°31'52'' E 11°57'58''	H450 3,3ha 210T(60-100m²) 131D	❷ €34,00

In Hirschau-Zentrum an der der B14 angezeigt. Danach der Beschilderung folgen. Ca. 2 km südwestlich von Hirschau. 102568

Neubäu, D-93426 / Bayern

See-Campingpark Neubäu****	1 ADEGKNOPQRSTU	LMNQSX 6
	2 BEIJLPQSWXYZ	ABDEFGHI 7
Seestraße 4	3 BM	ABCDEFGIJKLNPQRSTUVW 8
1 Jan - 31 Okt	4 EHJOTX	DEFJMQT 9
+49 9 46 93 31	5 DFGJLMNO	ABFGHJKOQY 10
info@see-campingpark.de	B 10-16A CEE	❶ €31,00
N 49°14'09'' E 12°25'28''	H360 4ha 60T(70-140m²) 142D	❷ €38,00

Der CP liegt in Neubäu am See, an der Strecke B85 Schwandorf-Bodenwöhr-Roding-Cham. 102591

Neunburg vorm Wald, D-92431 / Bayern

Camping Haus Seeblick	1 ADEGKNOPQRSTU	6
Gütenland 16	2 BEKQSUVXYZ	ABDEFG 7
1 Jan - 31 Dez	3 GLM	ABEFJNR 8
+49 9 67 26 12	4 J	J 9
info@	5 AD	AHJKOQ 10
camping-haus-seeblick.de	Anzeige auf dieser Seite 16A CEE	❶ €22,00
N 49°20'12'' E 12°26'25''	H453 2ha 45T(80-110m²) 54D	❷ €29,00

A93 Hof-Regensburg, Ausfahrt 31 Schwarzenfeld. Via Neunburg vorm Wald Richtung Rötz zum Eixendorfer See. Ausgeschildert. 112166

Deutschland

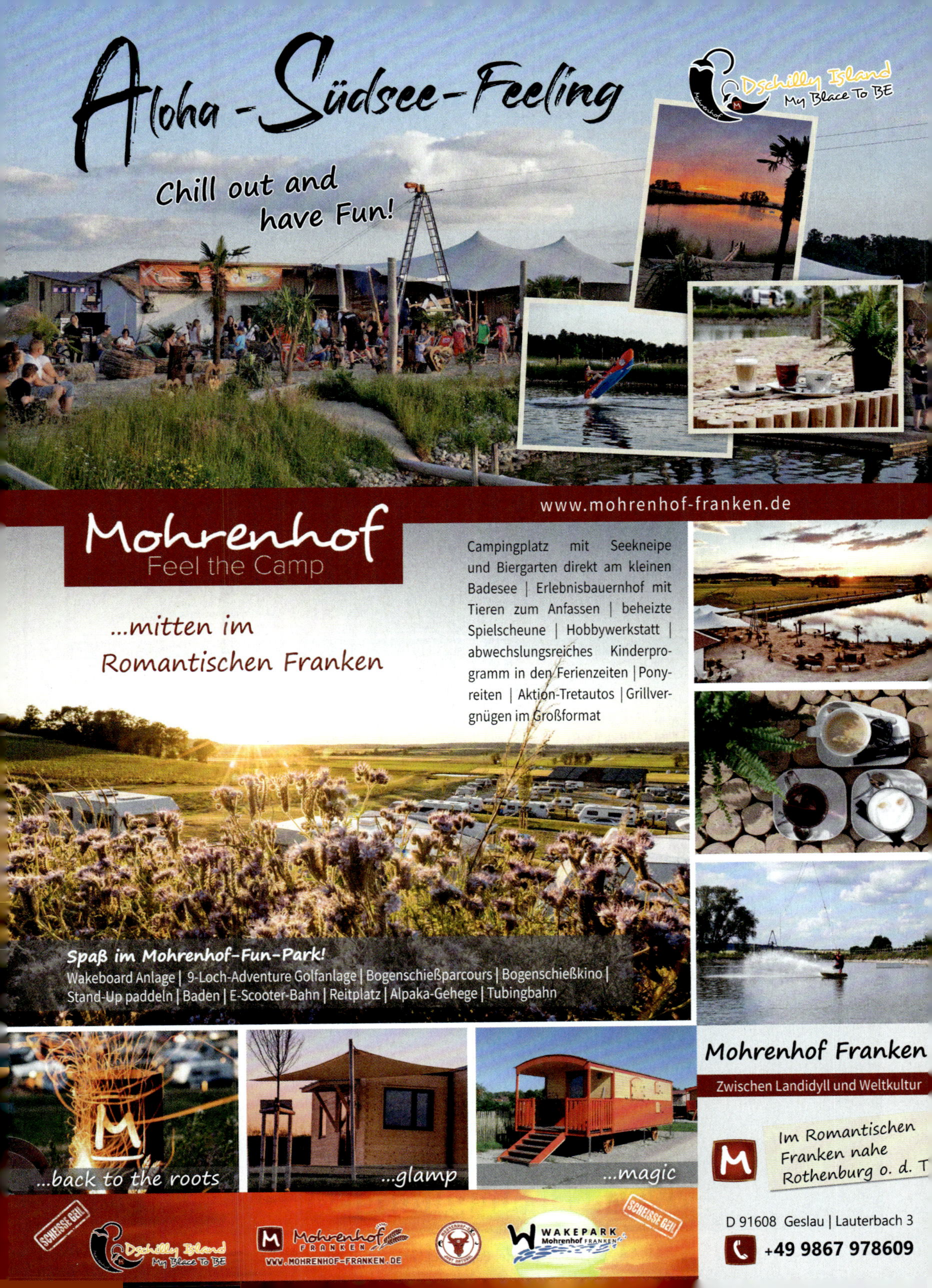
Aloha-Südsee-Feeling
Chill out and have Fun!
Dschilly Island
My Blace To BE
www.mohrenhof-franken.de
Mohrenhof
Feel the Camp
...mitten im Romantischen Franken
Campingplatz mit Seekneipe und Biergarten direkt am kleinen Badesee | Erlebnisbauernhof mit Tieren zum Anfassen | beheizte Spielscheune | Hobbywerkstatt | abwechslungsreiches Kinderprogramm in den Ferienzeiten | Ponyreiten | Aktion-Tretautos | Grillvergnügen im Großformat
Spaß im Mohrenhof-Fun-Park!
Wakeboard Anlage | 9-Loch-Adventure Golfanlage | Bogenschießparcours | Bogenschießkino | Stand-Up paddeln | Baden | E-Scooter-Bahn | Reitplatz | Alpaka-Gehege | Tubingbahn
...back to the roots
...glamp
...magic
Mohrenhof Franken
Zwischen Landidyll und Weltkultur
Im Romantischen Franken nahe Rothenburg o. d. T
D 91608 Geslau | Lauterbach 3
+49 9867 978609
SCHEISSE GEIL
Dschilly Island
My Blace To BE
Mohrenhof FRANKEN
WWW.MOHRENHOF-FRANKEN.DE
WAKEPARK
Mohrenhof FRANKEN
SCHEISSE GEIL

Nürnberg, D-90471 / Bayern

Knaus Campingpark Nürnberg
Hans-Kalb-Straße 56
1 Jan - 31 Dez
+49 91 19 81 27 17
nuernberg@knauscamp.de
N 49°25'22'' E 11°07'18''

1 ADGKNOPQSTU		6
2 ABQSWXYZ	ABDEFGI	7
3 BM	ABCDFJNQRT	8
4 FHJO	E	9
5 ADFJKM	ABGHJKOQ	10
B 16A CEE		❶ €48,20
H380 2,7ha 124T(50-100m²) 28D		❷ €58,40

A9 Ausfahrt 52 Nürnberg-Fischbach. Den Schildern Stadion/Messe folgen. Vor Stadion CP-Schildern folgen. 102528

Pielenhofen (Naabtal), D-93188 / Bayern

Internationaler Campingplatz
Distelhausen 2
1 Jan - 31 Dez
+49 9 40 93 73
camping.pielenhofen@t-online.de
N 49°03'33'' E 11°57'37''

1 AGKNOPQRSTU	JMNXZ	6
2 ACKQTWXYZ	ABDEFG	7
3 BFMN	ABCDEFJNQRT	8
4 FHJST	IJV	9
5 ABDFHJLMN	ABGHKLMNQ	10
Anz. auf dieser Seite B 6-10A CEE		❶ €30,25
H350 6ha 100T(70-110m²) 178D		❷ €42,25

A3 Nürnberg-Regensburg, Ausfahrt 97 Nittendorf. Über Etterzhausen nach Pielenhofen, gut ausgeschildert. 102571

Obernzenn, D-91619 / Bayern

See Camping Obernzenn
Urphertshofer Straße 17
1 Apr - 10 Okt
+49 98 44 14 38
kamleiter@seecamping-obernzenn.de
N 49°26'46'' E 10°27'23''

1 ADEGKNOPQRSTU	LMNQSXYZ	6
2 EIJKLPQSTVWXY	ABDEFG	7
3 ABGLM	ABCDEFJKNQRUVW	8
4 FHJO	DF	9
5 ADHMN	ABFGHJKLOQVW	10
16A CEE		❶ €24,00
H800 2,1ha 92T(80-100m²) 42D		❷ €34,00

A7 Würzburg-Ulm, Ausfahrt 107 Bad Windsheim. B470 bis Illesheim. Rechts nach Obernzenn. Dort ist CP beschildert. 112266

Pleinfeld, D-91785 / Bayern

Waldcamp. am Brombachsee
Sportpark 13
1 Jan - 31 Dez
+49 91 44 60 80 90
anfrage@waldcamping-brombach.de
N 49°06'46'' E 10°58'14''

1 ADEGKNOPQRSTU	LMNSXYZ	6
2 BEJKPQSTWXYZ	ABDEFGHIJ	7
3 ABFGIJLMN	ABCDFIJKNQRTUVW	8
4 HJLO	CEFJKTVW	9
5 ABDEFHN	ABGHIJKOSTUXY	10
B 8-10A CEE		❶ €26,95
H418 14ha 341T(100m²) 265D		❷ €37,45

A6 Heilbronn Richtung Nürnberg, Ausfahrt 52 Richtung Gunzenhausen/Pleinfeld. CP-Schild 'Waldcamping Brombach' am großen Brombachsee. 102481

Pappenheim, D-91788 / Bayern

Natur-Camping
Badweg 1
1 Apr - 25 Okt
+49 91 43 12 75
info@camping-pappenheim.de
N 48°56'06'' E 10°58'10''

1 AEGKNOPRSU	NX	6
2 CPQSY	ABDEF	7
3 A	ABCDEFNQR	8
4 J		9
5 AD	ABHJKLQY	10
16A CEE		❶ €18,50
H404 15ha 75T(100m²) 25D		❷ €26,50

Der CP liegt in Pappenheim. B2 Richtung Augsburg sofort nach Treuchtlingen links. Ausgeschildert. 102483

Regensburg-West, D-93049 / Bayern

AZUR Campingpark Regensburg
Weinweg 40
1 Jan - 31 Dez
+49 9 41 27 00 25
regensburg@azur-camping.de
N 49°01'40'' E 12°03'32''

1 ADGKNOPQRSTU	JNX	6
2 ACPQWXYZ	ABDEFGI	7
3 MN	ABCDEFJKNQRT	8
4 JO	FW	9
5 ABDFM	ABGHJKNQV	10
B 16A CEE		❶ €41,00
H333 2,5ha 145T(60-80m²) 14D		❷ €61,00

A93 Regensburg-Weiden, Ausfahrt 40 Regensburg-West. Dann ist CP gut ausgeschildert. 102592

Pfofeld/Langlau, D-91738 / Bayern

See Camping Langlau
Seestraße 30
1 Mrz - 15 Nov
+49 9 83 49 69 69
mail@seecamping-langlau.de
N 49°07'38'' E 10°51'52''

1 ACDEGKNOPRSTU	LMNOQRSTXYZ	6
2 EJQRSWXYZ	ABDEFGIJ	7
3 BFGJMS	ABCDEFGIJKNOQRTW	8
4 BJOP	JLMPQTVWY	9
5 ACDEFJLMN	ABHIJKLOQUVY	10
B 6A CEE		❶ €28,50
H428 12,4ha 424T(80-100m²) 81D		❷ €37,50

A6 Heilbronn-Nürnberg, Ausfahrt 52 Richtung Gunzenhausen-Pleinfeld. Siehe Schild 'Seecamping Langlau am kleinen Brombachsee'. 102480

Roth/Wallesau, D-91154 / Bayern

CC€23

Camping Waldsee****
Badstraße 37
1 Jan - 31 Dez
+49 91 71 55 70
info@camping-waldsee.de
N 49°11'21'' E 11°07'28''

1 ABDEGKNOPQRSTU	LNXZ	6
2 BEKQSWXYZ	ABDEFG	7
3 BM	ABCDEFJNQRTUVW	8
4 BFHJ	EHJT	9
5 ABDFJKMN	ABDEFGHIJKOQ	10
Anzeige auf Seite 325 B 16A CEE		❶ €27,80
H370 4ha 100T(80-120m²) 156D		❷ €35,80

A9 Nürnberg-München, Ausfahrt Allersberg Richtung Hilpoltstein In Hilpoltstein rechts ab Richtung Roth/Eckersmühlen, bis Wallesau durchfahren. Am Ortseingang links. 111113

Teilkarte Mittel-Bayern auf Seite 320

Schillingsfürst, D-91583 / Bayern

CC€21 iD

Frankenhöhe	1 ADEGKNOPQRSTU LN 6
Fischhaus 2	2 ABQTUXYZ ABDEFG 7
1 Jan - 31 Dez	3 BLMSX ABCDEFHJNQRTW 8
+49 98 68 51 11	4 FHJOQ V 9
info@campingplatz-frankenhoehe.de	5 ABDEFHKMN ABDFGHJKOQU 10
	Anzeige auf dieser Seite B 16A CEE ❶ €23,00
N 49°16'25'' E 10°15'56''	H550 3ha 55T(100m²) 65D ❷ €28,00

A7 Ausfahrt 109 Wörnitz, Richtung Schillingsfürst. In Schillingsfürst Richtung Dombühl, Campingplatz ist ausgeschildert. 100m nach Fischhaus rechts. 100176

Schnaittenbach, D-92253 / Bayern

iD

Am Naturbad	1 AGKNOPQRSTU AGM 6
Badstraße 13	2 QWXYZ ABFG 7
1 Apr - 30 Sep	3 BFGMR ABEFJNQRTW 8
+49 96 22 17 22	4 FH 9
info@campingplatz.schnaittenbach.de	5 ADEFJK ABHJKQ 10
	B 16A CEE ❶ €19,50
N 49°33'22'' E 12°00'23''	H410 5ha 25T 134D ❷ €26,50

An der B14 Nürnberg-Lauf-Tschechische Grenze. Blau/weißen CP-Schildern folgen. Hinter der Autowerkstatt rechts, dem weißen Schild 'Am Naturbad' folgen. 102567

Windischeschenbach, D-92670 / Bayern

iD

Schweinmühle	1 ADEGKMOPQRSU LN 6
Schweinmühle	2 ACEPQXYZ ABDEFGHI 7
1 Jan - 31 Dez	3 ABDHIMU ABCDEFJKNQRTW 8
+49 96 81 13 59	4 FH IV 9
info@schweinmuehle.de	5 ABDFJKLMN ABCGHJKLOQU 10
	16A CEE ❶ €33,00
N 49°49'12'' E 12°08'46''	H600 1,7ha 55T(100m²) 45D ❷ €41,00

A93 Hof-Regensburg, Ausfahrt 20 Richtung Windischeschenbach. Den CP-Schildern folgen, ca. 5 km von der Autobahn. 112167

Simmershofen/Walkershofen, D-97215 / Bayern

iD

CP-Paradies-Franken****	1 ABGKNOPQSTU 6
Walkershofen 40	2 AIPQSWXY ABDEFGHIK 7
1 Jan - 31 Dez	3 BM ABCDEFJNQRTUVW 8
+49 98 48 96 96 33	4 FHX FV 9
hallo@camping-paradies-franken.de	5 ABDFHLMN AGHJKOQ 10
	Anzeige auf dieser Seite B 16A CEE ❶ €32,40
N 49°31'21'' E 10°07'28''	H334 1,5ha 114T(80-140m²) 15D ❷ €44,00

A7 Würzburg-Rothenburg Ausfahrt 105 oder 106. CP-Beschilderung folgen. Achtung: nicht nach Navi fahren! 117993

Wackersdorf, D-92442 / Bayern

iD

Camping Murner See****	1 AEGKNOPQRSTU LNOQSXZ 6
Sonnenriederstraße 1	2 AFJKQWXY ABDEFGH 7
1 Apr - 31 Okt	3 BFGJLMUV ABCDEFIJKNQRTUW 8
+49 9 43 19 99 68 22	4 HI ENRTVX 9
info@see-camping.de	5 ABDGHJLMN ABGHJKLOQV 10
	B 16A CEE ❶ €33,00
N 49°20'44'' E 12°12'31''	H380 14ha 120T(120-150m²) 124D ❷ €42,00

A93 Regensburg-Weiden-Hof, Ausfahrt 33 Schwandorf, dann B85 Richtung Wackersdorf. Ausgeschildert. 111405

Zirndorf/Leichendorf, D-90513 / Bayern

iD

Zur Mühle	1 ADEGKNOPQRSTU 6
Seewaldstraße 75	2 APQWXY ABDEFGHI 7
1 Apr - 15 Nov	3 BM ABCDEFJNQRTUVW 8
+49 9 11 69 38 01	4 I 9
camping.walther@t-online.de	5 ABDFKMN ABGHJKNQ 10
	Anzeige auf dieser Seite 16A CEE ❶ €28,00
N 49°25'53'' E 10°55'34''	H303 3ha 50T(80-100m²) 186D ❷ €34,00

A3 Kreuz Fürth/Erlangen Richtung Fürth bis Ausfahrt Nürnberg-West. Über Rothenburgstraße Richtung Großhabersdorf. CP ab hier beschildert. 111956

Waldmünchen, D-93449 / Bayern

CC€19 iD

Ferienpark Perlsee	1 AEGKNOPQSTU LMNQSXYZ 6
Alte Ziegelhütte 6	2 FIJMQSUVWY ABDEFGHIJ 7
1 Jan - 31 Dez	3 ABFJMUX ABCDEFJNQRT 8
+49 99 72 14 69	4 EFHIJO JKTVW 9
info@campingplatz-waldmuenchen.de	5 ABDEFJLMN ABFGHJKLNQ 10
	Anz. auf dieser Seite WB 16A CEE ❶ €27,55
N 49°23'43'' E 12°41'54''	H550 5ha 250T(80-120m²) 88D ❷ €37,55

Von Cham über die B22 und B85 nach Waldmünchen. Im Ort geradeaus bis zum 2. Kreisel, dann die 1. links (scharfe Kurve). Den CP-Schildern folgen. 102613

Deutschland

Teilkarte Mittel-Bayern auf Seite 320

Südwest-Bayern

Affing/Mühlhausen bei Augsburg, D-86444 / Bayern

Lech Camping GmbH*****	1 ADEG**K**NOPQRS**U**	LP 6
Seeweg 6	2 AELPQXYZ	ABDE**FG**HK 7
1 Mai - 30 Sep	3 BMU	ABCDEFIJKNQRTW 8
+49 82 07 22 00	4 H	FGIKMQV 9
info@lech-camping.de	5 ADMN	ABGHIJKMOSTY 10
	Anzeige auf dieser Seite B 10A CEE	❶ €39,90
N 48°26'13" E 10°55'45"	H484 3ha 50**T**(100-120m²) 6D	❷ €48,90

A8 Ausfahrt 73 Augsburg-Ost, Richtung Neuburg, am Flugplatz vorbei. Nach ein paar km kommt der CP rechts. 102486

Breitenthal, D-86488 / Bayern

See Camping Günztal	1 ADEG**JM**OPQRSTU	LM**N**OPQRS**X** 6
Oberrieder Weiherstraße 5	2 CEIKSTWXY	AB**C**DE**FG**H 7
22 Apr - 22 Okt	3 ABCGMSU	ABCDEFGHJKNQR**S**TUVW 8
+49 82 82 88 18 70	4 HJO	FMNQTY 9
info@ see-camping-guenztal.de	5 ABDEFHMN	ABDFGHJKL**O**QUW 10
	Anzeige auf dieser Seite B 10A CEE	❶ €30,00
N 48°13'39" E 10°17'32"	H515 2,5ha 90**T**(80-100m²) 36D	❷ €42,00

A8 Stuttgart-München, Ausfahrt 67 Günzburg Richtung Krumbach. Hier rechts halten bis Breitenthal und der Oberrieder Weiherstraße folgen. Siehe CP-Schilder. 117142

Aitrang/Allgäu, D-87648 / Bayern

Elbsee*****	1 ACDEG**K**NOPQRSTU	LM**N** 6
Am Elbsee 3	2 ABEKPQSWXYZ	ABDE**FGHI** 7
1 Jan - 31 Dez	3 BDFGMSTW	ABCDEFGIJK**L**NQRTUVW 8
+49 8 34 32 48	4 BD**E**FHJLOP**QRS**TU**VXZ**	GILQUVW 9
info@elbsee.de	5 ABDEFIJLMN	ABCFGHIJK**O**QW 10
	WB 16A CEE	❶ €37,90
N 47°48'10" E 10°33'14"	H750 5ha 120**T**(80-110m²) 192D	❷ €49,90

A7 Ulm-Kempten, Ausfahrt 134. B12 Richtung Kaufbeuren. Nach Unterthingau den Schildern nach Aitrang Elbsee folgen. 102491

Füssen im Allgäu, D-87629 / Bayern

Hopfensee*****	1 AE**K**N**P**QRST	EGL**N**QSXZ 6
Fischerbichl 17	2 AEIKLPQSTUVWXYZ	AB**C**DE**FG**H 7
1/1 - 6/11, 15/12 - 31/12	3 ABDFM**N**UW	ABCDEFJKNQR**S**TUVW 8
+49 83 62 91 77 10	4 BCDEFHJLO**QRTVXYZ**	IJUVWY 9
info@ camping-hopfensee.com	5 ACDEFGHJLM	ABCEFGHIJKM**O**QY 10
	WB 16A CEE	❶ €46,70
N 47°36'07" E 10°41'00"	H800 8ha 376**T**(80-120m²) 9D	❷ €63,00

A7 Ausfahrt Füssen/Hopferau. Voor Hopferau rechts Richtung Hopfen am See. Hopfen am See ganz durch, danach liegt der CP rechts. 102497

Augsburg-Ost, D-86169 / Bayern

Bella Augusta***	1 AE**K**NOPQRSTU	L**N** 6
Mühlhauser Straße 54b	2 AEKLQSTWXYZ	ABDE**FG**H 7
1 Jan - 31 Dez	3 BG**L**M	ABEFJNQRT 8
+49 8 21 70 75 75	4	GI 9
info@bella-augusta.de	5 ABDEFGLM	AGHIJKOQU 10
	Anzeige auf dieser Seite 16A CEE	❶ €34,50
N 48°24'44" E 10°55'24"	H464 6,6ha 60**T**(bis 120m²) 99D	❷ €43,50

A8, Ausfahrt 73 Augsburg-Ost, Richtung Neuburg a/d Donau, Richtung Flugplatz, erste Ampel rechts, nach 200m CP rechts an der Mühlhauser Straße. 102488

Illertissen, D-89257 / Bayern

Illertissen GbR****	1 DG**KN**OPQRSTU	A 6
Dietenheimerstraße 91	2 ACPQXYZ	ABDE**FG** 7
1 Apr - 5 Nov	3 AB	ABCDEFGJNPQR**S**TUVW 8
+49 73 03 78 88	4	DF 9
info@camping-illertissen.de	5 ABDHIKMN	ABDHJKN**O**Q 10
	Anzeige auf dieser Seite B 16A CEE	❶ €34,00
N 48°12'44" E 10°05'17"	H513 3ha 50**T**(70-80m²) 103D	❷ €40,00

A7 Ulm-Memmingen, Ausfahrt 124 Illertissen. Dann Richtung Dietenheim. Dort ausgeschildert. 102438

Bad Wörishofen, D-86825 / Bayern

Kur & Vital Campingplatz	1 AEG**KN**OPQRSU	6
Walter-Schulz-Str. 4	2 APQSWXY	ABDE**FGH** 7
1 Jan - 31 Dez	3 **HLMNOP**	ABCDEFJNPQRW 8
+49 8 24 79 97 37 35	4 JO**X**	GUVW 9
info@kurcamping- bad-woerishofen.de	5 DFLMN	ABGHIJKOQW 10
	10A	❶ €28,90
N 48°01'27" E 10°35'54"	H618 1,2ha 30**T**(60-90m²) 52D	❷ €36,70

A96 Lindau-München, Ausfahrt 19 Bad Wörishofen. Dann den CP-Schildern folgen. 102490

Immenstadt (Allgäu), D-87509 / Bayern

Alpsee Camping****	1 ABDE**JM**OPQRSTU	BL**N**QRSTX 6
Seestraße 25	2 EILPQWXY	BDE**FG**H 7
8 Apr - 31 Dez	3 BM**N**	ABD**F**JK**L**NQRT 8
+49 83 23 77 26	4 FH**T**	9
mail@alpsee-camping.de	5 ABDJKMN	ABCGHIJKM**O**Q 10
	WB 16A CEE	❶ €62,00
N 47°34'22" E 10°11'37"	H730 3ha 180**T**(80-120m²)	❷ €84,40

Alpenstraße 308 in Bühl verlassen, links den CP-Schildern folgen. 100192

ACSI Gebrauchsanweisung

Um die Möglichkeiten des Führers optimal nutzen zu können, sollten Sie die Gebrauchsanweisung auf Seite 8 gut durchlesen. Hier finden Sie wertvolle Informationen, beispielsweise die Berechnung der Übernachtungspreise.

❶ € 25,00
❷ € 35,80

Teilkarte Südwest-Bayern auf Seite 326

Kleinwalsertal/Mittelberg/Baad, D-87569 / Bayern

Vorderboden****
Vorderboden 1
22 Mai - 15 Okt
+43 55 17 61 38
info@
camping-vorderboden.at
N 47°18'45" E 10°08'02"

1 AGKNOPQRSTU NU 6
2 CIPQSTWXYZ BEFG 7
3 ABFMU BDFJNQRT 8
4 EFHJ 9
5 ABDEGJMN ABCGHJKOSTU 10
Anzeige auf dieser Seite 16A CEE ❶ €47,60
H1250 1,2ha 80T(80-120m²) ❷ €65,00
102453

B19 Kempten-Sonthofen. Vor Oberstdorf rechts, Richtung Kleinwalsertal. L201 folgen Richtung Baad. Dort befindet sich der CP links.

Kleinwalsertal/Riezlern, D-87567 / Bayern

Zwerwald***
Zwerwaldstraße 29
10/1 - 24/4, 16/5 - 31/10,
11/12 - 31/12
+43 55 17 57 27
specht@camping-zwerwald.de
N 47°21'01" E 10°10'46"

1 ADGHJMOPQRST U 6
2 CIQSWY BEFH 7
3 BM BFJNQR 8
4 9
5 ABDMN ABCHJKQ 10
W 16A CEE ❶ €28,20
H1100 2ha 35T(80-100m²) 25D ❷ €37,00
102452

B19 Kempten-Sonthofen, vor Oberstdorf rechts, Richtung Kleinwalsertal. Nach Kirche in Riezlern links, den Schildern folgen.

Lechbruck am See (Allgäu), D-86983 / Bayern

Via Claudia Camping****
Via Claudia 6
1 Jan - 31 Dez
+49 88 62 84 26
info@camping-lechbruck.de
N 47°42'42" E 10°49'07"

1 ADEGKNOPQRSTU LQSUXY 6
2 EIKPQTVWXYZ ABCDEFGHIJK 7
3 ABDFGLMT ABCDEFJKLNQRTUVW 8
4 BCDFGHJLO FHMN 9
5 ABDEFJKMN ABFGHIJKLMOQUY 10
WB 16A CEE ❶ €33,90
H750 18ha 418T(100-200m²) 318D ❷ €42,90
102493

A7, Ausfahrt 138 Nesselwang, dann über Seeg nach Roßhaupten. Dort die B16 Richtung Markt-Oberdorf. Die erste Abfahrt Richtung Lechbruck. In Lechbruck Richtung Campingplatz halten.

Leipheim, D-89340 / Bayern

Schwarzfelder Hof
Schwarzfelder Weg 1-3
1 Jan - 31 Dez
+49 8 22 17 26 28
info@schwarzfelder-hof.de
N 48°27'53" E 10°12'12"

1 ADEJMOPQRST LNX 6
2 AEIKLQSTWXYZ ABDEFG 7
3 ABDGIMUX BDEFGJNQRSTUVW 8
4 BEFGHJK I 9
5 ABDEFHMN ABCGHJKLMNQUY 10
B 6-16A CEE ❶ €29,00
H465 6ha 60T(80-100m²) 38D ❷ €41,00
113054

A8 Stuttgart-München, Ausfahrt 66 Leipheim. Der B10 kurz folgen. In Leipheim nordwestlich über die Donau nach Riedheim abbiegen. Dann weiter mit Schildern angezeigt.

Limbach/Günzburg, D-89331 / Bayern

Waldcamping Stubenweiher
Am Stubenweiher
1 Apr - 31 Okt
+49 8 22 37 97
stubenweiher@gmx.de
N 48°24'35" E 10°20'25"

1 ADEFGJMOPQRSTU L 6
2 ABDFIQSTUVWXYZ ABDEFGH 7
3 ABC ABCDFJNQRT 8
4 9
5 ADHLN ABGHJKNST 10
16A CEE ❶ €27,50
H505 8ha 50T(60-100m²) 70D ❷ €39,50
111958

A8 Stuttgart-München Ausfahrt 67 Günzburg. Dann Richtung Kleinkötz, dann Beschilderung folgen.

CampingCard ACSI, gut zu wissen

Nur gültig auf teilnehmenden CampingCard ACSI-Campingplätzen

Nur gültig in den mit dem Campingplatz vereinbarten Akzeptanzzeiträumen

Zusatzkosten nicht inbegriffen

Begrenzte Anzahl von Stellplätzen verfügbar

Lindau (Bodensee), D-88131 / Bayern

Campingpark
Gitzenweiler Hof*****
Gitzenweiler 88
1 Jan - 31 Dez
+49 8 38 29 49 40
info@gitzenweiler-hof.de
N 47°35'12" E 09°42'40"

1 ABDEGKNOPQRSTU BGOR 6
2 AIPQSTWXY BCEFGHIJ 7
3 ABFGHIMSUV BDFIJKLNPQRTUVW 8
4 ABCDEFGHJLMNPX DIJKRSUVW 9
5 ABCDEFGHIJLM ABEFGHIJKMOQUVWXY 10
WB 16A CEE ❶ €39,60
H450 14ha 349T(90-110m²) 341D ❷ €53,60
100190

A96, Ausfahrt 4 Weißensberg Richtung Lindau, ausgeschildert.

Lindau/Zech, D-88131 / Bayern

Park-Camping Lindau****
Fraunhoferstraße 20
22 Mrz - 10 Nov
+49 8 38 28 89 99 99
info@park-camping.de
N 47°32'13" E 09°43'42"

1 ABDEJMOPQRSTU LMNQRSUXY 6
2 EIJMPQTWYZ BEFGHI 7
3 BFGMS BDFIJKNQRUVW 8
4 BEFGHJLPQ RV 9
5 ACDFHKLMN ABCEGHIKOQV 10
B 16A CEE ❶ €46,10
H400 5,5ha 270T(70-100m²) ❷ €58,10
102372

E121 Friedrichshafen-Lindau Richtung Österreichische Grenze. CP-Schildern folgen. CP liegt vor der Grenze rechts.

Missen-Wilhams, D-87547 / Bayern

Campingplatz Wiederhofen**
Zur Thaler Höhe 12
1 Jan - 31 Dez
+49 8 32 04 81
info@
campingplatz-wiederhofen.de
N 47°35'14" E 10°06'45"

1 AGHJMOPQSU 6
2 CIQSUWXY ABEFG 7
3 M ABFJNQR 8
4 J 9
5 ADEHKM ABCHJKNSTU 10
Anz. auf dieser Seite W 6-10A CEE ❶ €30,40
H950 1,2ha 35T(60-100m²) 54D ❷ €38,20
102447

Deutsche Alpenstraße 308 Lindau-Sonthofen. In Immenstadt Richtung Missen, ausgeschildert.

Niedersonthofen (Allgäu), D-87448 / Bayern

Camping Zeh am See /
Allgäu****
Burgstraße 27
1 Jan - 31 Dez
+49 83 79 70 77
info@camping-zeh-am-see.de
N 47°37'49" E 10°14'45"

1 ABEGJMOPQST LMNQSXY 6
2 ACEIJLPQTWXY BEFGI 7
3 ABGLM BDFJLNQRTW 8
4 EFGHIJOP 9
5 ABDEFLMN ABCFGHIJKOQW 10
WB 16A CEE ❶ €38,50
H720 1,7ha 60T(80-130m²) 50D ❷ €43,50
102445

A7 Ulm-Kempten, Ausfahrt 136. A980 bis Ausfahrt Waltenhofen. Dann B19 Richtung Immenstadt bis Ausfahrt Niedersonthofen. Nicht in Memhölz abfahren, sondern weiter geradeaus nach Niedersonthofen.

Oberstaufen, D-87534 / Bayern

Aach**
Aach 1
1 Jan - 31 Dez
+49 8 38 63 63
anfrage@camping-aach.de
N 47°31'19" E 09°58'20"

1 AEJMOPQRSU 6
2 IPQSVWXY BEFG 7
3 ABM BDFJNQRT 8
4 FHQ FI 9
5 ABDFHJKMN ABIJKOQY 10
Anzeige auf dieser Seite W 16A CEE ❶ €32,00
H650 2ha 120T(50-80m²) 82D ❷ €45,00
102373

Die B308 Lindau-Immenstadt in Oberstaufen rechts Richtung Aach. 1 km vor der österreichischen Grenze, Camping auf der linken Seite.

Teilkarte Südwest-Bayern auf Seite 326

Oberstdorf, D-87561 / Bayern

Oberstdorf
Rubinger Straße 16
1 Jan - 31 Dez
+49 83 22 65 25
info@camping-oberstdorf.de

1 AJMOPQRSTU 6
2 IQRSTWY BEFGI 7
3 B BDFJNQRUVW 8
4 EFHJ 9
5 ADEFKMN ABGHKOQ 10
W 16A CEE ① €27,90
H850 1,6ha 115T(70-100m²) ② €27,90

N 47°25'23'' E 10°16'37''
B19 Kempten-Sonthofen, vor Zentrum Oberstdorf links, CP-Schildern folgen.
102450

Oberstdorf, D-87561 / Bayern

Rubi-Camp Oberstdorf
Rubinger Straße 34
1/1 - 6/11, 15/12 - 31/12
+49 83 22 95 92 02
info@rubi-camp.de

1 AGJMOPQRSTU 6
2 IPQTWX BDEFGIJ 7
3 AINOR ABCDFIJKNQRTUVW 8
4 FHT IW 9
5 ADEHJKMN ABEFGHJKMOSUW 10
WB 16A CEE ① €46,60
H800 1,8ha 100T(100-120m²) 4D ② €56,00

N 47°25'25'' E 10°16'46''
B19 Kempten-Sonthofen-Oberstdorf. Kurz vor dem Zentrum Oberstdorf links. Von hier ab noch ca. 500m. 2. CP rechts der Straße.
112171

Osterreinen/Rieden, D-87669 / Bayern

Magdalena
Bachtalstraße 10
1 Apr - 31 Okt
+49 83 62 49 31
info@sonnen-lage.de

1 ADEGKNOPQRSU LNQSXY 6
2 AEILQSUVWXYZ ABDEFG 7
3 BM ABCDEFJNQRT 8
4 FJO FGILMNQR 9
5 ABDEFGJLMN ABGHIJKOQY 10
16A CEE ① €26,40
H820 1,5ha 80T(50-80m²) 61D ② €36,40

N 47°36'56'' E 10°43'24''
A7 bis Füssen. Danach an der Ausfahrt Richtung Rieden, dann rechts. Hier ist der CP angezeigt.
102495

Sonthofen, D-87527 / Bayern

An der Iller****
Sinwagstraße 2
1/1 - 30/10, 26/12 - 31/12
+49 83 21 23 50
info@illercamping.de

1 AEJMOPQRSTU NUV 6
2 CIPQRSTWXY ABDEFG 7
3 BU ABCDEFJNQRUV 8
4 AHJO FR 9
5 ADEM ABCGHJKOQ 10
WB 16A CEE ① €32,90
H740 1,7ha 70T(70-120m²) 26D ② €44,90

N 47°30'24'' E 10°16'23''
B19 Kempten-Oberstdorf. In Sonthofen Schildern folgen. CP liegt links der Straße.
100193

Oy-Mittelberg, D-87466 / Bayern

Wertacher Hof**
Grüntenseestraße
1 Jan - 31 Dez
+49 8 36 17 70

1 AFGJMOPQRSTU NQSXY 6
2 AEIMPQSWXY BEFGHIJ 7
3 AMR BDFJNQRW 8
4 FHJ 9
5 ADEKLM ABFGHIKNQ 10
WB 16A CEE ① €22,80
H900 3,5ha 60T(60-100m²) 160D ② €27,60

N 47°37'45'' E 10°27'34''
A7 Memmingen-Kempten. Ausfahrt 137 Oy-Mittelberg Richtung Wertach. In Haslach den CP-Schildern folgen.
102444

Sulzberg, D-87477 / Bayern

Öschlesee****
Moos 1
1 Jan - 31 Dez
+49 8 37 69 30 40
camping.
oeschlesee@t-online.de

1 ABDEGKNOPQRSTU N 6
2 AILPQTWXYZ ABDEFGH 7
3 BFM ABDFJKNQRT 8
4 HJO 9
5 ABEHLMN ABFGHIJKLOQU 10
Anz. auf dieser Seite WB 16A CEE ① €31,50
H750 5ha 100T(80-100m²) 150D ② €42,50

N 47°40'29'' E 10°20'02''
A7 Memmingen-Kempten vorbei Kempten Ausfahrt 136. A980 3 km folgen, dann Richtung Sulzberg.
100191

Pfronten, D-87459 / Bayern

Pfronten
Tiroler Straße 184
16 Mai - 17 Sep
+49 83 63 83 53
info@camping-pfronten.de

1 AEKNOPQRSTU 6
2 ACIPQWXY ABDEFG 7
3 BU ABCDEFGJNQRW 8
4 FHIJ G 9
5 ABDEHJMN ABEGHIJKNPQ 10
16A ① €29,00
H850 1,6ha 108T(65-100m²) 1D ② €29,00

N 47°33'48'' E 10°34'44''
A7 Richtung Füssen, Ausfahrt 137. B309 nach Pfronten, gleich hinter Pfronten, 300m vor der Grenze nach Österreich.
102498

Waltenhofen (Allgäu), D-87448 / Bayern

Insel-Camping
am See Allgäu****
Insel 32 3/4
1 Jan - 31 Dez
+49 8 37 98 81
info@insel-camping.de

1 ABCEGJMOPQSTU LMNOPQSX 6
2 EILQTWY BEFGHI 7
3 BMW BDFJKNQRT 8
4 IQ 9
5 ABDMN ABGHIJKMOY 10
WB 16A CEE ① €31,00
H750 1,5ha 110T(60-100m²) 47D ② €40,00

N 47°38'26'' E 10°16'44''
A7 Memmingen-Kempten-Füssen, Ausfahrt 136. A980 5 km folgen. Zweite Ausfahrt, B19 Richtung Waltenhofen. Dann Schildern folgen.
102442

Rieden/Rosshaupten, D-87669 / Bayern

Seewang
Tiefental 1
1 Jan - 31 Dez
+49 8 36 74 06
info@camping-forggensee.de

1 ABEGKNOPRSTU LNQSX 6
2 EIPQSTWY ABDEFGI 7
3 BM ABDEFGJKLQRTUVW 8
4 FHJO IJQW 9
5 ABDM ABCFGHIJKOQ 10
WB 16A CEE ① €34,00
H810 2,5ha 107T(80m²) 63D ② €46,20

N 47°38'33'' E 10°43'46''
Von Ulm der A7 bis Füssen folgen. In Füssen links zur B16 Richtung Rieden. Am Radweg rot gesperrt, gleich rechts bis zum Campingplatz.
102494

Wemding, D-86650 / Bayern

Camp.park Waldsee Wemding
Wolferstädter Str. 100
1 Apr - 5 Nov
+49 9 09 29 01 01
info@
campingpark-wemding.de

1 ADEHKNOPQRSTU HLMX 6
2 BEKQSTUVWXYZ ABDEFGH 7
3 ABFGHJMN ABCDEFJNQRT 8
4 FHJO Q 9
5 ADM ABFGHIJKNQU 10
B 16A CEE ① €36,00
H490 12ha 140T(80-100m²) 120D ② €46,00

N 48°53'04'' E 10°44'08''
B2 (Romantische Straße), zwischen Weißenburg und Donauwörth Ausfahrt Richtung Wemding. Den CP-Schildern folgen. Gleich vor der Stadt rechts.
102484

Schwangau, D-87645 / Bayern

Bannwaldsee*****
Münchener Straße 151
1 Jan - 31 Dez
+49 8 36 29 30 00
info@
camping-bannwaldsee.de

1 ADEJMOPQRSTU LN 6
2 AEILPQRSWXYZ ABCDEFGH 7
3 BGMU ABCDEFGJKLNQRSTUVW 8
4 ABEFHJLNOPXZ DHIQTVWY 9
5 ACDFGJLMN ABCFGHIKOQWY 10
WB 16A CEE ① €40,30
H800 7ha 500T(50-100m²) 209D ② €58,25

N 47°35'30'' E 10°46'21''
A7 bis Ausfahrt Füssen B16. Danach der B17 nach Schwangau. CP befindet sich 2 km stadtauswärts.
100194

Wertach, D-87497 / Bayern

Waldesruh****
Bahnhofstr. 19
12 Mai - 8 Okt
+49 83 65 10 04
info@camping-wertach.de

1 ABDEGHKNOPQSU 6
2 AIPQSWXY BEFGIJ 7
3 ABM ABDEFJNPQR 8
4 JO K 9
5 DMN ABGHJKOQ 10
W 16A CEE ① €29,60
H915 1,9ha 40T(60-80m²) 100D ② €41,70

N 47°36'31'' E 10°25'04''
A7 Stuttgart-Ulm-Kempten, Ausfahrt 137 Oy. Dann B310 Richtung Wertach. 2 km vor Wertach, auf der Alten Staatsstraße nach Wertach. Ausgeschildert.
110000

Schwangau, D-87645 / Bayern

Brunnen*****
Seestraße 81
1 Jan - 31 Dez
+49 83 62 82 73
info@camping-brunnen.de

1 ADEKNOPQRSTU LNQSXY 6
2 EILPQSVWXYZ BEFGHI 7
3 BDFGHIM ABCDEFJKNQRTUVW 8
4 BFHJLOPQTUV VW 9
5 ACDFGJKLMN ABFGHIJKOQ 10
WB 16A CEE ① €44,70
H800 6ha 300T(80-120m²) 63D ② €46,20

N 47°35'48'' E 10°44'19''
A7 bis Ausfahrt 137, dann der B309/B310 folgen. B16 rechts nach Füssen, dann B17 nach Schwangau. An der Tankstelle/Reweladen abzweigen, den CP-Schildern folgen.
102499

Wertach, D-87497 / Bayern

Camping-Grüntensee-
International****
Grüntenseestr. 41
1 Jan - 31 Dez
+49 8 36 53 75
info@camping-gruentensee.de

1 ABDEGJMOPQRSTU JLMNQSUX 6
2 AEILQRSTVWXYZ BEFGH 7
3 BFMQ BDEFGIJKLNQRT 8
4 ABFHJORST CEGIJNQTV 9
5 ABDEGHJLMN ABFGHIJKMOQ 10
WB 16A ① €45,00
H930 5ha 150T(80-100m²) 133D ② €55,00

N 47°36'37'' E 10°26'47''
A7 Ausfahrt 137 Oy-Mittelberg, 6 km geradeaus. An erster Ampel links abzweigen, danach CP-Schildern folgen.
102446

Deutschland

Teilkarte Südwest-Bayern auf Seite 326

Arlaching/Chieming, D-83339 / Bayern

Kupferschmiede
Trostbergerstraße 4
1 Apr - 3 Okt
+49 8 66 74 46
info@
campingkupferschmiede.de
N 47°55'47'' E 12°29'33''

1 ADEKNOPRSU	LNQSXY	6
2 EKLPQWXYZ	ABDEFG	7
3 ABLM	ABCDEFNQRTW	8
4 FHJ		9
5 ABDEGHJKLMN	ABDGKMOQ	10
Anzeige auf dieser Seite B 16A CEE		1 €31,40
H526 2,5ha 80T(80-100m²) 120D		2 €38,80

A8 Salzburg-München Ausfahrt Grabenstätt. Richtung Seebruck. CP liegt 1 km vor Seebruck rechts.

102526

Bad Abbach, D-93077 / Bayern
CC€23 iD

Freizeitinsel
Inselstr. 1a
19 Mrz - 7 Nov
+49 9 40 59 57 04 01
info@campingplatz-freizeitinsel.de
N 48°56'12'' E 12°01'15''

1 AGILOPSTU	NU	6
2 ACIQVWX	ABDE**FGIJ**	7
3 **ALT**	ABCDEFJNRTUVW	8
4 FHK	R	9
5 ABDHJMNO	AFGHJKOQY	10

Anz. auf dieser Seite B 6-16A CEE ❶ €33,00
H355 2ha 78**T**(60-120m²) 22**D** ❷ €45,00
121601

Von Norden: A93 Ausf. Pentling (B16) Ri. Kelheim. Danach Ausf. Poikam Ri. Inselbad. Von Süden: A93 Ausf. Bad Abbach (B16) Ri. Kelheim. Danach Ausf. Poikam Ri. Inselbad.

Bad Birnbach/Lengham, D-84364 / Bayern
iD

Arterhof*****
Hauptstraße 3
1 Jan - 31 Dez
+49 8 56 39 61 30
info@arterhof.de
N 48°26'07'' E 13°06'34''

1 ADEG**KN**OPQRSTU	BE	6
2 PQSTWXYZ	ABDE**FG**H	7
3 AB**L**MSUX	ABCDEF**G**H**I**JKNPQRTUVW	8
4 **A**DEFGHJKO**STV**W**XY**Z	IUVWZ	9
5 ABDEFHIJKLMN	ABCEFGHJKOQW	10

Anzeige auf dieser Seite B 16A CEE ❶ €34,10
H360 5ha 230**T**(90-130m²) 30**D** ❷ €45,90
108106

B388, ca. 14 km östlich von Pfarrkirchen Richtung Lengham fahren. Ausgeschildert.

Bad Füssing/Egglfing, D-94072 / Bayern
iD

Kur- und Feriencamping Max 1*****
Falkenstraße 12
1 Jan - 31 Dez
+49 8 53 79 61 70
info@campingmax.de
N 48°19'57'' E 13°18'49''

1 AEG**KN**OPQRSTU	AF	6
2 PQRSTWXYZ	ABDE**FG**HIJK	7
3 AB**L**	ABCDEFGHIJNQRTUVW	8
4 **A**D**E**FGHJORTVW**XZ**	GIVZ	9
5 ABDFHJKLMN	ABCEFGHJKMOQW	10

Anzeige auf dieser Seite B 16A CEE ❶ €47,00
H324 3,7ha 164**T**(60-120m²) 42**D** ❷ €72,00
111960

A3 Nürnberg-Passau, Ausfahrt 118, B12 Richtung Simbach. Ausfahrt Futting Richtung Bad Füssing.

Bad Endorf, D-83093 / Bayern
iD

Camping Stein
See 10
1 Apr - 8 Okt
+49 80 53 93 49
rezeption@camping-stein.de
N 47°53'03'' E 12°16'10''

1 AEG**J**LOPQRSU	LQS**XY**	6
2 EILQSWXY	ABDEF**GI**	7
3 BEF**L**M	ABCDE**F**JNQRTUVW	8
4 FHJKO	DEF	9
5 ABDEMN	ABEFGHIJK**O**QW	10

Anzeige auf dieser Seite 16A CEE ❶ €33,10
H476 3ha 70**T**(80-100m²) 84**D** ❷ €42,10
108005

A8 Salzburg-München, Ausfahrt 106 Bernau. Über Prien Richtung Bad Endorf. In Mauerkirchen Richtung Simssee. Oder A8 München-Salzburg, Ausfahrt 102 Rosenheim.

Bad Füssing/Egglfing, D-94072 / Bayern
CC€21 iD

Fuchs Kur-Camping****
Falkenstraße 14
1 Jan - 31 Dez
+49 8 53 73 56
info@kurcamping-fuchs.de
N 48°19'58'' E 13°18'54''

1 ADGKNOPQRSTU	B	6
2 PQSTWXYZ	ABDE**FG**H**I**	7
3 AB**KL**M	ABCDEFHJNQRUVW	8
4 EFHJO**X**	I	9
5 ABDFHLMN	ABDEFGHJKOQV	10

Anzeige auf dieser Seite B 16A CEE ❶ €31,70
H324 1,5ha 90**T**(65-100m²) 14**D** ❷ €38,70
108107

A3 Nürnberg-Passau, Ausfahrt 118 Pocking/Bad Füssing Richtung Egglfing. Schildern folgen.

Bad Feilnbach, D-83075 / Bayern
iD

Kaiser Camping****
Reithof 2
1/3 - 7/11, 18/12 - 31/12
+49 80 66 88 44 00
info@kaiser-camping.com
N 47°47'21'' E 12°00'21''

1 ADE**KN**OPQRS**U**	BDFJ	6
2 ACIPQTWXYZ	ABDE**FG**HIK	7
3 BDG**L**MSUX	ABCDEFJKNQR**S**T**W**	8
4 BCFHJO**PQ**	I	9
5 ABDFGHLMN	ABFGHIJKOQUXY	10

Anzeige auf Seite 330 WB 16A CEE ❶ €34,00
H600 14ha 382**T**(90-140m²) 301**D** ❷ €43,00
102598

A8 München-Salzburg, Ausfahrt 100, Aibling/Bad Feilnbach folgen. Dann Richtung Bad Feilnbach. CP rechts von der Strecke, angezeigt.

Bad Füssing, D-94072 / Bayern
iD

Holmernhof*****
Am Tennispark 10
1 Jan - 31 Dez
+49 8 53 12 47 40
campingholmernhof@t-online.de
N 48°21'30'' E 13°18'24''

1 ADEGILOPQRSTU	BGHI**N**	6
2 PQTWXYZ	AB**C**DE**FG**H**IJ**	7
3 ABDFG**LMNO**PR	ABCDEFGHIJKNPQRTUVW	8
4 AEFHJO**RSTWXYZ**	AIVYZ	9
5 ABDFKLMN	ABCEFGHJKOQW	10

WB 16A CEE ❶ €36,60
H340 3,4ha 160**T**(85-115m²) 3**D** ❷ €47,20
111624

A3 Ausfahrt 118, Pocking/Bad Füssing. In Bad Füssing ausgeschildert.

Deutschland

Deutschland

Bad Füssing/Kirchham, D-94148 / Bayern

Preishof
Angloh 1
1 Jan - 31 Dez
+49 85 37 91 92 00
info@preishof.de
N 48°20'17" E 13°16'56"

1 ADEG**KN**OPQRSTU 6
2 QRSWXY ABDE**FG**H 7
3 AB**KL**U ABCDEFJNQRTUV 8
4 **A**FHJOR**STVXYZ** GIVZ 9
5 ADJLMN ABDGHJKMOQW 10
B 16A CEE
H330 6,5ha 230T(100-120m²) 75D
① €24,50
② €30,50

A3/E56, Ausfahrt 118, zur B12 Richtung Simbach. Ausfahrt Tutting/Kirchham, durchs Zentrum von Kirchham, Richtung Golfplatz. 102645

Bayerbach, D-94137 / Bayern

Vital CAMP Bayerbach*****
Huckenham 11
1 Jan - 31 Dez
+49 8 53 29 27 80 70
info@vitalcamping-bayerbach.de
N 48°24'55" E 13°07'48"

1 ADE**KN**OPQRST **E** 6
2 IKPQSTVWX ABDE**FG** 7
3 AB**L**M ABCDEF**GI**JKNQRTUVW 8
4 DEFGHJO**TVWXZ** IJ 9
5 ABDEFGHIJKLM ABCGHJKMOQVW 10
Anz. auf dieser Seite WB 16A CEE
H400 12ha 330T(70-130m²) 45D
① €32,90
② €32,90

A3 Regensburg-Linz. Ausfahrt 118 Richtung Pocking/Pfarrkirchen (B388). Weiter Abfahrt Bayerbach. Den CP-Schildern folgen. 118172

BESTE AUSSICHT AUF ENTSPANNUNG!

Vital CAMP Bayerbach · Tel. +49 85 32 927 80 70
www.vitalcamping-bayerbach.de

Camping-Resort Allweglehen

★★★★★

Schön angelegter Terrassencampingplatz mit schönem Berg- und Talblick. Sehr moderne Sanitäranlagen in Betonoptik. Gemütliches Restaurant. Zentral gelegen, um u.a. Salzburg oder den Königssee zu besuchen.

Allweggasse 4, 83471 Berchtesgaden • Tel. +49 86522396
E-Mail: urlaub@allweglehen.de
Internet: www.allweglehen.de

Berchtesgaden, D-83471 / Bayern

Camping-Resort Allweglehen*****
Allweggasse 4
1 Jan - 31 Dez
+49 86 52 23 96
urlaub@allweglehen.de
N 47°39'06" E 13°02'16"

1 ADE**KN**OPQRSTU B[illegible]UV 6
2 CIPQRSTUVWXYZ AB**C**DE**FG**H 7
3 AB**L**MX ABCDEFGIJKNQRTUVW 8
4 **A**EFGHJO**TVWXZ** F[illegible]WZ 9
5 ACDFHJKLMN**O** ABFGHJKOQUWY 10
Anz. auf dieser Seite WB 16A CEE
H570 3,5ha 137T(100-150m²) 21D
① €49,95
② €68,75

A8 München-Salzburg, Ausfahrt 115 Richtung Bad Reichenhall/Berchtesgaden. ± 3 km vor Berchtesgaden Camping angezeigt. Letzte Kilometer vor dem Camping, schmale, steile Zufahrt. 102647

Bad Griesbach, D-94086 / Bayern

Kur & Feriencp Holmernhof Dreiquellenbad*****
Singham 40
1 Jan - 31 Dez
+49 8 53 29 61 30
info@camping-bad-griesbach.de
N 48°25'12" E 13°11'31"

1 ADEG**KN**OPQRST **N** 6
2 PSTUWXYZ ABDE**FG**HIJ 7
3 AB**KL**M ABCDEF**G**JKNPQRTUVW 8
4 **A**DEFHJOR**S**TUVW**XYZ** GHIJLVWZ 9
5 ABDFKLMN ABCEFGHIJKMNQVY 10
B 16A CEE
H360 4,5ha 195T(80-120m²) 23D
① €39,30
② €53,30

A3 Ausfahrt 118 Pocking, B12 bis Ausfahrt B388, CP ausgeschildert. 108108

Bernried, D-94505 / Bayern

Campingland Bernrieder Winkl
Grub 6
1/1 - 5/11, 16/11 - 31/12
+49 99 05 85 74
info@camping-bernried.de
N 48°54'54" E 12°53'10"

1 AG**KN**OPQSTU 6
2 APQSVWYZ ABDE**FG**HJ 7
3 AFM**N** ABCDE**F**JNQRUVW 8
4 FHI GI 9
5 ADJM ABFGHIJKLMOQU 10
WB 16A CEE
H500 1ha 60T(90-100m²) 27D
① €[illegible]0,10
② €[illegible]6,10

A3 Regensburg-Passau, Ausfahrt 109 Metten Richtung Bernried oder 108 Schwarzach Richtung Bernried. In Bernried ist der CP ausgeschildert. 10[illegible]866

Winkl-Landthal GmbH

★★★★

4-Sterne Naturcampingplatz Winkl-Landthal im Nationalpark Berchtesgadener Land. Sommer wie Winter ruhig und sonnig, am Fuße der 'Schlafenden Hexe' gelegen. Modernes Sanitär, zum Teil Komfortplätze, unzählige Wanderangebote. Busverbindung in 100m. Alle Ausflugsziele wie Königssee, Kehlsteinhaus, Salzbergwerk in ca. 20 Min. erreichbar. Therme- oder Erlebnisbad je 9 km. Naturfreibad 4 km. Organisierte Ausflüge z.B. Salzburg (25 km), Skigebiet Götschen in 1,5 km. Reservierung über das Kontaktformular auf unserer Homepage wird angeraten. Auf Ihren Besuch freut sich Fam. Oeggl!

Klaushäuslweg 7, 83483 Bischofswiesen
Tel. +49 86528164
E-Mail: info@camping-winkl.de • Internet: www.camping-winkl.de

Bischofswiesen, D-83483 / Bayern

Winkl-Landthal GmbH****
Klaushäuslweg 7
1 Apr - 30 Okt
+49 86 52 81 64
info@camping-winkl.de
N 47°40'36" E 12°56'10"

1 A**KN**OPQRSTU **N** 6
2 CIPQSVWXYZ A**B**D**EFG**I 7
3 A**L**M ABCDEFJNQRTUVW 8
4 **A**FHJ Z 9
5 ABDHMN ABCDEFGHJKLOQY 10
Anzeige auf dieser Seite W 10A
H690 2,5ha 56T(80-100m²) 20D
① €3[illegible],00
② €5[illegible],80

A8 München-Salzburg, Ausfahrt Bad Reichenhall. B20 Richtung Berchtesgaden. 11 km vor Berchtesgaden (Winkl). 102[illegible]32

Bodenmais, D-94249 / Bayern

Resort Bodenmais*****
Regener Str. 45
1/1 - 11/1, 25/1 - 6/11, 30/11 - 31/12
+49 9 92 49 43 20 80
info@campingresort-bodenmais.de
N 49°03'15" E 13°06'00"

1 ABDG**KN**OPQRSTU B 6
2 BIPQSTUVWXYZ ABE**FG** 7
3 BDGMU**W** ABCDEFGHIJKLNQR**S**TUVW 8
4 FHIJOP**Q**R**T**U**VW** G 9
5 ABDEFHJKLM ABCEFGHJKMOPQ 10
Anzeige auf Seite 333 WB 16A CEE
H750 5ha 284T(70-165m²) 9D
① €59,75
② €81,75

Der Campingplatz befindet sich auf der Südseite von Bodenmais. Die Campinganlage ist von der Hauptstraße (ST2132) aus gut ausgeschildert. 124936

Teilkarte Südost-Bayern auf Seite 330

Deutschland

Chieming, D-83339 / Bayern

CC€19 iD

Chiemsee Strandcamping	1 ABDE**K**N**O**PQRSTU	LNPQSX 6
Grabenstätter Straße	2 AEILQSWXYZ	ABCDE**FG** 7
1 Apr - 30 Sep	3 AB**L**MS	ABCDEFJKNQRTW 8
+49 8 66 45 00	4 FHO**PQ**	NRT 9
info@chiemsee-strandcamping.de	5 ABDFHJMN**O**	ABDGHKOST 10
	Anzeige auf Seite 332 B 16A CEE	❶ €39,50
N 47°52'35" E 12°31'44"	H520 1,5ha 135**T**(50-90m²) 30**D**	❷ €59,40

A8 München-Salzburg, Ausfahrt 109 Richtung Chieming. Der CP ist ca. 5 km von der Ausfahrt Grabenstätt entfernt. 1. CP links. 102628

Grainau, D-82491 / Bayern

iD

Camping Resort Zugspitze	1 ADEG**JM**OPQRSTU	J 6
Griesener Straße 9	2 CIPSTWXY	ABDE**FG** 7
1 Jan - 31 Dez	3 **L**	ABCDEFGIJ**M**NQRTUVW 8
+49 8 82 19 43 91 11	4 EFHIRT**X**	FJWZ 9
info@perfect-camping.de	5 ADKMN	ABGHJKOQY 10
	WB 16A CEE	❶ €51,00
N 47°28'39" E 11°03'06"	H780 3,5ha 125**T**(100-140m²) 10**D**	❷ €71,00

Von München Ri. Garmisch-Partenkirchen bis zum AB-Ende A95 Eschenlohe. Dann die B2, die in die B23 nach GAP übergeht. B23 Fernpass/Ehrwald. Einf. am Restaurant Schmölzer Wirt. Oder: A7 Ulm, Kempten und Füssen, hinter Reutte Richtung GAP. 121824

Chieming/Stöttham, D-83339 / Bayern

CC€23 iD

Seehäusl****	1 A**KN**OPQRSTU	L**N**QS**X** 6
Beim Seehäusl 1	2 AEIKLQTWXYZ	ABDE**FG** 7
1 Apr - 1 Okt	3 A**L**S	ABEFJKNQRTW 8
+49 8 66 43 03	4 FH**XZ**	HZ 9
info@camping-seehaeusl.de	5 ABDFGHJKLNO	ABCDGHJKM**O**S 10
	Anzeige auf dieser Seite 16A CEE	❶ €39,00
N 47°54'08" E 12°31'10"	H550 1,5ha 44**T**(50-110m²) 1**D**	❷ €56,50

A8 München-Salzburg, Ausfahrt 109 Grabenstätt/Chieming/ Stöttham, den Schildern Seehäusl folgen. Besonders vorsichtig sein mit langen und/oder breiten Fahrzeugen auf dem schmalen Zufahrtsweg. 118289

Großseeham/Weyarn, D-83629 / Bayern

iD

Camping Seehamer See	1 AKNOPQRST**U**	LQS 6
Hauptstraße 32	2 AFLQXYZ	ABDE**FG** 7
1 Jan - 31 Dez	3 **L**	ABCDE**FI**JNRTW 8
+49 80 20 14 00	4	9
info@seehamer-see.de	5 ADFGHJLMN	AGHI**O**QY 10
	Anzeige auf dieser Seite B 16A CEE	❶ €31,00
N 47°51'06" E 11°51'40"	H657 4ha 90**T**(40-60m²) 90**D**	❷ €43,00

A8 München-Salzburg, ca 37 km ab München. Zwischen den Ausfahrten Weyarn und Irschenberg, Ausfahrt über den Autobahnparkplatz 'Seehamer See-West' oder 'Seehamer See-Ost'. 300m bis zum CP. 109997

Eging am See, D-94535 / Bayern

CC€21 iD

Bavaria Kur- und Sport Camping****	1 ADEG**KN**OPQRSTU	6
Grafenauer Str. 31	2 ACQRTVWYZ	BE**FG** 7
1 Jan - 31 Dez	3 ABF**LM**	ABCDEFJNQRSTW 8
+49 85 44 80 89	4 FHIJ**PQ**	GI 9
info@bavaria-camping.de	5 ABDFHJLM	ABCDFGHIJKL**O**QW 10
	Anz. auf dieser Seite WB 16A CEE	❶ €24,00
N 48°43'16" E 13°15'55"	H420 6ha 120**T**(120m²) 48**D**	❷ €32,00

A3, Ausfahrt 113. Folgen Sie Eging am See. Vor Eging am See ist der CP ausgeschildert. 107913

Grainau, D-82491 / Bayern

iD

Camping Erlebnis Zugspitze GmbH***	1 ADEG**KN**OPQRST**U**	J 6
Griesener Straße 2	2 CIPQRSWXY	ABDE**FG**IK 7
1 Jan - 31 Dez	3 A**L**	ABEFJNQRUV 8
+49 8 82 19 43 91 11	4 EFHI	F 9
office@pure-camping.de	5 ADMN	ABFGHKOQ 10
	W 16A CEE	❶ €44,00
N 47°28'49" E 11°03'13"	H750 3ha 120**T**(60-100m²) 45**D**	❷ €60,00

Von München Ri. Garmisch-Partenkirchen zur A95 Eschenlohe. Über die B2 und B23 Ri. GAP. Auf der B23 Fernpass/Ehrwald. CP liegt am Fluss. Oder A7 Ulm, Kempten und Füssen, hinter Reutte. Dann die B23 Ri. GAP. 102545

Teilkarte Südost-Bayern auf Seite 330

Deutschland

Ingolstadt, D-85053 / Bayern

AZUR Waldcamping Ingolstadt
Am Auwaldsee
1 Jan - 31 Dez
+49 84 19 61 16 16
ingolstadt@azur-camping.de

1 ABDEKNOPQRSTU LN 6
2 ABEKPQXYZ BFG 7
3 BJMNS ABDFJNQRT 8
4 AFTY 9
5 ABDMN ABFGHKSTX 10
B 10-16A CEE ❶ €40,00
H365 10ha 275T(80-100m²) 136D ❷ €58,00

N 48°45'14" E 11°27'51"
A9 München-Nürnberg, Ausfahrt 62 Ingolstadt-Süd. Den Schildern 'Camping Auwaldsee' folgen. 102534

Inzell, D-83334 / Bayern

Lindlbauer
Kreuzfeldstraße 44
1/1 - 5/11, 18/12 - 31/12
+49 8 66 59 28 99 88
info@camping-inzell.de

1 ADEGKNOPQRSTU 6
2 EIPSTUVWXY ABDEFGHI 7
3 ABLX ABCDEFGIJNQRTUVW 8
4 FH F 9
5 ABDMN ABGHJKOQW 10
WB 16A CEE ❶ €40,20
H699 3ha 91T(80-130m²) 2D ❷ €54,20

N 47°46'02" E 12°45'12"
A8 München-Salzburg. Ausfahrt 112 Siegsdorf Richtung Bad Reichenhall/Inzell. Dann der Beschilderung folgen. 120911

Kinding/Pfraundorf, D-85125 / Bayern

Kratzmühle****
Mühlweg 2
1 Jan - 31 Dez
+49 8 46 16 41 70
info@kratzmuehle.de

1 ADGKNOPQRSTU LNQSXZ 6
2 ACEKMPQSTVWXY ABDEFGHIJ 7
3 BFJLM ABCDEFJKNQRSTUV 8
4 HJOX JKRV 9
5 ABDEFGJLMN ABDFGHIJKLOQY 10
Anzeige auf Seite 335 B 16A CEE ❶ €36,00
H384 15ha 375T(80-130m²) 192D ❷ €45,00

N 49°00'12" E 11°27'07"
A9 Nürnberg-München, Ausfahrt 58 Altmühltal, Richtung Kinding. CP ist ausgeschildert. 102532

Kochel am See, D-82431 / Bayern

Kesselberg
Altjoch 2 ½
30 Apr - 3 Okt
+49 8 85 14 64
alois.perkmann@gmx.de

1 ADEGKNOPQRSU LN 6
2 AEIKLQTWXYZ ABDFG 7
3 ABMW ABCDEFNQRT 8
4 FHI F 9
5 ABDEFJKMN ABHIJKNQ 10
10A CEE ❶ €35,00
H600 1,5ha 120T(50-70m²) 53D ❷ €46,00

N 47°38'13" E 11°20'57"
A8 nach München, über B2 Richtung Garmisch-Partenkirchen A95. Ausfahrt 9 Kochel am See/Murnau, B472. Rechts zur B11, kurz nach Kochel Richtung Innsbruck. 102543

Kochel am See, D-82431 / Bayern

Campingplatz Renken
Mittenwalderstraße 106
7 Apr - 1 Okt
+49 88 51 61 55 05
info@campingplatz-renken.de

1 AEGKNOPQRSU LNQSXY 6
2 AEILPQSUXY ABDFG 7
3 BX ABCDEFNQRT 8
4 FHJ DQR 9
5 ABDEFHJKMN ABFGHKLNQ 10
16A CEE ❶ €40,00
H600 1ha 35T(50-100m²) 22D ❷ €53,00

N 47°38'25" E 11°21'16"
A8 nach München, über die B2 Richtung A95 Garmisch-Partenkirchen. Ausfahrt 9 Kochel/Murnau, B472. Dann rechts zur B11, kurz nach Kochel Richtung Innsbruck. 102542

Königsdorf, D-82549 / Bayern

Camp.platz Königsdorf am Bibisee
Zum Lindenrain 8
1 Jan - 31 Dez
+49 8 17 18 15 80
mail@camping-koenigsdorf.de

1 ADEKNOPQRSTU LNQR 6
2 AEKLPQSTWXY ABDEFGH 7
3 BLMU ABCDEFJKNOQRT 8
4 FH 9
5 ABDFHILM ABGHIJKOSTY 10
WB 6-16A CEE ❶ €30,50
H600 8,6ha 90T(80-120m²) 270D ❷ €42,50

N 47°50'16" E 11°28'09"
A8, in München über B2 Richtung A95 Garmisch-Partenkirchen. Ausfahrt 6 zur B11 Richtung Königsdorf, nach 2 km Richtung Geretsried. Ausfahrt Bibisee. 102540

Königssee/Schönau, D-83471 / Bayern

Camping Mühlleiten GmbH
Königsseer Straße 70
10/4 - 1/11, 15/12 - 31/12
info@camping-muehlleiten.de

1 ADEKNOPQRSTU JN 6
2 BCIPQSTWXY ABDEFG 7
3 BK ABCDEFJNQR 8
4 AEFHO IZ 9
5 ABDEFHJKLMN ABGHORS 10
W 16A CEE ❶ €43,70
H600 1,8ha 80T(50-75m²) 22D ❷ €56,70

N 47°35'59" E 12°59'21"
A8 Ausfahrt Bad Reichenhall Richtung Berchtesgaden. Im Kreisel Richtung Königssee B20. Nach 3 km Camping rechts. 102634

Krün, D-82494 / Bayern

Tennsee*****
Am Tennsee 1
1/1 - 7/11, 15/12 - 31/12
+49 8 82 51 70
info@camping-tennsee.de

1 ACDEGKNOPQRSTU LN 6
2 ACIPQRSVWXYZ ABCDEFGHIJ 7
3 BDFLMT ABCDEFJLNQRSTUVW 8
4 ABCEFHJOPS ILUVW 9
5 ABDEFJLMN ABCEFGHIJKMOQUWY 10
WB 16A CEE ❶ €39,20
H950 5,2ha 265T(80-100m²) 5D ❷ €53,20

N 47°29'27" E 11°15'16"
Ab 'Münchener Ring' den Schildern Garmisch-Partenkirchen folgen zur A95 bis Autobahnende Eschenlohe. Dann die B2, geht über zur B23 bis GAP. Dort über die B2 Richtung Mittenwald. Zwischen Klais und Barmsee. 102546

ACSI AWARDS 2022

GEWINNER
Campingplatz mit der schönsten Lage Deutschland

Camping Tennsee

Lackenhäuser, D-94089 / Bayern

Knaus Campingpark Lackenhäuser****
Lackenhäuser 127
1/1 - 5/11, 21/12 - 31/12
+49 8 58 33 11
lackenhaeuser@knauscamp.de

1 ADGKNOPQRSTU BENP 6
2 BCIKQSTVWXYZ ABDEFGHIJ 7
3 BFGJMRT ABCDEFJKNPQRSTUVW 8
4 ABCEFHIJKOPQTZ ABEFJUVWX 9
5 ABDFLM ABEFGHJKLOQUY 10
WB 16A CEE ❶ €44,50
H800 19ha 322T(80-100m²) 191D ❷ €53,50

N 48°44'56" E 13°49'00"
B12 zwischen Freyung und Passau, Ausfahrt Waldkirchen. Bis Waldkirchen-Ost, hier ist der CP ausgeschildert. Noch ca. 28 km. 102664

München, D-81247 / Bayern

München-Obermenzing
Lochhausener Straße 59
15 Mrz - 31 Okt
+49 8 98 11 22 35
book.campingom@outlook.de

1 AEGKNOPQSTU 6
2 ABPQWYZ ABDEFGI 7
3 B ABCDEFJNOQRW 8
4 JOP E 9
5 ABDEHMN AGHINQ 10
10A CEE ❶ €29,00
H517 5,5ha 250T(80-200m²) 123D ❷ €33,00

N 48°10'27" E 11°26'47"
A99 Richtung Stuttgart bis Kreuz München-West, Ausfahrt München-Lochhausen, dann links auf die Lochhausener Straße. 102574

Münsing, D-82541 / Bayern

Ambach am See
Am Schwaiblbach 3
1 Jan - 30 Nov
+49 8 17 75 46
office@camping-ambach.de

1 ADEGKNOPQRSU LNQSV 6
2 ABFIKLPQTWXYZ AEFG 7
3 ABLMU ABEFJNQRSU 8
4 FHI DRV 9
5 ABDEFGHKM ABCHJKOQX 10
Anzeige auf dieser Seite 16A CEE ❶ €40,00
H570 3,5ha 100T(60-120m²) 265D ❷ €48,00

N 47°51'15" E 11°20'18"
A95 München-Garmisch-Partenkirchen, Ausfahrt 6 Wolfratshausen. An der Ostseite des Starnberger Sees, 6 km nördlich von Seeshaupt. 102537

Murnau/Seehausen, D-82418 / Bayern

Halbinsel Burg
Burgweg 41
1 Jan - 2 Nov
+49 88 41 98 70
info@camping-staffelsee.de

1 ADEGILOPQRSTU LNQXY 6
2 EIQRSXYZ ABDEFGI 7
3 BM ABCDEFJNQRT 8
4 FHJO 9
5 ABDFJL AGHJKNQ 10
B 16A CEE ❶ €36,00
2ha 130T 20D ❷ €40,20

N 47°41'06" E 11°10'43"
Von der A95 Ausfahrt Murnau, weiter nach Murnau, in Murnau Richtung Oberammergau. Am Kreisel Richtung Staffelsee, weiter der CP-Beschilderung folgen. 112168

ACSI Einrichtungsliste

Die Einrichtungsliste finden Sie vorne im aufklappbaren Deckel des Führers. So können Sie praktisch sehen, was ein Campingplatz so zu bieten hat.

Teilkarte Südost-Bayern auf Seite 330

Oberammergau, D-82487 / Bayern

Camp.park Oberammergau GmbH
Ettalerstraße 56 B
1/1 - 27/2, 15/3 - 31/10, 20/12 - 31/12
+49 8 82 29 41 05
info@camping-oberammergau.de
N 47°35'25'' E 11°04'07''

1 AEG**KN**OPQRSTU	**N** 6
2 CIPQSTWXY	ABDE**FGHI** 7
3 M	ABCDEFIJKNQRTW 8
4 FHJ	IJL 9
5 ADM	ABCEFGHIJKOQ 10
WB 16A CEE	① €29,60
H850 2ha 85**T**(60-150m²) 31**D**	② €41,10
	107458

A7 Ulm-Memmingen, Ausfahrt 128 Memmingen. A96 Richtung München, Ausfahrt 25 Landsberg. B17 nach Schongau. Dann B23 Richtung Garmisch-Partenkirchen.

Olching, D-82140 / Bayern

Ampersee
Josef-Kistler Weg 5
1 Mai - 2 Okt
+49 8 14 21 27 86
info@campingampersee.de
N 48°13'46'' E 11°21'32''

1 AG**KN**OPQRSU	LMPQSX 6
2 AEKQWXYZ	ABE**FG** 7
3 A**JL**	ABCDE**FG**JNQRW 8
4	9
5 ADFHLN	AFGH**O**Q 10
10A	① €31,00
H499 2,7ha 40**T**(100m²) 70**D**	② €38,00
	109022

A8 Augsburg-München, Ausfahrt 78 Fürstenfeldbruck/Olching. Dort CP ausgeschildert.

Oberwössen, D-83246 / Bayern

Litzelau****
Litzelau 4
1 Jan - 31 Dez
+49 86 40 87 04
camping-litzelau@t-online.de
N 47°43'03'' E 12°28'45''

CC€21

1 AE**KN**OPQRST**U**	J 6
2 BCIPQRVWXYZ	ABDE**FG**H**I** 7
3 B**IL**M	ABCDE**F**JNQRTUV 8
4 FHIJKO**T**	J 9
5 ABDLM	ABDGHIJKOQU 10
Anz. auf dieser Seite WB 16A CEE	① €31,00
H634 4ha 71**T**(80-120m²) 103**D**	② €42,00
	102599

A8 München-Salzburg, Ausfahrt 106 Bernau und via B305 Richtung Reit im Winkl, nach Oberwössen (20 km).

Piding/Bad Reichenhall, D-83451 / Bayern

Staufeneck
Strailachweg 1
3 Apr - 25 Okt
+49 86 51 21 34
camping-staufeneck@t-online.de
N 47°44'47'' E 12°53'48''

1 ADE**KN**OPQRSTU	6
2 ABCSTWXYZ	ABDE**FGI** 7
3 A**L**M	ABCDE**FG**JNPQRTW 8
4 EFH	9
5 ABDMN	AGHJKST 10
10A CEE	① €38,00
H484 2,7ha 100**T**(80-100m²) 20**D**	② €42,00
	102630

A8 München-Salzburg, Ausfahrt Bad Reichenhall. Vor Bad Reichenhall rechts Ausfahrt zum Camping. Campingschildern folgen.

Offenberg, D-94560 / Bayern

Auf dem Kapfelberg
Kapfelberg 2
15 Mrz - 30 Okt
+49 9 90 56 45
post@camping-kapfelberg.de
N 48°52'32'' E 12°52'51''

1 ADE**KN**OPQRSU	6
2 AIQTVXY	ABDE**FG** 7
3 A	ABCDEFJKNQRTW 8
4 FHIJ	F 9
5 D	AGHJKM**O**QU 10
Anzeige auf dieser Seite B 16A CEE	① €24,00
H400 1ha 50**T**(80-100m²) 1**D**	② €32,00
	108867

A3 Regensburg-Passau, Ausfahrt 109 Metten Richtung Neuhausen. In Neuhausen vor dem Sonnenstudio links. Den CP-Schildern folgen.

Teilkarte Südost-Bayern auf Seite 330

Prien am Chiemsee, D-83209 / Bayern

Hofbauer
Bernauerstraße 110
1 Apr - 15 Okt
+49 80 51 41 36
info@camping-prien-chiemsee.de

1 AEKNOPQRSTU — BCG 6
2 APQTUWXY — ABDEFGI 7
3 BLMU — ABCDEFJNQRTUVW 8
4 GHJO — EFGIUV 9
5 ABDFGHKMN — ABEGHIKOQU 10

Anzeige auf dieser Seite B 16A CEE — ① €33,20
H522 1,5ha 100T(75-100m²) 57D — ② €41,80

N 47°50'20" E 12°21'04"

A8 München-Salzburg, Ausfahrt 106 Bernau. Dann ca. 3 km Richtung Prien. Am Kreisel geradeaus, nach 100m liegt der Camping auf der linken Seite. — 102595

Prien am Chiemsee, D-83209 / Bayern

Panorama Camping Harras
Harrasserstraße 135
11 Apr - 5 Nov
+49 80 51 90 46 13
info@camping-harras.de

1 ADEGHKNOPQSTU — LNQSXY 6
2 AELMSWXYZ — ABDEFGH 7
3 BLM — ABCDEFIJKNRTW 8
4 FHOP — DVZ 9
5 ABDFHLMN — ABGHIJKLQY 10

B 6A CEE — ① €43,70
H511 2ha 150T(30-70m²) 40D — ② €63,50

N 47°50'26" E 12°22'24"

A8 München-Salzburg, Ausfahrt 106 Bernau, 3 km Richtung Prien. Nach 2 km am Kreisel rechts. Dann ist der CP gut ausgeschildert. — 102594

Ramsau, D-83486 / Bayern

Simonhof
Alte Reichenhallerstraße 110
1/1 - 15/1, 1/4 - 29/10, 1/12 - 31/12
+49 8 65 72 84
info@camping-simonhof.de

1 AEKNOPQRSTU — 6
2 BCIPQRSTUWXYZ — ABDEFGI 7
3 AB — ABCDEFJKNQRTUV 8
4 FHJO — 9
5 ABDEFIMN — ABCGHJKOQ 10

Anzeige auf dieser Seite 16A CEE — ① €37,20
H860 1,5ha 90T(70-100m²) 30D — ② €52,80

N 47°37'38" E 12°52'09"

B305 Von Siegsdorf nach Ramsau, Schildern folgen. — 102633

Rottenbuch, D-82401 / Bayern

Terrassen-Camping am Richterbichl****
Solder 1
1 Jan - 31 Dez
+49 88 67 15 00
info@camping-rottenbuch.de

1 ABEGKNOPQRSTU — LU 6
2 EPQTVWY — ABDEFGHIK 7
3 BFMNU — ABCDEFJNQRTW 8
4 FHJO — FI 9
5 ABDEFHJKMN — ABDFGHIJKOQ 10

Anzeige auf dieser Seite W 16A CEE — ① €27,80
H763 1,2ha 50T(80-100m²) 44D — ② €34,80

N 47°43'39" E 10°58'01"

Von A7 Ulm-Kempten, Ausfahrt 134. B12 bis Marktoberdorf. Dann die B472 Richtung Schongau, danach B23 Richtung Garmisch-Partenkirchen. CP liegt direkt an der Romantischen Straße. — 102492

Ruhpolding, D-83324 / Bayern

Ortnerhof****
Ort 5
1 Jan - 31 Dez
+49 86 63 17 64
camping-ortnerhof@t-online.de

1 ABEGILOPQRSTU — N 6
2 AIPQRSTWXYZ — ABDEFG 7
3 ABDFLMR — ABCDEFJNQRTW 8
4 AFHJ — FZ 9
5 ADLMN — ABCFGHJKOQ 10

WB 16A CEE — ① €36,70
H670 3,6ha 100T(80-120m²) 81D — ② €49,70

N 47°44'33" E 12°39'47"

A8 München-Salzburg, Ausfahrt 112 Siegsdorf, Richtung Ruhpolding. CP liegt auf der Südseite der Stadt an der B305. Ab Zentrum angezeigt. — 102631

Schechen, D-83135 / Bayern

Erlensee
Rosenheimer Straße 63
1 Jan - 31 Dez
+49 80 39 16 95
buchung@camping-erlensee.de

1 ADEKNOPQRSTU — Q 6
2 AFIKQTWXY — ABDEFG 7
3 L — ABCDEFJNQRTUVW 8
4 FHK — AV 9
5 DFLMN — ABCHJKMNSTV 10

Anz. auf dieser Seite WB 6-10A CEE — ① €25,00
H440 3ha 65T(20-100m²) 130D — ② €33,00

N 47°55'31" E 12°08'07"

A8, Ausfahrt 102 Rosenheim, auf der B15 10 km in Richtung Wasserburg am Inn / Schechen bis zum Campingplatzschild Erlensee. Die Strecke führt jetzt noch durch die Stadt Rosenheim. — 113057

Schleching/Mettenham, D-83259 / Bayern

Camping Zellersee****
Zellerseeweg 3
12 Mai - 24 Sep
+49 86 49 98 67 19
info@camping-zellersee.de

1 ADEILOPQSU — LM 6
2 BEKLPQTVWXYZ — ABDEFGI 7
3 AFGLM — ABCDEFJNQRTW 8
4 FHI — FJ 9
5 ABDHMN — ABCGHJKMOST 10

Anzeige auf dieser Seite 16A CEE — ① €35,00
H558 2,3ha 60T(50-90m²) 39D — ② €49,00

N 47°44'04" E 12°24'56"

A8 München-Salzburg. Ausfahrt 106 Bernau, Richtung Reit im Winkl. In Marquarstein Richtung Schleching/Kössen. — 109209

Schliersee/Obb., D-83727 / Bayern

Camping Schliersee
Westerbergstraße 27
15 Apr - 7 Nov
+49 8 02 69 29 89 98
info@camping-schliersee.de

1 AEKNOPSU — LNQ 6
2 CEIKLQSTWXYZ — ABDEFG 7
3 BL — ABEFJKNQRSUVW 8
4 EFHT — N 9
5 ADEFGHIJKN — ABCGHJKNQ 10

16A CEE — ① €37,00
H800 1ha 88T(36-67m²) 18D — ② €47,00

N 47°43'41" E 11°51'06"

A8 München-Salzburg, Ausfahrt 98 Irschenberg, dann der B472 Richtung Miesbach, Hausham und Schliersee folgen. In Schliersee den CP-Schildern folgen. — 102577

Seefeld am Pilsensee, D-82229 / Bayern

Pilsensee
Am Pilsensee 2
1 Jan - 31 Dez
+49 81 52 72 32
info@camping-pilsensee.de

1 ADEGKNOPQRSTU — LNQRSTXYZ 6
2 EKPQTWXYZ — ABCDEFG 7
3 BFLM — ABCDEFIKNQRTU 8
4 — FJMQR 9
5 ACDEFJLMN — ABCFHIJKLMOQUXY 10

B 16A CEE — ① €33,50
H549 10ha 140T(100m²) 368D — ② €47,50

N 48°01'49" E 11°11'57"

B2068 Oberpfaffenhofen-Hersching, südlich von Seefeld abzweigen. — 102535

Teilkarte Südost-Bayern auf Seite 330

Deutschland

Seeshaupt, D-82402 / Bayern

Camping Seeshaupt
St. Heinricherstraße 127
1 Apr - 30 Sep
+49 8 80 19 15 68 80
info@camping-seeshaupt.com

1 ADEGJMPQRSTU	LNQRSTX	6
2 AFKPQTXY	ABCDEFG	7
3 BLNO	ABCDEFJNQR	8
4 FHR	F	9
5 ABDEFHKM	ABCFGHIJKOST	10
B 16A CEE		① €49,50
H600 2ha 69T(80-190m²) 67D		② €65,50

N 47°49'13'' E 11°19'27''
A8 nach München, über die B2 zur A95 Garmisch-Partenkirchen. Ausfahrt 7 Seeshaupt, dann rechts Richtung Seeshaupt. 102539

Übersee/Feldwies, D-83236 / Bayern

Chiemsee Camping Rödlgries****
Rödlgries 1
1 Apr - 31 Okt
+49 8 64 24 70
info@chiemsee-camping.de

1 AILPQRSU	LNQSY	6
2 AFIJKQTWXY	ABDEFG	7
3 BFGLMUV	ABCDEFJKNQRTUV	8
4 BFH		9
5 ABDFK	ABGHIOST	10
B 16A CEE		① €37,00
H526 7,4ha 308T(80-100m²) 180D		② €47,50

N 47°50'28'' E 12°28'19''
A8 München-Salzburg, Ausfahrt 108 Übersee. Dann ausgeschildert. 102596

Spatzenhausen/Hofheim, D-82447 / Bayern

Brugger am Riegsee
Seestraße 2
29 Mrz - 15 Okt
+49 8 84 77 28
office@camping-brugger.de

1 AEGJMOPQRSU	LNQSTXY	6
2 EIKLQTVWXYZ	ABDEFGH	7
3 BGMX	ABCDFGIJKNQRTUVW	8
4 BFHJLO	KT	9
5 ABDEFJLMN	ABCFGHIJKMNQY	10
Anzeige auf dieser Seite B 16A CEE		① €29,95
H650 6ha 100T(60-120m²) 300D		② €38,95

N 47°42'23'' E 11°13'05''
A95 Garmisch-Partenkirchen, Ausfahrt 9 Sindelsdorf. Links zur B472 Richtung Habach, dann Murnau, weiter den Schildern Hofheim folgen. 108109

Uffing, D-82449 / Bayern

Campingplatz Aichalehof
Aichalehof 4
1 Mai - 3 Okt
+49 8 84 62 11
camping@aichalehof.de

1 ABEGKNOPQRSTU	LNPQSXY	6
2 ELQUXY	ABDEFG	7
3 ABM	ABCDEFHJNQRSTUVW	8
4 FH		9
5 ADEFJLN	ABFHJKNQ	10
B 10-16A CEE		① €33,50
H633 6ha 100T(80-100m²) 300D		② €47,50

N 47°41'57'' E 11°09'27''
A95 München - Garmisch-Partenkirchen, Ausfahrt 9. Dann B472 Richtung Eglfing bis Uffing. Dort Beschilderung folgen. 112169

Taching am See, D-83373 / Bayern

CC€21

Seecamping Taching am See
Am Strandbad 1
1 Apr - 15 Okt
+49 86 81 95 48
info@seecamping-taching.de

1 ADEGJLOPQRSTU	LMNQSXYZ	6
2 EJKLPQTWXYZ	ABDEFG	7
3 BFGLMS	ABCDEFJNQRTW	8
4 FH	DV	9
5 ABDFGKLN	ABDGHJKOQY	10
Anzeige auf dieser Seite B 16A CEE		① €31,75
H481 1,6ha 98T(80-100m²) 98D		② €38,75

N 47°57'42'' E 12°43'54''
A8 München-Salzburg, Ausfahrt Traunstein/Siegsdorf. Auf der Strecke Waging-Tittmoning bei Taching Richtung See, danach noch ca. 0,3 km. 102620

Tittmoning, D-84529 / Bayern

Seebauer
Furth 9
1 Apr - 30 Sep
+49 86 83 12 16
info@camping-seebauer.de

1 ADEGKNOPQRSTU	LN	6
2 EKLPQSTWXYZ	ABDEFGH	7
3 ABFM	ABCDEFJKNQRTW	8
4 FHJ	INQTV	9
5 ADMN	ABGHJKOQ	10
B 16A		① €25,25
H500 2,3ha 40T(90-100m²) 101D		② €34,25

N 48°04'21'' E 12°44'21''
A3 von Regensburg bis Ausfahrt Straubing. Dann die B20 bis Burghausen. Von dort noch 15 km. 3 km vor Tittmoning ist der CP gut ausgeschildert. 102619

Utting am Ammersee, D-86919 / Bayern

Campingplatz Utting am Ammersee
Im Freizeitgelände 5
1 Apr - 15 Okt
+49 88 06 72 45
info@ammersee-campingplatz.de

1 ADEGKNOPQRSTU	LMNQSTXYZ	6
2 AEKLPQRWXY	ABEFG	7
3 AFGJMNSW	ABCDEFJNQRT	8
4 FH	PQT	9
5 ACDJLMN	ABFGHIJKOQ	10
B 16A CEE		① €30,60
H685 1,4ha 120T(60-80m²) 180D		② €37,60

N 48°01'39'' E 11°05'43''
A96 München-Landsberg, Ausfahrt Ammersee-West, den CP-Schildern folgen. 100186

Viechtach, D-94234 / Bayern

Adventurecamp 'Schnitzmühle'
Schnitzmühle 1
1 Jan - 31 Dez
+49 9 94 29 48 10
info@schnitzmuehle.de
N 49°04'10'' E 12°54'49''

1 ADE**KN**OPQRSTU	JL**N**UXYZ 6
2 CELQRTY	ABDE**FG**H**I** 7
3 BFG**HI**MS**T**UX	ABCDEF**GI**JNQRTW 8
4 ABDEFGHIJLO**PSTUVXZ**	AGIKLR 9
5 ABDEFHJLMN	ABFGHJKLM**N**PQU 10
Anz. auf dieser Seite WB 10A CEE	① €36,40
H418 2ha 80**T**(120m²) 61**D**	② €53,40

102618

A3 Regensburg-Passau, Ausfahrt 110 Ri. Deggendorf. Die B11/E53 bis Patersdorf. Nach links auf die B85 nach Viechtach. Den CP-Schildern folgen. Achtung: Einfahrt 12% Steigung und 3,20m Durchfahrtshöhe.

Viechtach, D-94234 / Bayern

Knaus Campingpark Viechtach****
Waldfrieden 22
1/1 - 5/11, 21/12 - 31/12
+49 99 42 10 95
viechtach@knauscamp.de
N 49°04'57'' E 12°51'12''

1 ADEG**KN**OPQRSTU	**EN** 6
2 BQSTUVWXYZ	ABDE**FG**HIJ 7
3 ABFGMSW	ABFJKNQRT 8
4 ABCDEFGHIJLMNO**PQT**	AEGJ 9
5 ABDFHJKMN	ABEFGHILM**O**QU 10
WB 16A CEE	① €44,40
H560 5,7ha 183**T**(80-100m²) 114**D**	② €53,40

102617

A3 Regensburg-Passau, Ausfahrt 110 Richtung Deggendorf. Die B11/E53 bis Patersdorf. Dort links die B85 bis Viechtach. Den Schildern 'Knaus-Camping' folgen.

Viechtach/Pirka, D-94234 / Bayern

Höllensteinsee
Leitenweg 12
6 Apr - 8 Okt
+49 99 42 85 01
info@camping-hoellensteinsee.de
N 49°06'03'' E 12°52'34''

1 A**KN**OPQRSTU	JLNP 6
2 DEILPQXYZ	AEE**FG**HI 7
3 A	ABCDEFGJKLNQR**S**TUVW 8
4 FHI	INQ 9
5 ABDEFHJK	ABCEFGHJKOQ 10
Anzeige auf Seite 339 B 12A CEE	① €30,80
H403 3,5ha 150**T** 13**D**	② €42,80

122371

B85 nach Viechtach. Der Beschilderung Bad Kötzting Richtung Pirka (ST2139) folgen. In Pirka dem CP-Schild folgen.

Wackersberg, D-83646 / Bayern

Camping Demmelhof****
Stallau 148
1 Jan - 31 Dez
+49 80 41 81 21
info@campingplatz-demmelhof.de
N 47°45'02'' E 11°30'05''

1 AEG**KN**OPQRSTU	L**N**QSUXZ 6
2 CEILPQTVWXYZ	ABDE**FGI** 7
3 B**D**E**L**X	ABCDE**FGI**JKNQRTW 8
4 FHJKO**P**	FJNUWY 9
5 ABDEFHKMN	ABFGHIKLM**O**PQVW 10
Anz. auf dieser Seite WB 16A CEE	① €32,00
H703 2,6ha 65**T**(30-120m²) 88**D**	② €41,00

111102

Von Bad Tölz Richtung Peißenberg und Kochel am See (B472). Schräg gegenüber vom Blomberg.

Waging am See, D-83329 / Bayern

Tettenhausen
Hauptstraße 2
1 Jan - 31 Dez
+49 86 81 16 22
campingplatz-tettenhausen@t-online.de
N 47°57'12'' E 12°45'04''

1 ADEG**KN**OPQRSTU	LM**N**OS**X**YZ 6
2 EJKLPQSWXYZ	ABDE**FG** 7
3 BFG**L**M	ABCDEFGIJNQRTVW 8
4 FH	9
5 ABDEFHJLN**O**	ABHKMOQY 10
B 10A CEE	① €31,00
H460 1ha 80**T**(75-100m²) 40**D**	② €34,50

102621

A8 München-Salzburg, Ausfahrt Siegsdorf in Richtung Traunstein/Waging. Danach nach Tettenhausen.

Waging am See, D-83329 / Bayern

Ferienparadies Gut Horn*****
Gut Horn
1 Mrz - 30 Nov
+49 8 68 12 27
info@gut-horn.de
N 47°56'47'' E 12°45'22''

1 ADEG**KM**OPQRSTU	LM**N**QRST**X**YZ 6
2 EIKLQUWXYZ	ABDE**FG**H 7
3 ABF**JL**MS	ABCDEFJKNQRTW 8
4 BEFHJ**X**	GIMQRTZ 9
5 ACDFGJKLMN	ABGHJKL**O**QV 10
B 16A CEE	① €33,80
H470 5ha 250**T**(72-90m²) 120**D**	② €48,80

110143

A8 München-Salzburg, Ausfahrt 112 Traunstein, Richtung Waging am See. Richtung Fridolfing über Tettenhausen zum CP Gut Horn.

Waging am See, D-83329 / Bayern

Strandcamping Waging am See*****
Am See 1
1 Jan - 31 Dez
+49 8 68 15 52
info@strandcamp.de
N 47°56'34'' E 12°44'50''

1 ACDEG**KN**OPQRSTU	HLM**N**QRSTXY 6
2 EIJLPQTWXYZ	ABDE**FG**HIJ 7
3 ABDEFG**JL**M**NO**STUW	ABCDEF**GI**JKNPQRTUVW 8
4 **A**BCDEFHJLNO**PQ**R**TVXYZ**	BDIMPQRTUVWZ 9
5 ACDEFGHIKLMN**O**	ABEFGHIJKM**O**QUWXY 10
Anzeige auf Seite 339 B 10-16A CEE	① €42,50
H450 3,5ha 654**T**(80-200m²) 435**D**	② €57,50

102623

A8 München-Salzburg, Ausfahrt Traunstein/Siegsdorf, Richtung Traunstein. Dann noch 10 km nach Waging.

Waging/Gaden, D-83329 / Bayern

Schwanenplatz*****
Am Schwanenplatz 1
24 Apr - 4 Okt
+49 8 68 12 81
info@schwanenplatz.de
N 47°56'10'' E 12°45'36''

1 ADEGILOPQRSU	LM**N**QSXYZ 6
2 CEKLPQSWXYZ	ABDE**FG**H 7
3 AB**L**M	ABCDEFJKNQRTUVW 8
4 BFH**X**	VZ 9
5 ABDEFHKLMN	ABGHJK**O**QVY 10
B 10A CEE	① €37,30
H432 4ha 151**T**(85-120m²) 82**D**	② €52,70

102624

A8, Ausfahrt Traunstein, Richtung Waging. Dann Richtung Freilassing. Nach 1,5 km links bei Gaden.

Teilkarte Südost-Bayern auf Seite 330

Deutschland

Walchensee, D-82432 / Bayern

Walchensee
Lobisau 8
1 Mai - 3 Okt
info@
camping-walchensee.de

1 AEG**KN**OPQRSU	L**N**OPQS**X**Y 6
2 BFIKLMPQSTWXY	ABDE**FG** 7
3 AB**L**	ABCDE**F**NQRT 8
4 FHI	9
5 ABDEFHJMN	ABCGHIJK**N**Q 10
10A CEE	① €32,50
H804 2,8ha 80**T**(50-100m²) 45**D**	② €44,00

N 47°34'57" E 11°18'37"

A8 nach München, über B2 Richtung A95 Garmisch-Partenkirchen. Ausfahrt 9 Sintelsdorf, B472. Dann rechts zur B11, nach Kochel Richtung Innsbruck. 102544

Weissach, D-83700 / Bayern

Camping Wallberg
Rainerweg 10
1 Jan - 31 Dez
+49 80 22 53 71
campingplatz-wallberg@
web.de

1 A**KN**OPQRST**U**	QS**X** 6
2 PQWXYZ	ABDE**FG** 7
3 B**HL**	ABCDEFJNQRTW 8
4 FH	I 9
5 ADFHLMN	AFGHJKLOQY 10
Anzeige auf dieser Seite WB 16A	① €26,70
H734 3,5ha 150**T**(80-120m²) 101**D**	② €36,10

N 47°41'18" E 11°44'55"

A3 München-Salzburg, Ausfahrt Holzkirchen. B318 weiter folgen via Warngau, Gmund am Tegernsee und Bad Wiessee naar Weissach. Dort den CP-Schildern folgen. 102578

Deutschland

Schweiz

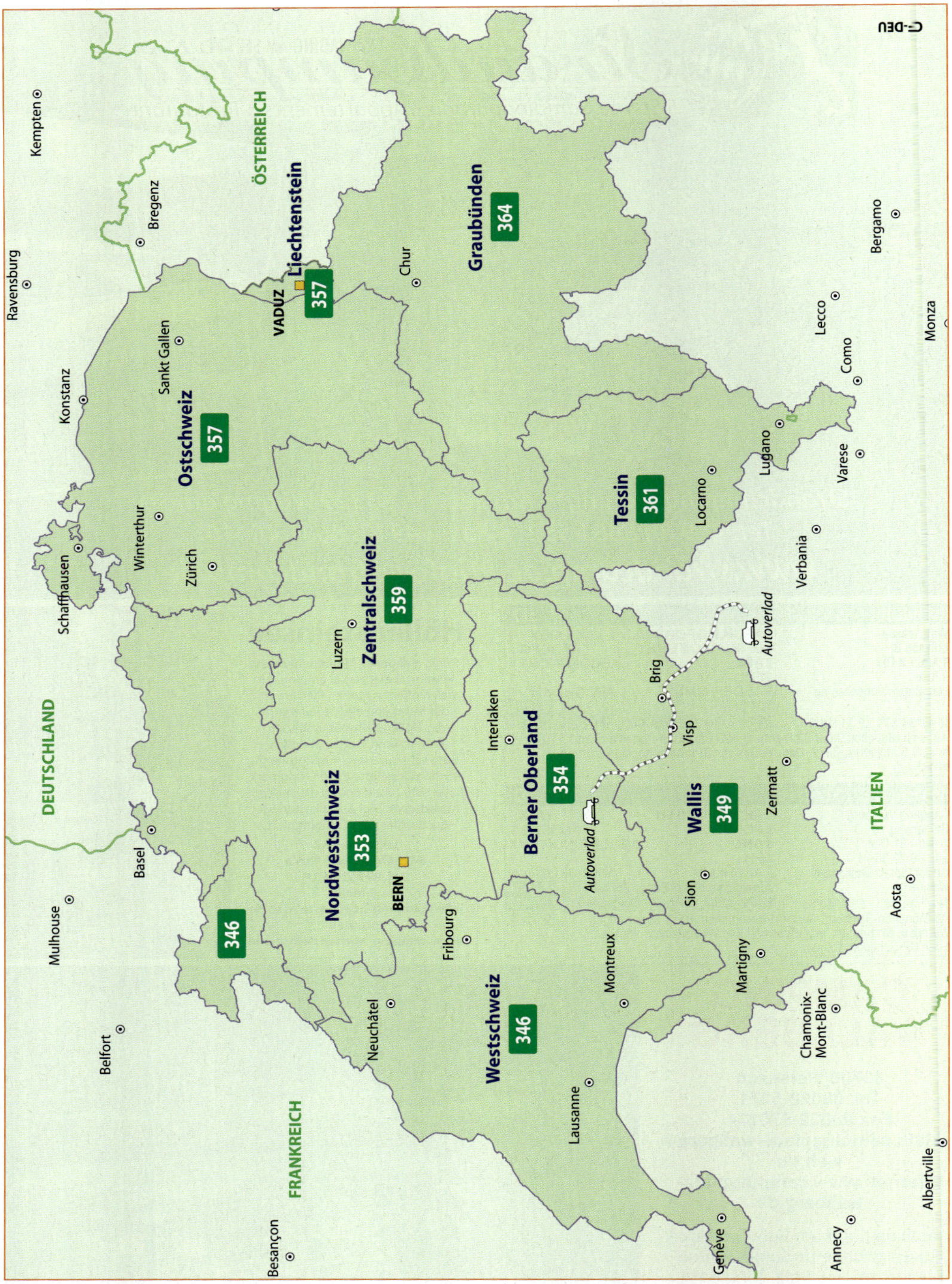
ÖSTERREICH
Liechtenstein
VADUZ
357
Graubünden
364
Chur
Kempten
Bregenz
Ravensburg
Konstanz
Sankt Gallen
Ostschweiz
357
Winterthur
Zürich
Schaffhausen
DEUTSCHLAND
Zentralschweiz
359
Luzern
Tessin
361
Locarno
Lugano
Varese
Como
Lecco
Bergamo
Monza
Verbania
Autoverlad
Brig
Visp
Interlaken
Berner Oberland
354
Autoverlad
Wallis
349
Zermatt
ITALIEN
Nordwestschweiz
353
BERN
Basel
Mulhouse
346
Fribourg
Westschweiz
346
Neuchâtel
Montreux
Lausanne
Sion
Martigny
Aosta
Chamonix-Mont-Blanc
Belfort
FRANKREICH
Besançon
Genève
Annecy
Albertville

Die Schweiz: Bergwelt der Alpen, grüne Täler und azurblaue Seen

Es gibt wohl kein europäisches Land mit einer eindrucksvolleren Landschaft als die Schweiz. Auf dem Weg zu Ihrem Campingplatz in der Schweiz wird Sie die Landschaft in ihren Bann ziehen: atemberaubend und sehr abwechslungsreich, unzugänglich oder sehr reizvoll, mit eisigen Gipfeln und gefrorenen Gletschern, aber auch mit sonnenverwöhnten, grünen Hängen und azurblauen Seen in den Tälern.

Natur auf hohem Niveau

Naturliebhaber kommen in der Schweiz voll auf ihre Kosten. Die Alpenlandschaft, die von den Campingplätzen aus leicht zu erreichen ist, ist besonders für Wanderer interessant. In den tieferen Lagen ist es für den ungeübten Wanderer durchaus machbar, aber man kann auch ganz bequem mit einer Bergbahn auf einen Gipfel fahren. Eines der schönsten Fotomotive in Europa liegt in der Schweiz: das Matterhorn.

Hauptstadt: Bern
Währung: Schweizer Franken
Zeitzone: UTC +1, UTC +2 (März bis Oktober)
Sprache: Deutsch, Französisch und Italienisch
Ländervorwahl: +41
Alkoholgrenze: 0,5‰
Notrufnummer: allgemein: 112, Polizei: 117, Feuerwehr: 118, Rettungswagen: 144
Leitungswasser: unbedenklich

Fahren Sie mit der Seilbahn auf den gegenüberliegenden Berg Klein Matterhorn, mit der höchsten Seilbahnstation der Alpen, und bewundern Sie die fantastische Aussicht auf den charakteristischen Berg.

ACSI AWARDS

Gewinner 2022 in der Schweiz

Bester Campingplatz
Campofelice Camping Village

Hundefreundlichster Campingplatz
Camping Monte Generoso

Bestes Campingplatz-Schwimmbad
Camping Riarena

Campingplatz mit der schönsten Lage
Camping Jungfrau

Bester Campingplatz für Wanderungen und Radtouren
Camping des Pêches

Schönste Wohnmobilstellplätze
TCS Camping Sion

Gewinner: Camping Des Pêches

Campingurlaub am See

Wer lieber in Wassernähe campt, hat in der Schweiz die Qual der Wahl. Auf der Schweizer Seite des Bodensees können Sie die schöne Stadt Konstanz erkunden und die Blumeninsel Mainau besuchen. Fahren Sie mit dem Boot über den Genfer See und erleben Sie den 140 m hohen Springbrunnen Jet d'eau, eines der Wahrzeichen der Stadt Genf. Begeben Sie sich auf die Spuren von Wilhelm Tell auf dem Vierwaldstättersee und in Küssnacht. Der Neuenburgersee und der Walensee bieten auch jede Menge Wasserspaß mit Möglichkeiten zum Segeln, Fischen, Schwimmen, Surfen und Paddeln.
Ein Campingurlaub in der Schweiz wird noch imposanter, wenn man einen der hohen Alpenpässe überquert, zum Beispiel den Großen St. Bernhard-, den Furka- oder den Grimselpass. Weit weniger bekannt, aber sicherlich ebenso schön ist das grüne und liebliche Mittelgebirge im Westen: der Schweizer Jura. Die meisten Campingplätze bieten auch Wintercamping an.

Die Schweiz für echte Feinschmecker

Die Schweiz ist berühmt für ihre Käsesorten wie Emmentaler, Appenzeller oder Raclettekäse. In der Emmentaler-Käserei erfahren Sie alles über die Geschichte und Herstellung dieser Schweizer Spezialität. Zu einem leckeren Stück Käse passt ein gutes Glas Wein aus einem der Schweizer Weinanbaugebiete. Für Liebhaber von süßen Speisen ist die Schweizer Schokolade ein echtes Highlight.

Tanken

Benzin (Super 95 und Super Plus 98) und Diesel (Gazole) sind ohne weiteres erhältlich. Flüssiggas ist einigermaßen gut verfügbar. Zum Tanken von Flüssiggas verwenden einige Tankstellen den Europa-Adapter (acme) und andere den Italien-Anschluss (dish).
Tankstellen sind oft mindestens von 8 bis 18 Uhr geöffnet. In den Städten und entlang der Landstraßen sind sie oft von 7 bis 20 Uhr und entlang der Autobahnen von 6 bis 23 Uhr geöffnet. Außerdem haben die meisten Tankstellen einen Nachtservice-Automaten

Ladestationen

In der Schweiz gibt es zahlreiche öffentliche Ladestationen, viele davon entlang der Autobahnen. Die Gebührensätze sind in der Schweiz immer noch sehr unterschiedlich und teilweise sehr hoch. Aus diesem Grund ist das kostenlose Aufladen in der Schweiz sehr beliebt und Unternehmen wie Ikea und Supermärkte bieten die Möglichkeit des kostenlosen Aufladens an. Daher gibt es in der Schweiz relativ viele kostenlose Ladepunkte. Es ist ratsam, diese in Anspruch zu nehmen, damit der Urlaub in der Schweiz etwas günstiger wird.

Verkehrsvorschriften

Tagesfahrlicht ist Pflicht. An einer gleichberechtigten Kreuzung hat der Verkehr von rechts Vorfahrt. Straßenbahnen haben immer Vorfahrt. Der Verkehr in einem Kreisverkehr hat Vorrang, wenn dies durch Verkehrszeichen angezeigt wird. In den Bergen hat der bergauf fahrende Verkehr Vorrang vor dem bergab fahrenden. Auf engen Straßen hat ein schwereres

Fahrzeug Vorrang vor einem leichteren. Autofahrer dürfen nur Freisprechtelefone benutzen. Kinder unter 12 Jahren oder einer Körpergröße von weniger als 1,50 m müssen in einem Kindersitz sitzen. Blitzer-Warnschilder sind verboten; entfernen Sie Schweizer Blitzerstandorte aus Ihrer Navigationssoftware (falls nötig). Winterreifen werden bei winterlichen Verhältnissen dringend empfohlen (Schneeketten können durch ein Schild vorgeschrieben werden).

"Die Schweiz: unvergleichliche Natur in Europa, kombiniert mit stimmungsvollen historischen Städten"

Herr D. Kolkman, Inspektor 1070

Sondervorschriften

In der Schweiz gibt es "Bergpoststrassen" (blaues Schild mit gelbem Posthorn), auf denen Linienbusse und Postfahrzeuge immer Vorrang haben.
Bei Stau muss eine Rettungsgasse gebildet werden. Parken ist auch dort verboten, wo gelbe Streifen und Kreuze auf der Fahrbahn angebracht sind. Lasten dürfen seitlich nicht überstehen, Fahrräder dürfen jedoch maximal 20 cm überstehen.

Vorgeschriebene Ausstattung

Ein Warndreieck ist im Auto Pflicht.

Reisemobil und Caravan

Ein Reisemobil oder eine Auto-Wohnwagen-Kombination darf höchstens 4 m hoch, 2,55 m breit und 18,75 m lang sein (der Wohnwagen selbst darf nicht länger als 12 m sein).
Auf Autobahnen mit mindestens drei Fahrspuren in gleicher Fahrtrichtung dürfen Sie mit Ihrem Wohnwagen (oder mit einem Wohnmobil > 3,5 Tonnen) nicht auf der ganz linken Spur fahren.
Wir empfehlen Ihnen, Unterlegkeile mitzunehmen, um die Räder Ihres Wohnwagens an einem (leichten) Hang zu sichern.

Fahrrad

Ein Fahrradhelm ist nur vorgeschrieben, wenn Sie schneller als 20 km/h fahren. Es ist verboten, während des Radfahrens zu telefonieren oder ein Mobiltelefon zu benutzen. Kinder bis 6 Jahre dürfen nur in Begleitung einer mindestens 16 Jahre alten Person auf der Straße fahren. Eine Person ab 16 Jahren darf ein Kind auf einem Fahrrad in einem Kindersitz mit Beinschützern transportieren. Radfahrer dürfen nur auf einem Radweg oder einer Fahrradspur nebeneinander fahren.

Maut

Auf allen Schweizer Autobahnen ist eine Mautvignette erforderlich.
Für Wohnwagen und Anhänger ist eine zweite Vignette erforderlich. Die Vignette ist für Autos, Wohnwagen, Anhänger und Wohnmobile bis zu einem Gesamtgewicht von 3,5 t gleich (und kostet dasselbe). Sie ist ein Jahr lang gültig. Fehlt die Vignette, riskieren Sie ein hohes Bußgeld.
Es ist ratsam, die Vignette vor der Reise online zu bestellen, zum Beispiel über tolltickets.com. So ersparen Sie sich die Wartezeit an der Grenze.
Für Fahrzeuge (auch Wohnmobile) über 3,5 t müssen Sie eine Schwerverkehrsabgabe (PSVA) entrichten. Sie können sich dazu bei der Zollstelle an der Grenze melden.

Weitere Informationen bazg.admin.ch (suche nach PSVA für ausländische Fahrzeuge).
Sie können die Grenze bei Basel-Weil (auf der E35, der deutschen A5, der schweizerischen A2) nicht ohne Vignette überqueren.

Umweltzonen

Der Kanton Genf hat in mehreren Gemeinden ab Januar 2020 eine Umweltzone eingeführt. Sie müssen in dieser Zone eine Umweltplakette haben.

Tunnels

Es gibt zwei mautpflichtige Tunnel: den Gran San Bernardo-Tunnel und den Munt-la-Schera-Tunnel. Der Munt-la-Schera-Tunnel hat nur eine Fahrspur, so dass Sie nur zu bestimmten Zeiten durchfahren können. Weitere Informationen: letunnel.com, livigno.eu/de/tunnel-munt-la-schera und ekwstrom.ch.
Sie können auch mit dem Autozug durch eine Reihe von Tunneln fahren. Weitere Informationen: myswissalps.com/de/auto/autozug.

Panne und Unfall

Stellen Sie Ihr Warndreieck auf Autobahnen mindestens 100 m (sonst 50 m) hinter dem Fahrzeug auf, wenn es für den übrigen Verkehr nicht sichtbar ist. Allen Insassen wird empfohlen, eine Sicherheitsweste zu tragen.
Rufen Sie im Falle einer Panne die Notrufnummer Ihres Pannendienstes. Sie können auch einen Schweizer Pannendienst anrufen: +41 44 2833377 (ACS) oder 800 140140 (TCS). Auf Hauptverkehrsstraßen und Bergpässen können Sie auch an einer Notrufsäule Pannenhilfe anfordern. Das Abschleppen auf der Autobahn ist bis zur ersten Ausfahrt erlaubt.

"Hoch oben in den Bergen oder an einem See, in der Schweiz ist alles möglich"

Herr W. Laeven, Inspektor 1121

Campen

Die meisten Campingplätze in der Schweiz befinden sich an den Seen. Die Campingplätze in den Gebirgsregionen sind oft klein und bieten nur einfache Einrichtungen für Zeltcamper.

Klima Genève	Jan.	Feb.	März	Apr.	Mai	Jun.	Jul.	Aug.	Sept.	Okt.	Nov.	Dez.
Durchschnittliche Höchsttemperatur	4	6	10	14	18	22	25	24	21	15	8	5
Durchschnittliche Anzahl der Sonnenstunden pro Tag	2	3	5	7	8	9	10	9	7	4	2	1
Durchschnittliche monatliche Niederschlagsmenge (mm)	69	70	68	56	66	77	58	68	70	66	79	75

Klima Lugano	Jan.	Feb.	März	Apr.	Mai	Jun.	Jul.	Aug.	Sept.	Okt.	Nov.	Dez.
Durchschnittliche Höchsttemperatur	6	8	12	15	19	23	26	25	21	17	11	7
Durchschnittliche Anzahl der Sonnenstunden pro Tag	4	5	6	6	6	8	9	8	6	5	4	3
Durchschnittliche monatliche Niederschlagsmenge (mm)	76	71	106	152	194	171	133	166	153	140	120	63

Klima Zürich	Jan.	Feb.	März	Apr.	Mai	Jun.	Jul.	Aug.	Sept.	Okt.	Nov.	Dez.
Durchschnittliche Höchsttemperatur	2	4	8	13	17	21	23	22	19	13	7	3
Durchschnittliche Anzahl der Sonnenstunden pro Tag	2	3	5	6	7	7	8	7	6	3	2	1
Durchschnittliche monatliche Niederschlagsmenge (mm)	67	70	69	87	103	124	117	133	92	69	82	73

In der Westschweiz haben die Campingplätze oft viele feste Stellplätze.
Wildcamping außerhalb der Campingplätze ist generell verboten. Es ist nur erlaubt, wenn Sie vorher die Erlaubnis des Grundstückseigentümers oder der örtlichen Polizei eingeholt haben.

Besonderheiten

Viele Schweizer Campingplätze sind auch im Winter geöffnet, vor allem im Berner Oberland und in Graubünden.
Beim Zelten in den Bergen ist es ratsam, das Wetter im Auge zu behalten.
Die Schweizer Campingplätze sind streng, was die Verwendung von Gas betrifft. Möglicherweise müssen Sie einen Fragebogen über die Tauglichkeit der Geräte ausfüllen.
Das Übernachten im Wohnwagen, Wohnmobil oder Auto außerhalb von Campingplätzen ist auf Autobahnraststätten nur für eine Nacht auf der Durchreise erlaubt. Abgesehen von lokalen Ausnahmen ist das Übernachten auf öffentlichen Straßen auch anderswo verboten.

Praktisches

Das Fahren in den Schweizer Bergen erfordert eine gewisse Erfahrung, wenn man mit einem Wohnwagen unterwegs ist.
In den Alpen treten Steigungen von 6 % bis 15 % und mehr auf. Fast alle Bergstraßen sind auf der Seite gesichert, auf der es einen Abgrund gibt. Gebirgspässe in der Schweiz, Österreich und Italien können vorübergehend geschlossen, schwer befahrbar oder sogar dauerhaft für Fahrzeuge mit Wohnwagen oder Anhängern verboten sein. Bitte überprüfen Sie dies vor Ihrer Reise.
Weitere Informationen: alpenpaesse.de.
Zusätzliche Gebühren für Dinge wie Touristensteuern und Umweltabgaben können manchmal hoch sein.
Wenn Sie ein Mobiltelefon oder das Internet benutzen, prüfen Sie im Voraus, ob die Schweiz in Ihrem EU-Paket enthalten ist.

Westschweiz

Aigle, CH-1860 / Vaud

De la Piscine***
avenue des Glariers 1
1 Apr - 15 Okt
+41 2 44 66 26 60
campingdelapiscine@bluewin.ch

1 ABDEJMOPQRSTU — BFHN 6
2 ACIPQSWY — ABDEFG 7
3 ABFGJLMSW — ABEFJNQRT 8
4 FH — BE 9
5 ADEHJKLMNO — ABCGJKOQ 10
B 16A CEE
H380 1ha 75T(80m²) 36D
① €42,25
② €51,40

N 46°19'25" E 06°57'44"

A9 Ausfahrt Aigle und Richtung Stadt. CP liegt am Ortseingang, auf der rechten Seite am Schwimmbad und den Sportplätzen; diesen Schildern folgen.

107030

Chessel, CH-1846 / Vaud

Au Grand-Bois***
route d'Evian
1 Jan - 31 Dez
+41 2 44 81 42 25
info@au-grand-bois.ch

1 ADEGKNOPQRSTU — AFN 6
2 ACIPQTXY — ABDEFGH 7
3 ABLMS — ABEFJNQRW 8
4 FH — DEJV 9
5 ABDEFGHJKMN — ABFGHIK[illegible]QUY 10
10A CEE
H400 4ha 20T(80m²) 185D
① €32,15
② €41,30

N 46°21'23" E 06°53'57"

A9 Ausfahrt 16 Villeneuve und den Schildern Noville folgen. Camping nach 3 km hinter Noville rechts der Straße.

11638

Avenches, CH-1580 / Vaud

Camping Port-Plage*****
Camping de la Plage 1
1 Apr - 6 Okt
+41 2 66 75 17 50
camping@avenches.ch

1 ADEHKNOPQRSTU — LMNQSWXYZ 6
2 AFJKPQRWY — ABDEFG 7
3 BGLMS — ABCDEFNQRT 8
4 BCDFHL — KNRT 9
5 ABDEFHLM — ABCFGHIJKOQXY 10
B 13A CEE
H430 7,5ha 308T(70m²) 450D
① €46,45
② €55,85

N 46°54'16" E 07°02'56"

Von Salavaux Richtung Avenches. In Avenches dreimal dem Wegweiser 'Camping' folgen. Port-Plage ist der 3. Camping links. Von Biel aus in Faoug am Rathaus links abbiegen.

107020

Colombier, CH-2013 / Neuchâtel

Paradis-Plage****
Allée du Port 8
1 Mrz - 31 Okt
+41 3 28 41 24 46
info@paradisplage.ch

1 ADEJMOPQRSTU — FLMQS 6
2 ABFJKLMPQSWYZ — BDEFGHIJK 7
3 BFMS — ABCDFJNQRT 8
4 DFHNP — EFLRUV 9
5 ACDEFGJKLMN — ABCFGHLOQY 10
B 10A CEE
H430 4ha 124T(40-64m²) 176D
① €55,10
② €66,10

N 46°58'02" E 06°52'13"

Der CP liegt an der Straße Nr. 5 Yverdon-Neuchâtel in Colombier, 500m hinter dem Schloss auf der rechten Seite.

107019

Château-d'Oex, CH-1660 / Vaud

Le Berceau***
route de Mosses 16
1 Jan - 31 Dez
+41 2 69 24 62 34
campingduberceau@hotmail.com

1 ADEHKNOPQSU — BGHNU 6
2 CIQUVWXY — ABDFGH 7
3 AGMS — ABEFJNQR 8
4 FH — 9
5 ADEHJKMN — ABGHJKNQ 10
WB 10A
H950 1ha 70T(60-80m²) 54D
① €43,15
② €52,35

N 46°28'03" E 07°07'35"

Von Bulle die 11 Richtung Spiez fahren. Dann in Château-d'Oex Schildern Schwimmbad zum CP folgen.

107049

Cudrefin, CH-1588 / Vaud

Communal de Cudrefin***
route de Neuchatel 87
15 Mrz - 31 Okt
+41 2 66 77 32 77
camping@cudrefin.ch

1 ABDEGHKNOPQRSU — FLMNQSXYZ 6
2 FKPQXY — ABDEFGJ 7
3 AGMNS — ABCDEFNQRTW 8
4 FH — EG 9
5 DEHJMN — ABFGHIJKOQUY 10
B 10A CEE
H435 5ha 120T(60-80m²) 434D
① €32,60
② €45,45

N 46°57'38" E 07°01'41"

Von Neuchâtel nach Estavayer-le-Lac, CP rechts der Strecke vor der Ortseinfahrt.

1[illegible]2173

Châtel-St-Denis, CH-1618 / Fribourg

Le Bivouac****
route des Paccots 21
1 Mai - 30 Sep
+41 2 19 48 78 49
info@le-bivouac.ch

1 ADEKNOPQSU — AFN 6
2 APQSTUVWXYZ — ABDEFGH 7
3 AMS — ABCDEFJNQRW 8
4 EFHO — 9
5 ABDEHJMN — ABHJKNQU 10
10A
H898 2ha 30T(80-120m²) 130D
① €36,45
② €44,70

N 46°31'32" E 06°55'06"

E27 Fribourg-Vevey. Ausfahrt Châtel-St. Denis/Les Paccots. In Richtung Les Paccots fahren. CP liegt auf der linken Seite.

110603

ACSI

Ortsnamenregister

Hinten im Führer finden Sie das Ortsnamenregister. Praktisch und schnell Ihren Lieblingsplatz finden!

ACSI AWARDS 2022

GEWINNER

Bester Campingplatz für Wanderungen und Radtouren

Schweiz

Camping Des Pêches

Le Landeron, CH-2525 / Neuchâtel

Des Pêches****
rue du Port 6
1 Apr - 15 Okt
+41 3 27 51 29 00
info@camping-lelanderon.ch

1 ABDEKNOPQRSTU FLMNQSWXYZ 6
2 ACEJKPQWY ABDEFGHIJK 7
3 BEGLMNOSU ABCDEFGJNQRSTU 8
4 FHIO EFUVW 9
5 ACDEFGHJLMN ABDGHJKOQU 10
Anz. auf dieser Seite B 16-20A CEE ① €43,60
H432 5ha 150T(50-100m²) 290D ② €50,95

N 47°03'11'' E 07°04'12''

Von La Neuville Richtung Le Landeron. Der CP ist im Dorf ausgeschildert. Achtung: in der Zufahrt zum CP sind hohe Verkehrschwellen, Schritt fahren. 107016

Estavayer-le-Lac, CH-1470 / Fribourg

La Nouvelle Plage***
chemin de la Grande Gouille 2
30 Mrz - 15 Okt
+41 2 66 63 16 93
info@nouvelle-plage.ch

1 ABDEKNOPQRSU HLMNPQRSTUWXYZ 6
2 AFJKPQRWXY ABDEFGIJK 7
3 ABFGJLMNOQS ABEFGNQRTW 8
4 FHJ AFGJMNPRTUV 9
5 ACDEFGHJKLMNO ABGHILOQUY 10
B 10A CEE ① €57,85
H418 1,5ha 60T(42-70m²) 124D ② €66,75

N 46°51'24'' E 06°50'52''

Von der Autobahn am 1. großen Kreisel, 3. Ausfahrt Richtung Estavayer-le-Lac und See. Dann 1. Kreisel vor der Post 3. Ausfahrt und dann geradeaus. Am Ende der Straße links bis zum Parkplatz (Zufahrtstor). 107022

Le Sentier, CH-1347 / Vaud

Camping Lac de Joux***
Le Rocheray 37
1 Jan - 31 Dez
+41 2 18 45 51 74
campinglacdejoux@bluewin.ch

1 DEKNOPRSU LNQSWX 6
2 EIMPQSTXY ABDEFGIJK 7
3 AMQS ABEFJNQRT 8
4 FHJO UW 9
5 ABDHMN ABFGOQUV 10
10A CEE ① €36,75
H1000 0,7ha 20T(20-60m²) 40D ② €45,00

N 46°37'35'' E 06°15'10''

Von Le Sentier (an Südwestpunkt von Lac de Joux) wird CP ausgeschildert (über Le Lieu auch ausgeschildert; schwierige Strecke). 106992

Forel Lavaux, CH-1072 / Vaud

Camping des Cases****
chemin des Cases 2
1 Jan - 31 Dez
+41 2 17 81 14 64
info@campingforel.ch

1 ADEJMOPQSTU BHN 6
2 AQWXY ABDEFG 7
3 BFLMNS ABCDEFJNQRW 8
4 O G 9
5 ABDEFGHJLMNO ABCJKLQ 10
B 13A CEE ① €33,95
H677 4ha 60T(80-100m²) 157D ② €45,00

N 46°31'44'' E 06°45'55''

Von Chexbres Richtung Moudon fahren. 1 km vor Forel ist der CP ausgeschildert. 107010

Les Brenets, CH-2416 / Neuchâtel

Camping Lac des Brenets****
Champ de la Fontaine 6
1 Jan - 31 Dez
+41 3 29 32 16 18
info@camping-brenets.ch

1 ADEKNOPQRSU JLY 6
2 IPQSTVWXY ABDEFGHIK 7
3 BFMNOS ABCDEFJKNQRTW 8
4 HJO DE 9
5 ADEFHJKLM ABEFGHIJKOPQU 10
B 13A CEE ① €35,80
H790 5,3ha 100T(80-100m²) 171D ② €42,25

N 47°03'56'' E 06°41'55''

Von La Chaux-de-Fonds Richtung Le Locle, durch das Zentrum Richtung Les Brenets, Richtung französische Grenze. Nach 5 km liegt der CP links der Strecke, 200m von der französische Grenze. 109036

Gryon/La Barboleusaz, CH-1882 / Vaud

Les Frassettes C.C.C.V.***
chemin des Bloz 2
1 Jan - 31 Dez
+41 2 44 98 10 88
frassettes@camping-club-vaudois.ch

1 ABDEHKNOPQSTU 6
2 IPQSTVXY ABDEFGHIJK 7
3 BLMSU ABCDEFJNQRT 8
4 FHJ D 9
5 DM BCHIJKOQUY 10
W 10A CEE ① €41,15
H1200 1ha 45T(50-60m²) 32D ② €51,95

N 46°16'59'' E 07°04'35''

A9, Ausfahrt Aigle in Richtung Gryon/Ollon/Villars nehmen. In Villars in Richtung Gryon/La Barboleusaz fahren. Ausgeschildert. 107031

Les Breuleux, CH-2345 / Jura

Les Cerneux****
1/1 - 31/10, 17/12 - 31/12
+41 3 24 86 96 66
info@lescerneux.ch

1 ADEGHKNOPQRSTU A 6
2 BIQSTUVWXY ABDEFGJ 7
3 AFHIMSW ABCDEFGIJNQRSTU 8
4 BFHIJOQRTUX DGHIJV 9
5 ACDFJKLMN ABCFGHJKPQU 10
WB 16A CEE ① €38,55
H993 3ha 45T(60-80m²) 63D ② €49,60

N 47°12'43'' E 07°02'05''

Von Tramelan Richtung Les Reussilles, links Richtung Les Breuleux. Im Dorf ist nach ca. 2,5 km der CP ausgeschildert. 110686

La Chaux-de-Fonds, CH-2300 / Neuchâtel

Bois du Couvent***
Bois du Couvent 108
1 Mai - 30 Sep
+41 7 92 40 50 39
info@boisducouventcamping.ch

1 DEKNOPQRSU 6
2 BQSTVY ABDEFGIJ 7
3 AS ABCDEFHJNPQRTU 8
4 FGHO EJ 9
5 DLN ABFHJKOQU 10
16A CEE ① €25,70
H1060 1,4ha 40T(35-100m²) 68D ② €29,40

N 47°05'37'' E 06°50'11''

Von Le Locle in La Chaux-de-Fonds den Wegweisern Neuchâtel folgen. Der CP liegt auf der rechten Seite. 107014

Les Cluds/Bullet, CH-1453 / Vaud

Les Cluds***
VD 28
1 Jan - 31 Dez
+41 2 44 54 14 40
vd28@campings-ccyverdon.ch

1 DEHKNOPQRSU 6
2 BOPQUXY ABDEFGHIK 7
3 AMS ABCDEFJNQRW 8
4 FIJ D 9
5 DFJLM BCFGHJKOQY 10
W 6A CEE ① €33,50
H1220 10ha 20T(40-50m²) 74D ② €33,50

N 46°50'31'' E 06°33'34''

Neuchâtel - Yverdon. An St. Croix vorbei Ri. Bullet, ungefähr 3 km. Der CP ist ausgeschildert. Gespanne oder Reisemobile nicht die Strecke ab dem Lac des Brenets oder Cp Brenets nehmen. Kein Passiermöglichkeiten. 107002

Lausanne, CH-1007 / Vaud

De Vidy****
chemin du Camping 3
1 Jan - 21 Dez
+41 2 16 22 50 00
info@clv.ch

1 ABDEKNOPSTU LNQSWXZ 6
2 AEPQRWXYZ ABDEFGH 7
3 ABMSW ABCDEFJNOQR 8
4 FHJOP HLN 9
5 ACDEFGHIJKLMNO ABFGHJKLOQU 10
Anzeige auf dieser Seite B 10A CEE ① €39,65
H378 4,5ha 450T(80m²) 74D ② €50,70

N 46°31'03'' E 06°35'52''

In Lausanne Schildern Lausanne-Süd folgen bis zum Ortsausgang von La Maladière. Schildern folgen A-Straße Genève. CP gut ausgeschildert. 107011

Schweiz

Teilkarte Westschweiz auf Seite 346

Schweiz

Lignières, CH-2523 / Neuchâtel

CC€21 iD

Fraso Ranch****	1 ADEG**KN**OPQRSTU	BG 6
3 ch. du Grand-Marais	2 APQWXYZ	ABDE**FG**I 7
1/1 - 31/10, 23/12 - 31/12	3 BFMNS	ABCDEFJNQRT 8
+41 3 27 51 46 16	4 BFHO**TU**	9
camping.fraso-ranch@bluewin.ch	5 ABDEFGJKLMNO	ABDHJKNQUY 10
	Anzeige auf dieser Seite B 10A CEE	❶ €35,35
N 47°05'10" E 07°04'16"	**H**800 4ha 48**T**(50-100m²) 378**D**	❷ €42,70

In Le Landeron Richtung Lignières fahren. Durchs Dorf Lignières 1 km auf der rechten Seite. 107015

Marin/Epagnier, CH-2074 / Neuchâtel

iD

Camping de la Tène****	1 ABDEG**KN**OPRST**U**	LM**N**QS**X**Y 6
route de la Tène 106	2 ABEJKPQSTWY	ABDE**FG** 7
1 Apr - 30 Sep	3 BF**JLMNPQ**S	ABCDEFGHNQRT 8
+41 3 27 53 73 40	4 BCH	ELNT 9
camping.latene@bluewin.ch	5 ACDJLM**NO**	ABFGHIJKNPQU 10
	B 12-16A CEE	❶ €41,80
N 47°00'16" E 07°01'19"	**H**461 3ha 48**T**(60-81m²) 178**D**	❷ €50,05

N5, Ausfahrt Marin Richtung Epagnier. CP ist ausgeschildert. 107017

Morges, CH-1110 / Vaud

TCS Le Petit Bois****	1 DE**KN**OPQSTU	BG**H**LM**N**OPQRSTW**XYZ** 6
Promenade du Petit-Bois 15	2 AEIMPQSWXYZ	ABDE**FG**HJ 7
1 Apr - 4 Okt	3 ABFL**MNQ**SV	ABCDEFNQRTW 8
+41 2 18 01 12 70	4 BFHIJ	KPQRSTU 9
camping.morges@tcs.ch	5 ACDEHKLM**N**	ABFGIOPRSUY 10
	B 6A	❶ €56,00
N 46°30'17" E 06°29'20"	**H**375 3,2ha 170**T**(80m²) 12**D**	❷ €68,85

A1 aus Bern, Lausanne oder Genève; Ausfahrt 15 Morges-Ouest (West) Richtung Lac. CP ist ausgeschildert. 106999

Noville, CH-1845 / Vaud

iD

Les Grangettes****	1 ADEH**KN**OPQRST**U**	LM**N**QSW**X**Y 6
rue des Grangettes 31	2 AEIKQWY	ABDE**FG** 7
1 Jan - 31 Dez	3 BG**L**MS	ABFJNQRW 8
+41 2 19 60 15 03	4 FHO	BCF 9
info@les-grangettes.ch	5 ADEFHJKLMN	ABGHJK**N**QVW 10
	Anzeige auf dieser Seite B 13A CEE	❶ €37,65
N 46°23'36" E 06°53'44"	**H**375 6ha 72**T**(70-80m²) 226**D**	❷ €48,65

A9 Ausfahrt 16 Richtung Villeneuve, weiter Richtung Noville/Evian. In Noville rechts ab, der Campinggeschilderung folgen. 111254

Orbe, CH-1350 / Vaud

iD

TCS Le Signal***	1 ADE**KN**OPQRSTU	AFH 6
route du Signal 9	2 ABIPQSUXYZ	ABDE**FG**H 7
4 Apr - 5 Okt	3 B**JMNO**SV	ABCDEFNPQRTW 8
+41 2 44 41 38 57	4 BCDFHIN	FJW 9
camping.orbe@tcs.ch	5 ACDEFGHIKMN	ABIJKOQU 10
	B 6A	❶ €46,85
N 46°44'10" E 06°31'57"	**H**450 2,1ha 90**T**(80-100m²) 76**D**	❷ €56,00

Die A1 von Lausanne oder Bern. Die A9 nach Vallorbe. Abfahrt Orbe. 1 km vor dem Dorf ausgeschildert. 106996

Payerne, CH-1530 / Vaud

Piscine Camping***	1 BDEKNOPQSTU	AFHIOP 6
route de la picine 23	2 APQYZ	ABD**EFG** 7
1 Apr - 31 Okt	3 AFG**L**M**N**S	AEFNQRW 8
+41 7 92 14 35 17	4 FHJ	9
info@piscine-payerne.ch	5 ADEFGHIJKLM	ABIJKQY 10
	B 10-16A CEE	❶ €33,95
N 46°48'40" E 06°56'44"	**H**489 3ha 35**T**(60-100m²) 141**D**	❷ €43,15

An der Hauptstrasse Bern - Lausanne: aus Richtung Bern 2. Ausfahrt. Aus Richtung Lausanne auch 2. Ausfahrt. 107023

Rolle, CH-1180 / Vaud

Camping de Rolle "Aux Vernes"****	1 DE**KN**OPQSU	LMNRSWX 6
chemin de la Plage, 4	2 ACEIJKLMPQWXY	ABDE**FG** 7
1 Apr - 30 Sep	3 AB**L**MS	ABEFHNQRT 8
+41 2 18 25 12 39	4 DFHO	LRT 9
camping@rolle.ch	5 ABCDEFHJKLM**N**	ABCFGJKOQX 10
	B 10A CEE	❶ €45,00
N 46°27'42" E 06°20'46"	**H**373 1,5ha 89**T**(25-75m²) 30**D**	❷ €54,15

A1 aus Bern, Lausanne oder Genève, Ausfahrt Rolle. Weiter ausgeschildert. 107000

Romainmôtier, CH-1323 / Vaud

Le Nozon**	1 DJMOPRSU	AF 6
chemin du Signal 2	2 APQSTUVWXY	AB**FG** 7
1 Apr - 1 Okt	3 AMS	ABCDEFNQRU 8
+41 7 93 72 00 50	4 FJ	9
camping.lenozon@netplus.ch	5 ABDEHMN	AIJKQUV 10
	5A CEE	❶ €39,50
N 46°41'25" E 06°27'56"	**H**734 1,7ha 45**T**(80-100m²) 55**D**	❷ €48,65

N9 von Vallorbe nach La Sarraz. Abzweig nach Romainmotier. Dort wie beschildert durchs Dorf dem Straßenverlauf folgen (300m geht es hoch). 106998

Saignelégier, CH-2350 / Jura

iD

Camping Saignelégier***	1 A**K**NOPQRST**U**	6
Sous la Neuvevie 5A	2 BPQSTYZ	ABDE 7
1 Mai - 31 Okt	3 BMS	ABCFNQRTW 8
+41 7 95 65 18 03	4 FHI	AFJ 9
info@campingsaignelegier.ch	5 ABDM	AJKNRSU 10
	B	❶ €29,40
N 47°15'11" E 07°01'10"	**H**1000 2ha 60**T** 45**D**	❷ €37,65

Vom Zentrum Saignelégier aus liegt der CP 1,5 km Richtung Biel. 116719

Sorens, CH-1642 / Fribourg

iD

La Fôret****	1 ABG**JM**OPQRST**U**	**BF** 6
rue principale 271	2 AQUVWXY	AB**DEFG**K 7
15 Apr - 15 Okt	3 A**L**MSW	ACDE**F**JKNQRUVW 8
+41 2 69 15 18 82	4 FIOTU**X**	BE 9
campingforet@gmail.com	5 ABDEFGJKLMN	ABFGHJKOQ 10
	14A	❶ €32,30
N 46°40'26" E 07°01'30"	**H**1020 4,5ha 40**T**(80-120m²) 128**D**	❷ €38,75

A12, Ausfahrt Rossens. Weiter der 12 Richtung Bulle bis Sorens folgen. Dann noch 5 km den Schildern folgen. 107024

Teilkarte Westschweiz auf Seite 346

St. Cergue, CH-1264 / Vaud

Les Cheseaux C.C.C.V.***
12 route du Télésiège
1 Jan - 31 Dez
+41 2 23 60 18 98
cheseaux@camping-club-vaudois.ch

1 ABDJMOPQRSTU	6
2 QX	ABDEFGHIJK 7
3 ABMS	ABEFJNQR 8
4 FHIJO	D 9
5 BDMN	BJKOQ 10
W 10A	❶ €35,80
H1098 0,7ha 20T(20-60m²) 27D	❷ €44,05

N 46°26'47'' E 06°08'37''
Von Nyon nach St. Cergue und dann Richtung La Cure, 1 km hinter dem Dorf links. Der CP ist ausgeschildert. 106993

Vésenaz/Genève, CH-1222 / Genève

Pointe à la Bise****
chemin de la Bise
1 Apr - 24 Okt
+41 2 27 52 12 96
camping.geneve@tcs.ch

1 ADEKNOPQRSTU	FLMNQSXYZ 6
2 AEIKMPQWXYZ	ABDFG 7
3 ABLMQS	ABCDEFHJNQRTW 8
4 BFHJOQ	FJNR 9
5 ACDHKLMNO	ABFGIJKNPQU 10
B 6A CEE	❶ €63,35
H377 3,2ha 120T(20-90m²) 25D	❷ €78,95

N 46°14'42'' E 06°11'36''
Von Genève Richtung Evian (Frankreich). Nach ein paar Kilometer Vésenaz. Im Zentrum CP-Schild nach links folgen. Weiter den Schildern folgen. 106995

Vallorbe, CH-1337 / Vaud

Pré sous Ville***
10 rue des Fontaines
1 Apr - 31 Okt
+41 2 18 43 23 09
camping@sports-loisirs-vallorbe.ch

1 ADKNOPQRSTU	BGHN 6
2 ADPQSWXY	ABDEFGJK 7
3 AFGMSW	ABCDEFJNQRTW 8
4 FHIJOP	D 9
5 ADEJKMNO	BGIJKNOQU 10
10A	❶ €36,75
H753 1ha 55T(55-70m²) 16D	❷ €45,90

N 46°42'38'' E 06°22'29''
Die N57 von Pontarlier (Frankreich) oder die A1/9 von Bern oder Lausanne. An der Grenze Ausfahrt Vallorbe. Weiter ausgeschildert. 106997

Villeneuve, CH-1844 / Vaud

Les Horizons Bleus C.C.C.V.***
rue du Quai 11
1 Jan - 31 Dez
+41 2 19 60 15 47
horizon-bleu@camping-club-vaudois.ch

1 ABDEGKNOPQRSU	LNSTVWXY 6
2 AEIJPQSTXY	ABDEFGIJK 7
3 BJLMSU	ABCDEFJNQRT 8
4 FHJO	D 9
5 DEFHJK	ABCFGIKOPQUY 10
WB 10A	❶ €41,30
H380 1ha 24T(70m²) 48D	❷ €49,60

N 46°23'43'' E 06°55'17''
A9 aus Richtung Martigny an Ausfahrt Villeneuve verlassen. Der CP liegt am Ortseingang von Villeneuve auf der linken Seite in einer Kurve. 107027

Vers-l'Église, CH-1864 / Vaud

La Murée***
chemain des Planches 3
1 Jan - 31 Dez
+41 2 44 92 15 58
camping.caravaning.vd@gmail.com

1 ADEKNOPSU	N 6
2 DIPQVWXY	ABDEFG 7
3 AMS	ABCDEFJNQRTW 8
4 FH	G 9
5 DGLMN	AFGHJKORSUY 10
WB 10A CEE	❶ €32,05
H1116 1,1ha 50T(80-90m²) 34D	❷ €32,05

N 46°21'19'' E 07°07'37''
A9. Ausfahrt Aigle Richtung Leysin/Les Diablerets. In Vers-l'Église liegt der CP rechts der Straße. 107050

Yvorne, CH-1853 / Vaud

Clos de la George SA
Les Ecots 3
1 Jan - 31 Dez
+41 2 44 66 58 28
info@closdelageorge.ch

1 ADEJMOPQRSTU	AF 6
2 ABCEIKPQTWXYZ	ABDEFGHK 7
3 ABFLMS	ABCDEFJNQRW 8
4 FHJO	DFUV 9
5 ABDGHMNO	ABFGHIJKLNRSU 10
10A CEE	❶ €27,55
H385 2,6ha 70T(80-160m²) 135D	❷ €34,90

N 46°20'48'' E 06°56'34''
Die A9 bei Ausfahrt Villeneuve verlassen. Dann Richtung Aigle. Der CP liegt links der Straße und ist ausgeschildert. 107028

Arolla, CH-1986 / Wallis

Camping Arolla**
route de Tselion 8
15 Jun - 15 Sep
+41 2 72 83 22 95
info@camping-arolla.com

1 ADEKMOPQSU	N 6
2 CIOPQRSUVWXY	ABDEF 7
3 S	ABEFNQRV 8
4 EFHI	AF 9
5 ABD	AGJKNQ 10
10A CEE	❶ €31,20
H1970 1,2ha 80T(40-100m²) 8D	❷ €31,20

N 46°01'37'' E 07°29'09''
In Sion Val d'Herens abfahren. Hinter Les Hauderes Schild Arolla folgen. In La Monta beim Hotel-Restaurant De La Tza links ab den CP-Schildern folgen. 108018

Bonatchiesse/Fionnay, CH-1948 / Wallis

Camping Forêt des Mélèzes**
route de Mauvoisin 451
1 Jun - 30 Sep
+41 7 92 53 31 10
camping.bonatchiesse@gmail.com

1 AEKNOPQRSU	N 6
2 BCIPQTWXY	ABEFG 7
3 ABM	ABEFNQRTW 8
4 FH	ABD 9
5 ABDHJLMN	ABFJKNQU 10
6A CEE	❶ €30,30
H1600 6ha 90T(10-100m²) 25D	❷ €40,85

N 46°01'15'' E 07°19'45''
E27 Martigny-Grand Saint Bernard, Ausfahrt in Sembrancher Richtung Verbier und Mauvoisin. In Mauvoisin weiter bis zum CP. 120337

Binn, CH-3996 / Wallis

Giessen
1 Mai - 16 Okt
+41 2 79 71 46 19
info@camping-giessen.ch

1 AKNOPQRSTU	6
2 CIOQUXYZ	ADFG 7
3	ABEFNQR 8
4 FHJ	G 9
5 ADMN	AJKQ 10
10A	❶ €25,70
H1450 4ha 100T(50-100m²) 14D	❷ €35,80

N 46°22'10'' E 08°12'09''
Aus Brig 16 km Richtung Furkapass, hinter Lax rechts nach Ernen/Binn. In Ernen scharf rechts. Camping 2 km hinter Binn. Anspruchsvolle schmale Bergstraße und ein spärlich beleuchteter Tunnel. 111966

Bourg-St-Pierre, CH-1946 / Wallis

Cp. du Grand-St.-Bernard*
15 Mai - 30 Sep
+41 7 93 70 98 22
vincent.formaz@netplus.ch

1 ADEKNOPQRSTU	E 6
2 AIPQVX	ABDEFIK 7
3 AS	ABFJNQRW 8
4 FHJO	9
5 ADHKN	ABGIJKOQU 10
13A CEE	❶ €33,95
H1600 1,4ha 30T(80m²) 35D	❷ €43,15

N 45°57'10'' E 07°12'27''
Martigny Richtung St. Bernhard, Ausfahrt Bourg-St-Pierre. Nach ca. 200m CP auf rechter Seite. 109773

Schweiz

Champex-Lac, CH-1938 / Wallis

Les Rocailles
1 Jun - 31 Okt
+41 2 77 83 19 79
pnttex@netplus.ch

1 ADKNOPQSU	**N**	6
2 IPQSVXY	ABDE**FG**	7
3 M	ABFINQRW	8
4 FHO		9
5 DHMN	ABHIJKQ	10
10A		❶ €42,40
H1470 0,7ha 40**T**(20-50m²) 20**D**		❷ €53,05

N 46°01'57" E 07°06'30"

Martigny Richtung St. Bernhard. In Orsières (nicht eher) Richtung Champex. Schildern Champex folgen. Hinter Champex-Lac liegt der CP rechts. 110924

Crans-Montana, CH-3963 / Wallis

La Moubra**
2 Impasse de la Plage
1/1 - 31/10, 1/12 - 31/12
+41 2 74 81 28 51
info@campingmoubra.ch

1 AE**KN**OPQRST**U**	LNQ	6
2 BELPQSUVXYZ	AB**FGH**	7
3 AG**HLMNSW**	ABCDEFJNQRW	8
4 FHJO	T	9
5 ADEFHKM	ABGJKOQU	10
W 6A CEE		❶ €39,50
H1500 3ha 80**T**(60-80m²)		❷ €39,50

N 46°18'14" E 07°28'50"

Von Sierre Richtung Crans-Montana. Am Schild 'Route La Moubra' diesen Weg einschlagen. Danach ist der CP mit weißen Schildern angezeigt. 112537

Brig, CH-3900 / Wallis

Geschina****
Geschinaweg 41
5 Mai - 15 Okt
+41 2 79 23 06 88
geschina@bluewin.ch

1 ADE**KN**OPQST**U**	**BGH**	6
2 ACIPQXY	ABDE**FGH**	7
3 AM	ABE**F**NQRT	8
4 JO		9
5 AD**N**	ABGIJKNQ	10
Anzeige auf dieser Seite 10A CEE		❶ €28,20
H684 2ha 75**T** 25**D**		❷ €36,10

N 46°18'34" E 07°59'36"

In Brig den Hinweisen Brig-Glis folgen und weiter 'Altstadt' (P) folgen. Danach den CP Nr 9.101 folgen. 107117

Evolène, CH-1983 / Wallis

Evolène***
route de Lannaz
1 Mai - 15 Okt
+41 2 72 83 11 44
info@camping-evolene.ch

1 ADE**KN**OPSTU	BN	6
2 IPQXY	ABDE**FG**	7
3 AM	ABCDE**FJ**NQRTVW	8
4 FHO	DUVW	9
5 DMNO	ABGJKNQ	10
10A CEE		❶ €32,15
H1400 0,9ha 70**T**(80-100m²) 3**D**		❷ €39,50

N 46°06'39" E 07°29'47"

In Sion das Tal Val d'Hérens einfahren. Evolène durch, der CP liegt an der rechten Seite. 107071

Fiesch, CH-3984 / Wallis

Eggishorn****
Fieschertalerstraße 50
1 Jan - 31 Dez
+41 2 79 71 03 16
info@camping-eggishorn.ch

1 ADE**KN**OPQRST**U**	B	6
2 CIPQWXYZ	ABDE**FG**	7
3 ABFGM**N**SU	ABCDE**FJ**NQRTU	8
4 FHJKO		9
5 ABDEFHKLMN	AEGHIJKN**O**Q	10
WB 16A CEE		❶ €38,00
H1050 10ha 80**T**(70-110m²) 100**D**		❷ €48,30

N 46°24'37" E 08°08'21"

Aus Brig Richtung Furkapass, Ausfahrt nach Fiesch und dem Dorfweg folgen. Camping kurz hinter der Ortschaft. 112986

Brigerbad, CH-3900 / Wallis

Thermal Camping Brigerbad****
Thermalbadstrasse 1
1 Apr - 15 Sep
+41 2 79 48 48 37
camping@brigerbad.ch

1 ADEGILOPQSTU	**BEGHI**	6
2 AIPQWYZ	A**B**D**EFGHI**K	7
3 ABM	ABCDEFNQRTW	8
4 FHJO**RTVWXZ**	DHJVZ	9
5 ACDHLM**N**	AGHINQUXY	10
10A		❶ €36,90
H672 4ha 200**T**(60-100m²) 209**D**		❷ €48,50

N 46°18'06" E 07°55'52"

Im Rhônedal zwischen Visp und Brig, ist mit 'Thermalbad Brigerbad' ausgeschildert. Liegt neben einer sehr großen Schwimmbadanlage. 110400

La Fouly, CH-1944 / Wallis

Des Glaciers****
route de Tsamodet 36
12 Mai - 2 Okt
+41 2 77 83 18 26
info@camping-glaciers.ch

1 ADE**KN**OPQRSTU	**N**	6
2 BCIPQSVWXYZ	ABDE**FG**K	7
3 ABM**N**SVW	ABCDEFJKNQRTW	8
4 FHJO	ADJU	9
5 ABDMN	ABGJKLOQUX	10
Anzeige auf Seite 351 B 10A CEE		❶ €37,85
H1600 7ha 290**T**(50-120m²) 8**D**		❷ €46,65

N 45°56'00" E 07°05'43"

Martigny Richtung St. Bernhard. In Orsières Richtung La Fouly/ Val Ferret, am Ortsende rechts. Verkehrsschild 'Durchgang verboten' gilt nicht für CP-Gäste. 107054

Champéry, CH-1874 / Wallis

du Grand Paradis***
18 route du Grand Paradis
1 Jan - 31 Dez
+41 2 44 79 19 90
campingchampery@bluewin.ch

1 AH**KN**OPQST**U**	**N**	6
2 BCIQSXY	ABDE**FG**	7
3	ABEFJNQR	8
4 FH		9
5 DM	BCHJKNPQ	10
W 10-13A CEE		❶ €31,70
H1062 1ha 23**T**(70-90m²) 31**D**		❷ €41,80

N 46°09'45" E 06°51'37"

A9, Ausfahrt Monthey und dann Richtung Champéry. Der CP ist ausgeschildert und liegt 2 km hinter Champéry. 107033

Les Haudères, CH-1984 / Wallis

Molignon****
route de Molignon 163
1 Jan - 31 Dez
+41 2 72 83 12 40
info@molignon.ch

1 ADE**KN**OPQRSTU	BCG	6
2 CIPQSUVWXYZ	BDE**FGH**I	7
3 ABMS	ABCDEFJNQRTW	8
4 FHJ	J	9
5 ABDFHLMN	ABHJKOQ	10
Anz. auf dieser Seite WB 10A CEE		❶ €28,00
H1450 2,5ha 110**T**(75-100m²) 37**D**		❷ €28,00

N 46°05'29" E 07°30'29"

Bei Sion Richtung Val d'Hérens. 3 km hinter Evolène liegt der CP an der rechten Seite. Gut ausgeschildert. 107072

Teilkarte Wallis auf Seite 349

Martigny, CH-1920 / Wallis

TCS Martigny***
68 rue Levant
1 Apr - 23 Okt
+41 2 77 22 45 44
camping.martigny@tcs.ch

1 ABDEKNOPQSTU F 6
2 AIQWXYZ ABDEFGIJK 7
3 BFJMS ABCDEFJNQRTW 8
4 FHJO G 9
5 ADEHN AFGIKOQUY 10
B 10A ❶ €45,90
H467 2,5ha 70T(58-80m²) 64D ❷ €56,00

N 46°05'50" E 07°04'43"

In Martigny Richtung St. Berhardtunnel. Dann Ausfahrt Martigny/ Expo fahren. Der angegebene CP liegt auf der linken Straßenseite gegenüber dem Expo-Gebäude. 107034

Randa/Zermatt, CH-3928 / Wallis

Attermenzen****
Attermenzen 55
1 Jan - 31 Dez
+41 2 79 67 25 55
sommercamping@oberwallis.ch

1 AKNOPQRSTU LN 6
2 BCEIPQSUVXYZ ABDEFGH 7
3 ABCKMUW ABEFJNQRTU 8
4 FHIJ AK 9
5 ABDFHMN AGJKOSTU 10
Anzeige auf dieser Seite W 10A ❶ €38,55
H1400 2,4ha 230T(80-100m²) 7D ❷ €47,75

N 46°05'09" E 07°46'51"

Von Visp, Richtung Zermatt. Randa umfahren. Der CP liegt etwas nach Randa auf der linken Seite. Gut ausgeschildert. 107101

Raron, CH-3942 / Wallis

Simplonblick***
Kantonstraße 12
1 Apr - 20 Okt
+41 2 79 34 32 05
info@simplonblick.ch

1 ADEKNOPQRSTU B 6
2 ABIPQUXYZ ABEFGH 7
3 ALMSU ABEFNQR 8
4 BFH AEJ 9
5 ABDMN ABHKLORSU 10
12A ❶ €24,35
H637 4ha 80T(80-100m²) 148D ❷ €28,90

N 46°18'14" E 07°47'41"

Von Gampel nach Visp (Kantonstraße Raron). Die Einfahrt zum CP ist zwischen dem Hotel/Restaurant und der Tankstelle. 107096

Raron/Turtig, CH-3942 / Wallis

Santa Monica****
Kantonsstrasse 56
1 Apr - 17 Okt
+41 2 79 34 24 24
info@santa-monica.ch

1 ADEKMOPQRSTU BG 6
2 ABCIPQSWXY ABDEFGHI 7
3 AFGKLMNUX ABCDEFIJNQRTUVW 8
4 BCEFGHJO EJ 9
5 ABCDEFGHJKLMN ABGHJKORSU 10
Anzeige auf dieser Seite 16A CEE ❶ €28,85
H640 6ha 140T(60-150m²) 217D ❷ €35,25

N 46°18'11" E 07°48'08"

Der CP liegt auf dem Weg von Gampel nach Visp. Die Einfahrt zum CP liegt in der Nähe der Renault-Werkstatt. 107098

Reckingen, CH-3998 / Wallis

Camping Augenstern***
Rottenweg 160
1 Jan - 31 Dez
+41 2 79 73 13 95
info@campingaugenstern.ch

1 ABEKNOPQSTU BGN 6
2 CIQXY ABDEFG 7
3 ABJLMU ABEFJNQR 8
4 FH 9
5 DHKMN AGHJKOQ 10
W 16A CEE ❶ €36,45
H1300 3,5ha 110T(80-100m²) 30D ❷ €46,45

N 46°27'53" E 08°14'41"

Von Brig Richtung Furkapass fahren. In Reckingen vor der Kirche rechts abfahren und dann noch ungefähr 1 km den Schildern folgen. 107135

Saas-Grund, CH-3910 / Wallis

Am Kapellenweg***
20 Mai - 9 Okt
+41 2 79 57 49 97
camping@kapellenweg.ch

1 ADEKNOPQSTU 6
2 IPQXY ABDEFG 7
3 ABCDEFJNQR 8
4 FHJOP D 9
5 ABDN ABGJKNQ 10
10A CEE ❶ €42,25
H1560 0,7ha 100T(30-80m²) 8D ❷ €45,90

N 46°07'00" E 07°56'24"

In Visp Richtung Saas-Grund und Saas-Fee fahren. Im Zentrum von Saas-Grund Richtung Saas-Almagell. Nach fast 700m liegt der CP auf der rechten Seite. 101056

Saillon, CH-1913 / Wallis

De la Sarvaz****
route de Fully 100
1/1 - 8/1, 8/2 - 31/12
+41 2 77 44 13 89
info@sarvaz.ch

1 ADEKNOPQRSTU BDG 6
2 AIPQWXY ABCDEFGHIJK 7
3 ABFGJLMSU ABDEFJNQRTUVW 8
4 FHJOPQ GJKUVW 9
5 ACDFHJKLMNO ABEGHIKLOPQUY 10
WB 16A CEE ❶ €40,80
H480 3ha 87T(70-140m²) 72D ❷ €50,75

N 46°09'35" E 07°10'02"

A9 Martigny-Sierre, Autoroute du Rhone, Ausfahrt Saxon. Dann Ausfahrt Saillon/Fully. Rechts Richtung Saillon und nach ca. 2 km CP rechts von der Strecke. 110365

Salgesch, CH-3970 / Wallis

Swiss Plage****
Campingweg 2
24 Mrz - 31 Okt
+41 2 74 55 66 08
info@swissplage.ch

1 ADEKNOPQSTU FLNX 6
2 ACEJKQWXYZ ABDEFG 7
3 BGMNOPS ABCDEFNQRT 8
4 HO JTV 9
5 ACDEFGHLMN ABGHJKOQV 10
10A CEE ❶ €39,50
H500 8ha 80T(60-70m²) 224D ❷ €39,50

N 46°18'05" E 07°33'53"

Von Visp Richtung Sierre/Lausanne. Vor Sierre über die Brücke Richtung Varen/Salgesch. CP ist dort ausgeschildert. Von Sion, Sierre durch Richtung Simplon/Brig bis zur Ausfahrt Salgesch. 107063

Sion, CH-1950 / Wallis

Sedunum***
10 route des Ecussons
1 Apr - 31 Okt
+41 2 73 46 42 68
info@camping-sedunum.ch

1 ADEJMOPQSU AFLN 6
2 ABEPQSWZ ABDEFG 7
3 ABFLMS ABCDEFJKNQRTUW 8
4 FHJO F 9
5 ABDEFHJKLMN ABHIJKOQU 10
10A CEE ❶ €32,15
H450 3ha 28T(90m²) 92D ❷ €41,30

N 46°12'40" E 07°18'43"

In Martigny A9 in Richtung Sion. Ausfahrt 25, 9.36 folgen Richtung 'Les Isles'-Aproz. 107052

Sion, CH-1950 / Wallis

TCS Camping Sion*****
chemin du Camping 6
1/1 - 22/10, 8/12 - 31/12
+41 2 73 46 43 47
camping.sion@tcs.ch

1 ABDEKNOPQRSTU ALMNQ 6
2 ACEIKPQSWXYZ ABDEFGHIJK 7
3 BFGJLMNPRSUVW ABCDEFJKNQRTUVW 8
4 BCDFHJLOPQ BCFJK 9
5 ACDEFIMN ABFGHIKMOQUY 10
WB 4A ❶ €59,15
H480 8ha 546T(60-140m²) 192D ❷ €61,70

N 46°12'42" E 07°18'49"

In Martigny A9 Richtung Sion fahren. Dann Ausfahrt 25 Conthey/ Vétroz. Dann Schild 'Iles' folgen. Danach wird der CP ausgeschildert. 107053

Teilkarte Wallis auf Seite 349

Schweiz

St. Maurice, CH-1890 / Wallis

du Bois-Noir
route Cantonale
1 Apr - 31 Okt
+41 7 93 21 99 21
info@campingduboisnoir.ch

1 ADEKNOPQSTU AF 6
2 ABIQWYZ AB**FG** 7
3 AMS ABCDEFNQRTW 8
4 FHJO E 9
5 ADHKMNO ABHJKNSTY 10
10A
H462 3ha 40**T**(50-100m²) 62**D**
① €37,65
② €44,05

N 46°11'35" E 07°01'35"
A9 Lausanne-Martigny, Ausfahrt 19 Richtung Martigny die N21 links der Straße. Ausgeschildert.
115704

Susten, CH-3952 / Wallis

Gemmi 'Agarn'****
Briannenstraße 8
29 Mrz - 9 Okt
+41 2 74 73 11 54
info@campinggemmi.ch

1 ACDEG**KN**OPQRSTU 6
2 AIPQWXYZ ABDE**FG** 7
3 A**JL**MSUV ABCDEF**I**J**L**NQRUVW 8
4 FHO E 9
5 ABDEFHKMN ABEHJK**O**STY 10
16A CEE
H620 0,8ha 69**T**(70-100m²) 8**D**
① €40,05
② €50,85

N 46°17'52" E 07°39'33"
Der E2 folgen von Visp nach Sierre, dann Ausfahrt Agarn. Den Schildern 'Camping Torrent', 150m hinter Torrent liegt Gemmi.
107093

Susten, CH-3952 / Wallis

Bella-Tola*****
Waldstraße 133
15 Apr - 31 Okt
+41 2 74 73 14 91
info@bella-tola.ch

1 BDE**KN**OPRSU BG 6
2 ABIQSUVWXY ABDE**FG**H 7
3 AG**HL**M**N** ABCDEF**I**NQRT 8
4 BDFHLO DJLUVW 9
5 ABDEFHLMN ABGHJKOQ 10
B 10-16A
H750 4ha 190**T**(60-100m²) 80**D**
① €38,00
② €38,00

N 46°17'56" E 07°38'11"
E62/A9 Visp-Sierre. In Susten die Strecke verlassen und den CP-Schildern ca. 2 km durch den Wald folgen. Gut ausgeschildert.
107066

Susten, CH-3952 / Wallis

Torrent***
Kreuzmatten 24a
13 Mrz - 31 Okt
+41 7 93 27 63 12
info@campingtorrent.ch

1 **KN**OPQRSTU 6
2 AIPQSUXYZ ABDE**F** 7
3 A**JL**MSU ABCDEFNQRSU 8
4 FHIJO D 9
5 ABDEFHJKMNO AFHJKOST 10
Anzeige auf dieser Seite 16A CEE
H648 5ha 200**T**(100m²) 103**D**
① €33,40
② €33,40

N 46°17'58" E 07°39'31"
E22 von Visp nach Sierre, dann Ausfahrt Agarn. Der CP ist gut ausgeschildert.
107097

Susten, CH-3952 / Wallis

Camping du Monument**
Kantonstraße 68
1 Mai - 20 Sep
+41 2 74 73 18 27
camping.monument@hotmail.com

1 AD**KN**OPQST**U** A 6
2 ABIQRSUXYZ ABD**F** 7
3 A**L**M AE**F**NQR 8
4 FH 9
5 ABDEHMN ABKMS 10
10A
H600 5,5ha 170**T**(60-100m²) 12**D**
① €34,80
② €42,80

N 46°18'25" E 07°36'39"
An der E2/A9 Visp-Sierre, 6 km vor Sierre. Gut ausgeschildert. Ab Sion, 6 km hinter Sierre.
107064

Täsch/Zermatt, CH-3929 / Wallis

Alphubel***
10 Apr - 18 Okt
+41 2 79 67 36 35
welcome@campingtaesch.ch

1 AB**KN**OPQST**U** 6
2 CEIPQXY ABDE**FG** 7
3 G**L** ABEFNQR 8
4 FH F 9
5 ADN AHK**O**Q 10
10A
H1400 0,7ha 100**T**(60-100m²) 3**D**
① €39,50
② €50,50

N 46°03'57" E 07°46'30"
In Visp Richtung Zermatt. In Täsch 100m hinter dem Bahnhof rechts abbiegen, über den Bahnübergang und Brücke. CP ist ausgeschildert.
107102

Teilkarte Wallis auf Seite 349

Visp, CH-3930 / Wallis

Camping/Schwimmbad Mühleye****
Mühleye 7
1 Apr - 31 Okt
+41 2 79 46 20 84
info@camping-visp.ch
N 46°17'53'' E 07°52'23''

1 ADEKNOPQSTU BGH 6
2 ACIPQWXY ABDEFGH 7
3 AFGHJKLM ABCDEFNQRUV 8
4 ABEFHJO BJK 9
5 ADEFGHJKLMN ABGKOQUVWY 10
Anzeige auf Seite 352 B 16A CEE ❶ €28,45
H640 3,6ha 180T(50-150m²) 5D ❷ €31,95
107763

CP liegt an der Straße von Gampel nach Visp. Bis zur ersten Ampel in Visp fahren, dann vor der Brücke direkt hinter der Tankstelle links abbiegen. Gut ausgeschildert.

Vissoie, CH-3961 / Wallis

d'Anniviers*
route des Landaux
1 Apr - 31 Okt
+41 2 74 75 15 72
georgestheytaz@bluewin.ch
N 46°13'06'' E 07°34'59''

1 AJMOPSU BN 6
2 IOPQSUVXY ABDF 7
3 AM ABEFJNW 8
4 9
5 D ABJKOQ 10
10A ❶ €36,75
H1200 0,5ha 32T(40-80m²) 34D ❷ €45,00
107070

Bei Sierre in das Tal Val d'Anniviers. Im Dorf Vissoie wird der CP deutlich ausgeschildert.

Nordwestschweiz

Schweiz

Frick, CH-5070 / Aargau

Camping Frick****
Juraweg 21
1 Apr - 31 Okt
+41 6 28 71 37 00
info@campingfrick.ch
N 47°30'01'' E 08°01'06''

1 ADEKNOPQRSTU BEGH 6
2 APQWXYZ ABDEFGH 7
3 BLMNP ABCDEFJNQR 8
4 FHJ D 9
5 ABDFJLMN AGOQ 10
B 13A CEE ❶ €30,30
H344 1ha 30T(80m²) 79D ❷ €37,65
107104

A3 Basel-Luzern-Bern-Zürich, Richtung Zürich/Rheinfelden. Ausfahrt 17 Frick. Hallenbad/CP ausgeschildert.

Gampelen, CH-3236 / Berner Mittelland

Neuenburgersee****
Seestraße 50
4 Apr - 12 Okt
+41 3 23 13 23 33
camping.gampelen@tcs.ch
N 47°00'03'' E 07°02'35''

1 ADEHKNOPQRSTU BFLMQ 6
2 ABEKQSWXYZ ABDEFG 7
3 ABFMTV ABCDEFNQRTW 8
4 BCDFHJLNOPQ FKNRVWZ 9
5 ACDFGHIJKLMNO ABFGIJKLOPQUY 10
B 6A CEE ❶ €52,50
H430 11ha 480T(70-90m²) 405D ❷ €65,40
107018

Gampelen Richtung Cudrefin. Schilder befolgen. Im Kreisel an der großen Tankstelle abbiegen, und dort links um die Tankstelle herum, dann der Straße bis zur Einfahrt folgen.

Aarburg, CH-4663 / Aargau

Wiggerspitz***
Hofmattstraße 40
1 Apr - 30 Sep
+41 6 27 91 58 10
info@camping-aarburg.ch
N 47°18'58'' E 07°53'42''

1 ABDEGKNOPQRSTU AFHJNU 6
2 ACPQXY ABDEFG 7
3 BLM ABCDEFJNQRW 8
4 FHJ D 9
5 ADEFGJLMN AGHJKRSU 10
B 10A CEE ❶ €32,15
H402 1,2ha 55T(80m²) 33D ❷ €41,30
107077

A1/A2 Basel-Luzern, Ausfahrt 46 Rothrist (Aarburg). CP ausgeschildert.

La Cibourg, CH-2616 / Berner Mittelland

La Cibourg Centre de vacances****
Clermont 157
1 Jan - 31 Dez
+41 3 29 68 39 37
info@centrelacibourg.ch
N 47°07'13'' E 06°53'35''

1 ADEJMOPQRSTU L 6
2 AFILQUY ABDEFGHIJK 7
3 BFGMS ABEFJKNPQRT 8
4 JKOQU GHIJ 9
5 ABCDFHJKLM ABFGHJKOQU 10
WB 10A CEE ❶ €34,50
H1050 9,6ha 60T(80m²) 94D ❷ €43,70
107013

An der 30 von La Chaux-de-Fonds nach Biel entlang. Über den Bahnübergang, dann am Kreisel den braunen CP-Schildern folgen.

Bad Zurzach, CH-CH-5330 / Aargau

Camping Bad Zurzach****
Talacherweg 5
25 Mrz - 21 Okt
+41 5 62 49 25 75
info@camping-badzurzach.ch
N 47°34'58'' E 08°18'28''

1 DEKNOPQRSU BGHJ 6
2 CPQSWXY BEFG 7
3 AM BDFJNQRW 8
4 FHJO D 9
5 ABDEGHJKM ABGIKMOQY 10
B 10A CEE ❶ €40,40
H325 2ha 30T(60-80m²) 143D ❷ €47,75
107122

Von Basel A3 Richtung Zürich, Ausfahrt Laufenburg vor Straße 7, in Zurzach Schild 'Camping/Regionalbad' folgen.

Meinisberg/Biel, CH-2554 / Berner Mittelland

Seeland Camp***
Berg 5
1 Apr - 30 Sep
+41 3 23 77 26 86
info@seeland-camp.ch
N 47°09'45'' E 07°20'46''

1 ABCDFHKNOPQSU AF 6
2 AQVWX ABDEFGJ 7
3 ABFMSU ABCDEFNQRT 8
4 FHIJO DJ 9
5 ABDEHJN ABCFGJKLNQUV 10
13A ❶ €38,00
H520 3ha 25T(20-60m²) 78D ❷ €50,85
107037

In Biel Richtung Solothurn, dem Schild Meinisberg folgen. In Meinisberg links nach oben und CP-Schild folgen. Ziemlich steiler und enger Anstieg.

Burgdorf, CH-3400 / Berner Mittelland

Waldegg***
Waldeggweg 4D
27 Mrz - 16 Okt
+41 3 44 22 24 60
camping.waldegg@bluemail.ch
N 47°03'13'' E 07°37'57''

1 KNOPQRSTU JN 6
2 ABCLMPQUVWXYZ ABDEFG 7
3 AMU ABCDEFNQR 8
4 FHJO 9
5 DEFJKNO ABGJKNQU 10
10A CEE ❶ €33,95
H500 0,8ha 30T(50-80m²) 18D ❷ €43,15
107058

A1 Basel-Bern, Ausfahrt 39 Kirchberg/Burgdorf, Richtung Burgdorf. CP ausgeschildert. Nach der Brücke links (2,70m Breite).

Möhlin, CH-4313 / Aargau

Campingplatz 'Bachtalen'**
Schwimmbadstrasse 1
15 Mrz - 31 Okt
+41 7 88 90 59 74
info@camping-moehlin.ch
N 47°34'31'' E 07°50'19''

1 ADEKNOPQRSTU AFHN 6
2 ABCPQUVXYZ ABDEFG 7
3 B ABEFHNPQRTW 8
4 FHJO DN 9
5 ADFLN ABCGJKOQU 10
B 16A CEE ❶ €41,30
H320 1ha 40T(50-80m²) 54D ❷ €50,50
107073

A3 Basel-Luzern-Bern-Zürich, Richtung Rheinfelden, Ausfahrt 15 Rheinfelden-Ost/Möhlin. CP/Schwimmbad ausgeschildert.

Erlach, CH-3235 / Berner Mittelland

Erlach AG****
Stadtgraben 23
1 Apr - 17 Okt
+41 3 25 13 01 00
info@camping-erlach.ch
N 47°02'44'' E 07°06'07''

1 ACDEGHKNOPQSTU LMNQSWXY 6
2 FIKLPQRWY ABDEFGIJ 7
3 ABFGMNS ABCDEFGIKNQRT 8
4 BCJ HNTVW 9
5 ACDEIJLMN ABGHIJKOQUY 10
B 10A CEE ❶ €64,10
H395 1,6ha 80T(70-90m²) 90D ❷ €66,30
107042

Von Gals Richtung Erlach/Täuffelen. Im Dorf Erlach links ab, 100m hinter dem CP Mon Plaisir.

Reinach/Basel, CH-4153 / Basel

Camping Waldhort****
Heideweg 16
5 Mrz - 29 Okt
+41 6 17 11 64 29
info@camping-waldhort.ch
N 47°29'59'' E 07°36'11''

1 ABDEKNOPQRSTU AF 6
2 APQTWXYZ ABDFGHIJ 7
3 BMNO ABCDEFJNQRT 8
4 FH 9
5 ABDEFHMN ABCFGHKNQU 10
B 10-16A CEE ❶ €40,85
H350 3,3ha 105T(60-80m²) 134D ❷ €48,20
107055

Autobahn Basel-Delémont, Ausfahrt Reinach-Nord, CP ausgeschildert.

Sutz/Lattrigen, CH-2572 / Berner Mittelland

Camping Sutz am Bielersee****
Kirchrain 40
1 Jan - 31 Dez
+41 3 23 97 13 45
mail@camping-sutz.ch
N 47°06'33" E 07°13'13"

1 ADEGH**KN**OPQRST**U**	LMNPQSWX	6
2 AEKLPQTWY	ABDE**FG**I	7
3 ABEFGMS	ABCDEFJKNQRTUVW	8
4 BCFHJ	FGNUVW	9
5 ABDFJKN	ABCFGIJKNQUY	10

B 10-15A
H420 10ha 56T(60-80m²) 373D
① €39,50 ② €49,60

Von Biel Richtung Nidau-Täuffelen. Nach 1 km hinter dem Zentrum von Ipsach rechts, gleich hinter Holzsägerei Spychiger A.G. Holz + Imprägnierung. 107038

Wabern/Bern, CH-3084 / Berner Mittelland

Eichholz***
Strandweg 49
20 Apr - 30 Sep
+41 3 19 61 26 02
info@campingeichholz.ch
N 46°55'58" E 07°27'20"

1 ADEHKNOPQRSTU	J**N**X	6
2 ACLMPQTXYZ	ABCDE**FG**HIJ	7
3 ACFGM	ABEFNQRW	8
4 FH	GLV	9
5 ADEGHJKLN	ABFGHJKLMOQUY	10

B 16A CEE
H510 3,5ha 250T(60-100m²) 10D
① €39,50 ② €53,25

Autobahn Ri. Interlaken, Ausf. Bern-Ostring. In der Stadt auf etwa 4 km ausgeschildert. Am letzten Kreisel den angegebenen Weg zum CP einfahren. Dieses 'Durchfahrtsverbot' gilt nicht für die CP-Gäste. 107059

Aeschi/Spiez, CH-3703 / Berner Oberland

Panorama-Rossern***
Rossern Scheidgasse 26
13 Mai - 16 Okt
+41 3 36 54 43 77
postmaster@camping-aeschi.ch
N 46°39'13" E 07°41'59"

1 ABILOPS**U**		6
2 AIPQVXY	ABDE**FG**I	7
3 AM	ABCDE**F**NQRT	8
4 F	I	9
5 AD	ABJKNSTU	10

Anzeige auf dieser Seite 10A CEE
H902 1ha 40T(80m²) 51D
① €39,65 ② €47,00

Autobahn Bern-Spiez, Ausfahrt Spiez Richtung Aeschi. 107087

Boltigen, CH-3766 / Berner Oberland

Jaunpass***
1 Jan - 31 Dez
+41 3 37 73 69 53
camping@jaunpass.ch
N 46°35'35" E 07°20'24"

1 ADEH**JM**OPQRSTU		6
2 IPQSTUX	AB**C**DE**FG**H	7
3 AMS	ABEFGJNQR	8
4 BFHJO**P**	DGI	9
5 ACDFHJKMN	ABGHJKNPQUX	10

W 10A CEE
H1515 150ha 35T(80-100m²) 144D
① €33,80 ② €41,50

Bern-Interlaken. Vor Spiez Ausfahrt Zweisimmen. Durchfahren bis Reidenbach. Dort dem Hinweis Jaunpass folgen. 107047

Bönigen, CH-3806 / Berner Oberland

Bönigen-Interlaken****
Campingstraße 14
19 Apr - 13 Okt
+41 3 38 22 11 43
camping.boenigen@tcs.ch
N 46°41'27" E 07°53'37"

1 ADE**KN**OPQSTU	BFL**N**O**X**Z	6
2 AEMPQSWXY	ABDE**FG**	7
3 BMU	ABDFNQRT	8
4 FHJO		9
5 ABDEFIM	ABFGHJKNQ	10

B 12A
H568 1,5ha 85T(80-100m²) 21D
① €56,55 ② €65,75

Autobahn Bern-Thun-Interlaken-Luzern, kurz nach Interlaken Ausfahrt Bönigen, Richtung Bönigen, den CP-Schildern folgen. 107083

Schweiz

Brienz, CH-3855 / Berner Oberland

Aaregg*****
Seestraße 22
1 Apr - 31 Okt
+41 3 39 51 18 43
mail@aaregg.ch

1 ADEGJMOPQRSTU LNQSWXYZ 6
2 AEKMPQTWXYZ ABDEFGH 7
3 BFM ABCDEFGHIJKNQRTUVW 8
4 FHOP FJLNOQRW 9
5 ACDEFJLMNO ABFGHIJKMOPRS 10
B 16A CEE ❶ €56,95
H560 4ha 227T(60-125m²) 69D ❷ €81,70

N 46°44'53" E 08°02'56"

Straße Nr. 4 von Luzern nach Brienz; gegenüber der Esso-Tankstelle bergab. Der CP ist gut ausgeschildert. 107110

Interlaken (Thunersee), CH-3800 / Berner Oberland

Manor Farm 1*****
Seestraße 201
1 Jan - 31 Dez
+41 3 38 22 22 64
info@manorfarm.ch

1 ABCDEKMOPQRSTU FJLMNQRSWXYZ 6
2 ACEIKLMPQSTWXYZ ABDEFGHI 7
3 BFGJKLM ABCDEFJNQRTUV 8
4 BFHJOP AENOPRT 9
5 ACDEFGHLM ABEFGIKLOQU 10
B ❶ €56,10
H560 7,8ha 240T(40-120m²) 230D ❷ €67,10

N 46°40'52" E 07°48'55"

A8 Spiez-Interlaken-Brienz. Ausfahrt 24 Interlaken-West Richtung Gunten. CP-Symbol 1 folgen. 101076

Frutigen, CH-3714 / Berner Oberland

Grassi****
Grassiweg 60
1 Jan - 31 Dez
+41 3 36 71 11 49
info@camping-grassi.ch

1 ADEKNOPQSU NU 6
2 CIPQSXYZ ABDEFGH 7
3 AMS ABEFJNQR 8
4 FJO DJUVW 9
5 ADMN ABDFGHJKOQY 10
Anzeige auf dieser Seite W 10A CEE ❶ €39,50
H809 2,6ha 68T(20-120m²) 72D ❷ €48,30

N 46°34'55" E 07°38'29"

Der Strecke Spiez-Kandersteg folgen, Ausfahrt Frutigen-Dorf. Über die Brücke, dann in den Ort. Am Hotel Simplon links abbiegen. Campingplatz ist deutlich ausgeschildert. 107060

Grindelwald, CH-3818 / Berner Oberland

Eigernordwand****
Bodenstrasse 4
1/1 - 13/4, 29/5 - 11/10
+41 3 38 53 12 42
camp@eigernordwand.ch

1 JLOPS N 6
2 QSUXY BEFGHJ 7
3 B ABCDFNRT 8
4 FHJ 9
5 ABM AJKOQU 10
WB 10A ❶ €45,90
H960 2ha 50T 30D ❷ €55,10

N 46°37'20" E 08°00'58"

Bis zum Ort Grindelwald fahren, dort die erste Straße rechts Richtung 'Jungfrau bahnen', am Stadion Grund entlang, rechts den Schildern folgen. 107114

Interlaken/Unterseen, CH-3800 / Berner Oberland

Alpenblick****
Seestraße 130
1 Jan - 31 Dez
+41 3 38 22 77 57
info@camping-alpenblick.ch

1 ABDEKNOPQSTU LNRT 6
2 ACEIPQTWXYZ ABDEFG 7
3 AFLMS ABEFGIJNQRTW 8
4 FHO 9
5 ABDEFHJKMN ABFGHIKOQUY 10
Anzeige auf dieser Seite B 6-16A ❶ €61,80
H560 2,6ha 90T(60-100m²) 90D ❷ €70,45

N 46°40'47" E 07°49'04"

A8 Thun-Interlaken-Brienz. Ausfahrt 24 Interlaken-West. CP-Schild mit dem Symbol 2 folgen. 107078

Gstaad, CH-3780 / Berner Oberland

Bellerive Camping***
Bellerivestraße 38
1 Jan - 31 Dez
+41 3 37 44 63 30
info@bellerivecamping.ch

1 AFKNOPQRSU NU 6
2 DIPQSTWXY ABDEFG 7
3 AHIJN ABCDFJNQR 8
4 AFHJOQ DJ 9
5 ADMN ABFGKNQU 10
W 12A CEE ❶ €40,30
H1050 0,8ha 35T(80-100m²) 26D ❷ €49,65

N 46°28'52" E 07°16'22"

Von Saanen Richtung Gstaad. Den Schildern folgen. CP liegt rechts der Straße, 1,3 km hinter dem Kreisel in Saanen. 107048

Innertkirchen, CH-3862 / Berner Oberland

Aareschlucht***
Hauptstraße 34
1 Mai - 31 Okt
+41 3 39 71 27 14
campaareschlucht@bluewin.ch

1 ADEKNOPQRSTU AN 6
2 IPQUVXY ABDEFGI 7
3 AMU ABCDEFNQR 8
4 J D 9
5 ADFMN ABDGKOQ 10
Anzeige auf dieser Seite 10A ❶ €34,90
H630 0,5ha 45T(50-100m²) 14D ❷ €41,30

N 46°42'34" E 08°12'53"

Aus Richtung Meiringen liegt der CP zwischen Meiringen und Innertkirchen links der Strecke, kurz hinter der Einfahrt Ost zur Aareschlucht bei Innertkirchen. 107131

Interlaken/Unterseen, CH-3800 / Berner Oberland

Hobby 3****
Lehnweg 16
1 Apr - 30 Sep
+41 3 38 22 96 52
info@campinghobby.ch

1 ADEKNOPQRSU F 6
2 AIPQWXYZ ABDEFGHIK 7
3 AFLM ABCDEFNQRT 8
4 FHJO 9
5 ABDMN ABFGJKOQU 10
B 10A ❶ €51,50
H560 1,6ha 70T(80-130m²) 45D ❷ €60,70

N 46°41'02" E 07°49'47"

A8 Spiez-Interlaken-Brienz. Ausfahrt 24 Interlaken-West. CP-Symbol 3 folgen. 107079

Innertkirchen, CH-3862 / Berner Oberland

Grund***
Grundstraße 44
1 Jan - 31 Dez
+41 3 39 71 44 09
info@camping-grund.ch

1 AKNOPQRSTU 6
2 IPQY ABDEFG 7
3 ABCDEFJNQR 8
4 AFHJO DFIJ 9
5 DN ABGJKNQU 10
10A ❶ €30,10
H630 1,5ha 100T(40-120m²) 21D ❷ €34,50

N 46°42'08" E 08°13'38"

Von Meiringen Richtung Innertkirchen. Gut sichtbares Schild rechts, dann noch 200m. 109002

Interlaken/Unterseen, CH-3800 / Berner Oberland

Lazy-Rancho****
Lehnweg 6
14 Apr - 2 Okt
+41 3 38 22 87 16
info@lazyrancho.ch

1 ADEKNOPQRSTU AN 6
2 CIPQTWY ABDEFGHIK 7
3 ALMU ABCDEFGIJNQRTUVW 8
4 FHJOPTU FJ 9
5 ABCDMNO ABFGHIJKOQUY 10
B 10-16A ❶ €53,35
H560 1,6ha 90T(60-90m²) 57D ❷ €62,55

N 46°41'09" E 07°49'48"

A8 Spiez-Interlaken-Brienz. Ausfahrt 24 Interlaken-West. CP-Symbol 4 folgen. 107080

Teilkarte Berner Oberland auf Seite 354

Interlaken/Unterseen, CH-3800 / Berner Oberland

JungfrauCamp 5****	1 KNOPSTU	AFN 6
Steindlerstraße 60	2 PQXY	ABDEFGHI 7
1 Apr - 2 Okt	3 BM	ABEFNQRT 8
+41 7 62 95 05 11	4 FHJO	9
info@jungfraucamp.ch	5 ADFHKLNO	AFGJKNQ 10
	10A	❶ €36,75
N 46°41'13" E 07°50'03"	H580 2ha 60T(60-100m²) 45D	❷ €36,75

A8 Bern-Spiez-Interlaken, Ausfahrt Interlaken-West. CP-Symbol 5 folgen. 107081

Interlaken/Wilderswil, CH-3812 / Berner Oberland

Oberei 8***	1 AKNOPQRSU	6
Obereigasse 9	2 PQWXY	ABDEFGH 7
1 Mai - 30 Sep	3 AMU	ABCDFNQR 8
+41 3 38 22 13 35	4 FHJO	EGI 9
oberei8@swisscamps.ch	5 ABDMN	ABJKOQ 10
	6-10A	❶ €37,30
N 46°39'42" E 07°51'53"	H580 0,5ha 53T(48-116m²) 6D	❷ €44,60

Autobahn Bern-Brienz, Ausfahrt 25 Lauterbrunnen/Grindelwald. In Wilderswil den Schildern zum CP folgen. 107085

Interlaken-Ost, CH-3800 / Berner Oberland

TCS Camping "Interlaken" 6***	1 ADEKNOPQRSTU	JNSUVX 6
Brienzstraße 24	2 ABCIPQSWXYZ	ABDEFGHIJK 7
11 Apr - 13 Okt	3 ABFLM	ABEFJNQRT 8
+41 3 38 22 44 34	4 FHJO	GKLQRUVWZ 9
camping.interlaken@tcs.ch	5 ABDHJMN	ABFGHILMOQU 10
	B 8A CEE	❶ €51,05
N 46°41'33" E 07°52'08"	H567 1,2ha 110T(70-100m²) 38D	❷ €61,15

A8 Bern-Interlaken-Luzern, Ausfahrt 26 Interlaken-Ost Richtung Ringgenberg, nach der Brücke links. CP-Symbol 6 folgen. 107082

Kandersteg, CH-3718 / Berner Oberland

Rendez-vous***	1 ADEHJMOPQRSTU	6
Hubleweg	2 IPQUVWXYZ	ABDEFGHI 7
1 Jan - 31 Dez	3 AJ	ABEFJNQR 8
+41 3 36 75 15 34	4 AFHIJ	9
rendez-vous.camping@bluewin.ch	5 ABDEFKMN	ABGHJKOQUY 10
	Anzeige auf dieser Seite W 10A	❶ €39,00
N 46°29'53" E 07°41'07"	H1200 1ha 60T(80-100m²) 20D	❷ €46,35

N6 Ausfahrt Spiez Richtung Kandersteg. In Kandersteg Dorf folgen. Der CP ist ausgeschildert. 111255

Krattigen, CH-3704 / Berner Oberland

Stuhlegg****	1 ADEHJMOPQRSTU	BG 6
Stueleggstraße 7	2 AIPQVXY	ABDEFGHIJ 7
1 Jan - 31 Dez	3 BEFMSU	ABCDEFJNQRT 8
+41 3 36 54 27 23	4 FHJO	J 9
info@camping-stuhlegg.ch	5 ABDEFKMN	ABFGIJHOSTUY 10
	W 13A	❶ €39,95
N 46°39'32" E 07°43'01"	H750 2,4ha 60T(80m²) 96D	❷ €49,10

Autobahn Basel-Bern-Interlaken, Ausfahrt Leissigen Richtung Krattigen. 107086

Lauterbrunnen, CH-3822 / Berner Oberland

Camping Jungfrau*****	1 ADEJMOPQRSTU	NU 6
Weid 406	2 CIPQTVWXYZ	ABCDEFGHIJK 7
1/1 - 31/10, 15/12 - 31/12	3 BFMN	ABCDEFGJLNQRT 8
+41 3 38 56 20 10	4 AEFHJOP	EFGHJKL 9
info@campingjungfrau.swiss	5 ACDFGHLMN	ABFGHIJHOQUY 10
	WB 15A CEE	❶ €52,25
N 46°35'16" E 07°54'37"	H800 4,5ha 217T(80-100m²) 129D	❷ €62,90

Der Straße Interlaken-Lauterbrunnen folgen; hinter dem Bahnhof nach rechts; diese Straße führt direkt zum CP. 107088

ACSI AWARDS 2022

GEWINNER

Campingplatz mit der schönsten Lage Schweiz

Camping Jungfrau

Lenk im Simmental, CH-3775 / Berner Oberland

Hasenweide***	1 ABCDEFGHIJ...	N 6
Hasenweide 1	2 BCIPQSUWXY	ABCDEFG 7
1/1 - 5/11, 1/12 - 31/12	3 A	ABEFJNQR 8
+41 3 37 33 26 47	4 FHJO	DG 9
info@camping-hasenweide.ch	5 ABDHJMN	AGJKNQUV 10
	W 6A	❶ €31,95
N 46°25'42" E 07°28'37"	H1100 0,3ha 50T(40-60m²) 56D	❷ €40,95

In Zweisimmen den Schildern nach Lenk folgen. Durch den Ort bis Oberried. CP liegt ganz am Ende des Tals, im Wald. Durchfahren bis zum Restaurant Simmenfälle, und dort nach links. 112513

Lenk im Simmental, CH-3775 / Berner Oberland

Seegarten***	1 ADEGILOPQRSTU	6
Seestraße 2	2 IPQSWX	ABDEFGHIJK 7
1/1 - 22/4, 24/5 - 30/10, 1/12 - 31/12	3 AMU	ABCDEFJNQR 8
+41 3 37 33 16 16	4 FHJ	D 9
info@campingseegarten.ch	5 ADMN	ABFGHJKOQ 10
	W 10A CEE	❶ €34,90
N 46°27'08" E 07°26'39"	H1100 1ha 25T(100-140m²) 64D	❷ €40,75

Aus Zweisimmen den Schildern nach Lenk. Kurz hinter dem Ort ist der CP ausgeschildert. 112512

Meiringen, CH-3860 / Berner Oberland

AlpenCamping****	1 ADEKNOPQRSTU	6
Brünigstraße 47	2 IPQSWX	ABDEFGHIK 7
1 Jan - 31 Dez	3 A	ABEFJNQRTUW 8
+41 3 39 71 36 76	4 FHJOT	F 9
info@alpencamping.ch	5 ABDEJKMN	ABFGHJKOQU 10
	WB 10A CEE	❶ €17,30
N 46°44'04" E 08°10'18"	H595 1,4ha 47T(60-110m²) 45D	❷ €19,20

Von Interlaken oder Luzern über die A8 nach Meiringen. Bei Meiringen den CP-Schildern folgen. 111774

Ringgenberg, CH-3852 / Berner Oberland

Talacker	1 ADKNOPQRSU	6
Rosswaldstraße	2 ABIPQSTVXY	ABDEFG 7
1/1 - 31/10, 1/12 - 31/12	3 ABLM	ABEFJNQRTVW 8
+41 3 38 22 11 28	4 FHJO	9
camping@talacker.ch	5 ABDEFHIMN	ABGJKOQU 10
	13A	❶ €41,80
N 46°42'27" E 07°54'28"	H620 0,8ha 45T(80-100m²) 15D	❷ €52,80

A8 Thun-Spiez-Interlaken. Ausfahrt 26 Interlaken-Ost. Weiter Richtung Ringgenberg. Am Ort vorbei links ab. CP ist angezeigt. 114067

Saanen, CH-3792 / Berner Oberland

Saanen****	1 ADEKNOPQSTU	H 6
Campingstraße 15	2 CIPQSWXY	ABDEFGIJK 7
1/1 - 31/10, 1/12 - 31/12	3 AM	ABFJNPQR 8
+41 3 37 44 61 91	4 FHJO	D 9
info@camping-saanen.ch	5 DMN	ABFGHKOSU 10
	WB 13A	❶ €39,10
N 46°29'13" E 07°15'54"	H1050 0,8ha 34T(35-98m²) 40D	❷ €47,55

Die Kantonstraße 11 von Zweisimmen 2x Richtung Gstaad auf 2 nacheinander folgenden Kreiseln. Nach 100m rechts. CP ist angezeigt. 113975

Teilkarte Berner Oberland auf Seite 354

Teilkarte Berner Oberland auf Seite 354

Stechelberg, CH-3824 / Berner Oberland

Breithorn***
Sandbach
1/1 - 31/10, 16/12 - 31/12
+41 3 38 55 12 25
info@campingbreithorn.ch

1 AFKNOPS	N 6
2 CPQTXY	ABDEFG 7
3 A	ABEFJNQR 8
4 FH	DI 9
5 ABDEMN	ABFGJKOQ 10
Anzeige auf Seite 356 W 10A CEE	❶ €30,30
H830 1ha 35T(80m²) 42D	❷ €36,35

N 46°34'05'' E 07°54'34''

Interlaken-Lauterbrunnen, in Lauterbrunnen Richtung Stechelberg. Der Campingplatz liegt 500m nach dem Trümmelbach-Wasserfall auf der rechten Straßenseite. 107091

Zweisimmen, CH-3770 / Berner Oberland

Fankhauser****
Eygässli 1
1 Jan - 31 Dez
+41 3 37 22 13 56
info@camping-fankhauser.ch

1 ADEJMOPQRSTU	AN 6
2 CEIPQSXY	ABDEFGIJK 7
3 ALMSUV	ABCDEFJNQRW 8
4 FGHJOP	DFLUVW 9
5 DMNO	ABFGHJKMOPQUY 10
WB 13A CEE	❶ €34,80
H950 2,5ha 20T(40-100m²) 125D	❷ €38,00

N 46°33'46'' E 07°22'34''

Der 11 von Spiez nach Zweisimmen folgen. Camping ist an dieser Straße angezeigt und liegt vor Zweisimmen. Direkt links hinter dem Bahnübergang. 118295

Stechelberg, CH-3824 / Berner Oberland

Rütti***
1 Mai - 30 Sep
+41 3 38 55 28 85
campingruetti@stechelberg.ch

1 AKNOPQRS	6
2 CIPQSTXYZ	ABDEFG 7
3 AM	ABCDFNQR 8
4 FHJ	A 9
5 ABDEMN	ABGJKOQ 10
10A	❶ €33,05
H900 1ha 70T(40-100m²) 15D	❷ €40,40

N 46°32'46'' E 07°54'07''

CP am Ende der Straße Lauterbrunnen-Stechelberg. 107090

Zweisimmen, CH-3770 / Berner Oberland

CC€23

Vermeille****
Ey Gässli 2
1 Jan - 31 Dez
+41 3 37 22 19 40
info@camping-vermeille.ch

1 ADEKNOPQRSTU	BFNU 6
2 CIPQSXY	ABDEFGHIJK 7
3 ALMU	ABCDEFJNQRST 8
4 FHJO	DLUVW 9
5 BDHMN	ABDFGHJKMOPQUY 10
WB 10A CEE	❶ €41,05
H950 1,3ha 15T(80-120m²) 71D	❷ €47,45

N 46°33'46'' E 07°22'41''

Die 11 von Spiez nach Zweisimmen. CP an der 11 beschildert, liegt vor Zweisimmen. Von der Ausfahrt zum CP noch 200m weiterfahren. Zweiter Camping hinter dem Bahnübergang. 107061

Schweiz

Appenzell, CH-9050 / Appenzell

Camping Eischen/Kau****
Kaustraße 123
1 Jan - 31 Dez
+41 7 17 87 50 30
info@eischen.ch

1 ADEJMOPQSTU	E 6
2 IQSX	ABCDEFG 7
3 BLM	ABEFJNQRT 8
4 FHTUVX	G 9
5 ABDHJLMN	AFGHIJKOQY 10
B 10A	❶ €31,85
H1037 1,8ha 60T 118D	❷ €38,30

N 47°19'19'' E 09°23'12''

Vor Appenzell CP-Hinweis. Richtung Kau halten. Die Strecke geht dann 3 km über einen kurvigen Weg bergan, wo man vom Landgasthof Eischen/Kau eine herrliche Aussicht hat. 107189

Bad Ragaz, CH-7310 / Sankt Gallen

Giessenpark***
Seestraße 41
1 Jan - 31 Dez
+41 8 16 61 23 45
info@giessenpark.com

1 ADEGJMOPQRSTU	BGHN 6
2 ABCPQRSTWZ	ABDEFGHIJ 7
3 ABCFGKLMNOUX	ABCDEFJNQRST 8
4 ABCEFHJOP	DEJUVWZ 9
5 ABDEFHIJKLMN	ABCFGHJKORSUY 10
WB 10-16A	❶ €52,50
H448 1ha 50T(80-100m²) 51D	❷ €60,80

N 47°00'19'' E 09°30'46''

Aus dem Norden nach Bad Ragaz, bis hinter das Zentrum, dort ist der CP zu sehen, links, dann rechts und durch den Park. 107192

Arbon, CH-9320 / Thurgau

Camping Buchhorn***
Philosophenweg 17
1 Apr - 6 Okt
+41 7 14 46 65 45
info@camping-arbon.ch

1 BDEGILOPQST	GLMQY 6
2 AEIMQTWXY	ABDEFG 7
3 BFGMS	ABEFNQR 8
4 FHJO	FNR 9
5 ABDEFHIJMN	ABCFGHIJKOSTUY 10
B 10A	❶ €33,05
H400 2,5ha 120T(50-80m²) 46D	❷ €42,25

N 47°31'28'' E 09°25'14''

Von der 13 aus nördlicher Richtung vor Arbon Schildern 'Strandbad-Camping' folgen. Aus südlicher Richtung durch Arbon und Schildern folgen. 107188

Bernhardzell, CH-9304 / Sankt Gallen

CP St-Gallen-Wittenbach***
Leebrücke
31 Mrz - 1 Okt
+41 7 12 98 49 69
campingplatz.stgallen@ccc-stgallen.ch

1 ADEHKNOPQRSU	6
2 ACQTXY	ABDEFGH 7
3 AKLMX	ABEFNQRT 8
4 FHIJO	E 9
5 ABDEHJMN	AFGHJKNRSU 10
6A CEE	❶ €31,20
H545 1,5ha 70T 31D	❷ €36,75

N 47°27'41'' E 09°21'57''

E60 Ausfahrt St. Gallen/Trogen. Dann den Schildern Richtung Wittenbach/Gossau folgen. Bernhardzell folgen und auf das CP-Schild rechts hinter der Brücke achten. 112180

Bächli/Hemberg, CH-9633 / Sankt Gallen

Camping Bächli****
Wisstraße 9
1 Jan - 31 Dez
+41 7 13 77 11 47
info@camping-baechli.ch

1 ADEJMOPQSTU	6
2 IPQSVXYZ	ABEFGIJ 7
3 AMN	ABCDFJNQRTW 8
4 FHJ	GW 9
5 ABDMN	ABEFGHJKMOQU 10
Anzeige auf dieser Seite WB 10A	❶ €26,65
H851 0,8ha 40T(70m²) 32D	❷ €33,95

N 47°18'24'' E 09°11'42''

An der Kreuzung im Ort Bächli Richtung St. Peterzell. CP ab Schönengrund ausgeschildert. 111256

Schweiz

Bischofszell, CH-9220 / Thurgau

Leutswil
Leutswil 23
1 Apr - 31 Okt
+41 7 14 22 63 98
camping-leutswil@cctg.ch
N 47°30'06" E 09°16'29"

1 ADEG**JM**OPQRSTU JU 6
2 ACMQTX **AB**DE**FG**IJ 7
3 AMX ABCDE**F**NQRUVW 8
4 FHJ F 9
5 DEFHKN ABCFGHJKN**O**QU 10
10A CEE ❶ €26,65
H478 2ha 20T 50D ❷ €29,40

Auf Straße 14 zwischen Weinfelden und Amriswil Ausfahrt nach Gossau. In Bischofszell Richtung Gossau, bei Avia-Tankstelle links, nach ca. 3 km CP rechts der Brücke. 107183

Buchs, CH-9470 / Sankt Gallen

Camping Werdenberg**
Marktplatz 11
1 Apr - 31 Okt
+41 8 17 56 15 07
info@
verkehrsverein-buchs.ch
N 47°09'57" E 09°27'55"

1 ADEG**JM**OPQRST**U** 6
2 APQXY ABDE**FG**IJK 7
3 **J** ABE**F**NQR 8
4 FHJ D 9
5 BDMN ABHJKOST 10
Anzeige auf dieser Seite B 16A ❶ €39,50
H436 0,7ha 25T(70m²) 18D ❷ €49,60

Von A3 Ausfahrt Buchs, dann Richtung Wattwil und den CP-Schildern folgen. Achtung: bei Ampel links! 110683

Egnach, CH-9322 / Thurgau

Seehorn****
Wiedehorn
1 Mrz - 31 Okt
+41 7 14 77 10 06
info@seehorn.ch
N 47°32'12" E 09°23'52"

1 ADEG**JM**OPQRSTU LMW 6
2 AEIKMPQWXY ABDE**FG**HIJK 7
3 ABDGMX ABDEFGIJKNQRTUVW 8
4 HJO EFNRV 9
5 ABDEFJKLMN ABCFGHJKM**O**PQUY 10
Anzeige auf dieser Seite B 13A CEE ❶ €45,00
H400 2,5ha 80T(100-120m²) 189D ❷ €52,35

Campingplatz liegt an der 13 zwischen Romanshorn und Arbon, sowohl aus westlicher, wie aus östlicher Richtung ist der Campingplatz ausgeschildert. 107187

Eschenz, CH-8264 / Thurgau

Camping
Hüttenberg AG*****
Hüttenberg
6 Apr - 15 Okt
+41 5 27 41 23 37
info@huettenberg.ch
N 47°38'40" E 08°51'37"

1 ADEG**KN**OPQS**U** AF 6
2 IPQSTVWXY ABC**EFG**HI 7
3 ABEFMSU ABCDEFJ**L**NQR**S**TUVW 8
4 FHJO AFJW 9
5 ABCDEFHJMN ABCGHJKNQUY 10
B 10-16A CEE ❶ €44,55
H487 6ha 67T(95-120m²) 255D ❷ €52,80

In Eschenz an der Straße 13, bei Agip-Tankstelle Hüttenberg hinauf fahren. 107147

Flaach, CH-8416 / Zürich

Flaach am Rhein****
Stäubisallmend 4
3 Apr - 11 Okt
+41 5 23 18 14 13
camping.flaach@tcs.ch
N 47°34'43" E 08°34'57"

1 ADEG**KN**OPQRSU AFHJ**N** 6
2 ACKPQSTWXYZ ABDE**FG**HIJ 7
3 ABF**L**MUV ABCDFJNQRTUVW 8
4 BFHJOQ ACDFJKVWZ 9
5 ABDEFGHJKLM**N** ABCFGHKOQUY 10
B 6-13A CEE ❶ €67,95
H350 4ha 200T(60-120m²) 102D ❷ €83,55

Am Restaurant Ziegelhütte abbiegen, danach noch etwa 500 Meter. 113976

Kreuzlingen, CH-8280 / Thurgau

Fischerhaus****
Promenadenstr. 52
1 Apr - 18 Okt
+41 7 16 88 49 03
info@
camping-fischerhaus.ch
N 47°38'49" E 09°11'54"

1 ADEGILOPQRST**U** BFHILNOPQRSTVWXY 6
2 AEMPQXY ABDE**FG**K 7
3 ABGM ABEFGIKNPQRTUVW 8
4 FHJO FGKLNQRT 9
5 ACDEFHJLMN**O** ABCFGHIJKN**O**PQUY 10
B 16A ❶ €48,65
H397 2,8ha 120T(50-80m²) 116D ❷ €60,60

CP an der Südseite von Kreuzlingen. Die Autobahn bei Kreuzlingen-Süd verlassen. Auf die 13 in Richtung Romanshorn (CP-Schildern nach). Nach der Bahnunterführung links, dann zweimal rechts. 107182

Langwiesen, CH-8246 / Thurgau

Schaffhausen Rheinwiese***
Hauptstrasse 96C
1 Apr - 15 Okt
+41 5 26 59 33 00
info@
camping-schaffhausen.ch
N 47°41'14" E 08°39'21"

1 ADEILOPQRSU FJM 6
2 ACIKLMQXYZ AEDE**FG** 7
3 BFGMX ABDFNRTW 8
4 FH AL 9
5 ADEFHIJKMN ABCGHIJKOSTUY 10
Anzeige auf dieser Seite B 16A CEE ❶ €44,05
4,3ha 54T(50-100m²) 50D ❷ €53,25

An Straße 13 Schaffhausen-Kreuzlingen, 1 km östlich von Schaffhausen. 107137

Murg, CH-8877 / Sankt Gallen

Camping Am See***
Strandbodenstrasse 16
1 Apr - 18 Okt
+41 8 17 38 15 30
info@murg-camping.ch
N 47°06'55" E 09°12'54"

1 AD**JM**OPQRST**U** LMNPQS 6
2 AEIKLMPSTWXYZ ABFGI 7
3 BFGMN**O** ABEFNQRT 8
4 FHJO 9
5 ADEK ABGJKOQU 10
10A ❶ €43,60
H420 2ha 42T(40-60m²) 21D ❷ €50,05

A3, Ausfahrt Richtung Murg, von einem Schild am Wasser ausgewiesen. Aus Chur Ausfahrt Murg. Von Zürich Ausfahrt Murg. CP-Schilder beachten. 110267

Ottenbach, CH-8913 / Zürich

Reussbrücke****
Muristraße 34
1 Apr - 7 Okt
+41 4 47 61 20 22
info@
camping-reussbruecke.ch
N 47°16'47" E 08°23'43"

1 DEGH**JM**OPQRSTU AFJ 6
2 ACPQTXY ABDE**FG** 7
3 BM ABE**F**NRTW 8
4 FHJO 9
5 ABDEFHKM ABFGHIJK**O**QU 10
Anzeige auf dieser Seite 6-13A CEE ❶ €38,10
H385 1,5ha 40T(80-120m²) 70D ❷ €46,35

Auf der A4 Zürich-Gotthard Ausfahrt 31 Affoltern am Albis. Dann über Obfelden nach Ottenbach. In Ottenbach Camping ausgeschildert. Camping liegt vor der Brücke und ist über den Parkplatz anfahrbar. 101123

Sankt Margrethen, CH-9430 / Sankt Gallen

Bruggerhorn
Strandbadstraße 1
1 Apr - 31 Okt
+41 7 17 44 22 01
strandbad.stmargrethen@
bluewin.ch
N 47°27'04" E 09°39'23"

1 ADEGILOPQRST**U** BGHLMP 6
2 ACEIQXYZ ABDE**FGI**J 7
3 BFGM**N** ABEFNQRT 8
4 O 9
5 ABDEFHIJKMN ABGIJKQU 10
10A ❶ €28,90
H404 1ha 36T(75m²) 127D ❷ €38,10

Autobahn E60 Ausfahrt Margrethen. Aufpassen: es wird sofort links zum CP Strandbad Bruggerhorn geführt. Autobahnüberführung, am Ende der Straße links. Navi einstellen auf Sankt Margrethen, Schweiz. 107158

Teilkarte Ostschweiz auf Seite 357

Teilkarte Ostschweiz auf Seite 357

Triesen, FL-9495 / Liechtenstein

Camping Mittagsspitze****
Sägastrasse 29
1 Apr - 31 Okt
+423 3 92 26 88
info@campingtriesen.li
N 47°05'11" E 09°31'37"

1 ABDEG**JM**OPQRST**U**	AF	6
2 ABPQTVXYZ	ABDE**FG**IK	7
3 B**N**U**W**X	ABEFJNQR	8
4 FHJO	GIJ	9
5 ABDJLMN	ABGHJKNQU	10
6A	① €41,40	
H510 4ha 70**T** 106**D**	② €48,75	

A13, Ausfahrt Balzers, Richtung Vaduz, nach 3 km rechts, CP ausgeschildert. 107191

Winterthur, CH-8400 / Zürich

Am Schützenweiher
Eichliwaldstr. 4
1 Jan - 31 Dez
+41 5 22 12 52 60
info@camping-winterthur.info
N 47°31'10" E 08°42'59"

1 DE**KN**OPQRSU		6
2 APQSTWXYZ	ABDE**FG**HIJK	7
3 AB**J**MX	ABEFJNQRT	8
4 FHJO	V	9
5 DN	ABCFGHOQU	10
13A CEE	① €34,90	
H440 2,1ha 90**T**(30-50m²) 30**D**	② €42,25	

A1, E60 St.Gallen-Zürich, Abfahrt Winterthur Ohringen, nach 250m auf der rechten Seite Camping ausgeschildert. 110107

Wagenhausen, CH-8259 / Thurgau

Wagenhausen
Hauptstraße 82
1 Apr - 30 Okt
+41 5 27 41 42 71
info@campingwagenhausen.ch
N 47°39'45" E 08°50'26"

1 DEG**JM**OPQSU	BJ**X**Y**Z**	6
2 DIMQXY	BE**FG**HIJK	7
3 AB**J**M	BDEFJNQRTW	8
4 FHJ	BEG	9
5 ABDFHJKLM	ABHJKQUY	10
B 10-13A CEE	① €41,80	
H405 4,6ha 70**T**(70-125m²) 234**D**	② €49,10	

Straße 13 Schaffhausen-Kreuzlingen-Konstanz. Im Ort Wagenhausen ist der CP ausgeschildert. 109269

Altdorf, CH-6460 / Uri

Remo Camping
Flüelerstrasse 112
1 Jan - 31 Dez
+41 4 18 70 85 41
info@camping-altdorf.ch
N 46°53'33" E 08°37'41"

1 ADE**KN**OPQRST**U**	**EGH**	6
2 APQSTXY	ABD**EF**GK	7
3	BD**F**NQR	8
4 FHJO		9
5 ADHM	ABCGKOST	10
W 13A CEE	① €33,80	
H450 0,9ha 18**T**(50m²) 28**D**	② €41,80	

A2 Basel-Gotthardtunnel, Ausfahrt 26 Altdorf. Den Schildern folgen. Im Kreisverkehr rechts. Nach ca. 150m liegt der CP links der Straße. Der Beschilderung anstelle des Navis folgen. 107144

Brunnen, CH-6440 / Schwyz

Hopfraeben***
Hopfrebenstrasse 1
15 Apr - 30 Sep
+41 4 18 20 18 73
info@camping-hopfraeben.ch
N 46°59'52" E 08°35'36"

1 AG**KN**OPQRSU	L**N**OQS	6
2 AEILMPQXY	A**B**D**EFG**	7
3 B	AB**F**NQR	8
4 FH	V	9
5 ADEHKM	AGIJKOQU	10
13A CEE	① €43,60	
H445 1,5ha 40**T**(100m²) 43**D**	② €50,05	

Straße 2b Luzern-Brunnen, 1 km nordwestlich von Brunnen, bei Fabrik Ruag abzweigen, CP gut ausgeschildert. 107143

Buochs, CH-6374 / Nidwalden

TCS Camping Buochs Vierwaldstättersee
Seefeld 4
4 Apr - 4 Okt
+41 4 16 20 34 74
camping.buochs@tcs.ch
N 46°58'47" E 08°25'05"

1 ADE**KN**OPQRSTU	GLMNOQSW**X**Y	6
2 AEILPQSTWX	BE**FG**HIJ	7
3 BFG**L**M**N**S	ABDFIJKNQRTUVW	8
4 BFHJO	AFJKRVZ	9
5 ADHMN	ABCFGHKOPQUY	10
B 16A CEE	① €53,25	
H465 3,2ha 150**T**(75-130m²) 118**D**	② €66,10	

A2 von Gothard, Ausfahrt Buochs, unter der Autobahn durch, links, dann CP-Schildern folgen. 110268

Engelberg, CH-6390 / Obwalden

Eienwäldli*****
Wasserfallstraße 108
1 Jan - 31 Dez
+41 4 16 37 19 49
info@eienwaeldli.ch
N 46°48'34" E 08°25'26"

1 ADE**JM**OPQSTU	**EGHIN**	6
2 DIPQSTWXYZ	B**C**E**FG**HIJK	7
3 BDFG**KL**MVW	BD**F**JKNQRTUVW	8
4 ABCFHIJLO**RSTUVXYZ**	GVW	9
5 ACDEFGHJKLMN	ABEFGHIJKOPSTUY	10
Anz. auf dieser Seite WB 10A CEE	① €56,00	
H1000 3,7ha 150**T**(60-120m²) 150**D**	② €64,25	

A2, Ausfahrt Stans-Süd. Beim Kloster in Engelberg rechts Richtung Eienwäldli. CP nach 1,5 km hinter dem Hotel Eienwäldli. 107129

Giswil (Sarnersee), CH-6074 / Obwalden

International Sarnersee Giswil****
Campingstraße 11
31 Mrz - 15 Okt
+41 4 16 75 23 55
giswil@camping-international.ch
N 46°51'13" E 08°11'16"

1 ADE**KN**OPQRSTU	LM**N**QSX	6
2 EILQSWXY	ABE**FG**	7
3 ABM	ABCD**F**NQRTW	8
4 FHJO	GOTV	9
5 ABDEFKMN	ABHJKOQUY	10
B 10A CEE	① €43,15	
H504 1,9ha 100**T**(40-100m²) 69**D**	② €50,50	

Von Luzern Richtung Interlaken, hindurchfahren bis Giswil, hier Ausfahrt Kleinteil/Grossteil, gegenüber der Kirche Richtung Grossteil, nach 2,8 km Einfahrt der CP-Straße. 107109

Teilkarte Zentralschweiz auf Seite 359

Schweiz

Luzern, CH-6006 / Luzern

International Lido****
Lidostraße 19
1 Jan - 31 Dez
+41 4 13 70 21 46
luzern@camping-international.ch

1 ADEKNOPQRSTU	LNQSWXY	6
2 AEPQTWXYZ	ABDEFGH	7
3 BNX	ABCDEFJNQRTW	8
4 FHJO	DGK	9
5 ABDEFGHJKMN	ABFGHIJKOQUY	10
B 16A CEE		❶ €41,85
H435 2,7ha 250T(70-80m²) 37D		❷ €51,05

N 47°03'00'' E 08°20'18''
An Straße 2 Luzern-Küssnacht, Ausfahrt beim Tennispark, dann noch 150m, schräg gegenüber dem Lido-Bad.
107126

Meierskappel, CH-6344 / Luzern

CC€23

Campingplatz Gerbe
Landiswilerstraße
1 Mrz - 31 Okt
+41 4 17 90 45 34
info@swiss-bauernhof.ch

1 ADEKNOPQRSTU	A	6
2 APQUXY	ABDEFG	7
3 AM	ABEFNQR	8
4 FHJO	AG	9
5 ABDEJKN	AGJKOPQU	10
Anzeige auf dieser Seite 16A CEE		❶ €34,60
H450 1,6ha 60T(80m²) 28D		❷ €43,80

N 47°07'16'' E 08°26'47''
A4 Rotkreuz-Schwyz, Ausfahrt Küssnacht, dann den Schildern folgen, Richtung Meierskappel, und kurz vor der Kreuzung beim Bauernhof links.
109014

Horw, CH-6048 / Luzern

TCS Camping Luzern-Horw****
Seefeldstraße
13 Apr - 7 Okt
+41 4 13 40 35 58
camping.horw@tcs.ch

1 ADGHKNOPQRSTU	LMN	6
2 AEPQTWY	BEFGH	7
3 BM	ABCDEFNQRT	8
4 FHJO	D	9
5 ABDEFHJKMN	ABGHJKOQUY	10
B 6A		❶ €52,35
H434 2ha 70T(50-100m²) 52D		❷ €67,05

N 47°00'43'' E 08°18'40''
A2 Luzern-St. Gotthard, Ausfahrt Horw. Dann direkt den Schildern folgen.
107755

Mosen, CH-6295 / Luzern

Camping Seeblick****
Campingstrasse 5
1 Mrz - 31 Okt
+41 4 19 17 16 66
infos@camping-seeblick.ch

1 DEGJMOPQRSU	FLMNQS	6
2 EIMPQWXY	ABDEFGHIJK	7
3 BFM	ABCDFJKNQRTW	8
4 FHJO	DGKLN	9
5 ACDEHIJKMN	ABGIKCSTUY	10
Anzeige auf dieser Seite B 14A CEE		❶ €38,95
H523 2,5ha 70T(70-100m²) 110D		❷ €48,10

N 47°14'41'' E 08°13'29''
An der Straße 26 Lenzburg-Luzern, in Mosen gegenüber dem Bahnhof.
107124

Sachseln, CH-6072 / Obwalden

Ewil
Brünigstraße 258
1 Apr - 30 Sep
+41 4 16 66 32 70
info@camping-ewil.ch

1 ADEGJMOPQSU	LNQSX	6
2 AEILPQSTVWXY	BEFGH	7
3 ALM	BDFJNQRTW	8
4 EFH	D	9
5 ABDHJMN	ABFGKOQ	10
Anzeige auf dieser Seite B 13-16A		❶ €37,30
H470 1,5ha 26T(70-100m²) 51D		❷ €44,60

N 46°51'21'' E 08°12'54''
Der N8 Luzern-Interlaken folgen, Ausfahrt 35 Sarnen-Süd. Im Kreisel links ab und dann geradeaus. Der CP ist ausgeschildert.
112536

Lungern, CH-6078 / Obwalden

Obsee****
Campingstraße 1
1 Jan - 31 Dez
+41 4 16 78 14 63
camping@obsee.ch

1 ADEHJMOPQSTU	LQRSTUXZ	6
2 AELPQVWXY	ABEFG	7
3 AFGJM	ABEFJNQRTUW	8
4 FHJO	IMN	9
5 DFJLMN	ABFGHIJKOQU	10
W 10A CEE		❶ €45,00
H686 2,2ha 80T(40-80m²) 113D		❷ €56,00

N 46°47'06'' E 08°09'06''
A8 Brienz Richtung Luzern. In Lungern an der 1. Ampel links, den Schildern folgen.
110302

Sarnen, CH-6060 / Obwalden

Camping Seefeld Park Sarnen*****
Seestrasse 20
1 Jan - 31 Dez
+41 4 16 66 57 88
welcome@seefeldpark.ch

1 ADEGJLOPQRSTU	BFHIJLMNQRSTVXYZ	6
2 ACEIKQWXY	BEFGHI	7
3 ABEFGJLMN	BDFJKNQRTW	8
4 BCDFHJOUY	ABEKMNRV	9
5 ABDFHIJKLMN	ABCFGHJKOQUXY	10
WB 13A CEE		❶ €58,75
H471 2,6ha 129T(80m²) 63D		❷ €73,45

N 46°52'59'' E 08°14'33''
A2 Basel-Luzern-Gotthard-Chiasso. An der Kreuzung Loppe die A8 Richtung Interlaken. Ausfahrt Sarnen-Süd.
107128

CampingCard ACSI, gut zu wissen

- Nur gültig auf teilnehmenden CampingCard ACSI-Campingplätzen
- Nur gültig in den mit dem Campingplatz vereinbarten Akzeptanzzeiträumen
- Zusatzkosten nicht inbegriffen
- Begrenzte Anzahl von Stellplätzen verfügbar

Teilkarte Zentralschweiz auf Seite 359

Schweiz

Sempach, CH-6204 / Luzern

TCS Camping Sempach****
Seelandstrasse 6
23 Mrz - 25 Okt
+41 4 14 60 14 66
camping.sempach@tcs.ch

1 ADEJMOPQRSTU — LMNQ 6
2 ACEIJKPQTWXYZ — ABDEFGHIJ 7
3 ABEGLMNT — ABCDEFJLNQRTUVW 8
4 ABCDEFHJO — AFJKNRTUVWZ 9
5 ACDEFHIJKLMN — ABCFGHIJKLMOQUY 10
B 6-13A CEE — ❶ €60,95
H510 5,2ha 230T(70-100m²) 211D — ❷ €74,75

N 47°07'31" E 08°11'24"

Autobahn A2 Basel-Luzern, Ausfahrt 21 Sempach, CP südlich von Sempach ausgeschildert. 107107

Unterägeri, CH-6314 / Zug

Unterägeri****
Wilbrunnenstraße 81
1 Jan - 31 Dez
+41 4 17 50 39 28
info@campingunteraegeri.ch

1 ADEGILOPQRSTU — LMNQ 6
2 FILQWXYZ — ABDEFGHJ 7
3 BMS — ABDEFJNQRT 8
4 FHJO — N 9
5 ABCDEFHIKLMN — ABCFGHJKOSTUY 10
Anz. auf dieser Seite WB 16A CEE — ❶ €50,30
H724 4,8ha 150T(50-100m²) 120D — ❷ €62,25

N 47°07'40" E 08°35'31"

A4 Luzern-Zürich, Ausfahrt Baar Richtung Ägeri. Über Baar nach Unterägeri. Innerorts ausgeschildert. 107140

Sursee, CH-6210 / Luzern

Camping Sursee/ Waldheim***
Baselstrasse
1 Apr - 29 Okt
+41 4 19 21 11 61
info@camping-sursee.ch

1 ADEGKNOPQRSTU — 6
2 APQTXY — ABDEFGI 7
3 ALM — ABCDEFNQRT 8
4 FHJO — DG 9
5 ABDEFJMN — ABFGJKOQU 10
13A CEE — ❶ €30,30
H520 1,7ha 30T(80m²) 82D — ❷ €38,55

N 47°10'31" E 08°05'13"

A2 Basel-Luzern, Ausfahrt 20 Sursee. Die B2 Richtung Basel weiter folgen. Am 4. Kreisel rechts Richtung Basel. CP ist angezeigt. 107105

Vitznau/Luzern, CH-6354 / Luzern

Camping Vitznau****
Altdorfstraße 34
1 Apr - 2 Okt
+41 4 13 97 12 80
info@camping-vitznau.ch

1 ADEJMOPQRSTU — BGN 6
2 IPQTVWXY — ABDEFGIK 7
3 BM — BDFJKNQRTUVW 8
4 FJ — FHNR 9
5 ABDHJ — ABFGHJKOST 10
15A CEE — ❶ €58,50
H450 2ha 70T(40-100m²) 77D — ❷ €66,75

N 47°00'24" E 08°29'11"

In Vitznau (Straße 2b) an der Kirche dem CP-Schild folgen (nicht dem Navi folgen). Dann noch ca. 400m den Berg hinauf. 107127

Agno, CH-6982 / Ticino

Lugano Lake****
Via di Molinnazzo 9
31 Mrz - 31 Okt
+41 7 93 74 26 87
info@campingluganolake.ch

1 ADEKNOPQSTU — LMNQSW 6
2 ACFJKLPQRXYZ — ABDEFGH 7
3 AFGLM — ABEFJNQR 8
4 FHO — BN 9
5 ABDEHJMN — ABKOQ 10
10A — ❶ €52,70
H275 8ha 170T(60-100m²) 92D — ❷ €69,60

N 45°59'44" E 08°54'21"

A2, Ausfahrt Lugano-Nord/Ponte Tresa, Richtung Ponte Tresa. In Agno Richtung Flugplatz. Am Kreisel gegenüber Flugplatz rechts ist der CP ausgeschildert. 113352

Avegno, CH-6670 / Ticino

CP Piccolo Paradiso****
via Cantonale 13
1 Apr - 31 Okt
+41 9 17 96 15 81
info@camping-piccoloparadiso.ch

1 ABDEKNOPQSU — FJN 6
2 ADMPQWXYZ — ABDEFG 7
3 ABFJLM — ABEFGIJNQRTW 8
4 BFHIJOP — J 9
5 ABDFGHIJLM — ABGHIJKOQUX 10
B 10A — ❶ €58,40
H321 44ha 169T(60-100m²) 112D — ❷ €68,50

N 46°12'02" E 08°44'39"

A2 Ausfahrt Bellinzona-Süd/Locarno, Richtung Locarno-Ascona, an Locarno vorbei Ausfahrt Vallemaggia. Vor Avegno ist der CP ausgeschildert. 107160

Acquarossa, CH-6716 / Ticino

Acquarossa**
Via Lucomagnio 163
1 Jan - 31 Dez
+41 9 18 71 16 03
madlen.burri@bluewin.ch

1 AKNOPQSTU — AN 6
2 CIPQXY — ABDEFG 7
3 BMU — ABEFJNQRW 8
4 FHJ — D 9
5 ABDHMN — AJKNQU 10
10A — ❶ €47,75
H560 9ha 50T(50-80m²) 31D — ❷ €55,65

N 46°27'35" E 08°56'31"

1 km nördlich von Acquarossa an der Straße über den Lukmanier-Pass. Von Norden ist die Zufahrt schwierig, besser durchfahren und vor der Brücke in Acquarossa drehen, dann problemlos einfahren. 107158

Claro, CH-6702 / Ticino

Al Censo****
Al Campeggio 2
1 Apr - 16 Okt
+41 9 18 63 17 53
info@alcenso.ch

1 AGKNOPQSTU — AJ 6
2 ACPQSUVWXYZ — ABDFG 7
3 AM — ABDEFNQRT 8
4 FHJOP — K 9
5 ABDHMN — ABGHIJKOQU 10
16A CEE — ❶ €49,95
H270 2,5ha 90T(80m²) 7D — ❷ €62,05

N 46°15'56" E 09°01'09"

A2, Ausfahrt Bellinzona-Nord, Landstraße Richtung Gotthardpass oder Ausfahrt Biasca und Landstraße Richtung Bellinzona. Der Campingplatz befindet sich nördlich von Claro. 107159

Cugnasco, CH-6516 / Ticino

CC€23 iD

Riarena****	1 ADEILOPQRST**U**	AF 6
Via Campeggio 1	2 ACPQRXY	ABDE**FG**H 7
17 Mrz - 22 Okt	3 AFM	ABEFNQRT 8
+41 9 18 59 16 88	4 FHJLO**P**	D 9
info@campingriarena.ch	5 ABDEFGHJKLMN	ABCDGHIJKOQUX 10
	Anzeige auf dieser Seite B 10A	① €55,10
N 46°10'11" E 08°54'51"	**H**217 3,2ha 105**T**(70-100m²) 106**D**	② €66,10

107169

A2 Ausfahrt Bellinzona-Süd/Locarno. Richtung Locarno. Weiter Richtung Flughafen, dann im Kreisel Richtung Gordola-Gudo. In Cugnasco Camping ausgeschildert.

Gordevio, CH-6672 / Ticino

TCS Camping Gordevio-Valle Maggia****	1 BDEH**KN**OPQST**U**	BGJ**N** 6
via Contanale	2 BDJMPQRSWXYZ	ABDE**FG**IK 7
1 Apr - 22 Okt	3 AB**L**M	ABCDEFNQRT 8
+41 9 17 53 14 44	4 BFHJLO	AFKUVW 9
camping.gordevio@tcs.ch	5 ACDFGHLMN	ABGHIJKOQUY 10
	B 10A	① €64,65
N 46°13'17" E 08°44'31"	**H**292 2,5ha 230**T**(50-80m²) 46**D**	② €80,25

107145

A2, Ausfahrt Bellinzona-Süd/Locarno, Richtung Locarno-Ascona, an Locarno vorbei Ausfahrt Valle Maggia und Valle Maggia folgen. Vor Gordevio ist der CP links ausgeschildert.

Gudo, CH-6515 / Ticino

CC€23 iD

Isola****	1 ADE**KN**OPQRST**U**	AF 6
Via al Gaggioletto 3	2 ABCPQYZ	ABCE**FG** 7
15 Jan - 15 Dez	3 ABFGM	ABEFJNQRTW 8
+41 9 18 59 32 44	4 FHJLNOP	J 9
isola2014@ticino.com	5 ABDEFGHJK	ABGJKOQ 10
	Anzeige auf dieser Seite B 10A	① €40,40
N 46°10'15" E 08°55'53"	**H**207 3ha 60**T**(40-100m²) 83**D**	② €45,90

107765

A2 Ausfahrt Bellinzona-Süd/Locarno Richtung Locarno. Nach ± 8 km rechts Richtung Flugplatz. Dann Richtung Gordola-Gudo, dann Gudo. Zwischen Cugnasco und Gudo ist der CP ausgeschildert. Schmaler Zufahrtsweg.

Locarno, CH-6600 / Ticino

iD

Delta*****	1 ACDEILOPQSU	JLM**N**QSUV**XZ** 6
Via Respini 27	2 ADFIJKPQRSWXYZ	ABDE**FG** 7
1 Mrz - 31 Okt	3 AFG**KL**M	ABCDEFJKNQRTUW 8
+41 9 17 51 60 81	4 **A**BFHJLO**P**QR	DNRUV 9
info@campingdelta.com	5 ACDEFGHJKLMNO	ABGHIJKOQ 10
	B 13A	① €79,90
N 46°09'35" E 08°48'14"	**H**195 6ha 250**T**(60-110m²) 50**D**	② €79,90

107170

A2, Ausfahrt Bellinzona-Süd/Locarno, Richtung Locarno, direkt hinter dem Tunnel Ausfahrt Locarno. In der Stadt ist der CP ausgeschildert.

Losone, CH-6616 / Ticino

iD

Melezza****	1 ADE**KN**OPQRS	AJ**N** 6
Via Arbigo 88	2 ABCMPQRWXYZ	ABDE**FG**HI 7
24 Mrz - 31 Okt	3 ABG**L**M	ABEFNQRTU 8
+41 9 17 91 65 63	4 BFHJO**T**U	FUV 9
infomelezza@bluewin.ch	5 ABDEFGHIJKM	ABGIKOQUXY 10
	B 16A CEE	① €54,70
N 46°10'37" E 08°43'44"	**H**260 2,1ha 148**T**(40-80m²) 69**D**	② €63,00

107146

A2, Ausfahrt Bellinzona-Süd/Locarno, Richtung Locarno-Ascona, an Locarno vorbei Ausfahrt Losone. CP nach 300m hinter dem Industriegebiet Zandone, Richtung Intragna-Golino.

ACSI Durchreisecampingplätze

In diesem Führer finden Sie eine handliche Karte mit Campingplätzen an den wichtigen Durchgangsstrecken zu Ihrem Ferienziel. Durch die Farbe des jeweiligen Zeltchens können Sie erkennen, ob dieser Platz ganzjährig geöffnet ist oder nicht. Darüber hinaus gibt es für jeden Platz auch noch eine kurze redaktionelle Beschreibung, inklusive Routenbeschreibung und Öffnungszeiten.

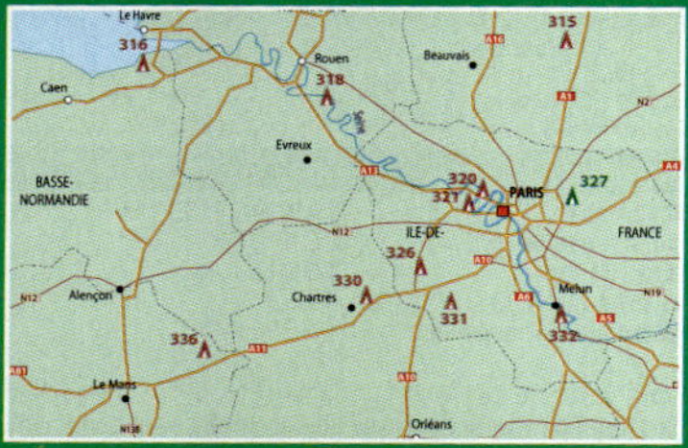

Teilkarte Tessin auf Seite 361

Schweiz

Melano, CH-6818 / Ticino

Camping Monte Generoso***
Via Tannini 12
31 Mrz - 22 Okt
+41 9 16 49 83 33
camping@montegeneroso.ch

1 ADEKNOPQRSTU LMNPQSWXYZ 6
2 AFILPQXY ABDEFGK 7
3 AMS ABEFNQRT 8
4 JO DNORT 9
5 ABDFGHMN ABCGOQ 10
Anzeige auf dieser Seite B 8-10A ❶ €58,85
H272 2ha 90T(70-80m²) 59D ❷ €69,85

N 45°55'42" E 08°58'39"
A2 Bellinzona-Chiasso, Ausfahrt Melide in Richtung Chiasso. 107180
Der zweite angezeigte CP liegt direkt vor dem Viadukt und noch vor Melano; ausgeschildert.

Melano, CH-6818 / Ticino

Camping Paradiso-Lago****
Via Pedreta 26
31 Mrz - 29 Okt
+41 9 16 48 28 63
info@camping-paradiso.ch

1 ADEGHILOPQRSTU LMNQSW 6
2 AEILPQSWXYZ ABDEFG 7
3 ABFM ABCDEFGJNQRW 8
4 FJOP N 9
5 ABDEFHIKMN ABGHINQ 10
4A ❶ €59,70
H270 3,5ha 140T(60-65m²) 60D ❷ €71,60

N 45°55'24" E 08°58'45"
A2 Bellinzona-Chiasso, Ausfahrt Melide, Richtung Chiasso. 107179
Im Ort Melano auf der rechten Seite der Straße angezeigt.
Max. Durchfahrtshöhe 3,40 m!

Meride, CH-6866 / Ticino

Monte San Giorgio Camp.****
Via ala Caraa 2
31 Mrz - 29 Okt
+41 9 16 46 43 30
info@montesangiorgiocamping.ch

1 ADEHKNOPQS BF 6
2 ABCEPQRUVYZ ABDEFGIK 7
3 AM ABEFNQRTW 8
4 FIJ AB 9
5 ADHJKMN ABCGJKOQY 10
B 14A ❶ €54,70
H533 1,2ha 110T(80m²) 20D ❷ €66,65

N 45°53'17" E 08°56'58"
A2, Bellinzona-Chiasso, Ausfahrt Mendrisio, Richtung Stabio-Varese, Richtung Arzo. In Arzo Richtung Serpieno-Meride. Vor Meride CP links der Straße ausgeschildert. 107181

Monteggio, CH-6998 / Ticino

Tresiana****
Via Cantonale 21
1 Apr - 22 Okt
+41 9 16 08 33 42
info@camping-tresiana.ch

1 ABDEHKNOPQSTU AFJN 6
2 CPQSWXYZ ABDEFGH 7
3 ABFLM ABCDEFNQRTW 8
4 BFHJOX ADGI 9
5 ABDEFGMN ABGHJKOQU 10
B 10A ❶ €34,45
H255 1,5ha 63T(56-80m²) 49D ❷ €39,95

N 45°59'28" E 08°49'00"
A2 Ausfahrt Lugano-Nord/Ponte Tresa, Richtung Ponte Tresa. 107177
In Ponte Tresa Richtung Luino. Vor der Grenze zu Italien rechts abbiegen..
Der CP ist in Molinazzo di Monteggio ausgeschildert.

Muzzano, CH-6933 / Ticino

TCS Camping Lugano****
Via alla Foce 14
1 Jan - 31 Dez
+41 9 19 94 77 88
camping.muzzano@tcs.ch

1 ABDEGHKNOPQSTU AFLMPQSWXYZ 6
2 AFIKQSWXYZ ABDEFGIK 7
3 BFLMN ABCDEFIJNQRTUVW 8
4 BFJLOP ACEFNZ 9
5 ACDFGHJKLMN ABGHIKOQUY 10
B 10A CEE ❶ €62,80
H275 4,7ha 210T(80-120m²) 56D ❷ €82,45

N 45°59'43" E 08°54'31"
A2, Ausfahrt Lugano-Nord/Ponte Tresa. In Agno Richtung Flugplatz. Vor Muzzano ist der CP ausgeschildert. An der Suzuki-Werkstatt über die Parallelstraße zum CP. 107173

Tenero, CH-6598 / Ticino

Lago Maggiore****
Via Lido 2
22 Mrz - 22 Okt
+41 9 17 45 18 48
info@clm.ch

1 ACDEILOPQRSTU LMQSW 6
2 AFJKPQSWXYZ ABDEFG 7
3 BEFLMV ABCDEFJKLNQRSTVW 8
4 BDFHORSX DKL 9
5 ACDEFGHKLMNO ABGHIJKOPQX 10
B 16A ❶ €58,40
H195 3,2ha 280T(56-92m²) 155D ❷ €81,00

N 46°10'09" E 08°51'13"
A2, Ausfahrt Bellinzona-Süd/Locarno, Richtung Locarno. 107166
Am Flughafen vorbei in Richtung Locarno/Tenero. Ausfahrt Tenero, am Kreisel links abbiegen, nach dem Gartencenter rechts abbiegen.

Tenero, CH-6598 / Ticino

Lido Mappo*****
Via Mappo 20
24 Mrz - 22 Okt
+41 9 17 45 14 37
camping@lidomappo.ch

1 ADEILOPQRST LMNQSWXYZ 6
2 AFIJKLQSWXYZ ABCDEFG 7
3 ABGLM ABCDEFGJNQRTW 8
4 H K 9
5 ACDFGHL ABCGHIOQUXY 10
B 10A CEE ❶ €63,90
H206 6,5ha 344T(60-80m²) 94D ❷ €82,25

N 46°10'37" E 08°50'35"
A2, Ausfahrt Bellinzona-Süd/Locarno, Richtung Locarno, am Flughafen vorbei Richtung Locarno/Tenero. Nach Ausfahrt Tenero, am Kreisverkehr geradeaus, sind alle CP angezeigt. 107161

Tenero, CH-6598 / Ticino

Camping Miralago S.A.*****
Via Roncaccio 20
1 Jan - 31 Dez
+41 9 17 45 12 55
bureau@camping-miralago.ch

1 BDEKNOPQRSTU BFLMQSW 6
2 AFIJKQRSTWXYZ ABDEFG 7
3 ABFGLMUV ABCDEFJNQRTUVW 8
4 BFHOQUXY DJKNR 9
5 ACDFGHJKMO ABCGHIJKMOQUY 10
B 16A CEE ❶ €82,25
H195 2,2ha 113T(50-92m²) 72D ❷ €104,85

N 46°10'23" E 08°50'53"
A2, Ausfahrt Bellinzona-Süd/Locarno, Richtung Locarno, am Flughafen vorbei Richtung Locarno/Tenero. Ausfahrt Tenero und am Kreisel geradeaus. Etwas weiter sind die CP ausgeschildert. 107163

Tenero, CH-6598 / Ticino

Rivabella***
Via Naviglio 11
1 Jan - 31 Dez
+41 9 17 45 22 13
info@camping-rivabella.ch

1 ADEKNOPQRSTU LNQSWXZ 6
2 AFJQSXYZ ABDEFG 7
3 ALM ABCDEFJNQRUW 8
4 FHO DGJL 9
5 ABDEFGHJKLMN ABGHIJOQ 10
B 10A CEE ❶ €50,15
H195 1ha 38T(60-80m²) 57D ❷ €59,30

N 46°10'21" E 08°50'50"
A2, Ausfahrt Bellinzona-Süd/Locarno, Richtung Locarno, am Flughafen vorbei Richtung Locarno/Tenero. Ausfahrt Tenero und am Kreisel geradeaus. Dannach sind alle CP ausgeschildert. 107164

Tenero, CH-6598 / Ticino

Camping Tamaro Resort*****
Via Mappo 32
11 Mrz - 29 Okt
+41 9 17 45 21 61
info@campingtamaro.ch

1 ADEILOPQRSTU ALMNST 6
2 AFIJQRSWXY ABDEFG 7
3 ABGLMU ABCDEFJKNQRTUVW 8
4 ABCDEFHJOX JKLNVWZ 9
5 ABCDEFGHJLMNO ABCEGHIJKLOQUXY 10
Anzeige auf dieser Seite B 12A CEE ❶ €70,70
H193 6ha 287T(60-150m²) 154D ❷ €89,89

N 46°10'32" E 08°50'40"
A2 Ausfahrt Bellinzona Süd/Locarno Richtung Locarno. 107162
Am Flughafen vorbei Richtung Locarno/Tenero. Ausfahrt Tenero und am Kreisel geradeaus sind alle CP angezeigt.

Teilkarte Tessin auf Seite 361

Teilkarte Tessin auf Seite 361

Schweiz

Tenero, CH-6598 / Ticino

Campofelice Camping Village*****	1 ADEILOPQRST	BGJLMQSVW**X**Y**Z** 6
Via Brere 7	2 ADFIJKLPQRSWYZ	AB**C**DE**FG**H 7
2 Mrz - 5 Nov	3 ABDEFG**JL**M**NO**STUV**W**	ABCDEFGHIJKNQRTUVW 8
+41 9 17 45 14 17	4 **A**BCDEFHJLORSTUV**X**Y	CDGIJKNORTUVWXZ 9
info@campofelice.ch	5 ACDEFGHJKLM**N**O	AEFGHIJKOPQUXY 10
	Anzeige auf dieser Seite B 13A CEE	① €61,05
N 46°10'08'' E 08°51'21''	**H**195 15ha 583**T**(80-100m²) 256**D**	② €87,70
		107167

A2, Ausfahrt Bellinzona-Süd/Locarno, Richtung Locarno, am Flughafen vorbei Richtung Locarno/Tenero. Ausfahrt Tenero und am Kreisel links.

Graubünden

Andeer, CH-7440 / Graubünden

Camping Andeer****
Sut Baselgia 120c
1 Jan - 31 Dez
+41 8 16 61 14 53
camping.andeer@bluewin.ch
N 46°36'23'' E 09°25'35''

1 AGHKNOPQSTU	BEGN	6
2 AIPQXY	ABDEFG	7
3 ANO	ABCDEFJNQRW	8
4 FHJW	G	9
5 ADEHKMN	ABGHJKOQ	10
W 10A		❶ €53,25
H980 1,2ha 40T(40-80m²) 127D		❷ €62,45

A13, Ausfahrt Zillis oder Andeer, CP auf der Nordseite des Ortes beim Mineralbad. 107196

Chur (GR), CH-7000 / Graubünden

CampAu Chur***
Felsenaustraße 61
1 Jan - 31 Dez
+41 8 12 84 22 83
info@camping-chur.ch
N 46°51'43'' E 09°30'27''

1 ADEKNOPQRSTU	BEGHNU	6
2 ACPQRSTXYZ	ABDEFGIJ	7
3 BFLMNOP	ABCDEFIJKNQRT	8
4 H	G	9
5 ABDEFHJKLMN	ABFGHKOQWY	10
WB 10A CEE		❶ €42,95
H550 2,7ha 80T(30-110m²) 103D		❷ €52,25

A13, Ausfahrt Chur-Süd (auch: Arosa/Lenzerheide). Danach auf der Hauptstraße den CP-Schildern folgen. 107193

Churwalden, CH-7075 / Graubünden

Pradafenz****
Girabodawäg 24
1/1 - 16/4, 22/5 - 31/10, 17/12 - 31/12
+41 8 13 82 19 21
camping@pradafenz.ch
N 46°46'37'' E 09°32'29''

1 ADEKNOPQRSTU	N	6
2 IPQSTVWXY	ABCDEFGH	7
3 BLMNO	ABCDEFGIJKNQRSTUVW	8
4 FGHI	UVW	9
5 ADEFHKLMN	ABEFGHJKNOQY	10
WB 10A CEE		❶ €37,45
H1230 2,3ha 35T(40-90m²) 104D		❷ €49,05

Die 3, mitten in Churwalden. Den CP-Schildern am Migros folgen. 109210

Cinuos-chel/Chapella, CH-7526 / Graubünden

CC€23

Chapella**
1 Mai - 31 Okt
+41 8 18 54 12 06
info@campingchapella.ch
N 46°37'57'' E 10°00'49''

1 ADEKNOPQSTU	NU	6
2 CIQSVXY	ABDEFG	7
3 ALT	AEFJNQRW	8
4 FH	AB	9
5 ABDMN	ABDGJKOQ	10
16A CEE		❶ €33,05
H1650 2ha 100T(40-100m²) 27D		❷ €38,55

An der Straße 27, einige km südlich von Cinuos-chel, auf die Kurve und Brücke achten! 109771

Davos Glaris, CH-7277 / Graubünden

RinerLodge
Landwasserstraße 64
1 Jan - 31 Dez
+41 8 14 17 00 33
rinerlodge@davosklosters.ch
N 46°44'39'' E 09°46'46''

1 ADEJMOPQSTU	N	6
2 CIPSTUWX	ABFG	7
3 AL	ABEFJNQRTW	8
4 FHIJOP	G	9
5 ABDEHKMN	ABGKNQUW	10
W 10-16A CEE		❶ €45,35
H1450 1ha 84T(40-80m²) 28D		❷ €54,55

Der Campingplatz liegt an der Strecke Davos-Tiefencastel hinter dem Bahnhof Davos-Glaris. 118293

Disentis, CH-7180 / Graubünden

TCS Camping Disentis****
Via Fontanivas 9
14 Apr - 25 Sep
+41 8 19 47 44 22
camping.disentis@tcs.ch
N 46°41'49'' E 08°51'11''

1 ADEGKNOPQSTU	FJLMN	6
2 BCEIPQRSVWXYZ	ABDEFGIJ	7
3 BELMUV	ABCDEFNQRTW	8
4 AFHJO	AFKZ	9
5 ABDEFHIKLMN	ABGHKOPQY	10
B 16A CEE		❶ €57,50
H1100 2,5ha 150T(60-100m²) 32D		❷ €71,55

Die Zufahrt und der Zugang zum Campingplatz sind für Wohnwagen, die länger als 4,5m und breiter als 2,10m sind, etwas eingeschränkt. 107154

Filisur, CH-7477 / Graubünden

Islas****
1 Apr - 31 Okt
+41 8 14 04 16 47
info@campingislas.ch
N 46°40'17'' E 09°40'27''

1 ABDEGHKNOPQRSTU	AN	6
2 BCIQSXYZ	ABDEFG	7
3 ABLM	ABEFJNQRTW	8
4 FHO	F	9
5 ABDFGHJLM	ABHIJKOQUY	10
13-16A		❶ €40,40
H950 4,4ha 120T(30-80m²) 75D		❷ €54,15

Von Tiefencastel erst Richtung Davos/Albula, dann Richtung Bergün/Albula. Hinter Alvaneu Bad den Schildern folgen. Albula-Pass ist von Osten für Gespanne nicht zu befahren. 107200

Le Prese, CH-7746 / Graubünden

CC€23

Cavresc***
Via dal Cavresc 1
1 Apr - 31 Okt
+41 8 18 44 02 59
camping.cavresc@bluewin.ch
N 46°17'41'' E 10°04'49''

1 ADEHKNOPQSU	N	6
2 CIPQWXY	ABCDEFGH	7
3 AJMNO	ABEFJNQRTW	8
4 FHJ	FJNOU	9
5 ADEGHMN	ABGHJKNQU	10
Anzeige auf dieser Seite B 13A CEE		❶ €46,45
H966 1ha 50T(30-75m²) 16D		❷ €55,65

Im Ort Le Prese in einer Seitenstraße (Ostseite) der Hauptstraße 29, den Schildern folgen. 109013

Lenz/Lenzerheide, CH-7083 / Graubünden

St. Cassian
Voia Principala 106
1 Jan - 31 Dez
+41 8 13 84 24 72
st-cassian@camping-lenzerheide.ch
N 46°41'59'' E 09°33'30''

1 ADEKNOPQRSTU		6
2 BIPQVXYZ	ABDEFG	7
3 AL	ABCDEFJNQRTW	8
4 FHI	EGJU	9
5 ADKLMN	ABEFHJKNOQUWY	10
W 10A CEE		❶ €45,90
H1415 2,8ha 45T(40-100m²) 147D		❷ €57,85

Die B3, 3 km südlich von Lenzerheide. Neben dem Restaurant St. Cassian. 110580

Lenzerheide, CH-7078 / Graubünden

Camping Gravas**
Gravas 6
1 Jan - 31 Dez
+41 8 13 84 23 35
gravas@camping-lenzerheide.ch
N 46°43'22'' E 09°33'20''

1 ADEKNOPQRSTU		6
2 BCPSUVXYZ	ABDEFGI	7
3 AL	ABEFJNQRTW	8
4 HIJO		9
5 ADMN	ABEFHJKOQ	10
W 16A CEE		❶ €46,85
H1445 1,1ha 45T(60-100m²) 80D		❷ €58,75

Camping an der Südwestseite von Lenzerheide ausgeschildert. Rezeption in der Mitte des lang gezogenen Campingplatzes. 123712

Li-Curt/Poschiavo, CH-7745 / Graubünden

Boomerang***
Via da Vial 40
1 Apr - 31 Okt
+41 8 18 44 07 13
info@camping-boomerang.ch
N 46°18'27'' E 10°03'52''

1 ADEKNOPQSTU	N	6
2 CIPQSYZ	ABDEFGHIK	7
3 AM	ABEFJNQRW	8
4 FHJO	FJKU	9
5 ABDEHJMNO	AGHJKOQUY	10
B 10A		❶ €46,45
H980 1,5ha 33T 61D		❷ €55,65

Aus St. Moritz die 29 über den Bernina Pass, 3 km südlich von Poschiavo an einer Seitenstraße (ausgeschildert). 107209

Schweiz

Maloja, CH-7516 / Graubünden

Camping Maloja**
Isola 8
1 Jun - 30 Sep
+41 8 18 24 31 81
info@camping-maloja.ch

1 ADEHKNOPQSU — LNOQST 6
2 BCEILQSUXY — ABDEFG 7
3 — ABEFNQR 8
4 FH — D 9
5 ADGKMN — AGJKOQU 10
6A CEE
H1817 1,5ha 124T(60-80m²) 10D
① €44,05 ② €53,25

N 46°24'21'' E 09°42'38''
Am südöstlichen Punkt vom Silsersee. Ausfahrt von der Hauptstraße 3 und 1 km dem schmalen Weg folgen. Gut angezeigt.
107203

Sta Maria, CH-7536 / Graubünden

Pè da Munt***
Via Umbrail 165
26 Mai - 1 Okt
+41 8 18 58 71 33
campingstamaria@bluewin.ch

1 ADEKNOPQSTU — 6
2 IPQSUVXYZ — ABDEFG 7
3 A — ABEFNQRW 8
4 FHIJ — 9
5 ABDN — ABCGJKOQU 10
10A
H1450 2ha 60T(30-85m²)
① €35,80 ② €48,65

N 46°35'49'' E 10°25'32''
CP etwas außerhalb des Ortes, an der Straße zum Umbrailpass.
107215

Müstair, CH-7537 / Graubünden

Muglin
Via Muglin 223
28 Apr - 29 Okt
+41 8 18 58 59 90
info@campingmuglin.ch

1 ADEKNOPQRSTU — 6
2 CIPQWX — ABDEFG 7
3 AENOU — ABCDEFJQRTUVW 8
4 JOT — F 9
5 ADEHKM — ADGHJKOQ 10
Anzeige auf dieser Seite B 13A CEE
H1244 4,5ha 65T(100m²) 30D
① €41,30 ② €55,65

N 46°37'26'' E 10°26'56''
Auf der Umgehungsstraße südlich von Müstair den Campingschildern folgen.
121086

Pontresina/Morteratsch, CH-7504 / Graubünden

Morteratsch****
Plauns 13
1 Jan - 31 Dez
+41 8 18 42 62 85
mail@camping-morteratsch.ch

1 ADEKNOPQRSTU — JN 6
2 BDFIPQSXYZ — ABDEFGHI 7
3 BLM — ABEFGIJNQRW 8
4 FHIJOT — DFJN 9
5 ACDEFHJKMN — ABGJKNOPQUXY 10
WB 12A
H1850 4ha 450T 87D
① €50,95 ② €60,15

N 46°27'38'' E 09°56'12''
An der 29 von St. Moritz zum Bernina-Pass, 4 km südlich von Pontresina.
107208

Rueras, CH-7189 / Graubünden

Viva***
Via prav cumin 11
1 Jan - 31 Dez
+41 7 91 26 80 61
hallo@campingviva.ch

1 EKNOPQSU — N 6
2 CIQUWX — ABDEFG 7
3 ABGL — ABEFJNQRT 8
4 FHI — E 9
5 ABDHK — BCGJKNQU 10
WB 16A CEE
H1400 19ha 100T(40-70m²) 17D
① €48,65 ② €59,70

N 46°40'26'' E 08°45'18''
Die 19 von Chur zum Oberalppass. Hinter Camischolas links ab auf die Via Tgamaura, dann die 1. Straße rechts rein. Die Straße, die durch den Ort führt, ist nicht für Wohnwagen oder Wohnmobile geeignet.
109070

Silvaplana, CH-7513 / Graubünden

Silvaplana****
Via da Bos-Cha 15
13 Mai - 15 Okt
+41 8 18 28 84 92
reception@campingsilvaplana.ch

1 ADEHKNOPQSTU — LNQR 6
2 FILPQSUXYZ — ABCDEFG 7
3 BFGLNO — ABCDEFJKLNQRTW 8
4 FHJOQ — MN 9
5 ABCDHMN — AGHJKNQUY 10
16A
H1810 4ha 180T(50-80m²) 140D
① €45,00 ② €54,15

N 46°27'23'' E 09°47'36''
Direkt südlich von Silvaplana an der Hauptstraße 3 am See. Die Zufahrtsstraße liegt sich südlich vom Ort.
107202

Splügen, CH-7435 / Graubünden

Camping Splügen***
Campingstrasse 18
1 Jan - 31 Dez
+41 8 16 64 14 76
camping@spluegen.ch

1 ADEHKNOPQSTU — NU 6
2 ACIPQSX — ABDEFGHIJK 7
3 ABMNO — ABCDEFJNQRTW 8
4 FGHJ — G 9
5 ABDEHJMN — ABHJKOPQU 10
W 10A CEE
H1470 0,8ha 30T(80-120m²) 110D
① €44,05 ② €56,95

N 46°32'58'' E 09°18'51''
A13 Ausfahrt Splügen. In Splügen der Beschilderung folgen. Ca. 500m westlich des Ortes.
107197

St. Moritz-Bad, CH-7500 / Graubünden

St. Moritz***
Via San Gian 55
18 Mai - 15 Okt
+41 8 18 33 40 90
info@camping-stmoritz.ch

1 ADEKNOPQRSTU — N 6
2 IPQSWX — ABDEFGIJK 7
3 ALM — ABCDEFJNQRT 8
4 FHIJ — BDK 9
5 ABDEFGHM — ABGKOSTY 10
6A CEE
H1800 1,5ha 190T(70-120m²) 4D
① €47,75 ② €62,45

N 46°28'42'' E 09°49'30''
2 km südlich von St. Moritz-Bad an der Hauptstraße 27.
107201

Sur En/Sent, CH-7554 / Graubünden

Sur En****
1 Jan - 31 Dez
+41 8 18 66 35 44
info@sur-en.ch

1 ADEHKNOPQSTU — BNU 6
2 DIPQSXY — ABDEFGHK 7
3 BLMT — ABCDEFJLNQRTW 8
4 AEFHIJT — FJU 9
5 ABDEFHJLMN — AGJKOPQVW 10
WB 15A
H1124 3ha 120T(70-100m²) 47D
① €41,40 ② €50,40

N 46°49'07'' E 10°21'57''
Ausfahrt zum Camping auf der 27 zwischen Ramosch und Crusch. Sehr starkes Gefälle zum Inn über eine überdachte Holzbrücke zum (max. 3,30m hoch) Campingplatz.
107212

Thusis, CH-7430 / Graubünden

Camping Thusis***
Pantunweg 3
14 Feb - 18 Dez
+41 8 16 51 24 72
camping.thusis@tcs.ch

1 ABDEHKNOPQSTU — N 6
2 ABCPQRXYZ — ABDEFGI 7
3 ABFMNU — ABCDEFJKNQRTUW 8
4 FHJ — F 9
5 ADKMN — ABFGHKNQU 10
B 16A CEE
H700 4,5ha 104T(50-100m²) 16D
① €52,35 ② €64,25

N 46°41'56'' E 09°26'42''
Von der A13 Ausfahrt Thusis-Süd und den CP-Schildern folgen.
107195

Trin Mulin, CH-7016 / Graubünden

Trin
Via Geraglia 2
1 Apr - 31 Okt
+41 7 64 40 19 93
info@campingtrin.ch

1 AHKNOPQRSTU — LU 6
2 AEIQXY — ABDEFGIK 7
3 ABMNPU — ABEFJNQR 8
4 FHJQ — DEH 9
5 ABDEFHMN — AJKOQ 10
10A CEE
H800 2,2ha 126T(50-100m²) 39D
① €45,90 ② €56,95

N 46°49'41'' E 09°20'50''
Der B19 Chur-Disentis folgen. Hinter dem Tunnel rechts Richtung Trin Mulin. Camping ist ausgeschildert. Zufahrt über den Parkplatz P1.
118551

Trun, CH-7166 / Graubünden

Trun***
Via Campadi 2
10 Apr - 31 Okt
+41 8 15 44 56 97
info@camping-trun.ch

1 ADEKNOPQSTU — NUV 6
2 CIPQRSXYZ — ABDEFG 7
3 HILNO — ABCDEFJNQRUW 8
4 FHIO — 9
5 ABDEFHKLMN — ABGHJKOQU 10
WB 16A
H850 4,5ha 50T(40-100m²) 100D
① €41,30 ② €53,70

N 46°44'28'' E 08°59'39''
1 km östlich von Trun am Vor-Rhein. Von Straße 19 aus Schildern folgen.
107153

Vicosoprano, CH-7603 / Graubünden

Mulina**
1 Mai - 31 Okt
+41 8 18 22 10 35
camping.mulina@bluewin.ch

1 AKNOPQSTU — N 6
2 CEIPQUVXY — ABDEFGK 7
3 — AEFJNQRW 8
4 FHJ — A 9
5 ADHN — ABGJKLNOQU 10
10A CEE
H1070 2,5ha 200T(40-75m²) 14D
① €[illegible]8,45 ② €[illegible]4,90

N 46°21'22'' E 09°37'51''
CP auf der Nordseite von Vicosoprano, Straße 3, Ausfahrt Roticcio, auch ausgeschildert.
10[illegible]204

Zernez/Engadin, CH-7530 / Graubünden

Cul***
Madinas s/n
12 Mai - 15 Okt
+41 8 18 56 14 62
campingzernez@gmail.com

1 ADEGKNOPQSTU — N 6
2 CIPQSWXYZ — ABDEFGIJ 7
3 BM — ABCDEFJNQRW 8
4 FHJ — DFK 9
5 ABDEFHMN — ABGJKOQU 10
16A CEE
H1472 3,6ha 250T(40-120m²) 56D
① €4[illegible],80 ② €5[illegible],30

N 46°41'48'' E 10°05'13''
Straße 27, Ausfahrt etwas südlich von Zernez.
107[illegible]06

Teilkarte Graubünden auf Seite 364

Österreich

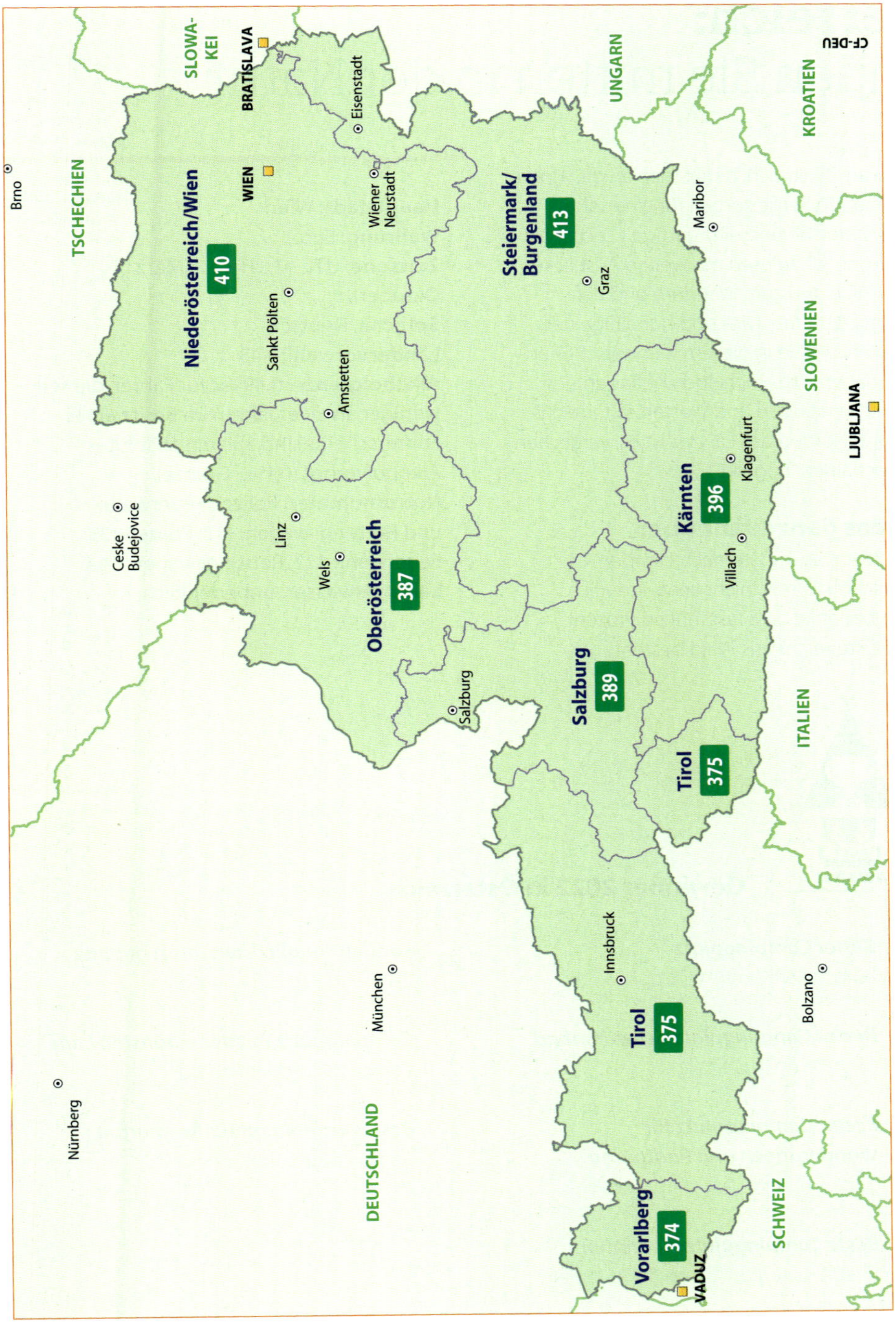

TSCHECHIEN
SLOWA-
KEI
BRATISLAVA
UNGARN
KROATIEN
CF-DEU
Brno
WIEN
Eisenstadt
Wiener
Neustadt
Niederösterreich/Wien
410
Steiermark/
Burgenland
413
Maribor
Sankt Pölten
Graz
Amstetten
SLOWENIEN
LJUBLJANA
Klagenfurt
Kärnten
396
Ceske
Budejovice
Linz
Wels
Oberösterreich
387
Villach
Salzburg
Salzburg
389
ITALIEN
Tirol
375
Innsbruck
Tirol
375
München
Bolzano
Nürnberg
DEUTSCHLAND
SCHWEIZ
Vorarlberg
374
VADUZ

Österreich:
campen Sie mitten in der Natur

Denkt man an Österreich, denkt man an die Alpen. Diese berühmten Berge sorgen für eine sehr abwechslungsreiche und einzigartige Landschaft. Wunderschöne Almwiesen mit weiten Ausblicken, herrliche Schluchten zum Wandern und tiefe Höhlen zum Erkunden. Dies sind nur einige der Möglichkeiten, die Sie in diesem wunderschönen Alpenland haben. Die Hochalpen befinden sich hauptsächlich im Süden und Westen Österreichs. Im Osten und Norden des Landes ist es, verglichen mit den Hochalpen, hügelig.

Urlaub das ganze Jahr über

Wo auch immer Sie in Österreich campen, es ist wunderschön. Das ist nicht verwunderlich, wenn man bedenkt, dass fast fünfzig Prozent der Fläche Österreichs aus Wald besteht.

Hauptstadt: Wien
Währung: Euro
Zeitzone: UTC +1, UTC +2 (März bis Oktober)
Sprache: Deutsch
Ländervorwahl: +43
Alkoholgrenze: 0,49‰; für Fahrer, die seit weniger als zwei Jahren im Besitz eines Führerscheins sind, gilt ein absolutes Alkoholverbot (0,1‰-Grenze)
Notrufnummer: Polizei, Feuerwehr und Rettungswagen: 112; Polizei: 133; Feuerwehr: 122; Rettungswagen: 144
Leitungswasser: unbedenklich

ACSI AWARDS

Gewinner 2022 in Österreich

Bester Campingplatz
Burgstaller Komfort Camping Park

Bestes Campingplatz-Schwimmbad
Sportcamp Woferlgut

Bester Campingplatz für Wanderungen und Radtouren
50plus Campingpark Fisching

Beste Campingplatz-Animation
Erlebnis Comfort Camping Aufenfeld

Hundefreundlichster Campingplatz
Camping Park Grubhof

Campingplatz mit der schönsten Lage
Camping Brunner am See

Bestes Campingplatz-Restaurant
Camping Bertahof

Gewinner: Sportcamp Woferlgut

Grüner geht's nicht mehr! In ganz Österreich finden Sie viele Campingplätze an besonderen Naturstandorten. In Österreich können Sie im Sommer und im Winter viele Campingplätze besuchen. Viele Campingplätze in Österreich sind auch echte Wintersportcampingplätze, die über spezielle Einrichtungen für Skifahrer verfügen. Im Sommer können Sie wandern und Rad fahren oder eine der schönen Städte besuchen.

Draußen aktiv

In den Bergen und Höhenzügen Österreichs haben Sie eine riesige Auswahl an unterhaltsamen Ausflügen und Aktivitäten. Wie wäre es mit der Eisriesenwelt? In dieser Höhle - etwa 40 Kilometer von Salzburg - befinden sich die längsten und tiefsten Eishöhlen der Welt.

Sie bevorzugen einen wärmeren Ausflug an der frischen Luft? Schlittenfahren auf einer echten Rodelbahn! Das macht sowohl im Sommer als auch im Winter Spaß. Oder, was noch spektakulärer ist, einen Nachmittag lang "klettern". Dies ist eine leichte Form des Bergsteigens, die für die ganze Familie geeignet ist.

Klassik und Kultur in den drei Großstädten

Aber Österreich ist mehr als Berge und Natur. Kulturliebhaber können sich auch in den großen Städten Salzburg, Innsbruck und Wien vergnügen. Besuchen Sie zum Beispiel die berühmte Spanische Hofreitschule in Wien, eine der ältesten Schulen für die Ausbildung von Pferden. Wenn Sie in Wien sind, ist das Schloss Schönbrunn ein Muss. Auch das barocke Salzburg ist einen Besuch wert. Sie erfahren alles über den berühmtesten Bewohner der Stadt, Mozart. In Salzburg können Sie ganze Tage damit verbringen, durch historische Gebäude und schöne Parks zu spazieren.

Tanken

Benzin (Super/Bleifrei 95 und Super Plus 98) und Diesel sind ohne weiteres erhältlich. Flüssiggas ist nur in sehr begrenzten Mengen verfügbar. Für Flüssiggas verwenden einige Tankstellen den Europa-Adapter (acme) und andere den Italien-Adapter (dish).
Tankstellen an Autobahnen und in Großstädten sind in der Regel 24 Stunden am Tag geöffnet, andere Tankstellen sind mindestens von 8 bis 20 Uhr geöffnet. In Österreich gibt es auch viele Nachttankstellen und unbemannte Tankstellen.

Ladestationen

Jeden Tag kommen neue Ladestationen hinzu. Die meisten von ihnen befinden sich in der Nähe der großen Städte und an den Hauptverkehrsstraßen. Auch in den Wintersportgebieten gibt es zahlreiche Ladestationen. Wie für jedes Land gilt auch für Österreich, wenn Sie mit einem Elektroauto unterwegs sind: Planen Sie Ihre Reise gut!

Verkehrsvorschriften

Abblendlicht ist bei schlechter Sicht, Dunkelheit und im Tunnel vorgeschrieben. An einer gleichberechtigten Kreuzung hat der Verkehr von rechts Vorfahrt. Der Verkehr in einem Kreisverkehr hat Vorfahrt, wenn dies durch Verkehrszeichen angezeigt wird. Straßenbahnen haben immer Vorrang. Auf engen Bergstraßen muss der Verkehr, der am leichtesten ausweichen kann, Vorfahrt geben.

Es ist nicht erlaubt, ein Telefon hinter dem Lenkrad zu halten, auch nicht im Stillstand (Freisprechen ist erlaubt). Kinder bis zu 14 Jahren und unter 1,50 m Körpergröße müssen in einem Kindersitz sitzen.

Sie können die Funktion in Ihrer Navigationssoftware nutzen, die vor Radarkontrollen oder Sektionskontrollen warnt. Winterreifen sind vom 1. November bis zum 15. April bei winterlichen Bedingungen vorgeschrieben (Schneeketten können mit einem Schild vorgeschrieben werden)

"Österreich ist ein vielseitiges Urlaubsland mit vielen Seen, Bergen und Tälern für die ganze Familie"

Herr W. Ament, Inspektor 923

Sondervorschriften

Das Rauchen im Auto ist in Anwesenheit eines Kindes unter 18 Jahren verboten.

Bei Stau müssen Sie eine Rettungsgasse bilden

Parken entlang einer gelben Linie und in den mit einer gelben Zickzacklinie gekennzeichneten Zonen ist verboten. Eine grün blinkende Ampel zeigt an, dass die Ampel bald auf orange umschalten wird.

Notrufsäulen sind mit Blinklichtern ausgestattet, die z. B. vor einem Geisterfahrer, einem Verkehrsunfall oder einem Stau warnen.

Klima Innsbruck	Jan.	Feb.	März	Apr.	Mai	Jun.	Jul.	Aug.	Sept.	Okt.	Nov.	Dez.
Durchschnittliche Höchsttemperatur	4	6	11	15	20	23	25	24	21	16	8	4
Durchschnittliche Anzahl der Sonnenstunden pro Tag	2	4	5	5	6	6	7	6	6	5	3	2
Durchschnittliche monatliche Niederschlagsmenge (mm)	44	41	56	58	87	110	137	111	78	57	63	53

Klima Klagenfurt	Jan.	Feb.	März	Apr.	Mai	Jun.	Jul.	Aug.	Sept.	Okt.	Nov.	Dez.
Durchschnittliche Höchsttemperatur	0	4	10	15	20	23	26	25	21	14	6	1
Durchschnittliche Anzahl der Sonnenstunden pro Tag	2	4	5	6	7	8	8	7	6	4	2	1
Durchschnittliche monatliche Niederschlagsmenge (mm)	31	35	50	65	79	114	118	99	90	83	79	49

Klima Wien	Jan.	Feb.	März	Apr.	Mai	Jun.	Jul.	Aug.	Sept.	Okt.	Nov.	Dez.
Durchschnittliche Höchsttemperatur	3	5	10	15	21	23	26	25	20	14	8	4
Durchschnittliche Anzahl der Sonnenstunden pro Tag	2	3	4	6	8	8	9	8	6	4	2	1
Durchschnittliche monatliche Niederschlagsmenge (mm)	37	39	46	52	62	70	68	58	54	40	50	44

Das Auto muss vor dem Losfahren von Schnee und Eis (auch auf dem Dach) befreit werden.
Es ist verboten, den Motor bei längerem Stillstand laufen zu lassen, z. B. an einem Bahnübergang oder wenn das Auto vom Eis befreit wird.

Vorgeschriebene Ausstattung

Warndreieck, Warnweste und Verbandkasten sind im Auto Pflicht.

Reisemobil und Caravan

Ein Reisemobil oder eine Auto-Wohnwagen-Kombination darf bis zu 4 m hoch, 2,55 m breit und 18,75 m lang sein (der Wohnwagen selbst darf bis zu 12 m lang sein).
Für einen Wohnwagen mit einer zulässigen Gesamtmasse von mehr als 0,75 t müssen Sie mindestens einen Unterlegkeil mitführen.
Außerhalb geschlossener Ortschaften muss ein Pkw-Wohnwagen-Gespann einen Abstand von mindestens 50 Metern zu anderen Gespannen und Lastkraftwagen einhalten.

Fahrrad

Kinder bis 12 Jahre müssen einen Fahrradhelm tragen (auch auf dem Rücksitz). In Niederösterreich ist sie bis zum 15. Lebensjahr Pflicht. Es ist verboten, während des Radfahrens zu telefonieren oder ein Mobiltelefon zu benutzen. Kinder bis 8 Jahre müssen von einer mindestens 16 Jahre alten Person auf einem hinten angebrachten Fahrradsitz begleitet werden. Kinder dürfen nicht in einem Fahrradsitz auf dem Lenker transportiert werden. Kinder bis 12 Jahre dürfen nur in Begleitung auf der Straße fahren. Radfahrer dürfen nur auf Radwegen nebeneinander fahren.

Maut

Für die Benutzung von Autobahnen in Österreich benötigen Sie eine Vignette. Sie können eine Vignette für 10 Tage, 2 Monate oder ein Jahr kaufen. Die Mautvignette kann an Tankstellen und Postämtern in Grenznähe gekauft werden.
Für Adressen: asfinag.at/maut-vignette.

Es ist ratsam, die Autobahnvignette im Voraus online zu bestellen, zum Beispiel bei tolltickets.com. Die Vignette muss auf der linken Innenseite der Windschutzscheibe angebracht werden.
Zusätzlich zur normalen Vignette ist eine "digitale Mautvignette" verfügbar. Diese digitale Vignette ist auf dem Kennzeichen registriert und kann online unter shop.asfinag.at bestellt werden. Bestellen Sie die digitale Vignette mindestens 18 Tage vor dem gewünschten Starttermin. Der Preis und die Gültigkeit der digitalen Vignette sind dieselben wie bei der normalen Vignette. Für Wohnwagen und Wohnmobile ist keine zusätzliche Vignette erforderlich.

Maut Besonderheiten

Fahrzeuge schwerer als 3,5 t (auch Wohnmobile), zahlen pro Kilometer über die sog. GO-Box. Diese Box ist an der Grenze erhältlich.
Mehr Informationen: go-maut.at.
Nach der vollständigen Eröffnung des Pfändertunnels wurde die "Korridorvignette" abgeschafft. Auf dem 23 Kilometer langen Abschnitt der A14 Rheintal/Walgau-Autobahn zwischen der deutschen Grenze und dem Autobahnkreuz Hohenems in Vorarlberg ist nun eine Autobahnvignette oder GO-Box erforderlich.
Neben den Autobahnen gibt es in Österreich eine Reihe von sogenannten Sondermautstrecken und Bergpässen, für die eine gesonderte Maut zu entrichten ist.
Weitere Informationen: asfinag.at/toll/route-and-digital-section-toll/route-rates und oeamtc.at/poi.

Umweltzonen

Für Fahrzeuge, die schwerer als 3,5 t sind, wurde in einigen Regionen eine Umweltzone eingerichtet und Sie müssen eine Umweltplakette besitzen.
Weitere Informationen: green-zones.eu/de.

Panne und Unfall

Stellen Sie Ihr Warndreieck auf Autobahnen mindestens 200 bis 250 m (sonst 150 m) hinter dem Fahrzeug auf, falls es für den übrigen Verkehr nicht gut sichtbar ist. Der Fahrer muss eine Warnweste anziehen.
Im Falle einer Panne rufen Sie die Notrufnummer Ihres Pannenhelfers an. Sie können auch einen österreichischen Pannendienst anrufen: 120 (ÖAMTC) und 123 (ARBÖ). Entlang der Autobahnen können Sie auch an einem Notruftelefon eine Pannenhilfe anfordern. Das Abschleppen auf Autobahnen ist bis zur ersten Ausfahrt erlaubt.

> ***"Österreich ist die richtige Wahl, wenn Sie Ruhe, Berge und Seen mögen"***
>
> *Frau W. Willems, Inspektorin 80*

Campen

Die österreichischen Campingplätze gehören zu den besten in Europa. Vor allem Kärnten zeichnet sich durch seine hervorragende Lage, das stabile Klima und die schönen Seen aus. In Tirol haben sich viele Campingplätze auf Wellness spezialisiert oder richten sich an sportliche Campinggäste.
Wildcamping außerhalb der Campingplätze ist nur mit Genehmigung der örtlichen Behörden oder des Grundstückseigentümers erlaubt.
Viele österreichische Campingplätze sind auch im Winter geöffnet, vor allem in Vorarlberg, Tirol und Salzburg.
Zusätzliche Kosten für z.B. Kurtaxe oder Umweltabgaben können manchmal hoch sein.
Das Übernachten im Wohnwagen, Wohnmobil oder Auto außerhalb von Campingplätzen ist, außer in Wien, Tirol und in Nationalparks, für eine Nacht auf der Durchreise erlaubt.

Praktisches

In den Alpen treten Steigungen von 6 % bis 15 % und mehr auf. Fast alle Bergstraßen sind auf der Seite gesichert, auf der es einen Abgrund gibt.
Gebirgspässe in der Schweiz, in Österreich und in Italien können vorübergehend geschlossen, schwer befahrbar oder sogar dauerhaft für Fahrzeuge mit Wohnwagen oder Anhängern verboten sein. Bitte überprüfen Sie dies vor Ihrer Reise. Weitere Informationen: alpenpaesse.de.

Österreich

Bregenz, A-6900 / Vorarlberg

Seecamping Bregenz****
Hechtweg
15 Mai - 15 Sep
+43 5 57 47 18 95
geisselmann.guenter@aon.at

1 AKNOPQRSTU — LQSXYZ 6
2 AEKLMPQXYZ — ABDEFG 7
3 ABM — ABCDEFNQR 8
4 FH — 9
5 ABDEFJKN — AGJKNQ 10
B 10A CEE — ❶ €36,00
H400 10ha 500T 30D — ❷ €48,00

N 47°30'20" E 09°42'45"

A14 Ausfahrt Bregenz Richtung See. Nach dem City-Tunnel rechts Richtung 'Stadtzentrum', 1. Ampel rechts den grünen CP-Schildern folgen (oder Richtung Höchst und den CP-Schildern folgen). 100857

Dalaas, A-6752 / Vorarlberg

Haus & Camping Erne
Klostertalerstraße 64
1/1 - 2/5, 9/5 - 24/10, 31/10 - 31/12
+43 55 85 72 23
info@erne-dalaas.at

1 AKNOPQRSTU — BGJN 6
2 ACPQSXY — BEFG 7
3 AFJLMW — ABCDEFJNQRW 8
4 EFHJOT — GI 9
5 ACDEGMN — ABEGHJKMOQ 10
W 10-16A — ❶ €41,50
H830 0,7ha 40T(80m²) 19D — ❷ €55,10

N 47°07'22" E 09°59'50"

S16 Arlberg-Bludenz, Ausfahrt Dalaas oder Ausfahrt Wald/Arlberg nach Dalaas, CP im Ort, ausgeschildert. 101581

Doren, A-6933 / Vorarlberg

Campingpark Bregenzerwald
Doren
1 Jan - 31 Dez
+43 6 64 88 73 73 89
info@camping-bregenzerwald.at

1 KNOPQRSU — 6
2 BCSTVWXY — ABDEF 7
3 A — ABEFJNQR 8
4 H — G 9
5 AD — AGHJKNST 10
8A — ❶ €51,00
H500 1,5ha 63T(80-100m²) 7D — ❷ €59,00

N 47°28'54" E 09°50'46"

A96 Richtung Bregenz, Ausfahrt Lindau, Richtung Bregenz. In Bregenz am Touristinfo links nach Bregenzerwald. Der L190 Krumbach Doren, Sulzberg folgen. In Doren/Krumbach zum Sportplatz. Dort rechts und dann links. 105963

Dornbirn, A-6850 / Vorarlberg

Dornbirn
Gütlestrasse 15
1 Jan - 31 Dez
+43 5 57 22 91 19
info@camping-dornbirn.at

1 BDEKNOPQRSTU — J 6
2 ABCPQRTXYZ — ABDEFG 7
3 AM — ABEFNQRUVW 8
4 FHJO — 9
5 ADEFKN — ABKNOQ 10
Anzeige auf Seite 375 B 6A — ❶ €50,50
H450 1ha 100T(100m²) — ❷ €62,50

N 47°23'57" E 09°45'24"

A14, Ausfahrt 18 Dornbirn Süd, CP beim Zentrum ausgeschildert. 108151

Feldkirch, A-6800 / Vorarlberg

Waldcamping Feldkirch
Stadionstraße 9
1 Apr - 31 Okt
+43 5 52 27 60 01 31 90
waldcamping@feldkirch.at

1 AGKNOPQRSTU — BFHI 6
2 ABPQTWXY — ABDEFGH 7
3 BFGLMN — ABEFJNQRT 8
4 FHJO — 9
5 ABDN — ABFGHIKOQUY 10
Anzeige auf dieser Seite 10A CEE — ❶ €34,30
H500 3,5ha 64T(60-120m²) 64D — ❷ €44,80

N 47°15'32" E 09°35'00"

A14 Ausfahrt Feldkirch-Nord, am 2. Kreisel Richtung Gisingen. Links nach Gisingen. Im Kreisverkehr in Feldkirchen rechts. Der Straße bis zum Kreisel folgen. Danach 2 mal rechts. Den grünen Schildern folgen. 100866

Au im Bregenzerwald, A-6883 / Vorarlberg

Camping Austria Fam. Köb
Neudorf 356
1 Jan - 31 Dez
+43 55 15 23 31
info@campingaustria.at

1 ADILOPQRSTU — HJNU 6
2 CIPQSTWXY — ABCDEFG 7
3 M — ABCDEFJNQRW 8
4 AEFHJO — Y 9
5 DMN — ABEFGHJKOQY 10
Anzeige auf dieser Seite W 15A CEE — ❶ €30,35
H800 0,6ha 40T(50-80m²) 15D — ❷ €36,40

N 47°18'58" E 09°59'56"

B200 Dornbirn-Warth. Der CP ist im Ort ausgeschildert: bei Gasthof Schiff über die Brücke, rechts und sofort links ums Haus. 100867

Innerbraz (Klostertal), A-6751 / Vorarlberg

Walch's CP & Landhaus****
Arlbergstraße 93
1/1 - 16/4, 14/5 - 1/11, 1/12 - 31/12
+43 5 55 22 81 02
info@landhauswalch.at

1 ADEHKNOPQRSTU — N 6
2 AIPQWXY — ABDEFG 7
3 BDFLM — ABCDEFJKNQRTUVW 8
4 AEFGHJOSTV — GILW 9
5 ABDJMN — ABFGHJKOQU 10
WB 16A CEE — ❶ €52,00
H700 2,5ha 50T(80-120m²) 58D — ❷ €73,00

N 47°08'31" E 09°55'36"

A14/E60 Bregenz-Bludenz-Braz. Richtung Arlberg über die S16. An der T-Kreuzung rechts. Nach 2 km CP links. Von Landeck/Arlberg Ausfahrt Braz und Beschilderung folgen. In Navi eingeben: Innerbraz. 117766

Teilkarte Vorarlberg auf Seite 374

Nenzing, A-6710 / Vorarlberg

Alpencamping Nenzing*****	1 ADE**KN**OPQRST**U**	BEG**N** 6
Garfrenga 1	2 ABCIPQSTVWXY	BCE**FG**H 7
1 Jan - 31 Dez	3 AD**HIL**MU	BCDEFIJKNQRTUVW 8
+43 55 25 62 49 10	4 **A**BCDEFHO**TUVXY**	HKWZ 9
office@alpencamping.at	5 ABDEFGHLMN	ABCEGHJKMOQ 10
	WB 16A CEE	① €64,90
N 47°10'57" E 09°40'56"	H700 3,3ha 165T(80-160m²) 13D	② €82,90

101349

A14 Bregenz-Innsbruck, Ausfahrt 41 Feldkirch/Frastanz. An der Ampel links Richtung Frastanz auf die 190. An der 1. Ampel rechts, hier den grünen Campingschildern folgen. Ausfahrt 50 ist auch möglich, aber eng.

Raggal, A-6741 / Vorarlberg

Grosswalsertal	1 A**KN**OPQRSU	B 6
Plazera 21	2 IPQVWX	ABDE**FG** 7
15 Mai - 30 Sep	3 BGM	ABCDEFJNRW 8
+43 5 55 32 09	4 EFJ	I 9
info@ camping-grosswalsertal.at	5 ADN	ABHJK**O**Q 10
	Anzeige auf dieser Seite 16A CEE	① €34,50
N 47°12'57" E 09°51'13"	H888 0,8ha 55T(65-100m²) 1D	② €45,00

105964

A14 Bregenz-Arlberg, Ausfahrt 50 Nenzing/Bludesch in Richtung Bludesch/Thüringen/Ludesch. Von Ludesch nach Raggal (6 km), durch Raggal, 2 km Richtung Sonntag; der CP liegt links.

Nüziders, A-6714 / Vorarlberg

Panorama Camp. Sonnenberg	1 AEGH**JM**OPQRST**U**	6
Hinteroferst 12	2 AIPQSTVWXY	ABDE**FG**H 7
13 Mai - 24 Sep	3 B**L**MUWX	ABCDEFJNQRTUVW 8
+43 6 99 10 79 28 13	4 EFGHJO	J 9
info@ camping-sonnenberg.com	5 ABDMN	ABEFGHJKOPST 10
	13A CEE	① €46,60
N 47°10'15" E 09°48'15"	H580 1,9ha 116T(90-110m²) 2D	② €56,60

105965

A14, Ausfahrt 57 Nüziders und Schildern Nüziders folgen. Danach wird CP angezeigt.

Österreich

Achenkirch, A-6215 / Tirol

Achensee Camping Schwarzenau
Achenkirch 1
1/1 - 31/10, 1/12 - 31/12
+43 66 44 66 20 70
office@schwarzenau.cc
N 47°28'05" E 11°42'50"

1 AC**KN**OPQRSTU — L**N**OPQRST**X**YZ 6
2 EIMPQSVWZ — ABDE**FG** 7
3 B**L** — ABE**F**NQR 8
4 **AE**FHIJO**TX** — FMV 9
5 ABDEFIJKMN — ABFGHKMOQY 10
W 16A
H930 1,5ha 58**T**(60-100m²) 28**D**
① €40,50 ② €50,50
105999

Über Bad Tölz auf Straße B13 und B307 nach Achenwald/ Achenkirch.

Achenkirch, A-6215 / Tirol

Alpen-Caravanpark Achensee*****
1 Jan - 31 Dez
+43 52 46 62 39
info@camping-achensee.com
N 47°29'57" E 11°42'23"

1 ADE**KN**OPQRSTU — L**N**OPQRST**X**YZ 6
2 EIMPQRSUWY — ABDE**FG**H 7
3 BDEG**HIL**MU — ABCDEF**G**JNPQRTUVW 8
4 **A**BCEFGHIJO**PQ** — ITUVW 9
5 ABDEFGHJLMN — ABFGHJK**O**QW 10
WB 10A CEE
H930 2,5ha 150**T**(80-100m²) 52**D**
① €58,50 ② €75,50
105998

A8 München-Rosenheim, Holzkirchen A93 Kufstein, Ausfahrt Wiesing zum Achensee, Maurach, Achenkirch.

Aschau, A-6274 / Tirol

Erlebnis Resort Aufenfeld*****
Aufenfeldweg 10
1/1 - 5/11, 16/12 - 31/12
+43 52 82 29 16
info@camping-zillertal.at
N 47°15'48" E 11°53'59"

1 ADE**KN**OPQRSTU — **EG**HLUV 6
2 FIKLPQSTVWY — ABCDE**FG** 7
3 BDFG**HIJL**M**NO**ST**U**VWX — ABCDEF**IJ**K**LM**NQR**S**TUVW 8
4 **A**BCDEFHJKLO**PQRSTVXZ** — IJLUVXY 9
5 ACDEFGHJLMN — ABEGHIJKLOQWY 10
Anz. auf Seite 377 WB 6-16A CEE
H570 12ha 350**T**(80-120m²) 100**D**
① €67,90 ② €96,90
106014

A12 Ausfahrt 39 Zillertal, B169 nach Aschau, dort über die Ziller zum CP.

Biberwier, A-6633 / Tirol

Alpencamp Marienberg
Marienbergweg 15
1/1 - 30/10, 15/12 - 31/12
+43 5 67 32 02 37
info@alpencamp-marienberg.at
N 47°22'29" E 10°53'33"

1 AE**KN**OPQRSTU — 6
2 CIPSTUVWXYZ — ABDE**FG**H 7
3 **L**MS — ABCDEFHJNQRTUVW 8
4 AEFHIJO — UVW 9
5 ADEFGLMN — ABFGHIJKM**O**PQU 10
W 16A CEE
H1000 2ha 75**T**(90-110m²) 50**D**
① €35,25 ② €46,25
113148

B179 Reutte-Imst. In Lermoos Ausfahrt Biberwier. An der T-Kreuzung rechts; den CP-Schildern folgen.

Biberwier, A-6633 / Tirol

CC€21

Feriencenter Camping Biberhof
Schmitte 8
1 Jan - 31 Dez
+43 56 73 29 50
info@biberhof.at
N 47°22'56" E 10°54'07"

1 AF**JM**OPQRST**U** — 6
2 BCIPQSWXYZ — ABDE**FG**H 7
3 AF**L**MU — ABCDEFIJNQRTUVW 8
4 FHI — I 9
5 ADHLMN — ABDGHJKMOQ 10
Anzeige auf dieser Seite W 10A CEE
H1000 2,5ha 60**T**(80-100m²) 67**D**
① €33,50 ② €46,50
108150

Reutte Richtung Lermoos. Ortsmitte Lermoos Richtung Biberwier. T-Kreuzung in Biberwier Richtung Ehrwald. Nach 300m CP rechts.

Breitenwang, A-6600 / Tirol

Seespitz***
Plansee
1 Mai - 15 Okt
+43 5 67 27 81 21
info@plansee-tirol.at
N 47°28'27" E 10°47'05"

1 ADE**KN**OPQRSTU — L**N**OPQSX 6
2 EIKQSUVXYZ — ABDE**FG** 7
3 BMX — ABEFJNQRT 8
4 **AE**FHIJO**T** — FR 9
5 ABDEFJMN — ABGHJKLOQVY 10
Anzeige auf dieser Seite 12A CEE
H900 1ha 150**T**(80-100m²) 17**D**
① €35,50 ② €45,50
101345

Über B179 nach Reutte, dann Richtung Plansee, erster CP links.

Breitenwang, A-6600 / Tirol

Sennalpe***
Plansee 17
1 Jan - 31 Dez
+43 5 67 27 81 15
info@plansee-tirol.at
N 47°29'11" E 10°50'23"

1 ADEG**KN**OPQRSTU — L**N**OPQSXZ 6
2 BEIKQSWXYZ — ABDE**FG** 7
3 BGMUX — ABCDEFJNRTW 8
4 **AE**FHIJO — FJRUW 9
5 ACDEFJLMN — ABCGHJKOQY 10
Anz. auf dieser Seite WB 12A CEE
H1000 5ha 200**T**(80-100m²) 152**D**
① €35,50 ② €45,50
100858

Über B179 nach Reutte, dann Richtung Plansee, bei Hotel Forelle rechts.

Teilkarte Tirol auf Seite 375

Brixen im Thale, A-6364 / Tirol

Brixen im Thale
Badhausweg 9
1 Jan - 31 Dez
+43 53 34 81 13
info@camping-brixen.at

1 ABDEKMOPQRSTU 6
2 IPQSXY ABDEFGH 7
3 BFLM ABCDEFIJKNQRTUV 8
4 FH IJVW 9
5 ADFMNO ABFGHJKOPQY 10
WB 16A CEE
H800 2,5ha 60T(100-120m²) 222D
① €42,00
② €55,80
N 47°26'46'' E 12°15'26''
B170 Kitzbühel-Wörgl vor dem Tunnel rechts, 2. Ausfahrt links. B170 Wörgl-Kitzbühel vor dem Tunnel links, 2. Ausfahrt rechts.
106020

Ehrwald, A-6632 / Tirol

Zugspitz Resort Camping****
Obermoos 1
1 Jan - 31 Dez
+43 56 73 23 09
welcome@zugspitze-resort.at

1 ADEKNOPQRSTU BEGHI 6
2 BIPQSUVWY ABCDEFGHIJ 7
3 BDELMU ABCDEFIJKNQRTUVW 8
4 ABEFHIJLOPQRSTUVX GLUVWXY 9
5 ABDFHJLM ABHJKOPQU 10
WB 16A CEE
H1200 5ha 170T(80-100m²) 153D
① €102,00
② €150,00
N 47°25'37'' E 10°56'28''
B179 nach Reutte/Lermoos, B314 Lermoos-Ehrwald, in Lermoos Richtung Tiroler Zugspitzbahn nach Ehrwald.
105977

Ehrwald, A-6632 / Tirol

Dr. Lauth
Zugspitzstraße 34
1 Jan - 31 Dez
+43 56 73 26 66
info@campingehrwald.at

1 AEGKNOPQRSTU B 6
2 IPQSUVXYZ ABDEFGH 7
3 ALMSUX ABEFGHJKLNPQRTUVW 8
4 AEFHIJ DFI 9
5 ADFGHJLMN ABGHJKOPQUVY 10
WB 16A CEE
H1020 1ha 65T(80-100m²) 50D
① €40,25
② €56,25
N 47°24'40'' E 10°55'26''
Über B179 nach Reutte/Lermoos, in Lermoos Richtung Zugspitzbahn nach Ehrwald. Erster CP rechts von der Straße.
105978

Fieberbrunn, A-6391 / Tirol

CC€23

Tirol Camp****
Lindau 20
1/1 - 16/4, 16/5 - 5/11, 7/12 - 31/12
+43 5 35 45 66 66
office@tirol-camp.at

1 ACDEGKNOPQRSTU BEGHM 6
2 PQSTVWXY ABDEFGH 7
3 ABFHILMUW ABCDEFIJLMNQRSTUVW 8
4 ABEFHJLOPQRSTUVXYZ GIUV 9
5 ACDEFHJLMN ABEGHJKOPQUVWXY 10
Anzeige auf dieser Seite W 10A
H820 7ha 250T(100-120m²) 101D
① €55,20
② €73,20
N 47°28'06'' E 12°33'14''
B164 St. Johann in Tirol-Saalfelden. In Fieberbrunn ausgeschildert.
100864

Fügen, A-6263 / Tirol

Natürlich Hell****
Gageringerstraße 1
1/1 - 31/10, 15/12 - 31/12
+43 5 28 86 22 03
servus@hell-tirol.at
N 47°21'33" E 11°51'06"

1 ADE**KN**OPQRSTU	BEG	6
2 AIPQTVWY	ABDE**FG**H	7
3 BDF**L**MU	ABCDEFGHIJKNQR**S**TUVW	8
4 EFHIJ**RTVX**	IJWZ	9
5 ABDEFGHJLMN	ABCEFGHKOSTUWY	10
Anz. auf dieser Seite WB 16A CEE		① €58,00
H540 3ha 165**T**(80-130m²) 38**D**		② €78,00

Inntal-Autobahn, Ausfahrt 39 Zillertal, auf der B169 Richtung Fügen, dann Ausfahrt Gagering.

101583

Häselgehr, A-6651 / Tirol

Rudi
Luxnach 122
1 Jan - 31 Dez
+43 56 34 64 25
camping.rudi@lechtalnet.at
N 47°18'55" E 10°29'52"

1 AG**KN**OPQRST**U**	JUX	6
2 DIQTWX	ABDE**FG**	7
3 M	ABCDE**F**JNQRVW	8
4 FHJO	DRUV	9
5 ADMN	ABGHJK**N**QU	10
Anzeige auf dieser Seite W 13A CEE		① €41,00
H1000 0,8ha 40**T**(80m²) 12**D**		② €56,00

B198 Reutte-Warth. Straße bei der Brücke nehmen. CP liegt am Ende der Straße, am Lech entlang.

105971

Heiterwang, A-6611 / Tirol

Heiterwangersee
1 Jan - 31 Dez
+43 56 74 51 16
camping@fischeramsee.at
N 47°27'19" E 10°45'35"

1 ADE**KN**OPQRSTU	L**N**OX**Z**	6
2 EIMPQSYZ	ABDE**FG**	7
3 ABFX	ABCDEFJNQRT	8
4 **A**EFHIO**TVX**	GOQT	9
5 ABDEFHJLMN	ABGHJKNQUV	10
W 10A		① €50,50
H1000 1ha 54**T**(60-100m²) 49**D**		② €66,50

Über Straße B179 nach Reutte und Heiterwang, Schildern nach Fischer am See (Heiterwangersee) folgen.

105976

Grän, A-6673 / Tirol

Comfort-Camp Grän****
Engetalstr. 13
1/1 - 2/4, 15/5 - 1/11, 15/12 - 31/12
+43 56 75 65 70
info@comfortcamp.at
N 47°30'36" E 10°33'22"

1 AEG**KN**OPQRSTU	E**N**	6
2 CIPQSTUVWXY	ABDE**FG**H	7
3 ABD**HI**MX	ABCDEFGHIJK**L**NPQRTUVW	8
4 AEFGHIJ**STVX**	IUW	9
5 ABDEFGHJLMN	ABCEFGHJKOQY	10
Anz. auf dieser S. WB 16A CEE		① €51,00
H1150 3,3ha 150**T**(80-100m²) 43**D**		② €70,80

A7 von Kempten, Ausfahrt Oy, über Wertach, Oberjoch, Grän.

101344

Hopfgarten, A-6361 / Tirol

Camping Reiterhof****
Kelchsauer Straße 49
1 Jan - 31 Dez
+43 53 35 35 12
welcome@campingreiterhof.at
N 47°25'50" E 12°08'58"

1 ADE**KN**OPQRSTU	L	6
2 EIKPQSTY	ABDE**FG**H	7
3 BFG**JL**M**NOR**UVWX	ABCDE**F**HJKNPQRTUVW	8
4 EFHJO		9
5 ADFLMN	ABGHJK**O**Q	10
WB 13-16A CEE		① €35,50
H650 2,6ha 65**T**(80-100m²) 65**D**		② €48,50

A12, Inntal-Autobahn, Ausfahrt 17 Wörgl-Ost, Richtung Hopfgarten (Brixental).

106009

Teilkarte Tirol auf Seite 375

Huben/Längenfeld, A-6444 / Tirol

Ötztaler Naturcamping
Huben 241
1 Jan - 31 Dez
+43 52 53 58 55
info@oetztalernaturcamping.com
N 47°02'15" E 10°58'33"

1 ADEKNOPQRSTU — NU 6
2 BCIPQSTWXYZ — ACDEFG 7
3 AM — ABCDEFJLNQRTUVW 8
4 EFGHIJOT — I 9
5 ADEFGHLMN — ABEGHJKOQV 10
WB 16A CEE — ① €44,40
H1200 1,5ha 155T(60-120m²) 8D — ② €59,40
105987

A12 Inntal-Autobahn, Ausfahrt Ötztal, ins Ötztal hinein bis Längenfeld/Huben.

Imst, A-6460 / Tirol

CC€19

Aktivcamping Am Schwimmbad
Schwimmbadweg 10
21 Apr - 15 Okt
+43 5 41 22 13 55
info@camping-imst.at
N 47°14'24" E 10°44'43"

1 AFKNOPQRSTU — BGH 6
2 AIPQUWXYZ — ABDFG 7
3 ANO — AEFNQRW 8
4 AEFGHIJQR — 9
5 ADJMN — ABHJKOQ 10
6A CEE — ① €32,00
H800 1,2ha 64T(60-100m²) 15D — ② €41,00
105982

Im Kreisverkehr in Imst die 2. Ausfahrt nehmen, dann den Schildern folgen.

Imst, A-6460 / Tirol

Campingpark FiNK
Langgasse 62
1/1 - 8/1, 31/3 - 20/10, 22/12 - 31/12
+43 5 41 26 62 93
info@imst-west.com
N 47°13'43" E 10°44'36"

1 AFKNOPQRSTU — 6
2 AIPQSWXYZ — ABDEFGH 7
3 BMX — ABCDEFJNPQRTW 8
4 AEFHIJO — 9
5 ACDEHMN — ABGHIJKOQ 10
WB 6-16A CEE — ① €39,00
H750 1,1ha 65T(70-100m²) — ② €49,00
105983

Über die B314 nach Reutte, Fernpass B189, Imst, dort Imst-West folgen, Schildern folgen Richtung B171 Pitztal.

Innsbruck, A-6020 / Tirol

Innsbruck-Kranebitten
Kranebitter Allee 216
1 Jan - 31 Dez
+43 5 12 27 95 58
info@kranebitterhof.at
N 47°15'48" E 11°19'36"

1 BDEKNOPQRSTU — J 6
2 ACIJPQSTUVWXY — ABDEFGI 7
3 BFLMSU — ABCDEFNQRTUV 8
4 AEFHIJOP — VW 9
5 ABDGHLN — AGHKMOPQV 10
WB 16A CEE — ① €38,00
H620 1,5ha 95T(80-100m²) 10D — ② €46,00
105994

A12 Ausfahrt 83 Innsbruck/Kranebitten westlich von Innsbruck. A12 Richtung Arlberg/Garmisch, B171 und Beschilderung folgen (1 km).

Itter/Hopfgarten, A-6305 / Tirol

Camping Schlossberg Itter****
Brixentalerstraße 11
1/1 - 8/11, 13/12 - 31/12
+43 53 35 21 81
info@camping-itter.at
N 47°27'59" E 12°08'22"

1 ADEKNOPQRSTU — BGU 6
2 ACPQUVWY — ABDEFGHI 7
3 BFLMU — ABCDEFJKNQRTUVW 8
4 ABEFHIJLOPQSTV — EK 9
5 ABDEFJLMN — ABEFGHJKOQY 10
WB 10A — ① €49,00
H600 4ha 150T(80-110m²) 51D — ② €65,00
106008

Inntal-Autobahn, Ausfahrt 17 Wörgl-Ost, Richtung Brixental. Nach 5 km am Kreisel rechts auf die B170 Richtung Brixental. 2 km vor Hopfgarten links.

Kals am Großglockner, A-9981 / Tirol

CC€23

Nationalparkcamp. Kals****
Burg 22
1/1 - 11/4, 15/5 - 15/10, 18/12 - 31/12
+43 4 85 26 74 18
info@nationalpark-camping-kals.at
N 47°01'18" E 12°38'20"

1 AFKNOPQRSTU — N 6
2 BCIPQVWXY — ABDEFGHI 7
3 — ABCDEFJNQR 8
4 FHIJ — 9
5 ABDMN — ABHJKNQ 10
WB 16A CEE — ① €44,10
H1450 2,5ha 108T(100-120m²) — ② €54,10
117163

Kufstein-Kitzbühel-Mittersill-Felbertauern-Matrei-Huben, dann hier links Richtung Kals. Ab Kals ist der CP ausgeschildert.

Kaunertal, A-6524 / Tirol

CC€23

Kaunertal
Platz 30
1 Mai - 10 Okt
+43 5 47 53 16
info@weisseespitze.com
N 47°03'12" E 10°45'02"

1 ADEKNOPQRSTU — EN 6
2 PQSWXY — ABDEFGH 7
3 AMNTX — ABCDEFJNQRT 8
4 AEFHIORTVXZ — G 9
5 ADHJN — ABHJKOPQ 10
B 8-10A CEE — ① €33,80
H1270 0,9ha 60T(80m²) 74D — ② €43,80
105988

Über Fernpass oder Arlbergtunnel bis Landeck, dann Richtung Reschenpass bis Prutz, ins Kaunertal.

Kössen, A-6345 / Tirol

Euro-Camp Wilder Kaiser
Kranebittau 18
1/1 - 5/11, 15/12 - 31/12
+43 53 75 64 44
eurocamp@eurocamp-koessen.com
N 47°39'14" E 12°24'54"

1 ACDEGKNOPQRSTU — BEGHNU 6
2 IKQSWXY — ABCDFGH 7
3 ABEFGLMNRUW — ABCDEFHIJKNQRSTUVW 8
4 ABDEFHJLOSTVY — EF 9
5 ACDEFGHLMN — ABGHJKLMNQVW 10
WB 10-16A — ① €48,70
H620 5,2ha 200T(80-110m²) 112D — ② €67,70
100862

A8 München-Salzburg-Villach. Am Inntal-Dreieck Ausfahrt 56 Richtung Innsbruck. Dann Ausfahrt 59 Oberaudorf/Niederndorf. Weiter Richtung Walchsee/Kössen.

Kramsach (Krummsee), A-6233 / Tirol

CC€23

Seencamping Stadlerhof****
Seebühel 14
1 Jan - 31 Dez
+43 5 33 76 33 71
office@camping-stadlerhof.at
N 47°27'24" E 11°52'51"

1 AEGKNOPQRSTU — BG 6
2 AEIKLPQSTVWXZ — ABCDEFGH 7
3 BDMTUX — ABCDEFIJKLNPQRSTUVW 8
4 ABFHIJRSTUVXZ — CIJW 9
5 ABDEFLMN — ABDEFGHJKLMOQW 10
Anzeige auf dieser Seite W 6-16A — ① €43,30
H530 3ha 130T(70-150m²) 54D — ② €58,30
106011

A12 Ausfahrt 32 Kramsach, Schildern 'Zu den Seen' folgen.

Kramsach (Reintalersee), A-6233 / Tirol

Camping Seeblick Toni*****
Moosen 46
1 Jan - 31 Dez
+43 5 33 76 35 44
info@camping-seeblick.at
N 47°27'40" E 11°54'24"

1 ADEKNOPQRSTU — LN 6
2 AEIKPQSTUVWZ — ABCDEFGH 7
3 BDFGHIMNU — ABCDEFHJKLNQRTUVW 8
4 ABCDEFHIJKLOPQTVX — FHIJWXYZ 9
5 ACDEFJLMN — ABEFGHJKLOPQU 10
Anzeige auf dieser Seite WB 16A — ① €52,50
H520 4,5ha 230T(90-120m²) 48D — ② €70,50
106010

A12 Ausfahrt 32 Kramsach, ca. 5 km den grünen Schildern 'Zu den Seen' folgen, dann der dritte CP. An dem, auf der linken und rechten Seite liegenden, CP vorbeifahren bis zu dem Schild grünen Schild von Seeblick Toni.

Kramsach (Reintalersee), A-6233 / Tirol

CC€23 iD

Camping und Appartements Seehof*****
Moosen 42
1 Jan - 31 Dez
+43 5 33 76 35 41
info@camping-seehof.com
N 47°27'43" E 11°54'26"

1 ADE**K**NOPQRST**U** — LNO**P** 6
2 AEILPQSTVWXY — AB**C**DE**FGH** 7
3 BD**HI**MUVX — ABCDEFH**I**JK**L**NQRTUVW 8
4 ABEFGHIJKLO**QRS** — IKQUVWY 9
5 ABDEFGJLMN — ABCDEFGHJKLM**O**PQU 10
Anz. auf dieser S. WB 13-16A CEE — ❶ €42,00
H560 5ha 150**T**(90-120m²) 50**D** — ❷ €57,00

A12 Ausf. 32 Kramsach, ca. 5 km den grünen Schildern 'Zu den Seen' oder 'Campingplätze' folgen. 2. CP an der Straße. Rezeption links neben der Zufahrt (Holzhäuschen). Über den Neudegger Höhenweg kommend (nicht erlaubt) liegt der CP rechts. — 108925

Längenfeld, A-6444 / Tirol

iD

Camping Ötztal****
Unterlängenfeld 220
1 Jan - 31 Dez
+43 52 53 53 48
info@camping-oetztal.com
N 47°04'20" E 10°57'51"

1 ADE**K**NOPQRSTU — BEGI**NU** 6
2 CIPQTWXYZ — AB**C**DE**FGH** 7
3 BFGM**NO**WX — ABCDEFGIJKNQR**S**TUVW 8
4 **A**EFGHIJOR**STWXYZ** — DJL 9
5 ABDEFGHLMN — ABEFGHIJKOQVY 10
WB 12-16A CEE — ❶ €50,30
H1180 2,6ha 125**T**(80-120m²) 50**D** — ❷ €66,90

A12 Inntal-Autobahn, Ausfahrt Ötztal, ins Ötztal B186 bis Längenfeld. — 105986

Lermoos, A-6631 / Tirol

iD

Lermoos Lärchenhof
Gries 16
1 Jan - 31 Dez
+43 56 73 21 97
info@laerchenhof-lermoos.at
N 47°24'25" E 10°52'09"

1 ADEK**N**OPQSTU — BGH 6
2 AIPQXY — ABDE**FG** 7
3 **L**MX — ABCDEFJNQRW 8
4 AEFHIJO**STV** — FGIUVW 9
5 ABDEFHJLMN — ABGHIKOQ 10
Anzeige auf dieser Seite W 16A CEE — ❶ €27,50
H1000 3ha 50**T**(60-80m²) 77**D** — ❷ €35,50

Über Reutte nach Lermoos. In Lermoos ist der CP bei BP-Tankstelle. — 105980

Leutasch, A-6105 / Tirol

iD

EuroParcs Leutasch-Seefeld*****
Reindlau 230b
1 Jan - 31 Dez
+43 5 21 46 57 00
reservation-leutasch@europarcs.at
N 47°23'55" E 11°10'47"

1 ADE**K**NOPQRSTU — EJ**N** 6
2 CIPQSTWYZ — ABDE**FGH** 7
3 F**L**MX — ABCDEFJKNQRTUVW 8
4 **A**EFGHJTV — GJ 9
5 ADFHJLMN — ABCEGHIJKOWY 10
Anzeige auf Seite 373 WB 12A CEE — ❶ €49,50
H1130 2,8ha 69**T**(80-120m²) 15**D** — ❷ €65,50

Garmisch-Partenkirchen-Mittenwald-Scharnitz-Giessenbach-Leutasch. Direktverbindung Mittenwald-Leutasch nicht zu empfehlen; teilweise sehr enge Straßen und Maximalgewicht von 7,5t. — 101346

Lienz, A-9900 / Tirol

CC€23 iD

Comfort & Wellness Camping Falken****
Falkenweg 7
1 Apr - 31 Okt
+43 66 44 10 79 73
camping.falken@tirol.com
N 46°49'22" E 12°46'14"

1 ADEG**KN**OPQRST**U** — X 6
2 IPQWXYZ — ABD**EFG**I 7
3 **A**L**MN** — ABCDEFJNPQRTUVW 8
4 FHIJO**TV** — FKLZ 9
5 ABDEFGHJMN — ABEGHIJKLOQY 10
Anzeige auf Seite 381 B 6A CEE — ❶ €39,00
H672 2,5ha 132**T**(70-120m²) 38**D** — ❷ €49,00

Über Kufstein-Kitzbühel-Mittersil-Felbertauerntunnel nach Lienz. In Lienz am Kreisel Richtung Spittal. An der zweiten Ampel (ÖAMTC) rechts. Dann den Schildern folgen. — 106040

Lienz/Amlach, A-9908 / Tirol

iD

Dolomiten Camping Amlacherhof****
Seestrasse 20
1 Mai - 2 Nov
+43 6 99 17 62 31 71
info@amlacherhof.at
N 46°48'48" E 12°45'47"

1 A**K**NOPQRST**U** — AUX 6
2 IPQWXYZ — ABDE**FGHIJ** 7
3 **HIL**MX — ABCDE**F**JKNQRTUVW 8
4 FHIJO**S** — EGILUVWXYZ 9
5 ABDEHMN — ABGHIJKN**O**Q 10
Anzeige auf Seite 381 B 16A CEE — ❶ €38,40
H710 2,5ha 85**T**(80-120m²) 31**D** — ❷ €49,10

Felbertauerntunnel-Lienz, bei Lienz hinter dem Kreisel Richtung Spittal. An der 2. Ampel rechts Richtung Feriendorf/Amlach, noch 2 km den Schildern folgen. — 110377

Lienz/Tristach, A-9907 / Tirol

iD

Camping Seewiese****
Tristachersee 2
15 Jun - 15 Sep
+43 4 85 26 97 67
seewiese@outlook.com
N 46°48'23" E 12°48'08"

1 A**K**LOPQRST**U** — LM**N**X 6
2 BEIKLPQSUXYZ — ABDE**FG** 7
3 AFG**L**MX — ABCDFJNQRW 8
4 FHIJO — 9
5 ABDEHJN — AFGHIJKNQ 10
Anzeige auf Seite 381 6A — ❶ €47,70
H838 2,3ha 95**T**(100-200m²) — ❷ €53,70

Von Kufstein-Kitzbühel-Felbertauerntunnel Ri. Lienz. In Lienz der Beschilderung Tristach-Tristachersee und Seewiese folgen. — 110250

Matrei in Osttirol, A-9971 / Tirol

CC€23 iD

Edengarten
Edenweg 15A
1 Mai - 15 Okt
+43 48 75 51 11
info@campingedengarten.at
N 46°59'43" E 12°32'20"

1 AKNPQSU — **N** 6
2 IPQXYZ — ABDE**FGH** 7
3 AMUV — ABCDE**F**GJNQRTW 8
4 FHJOQ — 9
5 DEHKLM — ABHIJKNQ 10
16A CEE — ❶ €31,00
H941 1,5ha 75**T**(80-100m²) — ❷ €38,00

Vom Felbertauerntunnel die 2. Ausfahrt nach Matrei/Goldriedbahn/Virgen. Camping nach 500m rechts. — 101351

Österreich

Teilkarte Tirol auf Seite 375

Osttirol
Dein Bergtirol

CAMPING SEEWIESE ****

Idyllisch gelegener Komfort-Campingplatz beim einzigen Badesee Osttirols, direkt unter den Felswänden der Lienzer Dolomiten. Freien Eintritt in das Strandbad Tristachersee und in der Hauptsaison Gratisbus in die Stadt Lienz. Gratis W-Lan, Camper-Service.
Tristachersee 2, 9907 Lienz/Tristach
T. +43 4852 69767, **www.campingtirol.com**

COMFORT & WELLNESS CAMPING FALKEN ****

Moderner Komfort & Wellness Campingplatz am südlichen Stadtrand von Lienz, 900 m vom Stadtzentrum. Gratis Warmduschen und gratis W-Lan. Ab 3 Tagen Aufenthalt gratis Eintritt ins Dolomitenbad und Strandbad Tristacher See. Buffet - Mini Markt, Camper-Service, Großer Wellnessbereich „Falkennest".
T. +43 664 4107973, **www.camping-falken.com**

DOLOMITEN CAMPING AMLACHERHOF ****

Camping in herrlich ruhiger Lage an einem der schönsten Plätze im Lienzer Talboden. Alle Komfortstellplätze mit Wasser- und Abwasseranschluss, Strom, Camper-Service. Schwimmbad, Imbiss, Minigolf, Trampolin, Fahrradverleih etc. direkt am Campingplatz. 10 Apartments für 2 bis 6 Personen.
T. +43 699 17623171, **www.amlacherhof.at**

www.osttirol.com **camping.osttirol.com**

Teilkarte Tirol auf Seite 375

Maurach, A-6212 / Tirol

Karwendel Camping****
Planbergstraße 23
1/1 - 30/10, 15/12 - 31/12
+43 52 43 61 16
info@karwendel-camping.at
N 47°25'17'' E 11°44'26''

1 ADE**KN**OPQRSTU	**N**OQRST	6
2 IPQSWY	ABDE**FG**	7
3 BD**L**M	ABEFJK**L**NQR**S**TW	8
4 AEFHI**R**	FGIJ	9
5 ADEFLMN	ABEGHJKLMOQ	10

Anzeige auf dieser Seite WB 16A
H1000 1,5ha 55**T**(80-100m²) 47**D**
① €49,00
② €59,00
106001

Über Bad Tölz auf Straße B13 und B307 nach Achenwald und Maurach am Achensee.

Mayrhofen, A-6290 / Tirol

CC€23

Alpenparadies Mayrhofen****
Laubichl 125
1/1 - 14/10, 15/12 - 31/12
+43 6 64 88 51 88 66
camping@alpenparadies.com
N 47°10'34'' E 11°52'11''

1 ADE**KN**OPQRSTU	BEG**N**UV	6
2 IPQSTVWY	ABDE**FG**	7
3 BM	ABCDEFGJ**L**NPQRTUVW	8
4 FHIJO**QST**U**V**	GI	9
5 ABDEFGHJLMN	ABEGHJK**O**QUY	10

Anzeige auf Seite 383 WB 16A CEE
H630 2,5ha 220**T**(60-120m²) 72**D**
① €38,30
② €51,30
106016

A12 Ausfahrt 39 Zillertal, B169 nach Mayrhofen.

Nassereith, A-6465 / Tirol

Camping Fernsteinsee
Fernstein 426
15 Mai - 15 Okt
+43 52 65 52 10
welcome@camping-fernsteinsee.at
N 47°20'31'' E 10°48'58''

1 ADE**KN**OPQRSTU	L	6
2 BCEIKPQSTWXY	ABDE**FG**H	7
3 B**L**MS	ABCDEFJNQRUW	8
4 **A**EFHIJO**PST**	GIQT	9
5 ABDEGHILN	AEGHJKNQ	10

B 6-13A CEE
H980 6ha 120**T**(100-150m²) 29**D**
① €31,50
② €39,10
105981

Über die B179 nach Reutte und dann Richtung Fernpass.

Nassereith, A-6465 / Tirol

CC€19

Rossbach****
Rossbach 325
1/1 - 30/10, 15/12 - 31/12
+43 52 65 51 54
rainer.ruepp@gmx.at
N 47°18'37'' E 10°51'20''

1 AE**KN**OPQRSU	BG**N**	6
2 CIPQWXYZ	ABDE**FG**H	7
3 A**HIL**M	ABCDEFJNQRTW	8
4 AEFHIJO**P**	I	9
5 ABDEFKMN	ABDGHIJKLMNQU	10

Anzeige auf dieser Seite W 6A CEE
H850 1ha 80**T**(70-80m²) 2**D**
① €27,50
② €37,50
100868

B179 Reutte-Nassereith (über den Fernpass), Ausfahrt Nassereith. Im Zentrum Richtung Domitz/Rossbach. Den CP-Schildern folgen.

Maurach, A-6212 / Tirol

Seecamping Wimmer***
Buchau 7
1 Apr - 16 Okt
+43 5 24 32 02 38
info@achensee-camping.at
N 47°25'58'' E 11°44'06''

1 ADE**KN**OPQRST**U**	**I**LM**N**PQRSTVX	6
2 EIJPQSWY	ABDE**FG**	7
3 F**LNO**	ABCDE**F**JNQRTW	8
4 EFH	KRUVW	9
5 ACDFLMN	ABGHJK**O**QW	10

Anzeige auf dieser Seite 6A
H930 1,5ha 85**T**(60-120m²) 5**D**
① €43,00
② €51,00
106000

Über Bad Tölz auf der B13 und B307 nach Achenwald und Maurach. Oder über die A12 Richtung Innsbruck, Ausfahrt 39 Wiesing. Dann Richtung Achensee.

Teilkarte Tirol auf Seite 375

Natters, A-6161 / Tirol

Ferienparadies Natterer See*****
Natterer See 1
1 Jan - 31 Dez
+43 5 12 54 67 32
info@natterersee.com
N 47°14'18'' E 11°20'21''

1 ACDE**KN**OPQRSTU HILM**N**UV 6
2 ABEIPQTVWXYZ ABCDE**FGH**I 7
3 BDFG**IL**MSTUVX ABCDEFIJK**L**NQR**S**TUVW 8
4 **A**BCDEFHIJLNO**PT** ACEFGIJLMNPQRTUVWYZ 9
5 ACDEFGHIJLMN ABCEFGHIJKLM**O**QUW 10

Anz. auf dieser Seite WB 6-16A CEE ① €53,50
H830 11ha 174**T**(60-160m²) 70**D** ② €71,70
100873

A13, Brenner-Autobahn, Ausfahrt 3 Innsbruck-Süd/Natters. Schildern folgen Richtung Natterer See.

Neustift, A-6167 / Tirol

CC€21

Stubai****
Stubaitalstraße 94
1/1 - 30/4, 21/5 - 31/12
+43 52 26 25 37
info@campingstubai.at
N 47°06'36'' E 11°18'31''

1 ADE**KN**OPQRST**U** **N**U 6
2 ACIPQSTUVXY AB**C**DE**FG**H 7
3 ABDMSUX ABCDEFG**I**JK**L**NQR**S**TV 8
4 BEFHIJLO**STVX** IKUV 9
5 ACDEFLMN ABDGHIJKOQU 10

Anz. auf dieser Seite WB 6A CEE ① €35,30
H950 2ha 110**T**(60-100m²) 50**D** ② €46,50
105995

A13 Brenner-Autobahn, Ausfahrt Europabrücke, auf B183 nach Stubaital, nach Neustift.

Pettneu am Arlberg, A-6574 / Tirol

Arlberglife Ferienresort
Dorf 58 A-C
1/1 - 15/4, 13/6 - 16/9, 4/12 - 31/12
+43 66 41 63 03 93
camping@arlberglife.com
N 47°08'53'' E 10°20'48''

1 AKNOPQRSU **N** 6
2 AIPQTWXY ABDE**FG**H 7
3 **L**M ABCDE**FGI**JNQRUVW 8
4 FHJO GHIJ 9
5 ADEGHJKMN ABGHJKMOQ 10

W 10-13A ① €43,00
H1215 1ha 30**T**(70-100m²) 15**D** ② €55,00
111925

A14 über Bregenz-Innsbruck: Von Bregenz Ausfahrt St. Anton, weiter Richtung Pettneu. Von Innsbruck Ausfahrt Flirsch. Schilder Arlberg Lifecamping in Pettneu befolgen.

Pettneu am Arlberg, A-6574 / Tirol

EuroParcs Arlberg****
Strohsack 235C
1 Jan - 31 Dez
+43 54 48 22 26 60
kcc@europarcs.nl
N 47°08'42'' E 10°20'16''

1 ADG**KN**OPQRST**U** **N**U 6
2 ACIPQSTWX ABDE 7
3 A**L** ABCDEFJNR 8
4 FH 9
5 ABEFGHIKQ 10

Anzeige auf Seite 373 W 16A CEE ① €30,20
H1228 5ha 145**T**(105-9999m²) ② €43,20
112492

Über die S16 Bregenz-Innsbruck ca. 2 km östlich des Arlbergtunnels. Ausfahrt Pettneu. Der CP ist ausgeschildert (Hallenbad-Camping Arlberg).

Teilkarte Tirol auf Seite 375

Prutz, A-6522 / Tirol

CC€21 iD

Aktiv Camping Prutz****
Pontlatzstraße 22
1 Jan - 31 Dez
+43 54 72 26 48
info@aktiv-camping.at

1 ACDEKNOPQRSTU NU 6
2 ACIPQSTWXY ABDEFGH 7
3 BFGHMWX ABCDEFHJKNQRTUW 8
4 ABDEFHIJOPQ UVW 9
5 ABDEFJKMN ABCDFGHJKLOPQUV 10
Anz. auf dieser Seite WB 6-10A CEE ① €42,00
H866 1,5ha 125T(60-120m²) 12D ② €57,00

N 47°04'49" E 10°39'34"
Mautfrei: von Imst nach Landeck, dann auf der B180 Richtung Serfaus (Reschenpass) nach Prutz. Oder A12 Richtung Reschenpass, durch den Tunnel bei Landeck, dann auf die B180 (Mautpflicht).
100870

Stams, A-6422 / Tirol

CC€23 iD

Eichenwald
Schiesstandweg 10
1 Apr - 15 Okt
+43 52 63 61 59
info@camping-eichenwald.at

1 ACFKNOPQRSTU BGNUV 6
2 ABCIPQSTVWXYZ ABCDEFGH 7
3 BFLM ABCDEFHIJNPQRTUVW 8
4 AEFHIJOQT EGJUW 9
5 ABDEFGHJLMN ABFGHIJKLMOQUW 10
Anzeige auf Seite 385 B 13A CEE ① €37,50
H670 5ha 100T(70-150m²) 40D ② €47,50

N 47°16'32" E 10°59'10"
Reutte, Fernpass, Nassereith, Mieming, Richtung Mötz/Stams, CP ausgeschildert.
100871

Ried, A-6531 / Tirol

CC€23 iD

Dreiländereck****
Ried 37
1/1 - 31/10, 1/12 - 31/12
+43 54 72 60 25
info@tirolcamping.at

1 AEKNOPQRSTU LNUV 6
2 AEPQSTWXY ABDEFGHIJK 7
3 ADFGIJMNOPTWX ABCDEFIJKNQRTUVW 8
4 ABCDEFHIJLOQTVXYZ EFIUVW 9
5 ACDEFGHJLMN ABDFGHIJKOQX 10
Anzeige auf Seite 385 W 16A CEE ① €49,20
H880 1ha 60T(70-100m²) 35D ② €63,80

N 47°03'21" E 10°39'24"
Mautfrei: über Imst auf der 171 nach Landeck (Richtung Reschenpass), und nach Ried. Oder A12 Richtung Meran (Reschenpass), dann die B180 Richtung Serfaus (Mautpflicht).
105989

Strassen, A-9918 / Tirol

iD

Camping Lienzer Dolomiten***
Tassenbach 23
1 Apr - 1 Okt
+43 48 42 52 28
camping-dolomiten@gmx.at

1 AKNOPQSTU N 6
2 IPQSTWXY ABDEFG 7
3 AX ABCDEFJNQRW 8
4 FHIJO 9
5 ADN ABGHJKOQ 10
6-16A CEE ① €34,00
H1100 2ha 75T(80-120m²) 25D ② €43,00

N 46°44'47" E 12°27'49"
München-Kufstein-Mittersill-Felbertauernstraße-Lienz, dann Richtung Sillian, 3 km vor Sillian Strassen/Tassenbach.
109162

Schwoich, A-6334 / Tirol

iD

Maier
Egerbach 54
1 Jan - 31 Dez
+43 5 37 25 83 52
info@camping-maier.com

1 ADEKNOPQRSTU A 6
2 APQSUVWY ABDEFGH 7
3 ALM ABEFGJNQRW 8
4 EFHJO 9
5 ADLN AGHJKOQU 10
W 13A CEE ① €30,00
H550 1,8ha 80T(80-100m²) 20D ② €39,00

N 47°33'09" E 12°09'34"
Inntal-Autobahn, Ausfahrt 6 Kufstein-Süd, B173 Richtung Kitzbühel, dann Schildern folgen. Oder mautfrei A93, Ausfahrt Kiefersfelden, dann über die B171 nach Kufstein und Richtung Kitzbühel.
106007

Thiersee, A-6335 / Tirol

iD

Camping Rueppenhof
Seebauern 8
15 Apr - 15 Okt
+43 6 64 99 04 91 37
email@rueppenhof.com

1 AFKNOPQRSTU LNPQSX 6
2 AEJLPQSWY ABDEFG 7
3 ANOTX ABCDEFNQR 8
4 AEFHIJ FGINVW 9
5 DMN ABGHJKNPSU 10
16A CEE ① €33,50
H600 1ha 38T(80-100m²) 43D ② €45,50

N 47°35'18" E 12°07'01"
Inntal-Autobahn, Ausfahrt Kufstein, nach Thiersee (7 Km), 2. CP.
106004

Sölden, A-6450 / Tirol

iD

Sölden
Wohlfahrtstraße 22
1/1 - 16/4, 7/6 - 1/10, 25/10 - 31/12
+43 5 25 42 62 70
info@camping-soelden.com

1 ADEGHKNOPQRSTU N 6
2 CIPQSTVWXYZ ABCDEFGHI 7
3 CGMWX ABCDEFJKLNQRSTVW 8
4 AEFHIJORSTVXZ LUVW 9
5 ACFJLMN ABEGHIJKOQU 10
WB 10-16A CEE ① €51,00
H1380 1,3ha 94T(60-90m²) ② €67,00

N 46°57'28" E 11°00'43"
A12/E60 Inntal-Autobahn, Ausfahrt Ötztal. Die B186 ins Ötztal bis Sölden. Den Ortsschildern folgen.
101350

Umhausen, A-6441 / Tirol

iD

Ötztal camping Umhausen****
Mühlweg 32
1 Jan - 31 Dez
+43 52 55 53 90
info@oetztal-camping.at

1 AFKNOPQRSTU LN 6
2 CEIPQSTUVWXYZ ABDEFG 7
3 ABMNOW ABCDEFHJNQRT 8
4 AEFHIJST J 9
5 ADEFHJLMN ABGHIJKLMOQ 10
W 14-16A CEE ① €40,70
H1036 0,8ha 100T(32-110m²) 2D ② €54,70

N 47°08'08" E 10°55'54"
Inntal-Autobahn A12, Ausfahrt Ötztal (B186), Richtung Ötztal bis Umhausen, den Schildern folgen.
105985

Söll, A-6306 / Tirol

iD

Franzlhof
Dorfbichl 37
1/1 - 30/10, 17/12 - 31/12
+43 53 33 51 17
info@franzlhof.com

1 ADEKNOPQSTU 6
2 IQSWY ACDEFG 7
3 BJLNOUW ABCDEFGJNQRSTUV 8
4 AEFHITV EGJ 9
5 ABDFGHJLN ABEGHJKOQV 10
WB 16A CEE ① €48,40
H700 5,5ha 50T(90-110m²) 74D ② €61,40

N 47°30'29" E 12°11'23"
A12 Ausfahrt 6, Kufstein-Süd, Richtung St. Johann, hinter Söll rechts ab nach Söll, nicht auf der Umgehungsstraße bleiben. Dann der Beschilderung folgen.
108154

Volders, A-6111 / Tirol

iD

Schloss Camping Aschach
Hochschwarzweg 2
1 Jun - 11 Sep
+43 5 22 45 23 33
info@schlosscamping.com

1 ADEKNOPQRSTU BG 6
2 AIPQUWZ ABDEFGH 7
3 BLMX ABCDEFNQRTW 8
4 ABEFH UVW 9
5 ADFJLN ABGHIJKOQ 10
B 16A CEE ① €35,10
H555 2ha 160T(80-120m²) ② €46,70

N 47°17'14" E 11°34'20"
Inntal-Autobahn, Ausfahrt 61 Wattens oder 68 Hall, dann B171 nach Volders.
100875

St. Johann (Tirol), A-6380 / Tirol

iD

Michelnhof
Weiberndorf 6
1/1 - 1/11, 1/12 - 31/12
+43 5 35 26 25 84
camping@michelnhof.at

1 AGKNOPQRSTU 6
2 QSUWXYZ ABCDEFG 7
3 AHI ABCDEFIJNQRT 8
4 FHJ F 9
5 ADEFHJKLMN ABFGHJKOQ 10
WB 10A CEE ① €42,90
H663 4ha 67T(90-95m²) 41D ② €55,90

N 47°30'39" E 12°24'32"
Die B161 von St. Johann in Tirol Richtung Kitzbühel. Nach 2 km den CP-Schildern folgen.
106019

Teilkarte Tirol auf Seite 375

CAMPING EICHENWALD

- Ruhige Lage mitten in der Natur, von Eichen geschützt
- Nur 5 Minuten entfernt von Stams (Geschäfte und Restaurants) • Beheiztes Schwimmbad
- Abenteuerspielplatz, Tischtennis • Wildwasserfahren (Kajak) in der Umgebung • Tennis (1 km), Minigolf, Kegeln, Reiten (3 km) • **Stellplätze für Wohnmobile** • Schwimmbad/ Fitness (für Informationen schauen Sie auf www.tirol-camping.at) • Innerhalb von 10 km: Hallenbad, Freibäder (5 km), Sauna, Squash, See • Urlaub an einem Ort, wo früher Fürsten und Äbte weilten
- Neu: Komfortstellplatz mit eigenen Sanitäranlagen

Schiesstandweg 10, 6422 Stams • Tel.und Fax 05263-6159
info@camping-eichenwald.at • www.tirol-camping.at

Waidring, A-6384 / Tirol

Camping Steinplatte*****	1 ABDEG**KN**OPQRSTU	LM 6
Unterwasser 43	2 CFIKLPQSWXYZ	ABDE**FG**H 7
1 Jan - 31 Dez	3 AJ**L**M	ABCDEFJNQRTW 8
+43 53 53 53 45	4 EFHIJO**PT**	I 9
info@camping-steinplatte.at	5 ABDEFGHJKLMN	ABCEGHJK**O**Q 10
	Anzeige auf dieser Seite WB 10A	① €49,90
N 47°35'00" E 12°34'59"	**H**780 4ha 200**T** 124**D**	② €57,80
		100863

Von Norden kommend mautfrei: München, Ausf. Oberaudorf. B172 über Kössen bis Erpfendorf. Ri. Lofer bis nach Waidring. Von Westen kommend: Inntal-Autobahn, Ausf. Wörgl-Ost bis nach St. Johann. Ri. Waidring.

Walchsee, A-6344 / Tirol

Seespitz****	1 ABE**KN**OPQS**U**	HLM**N**QRSWXZ 6
Seespitz 1	2 ACFIKPQRSXYZ	ABDE**FG** 7
1 Jan - 31 Dez	3 BF**HIJL**M**NO**U	ABCDEFJKNQRT 8
+43 53 74 53 59	4 **A**FH	MNPTVW 9
info@camping-seespitz.at	5 DEFKLMN	ABGHJKOQY 10
	WB 6-10A	① €39,10
N 47°38'57" E 12°18'50"	**H**668 2,5ha 180**T** 70**D**	② €51,90
		106017

A8 München-Innsbruck, Ausfahrt Oberaudorf Richtung Niederndorf/Walchsee. Direkt an der Tankstelle rechts.

Österreich

CAMPING STEINPLATTE IN WAIDRING

Camping Steinplatte liegt im Herzen Tirols am Fuße der Loferer Steinberge! Idealer Ausgangspunkt für Wander- und Bergtouren. Mountainbiketouren und Kanuwildwasserfahrten! Im Winter: direkter Einstieg zur Langlaufloipe, geräumte Wanderwege, Rodelbahnen und kilometerlanges Skivergnügen machen den Urlaub perfekt!

Unser Campingstüberl verwöhnt Gäste mit traditionellen Köstlichkeiten aus Küche und Keller! Das ergibt eine Mischung, die Familien, Aktivurlauber und Lebensgenießer verführt und verzaubert!

Der perfekte Urlaub am Camping Steinplatte!

NEU: top saniertes Sanitärhaus. ★★★★★

A-6384 Waidring | Unterwasser 43 | Tel.: +43 5353/5345 | E-Mail: info@camping-steinplatte.at | **www.camping-steinplatte.at**

Walchsee, A-6344 / Tirol

CC€23

Ferienpark Terrassencamping Süd-See****	1 A**KN**OPQRST**U**	L**N**QW**X**Y 6
Seestraße 76	2 AFIKQRSVWXYZ	ABE**FG**H 7
1 Jan - 31 Dez	3 A**HIL**PR	ABCDEFJKNQRTUVW 8
+43 53 74 53 39	4 AEFH	CIMTUVW 9
info@terrassencamping.at	5 ABDEFGKLMN	ABFGHJKLMOQY 10
	Anzeige auf dieser Seite W 16A CEE	① €65,00
N 47°38'26" E 12°19'26"	**H**670 11ha 150**T**(70-150m²) 158**D**	② €91,00
		106018

A8 München-Salzburg Richtung Innsbruck. Ausfahrt 59 zur B172 von Niederndorf nach Kössen. Vor Walchsee rechts. Campingplatz angezeigt.

Ferienpark TERRASSENCAMPING SÜD-SEE Tirol

A-6344 Walchsee
+43 5374 5339

www.terrassencamping.at

'CAUSE EVERYONE NEEDS A HOLIDAY HOME.'

Located in the heart of the alps

Zentral gelegener, gut gepflegter Campingplatz mitten in Ried, für Sommer und Winter mit Top Sanitär und Wellness mit Sauna, Infrarotkabine und Dampfbad. Erster Campingplatz nach Serfaus-Fiss-Ladis. Idealer Start zum Skifahren, Wandern und Rad fahren, Raften, Canyoning u.v.m. Gratis Zugang zum Badesee und Schwimmbad, gratis Ski- und Postbus u.v.m. Skigebiet und Supermarkt in 500m.

0043 5472 6025
info@tirolcamping.at
www.tirolcaming.at

CAMPING DREILÄNDERECK

Teilkarte Tirol auf Seite 375

Westendorf, A-6363 / Tirol

Panoramacamping
Mühltal 70
1/1 - 16/10, 16/12 - 31/12
+43 53 34 61 66
info@panoramacamping.at

1 AEG**KN**OPQRSTU	**BGH**	6
2 IPQSVWXYZ	ABDE**FG**H	7
3 BF**L**MUWX	ABCDEFGJNQRTUVW	8
4 **A**B**E**FGHIJO**PSTXZ**	KUVW	9
5 ABDFHJLMN	ABEGHIJK**O**QX	10

Anzeige auf dieser Seite WB 12A
H800 2,2ha 90**T**(85-90m²) 44**D**
① €34,00
② €45,00

N 47°25'58" E 12°12'07"

Inntal-Autobahn, Ausfahrt 17 Wörgl, nach Westendorf (Brixental).

100861

Weer, A-6116 / Tirol

CC€21

Alpencamping Mark****
Bundesstraße 12
15 Apr - 30 Sep
+43 5 22 46 81 46
info@alpencampingmark.com

1 ABDE**KN**OPQRSTU	B	6
2 AIPQTUWZ	ABDE**FG**	7
3 BFG**H**IM**NO**TUW	ABCDEFHIJNPQRTW	8
4 ABCD**E**FHIJLO	ADFUVWXZ	9
5 ABDEFGHJLN	ABCDGHJKLMOQY	10

Anzeige auf dieser Seite 10-16A
H555 2ha 95**T**(80-130m²) 5**D**
① €37,00
② €49,00

N 47°18'23" E 11°38'57"

A12 Inntal-Autobahn, Ausfahrt 61 Wattens. Von Kufstein Richtung Innsbruck, Ausfahrt 49 Schwaz oder 53 Vomp, dann nach Weer. Sehr einfach zu erreichen.

100874

Wiesing, A-6210 / Tirol

Camping Inntal****
1/1 - 31/10, 1/12 - 31/12
+43 5 24 46 26 93
jbrugger@camping-inntal.at

1 ADE**KN**OPQRSTU	B	6
2 AIQSVWZ	ABDE**FG**	7
3 AD**HI**M	ABCDEFIJNQRTUVW	8
4 **A**BEFHIJLO**QST**	EFIW	9
5 ACDFGLMN	ABGHJKLOQUWY	10

WB 10-13A
H560 2,1ha 60**T**(80-100m²) 63**D**
① €40,50
② €51,50

N 47°24'22" E 11°48'23"

Inntal-Autobahn, Ausfahrt 39 Wiesing, Schildern folgen.

01347

Teilkarte Tirol auf Seite 375

Wildermieming, A-6413 / Tirol

Sonnenplateau Camping Gerhardhof*****
Gerhardhof 1
1 Jan - 31 Dez
+43 52 64 52 40
kontakt@gerhardhof.at
N 47°18'52" E 11°02'08"

1 BDEJMOPQRSTU	L 6
2 BFIKPQRSTVWY	ABCDEFG 7
3 BEFGHILSTWX	ABCDEFGHIJKNRSUV 8
4 ABCEFHIKOTX	BGW 9
5 ABDEFHJLMNO	ABCGHIJKMOPSTUWY 10
Anzeige auf Seite 386 WB 16A	1 €48,50
H800 3,5ha 101T(160-170m²) 15D	2 €64,50

Via Innsbruck, Zirl und Telfs nach Wildermieming. 125145

Zell im Zillertal, A-6280 / Tirol

CC€23

Campingdorf Hofer
Gerlosstraße 33
1/1 - 5/11, 5/12 - 31/12
+43 52 82 22 48
info@campingdorf.at
N 47°13'44" E 11°53'10"

1 ADEKNOPQRSTU	DNUV 6
2 IPQWY	ABDEFGH 7
3 ALMX	ABCDEFIJNQRTW 8
4 ABDEFHIJO	GI 9
5 ABEFJLMN	ABCGHJKOPQY 10
Anzeige auf S. 386 WB 6-16A CEE	1 €39,40
H600 1,6ha 100T(80-100m²) 11D	2 €53,40

A12 Ausfahrt 39 Zillertal, B169 nach Zell am Ziller, 4. CP im Zillertal. 106015

Haibach/Schlögen, A-4083 / Oberösterreich

Camping Freizeitanlage Schlögen
Mitterberg 3
27 Mrz - 31 Okt
+43 72 79 82 41
info@freizeitanlage-schloegen.at
N 48°25'24" E 13°52'04"

1 ADEKNOPQRSTU	BEJNWXY 6
2 CEIPQSVWXY	BDEFG 7
3 A	ABCDEFJNQRSUVW 8
4 FHIOSTVX	GHVW 9
5 ACDEGHJL	AHIJKOQ 10
Anzeige auf dieser Seite 16A CEE	1 €37,00
H301 3ha 60T(80m²) 76D	2 €46,00

An der B130 Passau-Linz ca. 6 km an Haibach vorbei. CP liegt links der Straße, direkt an der 'Schlögener Schlinge' an der Donau. 108155

Au an der Donau, A-4332 / Oberösterreich

Camping Au an der Donau
Hafenstraße 1
1 Apr - 30 Sep
+43 7 26 25 30 90
info@camping-audonau.at
N 48°13'40" E 14°34'45"

1 ADEJMOPQRSU	JNSUXYZ 6
2 CIJKLPQWXYZ	ABDEFG 7
3 BFGLMN	ABCDEFJKNQRTW 8
4 FHJ	FGIKVW 9
5 ADEFGHIJKN	ABCGHIJKOQU 10
Anzeige auf dieser Seite B 13A CEE	1 €44,90
H231 2,4ha 50T(65-180m²) 20D	2 €54,90

A1 Salzburg-Wien, Ausfahrt 155 Enns Richtung Mauthausen. Nach der Donaubrücke links halten und den CP-Schildern folgen. Nach 2 km rechts ab nach Au. 112495

Klaffer am Hochficht, A-4163 / Oberösterreich

Camping Böhmerwaldcamp
Seeweg 1
1 Jan - 31 Dez
+43 72 88 63 18
gemeinde@klaffer.ooe.gv.at
N 48°41'51" E 13°52'02"

1 ADEKNOPQRSU	LMN 6
2 BEQVWXYZ	ABFG 7
3 BGL	ABEFJNQRUV 8
4 FHO	ET 9
5 ADHKL	ABGHJKQ 10
W 16A CEE	1 €27,00
H650 1ha 45T(80-100m²) 49D	2 €32,00

A3, Ausfahrt 115 Passau. Hauzenberg-Breitenberg und Aigen folgen. Kurz vor Klaffer dem Schild folgen. 101342

Linz, A-4030 / Oberösterreich

Camping-Linz am Pichlingersee
Wienerstraße 937
15 Mrz - 15 Okt
+43 7 32 30 53 14
office@camping-linz.at
N 48°14'06" E 14°22'43"

1 ADEGJMOPQSTU	LMO 6
2 AEPQWXYZ	ABDEFGH 7
3 AFLM	ABCDEFJLNQRTW 8
4 FH	D 9
5 ABDEHLN	ABGHJKLOQ 10
Anzeige auf dieser Seite B 16A CEE	1 €33,00
H265 2,4ha 110T(80-100m²) 62D	2 €42,00

A1 Richtung Wien, Ausfahrt 160 Asten. Vor Asten Richtung Linz. Nach 2,3 km ist rechts der CP. Ist von der A1 aus gut ausgeschildert. 106108

Eggelsberg, A-5142 / Oberösterreich

Seewirt
Ibm 80
1 Jan - 31 Dez
+43 77 48 23 45
info@camping-seewirt.at
N 48°04'20" E 12°57'19"

1 ADEKNOPRSU	L 6
2 EJQWXY	ABDEFGH 7
3 AM	ABCDEFNQR 8
4 FJ	9
5 ABDFGHKN	ABGIJKMOQUV 10
10-16A CEE	1 €30,90
H426 1ha 40T(70-100m²) 50D	2 €40,90

Von Braunau die B156 bis Eggelsberg, Ibm-See folgen, vor Ibm-See am Restaurant Seewirt links. 106025

Feldkirchen an der Donau, A-4101 / Oberösterreich

Camping Puchner
Golfplatzstrasse 20
1 Mai - 30 Sep
+43 66 44 82 49 00
office@camping-puchner.at
N 48°19'48" E 14°04'24"

1 AFGKNOPQSU	LMNOW 6
2 EIQSXY	ABDEF 7
3 ABKLM	ABDEFJNQRUW 8
4 FHIJ	9
5 ADJKN	ABCHJKORS 10
B 16A	1 €33,60
H300 2ha 30T(80-120m²) 50D	2 €42,80

Die 131 Aschach a.d. Donau Richtung Linz. 3. Ausfahrt Feldkirchen a.d. Donau. Am CP-Schild und 'Badesee' ca. 3 km den CP-Hinweisen folgen. 114594

Mondsee, A-5310 / Oberösterreich

AustriaCamp
St. Lorenz 60
1/1 - 8/1, 6/2 - 26/2, 18/3 - 29/10, 8/12 - 31/12
+43 66 48 32 63 27
booking@austriacamp.at
N 47°49'49" E 13°21'53"

1 DEGHJMOPQRSTU	LMNOPQRSTVWXYZ 6
2 AFIKQWY	ABDEFG 7
3 ABGHLMN	ABCDEFJKNQRT 8
4 AEFHJOQT	LMNPSTW 9
5 ADEFGHJLMN	ABGHIJKLMOSTUY 10
WB 16A CEE	1 €47,00
H500 2ha 105T(50-70m²) 35D	2 €60,00

B154 Mondsee nach St. Gilgen. Nach 5 km links die Schilder 'AustriaCamp' beachten. 101580

Österreich

Mondsee/Tiefgraben, A-5310 / Oberösterreich

Camp MondSeeLand*****
Punzau 21
1 Apr - 2 Okt
+43 62 32 26 00
austria@campmondsee.at

1 ADE**KN**OPQRST**U** BN 6
2 AIQWXY ABDE**FG**HI**J**K 7
3 BF**L**MU ABCDEFIJ**L**NQRTUVW 8
4 BD**E**FHJO F 9
5 ACDFHLMN ABFGHIJKM**O**QUY 10
Anzeige auf dieser Seite B 16A CEE ① €41,50
H500 4ha 120**T**(80-120m²) 83**D** ② €55,30

N 47°52'00'' E 13°18'24''
A1 Salzburg-Wien, Ausfahrt 264 Mondsee. 1. Kreisel Richtung Straßwalchen, am 2. Kreisel 3. Ausfahrt den CP-Schildern folgen.
111074

Pettenbach, A-4643 / Oberösterreich

Almtal Camp
Enengl 1
2 Jan - 20 Dez
+43 66 41 66 40 28
office@almtalcamp.at

1 ADE**KN**OPQRSTU BG 6
2 AIQXYZ AB**CFG** 7
3 BG**HI**M**NR**SV ABCDEFJK**L**NQRTUV 8
4 FHIJO**TUV** UV 9
5 ABDEFHLMN ABGHJKOPQY 10
Anz. auf dieser Seite WB 16A CEE ① €36,00
H250 6ha 100**T**(70-80m²) 400**D** ② €46,00

N 47°59'28'' E 14°01'15''
A9 (Pyhrnautobaan) Ausfahrt 5: Ried im Traunkreis. Richtung Voitsdorf / Pettenbach. Danach den Campingschildern folgen.
124291

St. Wolfgang, A-5360 / Oberösterreich

Appesbach
Au 99
10 Apr - 22 Dez
+43 61 38 22 06
camping@appesbach.at

1 ADE**KN**OPQRSTU L**N**QRST**X**YZ 6
2 FILPQWXY ABCDE**FG**H 7
3 AF**HIL**M**N**U ABCDEFJNQRT 8
4 AFHJO DJNQRTVW 9
5 ACDEFGHKMN ABFGHJKLMOQU 10
Anzeige auf Seite 389 10-16A ① €44,00
H535 2,2ha 100**T**(80-110m²) 56**D** ② €56,00

N 47°43'56'' E 13°27'49''
Straße von Strobl nach St. Wolfgang (600m vor St. Wolfgang).
110299

St. Wolfgang, A-5360 / Oberösterreich

Berau****
Schwarzenbach 16
1 Jan - 31 Dez
+43 61 38 25 43
office@berau.at

1 ADE**KN**OPQRS**U** L**N**QSW 6
2 FIMPQSXYZ BCE**FG** 7
3 BF**L**MU ABCDEFJK**L**NQRTW 8
4 AEFHJO**PRTUVX** GIJNPTVWX 9
5 ACDEGHJLMN AFGHJKOPQUY 10
WB 10A CEE ① €51,20
H520 2ha 160**T**(90m²) 47**D** ② €66,20

N 47°43'50'' E 13°28'42''
Straße von Strobl nach St. Wolfgang, CP an der Straße links, ausgeschildert.
106051

Steyr, A-4400 / Oberösterreich

Camping am Fluss
Kematmullerstr. 1a
1 Jan - 31 Dez
+43 7 25 27 80 08
kontakt@campingamfluss.at

1 AF**KN**OPQS**U** J**N**UX 6
2 CQXY AB**FG** 7
3 A**JN** ABEFJNQ 8
4 HJ 9
5 ADEH ABHJKOQ 10
Anzeige auf dieser Seite 16A ① €29,00
H320 0,5ha 40**T**(80-100m²) 5**D** ② €35,00

N 48°03'34'' E 14°25'57''
An der B122 Bad Hall-Amstetten ist der CP angezeigt. An der Hagerstraße weiter den Schildern folgen.
101343

Teilkarte Oberösterreich auf Seite 387

Unterach (Attersee), A-4866 / Oberösterreich

Insel Camping
Unterburgau 37
1 Mai - 15 Sep
+43 76 65 83 11
camping@inselcamp.at

1 ADEG**KN**OPQSU — JL**N**QSW**X** 6
2 CFIPQSXYZ — ABDE**FG** 7
3 A**NO** — ABCDE**F**NQRT 8
4 AJO — R 9
5 ABDJN — AGHIJKOQ 10
Anzeige auf dieser Seite 10A CEE — ① €32,70
H470 1,8ha 100**T** 40**D** — ② €40,30
N 47°48'03'' E 13°28'56'' — 106056

B151 Mondsee-Seewalchen. Bei km 30,6 rechts. Dann den CP-Schildern folgen.

Abersee/St. Gilgen, A-5342 / Salzburg

Romantik Camp. Wolfgangsee Lindenstrand****
Schwand 19
1 Apr - 15 Okt
+43 62 27 32 05
camping@lindenstrand.at

1 ADE**KN**OPQRSU — L**N**OPQRSTXZ 6
2 FILPQSWXYZ — ABDE**FG** 7
3 ABDF — ABCDEFIJNQRTUVW 8
4 FHJLO — NRVW 9
5 ACDFMN — ABDGHJKOQV 10
Anzeige auf dieser Seite B 12A CEE — ① €39,50
H541 3ha 150**T**(80-100m²) 50**D** — ② €50,50
N 47°44'23'' E 13°24'08'' — 106053

B158 von St. Gilgen nach Strobl, Ausfahrt ausgeschildert in Schwand. Links 4 km nach St. Gilgen.

Salzburg

Abersee/St. Gilgen, A-5342 / Salzburg

Paradiescamp. Wolfgangsee Birkenstrand****
Schwand 17a
1 Apr - 15 Okt
+43 66 49 40 48 79
camp@birkenstrand.at

1 ADE**JM**OPQRSTU — L**N**OPQRSTWX 6
2 FIPQSWXYZ — ABDE**FG**HIK 7
3 AMU — ABCDEFJNQRTUVW 8
4 FH**T** — HNRVW 9
5 ABDEFGJMN — ABDGHJKOSTU 10
B 12A CEE — ① €33,30
H540 1,8ha 110**T**(80-100m²) 27**D** — ② €44,30
N 47°44'21'' E 13°24'02'' — 107669

B158 St. Gilgen-Strobl, 4 km hinter St. Gilgen in Schwand Ausfahrt links, Schildern folgen.

Abersee/St. Gilgen, A-5342 / Salzburg

Seecamping Primus
Schwand 39
28 Apr - 30 Sep
+43 62 27 32 28
info@seecamping-primus.at

1 ADE**KN**OPQRST**U** — L**N**QSW**X**Y 6
2 EIMPQSWXYZ — ABDE**FG** 7
3 B — ABCDE**F**NQRUVW 8
4 FH — N 9
5 D — ABDGJKOQ 10
Anzeige auf dieser Seite 10-16A — ① €33,50
H540 2ha 75**T** 60**D** — ② €41,90
N 47°44'27'' E 13°24'21'' — 106052

B158 von St. Gilgen nach Strobl. Ausfahrt ist beschildert. Schwand, 4 km hinter St. Gilgen. Aufpassen: Vorletzter CP!

Österreich

Österreich

Abtenau, A-5441 / Salzburg

Vitalcamping Oberwötzlhof*****
Erlfeld 37
1 Jan - 31 Dez
+43 62 43 26 98
oberwoetzlhof@sbg.at
N 47°35'10'' E 13°19'29''

1 AKNOPQRSTU	ANUV	6
2 IPQWXYZ	ABDEFGH	7
3 M	ABCDEFIJNQRTUVW	8
4 AEFHO	G	9
5 ABDHJMN	ABEGJKLMOQU	10

W 10A
H686 2ha 50T(80-100m²) 25D
① €45,00 ② €54,00

Von Salzburg Ausfahrt Golling-Abtenau (2,5 km vor Abtenau). Aus Villach hinter dem Tauerntunnel Ausfahrt Eben.

109164

Altenmarkt im Pongau, A-5541 / Salzburg

Camping Glonerbauer
Zauchenseestrasse 89
1 Jan - 31 Dez
+43 66 44 43 29 91
info@glonerbauer.at
N 47°21'57'' E 13°25'25''

1 ADKNOPQRSU		6
2 AIPQRXY	ABFG	7
3 AU	ABEFJKNQTW	8
4 AK	I	9
5 ADHL	AFGHIJKOQU	10

Anzeige auf dieser Seite W 6A
H862 2ha 20T(100m²) 74D
① €25,00 ② €38,00

Den Campingplatz erreicht man über die A10 Ausfahrt Altenmarkt. Er ist nicht ausgeschildert.

123252

Altenmarkt im Pongau, A-5541 / Salzburg

Campingplatz Passrucker
Götschlau 33
1 Jan - 31 Dez
+43 66 44 52 64 70
camping.passrucker@sbg.at
N 47°22'19'' E 13°25'10''

1 AKNOPQSTU	B	6
2 ACIPQSTXYZ	ABDEFGHK	7
3 ALMU	ABCDEFJNQRTV	8
4 EFHJORST	IY	9
5 ABDMN	ABEFGHIJKOQU	10

Anzeige auf dieser Seite WB 13A
H850 1,2ha 80T 21D
① €31,20 ② €44,20

A10, Ausfahrt 63 Knoten Ennstal. Dann B99 Richtung Graz bis Ausfahrt Altenmarkt-West. Bis zur Kirche fahren; den CP-Schildern folgen.

106057

Bad Hofgastein, A-5630 / Salzburg

Camping Bertahof
Vorderschneeberg 112
1 Jan - 31 Dez
+43 64 32 67 01
camping@bertahof.at
N 47°08'39'' E 13°07'11''

1 AKNOPQRSTU	L	6
2 EIPQSWXYZ	ABCDEFGH	7
3 AL	ABCDEFIJNQRTUVW	8
4 EFH		9
5 ADFLMN	ABGHJKMOQ	10

W 16A
H857 2,7ha 50T(100m²) 80D
① €38,50 ② €55,00

A10 Salzburg-Villach, Ausfahrt 46 Bischofshofen. B311 folgen bis Ausfahrt zur B167, nach Bad Gastein, CP 1 km vor Bad Gastein rechts der Straße.

106059

ACSI AWARDS 2022

GEWINNER

Bestes Campingplatz-Restaurant Österreich

Camping Bertahof

Abersee/St. Gilgen, A-5342 / Salzburg

CC€23

Seecamping Wolfgangblick
Seestraße 115
22 Apr - 30 Sep
+43 65 05 93 42 97
camping@wolfgangblick.at
N 47°44'14'' E 13°25'58''

1 ADEJMOPQRSTU	LNQSWXZ	6
2 FILMPQSWXYZ	BEFG	7
3 AL	ABDEFNQRT	8
4 FH		9
5 ABDEFHN	ABHJKLOQ	10

Anzeige auf dieser Seite 12A
H550 2,2ha 80T(70-95m²) 46D
① €39,00 ② €48,80

B158 von St. Gilgen nach Strobl, bei Km-Pfahl 34 Ausfahrt Abersee nehmen. Ausgeschildert.

106054

Bruck, A-5671 / Salzburg

Sportcamp Woferlgut****
Krössenbach 40
1 Jan - 31 Dez
+43 6 54 57 30 30
info@sportcamp.at
N 47°17'01'' E 12°49'00''

1 ADEKNOPQRSTU	AEFHILNX	6
2 DFIKPQSWXYZ	ABCDEFG	7
3 ABDEFGHJLMNUWX	ABCDEFGHIJKLNQRTUVW	8
4 ABCDEFHIJLOPQRSTUVX	DEILUV	9
5 ACDEFGHJLM	ABCEGHJKOPQWY	10

Anzeige auf Seite 391 WB 16A CEE
H757 18ha 450T(100-180m²) 138D
① €52,20 ② €71,90

Ohne Vignette über die A8 (München-Salzburg), Ausfahrt Siegsdorf, dann Richtung Inzell, Lofer, Zell am See Richtung Bruck und den CP-Schildern folgen.

106035

CampingCard ACSI, gut zu wissen

- Nur gültig auf teilnehmenden CampingCard ACSI-Campingplätzen
- Nur gültig in den mit dem Campingplatz vereinbarten Akzeptanzzeiträumen
- Zusatzkosten nicht inbegriffen
- Begrenzte Anzahl von Stellplätzen verfügbar

Teilkarte Salzburg auf Seite 389

Kaprun, A-5710 / Salzburg

Mühle Kaprun
Umfahrungsstr. 5
1 Jan - 31 Dez
+43 65 47 82 54
office@campkaprun.at

1	AE**KN**OPQRSTU	BG**N**	6
2	BCPQSTWYZ	ABDE**FG**	7
3	A**L**MUX	ABCDEFJNQRUVW	8
4	FHIJOQ**STVX**	GL	9
5	ABDEFHJKLMN	AFGHJKOQ	10

W 16A
H731 1,5ha 70**T**(80-120m²) 60**D**
① €32,70
② €44,70

N 47°15'51'' E 12°44'44''

109163

Ohne Vignette über die A8 München-Salzburg, Ausfahrt Siegsdorf ('Kleines deutsches Eck'), dann Richtung Inzell, Lofer, Zell am See, Kaprun. Durch den Tunnel und dann komt der Camping nach ca. 1 km links (scharfe Kurve).

Maishofen, A-5751 / Salzburg

Bad Neunbrunnen am Waldsee
Neunbrunnen 56
13 Mai - 20 Okt
+43 6 54 26 85 48
camping@neunbrunnen.at

1	AFG**KN**OPQRSTU	L**N**	6
2	BEIQTXY	ABDE**FG**H	7
3	A**L**M	ABCDEFHJKNPQRW	8
4	FHIJ		9
5	ADFGHLMN	ABGHJKOQ	10

B 16A CEE
H786 3ha 60**T**(50-110m²) 80**D**
① €33,70
② €41,90

N 47°22'40'' E 12°47'43''

106030

Ohne Vignette ab der A8 München-Salzburg. Ausfahrt Siegsdorf, dann die B306 Richtung Inzell, Lofer und Zell am See. In Maishofen vor dem Tunnel Richtung Camping der Beschilderung folgen.

Mauterndorf, A-5570 / Salzburg

CC€23

Camping Mauterndorf****
Markt 145
1 Jan - 31 Dez
+43 6 47 27 20 23
info@camping-mauterndorf.at

1	ADE**KN**OPQRSTU	B	6
2	ACIPQSTVWXY	AB**CFG**	7
3	AB**L**U	ABCDEFJKNQR**S**TUVW	8
4	BFHIJOR**TVX**	EGIJUVW	9
5	ABDFGHJLMN	ABEGHKOPQ	10

Anz. auf dieser Seite WB 12A CEE
H1160 2,5ha 163**T**(65-100m²) 36**D**
① €36,00
② €48,00

N 47°08'35'' E 13°39'53''

111964

A10, Ausfahrt St. Michael im Lungau, Richtung Mauterndorf. B99 Erlebnisberg Großeck-Speiereck. CP liegt an der B99 nach 1,5 km auf der linken Seite.

Teilkarte Salzburg auf Seite 389

Radstadt, A-5550 / Salzburg

Camping Forellencamp
Gaismairallee 51
1 Jan - 31 Dez
+43 67 63 34 89 60
info@forellencamp.com
N 47°22'59" E 13°26'55"

1 ADEKNOPQSTU 6
2 AIQRXY ABFG 7
3 AL ABEFJNQRT 8
4 FHJO 9
5 ABDLN AHJKOQ 10
Anzeige auf dieser Seite W 16A CEE ① €26,00
H856 1ha 20T(100m²) 90D ② €32,60

A10, Ausfahrt 63 Richtung Radstadt B99 und kurz vor Radstadt Schildern folgen. 110802

Obertrum, A-5162 / Salzburg

Strandcamping Oitner
Seestraße 18
1 Mai - 30 Sep
+43 62 19 64 42
info@oitner-urlaubamsee.at
N 47°56'33" E 13°04'09"

1 ADGKNOPQRSU LNQS 6
2 FIPQUWXY ABDEFG 7
3 A ABEFNQR 8
4 FH IMPQT 9
5 ADEFHJN ABHJKOQ 10
12A ① €33,00
H480 1ha 35T(70-90m²) 34D ② €42,00

L102 von Obertrum Richtung Seeham. CP 1 km außerhalb des Ortskerns an der Straße. 106026

Rauris, A-5661 / Salzburg

Nationalpark Cp. Andrelwirt
Dorfstraße 19
1 Jan - 31 Dez
+43 65 44 71 68
camping@andrelwirt.at
N 47°11'51" E 12°58'35"

1 ADEKNOPQRSTU FNU 6
2 DIPQSWXY ABDEFGH 7
3 AFGMUVWX ABCDEFGHJNQRTW 8
4 AEFHIJOQT GLNUVW 9
5 ABDFHJKLMN ABEHJKOPQV 10
Anzeige auf dieser Seite W 16A CEE ① €36,35
H966 1,8ha 70T(80-120m²) 50D ② €46,35

B311 Zell am See-Bischofshofen, Ausfahrt Rauris. CP ist 4 km hinter Rauris in Wörth gut ausgeschildert. 107674

Salzburg, A-5026 / Salzburg

Schloss Aigen Salzburg
Weberbartlweg 20
1 Mai - 30 Sep
+43 6 62 63 30 89
camping.aigen@elsnet.at
N 47°46'48" E 13°05'26"

1 ADEKNOPQRSTU 6
2 ABCIQXYZ ABFG 7
3 ALM ABEFNQR 8
4 FHJ 9
5 ABDEFGIJKN AGJKMOQV 10
Anzeige auf Seite 393 16A CEE €27,00
H420 2,5ha 120T €35,00

A10 Salzburg-Villach Ausfahrt Salzburg-Süd, Richtung Anif/Glasenbach/Aigen. Den Schildern 'Camping Aigen' folgen. 106028

Salzburg-Nord, A-5023 / Salzburg

Camping Nord-Sam****
Samstraße 22a
1/1 - 8/1, 1/4 - 15/10, 7/12 - 10/12, 27/12 - 31/12
+43 6 62 66 04 94
office@camping-nord-sam.com
N 47°49'38" E 13°03'45"

1 AEKNOPQRSTU B 6
2 APQRSUWXYZ ABDEFGH 7
3 AL ABCDEFJNQRTW 8
4 AFHJ UV 9
5 ABDHJN ABGHLOQ 10
Anzeige auf Seite 393 10A CEE ① €47,40
H441 1,3ha 100T(80-120m²) ② €63,40

A1 München-Wien, Ausfahrt 288 Salzburg-Nord. Nach 1. Ampel links voreinordnen und den CP-Schildern folgen. 500m bis zum CP. 101579

Radstadt, A-5550 / Salzburg

Tauern Camping
Schloßstraße 17
1/1 - 31/10, 1/12 - 31/12
+43 64 52 42 15
info@tauerncamping.at
N 47°23'15" E 13°27'40"

1 AKNOPQSTU 6
2 APQSVXY BEFGH 7
3 AIJLMNO ABEFJNQRT 8
4 FHK 9
5 ABDLMN AEHJKOQ 10
Anzeige auf dieser Seite W 10A CEE ① €29,10
H850 1,8ha 30T(80m²) 60D ② €38,10

A10, Ausfahrt 63 Richtung Radstadt B99. Nach 6 km rechts Radstadt-West. Nach 300m links. CP ist ausgeschildert. 108167

Salzburg-Nord, A-5020 / Salzburg

Panoramacamping Stadtblick
Rauchenbichlerstraße 21
1/1 - 8/1, 20/3 - 5/11, 1/12 - 10/12, 27/12 - 31/12
+43 6 62 45 06 52
info@panorama-camping.at
N 47°49'44" E 13°03'07"

1 AFJMOPQRSTU 6
2 ABIQSTVWXY ABDEFGH 7
3 AFL ABDEFNQRTUVW 8
4 AFHJ I 9
5 ABDEKLMN ABGHKOQ 10
Anzeige auf Seite 393 B 6A ① €40,00
H480 0,8ha 70T(40-80m²) 8D ② €52,00

A1 Salzburg-Wien Ausfahrt Salzburg-Nord. Gleich rechts. Den Schildern 'CP Stadtblick' folgen (an erster Ampel nach Ausfahrt rechts). 106027

Seekirchen, A-5201 / Salzburg

CC€23

Seekirchen am Wallersee
Seestraße 2
1 Apr - 31 Okt
+43 62 12 40 88
info@camping-seekirchen.at
N 47°54'11" E 13°08'30"

1 ADEKNOPQRSTU HLMNQRSTX 6
2 FIJLPQSWXY ABDEFG 7
3 BFGLMV ABCDEFJNQRTW 8
4 FHJ MNPQRTUVW 9
5 ABDEFHJKMN ABCGHJKOQY 10
Anzeige auf dieser Seite B 16A ① €[illegible]7,00
H510 1,5ha 30T(80-110m²) 70D ② €[illegible]7,00

Von Seekirchen nach Neumarkt, Abf. Zell am Wallersee. Nach 2 km in Ri. Schloss Seeburg, dann CP Schildern folgen. Oder: Straße Salzburg-Seekirchen, ab Seekirchen Bahnhof der Bahnstraße bis zum CP am See folgen. 10[illegible]048

Teilkarte Salzburg auf Seite 389

CAMPING NORD-SAM

DIE GRÜNE OASE DER MOZARTSTADT

Salzburg

★★★★

3km zur Altstadt • in 20 min. ist man mit Bus oder Rad im Zentrum • W-LAN
Busstop direkt am Platz • einzigartige parzellierte Parkanlage • Minimarket
Preise inkl. Wamwasserdusche und Swimming Pool • Infopoint & Kartenbüro

www.camping-nord-sam.com • Samstraße 22a, A-5023 Salzburg, +43 662/660494

St. Johann im Pongau, A-5600 / Salzburg

Kastenhof
Kastenhofweg 6
1 Jan - 31 Dez
+43 64 12 54 90
info@kastenhof.at

1	AEKNOPQSTU	**N**	6
2	CIPQSWXYZ	ABDE**FGH**	7
3	AB**IL**MSU	ABE**F**JNQRT	8
4	FHJO**RSTV**	GI	9
5	ABDMN	ABEFGHIJKLNQU	10

Anz. auf dieser Seite WB 15A CEE — ① €39,00
H600 2ha 40**T**(80m²) 81**D** — ② €47,00

N 47°20'29" E 13°11'53" — 106058

A10, Ausfahrt 46 Bischofshofen, Ri. Zell am See B311 bis Ausfahrt St. Johann im Pongau/Grossarl/Hüttschlag. Unter Bahnunterführung hindurch, über die Brücke, erste Straße links, nach 150m Eingang.

Camping Kastenhof

In der Nähe vom Stadtzentrum St. Johann (500m) und direkt in der bekannten Salzburger Sportwelt 'Amadé' liegt für Sommer- und Wintergäste der **Camping Kastenhof**. Herrliche Rad- und Wanderwege und gratis Skibus im Winter. Wir vermieten auch Appartements und Zimmer mit Frühstück. 'Wellness Oase' mit Sauna, Sonnenbank, Dampfbad und Infrarotsauna.

Fam. Weissacher • Kastenhofweg 6, 5600 St. Johann im Pongau
Tel. und Fax 06412-5490 • E-Mail: info@kastenhof.at
Internet: www.kastenhof.at

Österreich

CAMPING SCHLOSS AIGEN SALZBURG

Camping Salzburg Aigen liegt am südöstlichen Rand der 'Festspielstadt' Salzburg, am Waldrand des Aigen Parks.
Der Platz hat einfaches, sauberes Sanitär und ein Restaurant mit einer Karte zu vernünftigen Preisen. Ein großes Grasfeld, teilweise mit Schatten von hohen Birken, auf dem man selbst seinen Platz aussuchen kann. Auf dem etwas höher angelegten Teil gibt es auch noch stille Eckchen.
Von diesem Camping aus, der sowohl in, als auch bei Salzburg liegt, ist man in wenigen Minuten in der Stadt. Mit dem öffentlichen Nahverkehr (Tickets auf allen Buslinien 24 Stunden gültig) kommt man ohne Parkprobleme in die 'Altstadt' (Haltestelle in 500m, alle 10 Minuten Verbindung).
Einige Sehenswürdigkeiten: das Geburtshaus von Mozart, Festung Hohensalzburg (eine herrliche Wanderung, aber auch mit dem Lift erreichbar), die Residenz, der Dom ('kleiner St. Peter'), die Franziskanerkirche, der St. Peters Friedhof mit den Katakomben, die alte Geschäftsgassen Getreidegasse, Judengasse und Goldgasse und das Lustschloss Hellbrunn.
Angenehmer Zwischenstop für ein paar Tage auf der Reise in den Süden.

Weberbartlweg 20, 5026 Salzburg • Tel. 0662-633089 / 627923
Internet: www.campingaigen.com

St. Johann im Pongau, A-5600 / Salzburg

Camping Wieshof
Wieshofgasse 8
1 Jan - 31 Dez
+43 64 12 85 19
info@camping-wieshof.at

1	A**KN**OPQSTU		6
2	AISUVWXY	ABDE**FG**IJ	7
3	A**L**	ABCDE**F**JNQR	8
4	FHJ**TU**	I	9
5	ABD	ABGHIKOQ	10

Anz. auf dieser Seite WB 16A CEE — ① €38,00
H600 1,5ha 70**T**(70-100m²) 60**D** — ② €52,00

N 47°20'45" E 13°11'32" — 109800

Über A10 Salzburg-Villach, Ausfahrt 47, B311 Richtung Zell am See bis St. Johann im Pongau. CP-Schild rechts der Straße.

Ruhig und sonnseitig gelegen am Stadtrand von Sankt Johann, Terrassencamping für Caravans und Wohnmobile, Komfort-Stellplätze ca. 70 - 90 m² (auf Wunsch Luxusplätze mit über 100 m²!), Stromanschluss 16 Ampere, WLAN am gesamten Platz, Waschräume mit Einzelwaschkabinen, Abwaschen, moderne Waschküche (2 Waschmaschinen, 2 Trockner) Skiraum, Skibushaltestelle.
Wieshofgasse 8, 5600 St. Johann im Pongau
Internet: www.wieshof-stjohann.com

Panoramacamping Stadtblick ★★★★

5 Minuten zum Bus, direkter Radweg ins Stadtzentrum, beste Lage für den Besuch von Salzburg und Umgebung. Ausgezeichnete Küche, WLAN, Waschmaschine und Trockner, Laden mit täglich frischem Brot und großer Spielplatz nebenan. Apartments und Zimmer für 2 bis 5 Personen.

Rauchenbichlerstraße 21, 5020 Salzburg-Nord • Tel. +43 662450652
E-Mail: info@panorama-camping.at • Internet: www.panorama-camping.at

Teilkarte Salzburg auf Seite 389

St. Martin bei Lofer, A-5092 / Salzburg

Grubhof*****
St. Martin 39
1/1 - 11/4, 28/4 - 5/11, 15/12 - 31/12
+43 6 58 88 23 70
home@grubhof.com
N 47°34'27'' E 12°42'21''

1 ADE**KN**OPQRST**U** — J**N**UVX 6
2 DIPQSTWXYZ — ABDE**FG**H 7
3 BEF**L**MU — ABCDEFGIJ**L**NQRSTUVW 8
4 BEFGHJO**P**Q**RSTVXYZ** — FIJRUVW 9
5 ACDEFGHJKLMN — ABFGHIJKL**O**PQV 10

Anz. auf dieser S. WB 10-16A CEE — ① €49,00
H650 10ha 235**T**(bis 180m²) 31**D** — ② €67,00

Von der B312 in Lofer Ausfahrt Richtung Zell am See B311, nach 1 km links, CP ausgeschildert. — 101078

St. Veit im Pongau, A-5621 / Salzburg

Sonnenterrassencamping St.Veit im Pongau****
Bichlwirt 12
1 Jan - 31 Dez
+43 6 41 55 73 33
office@camping-stveit.at
N 47°19'30'' E 13°10'02''

1 AC**KN**OPQSTU — 6
2 IPQSTVWXY — ABE**FG**H 7
3 AB**L**M — ABCDEFJKNQRTUVW 8
4 **A**EFHJKO**P** — 9
5 ABDEFMN — ABEGHKLMOQV 10

Anzeige auf dieser Seite W 16A CEE — €25,00
H630 2ha 44**T**(80-100m²) 60**D** — €37,00

A10, Ausfahrt 46 Bischofshofen. Dann die B311 Richtung Zell am See über St. Johann im Pongau bis zur Ausfahrt St. Veit. CP nach 500m rechts von der Strecke. — 111712

Zell am See, A-5700 / Salzburg

Panorama Camp Zell am See
Seeuferstraße 196
1/1 - 8/1, 1/2 - 22/10, 22/12 - 31/12
+43 6 54 25 62 28
info@panoramacamp.at
N 47°18'07'' E 12°48'57''

1 ADEG**KN**OPQRSTU — MPQU 6
2 IPQSWXYZ — ABCE**FG** 7
3 A**L**MUX — ABEFHJNPQRTUVW 8
4 FGHIJO — IVY 9
5 ABDGJMN — ABEGHJKOQU 10

Anz. auf dieser Seite W 16A CEE — ① €37,00
H756 1ha 85**T**(70-90m²) 5**D** — ② €47,00

Keine Vignette. Von Lofer Richtung Zell am See, nicht in den Tunnel hineinfahren. Ausfahrt Thumersbach. CP am Südufer, nach 6 km rechts. — 106034

Durchreisecampingplätze

In diesem Führer finden Sie eine handliche Karte mit Campingplätzen an den wichtigen Durchgangsstrecken zu Ihrem Ferienziel. Durch die Farbe des jeweiligen Zeltchens können Sie erkennen, ob dieser Platz ganzjährig geöffnet ist oder nicht. Darüber hinaus gibt es für jeden Platz auch noch eine kurze redaktionelle Beschreibung, inklusive Routenbeschreibung und Öffnungszeiten.

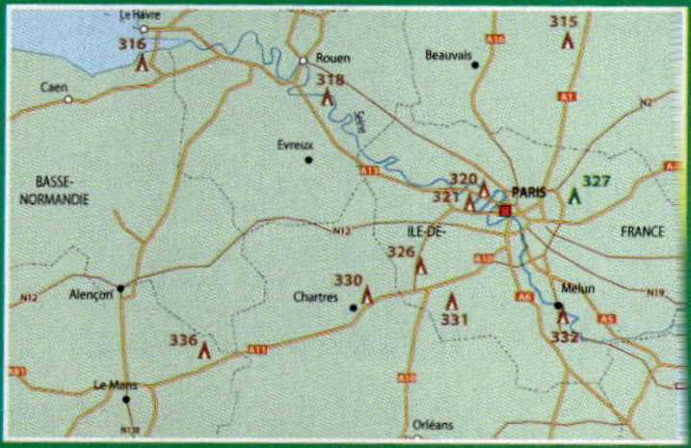

Afritz am See, A-9542 / Kärnten

Bodner
Seestraße 27
1 Mai - 30 Sep
+43 42 47 25 79
office@camping-bodner.at

1 ABK**N**OPQRSU	L**N**OQSX	6
2 FIPQSVXY	A**B**D**EF**	7
3 AM**N**	ABCDEFNQRT	8
4 FH	Q	9
5 ABDEFMN	ABJKMOQ	10

Anzeige auf dieser Seite 6A
H700 1,2ha 60**T** 20**D**
❶ €31,10
❷ €41,10

N 46°44'13" E 13°46'08"

A10 Salzburg-Villach, Ausfahrt Spittal/Millstätter See, B98 Richtung Radenthein, dort rechts der B98 folgen, dann den CP-Schildern bei Afritzer See folgen.

106105

Afritz am See, A-9542 / Kärnten

Fischerhof Glinzner - Afritzer See
Seestraße 28
1 Jan - 31 Dez
+43 42 47 21 33
info@glinzner.at

1 ADE**KN**OPQRSTU	L**N**OQRSTXZ	6
2 FIJPQSVXY	ABDE**FG**	7
3 AF**HI**M**NO**	ABCDEFJNQRTW	8
4 AEFHIJO**PQ**	GIJKMPQRTUVWY	9
5 ABDEFJLMN	ABFGHIJKLMOQ	10

WB 12A
H750 1,5ha 150**T**(80-100m²) 41**D**
€35,60
€49,60

N 46°44'14" E 13°46'13"

A10 Salzburg-Villach, Ausfahrt Spittal/Millstätter See, B98 Richtung Radenthein, dort rechts der B98 folgen, den CP-Schildern beim Afritzer See folgen.

106104

Teilkarte Kärnten auf Seite 396 und 397

Berg im Drautal, A-9771 / Kärnten

Camping Berggruss
Nr. 49
1 Mai - 30 Sep
+43 65 08 88 11 59
camping.berggruss@aon.at

1	A**KN**OPQSTU	AU	6
2	BCIPQXYZ	ABDE**F**	7
3	BG**L**M	ABE**F**JNQR	8
4	FHJ		9
5	ABDEGN	ABIJKMOQU	10

Anzeige auf Seite 396 10A
H650 1,2ha 50**T**(100m²)
① €27,00
② €35,00

N 46°44'26'' E 13°07'56''
101585

A10 Salzburg-Villach, Ausfahrt 139 Spittal/Millstätter See, B100 Richtung Lienz. CP Berggruss befindet sich an der B100 in Berg im Drautal, links der Straße.

Dellach im Drautal, A-9772 / Kärnten

CC€21

Camping Am Waldbad
Rassnig 8
15 Apr - 1 Okt
+43 4 71 42 88
info@camping-waldbad.at

1	ADE**KN**OPQRSTU	BGHIJ**N**UX	6
2	BCIPQSWXYZ	ABDE**FG**	7
3	ABEFG**L**M**Q**S	ABCDEFGHIKNPQRTUW	8
4	BCEFHIJLO**X**	AENRUVW	9
5	ABDEFGHJKLM	ABDGHIJKMOQY	10

Anzeige auf Seite 396 B 10-16A CEE
H618 3ha 200**T**(70-120m²) 38**D**
① €35,00
② €53,40

N 46°43'54'' E 13°04'41''
106043

2 Strecken möglich: 1) die B100 Spittal-Lienz. 2) Mittersill-Felbertauerntunnel-Lienz-Dellach im Drautal. Inerorts scharfe Kurve, Camping angezeigt.

Teilkarte Kärnten auf Seite 396 und 397

Döbriach, A-9873 / Kärnten iD

Burgstaller Komfort Cp Park
Seefeldstraße 16
31 Mrz - 1 Nov
+43 42 46 77 74
info@burgstaller.co.at
N 46°46'12" E 13°38'53"

1	ACDEKNOPQRSTU	LMNOPQRSTWXZ	6
2	EIJQSWXYZ	ABCDEFGHI	7
3	BDEFGHIJLMNORSTVW	ABCDEFGHIJKNPQRTUVW	8
4	ABDEFGHIJLMOPSTX	DEIMPQRTUVW	9
5	ACDEFGHLMN	ABEFGHIJKORSXY	10

Anz. auf S. 399+Umschl. B 6-10A CEE ① €55,00
H580 12ha 570T(65-120m²) 74D ② €64,00
101586

A10 Salzburg-Villach, Ausfahrt 139 Millstätter See (Ausfahrt li.). An der Ampel links B98 Ri. Radenthein. Nach ca. 12 km rechts Ri. Döbriach-See. Von Süden Ausfahrt 178 Villach/Ossiacher See Ri. Millstätter See.

Döbriach, A-9873 / Kärnten CC€2 iD

Brunner am See
Glanzerstraße 108
1 Jan - 31 Dez
+43 42 46 71 89
info@camping-brunner.at
N 46°46'04" E 13°38'53"

1	ACDEILOPQRSTU	LNOPQRSTUVW	6
2	CEIJKPQRSTWXY	ABCDEFGH	7
3	BDFGJLMNOUW	ABCDEFGHIJKNPQRTUVW	8
4	ABCEFGHJLOT	IJUVW	9
5	ACDFGHKLMN	ABDGHIKMOPSUY	10

Anzeige auf dieser Seite WB 6A CEE ① €50,10
H580 3,5ha 215T(60-107m²) 12D ② €66,50
101588

A10 Salzburg-Villach, Ausf. 139 Millstätter See. Ampel links, B98 Ri. Radenthein. Nach 12 km rechts Ri. Döbriach-See. Nach ca 1,5 km beim ADEG-Markt rechts. Von S: Ausf. 178 Villach-Ossiacher See Ri. Millstätter See.

ACSI AWARDS 2022

GEWINNER

Bester Campingplatz Österreich

Burgstaller Komfort Cp Park

ACSI AWARDS 2022

GEWINNER

Campingplatz mit der schönsten Lage Österreich

Camping Brunner am See

Teilkarte Kärnten auf Seite 396 und 397

Kärnten
Millstätter See
Komfort-
Campingpark
Burgstaller
am Millstätter See
Find us on: facebook
GRATIS DOWNLOAD:
Der Burgstaller-Song und der Burgstaller-Kids-Song als MP3 auf unserer Homepage!!!
TOP CAMPING AUSTRIA
9873 Döbriach - Seefeldstr.16 - Kärnten - Österreich
0043 4246 7774
0043 4246 77744
info@burgstaller.co.at
www.burgstaller.co.at
Europas fantastischstes Sanitärgebäude
mit Kinderbereich im U-Boot, Bällebad, Indoor-Spielplatz, Jugendraum, Kino u.v.m. - alle Infos auf unserer Homepage!
U-64
Unser aktuelles Video jetzt auf YouTube
ES ZÄHLT NICHT, WOHER DU KOMMST. WICHTIG IST, WOHIN DU GEHST...!
Pensionisten-Sonderpreis:
€ 22.90
in der Nebensaison inkl. 2 Pensionisten und Normalplatz, exkl. Ortstaxe
TOPI Club
DER KINDERCLUB VON TOP CAMPING AUSTRIA
Der Rest steht auf einer anderen Seite: www.burgstaller.co.at

Durch Hecken und Bäume getrennte Stellplätze mit Strom, Abwasserentsorgung und TV. Moderne Sanitäranlagen, großer Supermarkt und Selbstbedienungsrestaurant.

Seeufer-Landesstraße 53, 9583 Faak am See
Tel. +43 6645287565 • E-Mail: camping@arneitz.at
Internet: www.camping-arneitz.at

Döbriach, A-9873 / Kärnten

Schwimmbad Camp. Mössler****
Glanzerstraße 24
8 Apr - 2 Nov
+43 42 46 77 35
camping@moessler.at

1 ADEH**KN**OPQRSTU BG**N**OPQRSTUWX**Z** 6
2 CIQSWXYZ AB**C**DE**FG**H 7
3 BDFGI**L**M**NO**T ABCDEFJKNPQRTUVW 8
4 **A**BDEFGHIJO**P**QT**XZ** DEILUVZ 9
5 ABDFJLMNO ABEGHJKOQ 10
Anzeige auf dieser Seite B 16A CEE ① €50,30
H580 4ha 192**T**(70-100m²) 40**D** ② €68,00

N 46°46'28'' E 13°39'20''

A10 Salzburg-Villach, Ausf. Millstätter See (Ausf. links), an der Ampel links, B98 Ri. Radenthein, nach ca. 12 km rechts Ri. Döbriach-See. Nach 1,5 km links. Von Süden Ausf. 178 Villach/Ossiacher See Ri. Millstätter See. 106100

Döbriach, A-9873 / Kärnten

CC€21

Seecamping Mössler
Seefeldstraße 1
8 Apr - 2 Nov
+43 42 46 73 10
camping@moessler.at

1 ADE**KN**OPQRSTU BGLM**N**OPQRSTW**XZ** 6
2 CEIJKQSWXY AB**C**DE**FG**H 7
3 ABG**H**I**L**MT ABCDEFJKNPQRTUVW 8
4 **A**BEFHIO**P** DEZ 9
5 ACDFGLMN ABCDEHIJKORS 10
Anzeige auf dieser Seite B 16A ① €54,20
H580 1ha 72**T**(70-100m²) 11**D** ② €71,80

N 46°46'07'' E 13°38'58''

A10 Salzburg-Villach. Ausf. 139 Millstätter See. An der Ampel li. B98 Ri. Radenthein. Nach ca. 12 km re. Ri. Döbriach-See. Nach ca. 1,5 km CP re. Von Süden Ausf. 178 Villach-Ossiachersee Ri. Millstätter See. 101587

Eberndorf, A-9141 / Kärnten

CC€23

Naturisten Feriendorf Rutar Lido
Lido 1
1 Jan - 31 Dez
+43 42 36 22 62
fkkurlaub@rutarlido.at

1 ADEG**KN**OPQRSTU BEGLM**N** 6
2 EIKQWXYZ ABDE**FG**H 7
3 A**L**MST ABCDEFHIJ**M**NPQRUVW 8
4 **A**EFGHJO**Q**R**T**U**X** EGHIJWZ 9
5 ACDEFJLMN**O** ADGHIJKMOQUW 10
Anz. auf Seite 407 W**FKK**B 16A CEE ① €42,30
H447 15ha 228**T**(70-140m²) 140**D** ② €57,50

N 46°35'02'' E 14°37'34''

A2 von Klagenfurt Ausfahrt 298 Grafenstein links, B70 Richtung Graz. Nach 4 km rechts nach Tainach, Eberndorf, Rutar Lido. Von Graz A2, Ausfahrt 278 Völkermarkt-Ost. 100890

Faak am See, A-9583 / Kärnten

Anderwald
Strand Nord 4
1 Apr - 3 Nov
+43 42 54 22 97
office@campinganderwald.at

1 ADE**KN**OPQRSTU L**N**OPQSX 6
2 ABFIJKMPRSXYZ BE**FG**H 7
3 A**L**M BDFGJKNQRTW 8
4 ABDEFGHIJLO**PQ** 9
5 ABDFGJLN ABGHIJKMOQY 10
B 16A ① €50,00
H590 3,6ha 190**T**(80-100m²) ② €60,00

N 46°34'24'' E 13°56'07''

A10 Salzburg-Villach, Ausfahrt Faaker See. CP an der Straße von Faak nach Egg auf der linken Seite. 101358

Faak am See, A-9583 / Kärnten

CC€23

Arneitz
Seeufer-Landesstraße 53
27 Apr - 30 Sep
+43 66 45 28 75 65
camping@arneitz.at

1 AEG**J**LOPQSTU HLM**N**QRST**X**Z 6
2 AFILMPQRTWXYZ AB**C**DE**FG**H 7
3 ABDF**L**M**NO**UV ABCDEFGIJKNPQRTUVW 8
4 ABEFHIJLMO**P**Z L 9
5 ACDFGHIJLN**O** AEGHIJKMOQY 10
Anzeige auf dieser Seite B 16A CEE ① €44,00
H565 6,5ha 400**T**(60-120m²) ② €63,00

N 46°34'28'' E 13°56'08''

A10 Salzburg-Villach, dann A2 oder A11, Ausfahrt Faaker See. Erster Camping rechts Richtung Egg. 106118

Faak am See, A-9583 / Kärnten

Gruber
Strand Nord 3
1 Mai - 16 Sep
+43 42 54 22 98
gruber@strandcamping.at

1 ABDE**KN**OPQRSTU L**N**PQSV**X**YZ 6
2 ABFIJKPQRSTWXYZ ABDE**FG** 7
3 ABDFM ABCDEFIJKNQR**S**TW 8
4 ABCDEFHIO ENQT 9
5 ABDEFGL**N**O ABGHIJKLMOPQUY 10
B 16A ① €46,00
H500 2,6ha 140**T**(80-100m²) 29**D** ② €60,00

N 46°34'24'' E 13°56'04''

A10 Salzburg-Villach, Ausfahrt Faaker See. In Drobollach Richtung Egg, dann Richtung Faak (dritter CP rechts). 100888

Faak am See, A-9583 / Kärnten

Familien-Erlebnis Camping Poglitsch
Kirchenweg 19
15 Apr - 15 Okt
+43 42 54 27 18
poglitsch@kindercamping.at

1 AEG**KN**OPQRST**U** HLNX 6
2 AEIKPQSXYZ ABDE**FG**H 7
3 BDF**HL**M**NO**S ABCDEFJNQRTUV 8
4 **A**BEFHIJLMO**P** DEQRUVZ 9
5 ACDEFGIJKLN ABGHIJKLMOPQUW 10
B 16A CEE ① €43,50
H500 7ha 230**T** 19**D** ② €58,50

N 46°34'11'' E 13°54'25''

A10 Salzburg-Villach, Ausfahrt Faaker See. In Drobrollach scharfe Kurve rechts Richtung Faak. Der CP liegt in Faak. Ausgeschildert. 106120

CampingCard ACSI, gut zu wissen

Nur gültig auf teilnehmenden CampingCard ACSI-Campingplätzen

Nur gültig in den mit dem Campingplatz vereinbarten Akzeptanzzeiträumen

Zusatzkosten nicht inbegriffen

Begrenzte Anzahl von Stellplätzen verfügbar

3		8		7		2		1
				4				
5			3		6			8
		2				5		
4	9						8	3
		7				9		
6			9		2			7
				5				
9		3		1		8		4

Dieses Sudoku sponserte Ihnen Seecamping Mössler, Schwimmbad Camping Mössler und www.sudokuhints.com.

Besuchen Sie uns online auf www.moessler.at oder offline in Döbriach am Millstätter See.

Wir freuen uns auf Ihren Besuch.
Ihre Familie Mössler und Team.

Mit dem ausgefüllten Sudoku bekommen Sie als Neukunde 10 Euro Rabatt.

Teilkarte Kärnten auf Seite 396 und 397

Feistritz im Rosental, A-9181 / Kärnten

CC€23 iD

- Juritz
- Campingstraße
- 1 Mai - 30 Sep
- +43 42 28 21 15
- office@camping-juritz.com

1 AEHKNOPQRSTU	C	6
2 AIPQSXY	ABCDEFG	7
3 AGMUV	BDFIJNQRT	8
4 BCEFHIJO		9
5 ADFHLN	ABDGJKMOQU	10

Anzeige auf dieser Seite B 10-16A — ❶ €32,50
H500 3ha 90T — ❷ €45,50

N 46°31'31" E 14°09'38" — 101034

Villach, Karawankentunnel (SLO) Ausfahrt St. Jakob im Rosental. Richtung Feistritz (Schildern folgen und nicht dem GPS/Navi).

Greifenburg, A-9761 / Kärnten

iD

- Fliegercamp Franz Mandl
- Seeweg 333
- 1 Apr - 30 Okt
- +43 47 12 86 66
- info@fliegercamp.at

1 AKNOPQSTU	L	6
2 EIQSWXY	ABDEFG	7
3 ABGHLM	ABCDEFNQRT	8
4 FHJO	GIUV	9
5 ABDEFGLMN	AEGHJKLOQ	10

Anzeige auf dieser Seite B 12A CEE — ❶ €29,70
H580 5ha 140T(80m²) 11D — ❷ €43,70

N 46°44'51" E 13°11'40" — 108170

A10 Salzburg-Villach, Ausfahrt B100 Richtung Lienz, kurz vor Greifenburg Schildern links 'Badesee' und 'Camping' folgen.

Österreich

Feistritz ob Bleiburg, A-9143 / Kärnten

CC€19 iD

- Petzencamping Pirkdorfer See
- Pirkdorf 29
- 1 Jan - 31 Dez
- +43 4 23 03 21
- info@pirkdorfersee.at

1 ADEKNOPQSTU	LN	6
2 EIKPQWX	ABDEFGH	7
3 AFGMT	ABCDEFHJNPQRTU	8
4 ABFHJO	CGJNTW	9
5 ADFJLMN	ABHIJKOQV	10

Anzeige auf Seite 407 WB 12A CEE — ❶ €35,40
H500 10ha 33T(90m²) 174D — ❷ €47,40

N 46°33'30" E 14°45'05" — 106131

Von Klagenfurt B70, Ausfahrt Klopeiner See. Dann B82 bis Eberndorf, B81 bis St. Michaël folgen. Schildern folgen.

Gösselsdorf, A-9141 / Kärnten

CC€21 iD

- Sonnencamp am Gösselsdorfer See
- Seestraße 21-23
- 15 Apr - 30 Sep
- +43 42 36 21 68
- office@sonnencamp.com

1 ADEGKNOPQRSTU	JLMN	6
2 CEPQWXYZ	ABDEFGHI	7
3 AFGLM	ABCDEFHNPQRUVW	8
4 ABEFHIJLOQ	BT	9
5 ADEFGHKMN	ABDGHIJKOQ	10

Anzeige auf dieser Seite 13A CEE — ❶ €35,30
H447 7ha 211T(80-144m²) 78D — ❷ €48,50

N 46°34'29" E 14°37'28" — 106130

Hinter Völkermarkt die B82, 2 km hinter Eberndorf Richtung Eisenkappel. In Gösselsdorf ausgeschildert.

Heiligenblut, A-9844 / Kärnten

iD

- Nationalpark CP Grossglockner
- Hadergasse 11
- 1/5 - 31/10, 15/12 - 31/12
- +43 48 24 20 48
- nationalpark-camping@heiligenblut.at

1 ADEKNOPQRSTU	N	6
2 CIQSVXY	ABDEFH	7
3 AFM	ABCDEFJNQ	8
4 AEFHIO		9
5 ABDEFGHJKLMN	ABGHJKOQ	10

Anzeige auf dieser Seite W 16A — ❶ €37,60
H1300 1,5ha 70T(80-120m²) — ❷ €37,60

N 47°02'13" E 12°50'20" — 106038

3 Routen: a) Zell am See-Großglockner-Heiligenblut; b) Mittersill-Felbertauerntunnel-Lienz-Heiligenblut; c) Tauern-Autobahn Spittal/Drau-Großglocknerstraße-Heiligenblut. Innerorts den CP-Schildern folgen. Ohne GPS fahren!

Österreich

Hermagor-Pressegger See, A-9620 / Kärnten

Pressegger See
Presseggen 5
1 Mai - 30 Sep
+43 42 82 27 27
office@camping-max.com

1 AILOPSU LMOPQRSTX 6
2 EIQSUVWXYZ ABDE**F**HI 7
3 A ABCDEFNQRT 8
4 F IMQT 9
5 ABD**N** ABHIJKQ 10
Anzeige auf dieser Seite 6A
H600 1,2ha 50**T**(100-120m²) 5**D**
① €29,00
② €39,00

N 46°37'49" E 13°27'15"
A2 Villach-Grenze Italien, Ausfahrt 364 Gailtal, B111 bis 6 km vor Hermagor, links Schildern folgen (Presseggersee). Die Strecke über die 'Windische Höhe' ist gesperrt.
101352

Hermagor-Pressegger See, A-9620 / Kärnten

EuroParcs Hermagor*****
Vellach 15
1 Jan - 31 Dez
+43 42 82 20 51
kcc@europarcs.nl

1 DE**KN**OPQRSTU B**EG**M**N**PQRSTUX 6
2 IJPQSTWYZ ABDE**FG**HIJ 7
3 B**D**FIM**NORT**U**W** ABCDEFGIJKNQRTUVW 8
4 ABCDEFHJKLMO**PRSTVX** DEFGIKLMRTV 9
5 ACDFHILMN ABEFGHIJKMOQUW 10
Anzeige auf Seite 373 WB 16A
H600 5,6ha 280**T**(80-120m²) 39**D**
Preise auf Anfrage

N 46°37'53" E 13°23'46"
A23 Villach-Grenze Italien (Udine), Ausfahrt 364 Hermagor/Gailtal. Weiter die B111 bis 2 km vor Hermagor. Am CP-Schild rechts, nach 50m CP links. Route Paternion/Feistritz 'Windische Höhe' für Caravans gesperrt!
106066

Irschen, A-9773 / Kärnten

CC€19

Rad-Wandercamping-Ponderosa***
Glanz 13
8 Mai - 24 Sep
+43 66 06 86 70 55
info@rad-wandercamping.at

1 A**KN**OPQRSTU UX 6
2 IPQSVXYZ ABDE**FG**HK 7
3 **L**X ABCDEFGHIJNPQRTUVW 8
4 **A**FGHIJ 9
5 ABDEFGHKLN ABGHIJKOQ 10
Anzeige auf dieser Seite B 6A
H617 0,9ha 34**T**(80-130m²)
① €26,20
② €35,20

N 46°44'39" E 13°02'39"
Von Lienz oder Spittal der B100/E66 folgen, Ausfahrt Glanz (Gemeinde Irschen). Ausfahrt zum CP ist gut ausgeschildert.
106041

Hermagor-Pressegger See, A-9620 / Kärnten

CC€19

Sport-Camping-Flaschberger
Obervellach 27
1 Jan - 31 Dez
+43 42 82 20 20
office@flaschberger.at

1 AC**KN**OPQST**U** BMO 6
2 IPQSWXYZ ABDE**FG**HK 7
3 AF**J**M**NOR**U ABCDEFIJNQRUVW 8
4 EFHJO**PRST** IJUV 9
5 ADEFKMN ABDEFGHIJKMOQUW 10
Anzeige auf dieser Seite W 16A
H610 2ha 80**T**(90-120m²) 12**D**
① €32,50
② €42,90

N 46°37'56" E 13°23'48"
A23 Villach-Grenze Italien, Ausfahrt 364 Hermargor/Gailtal, B111 bis ± 2 km vor Hermagor. Am CP-Schild rechts. CP nach 100m rechts. Route über Paternion/Feistritz 'Windische Höhe' für Caravans gesperrt!
106067

Keutschach am See, A-9074 / Kärnten

FKK - Kärntner Lichtbund - Turkwiese
Dobeinitz 32
1 Jun - 15 Sep
+43 66 02 28 44 66
office@klb.at

1 ADEHILOPSU LMP 6
2 BFIKQSWXY BE**FG** 7
3 AFM BFNQR 8
4 FHIJO 9
5 ADEFKN ABFHJKOQ 10
FKK 10-12A
H500 1ha 56**T**(48-80m²) 60**D**
① €41,20
② €41,20

N 46°35'00" E 14°10'05"
A2 Villach-Klagenfurt, Ausfahrt Velden Richtung Keutschach bis nach Keutschach. Am 2. Kreisel die 1. Straße rechts. Uferstraße Richtung Süden. Den CP-Schildern folgen.
112195

Teilkarte Kärnten auf Seite 396 und 397

Keutschach am See, A-9074 / Kärnten

FKK Grosscamping Sabotnik
Dobein 9
1 Mai - 30 Sep
+43 42 73 25 09
info@fkk-sabotnik.at

1 ADEG**KN**OPQRSTU LM**N**SY 6
2 ABFIJKMQSWXYZ BE**FG** 7
3 BF**L**MS BDFKNQRTW 8
4 BCDFHIJLP**TX** DEGIV 9
5 ACDGHLN AGHIJKMNQ 10
Anzeige auf Seite 402 **FKK**B 12A ❶ €32,00
H500 9ha 750**T**(80-100m²) 297**D** ❷ €36,50

N 46°34'41'' E 14°09'10'' 106123

A2 Villach-Klagenfurt, Ausfahrt Velden, Richtung Keutschach am See bis zu den CP-Schildern, rechter Hand der Straße ausgeschildert (FKK-Zentrum Keutschacher See).

Keutschach am See, A-9074 / Kärnten

FKK-Camping Müllerhof
Dobein 10
1 Mai - 24 Sep
+43 42 73 25 17
muellerhof@fkk-camping.at

1 ADEILOPQRSTU LM**N**S 6
2 FIKLQSWXYZ ABDE**FG**H 7
3 BFG**L**MS ABCDEFJKNQRTW 8
4 BDFHJO**X** DE 9
5 ABDFGHLMN ABEGHIJKOQY 10
Anz. auf Seite 402 **FKK** 6-10A CEE ❶ €44,40
H500 5,8ha 280**T**(80-100m²) 51**D** ❷ €58,80

N 46°34'41'' E 14°09'02'' 106125

A2 Villach-Klagenfurt, Ausfahrt Velden Richtung Keutschach am See, bis Schilder rechts der Straße 'FKK-Zentrum Keutschacher See', dann erster CP links.

Keutschach am See, A-9074 / Kärnten

Strandcamping Brückler Nord
Plaschischen 5
1 Mai - 30 Sep
+43 42 73 23 84
camp.brueckler@aon.at

1 ADE**KN**OPQSU LN**SX**Z 6
2 AFILPQSWXY ABD**F**H 7
3 A**L**M ABCDEFNQR 8
4 ABEFHI EGUVWX 9
5 ADEFHMN ABGHJKMOQY 10
12A ❶ €48,30
H500 2ha 200**T**(80-100m²) 72**D** ❷ €63,30

N 46°35'30'' E 14°10'08'' 101033

A2 Villach-Klagenfurt, Ausfahrt Velden Richtung Viktring bis in Keutschach, beim Kreisel direkt rechts zum CP.

Keutschach am See, A-9074 / Kärnten

CC€23

Strandcamping Süd
Dobeinitz 30
1 Mai - 30 Sep
+43 42 73 27 73
info@strandcampingsued.at

1 A**KN**OPQRSU LNPS**X** 6
2 ABFILQSWXYZ ABDE**FG** 7
3 B**L**M ABCDEFNQRT 8
4 ABFHIJ 9
5 ABDEFHLN ABDGHIJKMOPQY 10
Anzeige auf dieser Seite 13-14A ❶ €44,60
H500 2ha 155**T**(80-100m²) 50**D** ❷ €58,60

N 46°35'07'' E 14°10'23'' 106124

A2 Ausfahrt Klagenfurt West-Süduferstraße Richtung Reifnitz. Bei Gemeindeamt Reifnitz links abbiegen Ri. Keutschach. Über den Kreisverkehr geradeaus noch 1 km.

Keutschach am See, A-9074 / Kärnten

Textilcamping Reichmann
Reauz 5
1 Mai - 30 Sep
+43 66 41 43 04 37
info@camping-reichmann.at

1 AE**KN**OPQRST**U** LN 6
2 FIKLQVWXY AB**FG** 7
3 AF**L**M ABEFNRT 8
4 FHIJ DG 9
5 ABDEFLMN ABJKM**O**QY 10
Anzeige auf dieser Seite 6-12A ❶ €42,70
H520 1,2ha 180**T** 19**D** ❷ €54,70

N 46°35'00'' E 14°13'44'' 110233

A2 Villach-Klagenfurt, Ausfahrt Velden Richtung Keutschach am See. Durch Keutschach bis Schild rechts Camping Reichmann.

Klagenfurt, A-9020 / Kärnten

Klagenfurt Wörthersee
Metnitzstrand 5
12 Apr - 24 Sep
+43 4 63 28 78 10
info@gocamping.at

1 ADE**KN**OPQRSTU HLM**N**OPQS 6
2 AEIJKPQWXYZ ABDE**FG** 7
3 BFG**JL**MV ABCDEFGIJKNQRTW 8
4 AFHIJO QTUV 9
5 ABCDEFGHILN ABGHJKMOQXY 10
B 10A ❶ €44,90
H440 4,1ha 340**T**(80-160m²) ❷ €57,90

N 46°37'06'' E 14°15'23'' 106121

A2 Villach-Klagenfurt, Ausfahrt Klagenfurter See, Schildern zum CP folgen.

Kolbnitz, A-9815 / Kärnten

Campanula Camping
Rottau
1 Mai - 30 Sep
+43 4 87 33 02 94

1 AKNOPQRS**U** J**N**U**X** 6
2 CPQXY ABE**F**GHIJK 7
3 AGM**N** ABEFJQ 8
4 EFHJK DFQR 9
5 ABEGH**N** A**O** 10
CEE ❶ €32,40
H661 2ha 20**T**(75-100m²) 16**D** ❷ €45,75

N 46°52'14'' E 13°19'18'' 121860

CP liegt an der B106 Möllbrücke-Obervellach in Kolbnitz, ausgeschildert.

Kötschach/Mauthen, A-9640 / Kärnten

CC€23

Alpencamp Kärnten****
Kötschach 284
1/1 - 4/11, 15/12 - 31/12
+43 4 71 54 29
info@alpencamp.at

1 ADE**KN**OPQRSTU J**N**UVX 6
2 CIPQWXYZ ABDE**FG**H 7
3 AC**H**IMX ABCDEFHJNPQRT 8
4 **A**EFHIJO**RSTVX** GIJRUVWZ 9
5 ABDGKMN ABGHIJKOPQ 10
Anzeige auf dieser Seite W 16A CEE ❶ €39,40
H715 1,6ha 80**T**(80-135m²) 19**D** ❷ €53,20

N 46°40'11'' E 12°59'30'' 106044

B100 Lienz-Spittal an der Drau. In Oberdrauburg Ausf. Plöckenpass/Italien. CP wird in Kötschach gut ausgeschildert Ri. Lesachtal.

Österreich

Teilkarte Kärnten auf Seite 396 und 397

Qualität KÄRNTEN Campingplatz

Natur & Familiencamping Oberdrauburg

- 10.000 m² ruhige Lage direkt am Waldrand
- 58m lange Wasserrutsche • Kleinkinderbadebereich mit diversen Wasserfontänen
- Wasserrutsche • beheizbares Nirosta-Schwimmbecken
- Kids River Becken • Kinderfilme • Beachvolleyplatz • Fußballplatz • Tischtennis
- Fahrradverleih • angrenzender Tennisplatz • neu gestaltete Buffetterrasse
- gratis WLAN am Camping und Schwimmbad

Der Campingplatz ist umgeben von Wiesen und Wäldern. Es gibt vollkommen neue Sanitär- und Freizeitanlagen mit extra Kindertoiletten und viele Freizeitangeboten. Die Anlagen sind behindertengerecht ausgestattet. Optimaler Ausgangspunkt für ausgedehnte Wanderungen, Radtouren oder Entdeckungsreisen, um Kultur und Natur des Oberdrautales zu erforschen. Die Kleinen und Jugendlichen werden von unseren Kinderanimateuren von Anfang Juni bis August unterhalten. WLAN und Schwimmbad im Preis inbegriffen. EC-Kartenzahlung möglich.

Öffnungszeiten: Camping: 1. Mai bis 30. September,
Erlebnisbad: 5. Juni bis 29. August. Tel.: 0043 (0)4710-2210.

Gailbergstraße, 9781 Oberdrauburg • Tel. 04710-224922
Fax 04710-224816 • E-Mail: tourismus@oberdrauburg.at
Internet: www.oberdrauburg.at

Ledenitzen (Faaker See), A-9581 / Kärnten

Ferien am Walde
Sportplatzweg
20 Mai - 30 Sep
+43 42 54 26 70
camp.f.a.walde@aon.at

1 AKNOPQRSTU		6
2 ABPQXYZ	ABDEFGH	7
3 AFLM	ABDEFKNQRTW	8
4 FHIJ	V	9
5 ACDEN	ABGHIJKLMOQU	10

10A — ① €42,00
H550 5ha 230T(120m²) — ② €56,00

N 46°34'13" E 13°57'08" — 100887

A10-A11 Salzburg-Villach-Slowenien, Ausfahrt St. Niklas/ Faaker See. Richtung Faaker See. In Egg Richtung Ledenitzen. Der Beschilderung folgen.

Mörtschach, A-9842 / Kärnten

Camping am See Lindlerhof
Lassach
1 Jan - 31 Dez
+43 6 76 83 55 58 35
camping@lindlerhof.at

1 AHKNOPQRSTU	HJLNUX	6
2 CEIPQSVWXY	ABDEFGHK	7
3 MUX	ABCDEFGHIJNPQRW	8
4 ABCEFHIJKOT	FJUVWYZ	9
5 ABDEFGHJKLMNO	ABFGHIKLOPQUVW	10

WB 10A CEE — ① €28,00
1ha 70T(64-144m²) 6D — ② €32,00

N 46°54'33" E 12°54'39" — 118240

Von Mittersill-Felbertauerntunnel-Lienz Richtung Großglockner oder Zell am See-Großglocknerstrasse Richtung Lienz. Camping zwischen Winklern und Mörtschach bei Km 17.0 angezeigt.

Mallnitz, A-9822 / Kärnten

HOCHoben camp & explore
Mallnitz 226
1 Jan - 31 Dez
+43 4 78 42 13 30
office@hochoben.at

1 ABDEKNOPQRST		6
2 IPQTWX	ABFG	7
3 BCDMS	ABCDEFGJKLNQRTUVW	8
4 EHIJP	EJLXZ	9
5 ABDEFHJLMN	ABEGHJKOPQ	10

Anz. auf dieser Seite WB 16A CEE — ① €31,00
H1200 6ha 110T(75-254m²) 15D — ② €41,00

N 46°58'54" E 13°10'20" — 115180

A10 Salzburg-Villach, Ausfahrt 139 Spittal/Millstättersee, dann die B100 nach Lienz. In Lurnfeld rechts auf die B106 bis Obervellach. Rechts nach Mallnitz, in Mallnitz den Schildern volgen.

Oberdrauburg, A-9781 / Kärnten

CC€19

Natur- & Familiencamping Oberdrauburg
Gailbergstraße
1 Mai - 30 Sep
+43 47 10 22 49 22
tourismus@oberdrauburg.at

1 ACDEKNOPQRSTU	BGH	6
2 IPQSUVWXYZ	ABDEFGHK	7
3 ABFGLMN	ABEFGHIJKNPQRTW	8
4 ABCEFHJLO	VW	9
5 ADEFGHJLMN	ABGHJKOQUY	10

Anzeige auf dieser Seite B 12A CEE — ① €21,70
H660 1,2ha 68T(80-110m²) — ② €32,50

N 46°44'33" E 12°58'11" — 106042

B100 Spittal Richtung Lienz bis Oberdrauburg, oder Mittersill-Felbertauerntunnel-Lienz-Oberdrauburg. Dann Ausfahrt Plöckenpass und nach 500m kommt der Camping.

Malta, A-9854 / Kärnten

CC€21

Terrassencamping Maltatal*****
Malta 6
22 Apr - 15 Okt
+43 47 33 23 40
info@maltacamp.at

1 ADEKNOPQRSTU	BG	6
2 ACIPQSUVWYZ	ABDEFGH	7
3 BIMN	ABCDEFGHIJKNPQRTUVW	8
4 ABDEFHJKLOPTV	EGUVZ	9
5 ACDEFGHJLMN	ABDGHJKMORSX	10

Anz. auf S. 405+Umschl. B 6-13A CEE — ① €45,00
H800 3,9ha 238T(60-150m²) 26D — ② €59,00

N 46°56'58" E 13°30'34" — 101353

A10 Salzburg-Villach, Ausfahrt 130 Gmünd. Dort Schildern Richtung Maltatal folgen. 2 km hinter Fischerstratten liegt der CP rechts von der Straße.

Obervellach, A-9821 / Kärnten

Sport-Erlebnis Camping
Obervellach 175
18 Apr - 11 Okt
+43 47 82 27 27
info@sporterlebnis.at

1 AKNOPQSTU	JNUVX	6
2 CIQSXYZ	ABDEF	7
3 BFGHIMNOPSTW	ABEFNQR	8
4 FHJO	FR	9
5 ADEFHLN	AGHIJKLMOQUY	10

16A — ① €31,00
H600 2ha 200T(120m²) 16D — ② €43,00

N 46°55'36" E 13°12'07" — 100879

A10 Salzburg-Villach, Ausfahrt 139 Spittal-Millstatter See, B100 Richtung Lienz. In Lurnfeld rechts B106 bis Obervellach. Dann rechts und den CP-Schildern folgen.

Millstatt/Dellach, A-9872 / Kärnten

Neubauer
Dellach 3
1 Mai - 9 Okt
+43 47 66 25 32
info@camping-neubauer.at

1 ADEKNOPQSTU	LMNOPQ	6
2 EIKMPQSUVWXYZ	ABDEFGH	7
3 ABLM	ABCDEFIJKNQRT	8
4 FHIKO	DEGIK	9
5 ADFJKMN	AHJKORS	10

B 6A CEE — ① €35,00
H580 1,5ha 120T(80-90m²) 23D — ② €48,00

N 46°47'18" E 13°36'49" — 106099

A10 Salzburg-Villach, Ausfahrt 139 Millstätter See (Ausfahrt links!). An der Ampel links B98 Richtung Radenthein. ± 4 km hinter Millstatt in Dellach rechts. Siehe CP-Schildern.

Ossiach, A-9570 / Kärnten

Kölbl
Ostriach 106
1 Mai - 10 Okt
+43 42 43 82 23
info@camping-koelbl.at

1 AGJMOPQRSTU	LMNOPQRSTWXYZ	6
2 AFIJKPQSWXY	ABDEFGH	7
3 BFHIJMNO	ABCDEFIJKNQRTUVW	8
4 AEFHIJOX	EGIMPQRUVW	9
5 ABDEFGLMN	ABFGHIJKLMOPQY	10

B 8-10A CEE — ① €44,70
H500 17ha 180T(80-100m²) 34D — ② €56,70

N 46°39'44" E 13°58'20" — 100885

A10 Salzburg-Villach, Ausfahrt Ossiacher See, Richtung Südufer, nach Heiligen Gestade erster CP links.

HITZEFREI CAMPEN AUF 1200M.

EGAL OB SOMMER ODER WINTER.
HAUPTSACHE HOCH OBEN.

Inmitten der atemberaubenden **Bergwelt** der **Hohen Tauern** liegt dein Urlaubszuhause der besonderen Art. Abseits von Hektik und Massentourismus findest du auf **1.200 Meter Seehöhe** wieder zurück zur Natur und zu dir selbst.

HOCHoben camp & explore

www.hochoben.at
Mallnitz • Kärnten/Österreich

Österreich

Teilkarte Kärnten auf Seite 396 und 397

Ossiach, A-9570 / Kärnten

CC€19 iD

Kalkgruber
Alt-Ossiach 4
1 Mai - 1 Okt
+43 65 05 17 85 07
office@camping-kalkgruber.at

1	ACDE**KN**OPQRSU		6
2	IPQSVWXY	AB**FG**	7
3	AFM	ABE**F**JNQRT	8
4	AEFHIJK		9
5	ADN	ABDGHJKLMOQW	10

Anzeige auf dieser Seite 10A CEE
H500 0,9ha 30**T**(80-100m²)
① €36,20
② €44,20

N 46°41'15" E 14°01'10"

A10 Salzburg-Villach, Ausfahrt Ossiacher See, Richtung Feldkirchen. In Steindorf rechts Richtung Ossiach. Dann 1. CP rechts.

109806

Ossiach, A-9570 / Kärnten

CC€23 iD

Terrassen Camping Ossiacher See
Ostriach 67
15 Apr - 15 Okt
+43 4 24 34 36
martinz@camping.at

1	ACDEG**KN**OPQRSTU	HLM**N**OPQRSTVWXYZ	6
2	AFIJKLPQVWXYZ	ABDE**FG**H	7
3	BDFG**J**M**NOU**	ABCDEF**GI**JKNQRTVW	8
4	ABCDFHIJLNO**P**	DEGJLMPQRUVW	9
5	ACDFGHIJLMN	ABDGHIJKMOQUWXY	10

Anz. auf dieser Seite B 6-16A CEE
H501 10ha 500**T**(80-110m²) 168**D**
① €46,40
② €62,00

N 46°39'49" E 13°58'29"

A10 Salzburg-Villach, Ausfahrt Ossiacher See in Richtung Südufer. An der Ampel links Richtung Ossiach, nach ± 5 km kommt der CP an der linken Seite.

101355

Ossiach, A-9570 / Kärnten

iD

Wellness Seecamping Parth
Ostriach 10
22 Apr - 30 Okt
+43 4 24 32 74 40
office@parth.at

1	ACDEGILOPQRSU	LM**N**OPQRSTWXY	6
2	AFILPQSUVWXYZ	AB**C**DE**FG**HI	7
3	BF**J**M**NO**	ABCDEF**I**JKNQRTUVW	8
4	ABDEFHIL**TUVXY**	EGIKLMNPQRTUVW	9
5	ACDEFJLMN	ABGHIJKLMOPQUWY	10

B 6-16A CEE
H500 2,2ha 146**T**(75-180m²) 39**D**
① €50,70
② €65,90

N 46°39'55" E 13°58'35"

A10 Salzburg-Villach, Ausfahrt Ossiacher See Richtung Südufer. Nach Heiligen Gestade dritter CP links.

100884

Teilkarte Kärnten auf Seite 396 und 397

Ossiach, A-9570 / Kärnten
CC€23 iD

Ideal Camping Lampele****
Alt-Ossiach 57
1 Mai - 30 Sep
+43 4 24 35 29
camping@lampele.at

1 ACDEKNOPQRSU LMNOPQRSTWXYZ 6
2 FIJPQSUVWXYZ ABDEFG 7
3 AFMRUV ABCDEFJNQRTUVW 8
4 ABDFHIJLORSTX E 9
5 ACDEFGHLMN ABDGHIJKLMOQ 10
Anzeige auf dieser Seite B 8-16A ① €49,40
H500 4ha 172T(80-100m²) 15D ② €66,00

N 46°40'58" E 13°59'54"
A10 Salzburg-Villach, Ausfahrt Ossiacher See Richtung Südufer. Weiter bis Ossiach und dann links zum CP.
106117

Pesenthein, A-9872 / Kärnten
CC€21 iD

Terrassencamping Pesenthein
Pesenthein 19
1 Apr - 31 Okt
+43 47 66 26 65
camping@pesenthein.at

1 ADEKNOPQRSTU HLMQSW 6
2 EIJPQSUVWXY ABDEFGH 7
3 BLM ABEFJNPQRT 8
4 FHIJO JUV 9
5 ADHLN ABDHIKORSU 10
Anz. auf dieser Seite FKKB 6A CEE ① €50,30
H560 5ha 213T(70-95m²) 42D ② €66,90

N 46°47'47" E 13°35'57"
A10 Salzburg-Villach, Ausfahrt 139 Millstätter See (Ausfahrt links!), an der Ampel links auf B98 Richtung Radenthein, ca. 2 km nach Millstatt CP an der Ostseite von Pesenthein links.
106098

Rennweg am Katschberg, A-9863 / Kärnten
CC€21 iD

Ramsbacher
Gries 53
1 Jan - 31 Dez
+43 4 73 46 63
info@camp-ram.at

1 ADEKNOPQRSTU BFN 6
2 ACIPQSWXYZ ABDEFGH 7
3 AGJLMNT ABCDEFJNQR 8
4 EFGHI 9
5 ADFMN ABGHJKORS 10
Anzeige auf dieser Seite W 16A CEE ① €33,50
H1200 1,4ha 65T(80-100m²) 18D ② €57,50

N 47°01'56" E 13°35'44"
A10 Salzburg-Villach, Ausfahrt 112 Rennweg, B99 Richtung Rennweg, erste Straße rechts, bei Verkehrsbüro rechts, bis Gries Hauptstraße folgen, dann den CP-Schildern folgen.
106089

Sachsenburg, A-9751 / Kärnten
iD

Drau-Camping Sachsenburg
Ringmauergasse 8
1 Mai - 30 Sep
+43 65 03 10 31 31
info@draucamping.at

1 AKNOPQSTU X 6
2 ACIPQSWXY ABDEFGH 7
3 ADFJMN ABCDEFJNQRT 8
4 AEFHJ EV 9
5 DMN ABEGHJKOQ 10
B 16A CEE ① €33,00
H550 1,3ha 80T(80-100m²) 12D ② €49,00

N 46°49'42" E 13°20'54"
A10 Salzburg-Villach Ausfahrt B100 Richtung Lienz. In Sachsenburg den Schildern zum CP folgen.
109804

Sankt Kanzian, A-9122 / Kärnten
iD

Camping Breznik - Turnersee
Unternarrach 21
2 Apr - 1 Okt
+43 42 39 23 50
info@breznik.at

1 ACDEKNOPQRSTU LMNOQ 6
2 EQWXYZ ABDEFGH 7
3 BFHLM ABCDEFHIJKNPQRTUVW 8
4 ABDEFHJLO EJL 9
5 ABDEFGLMN ABGHIKNQ 10
Anzeige auf Seite 407 8-16A ① €41,00
H480 7,5ha 196T(80-140m²) 249D ② €56,40

N 46°35'09" E 14°33'58"
Ab Klagenfurt A2, Ausf. 298 Grafenstein, B70 Ri. Völkermarkt, dann Ri. Tainach/St. Kazian. Den CP-Schildern Turnersee folgen. Von Graz A2, Ausf. 278 Völkermarkt-Ost.
100889

Sankt Kanzian, A-9122 / Kärnten
iD

Panorama
Obersammelsdorf 4
1 Mai - 15 Sep
+43 67 63 31 55 32
urlaub@ilsenhof.at

1 ADEKNOPQSTU N 6
2 IQVY ABDEFG 7
3 AHILM ABCDEFHINPRT 8
4 AFH 9
5 ADMN AHJKNQ 10
B 10A ① €37,90
H500 2ha 70T(100m²) 50D ② €50,10

N 46°35'15" E 14°35'04"
Von Klagenfurt A2 Ausfahrt 298 Grafenstein, B70 Richtung Völkermarkt, dann Turnersee-Nord. Ab Graz Ausfahrt 278 Völkermarkt-Ost, dann Turnersee-Nord.
106129

Sankt Kanzian, A-9122 / Kärnten
iD

Terrassencamping
Obersammelsdorf 10
1 Mai - 31 Okt
+43 67 63 31 55 32
urlaub@ilsenhof.at

1 ADHKNOPQSU LNQRSXZ 6
2 EIQSVWXY ABDEF 7
3 AHIL ABCDEFHJNPQR 8
4 AFH IJ 9
5 ADEFJKM ABHJKNQV 10
10A ① €43,70
H480 2ha 50T(80m²) 60D ② €58,50

N 46°35'10" E 14°34'51"
Von Klagenfurt A2 Ausfahrt Grafenstein, B70 Richtung Völkermarkt, dann Turnersee-Nord. Von Graz, Ausfahrt 278 Völkermarkt-Ost, dann Turnersee-Nord.
110051

Sankt Kanzian (Klopeiner See), A-9122 / Kärnten
iD

Camping Nord
Klopein am See X-1A
1 Mai - 30 Sep
+43 4 23 94 00 55
office@camping-nord.at

1 ADEGKNOPQRSTU HLMNPQ 6
2 AEPWX ABDEFGHI 7
3 ALU ABCDEFHJNPRTUV 8
4 AFHJ E 9
5 ADEIL ABCHKOQY 10
B 13A ① €46,00
H446 1,6ha 21T(100m²) 97D ② €63,00

N 46°36'30" E 14°35'07"
Von Graz A2, Ausfahrt 278 Völkermarkt-Ost, den Schildern Klopeinersee folgen (Nordufer).
108172

Sankt Kanzian (Klopeiner See), A-9122 / Kärnten
iD

Ferienzentrum Camping "Süd"
Südpromenade 57
1 Mai - 25 Sep
+43 42 39 23 22
office@feriensued.com

1 AGKNOPS NPSX 6
2 EIPQWX ABFG 7
3 L ABEFNQR 8
4 AFH QT 9
5 ADJL AO 10
8A ① €46,40
H450 1,6ha 40T(70-90m²) 50D ② €60,40

N 46°35'59" E 14°34'57"
Von Klagenfurt A2, Ausfahrt 298 Grafenstein, Klopeiner See Südufer. Von Graz A2, Ausfahrt 278 Völkermarkt-Ost, Klopeiner See Südufer.
112522

Schiefling am Wörthersee, A-9535 / Kärnten
iD

EuroParcs Wörthersee
Auenstraße 47
1 Jan - 31 Dez
+43 42 74 28 98
info-woerthersee@europarcs.ta

1 ADEKNOPQRSTU L 6
2 BEIPQSUVXYZ ABFG 7
3 ALM ABCDEFJNQRT 8
4 AFHT BEFGIJV 9
5 ABDEFGJLN ABGHJKMOQY 10
Anzeige auf Seite 373 B 16A ① €42,60
H500 2,5ha 108T(88-100m²) 32D ② €54,60

N 46°37'09" E 14°06'20"
A2 Villach-Klagenfurt, Ausfahrt Velden-West, Richtung Maria Wörth, Wörthersee Süd; dann ca. 6 km den Schildern folgen. Nicht nach Schiefling!
108160

Seeboden, A-9871 / Kärnten
iD

Strandcamping Winkler
Seepromenade 33
1 Mai - 1 Okt
+43 4 76 28 19 27
strandcampingwinkler@gmail.com

1 AKNOPQSTU LMNOPQRSTW 6
2 EQSWXY ABDEFH 7
3 ABGJLMNU ABEFNPQRTW 8
4 FH MPQTUVW 9
5 DHLN ABHKRSX 10
B 6-16A ① €40,00
H560 0,6ha 70T(50-70m²) ② €51,00

N 46°48'55" E 13°31'13"
A10 Salzburg-Villach. Ausfahrt Millstätter See (Ausfahrt links!). In Seeboden B98 den CP-Schildern 'Winkler zum See' folgen'. Gäste dürfen die Verbotsstraße einfahren.
106093

Österreich

Teilkarte Kärnten auf Seite 396 und 397

CAMPING HOCHGENUSS IN DER SÜDLICHSTEN URLAUBSREGION ÖSTERREICHS UND AN DEN WÄRMSTEN BADESEEN EUROPAS IN DER REGION KLOPEINER SEE – SÜDKÄRNTEN.

SÜDKÄRNTEN
KLOPEINER SEE

www.austria-camping.at

Familienfreundliche Campingplätze direkt am glasklaren Wasser. Österreichs erstes Glamping Resort, moderne Mobilehomes, Family und Romantic Tents. 2000 Sonnenstunden, herrliche Seen- und Berglandschaft. **TIPP: Aktiv Card Südkärnten und Südmobil!**

Petzencamping Pirkdorfer See

LAKESIDE GLAMPING & CHALETPARK

Direkt am Pirkdorfer See und nur 4 km von der Petzen entfernt. Petzencamping Pirkdorfer See hat eine wunderschöne Lage und ist ganzjährig geöffnet. Wir haben 33 Stellplätze, welche 90 m² groß und mit Strom- und Wasseranschluss ausgestattet sind. Seerestaurant mit Spielplatz vor Ort.

Lakeside Petzen Glamping Resort (NEU), Pension Pirkdorfer See, Chaletpark Petzen

9143 Feistritz ob Bleiburg
T +43 (0) 4230 321
www.pirkdorfersee.at

Camping Breznik

CAMPING & GLAMPING AM TURNERSEE

Direkt am Turnersee – an einem der wärmsten Badeseen Österreichs. Traumhafte Lage inmitten eines Naturschutzgebietes.
Parzellierte Normal-, Komfort- und Premiumplätze von 80 bis 140 m². Restaurant, Minimarkt. Großer Kinderspielplatz und Indoor-Spielbereich, Kinderanimation im Juli & August.

„NEU: 4** Mobilheime und Glamping Lodge-Zelte"**

9122 St. Kanzian/Turnersee
T +43 (0) 4239 2350
www.breznik.at

Rutar Lido

NATURISTENFERIENDORF

365 Stellplätze, Appartementhotel, Ferienwohnungen und Mobilheime. Bäderlandschaft mit Hallenbad, Sauna, Wellnessbecken.

150.000 m² parkähnliche Anlage mit Badesee – separater Hundehalterteil.
Restaurant und Campingladen.
ACSI-Card. Ganzjährig geöffnet.

9141 Eberndorf
T +43 (0) 4236 2262
www.rutarlido.at

Qualität KÄRNTEN Campingplatz

Tourismusregion Klopeiner See – Südkärnten
Tel. +43 (0) 4239 2222, info@suedkaernten.at
suedkaernten.at/camping

Follow us on social media

Camping Plörz

Herzlich willkommen am Südufer des Ossiacher Sees, wo Gäste zu Freunden werden, in einer Atmosphäre zum Wohlfühlen und Erholen. Sie dürfen bei uns Ihren Liebling (den Hund) mitbringen. Weitere Informationen finden Sie auf unserer Website www.camping-ploerz.at. Wir freuen uns auf Ihren Besuch. Besser anrufen als mailen.

Ossiacher See Süduferstr. 289, 9523 Villach/Landskron
Tel. 0676-3221494
E-Mail: info@camping-ploerz.at • Internet: www.camping-ploerz.at

Spittal an der Drau, A-9800 / Kärnten

Camping Draufluss
Schwaig 10
15 Apr - 1 Okt
+43 47 62 24 66
drauwirt@aon.at

1 ADE**KN**OPQSTU	J**N**U	6
2 ACIPQSXYZ	ABDE**FG**H	7
3 AM	ABEFNQR	8
4 FHJO	G	9
5 ABDEFLN	ABHIJKM**N**Q	10

16A
H600 0,7ha 50**T**(80-100m²) 8**D**
① €31,50
② €37,50

N 46°47'07" E 13°29'13"

A10 Salzburg-Villach, Ausfahrt 146 Spittal-Ost. In Spittal den CP-Schildern und 'Goldeckbahn' folgen. Hinter Draubrücke links.

106063

Schöner, ruhiger Bauernhofcamping (Höhelage 775m). Gut geeignet für Familien mit Kindern. Viele Wander- und Radmöglichkeiten. Im Mai, Juni und September 17 Euro pro Nacht inklusive. Gratis WLAN.

Mitterberg 3, 9754 Steinfeld • Tel. 04717-401
E-Mail: camping.bergfriede@aon.at
Internet: www.camping-bergfriede.com

St. Georgen am Längsee, A-9313 / Kärnten

Wieser Längsee
Bernaich 8
1 Mai - 1 Okt
+43 65 06 00 36 80
info@campingwieser.com

1 ADEG**KN**OPQRSTU	**N**	6
2 AIQWXYZ	ABDE**F**G	7
3 A**KL**M	ABCDEFNQR	8
4 FHJ	I	9
5 ADN	AGHKLNQV	10

Anzeige auf dieser Seite 13A
H540 2ha 80**T**(120-160m²) 6**D**
① €30,80
② €39,60

N 46°48'08" E 14°24'45"

Auf der B317/B83 5 km nördlich von St. Veit Ausfahrt 281, dann noch 500m.

106128

St. Margareten, A-9173 / Kärnten

Rosental Rož
Gotschuchen 34
1 Mai - 15 Okt
+43 4 22 68 10 00
camping.rosental@roz.at

1 ACDE**KN**OPQSTU	L	6
2 EIPQWXYZ	ABDE**FG**H	7
3 BFG**H**M	ABCDEFGHIJKNPQRTUVW	8
4 **A**BDEFHJKLO	EJUVZ	9
5 ABDEFGLMN	ABGHIJKMOPQV	10

16A
H430 6ha 391**T**(100-180m²) 36**D**
① €45,50
② €61,00

N 46°32'38" E 14°23'26"

Von Klagenfurt Richtung Loiblpass, bei Ferlach die B85 bis Gotschuchen. CP-Schildern folgen. Der CP kommt nach 800m.

106132

Steindorf, A-9552 / Kärnten

CC€23

See-Areal Steindorf****
Seestrasse 5a
1 Apr - 31 Okt
+43 6 64 73 75 66 98
info@seearealsteindorf.at

1 AE**JM**OPQRST**U**	LM**N**OPQSW**X**Y**Z**	6
2 AEIKPQUWXYZ	ABDE**FGH**	7
3 **LNO**X	ABCDEF**IJL**NQRT	8
4 AEFHI	DINTVW	9
5 ADFHLN	AEDJKOQ	10

Anzeige auf dieser Seite B 13A
1ha 32**T**(25-100m²) 12**D**
① €42,50
② €56,50

N 46°41'40" E 14°00'34"

A10 Salzburg-Villach, Ausfahrt Ossiacher See Ri. Nordufer und Feldkrichen auf B94. Nach 15 km rechts in Ri. Ossiach über Bahn und sofort rechts zurück nach Steindorf. Ca. 900m links beim CP-Schild des Gasthofs. Über den Dammweg einfahren!

118433

See-Areal Steindorf ★ ★ ★ ★

Direkt am See, modernes Sanitär, Restaurant, WLAN inkl. und Ferienwohnungen.

Seestrasse 5a, 9552 Steindorf
Tel. +43 66473756698
E-Mail: info@seearealsteindorf.at
Internet: www.seearealsteindorf.at

Steindorf/Stiegl, A-9552 / Kärnten

CC€21

Seecamping Hoffmann****
Uferweg 61
1 Mai - 1 Okt
+43 42 43 87 04
info@seehotel-hoffmann.at

1 AE**JM**OPQRSTU	LM**N**OPQRSTX**Z**	6
2 AFIKLPQSVWXYZ	BE**FG**H	7
3 BG**KL**M**NO**UX	BDFKNQRT	8
4 AEFGHIO**PQTX**	ENQRTUVW	9
5 ABDEFHL**N**	ABDHJKOPQ	10

16A
H500 1ha 20**T**(50-80m²) 17**D**
① €50,30
② €62,30

N 46°41'42" E 13°59'48"

A10 Salzburg-Villach, Ausfahrt Villach/Ossiachersee, B94 Richtung Feldkirchen. In Steindorf der Beschilderung folgen.

112174

Steinfeld, A-9754 / Kärnten

Camping Bergfriede
Mitterberg 3
1 Mai - 30 Sep
+43 4 71 74 01
camping.bergfriede@aon.at

1 AGKNOPQSU		6
2 IKQSVXY	ABDE**F**	7
3 ABM	ABCDEFKLQRVW	8
4 EFHJ	GI	9
5 DL	ABJKNQ	10

Anzeige auf dieser Seite 16A
H775 2ha 35**T**(90-100m²) 3**D**
① €28,70
② €36,70

N 46°45'43" E 13°14'37"

Von der B100 Spittal - Linz, Ausfahrt Steinfeld, dann den Schildern Bergfriede folgen.

121283

FÜR GENIESSER CAMPING WIESER ST. GEORGEN AM LÄNGSEE
IM HERZEN KÄRNTENS INMITTEN DER NATUR UND KULTUR.

Erholungsurlaub mit gemütlicher Atmosphärer. 120 m² freie Abstellflächen, Panoramablick, Moorteich mit Liegewiese, Längsee. Auch ideale Zwischenstopp auf dem Weg in den Süden, 'angekoppelt' übernachten. B83 Abzweig 281.

Bernaich 8 A-9313 St. Georgen am Längsee Tel. +43 (0)650-6003680
E-Mail: info@campingwieser.com **Internet: www.campingwieser.com**

Österreich

Teilkarte Kärnten auf Seite 396 und 397

Stockenboi, A-9714 / Kärnten

Camping Ronacher
Mösel 6
10 Mai - 3 Okt
+43 4 76 12 56
info@campingronacher.at
N 46°42'11'' E 13°24'54''

1	AE**KN**OPQSU	L**N**OPQSX	6
2	EIJLQVWY	ABDE**FG**H	7
3	ADGMV	ABCDEFJNQRTW	8
4	FJO**TV**	IQRSTU	9
5	ABDEFIL**N**	ABGHIJKMQY	10

Anzeige auf dieser Seite B 10A
H930 1,8ha 140**T**(70-100m²) 2**D**
① €40,00
② €49,00
100880

A10 Salzburg-Villach, Ausfahrt 146 Spittal-Ost und über Mautbrücken nach Weissensee-Ost, CP ausgeschildert.

Villach/Landskron, A-9523 / Kärnten

Plörz
Ossiacher See
Süduferstraße 289
1 Mai - 30 Sep
+43 67 63 22 14 94
info@camping-ploerz.at
N 46°39'19'' E 13°56'24''

1	BDE**KN**OPQRSU	LM**N**OPQSWX	6
2	AFIPQSUVWXY	BE**FG**H	7
3	A	BFJNQRTW	8
4	AFHIJO		9
5	ADHN	ABGHJKMOQUY	10

Anzeige auf Seite 408 12A
H500 1ha 110**T**(80-100m²)
① €45,90
② €61,90
113370

A10 Salzburg-Villach, Ausfahrt Ossiacher See Richtung Südufer. In Heiligen Gestade der 3. CP links.

Österreich

Techendorf (Weißensee), A-9762 / Kärnten

CC€23

Knaller
Techendorf 61
1/1 - 27/2, 28/4 - 1/10,
21/12 - 31/12
+43 47 13 22 34 50
camping@knaller.at
N 46°42'50'' E 13°17'45''

1	AD**JM**OPQST**U**	L**N**OQRSWX	6
2	EILPQUVXYZ	ABDE**FG**	7
3	BFMU	ABCDEFIJKNQRT	8
4	FH**P**	S	9
5	DEF	AGHJKOQVW	10

Anz. auf dieser Seite WB 16A CEE
H940 1,4ha 110**T**(70-120m²) 12**D**
① €39,60
② €51,60
106065

A10 Salzburg-Villach, Ausfahrt 139 Spittal/Millstätter See, B100 bis Greifenburg. Links B87 Richtung Hermagor. Schildern Richtung Weißensee-Süd bis Techendorf folgen, nach der Brücke links.

Villach/Landskron, A-9523 / Kärnten

Seecamping Berghof*****
Ossiacher See Süduferstraße 241
28 Apr - 15 Okt
+43 4 24 24 11 33
office@
seecamping-berghof.at
N 46°39'12'' E 13°56'00''

1	ACDE**K**LOPQRSTU	HL**N**OQTWXYZ	6
2	AFIJPQTVWXYZ	AB**C**DE**FG**H	7
3	BDFG**J**M**NO**U	ABCDEFGJK**L**NQRTUVW	8
4	**A**BCDFHIJLO**PQ**	EGIJLNRUVWZ	9
5	ACDEFGLM**N**	ABEGHIJKN**O**QUXY	10

Anz. auf dieser Seite B 6-16A CEE
H500 10ha 400**T**(80-150m²) 21**D**
① €48,70
② €65,30
100886

A10 Salzburg-Villach, Ausfahrt Ossiacher See; links ab ca. 3 km bis ans Nordufer, dann rechts Richtung Südufer. An der Ampel zur 'Burg Landskron' links Richtung Ossiach ca. 4 km.

Teilkarte Kärnten auf Seite 396 und 397

Österreich

Weißbriach, A-9622 / Kärnten

Camping Alpendorf
208
1 Jan - 31 Dez
+43 4 28 63 46
office@camping-alpendorf.at
N 46°40'58" E 13°14'52"

1 ADEKNOPQSTU 6
2 IQUXY ABDEFH 7
3 AMU ABEFJNQR 8
4 EFGJ 9
5 ABDFN ABJKOQ 10

Anzeige auf dieser Seite WB 16A
H820 1,7ha 90T(100m²)
① €27,50
② €35,50
100881

A10 Salzburg-Villach, Ausfahrt 139 Spittal/Millstätter See, B100 bis Greifenburg, links B87 nach Hermagor. In Weißbriach Schildern folgen.

Villach/Landskron, A-9523 / Kärnten

Seecamping Mentl
Ossiachersee
Süduferstraße 265
29 Apr - 30 Sep
+43 4 24 24 18 86
info@camping-mentl.at
N 46°39'15" E 13°56'13"

1 AEGILOPQRSU LMNOPQSW 6
2 AFIJPQSVWXY ABDEFG 7
3 BFGM ABCDEFJKNQRTUVW 8
4 ABEFHIX DEGIUVWZ 9
5 ABDEHLMN ABEGHIJKOQWY 10

B 16A CEE
H500 3ha 178T(72-150m²) 12D
① €49,70
② €66,70
101357

A10 Salzburg-Villach, Ausfahrt Ossiacher See Richtung Südufer. In Heiligen Gestade zweiter CP links.

Weißensee, A-9762 / Kärnten

Seecamping Müller
Oberdorf 5
1 Mai - 30 Sep
+43 66 44 31 30 78
info@seecamping-weissensee.at
N 46°43'12" E 13°15'39"

1 AKNOPQSTU FHLNOQRSXYZ 6
2 EILPQSVXYZ ABDEFGH 7
3 AFM ACDEFKNR 8
4 FH QRV 9
5 ABDN ACJKMQU 10

16A
H930 6ha 250T(120m²)
① €24,50
② €32,50
110381

A10 Salzburg-Villach, Ausfahrt 139 Spittal/Millstättersee; B100 Richtung Lienz; bei Greifenburg links. B87 Richtung Weißensee-Westufer.

Völkermarkt/Dullach, A-9100 / Kärnten

Stausee Camping
Dullach 8
1 Mai - 31 Okt
+43 65 02 64 49 96
office@stauseecamping.com
N 46°38'03" E 14°41'30"

1 ADEGKNOPQRSTU ALN 6
2 AEPQWXYZ ABDEFGHIK 7
3 AM ABEFJNQRUV 8
4 FHJO EF 9
5 ADMN ABGHIJKLNQV 10

B 16A CEE
H500 2,5ha 25T(80m²) 74D
① €39,10
② €51,10
118536

A2 278 Ausfahrt Völkermarkt-Ost, rechts ab auf die B80. Der Beschilderung Stausee folgen.

Wertschach bei Nötsch, A-9612 / Kärnten

Alpenfreude
Wertschach 27
1 Mai - 31 Okt
+43 66 07 55 60 38
info@alpenfreude.at
N 46°36'26" E 13°35'26"

1 DEKNOPQRSTU BGHM 6
2 AIPQSVWXY ABDEFGH 7
3 AFMX ABEFNQRTW 8
4 FIQ DJ 9
5 ABDFHLMN ABGHIJKNQ 10

16A CEE
H800 5ha 150T(50-120m²) 20D
① €28,60
② €38,60
101354

A10 Salzburg-Villach-Italien, dann A2 Richtung Italien Ausfahrt Hermagor, B111. Nach der Ausfahrt Nötsch den CP-Schildern folgen.

Niederösterreich/Wien

Berndorf, A-2560 / Niederösterreich

Seecamping Masai Mara
Köhlerweg 9
1 Jan - 31 Dez
+43 6 99 11 06 37 20
info@seecamping-masai-mara.at
N 47°56'01" E 16°08'46"

1 ABDEKNOPQRSTU JLN 6
2 AEQTWY ABDEFHIK 7
3 ABMNX BFNQRUW 8
4 FHIJ ADRTUV 9
5 ABDEFJKN ABFHIJKMOPQU 10

16A CEE
0,8ha 22T(50-100m²) 43D
① €29,70
② €43,90
123285

Ausfahrt 29 auf der A2/E59 von Wien nach Süden, Richtung Berndorf B19. Dort (na 6 km) ist der Camping gut angezeigt (links ab).

Emmersdorf, A-3644 / Niederösterreich

Donau Camping Emmersdorf
Donaulände 1
1 Apr - 15 Okt
+43 67 66 70 66 52
office@donaucamping-emmersdorf.at
N 48°14'35'' E 15°20'25''

1 AFKNOPQTU	JN 6
2 ADILPQSY	ABDEFGK 7
3 AN	ABCDEFGHJNQRU 8
4 FHI	FW 9
5 DEL	ABFHIJKMOPQUX 10
Anzeige auf dieser Seite B 16A CEE	① €31,00
H211 1,2ha 67T(70-100m²) 7D	② €31,00

In der Nähe von Melk, an der Donaubrücke, liegt der Camping an der B3, neben der Brücke in Emmersdorf. Ausgeschildert. 106140

Geras, A-2093 / Niederösterreich

GRG Edlersee Camping & Glamping
Edlersee a.d. B4/nr.1
1 Apr - 31 Okt
+43 2 91 22 66
grg-edlersee@gmx.at
N 48°47'32'' E 15°39'48''

1 ABDEGKNOPQRSTU	LMN 6
2 FJQUXY	ABFK 7
3 ABEGJMU	ABEFJNPQRSTUW 8
4 FHJT	EW 9
5 ABDEFGHK	ABCGHJKMOQU 10
6-16A CEE	① €35,70
H506 2,5ha 56T(60-125m²) 31D	② €42,70

B30 über Horn und Hötzelsdorf nach Geras. Camping kurz vor Geras ausgeschildert. 106148

Neulengbach, A-3040 / Niederösterreich

Finsterhof
Finsterhof 1
1 Jan - 31 Dez
+43 67 69 40 08 22
finsterhofcamping@gmail.com
N 48°13'18'' E 15°54'48''

1 ADKNOPQRSTU	6
2 ACPQSUXYZ	ABDEFGHI 7
3 L	BCDEFJKNQRW 8
4 DFHOX	9
5 ABDM	AFGHJKLOPQ 10
B 12A CEE	① €16,00
H202 2,8ha 90T(80-120m²) 120D	② €16,00

Über die A1 Ausfahrt St. Christophen oder Altlengbach Richtung Tulln. 1 km hinter Inprugg liegt der CP auf der linken Seite. 106151

Kaumberg, A-2572 / Niederösterreich

Paradise Garden
Höfnergraben 2
1 Apr - 30 Okt
+43 67 64 74 19 66
grandl@camping-noe.at
N 48°01'11'' E 15°56'36''

1 AKNOPQRSTU	6
2 CQXY	ABDEFG 7
3	ABDEFGIJKNQRTUV 8
4 FHJ	D 9
5 DEMN	AHJKMOST 10
B 16A CEE	① €24,00
H466 1,5ha 65T(80-120m²) 85D	② €24,00

A1, Ausfahrt 59 St. Pölten-Süd und die B20 bis Traisen. Im Kreisverkehr links über die B18 über Hainfeld nach Kaumberg. 3 km nach Kaumberg rechts und dann noch 1 km zum CP. 106152

Oberretzbach, A-2070 / Niederösterreich

Waldcamping Hubertus
Waldstraße 54
1 Apr - 31 Dez
+43 2 94 22 00 57
camping@waldcamping-hubertus.at
N 48°47'21'' E 15°58'03''

1 ABDEKNOPQRSTU	6
2 BCQVXYZ	ABDEFGHI 7
3 HJLMNRX	ABEFJNQRU 8
4 FHI	9
5 ADEN	ABCGHIJKLMOQUVW 10
16A CEE	① €22,70
H319 1ha 42T(80m²) 2D	② €29,70

Von Retz nach Norden der N35 folgen. Innerorts Oberretzbach 1. Straße links den Campingschildern folgen. 106149

Kernhof, A-3195 / Niederösterreich

Gippelblick Kernhof
Oberkeer 1
1 Apr - 1 Okt
+43 66 45 03 59 81
camping@pgv.at
N 47°49'11'' E 15°31'58''

1 ABDEKNOPQRST	6
2 BIPQXYZ	ABFG 7
3 ABFMN	ABCDFJNQRW 8
4 FHJKO	9
5 DM	ABCGHJKMOQ 10
10A CEE	① €26,50
H650 2ha 25T(95-120m²) 65D	② €33,50

A1 Sankt Pölten, Richtung Traisen B20, bei Freiland auf die B214 Richtung Innerfahrafeld, der Straße folgen bis Kernhof, gleich außerhalb vom Ort ist der Campingplatz, 750 m vom Kamelentheater und Weisser Zoo. 117336

Rossatz, A-3602 / Niederösterreich

Rossatzbach
Rossatzbach 21
1 Apr - 31 Okt
+43 67 68 48 81 48 00
camping@rossatz-arnsdorf.at
N 48°23'24'' E 15°31'00''

1 ADEKNOPQRSTU	JNXYZ 6
2 DJLPQXYZ	ABFG 7
3	ABCDEFJNQRT 8
4 FH	9
5 ABDEFHK	ABHNQ 10
B 16A	① €27,00
H120 0,5ha 51T(80-120m²) 15D	② €31,00

An der B33 Melk-Krems. Südliches Donauufer. 100852

Klosterneuburg, A-3400 / Niederösterreich

Donaupark Camping Klosterneuburg
In der Au 1
13 Mrz - 5 Nov
+43 2 24 32 58 77
campklosterneuburg@oeamtc.at
N 48°18'38'' E 16°19'42''

1 ADEGKNOPQSTU	6
2 APQSTWXY	ABDEFGHI 7
3 BLMU	ABCDEFJNQRW 8
4 AFHO	EV 9
5 ABDFKMN	ABCDEFGHJKMOQY 10
Anzeige auf Seite 413 B 6A CEE	① €33,70
H155 2,3ha 193T(60-90m²) 6D	② €45,20

Von Westen: A1, Ausfahrt Sankt Christophen B19, über Tulln und B14 nach Klosterneuburg, dort CP ausgeschildert. 101079

Schönbühel an der Donau, A-3394 / Niederösterreich

Stumpfer
Melker strasse 1
1 Apr - 31 Okt
+43 27 52 85 10
office@stumpfer.com
N 48°15'15'' E 15°22'15''

1 ADEKNOPQRSTU	JNXZ 6
2 ACIPQWXYZ	BEFG 7
3 N	BDFNQRT 8
4 FHJ	GIV 9
5 BDEFHLM	ABFGHJKNQ 10
16A CEE	① €29,30
H207 1ha 50T(80-90m²) 15D	② €36,50

A1 Linz-Wien, Ausfahrt 80 Melk. Am Kreisel Melk-Nord/Wachau folgen. 300m vor der BP scharfe Rechtskurve, der B33 Richtung Schönbühel folgen. CP hinter dem Gasthof Stumper. 108932

Krems (Donau), A-3500 / Niederösterreich

Donau Camping Krems
Yachthafenstrasse 19
1 Apr - 31 Okt
+43 2 73 28 44 55
office@campingkrems.at
N 48°24'14'' E 15°35'33''

1 ABDEKNOPQSU	NWX 6
2 ACIQXY	ABDEFGH 7
3 MNR	ABEFNQRTW 8
4 FHIJO	EV 9
5 ADEFHJ	ABCGHJKMNOUV 10
Anzeige auf dieser Seite B 6A CEE	① €46,20
H196 0,8ha 60T(70-100m²) 4D	② €55,20

Von Osten Kreuz St. Pölten die S33. Danach die B37 Richtung Krems. In Krems, Kreisel 3. Ausfahrt, dann sofort am Schifffahrtszentrum Krems/Stein links zum CP. 106141

Marbach an der Donau, A-3671 / Niederösterr.

Marbacher Freizeitzentrum
Campingweg 2
2 Apr - 26 Okt
+43 7 41 32 07 33
gasthof@wienerin.co.at
N 48°12'49'' E 15°08'26''

1 AEKNOPQRSTU	JNSWXYZ 6
2 DQSWXY	ABFGH 7
3 GL	ABEFJNQRUV 8
4 HIJ	J 9
5 ABD	AHKOST 10
Anzeige auf dieser Seite 20A CEE	① €35,70
H230 0,4ha 35T(70-100m²) 6D	② €45,70

A1 Linz-Wien. Ausfahrt 100 Ybbs/Wieselburg. Der Straße Richtung Ybbs/Persenbeug folgen. Über die Donau Richtung Krems. Nach ca. 7 km auf der rechten Seite ist der CP. 106135

Österreich

St. Pölten, A-3100 / Niederösterreich

CC€23

Camping am See
Bimbo Binder-Promenade 15
15 Apr - 15 Okt
+43 67 68 98 79 88 98
office@campingamsee.at

1 BDEGKNOPQRSTU	LM**N**PX	6
2 AFKLMPQSWXYZ	ABDE**FG**	7
3 ABG**JL**M**NR**	ABEFJNQRW	8
4 FHI**PQRX**	FNV	9
5 ADN	AGHIJKOQUV	10

Anzeige auf dieser Seite B 16A CEE
H250 2ha 50**T**(100-200m²) 43**D**

① €40,20
② €46,20

N 48°13'27'' E 15°39'33''

Von der A1 am Knoten St. Pölten S33 Richtung Krems. Danach Ausfahrt St. Pölten Nord. Am zweiten Knoten Richtung West.

118645

Traisen, A-3160 / Niederösterreich

iD

Terrassen-Camping Traisen
Kulmhof 1
1 Mrz - 1 Okt
+43 2 76 26 29 00
info@camping-traisen.at

1 ADE**KN**OPQRSTU	BX	6
2 PQVWXYZ	ABDE**FG**J	7
3 BDFMUX	ABCDE**FG**IJNQRSTW	8
4 EFHIJ	J	9
5 ABDEHMN	ABCGHIJKMOPQ	10

6A CEE
H415 2,2ha 40**T**(60-100m²) 65**D**

① €37,00
② €48,00

N 48°02'33'' E 15°36'11''

A1 Linz-Wien, Ausfahrt 59 St. Pölten-Süd in Richtung Mariazell. Nach 15 km Traisen. Den CP-Schildern folgen. Vor der Kirche rechts.

108166

Tulln an der Donau, A-3430 / Niederösterreich

CC€23 iD

Donaupark Camping Tulln
Donaulände 76
1 Apr - 15 Okt
+43 2 27 26 52 00
camptulln@oeamtc.at

1 ADEKNOPQRST**U**	HLM**N**WXY**Z**	6
2 CEPQWXYZ	ABDE**FG**I	7
3 BEFG**JL**M**NOQU**	ABCDEFJNQRTW	8
4 **A**DHIJOP	DEUVW	9
5 ABDEFLMN	ABCEFGHIJKMOQUVY	10

Anzeige auf Seite 413 B 6A CEE
H179 10ha 90**T**(80-100m²) 142**D**

① €33,50
② €40,50

N 48°19'59'' E 16°04'08''

A1 Linz-Wien, Ausfahrt 41 St. Christophen Richtung Tulln (B19). In Tulln Richtung Klosterneuburg. Unter der Bahnlinie durch, die 1. rechts. Nach 650m links ab, den CP-Schildern folgen.

101080

Waidhofen an der Thaya, A-3830 / Niederösterreich

iD

Waidhofen
Badgasse 9
1 Mai - 30 Sep
+43 2 84 25 03 56
campingplatz@
waidhofen-thaya.gv.at

1 ADEKNOPQRSTU	J**N**U	6
2 CQXYZ	ABDE**FG**HIK	7
3 ABS	ABCD**F**HNQRTW	8
4 FH	EQ	9
5 ADN	AEHJKOQU	10

B 16A
H477 1ha 60**T**(80m²) 2**D**

① €31,20
② €38,20

N 48°48'38'' E 15°17'24''

Die 5, Ausfahrt Waidhofen. Im Kreisel geradeaus. Brücke über die Thaya. An der Ampel im Zentrum 'Freizeitzentrum' folgen. Dann den CP-Schildern nach.

110676

Wien, A-1220 / Wien

iD

Aktiv Camping Neue Donau
Am Kaisermuehlendamm 119
15 Apr - 30 Sep
+43 12 02 40 10
neuedonau@campingwien.at

1 ABDE**KN**OPQRST**U**		6
2 APQSTWXYZ	ABDE**F**GIJ	7
3 ABFM	ABCDEFJNQRTVW	8
4 AFHJO		9
5 ABDEFHJKN	ABFGHIJKLMNSTU	10

B 16A CEE
H176 3,5ha 200**T**(60-80m²)

① €38,00
② €51,00

N 48°12'30'' E 16°26'50''

Von 1-2-4-21-22-23. Über die Donaubrücke direkt Richtung Ölhafen Lobau 3-3a. Nach 250m am Ende der Straße. Siehe CP-Schild.

106156

Wien-West, A-1140 / Wien

iD

Wien West
Hüttelbergstr. 80
1/1 - 31/1, 11/2 - 31/12
+43 19 14 23 14
west@campingwien.at

1 ABDE**KN**OPQRSTU		6
2 ACPQTWXYZ	ABDE**FG**IJ	7
3	ABCDEFJNOQR**S**W	8
4 **A**FHJO	FUV	9
5 ABDEFHJKN	AGHIKNSTUW	10

B 13A CEE
H318 2,5ha 200**T**(26-80m²) 10**D**

① €35,00
② €45,40

N 48°12'50'' E 16°15'02''

Ende der A1, an der ersten Ampel links, dann geradeaus bis zum CP rechts. Den Schildern folgen.

106157

Österreich

Teilkarte Niederösterreich/Wien auf Seite 410

Steiermark/Burgenland

Aigen (Ennstal), A-8943 / Steiermark

Putterersee
Hohenberg 2A
15 Apr - 31 Okt
+43 66 44 84 00 61
camping.putterersee@aon.at
N 47°31'16" E 14°07'56"

1 ADEKNOPQRSU	LNQ	6
2 EIJQVXY	ABCDEFG	7
3 AM	ABCDEFJLNQRW	8
4 FHIJ	FI	9
5 ABDEFGHJKMN	ABDGJKOST	10
Anzeige auf dieser Seite 13A CEE		① €30,30
H650 2ha 70T(90-100m²) 38D		② €40,30

A10 Salzburg, Ausfahrt Radstadt Richtung Graz. Bei Wörschach Richtung Aigen/Ketten, ausgeschildert. 106111

Andau, A-7163 / Burgenland

Pusztasee
Ödenburgerstraße
15 Apr - 15 Okt
+43 66 46 53 16 23
camping@andau-gemeinde.at
N 47°46'27" E 17°00'47"

1 ABDEKNOPQRSTU	LN	6
2 EPQWXYZ	ABDEF	7
3 ABEGNU	ABCDEFNQRW	8
4 FH		9
5 ADFGHL	ABFGHJKMNQ	10
B 6-12A CEE		① €27,00
H133 4ha 140T(bis 80m²) 284D		② €35,00

Durch Andau Richtung Tadten/St. Andrä, beim verlassen von Andau CP auf der rechten Seite. 100856

Bad Gleichenberg, A-8344 / Steiermark

Cp Im Thermen- und Vulkanland****
Bairisch Kölldorf 240
1 Jan - 31 Dez
+43 31 59 23 42 -2 05
camping.bairischkoelldorf@bad-gleichenberg.gv.at
N 46°52'32" E 15°56'04"

1 ABDEGKNOPQRSTU	D	6
2 CPQSWXY	ABDEFGH	7
3 ABLM	ABCDEFIJKNOQRTUVW	8
4 EFHSXZ	D	9
5 ADFL	ABGHJKOQ	10
B 16A CEE		① €26,40
H280 2ha 95T(100m²) 46D		② €26,40

A2 Graz-Wien, Ausfahrt 157 Gleisdorf-Süd. Die 68 nach Feldbach. Weiter auf der B66 Richtung Radkersburg. Hinter Bad Gleichenberg ist der CP ausgeschildert. Achtung: Den Straßennamen nicht ins Navi eingeben! 110954

Bad Radkersburg, A-8490 / Steiermark

Camping Parktherme
Thermenstraße 30
1 Mrz - 15 Dez
+43 3 47 62 67 7(55 6)
campingat@parktherme.at
N 46°41'14" E 15°58'33"

1 ADEGKNOPQRSTU	BEFHIN	6
2 CPQSTWXYZ	ABDEFGH	7
3 ALM	ABCDEFGNQRTUVW	8
4 HJRSTUVWYZ	FVW	9
5 ADHIL	ABGHIJEMOSTU	10
B 16A CEE		① €36,20
H207 0,9ha 60T(80m²) 18D		② €36,20

A9, Ausfahrt 226 Gersdorf, B69 Richtung Bad Radkersburg. CP-Schild in Alt-Neudörfl. (Slo): Maribor-Bad Radkersburg. Durchs Dorf. Den CP-Schildern 'Parkthermen/Camping' folgen. 106164

Bad Waltersdorf, A-8271 / Steiermark

Thermenland Cp. Rath & Pichler
Campingweg 316
1 Jan - 31 Dez
+43 66 43 11 70 00
thermenland@camping-bad-waltersdorf.at
N 47°09'45" E 16°01'23"

1 ADEGKNOPQRSTU	N	6
2 ACIQSTWXY	ABDEFGHIK	7
3 AL	ABCDEFGIJNQRTUVW	8
4 AFHJOPQ	DGV	9
5 ABDMN	ADGHJKNQVW	10
Anzeige auf dieser Seite B 16A CEE		① €30,60
H292 1,6ha 73T(80-98m²) 27D		② €34,40

A2, Ausfahrt 126 Sebersdorf/Bad Waltersdorf, Richtung Heil Therme und Bad Waltersdorf. 110468

Burgau, A-8291 / Steiermark

Camping Schloss Burgau
Schlossweg 296
1 Apr - 31 Okt
+43 6 99 12 34 62 00
campingschlossburgau@aon.at
N 47°08'46" E 16°05'54"

1 AKNOPQRSTU	ALM	6
2 AEQXYZ	ABDEF	7
3 BGLNO	ABEFNQR	8
4 FHJ	A	9
5 ADN	ABCHJKOQV	10
16A		① €32,10
0,5ha 48T(60-120m²) 14D		② €41,90

A2 von Wien nach Bad Waltersdorf Richtung Bad Blumau. Schildern Burgau folgen. CP in der Stadt angezeigt. Am Naturbad vorbei weiter fahren. 108157

Donnerskirchen, A-7082 / Burgenland

Sonnenwaldbad Camping
Badstraße 25
1 Mai - 30 Sep
+43 26 83 86 70
sonnenwaldbad@donnerskirchen.at
N 47°53'33" E 16°37'52"

1 ADEKNOPQRSTU	BGHM	6
2 IQVXYZ	ABDEFG	7
3 BFGLNO	ABEFJNQRW	8
4 FHI	W	9
5 ADFHLN	ABHJKOQ	10
Anzeige auf Seite 415 B 16A		① €23,00
H184 5ha 45T 140D		② €23,00

In Donnerskirchen B50 Schildern 'Camping' und 'Freibad' folgen. 106167

Eggersdorf, A-8063 / Steiermark

Freie Menschen FKK
Volkersdorferstraße 48
1 Mai - 30 Sep
+43 66 44 10 42 15
info@naturismus-graz.at
N 47°08'15" E 15°34'03"

1 AFHKNOPQRSTU	AM	6
2 CQSXYZ	ABDEF	7
3 ABFMN	ABEFNQR	8
4 JO	J	9
5 DEK	AHIJKQ	10
FKK 16A		① €24,40
H450 2ha 25T(48-64m²) 71D		② €24,40

A2 Graz-Wien, nach Gleisdorf-West. B65 Richtung Graz/Eggersdorf (Kumberg). Bei Eggersdorf/Volkersdorf durchfahren bis zum Schild FKK-Naturismus Erholungsgelände. Dem Sandweg folgen. 106145

Österreich

Teilkarte Steiermark/Burgenland auf Seite 413

Fisching/Weißkirchen, A-8741 / Steiermark

CC€23 iD

50plus Campingpark Fisching****
Fisching 9
1 Apr - 15 Okt
+43 3 57 78 22 84
campingpark@fisching.at
N 47°09'47" E 14°44'18"

1 AGILOPQRSTUX LM 6
2 AEIPQTWXY ABDEFGHIK 7
3 LX ABCDEFJNQRSUVW 8
4 AEFGHJO FIKUVZ 9
5 ADEFHJLMN ABCDEGHIJKOQU 10
Anzeige auf dieser Seite 6A CEE
H681 3ha 65T(100-130m²) 11D
❶ €35,40
109737

S36, Ausfahrt Zeltweg-West, B78 Richtung Weißkirchen, beim Kreisverkehr Richtung Fisching. Schildern folgen.

Großlobming, A-8734 / Steiermark

CC€23 iD

Murinsel
Teichweg 1
1 Apr - 31 Okt
+43 66 43 04 50 45
office@camping-murinsel.at
N 47°11'40" E 14°48'20"

1 ADEKNOPQRSTU LN 6
2 ACEIKQWXY ABEFGHI 7
3 ALN ABCDEFHJNOPQRUVW 8
4 JOX VWZ 9
5 ADEFGHLN ABCDFGHIJKMOQU 10
Anzeige auf dieser Seite 16A CEE
H640 5ha 60T(100m²) 50D
❶ €30,00
❷ €45,60
111204

S36 Knittelfeld-Ost, den Schildern folgen. Nicht über Spielberg-Knittelfeld-West wegen zu niedriger Durchfahrt. Ohne Navi.

Grundlsee, A-8993 / Steiermark

iD

Camping Gössl
Gössl 17
1 Mai - 31 Okt
+43 3 62 22 01 55
office@campinggoessl.com
N 47°38'20" E 13°54'08"

1 AFKNOPQRSTU LNOPQSXY 6
2 EIJMPQX ABDEFG 7
3 ABCDEFJKNQRTW 8
4 FH D 9
5 ABDLMN ABGJKOQY 10
B 16A CEE
H710 1ha 110T(70-120m²) 20D
❶ €29,00
❷ €35,00
106086

Von Salzburg die B158 bis Bad Ischl, dann die B145 Richtung Bad Aussee. Dann Richtung Grundlsee bis Gössl. CP liegt hinter dem Kreisel.

Hirschegg, A-8584 / Steiermark

iD

Hirschegg
Hirschegg 53
1 Jan - 31 Dez
+43 66 41 52 88 17
info@camping-hirschegg.at
N 47°01'19" E 14°57'18"

1 AKNOPQSTU L 6
2 CEIQSTUVWXY ABF 7
3 ABCDEFJNR 8
4 FHJO FGI 9
5 DJN AFGHJKNQU 10
10A
H900 2ha 20T(100-120m²) 39D
❶ €32,40
❷ €40,40
106138

A2, Ausfahrt Modriach oder Pack. Den CP-Schildern folgen.

Jennersdorf, A-8380 / Burgenland

iD

Jennersdorf
Freizeitzentrum 3
16 Mrz - 31 Okt
+43 3 32 94 61 33
camping.jennersdorf@speed.at
N 46°56'45" E 16°08'02"

1 ADEGHKNOPQRSTU BFHIM 6
2 QSWXY ABDEFGHI 7
3 ALMN ABEFNQRTW 8
4 HJO VW 9
5 ADN ABHJKMOQ 10
B 16A CEE
H241 1ha 45T(70-90m²) 25D
❶ €29,25
❷ €38,05
106163

A2 von Wien oder Graz Ausfahrt Ilz Richtung Fürstenfeld. Dann Richtung Jennersdorf und den CP-Schildern folgen.

Leibnitz, A-8430 / Steiermark

iD

Sulmsee
Sulmsee 1
1 Apr - 31 Okt
+43 3 45 28 28 66
office@sulmsee.at
N 46°46'28" E 15°30'50"

1 ABDEKNOPQRSU LM 6
2 ABDFIKQTWXYZ ABFG 7
3 LMS ABEFJNPQRSTUW 8
4 FHK N 9
5 ADK ABCFGJKMOSTY 10
10A CEE
34ha 88T(100-150m²)
❶ €50,00
❷ €65,80
115360

Von der A9 Graz südliche Richtung Kaindorf an der Sulm. Ausfahrt B74 Sulmtalstrasse, Ausfahrt L669. Der Campingplatz ist ausgeschildert und bereits vom See aus sichtbar.

Leibnitz, A-8430 / Steiermark

iD

Städt. Freizeitzentrum Leibnitz
Rudolf-.Hans-Bartschgasse 33
1 Mai - 15 Okt
+43 3 45 28 24 63
camping@leibnitz.at
N 46°46'43" E 15°31'44"

1 ABDEGKNOPQRSTU BGHIN 6
2 ABCQTWXYZ ABDEFG 7
3 ABEFGHJLMN ABCDEFGINQRW 8
4 FH 9
5 ADEF ABGHIJKOQ 10
B 16A CEE
H283 1ha 61T(60-100m²)
❶ €25,90
❷ €31,70
100891

A9, Ausfahrt 214 Leibnitz. Den Schildern Leibnitz-Zentrum folgen, dann den CP-Schildern.

Leoben, A-8700 / Steiermark

iD

Hinterberg
Hinterbergstraße 47
1 Mai - 15 Sep
+43 67 76 43 51 41
campingclubleoben hinterberg@gmx.at
N 47°21'39" E 15°03'57"

1 AKNOPQRSTU 6
2 AIPQXY ABF 7
3 S ABEFGNQR 8
4 J 9
5 ADH AJKMOQ 10
16A
H540 3ha 40T(80m²) 30D
❶ €25,00
❷ €25,00
106137

S6 Ausfahrt Leoben-West. Am Kreisel Ri. Hinterberg. Am 'Hornbach' entlang, unter der Brücke durch und links. Nach 400m kommt der CP. Oder A2 Ausfahrt St.Michael-Leoben, folgen Sie dann den obigen Anweisungen.

Mühlen, A-8822 / Steiermark

iD

Camping am Badesee
Hitzmannsdorf 2
28 Apr - 30 Sep
+43 35 86 24 18
office@camping-am-badesee.at
N 47°02'13" E 14°29'15"

1 AEGJMOPQRSTU LN 6
2 EIQVWXYZ ABDEFGH 7
3 AFLMUX ABCDEFJNQRTW 8
4 ABEFGIJKO JU 9
5 ABDEFGHJKNO ABHJKMNPQU 10
6A CEE
H960 1,5ha 40T(100m²) 26D
❶ €33,00
❷ €43,00
110083

N83 südlich Neumark in der Steiermark, Ausfahrt nach Mühlen. Vor Mühlen liegt der CP. CP-Schild an der Straße.

STORCHENCAMP RUST

- Der Campingplatz hat einen eigenen Zugang zum See mit Liegewiese.
- Mit der 'Neusiedler See Card' haben Campinggäste kostenlosen Eintritt in alle Schwimmbäder rund um den See.
- Weinproben und 'Events' von Mai bis Oktober.

Ruster Bucht, Campingplatz 5
7071 Rust (Burgenland)
Tel. +43 2685595
Wintertelefon: +43 26835538
E-Mail: office@gmeiner.co.at
Internet: www.gmeiner.co.at

STORCHENCAMP PURBACH

- Der Campingplatz liegt in ruhiger Lage direkt neben dem Erlebnisschwimmbad und bietet Fußball, Tennis, Volley- und Basketball.
- Das Restaurant Storchenbeisl bietet lokale Küche auf dem Campingplatzareal.
- Weinproben und 'Events' von Mai bis Oktober.

Campingplatz 1
A-7083 Purbach
Tel. +43 26835170
E-Mail: office@gmeiner.co.at
Internet: www.gmeiner.co.at

Oggau (Burgenland), A-7063 / Burgenland

Oggau
Campingplatz 1
1 Apr - 31 Okt
+43 26 85 72 71
office@campingoggau.at
N 47°50'39" E 16°41'15"

1 ABDEGKNOPQRSTU AFHNSXYZ 6
2 QSWXYZ ABDEFG 7
3 BFGLN ABCDEFJNQRTW 8
4 FH VW 9
5 ABDFKLM ABGHJKMOQ 10
10A ① €32,30
H130 8ha 151T(50-80m²) 305D ② €33,80
106168

Von der A4 oder A3 die B50 nehmen und diese Richtung Oggau und Rust verlassen. In Oggau den CP-Schildern folgen.

Rust, A-7071 / Burgenland

Campingplatz Storchencamp Rust
Ruster Bucht, Campingplatz 5
7 Apr - 26 Okt
+43 2 68 55 95
office@gmeiner.co.at
N 47°48'04" E 16°41'30"

1 ADEGKNOPQRSTU BGHILMNQRSTVXYZ 6
2 EKQRWY ABDEFGH 7
3 BEGJLMU ABCDEFJNQRTVW 8
4 FH AEGIKNPRT 9
5 ABDN ABFGHJKNOQU 10
Anzeige auf dieser Seite B 12A CEE ① €47,00
H116 5ha 80T(80m²) 251D ② €61,00
106169

Von der A4 oder A3 die B50 nehmen und diese Richtung Oggau und Rust verlassen. In Rust den CP-Schildern folgen.

Podersdorf am See, A-7141 / Burgenland

Strandcamping Podersdorf am See
Strandplatz 19
24 Mrz - 13 Nov
+43 21 77 22 79
office@podocamp.at
N 47°51'15" E 16°49'36"

1 ABDEKNOPQRSTU LMNQRSTXYZ 6
2 AEIJKLMPQWXYZ ABCDEFG 7
3 ABM ABCDEFGHIJKNQRTW 8
4 FH DFMN 9
5 ABDEGHN ABGHIJKLMOQY 10
B 16A CEE ① €37,80
H124 7,5ha 450T(60-80m²) 247D ② €49,60
100855

A4 bis Gols, nach 4 km rechts nach Podersdorf. Vor dem Ort rechts ab (nördliche Richtung). Den Schildern 'zum See' zum CP folgen.

Sankt Andrä am Zicksee, A-7161 / Burgenland

Zicksee Camping
Campingplatz 1
27 Mrz - 18 Okt
+43 21 76 21 44
camping@gemeinde-standrae.at
N 47°47'30" E 16°54'58"

1 ADEILOPQRSTU LMQSUX 6
2 EMPQWYZ ABDEFGH 7
3 ABF ABCDEFJKNQRTW 8
4 FH 9
5 DMN ABGHIJKNQY 10
B 13A CEE ① €29,70
H131 4ha 235T(70-105m²) 100D ② €36,80
106171

A4 von Wien Ausfahrt Mönchhof. Dann Richtung Frauenkirchen und St. Andrä. Den CP-Schildern folgen.

Pölfing-Brunn, A-8544 / Steiermark

Sulmtal-Camping & Appartements
Badstraße 20
1 Jan - 31 Dez
+43 66 48 54 66 70
office@amc-strohmeier.at
N 46°43'25" E 15°17'40"

1 ADEKNOPQRSTU AF 6
2 EQWXYZ ABDEFG 7
3 BEGMN ABCDEFGHJNPQRUVW 8
4 FHK IJW 9
5 ADHLM AEGJKMOQY 10
Anzeige auf dieser Seite B 16A CEE ① €29,30
1ha 40T(100-110m²) 30D ② €40,30
122599

Auf der Hauptstraße durch Brunn nach 100m, 1. links. Gegenrichtung aus Jagernigg auf der Hauptstraße nach 200m, 1. rechts. CP-Schild oder Schwimmbad folgen.

Purbach, A-7083 / Burgenland

CC€23

Campingplatz Storchencamp Purbach
Campingplatz 1
7 Apr - 26 Okt
+43 26 83 51 70
office@gmeiner.co.at
N 47°54'34" E 16°42'20"

1 ADEGKNOPQRSTU BGHNQRST 6
2 EPQXY ABDEFG 7
3 ABLMN ABCDEFJNQRTVW 8
4 HI AGI 9
5 ABDEFHJLN ABHJKNQV 10
Anzeige auf dieser Seite B 16A CEE ① €38,00
H122 10ha 58T(80-100m²) 406D ② €48,00
106166

B50 Eisenstadt-Neusiedl am See. Im Ort CP-Schild oder Schild 'Zum See' folgen.

St. Georgen am Kreischberg, A-8861 / Steierm.

CC€23

Olachgut*****
Kaindorf 90
1/1 - 10/4, 8/5 - 8/10, 8/12 - 31/12
+43 35 32 21 62
office@olachgut.at
N 47°06'27" E 14°08'22"

1 ADEKNOPQRSTU LNU 6
2 CEIPQSVWXYZ ABCDEFGHIK 7
3 ABFHILMTU ABCDEFIJKNPQRTUVW 8
4 ABCDEFHJOT FGIJ 9
5 ABDFHKMN ABDGHJKLMOPQU 10
Anz. auf dieser Seite WB 16A CEE ① €37,00
H832 10ha 140T(100-140m²) 61D ② €51,00
106112

A10/E55, Ausf. 104 St. Michael. Straße 96 bis Tamsweg, dann Straße 97 bis St. Georgen, nach 2 km CP re.

St. Peter am Kammersberg, A-8842 / Steierm.

CC€21

Bella Austria****
Peterdorf 100
29 Apr - 30 Sep
+43 66 41 68 09 77
info@camping-bellaustria.com
N 47°10'49" E 14°12'55"

1 AKNOPQRSTU AFN 6
2 CIQSWXY ABDEFG 7
3 ABFMU ABCDEFJKNPQRTUVW 8
4 BFHJKLTX EU 9
5 ABDFHL ABHIJKMNRS 10
Anzeige auf dieser Seite B 16A CEE ① €27,40
H800 5,5ha 45T(110m²) 217D ② €35,40
109413

Über die B99 Richtung Tamsweg. Auf die Turracher Bundesstrasse B95 Richtung Ramingstein, Predlits, Falkendorf nach Murau. Durch Murau nach Frojach-Katsch, weiter Peterdorf, dann Camping Bella Austria.

Teilkarte Steiermark/Burgenland auf Seite 413

Das ACSI Inspektorenteam 2023

Dieser ACSI-Campingführer ist voll mit brandaktuellen Informationen.
Alle in diesem Führer vorgestellten Campingplätze werden jedes Jahr durch einen ACSI-Inspektor besucht.
Es handelt sich um Spezialisten, die vom ACSI speziell ausgebildet wurden.
Untenstehend die Namen und Fotos der Inspektoren, die die hier vorgestellte Plätze kontrolliert haben.

G. Abbink

I. Aerbeydt

W. Ament

A. Ammeraal

G. Asbreuk

P. Bakx-Mikkers

P. van der Beek

M. van Bemmelen

B. Bos

E. Bosgra-de Groot

G. Brink

A. ten Buren

P. ter Burg

K. Van Camp

J. Coenen

L. Cooler-Spaans

A. Cousin

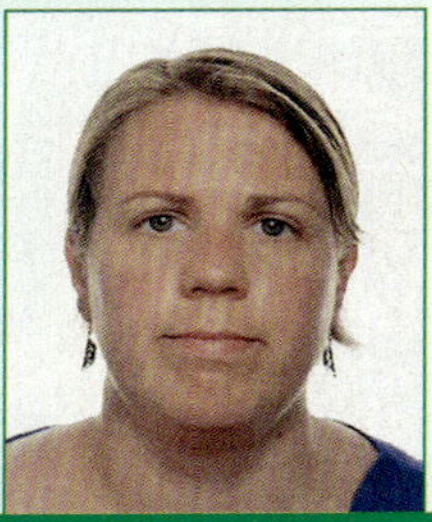

K. Cousin

S. Crommentuijn-Wijnen

W. Dekker

D. van Dijken

M. van Dorp-Kalhorn

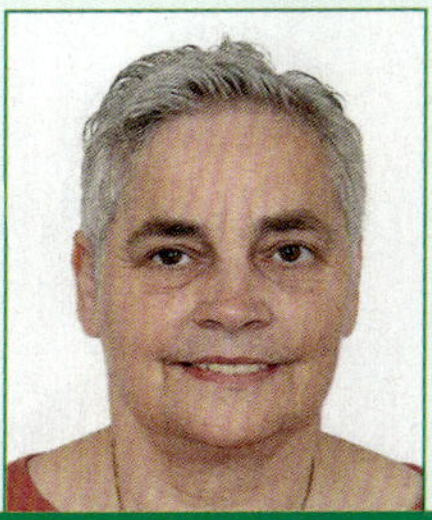

J. van Duijnhoven

G. van Duyn

A. Eickelmann

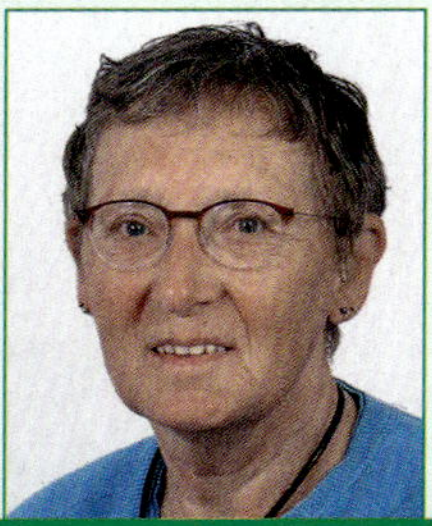

G. Faber

B. Fikse

H. Gangelhof

P. Geelen

K. Geeraert

B. Germonprez

B. Grevenstette

R. Groesbeek

A. Handels

L. Hayen

H. Hemelaer

H. Hesselink

E. Hillebrand-Ris

C. Hoendervangers

H. Hofkamp

A. Holman

J. van den Hoven

C. Iking

J. de Jager

J. de Jong

J. Joosten

M. Joosten-Martens

F. Kampman

A. Kelderman-van Straten

H. Kellij

G. van Kempen-Gerrits

T. Kessels

J. Kettelerij

H. Kiel

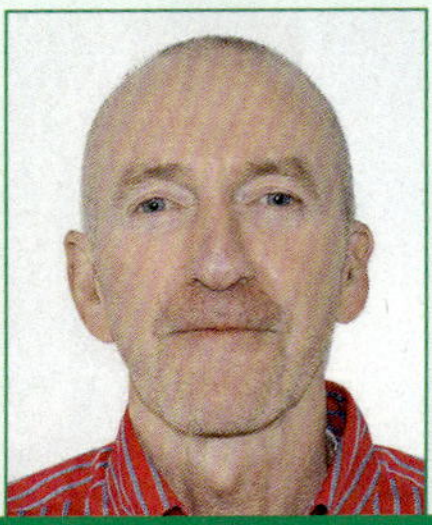
R. Klos

W. Knol

R. Kok

H. Kolkman

F. Koster

F. Koster

W. Laeven

K. van Langeveld

B. Leenders

T. Lei

W. Los

J. Lutjenhuis

P. Meering

A. Mol

F. Molnár

H. Moonen

C. Mulder

T. Naninck

E. Onclin

G. Papavoine-Avezaat

G. Peelen

M. Pelgrim

R. Peters

J. Petiet

M. Pieterse

J. Platzbeecker

J. Pullen

J. Riksman

J. Roumen

M. Ruijs-van den Bergh

M. Schaap

P. Scheers

R. Scholten

J. Schoonenberg

R. Schweinsbergen

G. Sevink

M. Smeets-Stuijts

J. Smits

G. Snakkers

T. Spoelstra

P. van Sprang

E. van Spreeuwel

J. Stassen

A. Stopel-Kalisvaart

D. Tamsma

H. Tijink

M. Tijink

N. Tolenaars

I. Tomsin

J. Urlings

G. Veldhuis

S. Vellinga

W. Veltkamp

J. Verheijen

J. Verrezen

B. van der Vliet

H. de Vrede

P. de Vries-van Dijk

P. Waelkens

A. van de Walle

R. Wauters

L. De Weirt

W. van Werven

H. Westbroek

H. Wever

R. Wijkel

J. de Wilde

W. Willems

J. Willighagen

P. Winkelhuijzen

J. van der Zee-Grijpma

F. Zengerink

für jeden

A

Aabenraa 51
Aabenraa/Løjt Norreskov 51
Aakirkeby 79
Aalbæk 65
Aalborg 65
Aalten 136
Aarburg 353
Aarø 51
Aarøsund/Haderslev 52
Abersee/St. Gilgen 389,390
Abtenau 390
Abtsgmünd/Hammerschmiede 310
Achenkirch 376
Achern 302
Acquarossa 361
Adinkerke/De Panne 174
Aerdt 136
Aeschi/Spiez 354
Afferden 158,159
Affing/Mühlhausen bei Augsburg 327
Affoldern/Edertal 275
Afritz am See 396
Agernæs/Otterup 69
Agger/Vestervig 65
Agno 361
Ahlden 219
Ahrbrück 282
Ahrdorf 266
Ahrensberg 242,245
Aichelberg 310
Aigen (Ennstal) 414
Aigle 346
Aitrach 313
Aitrang/Allgäu 327
Akersloot/Alkmaar 87
Akkrum 118
Albstadt 313
Albuen/Nakskov 74
Alf 282,294
Alheim/Licherode 275
Alkmaar 87
Allensbach 302
Allensbach/Hegne 303
Allingåbro 59
Allinge 79
Almere 107
Alphen (N.Br.) 150
Alpirsbach 298
Altdorf 359
Altefähr (Rügen) 243
Altenau 229
Altenberg 261
Altenkirchen 242,243
Altenmarkt im Pongau 390
Altenteil (Fehmarn) 232
Altenveldorf/Velburg 320
Altglobsow 255
Alt-Schadow 255
Alt Schwerin 242,243
Alt-Zeschdorf 255
Amberloup/Ste Ode 186
Amel/Deidenberg 186
Amen 127
Amsterdam 87,88
Andau 414
Andeer 365
Andijk 88
Anjum 119
Anseremme/Dinant 187
Anslet 52
Antwerpen 174
Apen/Nordloh 213
Appelscha 119
Appeltern 136
Appenzell 357
Arbon 357
Arcen 158,159
Arendsee 253
Arlaching/Chieming 330
Arlon 187
Arnhem 136
Arolla 349
Arrild/Toftlund 52
Asaa 65
Aschau 376,377
Aschenbeck/Dötlingen 213
Asel-Süd/Vöhl 276
Askeby 74
Assen 128
Assens 70
Assentorp/Stenlille 74
Asten 150
Asten/Heusden 150
Asten/Ommel 150
Attendorn/Biggen 266
Attendorn/Waldenburg 266
Atterwasch 255
Au an der Donau 387
Au im Bregenzerwald 374
Auby-sur-Semois 187
Augsburg-Ost 327
Augstfelde/Plön 233
Augustenborg 52
Auning 59
Ave-et-Auffe/Rochefort 187
Avegno 361
Avenches 346
Aywaille 188

B

Baarland 97,98
Baarle-Nassau 151
Baarlo 158,174
Baarn 105
Bacharach 295
Bächli/Hemberg 357
Bad Abbach 331
Bad Bederkesa/Geestland 219
Bad Bellingen/Bamlach 303
Bad Bentheim 214
Bad Birnbach/Lengham 331
Bad Bodenteich 219
Bad Breisig 282

Bad Dürkheim 295
Bad Ems 282
Bad Emstal/Balhorn 276
Bad Endorf 331
Bad Fallingbostel 219
Bad Feilnbach 330,331
Bad Füssing 331
Bad Füssing/Egglfing 331
Bad Füssing/Kirchham 332
Bad Gandersheim 229
Bad Gleichenberg 414
Bad Godesberg/Mehlem 267
Bad Griesbach 332
Bad Harzburg 229
Bad Hofgastein 390
Bad Honnef/Aegidienberg 267
Bad Hönningen 282
Bad Karlshafen 276
Bad Kissingen 316
Bad Kösen/Naumburg 253
Bad Kötzting 320
Bad Lausick 261
Bad Lauterberg 230
Bad Liebenzell 298,299
Bad Neualbenreuth 320
Bad Pyrmont 226
Bad Radkersburg 414
Bad Ragaz 357
Bad Rippoldsau-Schapbach 298
Bad Rothenfelde 214,215
Bad Sassendorf 267
Bad Schmiedeberg/Pretzsch 253
Bad Urach 313
Bad Waltersdorf 414
Bad Wildbad 298,299
Bad Wörishofen 327
Bad Zurzach 353
Bad Zwesten 276
Badenweiler 303
Baiersbronn 299
Bakhuizen 119
Bakkeveen 119,129,141
Balen/Keiheuvel 175
Balkbrug 110
Ballum/Bredebro 52
Bantikow 255
Barchem 136
Barendrecht 92
Båring Vig 70
Barkelsby/Eckernförde 233
Barntrup 267
Barvaux 188
Basedow 233
Bastogne 188
Bathmen 110
Battenberg/Dodenau 276
Bautzen 261
Bayerbach 332
Beaufort 200
Beek (gem. Montferland) 137
Beekbergen 137
Beerze/Ommen 110
Beesd 138
Beesel 158,159
Beeskow 256
Beetzseeheide/Gortz 256
Behrensdorf 233
Beilen 128
Belt-Schutsloot 110
Bensersiel 214
Berchtesgaden 332
Berdorf 200
Berg en Dal 138
Berg im Drautal 396,397
Berg in der Oberpfalz 320
Bergeijk 151
Bergen/Dumme 219
Bergen op Zoom 151
Bergwitz/Kemberg 253
Berlicum 151
Berlin-Schmöckwitz 256
Berndorf 410
Berne 214
Bernhardzell 357
Bernkastel/Kues 290
Bernried 332
Bertrix 188
Bestwig/Wasserfall 267
Bettendorf 200
Betzenstein 316
Biberwier 376
Biddinghuizen 107,129,137,141
Bildsø/Slagelse 74
Billigheim/Ingenheim 295
Billund 52
Bingen/Kempten 295
Binn 349
Birkenfeld 283,284
Bischofsheim an der Rhön 316
Bischofswiesen 332
Bischofszell 358
Bispingen/Behringen 219
Bjerge Strand 74
Bjert 52
Bladel 151
Blaibach/Kreuzbach 320,321
Blankenberge 175
Blankenheim/Freilingen 267
Bleckede 220
Bleckede (OT Radegast) 220
Blier-Erezée 188,189
Bliesdorf-Strand 233
Blitterswijck 158,159
Bloemendaal aan Zee 88
Blokzijl 110,111
Blommenslyst 70
Bocholt 176,177
Bockenau 283
Bodenmais 332,333
Bodenwerder 226
Bodenwerder/Rühle 226,227
Boeslunde 74
Bogense 70
Bohan 188,189
Bohan-sur-Semois 189
Bøjden/Faaborg 70
Bollendorf 290,291
Boltenhagen 243
Boltigen 354
Bomal-sur-Ourthe 189
Bonatchiesse/Fionnay 349
Bönigen 354
Bønnerup Strand/Glesborg 59
Boppard 283
Borgdorf/Seedorf 233

Borger 128,129
Börgerende 243
Bork Havn/Hemmet 59
Borkum 214
Born 243
Borre 74
Bosschenhoofd 151
Bourg-St-Pierre 349
Bourtange 124
Boxberg 261
Braamt 138
Brædstrup 59
Bramming 52
Brandenburg/Malge 256
Braubach 283
Braunfels 276
Braunlage 230
Bräunlingen 303
Braunsbach 310
Brecht 176
Brecht/St. Job-in-'t-Goor 176
Breda 151
Bredene 176,177
Bree 177
Bregenz 374
Breitenbach 264
Breitenthal 327
Breitenwang 376
Breitungen 264
Bremen 220
Brielle 92
Brienz 355
Brieselang/Zeestow 256
Brig 350
Brigerbad 350
Brilon 267
Brixen im Thale 377
Broager/Skelde 53
Brodenbach 283
Brodersby-Goltoft 233
Brouwershaven 98
Bruck 390,391
Brüggen 267
Brühl (Heider Bergsee) 267
Brungershausen 276,277
Brunnen 359
Bryrup/Silkeborg 59
Bucha/Unterwellenborn 264
Buchholz 233
Buchhorn am See 310
Buchs 358
Bühl/Oberbruch 299
Bullay (Mosel) 283,284
Bunnik 105
Buochs 359
Bürder 283
Bure/Tellin 189
Burg (Spreewald) 256
Burgau 414
Burgdorf 353
Burgen 283,284
Burgh-Haamstede 97-99
Burg-Reuland 189
Burhave 214
Büsum 233
Bütgenbach 189
Butjadingen/Burhave 214

C

Cadzand 98,99
Cadzand-Bad 99
Callantsoog 88,118
Calw/Altburg 299
Carwitz 243
Castricum 88
Castricum aan Zee 88
Catterfeld 264
Celle 220
Chaam 152,153
Chairière 190
Champéry 350
Champex-Lac 350
Château-d'Oex 346
Châtel-St-Denis 346
Chemnitz 261
Cherain 190
Chessel 346
Chieming 332,333
Chieming/Stöttham 333
Chimay 190
Chur (GR) 365
Churwalden 365
Cinuos-chel/Chapella 365
Claro 361
Clausthal-Zellerfeld 230
Clervaux 200
Cochem 284
Cochem/Cond 284
Colditz 261
Colombier 346
Consdorf 200
Coppenbrügge 227
Crans-Montana 350
Creglingen/Münster 310,311
Cudrefin 346
Cugnasco 362
Cuxhaven 220
Cuxhaven/Duhnen 220
Cuxhaven/Sahlenburg 220

D

Dahlenburg 220
Dahme 234
Dahn 296
Dalaas 374
Dalby/Kerteminde 71
Dalfsen 111
Dannemare 74
Dannenberg 220
Dasburg 290,291
Datteln 267
Dausenau 284
Davos Glaris 365
De Cocksdorp (Texel) 88
De Haan 178
De Heen 152
De Koog (Texel) 88,89
De Lutte 111
Deining 321
Delden 111
Delecke (Möhnesee) 267
Delft 92,93
Dellach im Drautal 396,397

Delve 234
Den Burg (Texel) 89
Den Haag 93
Den Ham 111
Den Hoorn 89
Den Nul/Olst-Wijhe 111
Denekamp 112
Dersau (Holstein) 234
Detern 214
Deventer 112
Diekirch 200,201
Diekirch/Bleesbruck 200
Diepenheim 112
Dierhagen-Strand 243
Diever 128
Diever/Wittelte 128
Dieverbrug 128
Diez an der Lahn 284
Diffelen/Hardenberg 112
Dillenburg 276
Dillingen 200,201
Dinkelsbühl 321
Disentis 365
Dishoek/Koudekerke 99
Dobbertin 243
Döbriach 398-400
Dochamps 190
Dockweiler 290,292
Doesburg 138
Doetinchem 138
Dokkum 120
Domburg 97,99,100
Donaueschingen/Pfohren 303
Donnerskirchen 414,415
Doorn 105
Doornenburg 138
Doren 374
Dornbirn 374,375
Dornstetten/Hallwangen 299
Dortmund/Hohensyburg 267
Dorum/Neufeld 220
Dråby/Ebeltoft 59
Dransfeld 230
Dranske 243,244
Dreenkrögen 244
Dreieich/Offenthal 276
Dresden 261
Driedorf 276
Drochtersen 221
Drognitz 264
Drolshagen 267
Dronten 107
Drosedow/Wustrow 244
Dueodde 79
Dülmen 267
Durlach 299
Durnal 190
Düsseldorf 268
Dwingeloo 127,129

E

Ebberup 71
Ebeltoft 59,60
Ebeltoft/Fuglsø 60
Ebeltoft/Krakær 60
Eberbach 299
Eberndorf 400,407
Ebrach 316
Ebstorf 221
Echt 159
Echten 129
Echternach 200,201
Echternacherbrück 291
Eckwarderhörne 215
Edam 89
Ede 138
Edertal/Affoldern 277
Edertal/Bringhausen 277
Edertal/Mehlen 277
Edertal/Rehbach 277
Ediger/Eller 284,285
Een (Gem. Noordenveld) 129
Een-West/Noordenveld 130
Eerbeek 139
Eerde 152
Eernewoude 86,120
Eersel 152,153
Ees 130
Eext 130
Effeld/Wassenberg 268
Egestorf 221
Eggelsberg 387
Eggersdorf 414
Eging am See 333
Egmond aan den Hoef 89
Egmond aan Zee 89
Egnach 358
Ehrwald 377
Eichhorst (Schorfheide) 256
Eisenach/Wilhelmsthal 264
Eisenbach 201
Ejstrup Strand/Brovst 65
Elburg 139
Elend 253
Elisabethfehn 214,215
Ellemeet 100
Ellenberg 311
Ellwangen 311
Elspeet 139
Emmeloord 107
Emmersdorf 411
Emst 135,139
Engelberg 359
Engen im Hegau 303
Enscherange 201
Enspijk 139
Enzklösterle 300
Epe 140
Epen 159
Erbach/Bullau 277
Erden 291
Erder/Kalletal 268
Erichem 140
Erlach 353
Erlangen/Dechsendorf 321
Ermelo 135,140,141
Ermelo/Speuld 140
Ermsdorf 201
Erslev/Mors 66
Esbeek 152,153
Esbjerg V. 53
Eschenz 358
Esch-sur-Alzette 201,203
Esch-sur-Sûre 201,203

Eschwege 277
Essel/Engehausen 221
Essen-Werden 268
Essingen/Lauterburg 311
Estavayer-le-Lac 347
Ettelbruck 202
Ettenheim 303
Ettersburg 264
Etzelwang 321
Eutin 234
Evolène 350
Ewijk 140
Exloo 130
Extertal 268
Extertal/Bösingfeld 268
Extertal/Meierberg 268

F

Faaborg 71
Faak am See 400
Fachbach 284,285
Fakse 74
Falkenberg/Elster 256
Falsled/Millinge 71
Fanø/Rindby 53
Fanø/Sønderho 53
Farsø 66
Farsø/Strandby 66
Fårvang/Silkeborg 60
Faxe Ladeplads 74
Fehmarnsund (Fehmarn) 234,235
Feistritz im Rosental 401
Feistritz ob Bleiburg 401,407
Feldberg 244
Feldkirch 374
Feldkirchen an der Donau 387
Ferch (Schwielowsee) 256
Ferchesar 257
Ferring/Lemvig 60
Fichtelberg 316
Fieberbrunn 377
Fiesch 350
Filisur 365
Fisching/Weißkirchen 415
Fjand 60
Fjerritslev 66
Flaach 358
Flügge (Fehmarn) 234
Føllenslev 74
Forel Lavaux 347
Franeker 120
Frankenfeld 221
Frankenhain 264,265
Fredensborg 75
Fredericia 53,61
Frederikshavn 66
Frederiksværk 75
Freest 244
Freiburg 303,304
Freiburg/Hochdorf 304,305
Freudenberg 311
Freudenstadt 300
Frick 353
Frickenhausen/Ochsenfurt 316
Friedrichshafen 313
Friedrichstadt 234
Frielendorf 277
Friesenheim/Schuttern 304
Frørup 71
Frutigen 355
Fügen 378
Fuldatal/Knickhagen 277
Furth im Wald 321
Fürth (Odenwald) 277
Füssen im Allgäu 327
Fynshav/Augustenborg 53

G

Gaienhofen/Horn 304
Gammel Laven/Silkeborg 60
Gammendorf (Fehmarn) 234
Gampelen 353
Ganderkesee/Steinkimmen 215
Garbsen 227
Garlstorf 221
Gårslev/Børkop 53
Gartow 221
Gasselte 131
Gasselternijveen 131
Gatow 257
Gedern 277
Geisenheim 277
Gemünden 316
Gemünden/Hofstetten 316
Gendt 140,141
Gent 178
Gentingen 292
Gera/Aga 264
Geraardsbergen 178
Geras 411
Gerbach 296
Gernrode 253
Gerolstein 292
Gersfeld/Schachen 277
Gersheim 297
Geslau 321,323
Gieten 131
Gillenfeld 292
Girod 284,285
Giswil (Sarnersee) 359
Give 53
Gjerrild/Grenå 60
Glesborg 60
Glücksburg 234,235
Glyngøre 60
Gnarrenburg 221
Goebelsmühle 202
Göhren 244
Gordevio 362
Goslar 230
Gösselsdorf 401
Graal-Müritz 244
Gräfendorf/Weickersgrüben 316
Grafenhausen/Rothaus 304
Graft 89
Grainau 333
Grambin/Ueckermünde 244,245
Grän 378
Grand-Halleux 190
Grasellenbach/Hammelbach 278
Gråsten/Rinkenæs 53
's-Gravenzande 93
Greding 321

Greifenburg ____ 401
Greifenstein/Beilstein ____ 278
Grenå ____ 61
Greve ____ 75
Grimbergen ____ 178
Grindelwald ____ 355
Grindsted ____ 53
Groede ____ 100
Groenlo ____ 140
Groesbeek ____ 140
Grohnde (Emmerthal) ____ 227
Grolloo ____ 131
Grömitz ____ 235
Gronau ____ 268
Groningen ____ 124
Groot Valkenisse/Biggekerke _ 100,101
Groß Quassow/Userin ____ 245
Groß Reken ____ 268
Großbreitenbach ____ 265
Großenbrode ____ 235
Großensee ____ 235
Großlobming ____ 415
Großschönau ____ 261
Großseeham/Weyarn ____ 333
Gruibingen ____ 311
Grünberg ____ 278
Grundlsee ____ 415
Grünheide ____ 257
Gryon/La Barboleusaz ____ 347
Gstaad ____ 355
Guderhandviertel ____ 221
Gudhjem ____ 79
Gudo ____ 362
Guldborg ____ 75
Guldental ____ 285
Gulpen ____ 137,159,160
Gunzenhausen ____ 321,322
Guxhagen/Büchenwerra ____ 278

H

Haaksbergen (Twente) ____ 112,113
Haarlem ____ 89
Haarlo ____ 141
Haderslev/Diernæs ____ 54
Haderslev/Halk ____ 54
Haderslev/Sønderballe ____ 54
Hagnau ____ 313
Haibach/Schlögen ____ 387
Halbendorf ____ 261
Halberstadt ____ 253
Hals ____ 66
Hamburg/Schnelsen ____ 235
Hameln ____ 227
Hameln/Halvestorf ____ 227
Hamminkeln ____ 269
Hanau (Main) ____ 278
Handewitt/Jarplund ____ 235
Hank ____ 152
Hann. Münden ____ 230
Hanstholm ____ 66
Hardenberg ____ 113
Hardenberg/Heemserveen __ 109,113
Haren/Ems ____ 215
Harfsen ____ 141
Harlesiel/Wittmund ____ 215
Harlingen ____ 120
Harskamp ____ 141
Harzgerode/OT Neudorf ____ 253
Harztor/OT Neustadt (Harz) ____ 265
Häselgehr ____ 378
Hasle ____ 79
Hasselberg ____ 235
Hattem ____ 129,141
Hatten/Kirchhatten ____ 215
Haunetal/Wehrda ____ 278
Hausbay/Pfalzfeld ____ 284,285
Havelberg ____ 253
Havelte ____ 131
Hechlingen am See/Heidenheim _ 322
Hechthausen/Klint ____ 221
Heel ____ 160,174
Heemsen/Anderten ____ 227
Heerde ____ 129,141,142
Heerlen ____ 160
Heidenau ____ 222
Heidenburg ____ 292
Heiderscheid ____ 202
Heiderscheidergrund ____ 202
Heijen ____ 153,159,160
Heijenrath/Slenaken ____ 160
Heikendorf/Möltenort ____ 235
Heiligenblut ____ 401
Heimbach ____ 269
Heino ____ 113
Heinsen ____ 227
Heiterwang ____ 378
Hejls ____ 54
Helchteren ____ 179
Helden ____ 154,161
Hellenthal ____ 269
Hellevoetsluis ____ 93
Helsingør ____ 75
Helvoirt ____ 152
Hemeln ____ 230
Hemmingen/Arnum ____ 227
Hemmoor ____ 222
Hemsbach (Bergstraße) ____ 300
Hengelo (Gld.) ____ 142
Hengstdijk ____ 100
Henne ____ 54
Herbolzheim ____ 304
Herford ____ 269
Heringen/Werra ____ 278
Herkenbosch ____ 161
Hermagor-Pressegger See ____ 373,402
Herpen ____ 152
Herzhausen ____ 278
Hesselager ____ 71
Heteren ____ 142
Heubach ____ 278
Heumen/Nijmegen ____ 142
Heuvelland/Kemmel ____ 179
Hierden ____ 142
Hillerød ____ 75
Hilvarenbeek ____ 153,157
Hilversum ____ 89
Himmelpfort ____ 257
Hindeloopen ____ 120
Hinterzarten/Titisee ____ 304
Hirschau ____ 322
Hirschegg ____ 415
Hirschhorn/Neckar ____ 278
Hirtshals ____ 66
Hochdonn ____ 235

Hoek 100,101
Hoek van Holland 93
Hoenderloo 137,142,143
Hoeven 129,141,153
Hofgeismar 278
Hogne 191
Hohegeiß/Braunlage (Harz) 230,231
Hohenfelde 235,236
Hohenfelden 265
Hohenkirchen 245
Hohenstadt 311
Hohenwarth 322
Hohnstein 261
Højbjerg 61
Holbæk 70,75
Holle 227
Holstebro 61
Holten 109,113
Hony/Esneux 191
Hoogerheide 153
Hoogersmilde 131
Hooghalen 131
Hoogwoud 89
Hoorn/Berkhout 90
Hopfgarten 378
Horb am Neckar 300
Horn-Bad Meinberg/OT Kempen 269
Hornbæk 75
Horsens 61
Hörstel 269
Hørve 75
Horw 360
Hosenfeld 279
Hösseringen/Suderburg 222
Hou/Odder 61
Houffalize 191
Houthalen 179,183
Houthalen/Helchteren 159,179
Hovborg 54
Höxter 269
Huben/Längenfeld 379
Huldenberg 179
Hulsberg 161
Hummelo 142,143
Hundested 75
Hundested/Tømmerup 75
Hünfeld 279
Husum 236
Hvide Sande 61

I

Ibbenbüren 269
Idestrup 75
Ieper 179
Igel 292
Ihringen 305
Illertissen 327
Illmensee 313
Immenstaad 313,314
Immenstadt (Allgäu) 327
Imst 379
Ingeldorf/Diekirch 202
Ingolstadt 334
Innerbraz (Klostertal) 374
Innertkirchen 355
Innsbruck 379
Interlaken-Ost 356
Interlaken (Thunersee) 355
Interlaken/Unterseen 355,356
Interlaken/Wilderswil 356
Inzell 334
Irrel 292
Irschen 402
Isernhagen 227
Ishøj 76
Isny/Beuren 314
Isny im Allgäu 314
Itter/Hopfgarten 379
Ivendorf/Lübeck 236

J

Jabbeke/Brugge 179
Jabel 245
Jade 215
Jægerspris 76
Jelling 54
Jena 265
Jennersdorf 415
Jersleben 253
Jesberg 279
Joachimsthal 257
Joditz (Auensee) 317
Juelsminde 61
Julianadorp aan Zee 90,118
Juliusruh 245

K

Kaatsheuvel 153
Kalkar/Wissel 270
Kals am Großglockner 379,381
Kalundborg 76
Kalundborg/Saltbæk 76
Kamenz 262
Kamerik 105
Kamperland 101
Kandern 305
Kandersteg 356
Kaprun 391
Karlshagen 245
Karlstadt am Main 317
Karlstein am Main 317
Kassel 279
Kassel/Bettenhausen 279
Kastellaun 285
Kasterlee 179
Katharinenhof (Fehmarn) 236
Katwijk aan Zee 93
Kaumberg 411
Kaunertal 379
Kelbra/Kyffhäuser 253
Kellenhusen 236
Kelpen-Oler 161
Kernhof 411
Kerteminde 71
Kessel 162
Kesteren 143
Ketzin 257
Keutschach am See 402,403
Kiel 236
Kinding/Pfraundorf 334,335
Kinrooi 179
Kirchberg (Iller) 314

Kirchheim/Waldhessen 279
Kirchzarten 305
Kirkel/Neuhäusel 297
Kirn-Nahe 286
Kitzingen 317
Kladow/Berlin 257
Klaffer am Hochficht 387
Klagenfurt 403
Klausdorf (Fehmarn) 236
Klein Kühren 222
Klein Pankow 245
Klein Rönnau/Bad Segeberg 236
Kleinröhrsdorf/Dresden 262
Kleinwaabs 236
Kleinwalsertal/Mittelberg/Baad 328
Kleinwalsertal/Riezlern 328
Klijndijk/Odoorn 131
Klitmøller/Thisted 66
Klosterneuburg 411,413
Kluisbergen/Ruien 180
Klüsserath 293
Knittlingen/Freudenstein 300
Koblenz 286
Kochel am See 334
Køge 76
Koksijde 180
Kolbnitz 403
Kolding 55,61
Kollmar 237
Köln/Dünnwald 270
Köln/Poll 270
Köln/Rodenkirchen 270
Königsdorf 334
Königssee/Schönau 334
Königstein 262
Königswinter/Oberpleis 270
Koningsbosch 162
Konstanz 305
Konstanz/Dingelsdorf 305
Konstanz-Litzelstetten (Bodensee) 305
Kootwijk 143
Körperich/Obersgegen 293
Korsør 76
Kortgene 97,101
Koserow 246
Kössen 379
Kötschach/Mauthen 403
Kotten/Winterswijk 143
Koudum 86
Kragenæs 76
Kraggenburg 108
Krakow am See 246
Kramnitze/Rødby 76
Kramsach (Krummsee) 379
Kramsach (Reintalersee) 379,380
Krattigen 356
Krauchenwies 314
Krausnick 257
Kreblitz/Luckau 257
Krems (Donau) 411
Kressbronn 314
Kreuzlingen 358
Kropswolde 125
Kruiningen 101
Krummhörn/Upleward 215
Krün 334
Kruså 55
Kruså/Kollund 55
Kühlungsborn 246
Kurort Gohrisch 262
Küssaberg/Kadelburg 305
Kysing Strand/Odder 61

L

La Chaux-de-Fonds 347
La Cibourg 353
La Fouly 350,351
La Roche-en-Ardenne 191
Laaber 322
Laag-Soeren 135,143
Laatzen/Hannover 227
Lackenhäuser 334
Ladbergen 270
Lahnstein 286
Lanaken 180
Landgraaf 162
Landsmeer/Amsterdam 90
Langballig 237
Längenfeld 380
Langerhuse 61
Langsur/Metzdorf 293
Langwiesen 358
Larochette 202
Larochette/Medernach 203
Lassan 246
Lathen 216
Laubach 279
Lauchhammer 257
Lausanne 347
Lauterbrunnen 356
Le Landeron 347
Le Prese 365
Le Sentier 347
Lechbruck am See (Allgäu) 328
Leck 237
Ledenitzen (Faaker See) 404
Leek 124,125
Leerdam 105
Leersum 105,129,141
Leeuwarden 120
Leibertingen/Thalheim 314
Leibnitz 415
Leipheim 328
Leipzig 262
Leiwen 293
Lelystad 108
Lemele 113
Lemelerveld 114
Lemvig 62
Lengerich 270
Lenk im Simmental 356
Lenz/Lenzerheide 365
Lenzerheide 365
Lenzkirch 305
Leoben 415
Lermoos 380
Les Brenets 347
Les Breuleux 347
Les Cluds/Bullet 347
Les Haudères 350
Leupoldishain/Königstein 262
Leutasch 373,380
Leutesdorf 286
Lichtaart 180

Lichtaart/Kasterlee 180
Lichtenberg 317
Lichtenfels 317
Li-Curt/Poschiavo 365
Liebenau/Zwergen 279
Lieler 203
Lienen 270
Lienz 380,381
Lienz/Amlach 380,381
Lienz/Tristach 380,381
Lieren/Beekbergen 135,143
Lierop/Someren 154
Lietzow (Rügen) 246
Lignières 348
Lille/Gierle 180,181
Limbach/Günzburg 328
Lindau (Bodensee) 328
Lindau/Zech 328
Lindaunis/Boren 237
Lindenfels/Schlierbach 279
Lindlar 271
Lingerhahn 286,287
Linz 387
Lippstadt 271
Lisbjerg/Århus-N 62
Locarno 362
Lochem 143
Løgstør 67
Løgstrup 62
Lohals/Tranekaer 71
Lohme/Nipmerow 246
Lohr am Main 317
Loissin 246
Løkken 67
Løkken/Ingstrup 67
Løkken/Lyngby 67
Lombardsijde 181
Lommel 159,181
Lommel-Kolonie 159,181
Lønstrup 67
Lopikerkapel 105
Losheim 297
Losone 362
Löwenhagen 230
Löwenstein 311
Lübben/Spreewald 257
Lübbenau 258
Lübbenau/Hindenberg 258
Lübeck/Schönböcken 237
Lundeborg 71
Lüneburg 222
Lungern 360
Lünne 216
Lunteren 144,145
Lütow 246
Luttenberg 114
Luxemburg 203
Luzern 360

M

Maasbommel 144
Maasbree 162
Maasmechelen 181
Machtolsheim 314
Magdeburg 254
Mahlow/Berlin 258,259
Mainhausen/Mainflingen 279
Maintal 280
Maishofen 391
Makkum 121
Malchow 247
Malling 62,70
Malliß 247
Mallnitz 404
Maloja 366
Malta 404,405
Mander/Ootmarsum 114
Manderfeld 191
Manderscheid 293
Marbach an der Donau 411
Maribo 76
Marielyst/Væggerløse 76
Mariënberg/Hardenberg 114
Marin/Epagnier 348
Markdorf 314,315
Markelo 114
Markgrafenheide/Rostock 247
Märkische Heide/Groß Leuthen 258
Martigny 351
Martofte 71
Matrei in Osttirol 380,381
Maurach 382
Mauterndorf 391
Mayrhofen 382,383
Medelby 237
Meerssen 154,162
Meeschendorf (Fehmarn) 237
Mehlmeisel 317
Meierskappel 360
Meijel 162,163
Meinisberg/Biel 353
Meiringen 356
Melano 363
Melby 76
Melderslo 163
Melissant 93
Melle/Gesmold 216
Mendig 286
Mengerskirchen 280
Meppen (D) 216
Meppen (NL) 132
Meride 363
Mersch 203,205
Meschede (Hennesee) 271
Mesenich/Cochem 286
Mettingen 271
Middelburg 101
Middelfart 71
Midlum/
Wurster Nordseeküste 222,223
Midwolda 125
Mierlo 154
Millstatt/Dellach 404
Miltenberg a/d Main 317
Mirow 247
Missen-Wilhams 328
Mittelhof 286
Mitterteich 322
Möhlin 353
Mol 137,181,182
Molkwerum/Molkwar 121
Mommark/Sydals 55
Mönchgut (Rügen) 247
Mondsee 387

Mondsee/Tiefgraben 388
Monschau/Imgenbroich 271
Monschau/Perlenau 271
Monteggio 363
Monzingen 286
Morges 348
Moritzburg/Dresden 262
Mörschied 286
Mörtschach 404
Mosen 360
Mou/Storvorde 67
Mouzaive 192
Müden/Örtze (Gem. Faßberg) 222,223
Mühlberg 265
Mühlen 415
München 334
Munkbrarup 237
Münsing 334
Münsingen 314
Münster 271
Munster/Kreutzen 223
Münstertal 307
Murg 358
Murnau/Seehausen 334
Murrhardt/Fornsbach 311
Müstair 366
Muzzano 363

N

Nærum 77
Nakskov 77
Nassereith 382
Natters 383
Naumburg 254
Naumburg (Edersee) 280
Neckargemünd/Heidelberg 300
Neckarsulm 311
Neckarzimmern 300
Neede 144
Nehren/Cochem 286,287
Nenzing 375
Netersel 154
Neubäu 322
Neubulach 300,301
Neuenburg am Rhein 306,307
Neuengönna/Porstendorf 265
Neuental 280
Neuerburg 293
Neu-Göhren 247
Neuhausen/Schellbronn 300
Neukalen 247
Neulengbach 411
Neunburg vorm Wald 322
Neuruppin/OT Stendenitz 258
Neuseddin 258
Neustadt in Holstein 237
Neustadt/Mardorf 228
Neustadt/Wied 286
Neustift 383
Nibe 67
Nideggen/Brück 271
Niederau 262
Niederbreitbach 287
Niedergörsdorf (OT Oehna) 258
Niederkrüchten/Brempt 272
Niederkrüchten/Elmpt 272
Nieder-Moos 280
Niedersonthofen (Allgäu) 328
Niemtsch/Senftenberg 259
Niendorf/Wohlenberger Wiek 247
Nietap 86,132
Nieuwe-Tonge 93
Nieuw-Heeten 114
Nieuw-Milligen 139,144
Nieuwpoort 182
Nieuwvliet 97,101
Nieuwvliet-Bad 97,102
Nijnsel/St. Oedenrode 154
Nijverdal 109,114
Nispen/Roosendaal 154,155
Nivå 77
Nohfelden/Bosen 297
Nommern 203
Noorbeek 163
Noorden 94
Noorderwijk/Herentals 182
Noord-Scharwoude 90
Noordwelle/Renesse 97
Noordwijk 94,95
Noordwijkerhout 94,95
Noordwolde 121
Nordborg/Augustenhof 55
Nordborg/Købingsmark 55
Nordborg/Lavensby 55
Norden/Norddeich 216
Nordholz/
Wurster Nordseeküste 222,223
Norg 132
Nørre Åby 72
Nørre Nebel 55
Northeim 231
Notter 114
Noville 348
Nunspeet 144,145
Nürnberg 324
Nüziders 375
Nyborg 72
Nykøbing (Falster) 77
Nykøbing Sj. 77
Nymindegab/Nørre Nebel 55
Nyrup/Kvistgård 77
Nysted 77

O

Oberammergau 335
Oberdrauburg 404
Oberhausen an der Nahe 287
Obernhof/Lahn 287
Obernzenn 324
Oberohe/Faßberg 223
Oberretzbach 411
Oberried 307
Oberstaufen 328
Oberstdorf 329
Oberteuringen/Neuhaus 314
Obertrum 392
Obervellach 404
Oberweis 293
Oberwesel 287
Oberweser/Gieselwerder 280
Oberweser/Oedelsheim 280
Oberweser/Weissehütte 280
Oberwössen 335

Odder 62
Odder/Boulstrup 62
Odense S 72
Odrimont 192
Oedheim 311
Oer-Erkenschwick 272
Oettern 265
Offenberg 335
Offingawier 121
Oggau (Burgenland) 416
Oirschot 154,155
Oisterwijk 154,155
Oksbøl 55,56
Olbersdorf 262
Olching 335
Oldemarkt/Paasloo 115
Olen 183
Olloy-sur-Viroin 192,193
Olpe/Kessenhammer 272
Olpe/Sondern 272
Ommen 115
Onstwedde 125
Oostburg 102
Oosterbeek 145
Oosterhout 145,155
Oosterhout/Dorst 155
Oostkapelle 102
Oost-Maarland/Eijsden 163
Oostvoorne 94
Ootmarsum 115
Ootmarsum/Agelo 116
Ootmarsum/Hezingen 116
Opende 125
Opglabbeek/Oudsbergen 183
Opheusden 144,145
Opoeteren 183
Orbe 348
Orsingen 307
Ortrand 259
Ortved/Ringsted 77
Osnabrück 216,217
Ossenzijl 116
Ossiach 404-406
Ostermade 237
Osterode (Harz) 231
Osterreinen/Rieden 329
Ostrhauderfehn 216
Ostseebad Mönchgut 247
Ostseebad Prerow 247
Ostseebad Rerik 248
Ostseeheilbad Zingst 248
Ottenbach 358
Otterberg 296
Otterlo 137,145
Otterndorf/Müggendorf 223
Otterup 72
Ouddorp 94,95
Oude Willem 132
Oudega 121
Oudemirdum 121
Ouren/Burg Reuland 192
Ouwerkerk 102
Overijse 183
Oy-Mittelberg 329
Oyten 223

Ø

Østbirk 62
Øster Hurup/Hadsund 67

P

Padenstedt 237
Pandrup 67,68
Panningen 163
Papenburg 216
Pappenheim 324
Paska 265
Paulsdorf 262
Payerne 348
Penzlin (OT Werder) 248
Perl/Nennig 297
Pesenthein 406
Petten 90,91
Pettenbach 388
Pettneu am Arlberg 373,383
Pfedelbach/Buchhorn 312
Pfofeld/Langlau 324
Pfronten 329
Piding/Bad Reichenhall 335
Pielenhofen (Naabtal) 324
Pirna 262,263
Plasmolen 164
Plasmolen/Mook 159,163
Plau am See/Plötzenhöhe 248
Pleinfeld 324
Plön 237
Plön/Bösdorf 237
Plötzky/Schönebeck 254
Podersdorf am See 416
Pöhl 263
Pölfing-Brunn 416
Polleur 192
Pommerby 238
Pommern 287
Pontresina/Morteratsch 366
Poppel 183
Potsdam/Berlin 259
Pottenstein 317
Poupehan 192
Prerow 248
Prien am Chiemsee 336
Priepert 248
Priepert (Radensee) 248
Prora 248
Pruchten 249
Prüm 293
Prutz 384
Pünderich 288
Purbach 416
Purnode/Yvoir 192
Putten 145
Puttgarden (Fehmarn) 238

R

Raalte 116
Räbke 231
Radolfzell/Markelfingen 308
Radstadt 392
Raggal 375
Ramsau 336
Ramsbeck/Valme 272
Randa/Zermatt 351

Randbøl 56
Randers 62
Rappin (Rügen) 249
Raron 351
Raron/Turtig 351
Rauris 392
Reahûs 121
Rechenberg-Bienenmühle 263
Reckingen 351
Reersø/Gørlev 77
Regensburg-West 324
Rehe 288
Rehlingen/Siersburg 297
Reichenau (Insel Reichenau) 308
Reinach/Basel 353
Reinhardshagen 280
Reinsberg 263
Reinsfeld 293
Reisdorf 203,204
Remagen 288
Remersdaal/Voeren 184
Rendeux/Ronzon 193
Renesse 97,102,103,129,141
Rennweg am Katschberg 406
Renswoude 105,106
Rerik/Meschendorf 249
Retie 184
Retranchement/Cadzand 97,102,103
Reutum 116
Reutum/Weerselo 116
Reuver 164
Rhede (Ems) 216
Rheeze 116,117
Rheezerveen/Hardenberg 117
Ribe 56
Ried 384,385
Rieden/Rosshaupten 329
Rieste 216,217
Riis/Give 56
Rijen 156
Rijnsburg 95
Rijs 121
Ringgenberg 356
Ringkøbing 62
Rinteln 228
Riol (Mosel) 294
Ristinge 72
Robertville 193
Rockanje 95,96,129,141
Rødovre 77
Rødvig Stevns 77
Roermond 164
Roggel 164,165
Rolandswerth 288
Rolle 348
Romainmôtier 348
Rømø 56,57
Rønne 79
Rosenfelde/Grube 238
Roskilde 77
Rosport 204,205
Rossatz 411
Roßbach/Wied 288
Rotenburg an der Fulda 280
Roth/Wallesau 324,325
Rottenbuch 336
Rüdesheim am Rhein 280
Rueras 366
Ruhpolding 336
Ruinen 133,137
Rust (A) 416
Rust (D) 308
Ruurlo 146
Ry 62,63

S

Saalburg-Ebersdorf 265
Saanen 356
Saarburg 294
Saas-Grund 351
Sachseln 360
Sachsenburg 406
Sæby 68
Saignelégier 348
Saillon 351
Sakskøbing 77
Salem 238
Salem/Neufrach 315
Salgesch 351
Saltum 68
Salzburg 392,393
Salzburg-Nord 392,393
Salzhemmendorf/Wallensen 228
Sandersvig/Haderslev 57
Sandkäs 79
Sandvig/Allinge 79
Sankt Andrä am Zicksee 416
Sankt Kanzian 406,407
Sankt Kanzian (Klopeiner See) 406
Sankt Margrethen 358
Sarnen 360
Sassenberg 272,273
Schaijk 156
Schaprode 249
Scharbeutz 238
Scharendijke 103
Schashagen/OT Bliesdorf-Strand 238
Schechen 336
Schiefling am Wörthersee 373,406
Schiffdorf/Spaden 223
Schillersdorf 249
Schillingsfürst 325
Schimmert 164
Schin op Geul/Valkenburg 164
Schipborg 133
Schlaitz (Muldestausee) 254
Schleching/Mettenham 336
Schleiden/Harperscheid 273
Schliersee/Obb. 336
Schloß Holte/Stukenbrock 273
Schluchsee 308
Schlüchtern/Hutten 281
Schnaittenbach 325
Schneverdingen/Heber 223
Schömberg/Langenbrand 300,301
Schönberg (Ostseebad) 238,239
Schönbühel an der Donau 411
Schönenberg-Kübelberg 296
Schoonebeek 133
Schoonloo 133
Schoorl 90
Schortens 216
Schotten 281
Schubystrand/Dörphof 239

Schurrenhof/Donzdorf 312
Schüttorf 217
Schwäbisch Hall/Steinbach 312
Schwangau 329
Schwarzach/Schwarzenau 317
Schwedeneck 239
Schweich 294
Schweppenhausen 288
Schwoich 384
Sdr. Stenderup 57
Seck 288
Seebad Stubbenfelde 249
Seeboden 406
Seeburg 231
Seeburg (Seegebiet Mansf.Land) 254
Seefeld am Pilsensee 336
Seekamp (Ostholstein) 239
Seekirchen 392
Seelbach 308
Seeshaupt 337
Sehlendorf 239
Seiffen 263
Selb 317
Sellingen 125,126
Sempach 361
Senftenberg 259
Senheim am Mosel 288
Sensweiler 289
Sevenum 166,167
Siegerswoude 121
Siehdichum/Schernsdorf 259
Sigmaringen 315
Silberborn/Solling 228
Silkeborg 63
Silkeborg/Laven 63
Silvaplana 366
Simmerath/Hammer 273
Simmerschmelz 205,206
Simmershofen/Walkershofen 325
Simmertal 289
Simonsberg/Husum 239
Simonswald 308
Sindal 68
Sinntal/Oberzell 281
Sinsheim/Hilsbach 301
Sint Anthonis 156,161
Sint Hubert 156
Sion 351
Sjølund/Grønninghoved 57
Skælskør 78
Skagen 68,70
Skanderborg 63
Skårup 72
Skaven/Vostrup/Tarm 63
Skive 63
Skiveren/Aalbæk 68
Skjern 63
Skovby 57
Slagharen 117
Slenaken 166
Sloten 122
Sluis 103
Smakt/Venray 166
Smidstrup 78
Sneek 122
Soerendonk 156
Sölden 384
Solingen 273
Söll 384
Soltau 223
Soltau/Harber 224
Soltau/Wolterdingen 224
Someren 156
Sommerach am Main 317
Sommersdorf 249
Sønderborg 57
Sønderby 57
Søndervig 63
Sonnenbühl/Erpfingen 315
Sonsbeck/Labbeck 273
Sonthofen 329
Sorens 348
Sorø 78
Sottrum/Everinghausen 224
Soumagne 193
Spa 193
Spabrücken 289
Spatzenhausen/Hofheim 337
Spier/Beilen 133
Spittal an der Drau 408
Splügen 366
St. Cergue 349
St. Geertruid 166
St. Georgen am Kreischberg 416
St. Georgen am Längsee 408
St. Goar am Rhein 289
St. Hubert 193
St. Jansklooster 117
St. Johann im Pongau 393
St. Johann (Tirol) 384
St. Kruis/Oostburg 103
St. Leon-Rot 301
St. Maartenszee 90,91,118
St. Margareten 408
St. Martin bei Lofer 394
St. Maurice 352
St. Moritz-Bad 366
St. Nicolaasga 122
St. Oedenrode 156,157
St. Peter am Kammersberg 416
St. Peter-Ording 239
St. Peter-Ording/Böhl 239
St. Pölten 412
St. Veit im Pongau 394
St. Wolfgang 388,389
Sta Maria 366
Stad aan 't Haringvliet 96
Stadtsteinach 317
Stams 384,385
Staufen 308,309
Stavelot 193
Ste Cecile 193
Stechelberg 356,357
Stegeren/Ommen 117
Stein/Laboe 239
Steinach 308
Steindorf 408
Steindorf/Stiegl 408
Steinebach 289
Steinen 289
Steinfeld 408
Stellendam 96
Sternberg 249
Steyr 388
Stiege/Hasselfelde 254

Stockach (Bodensee) 308
Stockenboi 409
Stocksee 239
Stokkum 146
Stollhofen/Rheinmünster 301
Stolzembourg 204,205
Stolzenau 228
Store Fuglede 78
Store Spjellerup 78
Storkow/Kehrigk 259
Storkow/Limsdorf 259
Stouby 64
Stove/Hamburg 224
Strasen/Pelzkuhl 250
Strassen 384
Strøby 78
Stroe 146
Struer 64
Strukkamphuk (Fehmarn) 240
Stubbekøbing 78
Stuhr/Groß Mackenstedt 228,229
Suameer/Sumar 86,122
Südbrookmerland 217
Sulzberg 329
Sulzburg 309
Sundern 273
Süplingen/Haldensleben 254
Sur En/Sent 366
Sursee 361
Süsel 240
Susten 352
Sütel 240
Sutz/Lattrigen 354
Svaneke 79
Svendborg 72
Svendborg/Thurø 72
Sy 193
Sydals 57

T

Taching am See 337
Tadler 205,206
Tann (Rhön) 281
Tarm 64
Tarmstedt 224
Tårup/Frørup 72
Täsch/Zermatt 352
Tating 240
Techendorf (Weißensee) 409
Tecklenburg 273
Tecklenburg/Leeden 273
Tenero 363,364
Tengen 309
Tenneville 194
Ter Aar 96
Ter Apel 126
Termunterzijl (Gem. Delfzijl) 126
Terschelling/Formerum 122
Terschelling/Hee 122
Terschelling/Midsland 122
Terschelling/Oosterend 122
Tettnang/Badhütten 315
Teuge 146
Thiersee 384
Thisted 69
Thomsdorf (Boitzenburgerland) 259
Thorsminde/Ulfborg 64
Thusis 366
Thyborøn 64
Tienhoven 106
Timmel 217
Timmendorf/Insel Poel 250
Tinglev 57
Tintigny 194
Tipperne/Nørre Nebel 55,57
Titisee 308,309
Tittmoning 337
Todtnau/Muggenbrunn 309
Tolne/Sindal 69
Tønder 57,58
Tönning 240
Torgau 263
Tossens 217
Tournai 194
Traben-Trarbach 294
Traisen 412
Tranekær 72
Tranum/Brovst 69
Trassenheide 250
Trechtingshausen 296
Treis-Karden 289
Trendelburg 281
Triefenstein/Lengfurt 318,319
Triesen 359
Trin Mulin 366
Trippstadt 296
Troisvierges 205
Trun 366
Tubbergen 109,117
Tübingen 315
Tüchersfeld/Pottenstein 318
Tuitjenhorn 91
Tulln an der Donau 412,413
Turnhout 184
Tversted 69
Tynaarlo 133

U

Übersee/Feldwies 337
Ückeritz 250
Udenhout 157
Ueckermünde 250
Uelzen 224
Uetze 228,229
Uffelte/Havelte 133
Uffing 337
Ugchelen 146,147
Uhldingen-Mühlhofen 315
Ulfborg 64
Ulicoten/Baarle Nassau 157
Ulslev/Idestrup 78
Ulstrup 64
Umhausen 384
Ummanz 250
Unstrut-Hainich (OT Weberstedt) 265
Unterach (Attersee) 389
Unterägeri 361
Untermerzbach 318
Ureterp 123
Urk 108
Uslar/Schönhagen 231
Utting am Ammersee 337

V

Vaals 166
Vaassen 147
Valkenburg aan de Geul 166,167
Valkenburg/Berg en Terblijt 137,166
Valkenswaard 157
Vallorbe 349
Vejby 78
Vejers Strand 58
Veldhoven 157
Veldhoven/Zandoerle 155,157
Velsen-Zuid 91
Vemmetofte 78
Venray/Oostrum 166,167
Vers-l'Église 349
Versmold/Peckeloh 273
Vésenaz/Genève 349
Vesløs 69
Vessem 157
Viborg 64
Vicosoprano 366
Viechtach 338
Viechtach/Pirka 338,339
Vierhouten 147
Vig 78
Vijlen 167
Villach/Landskron 408-410
Villeneuve 349
Vinderup 64
Vinkel 157
Virksund/Højslev 64
Virton 194
Visp 352,353
Vissoie 353
Vitznau/Luzern 361
Vledder 133
Vlieland 123
Vlissingen 104
Vlotho 273
Voerendaal 166,167
Vogenée 194
Volders 384
Volkach am Main 318
Volkach/Escherndorf 318
Völkermarkt/Dullach 410
Vollenhove 109,117
Voorst 147
Voorthuizen 135,147,148
Vorbasse 58
Vorden 148
Vorselaar 184
Vriescheloo 126
Vrouwenpolder 104

W

Waabs 240
Wabern/Bern 354
Wachtebeke 184
Wachtendonk 274
Wackersberg 338
Wackersdorf 325
Wagenhausen 359
Waging am See 338,339
Waging/Gaden 338
Wahlstorf 240
Wahlwies/Stockach 309
Waidhofen an der Thaya 412
Waidring 385
Waimes 194
Walchensee 339
Walchsee 385
Waldberg/Rhön 318
Waldbreitbach 289
Waldbronn/Neurod 302
Waldeck/Scheid 281
Waldfischbach 296
Waldkirch/Siensbach 310
Waldmünchen 325
Waldshut 310
Walkenried 231
Walkenried (OT Zorge) 231
Walldorf 302
Wallendorf 294
Wallnau (Fehmarn) 240
Walsdorf 206
Waltenhofen (Allgäu) 329
Wangels/Weißenhäuser Strand 240
Wanroij 153,157
Wapse 133
Warburg 274
Waren (Müritz) 250
Warfhuizen 126
Warmenhuizen 91
Warmond 96
Warnitz (Oberuckersee) 259
Warnsveld 148
Warstein/Niederbergheim 274
Wassenaar 96
Wassenach/Maria Laach 290
Wateren 129,134,141
Waxweiler 295
Waxweiler/Heilhausen 294,295
Wechelderzande/Lille 184
Wedde 126
Weer 386
Weikersheim/Laudenbach 312
Weilburg/Odersbach 281
Weissach 339
Weißbriach 410
Weißensee 410
Weißenstadt 318
Weiterstadt/Gräfenhausen 281
Well 168
Welsum 117
Wemding 329
Wemeldinge 104
Wendisch Rietz 259
Wendtorf 240
Wenduine/De Haan 185
Wenkendorf (Fehmarn) 241
Werchter 185
Werder/Petzow 260
Werlte 218
Wertach 329
Wertheim 312
Wertheim/Bestenheid 312
Wertschach bei Nötsch 410
Wesenberg 245,250,251
Wessem 168
Westende 185
Westendorf 386
Westenschouwen/
Burgh-Haamstede 97,104

Westensee/Wrohe 241
Westerbork 134
Westerdeichstrich 241
Westerheim 315
Westerlo 185
Westerlo/Heultje 185
Westerstede 218
Westoverledingen/Ihrhove 218
Wettenberg/Wißmar 281
Wettringen 274
Wezuperbrug 129,134,141
Wien 412
Wienhausen/Schwachhausen 224
Wien-West 412
Wiesing 386
Wiesmoor 218
Wietzendorf 225
Wijckel 122,123
Wijlre 168
Wijster 134
Wildberg 302
Wildermieming 386,387
Willstätt/Sand 310
Wilp 148
Wilsum 218
Wiltz 206
Windischeschenbach 325
Wingst/Land Hadeln 225
Winningen 290
Winsen (Aller) 225
Winsen/Aller-Meißendorf 225
Winsum 126
Winterberg 274
Winterberg/Züschen 274
Winterswijk 148,149
Winterswijk/Henxel 149
Winterswijk/Kotten 149
Winterswijk/Meddo 148,149
Winterswijk/Woold 148,149
Winterthur 359
Wisch/Heidkate 241
Witmarsum 123
Wittdün 241
Wittenborn 241
Witzenhausen 281
Woerden 106
Wolfach/Halbmeil 310
Wolfshagen (Harz) 231
Wolfstein 296
Wolphaartsdijk 104
Wooster Teerofen 250
Workum 123
Woudenberg 106
Woudsend 123
Wouwse Plantage 157
Wulfen (Fehmarn) 241
Wurster Nordseeküste 225
Wusterhausen/Dosse 260

X

Xanten 274

Y

IJhorst 113
IJmuiden 90
Yvorne 349

Z

Zechlinerhütte 260
Zeeland 157
Zeewolde 108
Zeist 106
Zelhem 149
Zell am See 394
Zell im Zillertal 386,387
Zell (Mosel) 290
Zellingen am Main 318
Zempin 250
Zennewijnen 149
Zernez/Engadin 366
Zetel/Astederfeld 218
Zeven 225
Zevenhuizen 96
Ziegenrück 265
Zierenberg 281
Zierow/Wismar 251
Zijdewind 91
Zingst-West 251
Zirndorf/Leichendorf 325
Zislow 251
Zoetermeer 96
Zonhoven 185
Zorgvlied 134
Zoutelande 97,104
Zuna/Nijverdal 117
Zutendaal 185
Zwartemeer 134
Zweeloo 134
Zweisimmen 357
Zwenzow 245,251,252
Zwiggelte/Westerbork 134
Zwolle 117,129,141

CampingCard ACSI: *die* Ermäßigungskarte für die Vor- und Nachsaison

2023 sind Sie auf 3 000 Campingplätzen willkommen!

Für Sie als Käufer des ACSI Campingführer Deutschland gratis:

- Ihre persönliche CampingCard ACSI-Ermäßigungskarte
- eine Übersicht von Campingplätzen, auf denen Sie von der Ermäßigung profitieren

Benutzerhinweise

Was ist die CampingCard ACSI?

Mit der Ermäßigungskarte CampingCard ACSI können Sie günstig auf Qualitätscampings in Europa in der Nebensaison Urlaub machen, und zwar zu einem der sechs Festtarife von: 13 €, 15 €, 17 €, 19 €, 21 € oder 23 €. Die Tarife liegen niedriger als der niedrigste Betrag, den die Teilnehmerplätze in der Nebensaison nehmen. Sie können darum mit einem höhen Preisnachlass pro Übernachtung rechnen mit Rabatten bis zu 60% vom regulären Preis! Die 3 000 teilnehmenden CampingCard ACSI-Plätze sind jeweils von ACSI inspizierte und genehmigte Campingplätze.

Achtung! Von den Campingplätzen in diesem Campingführer akzeptieren nur diejenigen die CampingCard ACSI, die mit dem blauen CC-Logo gekennzeichnet sind. Alle übrigen Campingplätze in diesem Campingführer akzeptieren die CampingCard ACSI-Ermäßigungskarte NICHT. Alle CampingCard ACSI-Campingplätze finden Sie im CampingCard ACSI-Führer und auf ▸ *campingcard.com* ◂

Wie funktioniert die CampingCard ACSI?

- Die Rückseite der CampingCard ACSI-Ermäßigungskarte muss vollständig ausgefüllt sein. Sie ist ein Kalenderjahr gültig und personengebunden.
- Bei Anreise: Bitte zeigen Sie an der Rezeption Ihre Ermäßigungskarte (für 2 Erwachsene).
- Profitieren Sie bei Ihrem Aufenthalt von den niedrigen Tarifen (nur in der Akzeptanzzeit).
- Zeigen Sie vor der Abrechnung nochmals Ihre Ermäßigungskarte an der Rezeption.*
- Sie rechnen ab zum billigeren Tarif von nur 13 €, 15 €, 17 €, 19 €, 21 € oder € 23 pro Übernachtung.**

* Im Prinzip können Sie mit der CampingCard ACSI hinterher bezahlen. Letztlich wird aber der Abrechnungsmodus durch die Regelung auf dem Camping selbst bestimmt, also auch der Zeitpunkt der Abrechnung, oder ob Sie eine Anzahlung leisten müssen. Geben Sie bspw. an, nur eine Nacht bleiben zu wollen, oder wollen Sie reservieren, dann kann der Camping eine sofortige Bezahlung verlangen. An der Rezeption wird man Sie über diesen Punkt informieren.

** Kosten lesen Sie unter 'Exklusiv'.

Akzeptanzperioden CampingCard ACSI

Jeder teilnehmende Camping hat die Zeiträume, in denen die CampingCard ACSI akzeptiert wird, selbst festgelegt. Die teilnehmenden Campings haben sich verpflichtet dafür zu sorgen, dass die wichtigsten Einrichtungen auch in der Akzeptanzperiode der Ermäßigungskarte vorhanden sind und funktionieren.

Für die Zeiten an denen der CampingCard ACSI-Rabatt gewährt wird, müssen Sie nach den Akzeptanzzeiten im unteren Teil der Platzbeschreibung im CampingCard ACSI-Register sehen. Das letztgenannte Datum ist immer der Tag an dem die Ermäßigung nicht mehr gilt. Daher bedeutet Akzeptanz vom 1/1 – 30/6, dass Sie, wenn Sie am 1. Januar am Camping ankommen, auf die erste Übernachtung bereits Rabatt haben. In der Nacht vom 29. Juni auf den 30. Juni gilt er dann zum letzten Mal. Die Nacht vom 30. Juni auf den 1. Juli zahlen Sie wieder den Normaltarif.

Die Öffnungs- und Akzeptanzzeiten wurden mit größtmöglicher Sorgfalt zusammengestellt. Unter Umständen können aber diese Daten nach Veröffentlichung dieses Campingführers Änderungen unterliegen. Schauen Sie auf ▸ *campingcard.com/anderungen* ◂ ob es Änderungen bei Ihrem ausgesuchten Campingplatz gibt.

Reservieren

Auf einigen Campings können Sie vorab mit der CampingCard reservieren. Ein Camping hat dann Einrichtungspunkt 10D bei seinen Angaben gemeldet.
Eine Reservierung mit der CampingCard ACSI wird im Prinzip wie eine normale Reservierung behandelt, nur der Übernachtungstarif ist billiger. Bitte geben Sie bei einer Reservierung an,

dass Sie CampingCard ACSI-Inhaber sind! Falls Sie das nicht tun, kann es passieren, dass Sie dennoch den normalen Tarif zahlen müssen.
Für eine Reservierung muss in manchen Fällen bezahlt werden und es kann nach einer Anzahlung gefragt werden. Eine vom CampingCard ACSI-Inhaber lange vorher gemachte Reservierung kann vom Camping als aufwendig angesehen werden. Ein Camping kann die Regelung haben, dass er in diesem Fall keine Reservierung akzeptiert. Es gibt übrigens auch Campings bei denen keine Reservierung möglich ist.

Was bieten die teilnehmenden Campings zum festen CampingCard ACSI-Tarif?

- Einen Stellplatz.*
- Aufenthalt von zwei Erwachsenen.
- Auto + Caravan + Vorzelt
  oder Auto + Zeltwagen
  oder Auto + Zelt
  oder Reisemobil mit Markise.
- Strom. Im CampingCard ACSI-Tarif ist ein Anschluss von maximal 6A inbegriffen. Wenn der Camping nur Plätze hat mit einer niedrigen Ampèrezahl, dann gilt die niedrige Ampèrezahl. Stromverbrauch bis maximal 4 kWh pro Tag ist im Übernachtungspreis inbegriffen. Wollen Sie einen Anschluss mit höherer Amperezahl oder verbrauchen Sie mehr als 4 kWh, dann hat der Camping das Recht auf Zuzahlung zum normal gültigen Tarif auf diesem Camping.
- Warme Duschen. Wenn der Camping Duschmünzen verwendet, haben Sie als CampingCard ACSI-Inhaber das Recht auf eine Duschmünze pro Erwachsener, pro Übernachtung.**

- Der Aufenthalt von 1 Hund, soweit Hunde auf diesem Camping erlaubt sind.
- Mehrwertsteuer.

* Manche Campings unterscheiden zwischen Standard- , Luxus- oder Komfortplätzen. Die Luxus- oder Komfortplätze sind überwiegend etwas größer und haben eigenen Wasseranschluss und Kanal, manche liegen am Wasser. In den meisten Fällen wird man Ihnen Standardplätze zuweisen, aber es kann auch sein, dass Sie zum CampingCard ACSI-Tarif auch so einen teureren Stellplatz benutzen dürfen. Der Camping hat das Recht dies selbst zu regeln: Sie haben in keinem Fall einen Anspruch auf einen Luxus- oder Komfortplatz.
Beachten Sie bitte auch, dass manche Campings andere Bestimmungen haben für Caravans mit Doppelachse und Wohnmobile die zu groß sind für einen Standardplatz.

** Der Camping muss dem CampingCard ACSI-Inhaber die Gelegenheit geben, einmal pro Übernachtung zu duschen. Dabei hat jeder CampingCard ACSI-Inhaber das Recht auf eine Duschmünze pro Erwachsener, pro Übernachtung. Wird vom Camping ein anderes 'Duschsystem' gehandhabt, bspw. Münzgeld, Schlüssel oder Schlüsselkarte, muss der Campingplatz dafür Sorge tragen, dass dem Campingcard ACSI-Inhaber die Kosten dafür vergütet werden. Warmwasser bei den Abwaschbecken ist nicht im Preis inbegriffen. Übrig gebliebene Duschmünzen können nicht in Geld getauscht werden.

Exklusiv

- Abgaben an örtliche Behörden wie Touristensteuer, Umweltabgabe, Ecotax oder Abfallbeitrag sind nicht im CampingCard ACSI-Tarif inbegriffen, da sie pro Land und Region unterschiedlich sind und weil der Camping diese Abgaben direkt an die örtliche Behörde abführen muss.
- Ein Camping darf Reservierungskosten berechnen.
- Ein Stromanschluss von 6A oder ein Verbrauch von 4 kWh ist im Preis inbegriffen. Es kann sein, dass ein Camping auch Plätze hat, auf denen bspw. 10A verfügbar sind. Falls Sie 10A wünschen, dann geben Sie dies deutlich dem Campingplatzinhaber an, aber rechnen Sie dann auch damit, dass der Mehrpreis in Rechnung gestellt werden kann.
- Für einen Luxus- oder Komfortplatz darf der Camping einen Zuschlag in Rechnung stellen (es sei denn, dass nur Komfortplätze auf dem Camping sind).
- Zusatzleistungen, wie Einrichtungen, die der Camping gegen Bezahlung anbietet oder vermietet (Tennisplatz oder dergleichen), können zum normal gültigen Nebensaisontarif durchberechnet werden. Für den Aufenthalt eines dritten Erwachsenen oder für Kinder gilt dasjenige, was unter die Vorschriften des Campings fällt.

Zusatzermäßigung

Viele Campings geben Zusatzermäßigungen wenn Sie länger bleiben. Beispiel: ist bei einem Camping in unserem Führer 7=6 eingetragen, dann zahlen Sie für einen Aufenthalt von 7 Nächten nur 6 mal zum CampingCard ACSI-Tarif! Geben Sie daher beim Registrieren oder der Reservierung an, wieviele Nächte Sie bleiben wollen. Der Camping macht dann vorab eine

Buchung und gibt darauf Rabatt. Dieser Rabatt muss nicht gelten, wenn Sie während Ihres Aufenthaltes sich entschließen länger zu bleiben, und so an die erforderliche Anzahl Tagen kommen.

Vorsicht! ! Wenn ein Camping eine Anzahl dieser Art Ermäßigungen anbietet, haben Sie nur das Recht auf eins dieser Angebote.
Beispiel: Angebot 4=3, 7=6 und 14=12. Sie bleiben 13 Nächte: dann haben Sie ein einmaliges Recht auf die Ermäßigung 7=6 und nicht auf die Anzahl 4=3 oder eine Kombination von beiden Angeboten 4=3 und 7=6.

Wo erfahre ich mehr über den CampingCard ACSI-Platz, den ich suche?

Wenn Sie die Tipps in dieser Übersicht lesen, ist das Auffinden eines Campings nur noch ein Kinderspiel. Es gibt CampingCard ACSI-Campings in folgenden 21 europäischen Ländern:

43	in Belgien	64	in Österreich
61	in Dänemark	6	in Polen
201	in Deutschland	36	in Portugal
1 280	in Frankreich	26	in Schweden
37	in Griechenland	17	in der Schweiz
4	in Irland	15	in Slowenien
281	in Italien	243	in Spanien
76	in Kroatien	12	in Tschechien
19	in Luxemburg	4	in Ungarn
294	in den Niederlanden	12	im Vereinigten Königreich
11	in Norwegen		

In diesem ACSI Campingführer Deutschland finden Sie alle CampingCard ACSI-Plätze in Deutschland, Schweiz, Österreich, Niederlande, Belgien, Luxemburg und Dänemark. Die teilnehmenden Campings werden auf den nachfolgenden Seiten aufgezählt.

Angaben pro Camping in diesem Führer

Ab Seite 450 sind alle CampingCard ACSI-Plätze (nach Seitenzahlfolge) aufgezählt. Sie finden zu jedem CampingCard ACSI-Platz eine kurze Beschreibung, Tarife, Akzeptanzzeiten und Einrichtungen. Diese Beschreibung sieht wie folgt aus:

Die Campings sind nach Land, Region und Ortsname geordnet. In den 'Balken' mit den Campingdaten können Sie bequem sehen, ob ein Camping die für Sie wichtigen Einrichtungen hat. Bei den CampingCard ACSI-Plätzen können Sie drei Einrichtungsrubriken antreffen: Rubrik 4 (Erholung und Wellness), Rubrik 5 (Einkauf und Restaurant) und Rubrik 6 (Erholung am Wasser). In der Ausklappseite vorne im Führer, können Sie genau sehen, um welche Ausstattung es geht. Zum Beispiel 5E sagt aus, dass es einen Imbiss auf dem Camping gibt, dahinter sehen Sie dann die für diese Einrichtung geltenden Öffnungszeiten, z. B: 1/5-30/9.

Zu den vollständigen Informationen über einen teilnehmenden Camping verweisen wir Sie mit der Seitenangabe zu den ausführlichen Redaktionseinträgen des Platzes vorne im Führer. Die Seitenzahl des Campings steht im orangen Block. Unter dem ausführlichen Redaktionseintrag können Sie an dem blauen CampingCard ACSI-Logo erkennen, dass der Camping die CampingCard ACSI akzeptiert und welche Tarife (13 €, 15 €, 17 €, 19 €, 21 € oder 23 €) gelten.

Vorsicht!
Die Seitenzahl verweist auf die Seiten in diesem Führer: ACSI Campingführer Deutschland.

Internet

Auf ▸ *campingcard.com* ◂ finden Sie alle teilnehmenden CampingCard ACSI-Plätze. Diese Webseite ist Ihnen beim schnellen und einfachen Suchen und Finden der Teilnehmerplätze behilflich. Die Suchergebnisse werden blitzschnell präsentiert. Sie sehen dann zum jeweiligen Platz bequem alle Angaben. Die Webseite ist außerdem für Tablets und Mobiltelefone geeignet.

Sie können auf ▸ *campingcard.com* ◂ auf viele Arten nach einem Campingplatz suchen. Zum Beispiel:

- *Nach Karte*
  Klicken Sie auf das gewünschte Land oder Region. Wenn die Regionalebene erscheint, sehen Sie auf der Karte kleine rote Zeltchen. Wenn Sie auf ein solches rotes Zeltchen klicken, erscheinen die Angaben des Platzes, den Sie ausgewählt haben.

- *Nach Ortsnamen*
  Hierbei müssen Sie nur den Ortsnamen (oder einen Teil davon) eintippen.

- *Nach Campingnummer*
  Wenn Sie die Campingnummer des Campings wissen, z. B. aus dem CampingCard ACSI-Führer, können Sie diese benutzen, um den Camping schnell zu finden. Die Campingnummer steht im blauen Logo in der Beschreibung der CampingCard ACSI-Plätze die hiernach folgt.

- *Nach Campingname*
  Hierbei müssen Sie nur den Campingnamen (oder einen Teil davon) eintippen.

- *Nach Ferienzeiten*
  Geben Sie an, in welchem Zeitraum Sie verreisen wollen und/oder ob Sie wollen, dass die CampingCard ACSI in Ihrem gesamten Urlaub akzeptiert wird.

- *Nach Einrichtungen*
  Sie können einfach filtern auf Einrichtungen die auf einem Platz vorhanden sind. Auf der Seite 'Detailsuche' auf der Webseite finden sie über 150 Einrichtungen. Klicken Sie die Einrichtungen an, die Sie bei dem Camping zu dem Sie wollen für wichtig halten.

- *Nach Thema*
  Sie finden hier Campings mit diversen Themen wie bspw. für Behinderte, Wintersportcampings und FKK-Campings.

Sie werden auf unserer Webseite auch viel Freude am integrierten Routenplaner haben. Sie wählen selbst den Maßstab: von der Übersichtskarte bis zur äußerst detaillierten Teilkarte der Regionen, in die Sie hinwollen.

Nur für 2023!

Die CampingCard ACSI-Ermäßigungskarte, die Sie in diesem ACSI Campingführer Deutschland finden, gilt ausschließlich für das Jahr 2023, genauso wie die Informationen zu den CampingCard ACSI-Plätzen. Jedes Kalenderjahr können sich neue Campings anmelden, ein Platz kann die Akzeptanzperiode ändern, oder einen anderen Übernachtungstarif verlangen. Die Angaben im Führer werden daher auch jedes Jahr aktualisiert. Sorgen Sie dafür, dass Sie immer den aktuellsten Führer haben, wenn Sie in Urlaub fahren. Schauen Sie vor der Abreise auf ▸ *campingcard.com/anderungen* ◂ nach den aktuellsten Informationen.

CampingCard ACSI-Führer 2023

Für das Gesamtangebot der CampingCard ACSI-Plätze können Sie auch den speziellen CampingCard ACSI-Führer 2023 benutzen. Mit weiteren, noch ausführlicheren Informationen pro Camping, eine detaillierte Karte mit der Lage des Campings, einem informativen Text und zwei Fotos von jedem Camping, um schon mal einen Eindruck von der Aussicht und der Atmosphäre zu bekommen.
Diesen Führer kann man für 21,95 € (exkl. Versandkosten) bestellen. Oder abonnieren Sie die CampingCard ACSI für 17,95 € pro Jahr (exkl. Versandkosten). Jedes Jahr werden dann die Ermäßigungskarte und der CampingCard ACSI-Führer automatisch zugeschickt. Schauen Sie dazu ▸ *webshop.acsi.eu* ◂

Dänemark

Süd-Jütland

Arrild/Toftlund Seite 52 | 39 | € 19
▲ Arrild-Ferieby-Camping***
5 (C+E+F+I+L 1/1-31/12)
AKZ. 1/1-22/6 20/8-31/12

Augustenborg Seite 52 | 40 | € 19
▲ Hertugbyens Camping**
AKZ. 1/4-15/7 1/9-30/9

Ballum/Bredebro Seite 52 | 41 | € 23
▲ Ballum Camping***
5 (A+B+F 24/3-22/10)
AKZ. 24/3-28/6 24/8-22/10

Bramming Seite 52 | 45 | € 23
▲ Darum Camping***
5 (A+B+E+F+H+K 1/4-24/9)
AKZ. 1/4-28/6 18/8-24/9

Broager/Skelde Seite 53 | 46 | € 19
▲ Broager Strand Camping***
5 (A+B+H 1/1-31/12)
AKZ. 1/1-31/3 11/4-30/6 20/8-31/12

Fredericia Seite 53 | 52 | € 23
▲ Dancamps Trelde Næs***
4 (B+C+E 1/7-31/8) 5 (A+C 1/1-31/12) (E+F 1/7-31/8) (H+I 1/1-31/12) (K 1/7-31/8) 6 (**A**+**F** 15/5-15/9)
AKZ. 1/1-17/5 21/5-25/5 29/5-3/7 20/8-31/12 7=6, 14=11

Haderslev/Diernæs Seite 54 | 58 | € 23
▲ Vikær Strand Camping***
4 (B+D 1/7-14/8) 5 (A+B+G+H 31/3-24/9)
AKZ. 10/4-4/5 7/5-17/5 21/5-26/5 29/5-23/6 18/8-24/9

Kruså/Kollund Seite 55 | 64 | € 21
▲ First Camp Frigård - Flensborg Fjord****
4 (B+C+D 1/7-13/8) 5 (A+B+C+E+F+H+J+L 1/1-31/12)
6 (B+G 15/5-15/9)
AKZ. 24/3-6/4 10/4-17/5 21/5-26/5 29/5-26/6 18/8-22/10

Nordborg/Augustenhof Seite 55 | 70 | € 21
▲ Augustenhof Strand Camping***
5 (A+C+E+F+H+J 1/1-31/12)
AKZ. 1/1-13/5 1/6-24/6 3/9-31/12

Nørre Nebel Seite 55 | 71 | € 23
▲ Houstrup Camping***
5 (A+C+E 31/3-22/10) 6 (B+G 1/6-31/8)
AKZ. 31/3-23/6 20/8-22/10

Ribe Seite 56 | 76 | € 23
▲ Ribe Camping****
5 (A+B 1/1-31/12) (E+K 25/6-18/8) 6 (B–G 1/6-31/8)
AKZ. 1/1-31/3 11/4-4/5 8/5-16/5 30/5-21/6 3/9-31/12 14=12

Riis/Give Seite 56 | 77 | € 23
▲ Riis Feriepark****
4 (B 6/7-10/8) 5 (A+B+E+H 1/4-17/9)
6 (B 4/6-4/9) (G 27/5-3/9)
AKZ. 1/4-30/6 18/8-16/9

Rømø Seite 56 | 79 | € 23
▲ Kommandørgårdens CP & Feriepark
4 (**E** 1/1-31/12) 5 (A+B 1/1-31/12) (E+F+G 1/7-31/8) (H+J+L 1/1-31/12) 6 (B 1/7-31/8) (**E**+G 1/[illegible]-31/12)
AKZ. 1/5-16/5 22/5-25/5 30/5-1/6 11/6-15/6 18/6-28/6 3/9-30/9

Rømø Seite 56 | 80 | € 23
▲ Rømø Familiecamping***
5 (A+B 1/4-1/10)
AKZ. 1/4-17/5 22/5-25/5 30/5-21/6 21/8-30/9 14=11

Tønder Seite 57 | 93 | € 23
▲ Møgeltønder Camping
4 (B+C 1/7-19/8) 5 (A 15/6-31/8) (B 1/4-1/10) (F 1/1-31/12) 6 (B+G 1/6-31/8)
AKZ. 1/1-16/5 21/5-25/5 29/5-1/7 1/9-31/12 7=6, 14=12

Tønder Seite 58 | 94 | € 23
▲ Tønder Camping***
5 (A+J 1/1-31/12) 6 (E+G 1/1-31/12)
AKZ. 1/1-30/6 1/9-31/12 7=6, 14=11

Vejers Strand Seite 58 | 96 | € 21
▲ Vejers Familie Camping***
4 (B 10/7-4/8) 5 (A+B 23/3-9/9)
6 (B 26/5-27/8) (G 26/5-28/8)
AKZ. 1/1-17/5 29/5-2/7 19/8-31/12 7=6

Mittel-Jütland

Allingåbro Seite 59 | 38 | € 21
▲ Dalgård Camping***
4 (B 30/6-5/8) 5 (A+C 25/3-10/9)
AKZ. 25/3-25/5 29/5-27/6 18/8-9/9

Bork Havn/Hemmet Seite 59 | 44 | € 23
▲ Bork Havn Camping***
5 (C+E+F 6/4-23/10)
AKZ. 11/4-17/5 30/5-23/6 22/8-22/10

Ausführliche Redaktionseinträge: Seite 52 bis 59

Bryrup/Silkeborg Seite 59 47 € 23
Bryrup Camping****
4 (B+D 1/7-31/8) 5 (A 1/7-1/9) (H 31/3-17/9)
6 (B 15/5-31/8) (G 15/5-1/9)
AKZ. 1/5-17/5 22/5-26/5 30/5-30/6 19/8-17/9

Ebeltoft Seite 59 48 € 23
Blushøj Camping - Ebeltoft***
5 (A+B 31/3-24/9) 6 (B+G 1/6-15/8)
AKZ. 31/3-17/5 29/5-23/6 18/8-24/9

Ebeltoft Seite 60 49 € 21
Elsegårde Camping
AKZ. 1/1-30/6 18/8-31/12

Ebeltoft/Krakær Seite 60 50 € 23
Krakær Camping***
5 (A 23/6-13/8) (C+E+F+H 25/6-15/8) (K 29/6-9/8)
6 (B+G 15/5-1/9)
AKZ. 2/4-18/6 1/9-22/10

Glyngøre Seite 60 54 € 21
Glyngøre Camping***
4 (B+C 1/7-8/8) 5 (A+B+H 1/1-31/12) 6 (D+G 1/5-1/10)
AKZ. 17/3-26/6 18/8-29/10

Grenå Seite 61 55 € 23
Fornaes Camping***
5 (A+C 1/4-22/10) 6 (B+G 1/6-1/9)
AKZ. 1/4-17/5 22/5-26/5 30/5-23/6 18/8-22/10

Grenå Seite 61 56 € 23
Grenå Strand Camping****
4 (B 15/7-8/8) 5 (A 23/6-26/8) 6 (B+G 25/5-24/8)
AKZ. 1/5-17/5 22/5-26/5 30/5-30/6 18/8-11/9

Hvide Sande Seite 61 61 € 21
Dancamps Holmsland***
5 (A+B 5/4-24/9)
AKZ. 5/4-17/5 21/5-25/5 29/5-3/7 20/8-24/9 7=6, 14=11

Hvide Sande Seite 61 62 € 23
Dancamps Nordsø***
4 (B 1/7-30/8) 5 (A+B 31/3-29/10) (E+F+H+I 1/7-1/9)
(J 31/3-29/10) (L 1/7-1/9) 6 (**E**+**G** 31/3-29/10)
AKZ. 31/3-17/5 21/5-25/5 29/5-3/7 20/8-29/10 7=6, 14=11

Lisbjerg/Århus-N Seite 62 65 € 23
Aarhus Camping***
5 (A+B+E+F+G+H+J+K 1/1-31/12) 6 (B+G 15/6-15/8)
AKZ. 9/1-25/5 30/5-15/6 21/8-20/12

Malling Seite 62 68 € 23
CampOne Ajstrup Strand camping***
5 (A 4/4-20/10) (B 4/4-22/10) 6 (**D**+**G** 10/4-16/10)
AKZ. 1/4-17/5 22/5-26/5 30/5-25/6 18/8-22/10

Odder/Boulstrup Seite 62 72 € 23
Hygge Strand Camping***
5 (A+B 31/3-17/9)
AKZ. 1/5-16/5 21/5-26/5 28/5-25/6 21/8-16/9

Ringkøbing Seite 62 78 € 23
Ringkøbing Camping***
5 (A 1/7-31/8)
AKZ. 31/3-16/5 30/5-30/6 1/9-1/10

Silkeborg Seite 63 82 € 23
Sejs Bakker Camping***
4 (B+D 1/7-28/8) 5 (A+B 1/4-17/9)
AKZ. 1/5-17/5 29/5-22/6 25/6-1/7 18/8-17/9

Stouby Seite 64 88 € 23
Løgballe Camping***
4 (B+C+D+E 25/6-6/8) 5 (A 4/7-6/8) (B 17/3-24/9)
6 (B 1/6-1/9) (G 15/6-20/8)
AKZ. 17/3-5/4 10/4-4/5 7/5-17/5 21/5-26/5 29/5-23/6 18/8-24/9

Stouby Seite 64 89 € 23
Rosenvold Strand Camping***
4 (B 26/6-9/8) 5 (A+B+E+F+G 24/3-2/10)
AKZ. 24/3-16/5 21/5-25/5 29/5-29/6 18/8-1/10

Struer Seite 64 90 € 21
Toftum Bjerge Camping***
4 (B 1/7-31/7) 5 (A+B+G+H 17/3-29/10)
AKZ. 17/3-26/6 18/8-29/10

Nord-Jütland

Ejstrup Strand/Brovst Seite 65 51 € 23
Tranum Klit Camping
5 (A+C+F 31/3-1/10) (H 1/7-31/8) (J 31/3-1/10)
AKZ. 1/5-2/6 1/9-1/10

Løkken Seite 67 66 € 23
Løkken Klit Camping***
4 (B 19/4-19/10) 5 (A+C 4/4-19/10) (E 26/6-15/8)
6 (**B**+**F** 30/5-29/8)
AKZ. 1/1-17/5 29/5-29/6 18/8-31/12

Løkken/Ingstrup Seite 67 67 € 21
Grønhøj Strand Camping***
4 (B 1/7-1/8) 5 (A+B+C 31/3-17/9)
AKZ. 31/3-30/6 18/8-16/9

Øster Hurup/Hadsund Seite 67 **74** € 23
Kattegat Strand Camping*****
4 (B 1/7-7/8) **5** (A 3/7-7/8) (C 1/4-17/9) (E+F+G+H+K+L 1/7-1/9) **6** (B+G 1/5-31/8)
AKZ. 1/4-5/7 21/8-31/8

Sindal Seite 68 **83** € 23
A35 Sindal CP Danmark & Kanoudlejning****
4 (A+E 1/7-15/8) **5** (A+B 1/4-20/9) **6** (B+G 1/6-15/8)
AKZ. 1/1-29/6 18/8-31/12

Skagen Seite 68 **84** € 23
CampOne Grenen Strand***
5 (A+B 1/4-23/10)
AKZ. 1/4-17/5 22/5-26/5 30/5-25/6 18/8-22/10

Skagen Seite 68 **85** € 21
First Camp Råbjerg Mile - Skagen***
4 (B 2/7-4/8) **5** (A+C 1/1-31/12) (E+F+G 1/7-15/8) **6** (B 15/6-15/8) (E 1/1-31/12) (G 15/6-15/8)
AKZ. 24/3-6/4 10/4-17/5 21/5-26/5 29/5-26/6 18/8-22/10

Skiveren/Aalbæk Seite 68 **86** € 23
Skiveren Camping****
4 (B+D 1/7-10/8) **5** (A+C 31/3-30/9) (E+F+H+I+K 1/7-31/8) **6** (B+G 21/5-29/8)
AKZ. 31/3-26/6 18/8-29/9

Tversted Seite 69 **95** € 23
Aabo Camping***
4 (B 1/7-8/8) **5** (A 20/6-15/8) (C 30/6-15/8) (E 23/6-15/8) (F 1/7-15/8) (G 30/6-15/8) (H 22/6-15/8) (I 30/6-15/8) **6** (B+G 1/6-29/8)
AKZ. 11/3-29/6 18/8-10/9

Vesløs Seite 69 **97** € 23
Bygholm Camping - Thy***
5 (A+E+F+H+J 1/1-31/12) **6** (A 1/6-1/9)
AKZ. 1/4-30/6 18/8-31/10 7=6

Fünen

Bogense Seite 70 **42** € 21
First Camp Bogense City - Fyn*****
4 (B+C+D 1/7-13/8) **6** (**B** 15/6-31/8) (**E**+**G** 1/1-31/12)
AKZ. 24/3-6/4 10/4-17/5 21/5-26/5 29/5-26/6 18/8-22/10

Bøjden/Faaborg Seite 70 **43** € 23
CampOne Bøjden Strand*****
4 (B 1/7-12/8) **5** (A+C+E+F+H+J+K+L 1/4-22/10) **6** (**B** 1/6-15/9) (**E**+G 1/4-22/10)
AKZ. 1/4-17/5 22/5-26/5 30/5-25/6 18/8-22/10

Frørup Seite 71 **53** € 21
Kongshøj Strandcamping***
4 (B+C+D 30/6-12/8) **5** (A+B 1/4-1/10)
AKZ. 1/1-25/6 28/8-31/12

Hesselager Seite 71 **59** € 21
First Camp Bøsøre Strand - Fyn*****
4 (A+B+C+D 23/6-12/8) **5** (A+C+E+F+H+K 24/3-22/10) **6** (E+G 24/3-22/10)
AKZ. 24/3-6/4 10/4-17/5 21/5-26/5 29/5-26/6 18/8-22/10

Middelfart Seite 71 **69** € 23
Vejlby Fed Strand Camping****
5 (A+C 31/3-24/9) (E+G 8/4-17/8) **6** (B+**G** 1/6-31/8)
AKZ. 31/3-5/5 7/5-16/5 21/5-25/5 29/5-8/6 11/6-22/6 20/8-24/9

Otterup Seite 72 **75** € 21
First Camp Hasmark Strand - Fyn***
4 (B+C+D 23/6-12/8) **5** (A+C 1/1-31/12) (E 29/6-11/8) (H+L 1/1-31/12) **6** (**B** 29/6-11/8) (**E** 1/1-31/12)
AKZ. 24/3-6/4 10/4-17/5 21/5-26/5 29/5-26/6 18/8-22/10

Svendborg/Thurø Seite 72 **91** € 21
Thurø Camping***
4 (B+C 1/7-5/8) (E 22/6-12/8) **5** (A+C 31/3-17/9) (E 22/6-12/8)
AKZ. 31/3-4/5 7/5-17/5 29/5-30/6 18/8-17/9

Tårup/Frørup Seite 72 **92** € 21
Tårup Strand Camping
5 (A+C 6/4-24/9)
AKZ. 6/4-30/6 21/8-24/9

Seeland

Holbæk Seite 75 **60** € 23
CampOne Holbaek Fjord***
4 (B+C 1/7-8/8) **5** (A+B 1/1-31/12) **6** (D+G 1/5-1/10)
AKZ. 1/4-17/5 22/5-26/5 30/5-25/6 18/8-22/10

Kalundborg/Saltbæk Seite 75 **63** € 23
Kalundborg Camping**
4 (B+C 15/6-15/8) **5** (A+B+E+F+H 1/4-24/9)
AKZ. 1/1-1/7 20/8-31/12 7=6

Ortved/Ringsted Seite 77 **73** € 23
Skovly Camping***
4 (B+D 30/6-13/8) **5** (A 1/5-30/9) (B 1/4-30/9) (F 1/5-30/9) **6** (**A** 17/6-28/8) (**F** 10/6-28/8)
AKZ. 1/4-17/5 21/5-26/5 29/5-30/6 18/8-30/9

Ausführliche Redaktionseinträge: Seite 67 bis 77

Sakskøbing 👪
▲ Sakskøbing Camping*** — Seite 77 — **81** — € 23
5 (A+G+J+K 26/3-3/10) 6 (E 26/3-3/10)
AKZ. 26/3-15/7 1/9-3/10

Smidstrup
▲ Kongernes Feriepark - Gilleleje**** — Seite 78 — **87** — € 23
4 (B 1/1-31/12) 5 (A 1/4-1/10) (C+E+F+H+I+K 1/1-31/12)
6 (B+G 1/5-30/9)
AKZ. 15/5-30/6 1/9-17/9

Vig
▲ Kongsøre Camping*** — Seite 78 — **98** — € 23
4 (B+C 1/7-13/8) 5 (A+B+F+J 1/1-31/12) 6 (A 1/6-1/9)
AKZ. 1/3-17/5 30/5-30/6 18/8-31/10

Bornholm

Gudhjem
▲ Gudhjem Camping*** — Seite 79 — **57** — € 23
5 (A 15/3-23/10)
AKZ. 1/5-2/6 1/9-30/9

Niederlande

Nord-Holland

Akersloot/Alkmaar
▲ De Boekel — Seite 87 — **99** — € 21
5 (A+B+J 1/1-31/12)
AKZ. 1/1-26/4 8/5-17/5 30/5-8/7 4/9-31/12

Amsterdam
▲ Camping de Badhoeve — Seite 87 — **100** — € 23
5 (A+B+E+F+H+J+K+L 31/3-1/10)
AKZ. 31/3-6/7 31/8-1/10

Amsterdam
▲ Gaasper Camping Amsterdam — Seite 88 — **101** — € 23
5 (A+C+E+F+G+H 1/4-1/11) (J 1/7-31/8) (K 1/4-1/11)
AKZ. 22/5-24/5 30/5-2/6 5/6-1/7 1/9-1/10

Callantsoog
▲ Vakantiepark Callassande — Seite 88 — **102** — € 17
4 (B+C+D 31/3-29/10)
5 (A+C+E+F+G+H+J+K+L 31/3-29/10) 6 (D+G 31/3-29/10)
AKZ. 14/4-21/4 5/5-17/5 22/5-26/5 30/5-7/6 12/6-7/7 1/9-29/9

Edam
▲ Strandbad Edam — Seite 89 — **103** — € 23
5 (A+E+F+H+K+L 31/3-1/10) 6 (F 31/3-1/10)
AKZ. 17/4-28/4 30/5-30/6 1/9-1/10

Egmond aan Zee
▲ Roompot Kustpark Egmond aan Zee — Seite 89 — **104** — € 23
4 (B 1/1-31/12) 5 (A+C+E+F+G+H+J+K+L 1/1-31/12)
6 (B+G 1/5-17/9)
AKZ. 3/3-31/3 7/5-17/5 22/5-26/5 30/5-7/6 12/6-30/6 1/9-13/11

Hoorn/Berkhout
▲ 't Venhop — Seite 90 — **105** — € 23
5 (A+B 1/1-31/12) (E+F+H+K+L 1/4-1/10)
AKZ. 1/1-16/5 4/6-15/7 3/9-31/12

Julianadorp aan Zee
▲ De Zwaluw — Seite 90 — **106** — € 23
5 (E+F+K 1/4-31/10)
AKZ. 1/4-8/4 11/4-17/5 30/5-30/6 1/9-31/10

Petten
▲ Corfwater — Seite 90 — **107** — € 23
4 (B 1/7-31/8) (C 1/6-31/8) 5 (A+B 25/2-4/11)
AKZ. 25/2-5/4 11/4-16/5 30/5-6/6 11/6-22/6 3/9-4/11

Schoorl
▲ Kampeerterrein Buitenduin — Seite 90 — **108** — € 23
4 (E 1/7-1/9) 5 (A 31/3-29/10)
AKZ. 31/3-21/4 8/5-14/5 1/6-2/7 4/9-29/10

Warmenhuizen
▲ Landschapscamping de Kolibrie — Seite 91 — **109** — € 21
4 (B 24/7-18/8) 5 (A 1/4-1/10)
AKZ. 1/4-27/4 31/5-7/7 1/9-1/10

Süd-Holland

Brielle
▲ De Krabbeplaat — Seite 92 — **111** — € 21
4 (A 5/7-31/8) (B+C+D 1/7-1/9) 5 (A+C+E+F 1/4-21/10)
(G+H 1/7-28/8) (K 1/7-26/8) 6 (F 1/4-21/10)
AKZ. 25/3-17/5 30/5-7/7 27/8-23/10

Brielle
▲ Camp. Jachthaven de Meeuw — Seite 92 — **110** — € 21
4 (B 26/4-5/6,2/7-21/8) (D 9/7-28/8)
5 (E+F+K 24/3-30/10)
AKZ. 24/3-1/4 11/4-21/4 8/5-17/5 30/5-7/7 4/9-30/10

Delft
▲ Vakantiepark Delftse Hout — Seite 92 — **112** — € 23
4 (A 1/4-1/9) (B 1/7-1/9) (E 1/4-31/10) 5 (A 1/4-1/10)
(C 1/4-31/10) (E+F+H+L 1/4-1/10) 6 (B+G 15/5-15/9)
AKZ. 24/3-6/4 7/5-16/5 29/5-7/7 26/8-31/10

Den Haag Seite 93 **113** € 23
Kampeerresort Kijkduin
4 (A+B 1/7-31/8) 5 (A+C+E+F+G+H+J+K+L 1/1-31/12)
6 (E+G 1/1-31/12)
AKZ. 14/4-21/4 7/5-17/5 22/5-26/5 30/5-7/6 12/6-23/6 1/9-13/11

Hellevoetsluis Seite 93 **114** € 21
't Weergors
5 (C 1/5-1/9) (E 1/4-15/9) (L 1/1-31/12) 6 (F 15/5-15/9)
AKZ. 1/1-6/4 11/4-17/5 30/5-8/6 12/6-7/7 2/9-31/12

Melissant Seite 93 **115** € 19
Elizabeth Hoeve
AKZ. 1/4-7/7 3/9-31/10 ***14=13, 21=19, 28=25***

Nieuwe-Tonge Seite 93 **116** € 19
de Grevelingen
5 (E 30/6-31/8)
AKZ. 17/3-23/4 6/5-17/5 30/5-7/7 27/8-31/10

Noorden Seite 94 **117** € 21
Koole Kampeerhoeve
AKZ. 1/4-5/4 10/4-14/5 1/6-30/6 1/9-1/10

Noordwijk Seite 94 **118** € 23
De Duinpan
5 (A+F+H+J+L 1/1-31/12)
AKZ. 1/1-8/4 29/5-7/7 28/8-31/12

Noordwijkerhout Seite 94 **119** € 17
Op Hoop van Zegen
5 (A 15/3-15/10)
AKZ. 15/3-7/4 24/4-17/5 29/5-7/7 5/9-15/10

Ouddorp Seite 95 **120** € 23
Camping Port Zélande
4 (A 5/7-31/8) 5 (A+C+E+F+G+H+I+L 1/1-31/12)
6 (**B**+**E**+**G** 1/1-31/12)
AKZ. 9/1-16/2 8/5-17/5 22/5-26/5 30/5-21/6 4/9-30/9 1/11-22/12

Ouddorp Seite 95 **121** € 23
RCN Vakantiepark Toppershoedje
4 (B 1/5-30/9) 5 (A+C+E+F+H+J+K+L 24/3-29/10)
AKZ. 24/3-16/5 22/5-25/5 30/5-6/7 4/9-29/10

Rijnsburg Seite 95 **122** € 23
Vakantiepark Koningshof
4 (**A**+B+D 1/5-30/5,1/7-31/8)
5 (A+C+E+F+H+L 7/4-29/10)
6 (B 15/5-15/9) (E+G 25/3-29/10)
AKZ. 25/3-7/4 7/5-17/5 29/5-8/7 27/8-28/10

Rockanje Seite 95 **123** € 21
Midicamping Van der Burgh
4 (B 1/7-31/8) 5 (A 1/7-31/8)
AKZ. 1/1-20/4 8/5-16/5 30/5-7/6 11/6-30/6 28/8-31/12

Rockanje Seite 95 **124** € 21
Molecaten Park Rondeweibos
5 (A+C+E+F+L 30/3-15/9) 6 (B+F 1/5-31/8)
AKZ. 24/3-26/4 8/5-16/5 22/5-25/5 30/5-6/6 12/6-6/7 28/8-31/10

Rockanje Seite 96 **125** € 19
Molecaten Park Waterbos
4 (B 6/7-31/8) 5 (A+B 24/3-1/11) (E+K 15/6-15/9)
6 (B+G 30/4-1/9)
AKZ. 24/3-26/4 8/5-16/5 22/5-25/5 30/5-6/6 12/6-5/7 28/8-31/10

Zevenhuizen Seite 96 **126** € 19
Recreatiepark De Koornmolen
4 (B+C 25/5-6/6,7/7-31/8) (E 23/6-31/8) 5 (A 7/7-31/8)
(E+F 25/5-6/6,7/7-31/8) (K+L 31/3-1/10) 6 (E 31/3-1/10)
AKZ. 31/3-7/4 11/4-21/4 8/5-17/5 30/5-1/7 21/8-1/10

Zeeland

Baarland Seite 98 **127** € 23
Ardoer comfortcamping Scheldeoord
4 (**A** 8/7-25/8) (B 25/4-5/5,8/7-25/8) (E 8/7-23/7)
5 (A+C+E+F+H+K 25/3-30/10)
6 (B 21/4-10/9) (E+G 25/3-30/10)
AKZ. 25/3-17/5 30/5-8/7 26/8-29/10

Brouwershaven Seite 98 **128** € 21
Den Osse
4 (B+C 16/7-31/8) 5 (A+B+E+K 31/3-29/10)
6 (B 18/5-15/9) (G 18/5-15/8)
AKZ. 31/3-7/4 14/4-17/5 29/5-3/6 11/6-23/6 28/8-29/10 ***7=6***

Burgh-Haamstede Seite 98 **129** € 21
De Duinhoeve B.V.
5 (A+C+E+F+L 23/3-29/10)
AKZ. 23/3-17/5 29/5-7/6 11/6-22/6 25/6-7/7 1/9-29/10

Burgh-Haamstede Seite 99 **130** € 21
Groenewoud
5 (A+E+F+K+L 25/3-29/10) 6 (B+G 15/5-15/9)
AKZ. 25/3-17/5 21/5-26/5 29/5-8/7 2/9-29/10

Cadzand Seite 99 **131** € 21
Wulpen
4 (B+C 29/4-7/5,8/7-3/9) 5 (A+B+H 24/3-29/10
AKZ. 24/3-7/4 10/4-17/5 21/5-26/5 30/5-7/6 11/6-8/7 2/9-29/10

 Ausführliche Redaktionseinträge: Seite 93 bis 99

Dishoek/Koudekerke Seite 99 **132** € 21
Dishoek
4 (B 31/3-29/10) 5 (C+E+F+G+H+K 31/3-29/10)
AKZ. 14/4-21/4 5/5-17/5 22/5-26/5 30/5-7/6 12/6-30/6 1/9-29/9

Domburg Seite 99 **133** € 21
Ardoer camping Westhove
4 (B 9/7-28/8) 5 (A+C+E+K 31/3-29/10)
6 (E+G 31/3-29/10)
AKZ. 31/3-7/4 11/4-21/4 7/5-17/5 30/5-7/6 11/6-7/7 26/8-29/10

Domburg Seite 100 **134** € 23
Roompot Hof Domburg
5 (C+E+F+K+L 1/1-31/12) 6 (B 1/4-31/10) (E 1/1-31/12)
AKZ. 14/4-21/4 7/5-17/5 22/5-26/5 30/5-7/6 12/6-30/6 1/9-13/11

Ellemeet Seite 100 **135** € 21
Klaverweide
5 (A+C+E 1/4-25/10)
AKZ. 15/3-7/4 11/4-28/4 1/5-17/5 30/5-7/6 11/6-29/6 1/9-28/10

Groot Valkenisse/Biggekerke Seite 100 **136** € 21
Strandcamping Valkenisse bv
4 (B 25/4-7/5,11/7-27/8) (C 18/7-13/8)
5 (A+C+E+F+K+L 24/3-30/10)
AKZ. 24/3-7/4 15/4-17/5 22/5-26/5 30/5-7/6 12/6-15/6 1/9-30/10

Hoek Seite 101 **137** € 21
Oostappen Vakantiepark Marina Beach
4 (B 27/4-9/5,1/7-31/8) (C+D+E 1/7-31/8)
5 (A+C+E+F+H+K+L 18/4-26/10)
AKZ. 31/3-20/4 8/5-17/5 22/5-26/5 29/5-7/7 25/8-13/10

Kamperland Seite 101 **138** € 21
Roompot Beach Resort
4 (**A** 15/7-31/8) 5 (A+C+E+F+G+H+I+L 1/1-31/12)
6 (E+G 1/1-31/12)
AKZ. 2/1-31/3 7/5-17/5 22/5-26/5 30/5-7/6 12/6-30/6 1/9-22/12

Kamperland Seite 101 **139** € 21
RCN vakantiepark de Schotsman
4 (**A**+B 15/7-31/8) 5 (A+B+E+F+K+L 24/3-29/10)
6 (B 1/5-30/9) (E 25/3-30/6,1/9-29/10) (G 1/5-14/9)
AKZ. 24/3-16/5 22/5-25/5 30/5-7/6 12/6-6/7 28/8-29/10

Kortgene Seite 101 **140** € 23
Ardoer vakantiepark de Paardekreek
4 (B 22/4-7/5,8/7-27/8) 5 (A+C+E+L 24/3-5/11)
6 (B+E 24/3-5/11)
AKZ. 24/3-7/4 8/5-17/5 22/5-26/5 30/5-7/6 12/6-1/7 4/9-5/11

Nieuwvliet Seite 101 **141** € 17
Ardoer camping International
4 (B 17/5-30/5,8/7-2/9) 5 (A+B+E+F 31/3-5/11)
6 (F 17/5-15/9)
AKZ. 16/4-18/4 7/5-17/5 22/5-26/5 30/5-7/6 12/6-24/6 2/9-30/9

Ouwerkerk Seite 102 **142** € 19
de Kreekoever
4 (B+C+D 22/7-12/8) 5 (A 15/4-31/8) (B 24/3-23/10)
AKZ. 24/3-16/5 29/5-7/7 25/8-22/10 7=6, 14=12, 21=18

Renesse Seite 102 **143** € 23
Molecaten Park Wijde Blick
5 (A 24/3-1/11) (C+E+F+K 1/3-30/10) 6 (E+G 24/3-1/11)
AKZ. 24/3-26/4 8/5-16/5 22/5-25/5 30/5-6/6 12/6-6/7 28/8-31/10

Renesse Seite 102 **144** € 21
Vakantiepark Schouwen
5 (C+E+K 18/3-30/10)
AKZ. 18/3-7/4 10/4-17/5 30/5-7/6 12/6-23/6 27/8-29/10

Retranchement/Cadzand Seite 103 **145** € 21
Cassandria-Bad
4 (B+C+D 18/5-29/5,15/7-18/8) 5 (A+E+F+H 31/3-29/10)
AKZ. 31/3-17/5 21/5-26/5 29/5-9/7 26/8-28/10

Retranchement/Cadzand Seite 103 **146** € 21
Den Molinshoeve
5 (A 1/7-31/8)
AKZ. 1/4-7/4 10/4-17/5 21/5-26/5 29/5-9/7 27/8-15/10

Sluis Seite 103 **147** € 21
De Meidoorn
5 (F+G+H 1/4-15/10)
AKZ. 1/4-7/4 11/4-29/4 8/5-17/5 30/5-5/7 4/9-15/10

St. Kruis/Oostburg Seite 103 **148** € 21
Bonte Hoeve
4 (B 14/7-16/8) 5 (A 1/4-22/10) (B+E+H 1/7-31/8)
AKZ. 1/4-17/5 30/5-7/7 25/8-22/10

Vrouwenpolder Seite 104 **149** € 17
De Zandput
5 (A+C+E+L 31/3-29/10)
AKZ. 14/4-21/4 5/5-17/5 22/5-26/5 30/5-7/6 12/6-30/6 1/9-29/9

Utrecht

Doorn Seite 105 **150** € 19
RCN Vakantiepark Het Grote Bos
4 (B+C+D+**E** 24/3-29/10)
5 (A+C+E+F+G+H+J+K+L 24/3-29/10) 6 (B+G 24/3-29/10)
AKZ. 24/3-16/5 22/5-25/5 30/5-6/7 28/8-29/10

Doorn Seite 105 **151** € 21
Vakantiepark De Maarnse Berg
4 (B+C 1/7-31/8) **5** (A+E+F+H+K+L 31/3-29/10)
AKZ. 31/3-17/5 30/5-7/7 26/8-29/10

Leersum Seite 105 **152** € 19
Molecaten Park Landgoed Ginkelduin
4 (A 26/4-5/5,1/7-31/7) (B+C 24/3-1/11)
(D 26/4-3/5,1/7-31/8) (E 1/5-31/5,1/7-31/8)
5 (A+C+E+F+H+J+K+L 24/3-1/11)
6 (B 15/5-15/9) (E+G 24/3-1/11)
AKZ. 24/3-26/4 8/5-16/5 22/5-25/5 30/5-6/7 28/8-31/10

Renswoude Seite 105 **153** € 23
Camping de Grebbelinie
4 (B 8/7-28/8) **5** (A+B 1/4-1/10)
AKZ. 1/4-28/4 7/5-16/5 31/5-6/7 28/8-30/9

Woerden Seite 106 **154** € 21
Batenstein
5 (A+J 27/3-25/10) **6** (**E**+**G** 26/3-31/10)
AKZ. 1/4-17/5 30/5-7/7 24/8-1/10

Woudenberg Seite 106 **155** € 19
't Boerenerf
4 (B 1/7-15/8)
AKZ. 30/3-8/4 11/4-15/5 30/5-8/7 28/8-30/9

Woudenberg Seite 106 **156** € 21
Vakantiepark De Heigraaf
4 (B+C 8/7-3/9) (D 4/7-24/10) **5** (A 1/4-30/9)
(C 1/4-29/8) (E 30/3-24/9) (F 29/3-28/10) (L 24/4-30/8)
AKZ. 29/3-21/4 30/5-6/7 24/8-28/10

Flevoland

Biddinghuizen Seite 107 **157** € 23
EuroParcs Zuiderzee
4 (B+D 10/5-21/5,1/7-31/8)
5 (A+C+E+F+G+H+J+K+L 31/3-30/10) **6** (E+G 31/3-30/10)
AKZ. 31/3-7/4 11/4-26/4 1/5-17/5 22/5-30/6 4/9-30/10

Biddinghuizen Seite 107 **158** € 19
Molecaten Park Flevostrand
4 (B 1/4-31/8,19/10-26/10) (C 1/4-3/9,9/10-1/11)
(D 1/4-31/8,19/10-26/10) (E 1/4-31/8)
5 (A+C+E 1/4-31/10) (F+G 1/7-31/8) (H+J+L 24/3-1/11)
6 (B 27/4-1/9) (**E**+G 24/3-1/11)
AKZ. 24/3-26/4 8/5-16/5 22/5-25/5 30/5-6/6 12/6-6/7 28/8-31/10

Dronten Seite 107 **160** € 19
't Wisentbos
5 (E+F+K 1/4-31/10)
AKZ. 1/4-30/6 1/9-31/10

Dronten Seite 107 **159** € 21
De Ruimte
4 (B+C 27/4-1/6,11/7-21/8)
5 (A+B+E+F+G+H+L 24/3-24/9) **6** (G 1/7-31/8)
AKZ. 24/3-17/5 30/5-14/7 3/9-24/9

Kraggenburg Seite 108 **161** € 19
Recreatiepark De Voorst
4 (A 29/3-30/10) (B+C+D 18/5-31/8) (E 29/3-30/10)
5 (E 29/3-30/10) (F 1/4-30/9) (H+J+K+L 29/3-30/10)
6 (A+F 15/5-31/8)
AKZ. 1/4-17/5 30/5-7/7 24/8-1/10

Lelystad Seite 108 **162** € 21
't Oppertje
AKZ. 31/3-12/5 2/6-7/7 27/8-30/9

Urk Seite 108 **163** € 19
Vakantiepark 't Urkerbos
4 (B+C+D 21/5-2/6,4/7-16/8) **5** (A 1/4-30/9)
(B+E+F+H+K 10/7-20/8) **6** (A 15/5-31/8) (F 13/5-31/8)
AKZ. 1/4-17/5 30/5-10/7 4/9-30/9

Zeewolde Seite 108 **164** € 19
Camping het Groene Bos
5 (A 1/7-31/8) (H 1/4-14/10)
AKZ. 1/4-12/5 30/5-7/7 4/9-12/10

Zeewolde Seite 108 **165** € 19
RCN Vakantiepark Zeewolde
4 (B 30/5-10/6,8/7-3/9) (C+D 24/3-29/10)
5 (A+C+E+F 24/3-29/10) (K 27/3-24/10) (L 24/3-29/10)
6 (E+G 24/3-29/10)
AKZ. 24/3-16/5 22/5-25/5 30/5-12/7 29/8-29/10

Overijssel

Balkbrug Seite 110 **166** € 19
Si Es An
4 (B+D+**E** 1/7-31/8) **5** (A+E+F+G+H+J+K–L 17/3-29/10)
AKZ. 17/3-16/5 30/5-15/7 1/9-28/10

Bathmen Seite 110 **167** € 19
de Flierweide
AKZ. 15/3-17/5 31/5-7/7 4/9-1/11

Beerze/Ommen Seite 110 **168** € 19
Huttopia De Roos
4 (A+B+D+E 7/7-26/8) **5** (A+C+F+G+H+K 1/5-1/9)
6 (F 7/4-29/10)
AKZ. 7/4-26/4 7/5-17/5 21/5-26/5 29/5-30/6 3/9-29/10

Ausführliche Redaktionseinträge: Seite 105 bis 110

Belt-Schutsloot Seite 110 169 € 19
Kleine Belterwijde
5 (H 27/4-1/10) 6 (F 31/3-31/10)
AKZ. 31/3-16/5 30/5-14/7 4/9-31/10

Blokzijl Seite 110 170 € 23
Watersportcamping 'Tussen de Diepen'
4 (A+B+C+D 17/7-18/8)
5 (A+B+E+F+G+H+J+K+L 1/4-31/10) 6 (B+G 1/5-15/9)
AKZ. 1/4-12/5 29/5-10/7 27/8-31/10

Dalfsen Seite 111 171 € 19
Starnbosch
4 (B+C 30/4-6/6,9/7-28/8)
5 (A+B+C+E+F+H+J+L 1/1-31/12) 6 (B+D+G 1/4-1/11)
AKZ. 1/1-17/5 30/5-1/7 4/9-31/12

De Lutte Seite 111 172 € 21
Landgoedcamping Het Meuleman
4 (**A**+B 16/7-4/9) 5 (A+F+K+L 1/4-30/9)
AKZ. 1/4-17/5 30/5-7/7 4/9-30/9

Delden Seite 111 173 € 19
Park Camping Mooi Delden
4 (B 25/4-3/5,4/7-30/8) 5 (A+B+E+F+G+H 31/3-1/11)
6 (B+G 1/5-15/9)
AKZ. 31/3-17/5 30/5-30/6 3/9-31/10

Denekamp Seite 112 174 € 23
Papillon Country Resort
4 (A+B+C+D+**E** 1/4-29/10)
5 (A+B+E+F+G+H+J+K+L 1/4-29/10) 6 (D+G 1/4-29/10)
AKZ. 11/4-26/4 8/5-17/5 2/6-7/7 25/8-29/10

Diffelen/Hardenberg Seite 112 175 € 17
de Vechtvallei
4 (B+C+D 8/7-26/8) (E 1/4-30/10)
5 (A+C+E+F+G+H+J+K 1/4-30/10)
6 (D 1/4-30/10) (F 1/5-30/8)
AKZ. 1/4-6/4 11/4-27/4 6/5-17/5 22/5-25/5 30/5-30/6 1/9-30/10

Haaksbergen (Twente) Seite 112 176 € 21
Camping Scholtenhagen B.V.
4 (B+D 18/7-29/8) 5 (A+E+F 15/7-26/8) (H 1/1-31/12)
(K 15/7-26/8) 6 (E+G 1/1-31/12)
AKZ. 1/1-17/5 21/5-26/5 30/5-7/7 25/8-31/12

Hardenberg Seite 113 177 € 19
Vakantiepark De Kleine Belties
4 (B 30/6-31/8) 5 (A+C+E+F+G+H+L 4/4-31/10)
6 (B 27/4-15/9) (E+G 1/4-31/10)
AKZ. 1/4-6/4 11/4-27/4 5/5-17/5 22/5-26/5 30/5-7/7 1/9-15/10

Hardenberg/Heemserveen Seite 113 178 € 19
Ardoer vakantiepark 't Rheezerwold
4 (B 1/5-1/9) (D 1/7-1/9) 5 (A+B+E+F+K+L 1/4-30/9)
6 (B 1/5-1/9) (E+G 1/4-30/9)
AKZ. 1/4-22/4 8/5-16/5 30/5-7/7 26/8-30/9

Holten Seite 113 180 € 15
Ideaal
4 (B 20/7-17/8)
AKZ. 1/4-8/7 4/9-1/10

Holten Seite 113 179 € 21
Ardoer camping De Holterberg
4 (B+C 21/5-1/6,11/7-15/8) 5 (A 25/4-12/9)
(B 1/1-31/12) (E+F+H+L 10/4-6/9) 6 (B+G 25/4-6/9)
AKZ. 1/1-26/4 30/5-7/7 28/8-31/12

Lemele Seite 113 181 € 19
de Lemeler Esch Natuurcamping
4 (B 1/7-31/8) (E 1/5-1/10)
5 (A+B+E+F+H+J+K 6/4-27/10) 6 (B+G 1/5-13/9)
AKZ. 6/4-21/4 8/5-17/5 30/5-7/7 4/9-27/10

Lemelerveld Seite 114 182 € 21
Charmecamping Heidepark
4 (B+C 25/4-3/5,1/7-31/8) 5 (A+B+E+F+H+K 1/4-30/9)
6 (B+G 15/4-30/9)
AKZ. 1/4-29/4 8/5-17/5 31/5-7/7 4/9-30/9

Mander/Ootmarsum Seite 114 183 € 21
Dal van de Mosbeek
5 (A+E+H 24/3-15/10)
AKZ. 24/3-17/5 30/5-8/7 25/8-15/10 *21=18*

Mariënberg/Hardenberg Seite 114 184 € 19
de Pallegarste
4 (B+C+D 1/4-30/9) 5 (A+C+E+F+G+H+K 1/4-30/9)
6 (B+G 1/5-1/9)
AKZ. 1/4-17/5 30/5-8/7 26/8-30/9

Markelo Seite 114 185 € 19
De Bovenberg
4 (B 4/5-31/5,15/7-26/8) 5 (A+B+E+G 1/4-18/10)
AKZ. 1/4-28/4 8/5-27/5 29/5-8/7 26/8-15/10

Nieuw-Heeten Seite 114 186 € 21
Vakantiepark Sallandshoeve
4 (B 25/4-2/5,4/7-30/8)
5 (A+B+E+F+G+H+K+L 23/3-15/10) 6 (E+G 23/3-15/10)
AKZ. 25/3-17/5 30/5-7/7 28/8-15/10

Nijverdal — Ardoer camping De Noetselerberg — Seite 114 — Nr. 187 — € 23
4 (B+D 20/4-4/5,8/7-30/8)
5 (A+B+C+E+F+G+J+L 31/3-29/10)
6 (A 2/5-1/9) (E+G 31/3-29/10)
AKZ. 31/3-6/4 11/4-21/4 8/5-17/5 22/5-26/5 30/5-8/7 4/9-13/10

Ommen — Ommerland — Seite 115 — Nr. 188 — € 23
4 (B+C+D+E 1/5-10/5,1/7-1/9)
5 (A+C+E+F+G+H 24/3-31/10) (J 27/4-5/5,1/7-1/9) (K+L 24/3-31/10) **6** (B 30/4-28/8) (E+G 24/3-31/10)
AKZ. 24/3-20/4 8/5-16/5 30/5-6/7 4/9-31/10

Ommen — Resort de Arendshorst — Seite 115 — Nr. 189 — € 19
5 (A+B+E+F+G+H+J+L 31/3-30/9) **6** (F 15/6-15/9)
AKZ. 31/3-16/5 30/5-13/7 30/8-30/9

Ootmarsum — Bij de Bronnen — Seite 115 — Nr. 190 — € 19
5 (E+F+H+K 1/1-31/12)
AKZ. 1/1-17/5 30/5-15/7 4/9-31/12

Ootmarsum — De Kuiperberg — Seite 115 — Nr. 191 — € 23
5 (A+E+F+H+K 1/4-17/10)
AKZ. 1/4-6/4 11/4-16/5 1/6-23/6 7/9-17/10

Ootmarsum/Agelo — De Haer — Seite 116 — Nr. 192 — € 19
4 (B+C+D 18/7-8/8) **5** (A+E+F+H+K 1/4-1/10)
6 (A 9/5-1/9)
AKZ. 1/4-17/5 30/5-15/7 3/9-1/10

Ootmarsum/Hezingen — Hoeve Springendal — Seite 116 — Nr. 193 — € 23
4 (E 1/4-1/11,22/12-31/12)
5 (A+H+J 1/4-1/11,22/12-31/12)
AKZ. 1/4-17/5 22/5-27/5 30/5-14/7 31/8-1/11 22/12-31/12

Reutum — De Weuste — Seite 116 — Nr. 194 — € 17
4 (B+C+D 29/4-8/5,15/7-21/8)
5 (A+B+E+F+H+K 1/4-30/9) **6** (B+G 1/5-15/9)
AKZ. 1/4-15/7 1/9-30/9

Reutum/Weerselo — De Molenhof — Seite 116 — Nr. 195 — € 19
4 (B 8/7-1/9) **5** (A+C+E+F+G+H+I 31/3-2/10)
6 (B 28/4-3/9) (D 31/3-1/10) (G 31/3-2/10)
AKZ. 31/3-7/4 10/4-29/4 6/5-17/5 29/5-7/6 11/6-14/7 2/9-2/10

Rheeze — Camping 't Veld — Seite 117 — Nr. 196 — € 21
4 (B+C 1/6-30/8) (D 6/4-30/9)
5 (A+B+E+F+G+K 6/4-30/9) **6** (D+G 6/4-30/9)
AKZ. 10/4-21/4 7/5-16/5 30/5-7/7 1/9-30/9

St. Jansklooster — Kampeer- & Chaletpark Heetveld — Seite 117 — Nr. 197 — € 17
5 (A+F+K 1/4-30/9)
AKZ. 1/4-14/5 1/6-7/7 24/8-30/9

Tubbergen — Ardoer recreatiepark Kaps — Seite 117 — Nr. 198 — € 19
4 (B 18/6-29/6,15/7-28/8) **5** (A+B+E+F+H+K+L 1/4-2/10)
6 (B+G 25/4-15/9)
AKZ. 1/4-29/4 8/5-17/5 30/5-15/7 4/9-2/10

Vollenhove — Ardoer vakantiepark ´t Akkertien — Seite 117 — Nr. 199 — € 17
4 (A 1/1-31/12) (B+C+D 30/4-8/5,16/7-28/8)
5 (A+B 1/1-31/12) (E 26/3-30/9) (H+J 1/1-31/12)
6 (D+G 1/4-30/9)
AKZ. 2/1-17/5 30/5-15/7 4/9-31/12

Zwolle — Molecaten Park De Agnietenberg — Seite 117 — Nr. 200 — € 19
4 (B 29/4-7/5,12/7-28/8) **5** (A+E 24/3-1/10)
AKZ. 24/3-26/4 8/5-16/5 22/5-25/5 30/5-6/7 28/8-30/9

Friesland

Akkrum — Drijfveer — Seite 118 — Nr. 201 — € 21
4 (B 16/7-21/8) (C 18/7-16/8) (D 18/7-21/8)
5 (A+H+J 1/5-30/9)
AKZ. 1/4-15/5 11/6-30/6 1/9-31/10

Anjum — Landal Esonstad — Seite 119 — Nr. 202 — € 23
4 (A+B+C+D 24/3-26/10) (E 2/7-1/9)
5 (A+C+E+F+G+H+J+K+L 24/3-26/10) **6** (E+G 24/3-26/10)
AKZ. 24/3-7/4 30/5-7/7 1/9-26/10

Appelscha — RCN Vakantiepark De Roggeberg — Seite 119 — Nr. 203 — € 19
4 (A+B+C+D+E 24/3-29/10)
5 (A+B+E+F+H+J+K+L 24/3-29/10) **6** (B+F 1/5-1/9)
AKZ. 24/3-16/5 22/5-25/5 30/5-13/7 30/8-29/10

Bakhuizen — De Wite Burch — Seite 119 — Nr. 204 — € 19
4 (B 30/4-8/5,9/7-20/8) **5** (A+B+E+H+J+K 15/3-31/10)
AKZ. 15/3-16/5 31/5-7/7 25/8-31/10

Ausführliche Redaktionseinträge: Seite 114 bis 119

Bakkeveen Seite 119 **206** € 23
De Wâldsang
4 (B+C+D 30/4-8/5,15/7-20/8)
5 (A+E+F+G+H+K 24/3-30/10)
AKZ. 24/3-29/4 8/5-16/5 30/5-10/7 4/9-30/10

Bakkeveen Seite 119 **207** € 19
Molecaten Park 't Hout
4 (B 29/4-7/5,8/7-3/9) **5** (A+E+F+G+K 29/4-7/5,8/7-3/9)
6 (B+G 17/5-1/9)
AKZ. 24/3-26/4 8/5-16/5 22/5-25/5 30/5-6/7 28/8-30/9

Bakkeveen Seite 119 **205** € 17
De Ikeleane
4 (B+C 13/7-25/8) (D 1/5-30/9)
5 (A+E+F+G+H+J+K 1/4-30/9)
AKZ. 1/4-17/5 30/5-8/7 26/8-30/9

Dokkum Seite 120 **208** € 17
Harddraverspark
AKZ. 1/4-15/5 1/6-8/7 5/9-31/10

Franeker Seite 120 **209** € 21
Recreatiepark Bloemketerp bv
4 (**A**+B 15/7-16/8) **5** (C+E+F+H+L 1/1-31/12)
6 (**E**+**F** 1/1-31/12)
AKZ. 1/1-17/5 30/5-9/7 1/9-31/12

Harlingen Seite 120 **210** € 21
De Zeehoeve
4 (B+C+D 14/7-30/8)
5 (A 27/3-31/10) (E+F+H+J+L 8/4-30/9)
AKZ. 27/3-7/4 10/4-15/5 30/5-8/6 11/6-7/7 5/9-30/10

Leeuwarden Seite 120 **211** € 19
De Kleine Wielen
4 (B 15/7-19/8) (D 1/5-30/9) **5** (A 1/4-1/10)
(C 21/4-17/9) (H 1/4-1/10) (J 15/7-19/8) (K 1/4-1/10)
AKZ. 1/4-14/5 30/5-7/7 24/8-30/9

Offingawier Seite 121 **212** € 19
RCN Vakantiepark De Potten
4 (B+C 1/7-31/8) **5** (A+B+E+F+H+J+L 24/3-29/10)
AKZ. 24/3-16/5 22/5-25/5 30/5-7/6 12/6-13/7 30/8-29/10

Oudega Seite 121 **213** € 21
De Bearshoeke
4 (B+C 6/7-28/8)
AKZ. 31/3-16/5 30/5-9/7 1/9-31/10

Reahûs Seite 121 **214** € 19
De Finne
5 (A 1/7-28/8) (B 1/4-1/10)
AKZ. 1/4-6/4 10/4-14/5 29/5-7/7 25/8-30/9

Rijs Seite 121 **215** € 21
Rijsterbos
4 (B+C 28/7-27/8) **5** (A 1/5-30/9) (E+F+G+H+K 1/5-15/9)
6 (B 18/5-1/9)
AKZ. 1/4-17/5 30/5-8/7 3/9-30/10

Sloten Seite 122 **216** € 21
Recreatiepark De Jerden
5 (A+B 1/4-31/10) (F+L 1/6-1/10)
AKZ. 1/4-16/5 30/5-1/7 2/9-31/10

St. Nicolaasga Seite 122 **217** € 19
Landgoed Eysingastate
4 (B 15/7-18/8) **5** (A+H+K 15/7-18/8)
AKZ. 1/4-17/5 30/5-7/7 25/8-31/10

Ureterp Seite 123 **218** € 17
Het Koningsdiep
AKZ. 1/4-14/5 1/6-9/7 26/8-31/10

Wijckel Seite 123 **219** € 23
't Hop
4 (B+C 1/7-31/8) **5** (A 6/5-28/10) (H 1/7-31/8)
(K+L 6/5-28/10) **6** (A+F 6/5-28/10)
AKZ. 6/5-30/6 26/8-27/10

Witmarsum Seite 123 **220** € 19
Mounewetter
4 (B+C+D 1/5-5/5,22/7-26/8) **5** (E+H 1/6-1/9)
6 (B+F 29/4-2/9)
AKZ. 1/4-17/5 30/5-14/7 4/9-8/10

Workum Seite 123 **221** € 21
It Soal
4 (B+C 18/5-21/5,8/7-26/8)
5 (A+C+E+F+H+K+L 31/3-1/11)
AKZ. 31/3-6/4 11/4-17/5 12/6-1/7 26/8-1/11

Woudsend Seite 123 **222** € 21
Aquacamping De Rakken
4 (B+D+**E** 16/7-28/8)
AKZ. 1/1-16/5 21/5-25/5 29/5-14/6 18/6-30/6 1/9-30/12

Groningen

Bourtange Seite 124 **223** € 21
't Plathuis
5 (A+E+H 1/4-31/10)
AKZ. 1/4-17/5 30/5-15/7 3/9-31/10 7=6

Kropswolde Seite 125 **224** € 23
Siblu Camping Meerwijck
4 (B 29/4-7/5,8/7-27/8) (C+D 29/4-7/5,7/7-27/8)
5 (A+B 31/3-30/10) (E 29/4-4/9) (F 31/3-30/10)
(H 29/4-4/9) (K+L 31/3-30/10) **6** (E+G 31/3-30/10)
AKZ. 31/3-17/5 30/5-15/7 3/9-30/10

Leek Seite 125 **225** € 19
Landgoedcamping Nienoord
4 (B 16/7-19/8) **5** (K+L 1/4-1/10)
AKZ. 18/4-28/4 8/5-17/5 30/5-30/6 4/9-30/9

Midwolda Seite 125 **226** € 23
De Bouwte
4 (B 1/7-31/8) (D 15/5-31/8) **5** (A+F+H+J+K 1/4-30/9)
AKZ. 1/4-16/5 30/5-30/6 1/9-30/9

Opende Seite 125 **227** € 21
Camping De Watermolen
4 (B 10/7-3/9)
5 (A+B 7/4-17/9) (E+G 18/5-30/6,6/7-25/8) (H+K 7/4-17/9)
AKZ. 7/4-16/5 23/5-25/5 30/5-10/7 27/8-17/9

Sellingen Seite 126 **228** € 19
De Bronzen Eik
5 (H+L 1/1-31/12)
AKZ. 1/4-17/5 29/5-8/7 4/9-1/11

Winsum Seite 126 **229** € 19
Marenland
5 (A+J+K+L 1/4-30/9) **6** (B 1/4-30/9)
AKZ. 1/4-28/4 8/5-17/5 30/5-7/7 4/9-30/9 7=6, 14=12

Drenthe

Amen Seite 127 **230** € 21
Ardoer Vakantiepark Diana Heide
4 (B 17/5-30/6,15/7-25/8) **5** (A+B+E+H+L 1/4-1/10)
AKZ. 1/4-4/5 8/5-17/5 31/5-21/6 1/9-30/9

Assen Seite 128 **231** € 21
Vakantiepark Witterzomer
4 (B+D 24/3-31/10) **5** (A 24/3-31/10) (C 28/4-30/8)
(E+F+G+J+K+L 24/3-31/10) **6** (B+G 24/4-30/8)
AKZ. 24/3-27/4 5/5-16/5 30/5-15/6 26/6-30/6 1/9-31/10

Borger Seite 128 **232** € 13
Bospark Lunsbergen
4 (B 1/1-31/12) **5** (A+C+E+F+G+H+J+K+L 1/1-31/12)
6 (E+G 1/1-31/12)
AKZ. 31/3-7/7 1/9-29/10

Borger Seite 128 **233** € 15
Roompot Vakantiepark Hunzedal
4 (B 28/3-31/10) **5** (A+C+E+F+G+H+K+L 1/1-31/12)
6 (B 1/4-31/10) (E+G 1/1-31/12)
AKZ. 31/3-7/4 7/5-17/5 22/5-26/5 30/5-7/6 12/6-7/7 1/9-29/10

Diever Seite 128 **234** € 21
Diever
4 (A 1/4-1/11) (B 2/5-25/5,31/7-16/8) (E 1/4-1/11)
5 (A+B+G 1/4-1/11)
AKZ. 1/4-26/4 6/5-17/5 30/5-10/7 2/9-30/9

Dwingeloo Seite 129 **235** € 23
Torentjeshoek
4 (A 1/4-23/10) (B+C 2/5-25/5,6/7-16/8)
(D 2/5-25/5,4/7-23/10) (E 1/7-23/10) **5** (A 1/4-27/9)
(B+E+H 1/4-28/10) **6** (B+G 1/5-1/9)
AKZ. 1/4-16/5 30/5-6/7 4/9-28/10

Dwingeloo Seite 129 **236** € 19
RCN Vakantiepark De Noordster
4 (A+B+C+D 20/5-1/6,4/7-30/8) (E 4/7-30/8)
5 (A+B+E+F+G+H+K+L 24/3-29/10) **6** (B+F 1/5-1/9)
AKZ. 24/3-16/5 22/5-25/5 30/5-13/7 30/8-29/10

Een (Gem. Noordenveld) Seite 129 **237** € 19
Ronostrand
4 (B+C+D 26/5-6/6,8/7-22/8)
5 (A 1/4-30/9) (E+F+G+L 1/4-15/9)
AKZ. 1/4-28/4 8/5-17/5 31/5-7/7 4/9-30/9

Een-West/Noordenveld Seite 130 **238** € 21
De Drie Provinciën
5 (K+L 1/4-1/10)
AKZ. 1/4-16/5 30/5-7/7 28/8-1/10

Ees Seite 130 **239** € 19
De Zeven Heuveltjes
5 (A 25/4-3/5,4/7-16/8) (B 1/4-10/10) **6** (B+G 1/5-14/9)
AKZ. 1/4-17/5 30/5-30/6 26/8-10/10

Eext Seite 130 **240** € 21
De Hondsrug
4 (B 1/4-30/9) **5** (A 1/4-30/9) (C 25/4-1/9)
(E+H+K 1/4-30/9) **6** (B 25/4-1/9) (E+G 1/4-30/9)
AKZ. 1/4-28/4 8/5-17/5 30/5-9/7 4/9-30/9

Exloo Seite 130 **241** € 17
Camping Exloo
4 (D 1/4-30/9)
AKZ. 1/1-17/5 22/5-27/5 30/5-15/7 1/9-31/12

Ausführliche Redaktionseinträge: Seite 125 bis 130

Gasselte Seite 131 **242** € 19
Het Horstmannsbos
4 (B 16/7-20/8) 5 (A+E+F+H+K 31/3-2/10)
AKZ. 31/3-17/5 28/5-9/7 27/8-2/10 7=6, 14=12, 21=18

Gieten Seite 131 **243** € 21
Boscamping-Zwanemeer
4 (B+C+D+**E** 1/7-31/8)
5 (A 1/4-2/10) (E+F+H+K 1/7-31/8) 6 (B+G 1/5-31/8)
AKZ. 1/4-14/5 1/6-1/7 1/9-1/10

Hooghalen Seite 131 **244** € 19
Tikvah
4 (A 1/7-31/8) (B 1/8-30/8)
AKZ. 1/4-17/5 30/5-21/6 27/6-2/7 1/9-1/11

Meppen Seite 132 **245** € 21
De Bronzen Emmer
4 (B+C+D 28/4-29/5,22/7-27/8) 5 (A 1/4-30/10)
(B 28/4-27/8) (E 28/4-10/9) (F 28/4-11/9) (H+K 28/4-10/9)
6 (E+F 21/4-30/9)
AKZ. 1/4-16/5 22/5-25/5 30/5-11/7 28/8-29/10
7=6, 14=12, 21=18, 28=24

Meppen Seite 132 **246** € 19
Erfgoed de Boemerang
AKZ. 1/4-15/5 30/5-1/7 18/8-29/9

Norg Seite 132 **247** € 23
Bospark Langeloërduinen
AKZ. 8/5-17/5 30/5-14/7 4/9-1/10

Norg Seite 132 **248** € 23
De Norgerberg
4 (A 19/4-9/6,13/7-24/8) (B 30/4-16/5,14/7-26/8)
(D+E 30/4-16/5,9/7-28/8) 5 (A+B+E+F+J+K+L 1/4-31/12)
6 (B+D+G 1/4-31/12)
AKZ. 1/4-6/4 12/4-21/4 8/5-16/5 23/5-26/5 31/5-7/7 5/9-29/10

Ruinen Seite 133 **249** € 23
EuroParcs Ruinen
4 (A 8/7-27/8) (B 29/4-7/5,8/7-27/8) (D+E 8/7-27/8)
5 (A+B+E+F+K 1/3-30/10) 6 (**A** 1/5-1/9) (E+G 1/3-30/10)
AKZ. 31/3-7/4 11/4-26/4 1/5-17/5 22/5-30/6 4/9-30/10

Schoonebeek Seite 133 **250** € 17
Camping Emmen
4 (B+C+D 8/7-26/8) 5 (A+E+F+G+H+L 27/5-1/9)
6 (B 15/5-15/9)
AKZ. 7/4-17/5 30/5-30/6 1/9-30/9

Wateren Seite 134 **251** € 15
Molecaten Park Het Landschap
4 (A 11/7-16/8) (B+C 2/5-25/5,4/7-16/8) (E 5/7-17/8)
5 (A+E+F+H+K 24/3-1/10) 6 (E+G 1/5-30/9)
AKZ. 24/3-26/4 8/5-16/5 22/5-25/5 30/5-6/7 28/8-30/9

Westerbork Seite 134 **252** € 19
Landgoed Börkerheide
6 (B+G 15/4-1/9)
AKZ. 1/4-17/5 30/5-8/7 27/8-1/10

Wezuperbrug Seite 134 **253** € 17
Molecaten Park Kuierpad
4 (B+C 1/7-1/9) 5 (A 24/3-1/11) (C 25/3-31/10)
(E 24/3-1/11) (F 25/3-31/10) (K+L 1/4-1/11)
6 (B 1/5-1/9) (E+G 24/3-1/11)
AKZ. 24/3-26/4 8/5-16/5 22/5-25/5 30/5-6/7 28/8-31/10

Wijster Seite 134 **254** € 19
Familiecamping De Otterberg
4 (B 7/7-26/8) (D 1/4-1/10) 5 (A 1/4-1/10)
(E+F+G 1/7-28/8) (H+K+L 1/4-1/10) 6 (B+G 1/5-1/9)
AKZ. 1/4-14/5 30/5-7/7 24/8-30/9

Zweeloo Seite 134 **255** € 21
De Knieplanden
5 (E+F 18/7-21/8) 6 (**B**+**F** 1/5-31/8)
AKZ. 1/4-17/5 30/5-7/7 24/8-30/9

Gelderland

Aalten Seite 136 **256** € 19
Goorzicht
4 (B+D 30/4-8/5,13/7-30/8) 5 (A+E+H 27/4-8/5,8/7-3/9)
6 (**B**+F 1/5-31/8)
AKZ. 27/3-18/5 30/5-13/6 21/8-2/10 7=6, 14=12, 21=18

Aalten Seite 136 **257** € 19
Lansbulten
4 (B 29/4-8/5,9/7-21/8) 5 (A 24/4-3/5,10/7-22/8)
6 (B 15/5-15/9) (F 24/4-15/9)
AKZ. 1/4-17/5 30/5-15/7 3/9-15/10 14=12

Aerdt Seite 136 **258** € 19
De Rijnstrangen
4 (**E** 31/3-29/10) 5 (A+B+J 31/3-29/10)
AKZ. 31/3-6/4 10/4-16/5 30/5-29/6 3/9-29/10

Appeltern Seite 136 **259** € 19
Camping Groene Eiland
4 (B 1/7-31/8) (C+D 28/4-6/5,1/7-31/8)
5 (A 1/7-31/8) (B 1/4-31/10) (C 1/4-1/10)
(E+F 1/4-31/10) (H 1/7-31/8) (K+L 1/4-31/10)
AKZ. 1/5-17/5 22/5-27/5 1/6-30/6 1/9-30/9

Arnhem
Oostappen Vakantiepark Arnhem — Seite 136 — 260 — € 19
4 (B+C+D 29/4-7/5,8/7-1/9)
5 (A+C+E+F+H+L 31/3-13/10) **6** (C+G 31/3-13/10)
AKZ. 31/3-20/4 8/5-17/5 22/5-26/5 29/5-7/7 25/8-13/10

Beek (gem. Montferland)
Vakantiepark De Byvanck BV — Seite 137 — 261 — € 19
5 (E 1/1-31/12) **6** (E 1/1-31/12)
AKZ. 1/1-18/5 22/5-28/5 30/5-7/7 24/8-31/12

Beekbergen
Het Lierderholt — Seite 137 — 262 — € 21
4 (A 1/7-1/9) (B 12/4-7/5,8/7-3/9) (C+D 8/7-3/9)
(E 22/4-7/5,8/7-3/9) **5** (A 1/1-31/12) (B 1/4-31/10)
(E 1/1-31/12) (G 1/4-31/10) (H+L 1/1-31/12)
6 (B 1/5-30/9) (F 25/4-16/9)
AKZ. 1/1-16/5 30/5-6/7 1/9-31/12 14=12, 21=18

Beesd
Betuwestrand — Seite 138 — 263 — € 21
4 (B 10/4-2/6,4/7-30/8) (C 4/4-2/6,4/7-30/8) (D 1/4-30/9)
5 (A+C+E+F+H+L 1/4-30/9)
AKZ. 1/4-17/5 30/5-8/7 28/8-30/9

Berg en Dal
Nederrijkswald BV — Seite 138 — 264 — € 19
4 (**E** 15/3-30/10) **5** (A 15/3-30/10)
AKZ. 15/3-25/4 7/5-16/5 1/6-6/7 27/8-30/10

Braamt
Recreatie Te Boomsgoed — Seite 138 — 265 — € 13
4 (B+D 27/4-6/5,9/7-3/9) **5** (A 27/4-6/5,9/7-3/9)
(E+G+J 1/1-31/12) **6** (A+F 24/4-15/9)
AKZ. 1/1-29/4 8/5-18/5 22/5-28/5 30/5-8/7 1/9-31/12

Doetinchem
De Wrange — Seite 138 — 266 — € 19
4 (B+D 10/7-26/8) **5** (A+C+E+F+H+J+K+L 1/4-4/10)
6 (B+G 27/4-6/9)
AKZ. 31/3-17/5 30/5-10/7 27/8-16/10 7=6, 14=11, 21=18

Doornenburg
De Waay — Seite 138 — 267 — € 21
4 (B+D 29/4-7/5,8/7-26/8)
5 (A+B+E+F 29/4-7/5,8/7-26/8) (H 1/4-30/9)
(K+L 29/4-7/5,8/7-26/8) **6** (B+D+G 28/4-17/9)
AKZ. 1/4-16/5 1/6-6/7 23/8-30/9

Eerbeek
Landal Coldenhove — Seite 139 — 268 — € 23
4 (B+E 10/3-26/10) **5** (A+C+E+G+H+J+K+L 10/3-26/10)
6 (E+G 10/3-26/10)
AKZ. 10/3-7/4 30/5-7/7 1/9-26/10

Elburg
Natuurcamping Landgoed Old Putten — Seite 139 — 269 — € 15
4 (B+D+E 30/5-10/6,22/7-16/8) **5** (A 22/7-16/8)
6 (F 15/4-15/9)
AKZ. 15/4-17/5 30/5-7/7 25/8-15/9

Emst
De Wildhoeve — Seite 139 — 271 — € 23
4 (A+B+**E** 29/4-7/5,8/7-3/9) **5** (A+C+E+L 31/3-1/10)
6 (B 1/5-31/8) (E+G 31/3-1/10)
AKZ. 31/3-21/4 30/5-6/7 27/8-30/9

Emst
Ardoer Camping De Zandhegge — Seite 139 — 270 — € 23
4 (B 22/4-6/5,8/7-26/8) **5** (A+B+E+F+K 1/4-29/10)
6 (B+G 1/5-1/9)
AKZ. 1/4-7/4 10/4-22/4 7/5-17/5 22/5-26/5 14/6-7/7 26/8-29/10

Epe
RCN Vakantiepark de Jagerstee — Seite 140 — 272 — € 21
4 (B+C+D+E 24/3-29/10)
5 (A+C+E+F+H+K+L 24/3-29/10) **6** (B+G 24/4-15/9)
AKZ. 24/3-16/5 22/5-25/5 30/5-6/7 28/8-29/10

Ermelo
Kriemelberg BushCamp — Seite 140 — 275 — € 19
4 (**A** 10/7-25/8) (B+C+D 30/4-6/5,16/7-19/8)
(E 31/3-13/10)
5 (A+B 31/3-13/10) (E 3/4-12/9) (G 1/7-31/8)
AKZ. 31/3-6/4 11/4-27/4 8/5-16/5 30/5-7/7 25/8-13/10

Ermelo
Recreatiepark De Paalberg — Seite 140 — 276 — € 21
4 (B+D 19/4-10/6,6/7-1/9)
5 (A+C+E+F+G+H+L 1/1-31/12)
6 (B 1/5-31/8) (E+G 1/1-31/12)
AKZ. 1/1-17/5 30/5-7/7 28/8-31/12 7=6, 14=12

Ermelo
Ardoer cp. & bungalowpark De Haeghehorst — Seite 140 — 273 — € 23
4 (B+D 27/4-5/5,8/7-31/8) (E 14/4-31/8) **5** (A 1/4-30/10)
(B 1/1-31/12) (E+F+G+H 1/4-30/10) (J 1/1-31/12)
(K 1/4-30/10) **6** (B 27/4-28/10) (E+G 1/4-30/10)
AKZ. 1/1-6/4 11/4-21/4 8/5-16/5 31/5-7/7 4/9-22/12

Ermelo
In de Rimboe — Seite 140 — 274 — € 21
4 (B+C+D 11/4-25/10)
5 (A 14/7-31/8) (E+F+G+H+K+L 15/2-31/12)
6 (B+G 29/4-30/9)
AKZ. 1/1-6/4 11/4-17/5 22/5-25/5 30/5-11/7 28/8-31/12

Ausführliche Redaktionseinträge: Seite 136 bis 140

Groesbeek (Kinder-Symbol)
Vakantiepark De Oude Molen — Seite 140 — **277** — € 17
4 (B 29/4-7/5,8/7-30/8) 5 (E+F+H+K+L 1/4-31/10)
6 (B+G 29/4-30/8)
AKZ. 1/4-28/4 8/5-16/5 22/5-26/5 30/5-6/7 25/8-31/10
14=12, 21=18

Harfsen
De Huurne — Seite 141 — **278** — € 13
AKZ. 1/4-18/5 30/5-8/7 3/9-1/10

Hattem
Molecaten Park De Leemkule — Seite 141 — **279** — € 19
4 (B 24/4-1/9) (E 10/7-20/8)
5 (A+B+E+F+H+K+L 24/3-1/11)
6 (A 27/4-1/9) (E+G 24/3-1/11)
AKZ. 24/3-26/4 8/5-16/5 22/5-25/5 30/5-6/7 28/8-31/10

Hattem
Molecaten Park Landgoed Molecaten — Seite 141 — **280** — € 17
4 (B+C 15/7-27/8) 5 (A 24/3-1/10)
AKZ. 24/3-26/4 8/5-16/5 22/5-25/5 30/5-6/7 28/8-30/9

Heerde (Kinder-Symbol)
De Zandkuil — Seite 142 — **281** — € 17
4 (B 30/4-8/5,16/7-21/8) 5 (A+B+E+F+G+H+K 1/4-1/11)
6 (A+F 21/5-1/9)
AKZ. 1/4-16/5 1/6-18/6 1/9-1/11 14=12

Heerde
Molecaten Park De Koerberg — Seite 142 — **282** — € 19
4 (B 30/4-10/6,9/7-28/8) 5 (A+B+E+F+H+K+L 24/3-1/11)
6 (B+G 1/5-31/8)
AKZ. 24/3-26/4 8/5-16/5 22/5-25/5 30/5-6/7 28/8-31/10

Heteren (Kinder-Symbol)
Camping Overbetuwe — Seite 142 — **283** — € 17
AKZ. 1/1-17/5 1/6-15/7 1/9-24/12

Hoenderloo
De Pampel — Seite 142 — **284** — € 21
4 (B 30/4-6/5,8/7-27/8)
5 (A+C 16/4-30/9) (E+F+G+L 1/4-30/9)
6 (B 15/5-31/8) (D 15/4-30/9,13/10-28/10) (G 1/5-30/9)
AKZ. 1/1-27/4 7/5-17/5 30/5-8/7 26/8-31/12
7=6, 14=12, 21=18

Hoenderloo
Recreatiepark 't Veluws Hof — Seite 142 — **285** — € 21
4 (A 1/7-1/9) (B+D 29/3-29/10) (E 1/7-1/9)
5 (A+C+E+F+H+L 25/3-29/10) 6 (B+G 26/4-14/9)
AKZ. 28/3-16/5 30/5-7/7 28/8-28/10

Hoenderloo
Veluwe camping 't Schinkel — Seite 142 — **286** — € 19
4 (B 30/4-6/5,8/7-27/8) 5 (A+B+E+F+G 31/3-31/10)
6 (B+G 22/4-15/9)
AKZ. 31/3-27/4 7/5-17/5 30/5-15/7 2/9-1/10
7=6, 14=12, 21=18

Kesteren
Camping "Betuwe" — Seite 143 — **287** — € 21
4 (B+D 1/7-15/8)
5 (A 15/3-15/10) (E+F 1/4-1/10) (H+L 15/3-15/10)
AKZ. 8/5-17/5 22/5-28/5 30/5-7/7 4/9-15/10

Laag-Soeren (Kinder-Symbol)
Ardoer Vakantiedorp De Jutberg — Seite 143 — **288** — € 23
4 (B+E 6/7-25/8) 5 (A+B+E+F+H 1/4-31/10)
(J 18/5-29/5,8/7-3/9) (K 1/4-31/10) 6 (D+G 1/4-31/10)
AKZ. 1/1-16/5 30/5-6/7 4/9-31/12 21=18

Lieren/Beekbergen
Ardoer comfortcamping De Bosgraaf — Seite 143 — **289** — € 19
4 (B+D 18/5-29/5,9/7-2/9) 5 (A+B+E+F+H+K 25/3-29/10)
6 (B+G 1/5-15/9)
AKZ. 31/3-6/4 11/4-21/4 7/5-16/5 22/5-25/5 30/5-7/7 3/9-28/10

Lieren/Beekbergen
De Vinkenkamp — Seite 143 — **290** — € 17
4 (A 29/4-7/5,8/7-3/9) 5 (A+B 1/1-31/12)
(E+F+H 8/7-3/9) (J+K 1/1-31/12) 6 (B+G 15/5-15/9)
AKZ. 1/1-16/5 22/5-25/5 30/5-14/7 1/9-31/12

Lunteren
De Rimboe — Seite 144 — **291** — € 17
4 (E 1/7-1/9)
AKZ. 13/3-16/5 30/5-3/7 28/8-21/10 14=12, 21=18

Lunteren
Recreatiecentrum de Goudsberg — Seite 144 — **292** — € 21
4 (B 29/4-7/5,1/7-1/9) 5 (A+B+E+H 1/7-31/8)
(L 1/1-31/12) 6 (**A** 1/5-30/9) (**E**+**G** 1/4-31/10)
AKZ. 1/1-27/4 8/5-16/5 30/5-6/7 3/9-31/12
7=6, 14=12, 21=18

Neede
Den Blanken — Seite 144 — **293** — € 19
4 (B+D 25/4-2/6,11/7-22/8)
5 (A+B+E+F+G+K+L 1/4-30/9) 6 (B+G 1/5-1/9)
AKZ. 1/4-29/4 8/5-16/5 30/5-8/7 26/8-24/9

Nieuw-Milligen
Landal Rabbit Hill — Seite 144 — **294** — € 23
4 (B+D+**E** 1/1-31/12) 5 (A+C+E+F+H+J+L 1/1-31/12)
6 (B 1/5-1/9) (E+G 1/1-31/12)
AKZ. 2/1-7/4 30/5-7/7 1/9-31/12

Nunspeet Seite 145 **295** € 19
Camping De Witte Wieven
4 (B+C 11/7-20/8) 5 (E+F+H+K 31/3-31/10)
6 (A+F 1/6-1/9)
AKZ. 31/3-17/5 30/5-7/7 1/9-31/10

Otterlo Seite 145 **296** € 21
Beek en Hei
5 (A 15/7-31/8) (B 1/1-31/12)
AKZ. 3/1-20/4 30/5-6/7 1/9-21/12 7=6, 14=12, 21=18

Otterlo Seite 145 **297** € 23
EuroParcs De Wije Werelt
4 (A+B+C+D+**E** 1/4-3/9) 5 (A+C+E+H+L 1/1-31/12)
6 (B+G 25/4-15/9)
AKZ. 31/3-7/4 11/4-26/4 1/5-17/5 22/5-30/6 4/9-30/10

Putten Seite 145 **298** € 19
Strandparc Nulde
4 (B+D 1/7-1/9) 5 (A 1/7-1/9) (E+F+K+L 1/4-1/10)
AKZ. 1/4-17/5 30/5-7/7 24/8-1/10 7=6, 14=12, 21=18

Ruurlo Seite 146 **299** € 21
Tamaring
4 (B 26/5-6/6,9/7-20/8) 5 (A+B 26/3-8/10)
6 (F 21/5-31/8)
AKZ. 1/4-16/5 30/5-7/7 27/8-7/10

Stokkum Seite 146 **300** € 19
De Slangenbult
AKZ. 13/1-12/5 2/6-14/7 1/9-17/12

Stokkum Seite 146 **301** € 19
Landgoed Brockhausen
4 (**E** 31/3-1/10) 5 (A 31/3-1/10)
AKZ. 31/3-17/5 29/5-1/7 17/7-31/7 1/9-1/10

Stroe Seite 146 **302** € 17
Jacobus Hoeve
4 (B 13/7-16/8) (**E** 30/4-30/8) 5 (E+F+H+K 31/3-31/10)
AKZ. 31/3-17/5 30/5-7/7 24/8-31/10

Ugchelen Seite 146 **303** € 19
De Wapenberg
AKZ. 31/3-26/4 7/5-17/5 30/5-1/7 1/9-2/10 21=18

Vierhouten Seite 147 **304** € 23
Recreatiepark Samoza
4 (B+C+D 24/3-30/10) 5 (A+C+E+H+K+L 24/3-30/10)
6 (B 30/4-28/8) (E+G 24/3-30/10)
AKZ. 24/3-6/4 11/4-20/4 8/5-16/5 30/5-6/7 4/9-30/10

Voorthuizen Seite 147 **305** € 23
Ardoer Vakantiepark Ackersate
4 (B+C+D 19/4-10/6,8/7-2/9)
5 (A+C+E+F+G+H+J+L 31/3-28/10)
6 (B 1/5-15/9) (E+G 31/3-28/10)
AKZ. 31/3-21/4 22/5-25/5 30/5-7/7 2/9-28/10

Voorthuizen Seite 147 **306** € 21
Beloofde Land
4 (B+C+D 29/4-10/6,1/7-31/8) 5 (A 1/7-31/8)
(B 1/4-30/10) (E 1/7-31/8) 6 (A+G 29/4-26/10)
AKZ. 1/4-22/4 8/5-17/5 30/5-8/7 3/9-14/10 7=6

Voorthuizen Seite 148 **307** € 23
Recreatiepark De Boshoek
4 (B+D 25/3-30/10) 5 (A+B+C+E+F+H+J–L 25/3-30/10)
6 (B 1/5-30/9) (**E+G** 25/3-30/10)
AKZ. 25/3-7/4 11/4-21/4 8/5-17/5 22/5-26/5 30/5-11/7 28/8-30/10
7=6, 14=11

Vorden Seite 148 **308** € 21
't Meulenbrugge
5 (A 15/4-15/9)
AKZ. 1/4-17/5 30/5-30/6 18/8-30/9

Wilp Seite 148 **309** € 21
Kampeerhoeve Bussloo
AKZ. 1/1-6/4 11/4-16/5 30/5-30/6 1/9-31/12

Winterswijk Seite 148 **310** € 23
Het Winkel
4 (B+C+D 29/4-8/5,15/7-1/9)
5 (A+B+E+F+G+H+J+K+L 1/3-3/11) 6 (B–G 27/4-1/9)
AKZ. 8/1-31/3 16/4-29/4 7/5-17/5 30/5-7/6 11/6-30/6 27/8-22/12

Winterswijk Seite 149 **311** € 21
Camping Klompenmakerij ten Hagen
4 (B+D 15/7-20/8)
AKZ. 1/1-6/4 11/4-26/4 2/5-17/5 30/5-7/6 12/6-7/7 28/8-31/12

Winterswijk/Kotten Seite 149 **312** € 17
De Italiaanse Meren
5 (A 29/4-8/5,1/7-1/9) (B 1/4-31/10)
(E+F+H+J+L 29/4-8/5,1/7-1/9)
AKZ. 1/4-7/4 11/4-17/4 22/5-26/5 30/5-1/7 1/9-31/10

Winterswijk/Meddo Seite 149 **313** € 21
CP Recreatiepark Sevink Molen
4 (B 25/4-4/5,11/7-22/8)
5 (A 25/4-4/5,11/7-22/8) (E+F+I+K+L 1/1-31/12)
AKZ. 9/1-17/2 6/3-6/4 8/5-16/5 31/5-6/6 12/6-6/7 3/9-22/12

Ausführliche Redaktionseinträge: Seite 145 bis 149

Winterswijk/Woold
▲ De Harmienehoeve — Seite 149 — 314 — € 17
5 (A+E 1/1-31/12) (H 1/7-1/10) 6 (A+F 23/5-1/9)
AKZ. 1/3-5/4 12/4-16/5 30/5-7/6 14/6-22/6 22/7-29/7 1/9-31/10

Zelhem
▲ Vakantiepark De Betteld — Seite 149 — 315 — € 17
4 (A+B+C+D 23/4-7/6,9/7-3/9)
5 (A+B+E+F+G+H 23/4-7/6,9/7-3/9) 6 (B+G 1/5-31/8)
AKZ. 1/4-26/4 7/5-17/5 22/5-25/5 30/5-30/6 1/9-31/10

Zennewijnen
▲ Campingpark Zennewijnen — Seite 149 — 316 — € 23
5 (A+E+F+H 1/4-1/10) (K 9/7-4/9) 6 (A+F 15/5-15/9)
AKZ. 1/4-6/4 11/4-26/4 8/5-17/5 30/5-7/7 3/9-1/10

Nord-Brabant

Alphen (N.Br.)
▲ Recreatiepark 't Zand — Seite 150 — 317 — € 19
4 (B 27/4-5/5,28/7-3/9) (C+D+E 27/4-5/5,8/7-3/9)
5 (A+B 27/4-5/5,8/7-3/9) (E 31/3-30/9)
(F 27/4-5/5,1/7-31/8) (G 26/4-5/5,1/7-5/9)
(H 27/4-5/5,8/7-3/9) (K 31/3-30/9)
AKZ. 31/3-7/4 11/4-21/4 8/5-17/5 22/5-26/5 30/5-7/7 26/8-30/9

Asten/Heusden
▲ De Peel — Seite 150 — 318 — € 21
4 (A+B+D 10/7-25/8) 5 (A 10/7-25/8) 6 (A 1/7-31/8)
AKZ. 1/4-17/5 30/5-7/7 24/8-2/10

Asten/Ommel
▲ Oostappen Vakantiepark Prinsenmeer — Seite 150 — 319 — € 21
4 (B+C+D 7/7-3/9) 5 (C+E+F+G+H+L 31/3-13/10)
6 (E+G 31/3-13/10)
AKZ. 31/3-20/4 8/5-17/5 22/5-26/5 29/5-7/7 25/8-13/10

Bergeijk
▲ Domein De Kleine Witrijt — Seite 151 — 320 — € 21
5 (H 1/4-31/10)
AKZ. 1/4-17/5 30/5-15/7 1/9-31/10

Bergen op Zoom
▲ Uit en Thuis — Seite 151 — 321 — € 21
4 (B 27/4-5/5,13/7-18/8) 5 (B+E+F+H+K 1/4-30/9)
6 (B+G 1/5-15/9)
AKZ. 1/4-22/4 8/5-18/5 29/5-8/7 4/9-30/9

Berlicum
▲ De Hooghe Heide — Seite 151 — 322 — € 15
4 (B 29/4-13/5,15/7-26/8) 5 (A 15/7-27/8)
(B+E+H+K 31/3-1/10) 6 (A+G 1/5-31/8)
AKZ. 31/3-6/4 11/4-20/4 8/5-16/5 22/5-25/5 30/5-7/7 4/9-30/9

Bladel
▲ Recreatiepark De Achterste Hoef — Seite 151 — 323 — € 23
4 (B+C+D+E 29/4-30/9) 5 (C+E+H+K+L 1/4-2/10)
6 (B+E+G 1/4-2/10)
AKZ. 1/4-21/4 8/5-17/5 30/5-7/7 4/9-2/10

Breda
▲ Liesbos — Seite 151 — 324 — € 19
4 (B+D 1/7-31/8) 5 (A+B+E+F 1/4-30/9)
(G+H+L 1/4-1/10) 6 (B+G 30/4-30/9)
AKZ. 1/4-15/5 21/5-25/5 29/5-7/7 1/9-30/9

Chaam
▲ RCN vakantiepark De Flaasbloem — Seite 152 — 325 — € 21
4 (B 28/4-19/8) 5 (A+C+E+F+G+K+L 24/3-29/10)
6 (E 24/3-29/10) (G 1/5-1/9)
AKZ. 24/3-16/5 22/5-25/5 30/5-6/7 28/8-29/10

Chaam
▲ Recreatiepark Klein Paradijs — Seite 152 — 326 — € 17
4 (B+C 27/4-5/5,6/7-25/8) (D 13/7-25/8)
5 (A+B+E 1/4-1/10) 6 (A+F 20/5-1/9)
AKZ. 1/4-7/4 11/4-17/5 22/5-26/5 30/5-7/7 4/9-1/10

De Heen
▲ De Uitwijk — Seite 152 — 327 — € 19
4 (B 3/7-30/8) 5 (A+E+F+H+L 31/3-1/10)
6 (B+G 29/4-18/9)
AKZ. 31/3-7/4 10/4-21/4 7/5-17/5 29/5-7/7 27/8-1/10

Eersel
▲ Recreatiepark TerSpegelt — Seite 152 — 328 — € 23
4 (B+C+D 31/3-30/10)
5 (C+E+F+G+H+K+L 31/3-30/10) 6 (E+G 31/3-30/10)
AKZ. 17/4-22/4 12/5-17/5 22/5-26/5 31/5-7/6 12/6-1/7 2/9-30/9

Esbeek
▲ De Spaendershorst — Seite 152 — 329 — € 17
4 (B+C 31/7-27/8) (D 1/4-31/10) 5 (E+H 1/4-1/10)
6 (B+G 1/4-31/10)
AKZ. 1/4-7/4 11/4-17/5 22/5-26/5 30/5-7/7 4/9-30/10

Hilvarenbeek
▲ Lake Resort Beekse Bergen — Seite 153 — 330 — € 15
4 (B+C 1/4-29/10) (E 1/5-1/8)
5 (A+C+E+F+G+H+K+L 1/4-29/10) 6 (E+G 1/4-29/10)
AKZ. 1/4-7/4 11/4-22/4 6/5-17/5 30/5-8/6 13/6-30/6 2/9-14/10

Hoeven
▲ Molecaten Park Bosbad Hoeven — Seite 153 — 331 — € 19
4 (B+C 31/3-31/8,12/10-27/10) (D 31/3-31/8)
5 (A+E+G 24/3-1/11) (H+L 1/4-1/9,12/10-27/10)
6 (B 27/4-1/9)
AKZ. 24/3-26/4 8/5-15/5 22/5-25/5 30/5-6/7 28/8-31/10

Kaatsheuvel Seite 153 **332** € 23
▲ Recreatiepark Brasserie Het Genieten
4 (B+C 30/4-8/5,9/7-28/8) (D 9/7-28/8)
5 (A 1/5-1/9) (E+F+H+L 27/5-6/10)
AKZ. 27/5-30/6 2/9-5/10

Lierop/Someren Seite 154 **333** € 23
▲ De Somerense Vennen
4 (B+D 21/4-7/5,7/7-27/8) 5 (E+F+H+L 21/4-3/9)
6 (E+G 31/3-1/10)
AKZ. 31/3-21/4 8/5-17/5 22/5-26/5 30/5-7/7 28/8-29/10

Mierlo Seite 154 **334** € 15
▲ Boscamping 't Wolfsven
4 (B+C 1/1-31/12) (D 1/7-31/8)
5 (C+E+F+G+H+K+L 1/1-31/12) 6 (E+G 1/1-31/12)
AKZ. 31/3-7/4 7/5-17/5 22/5-26/5 30/5-7/6 12/6-7/7 1/9-29/10

Netersel Seite 154 **335** € 21
▲ De Couwenberg
4 (B+C+D 16/7-19/8) 5 (A+E+H+K 1/1-31/12)
6 (B+G 1/5-15/9)
AKZ. 1/1-17/5 30/5-1/7 18/8-31/12

Nispen/Roosendaal Seite 154 **336** € 19
▲ Zonneland
4 (B 15/7-15/8) 5 (B 20/3-22/10) 6 (B 15/5-3/9)
AKZ. 20/3-3/7 20/8-22/10

Oirschot Seite 154 **337** € 23
▲ de Bocht
4 (B+D 10/7-1/9) 5 (H+L 1/1-31/12) 6 (B+G 16/6-31/8)
AKZ. 1/1-17/5 30/5-11/7 28/8-31/12

Oirschot Seite 154 **338** € 23
▲ Vakantiepark Latour
4 (B 29/4-7/5,7/7-3/9) 6 (B 1/5-31/8) (E+G 31/3-2/10)
AKZ. 31/3-17/5 30/5-8/7 4/9-2/10 7=6, 14=11

Oosterhout Seite 155 **339** € 17
▲ De Katjeskelder
4 (B 1/1-31/12) 5 (A+C+E+F+H+K+L 1/1-31/12)
6 (B 21/4-1/10) (E+G 1/1-31/12)
AKZ. 31/3-7/4 7/5-17/5 22/5-26/5 30/5-7/6 12/6-7/7 1/9-29/10

Sint Anthonis Seite 156 **340** € 21
▲ Ardoer vak.centrum De Ullingse Bergen
5 (A+E 31/3-1/10) (F 29/4-17/9) (L 31/3-1/10)
6 (B+G 29/4-10/9)
AKZ. 31/3-17/5 22/5-26/5 30/5-8/7 26/8-1/10

Sint Hubert Seite 156 **341** € 19
▲ Van Rossum's Troost
4 (B+D+E 18/5-29/6,22/7-20/8)
5 (A 1/4-1/10) (H 22/7-20/8) 6 (F 30/7-27/8)
AKZ. 1/4-17/5 30/5-9/7 26/8-1/10 14=12

Soerendonk Seite 156 **342** € 17
▲ Oostappen Vakantiepark Slot Cranendonck
4 (B+C+D 7/7-3/9) 5 (C+E+F+H+K+L 31/3-13/10)
6 (A 26/5-3/9) (E+G 31/3-13/10)
AKZ. 31/3-20/4 8/5-17/5 22/5-26/5 29/5-7/7 25/8-13/10

Someren 👫 Seite 156 **343** € 19
▲ De Kuilen
5 (H 1/3-31/10) 6 (A 1/6-31/8)
AKZ. 1/3-17/5 30/5-1/7 18/8-31/10

St. Oedenrode Seite 156 **344** € 23
▲ De Kienehoef
4 (B 22/7-26/8) 5 (A 1/4-24/9) (E+F+H+K 22/7-26/8)
6 (B+G 1/5-30/8)
AKZ. 1/4-17/5 22/5-26/5 30/5-8/7 27/8-24/9
7=6, 14=11, 21=17

Valkenswaard Seite 157 **345** € 17
▲ Oostappen Vakantiepark Brugse Heide
4 (B+D 7/7-3/9) 5 (E+F+H+I+K+L 31/3-13/10)
6 (A+F 29/5-3/9)
AKZ. 31/3-20/4 8/5-17/5 22/5-26/5 29/5-7/7 25/8-13/10

Veldhoven Seite 157 **346** € 23
▲ Vakantiepark Witven
4 (B 15/7-26/8)
5 (A+B 1/4-24/9) (E+F 15/7-26/8) (H+K+L [illegible]/4-24/9)
AKZ. 1/4-29/4 7/5-17/5 22/5-26/5 30/5-16/6 18/6-15/7 1/9-24/9

Veldhoven/Zandoerle Seite 157 **347** € 23
▲ Vakantiepark Molenvelden
4 (B 7/7-3/9) 5 (E+F+H+K+L 31/3-2/10)
6 (B+G 1/5-3/9)
AKZ. 31/3-8/7 4/9-2/10 7=6, 14=11

Vessem 👫 Seite 157 **348** € 21
▲ Eurocamping Vessem
4 (B+C+D 15/7-27/8) 5 (A 15/7-27/7) (B+E+H 9/7-4/9)
6 (B+F 15/5-1/9)
AKZ. 25/3-17/5 21/5-26/5 30/5-8/7 26/8-1/10

Vinkel Seite 157 **349** € 15
▲ Vakantiepark Dierenbos
4 (B 29/4-7/5,15/7-27/8) 5 (A+C+E+F+H+J+K 1/4-30/10)
6 (A+E+G 1/4-30/10)
AKZ. 1/4-7/4 11/4-22/4 6/5-17/5 30/5-30/6 2/9-14/10

Ausführliche Redaktionseinträge: Seite 153 bis 157

Wanroij Seite 157 350 € 19
▲ Vakantiepark De Bergen
4 (B+C+D 8/7-3/9)
5 (C 31/3-30/10) (E+F+G+H 8/7-3/9) (K+L 9/7-4/9)
AKZ. 31/3-7/4 11/4-17/5 22/5-26/5 30/5-7/7 4/9-30/10

Limburg

Afferden Seite 158 351 € 17
▲ Klein Canada
4 (B+D+E 29/4-8/5,8/7-4/9)
5 (A+E+H+K+L 29/4-8/5,8/7-4/9)
6 (A 1/5-4/9) (E+F 31/3-30/10)
AKZ. 31/3-7/4 11/4-17/5 22/5-26/5 30/5-7/7 4/9-30/10

Afferden Seite 158 352 € 19
▲ Roland
4 (B+D 29/4-8/5,9/7-4/9)
5 (A+B+C+E+F+H+J+L 1/4-1/10) 6 (B+G 27/4-20/9)
AKZ. 1/1-17/5 30/5-7/7 25/8-31/12

Arcen Seite 158 353 € 17
▲ Klein Vink
4 (B 1/1-31/12) (C 1/7-31/8)
5 (A+C+E+F+G+H+J+K+L 1/1-31/12) 6 (E+G 1/1-31/12)
AKZ. 8/1-7/4 7/5-17/5 22/5-26/5 30/5-7/6 12/6-7/7 1/9-22/12

Baarlo Seite 158 354 € 19
▲ Oostappen Vakantiepark De Berckt
4 (B+D 31/3-13/10) 5 (A+C+E+F+H+K+L 31/3-13/10)
6 (E+G 31/3-13/10)
AKZ. 31/3-20/4 8/5-17/5 22/5-26/5 29/5-7/7 25/8-13/10

Beesel Seite 158 355 € 19
▲ Petrushoeve
5 (A+G 15/3-1/10)
AKZ. 15/3-17/5 21/5-26/5 29/5-1/7 18/8-1/10

Blitterswijck Seite 158 356 € 21
▲ 't Veerhuys
5 (A+H+K+L 31/3-1/11) 6 (F 1/5-29/10)
AKZ. 31/3-7/4 11/4-27/4 8/5-17/5 30/5-8/7 4/9-1/11

Echt Seite 159 357 € 21
▲ Marisheem
5 (E+H 15/7-28/8) 6 (A+F 1/5-1/9)
AKZ. 1/4-1/7 18/8-30/9 14=13, 21=19

Gulpen Seite 159 358 € 23
▲ EuroParcs Gulperberg
4 (**A** 1/1-31/12) (B+C 1/7-1/9)
5 (A+B+C+E+F+H+J+L 1/1-31/12) 6 (A+G 1/5-1/10)
AKZ. 31/3-7/4 11/4-26/4 1/5-17/5 22/5-30/6 4/9-30/10

Gulpen Seite 160 359 € 21
▲ Terrassencamping Osebos
4 (B+C 17/7-18/8) 5 (A+C+E+F+G+H+L 1/4-5/11)
6 (A+F 15/5-30/9)
AKZ. 1/4-29/4 6/5-18/5 21/5-8/7 25/8-5/11

Heel Seite 160 360 € 19
▲ Oostappen Vakantiepark Heelderpeel
4 (B+C+D 1/7-31/8) 5 (H+K 31/3-13/10)
6 (B 15/5-15/9)
AKZ. 31/3-20/4 8/5-17/5 22/5-26/5 29/5-7/7 25/8-13/10

Heerlen Seite 160 361 € 19
▲ Hitjesvijver
4 (B+C+D 17/7-26/8)
5 (A 9/7-3/9) (B+E+F+H+L 1/1-31/12) 6 (B+G 15/5-1/9)
AKZ. 1/1-17/5 4/6-9/6 20/6-30/6 1/9-31/12 7=6, 14=12

Heijen Seite 160 362 € 17
▲ Hoeve De Schaaf
4 (B+C+D 29/4-8/5,22/7-4/9)
5 (A+E+H+K 29/4-8/5,22/7-4/9) 6 (B+G 31/3-30/10)
AKZ. 31/3-7/4 11/4-17/5 22/5-26/5 30/5-7/7 4/9-30/10

Helden Seite 161 363 € 23
▲ Ardoer CP De Heldense Bossen
4 (**A** 11/4-29/10) (B+C+D 11/4-29/8)
5 (A+C+E+F+H+L 24/3-29/10)
6 (B 24/4-29/8) (E 27/3-29/10) (G 24/4-29/8)
AKZ. 24/3-7/4 11/4-22/4 7/5-17/5 21/5-26/5 30/5-8/7 2/9-29/10

Herkenbosch Seite 161 364 € 17
▲ Huttopia De Meinweg
4 (A+B+C 8/7-31/8) (D 8/7-31/7) (**E** 8/7-31/8)
5 (A+G+H 2/6-29/10) 6 (B+G 2/6-29/10)
AKZ. 2/6-30/6 1/9-29/10

Hulsberg Seite 161 365 € 21
▲ 't Hemelke
4 (B+C+D 1/5-6/5,10/7-25/8)
5 (A+B+E+G+H 1/5-6/5,10/7-25/8) (L 17/5-29/5,10/7-3/9)
6 (A+F 30/4-15/9)
AKZ. 1/4-28/4 8/5-16/5 30/5-7/7 4/9-30/9

Kelpen-Oler Seite 161 366 € 19
▲ Geelenhoof
5 (A 18/3-31/10)
AKZ. 18/3-17/5 30/5-7/7 3/9-31/10

Kessel Seite 162 367 € 17
▲ Oda Hoeve
4 (**A** 1/5-15/9)
AKZ. 24/3-10/5 30/5-8/7 26/8-1/11

Landgraaf Seite 162 **368** € 21
De Watertoren
4 (B 27/4-5/5,16/7-23/8) (C 27/4-5/5,13/7-22/8) (E 12/7-23/8) 5 (A+B+E+F+H+L 7/4-2/10) 6 (B+G 15/5-1/9)
AKZ. 7/4-16/5 30/5-8/6 19/6-7/7 26/8-1/10

Maasbree Seite 162 **369** € 23
Vakantiepark BreeBronne
4 (B+C 29/4-8/5,8/7-4/9)
5 (A+B+E+H+L 29/4-8/5,8/7-4/9) 6 (E+G 31/3-1/11)
AKZ. 31/3-7/4 11/4-28/4 8/5-17/5 30/5-8/7 1/9-1/11

Meerssen Seite 162 **370** € 19
't Geuldal
4 (B+C+D 16/7-27/8)
5 (A+E 16/6-17/9) (G 16/6-27/9) (H+J+L 1/4-23/12)
AKZ. 1/4-7/4 10/4-14/4 7/5-18/5 21/5-26/5 29/5-7/7 1/9-23/12

Meijel Seite 162 **371** € 19
Kampeerbos De Simonshoek
5 (A 31/3-31/10) (H 1/1-9/1,1/3-31/12)
6 (B+D+G 15/3-1/11)
AKZ. 1/3-21/4 30/5-10/7 27/8-31/12

Melderslo Seite 163 **372** € 19
De Kasteelse Bossen
4 (B 30/4-9/5,9/7-31/8) 5 (E+F+H+K 1/1-31/12)
AKZ. 1/1-28/4 8/5-17/5 30/5-8/7 25/8-31/12

Noorbeek Seite 163 **373** € 19
Grensheuvel Natuurlijk Limburg
5 (A 8/7-27/8) (H+K 1/2-31/12)
AKZ. 1/1-16/5 30/5-7/7 28/8-31/12

Panningen Seite 163 **374** € 21
Beringerzand
4 (**A** 1/1-31/12) (B+C+D 29/3-3/11)
5 (A+B+E+F+G+H+L 1/1-31/12)
6 (B 1/5-31/10) (E+G 1/1-31/12)
AKZ. 24/3-7/4 10/4-22/4 7/5-17/5 21/5-26/5 29/5-8/7 2/9-5/11

Plasmolen Seite 164 **375** € 17
De Geuldert
4 (B+C+D 29/4-8/5,7/7-20/8) (**E** 10/7-20/8)
5 (A+B 31/3-1/10) (E 29/4-8/5,7/7-20/8) (H 31/3-1/10)
AKZ. 31/3-29/4 8/5-18/5 30/5-8/7 25/8-1/10 14=12

Plasmolen/Mook Seite 163 **376** € 21
Camping Eldorado
4 (B+D+**E** 22/7-20/8) 5 (A+C+E+H+K+L 31/3-30/10)
6 (F 1/5-4/9)
AKZ. 31/3-7/4 11/4-17/5 22/5-26/5 30/5-7/7 4/9-30/10

Reuver Seite 164 **377** € 17
Natuurplezier
AKZ. 24/3-27/4 8/5-14/5 30/5-7/7 24/8-28/10

Roermond Seite 164 **378** € 23
Resort Marina Oolderhuuske
4 (B 1/4-1/10) 5 (A 31/3-4/11) (B 1/7-31/8) (E+G+H+L 31/3-4/11) 6 (**E+G** 31/3-4/11)
AKZ. 31/3-6/4 12/4-28/4 2/5-17/5 30/5-7/6 12/6-30/6 4/9-4/11

Roggel Seite 164 **379** € 23
Recreatiepark De Leistert
4 (B 1/1-31/12) (D 24/4-4/5,4/7-29/8)
5 (A+C+E+F+G+H+K+L 1/1-31/12)
6 (B 17/5-1/9) (E+G 1/1-31/12)
AKZ. 6/1-7/4 11/4-21/4 5/5-17/5 30/5-8/7 1/9-13/10 20/10-31/12

Schimmert Seite 164 **380** € 19
Mareveld
4 (B 7/7-19/8) 5 (H+K+L 15/3-30/9) 6 (B 1/5-31/8)
AKZ. 15/3-7/4 10/4-21/4 7/5-16/5 29/5-7/7 27/8-30/9

Schin op Geul/Valkenburg Seite 164 **381** € 23
Vinkenhof/Keutenberg
4 (B+D 19/7-23/8) 5 (A 29/4-7/5,2/7-26.8) (E+F+G+H+L 1/4-1/10) 6 (B 1/5-15/9)
AKZ. 1/1-3/1 17/3-7/4 17/4-29/4 6/5-17/5 29/5-2/7 19/8-30/10

Sevenum Seite 166 **382** € 21
De Schatberg
4 (B+C+D 1/1-31/12)
5 (A+C+E+F+G+H+I+J+K+L 1/1-31/12)
6 (A 1/5-1/9) (E 1/1-31/12) (G 1/5-1/9)
AKZ. 1/1-22/4 7/5-16/5 22/5-25/5 30/5-7/7 27/8-31/12 14=11

Vaals Seite 166 **383** € 23
Camping Hoeve de Gastmolen
5 (A 15/3-31/10)
AKZ. 15/3-22/4 8/5-17/5 30/5-8/7 4/9-31/10

Valkenburg aan de Geul Seite 166 **384** € 21
De Cauberg
5 (A+B+E+G+H 24/3-29/10,10/11-22/12)
AKZ. 24/3-6/4 11/4-13/4 18/4-20/4 8/5-16/5 30/5-6/7 4/9-29/10

Valkenburg aan de Geul Seite 166 **385** € 19
Valkenburg-Maastricht
5 (A+B 6/4-31/12) (G 1/7-31/8) (H 6/4-31/12)
6 (B 5/4-31/10)
AKZ. 6/4-26/4 7/5-17/5 21/5-26/5 29/5-30/6 3/9-31/12

Ausführliche Redaktionseinträge: Seite 162 bis 166

Valkenburg/Berg en Terblijt — Seite 166 — 386 — € 23
EuroParcs Poort van Maastricht
4 (B 10/7-28/8) 5 (A+B+E+H 1/4-31/10)
6 (D+G 1/4-31/10)
AKZ. 31/3-7/4 11/4-26/4 1/5-17/5 22/5-30/6 4/9-30/10

Venray/Oostrum — Seite 167 — 387 — € 21
ParcCamping de Witte Vennen
4 (**A** 9/7-4/9) (B 29/4-8/5,9/7-4/9) 5 (A 9/7-4/9)
(E+G+H 28/4-8/5,9/7-4/9) 6 (F 1/5-30/9)
AKZ. 25/3-7/4 11/4-22/4 7/5-17/5 22/5-26/5 30/5-8/7 2/9-28/10

Vijlen — Seite 167 — 388 — € 23
Rozenhof
4 (B 17/7-18/8) 5 (A+C+E+L 1/1-31/12)
6 (B+G 15/5-15/9)
AKZ. 1/1-7/4 17/4-24/4 7/5-17/5 30/5-8/7 27/8-31/12

Voerendaal — Seite 167 — 389 — € 21
Colmont
5 (A+B 31/3-1/10) (E+F 17/5-28/5,8/7-27/8)
(G+H 31/3-1/10) (K 17/5-28/5,8/7-27/8) 6 (B+G 1/5-15/9)
AKZ. 31/3-8/7 25/8-1/10

Well — Seite 168 — 390 — € 23
Leukermeer
4 (**A**+B+C+D 29/4-9/5,9/7-5/9)
5 (A+C+E+F+G+H+K+L 31/3-30/10)
6 (B 26/4-15/9) (E+G 31/3-30/10)
AKZ. 31/3-7/4 11/4-28/4 8/5-17/5 30/5-7/6 12/6-30/6 4/9-1/10

Wijlre — Seite 168 — 391 — € 21
De Gele Anemoon
6 (F 1/4-30/9)
AKZ. 1/4-17/5 31/5-7/7 28/8-29/9

Wijlre — Seite 168 — 392 — € 21
De Gronselenput
4 (B 22/4-6/5,8/7-26/8) 5 (A+B+G+H 1/4-30/9)
AKZ. 1/4-22/4 6/5-17/5 30/5-8/7 26/8-30/9

Belgien

Flandern

Adinkerke/De Panne — Seite 174 — 393 — € 21
Kindervreugde**
5 (A 1/4-30/9)
AKZ. 1/4-1/7

Blankenberge — Seite 175 — 398 — € 21
Bonanza 1***
5 (A+F 1/7-31/8)
AKZ. 24/3-16/5 21/5-25/5 29/5-7/7 24/8-24/9

Bocholt — Seite 176 — 399 — € 19
Goolderheide****
4 (B+C+D 1/7-31/8) 5 (A 31/3-30/9) (C+E+F+G 1/7-31/8)
(H 31/3-30/9) (L 1/7-31/8) 6 (B+G 18/5-31/8)
AKZ. 31/3-7/7 28/8-30/9

Bree — Seite 177 — 402 — € 19
Recreatieoord Kempenheuvel***
4 (B+C+D 1/7-31/8) 5 (E+F+H+J+L 13/3-5/11)
6 (B+G 15/5-15/9)
AKZ. 13/3-3/7 21/8-5/11

De Haan — Seite 178 — 406 — € 21
Ter Duinen
5 (E+H+K 15/3-1/10)
AKZ. 15/3-9/7 28/8-1/10

Houthalen — Seite 179 — 409 — € 19
De Binnenvaart****
4 (B 10/7-20/8) 5 (A+E+F+G+H+J+L 1/1-31/12)
AKZ. 1/1-24/5 30/5-1/7 28/8-31/12

Houthalen/Helchteren — Seite 179 — 410 — € 21
Oostappen Vakantiepark Hengelhoef NV
4 (B+C+D 1/7-31/8) 5 (A 31/3-13/10) (C 1/5-30/9)
(E+F 1/7-31/8) (G 7/7-31/8) (H+L 1/7-31/8)
6 (E+G 1/7-31/8)
AKZ. 31/3-20/4 8/5-17/5 22/5-26/5 29/5-7/7 25/8-13/10

Jabbeke/Brugge — Seite 179 — 411 — € 23
Klein Strand
4 (B+C 7/4-10/4,1/7-31/8) (D 1/1-31/12)
5 (A+B+E+F+H+K 1/1-31/12) 6 (F 1/7-31/8)
AKZ. 1/1-1/4 17/4-17/5 22/5-7/7 26/8-31/12
7=6, 14=12, 21=18

Kasterlee — Seite 179 — 412 — € 23
Houtum****
4 (E 15/4-15/9) 5 (A 1/4-30/9) (E+F 1/7-31/8)
(H 1/4-12/11) (I+K+L 1/1-12/11,15/12-31/12)
AKZ. 1/1-17/5 30/5-14/6 20/6-2/7 28/8-12/11 15/12-31/12

Lille/Gierle — Seite 180 — 415 — € 23
De Lilse Bergen****
4 (B+C+D 1/7-31/8)
5 (A+B 1/4-15/9) (E+F+H+K 1/6-15/9)
AKZ. 1/4-16/5 23/5-25/5 30/5-22/6 27/6-30/6 25/8-15/11

Lommel Seite 181 · 416 · € 17
▲ Oostappen Park Blauwe Meer*****
4 (B+C+D 1/7-31/8) **5** (A+C+E+F 31/3-13/10)
(H 1/7-31/8) (L 31/3-13/10) **6** (E+F 10/4-10/5,1/7-31/8)
AKZ. 31/3-20/4 8/5-17/5 22/5-26/5 29/5-7/7 25/8-13/10

Lommel-Kolonie Seite 181 · 417 · € 17
▲ Oostappen Park Parelstrand
4 (B 1/7-31/8)
5 (A 1/7-31/8) (B 31/3-13/10) (E+F+H+K 1/7-31/8)
AKZ. 31/3-20/4 8/5-17/5 22/5-26/5 29/5-7/7 25/8-13/10

Maasmechelen Seite 181 · 418 · € 21
▲ Recreatieoord Kikmolen****
4 (B+C+D 1/7-31/8)
5 (A+C+E+F 1/5-15/9) (H+L 1/4-30/9)
AKZ. 1/4-17/5 31/5-1/7 1/9-31/10

Mol Seite 181 · 419 · € 23
▲ EuroParcs Zilverstrand
4 (B 1/4-17/4,1/7-31/8) (D 1/7-31/8)
5 (A+B+E+F+H+J+L 1/1-31/12) **6** (E+G 1/7-31/8)
AKZ. 31/3-7/4 11/4-26/4 1/5-17/5 22/5-30/6 4/9-30/10

Mol Seite 182 · 420 · € 21
▲ Provinciaal Recreatiedomein Zilvermeer****
4 (A+B+C+D 1/7-31/8) **5** (A+C 1/4-6/11,17/12-31/12)
(E 1/4-30/9) (H 1/1-13/11,15/12-31/12) (J 1/4-30/9)
(K+L 1/1-13/11,15/12-31/12)
AKZ. 1/5-17/5 22/5-25/5 30/5-16/6 21/6-30/6 23/8-30/9

Noorderwijk/Herentals Seite 182 · 422 · € 21
▲ Domein De Schuur
4 (D 1/7-31/8) **5** (E+F+H+K 1/4-6/11)
AKZ. 1/4-7/7 24/8-6/11

Opglabbeek/Oudsbergen Seite 183 · 423 · € 23
▲ Recreatieoord Wilhelm Tell*****
4 (B+D 1/7-31/8) **5** (A+B+E+F+G+H+J+L 1/1-31/12)
6 (B 1/7-31/8) (E 1/1-31/12) (G 1/7-31/8)
AKZ. 1/1-1/7 28/8-31/12

Opoeteren Seite 183 · 424 · € 23
▲ Zavelbos****
5 (A+E+F+H+J+L 1/1-31/12)
AKZ. 1/1-1/7 28/8-31/12

Overijse Seite 183 · 425 · € 23
▲ Druivenland***
AKZ. 1/4-25/6 28/8-1/10

Remersdaal/Voeren Seite 184 · 428 · € 21
▲ Camping Natuurlijk Limburg***
5 (A 1/3-1/12) (F+H 1/2-30/12) (J 1/3-1/12)
(L 1/2-30/12) **6** (B 1/6-1/10)
AKZ. 1/1-17/5 29/5-30/6 4/9-31/12

Retie Seite 184 · 429 · € 19
▲ Berkenstrand****
4 (B+C+D 1/7-31/8)
5 (A 1/7-31/8) (B+E+F+G+H+J+K 1/4-16/10)
AKZ. 1/4-30/6 18/8-15/10

Turnhout Seite 184 · 433 · € 19
▲ Baalse Hei****
4 (B 1/4-18/4,1/7-31/8)
5 (A 1/1-31/12) (B 15/6-15/9) (E+F+G+H+K+L 1/1-31/12)
AKZ. 1/3-31/3 17/4-12/5 1/6-30/6 4/9-30/9

Wechelderzande/Lille Seite 184 · 434 · € 13
▲ Siesta
4 (B+E 1/7-31/8) **5** (A 1/1-31/12) (H 1/7-31/8)
(J 1/1-31/12) (K 1/7-31/8)
AKZ. 1/4-6/4 17/4-16/5 30/5-6/7 25/8-31/12

Westerlo/Heultje Seite 185 · 435 · € 21
▲ Hof van Eeden***
4 (B+C+D 1/7-31/8) **5** (E 15/3-31/10) (F 1/4-31/10)
(H 1/1-31/12) (K+L 15/3-31/10) **6** (A+F 2[illegible]/6-31/8)
AKZ. 1/1-7/7 23/8-31/8

Wallonien

Amel/Deidenberg Seite 186 · 394 · € 19
▲ Camping Oos Heem BVBA***
4 (B+C+D 1/7-31/8) **5** (A+B+E+F+G+H+J+K 1/4-1/10)
(L 1/1-31/12) **6** (B 1/1-31/12) (G 1/5-1/10)
AKZ. 1/1-30/6 1/9-31/12

Aywaille Seite 188 · 395 · € 19
▲ Domaine Château de Dieupart*
4 (**A+E** 1/1-31/12) **5** (E+F+H+J 1/1-31/12)
AKZ. 1/1-29/4 8/5-17/5 22/5-26/5 29/5-30/6 1/9-31/12

Bastogne Seite 188 · 396 · € 19
▲ Camping de Renval***
AKZ. 1/3-1/6 1/9-30/11

Bertrix Seite 188 · 397 · € 21
▲ Ardennen Camping Bertrix****
4 (A 24/3-6/11) (B+C+E 1/7-31/8)
5 (A+B+E+G+H+L 24/3-6/11) **6** (B+G 1/5-15/9)
AKZ. 24/3-8/7 25/8-5/11 7=6, 14=11

Ausführliche Redaktionseinträge: Seite 181 bis 188

Bohan Seite 188 **400** € 19
La Douane**
5 (E+H 1/7-31/8) (K 17/3-15/10)
AKZ. 17/3-31/3 17/4-17/5 22/5-25/5 29/5-30/6 1/9-14/10

Bohan-sur-Semois Seite 189 **401** € 19
Confort***
5 (A+H 1/7-31/8) (L 3/6-3/9)
AKZ. 25/2-31/3 17/4-28/4 2/5-17/5 30/5-30/6 4/9-4/11

Bure/Tellin Seite 189 **403** € 21
Sandaya Parc la Clusure****
4 (A+B 31/3-24/9) (C 1/7-31/8) (D+E 31/3-24/9)
5 (A+C+E+F+G+H+L 31/3-24/9)
6 (B 15/4-15/9) (D 31/3-24/9)
AKZ. 31/3-7/7 2/9-24/9

Burg-Reuland Seite 189 **404** € 23
Hohenbusch*****
4 (B+D 15/7-15/8) 5 (A+E+F+K 31/3-5/11)
6 (B+G 29/5-31/8)
AKZ. 31/3-17/5 21/5-26/5 29/5-7/6 11/6-30/6 3/9-5/11

Bütgenbach Seite 189 **405** € 17
Worriken*
4 (B+D 1/7-31/8) 5 (A+E 1/1-31/12)
(F+H 2/1-20/11,23/12-31/12) (I 1/1-20/11,16/12-24/12)
(J+K+L 2/1-20/11,23/12-31/12)
6 (E 2/1-26/11,23/12-31/12)
AKZ. 1/1-30/6 1/9-31/12

Dochamps Seite 190 **407** € 21
Camping Petite Suisse****
4 (B+C 24/4-10/5,1/7-31/8) 5 (A+C 1/4-6/11)
(E+F 1/7-31/8) (H 1/4-6/11) (L 1/4-30/9) 6 (B+G 1/5-1/9)
AKZ. 17/4-28/4 8/5-18/5 31/5-30/6 4/9-6/11 7=6, 14=11

Grand-Halleux Seite 190 **408** € 17
Les Neufs Prés***
5 (H 1/7-31/8) 6 (**B**+F 1/7-31/8)
AKZ. 1/5-9/7 28/8-9/9

La Roche-en-Ardenne Seite 191 **414** € 17
De l'Ourthe**
4 (B 15/7-15/8) (E 20/7-15/8)
5 (A+C+E 1/4-30/9) (H 17/3-22/10)
AKZ. 17/3-17/5 22/5-26/5 30/5-30/6 1/9-22/10

La Roche-en-Ardenne Seite 191 **413** € 19
Club Benelux***
4 (**A**+B+C+D 1/7-21/8) (E 6/7-16/8)
5 (A+C+E+H+L 25/3-6/11) 6 (B 1/5-30/9)
AKZ. 25/3-31/3 17/4-17/5 22/5-26/5 30/5-30/6 1/9-27/10

Mouzaive Seite 192 **421** € 19
Le Héron***
5 (A 1/7-31/7) (H 1/7-31/8)
AKZ. 28/4-30/6 27/8-24/9

Poupehan Seite 192 **426** € 21
Ile de Faigneul***
4 (B+D 7/7-20/8) 5 (A+B+E+F+H 1/4-30/9)
AKZ. 1/4-16/5 21/5-25/5 29/5-29/6 3/9-29/9

Poupehan Seite 192 **427** € 19
Camping Le Prahay***
5 (A 1/4-30/9) (E 1/7-31/8) (H 1/4-30/9)
AKZ. 1/4-17/5 30/5-30/6 1/9-29/9 7=6, 14=11

Stavelot Seite 193 **430** € 21
Domaine l'Eau Rouge
4 (B+C+D 11/7-26/8) 5 (A 29/5-10/6,7/7-26/8)
(E 29/5-10/6) (F+H 29/5-10/6,7/7-26/8) (K 17/3-31/10)
6 (B 1/5-30/9)
AKZ. 31/3-17/5 22/5-30/6 4/9-30/10 7=6

Tenneville Seite 194 **431** € 19
Pont de Berguème***
5 (H 1/1-31/12)
AKZ. 1/1-16/5 29/5-29/6 21/8-31/12

Tintigny Seite 194 **432** € 21
Camping de Chênefleur***
4 (**A**+B+C+D 1/7-31/8) (E 6/7-23/8) 5 (A+B 1/3-5/11)
(E+F+G+H+L 1/5-4/11) 6 (B+G 20/5-6/9)
AKZ. 1/3-16/5 29/5-2/7 28/8-4/11

Luxemburg

Berdorf Seite 200 **436** € 21
Belle-Vue 2000 Kat.I
4 (B 15/7-10/8)
5 (A+B 1/1-31/12) (E 8/4-1/10) (F 1/1-31/12)
AKZ. 1/5-17/5 21/5-25/5 29/5-8/6 11/6-16/6 4/9-30/9

Berdorf Seite 200 **437** € 19
Martbusch Kat.I/***
4 (B+C 15/7-31/8) 5 (A+F+J+K+L 1/1-31/12)
AKZ. 1/1-17/5 30/5-30/6 1/9-31/12

Consdorf Seite 200 **438** € 19
La Pinède Kat.I/***
4 (B+C 10/7-15/8) 5 (A 15/3-14/11) (B 1/4-30/10)
(E+F+H+J+K+L 15/3-14/11)
AKZ. 15/3-6/4 10/4-17/5 21/5-25/5 29/5-14/7 1/9-13/11

Diekirch
▲ De la Sûre*** — Seite 200 — **439** — € 21
4 (B+C 4/7-31/8) 5 (A+E+H+J+K 1/4-2/10)
AKZ. 1/4-31/5 7/6-30/6 1/9-1/10

Dillingen
▲ Wies-Neu Kat.I — Seite 200 — **440** — € 19
4 (B 15/7-15/8) 5 (A+B 15/5-15/9)
AKZ. 3/4-30/6 1/9-30/9

Echternach
▲ Officiel Wollefsschlucht — Seite 201 — **441** — € 21
4 (B+C+E 15/7-15/8) 5 (A 1/5-30/9) (E+H 1/1-31/12)
6 (B+G 1/7-31/8)
AKZ. 1/1-2/4 15/4-17/5 21/5-27/5 1/6-7/6 12/6-30/6 15/9-31/12

Ermsdorf
▲ Neumuhle Kat.I/**** — Seite 201 — **442** — € 21
4 (B 15/7-15/8) 5 (A+B 1/4-30/9) (E 7/7-24/8)
(K 1/4-30/9) 6 (A 1/5-30/8)
AKZ. 1/4-7/7 29/8-29/9

Esch-sur-Sûre
▲ Im Aal*** — Seite 201 — **443** — € 21
4 (B+E 5/7-20/8) 5 (A+B+H 1/4-30/9)
AKZ. 24/2-6/4 10/4-17/5 29/5-30/6 21/8-9/12

Ettelbruck
▲ Camping Ettelbrück — Seite 202 — **444** — € 21
4 (B+C 15/7-15/8) (E 1/4-30/9)
5 (A+E+F+H+J+K 1/4-30/9)
AKZ. 1/4-30/6 1/9-29/9

Ingeldorf/Diekirch
▲ Gritt Kat.I/*** — Seite 202 — **445** — € 23
5 (H+L 1/4-30/9)
AKZ. 1/4-15/7 1/9-30/9

Larochette
▲ hu Birkelt Village Kat.I/***** — Seite 202 — **446** — € 21
4 (B+C+D 20/4-17/9) 5 (A+C+E+F+G+H+K+L 20/4-17/9)
6 (A+D+F 20/4-17/9)
AKZ. 20/4-8/7 26/8-17/9

Mersch
▲ Camping Krounebierg***** — Seite 203 — **447** — € 19
4 (B+C 11/7-22/8) 5 (A+C+E+F+H+J+L 1/4-29/10)
6 (E 1/4-29/10) (F 15/6-15/9)
AKZ. 1/4-7/7 26/8-28/10

Nommern
▲ Europacp Nommerlayen Kat.I/***** — Seite 203 — **448** — € 21
4 (B+C+D 29/4-7/5,8/7-3/9) (E 8/7-27/8)
5 (A+C+E+F+H+K+L 31/3-5/11) 6 (A+D+G 1/5-15/9)
AKZ. 31/3-21/4 7/5-17/5 31/5-1/6 11/6-8/7 23/8-29/10

Reisdorf
▲ De la Sûre Reisdorf Kat.I — Seite 204 — **449** — € 19
5 (A+B+E+F+H+K+L 1/4-29/10)
AKZ. 1/4-7/7 24/8-27/10 7=6

Rosport
▲ Du Barrage Rosport Kat.I — Seite 205 — **450** — € 19
4 (B 15/7-20/8) 5 (A+E+F+H+L 1/1-31/12)
6 (B+G 15/6-15/9)
AKZ. 1/1-30/6 1/9-31/12 7=6

Simmerschmelz
▲ Simmerschmelz Kat.I — Seite 205 — **451** — € 19
5 (A 1/1-31/12) (B 1/7-31/8) (E+F+H+L 1/1-31/12)
6 (A+F 1/7-31/8)
AKZ. 1/1-7/7 28/8-31/12

Troisvierges
▲ Camping Troisvierges Kat.I — Seite 205 — **452** — € 21
4 (B+C+D+E 6/7-14/8) 5 (A+E+F+G+H+J-K 1/4-30/9)
6 (B 18/5-30/8) (E 1/4-17/5,1/9-30/9) (F 18/5-30/8)
AKZ. 1/4-28/4 7/5-17/5 29/5-30/6 1/9-29/9

Walsdorf
▲ Vakantiepark Walsdorf**** — Seite 206 — **453** — € 17
4 (A 18/6-2/7,3/9-10/9) (B+C+D 30/4-7/5,9/7-4/9)
5 (A+C+E+F+H 7/4-28/10) (K+L 8/7-2/9)
AKZ. 7/4-28/4 6/5-7/7 2/9-13/10

Wiltz
▲ KAUL Kat.I — Seite 206 — **454** — € 19
4 (A 1/7-30/8) (E 1/1-31/12)
5 (A+C+F+H+J+L 1/1-31/12) 6 (B+G 22/5-15/9)
AKZ. 1/1-30/6 16/9-31/12

Deutschland

Weser-Ems

Bad Bentheim
▲ Am Berg — Seite 214 — **455** — € 21
5 (A 1/4-30/9)
AKZ. 4/3-27/4 2/5-16/5 30/5-8/7 25/8-1/11

Ausführliche Redaktionseinträge: Seite 200 bis 214

Bad Rothenfelde Seite 214 456 € 21
Campotel*****
4 (B 31/3-16/4,23/6-13/8) (D 25/6-2/8,1/10-15/10)
5 (A+B 1/1-31/12) (E+F+K 1/4-31/10)
AKZ. 6/1-24/3 16/4-17/5 31/5-7/6 11/6-22/6 1/9-29/9 16/10-23/12

Eckwarderhörne Seite 215 461 € 23
Knaus Cppark Eckwarderhörne****
4 (A+**E** 1/6-30/9) 5 (A+E+F+L 1/1-31/12)
AKZ. 1/1-17/5 11/6-28/6 1/9-31/12

Ganderkesee/Steinkimmen Seite 215 463 € 23
CP & Ferienpark Falkensteinsee****
4 (B 4/7-14/8)
5 (A+C+E+F 1/4-31/10) (G 24/1-29/12) (H+J+L 1/4-31/10)
AKZ. 11/4-28/4 2/5-17/5 30/5-7/6 11/6-30/6 3/9-29/9

Haren/Ems Seite 215 467 € 23
Knaus Campingpark Haren
5 (A 1/3-26/11)
AKZ. 1/3-17/5 11/6-28/6 1/9-25/11

Lünne Seite 216 471 € 21
Camping Blauer See
AKZ. 6/4-17/5 21/5-26/5 29/5-7/6 11/6-22/6 25/8-31/10

Meppen Seite 216 472 € 23
Knaus Campingpark Meppen
6 (**A** 1/5-1/9) (**E**+**F** 1/3-26/11)
AKZ. 1/3-17/5 11/6-28/6 1/9-25/11

Ostrhauderfehn Seite 216 477 € 19
Camping- u. Freizeitanlage Idasee
5 (A+E+F+H 1/1-31/12)
AKZ. 1/1-6/4 11/4-17/5 30/5-30/6 20/8-31/12

Schüttorf Seite 217 479 € 21
Quendorfer See
5 (A+B 31/3-1/11)
AKZ. 1/5-17/5 30/5-4/6 11/6-23/6 1/9-29/9

Werlte Seite 218 485 € 23
Camping Hümmlinger Land****
5 (A+B+F+J 1/1-31/12)
AKZ. 9/1-3/4 12/4-29/4 3/5-15/5 1/6-30/6 1/9-17/12

Wiesmoor Seite 218 486 € 23
Cp. & Bungalowpark Ottermeer*****
4 (B+C 1/7-31/8) (D 15/7-11/8) 5 (A+B+E+F 1/4-15/10)
AKZ. 1/1-5/4 11/4-16/5 30/5-6/6 12/6-26/6 28/8-29/9 4/10-31/12

Wilsum Seite 218 487 € 21
Wilsumer Berge
4 (B+C+E 18/5-29/5,22/6-26/8) 5 (A+C+E+L 25/3-5/11)
6 (F 25/3-5/11)
AKZ. 17/4-17/5 30/5-21/6 25/8-5/11

Zetel/Astederfeld Seite 218 491 € 23
Campingplatz am Königssee
5 (A 1/3-31/10)
AKZ. 1/3-6/4 11/4-27/4 2/5-17/5 30/5-30/6 1/9-31/10

Lüneburg

Bleckede Seite 220 457 € 23
Knaus Cppark Bleckede/Elbtalaue****
4 (B+D 15/6-31/8) 5 (A+B 1/3-26/11) (E 1/6-1/9)
(J 1/3-26/11) 6 (B+G 1/5-15/9)
AKZ. 1/3-17/5 11/6-28/6 1/9-25/11

Bleckede (OT Radegast) Seite 220 458 € 23
Camping Elbeling
5 (A+E+F+G+H 1/4-1/10) (L 15/3-1/10) 6 (F 1/5-1/10)
AKZ. 1/4-1/7 2/9-30/9

Dorum/Neufeld Seite 220 460 € 23
Knaus Campingpark Dorum***
5 (A+B 1/4-30/9) (E+G 20/4-30/9) (H+K+L 1/4-30/9)
6 (B+E+G 1/4-30/9)
AKZ. 1/4-17/5 11/6-28/6 1/9-29/9

Essel/Engehausen Seite 221 462 € 21
Aller-Leine-Tal
5 (A 15/3-15/10) (F+H+J+L 1/3-31/10)
AKZ. 1/3-30/6 18/8-31/10

Garlstorf Seite 221 464 € 19
Freizeit-Camp-Nordheide e.V.
AKZ. 1/1-15/7 2/9-31/12

Müden/Örtze (Gem. Faßberg) Seite 222 473 € 21
Sonnenberg
5 (A 15/5-15/9) (E+F+G+H+K 15/4-15/10)
AKZ. 15/4-7/7 1/9-14/10

Nordholz/Wurster Nordseeküste Seite 223 475 € 17
Camp.- und Wochenendplatz Beckmann GmbH
4 (B 1/7-31/8) 5 (A+B+E+F+H+J+K 1/4-15/9)
6 (A+F 1/5-15/9)
AKZ. 1/1-16/5 30/5-21/6 18/8-31/12

Oyten Seite 223 478 € 23
Knaus Campingpark Oyten****
5 (A+E 1/3-27/11)
AKZ. 1/3-17/5 11/6-28/6 1/9-25/11

Stove/Hamburg Seite 224 481 € 23
CP Stover Strand International*****
4 (**A** 15/3-15/11) (B 1/5-1/10) (C 1/5-31/8) (D+**E** 1/5-1/10) 5 (A+C+E+F+H+J+L 1/1-31/12)
AKZ. 9/1-19/3 1/4-9/4 5/5-20/5 10/6-30/6 1/9-30/9 9/10-19/12

Wingst/Land Hadeln Seite 225 488 € 23
Knaus Campingpark Wingst****
5 (A+B+F+K+L 1/3-26/11)
6 (A 1/5-15/9) (E+G 1/3-26/11)
AKZ. 1/3-17/5 11/6-28/6 1/9-25/11

Winsen (Aller) Seite 225 489 € 23
Allerblick
5 (A+B 1/1-31/12) (E 1/4-31/10) (F+J+L 1/1-31/12)
AKZ. 1/1-15/5 31/5-30/6 28/8-28/9 5/10-31/12

Hannover

Hameln Seite 227 465 € 0
Campingplatz Hameln an der Weser
5 (A+F+L 1/3-4/11)

Heinsen Seite 227 468 € 23
Weserbergland Camping
5 (A+H 15/4-15/10) 6 (B 1/5-15/10)
AKZ. 15/4-5/7 22/8-15/10

Holle Seite 227 470 € 21
Seecamp Derneburg
5 (A+F+J+L 1/4-31/10)
AKZ. 1/4-30/6 1/9-31/10

Neustadt/Mardorf Seite 228 474 € 0
Campingplatz Mardorf GmbH
5 (A+E 1/4-31/10) (F 1/1-31/12) (J 1/4-31/10) (K 1/1-31/12)

Stuhr/Groß Mackenstedt Seite 228 482 € 21
Campingplatz Steller See
5 (A 1/4-30/9) (E+F+L 15/5-15/9)
AKZ. 1/4-6/4 11/4-27/4 2/5-17/5 30/5-18/6 1/9-30/9

Uetze Seite 229 483 € 19
Irenensee****
5 (A+B 1/4-15/10) (E 4/7-14/8) (F 8/6-30/9) (L 1/3-30/11)
AKZ. 1/1-14/5 1/6-30/6 1/9-30/9 1/11-31/12

Braunschweig

Clausthal-Zellerfeld Seite 230 459 € 21
Prahljust****
5 (A+B+F+H+L 1/1-31/12) 6 (E 1/1-31/12)
AKZ. 15/1-15/5 1/6-30/6 1/9-15/12

Hann. Münden Seite 230 466 € 19
Spiegelburg Camping und Gasthaus
5 (A+F+H+J+L 1/4-1/11)
AKZ. 1/4-18/5 29/5-1/7 19/8-31/10

Hohegeiß/Braunlage (Harz) Seite 230 469 € 19
Am Bärenbache****
4 (E 1/1-27/2,1/4-30/10,2/12-31/12)
5 (A 1/1-27/2,1/4-30/10,2/12-31/12)
(E 1/6-31/8,20/12-31/12) 6 (**B**+**F** 1/6-31/8)
AKZ. 1/1-27/2 1/4-30/6 1/9-30/10 2/12-31/12

Osterode (Harz) Seite 231 476 € 23
Campingplatz Eulenburg***
5 (A+B+E+F+K 1/1-31/12) 6 (A+F 15/5-15/9)
AKZ. 2/1-26/3 17/4-17/5 5/6-6/7 11/9-13/10

Seeburg Seite 231 480 € 21
Comfort-Camping Seeburger See
4 (B+D 1/7-31/8) 5 (A+B+E+F+H+L 1/4-31/10)
6 (F 15/5-15/9)
AKZ. 1/4-2/7 27/8-31/10

Walkenried Seite 231 484 € 23
Knaus Campingpark Walkenried****
4 (B 1/4-30/5,20/6-4/11) (D 1/4-31/10)
5 (A+B 1/1-4/11,22/12-31/12) (F+L 1/1-5/11,21/12-31/12)
6 (**E** 1/1-5/11,21/12-31/12)
AKZ. 8/1-17/5 11/6-28/6 1/9-4/11

Wolfshagen (Harz) Seite 231 490 € 19
Campingplatz Am Krähenberg***
5 (A+B 1/1-31/12) (E 1/5-1/10) (F 1/1-30/10,1/12-31/12) (H 1/1-31/12) (L 1/1-30/4,1/9-31/12) 6 (G 1/5-1/9)
AKZ. 9/1-2/4 18/4-14/5 5/6-23/6 21/8-31/8 1/9-15/12

Schleswig-Holstein

Augstfelde/Plön Seite 233 492 € 19
Augstfelde-Vierer See****
4 (B+C+D 1/7-15/8) (E 1/4-23/10)
5 (A+C+E+F+H+K+L 1/4-23/10)
AKZ. 1/4-17/5 1/6-21/6 1/9-22/10

Dahme Seite 234 493 € 19
Stieglitz
4 (B 31/3-29/10) (C+D 1/7-31/8) 5 (A+C 31/3-29/10) (E 1/5-15/9) (F 31/3-29/10) (J 1/6-13/9) (L 31/3-29/10)
AKZ. 31/3-2/7 20/8-29/10

Glücksburg Seite 234 494 € 21
Ostseecamp Glücksburg-Holnis****
5 (A 1/4-15/10) (B 1/7-31/8) (E+F+H+J+L 1/4-15/10)
AKZ. 2/5-12/5 31/5-22/6 20/8-30/9

Ausführliche Redaktionseinträge: Seite 224 bis 234

Medelby Seite 237 **495** € 23
▲ Mitte
5 (A+B+E 1/1-31/12) 6 (A 1/5-31/8) (E 1/1-31/12)
AKZ. 2/1-30/6 1/9-31/12

Salem Seite 238 **496** € 19
▲ Naturcamping Salemer See
5 (A+F+H+K 1/4-31/10)
AKZ. 1/5-30/6 1/9-30/9

Scharbeutz Seite 238 **497** € 21
▲ Ostseecamp Lübecker Bucht Gmbh
5 (A+B+F+H+J+L 1/4-31/10)
AKZ. 1/4-7/4 11/4-18/5 30/5-23/6 11/9-31/10

Schashagen/OT Bliesdorf-Strand Seite 238 **498** € 23
▲ Walkyrien*****
4 (B 26/6-30/8) 5 (A+B+E+F+H+K+L 1/4-23/10)
AKZ. 11/4-17/5 30/5-7/6 11/6-23/6 3/9-29/9 4/10-22/10

Westerdeichstrich Seite 241 **499** € 23
▲ Nordsee Camping "In Lee"*****
4 (B 1/7-15/8) 5 (A+B+K+L 4/4-15/10)
AKZ. 11/4-12/5 1/6-30/6 1/9-15/10

Mecklenburg-Vorpommern

Ahrensberg Seite 242 **500** € 19
▲ Campingplatz Am Drewensee****
4 (B 1/7-31/8) 5 (A+C 1/4-31/10) (E+F 1/5-14/9)
AKZ. 1/4-6/4 11/4-17/5 21/5-26/5 30/5-8/7 2/9-30/10

Altenkirchen Seite 243 **501** € 21
▲ Drewoldke****
4 (A 15/6-31/8)
5 (A 1/1-31/12) (B+E+F 1/4-30/9) (H 1/4-1/10)
AKZ. 1/1-15/5 1/6-19/6 1/9-31/12

Altenkirchen Seite 243 **502** € 23
▲ Knaus CP- und Ferienhauspark Rügen****
5 (A 1/4-31/10) (B 1/1-8/1,1/3-31/12) (E+F+H 1/4-31/10)
AKZ. 1/3-17/5 11/6-28/6 1/9-20/12

Dierhagen-Strand Seite 243 **503** € 23
▲ OstseeCamp Dierhagen GbR
5 (A+B+E 15/3-31/10) (F 25/5-30/9) (J 15/3-31/10)
AKZ. 15/3-16/5 31/5-25/6 8/9-30/10

Dobbertin Seite 243 **504** € 19
▲ Campingplatz am Dobbertiner See
AKZ. 1/4-30/6 1/9-3/10

Freest Seite 244 **505** € 23
▲ Waldcamp Freest
5 (A 1/4-15/10)
AKZ. 1/4-17/5 22/5-25/5 30/5-21/6 11/9-15/10

Grambin/Ueckermünde Seite 244 **506** € 23
▲ Campingpark Oderhaff
4 (B 1/7-1/9) 5 (A+B+E+F+H+J 1/5-30/9)
AKZ. 1/5-26/5 30/5-5/6 24/8-1/10

Groß Quassow/Userin Seite 245 **507** € 23
▲ CP- und Ferienpark Havelberge*****
4 (A 1/7-31/8) (B 1/4-31/10) (C 1/7-31/8) (D 1/4-31/10) (E 1/7-31/8) 5 (A 1/1-31/12) (B+E+F 1/4-31/10) (H 1/1-31/12) (J 1/7-31/8) (L 1/4-31/10)
AKZ. 1/4-6/4 11/4-17/5 21/5-26/5 30/5-8/7 2/9-31/10

Jabel Seite 245 **508** € 19
▲ Natur und Strandcp am Jabelschen See
5 (A+B+E+F+H+I 1/4-31/10)
AKZ. 1/4-5/4 13/4-16/5 30/5-15/6 28/8-31/10 7=6

Karlshagen Seite 245 **509** € 23
▲ Dünencamp Karlshagen*****
4 (A+B+E 15/6-15/8) 5 (A+B+E+F 1/5-30/9) (K 1/4-30/9)
AKZ. 1/1-25/6 1/9-31/12

Klein Pankow Seite 245 **510** € 23
▲ Camping am Blanksee
5 (A+B+C 17/4-6/10) (E+F+H+K 1/5-3/10)
AKZ. 17/4-16/5 31/5-30/6 21/8-6/10

Koserow Seite 246 **511** € 23
▲ Am Sandfeld
5 (A+B+G 6/4-30/9)
AKZ. 6/4-25/5 29/5-18/6 1/9-30/9

Lohme/Nipmerow Seite 246 **512** € 23
▲ Krüger Naturcamp
5 (A+B+E+F+H+J+K 14/4-1/11)
AKZ. 14/4-2/7 1/9-1/11

Lütow Seite 246 **513** € 23
▲ Natur Camping Usedom
4 (B+C 10/7-20/8) (E 1/4-31/10)
5 (A 1/4-31/10) (C 1/5-1/9) (E+F+H+L 1/6-15/9)
AKZ. 1/4-17/5 21/5-26/5 29/5-15/6 8/9-15/10

Markgrafenheide/Rostock Seite 247 **514** € 23
▲ Camp. & Ferienpark Markgrafenheide
5 (A 1/4-31/12) (C 15/5-15/10) (E 1/7-31/8) (F 1/4-31/12) (G 1/7-31/8) (H 1/4-31/12) (I 1/3-31/10) (J 1/4-15/10) (L 1/4-31/12) 6 (A 1/6-30/9) (E 1/4-31/12)
AKZ. 10/4-17/5 29/5-24/6 3/9-5/11

Ostseebad Rerik Seite 248 **515** € 21
Cppark 'Ostseebad Rerik'*****
4 (B 3/6-4/6) (C+D 24/6-3/9) **5** (A+B 1/1-31/12) (C 1/4-31/10) (E+F+H+J 1/1-31/12) (L 1/4-31/10)
AKZ. 2/1-17/5 31/5-5/7 3/9-27/12

Penzlin (OT Werder) Seite 248 **516** € 21
Seeweide Naturcamping Penzlin
5 (A+B 1/4-30/10)
AKZ. 1/4-17/5 30/5-15/6 1/9-30/10

Plau am See/Plötzenhöhe Seite 248 **517** € 23
Campingpark Zuruf****
4 (B+C 11/7-16/8)
5 (A+B 1/3-31/10) (E+F+G+H 24/4-4/10)
AKZ. 1/3-17/5 30/5-22/6 9/9-31/10

Rerik/Meschendorf Seite 249 **518** € 23
Ostseecamp Seeblick
4 (A 1/6-31/10) (B 1/6-28/10) (D 17/3-5/11) (E 1/6-28/10) **5** (A+C 17/3-5/11) (E 1/7-1/9) (F 1/5-30/9) (G+L 17/3-5/11)
AKZ. 17/3-6/4 11/4-17/5 30/5-23/6 8/9-5/11

Trassenheide Seite 250 **519** € 23
Ostseeblick****
4 (B 21/6-30/8) **5** (A 1/4-1/11) (B+E+F+H+K 15/5-15/9)
AKZ. 1/4-18/5 22/5-26/5 30/5-12/6 4/9-1/11

Ückeritz Seite 250 **520** € 19
Naturcamping Hafen Stagnieß
5 (A+E 1/4-31/10)
AKZ. 1/5-17/5 22/5-25/5 30/5-30/6 1/9-30/9

Wesenberg Seite 250 **521** € 19
Am Weissen See****
4 (B 1/7-31/8) **5** (A+B+F+H+K 1/4-31/10)
AKZ. 1/4-6/4 11/4-17/5 21/5-26/5 30/5-8/7 2/9-30/10

Zislow Seite 251 **522** € 23
Wald- u. Seeblick Camp GmbH
5 (A 1/1-31/12) (B+E+F 15/4-15/9) (K 1/4-30/9)
AKZ. 1/1-12/5 7/6-2/7 19/8-31/12

Zwenzow Seite 251 **523** € 19
Zwenzower Ufer****
4 (B+D 1/7-31/8) **5** (A+C+E+F 1/4-31/10)
AKZ. 1/4-6/4 11/4-17/5 21/5-26/5 30/5-8/7 2/9-30/10

Zwenzow Seite 252 **524** € 19
FKK-Camping Am Useriner See****
4 (B+D 1/7-31/8) **5** (A+C+H 1/4-31/10)
AKZ. 1/4-6/4 11/4-17/5 21/5-26/5 30/5-8/7 2/9-30/10

Sachsen-Anhalt

Bergwitz/Kemberg Seite 253 **525** € 21
Campingplatz Bergwitzsee GmbH
5 (A+B 1/1-31/12) (E+F 1/5-2/10) (H 1/5-30/10) (J 1/5-31/10) (K 30/4-30/9) (L 1/5-2/10)
AKZ. 1/1-16/5 30/5-29/6 1/9-31/12

Harzgerode/OT Neudorf Seite 253 **526** € 23
Ferienpark Birnbaumteich***
5 (A+B 1/1-31/12) (E+F+H 1/4-30/9) (J 1/1-31/12) (K 1/4-30/9)
AKZ. 1/1-16/5 30/5-29/6 1/9-31/12

Naumburg Seite 254 **527** € 23
Campingplatz Blütengrund
5 (A+B+F+H+K 1/4-31/10)
AKZ. 1/5-14/5 1/6-14/7 11/9-30/9 7=6

Schlaitz (Muldestausee) Seite 254 **528** € 23
Heide-Camp Schlaitz
5 (A 1/3-3/10) (E+F+H+L 1/1-31/12)
AKZ. 1/1-16/5 30/5-29/6 1/9-31/12

Brandenburg

Altglobsow Seite 255 **529** € 15
Ferienhof Altglobsow
5 (A+F 1/1-31/12) (K 1/6-31/8) (L 1/1-31/5,1/9-31/12)
AKZ. 1/2-7/4 11/4-17/5 30/5-15/6 1/9-30/11

Ketzin Seite 257 **530** € 21
Campingplatz An der Havel
5 (A 1/4-23/10)
AKZ. 1/4-16/5 5/6-23/6 1/9-23/10

Lauchhammer Seite 257 **531** € 23
Themencp Grünewalder Lauch****
5 (A+B+F+I+J+K 31/3-31/10)
AKZ. 31/3-16/5 29/5-15/6 1/9-31/10

Lübbenau/Hindenberg Seite 258 **532** € 23
Spreewald-Natur CP "Am See"****
4 (**A+E** 1/7-31/8) **5** (A+B+F+H+J+K+L 1/1-31/12)
AKZ. 1/1-2/4 17/4-28/4 2/5-14/5 11/6-2/7 31/8-31/12

Märkische Heide/Groß Leuthen Seite 258 **533** € 23
Eurocamp Spreewaldtor*****
4 (A 1/4-1/10) (B+C+E 1/7-31/8)
5 (A+B 1/1-16/11,11/12-31/12) (F+K 1/4-31/10)
6 (**B** 1/5-30/9)
AKZ. 30/5-30/6 1/9-2/10

Ausführliche Redaktionseinträge: Seite 248 bis 258

Ortrand Seite 259 534 € 21
▲ ErlebnisCamping Lausitz
4 (B+C 1/5-31/8) 5 (A+B 1/1-31/12) (E 1/4-30/9) (F 1/5-30/9) (J 1/1-31/12) (K 1/5-30/9) 6 (A 15/6-31/8)
AKZ. 1/1-16/5 30/5-30/6 1/9-31/12

Sachsen

Bautzen Seite 261 535 € 21
▲ Natur- und Abenteuercamping
5 (A+B 1/4-31/10)
AKZ. 1/4-6/4 11/4-30/4 8/5-17/5 22/5-26/5 1/6-30/6 1/9-30/9

Dresden Seite 261 536 € 23
▲ Dresden-Mockritz
5 (A+B 1/1-31/1,1/3-31/12) (F 1/4-31/10) (J+K 1/1-31/1,1/3-31/12) 6 (B 1/5-31/8)
AKZ. 1/3-15/5 29/5-30/6 1/9-30/9

Großschönau Seite 261 537 € 23
▲ Trixi Park
4 (**A**+B 1/1-31/12) (C 12/7-30/8) (**E** 1/1-31/12)
5 (A+B+E+F+H+I+J+K+L 1/1-31/12)
6 (A 1/5-30/9) (**E**+**G** 1/1-31/12)
AKZ. 1/1-31/3 14/4-17/5 29/5-30/6 1/9-27/12

Pirna Seite 263 538 € 23
▲ Camping Pirna
4 (B 18/7-26/8) (C 1/7-31/8)
AKZ. 11/4-12/5 11/6-7/7 1/9-1/11

Pöhl Seite 263 539 € 23
▲ Talsperre Pöhl, CP Gunzenberg****
4 (B 1/7-31/8) (**E** 31/3-1/11) 5 (A+B+F+K+L 31/3-1/11)
AKZ. 31/3-14/5 12/6-30/6 1/9-1/11

Seiffen Seite 263 540 € 19
▲ Ferienpark Seiffen
5 (A+B+F+H+J+K+L 1/1-31/12)
AKZ. 8/5-29/6 1/9-10/9

Thüringen

Hohenfelden Seite 265 541 € 21
▲ Stausee Hohenfelden****
5 (A+B 1/5-30/9) (K 16/3-31/12)
AKZ. 1/5-16/5 29/5-30/6 1/9-30/9

Unstrut-Hainich (OT Weberstedt) Seite 265 542 € 23
▲ Am Tor zum Hainich****
5 (A+B 1/2-1/12) 6 (F 1/2-1/12)
AKZ. 1/5-14/5 1/6-30/6 2/9-30/9 7=6, 14=12

Nordrhein-Westfalen

Attendorn/Biggen Seite 266 543 € 23
▲ Hof Biggen***
4 (B 1/4-15/4,23/6-5/8) 5 (A+C+E+F+H+L 1/1-31/12)
AKZ. 8/1-30/3 16/4-17/5 30/5-7/6 12/6-21/6 18/8-29/9 15/10-20/12

Barntrup Seite 267 544 € 21
▲ Ferienpark Teutoburgerwald Barntrup****
4 (B+C 13/7-18/8) (E 1/6-15/9) 5 (A 1/4-6/10)
6 (B+G 1/5-15/9)
AKZ. 1/4-17/5 22/5-25/5 29/5-7/7 24/8-4/10

Brilon Seite 267 545 € 23
▲ Camping & Ferienpark Brilon
4 (E 1/1-8/10,26/12-31/12)
5 (A+H+K+L 1/1-8/10,26/12-31/12)
AKZ. 8/1-4/4 2/5-16/5 21/5-25/5 30/5-6/6 11/6-7/7 27/8-28/9

Essen-Werden Seite 268 546 € 23
▲ Knaus Cp.park Essen-Werden****
4 (**A** 1/1-31/12)
5 (A+B 1/1-31/12) (E 1/2-31/12) (F+H+J+K 1/1-31/12)
AKZ. 1/1-17/5 11/6-28/6 1/9-31/12

Extertal/Bösingfeld Seite 268 547 € 21
▲ Bambi****
5 (A 15/3-31/10)
AKZ. 15/3-16/5 30/5-1/7 1/9-31/10

Lienen Seite 270 548 € 21
▲ Eurocamp
5 (K 1/1-20/12)
AKZ. 1/1-5/4 12/4-16/5 31/5-30/6 1/9-20/12

Meschede (Hennesee) Seite 271 549 € 23
▲ Knaus Campingpark Hennesee****
4 (A 1/1-5/11,21/12-31/12)
5 (A+B+E+F+H+J 1/1-5/11,21/12-31/12)
6 (E 1/1-5/11,21/12-31/12)
AKZ. 8/1-17/5 11/6-28/6 1/9-4/11

Sassenberg Seite 272 550 € 21
▲ Münsterland Eichenhof*****
4 (B 1/4-15/4,22/6-4/8) 5 (A+B 1/4-31/10) (F 1/1-16/1,1/3-31/12) (J 1/4-31/10) (L 1/1-15/1,1/3-31/12)
AKZ. 2/1-31/3 16/4-28/4 1/5-17/5 11/6-28/6 1/9-29/9 1/11-21/12

Wettringen Seite 274 551 € 21
▲ Campingpark Haddorfer Seen****
4 (B 7/4-11/4,22/6-4/8)
5 (A+E+F+H 1/4-31/10) (K 1/1-31/12)
AKZ. 7/1-24/3 16/4-17/5 30/5-6/6 11/6-22/6 21/8-29/9 1/11-23/12

Hessen

Eschwege — Seite 277 — 552 — € 23
Knaus Campingpark Eschwege*****
4 (B 1/7-2/8) 5 (A 1/3-30/10) (E+F+K 1/3-26/11)
AKZ. 1/3-17/5 11/6-28/6 1/9-25/11

Hirschhorn/Neckar — Seite 278 — 553 — € 23
Odenwald Camping Park
4 (A+B 1/7-31/8) 5 (A+C+F+H+J+L 31/3-3/10)
6 (B 21/5-12/9)
AKZ. 31/3-14/5 11/6-30/6 1/9-3/10

Hünfeld — Seite 279 — 554 — € 23
Knaus Cppark Hünfeld Praforst*****
5 (A+B 1/1-31/12)
AKZ. 1/1-17/5 11/6-28/6 1/9-31/12

Oberweser/Gieselwerder — Seite 280 — 555 — € 23
Camping Gieselwerder***
4 (B 1/7-18/7) (**E** 1/7-15/9)
5 (A+E+F+G+H+J+L 1/4-31/10) 6 (B+G 14/5-3/9)
AKZ. 1/4-12/5 29/5-7/6 11/6-22/6 18/8-30/10

Oberweser/Oedelsheim — Seite 280 — 556 — € 23
Campingplatz Wesertal****
5 (A+E+F+J+K 24/3-31/10) 6 (E+G 24/3-31/10)
AKZ. 12/4-27/4 2/5-17/5 12/6-30/6 1/9-29/9

Schlüchtern/Hutten — Seite 281 — 557 — € 19
Hutten-Heiligenborn
5 (A+B 10/3-29/10) 6 (**A+F** 1/6-31/8)
AKZ. 10/3-31/3 24/4-12/5 11/6-8/7 25/8-29/10

Weiterstadt/Gräfenhausen — Seite 281 — 558 — € 21
Am Steinrodsee
5 (A+G+H 1/1-31/12)
AKZ. 1/5-18/5 22/5-28/5 12/6-2/7 1/9-1/10

Koblenz

Ahrbrück — Seite 282 — 559 — € 23
Camping Denntal****
5 (A+B 1/4-30/10)
AKZ. 1/4-27/4 1/5-16/5 29/5-7/6 11/6-15/7 1/9-29/9 3/10-30/10

Alf — Seite 282 — 560 — € 21
Moselcampingplatz Alf
4 (B+C+D 1/7-15/8) (E 1/1-31/12)
5 (A+B+F+K 1/1-31/12)
AKZ. 1/4-28/4 1/5-17/5 21/5-26/5 29/5-7/6 11/6-7/7 18/9-31/10

Bullay (Mosel) — Seite 283 — 565 — € 23
Bären-Camp****
4 (**A** 1/5-30/9) 5 (A+B+F+J+K 6/4-1/11) (L 18/4-31/10)
AKZ. 6/4-2/7 19/8-1/11

Bürder — Seite 283 — 566 — € 21
Zum stillen Winkel*****
5 (A+F 31/3-31/10)
AKZ. 31/3-5/4 12/4-16/5 31/5-6/6 12/6-7/7 1/9-31/10

Burgen — Seite 283 — 568 — € 23
Knaus Cppark Burgen/Mosel****
5 (A+B+E+F+H+K 31/3-15/10) 6 (B 15/5-15/9)
AKZ. 31/3-17/5 11/6-28/6 1/9-14/10

Burgen — Seite 284 — 567 — € 21
Häppy Life CP & Beachclub Burgen****
4 (D 1/4-22/10) 5 (A+C+E+F+G+H+J 1/4-22/10)
6 (A 31/5-1/9)
AKZ. 1/4-7/4 11/4-14/5 12/6-11/7 28/8-21/10

Dausenau — Seite 284 — 569 — € 23
Lahn Beach
5 (A+G+H 1/4-31/10)
AKZ. 1/4-15/5 12/6-1/7 1/9-31/10

Ediger/Eller — Seite 284 — 572 — € 21
Zum Feuerberg
4 (A+**E** 1/4-31/10) 5 (E+H 1/4-31/10) 6 (A 19/5-30/9)
AKZ. 11/4-17/5 30/5-7/6 12/6-30/6 11/9-31/10

Girod — Seite 284 — 574 — € 21
Eisenbachtal
4 (E 1/7-15/9) 5 (L 1/1-31/12)
AKZ. 1/4-15/7 1/9-30/9

Guldental — Seite 285 — 575 — € 23
Campingpark Lindelgrund
5 (A+L 15/4-15/10)
AKZ. 2/5-17/5 12/6-1/7 3/9-30/9

Hausbay/Pfalzfeld — Seite 285 — 576 — € 21
Country CP Schinderhannes****
5 (A+B 1/1-31/12) (F+L 1/4-3/10)
AKZ. 1/1-26/6 27/8-31/12

Lahnstein — Seite 286 — 579 — € 21
Wolfsmühle
5 (A 15/4-30/9) (B+E+H+K 1/4-1/11)
AKZ. 15/3-8/7 27/8-1/11

Ausführliche Redaktionseinträge: Seite 277 bis 286

Leutesdorf Seite 286 582 € 23
Campingplatz Leutesdorf
5 (A+B+E+F+H+J+K 1/1-7/1,15/3-29/10,24/11-31/12)
AKZ. 15/3-5/4 12/4-28/4 3/5-14/5 31/5-3/6 12/6-30/6 1/9-29/10

Lingerhahn Seite 286 583 € 23
CP und Mobilheimpark Am Mühlenteich****
4 (E 1/7-15/8) 5 (A+F+H+L 1/1-31/12) 6 (A 1/1-31/12)
AKZ. 1/1-19/6 4/9-31/12

Pommern Seite 287 586 € 21
Pommern
5 (A+B+E+F 1/4-30/10) (G 15/4-15/10) (H+J 1/4-30/10) (L 15/4-15/10) 6 (A+F 1/5-15/9)
AKZ. 1/4-30/6 21/8-29/10 10=9

Pünderich Seite 288 587 € 21
Moselland
5 (A+B+E+F+G+H 1/4-31/10)
AKZ. 1/4-30/6 1/9-31/10

Schweppenhausen Seite 288 591 € 21
Aumühle
5 (A+F+K+L 1/4-31/10)
AKZ. 1/4-1/6 1/9-31/10

Seck Seite 288 592 € 23
Camping Park Weiherhof*****
4 (B+E 1/7-31/8) 5 (A+C+E+F+G+H+L 1/4-31/10)
AKZ. 1/5-16/5 22/5-25/5 1/6-6/6 12/6-25/6 4/9-30/9

Senheim am Mosel Seite 288 593 € 21
Holländischer Hof****
4 (A 1/4-29/10) (B+C 1/7-31/8) (D+E 1/4-29/10)
5 (A+C+E+F+G+H+K+L 1/4-29/10)
AKZ. 1/4-6/4 11/4-17/5 30/5-7/6 11/6-30/6 1/9-29/10

Treis-Karden Seite 289 596 € 23
Mosel-Islands Camping*****
5 (A+F+H+K+L 1/4-29/10)
AKZ. 16/4-27/4 3/5-11/5 30/5-6/6 12/6-29/6 1/9-30/9

Wassenach/Maria Laach Seite 290 599 € 23
RCN Laacher See****
4 (B 9/7-21/8) (E 1/4-30/9)
5 (A 1/4-30/9) (B 1/5-1/9) (E+F+I+J+K+L 1/4-30/9)
AKZ. 16/4-16/5 22/5-25/5 30/5-7/6 12/6-6/7 28/8-30/9

Trier

Bernkastel/Kues Seite 290 563 € 23
Knaus Campingpark Bernkastel-Kues
5 (A+E 1/3-26/11)
AKZ. 1/3-17/5 11/6-28/6 1/9-25/11

Bollendorf Seite 290 564 € 19
Altschmiede****
4 (A+B+D+E 1/7-21/8) 5 (A 1/5-21/8) (B 1/6-21/8) (H 1/4-31/10) 6 (B 1/6-31/8)
AKZ. 1/4-17/5 12/6-2/7 28/8-31/10

Dockweiler Seite 290 570 € 19
Campingpark Dockweiler Mühle
5 (A+B 1/1-31/12)
AKZ. 1/1-15/6 1/9-31/12

Echternacherbrück Seite 291 571 € 21
Cp.park Freibad Echternacherbrück
4 (A 1/7-31/8) (B 1/7-21/8) (C 1/7-15/8) (E 1/7-31/8)
5 (A 1/4-31/10) (C+E+F 1/4-15/10) (G 1/4-31/10) (H 1/5-30/9) (K 1/5-1/9) 6 (B+F 1/5-15/9)
AKZ. 1/4-17/5 12/6-2/7 28/8-31/10

Gerolstein Seite 292 573 € 21
Eifelblick / Waldferienpark Gerolstein****
4 (B+C 1/7-15/8) 5 (A+B+E+F+H+J+K+L 1/1-31/12)
6 (E 1/1-31/12)
AKZ. 1/1-8/7 3/9-31/12

Heidenburg Seite 292 577 € 23
Moselhöhe****
5 (A 1/4-1/11) (K 1/4-1/10)
AKZ. 1/4-6/4 11/4-18/5 22/5-27/5 30/5-1/7 1/9-1/11

Irrel Seite 292 578 € 19
Südeifel
5 (G 1/4-31/10)
AKZ. 1/4-17/5 12/6-2/7 28/8-31/10 7=6, 14=12

Langsur/Metzdorf Seite 293 580 € 21
Alter Bahnhof***
5 (A+B+F+H+J+L 1/3-31/10)
AKZ. 1/3-30/6 1/9-31/10

Leiwen Seite 293 581 € 23
Landal Sonnenberg*****
4 (A+B+C+D+E 17/3-20/11)
5 (A+C+E+F+J+K+L 17/3-20/11) 6 (E+G 17/3-20/11)
AKZ. 17/3-7/4 5/5-17/5 30/5-7/6 12/6-7/7 1/9-13/10 6/11-20/11

Neuerburg Seite 293 584 € 21
Camping in der Enz****
5 (A 1/4-31/10) (E+F 1/6-31/8) (K 5/4-30/9)
6 (B+G 15/5-1/9)
AKZ. 1/4-6/7 24/8-30/10

Ausführliche Redaktionseinträge: Seite 286 bis 293

Oberweis Seite 293 585 € 23
Prümtal-Camping Oberweis*****
4 (A 15/5-30/8) (B 7/7-26/8) (E 15/5-30/8)
5 (A+B 1/3-31/10) (E 1/6-21/8) (F+G+H+K+L 1/3-31/10)
6 (B+G 1/5-1/9)
AKZ. 1/3-8/7 27/8-31/10

Saarburg Seite 294 590 € 23
Waldfrieden****
5 (A+B+H 1/3-31/12)
AKZ. 1/3-5/4 12/4-27/4 3/5-16/5 1/6-6/6 13/6-30/6 5/9-23/12

Saarburg Seite 294 588 € 23
Landal Warsberg****
4 (A 1/7-31/8) (B+C+D 24/3-6/11) (E 1/7-31/8)
5 (A+C+E+F+K+L 24/3-6/11) 6 (E+G 24/3-6/11)
AKZ. 24/3-7/4 14/4-28/4 30/5-7/7 1/9-6/11

Saarburg Seite 294 589 € 23
Camping Leukbachtal***
AKZ. 24/3-5/4 11/4-28/4 5/5-16/5 22/5-26/5 12/6-1/7 5/9-2/11

Traben-Trarbach Seite 294 594 € 23
Moselcamping Rissbach****
4 (A 1/4-31/12) (B 7/7-25/8) (D 1/4-31/12)
5 (A+B+E+F+H+K+L 1/4-31/12) 6 (B+F 15/5-15/9)
AKZ. 1/4-28/4 1/5-17/5 21/5-26/5 29/5-7/6 11/6-7/7 18/9-1/12

Traben-Trarbach Seite 294 595 € 23
Moselcamping Wolf
5 (A+C+E+G+J 1/4-31/10)
AKZ. 1/4-28/4 1/5-17/5 21/5-26/5 29/5-7/6 11/6-7/7 18/9-31/10

Waxweiler Seite 295 600 € 21
Landal Eifel Prümtal*****
5 (A 27/3-3/11) (B 15/5-15/9) (F 15/5-3/11)
6 (B 15/5-15/9)
AKZ. 24/3-7/4 30/5-7/7 1/9-3/11

Waxweiler/Heilhausen Seite 295 601 € 17
Heilhauser Mühle
5 (F 1/7-31/8) (H 1/4-31/10) (L 1/7-31/8)
AKZ. 8/4-30/6 18/8-30/10

Rheinhessen-Pfalz

Bacharach Seite 295 561 € 21
Sonnenstrand
5 (A+B+F+H+K 1/4-1/11)
AKZ. 1/4-17/5 30/5-7/7 1/9-1/11

Bad Dürkheim Seite 295 562 € 23
Knaus Cppark Bad Dürkheim****
4 (B 1/7-30/8) 5 (A+B+F+H+L 15/3-30/11)
AKZ. 1/1-17/5 11/6-28/6 1/9-31/12

Trippstadt Seite 296 597 € 23
CP Freizeitzentrum Sägmühle*****
4 (B+D 15/7-15/8)
5 (A 1/3-31/10,18/12-31/12) (B+F+H+K+L 1/3-31/10)
AKZ. 2/5-12/5 21/5-25/5 11/6-7/7 2/9-30/9

Waldfischbach Seite 296 598 € 23
Clausensee****
4 (E 1/9-1/10) 5 (A+C+E+F+H+K 1/4-31/10)
AKZ. 2/5-16/5 11/6-30/6 1/9-30/9

Saarland

Rehlingen/Siersburg Seite 297 602 € 23
Siersburg****
5 (K 1/4-15/10)
AKZ. 1/4-15/7 1/9-15/10

Karlsruhe

Eberbach Seite 299 606 € 23
Eberbach
5 (A+B+F+G+H+L 1/4-29/10)
6 (B 15/6-30/9) (E 1/4-29/10) (F 15/6-30/9)
AKZ. 1/5-17/5 12/6-1/7 4/9-30/9

Neubulach Seite 300 613 € 23
Camping Erbenwald
4 (A+B+C+D 1/7-1/9) (E 1/7-31/8)
5 (A+B+E+F+J+L 1/1-31/12) 6 (B+G 1/6-31/8)
AKZ. 1/1-6/4 24/4-17/5 12/6-30/6 3/9-30/9

Schömberg/Langenbrand Seite 301 618 € 21
Höhencamping-Langenbrand****
AKZ. 10/1-30/6 1/9-22/12

Freiburg

Freiburg Seite 304 607 € 23
Freiburg Camping Hirzberg
5 (A 1/4-31/10) (B+F+H+L 1/1-31/12)
AKZ. 8/1-2/4 16/4-15/5 11/6-30/6 2/9-30/9 8/10-1/11 5/11-22/12

Freiburg/Hochdorf Seite 304 608 € 23
Tunisee Camping
5 (A+B+E+F+J 1/4-31/10) (L 1/4-16/10)
AKZ. 1/4-2/7 3/9-31/10

Grafenhausen/Rothaus Seite 304 609 € 23
▲ Rothaus Camping
5 (A+B+F+H+L 1/1-31/12)
AKZ. 1/1-30/6 1/9-31/12

Herbolzheim Seite 304 610 € 23
▲ Terrassencamping Herbolzheim****
4 (**A** 1/7-31/8) 5 (A+B+K 28/4-24/9)
6 (**B**+**F** 15/5-15/9)
AKZ. 28/4-17/5 23/5-26/5 12/6-2/7 1/9-24/9

Orsingen Seite 307 615 € 23
▲ CP und Ferienpark Orsingen****
4 (B 1/7-31/8) 5 (A+C 10/1-17/12) (E 1/4-8/9) (F+H+L 1/4-3/11) 6 (**B**+**G** 1/4-8/9)
AKZ. 10/1-2/4 16/4-17/5 21/5-26/5 12/6-2/7 10/9-17/12

Radolfzell/Markelfingen Seite 308 616 € 23
▲ Willam****
4 (A+B+C 1/8-31/8) (D 31/7-14/8)
5 (A+B+F+H 23/3-8/10) (J 1/4-3/10) (K+L 23/3-8/10)
AKZ. 23/3-17/5 11/6-15/7 3/9-8/10

Staufen Seite 308 619 € 23
▲ Belchenblick
5 (A 1/1-31/12) (C 1/1-10/11,15/12-31/12) (E 15/1-10/11) (J 1/1-31/12)
6 (A 1/5-15/9) (E 1/1-10/11,15/12-31/12) (F 1/5-15/9)
AKZ. 9/1-31/3 17/4-29/4 1/5-18/5 21/5-27/5 12/6-30/6 11/9-22/12

Stockach (Bodensee) Seite 308 620 € 21
▲ Campingpark Stockach-Bodensee
5 (A+B 1/3-1/11)
AKZ. 1/3-30/6 11/9-1/11

Sulzburg Seite 309 621 € 23
▲ Sulzbachtal*****
4 (A+E 1/4-30/9) 5 (A+B+E+F+H+J+K 1/1-31/12)
6 (A 1/5-30/9)
AKZ. 1/1-1/4 16/4-16/5 11/6-1/7 3/9-31/12

Tengen Seite 309 622 € 23
▲ Hegi Familien Camping*****
4 (A+B+C+D 1/7-31/8) 5 (A+B+H+L 31/3-31/12)
6 (A+E+G 31/3-31/12)
AKZ. 7/5-17/5 21/5-26/5 11/6-30/6 2/9-29/9

Titisee Seite 309 623 € 23
▲ Sandbank****
5 (A+B+F+H+K 31/3-31/12)
AKZ. 7/5-17/5 21/5-26/5 11/6-30/6 2/9-29/9

Wahlwies/Stockach Seite 309 624 € 21
▲ Campinggarten Wahlwies
5 (A+B+H 17/2-12/11)
AKZ. 17/2-1/4 16/4-17/5 11/6-1/7 3/9-12/11

Stuttgart

Aichelberg Seite 310 603 € 21
▲ Aichelberg***
5 (A+B 7/4-8/10) (E 1/6-30/9) (F 30/5-30/9) (H 7/4-8/10) (L 30/5-30/9)
AKZ. 7/4-29/6 4/9-8/10

Creglingen/Münster Seite 310 605 € 21
▲ Camping Romantische Strasse
5 (A+B+F+L 9/4-6/11) 6 (E 9/4-6/11)
AKZ. 15/3-24/5 12/6-8/7 1/9-15/11

Hohenstadt Seite 311 611 € 21
▲ Camping Waldpark Hohenstadt
5 (A 1/5-30/9) (F+G+H+L 1/3-31/10)
AKZ. 1/3-30/6 1/9-31/10

Oedheim Seite 311 614 € 23
▲ Sperrfechter Freizeit-Park
5 (A+B 1/1-31/12)
AKZ. 1/1-31/3 2/5-16/5 5/6-30/6 1/9-31/12

Wertheim Seite 312 625 € 19
▲ Wertheim-Bettingen
5 (A+B+F+L 31/3-31/10)
AKZ. 31/3-6/4 10/4-17/5 21/5-25/5 29/5-7/6 11/6-30/6 31/8-31/10

Tübingen

Bad Urach Seite 313 604 € 23
▲ Pfählhof***
5 (A+B+E+F+H+L 1/1-31/12)
AKZ. 1/1-12/5 10/6-30/6 1/9-31/12

Leibertingen/Thalheim Seite 314 612 € 21
▲ Campinggarten Leibertingen
4 (B 27/5-11/6,1/8-1/9) 5 (A+B+E+F+H+J+K 1/4-31/10)
6 (A+F 1/5-30/9)
AKZ. 1/4-14/5 12/6-30/6 1/9-31/10

Salem/Neufrach Seite 315 617 € 21
▲ Gern-Campinghof Salem
4 (A 7/5-31/8) (C 1/8-31/8) (D 1/4-31/10)
5 (A+B+E+F+H+K 1/4-31/10)
AKZ. 1/4-17/5 11/6-15/7 6/9-31/10

Nord-Bayern

Bad Kissingen Seite 316 **631** € 23
▲ Knaus Campingpark Bad Kissingen
5 (A+B+F+L 1/1-31/12)
AKZ. 1/1-17/5 11/6-28/6 1/9-31/12

Bischofsheim an der Rhön Seite 316 **633** € 23
▲ Camping Rhöncamping****
5 (A+B 1/1-27/10,16/12-31/12) **6** (B+G 15/5-1/9)
AKZ. 9/1-31/3 16/4-17/5 11/6-1/7 6/9-27/10

Frickenhausen/Ochsenfurt Seite 316 **639** € 23
▲ Knaus Cp.park Frickenhausen****
5 (A 1/4-16/10) (F+L 1/3-26/11) **6** (A 1/5-1/10)
AKZ. 1/3-17/5 11/6-28/6 1/9-25/11

Triefenstein/Lengfurt Seite 318 **651** € 23
▲ Main-Spessart-Park*****
5 (A+B 1/4-31/10) (F+G+H+L 1/1-31/12)
AKZ. 16/4-14/5 11/6-2/7 27/8-31/10

Waldberg/Rhön Seite 318 **654** € 23
▲ Camping Waldberg
5 (A+F+J+K 1/4-5/11)
AKZ. 12/4-15/5 12/6-30/6 1/9-30/9

Mittel-Bayern

Bad Neualbenreuth Seite 320 **632** € 21
▲ Campingplatz Platzermühle
5 (A 1/1-31/12)
AKZ. 1/1-15/6 1/9-31/12

Geslau Seite 321 **640** € 23
▲ Mohrenhof****
4 (B 1/4-8/11)
5 (A+B 1/1-31/12) (F 1/4-8/11) (H+L 1/4-8/11,27/12-31/12)
AKZ. 8/1-17/2 26/2-31/3 16/4-28/4 1/5-18/5 11/6-1/7 4/9-28/9
7=6, 14=12, 21=18, 30=25

Gunzenhausen Seite 321 **641** € 21
▲ Campingplatz Fischer-Michl
5 (A+B+E+F+H+J+K 15/3-31/10)
AKZ. 31/3-18/5 12/6-15/7 6/9-31/10

Roth/Wallesau Seite 324 **647** € 23
▲ Camping Waldsee****
4 (B 31/5-14/6,25/7-31/8)
5 (A+B+F 1/1-31/12) (J 1/4-30/9) (K 1/1-31/12)
AKZ. 1/1-15/5 12/6-30/6 1/9-31/12

Schillingsfürst Seite 325 **649** € 21
▲ Frankenhöhe
5 (A+B+E+F+H+K 1/4-31/10)
AKZ. 1/1-2/4 17/4-21/5 5/6-30/6 4/9-31/12

Waldmünchen Seite 325 **655** € 19
▲ Ferienpark Perlsee
4 (**E** 1/7-31/8)
5 (A+B 1/5-15/9) (E 1/5-1/10) (F+J+L 1/1-31/12)
AKZ. 1/1-20/5 12/6-28/6 4/9-31/12

Südwest-Bayern

Augsburg-Ost Seite 327 **627** € 23
▲ Bella Augusta***
5 (A+B+E 1/4-31/10) (F+G+L 1/1-31/12)
AKZ. 16/1-6/7 23/8-18/12

Breitenthal Seite 327 **635** € 21
▲ See Camping Günztal
5 (A+B+E+F+H 22/4-22/10)
AKZ. 22/4-25/5 11/6-29/6 3/9-22/10

Illertissen Seite 327 **642** € 23
▲ Illertissen GbR****
5 (A+B+H+I+K 1/4-5/11) **6** (A 31/5-15/9)
AKZ. 1/4-15/6 15/9-5/11

Südost-Bayern

Arlaching/Chieming Seite 330 **626** € 23
▲ Kupferschmiede
5 (A+B+E 1/4-3/10) (G+H 1/4-30/9) (J+K+L 1/4-3/10)
AKZ. 1/4-26/5 12/6-30/6 11/9-3/10

Bad Abbach Seite 331 **628** € 23
▲ Freizeitinsel
5 (A+B+H+J 19/3-7/11)
AKZ. 31/3-26/5 25/6-15/7 1/9-29/10

Bad Füssing/Egglfing Seite 331 **629** € 21
▲ Fuchs Kur-Camping****
4 (E 1/5-30/9) **5** (A 1/1-31/12) (B 1/3-[illegible]/11)
(F+H+L 1/1-31/1,1/3-31/12) **6** (B 15/4-15/9)
AKZ. 1/1-14/7 1/9-31/12

Bad Füssing/Kirchham Seite 332 **630** € 21
▲ Preishof
4 (**A** 1/3-31/10) **5** (A 1/1-31/12) (J+L [illegible]/2-30/11)
AKZ. 1/1-14/7 1/9-31/12

Ausführliche Redaktionseinträge: Seite 316 bis 332

Bischofswiesen Seite 332 634 € 23
Winkl-Landthal GmbH****
4 (**A** 1/6-30/9) 5 (A+B+H 1/4-30/10)
AKZ. 1/4-26/5 11/6-10/7 1/9-30/10

Chieming Seite 333 636 € 19
Chiemsee Strandcamping
5 (A+B+F+H+J 1/4-30/9)
AKZ. 1/4-25/5 11/6-29/6 10/9-30/9

Chieming/Stöttham Seite 333 637 € 23
Seehäusl****
5 (A+B+F+G+H+J+K+L 1/4-1/10)
AKZ. 1/5-26/5 12/6-18/6 1/9-1/10

Eging am See Seite 333 638 € 21
Bavaria Kur- und Sport CP****
5 (A 1/4-30/10) (B 1/1-31/12) (F+H 1/4-31/10) (J 1/5-31/10) (L 1/4-31/10)
AKZ. 1/1-14/7 1/9-31/12

Kinding/Pfraundorf Seite 334 643 € 23
Kratzmühle****
5 (A+B 1/4-31/10) (E+F 1/4-30/9) (G 1/1-31/12) (J 1/5-30/9) (L 1/1-31/12)
AKZ. 2/1-17/5 21/5-26/5 11/6-22/6 1/9-31/12

Lackenhäuser Seite 334 644 € 23
Knaus Cp.park Lackenhäuser****
4 (**A**+B+C+E 1/7-15/8)
5 (A+B+F+L 1/1-5/11,21/12-31/12)
6 (B 15/5-15/9) (**E** 1/1-5/11,21/12-31/12)
AKZ. 8/1-17/5 11/6-28/6 1/9-4/11

Oberwössen Seite 335 645 € 21
Litzelau****
5 (A+B+L 1/1-31/12)
AKZ. 1/1-26/5 9/6-23/6 8/9-15/12

Prien am Chiemsee Seite 336 646 € 23
Hofbauer
5 (A+B 1/4-15/10) (F 30/4-3/10) (G+H 1/4-15/10) (K 30/4-3/10) 6 (B+C+G 1/5-30/9)
AKZ. 6/4-28/5 11/6-24/6 10/9-15/10

Rottenbuch Seite 336 648 € 23
Terrassen-CP am Richterbichl****
5 (A+B+E 1/1-31/12) (F 1/5-30/9) (H+J 1/1-31/12) (K 1/5-30/9)
AKZ. 10/1-26/5 12/6-14/7 1/9-30/9

Taching am See Seite 337 650 € 21
Seecamping Taching am See
5 (A 1/5-15/9) (B 15/5-15/9) (F+G+K+L 1/5-15/9)
AKZ. 1/4-1/6 31/8-15/10

Viechtach Seite 338 652 € 23
Adventurecamp 'Schnitzmühle'
4 (A 1/4-30/10) (B+D+E 1/7-31/8)
5 (A+B 1/1-31/12) (E 1/7-1/9) (F+H+J+L 1/1-31/12)
AKZ. 1/1-26/5 11/6-14/7 11/9-31/12

Viechtach Seite 338 653 € 23
Knaus Campingpark Viechtach****
4 (A 1/7-30/9,22/12-30/12) (B+C 1/7-30/9) (D+E 1/6-30/9)
5 (A+B 1/1-5/11,21/12-31/12) (F+H+J+K 1/7-30/9)
6 (**E** 1/1-5/11,21/12-31/12)
AKZ. 8/1-17/5 11/6-28/6 1/9-4/11

Schweiz

Westschweiz

Le Landeron Seite 347 664 € 23
Des Pêches****
5 (A+C+E+F+G+H+J+L 1/4-15/10) 6 (F 15/5-31/8)
AKZ. 1/4-30/6 20/8-15/10

Lignières Seite 348 666 € 21
Fraso Ranch****
4 (B 7/7-3/8) 5 (A 1/1-30/10) (B 20/5-2/9) (E+F+G 1/1-31/10,23/12-31/12) (J 1/1-30/10) (K 1/1-31/10) (L 1/1-30/10) 6 (B+G 1/6-31/8)
AKZ. 1/1-30/6 1/9-31/10 23/12-31/12

Wallis

Brig Seite 350 656 € 23
Geschina****
5 (A 5/5-15/10) 6 (**B**+**G** 16/5-6/9)
AKZ. 5/5-2/7 20/8-15/10

Berner Oberland

Frutigen Seite 355 659 € 23
Grassi****
5 (A 1/7-30/8)
AKZ. 1/4-30/6 1/9-22/10

Gstaad Seite 355 660 € 23
Bellerive Camping***
4 (A 1/7-31/8) 5 (A 1/1-31/12)
AKZ. 7/1-7/2 7/3-15/5 31/5-28/6 12/9-20/12

Innertkirchen Seite 355 662 € 23
▲ Aareschlucht***
5 (A 15/6-15/9) (F 1/5-31/10) 6 (A 15/6-15/9)
AKZ. 1/5-2/7 28/8-31/10

Interlaken/Unterseen Seite 355 663 € 23
▲ Alpenblick****
5 (A+B+E+F+H+J+K 1/1-31/12)
AKZ. 9/1-6/4 12/4-14/5 11/6-30/6 27/8-20/12

Zweisimmen Seite 357 672 € 23
▲ Vermeille****
5 (B+H 1/1-31/12) 6 (B+F 1/6-31/8)
AKZ. 8/1-5/2 19/3-6/4 11/4-17/5 12/6-7/7 1/9-27/9 15/10-15/12

Ostschweiz

Ottenbach Seite 358 669 € 23
▲ Reussbrücke****
5 (A+B+E+F+H+K 1/4-7/10) 6 (A+F 8/5-15/9)
AKZ. 17/4-28/4 2/5-12/5 22/5-26/5 12/6-30/6 1/9-1/10

Zentralschweiz

Meierskappel Seite 360 667 € 23
▲ Campingplatz Gerbe
5 (A+B+E+J+K 1/3-31/10) 6 (A 15/5-30/9)
AKZ. 1/3-5/4 11/4-17/5 22/5-25/5 30/5-6/6 12/6-1/7 1/9-31/10

Unterägeri Seite 361 671 € 23
▲ Unterägeri****
5 (A+B 1/4-31/10) (C 1/4-30/10)
(E+F+H+I+K+L 1/4-31/10)
AKZ. 11/4-17/5 12/6-1/7 1/9-31/10

Tessin

Cugnasco Seite 362 658 € 23
▲ Riarena****
5 (A+B+E+F+G+H+J+K+L 17/3-22/10) 6 (A+F 1/5-15/9)
AKZ. 17/3-7/4 11/4-18/5 22/5-27/5 30/5-5/7 21/8-22/10

Gudo Seite 362 661 € 23
▲ Isola****
5 (A+B 15/4-31/10) (E+F+G+H+J+K 15/1-15/12)
6 (A+F 15/5-30/9)
AKZ. 15/1-5/4 17/4-30/6 1/9-15/12

Graubünden

Cinuos-chel/Chapella Seite 365 657 € 23
▲ Chapella**
5 (A+B 1/5-31/10)
AKZ. 1/5-18/6 4/9-31/10

Le Prese Seite 365 665 € 23
▲ Cavresc***
5 (A+E+G 1/7-1/9) (H 1/4-31/10)
AKZ. 1/4-14/6 14/9-31/10

Müstair Seite 366 668 € 23
▲ Muglin
5 (A+E+H+K 28/4-29/10)
AKZ. 28/4-30/6 27/8-29/10

Sta Maria Seite 366 670 € 23
▲ Pè da Munt***
5 (A+B 26/5-1/10)
AKZ. 26/5-1/7 20/8-1/10

Österreich

Tirol

Biberwier Seite 376 679 € 21
▲ Feriencenter Camping Biberhof
5 (A+H+L 1/1-31/12)
AKZ. 9/4-30/6 1/9-15/12

Fieberbrunn Seite 377 689 € 23
▲ Tirol Camp****
4 (A+B 19/5-2/11) (E 19/5-1/11)
5 (A+C+E+F+H+J+L 1/1-16/4,16/5-5/11,7/12-31/12)
6 (B 1/6-1/10) (E+G 1/1-16/4,16/5-5/11 7/12-31/12)
AKZ. 16/5-8/7 26/8-5/11

Imst Seite 379 694 € 19
▲ Aktivcamping Am Schwimmbad
4 (A+E 1/5-21/9) 5 (A+J 21/4-15/10) 6 (B+G 1/5-11/9)
AKZ. 21/4-30/6 27/8-15/10

Kals am Großglockner Seite 379 696 € 23
▲ Nationalparkcamping Kals****
5 (A+B 1/1-11/4,15/5-15/10,18/12-31/12)
AKZ. 15/5-29/6 1/9-15/10

Kaunertal Seite 379 697 € 23
▲ Kaunertal
4 (A+E 1/6-30/9) 5 (A+H+J 1/5-10/10)
6 (E 1/5-10/10)
AKZ. 1/5-1/7 3/9-10/10

Kramsach (Krummsee) Seite 379 701 € 23
▲ Seencamping Stadlerhof****
4 (A 1/6-30/9) (B 1/7-25/8) 5 (A+B+E+F+L 1/1-31/12)
6 (B 1/1-31/12) (G 1/6-30/9)
AKZ. 7/5-18/6 10/9-22/10

Ausführliche Redaktionseinträge: Seite 355 bis 379

Kramsach (Reintalersee) Seite 380 702 € 23
CP und Appartements Seehof*****
4 (A 1/1-31/12) (B 9/7-31/8) (E 1/7-31/8)
5 (A+B+E+F+G+J+L 1/1-31/12)
AKZ. 9/1-30/6 11/9-15/12

Lienz Seite 380 704 € 23
Comfort & Wellness CP Falken****
5 (A+B+E+F+G+H+J 1/4-31/10)
AKZ. 1/4-8/7 1/9-31/10

Matrei in Osttirol Seite 380 707 € 23
Edengarten
5 (E 17/6-14/10) (H 1/5-15/10) (K+L 17/6-14/10)
AKZ. 1/5-29/6 1/9-15/10

Mayrhofen Seite 382 709 € 23
Alpenparadies Mayrhofen****
5 (A+B+E+F+G+H+J+L 1/1-14/10,15/12-31/12)
6 (B+E+G 1/1-14/10,15/12-31/12)
AKZ. 17/4-30/6 4/9-27/9 9/10-14/10

Nassereith Seite 382 711 € 19
Rossbach****
4 (A+E 1/5-30/10) 5 (A+B 1/1-30/10,15/12-31/12)
(E+F+K 1/7-31/8) 6 (B+G 15/5-15/9)
AKZ. 1/3-30/6 18/8-30/10

Neustift Seite 383 712 € 21
Stubai****
4 (B 23/6-5/9,29/9-24/10) (E 10/7-9/10)
5 (A+C+E+F+L 1/1-30/4,21/5-31/12)
AKZ. 21/5-25/6 3/9-8/10

Prutz Seite 384 718 € 21
Aktiv Camping Prutz****
4 (**A** 1/5-1/10) (B 15/6-15/9) (D 1/6-15/10) (E 1/5-1/10)
5 (A+B 1/1-31/12) (E+F+J+K 15/5-15/10,20/12-10/4)
AKZ. 15/4-30/6 1/9-17/12 10=9, 20=18, 30=27

Ried Seite 384 721 € 23
Dreiländereck****
4 (A 1/1-31/10,1/12-31/12) (B+C+D 1/6-30/9,20/12-31/3)
(E 1/1-31/10,1/12-31/12)
5 (A+C+E+F+G+H+J+L 1/1-31/10,1/12-31/12)
AKZ. 15/4-9/7 1/9-31/10 1/12-22/12

Stams Seite 384 728 € 23
Eichenwald
4 (A+E 10/7-20/8) 5 (A+B 1/4-15/10) (E+F+G 1/5-30/9)
(H 1/4-15/10) (J+L 1/5-30/9) 6 (B 1/5-30/9) (G 1/5-31/8)
AKZ. 1/4-30/6 1/9-15/10

Walchsee Seite 385 733 € 23
Ferienpark Terrassencp Süd-See****
4 (A+E 1/6-1/10) 5 (A 1/1-31/12) (B 12/4-15/10)
(E+F+G+K+L 12/4-15/10,20/12-31/12)
AKZ. 1/4-17/5 21/5-26/5 11/6-21/6 1/9-5/11

Weer Seite 386 734 € 21
Alpencamping Mark****
4 (A+B+C+D+**E** 1/7-31/8) 5 (A+B 15/4-30/9)
(E+F 20/5-15/9) (G+H 15/4-30/9) (J 20/5-15/9)
(L 1/5-30/9) 6 (B 1/5-30/9)
AKZ. 15/4-30/6 1/9-30/9

Zell im Zillertal Seite 387 736 € 23
Campingdorf Hofer
4 (**A** 1/6-30/9) (B+D 1/7-15/9) (E 1/6-15/9)
5 (A+B 1/1-5/11,5/12-31/12)
(E+F+J+L 30/5-15/10,15/12-15/4)
6 (D 1/5-15/10)
AKZ. 1/5-30/6 1/9-10/10

Oberösterreich

Mondsee/Tiefgraben Seite 388 710 € 23
Camp MondSeeLand*****
4 (B+D+**E** 1/7-31/8) 5 (A+C+F+H+L 1/4-2/10)
6 (B 1/5-30/9)
AKZ. 1/4-17/5 12/6-30/6 1/9-2/10

Salzburg

Abersee/St. Gilgen Seite 389 674 € 23
Romantik Camp. Wolfgangsee Lindenstrand****
5 (A+C 1/4-15/10) (F 1/7-28/8)
AKZ. 1/4-18/5 11/6-1/7 7/9-15/10

Abersee/St. Gilgen Seite 389 673 € 23
Paradiescp Wolfgangsee Birkenstrand****
5 (A+B+E+F+G+J 1/4-15/10)
AKZ. 1/4-30/6 4/9-15/10

Abersee/St. Gilgen Seite 389 675 € 23
Seecamping Primus
AKZ. 28/4-30/6 1/9-30/9

Abersee/St. Gilgen Seite 390 676 € 23
Seecamping Wolfgangblick
5 (A+B 9/5-9/9) (E+F 9/5-31/8) (H 22/4-30/9)
AKZ. 22/4-30/6 1/9-30/9

Mauterndorf 🚸
Camping Mauterndorf**** — Seite 391 — 708 — € 23
4 (B 1/7-31/8) 5 (A+B+F 1/1-31/12) (G 1/7-10/9,1/12-30/4) (H+J 1/1-31/12) (L 1/7-10/9,1/12-30/4) 6 (B 1/7-31/8)
AKZ. 17/4-30/6 11/9-24/11

Seekirchen
Seekirchen am Wallersee — Seite 392 — 722 — € 23
5 (A+B+E+F+H+J+K 1/4-31/10)
AKZ. 1/4-18/5 12/6-30/6 1/9-31/10

St. Johann im Pongau
Kastenhof — Seite 393 — 725 — € 23
5 (A+B 1/1-31/12)
AKZ. 15/5-29/6 10/9-25/10

Zell am See
Panorama Camp Zell am See — Seite 394 — 735 — € 23
5 (A 1/1-8/1,1/2-22/10,22/12-31/12) (B+G+J 1/6-15/9)
AKZ. 1/2-31/3 11/4-26/5 5/6-23/6 11/9-21/10

Kärnten

Dellach im Drautal
Camping Am Waldbad — Seite 397 — 681 — € 21
4 (B+C 1/7-31/8) (E 1/6-1/10)
5 (A+B+E+F+G+H+J+K+L 15/4-1/10) 6 (B+G 21/5-11/9)
AKZ. 15/4-29/6 1/9-1/10

Döbriach
Brunner am See — Seite 398 — 682 — € 23
4 (A 1/5-30/9) (B+C 1/7-31/8) (E 1/5-30/10)
5 (A 1/1-31/12) (C+F+G+H+K+L 15/5-30/9)
AKZ. 1/1-30/6 1/9-31/12

Döbriach 🚸
Seecamping Mössler — Seite 400 — 683 — € 21
4 (**A** 1/6-30/9) (B 1/7-31/8) (E 1/6-30/9)
5 (A 15/5-30/9) (C+F+G+L 6/5-30/9) 6 (B+G 20/5-23/9)
AKZ. 8/4-30/6 1/9-2/11

Eberndorf
Naturisten Feriendorf Rutar Lido — Seite 400 — 684 — € 23
4 (**A** 1/1-31/12) (E 1/5-30/9)
5 (A 1/1-31/12) (C 1/5-30/9) (E+F+J+L 1/1-31/12)
6 (B 1/6-30/9) (E 1/1-31/12) (G 1/7-30/9)
AKZ. 1/3-7/7 1/9-30/10

Faak am See
Arneitz — Seite 400 — 686 — € 23
4 (A 5/7-22/8) (B 2/7-24/8) (E 5/7-22/8)
5 (A 27/4-30/9) (C+F+G+H+I 1/5-20/9) (J 27/4-30/9) (L 1/5-20/9)
AKZ. 27/4-30/6 11/9-29/9

Feistritz im Rosental
Juritz — Seite 401 — 687 — € 23
4 (B+C 15/7-15/8) (E 1/6-30/9) 5 (A+F+H+L 1/5-30/9)
6 (C 1/5-30/9)
AKZ. 1/5-30/6 1/9-30/9

Feistritz ob Bleiburg
Petzencamping Pirkdorfer See — Seite 401 — 688 — € 19
4 (A+B 1/7-31/8) 5 (A+F+J+L 1/1-31/12)
AKZ. 1/1-30/6 4/9-31/12

Gösselsdorf
Sonnencamp am Gösselsdorfer See — Seite 401 — 691 — € 21
4 (A 15/4-30/9) (B 1/7-31/8) (**E** 1/5-30/9)
5 (A 15/4-30/9) (E+F+G 1/5-30/9) (H 15/4-30/9) (K 1/5-30/9)
AKZ. 15/4-1/7 2/9-30/9

Hermagor-Pressegger See
Sport-Camping-Flaschberger — Seite 402 — 693 — € 19
4 (E 1/6-30/9) 5 (A+E+F+K 1/1-31/12) 6 (B 1/6-10/9)
AKZ. 10/1-2/7 27/8-20/12

Irschen
Rad-Wandercamping-Ponderosa*** — Seite 402 — 695 — € 19
4 (**A** 1/6-10/9) 5 (A+B+E+F+G+H+K+L 8/5-24/9)
AKZ. 8/5-7/7 24/8-24/9

Keutschach am See
Strandcamping Süd — Seite 403 — 698 — € 23
4 (A 1/5-30/9) (B 15/7-15/8) 5 (A+B+E+F+H+L 1/5-30/9)
AKZ. 1/5-13/5 21/5-25/5 30/5-6/6 11/6-22/6 3/9-30/9

Kötschach/Mauthen 🚸
Alpencamp Kärnten**** — Seite 403 — 700 — € 23
4 (**A** 1/5-15/10) (E 1/1-31/3,1/5-15/10)
5 (A 1/1-4/11,15/12-31/12) (B 1/5-31/10) (G+K 1/1-4/11,15/12-31/12)
AKZ. 6/1-29/6 1/9-4/11

Malta
Terrassencamping Maltatal***** — Seite 404 — 705 — € 21
4 (**A**+B+D 1/7-31/8) (**E** 1/6-1/10)
5 (A+C+E+F+G+H+J+L 22/4-15/10) 6 (**B**+**G** 1/6-15/9)
AKZ. 22/4-30/6 1/9-15/10

Oberdrauburg
Natur- & Familiencp Oberdrauburg — Seite 404 — 713 — € 19
4 (A 1/5-30/9) (B+C 1/7-31/8) (**E** 1/5-30/9)
5 (A 3/6-31/8) (E+F 1/5-30/9) (G+H+J+L 8/6-31/8)
6 (B+G 5/6-29/8)
AKZ. 1/5-29/6 1/9-30/9

Ossiach
Kalkgruber — Seite 405 — 714 — € 19
4 (A+E 1/5-1/10) 5 (A 1/5-1/10)
AKZ. 1/5-8/7 28/8-30/9 10=9, 20=18, 30=27

Ossiach
Terrassen Camping Ossiacher See — Seite 405 — 716 — € 23
4 (A 15/4-15/10) (B+C+D 1/7-30/8)
5 (A+C 15/4-15/10) (F+G+H+I 15/5-15/9) (J 15/4-15/10) (L 15/5-15/9)
AKZ. 15/4-30/6 1/9-30/9

Ossiach
Ideal Camping Lampele**** — Seite 406 — 715 — € 23
4 (A+B+D 1/7-31/8) 5 (A+C+E 15/5-15/9) (F+G 15/5-8/9) (H 15/5-15/9) (L 15/5-8/9)
AKZ. 1/5-30/6 1/9-30/9

Pesenthein
Terrassencamping Pesenthein — Seite 406 — 717 — € 21
5 (A+H+L 1/4-31/10)
AKZ. 1/4-30/6 1/9-31/10

Rennweg am Katschberg
Ramsbacher — Seite 406 — 720 — € 21
4 (E 1/6-30/9) 5 (A 1/7-31/8) (F 1/1-31/12)
6 (B+F 15/6-1/9)
AKZ. 15/4-30/6 1/9-30/11

St. Georgen am Längsee
Wieser Längsee — Seite 408 — 724 — € 19
5 (A 1/5-1/10)
AKZ. 1/5-30/6 1/9-1/10

Steindorf
See-Areal Steindorf**** — Seite 408 — 729 — € 23
4 (A+E 1/4-31/10) 5 (A+F+H 1/4-31/10) (L 1/5-30/9)
AKZ. 1/4-15/6 15/9-31/10

Steindorf/Stiegl
Seecamping Hoffmann**** — Seite 408 — 730 — € 21
4 (A 15/6-15/9) (E 1/5-1/10)
5 (A+B 1/5-1/10) (E 1/6-7/9) (F+H+L 1/5-1/10)
AKZ. 1/5-1/7 1/9-1/10

Techendorf (Weißensee)
Knaller — Seite 409 — 731 — € 23
5 (E+F 15/6-10/9)
AKZ. 28/4-18/6 4/9-1/10

Niederösterreich/Wien

Emmersdorf
Donau Camping Emmersdorf — Seite 411 — 685 — € 23
5 (E+L 1/4-15/10)
AKZ. 1/4-1/7 1/9-15/10

Klosterneuburg
Donaupark Camping Klosterneuburg — Seite 411 — 699 — € 23
4 (**A** 13/3-5/11) 5 (A+B+F+K 13/3-5/11)
AKZ. 13/3-30/6 1/9-4/11

Krems (Donau)
Donau Camping Krems — Seite 411 — 703 — € 23
5 (A+E+F+H+J 1/4-31/10)
AKZ. 1/4-30/6 1/9-31/10

Marbach an der Donau
Marbacher Freizeitzentrum — Seite 411 — 706 — € 23
5 (A+B 2/4-26/10)
AKZ. 2/4-15/6 15/9-26/10

St. Pölten
Camping am See — Seite 412 — 727 — € 23
5 (A 15/4-15/10)
AKZ. 15/4-15/5 24/5-30/6 4/9-15/10

Tulln an der Donau
Donaupark Camping Tulln — Seite 412 — 732 — € 23
4 (**A**+D 1/4-15/10)
5 (A+B 1/4-15/10) (E 15/4-14/10) (F+L 15/4-30/9)
AKZ. 1/4-30/6 1/9-14/10

Steiermark/Burgenland

Aigen (Ennstal)
Putterersee — Seite 414 — 677 — € 23
5 (A+B+E+F+G+H+J+K 1/5-30/9)
AKZ. 15/4-30/6 1/9-31/10

Bad Waltersdorf Seite 414 **678** € 23
Thermenland CP Rath & Pichler
4 (A 1/4-31/10) **5** (A+B 1/1-31/12)
AKZ. 1/5-17/5 22/5-26/5 30/5-7/6 12/6-30/6 15/9-30/9

Fisching/Weißkirchen Seite 415 **690** € 23
50plus Campingpark Fisching****
4 (**A+E** 1/4-15/10) **5** (A+E+F+H+J+L 1/4-15/10)
AKZ. 1/4-1/6 1/9-15/10

Großlobming Seite 415 **692** € 23
Murinsel
5 (A 1/4-31/10) (E+F+G+H+L 1/5-30/9)
AKZ. 1/4-1/6 1/9-31/10

Purbach Seite 416 **719** € 23
CP Storchencamp Purbach
5 (A+B+E+F+H+J+L 7/4-26/10) **6** (**B+G** 1/5-30/8)
AKZ. 1/5-26/5 11/6-21/6 3/9-30/9

St. Georgen am Kreischberg Seite 416 **723** € 23
Olachgut*****
4 (A+B+C+D+E 1/7-31/8)
5 (A+B+F+H+K 1/1-10/4,8/5-8/10,8/12-31/12)
AKZ. 8/5-17/5 21/5-26/5 11/6-30/6 1/9-8/10

St. Peter am Kammersberg Seite 416 **726** € 21
Bella Austria****
4 (B 20/6-8/9) **5** (A+B 1/7-31/8) (F+H–L 29/4-30/9)
6 (A+F 15/6-31/8)
AKZ. 29/4-15/7 2/9-30/9

Ausführliche Redaktionseinträge: Seite 414 bis 416

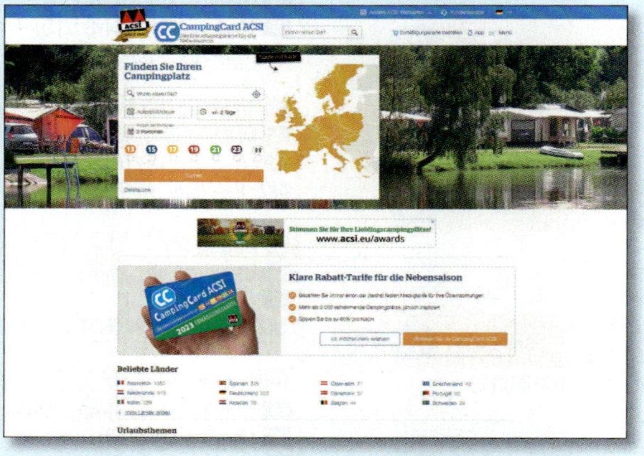

Suchmaschine

Auf der Webseite ▸ *campingcard.com* ◂ finden Sie eine Suchmaschine, die Ihnen auf so manche Art bei der Suche nach einem Camping helfen kann: nach Region oder dem Ort Ihrer Wahl, nach Campingnamen oder der Folgenummer, die vermeldet wird im blauen Logo im obenstehenden Redaktionseintrag. Die Suchergebnisse werden blitzschnell präsentiert. Pro Camping sehen Sie sich dann alle Angaben in Ruhe an.

Routenplaner

Sie werden vorallem viel Freude an dem integrierten Routenplaner haben. Sie wählen den Maßstab selbst: von der Übersichtskarte bis hin zur äußerst detaillierten Teilkarte der Region, in die Sie wollen.

Campingführer Deutschland

ACSI SINCE 1965

Umfassende Informationen über 2 380 Campingplätze

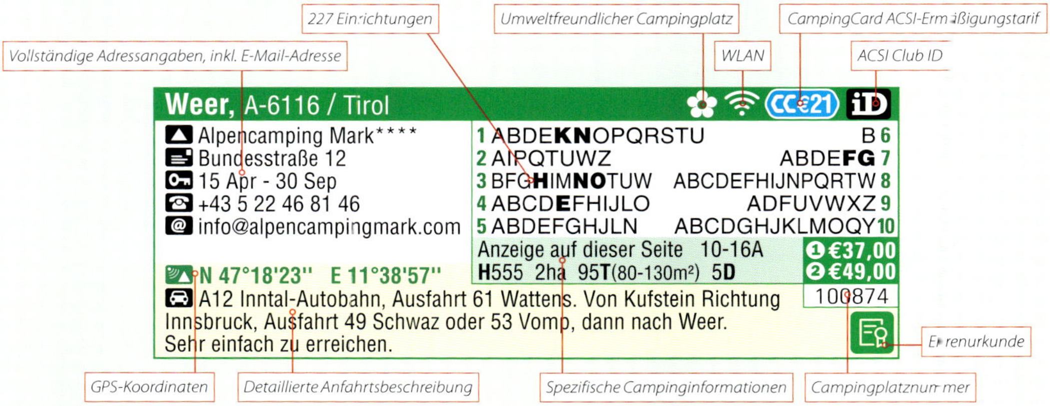

Inklusive

i.W.v. 21,95 €

CampingCard ACSI: **klare Rabatt-Tarife für die Nebensaison**

- akzeptiert auf 3 000 jährlich inspizierten Campingplätzen
- sparen Sie bis zu 60% pro Nacht
- bezahlen Sie immer einen der sechs festen Niedrigtarife für Ihre Übernachtungen
- Sofort-Rabatt bei Vorlage dieser Karte

www.campingcard.com

50% Rabatt auf die ACSI Camping Europa-App

Dem Campingführer liegt ein Gutschein bei, mit dem Sie 50% Rabatt auf alle Informationen der ACSI Camping Europa-App erhalten.

- erweiterbar um kontrollierte Reisemobilstellplätze
- ohne Internetverbindung nutzbar
- kostenlose Updates mit Änderungen und neuen Campingplatz-Bewertungen
- schnell und einfach buchen, auch unterwegs

www.eurocampings.de/app

Herausnehmbare Landkarte **mit Durchreiseplätzen (i.W.v. 2,99 €)**

ISBN 978-3-8283-1040-7
9 783828 310407
€ 21,95 [D]
€ 22,60 [A]

www.acsi.eu